KB245626

중국법제사

소나무

중국법제사 中國法制史

초판발행일   2006년 7월 25일

펴낸이   유재현
기획편집   유재현 홍문국 김석기 김호성 이혜영
마케팅   안혜련 장만
디자인   조완철
인쇄   영신사
제본   명지문화
필름출력   ING
종이   한서지업사
라미네이팅   영민사

펴낸곳   소나무
등록   1987년 12월 12일 제2-403호
주소   121-830 서울시 마포구 상암동 11-9, 201호
전화   02-375-5784
팩스   02-375-5789
전자우편   sonamoopub@empal.com

책값   45,000원

이 책은 원저자인 張晉藩교수의 허락을 얻어 출판되었습니다.
무단 전제와 복제를 금합니다.

ISBN   89-7139-548-6   93910

소나무   머리 맞대어 책을 만들고, 가슴 맞대고 고향을 일굽니다

중국법제사

장진번張晉藩 주필
이철李鐵·포견蒲堅·장희파張希坡 공저

한기종·김선주·임대희·한상돈·윤진기 공역

소나무

차 례

제2편 전통사회 법률제도의 형성과 확립
― 전국시대·진대秦代·한대漢代 ―

제3편 전통사회 법률제도의 발전
― 삼국양진三國兩晉·남북조南北朝·수당오대십국隋唐五代十國―

제3장 형사법

제5편 근대 사회의 법제도

제6편 혁명 근거지의 사회주의 법률제도

머리말

하나

중국 법제사는 다양한 중국 법제도의 생성·실제·특징·작용 및 발전·변화의 과정과 규칙성을 탐구하는 학문이다. 중국 법제사는 법학의 기초 학문일 뿐만 아니라 역사학의 주요 분야이다. 중국 법제사 연구는 과거부터 있어 왔으나, 근대적 관점과 분석 방법을 적용한 것은 20세기 초의 일이다. 중국과 일본 학자들이 나름대로 노력했으나, 대체로 제도로서의 제도를 논하는 데 그쳤다. 따라서 법제의 발전과 변화를 사회·경제·정치·계급·문화·민족과 연관시키지 못하여, 중국 법제 발전의 역사 법칙을 과학적으로 규명할 수 없었다. 초기의 법제사 학자들이 많은 자료를 수집·정리하고 몇몇 문제에 대해서는 깊이 있는 논술을 했지만, 총체적으로 보면 중국 법제사를 역사 발전에 부합하는 진정한 과학으로 정립시키지 못했다.

중화인민공화국이 성립한 뒤에는 마르크스주의를 기반으로 하는 중국 법제사가 정립되어 다음과 같은 특색을 띠게 되었다.

1. 사회발전의 상이한 형태에 따라 4천여 년의 법제 역사를 고대, 전통시대 등의 각종 사회유형으로 구분해 단순한 왕조 중심의 서술체계를 벗어났다.

2. 특정한 경제관계, 계급관계, 정치구조에 대한 연구에서 출발해 법제의 본질·특징·변화와 발전의 추세를 고찰하고 있다.

3. 중국 법제 발전의 일반법칙을 제시할 뿐만 아니라, 상이한 시대와 발전 단계가 갖는 특수성의 규명에도 힘을 기울이고 있다. 이들은 구체적인 것이지 추상적인 것이 아니다.

4. 계급 분석과 역사 분석을 통일적으로 적용해 사실을 분석하고 법제의 역사적 과정을 논증함으로써 새로운 연구 영역에 대한 개척과 탐색을 행하고 있다.

40여 년에 걸친 연구 성과를 종합함으로써 중국 법제사는 뚜렷한 특색을 가진 학문 분야가 되었다. 중국의 정법政法 관련 대학에서는 법학 교육의 기초 과목이 되었을 뿐만 아니라, 법학을 응용하는 학문에 필요한 기초 지식을 제공하고, 동시에 중국의 현행 법제를 이해하는 데 도움을 주고 있다.

중국은 4천여 년의 역사를 가진 나라로 법제의 역사도 세계 법제사 분야에서 중요한 지위를 차지하고 있다. 특히 중국 법제사는 오랜 발전 과정에서도 중단된 적이 없다. 이 점은 세계에서 유례를 찾아보기 힘든 현상이다. 그러므로 분명한 연혁, 풍부한 내용, 완벽한 체계, 뚜렷한 특색을 가진 중국 법제사는 동양 법제사 연구에서 하나의 표본이 되고 있으며 오늘날 세계 5대 법률체계의 하나로 공인되고 있다.

중국의 법제는 구체적인 제도와 기본원칙에서 당대 세계 최고 수준이었다. 1975년에 발견된 운몽진간雲夢秦簡1)은 기원전 4세기에 이미 중국의 법문화가 높은 수준에 도달했다는 것을 웅변한다. 당나라의 전통 법제는 상당한 발전을 이룩하여 수많은 외국 학자들이 중국에 건너와 이를 배울 정도였으며 그 영향은 국경을 초월한 것이었다. 인접한 국가들은 입법과 제도를 정비할 때, '당제唐制를 모방함,' '수당隋唐을 참고함'이라고 표방했다. 이것은 당나라 법제가 일찍이 세계 법제의 발전에 커다란 영향을 주었음을 말한다. 그러나 중국 법제는 역사적 기원은 이르지만, 특유한 전제군주제의 속박으로 발전 속도는 매우 완만했다. 19세기 말에서 20세기 초에 이르러 굳게

---

1) 호북성 운몽현 수호지에서 발견된 진秦 시대 목관에서 나온 1,150여 개의 죽간이다. 진율 18종, 효율, 진율잡초, 법률답문 등 당시 법률에 대한 내용을 담고 있다. —역주

달혔던 문을 연 이후에야 비로소 법을 개정하였고, 법제의 현대화는 새로운 장을 열게 되었다.

1870년대부터 서양의 법이 중국에 도입되기 시작했다. 초기에는 영미법을 위주로 했으나, 19세기말 개혁파가 일본의 메이지유신을 본받아 대량의 일본법을 번역했다. 일본법은 로마법 계통을 본 딴 것이다. 그러므로 중국은 일본을 통해 이론과 실제 양면에서 로마법 계통의 영향을 받았다. 청 말의 법 개정은 육법 체계에 따라 진행되었다. 이때부터 중국의 법제는 세계와 연관되기 시작했다. 비록 청나라 정부가 신해혁명으로 전복됨으로써 청 말에 개정된 법률이 모두 시행된 것은 아니지만, 뒤의 북양北洋 정부나 국민당 정부의 입법활동에 역사적인 기반을 제공한 것은 틀림없다.

이와 함께 사회주의 혁명 과정에서 내륙 지방에 수립된 중국공산당 정권이 군중 노선을 원칙으로 하는 사법제도를 정비하면서 쌓은 풍부한 경험도 연구 가치가 매우 크다.

둘

1930년대부터 일부 법제사 학자들은 중국 고대 법제의 특징을 "모든 법이 통합되어 민법과 형법의 구분이 없다. 단지 형법만 있고 민법은 없다"고 평가했다. 이러한 견해는 최근까지 매우 큰 영향력을 가지고 학자들의 사고를 구속해서 고대 법체계 연구에 장애 요인이 되었다. 모든 법의 통합 및 민법과 형법을 구분하지 않았다는 관점은 전통시대의 대표적인 법전인 진율秦律·한율漢律·당률唐律·송률宋律·명률明律·청률淸律 등에 대한 해석에서 비롯된 것이다. 실제로 그것들은 모두 형법전刑法典이면서도 소송법·행정법·민법의 내용을 동시에 포함하고 있다.

그러나 이러한 평가는 중국 법제 역사와 부합하지 않는 일방적인 것이라 할 수 있다. 모든 법의 통합 및 민법과 형법의 미구분은 법전의 편찬 구조를 말하는 것이다. 이러한 편찬 구조는 입법자의 주관적인 경험에서 비롯된 것이다. 그러나 고대 중국에서는 사회관계가 다양해짐에 따라 법의 내용도 다양해졌을 뿐만 아니라, 법에 의한 규율 방식 또한 다양했다. 이러한 다양성은 입법자의 주관적 의지가 아닌 사회의 물질적 생활 조건에 의해 생성된 것이라 할 수 있다.

또한 고대 법체계는 어느 정도 부문법의 구성을 가지고 있었다. 그 가운데 형법 외에 행정법도 세밀한 내용과 오랜 연원을 가져 당唐 이후 하나의 독자적인 체계를 형성했다. 또한 민사와 경제관계를 규율하는 법규범도 고대 중국의 법체계에서 중요한 지위를 차지했다.

고대의 민사 법규범은 대부분 청동으로 만든 제기祭器에 새겨졌기 때문에 '청동 민법'이라고도 한다. 정鼎은 고대 국가에서 권력을 상징하는 이른바 '중기重器'로 여겼다. 때문에 민사관계를 규율하는 규범을 정 표면에 새긴 것은 통치자의 적극적인 의지를 표현한 것이다. 이른바 "오로지 기器와 명銘만이 사람을 속일 수 없다"는 의미를 갖는다. 기타 소송법, 옥정법獄政法 또한 모두 독립적인 내용을 가진다. 따라서 중국 전통시대의 법전의 편찬 구조는 모든 법이 통합되어 민·형법이 구분되지 않았다고 볼 수도 있다. 그러나 내용상 중국 전통법의 체계에는 모든 법이 병존하고 민·형법의 구분이 있었다. 이 형식과 내용이라는 두 가지 상이한 문제를 혼동해서는 안 된다.

본서는 4천여 년의 중국 법제의 역사를 여섯 편으로 나누고, 각 편을 다시 행정입법, 형사입법, 민사입법, 경제입법, 사법소송 제도로 나누었다.

셋

앞에서 말한 바와 같이 중국 법제의 역사는 유구하여, 한·당·명·청과 같이 널리 알려진 왕조는 수백 년에 걸친 통치 과정에서 사회·경제 관계를 규율하는 법의 운용, 사회질서의 유지, 국가기구의 운용 등 여러 부문에서 풍부한 경험을 쌓았다. 이들 경험은 현실을 연구하는 참고 자료로서 의의를 갖는다. 이를 약술하면 다음과 같다.

1. 태평성대와 법치法治

중국 역사에서 성강지치成康之治, 문경지치文景之治, 정관지치貞觀之治, 강건지치康乾之治로 불리는 태평성대가 출현했다. 태평성대의 출현은 법제의 상대적인 건실함과 뗄 수 없는 것으로 법제는 태평성대의 출현을 추진하는 원동력이자 태평성대의 외부적인 표지이기도 하다. 법제 없는 태평성대 없고, 태평성대이면서 법제가 쇠락한 경우도 없었다. 중원을 차지한 소수민족일지라도 기반을 다진 후에는 반드시 법을 통해서만 광대한 한족漢族 지역을 통치할 수 있었다.

2. 제도의 개혁과 법 개정

중국 역사에는 무수한 제도의 개혁이 있었다. 거기에는 경제체제와 행정체제의 개혁도 포함된다. 개혁의 성패는 모두 법 개정 즉, 입법立法의 적절한 조정에 달려 있었다. 상앙商鞅의 변법變法으로 확립된 전통적 경제체제가 성공할 수 있었던 것은 정전井田 제도를 폐지하고, 일가일호一家一戶의 소농 경제를 확립한 법 때문이었다. 상앙은 법이야말로 신뢰할 수 있어야 한다고 하여, 새로운 법을 단 한 글자라도 바꾸는 자는 사형에 처했다. 그는 또한 엄격한 법과 엄한 형벌을 무기로 반대파와 투쟁했다. 상앙은 변법을 위해 생명을 바쳤다. "상앙은 죽었지만 그 법은 사라지지 않았다"는 말처럼 제도의 개혁과 법 개정은 긴밀한 상호관계가 있었다.

3. 예악형정禮樂刑政에 의한 통치

어떻게 국가를 통치하고 백성을 다스릴 것인가는 멀리 주나라 초기의 저명한 정치가 겸 사상가인 주공周公이 심도 있게 기술했다. 또한 당나라 정관貞觀 시기에 군신 사이에 행해진 정치에 관한 논의는 여러 사서史書에서 찬양되었다.

『예기禮記』「악기樂記」를 보면 "예禮로 그 뜻을 이끌고, 악樂으로 그 소리를 화합하고, 정政으로 그 행함을 일치시키고, 형刑으로 그 범죄를 방지한다. 예악형정은 그 절정에서는 하나이다"고 했다. 이는 종합 통치에 대한 가장 오래된 체계적 서술이다. 또한 이는 고도의 통치 경험을 총결산한 것으로, 실천에 매우 중요한 영향을 끼쳤기 때문에 후세 통치자들도 이를 계승했다. 고대 중국의 개명한 통치자들은 모두 정권과 법제의 강제력을 독점해 통치를 유지했다. 도덕 교화를 통해 정신적으로 국민을 '정궤正軌'로 이끌었고, 정치적·법적·경제적·교육적 각종 수단을 병용해 통치를 했다.

4. 치법治法과 치리治吏

고대 중국의 통치자들은 현실에서 법과 관리의 뗄 수 없는 관계를 인식하고 이를 바탕으로 법과 관리를 다스렸다. 당나라의 백거이白居易는 "비록 정관貞觀의 법法이 있었다 해도 정관의 리吏가 없었으면, 그 형刑을 잘 쓰려고 해도 어쩔 수가 없었을 것이다"[2]고 했다. 역대 왕조는 법을 다스리기 위해 때에 따라 입법을 하고, 정기적으로 율律을 개정하는 제도를 만들었다. 이에 따라 각종 법령·법규를 반포해 완벽한 법체계를 만들었다. "허울뿐인 법(徒法)은 스스로 행하기에 부족하다"는 병폐를 막기 위해 역대로 법을 집행하는 관리를 엄격하고 체계적으로 선임選任·고시考試·감찰監察하는 제도를 만들었다. 왕부지王夫之가 "사람을 택해 법을 부여하고 이를 준수하게 한다"[3]한 것은 역사적 경험에서 얻어진 결론이다.

---

2) 『장경집長慶集』 권48.
3) 『독통감론讀通鑑論』 권10.

이상은 개략적으로 중국 법제사의 의의를 서술한 것이다. 이밖에 각 분야에서 취할 만한 역사적 경험이 많다. 특히 입법과 관련해서는 때·세력·곳·풍속에 부합하는 입법과 정기적인 율의 개정을 들 수 있다. 또한 앞선 왕조의 법제 건설 경험을 토대로 특정한 목적의 입법활동이 있었고, 저명한 율학 전문가를 등용해 법전의 제정에 참가시키기도 했다. 행정입법 분야에서는 법에 의해 관직의 권한과 책임을 규정하고, 중앙과 지방의 행정 관할권을 구분했다. 또한 엄격한 관리의 임명과 정기적인 평가, 광범한 내용의 행정 법규(감찰 법규를 포함)의 제정과 조정을 통해 행정의 규범성과 효율성을 보장했다.

민사입법에서는 법에 의해 변동중인 재산관계를 시의 적절하게 규정하고, 법문서의 구속력에 대해 한나라 때 "백성 사이에 사적인 약속이 있으면 율령律令과 동등하게 취급한다"는 원칙을 제시했다. 또한 사회의 기본조직인 가정의 안정성을 보호했다.

형사입법에서는 법과 교화를 겸해 시행하고 예禮와 형刑을 결합시켜 "덕과 예는 정교政教의 근본이고, 형벌은 정교의 쓰임이다. 형을 밝혀 교화를 돕는다"고 선언했다. 또한 범죄 예방을 위주로 해 보복주의에 반대하고, 범죄 예방을 위한 사회적 의무를 강조했으며, 법집행에서 정상 참작을 허용했다.

소송법 분야에서는 중재를 통해 민사와 경미한 형사 분규를 해결하고 소송을 해결하는 것을 훌륭한 통치로 인식했다. 범죄에 대한 기록을 살피는 이른바 '녹수錄囚'를 통해 억울한 사안이 없도록 하고, 미해결 사건을 감소시켰다. 또 사형에 대한 재심리 제도를 엄격하게 집행하고, 변방에 대한 통일적인 사법 관할을 중시했다.

이상의 원칙·제도·규정은 역사적인 의의를 갖는 것이며, 이것이 중국 법제사라는 학문의 생명력이다. 그러나 본질은 모두 계급 통치를 위한 것이기 때문에 마르크스주의에 기초한 계급 분석 방법과 역사주의를 종합적으로 적용해야 한다. 특히 중요한 점은 중국공산당의 지도 아래 민주 법제 건설을 위한 투쟁에서, 인민의 국가 관리 참여, 인권·재산권의 보장, 민주적 심사

허가제도의 수립과 같은 풍부한 경험을 쌓은 사실이다. 공산주의 법제는 사회주의 법제의 전신이므로 신중하게 그 경험을 종합하는 일이 미래의 사회주의 법제 건설에 큰 의의를 갖는다.

넷

중국 고대법의 체계, 내용, 형식, 사법제도는 모두 뚜렷한 특징을 가지고 있다. 이들 특징은 고대 중국의 사회, 국정, 민족 관습, 문화 및 역사 전통과 불가분의 관계가 있다. 이를 요약하면 다음과 같다.

1. 중국은 기원전 221년 진秦의 통일 왕조 수립에서 20세기 초 청나라의 붕괴까지 2천여 년에 걸친 전제주의 통치 역사를 가졌다. 반면에 프랑크 왕국을 필두로 하는 서구의 국가들은 5세기에 이르러서야 비로소 성립되기 시작했다. 그리고 서구의 전제專制 체제는 영국의 튜더왕조 또는 프랑스의 부르봉왕조를 막론하고 단지 200~300년밖에 지속되지 않았다. 이와 비교하면 중국의 오랜 전제주의 중앙집권제가 중국 전통 법제의 발전에 큰 영향을 끼쳤음을 알 수 있다.

2. 중국은 전통시대에 비록 위진남북조, 5대 10국의 짧은 분열 시대가 있었지만, 대개는 통일 상태를 유지했고 전제주의는 지속적으로 발전했다. 바로 강력한 전제주의 중앙집권제 때문이다. 이는 '법령은 통일로부터'라고 표현되었는데 이러한 상태는 오랫동안 안정적으로 지켜졌다. 그러나 서구 국가들은 장기적인 분열 상태에 있었기 때문에 중국과 같이 왕권의 안정을 목표로 하는 통일적인 법체계를 형성할 수 없었다. 예를 들어 교회법의 경우 오랫동안 유럽 국가에서 널리 쓰였고, 그밖에 게르만법 또한 서구 국가들의 보통법이 되었다. 그리고 봉건 영지마다 따로 관습법이 존재해 통일적인 법체계를 이루지 못했다. 즉 중국 전통시대에는 군주가 최고의 입법권과 사법권을 가졌다고 한다면, 서구 국가의 제후들은 자기 권력에 상응하는

독립된 입법권과 사법권을 가지고 있었다. 당연히 교회 또한 막강한 입법권과 사법권을 가지고 있었다.

3. 중국은 고대 시대든 전통시대든 모두 종법宗法 제도와 종법 정신의 강한 영향을 받았으며, 그것이 종족의 응집력을 강하게 했을 뿐만 아니라 왕권의 중요한 지주였다. 군주의 권력과 지방 행정권에도 종법의 부권적父權的 요소가 스며들어 있었다. 이것은 전제제도가 오랜 시일을 두고 견고하게 유지될 수 있었던 한 조건이다. 국가의 입법에는 종법제도의 수많은 내용이 반영되었을 뿐만 아니라, 종법가규宗法家規가 일정한 효력을 가지며 국법國法의 중요한 보완 제도로 인정되었다. 이런 특징이 서구의 각국에는 없었다. 반면에 엥겔스가 말한 '고대 게르만의 자유 가운데 정수인 개인의 자유,' 지방 자치, 법정 이외의 어떠한 간섭도 받지 않는 독립성4)이 중국의 전통시대에는 존재하지 않았다.

4. 전통 중국은 자연 경제를 기초로 성립된 폐쇄적인 국가였기 때문에 장기적인 쇄국정책을 유지했다. 따라서 전통 법체계는 독립성과 고립성을 동시에 가졌다. 19세기말까지 중국은 어떠한 외래 법의 영향이나 자극을 받지 않고 있었다. 그러나 유럽은 봉건 시대에 이미 대륙 국가나 영국의 법제가 상호 교류·융합·침투했다. 즉 로마법·게르만법·교회법 삼자가 상호 보완하면서 유럽의 국가에 광범하고 지속적인 영향을 미쳤던 것이다.

5. 진秦은 "법으로 교화하고," "관리를 스승으로 삼는다"는 정책을 채택하여 춘추·전국 시대의 자유로운 법학 연구 전통을 폐기했다. 그 후 한漢·진晉·당唐 각 왕조의 율학자들은 점점 유학을 지도 이념으로 하는 전통 사상에 정착하게 되고, 송宋나라 이후 전제주의가 강화됨에 따라 법학의 연구 영역은 날로 협소해지고 쇠퇴했다. 그 반면에 서구의 봉건 시대에는 법의 다양화가 이루어지면서 법학에서도 수많은 학설과 학파가 병존하는 현상이 나타났으나, 한편에서는 신학에 의한 제약도 받았다.

---

4)『마르크스·엥겔스 선집』제3권, 215쪽.

　　결론적으로 말해 더 많은 비교 연구를 함으로써 세계 각국의 법제 발전의 역정과 각각의 특수성을 찾을 수 있으며, 이를 통해 더욱 깊이 있고 정확하게 중화법中華法 체계의 특징을 찾아낼 수 있을 것이다.[5]

---

5) 한국의 중국 법제사 연구 동향에 관해서는 임병덕·임대희·김선혜, "한국에서의 중국법사 연구의 현황과 전망"(『역사교육논집』 36, 2006)을 참조하시오—역주

 제1편

고대 법제도의 생성과 변화

—하夏·상商·서주西周·춘추春秋—

이철李鐵 집필

한기종 옮김

제1장 개 관

제1절 고대 법제의 연원과 특징

고대의 법제도에서 중국의 법제도가 시작했다. 고대의 법제는 대략 기원전 21세기에 시작하여 기원전 475년까지 지속했다. 하·상·서주·춘추 시대를 거치면서 독립적인 체계를 형성해 중국 법제사에서 중요한 역사적 지위를 차지했다.

고대법의 근원은 원시사회의 '관습법'에 있다. 기본적인 특징은 통치계급의 의지를 구현하는 것으로, 원시적 부권제의 습속·약속·규범이 고대의 관습법으로 바뀌면서 법권신수法權神授와 천토천벌天討天罰이라는 색채를 띠게 되었다. 이러한 변화는 몇 개의 상이한 단계를 거치면서 일어났다. 여기서는 형태의 변화와 특징을 중심으로 살펴보기로 한다.

1. 원시 관습에서 고대 관습법으로

원시의 법은 모두 신화나 고사故事와 일정한 관련을 가지고 있다. 법法자의 최초 형태는 '灋'로 왼쪽은 수水, 오른쪽은 치廌와 거去이다. 수는 평온을 표시하며 법의 공정을 상징한다.[1] 치는 신화에 나오는 양으로 '해치獬豸'라고 한다. 해치는 본래 외뿔을 가진 양으로 요임금 때의 저명한 법관인 고요皐陶가 재판할 때 해치를 조수로 삼았다. 해치는 죄가 있는 자를 발견하면 머리로 받아서 '곧지 않은 자를 제거해' 시비를 판명했다고 전해진다. 거去라는 것은 '제거하다,' '물리치다,' '버리다'라는 의미였다.[2]

---

1) 시라가와 시즈무(白川靜)는 법의 최초 의미를 패소자의 신성 모독의 죄를 강물에 흘려보냄으로써 정화한다는 의미로 보고 있다(시라가와 시즈무, 『설문신의說文神義』 10권, 20~25쪽). —역주
2) 박영철, "해태고獬豸考—중국에 있어서 신판神判의 방향"(『동양사학연구』 61, 1998)에서는 전설적인 신수인 해태를 구성요소로 하는 신판, 법의 기원에 대하여 논하고 있다. —역주

이와 같이 치鷹와 거去는 공정 무사한 재판과 정의를 선양하는 행동을 나타내는 것으로 법의 상징이 되었다. 이것이 한대에 이르러 법法자로 간략하게 쓰이기 시작했다. 이는 물론 전설에 불과하지만 법의 탄생이 국가의 탄생과 밀접한 관련이 있음을 나타내는 것이다. 국가 통치와 범죄 처벌, 그리고 국가 관리를 위한 계획수립과 시행방침을 위한 필요가 법 생성의 핵심 조건이다. 정확히 말하면 국가 권력이 성립한 뒤에야 비로소 법이 생기는 것이다.

원시사회에는 법이 없었지만 사회생활 규범인 '관습법'이 있었다. 원시 씨족 부락은 생활환경의 특수성으로 인하여 태양·용·조수鳥獸와 같은 자연물을 숭배하는 토템을 갖게 되었다. 이것이 점점 집단적인 신앙 의식과 모종의 금기를 형성하여 최초의 습속과 관례가 나타났다. 그 후 대자연과 인간 자신에 대한 숭배 의식이 발전함에 따라 신과 하늘에 대한 예배와 선조에 대한 제사가 점점 사회에 확산되었다. 동시에 제사 의례의 위반과 천신天神에 대한 불경 행위는 처벌되었다. 씨족과 지도자에 대한 침해나 동족끼리의 복수 같은 행위도 공동 책임의 습속으로 변화했다. 즉, 이들 관습이 점점 보편적인 구속력을 갖고 위반자에게 처벌[3]을 가함으로써 점점 원시사회의 '관습법'으로 변해 갔다. 이렇게 원시 습속이 법으로 변화하는 것은 역사의 진보를 의미한다.

약 7천년에서 5천년 전 하모도河姆渡와 용산龍山 문화에 도달한 중국은 역사상 가장 강력한 부권제 사회를 형성하고, 모권제 사회에 비해 물질 생산력이 새로운 단계에 올라섰다. 구리(銅)의 생산으로 생산 도구의 변혁이 일어나 경제발전에 물질적인 기초를 제공했으며, 이러한 경제발전은 사회 형태의 변화를 불러왔다. 잉여 생산물과 재화의 점유는 민족 구성원의 사회관계에 영향을 미쳤다. 일정한 규범으로 사유제 및 그에 상응하는 불평등한 사회관계를 유지할 필요가 생긴 것이다. 원시의 관습법이 이러한 역할을 담당하

---

3) 이러한 형태를 신명재판神明裁判이라 한다. 이은봉 편저, 『신판(神明裁判)』(신서원, 2000)을 참조
　—역주

면서 다음과 같은 상황을 낳았다.

(1) 씨족 지도자의 권력 확립

『상서尙書』「요전堯典」에 순舜이 "공공共工을 유주幽州에 유배하고, 환두驩兜를 숭산崇山에 유치留置하고, 삼묘三苗를 삼위三危에 몰아내고, 곤鯀을 우산羽山에 가두어 이 네 사람을 죄주니, 천하가 모두 복종하였다"고 한다.『국어國語』「노어魯語」에는 "옛날 우임금이 제후들을 회계산에 모았는데, 방풍군防風君이 늦게 도착하여 우임금이 그를 참하였다"고 한다. 또한 5천년 전에 만들어진 골회骨灰 항아리에 그려진 '관어석부도鸛魚石斧圖'의 돌도끼는 추장의 권력을 상징했다.

이것들은 모두 습속 또는 관습을 이용해 씨족 지도자의 권력을 강화한 것이다. 일단 관습이 규범으로 확정된 뒤에는 곧바로 상당한 사회적 구속력을 가지며 공동체 전체가 준수하는 규범이 되었다.

(2) 사유재산의 보호

부권 사회가 모권 사회를 대체하면서 나타난 특징 중 하나는, 재산의 공동 소유와 평등 분배가 소득의 개인화와 재산의 사유화로 바뀐 점이다. 이에 따라 지도자와 강한 힘을 가진 사회구성원의 재산이 점점 일반 구성원의 수준을 넘어섰다. 사유재산에 대한 영속적인 점유와 불가침의 규범이 확립되었고, 이것은 전체 사회가 준수해야 하는 관습법이 되었다.

(3) 처벌 관습의 확립

씨족 사회 말기에는 부락 연맹을 주체로 하는 군사 민주제가 비교적 높은 수준으로 발전했으며, 그에 따라 처벌 관습도 새롭게 발전했다.『상서尙書』「요전堯典」에 "유형流刑으로 오형五刑을 용서하며, 채찍으로 관형官刑을 만들고 회초리로 교형敎刑을 만들되 금金으로 속형贖刑하도록 하며, 모르고 지은 죄나 재앙으로 인한 죄는 사면하고, 끝까지 뉘우치지 않는 자는 사형을 내린다”는 기록이 있다. 『신어新語』「도기道基」에는 “고요皐陶가 감옥과 범죄에 대한 제도를 세우고, 상벌을 두어 시비를 가리고 호오好惡를 밝히며, 간사奸詐를 검거하고, 혼란을 바로잡은 것은 백성들로 하여금 법을 두려워하게 함이다”라는 기록이 있다. 그 후 다시 혼昏·묵墨·적賊·살殺이라는 ‘고요皐陶의 형’을 제정했다. 이는 사유재산을 보호하기 위한 사회규범에서 이 규범을 위반하는 사람의 인신人身에 대한 처벌을 강제하는 규범으로 승격했음을 의미한다. 이는 관습법이 시행되었다는 확실한 증거이면서, 동시에 원시사회의 ‘관습법’이 이미 상당히 성숙했음을 보여주는 것이다.

씨족 사회의 원시 습속은 성문법成文法이 아니었다. 비록 그것이 사회구성원들에 의해 공동 행위규칙으로 인정되기는 했지만 통치계급의 의지를 실현한 것은 아니고, 단지 부락 구성원들이 공동으로 준수해야 할 준칙이었을 뿐이다. 그러나 국가조직이 형성됨에 따라 통치계급의 의지를 반영하는 국가법이 필요해지자, 통치계급은 원시 관습을 부분적으로 흡수하고 통치에 필요한 행위규범을 보충해서 자신의 의지를 구현하는 관습법을 만들었다. 이는 『상서尚書』「여형呂刑」에 나오는 “백이伯夷가 전을 내려서(降典) 백성을 오직 형벌로 다스리게(折) 하였다”는 말을 통해서 알 수 있다. 여기서 전典은 법이며, ‘강전降典’이라는 것은 사회구성원이 준수하는 관습을 규범화하고 국가 강제력에 의해 시행을 보장할 수 있는 법으로 만든 것을 말한다. 이것이 고대 국가에서 씨족의 관습이 국가의 관습법으로 승격되는 양상이었다.

2. 고대 법제의 기본적 특징

고대 법제는 기원전 21세기경 하夏가 출현한 이후에 만들어졌다. 『좌전左傳』에 “하나라의 정치가 혼란해서 우임금이 형刑을 만들었다”고 한다. 이른바 우형禹刑은 씨족 습속이 강제력을 갖는 관습법으로 변한 것으로, 고대 법제의 초기 형태였다. 상商과 서주西周는 하의 법제를 기초로 원시사회의 씨족 관습을 부분적으로 흡수하고, 새로운 변화에 적응하기 위해 서誓·고誥

성격의 단행單行 명령과 청동 명문銘文 법령을 반포했다. 따라서 원시 관습법과 국가 법령이 혼합되는 이중성을 띠었는데, 주요한 특징은 다음과 같다.

(1) 예禮가 국가 전장典章과 예의규범에 편입됨

예의 기원에 관해서『예기禮記』「예운禮運」에는 "무릇 예의 시작은 음식에서 비롯되었다. 수수를 심고 돼지를 길러 (바치고), 술 구덩이에 술을 담가 손으로 떠먹으며, 흙으로 북채와 북을 만들어 (제사를 올리니), 이는 귀신에게 공경을 다한 것이다"고 했다. 즉, 예는 본래 원시의 습속으로 인류가 귀신에게 제사를 지내고 선조를 향해 구복求福하는 활동이며, 이것이 발전해 일정한 규제 기능을 가진 예의규범이 되었다는 것이다. 예는 갑골문에서 '예豊'와 '시示'로 표현되었는데, 이는 "신을 받들어 복을 받고," "예를 행함을 지극히 한다"는 것을 의미했다.

그러나 하夏를 수립한 후 신권神權 정치가 지배하게 되자 예는 정식으로 국가의 활동에 편입되었다. 예에 일정한 법적 의미와 계급성이 부여됨으로써, 인간의 사회관계를 조정하는 행위 준칙이 되었다. 하의 통치자들은 예와 법의 결합을 통한 사회안정 기능을 중시하여 군주의 영令과 사회구성원이 인정하는 예禮를 지고무상至高無上의 규범으로 삼아 사회 전체에 확산시켰다. 그들은 씨족 사회의 신령에 대한 숭배와 인간의 심리적 특징을 결합해서 예를 계급 통치의 법적 수단으로 변화시키고, 군주의 영을 집행의 강제력으로 삼았다.

이어 '주공周公에 의한 예의 제도화'를 거쳐 마침내 예를 규범화하고 계통화했으며, 나아가 고대의 전장제도典章制度와 종법등급宗法等級의 명분을 확보했으며, 이에 의해 정치·경제·군사·사법·문화 등 각 분야의 행위를 조정했다.

덕화일치德化一致라는 명분 아래 통치계급은 예를 위배하는 행위를 엄격히 다스리면서 예禮와 형刑을 동시에 시행했다. 형의 강제력을 빌어 예를 유지하고, 예의 원칙을 형의 지도 원리로 삼았다. 이러한 상호 보완에 의해 종법 중심의 왕권을 유지했다.

(2) 국법國法과 종족법宗族法의 이중성

고대의 법은 친친親親 존존尊尊의 종법 등급 원칙을 최고의 준칙으로 삼았다. 이러한 법규범은 종법 등급제에 의해 지탱되는 정권의 유지를 위한 것이었다. 이 제도의 본질적 특징은 "가家와 국가가 상통한다"는 것이었다. 국왕은 천하의 군주이며 종족의 족장이므로 왕권과 족권族權은 절대적인 통일을 이루고, 국가조직의 모든 구조를 관통했다. 법제상에서 통치계급의 의지를 실현하는 국가의 법과 종족 내부를 규율하는 종족의 법이 긴밀하게 표리를 이룸으로써, 국가의 입법에 종족법의 본질이 스며들었다.

(3) 신권법神權法이 침투한 입법 사상

고대 사회의 모든 입법과 사법 활동은 천명관天命觀을 이론적 기초로 한 천신합일天神合一이라는 신권법 특징을 가졌다. 토템 숭배까지 포함하는 종교와 미신을 이용해 인간의 정신세계를 속박하고 신권법 체계를 확립했다. 이로써 주로 다음과 같은 내용을 가지게 되었다.

첫째, 군권신수君權神授 사상이었다. 『상서』는 여러 곳에서 "은殷은 천명을 어겼다," "오로지 왕만이 천명을 받는다"고 기록함으로써 통치계급의 의지를 신격화해 천의天意로 삼았다. 또 인간에게 신격神格을 부여해 군주를 법이 인정하는 신의 대변인으로 삼아 독단적인 전제 권력을 합리화시킴으로써 왕권에 종교적 외피를 씌웠다.

둘째, 천토천벌天討天罰 사상이었다. 기록에 의하면 하夏의 계啓가 토벌령을 내릴 때, "내가 너희들에게 고하노니 유호씨有扈氏가 오행五行을 어지럽히고 삼정三正을 버리므로 하늘이 그 명命을 끊으시니, 이제 내가 하늘의 벌을 공손히 행할 것이다"[4]고 했다. 뒤에 상商의 탕湯이 하의 걸桀을 토벌할 때도

---

4) 『상서尚書』「감서甘誓」.

"유하有夏가 죄가 많으므로 하늘이 명하여 그를 죽이라 한다"[5)]고 했다.

이처럼 신과 하늘의 힘에 빌어 죄를 징벌하는 것은 군권신수 이론에서 한 걸음 더 나아가 토벌 행위와 형에 의한 살인의 합법성을 확립한 것이다. 이와 같이 통치 집단 내부에 대한 토벌에 대해서도 천명에 따른다 했기 때문에, 당연히 개별 범죄에 대한 처벌도 하늘을 대신하여 처벌하는 것이 되었다. 이렇게 하늘의 힘에 빌어 법의 위엄을 강조하는 조문은 『상서尙書』 「여형呂刑」 과 「주관周官」에 자주 나타났다.

(4) 관습법을 기본 형태로 법의 비밀성 유지

고대에는 전제專制의 유지를 위해서 각종 왕명에 대항하는 행위를 엄격하게 진압할 필요성 때문에, 이를 위해 형사규범을 제정했다. 국가조직의 운용을 강화하기 위한 행정법 규범, 조세징수와 토지국유를 위한 민사경제법 규범, 사회 범죄의 방지를 위한 옥송심판 제도 등에는 모두 원시사회의 관습법 흔적이 남아 있다. 통치 계급은 법을 독점하기 위해서 "법은 알려서는 안 되며 위세를 짐작할 수 있어도 안 된다"고 신비성을 부여하여 법을 관청과 궁정에서 독점하며 법의 비밀을 유지했는데, 여기에 고대법의 근본적인 특징이 있다.

제2절 하나라 법제의 탄생

하는 계급적 통치 의지를 체현한 최초의 왕조였다. 하는 국가조직의 운용과 노예제도의 존속을 위하여 각종 법과 제도를 제정했고, 이러한 법제는 고대 법제의 시초가 되었다.

---

5) 『상서尙書』 「탕서湯誓」.

1. 하나라의 탄생

국가는 사회가 일정한 역사적 단계에 도달한 산물로, 인류가 원시사회에서 문명사회로 들어가는 지표가 된다. 이러한 도약 과정은 수천 년에 걸쳐 일어나는 것으로, 지금부터 약 6천 년 전의 하모도河姆渡 시기에 비로소 일단락되었다. 생산력의 부단한 발전에 따라, 기원전 21세기 무렵에 최초의 국가인 하나라가 출현했다. 이로부터 사회는 두 개의 대립 계급, 즉 지배계급과 피지배계급으로 분열되어 계급 사이의 착취와 약탈관계가 생기고, 이로부터 계급 사이의 충돌이 발생했다. 그러므로 계급 사이의 모순에 대한 조정과 제어를 위하여 사회를 초월하는 특수한 힘이 필요해지는데, 이것이 바로 국가가 행사하는 권력이었다.

일찍이 레닌은 『국가와 혁명』에서 "국가는 조화를 이룰 수 없는 계급모순의 산물이자 표현이다"고 했다. 국가의 기능은 필연적으로 한 계급이 또 다른 계급에 대해 지배하는 것이다. 지배계급이 재력과 부를 점유하고 권력을 장악함으로써 피지배계급의 노동을 강요해 자신을 위해 재부財富를 생산하게 하고, 피지배자의 저항을 진압하려면 국가 권력의 힘을 빌리지 않을 수 없다. 하나라 정권은 지배 귀족이 노예를 통치하기 위한 전제정치 조직이었다.

역사 문헌과 하에 대한 고고학적 발굴에 따르면 하는 이미 강제력을 가진 권력기관을 가지고 있었다. 이는 국가의 기본적 특징을 갖췄다는 것으로, 수많은 노예와 평민에 대한 잔혹한 진압 기능을 수행했다. 이와 같은 특징은 주로 다음의 몇 개 분야에서 볼 수 있다.

(1) 왕도의 건립

『죽서기년竹書紀年』의 기록에 의하면 "우禹가 양성陽城에 도읍을 정했다," "계啓는 하읍夏邑에서 즉위했다," "소강少康 때 자윤自綸은 하읍으로 돌아갔다"고 했다. 또한 『좌전左傳』에는 "당고唐誥를 하허夏虛에 봉할 것을 명한다"

고 했으며, 『상서尙書』 「탕서湯誓」에도 "하읍을 관할했다"고 한다. 여기서 말하는 하읍은 하의 도성인 안읍安邑(지금의 산서 하현 이북)과 양적陽翟(지금의 하남 우현)을 말한다. 이곳들은 하의 왕도로서 우왕부터 모두 14대 17왕이 4백여 년에 걸쳐 통치했다. 국가의 중요한 특징 가운데 하나인 왕도의 건립은 대중과 공공 권력이 분립되었음을 의미한다.

(2) 궁정의 건축

『좌전』에 의하면 "하의 계啓는 조대釣臺에 정후을 가지고 있었다" 하고, 『죽서기년竹書紀年』에서 걸桀은 경궁傾宮·요대搖臺를 건축했다고 한다. 이른바 조대·요대와 경궁은 하의 통치자들이 권력을 행사하던 곳이다. 이곳은 권력 행사의 기능을 가지고 있으며, 고대 국가의 권력을 상징하는 곳이기도 했다.

(3) 군대의 창설

『사기史記』 「오태백세가吳太伯世家」에 "일려一旅의 무리가 있다"는 기록이 있다. 여旅는 노예로 구성된 군대인데, 일려는 5백 명으로 무기와 장비를 갖추고 있었다. 이것은 이 시대 생산력의 수준과 군사 작전의 특징을 반영할 뿐만 아니라, 군대의 창설이 이미 하夏라는 국가의 성립에 기본 조건이었음을 증명한다.

(4) 감옥의 설립

『사기史記』 「하본기夏本紀」에 걸桀이 "탕湯을 불러 하대夏臺에 가두었다"는 기록이 있다. 하대는 왕실에서 직접 관리하는 감옥이었다. 감옥의 탄생은 국가가 법을 무기로 강제력을 행하고 있었음을 말해준다.[6]

---

6) 하夏에서는 감옥을 '염실念室'이라 불렀다. 임병덕, "『진서晉書』 「형법지」, 역주 1"(『중국사연구』 21, 314쪽). ―역주

(5) 행정구역의 구분

『좌전左傳』「양공襄公 4년」에 의하면, 하는 일찍이 통치 지구를 "구주九州로 나누고," 계啓 이후에는 "구도九道가 되었다"고 한다. 『한서漢書』에도 "구정九鼎을 만들어 구주九州를 나타냈다"고 한다. 구주 또는 구도는 행정구역의 단위를 나타내는 것으로, 더 이상 혈연관계에 따라 사회집단을 구분하지 않고, 국가권력을 지리적 특성에 따라 분할하여 그 지역 인민에 대해 통치권을 행사했음을 나타낸다. 이러한 행정 구분은 씨족 조직의 행정 형태와는 완전히 다른 것으로, 국가의 관리조직이 점점 성숙해지고 있음을 증명한다.

(6) 왕위 계승

우禹가 죽은 후 계啓가 왕위를 계승했다. 이때부터 부락 연맹 수장의 직위가 양위제讓位制에서 세습제世襲制로 바뀌어, 중국 왕위 세습의 역사가 시작되었다. 계啓를 필두로 하는 지배집단은 국가의 통치권을 확립한 뒤 주색잡기에 빠져 생활이 문란해지고 사치스러웠다. 계가 죽은 뒤에 왕위 계승을 둘러싼 내란이 일어나 분열과 혼란이 초래되었다. 마침내 동이東夷의 수장인 후예后羿와 한착寒浞이 대를 이었으나, 태강太康과 중강中康, 상相의 삼대를 거쳐 하도夏都는 혼란에 빠졌다. 소강小康에 이르러 하조夏朝가 중건되어 비로소 국가의 지위가 안정되었다. 이러한 사실은 '천하위공天下爲公'이라는 원시 씨족사회가 완전히 해체되고, 가족 사유제 및 계급의 강압이 존재하는 '천하위가天下爲家'라는 초기 형태의 국가로 대체되었음을 말하는 것이다.

2. 하나라 법제의 탄생

국가가 세워지고 정령政令이 반포되었다. 국가가 성립하면 필연적으로 국가조직의 운용과 행정관리를 규정하는 법이 출현해, 이를 통해 통치계급의 의지를 구현하고 효과적인 통치를 보장했다. 이런 의미에서 보면 법과 국가는 성립을 상호 촉진하는 긴밀한 관계에 있다. 이것은 곧 국가의 의지가 법을 운용하고 실현하며, 법의 시행은 국가의 강제력을 보장한다는 의미이다. 여기에 하대夏代 법제의 탄생에 관한 기본적인 특징이 있다.

하나라 법제의 주요한 내용은 다음과 같다.

(1) 관료제도의 신설

『상서尚書』「고요모皐陶謨」에 "백료百僚는 서로 스승으로 본받고, 백공百工은 때에 맞아야 한다"고 했다. 요僚와 공工은 모두 문관文官의 직명이었다. 「우공禹貢」에는 "감甘에서 큰 싸움이 벌어져 육경六卿을 불러 모았다"고 했는데, 육경은 모두 무관武官의 직명이었다. 또한 「하서夏書」에 보면 소송을 관장하고 조세를 수납하는 색부嗇夫, 차량을 관장하는 차정車正, 궁중의 음식을 관장하는 포정庖正, 축목관畜牧官인 목정牧正, 천기를 관찰하는 곤오昆吾 및 분봉分封에 의한 경대부卿大夫·남작男爵·제후諸侯 등이 있었다. 그리고 「홍범洪範」에는 "옛날에 우가 홍범구주洪範九疇를 만들었다"고 하는데, 여기서 구주九疇는 고대 국가의 관리 및 통치행위에 관한 아홉 가지 규칙을 말한다.

(2) 역률曆律의 제정

『상서尚書』「감서甘誓」에 "유호씨有扈氏가 오행을 어지럽히고 삼정三正을 태만히 했다"고 하는데, 오행과 삼정은 모두 역법으로 유호씨가 이를 어겨서 토벌했다는 것이다. 또한 『논어論語』「위령공衛靈公」에는 "하夏의 시時를 행했다"고 하는데, '하의 시'는 곧 하대에 통용되던 역법인 '하소정夏小正'으로 후대에는 '하력夏曆'이라고 했다. 그 외에 여러 고고학적 발견에서도 하말夏末 상초商初의 역법을 찾아볼 수 있다.

(3) 예법禮法을 밝힘

『좌전左傳』「선공宣公 3년」에 "하왕夏王이 9주州의 목牧에게 금을 바치게 하여 그것을 녹여서 정鼎을 만들어 상징물로 삼았다"고 하며, 걸桀이 무도하여 "정鼎이 상商으로 옮겨졌다"고 한다. 정鼎은 왕권과 국법의 상징이며 또한 고대 예제禮制의 상징적 물건이다. 또한『예기禮記』「예운禮運」에는 "예의禮儀는 기강을 세우고, 군신을 바르게 하고, 부자를 돈독하게 하고, 형제를 화목하게 하고, 부부를 화합하게 하고, 제도를 세우는 것이다"고 했다. 이로부터 예법을 밝히는 것이 곧 종법 등급 제도를 수용하는 것임을 알 수 있다.

(4) 조세제도의 시행

『사기史記』「하본기夏本紀」에 의하면 "우하虞夏 때부터 공부貢賦를 갖추었다" 하고,『맹자孟子』「등문공滕文公」에도 "하후씨는 밭 50무畝를 단위로 공부를 징수했다"고 한다. 이것은 조세제도가 시행되었음을 말한다. 그리고 회계會計라는 직책 또한 하대夏代의 회계會稽에 기원을 두고 있다. 마르크스는 조세의 출현은 국가의 존재를 알리는 상징이라고 말했다.

(5) 도량형 용기의 제작

『상서尙書』「하서夏書」에 "석石과 균鈞에 관한 것은 왕부王府에 있다"는 기록이 있는데, 석과 균은 모두 도량형 제도였다. 하허夏墟의 고고학적 발견에서도 도자기나 뼈로 만든 엄격한 등급을 가진 도량형 용기와 몇 점의 청동제 도량형 용기가 나왔다. 이들 용기의 발굴은 일종의 원시적 도량형 제도의 물증이다.

(6) 엄격한 형정刑政과 옥정獄政

『좌전左傳』「소공昭公 6년」에 "하의 정치가 문란해져 우형禹刑을 만들었다"고 기록되었다. 당시 형벌의 제정과 시행을 담당한 사람은 고요皋陶로 매우 큰 영향력을 가진 사법 관리였다. 그리고「하본기夏本紀」에 "걸桀이 탕湯을 불러 하대夏臺에 가두었다"고 기록된 것과 같이 감옥을 설치했다. 하대는 초기 감옥의 형태이며 당시에 옥정을 관리하는 관원을 색부穡夫라 했는데, 그는 최초의 옥정관이었다.

제3절 상나라 법제의 발전

상商은 기원전 16세기에 건립되었다. 하를 바탕으로 수립된 상은 정치·군사·경제적 집중을 통해, 상왕商王을 수장으로 하는 통치 귀족의 전제주의에 입각하여 지배계급의 이익을 옹호하는 것을 법의 본질로 삼았다.

1. 입법활동

상은 하를 멸망시킨 후 점점 대국으로 발전해 '수천 리에 걸친 국토'를 가지고, 수많은 주변국을 복속시켜 통합함으로써 국가의 행정관리 체제를 구축했다. 농업·목축업·수공업이 번영했는데, 특히 정전제井田制의 관리와 조직을 통해 비교적 완벽한 관개 시설과 정확한 토지 측량으로 더욱 엄격하게 농민의 경작을 강제할 수 있었다. 동시에 목축과 수공업이 분화되고 사회 재화가 대량으로 증가하여 지배자와 귀족이 이들 재화를 공동 분배하고 점유했다. 이러한 정치·경제적 발전은 피지배층에 대한 잔혹한 착취에 기초한 것으로, 상의 통치자는 자신의 정치적 지위와 경제적 부의 안정을 항구적으로 확보하기 위해 국가의 입법활동을 강화했다.

대량으로 출토된 갑골문의 기록에 대한 분석에 근거해 보면, 상의 입법활동은 다음과 같다.

(1) 행정체제 및 기능의 확립

국가조직의 운용에서 왕을 수장으로 하는 전제 정체를 확립했다. 국왕은 스스로 '나 한 사람(予—人)'이라 하여 국가의 군사·행정·입법·사법의 대권을 장악하는 지고무상의 권력을 가졌다. 국왕 아래 행정 관제를 만들어서 중앙과 지방의 행정기능을 구분하고 권한을 제한했다. 행정조직의 원칙으로는 친귀합일親貴合—을 추구했는데, 이는 국왕과 혈연관계에 있는 사람만 관직을 담당할 수 있는 것으로, 오로지 귀족과 대가문만 국가 관리에 참여할 권한을 주었다. 이로써 왕과 제후를 주체로 하는 종족 통치체계가 성립되어 서주西周 종법宗法 제도의 기초를 다졌다.

가족체제의 구성은 친귀합일에 따라 적장자嫡長子 상속제를 확립했다. 왕위의 계승은 귀족 종법에 따라 '형이 죽으면 아우가,' '아비가 죽으면 아들이 계승'하는 원칙이 점점 법률제도가 되었다. 그러나 상 말기에 이르면 "형이 죽으면 아우가 계승한다"는 제도는 도태되고, 단지 적장자 계승권만 남게 된다. 무을武乙에서 주왕紂王에 이르는 4대의 국왕은 적장자 계승제의 합법성을 확립했다.

(2) 탕형湯刑

『좌전左傳』에는 "상商의 정치가 문란해져 탕형을 만들었다"고 하는데, 이것은 곧 우형禹刑을 바탕으로 상대商代의 법을 새롭게 제정한 것이다. 상의 갑甲 24년에 탕형을 다시 개수改修하여 『상서尚書』에서 '벌페은이罰蔽殷彝'(은나라의 떳떳한 법으로 처벌함)라 하는 바와 같이 서주 초기까지 탕형은 계속 사용되었다. 그러나 애석하게도 탕형은 유실되어 오늘날에는 본래의 내용을 알 수 없다.

2. 법의 형식과 내용

상에서 통치 귀족의 대표는 상왕商王이었다. 그는 직접 토지와 인민과 군대를 장악하고, 국가의 모든 정무를 결정할 권한을 가지고 있었다. 갑골문과 청동 명문에 나오는 왕명王命·왕령王令은 상왕이 중대한 사건에 대해 결정한 서면 문서이다. 왕의 명령은 곧 법이며, 국가의 중요한 법 형식으로 최고의 법적 효력을 가졌다. 예를 들면 『상서尚書』「탕서湯誓」는 상의 탕왕이 발포한 동원령이었다. 그는 "하夏가 죄가 많아서 하늘이 명하여 정벌하게 한다"고 토벌의 명분을 선포했다. 하의 걸왕桀王이 "백성들의 힘을 모두 막고, 하의 읍을 해친다"고 성토하며, 잔혹하게 인민을 강압하고 착취하기 때문에 징벌을 내리지 않을 수 없다고 했다. 그리고 "짐의 말을 자세히 들을 것"을 요구하고, 그렇지 않으면 "나는 너희들을 죽여서 용서하지 않겠다"고 했다.

한편 걸을 토벌한 후에 발표한 「탕고湯誥」에서 신하와 백성들에게 반드시 "각기 너희의 전典을 지켜라"라고 하여, 엄격한 법집행을 통해서 하夏가 파괴한 국가를 중건할 것을 주장했다. 「이훈伊訓」에서는 관형官刑을 제정함으로써 백관을 경계했다. "감히 궁중에서 항상 춤을 추고, 집에서 취하여 노래함이 있으면 이것을 무풍巫風이라 한다. 감히 재화와 여색에 빠지고, 유람과 사냥을 자주 하면 이것을 음풍淫風이라 한다. 감히 성인의 말씀을 업신여기고, 충직한 말을 거스르며, 나이 많고 덕이 있는 이를 멀리하고, 격동覡童을 가까이함이 있으면 이것을 난풍亂風이라 한다." 이러한 삼풍십건三風十愆의 죄를 범하는 자는 반드시 바로잡고 징계를 가한다고 했다. 그밖에 왕의 영令이 생겼는데, 그것의 법적 효력은 서誓·고誥·훈訓과 같았다. 이와 같이 상왕의 각종 명령은 모두 국가 활동의 준칙으로서 최고의 법적 권위를 가졌다. 그러나 입법의 전체적 의미에서 보면 그것은 여전히 불문의 관습법이었다.

제4절 서주西周 시대 법제의 완비

기원전 11세기 주周가 은상殷商을 대신해 건국했다. 그 후 기원전 770년에는 평왕平王이 동천하여 낙읍洛邑에 동주東周를 세웠다. 이 5세기 동안 고대 사회의 번영은 극에 달했고, 법 또한 독립된 체계를 형성했다.

1. 종법 등급 제도의 형성

서주 수립 이후 많은 제후국이 세워져 고대 종법宗法의 금자탑을 구축했다. 이 금자탑의 구조는 세 개의 순환층으로 된 대종大宗과 소종小宗으로 구성되었다.

주왕周王은 천자天子라 하여 천하제일의 대종이자 최고의 통치자가 되었고, 왕위는 적장자 세습제를 시행했으며, 국가 권력과 부를 포함한 모든 것이 상속 범위에 포함되었다. 이것이 각 종宗에 대해 절대적인 지배권과 박탈권을 가지는 종법제도의 핵심이었다.[7] 종법의 중간 계층은 분봉 제후였다. 그들은 모두 주왕의 아들로 주왕에 대해서는 소종의 지위에 있지만, 봉국封國 내에서는 대종의 지위를 가졌다. 제후의 상속도 적장자 상속제를 따랐고, 아들들은 경대부卿大夫에 봉해졌다. 세 번째 계층인 경대부는 제후에 대해서는 물론 소종이었다. 이러한 복합적인 혈연 계층으로 된 대소종 구조에 의해 통치 귀족의 위계질서인 등급 제도가 확립되었다. 뿐만 아니라 종족 구조와 국가 권력 구조의 융합은 제후국을 건국하는 책략을 실현했다. 구체적인 형식을 보면 뚜렷한 두 가지 특징이 있다.

첫째, 종법을 국가 권력과 활동에 관철시켜 면밀한 체계를 가진 분봉제도를 정립했다. 상商 초기에 상왕은 종실의 지위와 혈통관계에 따라 귀족에게 토지와 노예를 분배함으로써, 처음으로 분봉을 실시했다. 이를 시초로 주 왕조의 대규모 분봉과 제후 창설의 토대가 만들어졌다. 기록에 따르면 무왕武王과 주공周公은 71개의 제후국을 수립했다고 하는데, 무왕에게 분봉을 받은 사람 가운데 형제가 15명이고, 그밖에 사람들도 그의 자제·인친·공신이었다. 제후국은 주왕에 의해 정식으로 임명장을 발급받고, 경제·군사 부문에서 상대적인 독립성을 가졌다. 이로써 서주의 주왕을 중심으로 많은 '봉건체封建體'가 대국을 형성했으며, 동시에 주왕 및 제후와 경대부는 서로 일정한 권력과 의무를 분담했다. 주는 상을 훨씬 능가하는 강력한 정권을 성립시켰고, 국가의 형식과 기능은 정치와 경제의 질서를 다지며 안정된 통치를 이룩했다.

둘째, 종법은 세습 국가의 관직제도에도 관철되어 세경세록世卿世祿 제도를 형성했다. 주의 건국 초기에 주왕은 종법 구조의 특징을 이용해 국가의

---

7) 김정렬, 『서주西周 지배체제의 성립에 대한 연구』(숭실대학교 박사학위 논문, 2002). —역주

각급 관직의 특권을 확정했다. 경대부는 각 제후국의 관원이거나, 수석 대리인 또는 세습 봉지의 최고 주재자로서 군대와 모든 행정 권력을 가지며, 또한 직무의 승계는 대종·소종의 적장자 상속제의 서열에 따른다고 명확하게 규정했다. 따라서 제후국의 주요한 관직은 먼저 경대부 가족 구성원에 세습되어 자연히 세경世卿 계층과 함께 권력 구조의 일부를 형성하게 되었다.

세경제도의 확산에 따라 점점 몇몇 방대한 경대부卿大夫 세가世家가 형성되어, 국가의 정치활동에서 확고한 지위를 갖고 행정 권력과 경제력이 점점 이들 경대부 세가에게 장악되었는데, 이것이 전국시대에 군웅이 할거하는 토대가 되었다.

종법 가족제도가 국가 정권에 막대한 영향을 미치게 되자, 서주의 법제도는 종법제도의 시행과 안정을 보장하는 방향으로 점점 발전해 갔다.

2. 주공제례와 여후呂侯의 형 제정

서주 왕조는 풍부한 인적 자원을 바탕으로 한때 경제적 번영을 이루었다. 법에 있어서 가장 뚜렷한 발전은 주공제례周公制禮, 즉 주공에 의한 예禮 제정과 여후에 의한 형刑 제정이라는 양대兩大 입법 사업의 출현이었다.

이른바 주공제례는 주공 개인의 의사에 따른 입법활동이 아니라, 고대의 종법 등급에 근거해 귀족 내부의 상호관계를 규율하고 특권 유지를 위한 행위규범을 확립한 것이었다. 내용은 정치·경제·윤리·혼인·습속 등의 여러 방면을 포괄하는 동시에 형법·민법·행정법·소송법 등 다양한 법 내용을 포함하고 있었다. 그 실질적 의미는 주의 국가 권력과 정치 활동의 기본제도를 확립하고, 나아가 법적 수단을 이용해 종법과 국가 권력을 통합하는 구체적인 보장을 했다는 데 있다. 따라서 그 영향력은 광범위하며 깊다.

여후에 의한 형刑 제정은 서주의 법적 개혁으로, 오형五刑의 제정은 고대 법학 이론의 연원이 되었다. 국법과 종법의 통일을 이상적인 단계까지 추구함으로써, 후대後代 형법전 제정에 토대가 되는 선도적인 역할을 했다. 고대의 오랜 기간 동안 주공의 예와 여후의 형이 높이 존중된 것은, 그것이 고대 국가에서 형법·행정법·소송법의 제정을 위한 하나의 불변 법칙을 확립했기 때문이다.

3. 주요 법 형식 및 내용

서주의 입법활동은 「주관周官」, 「여형呂刑」 및 수많은 '청동 법률 문서'의 출현에서 그 성과를 알 수 있다. 「주관周官」은 최초의 이전吏典으로, 주로 국가기구인 육부六部 편제와 각급 관원의 직책을 규정한 것이다. 「여형呂刑」 은 형사재판에 적용된 형법전으로 형벌의 원칙, 형벌제도 등에 대해 상세히 규정한 것이다. 청동 법률 문서를 예로 들자면 '대우정명문大盂鼎銘文' '짐이 명문朕匜銘文' 등은 소송 판결문의 성격을 가진 것이고, '대극정명문大克鼎銘文' 은 행정관리 임명서이며, '격백궤명문格伯簋銘文'은 토지매매 계약 문서이다. 이들을 통해 보면 서주의 법 연원은 직접적으로 국왕의 명령, 각급 통치 관리의 의도, 지배 귀족이 인정하는 모종의 관습 등으로부터 생성된 것임을 알 수 있다. 구체적으로 세 가지 측면으로 나누어 볼 수 있다.

(1) 왕의 명령

왕의 명령은 최고의 법적 효력을 가지며 또한 가장 중요한 법원法源이었다. 고대의 전제 정치에 상응하여 국왕에게는 '신격화된 인격'이 부여되었다. 『상서尚書』에서 보는 바와 같이 탕이 제왕의 권력을 장악한 것은 하늘의 명을 받았기 때문이라고 하여 절대적인 권위를 부여했다. 그의 행위는 모두 천의天意를 대표해 상제上帝, 즉 하느님의 사명을 집행하는 것으로 보았다. 또한 주왕은 신하에게 "짐의 명을 폐하지 말라"고 경계해 왕의 명령을 국가 활동을 지도하는 최고의 준칙으로 삼도록 하여 최고의 법적 효력을 갖도록 했다. 하夏에서 주周에 이르기까지 또는 전체 전통사회에 있어서 왕명은 전제 주의 통치의 입법 영역에 반영되고 계승·전파되어 중화법中華法의 연원 가운데 하나가 되었다.

(2) 제후·경대부와 행정관의 지령

이것도 서주의 법적 연원이 되었다. 노魯의 효공孝公은 일찍이 "업무를 부여하고 형을 행함에는 반드시 유훈遺訓을 따라야 한다"고 했다. 유훈은 곧 관원의 훈령訓令을 말하는데, 제후와 경대부들이 서명한 지령을 포함했다. 이들 훈령과 지령은 모두 법적 효력을 가졌다. 이로부터 고대 사회의 지역적인 규정들 또한 고대 법제의 연원과 형식이 되었음을 알 수 있다.

(3) 관습법

지배계급의 이익에 부합하는 것으로 인정되는 관습법도 법의 근원이 되었다. 관습법은 대부분 지배계급의 의지를 반영한 것이다. 사회관계를 규율하는 행위규범은 입법권을 독점한 지배계급에게 매우 유리하게 되어 있어 법적 수단을 이용해 피지배계급에 대한 강압을 자의로 행할 수 있었다. 관습법은 지배계급의 통치를 보완하는 역할에 한정되었을 뿐, 지배계급을 구속하지는 않았다.

그밖에도 고대 법제의 발전에 따라 통치계급 내부를 규율하는 예禮에 법의 성격이 부여되었다. 그들은 "법은 예에서 비롯되는 것이다"라든가 "예는 법의 대부분이다"라고 인식했다. 법과 예의 상호 의존관계와 사회적 기능을 통합하여 "국가를 경영하고 사직을 안정시킨다"는 목표를 실현했다. 이것은 고대 법률이 이미 성숙 단계에 접어들었음을 나타내는 것이다. 예를 들면 서주의 통치자들은 불효불우죄不孝不友罪를 매우 중시해서 살인죄보다 심각한 것으로 생각했다. 「강고康誥」에 의하면 주공周公은 강숙康叔에게 "속히 문왕文王이 제정한 법에 따라 처벌하고 형刑에는 용서함이 없도록 하라"고 했다. 이는 문왕이 제정한 형법에 따라 범죄자들에게 관용을 베풀지 말고 엄격하게 처벌할 것을 명령한 것이다. 이른바 "예로써 다스리고," "형으로써 다스린다"8)는 것이다. 그리고 민사법 또한 대부분 관습법에 의존했다.

서주의 법제는 다양한 유형이 있었는데, 법전을 제작한 재료에 따라 보면 갑골문 문서와 청동기 명문(소송 판결서)이 있다. 예를 들자면 '사여정師旅鼎'은 출정 명령에 불복한 것에 대한 형사책임을 추궁하는 소송 문서이고, '시인반矢人盤'은 토지 탈취에 대한 배상 소송 판결문이며, '대우정大盂鼎'은 3백여 자에 달하는 명문의 법률 문헌이고, 홀정曶鼎, 위화衛盉, 위정衛鼎 갑甲은 모두 최초의 민사경제 법률문헌으로, 이들 청동기 명문에 기록된 법은 모두 고대 사회의 특수하고 독창적인 법률 형식이라 할 수 있다. 이밖에 주왕의 서誓·고誥·명命·훈訓 등은 최고의 법적 효력을 가진 것이었다. 현존하는「강고康誥」·「주고酒誥」·「태서泰誓」·「목서牧誓」·「미자지명微子之命」·「고명顧命」·「홍범洪範」·「입정立政」 등은 서주의 법을 풍부하게 했으며, 전통 법제의 발전에도 매우 큰 영향을 미쳤다.

제5절 춘추시대 법제의 와해

기원전 770년 주의 평왕平王이 동천하여 낙읍에 새로 도읍을 정한 일은 호경鎬京 서주 정권의 몰락과 동주東周 정권의 시작을 알리는 것이다. 이 시기는 노예의 반란과 백성의 폭동으로 예악禮樂이 붕괴되고, 이로부터 거대한 개혁과 변법變法 같은 역사적 변동이 일어나 마침내 고대는 종언을 고하고, 새로운 제도에 지위를 물려주게 된다. 이 역사적 과도기를 '춘추春秋'라 부른다. 이와 같은 시대적인 특징에 따라 춘추시대의 법제에도 상당한 변화가 발생했다. 예禮와 법法의 다툼은 예禮와 형刑의 분리를 낳았고, 이어서 성문법의 공포와 시행으로 관습법이 물러나는 동시에 전통적 생산관계의 출현으로 전통 법제가 싹트게 되었다. 이로부터 중국 사회는 격동기를 거치며 고대 법제도에서 전통 법제도로 전환하기 시작했다.

---

8)『논어論語』「위정爲政」.

1. 예법 논쟁과 예악禮樂의 붕괴

동주東周가 성립된 뒤, 분봉에 의해 임명된 제후들이 모두 주周 천자天子의 명령을 따르지 않는 하극상이 발생하게 되었다.『사기史記』「태사공자서太史公自序」에는 "춘추시대에 군주 시해가 36건, 국가 멸망이 52건이고, 제후들이 사직을 지키지 못한 것은 이루 수를 헤아릴 수 없다"고 했다. 또한 제후국에서도 반란 사건이 끊이지 않고 발생했으며 예악이 붕괴된 정치 상황은 주 왕조의 존립을 심각하게 위협했다. 각 제후국은 원래 주周의 법을 사용했으나, 경제·정치 제도의 큰 변화로 등장한 신흥 지주계급의 권력 장악은 자신들의 이익을 보호할 수 있는 법의 개혁을 요구하기 시작했다. 성문법의 제정과 공포를 추진하고, "친소親疎를 구분하지 않고, 귀천貴賤을 달리 대하지 않으며, 모두 법에 따른다"는 법제 원칙의 실행을 주장했다.

이와 같은 신흥 지주계급의 요구는 자연히 평민과 노예들의 지지를 얻으면서 법제 개혁을 주장하는 새로운 힘을 형성하여 전통 법제의 싹을 틔웠다. 이에 대해 귀족을 대변하는 정치적 보수파는 자신의 이해를 위협하는 변법變法 혁신파에 강력하게 대항했다. 그리하여 예와 법이라는 문제를 둘러싸고 격렬한 논쟁이 벌어지게 되었는데, 이 예법禮法 논쟁의 초점은 다음 두 가지 방향으로 요약할 수 있다.

(1) 예와 법

예로써 국가를 통치할 것인가 아니면 법으로써 사물을 판단할 것인가 하는 논쟁이 있었다. 고대의 옹호자들은 새로운 정세를 맞아 예치禮治 노선을 앞세웠다. "오랜 세월을 두고 예로써 국가를 다스릴 수 있었음은 천지天地와 함께 하기 때문이다"라고 하면서 통치자는 반드시 "예로써 국가를 다스려야 한다"고 주장했다. 그들은 예禮와 천지天地는 뗄 수 없는 관계로 생존을 같이 하기 때문에 치국治國은 반드시 예치禮治라는 통일된 원칙으로 국가를 건설하고, 붕괴된 예악禮樂을 복원함으로써, 정덕청명政德淸明의 국가 질서와 법환경을 조성해야 한다고 주장했다. 변법 개혁을 주장하는 신흥 지주계급의 대표적인 인물인 관중管仲은 "군신·상하·귀천이 모두 법에 따라야 한다"고 했다. 또 다른 법학파法學派의 대표적인 인물인 등석鄧析은 더욱 분명하게 "사물은 법에 따라 판단해야 한다"고 하여 귀족에 의한 법의 독점을 타파하고, 법적 수단에 의해 신흥 지주계급의 권익을 보호할 것을 주장했다.

(2) 시비是非와 권형權衡

예로써 시비是非를 밝힐 것인가 아니면 법으로써 권형權衡을 할 것인가 하는 것도 논쟁의 대상이었다. 예치禮治 옹호론자의 근본 목적은 '친친親親 존존尊尊'의 등급 명분을 유지하고, 지배계급의 종법 등급 제도를 보존하는 데 있었다. "예로써 시비를 밝힌다"는 주장은 어떠한 일이든 판단과 처리 원칙을 마땅히 예를 척도로 삼아 "덕으로써 도를 행하고 예로써 통치를 한다"9)는 기존 질서를 두둔하는 것이었다.

그러나 변법 혁신파는 예치와 예치를 전제로 하는 등급 질서를 반대했다. "척촌尺寸·승묵繩墨·규구規矩·형석衡石·두곡斗斛·각량角量을 법이라 한다"10)는 관자管子의 말에서 보듯이, 법에 의해 시비是非를 판별하고 곡직曲直을 바로잡을 것을 주장했다. 그들은 또 "백성과 화합하려면 법을 몰라서는 안 된다"고 하여 국가의 통치와 강력한 정치는 법에 근거해야 한다는 법치를 주장했다. 예치를 법치로 대체하자는 이러한 주장은 신흥 지주계급의 전제 정치 수립을 위한 사상적 무기가 되었다.

이 논쟁의 결과 변법파가 승리를 거두고, 성문법을 제정해서 공포함으로써 역사에 승리의 표시를 남기게 되었다.

---

9) 『논어論語』「위정爲政」.
10) 『관자管子』「칠법七法」.

2. 성문법의 공포와 영향

예법禮法 논쟁은 성문법의 제정과 공포 문제로 이어졌다. 두 정치 세력은 상당 기간 동안 이 문제로 첨예하게 대립했다. 귀족은 "일이 닥쳐 형을 만들고 미리 법을 두지는 않는다," "형은 알게 해서는 안 되며 위세는 예측할 수 있어서는 안 된다"며 법의 비밀 유지를 주장했다. 평민과 노예로 하여금 어떤 범죄에 어떠한 형벌이 적용되는가를 모르게 해야 우민愚民을 통치할 수 있다는 것이다. 그들이 성문법에 반대하는 이유는 "지금 법을 제정하고 정鼎에 기록하여 밝히면 윗사람에게 꺼림이 없어서 함께 법조문의 해석을 다툴 마음이 있고, 법률에서 인용한 법조문으로 논증하여 요행히 속임수로 해결하려고 하니 어찌할 수가 없게 된다"11)는 것이다. 즉, 성문법을 제정하고 공포하면 고대 사회가 붕괴한다고 믿었다. 이에 맞서 신흥 지주계급은 장기간에 걸쳐서 먼저 일부 제후국에서 권력을 장악하여 성문법을 제정 공포하고, 자신들의 사상을 법의 실천 영역으로 이끌었다. 초기에 제정한 성문법 가운데 주요한 것은 다음과 같다.

(1) 제齊의 궤리연향법軌里連鄕法

기원전 685년에 관중管仲은 제齊의 재상이 되어 환공桓公의 지지 아래 정치 개혁을 단행했다. 그는 밖으로는 '존왕양이尊王攘夷,' 즉 "왕을 존중하고 오랑캐를 내친다"는 방침을 내걸고 동주東周 왕실의 내란을 진정시켰다. 안으로는 '영순민심令順民心,' 즉 "영은 민심에 따른다"는 정책을 실행하고 궤리연향법을 제정했다. 이것이 관중이 "국가를 부강하게 하는 데에는 다섯 가지 일이 있으니, 곧 오경五經이다"라고 한 것으로, 오경은 그가 제정한 성문법의 구체적인 내용이었다. 그의 사상은 상賞과 작록爵祿의 내림과 형벌의 남용을 제한하여 '백성에게 친밀하게' 한다는 신벌愼罰 정책을 통해서, 민심을 장악

---

11) 『좌전左傳』 「소공昭公 6년」 주註.

하고 보수 세력을 타파함으로써 제도를 확립하려는 것이었다.

(2) 진晉의 피려지법被廬之法과 상법常法

피려지법은 진의 성문법으로 수도인 피려被廬에서 제정되었기 때문에 피려지법이라 부른다. 기원전 634년에 진문공晉文公 중이重耳는 즉위 후 신하들을 모아 "피려에 모여서 삼군三軍을 만들고, 극곡郤穀을 중군中軍의 장군으로 삼아 큰 정치를 펴려고 한다"[12] 하며 개혁을 중시하여, 예치를 수정하고 법령을 제정해서 전국에 실시함으로써 진을 강성하게 했다. 희공僖公 28년(기원전 634) 성복城濮 전투에서 남방의 강국인 초楚를 깨뜨렸으며, 그 후 천사踐土 (지금의 하남 영양)에서 제후들을 모아 춘추 오패의 하나가 되었다.

상법常法은 진이 제정한 또 하나의 성문법으로 금수지법錦綉之法이라고도 한다. 기원전 621년에 "조선자趙宣子가 국정에 참여하여 사전事典을 만들고, 법률로 정한 죄를 바로잡고, 형옥刑獄을 조절하고, 죄를 범하고 도망한 사람을 체포하고, 과거의 부정부패를 다스리고, 폐지된 관직을 다시 설치하여 행정조직을 정상화하고, 무능한 관료를 도태하여 어질고 유능한 사람을 등용하는 정치 개혁안을 완성해서 태부大傅 양자陽子와 태사大史 가타賈佗에게 주어 진나라에 시행하도록 해 상법常法으로 삼았다"[13]고 했다. 그 가운데에는 민·형·행정법 등이 포함되어 있는데, 정법죄正法罪를 예로 들면 "정황을 보아 죄를 다스려 장래의 법으로 삼는 것으로, 오늘날 율령의 제정과 같은 것이다"고 했다. 이들 법령은 후에 수정되어 형서刑書가 되었고, 1세기 후에 조선자의 후계자인 조앙趙鞅과 순인荀寅이 정鼎에 기록해서 공포 시행했다.

(3) 송宋의 형기刑器

기원전 565년 송은 개혁을 단행해 "악천樂遄으로 하여금 비庀를 만들도록 했다"[14]고 하는데, 비庀는 형서刑書를 의미했다. 그러나 현재 그 내용은 소실

---

12) 『국어國語』「진어晉語 4」.
13) 『좌전左傳』「문공文公 6년」.

되고 없다.

(4) 초楚의 복구지법僕區之法

복구지법은 춘추 초기의 성문법으로 초문왕楚文王이 기원전 536년에 제정하여 공포한 것이다. 『좌전左傳』 「소공昭公 7년」에 "주문왕周文王의 법에 말하기를 '도망자가 있으면 대대적으로 수색한다'고 하니, 천하를 얻은 원리였다. 우리 선군이신 문왕이 복구僕區의 형법刑法을 만들어 말하기를 '도적을 숨겨주고 그에게 물건을 받은 사람은 도적과 같은 죄로 다스린다'고 하니, 강토를 여수汝水까지 넓힌 원리였다"고 했다. 주석에는 "잃는 것이 있으면 마땅히 그 무리를 모아야 한다" 하고, "복구는 형서刑書의 명칭이다"고 했다. 복건服虔은 이를 은닉망인지법隱匿亡人之法이라고 해석했다. 우윤芋尹은 초의 사법 관원으로 이름을 무우无宇라 했는데, 그의 해석에 의하면 복구僕區는 곧 은닉隱匿이었다. 법률 규정에는 은닉하면 율에 의거해 치죄治罪한다고 했는데, 이 법은 망실되었다.

(5) 형장공荊庄公의 모문지법茅門之法

모문지법茅門之法은 묘문지법茆門之法이라고도 하며, 춘추시대에 형장공이 제정한 성문법이다. 『한비자韓非子』 「외저설우外儲說右」에는 "형장왕荊庄王에게 모문지법이 있어 말하길, 군신·대부·제공자諸公子가 입조入朝할 때, 말 발자국을 남기는 자는 정리廷理가 수레 축을 꺾고, 그 수레를 모는 자를 죽인다"고 했다. 즉, 이 법에 의하면 수레를 타고 입조하는 귀족 대신이 말 발자국을 남기면 이관理官은 그 수레를 부수고 수레를 모는 자를 죽인다는 것이다. 이것은 황궁을 위한 독단적인 입법이 분명하지만, 원문이 망실되어 내용을 고찰할 수 없다.

이상의 성문법 제정은 춘추 초기에 이루어진 것이지만, 그것들이 국민들에게 공포된 적은 없었다. 그러나 성문법의 제정은 시대적인 추세와 민중의

---

14) 『좌전左傳』 「양공襄公 9년」.

보편적인 바람을 반영한 것이며 또한 변법파가 수많은 장애를 무릅쓰고 시도했던 결과라고 할 수 있다.

(6) 정鄭의 형정刑鼎 주조

성문법의 제정을 춘추시대 정치가들이 행한 중대한 입법활동이라고 한다면, 성문법의 공포는 법가의 대표적인 인물들이 전자의 성취를 한 걸음 더 사회화한 것이라고 할 수 있다. 당시의 입법활동에서 가장 대표적인 것은 형서刑書의 편찬과 형정刑鼎의 주조였다.

기원전 536년 정의 신흥 지주계급인 법가의 자산子産은 먼저 형서刑書 삼편三篇을 만들고, 형서를 정鼎으로 주조해 '국가의 상법常法'으로 삼았다.15) 이것은 중국 역사에서 정식으로 공포된 첫 번째 성문법으로 처음으로 귀족에 의해 법이 비밀로 독점되는 상황을 타파하고 법을 사회로 향하게 했다. 이 성문법은 주조되어 공포되자마자 곧 귀족들의 맹렬한 반대에 부딪쳤다. 대표적인 인물인 숙향叔向은 자산에게 보낸 편지에서 "옛날에 선왕이 사건을 논의하여 형벌을 주었고, 미리 형법을 만들지 않았던 것은 인민들이 법조문을 다투는 일이 있을까 두려워한 것이다. … 인민들이 형법이 있는 것을 알면 윗사람에게 꺼림이 없어서 함께 법조문의 해석을 다투는 마음이 생긴다"고 비난하고, 자산에게 "나라가 장차 망함에 반드시 법제가 많다고 하였나니 이것을 말하는 것이 아니겠는가"라고 위협했다.16)

개혁을 견지한 자산은 숙향에게 보낸 편지에서 "나는 이것으로써 구세救世를 하고자 함이다"라고 밝혀, 지배계급에 반박을 가했다. 즉, 그는 사회발전의 추세에 따르고 사회개혁의 요구에 부응하며 구세救世를 위해 변법을 주장했던 것이며, 이것은 역사적인 위업으로 평가를 받아 마땅하다.

자산의 뒤를 이어 정의 대부大夫가 된 등석鄧析은 자산의 뒤를 좇아 기원전 502년에 성문법을 편찬했으나, 형서를 주조鑄造할 힘이 없었으므로 성문법을

---

15) 『좌전左傳』「소공昭公 6년」 두주杜註.
16) 『좌전左傳』「소공昭公 6년」.

죽간竹簡에 새겨 '죽형竹刑'이라고 했다. 죽형에서 그는 명백히 예치를 반대하고 "만사를 법에 의해 판결한다"고 제창해 법치를 실행할 것을 결의하고 혼란에 빠진 인민들에게 법리法理를 전수했다. 이 때문에 정의 귀족들에게 원한을 사 귀족인 사전駟顓에게 살해되었지만 그의 '죽형'까지 묻혀 버린 것은 아니었고, 많은 법가들이 계속해서 죽형을 운용하여 정에서는 민중이 익히 아는 법法이 되었다.

(7) 진晋의 형서刑書

춘추 초기에 진은 봉건화 속도가 비교적 빠른 제후국의 하나였다. 정나라의 자산이 성문법을 공포한 뒤인 기원전 513년에 진晋의 집정관이었던 범선자范宣子가 뒤를 이어 형서를 만들었으나 공포되지는 못했다. 그러나 그의 사후 저명한 법가이며 집정관인 조앙趙鞅과 순인荀寅은 형서를 정鼎에 새겨 공포했다. 이 형서는 정나라의 형서보다 더욱 급진적이어서 그 결과 유가의 창시자인 공자의 맹렬한 반대에 부딪쳤다. 공자는 "진晋은 그것으로 망할 것이다! 그 법도를 잃었도다. … 귀한 사람과 천한 사람이 직분을 어기지 않음이 이른바 도度이다"라 하고, 다시 "이제 법도를 버리고 형정刑鼎을 만드니 인민의 관심이 정鼎에 있으리니 어찌 귀한 사람을 존경하며, 어찌 귀한 사람이 업무를 수행하겠는가. 귀천에 질서가 없으면 무엇으로 나라를 위하여 일을 하리오. 저 선자宣子의 형刑은 이夷(晋地) 땅의 군사훈련에서 제정한 것이니 진의 문란한 제도이거늘 어떻게 법으로 삼겠는가"17)라고 했다.

그의 주장에 따르면, 진의 법도法度는 마땅히 주례周禮를 따라야 하는데, 이제 예를 버리고 형서를 만들고 형정을 주조해 인민으로 하여금 정鼎을 보고 일을 처리하게 하면, 인민은 통치에 따르지 않을 것이고, 귀족들의 지위와 이익은 바닥에 떨어지게 된다는 것이다. 그러나 공자는 숙향叔向과 마찬가지로 민중으로부터 버림을 받게 되었다.

---

17) 『좌전左傳』 「소공昭公 29년」.

신흥 지주계급이 성문법을 제정하고 공포한 것은 정치적으로 중대한 승리였다. 고대 법제의 기초를 뒤흔들었을 뿐만 아니라, 법치에 의한 예치의 대체라는 새로운 국면을 열기 시작했다. 고대 귀족은 법을 독점하고 "일이 있을 때 형을 제정하고, 미리 법을 만들어 두지 않는다"는 법신비주의法神秘主義를 채택했다. 형벌을 남용해 자의로 형을 사용하여 죽임으로써, 법률상 생사여탈의 특권을 가졌다. 춘추시대에는 신흥 지주계급의 발생과 평민 계층의 각성에 따라 성문법이 제정·공포되었다. 이를 통해 귀족의 법적 특권이 부분적으로 제한받는 법제가 시행되었다. 고대의 법률제도를 변화시킬 수 있는 근본적인 기초가 다져진 것이다. 이는 중국 법제사에서 중대한 변혁이었다.

성문법의 공포는 사회개혁의 추진력이 되었으며, 특히 생산관계의 발전을 촉진했다는 점에서 의의가 크다. 등석鄧析은 비록 죽었지만 죽형竹刑이 의연히 실행된 것은 새로운 통치계급의 의지와 민중의 보편적 염원을 반영하는 것이다. 진晉의 범선자范宣子·조앙趙鞅 등이 형서를 만들고 형정을 주조하여 법가法家의 선구적인 모범이 된 것은 모두 봉건 계급의 근본 이익을 대변했기 때문이다. 또한 죽형은 그 뒤 봉건 계급을 대표하는 인물들의 변법과 전통법제의 확립에 선구가 되었다. 또한 최초의 성문成文 법전인 법경法經의 제정에 역사적인 기초를 제공했다.

3. 민사 소유권의 변화

성문법의 제정과 공포는 민사·혼인·상속법 등 여러 분야에 큰 영향을 미쳤다.

첫째, 민사 소유권에 변화가 생겼다. 고대 사회에서 소유권의 실현은 토지를 통해 이루어졌고, 그 소유권은 귀족의 최고 통치자에 속했다. 그러나 춘추시대에 사유제가 출현하고 예악이 붕괴되는 정치 상황이 도래하자, 토지는 군주 1인에 의한 점유에서 점점 제후, 신흥 지주계급, 일부 자경농自耕農의 소유로 분화했다. 동시에 새로운 생산력의 바탕 위에 일가일호一家一戶를 단위로 하는 소규모 생산과 개별 경영이 가능해졌다. 이러한 분산된 개별 생산은 생산관계의 변화를 수반했는데, 춘추시대에 출현하기 시작한 봉건적 생산관계가 중하층 귀족들과 일부 평민들의 사유지에서 발생했다. 이들 새로운 토지 점유자들은 노예와 평민을 끌어들여 그들을 새로운 생산력으로 삼아 지조地租를 받아들이는 생산관계를 형성했다.

이밖에도 일부 상인들은 토지를 매수하고 지조를 착취했다. 이 과정에서 많은 노예와 파산한 평민이 신흥 지주계급의 농노農奴와 의부依附, 즉 의탁 농민으로 전락했고, 동시에 약간의 토지와 생산 도구를 소유한 자경농自耕農이 발생했다. 나아가 이들 자경농과 노예 가운데에서 수공업자가 분화하여 농업생산 외에 새로운 형태의 생산 경영자가 되었다. 이와 같이 춘추 중후기에 걸쳐 고대 사회의 질서는 완전히 변화했다. 토지소유권의 점유관계에 근본적인 변화가 일어나 마침내 고대가 붕괴되었고, 진晉의 작원전作轅田, 노魯의 초세무初稅畝와 초楚의 양입수부量入收賦 등과 같은 조세제도의 시행 또한 민사 소유권의 신속한 변화를 촉진했다. 이렇게 춘추 말기의 민사법 제도는 이미 새로운 길을 걷기 시작했다.

둘째는 상속제도의 변화였다. 생산관계의 발전 및 경제·정치 제도의 변화에 따라 종족 조직과 결합되어 있던 정권은 점점 해체되었으며, 중앙과 지방의 행정관리 또한 종족 정권의 혈연관계로부터 점점 이탈했다. 그리고 귀족의 봉지封地도 세습世襲에서 봉록俸祿으로 바뀌었다. 이것은 본래 의미의 종법적 장자 상속제, 특히 토지소유권의 상속이 사회 변화로 말미암아 소멸되어 감을 의미한다. 이처럼 고대 상속제도는 점점 전통적 상속제도로 대체되어 갔다.

제2장 행정법

하夏의 수립 이후 일련의 행정법과 규범이 제정되었다. 상商의 탕湯왕은 하의 망국을 교훈으로 삼아 정권을 수립하고 곧 행정입법을 강화하여, 국가 기구의 효율을 높이고 행정법 수단을 보완했다. 중앙 정권과 제후국, 제후국 상호의 각종 행정관계를 규율해 행정입법의 발전을 촉진했다.

주周의 수립으로 고대 사회는 번영과 발전의 황금시대를 맞이했다. 서주西周의 창시자는 정치적으로 "제후를 합치고 인민을 이주시킨다"는 중대한 조치를 내렸다. 각 제후국에 대한 통치력을 강화하고, 점차 정전제井田制·분봉제分封制·종법제宗法制를 확립했다. 노예제도의 정치·경제적 기초를 모두 완비함으로써 통치제도를 확립하고, 또한 그것을 영속시키기 위한 행정입법을 전개했다.

제1절 종법 분봉과 행정입법

1. 종법 분봉 제도의 확립

고대의 행정법은 종법 등급 제도에 기초해 만들어졌다. 하·상·주 3대에 이르는 통치 집단은 모두 종족을 중심으로 구성되었다. 통치 집단은 수뇌首腦에서 일족一族의 장에 이르기까지 종족 구조에 종속되어 있었다. 그들은 국가 권력을 장악한 뒤에도 가부장적 가족과 같은 "상하에 구별이 있고 장유長幼에 순서가 있다"는 등급제도를 유지하며, 가장家長 또는 족장族長을 권력의 중심으로 삼았다. 동시에 가장의 가부장권을 보장하는 친친존존親親尊尊의 종법 관념을 발전시키고, 나아가 종법 등급 형식을 정권에 침투시켰다. 이처럼 족권族權과 행정권이 하나로 결합되어 정권과 족권은 이중 권력을 향유하게 되었다. 이러한 권력 체계에서 정권과 행정기구는 세 가지 형식으로 구체화되었다.

첫째, 세습제가 확립되었다. 국가 최고 권력을 장악한 가장 또는 족장은 스스로 국왕 또는 천자가 되어 국가 권력을 가족화하고, 이를 법으로써 규정하는 왕권 세습제도를 확립했다.

둘째, 분봉제가 수립되었다. 가장과 족장으로부터 등급에 따라 분봉을 시행하여 국가의 행정조직을 일정 규모의 집단으로 나누었다. 자기의 직계 친족을 임명해 제후국의 최고 수장과 중요 관리직을 담당하도록 해서 권력을 영구히 점유했다.

셋째, 임명제를 도입했다. 국가 권력을 장악한 가장, 족장, 제후국의 수장은 등급에 따라 자기의 친족과 가족 구성원을 중앙과 지방의 각급 관리로 임명했다. 이들은 행정 권력을 관리하고 행사함으로써, 종족 정권을 공고히 하는 역할을 했다.

국가 권력, 행정 조직, 행정 권력을 장악하고 행사함에 있어 종법 등급은 각 영역에 적용되었으며, 그것을 제도화하고 법률화했다. 이로써 종법 등급은 고대 사회의 행정체제, 행정입법과 불가분의 의존관계를 이루었다. 행정입법은 반드시 종법 등급을 준수해야 한다는 원칙을 확립함으로써 종법제도의 공고화에 공헌했다.

2. 행정법의 성격

고대 중국의 행정법은 오랜 역사를 가지며 전적典籍이 완비되어 일관된 체계를 이룩했다. 세계 행정법 역사에서 빛나는 지위를 점하고 있는 것이다. 고대의 행정법은 최초의 행정법으로, 당시 권력기구와 행정 활동의 모든 것을 포괄하고 있다. 구체적으로는 행정체제 및 행정조직(建制法), 관리의 임면과 보직(職官法), 행정 권한과 절차(管理法) 등을 포함했다. 행정법은 국가의 모든 조직 활동과 관리 업무에서 요구되는 일체의 행정법적 관계에 적용되었다.

이러한 법적 관계는 군신君臣의 관계, 산하 기관의 권한 배분, 왕실·귀족·제후·상인 및 종족 수장 사이의 등급 서열과 상호관계, 중앙정부와 지방정부의 권력 관계 등을 포괄했다. 고대 국가의 행정입법은 국가의 통치 유지와 질서 안정에 그 목적을 둔 것으로, 사회적 생산과 문화 의식의 조직에서 일정한 기능을 했다.

행정법은 종법 등급제와 밀접한 관계를 가지고 있었다. 행정법이 규정하는 행정체제와 행정조직은 다른 측면에서는 종법제도에 의한 세습제世襲制와 분봉제分封制였다. 또한 족장族長과 가장家長이 장악하고 있는 권력 안에서의 각종 등급관계가 곧 행정관계였다. 나아가 행정법이 규정하는 행정 활동의 권한과 절차 그리고 관리의 선발은 종족 상호간의 각종 제약관계를 반영하고 있었다. 즉 그것은 형식과 내용에서 모두 종법제도의 굴레를 벗어날 수 없었다.

제2절 초기의 성문 행정법

고대 행정법은 성문 행정법의 출현에서 시작된다고 보아야 한다. 이것이 하나의 엄격한 기준이다. 그러나 성문 행정법의 생성에 영향을 미친 각종 관습법과 그것이 가지는 사회적인 의의를 배제할 수는 없다. 아래에서는 성문 행정법의 기본적인 내용과 법적 의의를 중점적으로 살피기로 한다.

1. 고대 행정법의 기원

고대 행정법의 기원은 약 기원전 21세기의 하대夏代까지 소급할 수 있다. 역사 문헌의 기록과 고고학적 발굴에 의하면, 하대에 이미 궁정宮廷·왕도王都·

형옥刑獄 등의 국가 권력기구가 수립되었고, 행정구역의 구분, 행정관리의 임면任免 등이 행해진 것으로 보인다. 이를 근거로 하대에 이미 초보적인 행정 규범이 있었다는 것을 알 수 있다. 그것은 주로 세 가지로 나누어 볼 수 있다.

(1) 행정관리기구의 수립

하 때는 국가의 정무 활동을 하는 왕도를 하읍夏邑이라고 했다. 중앙정부의 소재지인 궁정은 선대璇臺 또는 균대鈞臺라고 불렀다. 이와 같은 기록은 하에 의정 장소와 중앙통치기구가 수립되었음을 보여준다. 이는 당시에 행정법의 생성을 위한 물질적 기초가 형성되었음을 말해 준다.

(2) 행정구역의 구분

역사 기록에 의하면, 하夏의 우禹는 중국을 구주九州로 나누어 "구정九鼎을 주조해 구주를 나타냈다"고 한다. 이러한 지역 구분은 중앙행정기구의 설치, 권력 집행의 분할, 주민에 대한 관할권과 직접적으로 관련된 것이다. 중앙에서 지방에 이르는 권력 분배가 이미 이루어졌음을 설명하는 것이다. 또한 국가의 행정 활동이 시간적으로나 공간적으로 행정규범의 제약 아래 편입되었음을 나타낸다.

(3) 관리의 임명과 직관職官 제도의 수립

하왕夏王을 중심으로 하는 관료기구가 이미 형성되어 있었는데, "하후씨夏后氏에게 백관百官이 있었다"는 것은 당시 직관의 규모를 말해 준다. 각 주에는 중앙에서 파견한 관원으로서 지방의 행정사무를 관장하는 주목州牧이 있었다. 그리고 축목관은 목정牧正이라 했고, 수레를 관장하는 자를 차정車正, 왕실의 생활을 관장하는 관원을 포정庖正이라고 불렀는데, 이러한 관리의 임명은 모두 국가의 소관이었다. 관원의 직권 행사에 기초적인 구분이 이루어지면서 하의 관료기구가 점점 형성되었다. 하의 행정 규범은 비교적 간단한 것이었지만, 그것이 행정법의 일부분이라는 것은 분명하다. 또 상商·주周의 행정입법에도 큰 영향을 미쳤다.

2. 성문 행정법의 출현

상·주의 행정법은 청동 명문에 기록된 행정규범과 이전吏典인「주관周官」두 종이 있었다.

(1) 청동 명문의 행정 규범

사람들은 줄곧 청동 명문을 예기禮器로 보아 그것이 갖는 사회적 내용과 시대적 가치를 해독하는 데 치중했다. 그 결과 청동기 그릇이 본래 '판결서' 즉 법문서의 목적을 가진 점을 소홀히 했다. 현재 보존되고 있는 청동 법문헌法文獻에는 형사소송, 민사소송, 경제법, 행정법, 자연과학법규, 교통법규 등의 내용이 포함되어 있다. 그 중 행정법과 관계가 가장 밀접한 것으로는 네 가지를 들 수 있다.

① 사기정師旗鼎 명문銘文

사기師旗가 행정명령에 불복하는 부하에 대해 내린 포고布告인데, 전문은 다음과 같다. "삼월 정묘丁卯일에 사기는 그의 부하(衆僕)가 방뢰方雷로 출정하라는 왕의 명령에 복종하지 않으므로 이홍吏弘을 백무부白懋父에게 보내 고발하게 했다. 그때 잉苪에 머물렀던 백무부는 동3백율銅三百寽에 해당하는 죄로 판결했다. 그러나 이 벌금을 납부하지 못했다. 백무부가 명령하기를 '마땅히 상부의 명령에 복종하지 않는 자들은 처벌해야 한다. 그러나 지금은 처벌하지 않고, 사기에게 벌금을 지불하도록 벌을 내린다'고 했다. 홍弘이 소송 결과를 사기에게 알리고, 그것을 기록하게 했다. 이에 사기는 판결문의 대의를 정에 새긴다." 이것은 분명히 일종의 행정소송의 내용이자 완전한 행정처벌의 재결서裁決書인 것이다.

② 대우정大盂鼎 명문銘文

대우정 명문에는 주周 강왕康王이 대귀족인 우盂에 대해 훈화와 포상을 행하는 행정명령이 기록되어 있는데, 대체적인 내용은 다음과 같다. "9월에 강왕이 종주宗周에서 우에게 명령했다. 문왕文王은 하늘로부터 천하를 통치하라는 위대한 사명을 받았고, 무왕武王은 문왕의 가업을 계승해 악인 주왕紂王을 제압함으로써 천하 사방을 강토로 하고 인민을 다스렸다. 백관은 술을 절제하고 시증柴蒸의 제사를 거행하고 감히 술을 마시지 못하니 하늘이 비로소 선왕이 천하를 통치하는 것을 보우했다. 은조殷朝는 변방의 제후와 도성의 백관들이 모두 주색에 빠졌기 때문에 은왕의 군대는 소멸되고 나라는 망했다. 따라서 나는 문왕의 순수한 덕성을 네가 마땅히 따라야 할 모범으로 명한다. 덕德으로 기강을 잡고 조석으로 훈련하고 왕의 일을 부지런히 행해 맡은 바 직분을 다해야 한다. 동시에 징벌과 소송은 신속하면서도 신중하게 해 아침부터 저녁까지 국왕이 천하를 통치하는 것을 보좌해야 한다." 이처럼 신하에 대한 행정 훈화에는 업무수행에 대한 규정이 있으며 이것은 고대의 매우 중요한 법 문헌의 하나다.

③ 대극정大克鼎 명문銘文

주왕이 극克을 재임명하면서 예복·노예·토지 등을 포상한 사항을 기록한 것이다. 주왕은 극에게 그가 마땅히 준수해야 할 직무 규범을 선포하면서, 매일매일 부지런하고 신중하게 자기의 임무를 수행하고 왕의 명령을 잊지 않을 것을 명했다. 이에 극은 국왕의 영명하고 위대함을 칭송하고, 끝에는 서주의 세관世官 세록世祿 제도의 편린을 기록했다. 이는 관직 임명에 관한 법적 절차를 반영하고 있다.

④ 순궤詢簋 명문銘文

주왕이 순詢에게 선조先朝의 관직을 세습해 도성의 인민을 관리할 것을 명령한 내용이다. 대체적인 뜻은 다음과 같다. "문왕과 무왕이 명을 받을 때 순의 선조가 국가의 대업을 다지는 장거에 참여했다. 이제 나는 특별히 순으로 하여금 이 직위를 세습해 성 안의 인민을 관리하고 오랑캐의 병졸로 조직된 호신虎臣과 용역庸役을 관리할 것을 명한다." 순은 천자의 신뢰에 매우 감격하고 최선을 다해 자기의 직분을 지켜 왕의 명령에 어긋남이 없도록 할 것을 맹세했다.

위에 열거한 청동기 명문에 기록된 행정입법에 관한 내용은 비록 몇 가지에 불과하지만 그것은 분명히 상·주 시대 행정입법과 법시행의 개관을 반영하는 것이며, 오늘날 고대 행정법 연구에 계몽적인 의의를 갖는다.

(2) 「이전吏典」 또는 「주관周官」

「주관」은 매우 중요한 행정법 문헌이다. 비록 진위 여부를 둘러싸고 역사상 매우 격렬한 논쟁이 있었지만, 다년간에 걸친 고찰과 비교를 거쳐 동주東周 시대에 만들어졌음이 판명되었다. 내용은 기본적으로 서주西周의 행정입법을 반영하고 있는 것으로 보인다. 이것은 관직에 관한 매우 희귀한 법전으로 「이전」으로 불리기도 한다.

「주관」의 탄생에는 그럴 만한 시대적 배경이 있다. 중국의 고대 사회가 전성기에 달했을 때, 서주의 통치자들은 상商의 망국을 교훈으로 받아들여 제후에 대한 관할권을 확보하고, 경제·정치 제도의 영구화를 위해 관련제도에 대한 수집과 정리를 행했다. 이렇게 해서 출현한 것이 최초의 성문 행정법인 「주관」이다.

제3절 행정법의 기본 내용과 시행 원칙

갑골문, 청동 명문, 「주관」 등과 같은 상·주 시대에 존재했던 법률 문헌을 보면 기본적인 내용이 행정에 관계된 것이다. 행정체계의 구조, 관직·직무의 책임, 관리의 선발 및 근무 평정, 직무에 관한 범죄의 처벌 등이 대부분이며, 행정입법의 기본원칙을 확립하는 내용이다. 이것은 행정입법이 민족적 전통 위에서 국가기구의 운용과 기능을 강화하기 위한 것이었음을 말해준다.

1. 행정기구의 수립

고대 행정체계에는 기본적으로 횡적 관계의 구역제區域制, 종적 관계의 계층제階層制, 종합 관계의 군주제君主制 등 세 종류가 있었다. 구역제라는 행정체계는 공간적 환경을 군·현 등의 동일한 구역 정체政體로 나누는 것이다. 일률적인 행정 단위는 상호간에 공통적이고 통일적인 개념을 갖도록 해 지리적인 제약관계를 없앴다.

계층제는 국가의 수직적인 관할과 예속관계를 말한다. 즉 중앙과 지방의 관계, 각 부문의 상호관계에서 계층성을 실현하는 것이다. 특징은 중앙이 지방을 관할함으로써 양자는 영원한 제약과 피제약의 지위에 있게 된다.

군주제는 종횡의 각종 관계를 결합해 하나의 절대적인 지고무상의 권위를 형성하는 것이다. 권력의 집중이나 형식의 통일을 통해 일종의 주재적主宰的이고 우상적인 지위를 실현했다.

이러한 세 가지 구조의 상호관계에서 구역제는 행정관계를 결정하고, 계층제는 권력관계를 결정하며, 양자의 통일과 귀속이 곧 하나의 권위적인 제왕으로 나타난다. 이를 토대로 조직되는 국가의 행정체제 즉, 중앙과 지방, 중앙 내부의 구조는 외복外服 제후諸侯와 내복內服 백관百官으로 구분했다. 비록 지방 행정에 대해서 명확한 규정과 구분은 없지만, 실질적으로 외복 제후는 최초의 지방 행정의 실체인 것이다.

2. 상商의 내복內服·외복外服 관직

상의 건국은 무력 정복에 의해 완성되었다. 행정체제는 하의 걸桀을 멸망시키고 여타 다른 부락을 정복하는 과정에서 만들어졌다. 다시 말해 전쟁과 새로운 국가 건설을 위한 관리 기능의 필요에 의해 결정되었던 것이다. 상의 탕湯은 먼저 내·외복의 관제를 만들고, 국가의 관리 구역을 중앙 핵심지역과 지방 외곽지역의 2가지 형식으로 나누었다. 관리제도와 임용은 모두 이러한 국가의 관리체제에 적합하도록 만들어졌다. 관직과 직책의 설치와 분배에서 내외의 구별을 두었다.

『상서商書』「주고酒誥」는 상대商代 내·외 관직의 특징에 관해 매우 명확하게 서술하고 있다. "월越은 외복으로 후侯·전甸·남男·위衛·방백邦伯을 두고, 내복으로 백료서윤百僚庶尹·유아惟亞·유복惟服·종공宗工을 두어, 월의 백성과 주민은 감히 술에 빠지는 이가 없었다." 저명한 청동기 대우정大盂鼎의 명문에는 "나는 은의 운명이 경각에 달려 있을 때 은변후전殷邊侯甸과 은정백벽殷正百辟이 군사를 거느리고 술에 빠져서 군사를 잃었다고 들었다"고 기록했다.

이로부터 내·외복과 은변후전, 은정백벽의 관계가 무엇인가라는 문제가 제기되었다. 이에 관해서 여러 가지 견해로 갈리고 있으나, 관리제도가 내외로 구분되며, 중앙 관리는 백벽百辟으로 부르고 변방의 봉토 관리는 후전侯甸으로 불렀다는 두 가지 점에서는 일치하고 있다. 관리의 임명과 율령의 반포는 모두 중앙정부에 의하고 내외內外·변정邊正의 구분이 없었다. 이것이 상商 관제의 원형이었다. 다음에서는 조직 내용을 좀 더 상세히 살펴보자.

(1) 내복 관제

위에서 말한 바와 같이 은나라 사람들의 국가에 대한 개념은 정正과 변邊, 두 계층을 구분하는 데서 출발했다. 이른바 정正은 상왕商王이 직접 통치하는 핵심 구역 즉 내복구內服區이며, 변邊은 내복 이외의 분봉 지구 즉 후대의 제후국으로 외복外服으로 불렀다. 관리의 배치는 대우정에서 말하고 있는 것과 같이, 전자는 은정백벽으로 후자는 은변후전으로 불렀다. 정과 변은 상 관제의 기본조직 단위였던 것이다.

은정백벽은 관습적으로 조관朝官이라 불리던 중앙 정권의 관리였다. 그들은 일반적으로 정무 보좌, 일반 정무, 종교 제사, 경제, 군사의 다섯 유형으로 나뉘었다.

① 정무 보좌관

윤尹(保), 재宰, 경卿의 세 계층을 말했다. 그들은 모두 상왕의 곁에서 정무를 보좌하는 관원으로 백관 가운데 최고위직이었다.

② 일반 정무관

다윤多尹과 어사御事의 두 계층이었다. 정부의 사무를 관장하는 관원으로 행정 관원으로 불리기도 했다.

③ 종교 제사관

무巫, 정인貞人, 작책作冊, 노老(万)를 말했다. 그들이 내복관에 편입된 것은 당시 천명에 대한 숭배를 직접적으로 관장했기 때문이다.

④ 경제관

신臣(牧), 견犬, 사공司工, 사어司魚의 네 계층이 있었다. 상의 경제는 농·목·어·광업·수공업 등으로 생산 부문의 구분이 있었다. 이에 따라 목을 두어 농업을 관장케 하고, 견을 두어 수렵을 관장케 하고, 사어를 두어 양식업을 관장케 하며, 사공을 두어 광업과 수공업을 관장케 했다.

⑤ 군사관

사師·아亞·사射·위衛의 네 계급이 있었다. 상에는 항상 무장을 하고, 여단旅團·대행大行·행行 등 그 규모에 상당하는 3등급의 편제가 있었다. 전시에는 필요에 따라 각각 좌·중·우의 3열로 편제되었으며 군관이 있어 전시 상황에 따라 조정되었다.

(2) 외복 관제

상의 외복外服 지구는 중앙에서 관할하는 지구 이외의 변방 지구를 말하는 것으로 주로 피정복 지역이었다. 이곳에 임명된 관리를 은변후전殷邊侯甸이라 통칭했다.『상서』「주고」에 "월越은 외복으로 후·전·남·위·방백을 두고 있다"고 했으니 이는 명확한 사실이다. 이른바 외복 관원은 분봉分封에 의한 변방 관원으로 지방관에 속했다.

① 외복 지방 행정관 : 후侯·전甸·남男·위衛

후侯는 일반적으로 분봉 제후로 알려져 왔으나, 봉국의 제후가 아니라 상 왕조에서 파견한 기구이자 행정 실체로 보는 견해도 있다.

후라는 호칭은 갑골문 30여 곳에서 나타나고 있다. 상 무정武丁의 아들이 후에 봉해져 후존侯尊이라 불렸다. 주周의 선조들은 무정에 의해 주후周侯로 봉해졌고, 문헌 기록에 의하면 제술帝率 때는 악후鄂侯·귀후鬼侯·숭후崇侯·익후翼侯 등이 있었다. 후는 분봉이든 아니든 사명은 모두 상왕으로부터 직접 명을 받아 일부 지역을 분할 관장하는 실질적인 변방 관리였다.

전田 즉 전甸은 각지의 관원이며, 일반적으로 모전某田 또는 재모전在某田이라 했고 직무의 등급은 후와 같았다.

남男과 임任은 상통한다. 갑골문에서는 작남雀男이라 하고 금문金文에서는 남설男舌이라 하였으나, 대부분은 임으로 불러 미임微任·석임析任·명임名任·이임而任 등으로 불렸다. 대다수는 왕사王事 등의 일을 행했고 지위가 비교적 낮았다.

위衛는 왕의 호위를 맡았다. 후와 달리 대부분 외지에 파견되어 무장 경비를 하고 생산에 참여하였다. 한 곳에 상주하고 직무를 세습해 점점 후의 지위를 갖게 되었다.

이들은 상왕에 의해 파견된 지방관이었으므로 주로 다음과 같은 의무를 가졌다.

첫째, 변방 수비로 왕실의 명을 받았다. 전쟁이 나면 외적을 방어하고 군정을 보고하며, 전쟁 포로나 전리품을 상납하는 등의 임무에 종사했다.

둘째, 왕을 따라 출정했다. 예를 들면 무정의 처 부호婦好는 외지에 봉해져 자주 명에 따라 군대를 모집하고 왕을 따라 출정했다. 후전 또한 마찬가지로 출정하는 임무를 수행했다.

셋째, 왕에게 공물을 바쳐야 했다. 상대에는 화폐貨貝 즉 돈으로 쓰이던 조개껍질과 보구寶龜를 귀하게 여겨 작후雀侯·주후周侯는 모두 상왕에게 점복용占卜用의 거북이 껍질과 전투용 창과 방패 및 골제품骨製品을 공납했다.

넷째, 왕을 위해 노역해야 했다. 상왕의 왕실을 위해 경작 또는 기타 노역 명령은 의무로서 거절할 수 없었다.

② 외복 하급 행정관리 : 족윤族尹·이윤里尹·읍인邑人

상에 독립적인 하급 행정관리가 있었는지에 대해서는 견해가 일치하지 않지만, 일반적으로 상의 하층 사회조직은 종족宗族을 기반으로 하고 있었다고 본다. 이미 읍邑이 존재해 읍을 관리하는 관리가 족윤族尹이었다. 족윤과 상대적인 것으로 이윤里尹이 있었는데, 윤尹의 행정 수장을 윤인尹人으로 불렀다고 전한다. 또한 『상서』 「주고」에는 백성百姓이라는 직위가 보이는데, 갑골문에서는 이를 다생多生이라고 하였다. 그들은 상왕에 의해 중시되던 귀족 계층으로 지방 하부조직을 다스리는 일을 담당했다.

3. 서주의 내복 백관과 외복 제후

서주 시대에 관제가 확립되었다는 것은 의심할 바가 없는 역사적 사실이다. 그러나 그 관제가 어떠한 종류인가에 관해서는 북송 때부터 육관체계설六官體系說과 외복내복설外服內服說의 다툼이 있었다. 1천여 년이 지난 지금도 이 문제에 대해서는 정론이 없다.

(1) 내복 관제 : 경사찰卿事察과 태사료太史寮

서주 시대 관제의 계통에 대한 인식은 청동기에 대한 해독 문제와 직접적인 관계가 있다. 복잡한 서주 관제의 신비한 베일은 청동 문화의 발굴로 풀어야 한다는 주장이 있다. 이러한 주장은 청동기 '영이令彝'의 출토에서 비롯된 것이다. 영이 명문에는 "삼사령三事令 및 경사료卿事寮, 제윤諸尹, 이군里君, 백공百工이 있고, 제후諸侯인 후·전·남 및 사방령四方令을 두고 있다"고 기록되어 있다. 그것은 분명하게 내복 백관제의 존재를 확인하고 있는 것으로, 『시경詩經』의 "모든 법과 귀족 관리는 천자에게 복속된다"는 의미와 일맥상통하는 것이다.

서주의 행정 관원은 다음의 다섯 단계로 나뉘어 있었다.

① 백관지장百官之長 : 사師·보保·윤尹

상商에는 이미 아阿·보保·윤尹의 삼관이 있었으나 고정적인 행정기구는 없었다. 서주西周 때는 내복의 오조경사五朝卿事와 하부 백관은 모두 경사료卿事寮로 분류되었다. 국가의 최고 관료인 사·보·윤은 최고위급 행정 관원으로 경사료의 다른 관리들은 모두 그들의 관리 아래 있었다.

② 삼사대부三事大夫 : 임인任人·준부准夫·목牧

그들은 외정의 정무를 책임졌다. 임인은 상임常任이라고도 하며 정무를 집행하고, 준부는 곧 준인准人으로 사법을 관장하며, 목은 곧 상백常伯으로 민사를 관리했다. 『상서尙書』에서 "임인·준부·목은 삼사를 행한다"고 했다.

③ 삼유사三有司 : 사도司徒·사마司馬·사공司空

삼유사는 삼사대부와 함께 외정 정무를 분담하였다. 사도는 왕실의 자전籍田·산림·하천·호수·목축을 관장했다. 사마는 군사관으로 군대의 사무를 관장하면서 삼사의 관원과 함께 토지를 조사하고, 관원 사이 또는 민간의 분규를 처리했다. 사공은 기술 관리로서 수공업 기술의 관리를 책임지고, 또한 형벌을 관장하던 다기능의 관원이었다.

④ 사무관事務官 : 대도大都·소백小伯·예인藝人 등

이들은 주로 제후국에 대한 각종 관리와 명령의 공포 그리고 외빈 접대와 같은 국가 외정의 일상 사무를 담당했다. 하지만 왕실의 정무에는 참여하지 않았다.

⑤ 궁내관宮內官 : 호분虎賁·철의綴衣 등

이들은 궁정을 보위하고 국왕의 잡무를 관리하는 관원으로 내관 또는 정관廷官이라고도 불리었다.

(2) 경사료卿事寮와 태사료太史寮의 임무

경사료와 태사료는 서주의 양대 관서이며 백관지장에서 삼유사에 이르는 구분은 모두 경사료의 범주에 속했다. 그가 관할하는 구체적인 사무는 각국의 제후와 대민 통치에 관한 사항을 포함하며, 정치·군사·법 등의 각종 국가의 중대 사무 및 활동의 조정을 담당하고, 일련의 군사 업무에 관련되기도 하는 국가의 주요한 행정사무 기구였다.

태사료의 태사는 책명冊命· 제록制祿· 점복占卜· 예의禮儀· 천문역법天文曆法· 제사祭祀· 경종耕種 등을 책임졌다. 그 때문에 국왕의 비서실이나 문화부에 비유되기도 한다. 왕조의 일상 사무 및 궁정의 보위와 잡무를 책임지는 직책은 비록 경사료에 미치지 못하지만 권한은 오히려 더 컸다. 경사료는 주 왕실의 참모부와 정무부로서 관원은 모두 국가의 군정 요원에 속했다. 국가의 군사 대권을 장악하고 국왕을 보좌해 국가를 통치하는 사명을 담당했다고 할 수 있다. 태사료는 주왕의 비서실로 왕정에 참여해 국왕의 모든 활동을 보좌했다. 역사· 천문· 종교 등 각 분야에서 최고 인재들의 집합체로서 왕명을 전파하고 주왕에 대해 상당한 영향력을 가졌다.

이것은 양자의 내외 구별이 있었다는 것을 의미한다. 따라서 「주관」 중의 '육부분전六部分典'의 구분과 집행은 각 관원의 구체적인 사무와 실천 분야를 확정한 것이며, 경사료와 태사료라는 행정 집행부서는 후세 사람들의 허구가 아니라고 해야 할 것이다.

(3) 외복 관제 : 후侯· 전甸· 남男

이른바 외복은 서주 정권이 직접 통치하는 지구 이외의 구역 즉, 지방 관할구라고 할 수 있다. 외복은 주의 무왕武王이 상商을 멸망시킨 뒤에 나타난 것이다. 당시 건국에 공로가 있는 신하들을 우대하고, 선왕의 공덕을 추모하고, 무왕의 후손을 대접하기 위한 것이었다. 즉, 신농神農· 황제黃帝· 요堯· 순舜· 우禹의 자손에 대해서도 분봉을 했다. 그러나 주로 주왕의 동성 친족 및 공신이 분봉되었다. 무왕의 형제가 15인, 동성인 희성姬姓이 40인이었다. 후에는 주공周公과 성왕成王 그리고 문왕文王과 무왕武王의 자손들을 전국 각지에 분봉해 이것이 외복 제후인 후· 전· 남의 기본 골격을 형성했다.

외복 제후諸侯의 분봉은 은상殷商에서는 주로 정부에 대한 분봉이었고, 서주에서는 동성과 공신에 대한 분봉이 주가 되었다. 자연스럽게 이러한 분봉의 형식에 의해 서주 전체가 모두 친족 형제에 의해 통치됨으로써, 세습적인 독점제도가 성립하였다. 이리하여 제후국과 서주 왕조는 상호 의존적 관계가 되었다. 제후는 중앙 정권을 보위하는 사명을 가져 중앙 정권의 지방 수비관이자 정치·군사 세력의 대표가 되었다.

전甸은 원래는 작전作田으로 불렀다. 『예기禮記』「왕제王制」 정현鄭玄의 주註에 "복服은 전田을 관리하고 세금을 내는 것이다"라고 한 것으로 보아 농업에 관련된 것으로 해석된다. 현재 남아 있는 사료 중에는 전이 중앙 정권에 세금을 냈다는 기록은 없으나, 새로운 전을 만드는 의무를 가지고 있었다. 이로부터 전의 직능이 주로 농업과 목축을 관장하고 토지와 농전을 개간하며 군사 보위를 겸하고 있었음을 알 수 있다.

『우공禹貢』「위공전僞孔傳」의 해석에 따르면, "남男은 임명하는 것이다. 왕의 일을 담당하는 사람이다" 하였다. 국왕의 일을 담당하는 자리에 임명된 사람을 남男이라고 했다는 것이다. 따라서 소국의 방백邦伯으로 불렀다. 남은 전과 마찬가지로 피정복 지역에 수립된 일종의 제후로서 주로 군사임무를 담당하였고, 지방의 행정관으로서 행정사무도 겸임했다.

서주의 분봉 제후에게 주의 천자는 일체의 권력을 주재하는 우상이었다. 각지의 제후들은 주왕에 대해 복종할 뿐 아니라 일정한 의무를 졌다. 정기적으로 주왕에게 공물을 바치고, 군대를 거느리고 작전을 수행하며, 주왕을 알현했다. 주왕의 혼상가취婚喪嫁娶와 순유巡游에 조력할 의무도 지고 있었다. 이렇게 서주에서 제후들은 주왕에 대해 절대복종의 관계에 있었다.

(4) 지방 행정체제와 관제

서주의 지방 정권은 국國·도都·읍邑의 3등급이 있었다. 국은 국도國都이고, 도는 대읍大邑이며, 읍은 가장 작은 도都였다. 이 3등급은 모두 제후의 관할에 속했다. 이 3등급의 지방 정권 아래 후·전·남·위 등의 분봉 제후가 있었다. 그들은 노예와 공상서인工商庶人을 관리했지만, 독립된 행정권을 가진 것이 아니라 모두 주왕의 명령을 받아야 했고, 수시로 왕조의 부름에 따라야 했다.

기층 행정 구조에 대해서는 금문金文과 「주관周官」의 기록에 상당한 차이가 있다. 금문의 기록에 따르면 행정조직의 구분은 족族과 윤尹을 표준으로 하고, 행정장관은 족윤族尹(里尹)·읍인邑人·백성百姓 등으로 불렸다. 그들은 지방의 일체 행정사무를 관장하고 군사 정벌과 보위 등의 사명을 담당했다.

「주관」의 기록에 의하면 왕국의 백 리 이내를 향鄕, 백 리 밖을 수遂라 하고, 향·수는 각각 6개가 있었다. 향은 가장 아래의 행정 구조인데, 「주관·대사도大司徒」에 "오가五家를 비比로 만들어 서로 보호하게 한다. 오비五比를 여閭로 만들어 서로 의탁하게 한다. 사여四閭를 족族으로 만들어 서로 장례葬禮를 돕게 한다. 오족五族을 당黨으로 만들어 서로 구제하게 한다. 오당五黨을 주州로 만들어 서로 진휼하게 한다. 오주五州를 향鄕으로 만들어 서로 어진 현자를 접대하게 한다"는 기록이 있다. 그 중 비에는 비장比長이, 여에는 여서閭胥가, 족에는 족사族師가, 당에는 당정黨正이, 주에는 주장州長이, 향에는 향대부鄕大夫가 있었다. 그리고 육수제도六遂制度에 대해서는 「주관·수인遂人」에 "오가를 인隣으로 삼고, 오린五隣을 리里로 삼고, 사리四里를 찬酇으로 삼고, 오찬五酇을 비鄙로 삼고, 오비五鄙를 현縣으로 삼고, 오현五縣을 수遂로 삼는다. 모두 지역적인 분할을 하고 부리는 사람을 두어 각각 그 정령政令·형금刑禁을 관장하게 하며, 해마다 때가 되면 백성의 논밭에서 나오는 수확에 대해 징세를 하도록 하고, 병기를 선발하고 농사를 가르친다"고 했다.

4. 직관 선임제도

상·주 시대에 이미 완전한 관제가 정비되었기 때문에 관리의 선발은 상시적인 제도가 되었다. 기록에 의하면 상대에 이미 향거鄕擧·이선里選이 출현해 주대에는 하나의 제도로 정착했다.

(1) 상의 삼택삼준三宅三俊 선임법

주공周公 단旦은 성왕成王에게 국정을 이양하면서, 자신이 하·상 양 대에 걸쳐 현인賢人을 임용한 경험을 의미심장하게 거론하며 이를 깊이 기억하라고 아뢰었다. "당신의 일을 바르게 맡기시고, 당신의 관리를 바르게 임명하시고, 당신의 법을 바르게 펴셔야 임금이 될 수 있습니다. 겉모습만 보고 덕을 따른다고 여겨서 사람을 임명하시면 세 가지 벼슬을 임명함에도 옳은 백성(義民)을 찾을 수 없을 것입니다."18)

이는 하·상 때 인재 선발은 먼저 그들의 행동을 살펴 일정한 도덕적 기준에 부합하는가를 따졌고, 다음으로 일을 잘할 수 있는가를 확인한 뒤에야 비로소 등용했음을 말한다. 관원으로서 각 사司의 직職을 맡아 정무 관리를 신중하고 성실하게 할 것인지, 인민으로 하여금 평안하게 그 업에 종사하게 할 것인지, 사법을 책임진 자는 법집행에서 공명정대한지를 보았다. 만약 이러한 기준에 따르지 않고 겉모습만 보고 뽑는 것은, 도덕 품행보다 선발하는 사람의 선호도에 따라 사람을 선발하는 것이다. 그것으로는 현자를 얻어 국가를 다스리는 대의를 달성할 수 없다는 것이다.

또한 상은 하의 역사적인 경험을 토대로 특히 의사依事(정무), 목牧(민사), 준準(법집행)의 세 측면을 고려해서 관리를 선발했다. 대중의 신뢰와 인정을 받을 수 있는 현량 관리는 '참된 덕'과 재능을 가진 사람이어야지, 허명虛名을 노린 사람은 안 된다는 것을 강조했다. 이런 경험을 거쳐 상은 정무·민사·법집행을 담당하는 관리를 선발하고 임용하는 표준으로 '삼택삼준三宅三俊' 법을 만들었다. 한 마디로 주공 단의 하·상 양대에 걸친 관리임용에 대한 기본적인 특징은 덕과 재능을 겸비해 명실상부해야 한다는 원칙을 벗어나지 않았다. 그 뒤 삼택삼준은 관리를 선발하고 심사하는 제도로 사회적인 인정을 받고 향거리선鄕擧里選의 중요한 기준이 되었다.

(2) 주의 육덕六德 육행六行 추선법推選法

'육덕 육행 추선'은 선발의 구체적인 표준이었다. "대사도大司徒의 직職은 향鄕에서는 세 가지 일로 인민을 교육해 인재를 추천한다. 첫째 육덕六德,

---

18) 『상서尚書』 「입정立政」.

둘째 육행六行, 셋째 육예六藝이다. 시서예악詩書禮樂은 사술四術이라 하며, 사술의 수양은 9년에 걸쳐 모두 이룰 수 있다."19) 육덕은 지知·인仁·성聖·의義·중中·화和를 말한다. 육행은 효孝·우友·목睦·인姻·임任·휼恤을 말한다. 육예는 예禮·악樂·사射·어御·서書·수數를 말한다. 이러한 모든 표준을 갖춘 자는 3년에 한 번 행하는 추선에서 조정에 추천되어 각급 지방 관직을 담당하게 했다. 이로부터 행정관리를 선발하는 법적 표준이 마련되었다.

사법 관원의 선발에는 이러한 조건 외에 도덕 준칙 즉, 법을 정확하고 공평하게 시행할 수 있는지, 법의 집행을 엄격하게 지킬 수 있는지의 여부를 심사했다. 주공 단은 성왕에게 여러 차례에 걸쳐 "형刑을 중시하는 것은 오로지 형에는 덕이 있어야 하기 때문입니다"고 말하고, 재차 "높이고 밝히고 들을 것이 있다면, 사람을 밝히는 것은 오로지 형刑이라는 것입니다"고 말했다. 여기서 그는 명백하게 사법 인원의 선발에서 형은 '도덕'이자 '사람을 밝힘'이라는 두 가지 표준을 제시하고, 양자의 결합이 바로 이론과 실천의 통일이라고 밝히고 있다.

선발 절차에도 구체적인 규정을 두었는데, 일반적으로 네 가지였다. "향노鄕老가 사士 가운데 뛰어난 자를 평가해 사도司徒20)에 올린 사람을 선사選士21)라 한다. 사도가 선사 가운데 뛰어난 자를 평가해 학에 오르게 한 사람을 준사俊士22)라 한다. 이미 올라갔으되 부정不征23)한 자를 조사造士24)라 한다. 대악정大樂正25)이 조사 가운데 뛰어난 자를 평가해 사마司馬에 올린 사람을 진사進士라 한다." 또한, "사마司馬가 관리의 재질을 선별해 진사 가운데 어진 이를 왕에게 고하고 평가한 뒤에 결정해 임관한다"26)고 했다. 이것은 선사·

---

19) 『주례周禮』「지관地官」.
20) 교육을 담당하던 관직, 6경의 하나.—역주
21) 사 가운데 사도에 발탁되어 향리가 될 자격을 갖춘 자.—역주
22) 서인의 자제 가운데 뛰어난 사람으로 대학에 입학을 허가 받은 자.—역주
23) 관직에 나아가지 않은.—역주
24) 진사에 선발될 자격을 갖춘 준사.—역주
25) 악관의 장.—역주
26) 『통전通典』「선거選擧 1」.

준사·조사와 진사를 급수에 따라 선발하는 절차였다. 선사에서 진사에 이르는 각 과정은 일반적으로 3년씩 걸렸다. "3년에 한 번씩 큰 시험을 열어 그 덕행과 도예를 가려 현자와 능자를 선임했다."27) 이로부터 향거리선鄕擧里選의 기본적인 절차와 내용이 확립되었다.

5. 관리의 고과제도

평가(考績)는 고과법考課法이라고 하는데, 관리의 근무성적을 평가하는 제도로서 기원전 11세기경에 시작되었다. 『상서尙書』의 기록을 보면 요순堯舜 시대에 이미 부락 수령의 순시巡視 고과가 있었다. 순찰을 통해 부락의 통치 현황을 3차에 걸쳐 평가했는데, 공적이 있는 자는 포상으로 수레와 의복을 하사했으며, 성적이 나쁜 자는 강등 처분을 했다고 한다. 이는 삼재고적三載考績, 삼고출척三考黜陟의 원시적 평가법이었다.

(1) 삼유택三有宅

중국에서 가장 오래된 근무평가 규정은 『상서』「입정」에 기록되어 있는 삼유택三有宅 평가법인데, 이것으로 관리의 정무·관리·법도를 종합적으로 평가했다. 전하는 바에 의하면, 탕湯이 군주의 옥좌에 오른 후 하늘의 명을 받아 정무·관리·법집행의 세 분야에서 관리를 선발하고 평가했더니 그 결과 이들 관리가 모두 맡은 바 직무에 충실했다고 한다. 탕은 이로부터 계시를 얻어 삼유택을 정하고 관리를 평가하는 기본적인 근거로 삼았다고 한다. 그런데 이 기록은 다분히 억지로 끌어다 붙인 것 같지만, 어쨌든 관리를 평가하는 내용과 표준을 정해 후세 고과법 제정의 이론적 근거를 제공했다.

(2) 대계법大計法

서주의 대계大計는 관리 평가의 또 다른 형식이었다. 『주례周禮』「천관天官·

---

27) 『예기禮記』「왕제王制」.

태재太宰」에 "한 해를 마치면 모든 관서에 명령하여 다스림을 바르게 하고 결산서를 듣고 평가를 한다. 또 3년마다 모든 관리의 직무수행을 총결산하여 상벌을 행한다" 하고, 또 "관부의 6가지 표준(六計)으로 태평하게 다스리고 모든 관리의 치적을 판단한다. 염선廉善·염능廉能·염경廉敬·염정廉正·염법廉法·염판廉辨이 그것이다. 관부의 6가지 연대(六聯)로 국가의 다스림을 합일하게 한다. 제사, 빈객 접대, 상례, 군대 편성, 수렵이나 부역, 공사를 일으켜 노역하게 하는 일을 연결시킨다. … 한 달을 마치면 관부의 순서대로 모든 관리에게 소계小計를 받고, 총재冢宰를 보좌하여 한 해의 회계를 받으며, 한해를 마치면 모든 관리로 하여금 일을 마친 결산을 올리게 한다"[28]고 했다.

이를 통해 보면 대계는 다음과 같다. 첫째, 관부의 6가지 방식(六計)으로 관리를 평가하는 표준으로 삼아서 그들이 정무를 잘 처리하는지 심사하고, 엄격하게 정령을 시행하고 법령을 집행하도록 감독했다. 둘째, 월계月計를 요要로, 세계歲計를 회會로 하는 2가지 방식이 있었다. 그리고 대계大計는 시간상으로는 월계月計·세계歲計·삼세三歲의 세 가지가 있었다. 이처럼 대계의 내용과 형식이 다양해지기 시작했는데, 이는 고대 중국의 행정 고과에 관한 입법이 이미 기초적인 형태를 갖추었음을 의미한다.

(3) 대비법大比法

서주에는 대비大比라는 고과 방식도 있었다. 『주례周禮』「지관地官·사도司徒」에 "한 해를 마치면 소속 관리들의 성공한 정책과 실패한 정책들을 점검하여 상벌을 행한다. 모든 관리에게 명령하여 한 해의 결산을 바르게 하도록 하고, 결산서를 제출하게 한다. … 모든 관리에게 명령하여 금령을 게시하게 하고, 법을 닦고, 직무를 규찰하여 나라의 다스림을 넉넉하게 하라고 한다. 육향과 사방 교외(六鄕四郊)의 관리에게 대비大比하게 한다"고 했다. 여기서 대비란 3년에 한 번 행하는 것으로, 육향사교의 관리 교육, 정사政事, 정전井田의 수, 인구, 육축六蓄 및 병기 등의 내용을 심사하는 것이었다.

---

28) 『주례周禮』「천관天官·소재小宰」.

향사鄕師의 직책은 다음과 같았다. "한 해를 마치면 육향六鄕의 다스림을 검토하여 대사도에게 고하고, 공적이 없는 관리는 퇴출하고 공적이 많은 관리는 계속 임명한다. … 국가에 대비가 있으면 가르침을 참고하고, 언사를 살피고, 기물을 점검하고, 일을 가지런히 하여 상벌을 행한다."29) 향사는 매년 정무의 총결산 때 육향의 치적에 대한 평가를 책임지고, 계부책計簿冊 즉 근무평가를 종합해 상부에 보고하는데, 승진과 상벌의 근거로 삼도록 하기 위해서였다. 대비 때 향사는 상급자들의 교육 행적과 보고 내용에 대한 평가를 책임졌다. 대비와 대계는 모두 평가이지만, 대계는 1년 단위의 평가로 주로 관부에 대한 육계六計 평가를 행하고, 대비는 일반적으로 3년을 단위로 육향사교의 평가에 편중되어 대계보다는 약간 낮은 단계였다. 평가 내용에서 보면 대비는 주로 인구 조사, 덕행도의德行道義, 현자賢者와 능자能者의 선발을 책임지고, 보통 토지와 수입에는 관여하지 않았다. 대계는 모든 관리를 평가해서 상벌을 결정했을 뿐만 아니라 공전公田과 기타 수입에 대한 심사를 책임지고 있어서, 그 권한과 책임은 대비보다 훨씬 컸다.

6. 직무 기강과 감찰

최초의 직관 감찰법은 「주관周官」의 기록에 보인다. 일찍이 서주 초기에 관리의 평가에 대한 구체적인 내용과 관리의 직무수행이 위법위기違法違紀를 감찰하는 구체적인 방식을 규정하고 있었던 것이 곧 '규금령糾禁令'이었다. 역사상 최초로 생긴 감찰 관원을 「주관」에서는 어사御使로 부르고 있으며, 또한 청동기 명문에도 '중어사中御使'와 '삼유사三有司'의 기록이 있다. 어사의 직책으로 두 가지를 규정했다. 첫째는 "모든 정무에 종사하는 자를 평가 감독한다"는 것으로, 『주례周禮』「춘관春官」에 "어사는 방국도비邦國都鄙에 소속된 모든 인민의 행정사항을 관장하고 총재冢宰를 보좌한다. 다스리는 자들은 어사에게 그 법령을 받는다. 왕의 명령이 있으면 찬서贊書하는 일을

---

29) 『주례周禮』「지관地官·사도司徒」.

관장하고, 정무에 종사하는 자들을 평가하고 감독한다”고 했다. 이처럼 어사는 문자 기록을 통해 정무에 종사하는 자의 집무 상황을 평가할 책임과 수전受田을 감리할 임무가 있었다.

예를 들어 ‘축존명丑尊銘’에서 “왕은 정월 초 길일인 정해丁亥에 중어사中御史에게 축사전丑嗣田을 명했다”고 하는 것처럼 서주의 청동기 명문에는 여러 곳에서 이러한 직능을 언급했다. ‘위정衛鼎 갑甲’에는 “삼유사, 사도 … 사마 … 사공 … 에게 명령하길 역전歷田과 사전四田의 황폐해짐을 막아라” 했다. 이른바 “축사전丑嗣田을 명했다”는 것은 재산 이동 상황을 직접 감독한다는 것이고, 삼유사가 “수전受田을 감리한다”는 것은 감독 직능을 행사한다는 것이다. 그러나 이러한 감독은 관원에게 강제력을 갖는 것이 아니라 단지 일반적인 사무 감독일 뿐이었다.

국가에 의해서 정식으로 감찰관이 임명된 것은 대체로 동주東周 이후의 일로 『주례』와 기타 사료의 기록에 따르면 감찰관의 직능은 대체로 다음과 같은 4가지 범주에 속했다.

첫째, 관리의 직위를 바르게 했다. “소재小宰의 직은 국가의 궁형宮刑을 관장함으로써 왕궁의 정령政令을 다스리는 것으로 무릇 궁宮의 규금糾禁이다.” “재부宰夫의 직은 조정의 법을 다스리는 것을 관장함으로써 왕 및 삼공三公 육경六卿 대부大夫 모든 관리의 직위를 바르게 하고 그 금령禁令을 관장하며 모든 관리의 다스림을 평가한다.” 여기서 모든 관리의 올바른 직위를 ‘규금’한다는 말은 규찰의 개념과 같다.

둘째, 규찰권糾察權이 주어졌다. 『주례』「천관天官」에 “왕궁의 계령규금戒令糾禁을 관장하고…내외의 시금時禁을 주관하며 그 공적을 조사하고 그 덕행을 바르게 한다”는 기록이 있다. 즉, 규금糾禁·계공稽功·규덕행糾德行은 모두 궁정 관리의 기강에 대한 감찰을 말하는 것으로 관원에 의한 법의 집행과 준수 상황을 파악했다.

셋째, 관형官刑을 관장했다. 『주례周禮』「천관天官」에 “치법을 관장하여 모든 관부官府와 모든 군도현비群都縣鄙의 다스림을 평가하고, 비용의 출납을 계산한다. 재물을 낭비하고 재물의 쓰임새에 대해 거짓 문서를 만드는 자는 관형官刑을 적용하여 총재冢宰에게 보고하고 견책하거나 사형에 처한다”고 했다. 관형은 곧 삼풍십건三風十愆으로, 이것은 관리들의 정무 기강을 평가하고, 불법 행위를 감찰하는 것이 이미 정부의 중요한 직무 중 하나가 되었음을 말한다.

넷째, 어사御史는 군郡을 감독했다. 서주에서는 어사가 군을 감독하는 직책을 맡았으며, 춘추·전국 시대에 이르러서는 보편적으로 시행되었다. 여기서 군을 감독한다는 것의 실질적인 내용은 지방 관원의 법 기강에 대한 감찰을 의미했다.

서주에 어사가 있긴 했지만 아직 전문적인 감찰기구는 없었다. 감관監官에 의해 감찰 사무가 집행되는 정도여서 구체적인 감시는 없었으나, 감찰제도를 수립하기 위한 여러 노력과 행정감찰 직능을 강화하기 위한 시도가 있었다. 이는 ‘청리귀감淸吏貴監’의 사상을 구현한 것으로 볼 수 있다.

7. 직무 관련 범죄의 처벌

상商·주周 시대에 직무와 관련된 국가 관원의 범죄는 처벌했다. 그 가운데 중요한 것으로는 삼풍십건죄三風十愆罪, 청장죄聽贓罪와 법관의 오과죄五過罪가 있었다.

(1) 삼풍십건죄

관형官刑 제정 목적에 대해『상서尙書』는 “군주는 덕을 밝히고 아랫사람은 충성을 다해야 한다”고 밝혔다. 극명克明은 군주에게는 덕을 밝혀 통치할 것을 요구하는 것이고, 신료臣僚에게는 충성을 다해 직무를 수행해 국가에 보답할 것을 요구하는 것이다. 극충克忠은 국가 관원이 재직 기간에 준수해야 할 공통의 표준으로서 만약 이를 위반하면 직무와 관련한 범죄로 보았다. 따라서 관형의 원칙은 극충의 원칙에 근원을 두고 있다.

상대商代에 처벌· 대상이 되었던 관직과 관련된 범죄는 다음의 3가지가 있다.

① 무풍죄巫風罪

"감히 궁중에서 항상 춤을 추고, 집에서 취하여 노래함이 있으면 이것을 무풍이라 한다." 술과 노래에 빠져 정사를 황폐하게 하는 풍조는 직무수행을 소홀히 하는 것으로써, 모직죄侮職罪를 구성했다.

② 음풍죄淫風罪

"감히 재화와 여색에 빠지고, 유람과 사냥을 자주 하면 이것을 음풍이라 한다." 이것은 공직자가 그 임기 동안 재물을 탐하고 자주 사냥하러 다니며 자기의 정당한 업무에 종사하지 않음으로써 실직失職 행위를 하는 것을 말한다. 이것은 현재의 독직죄와 유사하다.

③ 난풍죄亂風罪

"감히 성인의 말씀을 업신여기고, 충직한 말을 거스르며, 나이 많고 덕이 있는 이를 멀리하고, 개구쟁이(覞童)를 가까이함이 있으면 이것을 난풍이라 한다." 이것은 관리가 천자의 명령을 엄숙한 태도로 대하지 않고, 함부로 말을 하며, 나이 많고 명망 있는 사람을 멀리하고, 소인배를 비호하는 등 군자로서의 행위를 벗어나는 것을 말했다.

이들은 모두 범상작란犯上作亂, 즉 하극상에 속했다. 무풍·음풍·난풍 그리고 십죄十罪, 즉 궁정에서 춤을 추는 것, 술과 노래에 빠지는 것, 계집질과 재물을 탐닉하는 것, 경망스럽게 말하는 것, 충직함을 역행하는 것, 덕 쌓기를 멀리하는 것, 지나치게 고집스러운 것 등은 당시 공직자의 주요 범죄행위였다. 『상서尚書』「이훈伊訓」에는 "경사卿士에게 이러한 것이 한 가지라도 있으면 그 가家는 반드시 망하고, 방군邦君에게 이러한 것이 한 가지라도 있으면 그 나라는 반드시 망한다"고 했다. 이러한 언급을 보면 당시에는 삼풍십건죄를 국가의 존망에 관계되는 중대한 범죄로 보았고, 이 때문에 처벌 또한 엄격했음을 알 수 있다.

그에 대해 시행된 형벌로는 첫째, 경사나 방군이 잘못된 행위를 시정하지 않으면 모두 묵형墨刑으로 처벌하고, 하사下士에게 교육을 받도록 했다. 둘째, 방축放逐의 처벌을 행하여, 만약 이윤伊尹이 죄인이면 그를 태갑太甲으로 방축했다. 이윤은 태재太宰이고 태갑은 집정執政인데, 이윤이 승상丞相의 신분에서 태갑으로 방축되며, 다시 그에게 성탕이 제정한 관형의 원칙을 들려주었다는 사실에서, 당시에는 관형이 위로는 군주부터 아래로는 제후경사諸侯卿士까지 삼풍십건의 죄를 범하면 모두 처벌받았다는 것을 증명한다.

그러나 고대의 발전에 따라 군주의 권력이 점점 지고무상의 것으로 강화되고, 모든 법이 군주에게서 나오게 되면서 군주는 결코 법의 제재를 받지 않게 되었다. 하지만 그러한 계급적 한계가 있다고 하더라도 은상 시대에 제정된 관형은 그 나름의 진보적인 의의를 갖는다. 그것은 후대의 직관職官 입법에 큰 영향을 미쳐서 진한秦漢의 관율官律, 위진남북조魏晉南北朝의 위제율違制律, 송원명청宋元明淸의 직제율職制律과 이율吏律할 것 없이 모두 은상殷商의 관형에 연원을 두지 않은 것이 없다.

(2) 장죄贓罪의 처벌

각급 관리의 권한이 날로 커지면서 관리들이 소송 사건과 민간 분규의 처리에 대한 권한을 갖게 된 후에는, 사건 처리 과정에서 관련 당사자들이 자기의 목적을 달성하기 위하여 관리들에게 재물을 주는 증뢰·수뢰 행위가 많아졌다. 이에 당시의 형사규범인 「홍범洪範」에서는 특별히 관리의 기강을 숙정하고, 관리의 범죄를 처벌하는 내용을 규정했다. 그 중에는 "넷째는 청聽이다"라는 조문이 있는데, 청聽의 고자古字는 총聰으로, 곧 수뢰受略를 의미했다. 무릇 관리의 신분으로 타인의 장물贓物을 받는 것은 '장죄贓罪'를 저지르는 것으로 뇌물수수죄의 원시적 형태였다.

어떤 사람은 『상서尚書』「홍범洪範」편은 하상夏商 시대에 사용된 형법이자 최초의 성문 형법으로, 그 가운데 직무 관련 범죄에 대한 처리 규정은 삼풍십건죄에 연원을 두고 있다고 한다. 이 견해에 대해 법학계 내부에서는 많은 이견이 있지만, 「홍범」편에서 제시하는 뇌물수수죄 처벌은 서주 시대의 관리 수뢰죄 처벌 규정을 충분히 반영하고 있다고 보아야 할 것이다.

(3) 오과죄五過罪의 처벌

서주 시대에 제정된 「여형呂刑」은 위법을 행한 법관과 사법 관원에게 구체적 징벌을 규정했다. 이른바 벌罰이라는 것은 잘못된 재판으로 억울한 피해를 입은 사람이 천자나 승상에게 상소해 만약 처리기관에 과실이 있거나 또는 자료의 은폐가 있으면, 책임자에게 법적인 책임을 물어 조정 문밖의 홍석紅石 위에 3일 동안 서 있게 하는 형벌이었다. 징懲이라 하는 것은 「여형」에 규정한 오과죄 즉, 유관惟官·유반惟反·유내惟內·유화惟貨·유래惟來를 위반한 처벌이었다. 유관은 권세의 힘을 빌어 위법한 관리를 비호하는 것이고, 유반은 직권을 이용해 사사로운 은원恩怨 관계에 따라 보복하는 것이며, 유내는 인친관계를 이용해 사건의 심리 과정에서 내용을 견제·곡해하는 것이고, 유화는 사기 공갈하여 증뢰·수뢰하는 것이며, 유래는 청탁을 받아 뇌물을 받고 법을 침해하는 것이었다. 주왕은 국가 관리의 범죄를 철저히 응징하는 것이 통치의 유지와 통치계급 전체의 이익을 보호하는 데 필요한 기본적인 임무라고 보았다. 법이나 기강을 문란케 하는 관원을 엄격하게 처벌함으로써 관직을 이용한 범죄를 처벌하는 이념을 실현했다.

8. 상商·주周 행정법의 특징

고대 국가에서 처음으로 형성된 행정법은 '백규시서百揆時敍'의 원칙과 정치적인 요구에 따라 뚜렷한 시대적 특징이 있었다. 주요한 것으로 다음의 3가지를 들 수 있다.

첫째, 처음으로 구역 공간의 개념을 행정입법에 도입하여 시간과 공간을 통합시켰다. 이로써 중앙과 지방, 전체와 부분의 행정체계와 관할관계가 확정되었고, 국가 전체의 차원에서 적용될 수 있는 체제 모델을 정립했다.

둘째, 종법과 종족에 내재된 구조를 중심으로 내복·외복의 직관 체계를 확립했다. 이것은 고대 행정법의 발전을 촉진했다. 내복·외복으로 중앙과 지방을 구분하는 관제를 실현하고, 입전설관立典設官 즉 '법을 먼저 만들고 후에 관직을 설치'하는 것을 원칙으로 삼아 국가 행정체제를 확립하고, 이 원칙 아래 육부직관六部職官 제도와 고대에 부합하는 행정 법제를 세워 국가 권력과 사회적 행정 활동을 일정한 법규범에 편입시켰다.

셋째, 납례입법納禮立法, 즉 "예로부터 시작해 법을 세운다"는 관념을 중시하여, 예로 통치하는 체계화된 '예법禮法'을 수립했다. 당시의 생산 방식 즉, 개별적 소농과 같이 생산관계가 발달하지 않은 단계에서는 필연적으로 전통이 결정적인 작용을 했다. 그리하여 사회적으로 통치 지위를 점하고 있는 계층은 현실을 규제하는 관습과 전통을 법으로 고정시킴으로써 예의 내용을 법의 범주에 편입시켰다. 이를 통해 지배계급 내부의 계급관계를 규정하여 관리들을 구속하고 민중을 단속하는 효능을 발휘했다. 이와 같이 역대 통치자들은 예를 점점 계급 통치와 존망을 같이하는 치국의 근본이자 입법의 근원으로 삼아, 역대 중앙정부는 모두 방대한 조직의 예부禮部를 설치해서 국가의 행정관리에 복무시켰다. 이러한 기초 위에 엄격한 등급제도와 명분 제도를 규정하고, '예법'을 중요한 행정제도로 삼아 뚜렷한 사회적 역할을 부여했다. 나아가 이것은 후대에 유가 학설이 전통사회에서 그 특수한 지위를 확립하는 데 기초가 되었다.

행정입법이 고대 정권의 공고화에 적극적인 역할을 했지만 고대 행정법은 원래 부락 연맹의 토대 위에서 형성된 것이기 때문에, 지방 정권인 제후국은 강력한 행정법적 독자성을 가지고 있었다. 이것은 필연적으로 관습법의 기능에 혼란을 조성하여 고대의 정권들과 대립·갈등하게 되었다. 이러한 혼란은 권한의 중복과 정권의 직권 남용을 초래했으며, 이러한 폐단을 없애는 데 예전의 관리체제는 아무런 힘을 발휘할 수 없었다. 따라서 행정입법의 새로운 도약이 요구되었고, 전통사회의 도래에 따라 고대의 행정법은 결국 전통사회의 행정법에 의해 대체되었다.

제3장 형사법

　　하夏의 법은 불문不文의 관습법이었다. 그들은 법의 시행 과정에서 일련의 죄명을 선정해 범죄의 처벌에 관한 초보적인 형사법률과 규범을 만들고, 그것을 역사에서 이른바 '우형禹刑'이라 부르는 하형삼천조夏刑三千條로 편찬했다.

제1절 고대 정권의 형刑과 벌罰

1. 형법의 생성

　　형刑을 갑골문에서는 '정井'으로, 청동 명문에는 '정井'으로 쓰고 있으며, 이는 우물 속에 갇혀 있는 범죄자를 의미했다. 전국시대에 이르러 비로소 '井'자가 출현했는데 이는 징벌과 형륙刑戮을 의미했다. 이렇듯 '형刑'자의 역사적인 변화는 형법이 계급 사회에서 차지하는 지위와 그 발전 상태를 반영했다.

　　하 이전에는 비록 국가가 형성되지는 않았으나 『상서尚書』「요전堯典」에 다음 구절들이 나온다. "전형典刑으로 상징을 삼고, 유형流刑으로 오형五刑을 용서하며, 채찍은 관형官刑으로 만들고 회초리는 교형敎刑으로 만들되 금金으로 속형贖刑하도록 하며, 모르고 지은 죄나 재앙으로 인한 죄는 사면하고, 끝까지 뉘우치지 않는 자는 사형을 내린다. 놀랍고 놀라운 것이니 오로지 법의 긍휼함이다." "공공共工을 유주幽州에 유배 보내고, 환두驩兜를 숭산崇山에 방출하고, 삼묘三苗를 삼위三危에 축출하고, 곤鯀을 우산羽山에서 죽이니, 이 4가지 죄로 천하가 모두 복종하게 되었다." 이처럼 관습법은 이미 범죄를 징벌하는 기본적인 수단이 되었다. 그리고 그 의미를 기물 위에 5가지 형벌의 모양으로 그려서 사람들로 하여금 경계하게 했다고 한다.

유방流放의 방법으로 오형五刑을 대신했다는 것은 법의 관용을 나타낸다. 예를 들어 서인庶人이 관직에 있으면서 잘못을 하면 편형鞭刑으로 벌하고, 교화를 관장하는 사람에게는 복형扑刑을 사용하는데, 죄가 있어도 '금金'으로써 속죄할 수 있었고, 과실이나 죄를 우연히 범한 것이면 사면받을 수 있었다. 심각한 범죄를 짓고도 회개할 줄 모르면 엄격하게 처벌받았지만 형벌의 사용은 매우 신중하게 했다는 것이다. 그러나 한편에서는 공공을 유주로 귀양 보내고, 환두를 숭산에 귀양 보내며, 삼묘를 3가지 위험이 있는 지역으로 쫓아내고, 곤을 우산 아래에서 죽여 이들 죄인들로 하여금 그들이 마땅히 받아야 할 징벌을 받게만 하면 천하의 인심이 비로소 모두 하夏에 순종하게 된다고 했다. 여기에서 형법의 3가지 방향이 제시되고 있다.

첫째, 죄에는 각각 그에 해당하는 형이 있었다. 즉, 유방流放으로 오형을 범한 죄인을 관대하게 대하며, 편태鞭笞로 관리를 다스리는 형으로 하고, 복扑은 교화의 형으로 사용하고, 선하고 공로가 있는 자로서 실수로 죄를 범하게 된 사람은 동銅으로 속형贖刑할 수 있게 하며, 죄가 크고 회개하지 않는 자는 엄하게 처벌했다. 이것은 고의·과실·우연·일관 등을 표준으로 하여 정죄定罪하고 형량을 정하는 원칙이다.

둘째, 하에는 오형이 있었다. 하 이전에도 오형이 있었다는 설이 있으나 그것은 하대夏代에 비로소 시작되었다.

셋째, 일정한 시대적 조건과 법이념의 지도 아래 강제성을 가진 규범이 탄생했다. 비록 「요전堯典」은 후대의 사람이 만든 것이지만 그것이 제시하고 있는 정죄양형定罪量刑 즉, "죄와 형량을 결정한다"는 원칙과 법사상 및 개념은 이미 하대에 형성되었으며, 오형의 명칭도 확립되었음을 알 수 있다.

2. 형刑과 벌罰의 역사적 발전

일반적으로 말해서 고대 형벌의 발전에는 하夏의 우형禹刑, 상商의 탕형湯刑, 주周의 구형九刑에 이르는 3가지 중요한 단계가 있었다. 이는 고대 형법의 생성 단계에서 성숙·발전하는 필연적인 역사 발전의 과정이라 할 수 있다.

(1) 우형의 내용과 본질

우형은 '하이夏彝'라고도 하는데, 하대夏代의 법에 대한 총칭으로 우에 의해 명명되었다. 『상서尚書』「홍범洪範」에는 "하늘이 홍범구주洪範九疇를 내려 윤리에 변함이 없도록 하고 바른 질서를 잡았다," "그 권위는 육극六極에 미쳤다"고 기록되어 있다. 홍범구주란 하의 구조대법九條大法을 말하며 그 가운데 여섯 가지는 범죄를 징벌하는 형벌로써, 이것은 아마도 우형의 내용에 관한 최초의 기록일 것이다. 그밖에 『좌전左傳』「소공昭公 6년」에도 "하나라가 쇠퇴하여 정치가 문란해져서 우형禹刑을 제정했다"고 기록해 우형이 고대 육형의 근원임을 설명하고 있다. 육형의 내용에 관해서는 『상서』에 "하형夏刑은 삼천 조가 있었다"고 하는데, 이것은 곧 하서夏書에서 말한 '혼昏· 묵墨· 적賊· 살殺로 고요皐陶의 형'30)이었다. 혼昏이라는 것은 '악하여 아름다운 것을 빼앗는 자'에게 적용되는 것이고, 묵墨은 '탐욕스러운 관리'에게 적용되며, 적賊은 '살인을 일삼는 자'에게 적용되는 것으로 이 3가지 죄는 하의 법에 따르면 모두 사형에 속하는 중죄였다.31)

우형에서 초보적으로 확립된 관습법을 위주로 하는 오형의 형명刑名은 대벽大辟 즉 머리를 자르는 것, 의劓 즉 코를 자르는 것, 궁宮 즉 생식기를 훼손하는 것, 비剕 즉 다리를 자르는 것, 묵墨 즉 이마에 검은 색으로 글씨를 써 넣는 것으로, 이것은 오형의 원류라 할 수 있다.

우형을 제정한 것은 "무고한 자를 죽이기보다는 차라리 그 수단을 잃게

---

30) 『좌전左傳』「소공昭公 14년」.
31) 『좌전左傳』「소공昭公 14년」 두주杜註.

한다”는 중요한 법 원칙에 근거를 두었다. 설사 곧 정상적인 절차에 따라 일을 처리할 수 없다 하더라도 죄가 없는 사람을 죽일 수는 없다는 것을 의미했다. 우형의 내용에 관해서는 사료의 결핍으로 우리가 이해할 수 있는 것은 단지 고문헌에 기록되어 있는 편린에 지나지 않는다.

(2) 상의 탕형

하를 이어 일어난 상은 개국과 동시에 형법을 제정했는데, 『좌전』에는 “상의 정치가 어지러워 탕형을 만들었다”[32]고 기록했다. 탕형은 여전히 하의 오형을 답습했으며 300조의 범죄 항목이 있었다. 『죽서기년竹書紀年』에도 “조갑祖甲 25년에 탕형을 다시 만들었다”고 기록했다. 이것은 탕왕이 명명한 것으로, 상초에 제정해 상말에 수정했으며 처음으로 체제를 갖춘 고대의 형법전으로 알려져 있다. 그 구체적인 내용에 대해서는 단지 『상서』 「강고康誥」에 “바깥일에 대해서는 옛 것을 따르고, 사사司師는 은의 법을 따랐다” 하고, 또 “은의 법을 써서 형벌과 사형을 행했다”고 기록되어 있다. 이것은 원래 주공이 대신들에게 은의 고토에서 상의 형법을 운용해 범죄를 처벌하도록 경고한 말이지만, 적어도 탕형이 이미 성문법 성격을 가지고 있었음을 증명한다.

또한 『좌전』에는 “탕의 관형에서는 궁궐에서 항상 춤을 추는 것을 무풍巫風이라 하며, 그 형은 군자가 이위二衛에서 낸다” 하고, 『여씨춘추呂氏春秋』에서는 “형으로는 삼백이 있으며 범죄는 불효보다 무거운 것이다” 하며, 『한비자韓非子』 「내저설內儲說(상)」에서는 “은의 법은 공도公道를 훼손하는 자는 그 손을 잘랐다. 자공子貢이 말하길 … 옛 사람이 어찌 매우 의연한가”라고 했다. 이로부터 탕형은 우형을 계승 발전시킨 것이지만 일정 정도 이미 ‘효孝’로 대표되는 예와 형의 상호관계를 중시하기 시작했다는 것과, ‘관형官刑’과 ‘관풍官風’이 형으로 편입되었다는 것을 알 수 있다. 그리고 전국시대에 순자荀子

---

32) 『좌전左傳』 「소공昭公 6년」.

는 "형명은 상의 것을 따른다"고 주장했는데, 이러한 점들을 볼 때 탕형은 고대 사회에서 전통사회 초기까지 형법의 발전에 비교적 큰 영향을 미쳤음을 알 수 있다.

탕형의 중요한 내용은 '관형'과 상호관계가 있다. 상商에서 직무와 관련된 범죄의 처벌은 주로 '삼풍십건죄'와 장죄에 관한 것이었다. 따라서 탕형의 시행에 주요 대상은 각종 관리들이었으며, 이것은 후대에 관법官法의 제정을 촉진하는 역할을 했다.

(3) 서주의 구형九刑과 여형呂刑

구형은 서주 초에 제정한 형법이다. 『좌전』 「소공昭公 6년」의 기록에 의하면 "주의 정치가 어지러워 구형九刑을 만들었다"고 하며, 『일주서逸周書』에도 4년 초여름에 "왕이 대정大正에게 명하여 형서를 만들라 하니 … 태사는 형서刑書 구편을 만들어 대정에게 주었다"고 하여, 사법 관원인 대정이 명을 받아 형서를 만들었다고 한다. 이는 중국 최초의 성문 형사법일 것이다.

청대清代의 고증에 의하면 구형은 주周 초기에 제정된 형서 구편으로, 후에 성왕成王의 수정을 거쳐 「여형呂刑」의 출현을 촉진했다. 「여형」은 주목왕周穆王 때 사구司寇인 여후呂侯가 명을 받아 제작한 것인데, 서주 중기의 형률 운용과 옥송 심리에 관한 문헌으로, 고대 오형을 제도화·법률화한 것이다. 그것은 '명덕신벌明德愼罰'의 형사정책을 제시하고, "사안에 의문이 있으면 사면하고(疑案有赦)," "죄에 의문이 있으면 가볍게 처리한다(疑罪唯輕)"는 형벌 원칙과 '유량절옥惟良折獄,' '유병양렬有幷兩列' 등 정죄양형의 원칙을 규명하고, 법의 유추 해석과 판례의 적용, 속형제도, 법관의 책임 등을 규정했다. 그밖에 서주의 형사소송에 관한 소송장·입균금入鈞金(소송비)·양조구비兩造具備·사청오사師聽五辭·오사간부五辭簡孚·독국讀鞫·치유기治有期 등에 대해 상세히 규정하고, 고소·심리·판결·상소에서 집행에 이르기까지 간결하고 명료하게 적용절차를 규정하여, 형사소송 제도의 확립에 커다란 의미를 갖는다. 이처럼 「여형」은 서주의 형법 개혁 정신을 구현해 고대 중국 사회의 법사상과 제도를 연구하는 기초 자료가 된다.

『주례周禮』「추관秋官」은 형사 사법 관원의 직책에 대해 규정한 것으로 형명·양형·정죄·형벌 등과 같은 많은 서주의 형법 내용을 포함하고 있고, 형사소송에 대한 규정도 기재되어 있어서 「구형九刑」과 「여형呂刑」의 뒤를 이어 서주의 형법을 총괄한 법 문헌이다.

제2절 고대 형법의 범죄

하夏 초기 귀족은 통치에 저항하는 각종 행위에 대한 처벌 규정을 만들어서 정죄·징벌을 행했다.『상서尚書』에 표현된 것처럼 감히 "오행을 어지럽히고 삼정을 태만히 한" 자에 대해서는 무력을 써서라도 징벌한다고 해, 최고 통치자의 의지에 반항하는 자는 엄격하게 처벌한다고 규정했다. 출정 명령을 위반하는 자는 추궁을 당해 본인뿐만이 아니라 가문의 어린아이까지도 죽임을 당했다. 또한 관리의 독직에 대해서도 엄하게 처벌하여, 예를 들면 천문관인 희화羲和가 술을 탐닉하다 천시天時를 잘못 판단해 처벌을 받았는데, 이는 직무범죄를 처벌한 형사 사안이었다. 만약 천문 역률의 계산과 관리에 잘못이 있거나, 여타의 다른 손실을 초래해 천시를 위반하면 모두 극형에 처했다. 그리고 음탕한 친구들과 야합하는 것, 일정한 직업 없이 어정거리는 것, 붕당을 결성하는 것과 같은 행위는 모두 통치 질서를 위협하는 것으로 형벌에 의한 처벌 대상이 되었다. 이들은 지금까지 남아있는 일부의 죄명에 불과하며 여타의 다른 죄명은 문헌의 결핍으로 상세히 알 수 없다.

고대의 형사범죄에 대한 구분은 서주 초기에 이르러서야 비로소 나타났는데 대체적으로 다음의 4가지 유형이 있었다.

1. 통치에 반항하는 범죄

(1) 군주 시해죄

『주례周禮』「하관夏官·사마司馬」에 "군주를 추방하고 시해하는 자는 육시戮屍에 처한다"고 기록했다. 군주를 추방하고 시해하는 죄는 육체가 잘리고 시체가 찢겨지는 처벌을 받았다.

(2) 왕명 위반죄

『국어國語』「주어周語」에 "왕명을 범하면 반드시 사형에 처하므로 명령에 순종하지 않을 수 없다"고 했다.

(3) 난폭력정죄亂暴力正罪

『주례』「추관사구秋官司寇·금폭씨禁暴氏」에 "서민으로 난폭하고 무력을 함부로 쓰는 자, 무단으로 금령을 범하는 자, 유언비어를 퍼뜨려 불신케 하는 자는 고발되면 사형에 처한다"고 했다. 무릇 평민이 난을 일으키는 것은 일단 고발이 있으면 모두 사형에 처했다.

(4) 율을 위반하고 질서를 어지럽히는 죄

『예기禮記』「왕제王制」에 "근거 없는 말로 율을 위반하고, 함부로 이름을 바꾸며, 사교邪敎로 질서를 어지럽히는 것은 사형에 처한다"고 했다. 무릇 사교와 유언비어로 주 왕실의 정치 질서를 어지럽히는 자는 모두 사형에 처하고 사면하지 않았다.

(5) 제도를 변화시킨 죄

『예기』「왕제」에 "제도나 의복을 개혁하는 것은 반란을 일으키는 것이니, 반란을 일으킨 자는 군주가 토벌한다" 하여, 임의로 제도를 바꾸는 자는 예의禮儀를 변화시켜 왕조의 통치에 반대하는 행위로 보아 엄한 처벌의 대상이 되었다.

(6) 언행으로 대중을 현혹시키는 죄

『예기』「왕제」에 "거짓으로 견실하게 행하는 체하고, 거짓으로 변설을 행하고, 배움이 없으면서 박식한 체하고, 순리가 아님에도 택해 의심하는 자는 죽인다" 하여, 무릇 거짓된 언행으로 군중을 선동하여 사회에 위해를 끼치는 자는 모두 극형에 처했다.

(7) 무리지어 술을 마시는 죄

『상서尙書』「주고酒誥」에 "무리를 지어 술을 마시거든 너는 놓치지 말고 모두 잡아서 주로 돌아오라. 내 그들을 죽이리라" 하여, 무리를 지어 소란을 피우고 술을 마시는 것을 금하는 규정을 위반하는 자는 모두 사형에 처했다.

(8) 군령軍令에 항명하는 죄

『상서』「탕서湯誓」에 "너희들이 서언誓言을 따르지 않으면 나는 너희들의 처자까지도 죽여서 용서하지 않겠다"고 군율을 선포하여, 만약 군령에 복종하지 않으면 출정한 병사는 물론 그 처자까지 모두 사형에 처하고 사면함이 없었다. 『주례周禮』「추관사구秋官司寇·사사士師」에는 "큰 군사 훈련에서는 소속 관원들을 인솔하여, 군대 내의 금지사항을 어기는 자와 군대의 행진에서 이탈하는 자는 사형에 처한다"고 했다. 비록 처자까지는 처벌받지 않았지만 군인으로서 상관의 명령에 복종하지 않거나 전선을 어지럽히는 자는 사형에 처해졌다.

2. 사회질서를 침해하는 범죄

(1) 살인죄

『주례周禮』「추관秋官·장륙掌戮」에 "살인을 한 자는 죽여서 저자에 3일 동안 매달아 둔다" 하여, 살인죄를 범한 자는 사형에 처하고 3일 동안 거리에 시체를 버려두었다.

(2) 살인 강도죄

『상서尚書』「강고康誥」에 "무릇 백성이 스스로 죄를 지어 절도하고 내·외란죄를 범하며, 재물을 탐내어 살인을 하여 죽음을 두려워하지 않는 자를 미워하지 않는 이가 없다"고 했다. 어떤 자가 재물을 얻기 위해 절도하고 살인을 하면 모두 사형에 처했다.

(3) 재물 탈취죄

『예기禮記』「월령月令·중동지월仲冬之月」에 "농사를 지어 수확하지 않거나 숨겨둔 자, 마소 가축을 잃어버린 자는 이를 힐책하지 않는다. 산림과 호수의 초지에서 먹을 채소를 취하고, 들에서 금수를 사냥하는 것은 야우野虞가 가르친 것이다. 그것을 빼앗는 자가 있으면 그를 죄로 다스리고 용서하지 않는다" 하여, 줍거나 버리거나 낭비하는 것에 대해서는 교육을 하고, 서로 빼앗는 것은 죄를 벌하며 용서하지 않았다.

(4) 절도·유혹죄

『상서』「비서費誓」에 "우마를 훔치고 신첩을 유혹하지 말라. 너에게는 떳떳한 형벌이 있다" 하여, 다른 사람의 우마를 훔치고, 노비를 유혹하는 행위는 모두 형사책임을 추궁해서 처벌했다.

(5) 농사시기를 놓친 죄

『예기』「월령·중동지월」에 "이에 경작하는 데 힘써서 때를 놓치지 말고, 때를 놓치는 것은 죄를 행하는 것이다"고 했다. 농민에게 경작함에 시기를 놓치지 말 것을 규정하고, 만약 어기면 엄격하게 형사책임을 추궁하여 결코 용서하지 않았다.

(6) 강절도, 내외란죄

『상서』「강고康誥」에 "무릇 백성이 스스로 죄를 지어 절도하고 내외란죄를 범한다" 했고, 『상서』「여형呂刑」에서는 "도적이 되지 않은 자가 없어 마음대로 날뛰는 것을 의로운 것으로 여겨 도둑질했다"고 한다. 본래 구寇는 강도이고 양攘은 절도로, 두 가지 모두 도적이라 했다. 현대 형법에서는 강도와 절도를 둘로 나누고 있다. 간궤奸宄에서 간奸은 내란을, 궤宄는 외란을 의미했다. 강도·절도·내란·외란죄를 범한 자는 모두 극형에 처했고 결코 관대하게 대하지 않았다.

(7) 예禮와 악樂을 바꾼 죄

『예기』「왕제」에 "예를 바꾸고 악을 바꾼 자는 왕명에 따르지 않는 것으로, 따르지 않으면 군주가 유형流刑에 처한다" 하고, 『주례周禮』에는 "예악禮樂과 정벌征伐은 천자로부터 나온다" 했다. 이것을 위반한 자는 모두 유방流放을 했다.

(8) 음란한 소리, 이상한 옷, 기이한 기교, 기이한 그릇에 관한 죄

『예기』「왕제」에 "음란한 소리를 내고, 이상한 옷을 입으며, 기이한 기교를 부리고, 기이한 그릇을 써 대중을 유혹하면 죽인다" 하여, 무릇 음란한 소리와 사악邪樂, 이상한 복장으로 사회를 혼란케 한 자는 모두 엄한 처벌의 대상이 되었다.

3. 종법제도를 파괴하는 죄

(1) 불효불우죄不孝不友罪

『상서』「강고」에 "매우 악하고 나쁜 것으로는 불효불우不孝不友만한 것이 없다" 하고, 또 "문왕이 벌을 만들고 형을 행함에는 용서함이 없다"고 했다. 서주에서는 종법 등급제를 옹호하기 위해 불효불우를 중대 범죄로 분류해서 모두 엄격하게 처벌하고 사면함이 없었다.

(2) 친족살해죄

『주례』「추관·장륙」에 "친족을 살해한 자는 불에 태워 죽이고, 왕의 친족을 살해한 자는 능지처참으로 다스린다" 해서, 종법 옹호의 개념에 따라 자기의 친족을 살해하거나 왕의 친족을 살해한 자는 매우 악한 죄에 속하여, 전자는 시신을 불사르고, 후자는 시신을 토막 내어 3일 동안 방치하는 형으로 다스렸다.

4. 독직죄

(1) 백성을 침탈한 죄

『예기』「월령·중동지월」에 "수우水虞와 어사漁師에게 명하기를, 수천지택水泉池澤의 부부賦를 징수함에 있어 징수하지 않거나 또는 백성에게 빼앗으면 천자가 백성들의 원성을 사게 하는 행위로써, 이와 같은 것이 있으면 죄로 처벌하고 용서하지 않는다"고 했다. 세금을 걷을 때 관리가 그 권한을 이용해서 백성으로부터 사취하거나 약취하면 모두 형사책임을 추궁하고, 용서하지 않는다고 못박았다.

(2) 부당한 논공죄

『예기』「월령·중동지월」에 "공사工師에게 공功을 검사하라고 명하여 … 물건의 공명工名의 진위를 검사하고, 부당함이 있으면 반드시 그 죄를 묻고 그 실정을 추궁한다"고 했다. 공관사공工官司空이 기술자를 평가함은 그가 만든 기물의 규격이 기준과 부합하는지를 검사하는 것이다. 이렇게 해서 직무의 소홀함이 있으면 책임을 추궁했다.

(3) 삼풍십건죄

관원 가운데 무풍巫風, 음풍淫風, 난풍亂風의 죄가 있는 자는 모두 묵형墨刑에 처했다.

이상의 구체적인 형명과 처형 원칙을 살펴보면, 고대 국가의 형법은 주로 귀족과 군주의 특수한 권익을 옹호하기 위하여 통치질서에 대한 위협을 모두 범죄로 규정하고 엄격하게 처벌하는 것에 주안점을 두었으며, 이것이 형법의 근간이 되었다. 그리고 노예와 평민은 단지 법으로 정해진 의무만 있는 반면, 법에 의해 보호받을 권리는 거의 없었다. 이것은 고대 형법의 내용이 지배계급을 보호하고, 노예에 대한 통제와 전제 정치를 실행하는 데 있다는 것을 말한다.

제3절 고대의 형벌

상·주의 통치자는 귀족의 통치를 옹호하기 위하여 일체의 범죄행위에 대해서 엄하게 처벌하여 형벌제도를 그들 계급의 이익을 옹호하기 위한 폭력 도구로 삼았다. 고대의 형벌은 네 가지 유형으로 나눌 수 있다.

1. 사형死刑

사형은 대벽大辟이라고도 하는데, 범인의 생명을 빼앗는 형벌이었다. 상·주商周 시대에 사형의 명목은 매우 많았으나 대표적인 몇 가지를 들 수 있다.

(1) 족주族誅

일종의 족형으로 한 사람의 범죄로 친족까지 죽임을 당하는 것이다. 『상서尚書』의 주에 "한 사람이 죄가 있으면 형刑은 부모처자에까지 미친다" 하고,

『상서』「태서泰誓」에는 "족族으로써 죄인을 삼는다" 하며, 「탕서湯誓」에도
"가족을 죽인다"는 규정이 있었다. 주 무왕이 선포한 상 주왕의 죄들 가운데
하나도 "족으로써 죄인으로 한다"는 것이었다. 이것은 고대 형벌에서 가장
잔인한 사형 중 하나였다.

(2) 참육斬戮

머리를 자르는 것을 참육이라 하는데, 상에서 처음 출현했다. 『주례周禮』
「추관秋官」에는 "도적은 참斬으로써 이를 금한다"고 했다. 참자의 금문 모양
은 왼쪽에서 집형자가 큰 칼을 들고 내려쳐서 오른쪽에 범죄자의 머리가
땅에 떨어져 있는 것으로 묘사된다.[33] 『국어國語』「진어晉語」에는 "숙향이
말하길, 청컨대 살아 있는 자를 죽이고, 죽은 자를 육戮하라"고 하는데, 살아
있는 자를 죽이는 것을 참斬이라 하고, 죽은 자를 참하는 것을 육戮이라 했다.
이것은 가장 자주 사용되던 사형의 한 가지였다.

(3) 포락炮烙

『사기史記』「은본기殷本紀」에 "주는 형벽刑辟을 중시하여 포락지법炮烙之法
이 있었다"고 한다. 포락炮烙에 대해서 『열녀전烈女傳』에는 "구리로 만든 기
둥에 기름을 바르고 그 아래에 숯을 쌓고, 죄인에게 그 위를 걷게 하니, 달기妲
己가 웃기에 포락지형炮烙之刑이라 했다"고 나온다. 포락은 죄인에게 뻘겋게
달아오른 구리 기둥을 걸어가게 하는 매우 잔혹한 형벌이었다.

(4) 분焚

화형火刑으로 상의 포락형에 근원을 두었다. 『주례周禮』「추관秋官·장륙掌
戮」에 의하면 "무릇 그의 친족을 살해한 자는 분형焚刑에 처한다"고 하니,
주로 친족을 살해한 범죄자에게 쓰이던 형이었다. 이 형벌은 한진漢晉에 이르

---

33) 우성오于省吾, 『상주금문록유商周金文錄遺』.

기까지 계속 사용되어 "남자로서 전혀 이유 없이 자신의 어머니를 죽인 자는 조칙에 의해 그 시체를 불사르고 그 죄를 천하에 알린다"[34]고 했다.

(5) 팽烹

『사기』「은본기」에 의하면 "주紂가 서백西伯을 유리羑里(은의 지명)에 가두었을" 때 문왕의 장자인 백읍고伯邑考를 인질로 삼았다가, 삶아서 문왕에게 그 고기를 먹으라고 강요했다. 이로부터 팽은 정식으로 형벌의 한 종류가 되었다. 서주의 팽형 형구를 정鼎이라 하고, "정이 크고 다리가 없는 것을 확鑊이라 하며 사람을 삶는다"[35]고 했다. 이렇게 정이 사형을 집행하는 형구의 하나가 되었다.

(6) 책磔

고형辜刑 또는 박형搏刑이라고 했다. 『주례』「추관·장륙」의 주에 "고辜는 기시棄市하는 것을 말하는데, 책이라 한다" 하고, 『설문說文』에 "책은 고辜(사지를 찢어 죽이는 것)이다" 하고, 『석문釋文』에는 "박搏은 책이다" 했다. 이 형은 주로 "채금지금採金之禁(금 채취 금지 명령)을 어겨서 사지가 찢겨져 죽고 그 시체는 거리에 버려지는" 형벌이었다.[36] 즉, 고辜와 박搏은 모두 사지를 찢어 죽이는 혹형으로, 박은 사지를 찢어 죽인 후 그 시체를 거리에 버려두는 것이고, 고는 먼저 죽인 후 사지를 찢는 것이다.

(7) 부踣

『주례』「추관·장륙」에 "무릇 사람을 죽인 자는 그를 죽여 저자에 3일 동안 버려둔다"고 했다. 형을 집행함에 먼저 범죄자를 거리에서 죽인 다음 그 시체를 3일 동안 버려두는 형벌이었다. 주로 선량한 사람을 해치는 것(賊),

---

34) 환담桓譚, 『신론新論』.
35) 『한서漢書』「형법지刑法志」.
36) 『한비자韓非子』「내저설內儲說(상)」.

무리를 모아 사직을 위태롭게 하는 것, 물건을 훔치는 것(盜), 힘을 이용해 재물을 취하는 강도와 형체와 얼굴을 감추고 남의 물건을 취하는 절도 등을 처벌하는 데에 사용했다.

(8) 해醢

『사기』「은본기」에 "구후九侯에게 아름다운 딸이 있었는데 주紂의 궁에 들어갔다. 구후의 딸이 음란한 것을 싫어하므로 주가 노하여 구후를 죽이고 그 고기를 가루로 만들었다"고 한다. 이는 사람을 죽여서 가루를 만드는 것으로 상·주 때의 잔혹한 형벌 중 하나였다.

(9) 포脯

『사기』「은본기」의 기록에 의하면 "구후九侯를 해형醢刑에 처하니 악후鄂侯가 이를 다투어, … 악후를 포형에 처했다"고 한다. 상商 주가 악후를 죽이고 시체를 말려서 육포를 만든 것으로 잔인하기가 극에 달했다.

(10) 부심剖心

『사기』「은본기」에는 주왕의 숙부인 비간比干이 주왕에게 자주 간하여서 주왕이 노하여 배를 갈라 심장을 도려냈다고 기록하고 있다.

2. 육형肉刑

육형은 지체를 자르고, 피부에 글자를 새기는 등 인체에 가하는 혹형으로서, 묵墨·의劓·월刖(臏)·궁宮과 같은 것이 있었다.[37]

---

37) 이성원, "고대 중국의 형벌 관념과 육형肉刑"(『동양사학연구』 67, 1999)에서는 주로 주대의 육형을 '비인화非人化' 관념이라는 관점에서 분석하고 있다. ―역주

(1) 묵형墨刑

천형天刑이라고 하는데, 범죄자의 얼굴에 먹으로 문신을 하는 것이었다. 『상서尚書』「이훈伊訓」에 "신하가 바르지 못하면 그 형은 묵이다" 하고, 홀정智鼎에 경묵자자黥墨刺字에 관한 사례가 있으며, 기타 명문들에도 기록이 있다. 『주례周禮』「추관秋官·사형司刑」에 "묵죄墨罪 5백이 있다"는 기록이 보이고, 『역경易經』「규육삼睽六三」에는 "그 사람을 천天(天刑)하고 의劓형에 처한다" 하며, 『석문釋文』에는 "천天은 경黥(黥刑)이다"고 했다. 묵형은 금문에서는 멸옥黥罼이라 하고, 서주 때의 짐이朕匜의 판결문에 "나는 너를 마땅히 1,000번을 때려야 할 것이지만, 너를 멸옥에 처한다" 했다. 멸옥은 묵형과는 다른 등급으로, 1,000대를 때려야 하지만 멸옥형에 처했다는 것이다. 이 처형 방법은 검은 수건으로 얼굴을 가리고 먹물로 얼굴에 죄명을 새기는 것인데, 상·주에서 자주 사용하던 형이었다.

(2) 의형劓刑

코를 베는 형이었다. 「여형呂刑」에 "묵벌墨罰에 속하는 자가 1천이고, 의벌劓罰에 속하는 자가 1천이다" 하고, 『주례』「추관」에도 또한 "의죄劓罪 5백이 있다"는 말이 있다. 『역경易經』에도 의형에 관한 기록이 있어 "그 사람을 천형과 의형에 처했다," "의형과 월형은 적불赤紱에 가두는 것이다"고 했다. 이 또한 상·주에서 일반적으로 사용되던 형벌이라는 것을 알 수 있다.

(3) 월형刖刑

범죄자의 손발을 자르는 형벌이었다. 월형에는 세 가지가 있었는데, 그 중 첫 번째는 월刖이라 하며 『역경易經』「곤구오困九五」에 "의형과 월형은 적응赤紱에 가두는 것이다" 하고, 『주례』「추관·사형司刑」에는 "월죄刖罪 5백이 있다"고 했다. 두 번째는 비剕라 하며 「여형」에 "비벌剕罰에 속하는 자가 5백이 있다"고 했다. 세 번째는 지趾라 하며 『역경』「서합초구噬嗑初九」에 "교校를 씌우고 다리를 자른다"고 했다. 이 세 가지는 모두 다리를 자르는 것이었다. 은대殷代에 월형에 사용한 형구는 톱(鋸)이었는데, 서주 때는 도끼 斧·톱(鋮)·도刀·검劍으로 다양해졌다.

(4) 착경斮脛

경脛은 무릎 아래 종아리를 말한다. 『상서尚書』 「태서泰誓」에 "착은 관련자의 종아리를 자르는 것이다"고 했다. 뼈를 갈라 골수를 빼내는 매우 비인도적인 형벌이었다.

(5) 궁형宮刑

음형淫刑이라고도 하는데, 인체의 생식기관을 제거하는 혹형이었다. 묘苗에서 시작된 것으로 전해지고 있다. 「여형呂刑」에 "궁형은 의문이 있으면 이를 사면한다"고 했는데, 동銅 3,600냥으로 속형할 수 있었다. 대략 한대부터 궁형으로 사형을 대신하던 것이 점점 형벌의 하나가 되었다.

(6) 괵형馘刑

범죄자의 귀를 자르는 형벌이었다. 『옥편玉篇』에 "괵馘은 귀를 자르는 것이다"고 했다. 주로 경범의 처벌에 사용되었다. 괵은 또한 이刵로도 쓴다. 『상서尚書』 「강고康誥」에 "이刵는 귀를 자르는 것으로 가벼운 형벌이다"고 했다. 형을 집행할 때 범죄자에게 교校라는 형구를 씌우고 그 귀를 잘라내기 때문에 『역경易經』에는 "어찌 교를 씌우고 귀를 자르는가"라는 기록이 있다.38)

그밖에 육형을 받은 사람에 대한 부가형이 있었는데, 첫째는 육형을 받은 사람은 모두 노예가 되어 귀족에게 사역했다. 둘째는 복역형으로 "묵형을 받은 자로 하여금 문門을 지키게 하고, 의형을 받은 자로 하여금 관關을 지키게 하며, 궁형을 받은 자로 하여금 궁궐에서 사역하게 하고, 월형을 받은

---

38) 교校는 목과 손을 묶는 일종의 형구로 가枷와 비슷하다. —역주

자로 하여금 유圉를 지키게 하며, 곤형髡刑을 받은 자로 하여금 직稷을 지키게
한다"39)고 했다. 이것은 수형자에게 죽을 때까지 사역을 시키는 것이었다.
셋째는 먼 곳에 유배 보내는 것으로 "수형인은 … 사방으로 버려져 오직
그 곳에만 있어야 하고, 정치에 관여할 수 없다"40)고 해 실제로는 종신 유형
이었다.

3. 도형徒刑

도형徒刑은 구금되어 노역에 종사하는 형벌이었다. 『상서』「열명說命」과
『사기』「은본기」에 무정武丁은 "꿈에 성인을 만났는데 그 이름이 열說이라
했다," "백관들로 하여금 재야에서 찾아보게 했는데, 드디어 부험傳險(상서에
는 부암傳巖)에서 열을 찾아냈다. 열은 죄를 짓고 노역(胥靡)에 끌려가서 길을
닦고 있었다"고 한다. 『한서』「공안국전孔安國傳」에는 "부씨가 괵우虢虞의
땅에 있는 암巖에서, 길을 통해서 지나다녔는데, 자주 침수되어 서미형을
받은 사람들로 하여금 이 도로를 보수하도록 했다"고 한다. 서胥는 상相이고,
미靡는 붙잡아 묶는 것을 말하는 것으로 서로 감시하며 노역했다는 뜻이다.
이것은 초기의 '도형'이라고 할 수 있다. 그밖에 『사기』「은본기」에는 "기자
箕子는 너무 두려운 나머지 미친 척하여 남의 노비가 되려고 했으나 주왕이
그를 구금(囚)했다" 하니, 구금도 당시에는 도형의 다른 형식이었다.

4. 유형流刑

유형은 유방流放이었다. 씨족 사회에 기원을 두고 있는데, 『상서尚書』「요
전堯典」에 "공공共工을 유주幽州에 유배하고, 환두驩兜를 숭산崇山에 유치留置
하고, 삼묘三苗를 삼위三危에 몰아내고, 곤鯀을 우산羽山에 가두어 이 네 사람

---

39) 『주례周禮』「추관秋官·장륙掌戮」.
40) 『예기禮記』「왕제王制」.

을 죄주시니, 천하가 모두 복종하였다"고 기록했다. 이것은 전설에 나타난 초기의 유방형流放刑이다. 또한『사기』「은본기」에 "태갑太甲이 즉위한 지 3년이 되니 분별없이 포학해져 탕법湯法을 지키지 않고 도덕을 어지럽히자, 이윤伊尹이 그를 동궁桐宮에 방放했다"고 한다. 태갑이 탕의 법제를 파괴하고 국정을 돌보지 않자 보정대신輔政大臣 이윤에 의해 방축되었다가 3년이 지나 회개하므로 다시 왕위를 회복했다고 한다. 이로부터 기원전 6세기의 상대商 代에 이미 방축형放逐刑이 있었다는 것을 알 수 있다. 그러나 유방은 대개 귀족에게 한정되어 있었고, 일반 사서士庶에게는 적용되지 않았다.

고대 사회의 발전에 따라 계급 모순이 더욱 심화되자 형벌도 날로 엄하고 가혹해져 감금 또는 유방된 범죄자에 대해서는 모두 노역이 부가되었다. 『주례周禮』「추관秋官·대사구大司寇」에 "파민罷民(범죄자)은 환토圜土(감옥)에 모아서 가르친다. 무릇 남을 해친 자나 법을 지키지 않은 자는 환토에 두고 일을 하도록 함으로써 형을 밝히고, 스스로 깨우쳐서 이를 부끄럽게 여기도 록 한다. 개과천선한 자는 나라로 돌려보내고 3년 동안 호적에 기록하지 않는다"고 했다.41)

『주례』「추관·사환司圜」에 "파민을 데려다 가르치는 일을 관장한다. 무릇 남을 해친 자는 예로써 대하지 않고, 형을 밝혀 고된 일을 맡겨서 가두어 가르친다. 개과천선한 자 가운데 상죄上罪는 3년 뒤에 사면하고, 중죄中罪는 2년 뒤에 사면하며, 하죄下罪는 1년 뒤에 사면한다. 개과천선하지 않고 환토 를 나간 자는 죽인다"고 해서, 형률을 위반한 범죄자를 방축이나 감금한 뒤 그가 행한 범죄에 따라 상죄·중죄·하죄로 나누고, 각각 3년·2년·1년의 노역에 종사케 하여 개과천선한 뒤라야 비로소 석방했다.

그밖에 상·주 시대에는 편형鞭刑과 장형杖刑이 행해졌다.『상서尙書』「요전 堯典」에 "전형典刑으로 상징을 삼고, 유형流刑으로 오형五刑을 용서하며, 채찍 은 관형官刑으로 만들고 회초리는 교형敎刑으로 만들되 금金으로 속형贖刑하

---

41) 이성원, "고대 중국의 형벌 관념과 육형肉刑"(『동양사학연구』 67, 1999, 8~12쪽) 참조 ─역주

도록 한다"고 했다. 여기서 편형鞭刑은 관리의 불법 행위를 징벌하는 것이며, 복형扑刑은 교화를 관장하는 사람에게만 적용되던 것인데, 전설적인 이야기이다. 『역경易經』에는 "엉덩이를 큰 나무에 묶어 깊은 계곡에 넣고 3년 동안 돌보지 않는다"는 말이 있다. 서주의 '짐이(朕匜' 명문과 '홀정曶鼎' 명문에도 편형에 관한 기록이 있다. 전자의 판결에는 작은 부족의 귀족 목우牧牛를 5백대 때린다고 했으며, 후자의 판결에는 귀족 광匡이 강탈한 곡물을 배상하지 않으면 매를 맞게 될 것이라고 나와 있다. 양자를 대조해 보면 이 두 가지 형이 모두 경미한 범죄를 행한 귀족에게 주로 적용되었다는 사실을 알 수 있다.

제4절 고대 형법의 기본원칙

고대 정권은 군권신수君權神授·천토신벌天討神罰·덕화예치德化禮治라는 법률 이념 아래 사법적인 실천 경험을 거쳐 비교적 완전한 체제를 갖춘 형사입법 원칙과 적용 원칙을 만들고, 다음과 같은 측면에서 실현했다.

1. 형법 원칙과 적용

예禮와 법法의 관계를 중시하여 '예형병시禮刑并施,' 즉 예와 형을 함께 시행함을 강조했다. 예치禮治는 귀족의 치국에 대한 이론적 기초이다. 예치사상은 천명관天命觀과 종법 등급관宗法等級觀을 구현하고 있으며, 입법 측면에서 예와 법의 상호관계를 명확히 취급해, 예를 통해 법으로 들어감(引禮入法)으로써 예치사상을 원칙화·조문화했다. 통치자가 예치를 실행하기 위해 기본적으로 구상한 것이라 할 수 있다.

본래 예는 원시사회에서 행해진 일종의 간단한 제사 활동이며, 그 목적은 인심을 교화하고 인간의 자각을 불러일으키는 일종의 사회 제약적 규범이

며, 강제적 구속력을 갖는 원시적인 관습법이라고 할 수 있다. 형법이 출현한
후 납례입형納禮入刑은 예로 하여금 법적 성질을 갖게 하고, 예를 인간이 반드
시 준수해야 할 하나의 행위규범으로 격상시켰다. 이와 같이 예와 법의 관계
는 예와 형의 시행관계를 그대로 표현한 것이며, 이로부터 "선왕의 통치는
예를 근본으로 했다"는 사상이 이루어졌다. 그러므로 이것을 지침으로 예를
직접 행정입법의 범주로 끌어들여 육전六典을 기초로 풍부한 형사법 내용을
포함시킨 '이전吏典'(「주관周官」)을 탄생시켰다.

『주례』「추관·사구司寇」에 "왕이 나라를 세워서 방위方位를 분별하고, 왕
과 신하들의 지위를 바르게 하며, 도시를 정비하고 읍과 리를 구획한 다음,
관직을 설치하고 각자의 직분을 나누고, 백성이 지켜야 할 도덕을 만든다.
추관인 사구를 세워서 그로 하여금 소속 관원들을 거느리게 하고, 국가의
금령을 관장하게 하여 왕을 보좌해서 법을 집행하게 한다"고 기록했다. 동시
에 대사구大司寇·향사鄕士·수사遂士·현사縣士와 같은 사법 관리의 편제를 만
들었다. 그 직책에 대해서는 "국가의 삼전三典을 관장하고," "오형으로써 만
민을 규찰하며," "환토에 범죄자를 모아 가르치는" 것이라고 구체적인 규정
을 두었다. 또한 일련의 형법 원칙이 천명되었다. 예를 들면 "파민罷民(범죄자)
은 환토圜土(감옥)에 모아서 가르친다. 무릇 남을 해친 자나 법을 지키지 않은
자는 환토에 두고 일을 하도록 함으로써 형을 밝히고, 스스로 깨우쳐서 이를
부끄럽게 여기도록 한다. 개과천선한 자는 나라로 돌려보내고 3년 동안 호적
에 기록하지 않는다. 개과천선하지 않고 환토를 나오는 자는 죽인다" 또는
"가석嘉石(죄명을 적은 돌)으로 범죄자를 깨우치게 한다. 무릇 만민 가운데
법을 준수하지 않고, 마을에 해를 끼친 죄인은 묶어서 가석에 앉혀 사공司空
으로 하여금 다스리게 하고 … 왕에게 고해 그 처벌의 경중을 결정한다"는
규정이 있었다. 추관·사구의 직책 또는 형벌에서 모종의 원칙을 막론하고
대부분 단지 '예'의 측면에서만 형사처벌 규정을 행했다.

한편 "개과천선한 자는 나라로 돌려보낸다"는 규정도 있었는데, 이것은
형법의 주된 처벌 대상인 노예를 위해 설정한 것이 아니다. 왜냐하면 노예들

은 본래 변방(鄙)에 거주하였으므로 "나라로 돌아간다"는 상황이 발생할 수 없었기 때문이다. 또한 여기서 말하는 "스스로 깨우쳐서 이를 부끄럽게 여기도록 한다"는 대상도 지배계급을 지칭하는 것이다. 그들은 개과천선하기만 하면 "나라로 돌아갈" 뿐만 아니라 "3년이 되지 않아도" 다시 관직에 기용될 수 있었다. 이른바 "예는 서인庶人에게 이르지 않고, 형은 대부에게 미치지 않는다"는 예치의 원칙이 이와 같은 구체화된 형법의 내용으로 들어갔다. 이러한 규정들을 통해 보면 예와 형의 관계는 공자가 말한 바와 같이 "덕德으로써 도道를 삼고, 예禮로써 가지런히齊 한다"는 공존관계이며, 전체 고대 사회에서 그것은 "예로써 체體를 삼고, 형으로써 용用으로 한다"는 예형합일禮刑合—의 형사 체계를 구성하고 있었음을 알 수 있다. 따라서 예형합일 사상은 지배계급의 전제와 종법 등급제라는 특권을 유지하고 옹호하기 위한 유력한 무기가 되었다.

2. 덕은 밝히고 벌은 신중히

고대에 제창된 형사입법의 기본원칙은 명덕신벌明德愼罰, 즉 덕은 밝히고 벌은 신중히 한다는 것이었다. 명덕신벌은 서주 왕조가 하·상 두 정권의 격렬한 투쟁 경험을 평가하는 가운데, 천명사상에 회의를 품고 민심을 중시하는 중요한 역사적 교훈을 법의 실행에 적용한 것이다. 명덕신벌의 기본 내용은 덕과 형, 그리고 관용과 가혹함을 병용하는 데 있었다.

서주의 통치자들이 말하는 덕은 청동 명문과 갑골 문헌에 잘 나타나 있다. 그것은 치국의 근본으로 덕정德政을 구현하는 것이며, 동시에 일종의 정치의 지도원칙이고, 또한 사회의 각 영역에서 두루 적용되는 규범이었다. 따라서 입법과 시행 원칙을 구현하는 명덕明德을 구체적으로 규정했다.

넓은 의미에서 덕은 명덕明德과 경덕敬德을 포함했다. 명덕은 용용庸庸·지지祗祗·위위威威·현민顯民을 말했다. 용용庸庸은 모든 가용 인원을 임용해야 하는 것이고, 지지祗祗는 마땅히 존경받아야 할 모든 사람을 존중하는 것이며, 이러한 전제 아래 일체의 용서함 없이 반드시 죽여야 할 사람을 죽이는 것이 위위威威이고, 이 모두에 대해 법률 형식에 의한 공포公布를 통해 사서士庶를 경계하는 것이 현민顯民이었다. 개괄적으로 말하면 현자를 임용하여 악을 징계하고, 덕으로써 법을 이끄는 명덕明德을 원칙으로 삼아 형벌을 강화하고, 형과 벌의 실시 또한 명덕을 구현해야 한다는 것이었다. 이는 「여형呂刑」에 일관되게 나오는 "덕으로 위엄을 보이시자 두려워하고, 덕으로 밝히시자 밝아졌다"는 원칙이었다.

경덕敬德은 주로 천자와 법의 집행을 담당하는 관리가 마땅히 갖추어야 할 덕행절조德行節操를 말했다. 서주의 법을 집행하는 각급 관리뿐만 아니라, 최고 통치자도 마땅히 갖추어야 할 기본적인 품격이었다. 천자의 경덕은 마치 경천敬天과 같아 천명의 지지를 얻어야 하며, 경천의 본질적인 요소는 보민保民으로 민民과 신臣의 모범이 되어야 하며, 또한 백성으로 하여금 안거낙업安居樂業 할 수 있게 한다는 것이었다. 이것은 통치계급의 안정과 덕정을 옹호하기 위한 것이었다. 따라서 경덕은 명덕의 연장선상에서 파악되는 말이다. 만약 명덕이 말하는 바가 덕정을 실시할 수 있는 것이라면, 경덕은 덕정을 실시하기 위해 필요한 덕행이라고 할 수 있다. 법적 차원에서 풀이하면 '형의 덕에 대한 침해,' '크게 덕에 흉악함'이 되는 요소를 배제하고, 덕으로써 형을 없도록 하고, 신형愼刑 즉 형의 집행을 신중히 함으로써 형을 없도록 한다는 목적을 실현하는 것이었다.

신벌愼罰은 명덕을 전제로 하는 것이었다. 서주의 통치자들이 운용하던 신형과 통치는 곳(地)에 따라 통치하고, 세勢에 의해 통치하는 것을 의미했다. 그들은 시대적인 형세의 변화와 형벌이 적용되는 각 지역에 따라 각기 다르게 운용할 것을 강조했다. 이를 표현한 가장 대표적인 이론은 "경중輕重의 모든 벌에는 권형이 있으며, 형벌은 세상에 따라 경중이 있다"는 것으로, 이는 각 시대의 정치적인 정세 변화를 근거로 각종 범죄의 사회에 대한 위해 정도를 확정하고, 그에 상응하는 각각의 형벌을 판결함으로써 죄와 형의 상호 합일을 추구한 것이었다.

각기 다른 지역에 적용할 경우, 그 특정한 역사·지리적 조건에 따라 상이한 규정과 형의 시행 원칙을 만들 수 있었다. 이것이 이른바 "형이 새로운 나라에서는 경전輕典, 즉 가벼운 형을 규정한 법전을 쓴다," "형이 어지러운 나라에서는 중전重典, 즉 무거운 형을 규정한 법전을 쓴다"는 것이다.42) 예를 들면 주공周公은 일찍이 하허夏墟에 봉한 당숙唐叔에게 "회성懷姓의 아홉 종족과 다섯 관직의 장관을 나누어 주고, … 하의 정치를 귀감으로 삼고, 융戎과 경계하므로 군법으로 국가체제를 확립한다"43)는 원칙을 명했고, 은허殷墟에 봉한 강숙康叔에게는 "상의 정치를 귀감으로 삼고 주나라의 법으로 국가체제를 확립한다"44)고 했고, 형을 적용함에 있어 "은의 법을 써서 형벌과 사형을 행한다"45)는 것을 요구했다. 이렇게 원활하게 운용되는 형사정책은 하·상 옛 영토의 주민과 소수민족의 환영을 받았다.

한편, 속형贖刑과 형폄刑貶 또한 신형의 중요한 부분의 하나로, 『주례周禮』에서 처음 나타나기 시작한 후 「여형呂刑」에서 보이고 있다. 「여형」에는 비교적 구체적으로 규정하고 있는데, 묵형의사벌墨刑疑赦罰은 동銅 600냥, 의형의사벌劓刑疑赦罰은 동 1,200냥, 비형의사벌剕刑疑赦罰은 동 3,000냥, 궁형의사벌宮刑疑赦罰은 동 3,600냥, 사형의사벌死刑疑赦罰은 동 6,000냥으로 속형할 수 있다고 했다. 모든 의사지죄疑赦之罪, 즉 죄를 확정하기에 의심스러운 부분이 있는 죄는 속형할 수 있었으니, 이것은 하·상 시대의 혹형보다 진일보한 형태임에 틀림없다.

형폄刑貶은 또한 황변법荒辯法이라 부른다. 『주례』의 규정에 의하면 재난과 흉년을 만나면 마땅히 감형을 행해야 하고, 국가가 대흉을 만나면 형벌을 '폄손貶損'하게 했다. 그러나 그 폄손의 정도는 각 제후국諸侯國·도都·가家·현縣·비鄙의 행정기관이 구체적인 상황을 보아서 결정하며, 이렇게 함으로써

---

42) 새로 건국한 나라는 경전輕典, 안정된 나라는 중전中典, 어지러운 나라는 중전重典을 쓴다. 즉, 경전輕典·중전中典·중전重典으로 삼전이 있다. ―역주
43) 『좌전左傳』「정공定公 4년」.
44) 『좌전左傳』「정공定公 4년」.
45) 『상서尚書』「강고康誥」.

완형보민緩刑保民, 즉 형을 경감하고 백성을 보호하고, 또한 국가의 지출을 절약하는 것이었다. 이 형펌의 집행에 대해서는 전문적인 사법관이 책임질 뿐만 아니라, 이들이 제민濟民과 안민安民의 이중 직책을 담당했는데, 이것은 '형펌'의 실시를 보장하는 성격의 제도였다.

3. 증거의 중시와 진술 내용의 확인

판결을 하고 죄를 결정할 때 증거의 확실성과 진술의 검증을 강조했다. 예를 들면 「여형」에는 "쌍방이 모두 법정에 이르고 말과 증거가 구비되면 여러 사士가 오사五辭에 따라 심리를 한다. 진술과 증거가 확인되면 오형五刑으로 판결한다"고 규정했다. 다시 말해서 소송의 쌍방이 모두 출정한 후 재판관은 오사五辭에 따라 소송을 진행했다. 소송의 진행에서 반드시 증거를 확인하고 진술을 확인해 그 결과에 의문이 없을 때 비로소 오형五刑으로 죄를 결정할 수 있었다. 만약 죄와 형이 부합하지 않는 것을 발견하면 오형으로 치죄할 수 없고, 오벌五罰을 적용했다. 만약 오벌 또한 적용할 수 없으면 오과五過로 낮추어 치죄했다. 확인과 검증 작업은 관부官府에만 한정하지 않고, 대중들로부터도 해야 하며 아무리 작은 일이라도 소홀히 하거나 경술하게 처리해서는 안 되었다. 이것은 가벼운 죄에 대한 중한 판결, 무죄에 대한 오판의 방지에 매우 중요한 것이었다. 서주가 제정한 간부제도簡孚制度는 명덕신벌 가운데 매우 뛰어난 내용의 하나로, 고대 소송법 역사에서 증거에 관한 학문의 중요한 발전이었다.

4. 법관 선발과 법관의 책임

서주의 통치자들은 명덕신벌 정책의 엄정한 시행을 위해 법관의 선임과 형사책임에 대해 구체적인 규정을 두었다.

사법관으로는 반드시 덕이 있는 사람을 선발했다. 구체적인 덕행의 기준으로는 '삼준三俊' 즉, 첫째 "오로지 덕을 가지고 법을 존중해 행할 수 있는 사람" 둘째, "법을 지혜롭게 행할 수 있는 사람" 셋째, "신중하게 법을 행할 수 있는 사람"의 세 가지가 있었다. 이것은 미덕을 가진 사람과 현명한 철인 그리고 오랜 경험과 성취가 있는 사람들로 하여금 신중하게 형률을 처리하는 형관刑官을 맡겨, 옥정獄政을 주재하고 심판을 하도록 한다는 것이었다. 그리고 "법을 부끄럽게 하고 포악"한 사람은 결코 임용하지 않았다. 이러한 법관 선임의 기준은 후대의 통치자들도 널리 준수했다.

사법관의 형사책임과 특히 고의로 출입인죄出入人罪(왜곡 판결)에 대해서는 엄격한 추궁을 했다. 「여형」에는 '오과지자五過之疵'[46]의 규정이 있어 무릇 유관惟官·유반惟反·유내惟內·유화惟貨·유래惟來 중 하나라도 해당하는 사법관은 그 죄의 등급이 범죄자와 같고, 그 치죄 또한 범죄자와 같았다. 또한 사법관에게는 엄격하게 법을 준수하며 심판할 것이 요구되어, 무릇 간책전장簡冊典章(명문 규정이 없는 법)은 소송으로 받아들여 죄를 결정할 수 없었다. 이러한 요구는 경솔하게 전典(法)을 어지럽힐 수 없다는 원칙에 속하는 것이다. 따라서 서주가 규정한 간부유중簡孚有衆·무간부청無簡不聽의 원칙은 고대 소송에서 나타난 죄형 법정주의의 중심적인 내용이었다.

고대의 형사 법규, 특히 서주 시대에는 이미 상당한 수준까지 발전했다. 이때 확립된 형법의 기본원칙들이 있었다. 예를 들면 법을 행함에는 상황을 구분해 죄를 결정한다는 원칙이 있었다. 비부유추比附類推·의죄유경疑罪惟輕·죄부연좌罪不連坐·명덕신벌明德愼罰 등이 그것인데 이는 모두 형법학의 역사에서 찬란한 성과로 인정되었다. 후세의 전통법 수립에도 큰 공헌을 했다.

---

46) 유관惟官은 권세에 의해 판결하는 것(依仗權勢)이다. 유반惟反은 사사로이 은혜나 원수를 갚는 것(私報恩怨)이다. 유내惟內는 증거가 불충분한 상태에서 판결하는 것(暗中牽制)이다. 유화惟貨는 속여서 판결함(敲詐勒索)이다. 유래惟來는 뇌물을 탐하여 법을 왜곡시키는 것(貪贓枉法)이다. — 역주

제4장 민사경제법

고대에 민사법은 그다지 발달하지 않아 민사관계의 규율은 대체적으로 예禮에 따랐으며, 이것이 어떤 의미에서는 민사법의 발달에 장애가 되었다. 경제입법과 상품경제는 직접적인 관계를 가지고 있지만, 고대 사회에서는 중본억말重本抑末[47)의 경제정책으로 상품경제의 발전에 커다란 제약이 되어서 경제법의 발전에도 부정적인 영향을 끼쳤다. 여기서 소개하는 고대 사회의 민사경제 입법은 단지 일반적인 민사적 성질을 갖는 법규범과 약간의 경제입법 활동이다.

제1절 민사입법

1. 민법의 탄생

'민법'이라는 용어는 고대 로마의 시민법에서 비롯된 것이다. 고대 로마에는 시민법市民法과 만민법萬民法이라는 양대 법이 있었는데, 시민법의 경우 처음에는 단지 로마 시민에게만 적용되었고 만민법은 비非로마 시민에게 적용되었다. 그 후 비로마 시민이 점점 로마 공민권을 획득하게 됨에 따라 두 법의 구별은 점점 사라졌다. 서기 6세기에 동로마 제국의 황제 유스티니아누스Justinianus는 로마법을 집성해『유스티니아누스 법(로마법 대전)』으로 불리는 법전을 편찬했다. 일찍이 엥겔스는 로마법을 "우리가 알고 있는 사유제를 기초로 하는 법의 가장 완벽한 형식"이라 했다.

---

47) 국가가 정책적으로 농업을 중시하고 상업을 억제하는 것. —역주

고대 로마 사회에서 민법은 "도시의 사회생활을 유지하기 위해 필요한 규칙을 모았다"고 하여 모든 법규범을 포괄한다는 의미를 갖고 있었으며, 사유재산의 확보와 개인 인격의 인정을 특징으로 한다. 그 때문에 로마 법학자 가이우스Gaius는 2세기에 저술한 『법학제요法學提要(Institutes)』에서 로마법을 인법人法·물법物法·소송법訴訟法의 3개 분야로 나누었다. 인법은 노예를 제외한 재산의 향유·양도, 혼인·친족 관계의 권리능력과 행위능력을 포함했다. 또한 독립적인 인격을 가진 단체의 권리능력과 행위능력에 관한 것도 포함했다. 물법은 권리의 객체·물권·상속·채권·채무 등을 포함했다. 소송법은 민사권리를 보호하기 위한 수단으로 인정되었다. 로마법은 고대 사회에서 탄생해 전통시대 사회를 완성했고, 개인 권리의 고전적인 표현일 뿐만 아니라 '상품 생산자의 사회적 법'으로 전화될 수 있었다. 현대 민법 생성의 기초는 곧 고대 로마법에 있었다.

중국의 고대 사회에서 생성된 민사법 규범은 마찬가지로 일정한 사회경제적 기초의 상부 구조적 반영이고, 국가의 생산이 일정한 단계까지 발전했다는 표현이었다. 그 의미를 간추려 보면 다음과 같다.

첫째, 사회적 생산력의 제고에 상응하여 사유재산의 종류와 양이 증가하고, 상품경제는 더욱 발전했으며 사회적으로 상품의 유통과 교환이 출현했다. 이로부터 재산 소유자는 자기의 재산과 권력을 보호하고 후대와 친족에게 상속해 줄 것을 바라기 시작했고, 재산 점유자의 거래에서는 각자가 모두 평등하게 보장된 거래를 바라게 됨으로써 민사법관계가 발생하게 되었다.

둘째, 사회적 총재화가 증대하면서 재산가는 부단히 재화를 축적하고, 그것의 보호를 필요로 할 뿐만 아니라 상속에 따른 재산의 상속관계가 발생했다. 이러한 친족 사이의 상속·지원·보호 및 손해배상 등이 관습법의 흔적으로 남아 있었지만, 인류가 문명사회에 진입한 뒤로는 성문법에 편입되어 친족 상속법을 이루었다.

셋째, 원시사회의 말기에 부권제가 모권제를 대체하고, 배우혼제配偶婚制가 일부일처제로 전화하면서 세계世系의 계통과 재산상속이 부계 위주로 변화함에 따라 경제권은 남자에게 장악되고 여자는 종속적인 지위에 서게 되었다. 이로부터 발생하는 혼인과 가족관계를 규정하기 위해 고대 정권은 사회에서 인정되는 관습을 법규범으로 확립했다. 고대 중국 사회의 종법제도와 예의규범은 군주·제후·경대부·사로에서 일반 백성에 이르기까지 반드시 준수해야 할 규범이며, 분봉·세습·등급제도·상속제도 등과 결합해 사회의 민사 행위규범이 되었다. 이때부터 예는 분명한 민사법 규범의 성격을 띠고 주공의 제례制禮를 통해 더욱 계통화·규범화·법률화되었다. 그러나 중국 사회의 내적 특수성과 동양의 특수한 사회 조건 때문에 민사법 규범은 오랫동안 미분화된 상태를 벗어나지 못했다. 다만 고대 사회의 민사법 규범의 연구는『주례周禮』와 갑골문甲骨文·금문金文 가운데 일부 기록을 통해 개괄적으로 탐구할 수 있을 뿐이다.

2. 물권物權

물권物權은 물건에 대해 직접적으로 지배하고 타인의 간섭을 배제하는 권리이다. 고대 사회에서 국가기구의 기본적인 기능은 고대의 경제적 기반을 옹호하고, 지배자가 점유하는 모든 생산자원과 생산력을 보호하는 데 있었다. 하夏·상商·주周, 삼대에 걸쳐 주요한 생산자원은 토지이고, 주된 생산력은 노예였기 때문에 노예와 토지가 재산 소유권과 물권의 핵심이 되었다. 군주의 전제 권력은 이러한 집중적인 토지소유제를 토대로 수립된 것이기 때문에 "넓은 하늘 아래에 왕토王土가 아닌 곳이 없으며, 이 땅에 있는 자 중에 왕의 신하가 아닌 자가 없다"고 했던 것이다. 설사 제후의 토지에서 노동을 하는 노예라 할지라도 모두 주왕의 소유이며, 이는 경대부의 채읍采邑 또한 예외가 아니었다. 그들은 명목상으로는 사용권을 가졌지만 소유권을 가진 것은 아니었으며, 이러한 토지 국유제는 왕권을 중심으로 확립된 경제적 기초였다. 그 후 토지국유제가 동요함에 따라 각 종족이 토지와 기타 재산을 소유하기 시작하자, 이에 따라 법률도 토지를 교환·증여·배상의 대

상으로 하는 것을 허용했다. 이에 관한 구체적인 사례를 들어보면 다음과
같다.

(예1) 붕생佣生이 토지 3천 무畝를 임대하다.

붕생궤佣生簋48)의 기록에 의하면 격백格伯이 붕생에게서 4필의 좋은 말을
받고 붕생에게 토지 3,000무畝를 빌려주어, 이를 위해 붕생은 특별히 궤簋49)
를 만들었다고 한다. 붕생이 토지를 임대했다는 것은 고대 사회가 붕괴하기
직전의 서주에서 조전租田(토지의 임대)과 역지易地(토지의 교환)라는 토지제도
의 중대한 변화가 나타났으며, 소유권에 대한 새로운 법해석이 나타났음을
보여준다.

(예2) 구백矩伯이 밭과 물건을 바꾸다.

위화衛盉 명문의 기록에 의하면 구백이 밭으로 사구司裘의 관직에 있던
위衛와 두 번에 걸쳐 예옥禮玉과 가죽옷을 교환했다고 한다. 처음에는 밭
1,000무畝와 근장觀璋을 교환했고, 그 뒤에는 붉은 색 호랑이 가죽 두 벌과
사슴 가죽 두 벌, 염색한 짧은 치마 한 벌을 밭 3,000무와 교환했으며, 또한
백읍부伯邑父라는 집정대신이 이 교환에 참여해 검증했다고 한다. 이는 토지
와 물건을 교환한 사례였다.

(예3) 토지로 배상하다.

시인반矢人盤의 기록에 의하면 시국矢國의 산국散國 침략이 실패한 후 농토
를 배상하게 되어, 정부의 유사부有司部(재정을 담당하는 부서)에서 검증해 농
토의 경계를 결정하고, 정식으로 이전 수속을 밟아 소유권 증명서를 만들었
다고 한다. 토지로 배상을 했다는 것은 당시 시국의 영주가 실제적으로 토지

---

48) 과거에는 붕생궤佣生簋를 격백궤格伯簋로 잘못 부르고 있었다. 그 번역에도 또한 잘못이 있어,
　　격백이 네 필의 좋은 말을 붕생에게 주고 붕생이 그 값으로 3천무畝의 밭을 수었다고 사실이
　　전도되어 있었다. 특별히 새로운 번역으로 이를 시정한다. ― 역주
49) 고대 제사 때 곡물을 담아 두던 그릇. ―역주

소유권을 가지고 있었다는 것을 말해 준다.

(예4) 토지로 포상하다.

위정갑衛鼎甲의 기록에 의하면 서주 공왕恭王 5년 3월에 방군려邦君厲가 이천二川을 다스림에 공을 세워서 공왕이 토지 5전田(500무畝)을 하사하자, 그는 하사 받은 5전 가운데 4전을 빌려주었는데 몇몇 대신들이 이전 수속에 참여했다고 한다. 이것은 포상 받은 토지를 임대했다는 것이다.

(예5) 토지 임대차에 관한 소송 사례

역유종정鬲攸從鼎 명문의 기록에 의하면 유위목攸衛牧이 역종鬲從의 토지를 임대하고 전조田租를 지불하지 않자, 이를 주왕에게 고해 법관이 심리를 진행하여 그에게 서약을 요구하고, 만약 전조를 지불하지 않으면 방축放逐의 처벌을 받게 될 것이라고 했다. 토지를 임대한 자는 소유주에게 전조를 지불해야 한다는 것은 '지조地租의 점유'를 의미하는 것으로써, 이는 곧 토지소유권이 확립된 경제관계였다.

이상은 토지의 점유와 이전과 관련해서 발생한 사실들로, 이것은 귀족들이 이미 토지소유권을 가지고 있다는 것을 의미한다.

토지를 포함한 노예와 우마는 지배계급의 주요한 재산이었다. 지배계급은 노예에 대한 절대적인 점유·사용·처분의 권리를 가지며, 노예는 다른 재산과 마찬가지로 단지 민사적인 객체였다. 지배계급은 임의로 자기의 노예를 매매·증여·배상·저당할 수 있었다. 대우정大盂鼎의 강왕康王이 우盂에게 한 번에 1,700명의 노예를 하사했다는 기록과 주 효왕孝王 때 홀정曶鼎의 노예주 홀曶이 말과 비단으로 5명의 노예를 샀다는 기록이 이를 증명한다.

귀족들 상호간에 상대방의 재산을 침해하는 행위는 민사책임을 졌을 뿐만 아니라 형사책임도 부가되었다. 홀정曶鼎의 명문 기록에 의하면 노예주 광계匡季가 사람을 거느리고 노예주 홀曶의 화십자禾十秭를 빼앗자, 홀이 이를 동궁東宮에 고하여 동궁은 광계에게 2배로 배상할 것을 명했다. 그러자 광계는

700무畝의 토지를 5명의 노예에 대한 배상으로 지불했다. 이것은 민사권리에 대한 침해 행위를 처벌한 내용이다. 그리고『상서尚書』「비서費誓」의 기록에 의하면 노魯나라 제후 백금伯禽이 그의 병사들에게 경고하기를 "우마를 훔치고 신첩臣妾(남녀 노비)을 유혹하면 떳떳한 형벌(常刑)이 내려질 것이다"고 했는데, 상형은 형사처벌을 말하는 것으로 우마에 대한 소유권을 포함하여 지배자의 사유재산은 신성불가침으로 간주되었다는 사실을 말한다.

서주에서는 무주물無主物의 취득에 대한 규정이 있었다.『예기禮記』「월령月令·중동지월仲冬之月」에 "이 달에 농사를 지어 수확하여 저장·비축하지 않은 것, 우마를 비롯한 잃어버린 가축은 이를 취取해도 문책하지 않는다"고 하여, 중동지월의 특정한 조건에서는 버려진 우마 같은 가축과 농작물을 무주물 선점의 목적물로 간주했다.『주례周禮』「추관秋官」에도 "무릇 화회貨賄·인민人民·육축六畜을 획득한 자는 관아에 위임해 조사朝士에게 고한다. 10일 동안 공고하여 게시했다가 주인이 없으면 큰 것은 국가에서 환수하고 작은 것은 백성이 스스로 처리하게 한다"고 기록했다. 이것은 무릇 주인 없는 물건을 획득하는 경우 통상적인 상황에서는 조사에 고하고 관아에 위임하여, 10일 안에 아무도 이것을 찾아가지 않으면 큰 것은 국가기관에 귀속시키고 작은 것은 선점자에게 준다는 뜻이다.

이상의 사례는 고대의 민사권리의 주체는 국왕과 귀족이며, 그들만이 독립적인 인격을 갖고 재산권을 향유했다는 것을 보여준다. 반면 평민은 불완전한 민사권리의 주체였고, 노예는 절대적으로 민사권리의 객체였으며 단지 일종의 재산으로 지배계급에 의해 점유되었다는 것을 알 수 있다.

3. 채債

채債는 채법債法 또는 채권법債權法이라고 하는데, 재산 유동 과정에서 나타나는 특정한 당사자 사이의 권리와 의무관계를 말한다. 이러한 민사법 관계에서 일방 채권자가 타방 채무자에 대해 일정한 행위를 하거나 또는 일정한 행위를 하지 않을 것을 요구할 권리를 갖고, 타방은 이러한 요구를 만족시킬 의무를 부담하는 것을 말한다. 물권의 의무 주체가 불특정한 사람인 것과 달리, 채권(債)의 의무 주체는 특정한 채무자에 한정되기 때문에 채권·채무 관계에서 계약契約은 채권관계 성립의 근본 조건이자 채무 분규 해결의 결정 적 근거다.

고대의 채와 계약제도는 매우 긴 역사적 발전 과정을 거쳤다. 고대 국가 수립 후 교환을 위주로 하던 원시 관습은 거래 준칙을 갖는 관습법으로 변화 했으며, 이러한 관습법이 서주 시대까지 계속되어 계약관계의 출현으로 이 어졌다. 채권의 관습법에서 계약제도로 변하는 발전 과정은 고대 채법 발전 의 초기적인 특징을 반영하고 있다. 다음에서는 상·주 시대의 계약제도를 중점적으로 소개한다.

(1) 매매 계약賣買契約

『주례周禮』「천관天官」의 기록에 의하면 소재小宰의 임무 가운데 하나는 "질제質劑로써 매매를 규율"하는 것이라 했다. 여기서 '질제'는 매매관계를 규율하는 계약이었다. 『주례』「지관地官」에 질인質人의 직책은 "무릇 매매란 곧 질제이다," "대시大市는 질質로써, 소시小市는 제劑로써 하며, 계시稽市를 관장하는 문서가 계契이다"라는 기록이 있다. 즉, 시장의 관리를 책임지는 사람을 질인이라 하여 물가를 관리할 뿐만 아니라 매매관계를 보증하는 계 권契券을 발행했다. 또한 노예와 우마의 매매에는 모두 장형계권長型契券을 발행하고, 병기 등의 소형 거래에는 단형계권短型契券을 발행하며, 이러한 매매 계약은 관방으로부터 인정을 받았다. 이에 관해서는 청동 명문에도 기록이 있는데, 위화衛盉에는 80붕朋과 20붕의 토지를 예옥禮玉과 호랑이 가죽 으로 바꾼 매매 사례가 나오며, 위화衛盉가 바로 이 거래의 계약서였다. 한편, 붕생궤倗生簋는 좋은 말과 토지를 바꾼 내용이 나오는데, 이 역시 일종의 매매 계약이었다. 더욱 중요한 사례로 구년위정九年衛鼎에 기록된 구矩와 위衛 양 집안의 거래가 있는데, 호랑이 가죽 깔개와 장식이 있는 마차 손잡이를 가죽끈과 비단으로 교환하는 내용으로, 매우 상세한 거래 내용을 위정衛鼎을 만들어서 기록했다. 구와 위 양 집안의 거래 계약은 다음과 같은 거래 가격표를 남겼다. 옥장玉璋 1개=80붕 20전, 좋은 말 4마리=30전, 노예 5명=말 한 마리와 실 1묶음. 동시에 재산 분규 사건의 처리와 관련해서 계약을 증거로 해 처리했다는 기록이 있는 것으로 보아 상·주商周 시대에 이미 매매계약이 상당히 발달했음을 알 수 있다.

(2) 양도계약讓渡契約

상·주商周의 주요한 재산은 토지라서 재산을 양도한다 하면 토지와 노예를 양도하는 것이었다. 이 양도관계는 고대 사회의 토지 국유제가 파괴되고 사유제로 나아갔다는 중요한 표지이다. 시인반矢人盤에 나오는 마지막 계약문은 중농仲農이 사관史官으로서 계약의 보존을 책임졌다는 내용이다. 토지를 획득한 일방이 양도의 결과를 청동기에 새겨 계약으로 삼고 이를 보존했던 것이다. 재산 양도의 계약에 대한 규정은『주례』「추관·사약司約」에 "무릇 대약제大約劑는 종이宗彝에 쓰고, 소약제小約劑는 단도丹圖에 쓴다"고 하며, 위정갑衛鼎甲 명문에도 방군려邦君厲의 토지 양도에 대한 허가를 기록하고 있다. 시인반矢人盤은 토지를 산국散國에 양도한다는 계약이지만, 실질적으로는 일종의 재산 배상 및 양도에 관한 계약이었다. 그리고 청동기 명문에 기록된 구矩·위衛 양 집안의 재산 양도 계약은 상·주의 양도 계약 발전 과정을 보여준다.

(3) 채무계약債務契約

주대周代의 규정에 따르면 채무는 반드시 계약을 맺도록 했다.『주례』「추관·소재小宰」에는 "채무에 관한 분쟁은 부별傅別에 의한다" 하고, 「추관·조사朝士」에는 "무릇 채무에 관해서는 판서判書를 근거로 판별한다" 하며, 「추관·사약司約」에는 "만약 소송이 있으면 법에 따르고 이를 믿지 않는 자는 묵형墨刑에 처한다"는 기록이 있다. 체결된 계약은 채무 분규 소송의 근거가 된다는 점도 명시하고 있다. 여기서 부별傅別·판서判書·약제約劑는 모두 계약의 형식이며, 계약을 위반하면 배상 책임을 지고 심각한 위반에 대해서는 묵형으로 처벌했다.

연대 채무의 분규에 대해『주례』「추관·조사」는 "속채屬債는 지부地傅의 증언을 따라 처리한다"고 했다. 이는 속채 즉 연대 채무와 같은 채무 분규의 처리는 가장 가깝고 증인이 될 수 있는 자를 불러 그의 증언을 듣고 판단한다는 뜻이다. 일반적으로 서주의 각종 계약제도는 후대 사회의 탄생에 지대한 영향을 미쳤으며, 전통시대 계약의 연원은 서주에서 비롯된다고 인정된다.

4. 가정家庭·혼인婚姻

상商·주周 시대 통치자는 가정과 혼인에 대해서 종법 등급 질서의 보호라는 개념에서 예의 사회 작용을 강조하고, 이러한 예로 가정과 혼인의 사회적 관계와 그 지위를 확정하고자 했다. 더욱이 서주 사회는 가정을 사회의 축소판이라 생각하여, 통치질서와 사회질서를 유지하기 위해서는 가정과 혼인의 화목을 유지하는 것이 정치적으로 중요하다고 인식했다. 이러한 관념이 고대 중국 사회의 가정·혼인관을 정립시켰다.

(1) 가정과 친족관계

상·주 시대에는 친족을 종친宗親과 외친外親 및 처친妻親의 세 종류로 나누었다. 그 구체적인 분류 기준은 다음과 같다.

① 종친宗親

동일한 선조에 속하는 남계 혈통의 친족을 말했다.『상서尚書』「요전堯典」의 구분에 따르면 종친에는 구족九族이 있는데, 이른바 구족이란 "친족은 3·5·9를 단위로 하며, 위·아래·옆으로 살殺해 나가면서 친족이 구성되는 것이다"[50]라고 했다. 살殺은 자신을 기준으로 위로 올라가면 부친이 있고 아래로 내려가면 아들이 있어 이를 삼대三代라 하며, 부친의 위로는 조부가 있고 아들의 아래로는 손자가 있어 이를 5대代라 하고, 5대 외에 다시 증조부·고조부·증손자·현손자로 9대代 또는 9세世를 구성한다. 이것은 모두 동일한 선조로부터 나온 직계 친족이었다.

② 외친外親

여계女系로 이루어진 친족으로서 모친·조모의 본생친족本生親族은 모두 외친에 속한다. 여계를 외친으로 하는 것은 부계 씨족사회에서부터 남겨진 남존 여비의 혼인관계에서 비롯한 것이다.

③ 처친妻親

혼친婚親이라고도 하며 남편이 아내의 본생친족에 대해 갖게 되는 친족관계로서 고대 사회에서는 매우 중요한 지위를 차지했다.

(2) 오복관계五服關係

5대 9친의 이론을 근거로 9족族 5복服의 설, 즉 참최斬衰·재최齋衰·대공大功·소공小功과 시마緦麻의 구분이 나왔다. 이른바 5복服이라 함은 일종의 상복제로서 친족의 등차에 따라 존비의 등급관계를 구분한 것이다. 상복제의 범주는 오복관계였다.

참최는 가장 거친 마포麻布로 만든 상복으로, 상복을 입는 기간은 3년이었다. 아버지가 죽으면 자녀가 입고, 할아버지가 죽으면 종손이 입고, 지아비가 죽으면 처가 이 상복을 입어야 했다.

재최는 보통의 거친 마포로 만든 상복으로, 상복을 입는 기간은 1년이었다. 조부모가 죽으면 손자가, 처가 죽으면 지아비가 이 상복을 입어야 했다.

대공은 정제된 마포로 만든 상복으로, 상복을 입는 기간은 9개월이었다. 본종本宗의 당형제堂兄弟, 출가하지 않은 당자매堂姉妹, 이미 출가한 고자매姑姉妹 또는 이미 출가한 여자들이 백숙부나 그 형제 등의 상에 모두 대공복을 입었다.

---

50) 『예기禮記』「상복喪服」.

소공은 비교적 고운 마포로 만든 상복으로, 상복을 입는 기간은 5개월이었다. 본종의 증조부모, 당백숙부모, 출가하지 않은 조고祖姑 등의 상에 소공복을 입었다.

시마는 곱게 정제된 마포로 만든 상복으로, 상복을 입는 기간은 3개월이었다. 본종의 고조부모, 증백숙조부모曾伯叔祖父母, 족백숙부모族伯叔父母, 족형제族兄弟, 출가하지 않은 조자매祖姉妹 등의 상에 시마복을 입었다.

종족·친족 관계로써 가정 관계를 결정하는 원칙은 다음 두 가지 점을 뚜렷하게 표현하고 있다.

첫째는 부권父權 가장제家長制이다. 고대 사회에서 국가는 군주를 존尊으로, 가家는 부권父權을 상上으로 해서 처자와 자녀는 단지 종속적인 인격을 가질 뿐이고 독립적인 경제적 지위를 갖지 못하며, 심지어는 부친이 자녀에 대한 생사여탈권까지 갖는다. 만약 아버지가 자식에게 죽으라고 하면 죽지 않을 수 없는 관계인 것이다.

둘째는 남존 여비男尊女卑, 부권지상夫權至上이다. 이것은 부계 사회 이후에 변화된 가정관계의 중요한 형식으로, 본래는 남권男權 위에 있던 부녀가 독립적인 경제적·정치적 지위와 인격을 갖지 못하는 지위로 전락하여 남자에게 복종할 뿐만 아니라, 사회적 지위는 거의 노예 상태가 되었다. 이러한 폐단은 전통시대까지 계승되어 중국의 가정 관계에서 가장 비극적인 한 면을 이루었다.

(3) 혼인관계

고대의 혼인관계는 다음의 3가지 측면에서 개괄할 수 있다.

① 혼인 형식

상 말기에서 서주 초기까지 법은 일부일처제, 즉 "부부는 일체이다. … 부부는 나눈 것을 합하는 것이다"는 관념을 실행할 것을 규정하고 있었다. 그러나 이것은 단지 형식일 뿐이었고, 통치계급에서는 일부다처제가 행해졌으며 법에 의해서도 허용되었다.『예기禮記』「곡례曲禮」의 기록에 의하면

"천자에게는 후后·부인夫人·세부世婦·빈嬪·처妻·첩妾이 있고, 공후公侯(귀족)에게는 부인·세부·처·첩이 있다"고 하니, 이른바 일부일처제는 껍데기에 불과했다.

② 혼인의 성립

고대 사회에서 혼인의 성립은 반드시 다음의 3가지 조건에 부합해야 했다.

첫째, 반드시 부모의 명령에 순종해야 했다. 이것은 부모의 강제에 의한 매매 혼인과 마찬가지로, 남녀 모두 엄격하게 부모의 의지에 따라야 할 것을 요구하고, 남녀 사이의 만남을 엄금하고, 개인의 자유에 의한 혼인을 완전히 박탈했다.

둘째, 반드시 예禮에 부합하고 육례六禮 형식, 즉 납채·문명·납길·납징·청기·영취에 따라야 했다. 납채納采는 청혼의 예를 갖추는 것, 문명問名은 남자 쪽에서 여자의 성명과 연령을 묻는 것, 납길納吉은 정식으로 혼약하는 것, 납징納徵은 남자 쪽에서 여자 쪽에 돈이나 옷감 등 예물을 주는 것, 청기請期는 혼인을 위한 길일을 확정하는 것, 영취迎娶는 혼인의 의식을 완료하는 것이었다.51) 육례 절차를 완성해야만 비로소 정식으로 혼인이 인정되었다.52)

셋째, 동성불혼同姓不婚의 원칙에 따라 혼약婚約을 체결해야 했다. 인류는 오랜 경험을 통해서 이미 "남녀가 동성이면 그 출생이 번성하지 않는다"는 것을 인식했다. 그리고 이성異姓 귀족 사이의 연계를 강화하고, 종족 내의 윤장관계倫長關係(장유유서)를 유지하기 위해서 동성불혼의 방식을 채택했다. 당시 인류가 우생학적 문제에 대해 이미 과학적 인식을 가지고 있었다는 것을 보여준다.

③ 혼인의 해제

부권 가장제에서는 결혼은 물론 이혼의 자유가 없어, 엄격하게 부모와 부권의 의지에 따라 결정되었다. 한漢에서는 '칠출삼불거七出三不去'를 따랐

---

51) 『의례儀禮』「사혼례士昏禮」.
52) 유교 경전에서 말하는 '불이의교자不以義交者'는 육례六禮를 거치지 않고 결혼하는 것을 의미한다(도미야 이따루, 임병덕·임대희 옮김, 『유골의 증언—고대 중국의 형벌』, 서경문화사, 1999, 103쪽). —역주

는데,『대대예기大戴禮記』「본명本命」의 기록에 의하면 "부인에게는 부모를 따르지 않고, 자식이 없고, 음탕하고 질투가 많고, 나쁜 병이 있고, 말이 많고, 도적질하면 내친다는 칠거七去가 있다"고 하며, 또한 삼불거三不去가 있어 "의탁할 곳이 없으면 내치지 않고, 3년 상喪 참최를 지냈으면 내치지 않고, 가난하고 천했다가 부귀해지면 내치지 않는다"고 했다. 이 삼불거는 칠출七出과 마찬가지로 부녀 자신의 권리를 박탈하는 것으로써 종법宗法의 윤리 도덕을 유지하기 위해 취한 강제 수단이었다. 그것은 한 마디로 혼인제도에서 혼인의 자유가 억압되었었음을 폭로하는 것이다.

5. 상속제도

상속관계는 소유제에서 파생한 것으로 소유제에 의해 결정된다. 계啟가 하의 정권을 계승했을 때부터 실제로 재산상속권이 존재하고 있었다. "중정中丁 이래 적자嫡子를 폐하고 제자弟子로 대를 잇게 한 즉, 제자들이 서로 대를 잇고자 다투어 구세九世보다도 더욱 혼란하므로 제후들이 왕조를 쓰러뜨렸다"[53]고 하여, 왕권의 지속을 보장하고 왕족 사이의 정권 쟁탈을 둘러싼 내분을 방지하기 위해 상속제도를 엄격히 했다. 무을武乙 이후에는 다시 부父가 죽은 후에는 자子가 계승한다고 규정하고, 상商 말기에는 적장자嫡長子 상속제相續制가 출현했다. 주에 와서는 종법의 조직 형식을 적용해서 적장자 상속제를 확립하고 종법제도와 정권조직을 합일시켜 권력 상속의 안정성을 확보했다. 왕위 상속이 확립된 후에는 관직과 사유재산의 상속도 하나의 제도로 확립되었다. 상속제도에는 다음과 같은 내용이 포함된다.

(1) 종조 계승

종조宗祧는 가족 종묘를 말한다. 종조 계승, 즉 제사의 상속을 실현하는

---

53)『사기史記』「은본기殷本紀」.

것은 조종祖宗의 정통 후계자를 명확하게 하여 후사로 하여금 종조권宗祖權을 취득케 하는 것이었다. 지배층에게 있어서는 상속인이 피상속인의 신분·지위·정치권력·소유재산을 계승하는 것이었다. 자유민에게 있어서는 평민의 신분과 재산 또는 채무를 획득하는 것을 의미했다. 노예에게 상속되는 것은 노예라는 신분과 노예로써 행해야 할 의무뿐이었다. 종조 계승의 실질은 지배계급이 숭앙하는 종법 분봉 등급제도의 영속적 계승이었다.

(2) 적장자嫡長子 지위의 확정

상속권은 적장자에게 속했다. 적장자는 만약 한 어머니에게 여러 아들이 있을 때는 장자를 적자로 하고, 여러 어머니에게서 많은 아들이 있을 때는 신분이 귀한 어머니의 아들 가운데 장자를 적자로 했다. 생모의 귀천에 따라 장자의 신분을 확정하는 것이 원칙이었다. 이렇게 적자의 신분을 확정함과 동시에 부녀의 상속권은 완전히 배제되었다. 설사 상속인으로 가장 우월한 지위에 있는 생모라 할지라도 상속 계열에 속하지 않으며 상속권도 없었다.

제2절 경제입법

1. 경제입법

경제법 규범의 원시적인 형태는 일종의 관습법으로 초기의 과학법科學法과 그 근원이 같다. 왜냐하면 경제활동은 모두 기술수단에서 시작했기 때문에, 기술수단에 대해서 확립된 각종 규범이 실제적으로 경제입법의 내용을 이루었다. 당시 경제 관습법의 내용은 부락의 형상形象에 의해 표시되었다. 고대의 법은 원래 형상으로써 대중에게 공포되었으며, 따라서 부락의 토템을 법의 화신으로 여겼다. 근래에 절강浙江 여요현余姚縣 하모도河姆渡 문화유적에서 벼와 돼지의 도안을 발견했는데, 이것은 농업과 목축에 관한 도안으로 그 부락에서 벼농사와 양돈이 행해졌으며, 부락의 수장이 허가와 불허를 결정할 수 있는 권력을 가지고 있었다는 것을 나타낸다. 이러한 과학과 법의 결합 형태는 법과 경제 사이의 원시적인 의존관계를 나타낸다.

그 후 인류는 자연계에 대한 관찰과 투쟁을 통해 점점 자연의 인과관계의 복잡성을 인식했고, 생산 수준의 발전에 대한 새로운 요구가 생겼다. 동시에 상품 교환과 생산관계의 발전에 따라 인류는 생산에 대한 지도와 보호를 필요로 하게 되었다. 이와 같은 과정을 통해 관습법은 성문의 경제법 규범에 의해 대체되기 시작했다. 그러나 인류의 생산력과 과학기술 수준이 낮은 단계에서는 경제입법은 전체적으로 과학기술의 입법과 긴밀하게 결합해 일체를 이루고 있었다.

2. 경제 관리기구

상·주 시대에 경제 활동의 관리에 대한 필요에 의해 전문적으로 경제를 관리하는 기구와 관리를 두기 시작했다. 『사기史記』의 기록에 의하면 당시에 천문역률天文曆律을 책임지던 관리, 구주九州의 구획을 책임지던 수토관水土官, 농업 재배를 책임지던 농림관農林官, 산천의 자연환경과 자원을 관리하던 산택관山澤官이 있었다. 그러나 이들 기구는 법정기구가 아니며 정식으로 법전에서 경제기구의 법적 지위를 확립한 것은 서주 왕조에 들어서였다. 육관체제六官體制로 편제된 「주관周官」에서 처음으로 경제에 관한 주관 기구와 그 직능을 규정했는데, 주요한 것으로는 다음의 5가지가 있었다.

(1) 농학農學
지부地部, 농관農官, 대소大小 사도司徒를 두고 농업 지식의 전수와 농상農商의 재배 관리에 관한 기술 규범을 책임지며, 동시에 농업에 관련된 전문적인 시책을 결정하는 관리를 두었다.

(2) 환경보호

사우형四虞衡 기구와 전문직 관리 즉, 산우山虞·임형林衡·천형川衡·택우澤虞를 두어 산림천택山林川澤의 합리적인 관리와 산림의 녹화 및 금령을 책임지게 한 것으로, 이것은 세계 최초의 환경보호 기구였다.

(3) 주정酒政

술의 출현은 인류의 식품 과학의 중요한 발명이었다. 고대에는 항상 술의 생산을 중시해 특별히 주정酒政·주인酒人을 두고 전문적으로 술의 양조·판매와 세무 법령의 집행을 책임지게 했다. 이것은 상품경제 활동의 선도적인 역할을 했다.

(4) 백공百工

수장은 사공司空을 두었는데, 그는 방대한 경제기술의 실질을 지도했다. 공목지공攻木之工은 차량의 제조·연구, 궁실의 건축을 담당하고, 공금지공攻金之工은 야금과 주조 즉, 종정鍾鼎(종과 제기)과 양기量器(도량형 기구)의 생산을 책임졌으며, 공피지공攻皮之工은 피혁 생산을, 색직지공色織之工은 사직품絲織品의 염색을 책임졌다. 그리고 괄마지공刮磨之工은 조각 공예를 담당했다.

육관 체계에 따라 수립된 경제기구는 대담한 시도였으며, 장래의 경제 행정관리 체제의 확립과 발전에 큰 공로가 있었다.

3. 토지제도와 전령田令

고대 국가에서 정전제井田制의 실행은 두 가지 의미를 갖는다. 제후·경대부에 대해서는 봉록을 향유하는 단위이며, 경작자인 평민과 노예에 대해서는 근면을 독려하고 태만을 감시하는 단위였다. 이와 같이 토지 사용 자체에 일정한 규범에 의한 제한이 있었다. 모든 토지는 최고 통치자인 국왕의 소유에 속하며, 국왕은 작위의 고저에 따라 제후·경대부·백관에게 하사했다.

대우정大盂鼎과 영우永盂 명문에 기록되기를, 토지를 하사 받은 자는 양도·임대는 물론 교환할 수 있는 권리를 향유했다. 이와 관련해서 주대에는 토지의 교환과 임차는 모두 국가가 직접 관장하고, 관리를 두어 감독한다는 특별한 규정을 두었다. 그리고 임의로 토지를 매매하는 것을 금지했다. 서주 때 비로소 '전율田律' 또는 '전령田令'이 제정되었다. 현존하는 가장 오래된 '청천전율青川田律'은 선진先秦 시대의 산물로 종자의 사용과 파종에 관한 규정과 작물 관리와 해충 예방에 관한 기술적인 규정 등, 농전 수리와 농작물의 관리에 관한 내용이었다. 이들은 일반적인 기술 규범이자 중요한 경제입법의 내용을 이루었다.

4. 광업 개발과 경영관리 입법

중국은 고대에 이미 일정한 규모를 가진 공업생산이 시작되었다. 광업은 그 주요 부문으로 광업 개발, 금속 야금, 동철 주조를 포함했다. 또한 국가가 통제하는 경제 활동이기 때문에, 국가는 광업에 대한 기술 및 경제관리 입법을 행했다. 당시 공포된 성문법인 '주법鑄法'은 그 뒤 정鄭·진晉 양국이 형정을 주조해 청동기 명문에 공포한 국가 반포 법규범이 되었다. 예를 들면 관산해官山海, 봉산호광법령封山護鑛法令은 광업개발과 경제활동에 대해 일정한 행정 관리와 기술 관할을 규정했는데, 이것은 자원이용과 자원보호에 관한 가장 빠른 법규범이 되었다.

금속 가공(攻金)과 야금을 포함하는 공업기술 및 광업생산에 대해서는 국가가 일률적으로 관영제도官營制度를 실시해 생산품을 모두 국가 소유로 했다. 이 관영제도가 발전해 중국의 청동 공업을 높은 수준으로 끌어올렸다.

5. 조세제도와 화폐제도

중국의 조세제도는 하에 기원을 두고 있다. 『사기史記』 「하본기夏本紀」의 기록에 의하면 "우·하 때부터 공부貢賦가 있었다"고 하며, 『맹자孟子』「등문공鄧文公」에도 "하후씨夏后氏는 50을 공공으로 했고, 은인殷人은 70을 조조로 했으며, 주인周人은 100무畝로 철徹로 했는데, 그것은 모두 1/10을 납부하는 것이다"라는 기록이 있다. 여기서의 50, 70, 100무는 모두 조부租賦(조세)를 계산하는 토지 단위였다. 공공은 그 기원이 비교적 빠르다. 이른바 '임사작공任士作貢'은 곧 조세의 원시적인 형태로 일반적으로 이것은 몇 년간의 수확량 평균을 징수 표준으로 삼는 일종의 정액공부제도定額貢賦制度였다. 조는 노예의 노동력을 빌어 공전을 경작하는 일종의 역역제도力役制度였다. 철은 1년 수확의 정도에 따라, 그리고 공과 조의 상황에 따라 적절한 비례로 토지 조부를 징수하는 것이었다. 공·조·철은 서주 시대 이전에 토지를 근거로 착취를 하던 공부제도였다. 『주례周禮』에도 조세제도에 대한 규정이 있어 "무릇 임지任地는 국택國宅(국가소유 택지)은 징세하지 않으며, 원전園廛은 1/20, 근교近郊는 1/10, 원교遠郊는 3/20를 징수하며, 전순甸·초초稍·현현縣·도도都는 모두 2/10을 넘지 않으나 칠림漆林의 징수는 5/20로 한다"고 했다. 이른바 임지는 조세를 납부하는 토지로서 그 기본 단위는 전무田畝였다. 전무 외에 오늘날 관세關稅·시세市稅로 이해하고 있는 상세商稅 즉, 관시關市의 부부가 있었다.

주대에 징수하던 세稅 가운데 생산품을 대체하는 포布와 화폐패貨幣貝(조개 화폐)가 있었다. 이때부터 장식품으로 사용되던 조개가 교환의 영역에 진입하여 등가물로 기능을 했다. 은허의 왕과 제후의 묘역에서 발견된 많은 조개들은 모두 화폐 기능을 가진 부의 상징이었다. 그리고 청동기인 위화衛盉 명문에 기록된 80붕朋의 가치로 10전田의 토지를 교환했다는 기록으로부터 1전은 1백무畝이며 1붕은 10패貝로, 1패의 교환 가치는 1.25무의 토지에 상당했음을 알 수 있다. 패가 정식으로 유통되는 화폐가 되었다는 사실에서 하·상 시대부터 교환기능을 하는 화폐제도가 발생했다는 것을 알 수 있다.

제5장 사법제도

고대 국가의 사법제도는 국가의 형성에 따라 발전했으며, 상商에 이르러 점점 제도로 정착하기 시작하여 서주에 이르러서는 초보적인 형태의 독립된 사법소송 제도를 갖추었다.

제1절 사법기구

1. 하·상의 사법기구

기원전 20세기인 하 시대에 이미 전문적인 법집행 관리를 두었다. 최고 사법관은 '대리大理'라고 불렸으며, 하급 사법관은 '사土' 또는 '리理'로 불렸으며, 감옥을 설립해 '환토圜土'라 했고, '색부嗇夫'를 임명해 최고의 옥정 관리로 삼았다. 또한 사법을 담당하는 국가기관으로 '왕부王府'가 있었다. 왕부에는 형삼천刑三千이 있었다고 하는데, 이는 전문화된 고대의 전담 부서였다.

상에 이르러 사법제도는 더욱 발전해 행정·군사·사법 기구의 직능에 명확한 구분은 없었지만 고대 국가의 중요한 구성 부분을 이루었다. 상왕은 국가 원수이며 최고의 사법 재판관으로 소송 대권을 장악했다. 상왕 아래의 중앙 사법관은 '사구司寇'로 왕을 도와 중요한 사건의 심판과 결정을 하고 전국의 사법 행정을 관장했다. 그 아래에 사법 관리를 두어 중앙에는 정正·사史·원인員人의 3급이 있었고, 지방에는 사土와 몽사蒙土의 두 계급을 두었는데, 그들은 사구에 직속되어 각각 관할 구역의 옥송 사건을 처리했다. 이에 관해서는 갑골문 가운데 적지 않은 기록이 남아 있다. 예를 들면 "혜왕惠王이 또 벽辟을 만들었다,"54) "정왕貞王은 오로지 형을 따르지 않고 정왕은 오로지 형을 따랐다,"55) "이 사람에게는 형을 쓰지 않는다"56) 등의 기록이 그것이다. 여기서 벽은 형刑이며, 정井 또한 형刑의 고자古字이다. 그러므로 기록된 내용은 상왕이 사법 관리 주촜에게 형을 쓸 것인가 또는 어떻게 형을 쓸 것인가를 답변한 것이다.

그밖에 상에는 범인을 가두는 감옥이 있었다. 복사卜辭 가운데 '어圉'자가 있는데, 이것은 팔에 수갑을 차고 토뢰土牢 안에 갇혀 있는 사람을 상징하는 것이다. 안양소둔安陽小屯의 고고학 발굴에서 팔목에 수갑을 차고 있는 도용陶俑을 발견했는데, 남자는 팔이 뒤로 묶여 있으며 여자는 팔이 앞으로 묶여 있는 것으로 보아 이것은 상 시대에 범인을 가두어 두었다는 역사적인 증거가 된다. 은허 유적에서 발굴한 지뢰地牢 또한 상대 후기의 감옥의 하나로 그 시대 사법심판 제도가 상당한 수준에 올랐음을 알 수 있다.

2. 서주의 사법기구

서주 수립 후 하·상 양조의 사법 실행의 경험을 참고로 주례 규범에 부합하는 사법제도를 제정했다. 주례의 규범에 따르면 삼층사급제三層四級制로 나눌 수 있다.

(1) 삼급제 중앙사법기구

중앙의 사법기구 가운데 국왕은 최고 심판관으로 국가의 사법제도를 결정할 뿐만 아니라 중대 사안은 모두 최후에 재결했다. 국왕을 도와 국가의 사법을 관리하는 최고의 관리는 대사구大司寇와 소사구小司寇로 국가의 삼전三典을 관장해 "왕을 보좌해 형으로써 국가를 다스린다"고 했다. 구체적인

---

54) 수粹, 487쪽.
55) 을乙, 4,604쪽.
56) 일佚, 850쪽.

임무로는 ① 국가의 삼전을 관장, ② 야형野刑·군형軍刑·향형鄕刑·관형官刑·국형國刑으로 만민을 독찰督察, ③ 환토 감옥을 만들어 범죄자를 집중 교육, ④ 민간 옥송을 판결, ⑤ 가석嘉石을 세워 악한 자를 금함, ⑥ 상소 사건의 수리, ⑦ 사법 교육의 주관 등을 행했다. 사구司寇 급의 사법 관리는 사사士師와 생사眚史 등이 있어 중앙의 사법 정령, 사안 심사, 법 해석의 보조 관원으로 대사구에 대해 책임을 지면서 직접 국왕의 명령을 받아 실제로는 중앙사법 기관에서 실질적인 권력을 장악하고 있는 사법 관리였다.

(2) 사급제四級制 사법 집행기구

민사를 담당하는 관리로는 사시司市·사계司稽·사민司民 등이 있었다. 그 직능으로는 민간의 소송·재결, 경제·계약 등과 관련된 분규, 하층 민사관계의 규율 등을 맡았다. 형사 관리로는 사형司刑·사자司刺·사려司厲·사약司約·사맹司盟 등이 있어 오형의 집행, 사면, 도적의 수사, 형사범의 관리와 구금, 계약의 감독을 담당하며, 부분적으로 민사 분규의 심리와 서약 이행의 감독 외에 법의 공포와 홍보에도 참여했다. 옥정 관리로는 장수掌囚·장륙掌戮이 있어 주로 옥정, 범죄자 관리, 현행범 체포와 처벌을 책임지는 행형관이자 옥정 관리인이었다. 지방 관리 가운데 중요한 직책으로는 향사鄕士·수사遂士·현사縣士·방사方士·아사訝士와 조사朝士의 6종류가 있었다. 앞의 4종은 국가의 향鄕·사교四郊의 수遂에서 국왕이 관할하는 지역의 형사와 민사 사건을 처리했으며, 뒤의 2종은 제후국의 사법 사건의 처리를 책임짐으로써, 내복과 외복의 구분과 유사한 성격을 가졌다. 심급 구조는 일반적으로 지방의 향사급, 중앙의 사구급·국왕급을 포함했다. 삼심 종결의 원칙은 전통시대 심급의 수립에 결정적인 영향을 미쳤다.

제2절 소송원칙과 심판제도

1. 소송원칙

고대의 소송제도는 서주 때 완성 단계에 접어들었다. 「여형呂刑」과 『주례周禮』의 기록에 의하면 민사·형사 소송의 구분이 있었고, 이른바 소訴는 '고告'이며, 송訟은 '쟁爭'으로서 원고가 관에 고소하면 원고와 피고가 법정에서 다투고 최후로 심판기관이 판결을 행사했다. 그 소송원칙은 다음과 같다.

(1) 민사·형사의 구분

서주의 옥獄, 즉 옥송獄訟은 형사소송을 가리키고 소는 민사소송을 말하는 것으로, '절옥청송折獄聽訟'은 민사와 형사를 구분해 처리했지만 그 기구는 하나였다. 당시에는 형사사건에 관한 전문적인 수사기구와 수사절차에 대한 규정을 두지 않았으며, 검찰기관도 두지 않았다. 통상적으로 원고가 소송을 제기하면 사법기관은 이를 수리했다. 이러한 기소제도의 성격은 귀족의 이익을 보호하고자 하는 것으로 평민의 소송에 대해서는 제한이 있었다.

(2) 당사자 출석과 쌍방 대질 심문

『상서尚書』「여형呂刑」에 "무릇 소를 제기하면 양조구비兩造具備해야 하고, 중청옥지양사中聽獄之兩辭해야 한다"고 규정하고 있다. 다시 말해서 피고와 원고 쌍방이 동시에 심판 장소에 출석해 상대와 논쟁을 하고 최종적으로 법관이 심문해 판결을 했다. 이것이 곧 고대에서 말하던 '옥송불석獄訟不席'인 것이다.

(3) 지배층은 신하를 대리인으로 세워 소송에 참여

『주례周禮』「추관秋官·대사구大司寇」에는 "무릇 명부명부命夫命婦는 옥송에 출석하지 않는다"고 했다. 즉, 대부 이상의 관료 귀족은 출석하지 않을 특권을 가졌고, 친족 또는 수종으로 대리해 소송할 수 있었으며, 또한 팔벽어 방법八辟麗邦法의 특별한 우대를 향유했다. 이와 같이 서주의 좌당문안坐堂問案(법정에서 소송을 다툼)에는 당사자의 계급과 신분에 따라 다른 심문 방식과 법이 적용되었다.

(4) 오청五聽으로 사건의 진실을 파악

『주례』「추관·소사구小司寇」에는 "오성五聲으로 옥송을 듣고 민심을 구한다. 첫째 그 말하는 바를 보아(辭聽) 거짓이면 그 말이 산란해진다. 둘째 그 안색을 보아(色聽) 거짓을 말하고 있으면 붉어진다. 셋째 그 숨 쉬는 것을 보아(氣聽) 거짓을 주장하고 있으면 가빠진다. 넷째 그 듣는 것을 보아(耳聽) 거짓을 주장하고 있으면 미혹해진다. 다섯째 그 눈썹을 보아(目聽) 옳지 않으면 눈이 흐려진다"고 했다.

(5) 상은원칙相隱原則의 실행

『예기禮記』「왕제王制」에 "무릇 오형의 소송을 들음에는 반드시 부자父子의 친親을 고려하고 군신의 의를 세움으로써 판단한다"고 했다. 『국어國語』「주어周語」에도 "군신·부자 사이에는 옥송이 없다"고 해 자식이 아버지를 고소할 수 없으며, 아랫사람이 상관을 고소할 수 없으며, 신하가 군주를 고소할 수 없다고 했는데, 이것은 종법제도의 유산이 분명하다.

2. 소송 절차

상·주 시대에는 소송 대상의 차이에 따라 상이한 절차 규정이 있었다.

(1) 삼심제三審制

『예기』「왕제」의 기록에 의하면 상대의 소송 절차는 "옥사獄辭(판결을 이루는 것)는 사史가 판결의 결과를 정正에게 알리고, 정이 이를 듣고 판결의 결과를 대사구大司寇에게 알리고, 대사구는 극목棘木 아래에서 이를 듣고 판결의 결과를 왕에게 알리고, 왕은 삼공三公에게 명해 이를 듣도록 하고, 삼공은 판결의 결과를 왕에게 알리고, 왕은 삼고三考한 후에 형을 결정한다"고 했다. 이러한 삼심제는 중앙에서 심판을 진행할 때 반드시 준수해야 할 절차로 상·주 양대에 모두 이를 준수하는 것이 기본이었다.

(2) 제후국의 소송

『주례』의 기록에 의하면 "무릇 제후의 옥송은 방전邦典으로써 이를 정하고, 무릇 경대부의 옥송은 방법邦法으로써 이를 판결하며, 서민의 옥송은 방성邦成으로써 이를 결정한다"고 해, 명백하게 사건은 당사자 신분의 차이에 따라 등급을 나누어 관할하고 각각에 따로 적용되는 법이 있었으나, 이와 같은 규정은 제후국 내의 옥송에만 적용되었다.

(3) 향리사건鄕里事件의 심리 절차

『주례』「추관·사구司寇」에 매우 구체적인 규정이 있다. "향사鄕士는 교郊를 관장한다. 각각 그 향의 백성 수를 파악하고 잘못이 있으면 바로잡는다. 옥송獄訟을 청취함에 그 말하는 바를 살펴 그 옥송을 판결한다. 사형에 해당하는 죄인은 문서로 꾸며 10일을 기다렸다가 직분으로 사구司寇에게 올리고, 사구는 옥사를 판단하여 송사에 대한 결정을 외조에서 듣는다. 군사群士·사형司刑들은 법에 저촉되는 것이 있는지 옥송을 의론하여 그 법을 아름답게 한다. 옥송에 대한 논의가 끝나면 사사士師는 합법적인 문서를 받아서 형을 집행할 날을 협의하여 향사에 통보하며 3일 동안 시체를 늘어놓는다. 만약 사면하려면 왕이 그 기일에 맞추어 친히 왕림하여 의논한다." 관할 향·현 지역 내의 소송은 이관里官·제사諸士에 의해 진행되며 결정할 수 없는 것은 모두 중앙으로 송부해 사구가 심리하고, 만약 사면을 하려면 국왕이 결정하고 기일을 선정하는 절차를 두어 일종의 삼심 절차를 시행했다.

(4) 소송비 납부와 증거 자료

『주례』「추관·대사구大司寇」의 기록에 "송사를 다투는 인민이 있으면 1속束의 화살을 납부한 후 처리하고, 옥사를 다투는 인민이 있으면 3일 안에 균금鈞金을 납부한 후 처리한다"고 했다. 민사 사건은 속시束矢 즉 1백 발의 화살을 사건 수리의 비용으로 납부해야 했고, 형사사건은 균금鈞金으로 30근의 동을 납입해 사건을 입안立案시켜야 했다. 그밖에 소송장과 증거 자료가 필요했다. 나아가 당사자의 서약을 규정했을 뿐만 아니라 증인의 증언과 물증을 근거로 사건을 판정하고, 자백 또한 판결의 중요한 자료가 되었다. 아직 신판神判·천벌天罰의 유풍이 남아서 고문을 자행했지만 자백을 주요한 증거로 인정했다는 점에서 신판·천벌 제도가 대체되기 시작했다는 것을 알 수 있다. 고대 중국의 소송제도는 새로운 단계로 나아가고 있었다.

(5) 판결의 선고

상·주 시대에 향안범向案犯에 대한 선고 판결의 집행 절차는 『주례』에 기록이 있다. "판결서의 선고는 법규정을 따른다"고 해, 성문의 판결문은 낭독 절차를 거쳐야 했다. 판결서의 작성은 고대의 청동 공업에 커다란 발전을 촉진했다. 앞에 인용된 짐이獣匜·홀정曶鼎·시인반矢人盤 등은 모두 천고千古 불후不朽의 판결서라 하겠다. 이것은 고대 중국 사법제도 역사에서 이룬 중요한 성취라고 할 수 있다.

3. 법관의 책임

상·주 시대에 법관의 책임에 대한 규정으로 가장 빠른 것은 『상서尚書』「여형呂刑」의 오과지자五過之疵 즉, "오벌五罰에 불복하면 오과五過로써 처벌한다. 오과지자五過之疵는 유관惟官·유반惟反·유내惟內·유화惟貨·유래惟來를 말한다"는 것을 들 수 있다. 이를 범한 자는 "그 죄는 모두 같다"라고 했다. 「여형」의 오과는 법관의 직무 위반에 대한 징벌을 규정한 것이다. 무릇 재판에 잘못이 있어 억울하게 처벌을 받은 사람은 천자와 총재冢宰에게 상소할 수 있으며, 만약 송부기관이 직무상에 착오가 있으면 자료를 압류하고 책임자는 처벌을 받아 궁궐 밖 홍석紅石 위에 3일 동안 서 있어야 하며, 사법관이 사건의 심판에 있어 오과지자를 범하면 그 처벌은 범인과 같았다. 주의 천자는 법을 국가 통치의 중요한 수단으로 인식해 통치계급 전체의 이익을 보호하기 위해 법관에게 엄격하게 법을 집행하도록 요구함으로써 법의 존엄을 보장하려 했다.

4. 형벌의 집행

상·주의 규정에 따르면 형사와 민사 판결의 집행은 대체로 두 가지 방식이 있었다. 민사 판결은 통상적으로 벌금罰金과 벌물罰物로 집행되었고, 특히 엄중한 자에게만 형벌 수단을 적용했으며 그 당사자는 묵형으로 처벌했다. 형사 재판의 집행은 일반적으로 사형·도형徒刑·구금·육형肉刑을 포함하는 형벌 수단을 사용했다.

형벌의 집행 전에 상부에 복심復審을 신청하거나 직소直訴하는 것이 허용되었으며, 상부의 복심에서 사건의 내용이 판정하기에 적합하지 않거나 마땅히 사면할 사안이면 군주에게 보고하며, 등급에 따라 상부에 복심을 신청하도록 했다. 복심 때는 사구司寇와 사형司刑이 참가하며, 지방 사법관에 의한 사건의 심리는 10~30일 안에 중앙에 복심을 신청하도록 했으며, 직소는 노고路鼓와 폐석肺石을 세워 사용했는데, 노고는 왕궁 밖에 세워 두고 모든 억울한 자가 직접 북을 두드려 직소해 사건의 내용을 국왕에게 알리도록 했다. 민간인으로 직소하는 자는 폐석에 3일 동안 서서 "사士로 하여금 그의 말을 듣고 왕에게 보고하도록" 할 수 있었다. 노고와 폐석의 설립은 후대의 왕조에서 설립한 등문고登聞鼓(신문고)에 커다란 영향을 미쳤다.

상소가 기각되면 사법관은 판결에 따라 집행해야 하는데, 이 집행에는 세 가지가 있었다.

(1) 사형 집행

상말 주초에 사형 집행에는 몇 가지 원칙이 있었다. 첫째는 적시適時에 행해야 하는 것으로 "형의 집행은 가을에 완료"되어야 했다. 즉, 매년 사형의 집행은 중추中秋까지 집행되어야 하며 지연시키면 안 되었다. 이러한 적시 행형의 사상과 귀족의 천벌 개념天罰槪念은 그 근원을 같이 한다. 둘째는 공개적으로 집행한다는 것으로, 사형을 집행하는 사람에 대해서는 모두 명곡明梏, 기시棄市 즉, 거리에서 사형을 집행하며 죄질이 매우 악한 자에 대해서는 3일 동안 시체를 저자에 방치하는 형이 병행되었다. 이것은 통치자가 활용한 방식인 형벌을 통한 위하주의威嚇主義의 산물이었다. 셋째는 신분에 따라 행형의 장소가 구분되어야 하는 것으로 "대부大夫는 조정에서 서인庶人은 거리에서" 즉, 대부에 대한 사형의 집행은 장소에 대한 구체적인 규정을 두었을 뿐만 아니라 경살罄殺(때려 죽임)을 운용했다. 그리고 보통 백성에 대해서는 사형의 집행을 공개해 경계로 삼았다.

(2) 육형의 집행

육형은 신체에 잔혹한 가해를 하는 형벌로 묵墨·의劓·비剕·궁宮의 네 가지가 있었다. 『주례周禮』「추관秋官」의 기록에 따르면 "묵형을 받은 자는 문門을 지키게 하고, 의형을 받은 자는 관關을 지키게 하며, 궁형을 받은 자는 궁 안을 지키게 하고, 월刖형을 받은 자는 유囿를 지키게 하고, 곤髡형을 받은 자는 적積을 지키게 한다"고 하여 육형의 처분을 받은 자는 평생 죄수의 대우를 받고, 노역에 종사했다.

(3) 도형과 구금의 집행

『주례』와 청동 명문을 보면 도형제도는 서주 시대에 기원을 두고 있다. 『주례』「추관·대사구大司寇」에 "파민罷民을 환토圜土에 모아서 교육한다. 무릇 남을 해친 자나 법을 지키지 않은 자는 환토에 두고 노역에 종사하도록 해서 형벌을 밝힘으로써 스스로 깨우쳐 부끄럽게 여기도록 한다. 개과천선한 자는 다시 나라로 돌려보내며 3년 동안 호적에 기록하지 않는다. 개과천선하지 않고 환토를 나오는 자는 죽인다"고 하고, 동시에 "환토에서 형을 받는 자는 그 몸이 상하지 않게 그 사람을 벌하는 것이고, 그의 재물도 손해가 없도록 하는 것이다"고 했다. 이것은 신체형을 받지 않고 단지 노역만으로 벌하는 형벌 수단으로 전통시대 오형의 근원이 되었다.

『주례』에 "파민罷民은 가석嘉石을 짊어지고 다니게 한다"는 기록이 있는데, 이것은 구금형의 초기 형태였다. 주례에 따르면 1등급의 중죄인은 매 10일마다 질곡을 씌워 3일간 가석에 앉아 있게 하고, 1년 동안 강제로 노역시켰다. 2등급 죄인은 질곡을 씌워 9일간 가석에 앉아 있게 하고 9개월 동안 강제 노역시켰다. 3등급 죄인은 질곡을 씌워 7일간 가석에 앉아 있게 하고 7개월 동안 강제 노역시켰다. 4등급 죄인은 질곡을 씌워 5일간 가석에 앉아 있게 하며 7개월 동안 강제 노역시켰다. 5등급 죄인은 질곡을 씌워 3일간 가석에 앉아 있게 하고 3개월 동안 강제 노역시켰다. 이것은 신체형과 노역을 결합한 것이다.

그밖에 주周 목왕穆王 때는 속형제도를 두어, 노역과 형벌에 대해 하대에서 말한 바와 같이 "무고한 사람을 죽이기보다는 법규정을 지키지 않는 것이 낫다"는 관념을 받아들였다. 『상서』「여형呂刑」에도 "묵벽墨辟(의문스러운 죄)이 있으면 이를 사면하고 그 벌은 백환百鍰으로 하고 그 죄의 사실 여부를 관찰한다. … 대사大辭에 의문이 있으면 그 죄를 천환千鍰으로 하고 그 죄의 사실 여부를 조사한다"고 규정했다. 속贖은 서주 시대 경제의 발달에 따른 산물로 단지 귀족에게만 특혜를 주며 그것이 관철하고 있는 것은 여전히 종법 등급의 형벌 사상이었다.

형벌의 집행은 사람에 따라 달라지고 동일한 죄에 대해서는 동일한 형으로 처벌했으나 실제 집행에는 차이가 있었다. 『주례』에 "무릇 친족을 죽인 자는 불에 태워 죽이며, 왕의 친족을 죽인 자는 육신을 찢어 죽인다. 살인한 자는 저자에서 죽여 3일 동안 놔두고 그 죄악을 세상에 알린다. 무릇 죄가 법에 저촉되는 자에 대해서도 그러하다. 오직 왕의 동족이나 명사命士 이상의 관직이 있는 자는 전사씨甸師氏가 처형한다"고 규정했다. 똑같이 사형에 해당하는 죄라 하더라도 신분 등급이 다르면 집행 방식도 구분해서 대우했으며, 이렇게 왕족의 특권을 옹호하는 행위는 고대 사법제도에 존재하는 동죄부동벌同罪不同罰의 전형적인 사례이다.

5. 감옥 관리

고대의 감옥은 전제주의의 실체적인 기관으로 심판소송 제도의 발전에 따라 독립적인 체계를 이루었다. 하에서는 하대夏臺를 두었고, 서주에서는 환토圜土를 두었는데, 모두 범인을 연금하는 장소였다. 상의 감옥은 "북해北海의 주州, 환토의 위에 있었다. 옷을 벗고 수갑을 차고 부험傳險의 성을 건축하는 데에서 노역했다"고 전해지고 있는데, 상의 죄수는 특별히 만들어진 의복을 입고 형구를 차고 강제노동에 종사케 했다는 것이다. 후에 은허에서 발굴된 복형하는 도용陶俑과 부장된 배장죄陪葬罪 노예는 상대商代 감옥제도의 객관적 모습을 잘 보여준다.

서주 시대에는 감옥에 관한 제도적인 규정이 있었다. 『주례』「추관」의 기록에 의하면 "무릇 상죄上罪를 지은 자는 곡梏과 공拲과 질桎을 채우고,57) 중죄中罪를 지은 자는 질과 곡을 채우고, 하죄下罪를 지은 자에게는 곡을 채운다. 왕의 동족은 공만 채우고, 작위가 있는 자에게는 질만 채워 죄를 받도록 한다"고 했다. 즉, 어떠한 형구를 사용할 것인가는 죄형의 경중에 따라 결정되지만, 다른 한편으로는 신분에 따라 결정되었다. 설사 민사 피고와 관련이 있는 증인이라 할지라도 혐의를 받은 친족은 구속 수감되어 마찬가지로 형구의 사용으로 제약을 받았다. 이것은 고대 감옥제도 자체가 가진 특징이다.

---

57) 곡梏은 양손에 각각 채우는 나무 수갑, 공拲은 양손을 한꺼번에 묶는 나무 수갑, 질桎은 족쇄이다. —역주

제 2 편

전통사회 법률제도의 형성과 확립

―전국시대·진대秦代·한대漢代―

이철李鐵 집필

김선주 옮김

제1장 개 관

제1절 전국시대의 전통법제

고대사회 후기, 철제 농구와 우경牛耕의 도입으로 생산력은 빠르게 발전하고, 토지 사유화로 신흥 지주계급은 역사무대의 주역으로 등장했다. 상고시대의 경제기초를 반영한 법률제도는 더 이상 정치발전의 추세에 맞지 않게 되었다. 사회·경제 제도의 변혁으로 법률제도 또한 변화가 요구되었다. 신흥 지주 계급의 토지소유권은 법률적 승인을 요구했고, 정치적 지위와 사회적 가치 또한 법률적 긍정을 필요로 했다. 이러한 이유로 제자백가가 서로 다투는 가운데, 지주계급은 성문법의 공포를 공개적으로 요구하며 새로운 법률제도를 수립했는데, 이것이 전통 법률제도 형성의 밑거름이 되었다.

변법파는 1세기에 걸친 투쟁을 거쳐 단행單行 성문법을 공포했고, 이러한 기초 위에 드디어 최초의 성문 형법전인 법경法經이 탄생했다. 그 후 진秦·한漢 왕조가 들어서서 각각 진율秦律과 한율漢律을 제정·반포함으로써 비로소 전통 법제가 확립되었다. 이러한 역사적 발전 가운데 두 가지 중요한 역사단계가 있었음을 알 수 있다. 즉 성문법의 공포와 법경法經의 제정으로 특징되는 전통 법제의 형성 단계와, 진율·한율의 반포로 이루어지는 전통 법제의 확립 단계이다.

1. 전국시대 7국의 변법과 전통 법제의 형성

춘추 말기 각 제후들은 서주 시대 단계를 벗어나, 제후국 내에 정권을 세우고 점점 통치 지위를 공고히 했다. 경제 영역에서는 토지의 매매를 통해 사유권을 승인받아, 주도적 지위를 획득해 나갔다. 제도의 확립에 따라 계급

관계도 크게 변하여 이제 대립 계급은 더 이상 귀족과 노예가 아니라 지주와 농민이 되었다. 시간이 지날수록 각 제후국이 분할 지배하는 양상은 더욱 치열해졌고, 계속되는 겸병 전쟁을 거쳐 춘추시대의 1백여 국이 전국시대에는 진秦·제齊·초楚·위魏·조趙·한韓·연燕으로 7강이 정립되었다. 그 결과 3천여 년이나 지속된 고대가 막을 내리고 전통사회로 진입하게 되었다. 이 기간에 정치영역에서 가장 주목해야 할 것은 바로 역사의 신기원을 연 변법활동이었다.

7국에서 전략적 안목이 있는 인물들은 모두 변법으로 통치를 강화하는 것을 기본방침으로 삼았다. 그들은 수차례 개혁과 변법을 실시하며, 부국강병의 정책을 제시했다. 가장 대표적인 사람은 위魏의 이회李悝, 조趙의 공중련公仲連, 제齊의 추기鄒忌, 초楚의 오기吳起, 한韓의 신불해申不害와 진秦의 상앙商鞅이었다.

그들의 기본 방침은 정치적으로 세경세록제도世卿世祿制度를 폐지하는 것이었다. 또한 "일하는 자는 먹이고, 공이 있는 자는 녹봉을 주고, 능력이 있는 자는 등용하고, 상과 벌을 반드시 내린다"[1]는 봉건계급의 정치원칙과 치국지도治國之道를 확립하는 데 있었다. 경제적으로는 부국강병의 기치 아래 고대적 생산관계를 폐지하고, 생산력의 발전을 통한 새로운 생산관계를 확립하는 데 있었다. 개혁의 결과 새로운 법제 건설이 추진되었고, 새로 제정된 성문법은 춘추시대의 작죽형作竹刑과 주형정鑄刑鼎에 비해 상당히 발전했다. 전국시대에 제정한 성문 법령에는 아래와 같은 것들이 있었다.

(1) 조趙나라의 국률國律

조나라 공중련의 개혁은 기원전 403년 무렵에 시작되었다. 그는 개혁파 대신의 의견에 따라 현명하고 능력 있는 관리를 임용하고 법제 개혁을 실행했다. 성문법 국률은 무령왕武靈王 시기에 탄생했는데, 『한비자韓非子』「식사

---

1) 『설원說苑』「정리政理」.

飾邪」편에 의하면 "조가 국률國律을 명시하고 대군을 거느리던 시기에는 인민의 수가 많고 병력도 강하여 국토가 제·연까지 늘어났으나, 국률이 허술해지고 지도자가 나약해지자 국가는 날로 쇠약해졌다"고 한다. 조의 융성이 법도를 엄격하게 적용했기 때문이라는 것은 역사적으로 잘 알려진 사실이다. 국률과 병행한 것으로 '고핵신하법考核臣下法' 등이 있었지만 지금은 전하지 않는다.

(2) 제齊나라의 칠법七法

기원전 375년 전후 제의 위왕威王은 추기를 임용해 개혁을 추진했다. 추기는 법가의 노선을 받아들여 법률을 제정하고 간악한 관리를 감독할 것을 제창했고, 관자管子의 '칙칙則·상상象·법법法·화화化·결색決塞·심술心術·술수計數'의 칠법 사상을 적용하여 성문 칠법을 제정했다. 이 칠법을 법제 개혁의 준칙으로 삼아 법을 척촌·승묵·규찰·형석·두곡·각량으로 체계화시킴으로써 제의 개혁은 상당한 성과를 거두었다.

(3) 초楚나라의 헌령憲令

기원전 390년 전후 오기는 영윤令尹으로 임명되어 초의 개혁을 주도했다. 첫째는 명법심령明法審令이고, 둘째는 세경세록제도의 폐지와 법치의 실행이고, 셋째는 사인私人의 청탁을 막고 풍속을 개혁하는 것이었다. 이러한 사상에 따라 성문법을 제정하고, 굴원屈原에게 명하여 처음으로 헌령憲令을 제정하게 했다. 『사기史記』「굴원열전屈原列傳」에 "회왕懷王이 굴원에게 명하여 헌령을 만들게 하였다"라고 나온다. 비록 굴원은 중용되지 않았지만 헌령은 초에 남게 되었다.

(4) 초나라의 계차지법鷄次之法

초의 또 다른 성문 법전으로, '이차離次'라고도 한다. 『전국책戰國策』「초책楚策 1」에 이런 기사가 나온다. "오吳는 초와 백거柏擧에서 싸웠는데, 세 번

싸워 수도 영郢에 들어갔다. … 몽곡蒙谷이 대궁에 들어가 계차의 법전을 지고 강을 건너 운몽雲夢으로 도망쳤다. 소왕昭王이 영에 돌아와 보니 오관五官은 법을 잃어 백성이 혼란에 빠졌다. 이에 몽고蒙古가 법전을 바치자 오관은 법을 얻어 백성을 잘 다스리게 되었다.” 이 법전은 춘추시대의 유명한 법전의 하나였으나, 초가 망한 뒤 전해지지 않는다.

(5) 한韓나라의 형부刑符

저명한 법가인 신불해는 기원전 355년 개혁을 단행했다. 그는 술術을 중점적으로 사용하여 탐관오리를 제거하고 재능 있는 자를 관리로 임명할 것을 주장했다. 더불어 군주는 “그 근본을 설정해 주요 사항을 다스리고 권세를 조장한다”고 하여 술을 운용해 국가의 법제를 강화해야 한다고 제시했다. 이 법치 사상은 입법에 반영되어 최초의 한나라 성문 법전인 형부가 탄생했다. 그러나 신불해가 피살된 뒤 형부는 전하지 않는다.

(6) 위魏나라의 태부지헌太府之憲

‘위헌魏憲’이라고도 하는데, 위가 개혁하면서 생긴 법령이다. 『전국책戰國策』「위책魏策 4」에 다음 기사가 나온다. “안릉군安陵君이 말하기를, ‘우리 선군이신 성후成侯는 양왕襄王에게 이 땅을 지키라는 조詔를 받고, 대부지헌太府之憲을 받았다.’ 헌憲의 상편에 이르기를 ‘자식이 아버지를 죽이고, 신하가 군주를 시해하는 것은 처벌하고 용서하지 않는다. 나라에 대사면령이 있더라도 적에게 투항하거나 도망친 자와는 더불어 하지 않는다’고 하였다.”

이와 같이 성문법의 성립은 모두 전국시대 법가를 대표로 하는 진보 역량이 변법 개혁을 추진한 결과로, 이는 전통시대 법률의 찬란한 성과이다. 법가의 대표적 인물인 이회는 각국의 입법사례를 수집해 중국의 첫 번째 성문법전인 법경法經을 제정했다.

2. 법경法經의 제정과 그 영향

(1) 법경 제정의 시대적 배경

전국 7국 가운데 가장 먼저 변법을 실시한 나라는 위나라였다. 그리고 그중에서 이회가 제정한 변법이 가장 저명하며 영향이 컸다. 이회는 전국 법가학파의 창시자로 위魏 문후文侯 때 나라의 재상에 임명되어 개혁을 실시했다. 그는 "먹는 것에는 노동이 있고, 녹봉에는 공이 있고, 상은 반드시 행하고, 벌은 반드시 실시되어야 한다"고 주장했다. 이처럼 단호하게 고대의 세경세록제를 폐지하고, 경제에서는 땅의 힘을 최대한 이용하는 가르침(盡地力之敎)을 주장해서 경작을 장려하고 농업을 발전시켰다. 법률에서는 각 제후 국들의 입법 성과를 모아서 제국법諸國法을 편찬하여 법경을 제정해서 전통 사회 최초로 체계적인 성문 형법전을 확립했다.

(2) 법경의 주요 내용

『진서晉書』「형법지刑法志」에 다음 기사가 나온다. "진한秦漢의 옛 율은 위문후魏文侯의 스승 이회에서 비롯했다. 이회는 제국법을 편찬하여 법경法經을 저술했다. 왕의 정치는 도적盜賊보다 급한 것이 없기 때문에 그 율은 도盜, 적賊부터 시작했다. 도적은 반드시 체포해야 하므로 망網·포捕 두 편을 저술했다. 경교輕狡·월성越城·박전博戱·차가부렴借假不廉·음치淫侈·유제逾制로 잡률雜律 한 편을 만들었다. 그리고 구율具律로 처벌의 가감을 했다. 이렇게 6편을 지었을 뿐인데 모두 죄명지제罪名之制이다.2) 상앙은 이를 계승해 진秦의 재상이 되었다. 한漢은 진의 제도를 계승했는데, 소하蕭何가 율을 정할 때 연좌죄를 폐하고 부주견지지조部主見知之條를 추가해 흥興·구廐·호戶 3편을 더해 모두 9편을 제정했다." 당률소의唐律疏議에도 다음 기사가 나온다. "위문후는 이회에게 사사받았는데, 여러 나라의 형전을 모아서 법경 6편을

---

2) 임병덕, "『진서晉書』「형법지刑法志」 역주 2"(『중국사연구』 28, 293~294쪽) 참조. —역주

저술했다. 1 도법盜法, 2 적법賊法, 3 수법囚法, 4 포법捕法, 5 잡법雜法, 6 구법具法이 그것이다. 상앙이 이를 본받아 법을 율이라고 개칭하였다. 한의 재상 소하는 이회가 만든 법률에 호율戶律·흥률興律·구율廐律 3편을 더해서 구장률(九章之律)이라 한다.”3)

이러한 기록에 의해서 우리는 지금은 상실된 법경이 6편으로 구성되어 있으며, 그것은 각각 도법盜法·적법賊法·수법囚法·포법捕法·잡법雜法과 구법具法임을 알 수 있다. 그 주요 내용은 세 부분으로 나눌 수 있다.

첫 번째 부분은 전사편前四篇으로 ‘정률正律’이라고 하는데, 주요 내용은 도적에 대한 징벌이다. 도법은 전통적 사유재산을 보호하는 법률이고, 적법은 반역과 살상을 방지하고 지주계급의 몸을 보호하며 질서를 수호하는 법률이다.4) 이회가 말한 “왕의 정치는 도적보다 급한 것이 없다”는 것은 이러한 범주를 말하는 것이다. 또한 도적의 체포·구금·징벌을 위해 수법과 포법을 두었다.5)

두 번째 부분은 잡률로서 잡법이라고도 한다. 도적 이외의 범죄는 일률적으로 잡법으로 규정했는데, 사기·무단이탈(偸越城墻)·도박·수뢰·음란 등이 그에 속한다. 이러한 범죄는 중요한 형사범죄에 속하지만 전자에 비해서 징벌은 가벼운 편이었다.

세 번째 부분은 구법으로서 후대의 법전에서는 명례名例라고 하는데, 이것은 현대의 형법총칙과 같다. 그 주요 내용은 처벌의 가중과 경감에 대한 구체적 규정으로서 처벌의 경감이 주된 내용이었다. 규정 중에는 15세 이하 60세 이상의 범죄인은 죄형에 따라 대소로 분별해 감형한다는 내용이 있어 전통 법률에서는 이를 감률이라고도 한다. 여기에서 볼 수 있는 것처럼 법경은 6편으로 구성된 구조로 비교적 완성된 법률체계를 갖추고 있으며, 전통사회 초기 형사법률의 기본적 면모를 잘 보여준다.

---

3) 김택민·임대희 주편, 『역주 당률소의(1) — 명례편』(한국법제연구원, 1994), 91~92쪽 참조—역주
4) 도법과 적법은 재산과 신체 침해죄에 관한 규정이다. —역주
5) 수법과 포법은 형사행정에 관한 규정이다. —역주

(3) 법경의 특징

① 새로 성립된 제도의 보호와 공고화

법경은 신흥 지주계급이 정치·경제적으로 통치 지위를 획득한 뒤의 산물이기에 그 본질은 전통적 경제관계를 수호하는 것이었다. 즉, 소유제를 보호하는 기초 위에서 전통적 사유재산 관계를 수호하는 것이었다. 이에 기초해 법경은 군주의 권력과 정권을 위협하는 행위, 예를 들어 도부盜符, 도새盜璽, 국가 법령을 함부로 논의하는 행위 등을 절대로 용서하지 않았으며, 그러하면 본인만이 아니라 그 가족과 이웃까지도 처벌되었다. 법경은 형식적으로는 고대의 등급제도를 폐지했으나, 그 규정에는 여전히 대부나 제후가 사용하는 기물을 보통 사람이 가지고 있으면 엄중한 범죄로 취급하여 족형足刑을 내렸다. 대도大盜에 대해서는 가벼운 경우에는 외지에 보내서 노역하게 하며, 엄중한 경우에는 사형에 처했다. 그러나 인민의 기본권리에 대해서는 어떠한 구체적 규정도 없는 것으로 보아 성립 바탕에는 계급 모순이 명확하게 나타나 있음을 알 수 있다.

② 새로운 등급제도의 확립

법경의 조문은 법을 어긴 자는 무겁게 처벌한다는 것을 명확히 했다. 그러나 똑같이 뇌물을 받았다 하더라도 승상과 장군의 처벌은 다르게 한다고 규정하여, 하급자가 상급자의 대우를 향유하는 것을 엄금했다. 태자가 법을 어기면 태형을 받고, 승상이 뇌물을 받으면 그 좌우가 죽임을 당하고, 장군이 뇌물을 받으면 그 자신이 죽임을 당한다는 내용을 규정하고 있으나, 실제로는 새로운 세력의 특권을 제한할 수 없었다.

③ 중형경죄重刑輕罪 원칙의 실현

이회李悝는 초기 법가의 대표적 인물로 엄형혹벌을 내세워, 작은 죄라고 할지라도 중벌에 처해야 한다고 주장했다. 그 목적은 사람들이 쉽게 범죄를 저지르는 것을 방지하기 위한 것이었다. 법경에는 궁전을 훔쳐보면 발을 자르고, 길에서 유실물을 주우면 다리를 자르고, 성을 넘는 자가 1인이면 죽이고 10인 이상이면 향리와 가족까지 연좌한다고 규정했다. 심지어 범인의 가족을 노비로 만드는 엄한 형벌을 내렸다. 이는 법가의 이른바 "형벌로 형벌을 제거한다(以刑去刑)"는 중형 사상을 실현하려는 것이었다. 이러한 중형 경죄 정신은 진秦까지 이어졌다.

④ 법전체제의 획기적 발전

법경은 형을 고쳐 법이라 했을 뿐 아니라, 처음으로 일죄동형一罪同刑의 체제를 확정했다. 또한 법과 형을 분리시켜 신흥 지주계급이 요구하는 법률 공개와 상대적 평등을 어느 정도 실현했다. 법률체제는 먼저 죄명을 열거하고 형벌을 규정했는데, 이러한 방법은 법률의 사용을 편하게 했을 뿐만 아니라, 형법을 위주로 하는 통합법의 전통을 열고, 중국 법체제의 기초가 되었다. 한漢의 구장률九章律이 법경 6편에 호戶·흥興·구廐 3편을 더해 성립되었다는 사실은 그 직접적인 영향을 잘 말해준다. 이로써 법경은 중국 역사에서 첫 번째 성문 형법전이라는 불후의 역사적 지위를 갖게 된 것이다.

3. 상앙의 법제 개혁과 시대적 의미

이회의 변법 후, 상앙이 진秦에서 변법을 시행했다. 시작은 비교적 늦었지만 그 성과는 매우 커서 이회의 변법과 비길 정도였다.

상앙은 위衛나라 사람으로 원래의 성은 공손公孫이었으나, 진의 변법에 공을 세워 상商 땅에 봉지封地를 받아 상앙이라고 불렸다. 상앙은 어렸을 때 형명학(刑名之學)을 좋아했으나 위나라에서는 포부를 펼 수 없어 위衛를 떠나 위魏로 갔으며, 이회를 스승으로 삼아 법가 이론을 학습했다. 후에 이회 의 법경을 가지고 진에 가서 변법을 추진했으며 진의 법률제도에 중요한 개혁을 했는데, 주요 내용은 다음과 같다.

(1) 개법위율改法爲律

상앙은 법경에 정통해서 진의 국정과 변법의 필요에 따라 법경에 중요한 보완을 함으로써 진의 법률체계를 확립했다.

고대에는 법을 '고르기가 물과 같다(平直如水)'고 해석했는데, 신흥 지주계급은 율을 '균등한 실시(均布)'라고 해석했다. 율로 법을 대체하는 것은 법률의 보편성과 공개성, 법률의 실시를 강조하는 입장이다. 상앙은 "나라가 혼란한 것은 법이 어지러워서가 아니라, 법을 반드시 시행하게 하는 법이 없기" 때문이라고 여겼다. 이런 까닭에 법률의 균등한 실시를 강조했는데, 이는 신흥 지주계급의 법으로 형을 대체한다는 사상의 연장으로 볼 수 있다.

상앙의 '개법위율'은 시대적 요구에 부응한 것으로 법경보다 진일보한 것이었다. 법경이 시행된 반세기 동안 많은 제후국들이 차례로 변법을 실시하고 새로운 율을 제정했는데, 형식과 내용면에서 이미 고대의 법률을 훨씬 넘어섰다. 그런데 진秦은 옛 법을 고치지 않아서 국가 발전에 큰 장애가 되었다. 국내 정세가 불안했을 뿐만 아니라 다른 제후국의 위협도 날로 커져, 옛 귀족 세력은 진의 신흥 지주계급을 억압했다. 상앙은 이런 상황에 맞서 법률제도를 개혁하고, 법률 적용의 보편성을 강조했다. 상앙의 개혁은 내용이나 체계 면에서 다른 제후국의 개혁보다 뛰어났다.

(2) 중농의 장려

나라의 경제적 기초를 다지고, 재원財源과 병원兵源을 확보하기 위해 상앙은 중농억상重農抑商을 추진했다. 농지의 개간을 장려하는 간초령墾草令과 개천맥령改阡陌令, 분호령分戶令 등을 차례로 반포하고, 정전井田을 폐지하여 천맥阡陌을 개간하는 토지정책을 실시함으로써 법률적으로 전통적 토지소유 관계의 합법성을 완성했다. 농간農墾을 장려하고 농민의 노동력을 최대한 활용하기 위해서 부자 형제가 성년이 된 뒤에도 한 집에 같이 사는 것(同室共財)을 법률로 금지하여 "백성의 집에 성인 남자가 2명 이상인데 분가를 하지 않으면 그 세금을 배로 한다"고 규정했다. 또한 진나라로 도망 온 사람에게 전택田宅을 제공하고 3세대의 요역을 면제했으며, 이 사람이 노예일 경우에는 신분을 바꿀 수 있었다. 이러한 법률 조치는 낙후된 진의 경제를 일으키는 데 중요한 작용을 했다.

군웅이 할거하는 시대에는 부유한 경제력과 함께 강력한 군대가 필요하다. 상앙은 군대를 장려하기 위해 군작률軍爵律을 반포하고 이십등작제二十等爵制를 규정하여 군인들에게 정치·경제적 특권을 부여했다. 토지와 주택, 노예를 높고 낮음에 따라 나누어 주었다. 이러한 조치들은 세경세록제도의 폐지와 부국강병에 중요한 의의를 지녔다.

(3) 명법중형明法重刑

상앙商鞅은 전국시대 초기 법가의 대표적인 인물로서, 심도 있게 법가 이론의 기초를 다졌다. 그는 신흥 소유제도를 수호하기 위하여 반드시 법가 이론을 실현하고, 명법중형明法重刑을 시행해야 한다고 여겼다. 이런 그의 이론은 크게 세 가지로 귀결된다.

① 명법의 목적은 "법을 정할 때는 반드시 명백하고 쉽게 이해할 수 있도록 하여," "모든 백성이 피하고 따라야 할 바를 알게 하는 것"이었다.[6] 이는 법률의 공개성을 보편적으로 보증한다는 의미였다.

② 상앙은 다음과 같이 표현했다. "간악함을 제거하기 위해서는 엄한 형벌보다 좋은 것이 없다."[7] "간악함을 저지르지 못하게 하려면 엄한 형벌만한 것이 없다."[8] 중형을 실행하는 근본 목적은 간악함을 징벌하기 위한 것이고, 이 방법이 아니면 사회의 폐단을 제거할 수 없으며, 사회질서의 안정을 보장할 수 없다는 것이다. 이는 법가의 이형거형以刑去刑 이론의 발전이다.

③ 중형에 의지해 생산의 발전을 보호하고자 했다. "엄한 형벌과 연좌제를 실시하면 황무지는 반드시 개간된다."[9] 중형으로 노동을 강제하는 것은 농지를 개간하기 위함이었다. 나아가 신흥 지주계급의 생산력을 발전시키는 데 적극적 작용을 한다고 보았다.

상앙의 명법중형 사상의 지도에 따라 중형을 집행하는 구체적 조치를

---

6) 『상군서商君書』 「정분定分」.
7) 『상군서商君書』 「개색開塞」
8) 『상군서商君書』 「상형賞刑」.
9) 『상군서商君書』 「간령墾令」.

제정하게 되는데, 아래의 다섯 가지가 그 주 내용이다.

① 족형연좌族刑連坐

이른바 족형은 한 사람에게 죄가 있으면 삼족을 멸하는 것으로 부족, 모족, 처족을 포괄한다. 『한서漢書』「형법지刑法志」에 "진秦은 상앙을 등용하여 상호 연좌하는 규정을 제정하고 삼족을 주멸하는 형벌을 만들었다"[10]고 기록되어 있다. 연좌의 범위는 족형族刑보다 더 범위가 넓지만 처벌에 구별이 있어서 족형은 중죄로 모두 사형에 처했고, 연좌는 관의 노예로 삼거나 다른 형벌에 처했다. 족형연좌는 죄가 없는 사람까지 끌어들이는 잔혹한 형벌의 유물이다.

② 행형중경行刑重輕

형벌을 집행할 때, 경미한 범법 행위에 대해서도 엄한 처벌을 내렸다. "가벼운 죄에 대하여 엄한 형벌을 행하면 형벌이 없어도 일이 이루어져 나라가 강해진다. 무거운 죄는 엄한 형벌로 다스리고 가벼운 죄는 가벼운 형벌로 다스리면 형벌을 내려도 사건이 끊임없이 생기므로 나라가 약해진다."[11] 『한서』「오행지五行志」에는 "상앙(商君)의 법은 길에 재를 버리면 경黥형에 처한다"라고 기록되어 있다. 이 뜻은 도로에 재를 떨어뜨리는 정도의 경미한 과실도 경형에 처한다는 것인데, 이로써 형벌의 엄함을 알 수 있다.

③ 사면의 불허

형벌의 집행할 때 어떠한 사람에게도 사면과 관용을 허락하지 않았다. 이는 상앙의 명법중형의 또 다른 면이다. 그는 "형벌에는 등급 차별이 없다. 경상卿相·장군將軍에서 대부大夫·서인庶人에 이르기까지 왕의 명령을 따르지 않고, 나라가 금하는 것을 범하고, 제도를 어지럽히면 모두 사형에 처하고 용서하지 않는다. 예전에 공이 있더라도 나중에 실패하면 그 때문에 형을 줄여주지 않는다. 예전에 잘했더라도 나중에 과실이 있으면 그 때문에 법을 줄여 적용하지 않는다. 충신이나 효자라도 과실이 있으면 반드시 그 죄목에

---

10) 임병덕, "『한서』「형법지」 역주"(『중국사연구』 10, 243쪽) 참조—역주
11) 『상군서商君書』「거강去强」.

따라 판결해야 한다"[12]고 주장했다. 즉, 누가 죄를 범하건 법에 따라 엄히 징벌하며, 어떤 상황에서도 사면하지 않는다는 것이다. 이렇게 형벌에 등급을 두지 않는 이론(刑無等級)은 서주 시대의 형불상대부刑不上大夫의 부정이었다. 하지만 유감스럽게도 이러한 형무등급刑無等級 이론은 받아들여지지 않았고, 상앙 본인도 집행할 수 없었다. 그가 심판한 안건이 이를 증명하는데, 태자가 법을 범했지만 그가 군주의 후계자였기 때문에 형을 내릴 수 없어서 태자의 스승을 벌한 일이 있었다. 이는 그가 내세운 "왕자의 범법과 서민의 범법은 동일한 죄"라는 이론이 단지 아름다운 포장일 뿐임을 보여주는 것이다.

④ 형용-우장과刑用于將過

상앙은 "형벌을 죄의 결과에만 내리면 간악함이 사라지지 않는다. … 그러므로 왕은 장차 생길 수 있는 잘못(將過)에도 형벌을 내리면 큰 잘못이 생기지 않는다"[13]고 주장했다. 사람들이 이미 죄를 범하고 나서 형벌을 내리면 범죄를 금할 수 없지만 범죄를 행하려 할 때 처벌을 하면 중대한 범죄가 발생하지 않는다는 것이다. 범죄 발전단계 이론에서 보면 범죄를 저지르려는 것은 단지 범의犯意의 표시일 뿐이다. 그러나 상앙은 장차 일어날 범죄를 처벌할 것을 주장했는데, 이것은 행위에 의해 죄를 정하는 게 아니라 사람의 사상에 의해 죄를 정하는 것이다. 이는 확실히 행형중경行刑重輕 이론이 심화된 것이라 할 수 있다.

⑤ 간악한 자의 고발을 장려

상앙은 백성에게 관리의 불법 행위를 고발하는 것을 장려하여 전통 법제를 강화하는 수단으로 삼았다. 이에 대하여 구체적 규정을 했다. "법령을 관리하고 집행하는 관리가 왕법을 행하지 않는 경우에는 사형에 처하고 절대로 용서하지 않으며, 그 형벌은 삼족에까지 미친다." "국가관리가 상급관리의 불법행위를 알고 고발하면 본인의 죄는 면하고, 귀천을 가리지 않고

---

12) 『상군서商君書』 「상형賞刑」.
13) 『상군서商君書』 「개색開塞」.

관장의 관작과 재산을 물려받는다."[14] 국가 관리가 법을 범했을 때는 봐주지 않고, 만약 이를 알고도 고발하지 않으면 엄형에 처하며, 고발자는 죄를 면할 뿐만 아니라 귀천을 구분하지 않고 관리의 모든 관작과 재산을 받을 수 있었다. 이것은 관리에 대한 통제를 강화하고, 관원의 부패를 다스리려는 목적이 있었다.

상앙은 중국 법률사에서 처음으로 중형重刑의 원칙을 제시하고, 많은 구체적 조항을 제정했다. 이러한 법 이론의 실천은 후대의 진秦의 군주들에게 받아들여져서 진의 '준엄한 법률과 엄격한 형벌'이라는 특징에 직접적 영향을 미쳤으며, 가혹한 법률 집행의 선례가 되었다.

제2절 진秦의 통일법제 수립

진·한 시대는 전통 법률이 형성되고 확립된 시기였다. 진은 스스로 체계적인 진율을 제정·반포했고, 이로써 전통 법률이 형식과 내용에서 고대 법률 규범을 넘을 수 있게 하는 역사적 공헌을 했다.

1. 진율秦律의 제정과 법제의 통일

기원전 359년 상앙의 변법은 법경法經을 기초로 '개법위율改法爲律' 하여 법적용의 보편성을 강조하고, 간초령墾草令·고간연좌령告奸連坐令·개천맥봉강령開阡陌封疆令·명존비작질明尊卑爵秩 등의 법령을 반포했다. 이 법령들은 진의 입법을 기타 제후국보다 훨씬 우수하게 발전시켜서 진의 경제발전을 촉진함으로써, 강한 나라로 도약할 수 있었다. 그리하여 기원전 236년부터 기원전 221년에 걸쳐 차례로 6국을 점령하여 춘추 이래 5백여 넌 동안 지속된 분열 상태를 통일하여 중국 역사상 처음으로 통일 왕조를 수립하게 되었다.

---

14) 『상군서商君書』「상형賞刑」.

진의 제도는 상앙을 본받았고, 군주들도 대대로 그 법을 지켰다. 정치, 문화와 법률의 제도적인 통일성을 부여하는 진율을 전국적 차원에서 공포했다.

진율은 일찍이 유실되었는데, 1975년 12월에 호북성湖北省 운몽雲夢 지역에서 진율 죽간을 발견함으로써 비로소 진율의 원래 내용을 한층 더 많이 이해할 수 있게 되었다. 이 운몽진간에서 발견된 진율의 내용으로는 율律·령令·답문答問과 사법문서 등이 있다.

율에는 전율田律·구원률廐苑律·창률倉律·금포율金布律·관시율關市律·공률工律·공인정율工人程律·균공률均工律·사공률司空律·군작률軍爵律·치리율置吏律·효율效律·전식률傳食律·행서율行書律·내사잡률內史雜律·위잡률尉雜律·속방률屬邦律·제리율除吏律·유사율游士律·제제자율除弟子律·중노율中勞律·장률藏律·공거사마렵률公車司馬獵律·우양과율牛羊課律·부율傳律·둔표율屯表律·포도율捕盜律·수율戍律의 30종이 있었는데, 행정법·형법·소송·민사·경제 관련 법률 내용을 모두 포괄하며, 그 중 행정법과 형법이 주요 내용을 이룬다. 그밖에 공업, 수공업과 과학기술 분야의 법률 규범이 있다. 그 조정 범위도 상당히 넓어서 신흥 통치계급이 법률을 운용해서 다양한 국가기구의 직능과 특징을 조정하려 한 의지를 충분히 반영하고 있다.

법률을 다양한 측면에서 해석한 '법률답문法律答問'은 진율의 내용에 대한 체계적인 해설을 하고 있다. 주요 내용은 형법이고, 이것은 법률의 조관條款과 동등한 효력을 가지고 안건을 심판하는 법률 근거를 제공했는데, 후대 왕조의 '법률소의法律疏議'를 위한 선례가 되었다.

봉진식封診式은 조정이 반포한 안건을 심리하는 법률 문서로, 그 중 치옥治獄과 신옥訊獄 등은 사법 관원이 재판을 하는 구체적 지침이다. 그밖에 안건에 대한 조사의 진행, 현장검증과 심리안건 규정이 있고, 부분적으로 참조할 수 있는 안례가 있다. 이를 보면 당시에 사건을 심리하는 절차와 서로 다른 의견이 있는 안건을 처리하는 수속이 상당히 완비된 것을 알 수 있다. 이를 통해 진의 사법 실천이 새로운 수준에 도달했음을 알 수 있다.[15]

2. 진율의 한율에 대한 영향

한율과 진율의 관계에 대해서는 두 가지 견해가 있다. 하나는 한漢이 진秦의 제도를 계승해서 법률제도 또한 진을 그대로 본받았기 때문에 새로운 것이 별로 없다는 견해다. 다른 하나는 한漢 고조高祖 유방劉邦이 관중에 들어간 후 약법 삼장約法三章을 발표하고, 진의 법을 폐지하여 새로이 한의 독립적인 법률체계를 열었다는 것이다. 이런 두 가지 다른 관점의 쟁점은 진율이 한율에 끼친 영향을 어떻게 평가할 것인가와 관계된다. 하지만 한율이 유실되었기 때문에 이 역사적 과제에는 정론이 없다. 그러나 최근 한율이 발견되었기 때문에 이 논쟁에 객관적 결론을 내릴 수 있을 것이다.

제3절 양한兩漢 시대 통일법제의 확립

한漢의 형법은 주로 진의 제도를 계승했다. 그러나 정치·경제적 발전상황이 진과는 크게 달라졌다. 그리고 형사입법에서 유가 학설이 중요한 지도적 원리로 작용을 하여 형법전 제정의 이론적 근거가 되었다. 또한 형법 체계의 규범화 과정은 신흥 지주계급의 이해와 상관관계를 갖기 때문에, 양한에서 형법을 제정·개정할 때 그들은 새로운 역사적 임무를 제시하기 위하여 입법에 새로운 방향을 요구했다.

1. 양한의 법률 개정

양한의 법률 개정은 300년을 거치면서 이루어졌는데, 이를 크게 다섯 시기

---

15) 간의 출토 위치, 죽간의 길이, 기재 형식과 내용 등에서부터 작업이 진행된 결과에 따라 진율秦律이 구분되고 있다. 이에 대해서는 도미야 이따루 지음, 임병덕·임대희 역, 『유골의 증언—고대 중국의 형벌』(서경, 1999), 40~50쪽에 자세한 설명이 있다. —역주

로 나눌 수 있다.

　제1시기는 유방劉邦의 입법활동이다. 유방은 농민 반란을 통해서 진秦의 정권을 탈취하고 한漢을 수립했다. 그는 진이 엄형혹벌을 실시하다가 2대만에 망한 교훈을 잘 알고 있었다. 그는 관중에 들어가는 즉시 명확하게 "부로父老들에게 세 가지 법(三章之法)만을 약속하니, 살인자는 사형에 처하고, 남을 상하게 하는 자와 도둑질한 자는 그 죄에 따라서 처벌한다. 이것만 남기고 진의 법은 모두 폐지한다"[16]고 했다. 유방은 초기에 진의 가혹한 법을 폐지하여 백성의 요구를 반영했다. 초楚·한漢 전쟁의 경과에 따라 "삼장지법으로 간악함을 막기에는 부족하다"고 하여, 이에 "천하가 이미 안정되니, 명하여 소하蕭何에게 율령을 정하게 하고, 한신韓信에게 군법을 펴게 하고, 장창張蒼에게 장정章程을 정하게 하고, 숙손통叔孫通에게 의례를 바르게 했다."[17] "상국相國 소하가 진의 법을 모아서 현실에 맞는 것을 취하여 구장률九章律을 제정했다."[18] 구장은 이회의 법경法經을 기초로 해서 호戶, 흥興, 구廐 삼 편을 더하여 한율의 핵심을 이루었다. 그 후 유방은 숙손통에게 구장률의 보완과 조정을 명하여 방장傍章 18편으로 늘어났는데, 이를 방장률傍章律[19]이라 한다. 이렇게 유방 시기에 구장률과 방장률의 제정을 완성했다.

　제2시기는 무제武帝의 입법활동이다. 무제는 전공戰功을 좋아해 전쟁이 끊이지 않아서 "백성이 가난하여 곤궁한 백성이 법을 어기고, 혹독한 관리가 마음대로 법률을 적용하여 처벌하며, 법을 어김이 끊이지 않았다"[20]고 했다. 이에 사회의 불안은 날로 증가했다. 이러한 정치적 상황에서 무제는 한 초기의 법률 원칙을 포기하고, 대대적으로 법률을 수정해 법률의 징벌 기능을 강화했다. 이에 그는 장탕張湯에게 명하여 월궁률越宮律 27편을 제정했는데, 이는 궁정 경비를 위한 입법이다. 또 조우趙禹에게 조율朝律 6편을 제정하도록

---

16) 『한서漢書』「고제기高帝紀」.
17) 『한서漢書』「고제기高帝紀」.
18) 『한서漢書』「형법지刑法志」.
19) 이것이 한의漢儀이다. ―역주
20) 『한서漢書』「형법지刑法志」.

했는데, 이는 조정의 의례에 관한 법으로서 구장률과 방장률 18편과 함께 그 규모가 60편에 이르렀다. 또한 한율漢律을 대폭 수정하여 50여 편으로 늘어났다. 이러한 무제의 법률 개정으로 "율령律令이 359장, 대벽大辟이 409조條 1,882사事, 사죄결사비死罪決事比가 13,472사事가 되었다. 문서가 궤각에 차서 법전을 두루 볼 수가 없다"[21]고 했다. 이와 같이 무제 시기에는 주로 월궁률과 조율의 제정을 완성했고, 또 법률을 수정하여 한율의 기초를 이루었다.

제3시기는 한漢 성제成帝의 법률 개정 활동이다. 성제가 다스리던 시기에 한율은 더욱 늘어나서 "대벽지형大辟之刑은 1,000여조條, 율령은 번잡하게 많아 1백만여 언言"이어서 "스스로 익히는 자는 유래한 바를 알지 못한다"[22]라고 하였다. 성제 시기는 계속해서 한율이 팽창·확충되던 시기임을 알 수 있다.

제4시기는 유수劉秀의 입법활동이다. 유수는 동한 정권을 건립하고 사회 모순을 완화하기 위하여 "왕망王莽의 많고 조밀한 법을 버리고, 한대漢代의 간략한 법을 회복하라"[23]고 명령을 내렸다. 이에 왕망 때 제정한 신율新律을 폐지하고 다시 서한율을 채택했는데, 이는 광무제光武帝가 서한의 옛 법을 중건하고 회복하는 단계였다. 그러나 이러한 조치는 단지 두 조朝만 안정시켰을 뿐이고, 화제和帝 때 다시 엄한 법이 나타났다. 『후한서後漢書』「진총전陳寵傳」에 화제 영원永元 6년 정위 진총이 율령조법을 조사했다고 나온다. "… 지금 율령은 대벽大辟이 610조, 내죄耐罪가 1,698조, 속죄贖罪 이하가 2,681조로 … 한이 건국된 지 302년, 법령이 증가하여 법조항이 끝이 없다. 마땅히 삼공三公과 정위廷尉가 율령을 고르게 하고 합의한 것이 대벽 200, 내죄와 속죄는 2,800을 사용할 수 있어 모두 3,000으로 하며, 그 나머지 영令은 모두 제거한다. … 시행되지는 못했다." "진총이 물러난 뒤 가혹한 법이 점점 늘어나서 사람

---

21) 『위서魏書』「형벌지刑罰志」.
22) 『한서漢書』「형법지刑法志」.
23) 『후한서後漢書』「순리전循吏傳」.

들이 견디지 못하게 되었다. 진총의 아들 충忠이 진총의 뜻에 따라 23조를 황제께 아뢰어 결사비決事比를 만들어서 청언請讞의 폐단을 줄였다."

제5시기는 한 헌제獻帝에 의한 최후의 법률개정 활동이었다. 동탁董卓의 난으로 "법전이 불타서 남아 있는 것이 거의 없었다." 이에 응소應劭는 명을 받아 율령을 제정해 한의漢儀를 만들고, 한율의 계통 정리와 수정을 했다. "법률을 갖추어 본장구本章句, 상서구사尚書舊事, 정위판령廷尉板令, 결사비례決 事比例, 사도도목司徒都目, 오조조서五曹詔書 및 춘추단옥春秋斷獄 등 250편을 편 찬했다. 그리고 중복되는 것은 없애고, 문장을 줄였다. 또 의박議駁 30편을 모으고, 유사한 종류끼리 모아서 82사事가 되었다."24) 이러한 법률 개정으로 「대벽형」이 1,000여 조가 되어 율령이 많아졌다. 또 개정이 되어 "후세 사람 이 뜻을 만들어 각각 장구章句로 삼아," "죄를 판단하는 데 사용하는 것이 26,272조 7,732,200여 언이어서"25) 한율을 구체적으로 적용하는 데 곤란을 겪었다.26)

2. 통일 법제의 확립

서한의 법률 통일은 300여 년 동안 수정과 반복 실천을 거쳐서 최후로 율律·령令·과科·비比 4종의 법률 형식을 형성했다. 이른바 구장률, 방장률 18편, 월궁률 27편, 조율 6편으로 모두 60편 359장이고, 새로 발견된 율령 29종을 합해서 '한율漢律'이라고 통칭한다.

영令은 황제가 반포한 조령詔令을 말하는데, 『한서』「선제기宣帝紀」에 "천 자가 증감을 명한 것 가운데 율에 없는 것을 영이라 한다"라 하고, 『한서』 「두주전杜周傳」에 "전주前主가 지은 바는 율이고, 후주後主가 소소疏한 것은 영이 다"라 하여, 율령이 동등한 법률 효력을 갖는다고 설명하고 있다. 이미 알려

---

24) 『진서晉書』「형법지刑法志」.
25) 『진서晉書』「형법지刑法志」.
26) 한대의 율령에 대해서는 김택민, 『중국 고대 형법』(아카넷), 10~12쪽에 개략적인 설명이 나온다.
　　―역주

진 한령漢令으로는 정위설령廷尉挈令·옥령獄令·추령篘令·궁위령宮衛令·전령田令·금포령金布令·사령祠令·임자령任子令·민전령緡錢令·이년율령二年律令 등이 있다. 인용하기 편리하도록 선제 때 다시 정리 편찬하여 영갑令甲·영을令乙·영병令丙 3종으로 구분했는데,[27] 300편에 이르러 영도 상당히 풍부해졌다.[28] 양한의 조령詔令은 거의 전해지지 않는데, 북송 이후부터 비로소 수집되어 양한조령兩漢詔令을 이루었다. 양한의 조령이 한율의 가장 기본적인 원천의 하나였다는 것은 최근 발견된 한간율문漢簡律文도 증명한다.

과科와 비比는 율을 보충하는 형식으로 사법심판의 근거가 되었다. 과科는 과課라고도 하는데, 법과 같지는 않지만 죄를 규명하는 것이었다.[29] 『진서晉書』「형법지刑法志」에 기록된 한과漢科로는 등문도사登聞道辭·고사보언考事報讞·사자험리使者驗略·평용좌장平庸坐贓 등이 있었다. 비比는 율에 바른 조항이 없으면 비교하여 죄를 판단하는 것이다. 그래서 『한서漢書』「형법지刑法志」에는 "정위가 판결을 내릴 수 없는 것은 삼가 상주하여 비율령比律令에 합당한 바를 물어본다"라고 했다. 한대에는 결사비決事比·사죄결사비死罪決事比·사송비辭訟比의 세 종류가 있었다. 무제 때 사죄결사비 13,472사事가 있었는데, 선제 때는 3,472조로 간소화되었다. 장가산張家山에서 새로 발견된 한율 가운데 주얼서奏讞書도 비의 일종이다.

법률의 통일은 서서히 진행되며 몇 차례의 곡절을 겪었으나 진에서 한에 이르기까지 부단한 노력을 거쳐서 드디어 법률제도가 확립되었다.

---

27) 영令에는 선후가 있기 때문에 이를 구분하기 위해서 갑, 을, 병 등으로 한 것이다. 지금의 1편, 2편, 3편과 같은 것이라 하겠다. ─역주

28) 『한서漢書』「선제기宣帝紀」.

29) 유희劉熙, 『석명釋名』.

제2장 행정법

진秦이 수립된 후 중국의 행정입법은 질적으로 비약했고, 행정법의 규범화와 법전화를 향한 중요한 첫 걸음을 내딛었다. 진의 행정입법은 춘추·전국시대에 제정된 성문법을 기초로 행정률을 최초로 창시하여 새로운 영역을 개척했다. 한漢은 진의 제도를 이어받고, 또 이율吏律과 관율官律을 창시해 행정법의 내용을 한층 풍부하게 하여, 독립된 행정법 체계를 구성했다.

제1절 진 왕조의 행정법

1. 진율과 행정입법

진은 여러 나라와 각축하면서 성장한 통일 정권이었다. 그래서 입국 초기부터 중요한 조치를 취해서 제후를 폐하고, 군현을 설치하고, 법도를 밝히고, 율령을 통일하고, 중앙집권제와 통일된 법률을 반포하여 신흥계급의 권위를 확립함으로써 진율을 완성했다.

현존하는 진율은 대부분 진시황 시기에 제정된 것으로 가장 빠른 것은 전국 말기 진소왕秦昭王 시대까지 올라간다. 행정법과 관계있는 내용은 직관관리職官管理, 호부관리戶賦管理, 병정관리兵政管理, 형옥관리刑獄管理, 공업과기관리工業科技管理의 다섯 분야를 포괄해 20여 종에 이른다.

(1) 직관관리

치리율置吏律·제리율除吏律·제제자율除弟子律 : 관리의 임용·선발

효율效律 : 관리의 조정·선임과 감찰

내사잡률內史雜律 : 경내관京內官의 직무 규정

부사율傅食律 : 역차驛差, 식용

행서율行書律 : 공문 규정

속방률屬邦律 : 이민족에 관련된 사무

유사율遊士律 : 유사遊士 관리

위리지도爲吏之道 : 관원의 직무 수호, 수양과 법도

(2) 호부관리

전율田律 : 농업·토지

구원율廐苑律· 우양과율牛羊課律 : 목축· 고과考課

창률倉律· 장률藏律 : 양초糧草, 창고 저장 물자

금포율金布律 : 화폐· 부세

관시율關市律 : 관시· 무역

요율徭律· 수율戍律 : 요역徭役, 변방의 경계

부율傅律 : 호적

(3) 병정관리

군작률軍爵律· 중노율中勞律 : 군공· 작위

돈표율敦表律 : 변방관리

(4) 형옥관리

위잡률尉雜律· 포도율捕盜律· 봉진식封診式 : 감옥의 행정관리

(5) 공업과기관리

공률工律 : 수공업 경영과 건조 공정의 관리

공인정률工人程律 : 공정의 정액定額

균공률均工律 : 생산인원 관리

사공률司空律: 공인과 형도관리

진율의 체계는 「주관周官」과 다르고, 당대唐代의 전장典章과도 달랐다. 그
것은 율의 형식 즉, 행정률과 형률의 결합으로서 관리제도나 호부戶賦·병정
兵政·형옥刑獄·과학기술의 다섯 가지 분야로 이루어졌으며, 초기 행정법의
규범을 구성했다.

2. 행정체계의 창건

진시황은 즉위 후 통일 법제를 강조하여 진율 등 일련의 법률과 법령을
반포하고 행정체제를 확립했는데, 주요 내용은 세 가지였다.

(1) 황제 제도의 창시

진이 중국을 통일한 뒤 진왕정秦王政은 제帝를 시황始皇이라 하고, 아울러
"명命은 제制라 하고, 영令은 조詔라 하고, 천자는 짐朕이라 자칭한다"고 규정
하여 명실상부한 행정 수뇌가 되었다. 한편 법률로 군권君權 전제專制를 확정
했다. "천하의 일은 작고 큰 것 없이 모두 황제에 의해 결정된다." "승상과
대신들은 모두 일을 이룰 때, 천자에 의지해 처리한다."30) 따라서 국가의
정치·경제 분야의 중대한 정책에서 조정 황궁의 모든 사무에 이르기까지
황제 본인의 결단을 거치게 함으로써, 제왕은 최고의 행정권을 획득했다.

(2) 중앙과 지방의 권력관계 구분

춘추·전국 시대 각국의 정국은 극히 불안정했기 때문에 통일된 중앙과
지방의 권력기구를 수립하고, 상호간의 권력관계를 조정할 수 없었다. 진이
중국을 통일하고 정치적으로 안정되자, 국가의 행정체계를 확립하는 원칙으
로 중앙은 군권제를 행하고, 황권의 지배 아래 삼공열경제三公列卿制를 두며,

---

30) 『사기史記』 「진시황본기秦始皇本紀」.

지방은 군현제를 추진했다. 중앙에서 지방까지 통치에 적합한 행정체계를 확립하고 군현을 설치한 것은 행정체제 수립의 중요한 성취로 중국에서 2천년 동안 이어졌다.

(3) 전통적 계약제도의 창건

군신관계는 선진先秦 사회에서 매우 중시하던 문제의 하나였다. 한비韓非는 "신하는 군주를 위해 사력을 다하고, 군주는 신하에게 작위와 녹봉을 내린다"고 했다. 이것이 군신관계의 본질이고, 특정 군주가 주체가 되는 계약관계라 할 수 있다. 이 관계의 특징은 "명군이 위에서 아무 것도 하고 있지 않으면 여러 신하들은 아래에서 두려워하고," "신하가 노력할 때 군주는 성공한다"[31]는 것이다. 이런 전제 아래 군주는 신하에게 반드시 "법으로 다하고, 준비는 꾸밈이 없어야" 했다. 즉, 현명한 군주는 법을 집행하고 직무를 행하고 규장 제도를 잘 운영하여 관리를 다스리고, 그들로 하여금 법을 잘 지키고 직무에 충실하도록 하며, 이로써 고선考選·평가考績·감찰·상벌제도를 제정하고, 모든 관리로 하여금 군주의 전제를 옹호하게 하고 능동적으로 봉사하게 해야 한다는 것이다.

3. 행정 구조와 기능

진은 국가권력을 수립한 뒤에 법률수단을 운용해 행정기구의 상호관계를 조정하고, 각자의 기능을 명확하게 구획하며, 직관제도職官制度를 수립하여 진의 행정구조는 행정체제의 면모를 갖추게 되었다.

(1) 중앙기구

진시황이 황제로 등극한 후, 우선 중앙과 지방의 직능과 상호관계를 규정하고, 중앙의 행정구조를 체계적으로 정비했다. 그 주요 내용은 다음과 같다.

---

31) 『한비자韓非子』「주도主道」.

첫째, 행정의 주축을 이루는 삼공三公을 승상丞相, 국위國尉, 어사대부御事大夫로 구성해 국가의 최고 행정기구로 만들었다.

승상은 백관의 장으로, 백관을 통솔하고, 국정을 총괄하는 최고 행정사무 장관이었다. 국위는 최고 군사장관으로 군정과 작전을 담당했다. 어사대부는 최고 감찰관으로 백관의 위법 행위에 대한 규찰과 사법심판을 감독했다.

둘째, 삼공 이하 열경列卿을 두어 집행기구로 삼았다. 그들은 황제를 위해 직접 복무하거나 황제를 대신해서 국가의 행정 사무를 관할했다. 열경의 주요 직책은 다음과 같았다.

봉상奉常 : 예의와 제사를 담당.

낭중령郎中令 : 황정의 보위, 위대衛隊를 통솔하는 시종위숙관侍從衛宿官.

위위衛尉 : 궁정 바깥을 경비, 궁정위사宮廷衛士를 관장.

태복太僕 : 궁정의 우마를 책임지고, 국가의 마정馬政을 관리.

소부少府 : 황가의 재산과 산·바다·연못의 부세賦稅를 관리.

종정宗正 : 황족의 사무를 전담.

치속내사治粟內史 : 국가의 농업·전량錢糧·재정을 거두고 관리.

정위廷尉 : 사법을 책임지고 형벌을 관장.

전객典客 : 국가의 외교와 소수민족의 사무를 책임짐.

주작중위主爵中尉 : 분봉 제후에 대한 사무 관리.

열경列卿은 한대漢代 이후 구경九卿으로 바뀌어 행정기구의 중추가 되었다.

(2) 지방기구

전국시대에 이미 군郡과 현縣이 출현했다. 진이 건국된 후 지리 행정의 민족 문화 특징에 따라 군으로 현을 관할하여, 군·현 양급의 지방 정권을 설치하고, 현 아래에는 항鄕을 두어 항이 리里·십什·오伍를 관할하는 기층의 행정관리 단위로 했다.

군郡의 최고 행정장관은 군수郡守로서, 군의 행정·경제 사무를 관할하고, 조정으로부터 직접 명을 받는 동시에 조정의 제약도 받았다. 군수 아래에는 군위郡尉를 설치해 군정을 관할하고, 조정은 감어사監御史를 파견해 군郡의 행정감찰을 했다.

현縣의 행정장관은 현령縣令으로서, 현의 정무와 사법을 겸임했는데, 조정에서 직접 지방에 파견한 행정장관이었다. 현령 아래에는 현승縣丞을 두어 현령을 보조해서 행정사무를 관리하도록 했다. 현위縣尉는 병사를 관리했으며, 감찰은 감어사가 행했다.

기층 기구로는 향·리가 있었다. 향의 주관 관원은 유질有秩이라 했는데, 그 아래에 향로鄕老는 교화를, 색부嗇夫는 사법과 세수稅收를, 그리고 유격游激은 도적을 잡고 사회의 치안을 유지했다. 향 아래의 리·십·오에는 리정里正 등이 생산과 수공업 등의 사무를 담당했다. 진의 지방조직은 처음부터 정권의 기층 구역을 관할하는 데 중점을 두었는데, 이는 지방 행정기구의 두드러진 발전이었다.

<h3 style="text-align:center">4. 직관 관리의 제도화·법률화</h3>

신흥 지주계급은 국가의 행정 역량과 관리의 소질을 매우 중시해서 합리적인 임용 고찰, 정적政績 고핵考核과 상벌제도를 제정하여 점점 법률화했다. 고대의 직관제도가 서주에서 시작했다면 법률화되기 시작한 시기는 진이 수립된 뒤의 일이다.

(1) 관리의 선발과 임용

일찍이 선진 시대 진의 유명한 국상國相 범수范雎는 삼중선관법三重選官法을 제시했다. 일중객사一重客士는 국외의 인재를 중용하는 것이고, 이중군공二重軍功은 군사적 재능이 뛰어난 인재를 중용하는 것이고, 삼중법률三重法律은 법에 능통한 관원을 중용하는 것이었다. 삼중법은 인재를 등용함에 거현임능擧賢任能을 실현하고, 관원의 재임용에 정적政績과 무공武功을 강조하는 것으로, 법가 사상을 관리선발에 구체적으로 적용한 결과였다. 진시황 때는 이 삼중법이 이론적으로 보다 완벽해지면서 "능력 있는 사람을 심사해 관리로 임용한다는" 규정을 명확히 했다. 이른바 능能이란 통치능력을 갖춘 신흥 지주계급을 가리킨다. 만약 제왕을 도와 국가를 다스릴 재능이 없고, 단지 관록을 위해서 관직을 맡으려 하면 결코 임용하지 않았다. 또한 관리를 임명할 때 일을 잘하지 못하는 자를 임명하면 그 죄에 따라 다스렸다.

'위리지도爲吏之道'는 관리의 선발규범에 대하여 처음으로 규정했다. "무릇 관리가 되는 길은 반드시 정결하고 정직하며, 근면 신중하고 튼튼하며, 사사로움이 없는지 작은 부분까지 상세히 살피고, 안정되고 가혹함이 없는지 따져서 상벌을 행한다." 이렇게 국가관리의 선발기준이 법률로 명확히 규정되었다.

(2) 진의 과율課律과 평가(考績)

진의 직관평가에는 두 가지 형식이 있었는데, 진율에 규정된 고과율考課律과 '오선오실五善五失'이 그것이다.

① 과율課律

진은 처음으로 직관의 평가를 과課로 열거했고, 또한 법률로 확립했다. 구원율廐苑律은 최초의 과율課律 가운데 하나였다. "4월, 7월, 10월, 정월에 각각 일소(田牛)의 성장 상태를 품평한다. 한 해가 시작되는 정월에 품평회를 열어서 성적이 우수한 경우에는 전색부田嗇夫에게 술 한 동이와 말린 고기를 사여賜與하고, 사육 담당자는 1경更의 역을 면제해 주며, 우장牛長은 30일의 역을 면제해 준다. 성적이 열등한 경우에는 전색부田嗇夫를 질책하고, 사육 담당자는 2개월의 노역을 벌로 부과한다. 소를 경전耕田에 부려서 소의 허리가 줄면 그 담당자에게 1촌寸마다 '태형 10대'를 때린다. 또 향리별로 품평회를 개최하여 성적이 우수한 경우에는 이전里典에게 10일의 역을 면제해 준다. 성적이 열등한 경우에는 '태형 30대'를 때린다."32)

---

32) 수호지진묘죽간睡虎地秦墓竹簡 진율秦律 18종, 30쪽.

이렇듯 진의 관리에 대한 평가규정은 매우 구체적이었다. 평가 시기는 매년 1월이고, 평가의 표준은 최最·전殿 두 가지 급으로 최를 획득한 자는 공을 장려하고 지위를 올려주며, 전을 획득한 자는 태형을 내렸다. 그밖에 사로賜勞의 규정이 있어서 공이 있으면 며칠을 사로하는데, 이러한 고공考功 방식은 이전의 평가제도와 다른 새로운 형식으로 한대에도 사용되었다.

② 오선오실五善五失

진율은 또한 오선과 오실의 평가를 규정했는데, 운몽진간에 다음 규정이 나온다. "관리에게는 오선이 있다. 첫째 윗사람에게 충성하고 공경하며, 둘째 청렴하고 비방하지 않으며, 셋째 일처리를 합당하게 하며, 넷째 선행을 하며, 다섯째 공손하고 양보하는 것이다. 이에 이르면 큰 상을 내린다. 또한 관리에게는 오실이 있다. 첫째 사치가 지나치며, 둘째 교만하며, 셋째 자기 마음대로 함부로 결정하며, 넷째 윗사람을 범하면서도 해를 알지 못하며, 다섯째 관직보다 재물을 중시하는 것이다."[33] 오선과 오실은 직관의 임기동안 공적과 품행을 근거로 하여 평가 과정과 내용을 훨씬 구체화했는데, 이는 평가법의 중요한 발전이다.

또한 군대에도 엄격한 고과제도를 만들었다. 『상군서商君書』「경내境內」편에 이러한 기록이 있다. "성을 공격하고 읍을 포위할 때 … 장군은 목대木台를 만들어서 국정감國正監과 정어사正御史와 함께 그것을 살핀다. 먼저 들어간 자는 최계最啓로 올리고, 나중에 들어온 자는 최전最殿으로 올린다." 여기서 행정 관원의 평가 표준인 최最와 전殿이 군대에도 적용되었음을 알 수 있는데, 당시 고과제도의 독특한 점이다.

진대秦代의 평가제도는 군주에 대한 충성과 관원이 마땅히 갖추고 지켜야 할 품격, 관풍官風을 상세히 규정했다. 이는 고대 중국의 평가제도가 성숙되었음을 보여준다.

---

33) 수호지진묘죽간睡虎地秦墓竹簡 위리지도爲吏之道, 280쪽.

(3) 진의 직관 감찰

진 왕조가 세워진 뒤 전문 감찰관인 어사대부御史大夫를 두고, 감찰에 관한 법률을 제정하여 감찰제도 역사의 새로운 장을 열었다. 어사제도의 기능은 세 가지로, 첫째 치감治監, 둘째 치옥治獄, 셋째 감독과 탄핵이었다. 그 권력은 모든 행정 관원 가운데 으뜸이었다. 진시황은 시어사侍御史들에게 특별히 해치관獬豸冠을 쓰도록 하여, 그들의 사회적 명예를 높였다고 한다. 이는 감찰 관원이 군주의 전제정치를 강화하는 데 중요한 작용을 했음을 입증하는 것이다.

진간秦簡 가운데 율문律文에서 감찰관원의 직책을 규정했다. 진시황 20년 기원전 227년에 포고한 '어서語書'는 진의 가장 대표적인 관리감독 율령이었다. 어서語書에 다음과 같은 기록이 나온다. "지금 사람을 파견해 순찰하려 한다. 법령에 복종하지 않는 자는 검거하여 법률에 따라 처벌하고, 영令과 승丞에게 보고해 알린다. 또 각 현의 관리를 평가하여 관원이 죄를 범했는데 영과 승이 이를 파악하지 못한 자가 있으면 영과 승에게 보고해 처리한다."34) 전문 감찰원이 각 군을 순찰하여 법을 지키지 않은 관리와 백성을 감찰하여 법에 따라 처리했다는 것이다. 또 각 현의 장과 영을 살펴서 관리가 불법 행위를 해도 영과 승이 이를 잘 파악하지 못했으면, 영과 승으로 하여금 경도京都에 보고하게 해 처벌했다는 뜻이다. 이와 유사한 규정들이 진시황 시대에 여러 차례 반포되었다.

관리를 감찰할 때 쓰이는 세부 규칙이 진율에 규정되어 있다. "좋은 관리良吏는 법률령에 밝고, 처리 못하는 일이 없고, 청렴하고, 충성하고, 성실하여 군주를 잘 보좌한다. 사소한 일도 독단으로 처리하지 않기 때문에 공심公心이 있다. 또 자기를 단정히 하며 다른 사람과 따로 사무를 처리하는 것을 원치 않기에 일을 처리함에 쟁론이 발생하지 않는다."35)

"나쁜 관리惡吏는 법률령에 밝지 않고, 사무에 익숙하지 않고, 청렴하지

---

34) 수호지진묘죽간睡虎地秦墓竹簡 어서語書, 16쪽.
35) 수호지진묘죽간睡虎地秦墓竹簡 어서語書, 19쪽.

않고, 군주를 위해 힘쓰지 않고, 게으르고, 말다툼이 쉽고, 염치를 모르고, 악언을 쉽게 하여 다른 사람을 모욕하며, 공정심이 없고, 범죄를 일으키는 행위를 하고, 쟁변을 쉽게 하고, 쟁변을 할 때는 눈을 크게 뜨고 손목을 움켜쥐며, 자신의 용감을 나타낸다. 거짓말을 하고, 소리를 높여 자신이 사무를 잘 처리함을 나타내고, 사리에 어긋나는 말을 할 때는 부끄럽고 무지한 척하며, 자신의 절제함을 나타낸다. 기고만장해 자신이 강함을 드러내어 상사는 그들이 재능이 있다고 여긴다. 그러므로 이런 사람들은 징벌하지 않을 수 없다."36)

진율이 규정한 좋은 관리를 판단하는 표준은 4개조로, 첫째 법률령의 이해와 사무 처리 능력, 둘째 청렴·충성·성실로 군주를 위한 봉사, 셋째 공정성을 갖으며 1조의 사무도 독단으로 처리하지 않는 것, 넷째 자기의 과오를 정확하게 규정하고, 타인과 합력해 일을 처리하며, 공을 다투지 않는 것이다. 나쁜 관리를 판단하는 표준은 6개조로, 첫째 법률령과 사무의 몰이해, 둘째 나태하고 청렴하지 않아 군주에게 쓸모가 없음, 셋째 시비를 가리지 못하고, 욕을 하고 타인을 모욕하며, 공정심이 없고, 쟁론을 좋아하는 것, 넷째 거짓말을 하고, 허위로 뽐내는 것, 다섯째 사리에 위배되는 말을 좋아하고, 부끄럽고 무지한 척 가장하며, 이로써 자신이 규제를 잘한다고 드러내는 것, 여섯째 기고만장하거나 전횡을 일삼아 자신에게 재능이 있는 것처럼 하는 것 등이다.

진율의 규정에 의하면, 감찰 결과 과실이 엄중한 관리를 발견했을 때는 영과 승으로 하여금 상부에 보고하고 문서로 기록하며, 모든 군에 알리도록 하여 전체 관원의 본보기로 삼았다.37)

---

36) 수호지진묘죽간睡虎地秦墓竹簡 어서語書, 20쪽.
37) 이상의 진율에 대한 자세한 규정에 대한 번역과 이에 대한 해설로는 박건주, 『중국 고대의 법률과 판례문』(백산)을 참조할 만하다. —역주

제2절 한 왕조의 행정법

1. 한율과 행정입법

한 고조 유방劉邦이 관중에 들어가 삼장지법三章之法을 채용한 이후, 소하蕭
何에게 명해 구장률九章律[38]을, 숙손통叔孫通에게 방장률傍章律 18편을, 장탕張
湯에게 월궁률越宮律 27편을, 조우趙禹에게 조율朝律 6장을 만들도록 하여, 한
율漢律은 모두 60편이 되었다. 이때까지도 예와 율의 구분이 없었고, 그 구조
는 기본적으로 진秦의 형행합체刑行合体, 즉 형법과 행정법의 합일 구조와
동일했다. 강릉江陵 장가산張家山에서 출토된 한율[39]은 진·한 양조의 행정법
의 많은 내용이 서로 일치하고 있음을 증명한다. 치리율置吏律·효율效律·부사
율傅食律·행서율行書律 등은 내용이 같고, 다른 것은 사율食律·상방률尙方律·
사율史律·전율錢律 등이다. 그밖에 20여 가지가 넘는 종류의 율령이 행정법
내용을 포함하고 있지만 여기에서는 대표적인 몇 가지만 소개한다.

① 부익률附益律

이것은 제후가 자기 세력을 확장하고, 임의로 관리를 선발하는 것을 제한
하는 규정이었다. "무엇을 '부익'이라 하는가?" "제후를 봉함에 한도를 지나
치는 것을 부익이라 한다. 또는 왕후에게 아첨하는 것을 말하기도 하는데,
중법에 처한다."[40]

② 상방률尙方律

이것은 관원이 사사로이 품위를 확대하고, 품급 대우를 높이는 것을 제한
하는 규정이었다. 『송서宋書』에 의하면, 상방尙方이 제정된 한漢에는 엄한
율이 있어 제후가 옷을 훔치면 친속이라도 반드시 형벌을 내렸다고 한다.

---

38) 임중혁, 『한율령漢律令의 형성과 발전에 대한 연구』(고려대학교 박사논문), 15~52쪽. —역주
39) 2004년까지의 장가산張家山 한율漢律에 대한 국·내외 연구 상황에 대해서는 임병덕, "장가산張家
　　山 한간漢簡 「이년율령二年律令·적률賊律」 초탐初探"(『호서사학』 38, 96~104쪽)에 자세히 기재
　　되어 있다.
40) 『한서漢書』 「제후왕표諸侯王表」.

③ 상계율上計律

주로 관원의 공적을 심사하여 평가가 나쁘면 그 형사책임을 추궁하는 법령이었다.

④ 사율史律

이것은 사관이 사서를 저술하는 데 있어 진위를 가리는 규범과 복卜, 축祝에 관한 규정이었다.

⑤ 한관구의漢官舊儀

한구의漢舊儀라고도 하는데 「주관周官」과 성격이 유사한 이전吏典으로서 관제, 정부기구의 직능 구분, 태자 제도 등의 내용을 포괄하고, 율령합벽律令合璧의 법률 형식을 채택했다.

그밖에 장정章程이 있었다. "천하가 안정되자 명하여 장창張蒼에게 장정을 정하게 했다." "장은 역수歷數의 장술章術이다. 정은 권형, 장척, 두곡의 평법平法이다."[41] 천자의 영令은 "영令 갑甲 이하 삼백여 편"[42]이라 하여, 조령이 매우 많았음을 알 수 있다. 율은 형刑으로 죄를 정하고, 영은 범範으로 제도를 세우는 것인데, 진에 비해 한대에 상당히 발달했다.

한율의 발견은 진율과 함께 형법사의 공백을 보충해 줄 뿐만 아니라, 우리가 진·한 사회의 행정법을 깊이 연구하는 데 중요한 고대 법률 문헌이다. 그러나 현재 한율은 정리·해독의 단계에 있어서 보다 깊은 연구가 필요하다.

2. 행정 구조와 직능

유방이 진을 이어 정권을 세운 뒤 국가의 행정 구조와 그 직능에 대하여 많은 조정을 했는데, 세 가지 측면의 성과가 있었다.

---

41) 『한서漢書』 「고제기高帝紀」.
42) 『진서晉書』 「형법지刑法志」.

(1) 삼공구경제三公九卿制의 확립

한은 진의 제도를 계승하고, 또 중앙·군·현 세 등급의 관리체제를 확립했으며, 진의 삼장열경三長列卿을 기초로 더욱 발전된 삼공구경三公九卿을 확립했다.

한대漢代의 삼공三公·승상丞相·태위太尉는 정치·군사를 총괄하고, 어사御史는 감찰을 담당하여, 공동으로 정령 반포의 중추를 이루었다. 삼공 아래에는 구경을 두어 예禮·악樂·세稅·법法·재財·경警·부고府庫 등의 항목을 나누어 담당하게 했는데, 그 구체적 직책은 다음과 같았다.

태상太常 : 진에서는 봉상奉常이라 했으며, 제사를 주관했다. 경제景帝 중中 6년에 태상으로 명칭을 변경했다.

광록훈光祿勳 : 진에서는 낭중령郎中令이라 했으며, 궁전의 측문을 관장했다. 무제武帝 태초太初 원년에 광록훈으로 명칭을 변경했다.

위위衛尉 : 진에서는 위위衛尉라 했으며, 궁문의 위병을 관장했다. 경제景帝 초에 대부령大夫令으로 명칭을 변경했다가 다시 후后 원년에 위위가 되었다.

태복太僕 : 진에서는 태복太僕이라 했으며, 여복輿服 거마車馬를 관장했다.

대리大理 : 진에서는 정위廷尉라 했으며, 형옥을 담당했다. 경제 중 6년에 대리로 명칭을 변경했다.

대홍로大鴻臚 : 진에서는 전객典客이라 했으며, 빈객賓客 조근朝覲을 관장했다. 경제 중 6년에 대행령大行令으로 명칭을 변경했다. 무제 태초 원년에 대홍로로 명칭을 다시 변경했다.

종백宗伯 : 진에서는 종정宗正이라 했으며, 왕족의 일을 주관했다. 평제平帝 원시元始 4년에 종백이라 명칭을 변경했다.

대사농大司農 : 진에서는 치속내사治粟內史라 했으며, 곡식과 재화를 관장했다. 경제 후 원년에 대농령大農令으로 명칭을 변경했다가 무제 태초 원년에 다시 대사농으로 변경했다.

소부少府 : 진에서는 소부少府라 했으며, 산택의 조세를 관장했다.

(2) 육조상서六曹尚書의 설치

서한 시대 행정체제의 발전 가운데 두드러진 것이 바로 상서조尚書曹인데, 성제成帝 때 행정을 관리하는 데 편리하도록 네 개의 상서를 조로 나누어서 각기 서書·령令·부簿·적籍을 관장하게 한 것이 그 시작이었다. 이 사조四曹의 직책은, 상시조常侍曹는 공경公卿 조사曹事를 주관하고, 이천석조二千石曹는 군郡 이천석사二千石事를 주관하고, 민조民曹는 관리와 백성의 상서사上書事를 주관하고, 객조客曹는 이민족(夷狄)에 관련된 업무를 주관했다. 광무제 때는 육조를 설치했는데, 삼공조三公曹를 증설하여 옥송과 사법을 관장하게 하고, 객조를 남주객조南主客曹와 북주객조北主客曹 둘로 나누어서 총 육조가 되었다. 그 권력은 부단히 확대되어 『후한서後漢書』 「중장통전仲長統傳」에 의하면 "광무제는 수 세대 동안 권력을 잃은 것에 심기가 불편했고, 권세가 강한 신하가 명을 거역하고 왜곡하는 것에 노하여 정치를 신하에게 맡기지 않았으며, 삼공을 두더라도 일은 대각臺閣에 귀속시켰다. 이후 삼공에는 관원만 있었을 뿐이다"고 한다. 이렇게 동한東漢이 시작되고부터 국가의 군사·정무의 대권을 장악하여 육조상서에 귀속시켜서, 상서가 소부에 속하고 구경 아래에 있었지만 실제로는 "왕령을 출납하고, 모든 기구를 부주하여 중추기구를 이루었다"43)고 한다. 한의 상서대尚書臺와 육조의 관속관계는 아래와 같다.

상서대尚書臺 : 최고의 행정기구로 주관인 상서령 1인, 차관(副) 2인, 상서복야尚書僕射 1인을 두었다.

육조六曹 : 상서령이 직접 장악하며, 삼공조三公曹 상서 1인, 이조吏曹 상서 1인, 민조民曹 상서 1인, 이천석조 상서 1인, 남주객조 상서 1인, 북주객조 상서 1인을 두었다.

기타 관원 : 좌우승左右丞 각 1인, 시랑侍郞 36인, 영사令史 21인이 있었다.

육조상서라는 기구에서 관제 체계의 수립과 완성, 그 이후 삼성 육부제三省

---

43) 『통전通典』 「직관職官 4」.

六部制 행정체제의 맹아를 볼 수 있다.

한대漢代 행정기구의 조정은 두 가지 측면에서 주목해야 한다. 먼저 중앙집권제의 운용을 위해서 설립한 삼공三公 구경九卿이라는 제도는 중앙 보좌기구와 행정 사무기구의 기초가 되었다. 다음으로 육조체제의 출현과 이에 따라 만들어진 모든 법령은 육전六典 체계의 기초를 다졌다. 「주관」이 고대 행정법을 개창했다면, 진율은 행정법의 기반을 다졌고, 한대의 입법활동의 성과는 성문 행정법을 발전시켰다.

3. 문관제도의 맹아와 사회적 의의

문관제도는 한대에 맹아 단계에 있었다. 당시 이미 직관의 선발, 고과, 감찰과 징벌을 규정하는 일련의 제도가 출현해 기초적인 체계를 갖추었다.

(1) 찰거察擧와 징벽徵辟

한의 관리선발 제도 가운데 가장 중요하고 실효성이 있었던 것은 찰거제察擧制와 징벽제徵辟制였다. 찰거는 한 초기에 처음 생겼는데, 원래 뜻은 인재를 고찰하여 아래에서 위로 추천하는 것이었다. 승상·열후와 자사刺史 등의 관원이 추천하고, 심사를 거쳐 관직을 수여했다.

유방이 황제가 된 후, 신흥 계급을 보호하기 위해서 중앙집권제를 운용할 관리를 선발하는 일이 당면 과제가 되었다. 한편으로는 공적에 따라 상을 주는 군사 분봉제를 추진하여 전쟁에서 탁월한 공을 세운 장수들에게 분봉해 주어 그들에게 지방 행정 직무를 담당하게 했고, 다른 한편으로는 새로운 관리선발 제도의 수립에 착수하여 유가 사상을 운용할 국가 관원을 선발해서 경제를 회복하고 생산력을 발전시키고자 하는 사회적 요구에 부응했다.

고조高祖 11년(기원전 196) 구현조求賢詔를 반포하고 시행하여, 나라를 다스릴 어진 선비와 지혜로운 인재 선발에서 반드시 국가의 강제력으로 보장하고, 추천으로 선발된 사람의 품행·태도·연령 등에 대한 엄격한 고찰을 시행했다. 이것이 서한 찰거제의 시작이었다.

기원전 165년에 문제文帝는 조령을 발포하여 "제후와 공경, 군수가 현명하고 어질며 바른 말을 할 수 있는 사람을 추천하면 짐이 친히 그들을 임명하고, 그들로 하여금 언론을 펴게 하고 그들을 받아들이겠다"44)고 했다. 문제 시대에 반포되어 시행된 법령은 찰거의 과목을 명확하게 규정할 뿐만 아니라, 대책對策과 사책射策 두 종류의 응시를 두어 찰거가 제도적 발전을 했음을 알 수 있다.

이러한 찰거제는 무제 때 완비되었다. 그는 동중서董仲舒의 건의를 받아들여 유교적 소양을 갖춘 자를 등용했다. "무제 초기, 위기魏其와 무안후武安侯가 상相이 되어 유학이 융성하게 되었다. 동중서董仲舒의 대책은 유가를 적극적으로 밀어 백가百家를 축출했다. 학교學校의 관직을 만들고, 주군州郡에서 재주가 있는 자(茂才)와 효도하고 청렴한 자(孝廉)를 추천하고, 동중서가 그들을 선발했다."45)

이 시기 무재茂才·효렴孝廉과 태도가 방정한 사람(賢良方正)의 추천은 모두 유가 사상을 지도이념으로 명확히 규정했고, 유가의 학술·윤리를 기준으로 중앙과 지방에서 엄격히 따를 것을 요구했다. 찰거제는 특과와 상과 등의 10여 종이 있었는데, 현량방정·현량문학賢良文學·명경明經·명법明法·명음양재이明陰陽災異·돈후유행敦厚有行·용맹지병법勇猛知兵法·유도지사有道之士·우이尤異·치극治劇·효렴孝廉·수재秀才가 그것이었다. 문제 때 과과를 설치해서 무제에 이르러 제도로 성립되는 데는 반세기가 걸렸다.

징벽徵辟은 각급 관청이 소속 관원을 선발하는 제도로서, 중앙에서 징빙徵聘(예를 갖추어 부름)하거나 각 부문에서 스스로 초빙하는 두 가지 형식이 있었다. 징빙은 원래 황제가 고문을 초청하는 것을 말하는데, 뒤로 가면서 점점 명망 있는 사람을 불러다 조정의 정치에 참여시키는 제도로 확대되었다. 한 고조 11년(기원전 196)에 반포한 구현조求賢詔는 '징벽령'이라고 할 수

---

44) 『한서漢書』 「문제기文帝紀」.
45) 『한서漢書』 「동중서전董仲舒傳」.

있다. 여후呂侯는 태자를 위해 상산사호商山四皓를 청했는데, 이것이 징빙의 선례가 되었다. 무제 때 와서 징빙하여 입조하는 방식이 고정되었고, 이를 일반적으로 '징군徵君'이라 불렀다.

징빙을 할 때는 각각 그 신분에 맞는 예의에 따라 대우했는데, 덕망이 높은 인사는 우대하여 안거박륜安車薄輪이라는 수레를 태워서 최고의 영예를 표시했다. 노신공魯申公과 매승枚乘은 무제 때 유명한 학자와 모사였고, 서치徐稚와 한강韓康은 동한 말년의 큰 학자였는데, 황제가 여러 차례 후한 예의로 징빙했다. 이는 당시 유가를 숭상하던 상황을 반영하는 것이다. 초빙에 응하여 조정에 들어가면 요직을 받으며 통치계급의 일원이 되었다.

안제安帝·순제順帝가 다스리던 시기에는 통치자 스스로 청렴함을 보이기 위해 징빙이 끊이지 않았고, 초빙된 자들은 고상하게 보이기 위해 여러 차례 초빙해도 나가지 않아 징빙의 풍습은 더욱 많아졌다. 징빙된 사람 가운데 재능이 출중하고 정치적 업적이 탁월한 경우도 있었지만 그렇지 않은 사람들도 있었다. 안제安帝 때 번영樊英은 여러 차례 징빙되었으나 고사하며 몸값을 올리다가 후에 순제順帝에 의해 징빙되어 오관중랑장五官中郞將에 임명되었다. 하지만 실제로 번영은 뛰어난 지략도 없는 평범한 인물이어서 순제가 실망했다고 한다. 이는 양한의 직관을 천거하여 뽑는 것의 폐단을 보여주는 예이다.

벽제辟除는 자벽自辟이라고도 하는데, 공부公府와 주군州郡에서 스스로 소속 관원을 뽑는 제도로, 공부 벽제와 주군 벽제 두 종류가 있었다. 공부는 승상부丞相府, 태위부太尉府, 어사대부부御史大夫府를 말한다. 공부 벽제는 공부에서 우선 시험삼아 등용했다가 공부고제公府高第나 공경公卿이 우수한 자를 추천해서 중앙 관원이나 주군의 지방관으로 파견하는 것이었다. 주군 벽제는 지방장관이 스스로 막료幕僚 속원屬員을 선발하는 것으로, 서한 말년에 시작했다. 원래 주자사州刺史는 무제가 13부주部州를 설치하여 지방의 감찰 구역을 만들었을 때는 군郡을 감찰할 뿐 행정에 관여할 수 없었는데, 서한 말년에 와서는 지방의 최고 행정장관이 되어 방대한 사무기구를 설치해 많은 속원이 필요하게 되었다.

　상술한 두 가지 주요 형식 외에 박사제자博士弟子의 선과選科, 납자納貲, 임자任子 등의 임용 방법이 있었다. 임자제도는 조상의 음덕으로 관직을 취득하는 것이고, 납자는 돈과 식량으로 관직을 사는 것인데, 이러한 선관제도는 당시 사람들의 반대에 부딪혔다.

　(2) 상계평가법(上計考績法)

　한漢은 진秦의 상계 고과제도를 기초로 하여 3종의 형식과 양대 계열을 완비했다. 3종의 형식이란 첫째 상과常課로, 해마다 연말에 군郡의 계부計簿를 작성하여 경사京師에 보고하게 했다. 둘째 대과大課로, 삼 년에 한 번 심사한 정적政績 상황으로 출척黜陟을 결정했다. 셋째, 회과會課로, 승상·어사 2부가 상계 내용을 심사하여 관원의 전최등제殿最等第를 정했다.

　또 다른 고과제도로는 장관과연사長官課掾史와 축급고핵逐級考核의 양대 계열이 있었다. 공경 수상과 각 부의 장관, 군현의 영장이 그 속관·속리를 고핵하는 것이 장관과연사長官課掾史였다. 중앙에서 군을 평가하고, 군에서 현을 평가하는 것이 축급고핵逐級考核이었다. 감찰하는 측면에서 보면, 전자는 일종의 횡적 관계로 각 부문 사이의 고찰이 위주이고, 후자는 종적 관계로 하급에서 상급으로 시정施政 상황을 보고하여 고핵을 받는 것이 주였다. 이 두 가지 방식이 유기적 결합해 한대漢代 고과의 내용을 구성했다.

　그리고 각 부문은 스스로 평가를 수행했다. 공부의 연속掾屬, 제경의 속관屬官, 군수의 연사掾史 등에 대한 평가는 모두 주관 관원이 아래 직무 등급의 능력의 고저, 성적의 우열과 품행의 선악에 따라 승급과 상벌을 결정했다. "승상 이하 각각 관직에 종사하는 자는 말씀을 아뢰어 공과를 시험한다. 시중·상서는 공로에 따라 마땅히 자리를 옮기고, 특별히 성적이 좋으면 상을 더한다."46) 이밖에 산관散官·박사관博士官 등과 같이 실제 직무가 없는 관원

---

46) 『한서漢書』「선제기宣帝記」.

들에 대한 구체적 고과 조건과 감평 기준도 가지고 있었다. 군현의 속관에 대한 고핵 또한 중앙의 규정을 참조하여 집행되고 사사로이 정한 표준을 허락하지 않았으며, 허술히 하면 법률적 책임을 졌다.

상계의 고핵 내용은 다음과 같다.

① 호적재정戶籍財政

『통전通典』「현령縣令」에 "해마다 연말이 되면 각 현의 호구, 개간지, 화폐와 곡식의 출납, 도적의 수를 모아서 기재한다"고 했다. 호적재정은 상계의 주요 내용이었는데, "호구가 해마다 증가함이 다스림에 천하제일이다"[47]라고 여겼기 때문이다. 그래서 정적이 우수한지 열등한지 평가하는 것은 호적·세수歲收를 기준으로, 호구의 증감과 재정수지 상황이 주요 근거가 되었다. 경전耕田, 인구의 증감, 각 군현과 관계있는 조운漕運·소금·철·식량 등 군현의 재정상황도 평가에 직접 반영되었다.

② 치옥징도治獄懲盜

치옥의 핵심은 도적을 다스리는 것으로, 도적이 많은지 적은지는 정치의 청명 여부를 재는 기준이 되었다. 당시 치옥의 상계 보고는 이 문제를 다음과 같이 설명했다. "소제昭帝·선제宣帝·원제元帝·성제成帝·애제哀帝·평제平帝 여섯 황제 동안에, 재판(斷獄)에서 특히 사형이 많아 해마다 1천명에 1명꼴이었고, 내죄耐罪 이상 우지右趾(오른발을 자르는 형벌)는 그 세 배 이상이었다."[48] 원강元康 연간에 승상 위상魏相은 상계소上計疏 가운데 "금년의 통계를 보면 자제가 부형을 죽이고, 처가 부를 죽인 것이 220인이다"[49]라고 말했다. 여기에 기재된 안건의 수량, 유형, 처벌된 사람 숫자 등에서 당시 치옥治獄과 치도治盜의 상계 내용이 자세함을 볼 수 있다.

③ 명적名籍

"군郡에서는 해마다 종실宗室 명적을 보고했다. 범법이 발髮 이상이면 먼저

---

47) 『한서漢書』「황패전黃覇傳」.
48) 『한서漢書』「형법지刑法志」.
49) 『한서漢書』「위상전魏相傳」.

종정宗正에 알리고, 종정은 듣고서 이에 판결했다.” 종실 명적은 종정에게만 보고하지만 군의 상계에 반드시 넣어야 하는 하나의 내용으로, 그렇지 않으면 관련 관원의 책임을 추궁했다.

④ 변수邊戍 상황

주로 변방에 있는 군郡의 부세, 수지·재정 상황과 변방 경비 등의 군기軍紀를 평가했다.『한서漢書』「경무소선원성공신표景武昭宣元成功臣表」에 “중리후 학현衆利侯郝賢은 … 원수元狩 2년, 상곡上谷 태수가 병사와 재물에 관한 상계를 늦게 하여 파면되었다”는 기록이 보인다.

⑤ 권과농상勸課農桑

『한서』「서남이전西南夷傳」에는 “천수天水 태수 진립陳立이 백성에게 농상農桑에 힘쓰도록 하니 천하의 으뜸이다”라고 기록되어 있다. 한대에는 이미 농업생산이 번영하여 농상사직農桑絲織을 중요시하여 농업을 중시하고 상업을 억제하는 정책을 폈기에 권과농상은 지방 관리의 정적을 평가하는 주요 기준이 되었다. 이 때문에 관원을 평가함에 지방 관원이 농업생산 분야에서 갖춰야 하는 재능과 사업의 책임감에 대해서 상세한 평가 보고서를 요구했다. 호적 재정 등에 대한 평가는 지역의 총체적인 재정관리부터 따졌지만, 권과농상에 대한 평가는 개인의 행정능력을 확인하는 것이 중요했기 때문에 실제로는 관원의 행정 정적을 평가하는 가장 중요한 기준이었다.

(3) 육찰법六察法의 성립

한의 감찰 법규 중 가장 중요한 것은 감어사구조監御史九條와 자사육조刺史六條로, 후대에도 중시되어 계속해서 수정 사용했다.

감어사구조는 어사구법御史九法이라고도 하는데, 이는 혜제惠帝 3년(기원전 192)에 제정되었다. “혜제 3년, 상국은 어사를 삼보三輔에 파견하여 불법을 감사할 것을 상주하였다. 사송詞訟, 도적盜賊, 주위전鑄僞錢, 옥부직獄不直, 요부불평徭賦不平, 이불렴吏不廉, 이가각吏苛刻, 유치급노력십석이상逾侈及騖力十石以上, 작비소당복作非所當服 총 9조였다.” 그 내용은 대략 다섯 가지였다. 첫째는 옥송獄訟으로, 소송과 원옥冤獄을 포괄했다. 둘째는 재정상의 불법 행위로, 위조 화폐의 주조와 요역 비리 같은 것이었다. 셋째는 사회질서 혼란으로, 도적과 봉기 같은 것이었다. 넷째는 관리의 문란으로, 관리가 청렴하지 않은 것과 각박함 같은 것이었다. 다섯째는 함부로 법도를 위반하는 것으로, 임의로 향수享受하고, 궁시弓矢의 과도한 제작과 직무를 넘어 처리하는 것 등이었다. 감어사구조는 한 왕조가 문치무공文治武功을 취하여 지방 제후의 권력을 크게 약화시킨 후에 제정되었다. 정권이 공고하게 된 뒤에 감찰 법률과 감찰 수단을 운용해서 불법을 다스리고, 이치吏治를 정돈해서 지방 권력에 대한 제약을 공고히 하려 했던 것이다.

무제는 즉위 후 호족이 강하고 교만하여 불법을 행하고, 제후가 중앙을 무시하는 것을 보고 정식으로 어사감군제御史監郡制를 폐지할 것을 명령했다. 원봉元封 5년에 자사육조刺史六條[50]를 정하고 13부 자사로 주州를 감찰하게 하여 처음으로 전통적인 자사 감찰제도를 확립했다. 육조의 내용은 아래와 같았다.

"1조는 강한 종친과 호족이 마음대로 전택의 제한을 넘고, 강한 자가 약자를 능멸하고, 많은 무리가 소수를 포학하게 대하는 것이다.

2조는 2천석石 이상의 고등관원(군수)이 조서를 받들지 않고, 전제典制를 따르지 않으며, 공적인 일을 사사로이 하고, 자신의 이익만 지키고 백성의 재물을 함부로 취하며, 간악하게 세금을 긁어들이는 것이다.

3조는 2천석 이상의 고등관원이 죄가 아닌 사건을 구휼하지 않고, 살인자를 가르치고 격려하지 않고, 노하면 벌을 내리고 기쁘면 상을 주며, 번요하여 난폭하고, 백성을 박절하게 대하고, 요상하고 그릇된 말을 하는 것이다.

4조는 2천석 이상의 고등관원이 관리를 뽑음에 공평하지 않고, 구차하게 아첨하여 총애를 받으려 하고, 어진 이를 폐하고 뇌물을 받는 것이다.

5조는 2천석 이상의 고등관원의 자제가 권세를 믿고 청탁받는 것이다.

---

50) 『한서漢書』「무제기武帝紀」.

6조는 2천석 이상의 고등관원이 공적인 것을 어기고 패거리와 어울리며, 호족에게 아부하고, 재화로 뇌물을 주고, 영을 어기는 것이다."51)

위와 같이 자사육조의 주요 감찰 대상은 종친, 호족, 2천석 이상의 고등관원과 그 자제였다. 감찰 요점은 다음과 같았다.

첫째, 강자가 약자를 능멸하여 백성에게 피해를 입히는 것이었다. 이는 강종호우強宗豪右와 탐관오리의 일반적인 악행으로 반드시 엄하게 살펴야 한다고 했다. 한은 안정된 사회환경을 만들어 백성들을 편안하게 하고자 했으며, 사회의 안정을 해치는 요소와 세력을 제한하고 없애고자 했다.

둘째, 조서를 따르지 않고 전제典制를 위반하는 것이었다. 이 또한 공개적으로 중앙에 대항하는 심각한 범죄행위로 보았다. 더욱이 일정한 권세를 지닌 제후들은 정부가 더욱 엄하게 감독해야 할 대상으로, 황제의 중앙집권을 강화하고자 했다.

셋째, 형벌을 남발하고 법규를 준수하지 않는 것이었다. 노하면 형벌을 내리고 기쁘면 상을 주며, 무고한 자를 죽이고, 욕구하는 바를 행하는 것은 지방 군수의 큰 병폐였다. 이는 모두 국가 질서의 혼란을 조성하는 것이고, 백성이 정부를 원망하게 되는 근본 원인이 되었다. 민심을 안정시키고 사회를 안정시키려면 형벌을 신중히 해 서한 통치자가 추구하는 이법치정以法治政의 이상을 실현해야 했다.

넷째는 호족에 의지하고, 어진이를 내쫓으며, 뇌물을 받는 것이었다. 이는 지방 관장의 금기였다. 감정에 따라 호족 세력과 결탁하고, 현명한 인사를 멀리하고, 인재들을 억압하는 것 등은 서한의 통치자가 이끄는 어진 이를 천거하고 능력 있는 자를 임용한다는 방침에 위배되는 것으로 엄하게 감독해야 할 대상에 속했다.

다섯째는 법률을 위반하는 관리의 자제를 엄격히 관리하여 사회의 풍기를 근본적으로 개선하는 것이었다.

---

51) 『한서漢書』「백관공경표百官公卿表(상)」.

또 하나 주목되는 것은 한대에 이미 언간言諫 체제를 창시했다는 것이다. 어사御史는 찰관察官이 되고, 간의諫議는 언관言官이 되었다. 언관은 어조御詔의 잘못을 문의할 권한이 있으며, 군왕을 뵙고 조서 가운데 잘못된 부분에 대해 간언을 했다. 이처럼 감관監官 외에 언관을 두어 언찰 병행의 감찰체제를 형성했다. 이는 한대 감찰제도가 법률화되고 있음을 나타낸다.

4. 직무범죄의 처벌

진율과 한율은 "형에는 등급이 없다(刑無等級)"는 원칙을 유지했다. 관리의 탐욕과 직무 유기에 대해서는 그 사정과 경중에 근거하여 행정책임과 형사책임을 추궁했다.

(1) 행정처벌

진의 각급 관원에 대한 행정처벌은 보통 다음과 같았다.

① 수誶

일반 과실에 대해서는 수에 처하는데, 질책(斥責)하는 것이었다. 예를 들어 양식 창고에 쥐구멍이 나면 책임 관리를 질책했다.[52] 심판 관원이 고의의 살인죄를 구타 상해죄로 오심한 경우, 규정에 따라 심판 관원을 질책했다.

② 자貲

재물을 손실하면 자에 처하는데, 벌관罰款(벌금)이었다. 벌관의 수량은 관리가 직무를 집행할 때의 책임과 경제 손실을 근거로 보통 4급으로 나뉘는데, 자貲 1순盾, 자 2순, 자 1갑甲, 2갑이었다.[53] 진율잡초秦律雜抄에 "승여마乘輿馬를 다치게 했을 경우, 상처가 1촌이면 자 1순, 2촌이면 자 2순, 2촌을 넘으면 자 2갑이다"[54]라고 규정했다.

---

52) 수호지진묘죽간睡虎地秦墓竹簡 효율效律, 97쪽.
53) 도미야 이따루, 『유골의 증언—고대 중국의 형벌』, 81~89쪽 참조. —역주
54) 수호지진묘죽간睡虎地秦墓竹簡 진율잡초秦律雜抄, 141쪽.

③ 면免

중대한 잘못을 범하면 파면에 처했다. 진율잡초秦律雜抄에 "현에서 감히 군역을 도피하는 행위를 막지 못하면 현위는 자 2갑에 처하고, 파면한다"[55]고 규정했다. "발노색부發弩嗇夫가 화살을 맞추지 못하면 자2갑으로, 면직한다."[56]

(2) 형사 징벌

진은 직무범죄를 다스리는 데 있어 우선 양리良吏와 악리惡吏를 구분하고, 악리를 벌하는 구체적 내용을 명확히했다. 법률령을 이해하지 못하고, 사무를 익히지 않으며, 청렴하지 않고, 가혹하고 게으르면 악리였다. 쉽게 의견을 바꾸어 시비를 희롱하고, 창피를 모르며, 경솔하게 악언을 해서 남에게 모욕을 주는 관리도 악리였다. 공정한 마음이 없고, 법을 어기는 행위를 개의치 않으며, 거짓말을 하고, 자신을 과시하며, 만행을 일삼고, 자기를 과시하여 윗사람에게 재주가 있는 것처럼 인정받으려 하면 악리였다. 이러한 자들은 징벌하지 않을 수 없다고 했다. 한 역시 이런 진율의 전통을 계승했다.

위에서 말한 것을 근거로 진·한 양조가 직무범죄를 징벌하는 규정에는 주로 여섯 가지가 있었다.

① 뇌물수수죄

진율에는 관리의 뇌물수수에 대한 상세한 징벌 규정이 있었다.

㉠ 행회수회行賄受賄 : "1전을 수뢰하면 경성단黥城旦에 처한다."[57] "국경 밖으로 도망간 자가 국내에서 만전 이상 뇌물을 주었지만 이미 사면 받았다. 나중에 돌아와서 도둑질하다가 체포되면 그를 어떻게 처벌하는가? 통전通錢 (뇌물수수죄)에 처한다."[58]

---

55) 수호지진묘죽간睡虎地秦墓竹簡 진율잡초秦律雜抄, 131쪽.
56) 수호지진묘죽간睡虎地秦墓竹簡 진율잡초秦律雜抄, 127쪽.
57) 수호지진묘죽간睡虎地秦墓竹簡 법률답문法律答問, 230쪽.
58) 수호지진묘죽간睡虎地秦墓竹簡 법률답문法律答問, 229쪽.

ⓛ 수장왕법受贓枉法 : 한 문제 13년에 엄한 조서를 내렸다. "벼슬아치가 수장왕법을 어기고, 현의 관리가 재물만 챙기고 도적질하면, 태형죄를 진 자도 모두 기시棄市에 처한다."59) 당시의 법률 조문에 의하면, "10금 가치의 뇌물을 받으면, 중죄에 처한다"고 했다. 감독자가 도적질을 하면 처벌은 더욱 중했다. 동한 안제 영초 4년, "중랑장 임상任尚은 천만을 뇌물받아서 함거檻車 를 타고 가서 기시되었다"고 한다. 환제 연희 9년, "상서랑 맹당孟璫은 뇌물죄 로 기시되었다"고 한다.

ⓒ 침점공관侵占公款 : "관청의 금전을 사사로이 사용하면 절도죄와 같 다."60) 즉, 사사로이 공가의 금전을 사용하면 절도죄로 처벌했다.

ⓔ 비법모리非法牟利 : 죄佐·사史 이상의 관리가 물건을 옮기는 말과 사졸 을 유용해서 "명령하여 시장에서 금전을 취하는 것은 모두 유배(遷)에 처한 다.61) 즉, 법을 어기면서 무역을 하여 이익을 얻는 행위는 유형流刑에 처했다.

② 직무 태만죄

진율은 관원의 근무소홀에 대해서 매우 상세히 처벌을 규정했다. 주요한 것으로 다음과 같은 것들이 있었다.

㉠ 공물의 손상 : 관리 소홀로 관의 우마차에 손해를 입히면, "우마차를 주관하는 관리와 관장을 모두 처벌"62)했다. 창고에 비가 새서 곡식이 상했을 때, 100석 미만이면 "관색부를 질책"하고, 100석 이상 1,000석 미만이면 "관색 부는 자貲 1갑甲에 처하고," 1,000석 이상이면 "관색부는 자 2갑에 처하는데," 색부와 관리가 "함께 손상된 곡식을 보상"했다.63) 만일 곡식 창고에 쥐 피해 가 있으면 "쥐구멍이 3개 이상이면 자貲 1순盾에 처하고, 2개 이하면 질책"64) 했다.

---

59) 『후한서後漢書』「천문지天文志(하)」.
60) 수호지진묘죽간睡虎地秦墓竹簡 법률답문法律答問, 165쪽.
61) 수호지진묘죽간睡虎地秦墓竹簡 진율십팔종秦律十八種, 133쪽.
62) 수호지진묘죽간睡虎地秦墓竹簡 사공률司空律, 81쪽.
63) 수호지진묘죽간睡虎地秦墓竹簡 효율效律, 97쪽.
64) 수호지진묘죽간睡虎地秦墓竹簡 법률답문法律答問, 216쪽.

ⓛ 부실 검사, 은폐·왜곡 보고 : 색부嗇夫와 좌佐, 사史가 임기를 마칠 때 부적簿籍에 근거하여 곡물을 점검해서 "곡물이 남으면 관에 제출하고, 부족하면 법에 따라 처리"[65]했다. 이를 태만히 하여 보고하지 않으면 "도둑과 같은 법"으로 처벌했다. 도량형 검사도 법률에 따라 진행했는데, 형석衡石·통桶·승두升斗가 정확하지 않고, 균근鈞斤에 오차가 있고, 천칭의 저울추가 부족하면 구체적 정황에 따라 징벌했다. "형석이 정확하지 않아 오차가 16량兩 이상이면 관색부는 자 1갑에 처한다. 16량에서 8량 사이는 1순에 처한다. 통이 정확하지 않아 오차가 2승升 이상이면 1갑에 처한다. 2승에서 1승 사이는 1순에 처한다. 두가 정확하지 않아 오차가 반승 이상이면 1갑에 처한다. 반승에서 소반승少半升 사이는 1순에 처한다. 반석이 정확하지 않아 오차가 8량 이상이며, 균이 정확하지 않아 오차가 4량 이상이며, 근이 정확하지 않아 오차가 3수銖 이상이며, 반두가 정확하지 않아 소반승 이상이며, 승이 정확하지 않아 오차가 20분分승 이상이며, 황금형루黃金衡累가 정확하지 않아 오차가 반수 이상이면, 각각 자 1순"에 처했다.[66]

ⓒ 문서 전달 지연 : "명서命書의 전송과 급히 서명해야 할 문서는 즉시 전송하고, 급하지 않은 것은 그날 안에 전송을 마친다. 지체하면 법률로 처벌한다."[67] 그밖에 문서, 부권符券(계약서), 관인 등을 잃어버렸을 경우에도 처벌을 받았다.[68]

ⓔ 죄수의 도망 : 진율의 규정은 다음과 같았다. 귀신鬼薪, 백찬白粲, 하리下吏의 형벌을 받으면서 내형耐刑이 추가되지 않은 자, 사가의 노비로 자형·속형·채무를 대신해 성단城旦에 노역하는 자는 모두 붉은색 수의를 입고 목가木枷·흑색黑索 등의 형구를 차게 했다. 그들은 반드시 엄격히 감독해야 했다. 만약 "그들이 혹시라도 도망가면 처벌한다."[69] 즉, 형도刑徒를 관리하는

<hr>

65) 수호지진묘죽간睡虎地秦墓竹簡 효율效律, 99~100쪽.
66) 수호지진묘죽간睡虎地秦墓竹簡 효율效律, 113~114쪽.
67) 수호지진묘죽간睡虎地秦墓竹簡 행서률行書律, 103쪽.
68) 수호지진묘죽간睡虎地秦墓竹簡 법률답문法律答問, 213쪽.
69) 수호지진묘죽간睡虎地秦墓竹簡 사공률司空律, 84쪽.

관원인 사공의 책임을 엄격히 추구했고, 또 조정에서 요역에 징발한 형도刑徒가 감독 소홀로 도망가면 감독자는 처벌받으며 처자는 관노로 삼았다.

㉤ 관리를 못함 : 산품産品의 생산 과정에서, 생산된 산품의 품질과 양이 떨어지면 "공사工師는 자 1갑에 처하고, 승丞과 조장曹長은 1순에 처한다"[70]고 했다. 새로 나온 산품이 하등이면 공관工官·승丞·이吏 및 조曹는 각각 성단城旦의 처벌을 받고, 한 사람당 1백대의 태형에 처했다. 채굴은 두 번의 평가에서 하등이면 "색부는 자 1갑, 좌는 자 1순"에 처하고, 3년 연속 하등이면 "색부는 자 2갑"에 처하며 공관은 파면시키고 다시 임용하지 않았다.[71]

㉥ 지휘실리指揮失利 : "고대부故大夫가 머리를 베어 오면 유배를 보내야 한다."[72] 본래 대부의 작을 받는데,[73] 진열 앞에서 지휘하는 임무를 방기하고 적의 목을 베어 군공을 획득하려고 하면 유배에 처했다.[74]

③ 부당 임용죄

진율 중에는 관리임용에 관한 전문적 법률이 있었다. 치리율置吏律에 현·도관都官·12군郡에서는 해마다 12월 1일에서 3월 말에 걸쳐 좌佐 및 각 부의 소속 관원을 임면任免했다. "리吏와 위尉를 임명한 뒤에 직권을 행사하도록 한다. 임용 자격이 없는데 감히 직권을 행사하거나, 비공식적으로 임용하여 파견하면 법률에 따라 처벌한다."[75]

진은 각급 관원에게 임면任免 수속을 엄격히 하도록 하고, 임용 자격이 없는데 임용하거나, 규제에 부합하지 않는데 직권을 행사하도록 하거나, 비공식적으로 임명하여 파견하면 법에 따라 처벌했다.

제리율除吏律의 규정에 의하면 "관직에서 쫓겨난 사람을 관리로 임용하면 자 2갑에 처한다"고 했다. "사리士吏와 발노색부發弩嗇夫를 임용할 때 율律과

---

70) 수호지진묘죽간睡虎地秦墓竹簡 진율잡초秦律雜抄, 136쪽.
71) 수호지진묘죽간睡虎地秦墓竹簡 진율잡초秦律雜抄, 138쪽.
72) 수호지진묘죽간睡虎地秦墓竹簡 진율잡초秦律雜抄, 131쪽.
73) 『한서漢書』 「고제기高帝紀」에 "고대부 이상은 각각 일급의 작을 하사한다"고 나온다.
74) 『상군서商君書』 「경내境內」. "적의 목을 30이상 획득하면 공로가 넘치게 되고, 백장, 둔장은 작위 일급을 부여한다."
75) 수호지진묘죽간睡虎地秦墓竹簡 치리율置吏律, 95쪽.

같지 않으면 … 위尉는 자 2갑에 처한다."76) 즉, 사리나 발노색부를 임용할 때 법률 규정에 부합하지 않으면 현위에게 2갑의 벌을 내렸다. 또한 죄를 범해서 파면된 관리는 다시 관부에서 관직을 줄 수 없는데, "영을 어긴 자는 처벌"받았다.77) 설사 관원의 자제를 임용하는 것이라도 반드시 법률 규정을 따라야 하는데, "부적합하게 자제를 임명하거나 부적합한 자를 임명하면 모두 내위후耐爲候에 처한다"78)라고 하여 형사책임을 추궁했다.

그리고 소속 관원이 죄를 범하면 주관 관원도 벌을 받았다. "사마사연司馬 史掾은 원苑을 결산하는데, 회계에 죄상이 있으면 사마령사도 그에 연좌된다. 영사令史가 관부의 회계에 죄가 있어 연좌되는 것과 같다."79) 원유苑囿의 회계 는 사마령사연이 관리하는데, 그 회계에 죄가 있으면 사마령사도 같은 죄가 되고, 영사·승상·관부의 회계에 죄가 있는 것과 같은 처벌을 받았다. 또한 추천된 자가 죄를 범하면 추천한 자도 연루되었다. 『사기』「범수열전范睢列傳」 에 범수가 진秦의 재상으로 재임하면서 정안평鄭安平을 장군으로, 왕계王稽를 군수로 추천했다. 후에 정안평이 조趙에 항복했는데, 진의 법은 사람을 임명 할 때 맡은 바를 잘하지 못하는 자를 임명하면 그 둘 모두에게 벌을 내렸다. 이에 범수만이 아니라 삼족이 처벌되었다.

④ 왕명 위배죄

진율은 관원의 '범령犯令'과 '폐령廢令'에 대한 징벌 원칙을 규정했다. "무 엇을 범령, 폐령이라고 하는가? 율에 의하면, 하지 말라고 영을 내렸는데 그것을 하는 것이 범령이고, 하라고 영을 내렸는데 그것을 하지 않는 것이 폐령이다."80) 예를 들어, 올해에 생산하지 말아야 할 것을 조정의 명령에 따르지 않고, 제멋대로 제작하면 "공사와 승은 각각 자 2갑에 처한다"81)고

---

76) 수호지진묘죽간睡虎地秦墓竹簡 제리율除吏律, 19쪽.
77) 수호지진묘죽간睡虎地秦墓竹簡 내리잡內吏雜, 106쪽.
78) 수호지진묘죽간睡虎地秦墓竹簡 제제자율除弟子律, 130쪽.
79) 수호지진묘죽간睡虎地秦墓竹簡 효율效律, 124쪽.
80) 수호지진묘죽간睡虎地秦墓竹簡 법률답문法律答問, 212쪽.
81) 수호지진묘죽간睡虎地秦墓竹簡 법률답문法律答問, 137쪽.

했다. 어떤 관원이 "명서命書를 받드는 척하고, 폐기하고 시행하지 않으면 내위후耐爲候에 처한다. 자리에서 내려앉지 않으면 자 2갑甲에 처하며, 해고하고 다시는 임용하지 않는다(廢)"[82]고 했다. 조정의 명령에 대해 겉으로만 영을 듣는 척하고, 실제로는 명령을 집행하지 않으면 내위후에 처하며, 파면하고 다시는 임명하지 않았다.

⑤ 논옥실형죄論獄失刑罪

사법 관원에게는 부직不直, 종수縱囚, 실형失刑이라는 죄가 있었다.

"무엇을 부직이라 하고, 무엇을 종수라 하는가? 죄가 무거운데 가볍게 판결하고, 죄가 가벼운데 엄하게 판결하는 것을 부직이라 한다. 형벌을 내려야 하는데 형벌을 내리지 않고, 죄를 가볍게 하고, 법령에 이르지 않게 해서 범인을 무죄로 내보내는 것을 종수라 한다."[83] 이른바 논옥부직論獄不直은 죄가 중형인데 고의로 가벼운 판결을 내리고, 죄가 가벼운데 고의로 무거운 판결을 하여 형벌의 기준을 어지럽히는 것이었다. 종수는 당연히 형벌을 내려야 하는데 고의로 내리지 않고, 심지어 무죄를 선고해 범죄인을 법률의 징벌에서 벗어나게 한 것이다. 이에 대하여 진시황 34년의 규정에 의하면 "옥리獄吏가 부직하면 장성을 쌓게 하고, 남월南越 땅으로 보낸다"고 하여 유배나 노역에 처했다.

진율 법률답문法律答問에는 실형죄失刑罪를 명확하게 규정했다. 사오士五 갑甲이 절도를 하여 체포될 때 그 장물이 110전의 가치였는데 당시 관리가 이를 정확하게 평가하지 않아서 660전의 가치라 하여 갑은 경성단黥城旦에 처하고, 사법관은 실형죄에 처했다.

사법관이 범인을 구타해도 벌을 내렸다. 대부大夫 갑甲이 귀신鬼薪을 구타하여 귀신이 도망갔다. 갑은 마땅히 관부에서 복역해야 했다. 만약 갑이 도망가 1년이 지나면 내형耐刑에 처했다.[84] 범인을 살상하면 살인죄로 처벌했다.

---

82) 수호지진묘죽간睡虎地秦墓竹簡 진율잡초秦律雜抄, 129쪽.
83) 수호지진묘죽간睡虎地秦墓竹簡 법률답문法律答問, 191쪽.
84) 수호지진묘죽간睡虎地秦墓竹簡 법률답문法律答問, 204쪽.

⑥ 간리위사姦吏爲事

간리는 진율에 규정한 악리 중 하나로, 그 범죄의 해악이 미치는 바가 매우 크고 범죄 수법이 다양했다.

㉠ 도예수작盜譽受爵 : 명예를 훔쳐 작위를 받는다는 뜻으로, "포도율捕盜律에 이르기를, 사람을 잡아서 작을 받으려고 서로 넘기면 내형에 처한다"[85]고 했다. 법을 집행하는 관원이 체포한 자를 타인에게 넘기고 이로써 작위를 얻으면 내형에 처했다.

㉡ 사기 위조 : 진율에 "관청에서 일을 하는 관리가 사기 위조를 하여 자訾 순盾 이상이면 죄를 논하여 처벌하고, 다시는 임용하지 않는다"[86]고 규정했다. 관리가 허위로 조작하고 사기를 쳐서 그 죄가 순盾 이상이면 마땅히 판결을 집행하고, 아울러 다시 임용하지 않았다.

㉢ 봉인의 위조 : "색부가 봉인을 훔치면 어떻게 처벌하는가? 일을 할 때 허위로 결재한다."[87] 만약 관리가 거짓으로 봉인을 마구 찍으면 관인官印의 위조로 판결했다.

㉣ 이간위사以奸爲事 : "색부가 관리로서 일을 하지 않고 간악함으로 일을 하면 어떻게 처벌하는가? 마땅히 유배를 보낸다."[88] 정부 관원이 관리의 위세로 나쁜 일을 하면 유배형에 처했다.

㉤ 종방악도縱放惡徒 : "관리가 읍리에서 범인을 놓아주면 어떻게 처벌하는가? 마땅히 놓아준 자를 잡을 때까지 일을 한다." 사법 관리가 향리에서 범인을 압송하다가 사사로이 그를 놓아주면, 놓아준 범인이 잡힐 때까지 구금되어 그가 받아야 했던 노역을 해야 하며 결코 봐주지 않았다. 작爵이 있는 사람일 경우 주州에서 복역하게 했다.

---

85) 수호지진묘죽간睡虎地秦墓竹簡 진율잡초秦律雜抄, 147쪽.
86) 수호지진묘죽간睡虎地秦墓竹簡 법률답문法律答問, 176쪽.
87) 수호지진묘죽간睡虎地秦墓竹簡 법률답문法律答問, 175쪽.
88) 수호지진묘죽간睡虎地秦墓竹簡 법률답문法律答問, 177쪽.

제3장 형사법률

진·한 시대의 형법은 법경法經의 전통을 계승하며, 끊임없이 새롭게 발전했다. 법률 형식에서는 '개법위율改法爲律' 하여, 차례로 진율秦律과 한율漢律을 제정했다. 법률 내용에서는 도적과 중앙집권에 해가 되는 범죄를 엄하게 다스리는 것을 주요 목표로 했고, 처음으로 관리의 실직失職(직무유기)과 탐장왕법貪贓枉法(뇌물수수죄) 등의 범죄를 명확히 규정했는데, 이는 사회 형법의 거대한 진보였다.

제1절 진 왕조의 형사법

지금까지 발견된 진율은 그 당시에 쓰였던 법률 전부가 아니라 형법과 행정법이 주요 내용이다. 형법 가운데 적賊, 도盜와 관련된 부분이 부족하지만 범죄의 종류, 형벌제도 및 정죄양형定罪量刑의 기본원칙을 모두 볼 수는 있다. 따라서 현존하는 내용만으로도 그 형사법률 규범을 개괄적으로 이해할 수 있다고 하겠다.

1. 규정된 범죄의 종류

현존하는 진율에 규정된 죄명으로는 아래와 같은 여러 유형이 있다.

(1) 중앙집권을 위협하는 범죄

진대秦代는 사회의 기초가 만들어진 시대였다. 따라서 형법의 주요 임무는 먼저 정치, 경제, 사상 등 각 분야에서 황권을 중심으로 중앙집권제를 수호하고, 통치를 침해하는 범죄를 엄격히 징벌하는 데 있었다.

① 모반죄謀反罪

진은 황권과 중앙 정권에 반대하는 범죄를 중죄로 엄격히 처벌하고 관용을 베풀지 않았다. 모반죄에 대한 인식은 선진先秦 시대까지 거슬러 올라간다. 기원전 338년 공자건公子虔의 무리가 상앙이 모반했다고 무고하여, 진혜왕秦惠王은 상앙商鞅을 거열車裂하고 그 가족을 죽였다. 진시황이 정권을 장악한 뒤에는 모반을 징벌하는 사건들이 여러 차례 일어났다. 기원전 238년 장신후長信侯 노애嫪毐가 반란을 일으켰을 때 진시황은 법에 따라 노애 및 위위衛尉 20여 명을 주범으로 거열하고 그 가족을 멸했다. 기원전 237년 상국相國 여불위呂不韋가 모반을 했을 때는 직위를 폐하고 자살케 했으며, 그 무리들을 중앙에서 축출하고 형을 내렸다. 이에 진시황은 특별히 명을 내려서 "이제부터 국사를 담당하는 자가 도에 어긋난 행위를 했을 때는 노애와 여불위와 같이 그 가문을 멸한다"[89]고 했다.

진시황이 죽은 후 조고趙高와 이사李斯가 유조遺詔를 위조하고, 태자 부소扶蘇와 대장 몽염蒙恬이 모반하려 한다는 모함으로 그들을 모반죄로 죽였다. 진2세秦二世가 즉위한 뒤 조고가 승상 이사가 모반하려 한다고 모함하여, 진2세는 함양咸陽에서 이사를 요참腰斬에 처하고 삼족을 멸했다. 후에 조고는 진2세를 죽이고 자영子嬰을 진왕으로 세웠고, 자영은 조고를 황권 찬탈을 음모한 죄로 참수하고 삼족을 멸했다.[90]

② 이고비금죄以古非今罪

기원전 213년 유생들이 정권을 공격하자 진시황은 협서율挾書律을 반포하여 분서焚書를 명하고, 조서를 내려 "감히 『시경詩經』이나 『서경書經』을 말하는 자는 기시형棄市刑에 처하고, 옛 것으로 지금의 것을 비난하는 자는 족을 멸하라. 관리가 그것을 알고도 검거하지 않으면 동일한 죄로 처벌한다"[91]고

---

89) 『사기史記』「진시황본기秦始皇本紀」. 노애와 여불위에 대한 자세한 내용은 니시지마 사다오, 『중국의 역사 — 진한사』(최경덕·임대희 옮김, 혜안), 32~34쪽 참조 — 역주
90) 도미야 이따루, 『유골의 증언—고대 중국의 형벌』, 125~135쪽. —역주
91) 『사기史記』「진시황본기秦始皇本紀」.

했다. 여생盧生을 비롯한 460명의 유생들이 함양에서 생매장되었다.

③ 저주비방죄詛呪誹謗罪

진시황 36년에 유성이 동군東郡에 떨어졌는데, 어떤 사람이 그 윗면에 "시황제는 죽고 땅이 갈라진다"는 말을 새겼다. 진시황이 이를 알고 어사를 파견해 조사하고, 조정에 대한 저주비방죄로 부근의 주민을 모두 참수했다.

④ 투서죄投書罪

이른바 투서는 익명으로 편지를 보내는 것이다. 진율 법률답문法律答問에는 "투서는 발설하지 말고 태워 버리고, 체포하는 자는 신첩 2인을 상으로 내리고, 투서자는 심문을 한다"고 했다. 투서를 발견하면 태우라는 것은 그 확산을 방지하려는 목적이다. 투서를 한율에서는 비서誹書라 하고, 당률에서는 익명서匿名書라 했다.

⑤ 군령軍令 위항죄違抗罪

군령을 어기고 항명하는 것 중의 하나는 범령犯令인데, 즉 "법령으로 하지 말라는데 하는 것이 범령"이었다. 또 하나는 "겉으로 명서를 받드는 척하면서 실제로 행하지 않는 것"이었다. 진율잡초秦律雜抄에는 이러한 행위에 대해 내위후耐爲候로 처벌한다고 규정했다.

(2) 인신의 안전을 침해하는 범죄

진율은 인신의 안전을 침해하는 것을 중죄로 보고 있는데, 살인죄와 상해죄를 포괄했다.

① 살인죄

법경은 살인죄에 대한 형벌 제제를 명확히 밝혔고, 진율은 이 전통을 계승했다. 진간秦簡에는 살인죄를 네 종류로 구분하여 살상의 성질, 흉기의 감정, 상처의 경중에서 형량의 규정까지 모두 구체적으로 규정했다. 또한 특별히 농민이 폭력으로 통치계급에게 반항하는 행위는 엄중한 살상죄로 분류했다.

㉠ 적살인賊殺人 : 고의로 살인하는 것을 가리켰다. "구도求盜가 죄인을 체포하려 하자 죄인이 구도를 때려 죽이면 적살賊殺인가, 투살鬪殺인가? 투살

은 적적賊으로 처벌한다.”92) 구도가 범인을 체포하려다가 범인이 구도를 죽였는데, 이는 격투 살인에 속하지만 성례에 따라 적살인로 판결했다. 적살인에 대한 처벌은 격투 살인보다 훨씬 무거웠다.

ⓛ 목살牧殺 : “신첩臣妾이 주인을 목살했다. 무엇을 목이라고 하는가? 주인을 적살하고자 했으나 죽이지 못하고 체포된 것이 목이다.”93) 이른바 목은 도모圖謀이다. 노비가 주인을 죽이려고 했으나 미수에 그치고 체포되면 적살죄賊殺罪로 판결했다.

ⓒ 도살盜殺 : 도둑질하려고 살인하는 것으로 도盜와 적賊 두 가지를 겸했다. 법률답문法律答問에 “갑이 주모하여 을을 보내서 사람을 도살하고 10전을 받았다. 을은 키가 6척이 안되는데, 갑은 어떻게 처벌하는가? 마땅히 책형磔刑이다”94)고 했다. 갑이 미성년인 을을 교사하여 사람을 도살하고 10전을 받아서 거열되었다는 내용이다.

그런데 진율 중에는 연좌하여 처벌하지 않는다는 규정도 있었다. “갑이 살인을 했으나 발각되지 않았다. 현재 갑은 병사해서 이미 매장했는데 사후 어떤 이가 갑을 고발했다. 갑이 살인한 것은 사실이니 갑은 마땅히 벌을 받고 그 가족은 처벌되어야 하는가? 고소를 받아들이지 않는다.”95) 갑이 살인한 것은 사실이나 그가 이미 사망했으므로 처벌하지 않고 가족을 노예로 삼지 않는다는 것이다.

ⓡ 천살擅殺 : 고의로 살인하는 것에 속하지만 적살과 처벌이 달랐다. 부친이 영아를 죽이면 처벌을 받는데, 진율에는 “함부로 자식을 죽이면 경위 성단용黥爲城旦舂”으로 처벌했다. “자식이 태어나서 그 몸이 괴물이고 완전하지 않아서 그를 죽이면 처벌하지 않는다”96)고 했다. 그러나 자식들이 너무 많아 양육을 원치 않아서 살해하면 자식을 살인한 죄로 처벌했다.

---

92) 수호지진묘죽간睡虎地秦墓竹簡 법률답문法律答問, 179, 184쪽.
93) 수호지진묘죽간睡虎地秦墓竹簡 법률답문法律答問, 179, 184쪽.
94) 수호지진묘죽간睡虎地秦墓竹簡 법률답문法律答問, 180쪽.
95) 수호지진묘죽간睡虎地秦墓竹簡 법률답문法律答問, 180쪽.
96) 수호지진묘죽간睡虎地秦墓竹簡 법률답문法律答問, 181쪽.

양자와 후사를 죽이면 천살로 처벌했다. "사오士伍 갑이 아들이 없어서 그 동생의 아들을 후사로 삼고 함께 살다가 그를 죽였다. 마땅히 기시형에 처한다."97) "천살하면 처벌을 내리고, 그 후사를 죽이면 죄를 논의하여 정한다."98)

노비가 그 자식을 죽인 경우도 천살로 처벌했다. "노비가 자식을 천살하면 경성단에 처하고, 주인에게 인계한다."99)

그러나 주인이 자식을 죽이거나 노비를 죽이면 기소되지 않고, 심지어 고발자에게 죄가 있다고 판단했다. "주인이 제멋대로 그 자식과 신첩을 죽이면 관청에 고발할 수 있는 것이 아니라고 하는데, 기소되지 않으며 고발한 자가 처벌을 받는다."100) 기소되지 않는다는 것은 무죄로 인정한다는 것으로, 위에서 언급한 규정과 맞지 않는다. 그러나 예법의 전통에는 맞는 것으로, 자식이 부친을 고발하는 것, 노비가 주인을 고발하는 것을 금했다. 이것이 후대의 형사입법에 미치는 영향은 커서, 당률에는 "조부모나 부모를 고발하는 자는 교絞에 처한다"101)고 규정했다.

관리가 범인을 체포하다가 범인을 살상하면 죄가 되었다. "범인을 잡는데 힘쓰다가 병기로 그를 찌르거나 죽이면 어떻게 처벌하는가? 그를 죽이면 성단城旦에 처하고, 상해하면 내위예신耐爲隸臣에 처한다."102) 범인을 죽이면 4년형에 처하고, 상해를 입히면 수염을 깎고 관노비로 부렸다.

② 상해죄

상해죄는 일반적인 범죄로, 세 가지 유형이 있었다.

㉠ 구타상해죄毆打傷害罪 : "조부모를 구타하면 경위성단용에 처한다." 증조부모를 구타해도 조부모를 구타한 것과 같은 죄로 처리했다. "처가 흉악

---

97) 수호지진묘죽간睡虎地秦墓竹簡 법률답문法律答問, 181쪽.
98) 수호지진묘죽간睡虎地秦墓竹簡 법률답문法律答問, 182쪽.
99) 수호지진묘죽간睡虎地秦墓竹簡 법률답문法律答問, 183쪽.
100) 수호지진묘죽간睡虎地秦墓竹簡 법률답문法律答問, 196쪽.
101) 당률소의唐律疏儀 권23.
102) 수호지진묘죽간睡虎地秦墓竹簡 법률답문法律答問, 204쪽.

해 그 남편이 때려서 다스리고 귀를 자르며 사지나 손가락을 절단하거나 탈구시켰으면 어떻게 처벌하는가? 내형耐刑에 처한다."103) 즉, 남편이 처자를 구타하고 귀를 자르거나 사지를 절단하면 내형에 처했다. 노비가 자녀를 때려 사망하게 하면 묵형으로 처벌했다. "노비가 자식을 때려서 자식이 죽으면 경형에 처하고, 주인에게 인계한다."104)

ⓒ 투구상해죄鬪毆傷害罪 : 이 죄에 대한 처벌은 여러 상황이 있었다. "서로 싸우다가 쌍방이 상처를 입으면 모두 처벌하지 않는가? 쌍방 모두 처벌한다." "법률에 다른 사람과 결투하면 내형에 처한다."105) "어떤 사람과 싸우다가 타인의 코나 귀, 손가락, 입술을 다치게 하면 어떻게 처벌하는가? 모두 내형에 처한다."106) 이처럼 싸움으로 다른 사람을 조금이라도 다치게 하면 보통 내형으로 처벌했다.

그밖에 기구를 이용해서 타인을 상해하는 것도 범죄에 해당되었다. "바늘, 송곳 등을 가지고 싸워서 사람을 다치게 하면 어떻게 처벌하는가? 싸운 자는 자 2갑甲에 처하고, 다치게 한 자는 경위성단에 처한다."107) 기구를 이용하여 서로 싸우다 사람을 다치게 하면 싸운 사람은 2갑으로 처벌하고, 다치게 한 사람은 경위성단으로 처벌했다. 만약 "사오士伍 갑이 싸우다가 무기로 타인을 찌르거나 머리를 자르면 어떻게 처벌하는가? 마땅히 완위성단完爲城旦에 처한다."108)

ⓒ 살상죄 : 적살賊殺, 자상刺傷 등의 범죄를 포괄했다. 예를 들어 "갑이 을이 소를 훔쳤다고 고발했는데, 현재 을은 사람을 살상했으나 소를 훔치지는 않았다. 갑을 처벌하는 것이 합당한가, 부당한가? 처벌하는 것도 합당하지 않고, 상을 내리는 것도 합당하지 않다. 또는 허위 고발이라 한다."109) 갑은

---

103) 수호지진묘죽간睡虎地秦墓竹簡 법률답문法律答問, 185쪽.
104) 수호지진묘죽간睡虎地秦墓竹簡 법률답문法律答問, 183쪽.
105) 수호지진묘죽간睡虎地秦墓竹簡 법률답문法律答問, 183, 185쪽.
106) 수호지진묘죽간睡虎地秦墓竹簡 법률답문法律答問, 186쪽.
107) 수호지진묘죽간睡虎地秦墓竹簡 법률답문法律答問, 188쪽.
108) 수호지진묘죽간睡虎地秦墓竹簡 법률답문法律答問, 187쪽.

을이 소를 훔쳤다고 고발했는데, 을은 사람은 살상했으나 소를 훔치지 않았
기에 을은 살상죄로 처벌했다.

③ 가죄家罪

상해죄 중에서 진율은 가죄를 구분했다. 법률답문法律答問의 규정에 "무엇
을 가죄라고 하는가? 가죄란 아버지가 다른 사람의 노비를 살상하여 아버지
가 죽은 후 그를 고발하면 처벌하지 않는 것이다"라고 했다. 또한 "부자가
함께 살고 있는데 아버지가 노비를 죽이고 가축을 훔쳤다. 아버지가 사망한
뒤 어떤 이가 고발했으나 기소하지 않으니, 이를 '가죄'라 한다"110)고 했다.
가죄는 신분이 높은 자가 신분이 낮은 자를 상해하거나 신분이 낮은 자가
신분이 높은 자를 상해하는 두 가지 상황을 모두 포함하지만, 한 집안의
가장이 자식이나 노비를 상해하거나 자식이 아버지나 노비를 상해했지만
아버지의 사후라면 어떤 이가 고발해도 기소되지 않는 것이다. 단, 이것은
아버지 사후에만 가능하고, 아버지가 살아 있는 경우의 기소 여부에 대해서
는 따로 규정이 없었다.

(3) 사유재산을 침범하는 범죄

이회李悝의 법경法經에는 "왕의 정치에 도盜·적賊보다 급한 것이 없다"고
하며, 도법과 적법을 법률의 첫머리에 놓았다. 진은 율을 제정하면서 이 전통
을 계승하여 재산을 침범하는 범죄를 도라고 규정했다. 도라는 것은 재물을
훔치는 것으로, 율문에 절도죄를 중죄로 규정하고, 절도·공도共盜·군도群盜
의 범위 및 처벌 조항을 구분했다.

① 절도죄

"갑이 양을 훔쳤는데, 을이 양을 훔친 것은 알지만 그 수를 몰라서 관리에
게 양 세 마리를 훔쳤다고 고발하면 을을 어떻게 처벌하는가? 절도한 장물을
더해서 고발한 것이다."111) 갑이 양을 훔쳤는데 을이 그 숫자를 정확히 모르

---

109) 수호지진묘죽간睡虎地秦墓竹簡 법률답문法律答問, 169쪽.
110) 수호지진묘죽간睡虎地秦墓竹簡 법률답문法律答問, 197쪽.

고 세 마리를 훔쳤다고 고발하여 훔친 장물을 불려서 고발한 죄로 처벌했다. 또 "빌린 물품을 가지고 도망했는데, 체포되거나 자수自出하면 절도인가 아닌가? 자수自出하면 도망으로 처벌한다. 체포되면 장물에 따라 절도죄로 처벌한다."112) 관부의 물품을 빌려서 도망가서 자수하지 않고 체포되면 절도가 되었다.

관부의 도장을 훔치면 내형耐刑에 처했다. "갑이 을을 체포하여 현승관인縣丞官印을 훔쳐갔다고 고발했다. 을을 심문하니 도망한 날짜가 일치하지 않으나 나머지는 갑이 고발한 내용과 일치했다. 을을 내형에 처한다."113)

절도 미수도 죄로 처벌했다. "갑이 주모하여 을을 보내서 도둑질하게 했다. 을이 도둑질을 하려다가 미수에 그치고 체포되었는데, 갑·을 모두 속경贖黥에 처한다."114) 갑이 주모하고 을이 도둑질하다가 미수에 그쳐서 두 사람은 경형黥刑에 해당하지만 속죄를 허락했다.

절도범이 자수하면 감형했다. "사구司寇가 110전을 훔쳤는데 자수를 하면 어떻게 처벌하는가? 내위예신耐爲隸臣 또는 자 2갑二甲에 처한다."115) 사구는 2년형을 받아야 하는 죄수를 말하는데, 자수하여 내위예신이나 자 2갑으로 처벌했다.

그러나 사정을 알면서도 고발하지 않거나 장물을 나누어 가지면 모두에게 책임을 추궁했다. "갑이 도둑질한 장물이 1,000전의 가치인데, 을이 갑이 도둑질을 한 것을 알고 1전이 안 되는 장물을 배당받았으면 을을 어떻게 처벌하는가? 같은 죄로 처벌한다."116)

"남편이 1,000전을 도둑질하여 처자가 300전을 숨겼으면 처자를 어떻게 처벌하는가? 처가 남편이 훔친 것을 알았으면 300전을 훔친 죄로 처벌하고,

---

111) 수호지진묘죽간睡虎地秦墓竹簡 법률답문法律答問, 170쪽.
112) 수호지진묘죽간睡虎地秦墓竹簡 법률답문法律答問, 207쪽.
113) 수호지진묘죽간睡虎地秦墓竹簡 법률답문法律答問, 209쪽.
114) 수호지진묘죽간睡虎地秦墓竹簡 법률답문法律答問, 152, 154쪽.
115) 수호지진묘죽간睡虎地秦墓竹簡 법률답문法律答問, 152, 154쪽.
116) 수호지진묘죽간睡虎地秦墓竹簡 법률답문法律答問, 152, 154쪽.

알지 못했으면 수收에 처한다."117) 처가 남편이 도둑질한 돈이라는 사실을 알고 숨기면 남편과 같은 죄로 처벌했다.

진율은 절도 범죄에 대해서 연좌 책임을 규정했다. "절도와 같은 모든 죄는 동거자도 연좌한다. 무엇을 동거라고 하는가? 한 집에 같이 사는 것인데, 노비에 대해서는 연좌되지만 노비는 연좌하지 않는다."118) 여기서 두 종류의 연좌 방식을 볼 수 있다. 하나는 절도와 기타 유사한 범죄에 대해 동거자는 연좌된다는 것이고, 다른 하나는 노비의 범죄에 주인은 연좌되지만 주인의 범죄에 노비는 연좌되지 않는다는 것이다.

② 공도죄共盜罪

공도에 대한 징벌은 매우 엄했다. 5인이 함께 도둑질한 장물이 1전 이상이면 왼쪽 다리를 자르고 경위성단에 처하며, 5인이 안 되고 장물이 660전을 초과하면 경의위성단黥劓爲城旦에 처하고, 장물이 660전 미만 220전 이상이면 경위성단에 처하고, 220전 미만 1전 이상이면 유배형에 처했다. 구도求盜에 대한 처벌도 이와 같았다. 구도는 도적을 체포하는 관원인데, 만약 그가 도둑질을 하면 엄한 처벌을 내렸다. "구도가 도둑질을 하면 성단형城旦刑에 처한다. 도와 같은 죄를 내리는 것이 부당한가? 마땅하다."119)

공도범에 대한 처벌은 진간에 두 가지 예가 있다. "부·처·자 5인이 함께 도둑질을 하면 모두 성단형에 처해야 하는데, 지금 갑이 그들을 모두 체포해서 고발하면 갑은 상을 얼마나 받는가? 1인당 2냥이다." 즉, 부·처·자 5인은 성단형의 처벌을 받고, 갑은 그들을 모두 체포해 관에 고발하여 1인당 황금 2냥씩 받았다. 또 다른 예로, "부·처·자 10인이 함께 도둑질을 하면 성단형에 처해야 하는데, 도망갔다. 지금 갑이 그 가운데 8인을 체포하면 갑은 상금을 얼마나 받게 되는가? 1인당 2냥씩이다."120) 부·처·자 10인이 함께 도둑질을

---

117) 수호지진묘죽간睡虎地秦墓竹簡 법률답문法律答問, 157쪽.
118) 수호지진묘죽간睡虎地秦墓竹簡 법률답문法律答問, 160쪽.
119) 수호지진묘죽간睡虎地秦墓竹簡 법률답문法律答問, 151쪽.
120) 수호지진묘죽간睡虎地秦墓竹簡 법률답문法律答問, 209쪽.

하고 이미 도망갔는데, 갑이 그 중 8인을 체포하여 모두 성단형에 처했고, 갑은 상으로 1인당 황금 2냥씩 받았다. 이는 후한 상으로 도적을 징벌하는 것이라 할 수 있다.

③ 군도죄群盜罪

군도란 3인 이상이 모의해 도둑질하는 것을 말했다. 『진서晉書』「형법지刑法志」에 "3인을 군群이라 한다. 장물을 취득하는 것을 도盜라 한다"고 했다. 진율에는 "신방진융군장臣邦眞戎君長은 작위가 상조上造 이상으로 속형贖刑에 해당하는 죄가 있는데, 만일 군도죄를 범했으면 속귀신옥족贖鬼薪鋈足으로 판결한다. 궁형에 해당하는 죄가 있으면 속궁贖宮으로 판결한다. 기타 군도들의 죄는 이와 같이 처리한다"[121]고 규정했다.

이는 군도죄에 따라 형벌을 더했다는 뜻이다. 신방진융군장이 작위가 상조上造에 해당되어 죄를 속면하는데, 군도에 해당하면 속귀신첨족죄를 판결하고, 궁형죄일 경우는 속궁을 판결했다. 기타 군도죄도 이에 따라 처리했다.

군도에 대한 처벌은 가혹한 편이었다. 진율에 규정하기를, 5인 이상이 모의해 도둑질한 것을 공도共盜라고 하는데 그들이 1전 이상을 도둑질하면 왼쪽 발목을 자르고 경성단黥城旦으로 처벌했다. 봉진식封診式에 정무군도안례丁戊群盜案例가 있는데, 군도 정丁·무戊·기己·경庚·신辛이 함께 공모하여 어떤 리里 공사公士의 방(室)을 침탈해 1만전을 훔쳤다. 이는 당시에 양식 330여 석을 살 수 있는 거금이었다. 사건이 발생한 후 기·경·신 3인은 체포되었으나, 정·무는 거액을 가지고 산으로 도망갔다. 어떤 정亭의 교장校長이 격투 끝에 정을 체포하고, 무는 죽었다. 공도에 대한 징벌은 모반 범죄와 동등하게 처리했다.

(4) 부역 도피 범죄

진의 주요 재정 수입은 부세에 의존했다. 부세의 주요 출처는 농업으로, 진은 농업의 관리를 강화하기 위해 중농억상 정책을 추진했다. 법률로 농작

---

121) 수호지진묘죽간睡虎地秦墓竹簡 법률답문法律答問, 200쪽.

물의 관리, 홍수와 가뭄의 재난, 목축 사육, 산림 보호, 종자 보관 및 농업 노동력의 확보 등에 대하여 많은 구체적 규정을 두었다. 농사시기를 놓쳐서 경작을 망치거나 부세를 회피하는 자는 엄중한 징계를 했다.

① 농사 시기를 어기고 경작하지 않는 죄

이는 엄중한 범죄로 간주되었다. 진간 중에 선진 시대 '분명奔命'이란 율문을 인용한 부분이 있다. "장군에게 명령한다. … 경작에 힘쓰지 않고, 가옥 건축에 힘쓰지 않는 것을 과인이 용서하지 않는다. 그들을 죽이면 그 종족 형제가 참지 못할 것이니, 지금 그들을 군대에 보내니 장군은 애석해 하지 말라."122) 이렇게 경작에 힘쓰지 않는 자는 사형에 처해야 하는데, 동족 형제를 연루시키지 않기 위해서 종군으로 처벌하니, 장군은 그들을 동정하지 말고 노역을 시키고, 전쟁 시에는 임의로 파견하라는 말이다.

② 부세 도피죄

상앙의 변법은 인구세를 탈루하는 징벌을 인구세죄人口稅罪라 했다. 부율傅律에서는 인구의 은닉, 성년 남자를 은닉하고 보고하지 않는 것에 대한 처벌을 규정했다. 호적을 거짓으로 기록한 농호, 민호와 전호 등은 모두 벌금을 물리거나 유배형을 내렸다. 진의 부세는 호부戶賦·전부田賦·구부口賦 3종이었다. 부세의 법률 규정으로는 전율田律·창률倉律·효율效律·금포율金布律 등이 있었다.

전율田律의 규정에 의하면, 징수하는 것에는 양식·식물·포백 뿐만 아니라 벼·꼴·짚 등이 있었다. "경頃마다 꼴, 짚을 세금으로 받고, 경작지가 없어서 경작하지 못해도 경마다 꼴 3석과 짚 2석을 받는다."123) 이와 같이 토지의 경작 여부에 관계없이 경頃마다 꼴芻 3석, 짚稾 2석을 납부해야 하고, 지방 관원은 때를 놓치지 말고 양초와 수목을 보고해야 했다. 만일 잘못이 있으면 책임을 물었다.

그리고 농호農戶가 밭을 숨기고 부를 내지 않으면 익전죄匿田罪를 범하는

---

122) 수호지진묘죽간睡虎地秦墓竹簡 법률답문法律答問, 294쪽.
123) 수호지진묘죽간睡虎地秦墓竹簡 전율田律, 27쪽.

것으로 처벌을 받았다. 진율답문秦律答問에 '익호죄匿戶罪'가 있었다. "호구를 숨기고 요역에 응하지 않으며, 관리가 호부세를 내라고 명령하지 않는 것을 말한다."124) 인구를 숨기고, 요역을 징발하지 않으며, 호부를 납부하라고 명령하지 않는 것을 죄로 규정했다.

또한 인구를 1호 이상 잘못 기록하는 것도 범죄에 해당되는데, 스스로 조사하여 바로잡으면 1등의 죄를 감했다. 그리고 '사자출경私自出境' 죄를 규정했다. "진나라 사람이 출국하는 것을 돕거나 명적을 지우면 상조上造 이상은 귀신형鬼薪刑에 처하고, 공사公士 이상은 성단형城旦刑에 처한다. 유사율游士律이다."125) 구부口賦를 납부하는 기본 단위는 인구로서, 진은 인구의 외부 이동을 금했다. 개인적으로 진나라 사람의 출국을 돕거나 또는 명적을 삭제하면 상조 이상은 귀신(3년형)에 처하고, 공사 이하는 성단(4년형)에 처했다.

또 금포율金布律은 다음과 같이 규정했다. "무명의 길이는 8척이고, 폭은 2척 5촌이다. 무명의 질이 나쁘고, 그 폭과 길이가 규정과 다르면 유통시킬 수 없다." 무명과 명주에 대해서도 엄격한 규정을 정했다. 중국 역대 정권은 세부稅賦와 전조田租를 중시했는데, 그 기원은 진 왕조에 있다.

③ 요역 도피죄

세부 이외에 노역이 있었다. 『한서漢書』「식화지食貨志」에는 진의 "요역이 옛날에 비해 30배이다"고 했다. 이러한 노역에는 요역과 병역 두 종이 있었다. 진율에는 요율徭律과 수율戍律을 제정했다. 남자가 만 17세가 되면 정부에 등기해야 하는데 이를 부적傅籍이라고 했다. 일단 입적하게 되면 정부 규정에 따라 장성의 축조, 능묘의 건설 및 변방의 수자리에 참가해야 했다. 만일 규정을 위반하면 법률의 제재를 받았다. 진율에 요역 도피에 대한 징벌에는 세 가지가 있었다.

㉠ 불회不會 : 요역 징발에 불응하는 것이다. 진율은 다음과 같이 규정했다. "요역에 불응하면 태형에 처한다. 1년을 마치지 못하고 잡히면 태형에

---

124) 수호지진묘죽간睡虎地秦墓竹簡 법률답문法律答問, 222쪽.
125) 수호지진묘죽간睡虎地秦墓竹簡 유사율游士律, 130쪽.

처한다. 지금 사오士伍 갑이 요역에 불응하니 태형 50대를 내린다. 1년을 채우지 못하면 태형을 내리는 것이 부당한가? 합당하다."126) 요역 징발에 불응하면 태형 50대를 때리고, 1년이 지나지 않아 체포되면 유탕죄遊蕩罪로 태형을 때렸다.

ⓛ 포사逋事 : 관부의 노역을 회피하기 위해서 도망하는 것이다. "율에 말하기를, 요역에 해당되어 리吏, 전典이 이미 그에게 명령을 내렸는데도 도망하고 요역에 응하지 않으면 포사가 된다."127)

ⓒ 핍요乏徭 : 관부가 규정한 요역 시간을 다 복역하지 않는 것이다. "이미 검열에 참가해 공동으로 수레를 타고 식량을 먹으며 요역의 복무지에 이르러 도망한 것은 모두 핍요가 된다."128)

율문의 규정에 의하면 포사와 핍요에는 일정한 구별이 있었다. 전자는 지방 관원 리吏와 이전里典이 요역을 징발하는데 도망가서 임하지 않는 것이고, 후자는 요역에 복무할 때 이미 검열을 받거나 지정된 장소에서 요역에 복무하다가 도중에 도망간 것이다. 하지만 두 가지 경우 모두 징벌을 받았다.

진율에는 요역에 복무하는 기간의 개인 책임에 대해서도 규정을 했다. "조정에서 요역을 징발했는데 참가하지 않으면 자 2갑에 처한다. 3일에서 5일을 늦으면 질책을 받고, 6일에서 10일이면 자 1순에 처하고, 10일이 넘으면 자 1갑에 처한다."129) 그리고 관리는 농민이 복역하도록 재촉할 것을 강제했다. 또한 조정에서 운수運輸의 노역을 징발하는데 백성이 마음대로 현리에 가서 사람을 고용하거나 다른 사람에게 전가하면 법에 따라 처벌했다.130)

병역도 요역의 일종으로 징발된 군사는 반드시 조정의 규정에 따라 복역해야 하며, "기한을 어기면 참수"131)했다. 변방의 수자리로 복역하는 자는

---

126) 수호지진묘죽간睡虎地秦墓竹簡 법률답문法律答問, 220쪽.
127) 수호지진묘죽간睡虎地秦墓竹簡 법률답문法律答問, 221쪽.
128) 수호지진묘죽간睡虎地秦墓竹簡 법률답문法律答問, 221쪽.
129) 수호지진묘죽간睡虎地秦墓竹簡 요율徭律, 76쪽.
130) 수호지진묘죽간睡虎地秦墓竹簡 효율效律, 123쪽.
131) 『사기史記』「진섭세가陳涉世家」.

복역기간 중 장성 축조에 전력을 기울여야 하고, 그 외의 일은 할 수 없으며, 쌓은 성이 1년 만에 파손되지 않는다고 담보해야 하고, 이를 위반하는 사람은 징벌을 받았다. 복역기간이 끝나면 반드시 증명 문건을 가지고 고향에 돌아가야 하며, 규정을 위반하면 노역형에 처했다. 모집한 군사가 귀향할 때 복역기간이 만기되었다고 말하나 그것이 증명되지 않으면 변방에서 4개월 동안 복무하도록 처벌했다.

진의 요역은 매우 많았고, 그때는 형도刑徒를 많이 이용했다. 어떤 때는 1년에 70만 명을 동원하기도 했다.

(5) 혼인가정 파괴죄

진은 가정관계를 보호하기 위해 혼인가정 파괴죄를 규정했다.

① 불법 혼인죄

합법적 혼인관계의 성립과 해제는 반드시 관부의 비준을 통과하고, 일정한 법률 수속의 인준이 있어야 했다. 그렇지 않으면 불법 혼인으로 보았다. 이런 예가 있다. "여자 갑은 남의 처로, 도망했다가 체포되었는데, 나이가 어려서 신장이 6척이 안 되면 어떻게 처벌하는가? 관부에서 혼인을 인가했으면 처벌을 하고, 그렇지 않으면 처벌하지 않는다."132) 미성년 여자 갑이 혼인을 하고 도망갔다가 체포되었는데, 그 혼인이 관부의 인가를 받은 것이면 나이가 어리더라도 처벌했다. 또 하나의 예는 여자 갑이 남편에게서 도망하여 통행증이 없는 을과 결혼해서 자식을 낳고 살다가 2년 후에 체포되었다. 두 사람은 함께 '경성단용'으로 처벌되었다.133) 처를 버릴 때 합법적 수속을 밟지 않으면 처벌되었다. "처자를 버림에 합법적 수속을 밟지 않으면 자 2갑에 처한다."134)

---

132) 수호지진묘죽간睡虎地秦墓竹簡 법률답문法律答問, 222쪽.
133) 수호지진묘죽간睡虎地秦墓竹簡 법률답문法律答問, 223쪽.
134) 수호지진묘죽간睡虎地秦墓竹簡 법률답문法律答問, 224쪽.

② 불효죄

진율에는 선진 시대에 불효를 처벌하는 전통을 계승한 징벌 규정이 있었다. 한 가지 예로 어떤 리의 사오 갑이 그 아들이 불효자라고 관부에 고발하면서 친자식 병丙의 발을 자르고, 촉의 변방에 귀양을 보내 평생 유배지에서 벗어나지 못하게 할 것을 요구했다. 정부는 갑의 고발에 따라 병의 다리를 자르고 "촉의 변방 현에 귀양가서 종신토록 옮기지 못하도록 처벌했다."135)

또 다른 예가 있다. "어떤 리의 사오 갑이 친자식인 사오 병이 불효하니 사형에 처할 것을 고발하여, 영사令史에게 집행하도록 명령했다."136) 아버지가 친자식인 병이 불효하다고 사형에 처하기를 청하고, 관부는 영사를 파견해서 병을 체포하고 안건을 매듭짓도록 했다.

③ 강간·간통죄

진은 군신, 부자에 관한 종법 윤리 개념에 따라 강간·간통을 가정관계를 파괴하는 중죄로 간주하고 중벌에 처했다. "남자 노비가 주인을 강간하면 어떻게 처벌하는가? 주인을 구타한 것과 같은 죄에 처한다." 주인을 구타하면 당연히 사형에 처했으며, 강간자는 참수에 처했다.137)

오복내통간五服內通奸은 엄벌에 처했다. "여자가 다른 남자와 간통을 하면 어떻게 처벌하는가? 기시棄市에 처한다."138) 일반 남녀 사이의 간통은 진율의 성례成例에 의하면 다음과 같이 처벌했다. "을과 병이 간통하다가 새벽에 모처에서 발견되었다. 체포하여 질곡해서 이송했다."139) 고발당하면 체포하고, 목계를 채워서 관부로 이송하여 죄를 문초했다.

(6) 무고죄

진율은 무고죄에 대한 징벌을 중시하여 무고죄의 기준과 징벌을 규정했

---

135) 수호지진묘죽간睡虎地秦墓竹簡 봉진식封診式, 261쪽.
136) 수호지진묘죽간睡虎地秦墓竹簡 봉진식封診式, 263쪽.
137) 수호지진묘죽간睡虎地秦墓竹簡 법률답문法律答問, 183쪽.
　　당률소의唐律疏議 노간양인奴奸良人
138) 수호지진묘죽간睡虎地秦墓竹簡 봉진식封診式, 225쪽.
139) 수호지진묘죽간睡虎地秦墓竹簡 봉진식封診式, 278쪽.

다. 무고죄는 주로 세 종류로 나뉘었다.

① 고불심告不審

고발한 내용이 사실이 아니며 고의성을 지닌 것이다. 진간에 세 가지 예가 있다.[140]

(예 1) "어떤 사람이 110전을 훔쳤다고 고발했는데, 심문하니 100전만 훔쳤으면 고발자는 어떻게 처벌하는가? 자 2갑에 처한다."[141] 율에 의해서 판결하면 고발자가 고의로 10전을 늘려서 고발했으니 자 1순에 처해야 하지만, 선례의 허위고발 규정에 따라 단지 2갑으로 처벌했다.

(예 2) "갑은 을이 80전을 훔쳤다고 고발했는데, 을을 심문했더니 30전이었다. 갑은 을이 훔친 것에 50전을 더했으니, 갑을 어떻게 처벌하는가? 선례에 따라 자 2갑에 처한다."[142] 이것은 예1과 마찬가지로 타인이 훔친 돈에 50전을 더한 것인데, 부실 고발죄(告不審)로 처리했다.

(예 3) "어떤 사람이 국경을 탈출했다고 고발했는데, 실제로는 변계邊界를 떠나지 않았다. 부실 고발이니 어떻게 처벌하는가? 부실 고발자를 경성단에 처한다."[143]

② 고도가장告盜加臟

절도죄를 고발하면서 장물을 부풀려 고발한 것이다. 진간에 두 가지 예가 있다.

(예 1) "갑이 양을 훔쳤는데, 을이 이를 알고 고의로 갑이 소를 훔쳤다고 고발했다. 을은 무고인가, 부실 고발인가? 장물을 늘려서 도둑을 고발한 죄에 해당한다."[144]

(예 2) "갑이 양을 훔쳤는데, 을이 양을 훔친 것은 알았지만 그 숫자를 몰라서 3마리를 훔쳤다고 고발했다. 을을 어떻게 처벌하는가? 장물을 부풀려

---

140) 도미야 이따루, 『진한 형벌제도 연구(秦漢刑罰制度の研究)』(同朋社, 1998), 65~66쪽 참조 —역주
141) 수호지진묘죽간睡虎地秦墓竹簡 법률답문法律答問, 167쪽.
142) 수호지진묘죽간睡虎地秦墓竹簡 법률답문法律答問, 168쪽.
143) 수호지진묘죽간睡虎地秦墓竹簡 법률답문法律答問, 171쪽.
144) 수호지진묘죽간睡虎地秦墓竹簡 법률답문法律答問, 170쪽.

도둑을 고발한 죄에 해당한다."145)

③ 무고

타인을 날조해서 고발하는 것을 가리키며, 다섯 가지 사례가 있다.

(예 1) 무고와 고불심으로 구분된다. "갑은 을이 소를 훔치고 사람을 살상했다고 했다. 그런데 을은 소를 훔치지도 사람을 해치지도 않았다. 갑을 어떻게 처벌하는가? 고의가 있으면 무고죄에 해당되고, 고의가 없으면 부실 고발이다."146)

아래의 네 가지 예는 무고죄에 대한 처벌 규정이었다.

(예 2) 내위사구耐爲司寇로 처벌되어야 할 자가 내위예신耐爲隷臣의 죄명으로 타인을 무고하면 무고자를 내위예신에 처하며, 내위후耐爲候로 처벌되어야 할 자가 내위사구의 죄명으로 타인을 무고하면 무고자를 내위사구에 처한다.

(예 3) 내위예신으로 처벌되어야 할 자가 사구司寇의 죄명으로 타인을 무고하면 무고자를 내위예신에 처하고, 성단城旦 6년형으로 구금한다.

(예 4) 완성단完城旦으로 처벌되어야 할 사람이 경성단黥城旦의 죄명으로 타인을 무고하면 무고자를 경형黥刑에 처한다.

(예 5) 경성단으로 처벌되어야 할 사람이 완성단의 죄명으로 타인을 무고하면 무고자를 경의黥劓에 처한다.147)

이상과 같이 진의 형률에는 무고한 사건의 내용과 성질에 따라 여러 가지 다른 처벌을 내렸음을 알 수 있다.

2. 형벌제도

진은 법가의 '중형주의重刑主義'를 받들었다. "엄한 형벌을 내리고 연좌제

---

145) 수호지진묘죽간睡虎地秦墓竹簡 법률답문法律答問, 170쪽.
146) 수호지진묘죽간睡虎地秦墓竹簡 법률답문法律答問, 169쪽.
147) 예2~예5는 수호지진묘죽간睡虎地秦墓竹簡 법률답문法律答問, 202~203쪽 참조.

를 시행하면 백성들이 감히 죄를 범하지 않는다.” “형벌이 중하여 반드시 벌을 받으면 백성들이 감히 죄를 범하지 못한다.”148) 이로 인하여 형벌이 매우 잔혹하고 그 종류가 많았다. 간문에서도 알 수 있듯이 진의 형벌에는 태형笞刑·육형肉刑·도형徒刑·천형遷刑·사형死刑·자형貲刑·속형贖刑·폐형廢刑·수형誶刑 등의 종류가 있었는데, 구체적인 내용은 아래와 같다.

(1) 사형149)

사형은 대벽이라고도 하는데, 범죄인의 생명을 박탈하는 극형이었다. 진의 사형 종류는 매우 많고, 형의 집행은 잔혹하고 야만적이며, 몇몇 혹형은 고대의 야만적 형벌을 직접 계승한 것이었다. 진의 법이 정하고 있는 사형 율문에는 육戮·책磔·기시棄市·정살定殺·생매生埋의 다섯 종류가 있었고, 그 외에도 사적에는 거열車裂·요참腰斬·육시戮屍·효수梟首·갱坑·착전鑿顚·확팽鑊烹·교絞 등이 기록되었다.

① 육형戮刑

진율의 해석에 의하면 육형은 두 가지였다. 하나는 “생륙으로, 산채로 참수하는 것을 말한다.”150) 다른 하나는 육시戮尸였다. 육형에 관하여 법률답문法律答問에서는 “적을 찬양하여 두려움으로 군대를 어지럽히는 자는 육에 처한다”151)고 했다. 전쟁을 할 때 감히 군심을 동요시키고 적군의 범죄행위를 선양하면 고문한 뒤에 참수했다. 육시는 춘추시대 제齊 환공桓公부터 시작되었다. 『사기史記』「노주공세가魯周公世家」에 “제환공이 애강哀姜과 경보庚父가 난을 일으켜서 노나라를 위태롭게 한다는 것을 듣고, 이에 그들을 주邾로 불러서 죽이고, 그 시체를 돌려보내어 노나라에서 그들을 육시했다”는 기록이 있다. 진의 육시는 『사기史記』「진시황본기秦始皇本紀」에 시황제 8년 “왕의 동생 장안군長安君 성교成蟜 장군이 조趙를 공격했으나 도리어 반란을 일으켜

---

148) 『상군서商君書』「상형賞刑」.
149) 도미야 이따루, 『유골의 증언』, 60~65쪽 참조. ─역주
150) 수호지진묘죽간睡虎地秦墓竹簡 법률답문法律答問, 173쪽.
151) 수호지진묘죽간睡虎地秦墓竹簡 법률답문法律答問, 173쪽.

둔류屯留에서 죽임을 당하고, 군관들도 모두 참수를 당했다. 둔류의 백성들을 임조臨洮로 이주시켰는데, … 포고蒲鷞로 옮겨서 그 시체를 육시했다”고 한다. 성교가 국가를 배반하고 사직을 위태롭게 하여 본보기로 징벌하기 위해서 다른 곳으로 옮겨서 육형에 처했는데, 이미 그들은 전장에서 죽임을 당한 상태라 ‘육시’를 더한 것이다.

② 책형磔刑

‘거열車裂’ 또는 ‘지해형枝解刑’이라 하는데, “육체를 찢어 죽이는 것”을 말한다. 책형 적용에 대하여 간문에는 한 가지 예만 나온다. “갑이 을을 교사해 사람을 죽이고 10전을 나누어 받았다. 을은 6척이 안 되는데, 갑을 어떻게 처벌하는가? 책형에 처한다.”152) 갑이 주모하여 미성년에게 도살을 교사한 죄로 거열을 당했다. 책형은 은상殷商 시대의 지체해형枝體解刑에 기원이 있다.『주례周禮』「추관秋官」에는 “왕의 친속을 죽이는 자는 고후에 처한다”라고 하는데, 고후가 바로 책형이다. 전국시대에 “제나라 왕은 거열형을 행했다”고 하고, 오기吳起는 초楚에서 거열을 당했다고 하는데, 이것이 책형의 원형이다. 진의 책형은 고대의 잔혹한 형벌의 연장이었다.

③ 기시棄市

『주례』「추관」에는 “형틀을 씌워 저자에 나아가 사형을 한다”라고 했다. 즉, 사람들이 모여 있는 저자에서 사형을 집행하고, 거기에 시체를 버려두는 것이다. 간문簡文에 다음 예가 나온다. “사오 갑은 자식이 없어서 그 동생의 아들을 후사로 삼아 같이 살다가 그를 죽였으니, 기시에 처한다.”153) “여자가 다른 남자와 간통하면 어떻게 처벌하는가? 기시에 처한다.”154) 전자는 천살죄로 기시한 것이고, 후자는 통간죄로 윤리를 어지럽혀 기시했다는 것이다. 진은 또한 “감히『시경』,『서경』을 대하는 자는 기시에 처한다”155)고 했다.

---

152) 수호지진묘죽간睡虎地秦墓竹簡 법률답문法律答問, 180쪽.
153) 수호지진묘죽간睡虎地秦墓竹簡 법률답문法律答問, 182쪽.
154) 수호지진묘죽간睡虎地秦墓竹簡 법률답문法律答問, 225쪽.
155)『사기史記』「진시황본기秦始皇本紀」.

호해胡亥가 황위를 찬탈하고 공신과 종실을 대규모로 도살하여 12인이 함양의 저자에서 죽었다. 이사李斯도 허리가 잘리고 함양의 시장에 기시되었다. 이렇게 조야朝野에서 기시가 과도하게 시행되었다.

④ 요참腰斬

사형을 집행하는 한 방식이었다. 『석명釋名』에는 “머리를 베는 것을 참이라 하고, 허리를 베는 것을 요참이라 한다”고 했다. 진에서는 주로 요참을 했다. 일찍이 상앙商鞅의 변법 때 “간악한 자를 고발하지 않는 자는 요참에 처한다”[156]고 정했다. 승상 이사李斯는 진율을 제정하는 데 참여했지만 호해胡亥에게 모반죄로 몰려서 함양의 저자에서 허리가 잘리고 기시되는 비참한 최후를 맞이했다.

⑤ 효수梟首

『사기집해史記集解』에 “나무에 머리를 거는 것이 효이다”고 했다. 즉, 범인의 목을 베어 나무에 걸어서 대중에게 보이는 것이었다. 효수는 서주 초기에 시작되어, 무왕이 상商을 멸하고 주紂의 머리를 잘라 백기에 걸었다.[157] 이것이 최초의 효수형이었다. 진간에는 효수에 대한 사례가 나오지 않으나 진의 사법 활동에 확실히 그 형이 집행되었다. 『사기』 「진시황본기秦始皇本紀」에 “노애嫪毐가 반란을 일으키자 위위衛尉 갈, 내사內史 사肆, 좌익佐弋 갈, 중대부령中大夫令 제齊 등 20여 명을 모두 효수했다”고 한다. 이후 진·한 시대에 사형을 집행하는 주요 방식 중 하나가 되었다.

⑥ 정살定殺

무엇을 정살이라고 하는가? 법률답문에 잘 나와 있다. 즉, 살아 있는 사람을 물에 익사시키는 것으로서, 생매生埋와는 달랐다. 진간에 두 가지 예가 있다. 하나는 “문둥병자가 죄를 지으면 정살에 처한다.” 다른 하나는 “갑은 완성단의 죄를 범하고 아직 판결이 있기 전인데, 지금 문둥병을 앓고 있으면 갑을 어떻게 처벌하는가? 문둥병 격리소에 보내거나 그곳에서 정살한다.”[158]

---

156) 『사기史記』 「상군열전商君列傳」.
157) 『사기史記』 「은본기殷本紀」.

이는 문둥병자 같은 죄인에게 적용되는 것인데, 완성단의 죄를 범한 자가 문둥병에 걸리면 두 가지 답이 있었다. 하나는 문둥병 격리소에 보내는 것이고, 하나는 격리소에 보내 정살하는 것이었다. 그런데 문둥병 격리소에서 실제로 익사시키는 처벌을 했는지는 의문이다. 예를 들어 법률답문에는 "성단·귀신형을 받는 사람이 문둥병에 걸리면 어떻게 처벌하는가? 문둥병 격리소에 보낸다"159)라고 했다. 이미 성단형의 판결을 받은 죄인이 문둥병에 걸리면 격리소에 보내어 거주하게 했다.

⑦ 갱坑

생매生埋하는 것이다. 진간에 나온 "문둥병에 걸린 자가 죄가 있으면 정살이다. … 생매와 다르다"라는 내용으로 보아, 진에 이미 생매라는 형벌이 있었음 알 수 있다. 『사기』「진시황본기」에 진이 조趙를 멸한 뒤, "진왕이 한단邯鄲에 가서, 일찍이 왕이 조에서 태어날 때 외가와 원한이 있던 사람들을 모두 갱坑했다" 하고, 진시황 34년(기원전 213) 유생들이 "요망한 말로 백성을 어지럽혔다"는 죄명으로 함양에서 460여 명의 유생을 생매장했다.

⑧ 구오형具五刑

중죄인에 대해 각종 육형을 집행한 뒤에 다시 사형을 집행하여 형벌의 잔혹성을 가중시켰다. 『한서漢書』「형법지刑法志」에 다음 기록이 나온다. "족族은 모두 우선 얼굴에 자자刺字하고, 코를 베고, 양 발목을 자르고, 때려죽이고, 효수하고, 저자에서 뼈와 살을 절인다. 비방한 사람을 절일 때는 우선 혀를 자른다. 그러므로 구오형이라 한다." 승상 이사도 구오형을 받았다. "2세 2년 7월에 이사는 구오형을 받아서 함양의 저자에서 허리가 잘렸다. 그 아들에게도 모두 집행하고, … 드디어 부자가 서로 곡을 하니 삼족을 멸했다." 구오형은 삼족三族을 멸하는 데 적용하는 엄한 형벌이었다.

⑨ 족형族刑

춘추시대 진의 법은 족형을 삼족 이내로 국한했기 때문에 '삼족의 형'이라

---

158) 수호지진묘죽간睡虎地秦墓竹簡 법률답문法律答問, 203, 204쪽.
159) 수호지진묘죽간睡虎地秦墓竹簡 법률답문法律答問, 204쪽.

했다. 진시황이 즉위한 후 "옛 것으로 현재를 틀렸다고 하는 자는 족族"하고, "감히 책을 끼고 다니는 자는 족"하고, "망언을 하는 자는 족"하고, "비방하는 자는 족"한다는 법률을 제정하여, 족형은 중형이 되었다. 진시황은 노애를 거열형에 처하고 그 "종宗을 멸했으며," 2세는 이사를 요참하고 "삼족을 멸했고," 심지어 형가荊軻는 "칠족을 멸했다."160) 진의 족형은 적용 대상을 임의로 확대해, 범죄행위를 하지 않아도 범죄자와 혈통관계만 있으면 일률적으로 집행하여 엄형의 정도를 가중시켰다.

그밖에도 진은 또 착전鑿顚 등의 잔혹한 사형 방법을 만들었다. 『한서』 「형법지」에 "진은 상앙을 등용하여 … 내벽內辟을 늘리고, 대벽大辟에 착전과 추협抽脅, 확팽鑊烹 같은 형벌을 두었다"고 했다. 또 『사기』 「진시황본기」에 는 "시황은 노애를 잡아다 그의 사지를 거열하고, 두 동생을 잡아다 때려죽이고, 태후를 함양궁에 유배했다"고 했다. 또 이어 기재하기를 "폐하가 양부를 거열한 것은 질투심이 있는 것이고, 두 동생을 때려죽인 것은 자비가 없는 것이다. 어머니를 함양으로 유배시킨 것은 불효한 행동이고, 간하는 선비를 고문하는 것은 걸주의 통치이다"고 했다. 이와 같이 진은 엄한 형벌로 법을 고쳐서 도刀·거鋸·정鼎·확鑊으로 세상 사람들이 두려워하게 만들었다.

(2) 육형肉刑161)

육형은 체형體刑이라고도 한다. 그 특징은 "사람의 사지를 베고, 피부를 뚫어서" 수형인의 생리 기능을 평생 회복할 수 없도록 하는 것이었다. 진율에 는 네 가지 육형이 있었다.

① 경黥

묵형墨刑으로 얼굴에 글자를 새기는 것인데, 진에서는 형벌로 많이 사용했으며 단독 형벌로도 사용되었다. 법률답문에는 "노비가 자식을 때려서 자식이 병으로 죽으면 얼굴과 이마에 묵형을 내린 뒤 주인에게 돌려준다"162)고

---

160) 『사기史記』 「추양열전鄒陽列傳」.
161) 도미야 이따루, 『유골의 증언—고대 중국의 형벌』, 67~70쪽 참조. —역주

했다. 묵형은 보통 다른 형벌과 병행되던 부가형이었다.

㉠ 경위성단黥爲城旦 : "5인이 도적질을 해 장물이 1전 이상이면 왼쪽 발목을 자르고, 경위성단에 처한다."163) 사오 갑이 도둑질한 장물이 660전을 넘으면 "1갑당 경위성단에 처하며," 또한 바늘이나 송곳 등의 기물로 사람을 다치게 하면 "적賊은 경위성단에 처한다"164)는 규정이 있었다.

㉡ 경위성단용黥爲城旦舂 : 남자가 치르는 3년형은 성단, 여자가 치르면 성단용이라 했다. 진율에는 "자식을 함부로 죽이면 경위성단용에 처한다"165)고 규정했다. 또 "조부모를 구타하면 경위성단용에 처한다"166)라 했으며, 친부모를 구타해도 같은 처벌을 내렸다. 또한 사사로이 도망간 남녀가 불법적으로 혼인하면 두 사람 모두 '경성단용'으로 처벌했다.

㉢ 경위예첩黥爲隸妾 : 종신형을 판정받고 복역하는 남자를 예신隸臣, 여자를 예첩隸妾이라 했다. 어떤 여자가 예신隸臣의 아내가 되어서 예신이 죽은 후 그 아들을 예신의 자식으로 이어지지 않게 하려 하였는데, 율에 의해 '경안규위예첩黥顏頯爲隸妾'167)이 되었다.

㉣ 경黥 의劓 병용 : 진율에 규정하기를, 경성단으로 처벌되어야 할 사람이 완성단의 죄명으로 타인을 무고하면 경의에 처했다.168) 봉진식封診式에는 경첩黥妾의 예가 있다. 주인이 가리家吏로 하여금 여종 한 명을 묶어서 관부에 보내게 한 다음 그녀가 흉포하므로 경의형으로 처벌할 것을 요구했다.169) 여기서 진에서는 보통 경형과 의형을 함께 사용했다는 것을 알 수 있다.

㉤ 경의위성단黥劓爲城旦 : 진율에 "5인 미만이 660전을 도둑질하면 경의

162) 수호지진묘죽간睡虎地秦墓竹簡 법률답문法律答問, 150쪽.
163) 수호지진묘죽간睡虎地秦墓竹簡 법률답문法律答問, 150쪽.
164) 수호지진묘죽간睡虎地秦墓竹簡 법률답문法律答問, 165, 188쪽.
165) 수호지진묘죽간睡虎地秦墓竹簡 법률답문法律答問, 181쪽.
166) 수호지진묘죽간睡虎地秦墓竹簡 법률답문法律答問, 184쪽.
167) 수호지진묘죽간睡虎地秦墓竹簡 법률답문法律答問, 225쪽.
168) 수호지진묘죽간睡虎地秦墓竹簡 법률답문法律答問, 203쪽.
169) 수호지진묘죽간睡虎地秦墓竹簡 봉진식封診式, 260쪽.

위성단에 처한다"170)고 했다. 진은 군도에 대한 징벌을 엄격하게 하여, 훔친 돈이 660전을 넘으면 경·의·성단 세 형을 함께 사용했고, 그 이하면 경위성단에 처했다. 그런데 세 가지 형을 함께 적용하는 경우는 매우 드물었다.

② 의劓

코를 베는 형벌이었다. 『전국책戰國策』「진책秦策」에 "이마에 새겨서 그 가운데에 입묵하는 것을 경이라 하고, 코를 베는 것을 의라 한다"고 기록되었다. 진율에서는 의형을 대부분 경과 함께 사용했다. "경성단으로 처벌되어야 할 자가 완성단으로 무고하면 경의형에 처한다."171)

③ 참좌지斬左止

왼발을 자르는 것인데, 고대 월형刖刑의 하나로 진에서 자주 사용했다. 후세 사람들이 "진에는 자른 다리가 수레에 가득했다"172)고 하지만, 진율에는 두 가지 예만 보인다. "5인이 도둑질을 해 1전 이상을 취득하면 왼발을 자르고, 경위성단에 처한다." "군도群盜가 사면되어 서민이 되었는데, 도둑질을 해 형틀을 차는 형벌 이상의 범죄를 저지르면 과거의 죄로 처벌하고, 왼발을 자른 뒤 성단에 처한다."173) 앞의 예는 군도 본인에게 적용된 경우이고, 뒤의 예는 사면된 뒤 다시 군도로 범죄를 저지른 경우였다. 두 가지 모두 군도의 죄를 적용했다.174)

④ 궁宮

부형腐刑으로 "남자는 거세하고, 여자는 유폐"하는 형이었다. 육체와 정신에 함께 고통을 주는 성격의 형벌이었다. 법률답문에는 은궁형隱宮刑이 나온다. "범인을 감독하는데 범인이 도망가면 스스로 체포하거나 처가 고발하여 체포하면 죄를 면제받지만, 이미 육형을 받은 자는 은궁에 처한다."175) 이것

---

170) 수호지진묘죽간睡虎地秦墓竹簡 법률답문法律答問, 150쪽.
171) 수호지진묘죽간睡虎地秦墓竹簡 법률답문法律答問, 203쪽.
172) 『염철론鹽鐵論』「조경詔經」.
173) 수호지진묘죽간睡虎地秦墓竹簡 법률답문法律答問, 150, 205쪽.
174) 월형刖刑에는 참좌지斬左止·참우지斬右止·참좌우지斬左右止가 있고, 여기에 경黥·의劓가 추가되기도 한다(임병덕, "중국 고대·중세의 육형肉刑과 곤형髡刑," 『위진수당사연구魏晉隋唐史研究』 9). —역주

은 이미 육형을 받고 사면된 군도에게 범인을 감독하게 했는데 범인이 도망
가서 다시 그를 궁형에 처한 경우였다. 그런데 이러한 범죄는 속형이 허락되
었는데, 법률답문에 "궁형죄가 있으면 속궁된다"는 것이 그것이었다.176)

『삼국고사三國故事』에는 "진시황 때 은궁의 무리가 72만으로, 남자의 잘린
고환이 산을 이루었다"는 내용이 나온다. 이는 실제 사실은 아니나, 진에서
궁형이 보편적이었음을 보여준다.

(3) 태형笞刑

전국시대에 이미 사용된 형벌로, 『순자荀子』「정론正論」에 '추태빈각捶笞臏
脚'이라는 기록이 나오는 것으로 보아, 진은 단지 이를 계승했을 뿐이다.
"성단용城旦春이 도기·철기·목기를 파괴하고, 수레를 만들 때 덧바퀴를 절단
하면 태형에 처한다. 손상된 기물의 가치 1전마다 10대를 때리고, 20전 이상
이면 거듭 때린다."177) "성단위공城旦爲工이 작업에서 가장 낮은 평가를 받으
면 100대를 때리고, 큰 수레를 만들 때 가장 낮은 평가를 받으면 사공司空과
색부嗇夫는 자貲 1순에 처하고, 형도刑徒는 각각 50대를 때린다."178) 이와 같이
태와 벌이 함께 쓰이는 것이 진나라 태형의 특징이었다.

(4) 도형徒刑

도형은 범인을 징벌하는 수단으로 정부에서 노역을 시키는 것이었다. 국
방 건설, 군대 복무, 궁전과 능묘의 건조, 교통, 운수 및 공업 등 각 분야에
널리 적용되었다. 주요한 것으로 성단城旦·성단용城旦春·귀신鬼薪·백찬白粲·
예신隷臣·사구司寇·후侯 및 하리下吏 등이 있었다.179)

---

175) 수호지진묘죽간睡虎地秦墓竹簡 법률답문法律答問, 205쪽.
176) 수호지진묘죽간睡虎地秦墓竹簡 법률답문法律答問, 200쪽.
177) 수호지진묘죽간睡虎地秦墓竹簡 사공률司空律, 90쪽.
178) 수호지진묘죽간睡虎地秦墓竹簡 진율잡초秦律雜抄, 137쪽.
179) 도미야 이따루, 『유골의 증언』, 65~81쪽, 185~188쪽 참조. —역주

① 성단, 성단용

이는 범죄인에게 성을 쌓고, 쌀을 찧는 일을 시키는 것으로 육체적으로 매우 힘든 일이었다. 처음에는 강제로 성을 쌓게 하는 데에서 이름이 생겼다. 한구의漢舊儀에 "성단이란 것은 성을 쌓는 것이며, 여자는 용을 하는데 용이란 쌀을 찧는 것이다" 했고, 응소應劭는 "성단은 새벽부터 일어나 성을 쌓는 것이고, 용은 여자는 외부 요역에 동원되지 않지만 쌀을 찧는다"고 했다.

진은 대형 토목공사를 많이 했는데, 가장 많은 해에는 70만 형도가 성을 쌓고 능을 세울 정도로 항상 사용하던 형이었다. 간문에는 10여 사례가 보인다. "상조上造 갑이 양을 한 마리 훔쳤는데 판결이 나기 전에 타인이 돼지를 훔쳤다고 무고하면…완성단에 처한다."[180] "부부와 자식 5인이 함께 도둑질을 하면 성단형에 처한다."[181] 이런 것도 있다. "보자葆子가 안건이 판결나기 전에 타인을 무고하면 그 죄는 형위예신에 해당되어 육형肉刑 없이 내형耐刑을 행하고, 또 성단 6년에 처한다."

여기서 알 수 있듯이 성단에는 여러 종류가 있었다. 육형을 부가하지 않는 것을 완위성단完爲城旦이나 완성단完城旦이라 하고, 육형을 부가하는 것을 형위성단刑爲城旦이나 형성단刑城旦이라 했다. 또 죄의 경중에 따라서 경위성단黥爲城旦·경위성단용黥爲城旦舂·경의성단黥劓城旦·경의성단용黥劓城旦舂·참좌지위성단斬左趾爲城旦·참좌지성단용斬左趾城旦舂·곤위성단髡爲城旦·곤위성단용髡爲城旦舂이 있었다. 그리고 형을 복역할 때 성단은 수의와 수모를 입고 형구를 차며, 전담자가 감시하고 일반인과 접촉할 수 없었다.[182]

② 귀신鬼薪·백찬白粲

남자는 귀신을 하고, 여자는 백찬을 했다. 한구의에 "귀신이란 남자에게 귀신에 제사 지내기 위해 산에 가서 땔나무와 불쏘시개를 모아 오게 하는 것이며, 여자에게는 백찬을 시키는데 제사용 쌀을 찧게 하는 것이다"라고

---

180) 수호지진묘죽간睡虎地秦墓竹簡 법률답문法律答問, 173쪽.
181) 수호지진묘죽간睡虎地秦墓竹簡 법률답문法律答問, 209쪽.
182) 수호지진묘죽간睡虎地秦墓竹簡 사공률司空律, 89쪽.

나온다. 귀신과 백찬은 처음에는 종묘에서 쓸 땔나무와 쌀을 만들게 하는 것에서 생겼다. 진율에는 다음 예가 보인다. "진나라 사람이 국경을 나가는 것을 도운 자는 명적을 제거하고, 상조 이상은 귀신형에 처한다."183) "보자葆子가 아직 안건이 판결나지 않았는데 타인을 무고하면 귀신형에 처한다."184) 한편, 법률답문에는 "내위귀신耐爲鬼薪에 해당되나 아직 판결이 나지 않았는데 형예신刑隸臣과 완성단으로 타인을 무고하면 이는 마땅히 형귀신刑鬼薪에 처한다"185)고 했다.

창률倉律에는 "성단용·용사구舂司寇·백찬에게 토목공사를 시키면 1두의 양식을 주고, 토목공사를 시키지 않으면 법률의 규정대로 양식을 준다"고 규정했다.186) 성단용·용사구·백찬은 모두 여자 형도로, 남자와 함께 복역하고 똑같은 양의 양식을 제공받았음을 알 수 있다. 귀신은 성단용처럼 함께 쓰이는 부가형에 따라서 귀신·형위귀신·내위귀신과 귀신옥족鬼薪簒足 등의 종류로 나뉘고, 성단에 종사하는 노역을 할 때는 수의를 입고 형구를 차며 감독자가 감시했다.

③ 예신隸臣과 예첩隸妾

고대의 기록에서는 찾아볼 수 없고, 진간에 처음 언급되었다.187) 예신에 대한 두 가지 예가 나온다. "전쟁에서 죽어서 찾을 수 없으면 자손에게 상을 주고, … 죽지 않은 자가 돌아오면 예신에 처한다." "반란병이 투항하면 예신에 처한다."188)

"사구司寇가 110전을 훔쳤는데 먼저 자수하고 … 내위예신耐爲隸臣에 해당되며, 또는 자 2갑甲에 처한다."189) "공실의 제사가 아직 끝나지 않았는데

183) 수호지진묘죽간睡虎地秦墓竹簡 유사율遊士律, 130쪽.

184) 수호지진묘죽간睡虎地秦墓竹簡 법률답문法律答問, 199쪽.

185) 수호지진묘죽간睡虎地秦墓竹簡 법률답문法律答問, 199쪽.

186) 수호지진묘죽간睡虎地秦墓竹簡 창률倉律, 51쪽.

187) 이 때문에 심가본沈家本은 진대秦代에는 예신첩隸臣妾이 존재하지 않았다고 한다. —역주

188) 수호지진묘죽간睡虎地秦墓竹簡 진율잡초秦律雜抄, 146쪽.

189) 수호지진묘죽간睡虎地秦墓竹簡 법률답문法律答問, 154쪽.

제사용 공물을 훔치면 자형黥刑 이하의 죄로 내위예신에 처한다."190) "내사구耐司寇에 해당되는 자가 내예신耐隷臣으로 타인을 무고하면 … 내위예신에 처한다."191) 이상은 내위예신의 세 가지 예다.

"뇌물수수로 내형에 해당되나 아직 재판을 하지 않았는데, 예신의 죄로 타인을 무고하면 이는 예신에 처한다."192) 이는 형위예신刑爲隷臣의 예다.

예신의 부인에 관한 규정을 보면, "여자가 예신의 아내로 자식이 있는데 지금 예신이 죽었다. 여자가 그 자식을 빼내어 예신의 자식이 아니라고 하면 여자는 어떻게 처벌하는가? 어떤 이는 이마와 광대뼈에 입묵하고 예첩에 처하고, 혹자는 완형(完爲隷妾)에 처해야 한다고 한다. 완형이 타당하다."193)

여기에서 보이듯이 예신과 예첩은 죄를 처벌받은 것인데, 도적이나 무고 죄이거나, 전쟁에 힘쓰지 않거나, 국경에 들어와 약탈과 살인을 하거나, 신분을 속이거나 하는 등의 범죄행위로 인하여 처벌받은 형도들이었다. 그러므로 그들은 국가의 죄인으로, 금전으로 구매하는 신첩과는 다른 관노비였다. 예신첩은 종신형이기 때문에 사회적 신분을 가졌다. 그 특징은, 예신의 아내는 평민도 가능하지만 그들의 자녀는 반드시 예신이나 예첩이 되며 이 규정은 절대로 바뀔 수 없었다. 그에 따르지 않으면 법률의 제재를 받았다.

그리고 예신첩은 주로 세 가지 분야에 복역했다. 하나는 잡역을 담당하는 궁예宮隷와 뇌예신첩牢隷臣妾이 있었고, 다른 하나는 생산을 담당하는 공예신첩工隷臣妾과 목예신첩牧隷臣妾이 있었으며, 마지막으로 성단과 같이 성을 쌓거나 수리하는 데에 복역하는 예신첩이 있었다.

④ 사구司寇·용사구舂司寇

한구의에 의하면 "죄가 사구에 해당하면, 사구의 남자는 경비를 맡고 여자가 하는 일도 사구와 같고, 모두 2년형이다." 즉, 남자는 도둑을 감시하는

---

190) 수호지진묘죽간睡虎地秦墓竹簡 법률답문法律答問, 161쪽.
191) 수호지진묘죽간睡虎地秦墓竹簡 법률답문法律答問, 202쪽.
192) 수호지진묘죽간睡虎地秦墓竹簡 법률답문法律答問, 198쪽.
193) 수호지진묘죽간睡虎地秦墓竹簡 법률답문法律答問, 225쪽.

일을 하며, 여자가 "하는 일도 사구와 같다는 것"은 쌀을 찧는 노역에 동원된다는 것으로 이를 용사구라고 하는데, 성단용과 같은 노역이었다.

진간 중에는 사구의 복역에 관한 예가 나온다. "노역으로 자형, 속형, 채무를 대신하는 자가 성단용을 감독하게 하지 말라. 성단사구의 수가 감독하기에 부족하면 예신첩이 감독하게 한다. 노역으로 자형, 속형, 채무를 대신하는 자가 성단용의 노역을 하는 것과 성단부견城旦傅堅이나 성단용을 감독하는 것은 20인당 성단사구 1인이 감독한다. 사구의 수가 부족하면 3년 이상 노역한 성단을 감형하여 성단사구로 삼는다."194) 여기에서 두 가지 점을 확실히 알 수 있다. 첫 번째는 자형, 속형, 채무를 대신해서 노역하는 사람은 성단용을 감독하는 일을 시키지 않았고, 성단을 감독하고 통솔하는 사구의 수가 부족하면 예신첩에게 시킬 수도 있었다. 두 번째는 성단용에 복역하는 20인을 1인의 성단사구가 감독하고 통솔했는데, 만약 사구의 인원이 부족하면 삼년 이상 노역한 성단을 뽑아서 감형하여 성단사구를 시킬 수 있었다는 것이다.

더 구체적인 책무를 사공률司空律에서 규정했다. "사구는 마부나 조리사, 관부를 지키는 일이나 다른 일을 할 수 없다. 상급의 명령으로 그들을 임명하면 반드시 다시 비준을 청해야 한다."195) 사구는 단지 경비와 감독의 일에만 쓰일 수 있을 뿐이지 마부나 조리사 등의 직무에는 충당될 수 없었다. 그리고 명령이 있어 임용하게 되면 반드시 다시 비준을 청해야 했다.

한편, 사구의 형刑 등급에 대하여 간문에는 세 가지 예가 나온다. "사구가 110전을 훔쳤는데 자수하면 어떻게 처벌하는가? 내위예신에 처하거나, 자2갑甲에 처한다."196) "내위사구에 해당되는 자가 내위예신으로 타인을 무고하면 어떻게 처벌하는가? 내위예신에 처한다."197) 첫 번째 예에서 사구가

---

194) 수호지진묘죽간睡虎地秦墓竹簡 사공률司空律, 89쪽.
195) 수호지진묘죽간睡虎地秦墓竹簡 사공률司空律, 91쪽.
196) 수호지진묘죽간睡虎地秦墓竹簡 법률답문法律答問, 154쪽.
197) 수호지진묘죽간睡虎地秦墓竹簡 법률답문法律答問, 154쪽.

110전을 훔쳐서 내위예신에 처해졌다는 내용으로 보아 사구가 예신보다 낮은 형도刑徒였음을 알 수 있다. 그리고 두 번째 예에서 내위사구가 타인을 무고해 내위예신이 되었다는 것은 무고하면 그에 해당하는 형벌을 받았다는 것이다. 법률답문에는 "내위후耐爲候에 해당되는 자가 타인을 무고하면 … 내위사구에 처한다"198)고 했다. 즉, 사구는 예신보다는 가볍고 후候보다는 무거운 종류의 형도로, 이는 비교적 가벼운 형도였다는 것을 알 수 있다.

⑤ 후候

원래는 엿본다는 뜻으로, 적진의 상황을 살피게 하는 형도였다. 제제자율除弟子律은 "제자로 선발하기에 부적당한 자를 임용하면 내위후에 처한다"199)고 규정했다. 법률답문에 "내위후의 죄에 해당되는 자가 타인을 무고하면 어떻게 처벌하는가? 내위사구에 처한다"고 했다. 이것은 후의 유래와 노역 내용에 대한 최초의 규정이었다. 이를 근거로 후는 사구보다 가벼운 도형徒刑이었다고 추측할 수 있다. 진율은 후·사구·하리下吏 등을 하급 관리인 사史·좌佐 등에 충원하거나, 군주의 후원이나 산림을 경비하는 일을 맡는 것을 금했다.

(5) 천遷과 적謫

진율이 규정한 천과 적은 유배형에 속하는 것으로 고대의 유형流刑을 계승한 형벌이었다.

① 천遷

천에 대한 내용을 담고 있는 여러 진간이 있다.

첫 번째는 "고대부故大夫로서 적의 머리를 베는 자는 천遷형에 처한다"200)고 했다. 이것은 전쟁 시 지휘를 해야 하는 책임을 가진 대부가 전공을 다투기 위해 적의 머리만 베고 직무를 방기하면 실직失職죄에 속하는 것으로 유배를

---

198) 수호지진묘죽간睡虎地秦墓竹簡 법률답문法律答問, 202쪽.
199) 수호지진묘죽간睡虎地秦墓竹簡 제제자율除弟子律, 130쪽.
200) 수호지진묘죽간睡虎地秦墓竹簡 진율잡초秦律雜抄, 131쪽.

보냈다는 내용이다.

두 번째는 "좌·사 이상의 관리가 물건을 옮기는 말과 문서를 지키는 사졸에게 명령하여 시장에서 금전을 취하면 유배를 보낸다"[201]고 했다. 즉, 관리가 교통수단과 복무 관원을 사적으로 이용해서 무역으로 이익을 도모하면 유배를 보냈다.

세 번째는 "색부가 관리로서 일을 하지 않고 간악함으로 일을 하면 유배를 보낸다"[202]고 했다. 관원이 직책을 지키지 않고 일을 게을리 하면 유배를 보냈다.

네 번째로 5인 미만의 도둑들이 "220전 이하에서 1전 이상을 훔치면 유배를 보낸다"[203]고 했다. 이것은 절도죄에 적용된 경우이다.

다섯 번째로 부율傅律에는 "백성이 노老에 합당하지 않거나 노老에 이르렀는데 쓰이기를 청하지 않고, 감히 사기 행위를 하면 자 2갑甲에 처한다. 전典과 노老가 이를 고발하지 않으면 각각 자 2갑甲에 처한다. 오伍에 속한 사람들은 각 호마다 자 1순盾에 처하며, 모두 유배를 보낸다"[204]고 했다. 이는 사기 행위에 대하여 면로免老가 문제 삼지 않으면 연좌법이 적용되고, 일반 사람들은 유방형流放刑에 처했다는 것이다. 여기에서 유배형이 각급 관리에게 빈번히 적용되었고, 일반인에게도 활용되었다는 것을 알 수 있다. 유배형을 받게 되면 가족들도 범인과 함께 유배지까지 동행해 황무지를 개간하는 고된 노역에 종사했다. 진秦의 유배지는 대부분 촉蜀 지역이었는데, 새로 정복한 변방인 진晉 땅의 서남 지역이나 예군남양豫郡南陽 등의 지역도 있었다.

② 적謫

사공률에 다음 규정이 있다. "어머니와 자매가 예신인 백성이 있다. 유배의 죄가 없지만 5년 동안 변방에서 일하고자 하면, 날짜를 따져 보상하지

---

201) 수호지진묘죽간睡虎地秦墓竹簡 진율잡초秦律雜抄, 133쪽.
202) 수호지진묘죽간睡虎地秦墓竹簡 법률답문法律答問, 177쪽.
203) 수호지진묘죽간睡虎地秦墓竹簡 법률답문法律答問, 150쪽.
204) 수호지진묘죽간睡虎地秦墓竹簡 진율잡초秦律雜抄, 143쪽.

말고 예신 1인을 서인으로 면해 주는 것을 허용한다."205) 어머니나 자매가 첩妾이라서 본인이 유방죄流放罪가 없는데도 스스로 5년 동안 변방을 지키고 돌아오면, 예첩 한 명을 면제해서 서인이 되게 하는 것이 율에 의해 인정되었다. 이 규정을 통하여 변방의 수자리에 복무하는 사람은 세 가지 신분이 있었음을 알 수 있다. 하나는 적죄賊罪로 변방의 수자리에 배치된 사람, 둘째는 예신을 속면받기 위해 스스로 자원한 사람, 셋째는 변방의 수자리로 복무하도록 징발된 사람이었다. 그 중에서 적죄에 해당하는 사람은 처음에는 계림桂林·상군象郡·남해南海에서 수자리로 유배를 당했는데, 나중에는 유배되는 범인을 새로 건설하는 변경의 현에 충당했다. 진시황 34년에 이르면 "소송을 처리하는 관리가 부직죄不直罪를 저지르면 장성을 쌓거나 남월南越 땅으로 유배를 보낸다"고 규정했다.

이상과 같이 '천遷'이란 법률에 규정된 형명으로 유배를 보낸다는 의미였다. '적謫'은 어떤 필요에 의해서 유배를 보내는 것인데, 유배되는 사람의 원래 죄는 유배형에 포함되는 것이 아니었다. 전자는 법에 의해 집행하는 것이고, 후자는 조목을 바꾸어 집행한 경우라고 할 수 있다.

(6) 자형貲刑

이는 일종의 재산형財産刑으로 죄인의 재산을 빼앗는 가벼운 벌에 속했다. 원래는 고대의 속형이었다. 즉 "잘못을 해서 형을 받으면 돈을 내고 속면을 받는다는 것"으로, "뜻은 선하나 공적이 나쁜" 사람을 징계하는 것이었다.206) 진秦은 자형을 상당히 광범위하게 사용하여 관리의 실직 행위나 백성의 위반 행위를 막고 사회질서를 관리하는 데 활용했다. 이는 행정 처벌인 동시에, 가벼운 형사처벌이기도 했다. 그 유형에는 자물貲物, 자금貲金, 자역貲役의 세 가지가 있었는데, 앞의 두 가지는 관리에게, 후자는 일반인에게 적용되었다.

---

205) 수호지진묘죽간睡虎地秦墓竹簡 사공률司空律, 91쪽.

206) 국내의 자벌貲罰에 대한 연구는, 임중혁, "운몽진간雲夢秦簡의 자벌貲罰에 대하여"(『동양사학연구』 24)가 있다. —역주

몇 가지 예를 들어 보겠다.

① 절도죄의 징벌에 활용

"타인이 20전의 물건을 훔쳤다고 무고했는데, 아직 판결이 나지 않은 상태에서 또 그가 100전을 훔쳐서 이를 뒤에 알았으면 절도죄로 처벌하고 또 무고죄를 처벌하는가? 마땅히 자 2갑甲 1순盾에 처한다."207) 이는 무고죄와 절도죄를 함께 처벌한 예에 속하는데, 진간에 나온 자형 중에서 가장 무거운 경우였다.

② 구타 상해죄에 활용

"바늘, 송곳 등을 가지고 싸워서 만약 사람을 다치게 했으면 각각 어떻게 처벌하는가? 싸운 자는 자 2갑甲에 처한다."208)

③ 무고죄에 활용

"100전을 훔쳤는데 고의로 10전을 더해서 고발하면 어떻게 처벌하는가? 자 1순에 처한다. 자 1순이 율에 부합하지만 선례에 따라 무고죄는 자 2갑甲에 처한다."209) 고의로 10전을 더하면 관습에 따라 '고불심告不審'으로 처리하여 자 2갑에 처했다.

④ 정치 범죄에 활용

"함부로 사당을 지으면 자 2갑甲에 처한다."210) 마음대로 사당을 지은 것은 '월제越制'에 속하는 범죄지만 무거운 사안이 아니기 때문에 정치 범죄로 처벌했다.

그밖에 수자리로 복역하는 자를 처벌할 때도 쓰였다. "군량軍糧을 배급받을 수 없는 사람이 배급을 받으면 모두 자 2갑甲에 처하며, 해고하고 다시 임용하지 않는다(廢). 관리가 아니면 수자리(貲戍)로 2년 동안 변방을 지키게 한다. 함께 먹은 자와 둔장屯長과 복야僕射가 고발하지 않으면 수자리로 1년

---

207) 수호지진묘죽간睡虎地秦墓竹簡 법률답문法律答問, 172쪽.
208) 수호지진묘죽간睡虎地秦墓竹簡 법률답문法律答問, 188쪽.
209) 수호지진묘죽간睡虎地秦墓竹簡 법률답문法律答問, 167쪽.
210) 수호지진묘죽간睡虎地秦墓竹簡 법률답문法律答問, 219쪽.

동안 변방을 지키게 한다.”211) 군량을 받은 사람 본인은 ‘자수贖戍 2년’으로 처벌하고, 같이 군량을 먹은 사람들과 둔장, 복야는 모두 ‘자수 1년’으로 처벌했다. 법률답문에 한 예가 있다. “어떤 사람이 다른 사람의 뽕잎을 훔쳤는데 장물의 가치가 1전이 안 되면 어떻게 처벌하는가? 요역(貲徭) 30일에 처한다.”212) 1전의 가치가 안 되는 뽕잎을 훔쳐도 30일의 요역을 복역시켰을 정도로 진율은 중형주의를 강조했다.

(7) 폐형廢刑

폐는 관리의 직위를 폐지하고 평생 등용하지 않는 가장 무거운 행정 처벌로, 진율에서는 형사처벌과 함께 사용했다. 예를 들어 “명서命書를 받드는 척하고, 폐기하고 시행하지 않으면 내위후耐爲候에 처한다. 자리에서 내려앉지 않으면 자 2갑甲에 처하며 폐한다”213)고 했다. 조정의 법령을 겉으로만 받들고 속으로는 어기며, 명서를 받을 때 자리에서 내려와 공경히 받지 않으면 2갑의 벌을 받고, 직위에서 해고되며 영원히 임용될 수 없었다. “군에서 평가를 할 때 말이 하등(殿)으로 평가되면 영令과 승丞은 자 1갑에 처하며, 사마司馬는 자 2갑에 처하고 폐한다.”214) 평가를 할 때 말이 하등급으로 평가되면 사마는 2갑으로 처벌받고 해고되어 영원히 임용되지 못했다. 군의 양식을 불법으로 받았을 때도 같은 벌에 처했다. “군량軍糧을 배급받을 수 없는 사람이 배급을 받으면 모두 자 2갑甲에 처하며 폐한다.” 또, “옻나무를 심은 밭의 평가가 3년 동안 하등이면 담당 색부는 자 2갑에 처하며 폐하고, 영과 승은 자 1갑에 처한다”215)고 했다. 옻나무 밭의 관리가 3년을 연속해서 하등급으로 평가를 받으면 색부는 2갑의 벌을 받고 해고되어 다시는 임용될 수 없었다. 채광의 경우에도 3년 연속 하등이면 담당 색부가 같은 처벌을 받았

---

211) 수호지진묘죽간睡虎地秦墓竹簡 진율잡초秦律雜抄, 133쪽.
212) 수호지진묘죽간睡虎地秦墓竹簡 법률답문法律答問, 154쪽.
213) 수호지진묘죽간睡虎地秦墓竹簡 진율잡초秦律雜抄, 129쪽.
214) 수호지진묘죽간睡虎地秦墓竹簡 진율잡초秦律雜抄, 132쪽.
215) 수호지진묘죽간睡虎地秦墓竹簡 진율잡초秦律雜抄, 129, 132, 138쪽.

다는 것에서도 볼 수 있듯이, 폐형廢刑의 적용은 주로 군주의 명령을 존중하지 않는 경우, 함부로 군량을 사취하는 관리, 옻나무 밭이나 광산을 관리하지 못하는 색부 등에 적용되어 평생 동안 관직에 임용되는 정치적 권리를 빼앗겼다.

그리고 제리율除吏律에는 "폐관을 임명하면 자 2갑에 처한다"216)고 규정했다. 진간 중에 관리에게 자貲 순盾으로 처벌한 것이 40조條가 되는데 경우에 따라서 폐형을 함께 부과했고, 자 1갑을 처벌한 32조도 그와 마찬가지였다. 자 2갑을 처벌한 31조와 비슷한 경우의 6조는 모두 폐형을 함께 부과했고, 그 외 나머지 25조는 경우에 따라 폐형을 함께 부과했다. 진간에 나오는 이러한 관리 처벌에 대한 조관條款은 대부분 행정처분에 속하며 소수의 몇몇 조관은 폐형과 함께 부과되었다.

(8) 속형贖刑

속형은 독립된 형이 아니라 형벌을 속면하는 형식인데, 자형과는 다른 것이었다. 자형은 법에 따라 판결하여 재물로 징벌하는 것이고, 속형은 이미 판결한 형벌을 재물로 면제받는 것이었다.

진대秦代에는 금전으로 형벌을 면제받거나 노역으로 속면받는 규정이 있었다. 이 때문에 속형이 많이 응용되었는데, 속사贖死·속궁贖宮·속경贖黥·속내贖耐·속천贖遷 등 여러 종류와 등급으로 이루어졌다.

금으로 속죄하는 것은 이미 고대부터 있었다. 『국어國語』「제어齊語」에 "무거운 죄는 무소 가죽 갑옷과 창(戟) 하나로, 가벼운 죄는 수놓은 가죽 끈 방패와 창 하나로, 작은 죄는 금 반쪽으로 속죄한다"는 기록이 있다. 진율에서는 속형이 일정한 신분을 지닌 사람에게 적용되었다. 예를 들어 부율傅律에는 "다 자란 아이를 숨기는 것과 노인의 수를 파악함이 자세하지 않으면 전(里典)과 노(伍老)는 속내贖耐에 처한다"217)고 규정했다. 또 법률답문에는 "간

---

216) 수호지진묘죽간睡虎地秦墓竹簡 제리율除吏律, 127쪽.
217) 수호지진묘죽간睡虎地秦墓竹簡 부율傅律, 143쪽.

악함을 들이면 속내에 처한다." "자물쇠를 부수고 훔치면 속경贖黥에 처한다"
고 했다. 이는 법을 어긴 사람을 안으로 들이는 것을 용납하지 않고 속내에
처하며, 문을 비틀어 열고 도둑질한 사람은 어김없이 모두 속경에 처했다는
내용이다.

속내나 속경은 모든 사람에게 적용되었는데, 특권을 지닌 사람에 대한
속형은 다음과 같았다. "신방진융군장臣邦眞戎君長이 … 부죄腐罪(宮刑)가 있으
면 속궁贖宮에 처한다." "진신방군공眞臣邦君公이 내죄耐罪 이상의 죄가 있으면
속贖을 명한다." "내공內公의 자손으로 작위가 없는 자가 속형에 해당하면
공사公士에 견주어 속내贖耐로 처벌할 수 없는가? 견주어 처벌할 수 있다."218)
앞의 조는 진의 신하에 속하는 소수민족 수령이 내형 이상에 해당되는 죄를
범하여 속면贖免에 처했다는 의미이다. 뒤의 것은 종실의 후예로 작위가 없는
자가 죄를 범하면 공사公士 작위의 사람과 마찬가지로 금전으로 속면할 수
있다는 것이다.219)

자속貲贖과 역속役贖의 적용 대상은 상당히 광범위하여 현존하는 간문만으
로는 어느 신분까지 제한을 했는지 알 수 없다. 역속은 노역으로 죄를 배상하
는 것인데, 사공률司空律에 "백성 중 자속의 채무가 있어서 예신이나 예첩
한 명, 말이나 소 한 마리로 배상하고자 하면 허락한다"고 했는데, 작위가
없는 사람도 법에 따라 역속할 수 있었음을 알 수 있다. 자속하기 위해 납부하
는 재물은 처벌한 형벌의 경중으로 정해지는데, 구체적인 표준은 확실하지
않다. 사공률에 "죄가 자속에 해당되고 관부에 채무가 있는데, 판결하는 날까
지 배상금을 내지 못하면 규정된 날부터 노역으로 채무를 배상한다. 노역은
하루에 8전으로 계산하고, 관부에서 급여하는 식량은 하루에 6전으로 계산
한다.220)고 했다. 이것으로 관부의 채무를 자속할 때는 노역으로도 배상할
수 있었으며, 관부에서는 음식을 제공했음을 알 수 있다.

---

218) 수호지진묘죽간睡虎地秦墓竹簡 법률답문法律答問, 200, 227, 231쪽.
219) 도미야 이따루, 『진한秦漢 형벌제도의 연구』(同明社), 69~74쪽. —역주
220) 수호지진묘죽간睡虎地秦墓竹簡 사공률司空律, 84쪽.

진율은 형벌을 명확하게 운영하기 위해서 형벌에 관한 기본적인 원칙을 정했다. 진율이 규정한 형벌의 기본원칙은 다음과 같다.

(1) 형사범죄의 책임 연령

진율에는 미성년자가 죄를 범하면 형사책임을 지지 않거나 형벌을 감경한다는 원칙이 명확히 나와 있다. 법률답문에는 "갑은 나이가 어리고 신장은 6척 미만이다. 말 한 필을 방목하다가 말이 사람을 밀쳐내고 타인의 벼 1석을 먹었는데 어떻게 처벌하는가? 처벌하지 않으며 벼도 배상하지 않는다"[221]고 했다. "갑이 소를 훔쳤는데 당시 신장은 6척이었고, 1년 후 다시 재니 6척 7촌이었다. 갑을 어떻게 처벌하는가? 완성단完城旦에 처한다."[222] 앞의 예는 말이 놀라 다른 사람의 벼를 먹었는데 배상도 처벌도 하지 않는다고 판결했다. 뒤의 예는 범죄인이 아직 형사범죄 연령이 되지 않아서 가두지 않았다가 1년 후 그 연령에 도달해서 완성단으로 처벌했다. 비록 형사책임 연령에 도달했지만 이제 막 성년이 되어서 형량을 가볍게 했다는 것이다. 창률倉律에서는 이른바 소小를 가리켜서 "예신·성단은 6척 5촌 미만이고, 예첩·용고는 6척 2촌 미만이다"[223]라고 남녀에 구별을 두어 규정했다. 진율은 신장으로 성년 여부를 확정했음을 알 수 있다. 신장과 나이의 관계는 『주례周禮』에 따르면 7척은 20세, 6척은 15세에 해당된다고 했다. 진율에는 남자의 신장이 6척 5촌, 여자의 신장이 6척 2촌이면 16~7세 정도라고 하여 이 정도면 성년으로 여기고, 6척이 안 되면 미성년으로 여겼다.[224]

그러나 도혼逃婚일 경우에는 처벌했다. "여자 갑은 처가 되어 도망갔다가

---

221) 수호지진묘죽간睡虎地秦墓竹簡 법률답문法律答問, 218쪽.
222) 수호지진묘죽간睡虎地秦墓竹簡 법률답문法律答問, 153쪽.
223) 수호지진묘죽간睡虎地秦墓竹簡 법률답문法律答問, 49쪽.
224) 진대秦代의 1척은 지금의 약 23cm로, 6척 5촌이면 지금의 약 1.5m, 6척 2촌이면 지금의 약 1.4m에 해당한다. ―역주

자수했는데, 나이가 어리고 신장이 6척 미만이면 처벌하는가? 이미 결혼을 관부에 인가받았으면 처벌하고, 인가받지 않았으면 처벌하지 않는다."225) 즉, 관부의 인정을 받은 혼인에 대해서는 책임 연령의 규정에 상관없이 처벌했다.

(2) 범죄 의식意識의 유무

진율은 범죄 의식의 유무로 피고인이 범죄를 구성했는가의 여부를 판단하는 중요한 근거로 삼았다. 법률답문에 두 가지 예가 있다. "갑이 도둑질했는데 장물의 가치가 1,000전이었다. 을이 훔친 것을 알아서 1전이 안 되는 장물을 나누어 받았다. 을은 어떻게 처벌하는가? 같은 죄로 처벌한다." "갑이 돈을 훔쳐 명주를 사서 을에게 맡겼다. 을이 받았지만 훔쳤다는 것을 알지 못했으면 을은 어떻게 처벌하는가? 처벌하지 않는다."226) 즉, 전자는 갑이 범죄를 저질렀음을 알고도 을이 장물을 받았기 때문에 동일한 죄로 처벌했고, 후자는 을이 갑의 범죄행위를 몰랐기 때문에 처벌을 면했다.

(3) 고의와 과실의 구분

피고인의 범죄행위에 대하여 고의건 과실이건 모두 책임을 추궁했지만, 형량에는 구별이 있어서 고의일 때는 무겁게, 과실일 때는 가볍게 처벌했다.

① 고의

진율에서는 '단端'이나 '단위端爲'라고 했다. 법률답문에 이런 예가 나온다. "을이 소를 훔치고 사람을 살상했다고 갑이 고발했는데, 을은 소를 훔치지도 사람을 살상하지도 않았다. 갑을 어떻게 처벌하는가? 고의(端爲)면 무고죄가 되고, 고의가 아니면(不端) 부실 고발이 된다."227) 을이 도적죄나 살상죄를 범했다고 갑이 고발해서 조사해 보니 사실과 달랐다. 고발자가 이를 고의로

---

225) 수호지진묘죽간睡虎地秦墓竹簡 법률답문法律答問, 222쪽.
226) 수호지진묘죽간睡虎地秦墓竹簡 법률답문法律答問, 154~155쪽.
227) 수호지진묘죽간睡虎地秦墓竹簡 법률답문法律答問, 169쪽.

했으면 무고죄에 해당하고, 고의가 아니면 부실 고발이 되어 범죄가 성립되지 않는다는 것이다. 한편, 관리가 형을 정할 때 "죄가 무거운데 고의로 가볍게 판결하고, 가벼운데 고의로 무겁게 판결"하면 '부직不直'죄로 처벌했다. 만일 고의로 처벌하지 않으면 '종수縱囚'죄가 되었다.

② 과실

진율에서는 '실失' 또는 '실형失刑'이라 하며 고의와 명확히 구분했다. 사오갑이 도둑질을 하여 경성단형黥城旦刑에 처해야 하는데, 관리가 갑을 내형에 처했다. 형을 합당하지 않게 판결한 것이면 실형죄가 되고, 고의로 그랬으면 부직이 되어 공정하지 못한 죄로 처벌했다. 또 "자貲 순盾에 해당하는데 5천 전을 몰수해서 그에 과실이 있으면 어떻게 처벌하는가? 질책한다.228) 순으로 처벌할 것을 금전 오천을 몰수하는 것으로 판결했으면, 형을 합당하게 내리지 못한 것이 되어 질책으로 처벌했다.

(4) 종중종경從重從輕

진율에는 가중죄와 감경죄라는 형벌 원칙이 있었다. 교사범敎唆犯, 누범累犯, 집단범集團犯은 형량을 가중하고, 자수범自首犯은 형량을 경감했다.

① 교사범 가중죄

진간에 다음 예가 나온다. "갑이 주모해 을을 시켜서 도둑질하게 했는데, 하루는 을이 도둑질하러 가다가 이르지 못하고 체포되니, 모두 속경에 처했다." 교사범과 현행범 모두를 경형에 처했다. 미성년자를 교사해서 범죄를 저지르면 처벌이 더 무거웠다. "갑이 주모해 을을 시켜서 살인강도를 했다." 을이 아직 미성년자라서 갑을 "책형磔刑(거열형)에 처했다."229)

② 누범 가중죄

법률답문에 다음 예들이 나온다. "내위예신耐爲隸臣에 해당되는 자가 사구司寇의 죄명으로 타인을 무고하면 … 내위예신에 처하고, 성단城旦 6년형을

더한다." "경성단에 해당되는 자가 완성단으로 타인을 무고하면 경의黥劓에 처한다." "20전의 가치가 있는 물건을 훔쳤다고 타인을 무고했는데, 아직 판결이 나지 않은 상태에서 도둑질을 했다."230) 이런 경우에는 두 장물을 합산해서 처벌했다.

③ 집단범 가중죄

진율은 5인 이상의 범죄를 집단 범죄라고 규정했다. 법률답문에 "5인이 함께 도둑질해 장물이 1전 이상이면 왼발을 자르고, 경위성단黥爲城旦에 처한다. 5인 미만으로 도둑질한 것이 660전을 이상이면 경의이위성단黥劓以爲城旦에 처하고, 660전 미만에서 220전 사이면 경위성단에 처하고, 220전 미만에서 1전 사이라면 유배를 보낸다"231)고 했다. 5인이 1전 이상을 훔치는 범죄는 5인 이하가 660전 이상을 도둑질한 것보다 훨씬 엄하게 처벌했다. 이렇게 집단 범죄에 대한 처벌은 개별 범죄나 공동 범죄보다 훨씬 무겁게 했다.

(5) 감형 원칙

자수는 진율에는 자출自出이라고 표현했다. 법률답문에 "빌린 물품을 가지고 도망했는데, 체포되거나 자수(自出)하면 절도인가 아닌가? 자수(自出)하면 도망으로 처벌한다. 체포되었으면 장물에 따라 절도죄로 처벌한다"232)고 했다. 빌린 관가의 물품을 가지고 도망했을 때, 자수를 하면 도망죄로 처벌하고, 만약 체포되면 장물에 따라 절도죄로 처벌했다. "예신첩이 성단용을 감시하는데, 성단용이 도망갔다. 처벌을 하기 전에 자수하면 태형 50대에 처하고 만기까지 구금한다."233) 즉, 자수하면 처벌을 경감할 수 있고, 만약 관부에 체포되면 형벌을 가중한다는 뜻이다.

범죄 후의 결과를 원상 복구하면 형벌을 감면할 수 있다는 규정도 있었다.

---

230) 수호지진묘죽간睡虎地秦墓竹簡 법률답문法律答問, 202, 203, 172쪽.
231) 수호지진묘죽간睡虎地秦墓竹簡 법률답문法律答問, 150쪽.
232) 수호지진묘죽간睡虎地秦墓竹簡 법률답문法律答問, 207쪽.
233) 수호지진묘죽간睡虎地秦墓竹簡 법률답문法律答問, 208쪽.

"죄인을 감시하는데 범인이 도망갔다. 자신이 체포하거나 처가 고발해 체포하면 죄를 면할 수 있다." 범인을 감독하는 사람이 범인을 놓쳤는데 다시 체포하면 감형 받을 수 있다는 것이다. "대부 갑이 귀신을 때려서 귀신이 도망가면 갑은 어떻게 처벌하는가? 관부에서 복역하면서 도망자가 체포되기를 기다린다."234) 귀신이 갑에게 구타당해서 도망가면 대부 갑을 관부에서 복역하도록 처벌하고, 도망자가 체포되기를 기다린 후 그 기한을 봐서 감형 처벌한다는 뜻이다.

(6) 연좌連坐의 실행

연좌는 본인은 죄가 없어도 타인의 죄에 함께 처벌받는 것이다. 진은 인민을 통제하고, 범죄를 징벌하기 위해 연좌를 폭넓게 실시했다. 율문에는 친속연좌, 동족연좌, 영리연좌, 직무연좌 등 여러 종류로 연루자의 범위를 확대했다. 그 구체적 내용은 다음과 같다.

① 친속연좌親屬連坐

춘추·전국 시대 초기의 족형族刑을 계승한 것으로서 상앙이 만든 법이었다. "법과 관직을 지키는 관리가 왕법을 시행하지 않으면 사형에 처하고 용서하지 않으며, 형벌은 삼족에까지 미친다."235) "한 사람이 죄를 범하면 네 사람의 목을 벤다." 진에 이르러 그 적용 범위는 호戶로 한정되었는데, 응소應劭는 "진의 법은 한 사람이 죄를 지으면 그 가족을 연좌한다"236)고 기록했다. 가족을 연좌하는 것은 주로 절도와 같은 유형의 범죄에 적용했다. 다음 예가 나온다. "야간에 도둑질을 했는데 장물의 가치가 110전이다. 그 처자식이 사정을 알고서도 그 돈으로 고기를 사 먹으면 처자식은 같은 죄로 처벌한다." "야간에 도둑질한 장물의 가치가 150전인데, 갑과 그의 처자식이 사정을 알면서도 도둑과 함께 훔친 돈으로 고기를 사 먹었으면, 갑과 그

234) 수호지진묘죽간睡虎地秦墓竹簡 법률답문法律答問, 205, 206쪽.
235) 『상군서商君書』 「상형賞刑」, 「경내境內」.
236) 『사기史記』 「효문본기孝文本紀·집해集解」.

처자식은 모두 도둑과 같은 죄로 처벌한다."237) 또 법률답문에 인용된 율에 다음 예가 나온다. "예신이 성단을 감독하는데 그가 도망가면 예신을 완위성단完爲城旦에 처하고, 그의 처자를 몰수한다."238)

엄중한 정치 범죄는 족형이 적용되었는데 모두 가속 연좌법의 성격을 띠었다. 노애가 죄를 저질렀을 때 집안사람들의 작위를 빼앗고 4천여 가家를 유배 보낸 예가 유명하다.

② 인오연좌隣伍連坐

상앙이 변법을 실시해 "명하여 백성을 십오什伍로 조직해서 서로 감시하게 하고 연좌"시켰다. 주민 5가구를 묶어서 '오伍'를 구성하고, 명하여 "5가구를 보保로 만들고, 10보를 서로 연결하여" 서로 감독하게 하고 죄가 있으면 연루시켰다. "서로 감시하고 고발하게 한다. 1가구에 죄가 있으면 9가구가 고발해야 하고, 그렇지 않으면 10가구가 연좌된다. 변법이 시행되지 않을까 염려되기에 엄격하게 금하도록 만들었다."239)

진간에는 인리연좌隣里連坐의 두 가지 경우가 보인다. 첫째는 동오연좌同伍連坐로 1가구에 죄가 있으면 4린隣이 반드시 고발해야 하며 그렇지 않으면 모두 연좌되었다. 둘째는 이전연좌里典連坐로 주민이 죄를 지었는데 주민조직의 수뇌가 고발하지 않으면 연좌되었다. 부율傳律에 "다 자란 아이를 숨기는 것과 노인의 수를 파악함이 자세하지 않으면 전典(里典)과 노老(伍老)는 속내에 처한다"240)는 규정이 있었다. 이 형벌은 독직죄의 성격을 갖으며 연좌의 유형에 속했다.

③ 직무연좌

『상군서』에 "법령을 관리하고 집행하는 관리가 왕법을 시행하지 않으면 모두 사형을 내리고 절대로 용서하지 않으며, 형벌이 삼족에까지 미친다.

---

237) 수호지진묘죽간睡虎地秦墓竹簡 법률답문法律答問, 158쪽.
238) 수호지진묘죽간睡虎地秦墓竹簡 법률답문法律答問, 201쪽.
239) 『사기史記』 「상군열전商君列傳」.
240) 수호지진묘죽간睡虎地秦墓竹簡 진율잡초秦律雜抄, 143쪽.

… 엄한 형벌을 내리고 연좌제를 시행하면 감히 법을 시험하는 백성들이 없어진다. 감히 법을 시험하는 백성들이 없어지면 더 이상 형벌이 필요 없다”고 했다. 직무연좌의 목적이 한 사람이 죄가 있으면 타인을 연좌시킴으로써 형벌을 없애고자 하는 것이라는 점을 분명하게 밝혔다. 진율은 이 ‘중형연좌重刑連坐’ 사상을 계승해 실직失職도 연좌할 것을 규정했다.

이런 예가 나온다. “현위縣尉의 회계에 문제가 있거나 현위 관부의 관리가 범죄행위를 하면 영과 승은 연좌되는데 다른 관부와 같다.” “사마사연司馬史掾은 원苑을 결산하는데, 회계에 죄상이 있으면 사마령사도 그에 연좌된다. 영사令史가 관부의 회계에 죄가 있어 연좌되는 것과 같다.”[241] 앞의 예는 현령과 승이 연좌되는 것이고, 후자는 사마령사가 연루되는 것으로, 모두 형사책임을 졌다. 부당하게 임용한 사람도 연좌되어, “해고된 관리를 임명하면 자貲 2갑甲에 처한다”고 했다.

또 군량을 불법으로 배급 받고, 관리를 잘못하여 경제적 손실을 입히면 당직 관리도 연좌되었다. 군량을 받을 수 없는 자가 군량을 받으면 자 2갑에 처하고 해직되어 평생 임명되지 못하고, 그가 만약 관리가 아니라면 변방의 수자리 2년에 처했다. 그리고 함께 군량을 먹은 군인과 보고하지 않은 둔장屯長과 복야僕射는 모두 변방의 수자리 1년에 처하며, 현령縣令·현위縣尉·사리士吏가 발견하지 못하면 자 1갑에 처했다. 군인이 지방의 양식을 함부로 뺏거나 현에 군량을 내다 팔면 수자리 2년에 처하고, 현사공縣司空·사공좌사司空佐史·사리士吏 같은 감독자가 발견하지 못하면 자 1갑에 처하며, 방사공邦司空은 자 1순에 처했다. 군인이 지방에서 함부로 양식을 뺏거나 현의 백성에게 군량을 팔면 자 2갑에 처하고 양식을 몰수하며, 감독하는 관리가 이를 발견하지 못하면 현령縣令과 승丞은 각각 자 1갑에 처했다. 군졸에게 발급하는 병기의 질과 양이 어긋나면 승과 창고의 색부는 모두 자 2갑에 처하고, 해직되어 다시는 임명될 수 없었다. 이로부터 진의 연좌 범위가 선진의 연좌법보

---

241) 수호지진묘죽간睡虎地秦墓竹簡 효율效律, 124쪽.

다 훨씬 확대되었음을 알 수 있다.

(7) 무고반좌誣告反坐

무고죄는 진간에 의하면 무인誣人, 고불심告不審, 고도가장告盜加贓의 세 가지 유형으로 나뉜다.

무인誣人은 날조하여 모함하는 것을 말했다. 만약 갑이 을이 소를 훔치고 사람을 다치게 했다고 고발했는데, 을은 소를 훔치지 않고 사람을 다치게 하지도 않았으면 고의로 무고한 것이니 갑에게 형사책임을 추궁했다.[242] 율문에는 "오인伍人이 서로 고발했는데 죄가 사실이 아니면 살피지 않은 것으로 처벌한다"고 했다. 같은 오의 사람들이 무고하면 가중 처벌했다.

고불심告不審은 고발한 내용이 사실이 아닌 것을 말했다. "갑이 말하길 오伍의 사람 을이 사람을 적살했다고 하여 을을 잡아서 심문하니 사람을 죽이지 않았다. 갑이 사실이 아닌 말을 했으니 마땅히 고불심에 처한다."[243]

고도가장告盜加贓은 고의로 절도죄의 내용을 과장한 것을 말했다. 예를 들어 을이 갑이 양을 훔친 것을 알면서 고의로 갑이 소를 훔쳤다고 고발하면 고도가장으로 처벌했다.[244] 또 갑이 양을 훔쳤는데 을이 훔친 양의 수를 모르고 갑이 양 세 마리를 훔쳤다고 고발하면 고도가장으로, 내형에 처했다.[245]

진은 간악하게 모함하는 것을 방지하기 위해서 무고를 엄징해 무고하면 반대로 연좌시키는 원칙을 실행하여, 전통시대의 형사입법에 적극적 영향을 미쳤다.

(8) 동죄이벌同罪異罰

동죄이벌은 범죄인의 신분에 따라 각각 다른 죄형을 정하는 것으로 일종

---

242) 수호지진묘죽간睡虎地秦墓竹簡 법률답문法律答問, 169쪽.
243) 수호지진묘죽간睡虎地秦墓竹簡 법률답문法律答問, 192, 193쪽.
244) 수호지진묘죽간睡虎地秦墓竹簡 법률답문法律答問, 170쪽.
245) 수호지진묘죽간睡虎地秦墓竹簡 법률답문法律答問, 171쪽.

의 법외 특권을 가리킨다.

　신흥 지주계급은 국가 권력을 장악한 뒤 형에는 차별이 없고 법에는 귀천이 없다는 구호를 포기하고, 법률 수단을 운영해 자신들의 특권을 옹호하며 동죄이형의 형사 원칙을 만들었다. 상앙의 변법 시기에는 "남작과 자작에게 작위를 1급 이상 수여하고 죄가 있으면 감면한다"는 규정이 있었고, 진이 세워진 뒤 죄형을 법률에 적용할 때 신분에 따른 차등을 강조하고 공개적으로 같은 죄라도 다른 벌을 적용했다.

　가정에서 가장이 자식을 죽이는 일이 발생하면 진율에는 "자식을 함부로 죽이면 경위성단용黥爲城旦春"에 처한다고 규정했다. 그러나 소송과정에서 "기소되지 않고 고발자는 처벌한다"고 하여, 그 후로는 자식을 함부로 죽이거나 형벌을 가하거나 머리를 깎아도 법률에 처벌받지 않는 것으로 전개되었다. 또 "아버지가 자식의 물건을 훔치면 도둑이 아니다"고 한 데 반해 "양부가 양자의 물건을 훔치면 … 도둑이 된다"246)고 했다. 전자는 혈통관계이고 후자는 수양관계로, 이 경우 혈통을 근거로 같은 죄에 다른 벌을 주었다.

　주인과 노비에게 죄형을 적용할 때도 불평등하게 적용했다. 예를 들어 "주인이 제멋대로 신첩과 그 자식을 죽이거나 형벌을 주거나 머리를 깎아도, 관청에 고발하는 것이 아니므로 기소되지 않으며, 고발한 자는 처벌한다"고 규정했다. 그러나 "노비가 주인을 죽이면" 중죄에 처하고, "남노비가 여주인을 강간하면 … 주인을 구타한 것과 같이 처벌"했다. "남노비 갑이 주모해 여노비 을을 시켜서 주인의 소를 훔치게 했다. … 경성단형에 처했다."247)

　관리와 백성에게 법률을 적용할 때는 백성에게 중벌을 내렸다. 도망죄의 경우 대부大夫가 도망하면 단지 자 1순인데, 백성이 도망하면 태형 50대로 처벌했다. 또 관리가 "죄인을 감독하는데 그가 도망갈 경우 스스로 체포하거나 처가 고발해 체포하면 무죄이다"라고 한 데 비해, "예신이 성단을 감독하는데 그가 도망가면 완성단에 처하고 처자를 노비로 만든다"248)고 하여 더

---

246) 수호지진묘죽간睡虎地秦墓竹簡 법률답문法律答問, 181, 196, 159쪽.
247) 수호지진묘죽간睡虎地秦墓竹簡 법률답문法律答問, 196, 183, 152쪽.

무거운 징벌을 받았다.

(9) 범인의 고발과 체포의 장려

진율에는 백성이 범죄를 고발하는 것을 장려하고, 죄인을 체포하면 고액의 상금을 줬다. 예를 들어 "갑이 을이 사람을 상해했다고 고발하여 을을 심문하니 다치게 한 것이 아니라 살인을 했다면, 갑은 상을 받는데 얼마나 받아야 하는가? 황금 2량을 받는다"[249]고 했다. 갑이 원래는 을이 사람을 상해했다고 고발했지만 심문 결과 을이 살인을 했다는 것이 밝혀져서 갑은 상으로 황금 2량을 받은 것이니, 후한 상으로 고발을 장려한 것이다.

또 법률답문에는 다른 예도 나온다. "도망간 완성단을 체포하면 상금이 얼마인가? 황금 2량이다." "부부와 자식 5인이 함께 도둑질해 성단에 해당하는데, 갑이 그들을 체포해 고발하면 갑의 상금은 얼마인가? 1인당 황금 2량이다."[250] 죄인 한 명을 체포할 때마다 황금 2량을 상금으로 줬는데, 이런 고액의 장려금으로 도둑을 체포하게 하는 방법은 범죄를 방지하려는 목적으로, 사회 안정을 확보하는 데 중요한 의의를 지닌다.

4. 진율의 기본 특징

진율은 중국 전통사회가 성립하는 초기의 산물이며, 그 내용에는 법제가 확립되는 시기에 갖추어야 할 몇 가지 특징을 갖추고 있었다.

첫째, 고대 법률체계에서 벗어나기 시작한 진율은 지주계급의 의지를 적극적으로 체현하여 고대와의 단절을 꾀했다. 군작률軍爵律에 이런 예가 나온다. "작위 2등급을 반납하고 예신첩인 친부모 중 1인을 속면하고자 하거나, 적군의 목을 베어 예신이 공사公노가 되었는데 공사의 작위를 반환해 예첩인

---

248) 수호지진묘죽간睡虎地秦墓竹簡 법률답문法律答問, 201쪽.
249) 수호지진묘죽간睡虎地秦墓竹簡 법률답문法律答問, 208쪽.
250) 수호지진묘죽간睡虎地秦墓竹簡 법률답문法律答問, 209쪽.

처를 속면하고자 하는 것은 모두 허락하고, 속면된 자는 서인이 된다. 공예신工隸臣이 적의 목을 베거나 어떤 이가 적의 목을 베고 속면받고자 하면 모두 공인이 된다."251) 즉 노예가 자기가 세운 군공으로 얻은 작위나 적의 머리를 베고 얻은 공사의 신분을 국가에 반환하면 자기나 부모, 처의 노예 신분을 면제받고 자유를 얻을 수 있었다. 이것은 고대 법률과 달라진 변화이다. 또 사공율司空律252)에는 "백성의 어머니나 형제가 예신인데, 유배죄는 아니지만 자원해 변방의 수자리로 5년을 복역하면, 1인을 서인으로 속면시키는 것을 허락한다"253)고 규정했다. 이는 진율이 노예의 속면을 인정하고 있음을 설명한다. 또 법률답문에 규정하기를, "백성이 채무가 있어도 함부로 인질로 만들지 말라. 억지로 인질로 삼거나 인질을 받은 자는 모두 자 2갑에 처한다"254)고 했다. 이는 채무가 있어도 함부로 노예로 삼을 수 없다는 일종의 법률 제한이었다. 진율이 규정한 이러한 내용은 노예를 해방하여 노동시장을 확대하는 데 효과가 있는 것으로, 일정 정도 고대 법률을 부정했다.

그러나 진율은 아직 여러 방면에서 고대의 잔재를 가지고 있어, 노예의 존재를 합법적으로 인정했다. 관부 노예로는 예신첩隸臣妾· 예신隸臣· 예첩隸妾이 있었고, 사가 노예로는 인노첩人奴妾· 인신人臣· 인첩人妾· 인노人奴가 있었다. 관부 노예에는 관노官奴 외에도 대량의 도예徒隸가 있었는데, 관노는 평생 동안 노비였지만 도예는 일정 기간 동안 복역하는 노예였다.

또한 진은 범죄를 저지른 농민과 그의 가족을 노예로 만들어 지주계급의 수요를 충당했다. 진간秦簡 창률倉律에 규정하기를, 신장이 5척 2촌이 넘는 예신첩부터 면노免老에 이르기까지 각종 힘든 노역에 종사하도록 하고, 관부의 노복들은 농업·수공업·목축업·토목·군복무 등의 힘든 일에 기한 제한이나 생명 보장도 없이 종사하도록 했다. 또한 사적으로 노예를 점유하고 사역

---

251) 수호지진묘죽간睡虎地秦墓竹簡 진율秦律 18종, 93쪽.
252) 원문에는 공사율空司律이라고 되어 있지만 오자일 것이다.
253) 수호지진묘죽간睡虎地秦墓竹簡 진율秦律 18종, 91쪽.
254) 수호지진묘죽간睡虎地秦墓竹簡 법률답문法律答問, 214쪽.

시킬 수 있는 권리가 있었음을 진율에서 확인할 수 있다. 봉진식封診式에 그 두 가지 예가 있는데, 하나는 경첩黥妾이었다. 주인은 오대부五大夫 작위의 군공軍功이 있는 지주인데, 가리家吏를 시켜서 한 여노를 묶어 관부에 보내어 여노가 사납기 때문에 경의형黥劓刑에 처할 것을 요구했다. 다른 하나는 고신 告臣이었다. 주인은 작위가 없는 지주인데, 그가 남노를 묶어 관부에 와서 남노가 교만해 농사에 힘쓰라는 말을 듣지 않으니, 정신을 차리게 기소하지 말고 관부에서 사서 성단에 처하라고 요구했다.[255] 이 두 가지 예에서 노예를 징벌하는 내용이 모두 법률에 마련되어 있었음을 확인할 수 있다. 이 외에 법률답문에 "주인이 마음대로 신첩과 그 자식을 죽이거나 형벌을 주거나 머리칼을 잘라도 이는 관청에 고발할 수 있는 것이 아니다"라고 하여, 만약 신첩이 정부에 고발하면 "기소하지 않고, 또 고소하는 자는 벌한다"고 했다. 이렇듯 신첩은 고소할 수 있는 권리마저 없었다. 진율은 고대의 잔여 세력은 제한하고 규제하면서 지주계급이 노예를 점유하는 것은 인정하는 모순을 보였다.

둘째, 진율은 행정관계와 경제관계의 조정을 강조하여 경제발전을 보장했다. 지주계급이 정권을 잡은 후 전면적으로 전통시대의 경제 기초를 확립하고, 법률을 통해 사회·경제 발전의 수요에 부합하는 정책과 조치를 제정했다. 진율 가운데 행정관계와 경제관계를 조정하는 많은 법규와 규정은 모두 신흥 지주계급의 의지를 체현한 경제체계를 수립하려는 것이었다. 이러한 조치들은 국가의 중앙집권과 경제발전을 강화하는 데 매우 중요했다.

셋째, 진율의 내용은 풍부한 편이나, 맥락이 번잡하고 계통이 결핍되어 있었다. 율문의 내용이 중복되고 경계가 불분명하며 심지어 서로 모순되는 것도 있었다. 이는 전통사회 초기의 법률제도가 아직 성숙되지 않은 초창기 현실을 반영하는 것이다.

넷째, 진율은 중형경죄重刑輕罪의 전통을 계승하여 형벌 수단은 고대의

---

255) 수호지진묘죽간睡虎地秦墓竹簡 봉진식封診式, 260쪽.

오형의 기초 위에 많은 육형肉刑을 사용했다. 이를 『염철론鹽鐵論』에서는 "진나라 시대에는 베어 낸 코가 광주리에 가득이고, 잘린 다리가 수레에 가득하며, 황하 서쪽 땅에도 천하의 형도刑徒를 받을 수 없다"고 비평했는데, 진나라 법의 잔혹하고 야만스러움을 증명하는 것이다. 또 진시황 35년(기원전 212) "은궁隱宮 형도刑徒 70만 명을 선발해서 아방궁阿房宮을 지었는데, 어떤 사람은 여산麗山을 지었다"256)고 한다. 진이 형벌을 남용했다는 것을 충분히 알 수 있다. 진2세 때는 조고趙高가 자기 마음대로 대신들을 살육하여, "2세는 조고의 말을 듣고, 법률을 고쳤다. 이에 많은 신하와 공자들이 죄를 짓게 되어 조고가 그들을 국문했다. 대신 몽의蒙毅 등을 죽이고, 공자 12인을 함양의 저자에서 죽이고, 10인의 공자는 두杜에서 목매어 죽이며, 재물은 현관縣官으로 몰수하고, 서로 연좌된 자가 셀 수 없을 정도였다."257) "간사한 자들이 일어나 죄인이 길에 가득하고 감옥이 가득 차니, 천하가 원망하여 반란을 일으켰다."258) 끝내는 6세의 공적을 이어서 오랫동안 천하를 다스리려던 왕조가 수립된 지 38년 만에 농민봉기의 성난 조류 속에 멸망했다.

제2절 한 왕조의 형사입법

전국戰國에서 진秦·한漢까지는 통치를 확립하는 시대였다. 이때 형사입법의 역할은 중앙집권제를 위협하는 범죄를 분쇄하고, 지방 세력을 다스려 수립된 지 얼마 안 되는 전통시대를 수호하는 데 있었다. 따라서 진·한 시대는 전통 형법이 정착되는 시기로, 한의 형사입법은 이 시대의 사회 경제적 특징을 반영하여 확립되었다.

---

256) 『사기史記』「진시황본기秦始皇本紀」.
257) 『사기史記』「이사열전李斯列傳」.
258) 『한서漢書』「형법지刑法志」.

1. 한율에 규정된 범죄 유형

한은 농민봉기가 빈번하게 일어난 시기였다. 그래서 통치자는 형법 수단을 중시하고, 엄밀한 법망에 의존해 전제주의 체제를 수호하고자 하여 형사 범죄를 엄하게 징벌했는데, 그 주요 죄명은 아래와 같았다.

(1) 군주의 전제 통치를 위협하는 범죄

전통시대의 중앙집권은 황권이 중심이었다. 따라서 전통 법률은 통치, 특히 황제의 권위와 존엄을 수호하는 것이 그 주요 임무였다. 우선 한율은 통치에 반대하는 죄명을 규정했는데, 주요한 몇 가지는 다음과 같았다.

① 모반죄謀反罪

양한은 모반을 사직을 전복시키는 큰 죄로 여겨서, 일단 발각되면 범죄자의 지위를 불문하고 즉시 징벌을 했다. 가장 먼저 징벌을 받은 사람은 회은후淮隱侯 한신韓信이었다. "11년(기원전 196) 모반죄에 연루되어 죽임을 당했다." 또 선평무후宣平武侯 장오張敖가 있는데, "부친 이耳를 계승해 조왕趙王이 되었는데, 관고貫高 등과 함께 모반에 연좌되어 왕위가 폐해지고 후가 되었다." 무제武帝 때는 "후侯 언사偃嗣는 원수元狩 원년, 회남왕淮南王의 모반에 연좌되어 죽임을 당했다." 적군과 사통해 모반을 일으키면 더욱 엄하게 징계했다. 친양후親陽侯 월씨月氏는 "(원삭元朔) 5년, 흉노와 함께 모반하여 … 요참에 처했다." 그와 함께 형을 받은 자로 악양후岳陽侯 맹맹猛이 있었다.[259] 무제 연화延和 3년에 동성후東城侯 거고居股는 "태자가 거병한 모반에 연좌되어 요참에 처했다." 또한 기후幾侯 장각張隘은 "6년, 조선에 가서 모반하여 잡아서 죽였다."[260] 이와 같이 참斬하지 않으면 자살하게 명했다. "원척후爰戚侯 당當 … 형료兄廖와 모반하여 자살하게 했다."

---

259) 『한서漢書』「고혜고후문공신표高惠高后文功臣表」.
260) 『한서漢書』「경무소선원성공신표景武昭宣元成功臣表」.

② 교제矯制·교조죄矯詔制

교제는 황제의 조령을 전할 때, 임의로 고치는 죄였다. '교제이령천하矯制
以令天下'라 하여, 경제景帝가 비濞의 죄명을 정하고 죽일 때, "감히 조詔를
고치고 조에 따르지 않는 자는 모두 요참腰斬에 처한다"[261]고 했다. 이른바
교조矯詔란 황제의 조서와 인장을 위조하는 큰 불경죄인데, 교조해矯詔害와
교조불해矯詔不害의 두 종류로 나누었다. 교조해는 엄중한 결과를 초래한 것
이고, 교조불해는 결과가 경미한 것이었다. 그래서 "율과 조를 함부로 고친
결과, 큰 해가 있으면 요참에 처한다"[262]라고 규정했다. 무제 때 호후浩侯
왕회王恢가 "주천酒泉으로 하여금 교제해를 범하게 함에 연좌되어 마땅히
사형에 처해야 하나 속죄贖罪하여 사면되었다"[263]고 한다. 이 모두가 중죄에
속했다. 만약 고의가 아니라 실수였으면 형이 가벼워졌다. 장평열후長平烈侯
의 상속자 항伉은 "원정元鼎 원년, 교제에 연좌되었으나 해가 없어 사면되었
다"[264]고 한다.

③ 폐격조령죄廢格詔令罪

조령을 반포하는 것은 황제가 권력을 운영하는 형식으로서, 신하와 백성
은 황제의 조령에 반드시 절대 복종해야 하는데 따르지 않는 자는 폐격이라
했다. 이는 황제권을 침해하는 중대한 범죄로서 중형에 처했다. 무제 때 회남
왕淮南王 안安은 흉노에 대항해 군사를 모으라는 조서를 무시하여 율에 따라
"조서를 폐격해서 기시에 처했다"고 한다. 의종義縱은 혹리로 "폐격하고 일을
가로막아서 기시에 처했다"[265]고 한다.

그 다음으로, 황권의 존엄을 수호하기 위해 한율에는 아래의 죄명을 규정
했다.

---

261) 『한서漢書』「오유비전吳劉濞傳」.
262) 『한서漢書』「경무소선원성공신표景武昭宣元成功臣表」.
263) 『한서漢書』「경무소선원성공신표景武昭宣元成功臣表」.
264) 『한서漢書』「외척은택후표外戚恩澤侯表」.
265) 『한서漢書』「혹리열전酷吏列傳」.

① 축조죄祝詛罪

즉, 저주죄였다. 『시경詩經』「대아大雅」 가운데 "서로 미워하고 서로 저주한다(후저후주侯作侯祝)"는 구절이 있다. 이는 신명에게 고해 비는 방법으로 황제를 저주하는 중죄였다. 고후高侯 주舟가 "정화 4년, 황제를 저주하는 대역죄로 요참腰斬에 처했다"266)고 한다. 대경후戴敬侯 비秘의 계승자 몽蒙은 "후원년, 황제를 저주하는 대역죄로 요참에 처했다"267)고 한다. 이렇게 축조는 대역죄로 간주되어 요참에 처해졌다. 승부후承父侯 속상어續相如, 서광徐光, 오수吳首 등도 모두 "황제를 저주해 요참에 처했다"268)고 한다. 서한 때 축조죄로 죽게 된 왕후가 수십 인에 이르는 것으로 보아, 형벌이 남용되었었음을 알 수 있다.

② 무고죄巫蠱罪

귀신에게 주술하는 방법으로 황제에게 해를 가하는 것을 무고라고 했다. 축조와 방법은 다르지만 내용은 같았다. 무제 때 무고 사건이 발생해, 태자 유거劉据가 강충江充에 의해 궁중에 무제를 저주하는 나무 인형을 숨겨두었다고 고발되었다. 무제가 병사를 보내 체포하려 하자, 태자는 저항하다 자살했다. 공주, 황후, 승상 등 "연좌되어 죽은 자가 수만"에 이르는 엄청난 사건이 있었다.269) 또 하나의 중요한 사건이 무제 때 있었다. "원삭元朔 6년에 … 왕후 서래徐來가 또한 전 왕후 승서乘舒를 저주해 죽여 연좌되고, 태자 상爽은 왕후에게 불효함에 연루되어 모두 기시棄市에 처했다."270)

③ 망상죄罔上罪(황제 기만죄)

망은 기만으로 중죄였다. 남릉후南陵侯 경경慶은 "패군沛郡 태수로 방자하게 황제를 기만해 하옥되어 병들어 죽었다"271)고 한다. 신보후新甫侯 왕가王嘉도

---

266) 『한서漢書』「왕자후표王子侯表」.
267) 『한서漢書』「고혜고후문공신표高惠高后文功臣表」.
268) 『한서漢書』「경무소선원성공신표景武昭宣元成功臣表」.
269) 『한서漢書』「강충전江充傳」.
270) 『사기史記』「회남형산열전淮南衡山列傳」.
271) 『한서漢書』「왕자후표王子侯表」.

"원수元壽 원년, 황제를 기만해 하옥되어 병들어 죽었다"272)고 한다. 즉, 가벼운 징계를 받더라도 후위를 박탈하고 책임을 캐물었다. 목구염후牧丘恬侯 석덕石德은 "천한天漢 원년, 태상太常으로 황제를 기만한 죄로 완위성단完爲城旦에 처했다"273)고 한다.

④ 비방죄誹謗罪

한율에는 '비소의언非所宜言'이라고 규정했는데, 즉 대신이 황제의 말이 옳지 않다 하며 조정을 비방하는 것으로, 황제에 도전하는 범죄였다. 선제漢宣帝 때 하남河南 태수 엄연년嚴延年이 황제가 영천潁川 태수 황패黃霸를 포상한 것에 불만을 갖고 말하기를, "승상丞相과 어사御史는 바르게 행하지 못하니 자리에서 물러나야 한다"고 했다. "정치를 원망하고 비방한 죄에 연좌되어, 도리를 저버렸으니 기시에 처했다."274) 또 하나의 사건이 있었는데, 평통후平通侯 양운楊惲이 "광록훈으로 정치를 비방해 파면되었다"275)고 한다. 또, 양담楊譚이 "원망하는 말을 해 파면되어 서인이 되었다"276)고 한다. 이 경우는 단지 원망일 뿐 비방이 아니라 형이 가벼웠다.

⑤ 부도죄不道罪

대역 부도죄라고 한다.『진서晉書』「형법지刑法志」에 "절개와 도리에 어긋나는 것을 부도不道라고 한다"고 했다. 이 죄는 두 가지 유형이 있는데, 하나는 조정의 신하가 황제에게 부도한 경우로, 이는 신하의 예를 잃은 큰 불경不敬을 범한 것이었다. 또 하나는 범죄행위와 수단이 잔인해 예의에 어긋나고 도리가 없는 것이었다. 이 두 가지는 모두 중죄에 속하여 대부분 사형에 처했다.

전자의 예로는 네 가지가 있었다. 포선鮑宣이 "임용을 거부하고 받아들이지 않아 신하의 예에 어긋나니, 크게 불경하고 부도하여 하옥되었다"277)고

---

272)『한서漢書』「외척은택후표外戚恩澤侯表」.
273)『한서漢書』「외척은택후표外戚恩澤侯表」.
274)『한서漢書』「엄연년전嚴延年傳」.
275)『한서漢書』「경무소선원성공신표景武昭宣元成功臣表」.
276)『한서漢書』「양창전楊敞傳·양운조楊惲條」.

한다. 장연년張延年은 스스로 위태자衛太子라 칭해 "기만 부도죄로 요참에 처하고 기시되었다"고 한다. 하후夏侯 승승勝은 "조서를 비난하고 선왕을 모독해 부도한데, 승상장사丞相長史 황패黃霸는 승승에게 아첨하고 탄핵하지 않았으니, 모두 하옥했다"278)고 한다. 하양후夏陽侯 괴瑰가 탄핵을 당하기를, "하늘의 위엄을 가벼이 여겨 경시하고, 왕실을 모독하고 … 백성을 미혹시키는 부도를 범해서 주륙誅戮에 처했다"279)고 한다.

후자의 예로는 다섯 가지가 있었다. 상성후湘成侯 익창益昌은 "구진九眞 태수로 사람을 시켜 무소와 노비를 팔게 하여 백만 이상의 장물을 취했으니, 부도하여 죽임을 당했다"280)고 한다. 우후邘侯 이수李壽는 "관리를 시켜서 주모하여 방사를 살해하여, 부도죄로 죽임을 당했다"고 한다. 또 술양후術陽侯 건덕建德은 "남해南海가 반역을 일으키게 한 것에 연좌되어, 부도하여 죽임을 당했다"고 한다. 또, 평통후平通侯 양운楊惲은 "정위廷尉로 대역무도해 요참에 처했다. 처자는 주천군酒泉郡으로 유배를 보냈다"고 한다. 성릉절후成陵節侯 덕德은 "동생과 계모가 함께 형을 죽인 것을 알고도 고발하지 않아, 부도로 하옥되어 병사했다"281)고 한다.

⑥ 불경죄不敬罪

황제와 황실을 공경하지 않거나 신하의 예를 잃은 행위가 불경죄였다. 무안후武安侯의 상속자 전염田恬은 "원삭元朔 3년, 짧은 홑옷을 입고 궁궐에 들어가 불경죄로 파면되었다"282)고 한다. 이는 불경한 옷을 입은 죄였다. 연간후衍簡侯의 상속자 적불의翟不疑는 원삭 원년, "조서를 옆구리에 끼고 다닌 죄로 내위사구耐爲司寇에 처했다"283)고 한다. 조서는 받들어 모셔야 하는

---

277) 『한서漢書』「포선전鮑宣傳」.

278) 『한서漢書』「하후승전夏侯勝傳」.

279) 『후한서後漢書』「혹리열전酷吏列傳」.

280) 『한서漢書』「경무소선원성공신표景武昭宣元成功臣表」.

281) 『한서漢書』「왕자후표王子侯表」.

282) 『한서漢書』「외척은택후표外戚恩澤侯表」.

283) 『한서漢書』「고혜고후문공신표高惠高后文功臣表」.

것으로, 함부로 들고 다니는 것은 공경스럽지 않다는 것이다. 투후秺侯 상구성商丘成은 연화延和 연간에 "담사詹事로 효문孝文의 종묘에 제사를 지내는데, 당 아래에서 술을 마시고 춤을 추며 '가버리니 편안쿠나!(出去安能郁郁)'라고 하니, 매우 불경하여 자살하게 했다"284)고 한다. 이는 종묘에 대한 예를 잃은 경우였다. 사법관원 감선減宣은 "미령郿令에게 신信을 때려죽이라고 하여, 이 졸卒이 신을 때리면서 황제의 정원 문에 화살을 쏘았다. 대역죄로 멸족시키고, 자살케 했다"285)고 한다. 이렇게 황가의 기물과 정원을 손상시키는 것도 불경죄로 보았다. 또한 황실 구성원을 공경하지 않는 것도 불경죄에 속했다. 망후芒侯의 후예 신申은 "남궁南宮 공주에게 장가들어 불경하여 파면되었다"286)고 한다. 남궁 공주는 경제景帝의 딸로 그녀에 대한 실례이므로 법에 따라 처벌했다.

⑦ 참월죄僭越罪

등급의 한계를 넘어 황제가 누리는 의식주 등의 특권을 범하면 참월이 되었다. "한은 엄격한 율이 있어서 제후가 복장을 제도에 맞지 않게 입으면 친속이라도 벌을 받았다."287) 이렇게 황제가 사용하는 기구, 의복, 수레, 말, 장식품 등을 대신들이 모방하거나 사용하면 법률에 따라 엄징했다. 한漢 초기에 황제의 전용 도로가 있어, 관리가 그 길로 다니면 수레와 말을 빼앗고 처벌했다. 회남왕淮南王 유장劉長은 "선제의 법을 폐하고, 천자의 조서를 따르지 않고, 거처함에 절도가 없으며, 자신의 수레에 황금 뚜껑을 덮으니, 그 행실은 천자가 되려고 법령을 제멋대로 하고, 한의 법을 따르지 않는 것이다"288) 하여, 참월죄를 적용해 폐하여 서인이 되게 하고, 촉군蜀郡으로 유배를 보냈다. 무원정후武原靖侯의 계승자 위불해衛不害는 "장례의 율을 위반하여 파면되었다"고 한다. 장례제도를 위반했을 뿐이지만 후侯의 지위에서 파면

---

284) 『한서漢書』「경무소선원성공신표景武昭宣元成功臣表」.
285) 『사기史記』「혹리열전酷吏列傳」.
286) 『한서漢書』「고혜고후문공신표高惠高后文功臣表」.
287) 『송서宋書』「무삼왕전武三王傳」.
288) 『사기史記』「회남형산열전淮南衡山列傳」.

되었던 것이다.

⑧ 천발병죄擅發兵罪

한은 군대를 황제가 직접 지휘했는데, 황제의 허가를 받지 않고 마음대로 병사를 일으키면 법률에 따라 엄중한 징벌을 받았다. 대장군 한신韓信은 "제멋대로 병사를 일으켜 후侯를 폐했다"고 한다. 동해東海 태수의 상속자 후侯 여부黎扶는 "제멋대로 병사를 일으켜 참했다"289)고 한다.

⑨ 봉사모명죄奉使侮名罪

황제의 사신으로 파견되어 그 명을 모욕하면 엄징했다. 한창韓昌, 장맹張猛은 흉노에 사신으로 파견되어 "선우를 만나 하늘에 악언을 고하여 나라를 모욕하고 위엄을 손상시켰으니, 사신의 품위를 갖추지 못한 것으로 죄가 무도無道에 이른다"290)고 해 엄중한 처벌을 받았다. 장건張騫은 서역에 파견되어 큰 공로를 세웠지만, 사신의 신분으로 1차 전쟁 중 "흉노와 싸우는 것이 두려워 유약했으니, 마땅히 참해야 하나 속죄하고 파면했다"고 한다. 삭탈관직을 당했던 것이다.291)

⑩ 복비죄腹非罪

일종의 사상 범죄였다. 『한서』「식화지食貨志」에 이런 이야기가 나온다. "황제와 탕湯이 흰사슴가죽으로 폐물을 만들어 놓고, 안이顔異에게 물었다. 이異가 말하기를 '지금 왕후王侯가 조정에 문안을 드릴 때 올리는 것이 창고에 가득차, 그 수가 수천에 이르고 가죽만도 40만萬에 이르니, 본말이 맞지 않습니다.' 황제가 기뻐하지 않았다. 탕과 이異는 사이가 나빴다. 어떤 이는 이異가 다른 뜻이 있다고 고하며 탕에게 다스리도록 했다. 이異가 손님과 얘기하는데 손님이 법령이 불편하다고 하자, 이異는 대답하지 않았으나 입을 조금 움직였다. 탕은 이異가 구경九卿으로서 법령이 불편하다는 말에 대답하지는 않았으나 속으로는 비난했다고 황제에게 보고하고 사형에 처했다. 이

---

289) 『한서漢書』「고혜고후문공신표高惠高后文功臣表」.
290) 『한서漢書』「흉노전匈奴傳(하)」.
291) 『한서漢書』「경무소선원성공신표景武昭宣元成功臣票」.

때부터 복비지법腹非之法의 예가 생겨서 공경대부公卿大夫들이 아첨하고 미소를 짓게 되었다." 단지 황제의 행위에 이의를 가지고 있었을 뿐인데, 사상이 황제와 통하지 않고 입술을 조금 움직였다고 혹리 장탕張湯에게 죽임을 당하여, 이때부터 복비지법이 생겼다고 한다. 이는 전제 독재의 모습이라 하겠다.

세 번째로, 한율에는 황제의 안전을 침해하는 범죄 두 가지가 있었다.

① 난입궁문죄闌入宮門罪

난은 비준 없이 함부로 궁문에 들어가는 것을 말했다. 궁위령宮衛令에 "궁문의 출입을 청할 때 수레를 탄 자는 사마문司馬門에서 모두 내린다. 법령에 따르지 않으면 벌금 4량을 부과한다"292)고 했다. 또 관원이 함부로 궁문에 들어가면 작위를 파면하거나 도형徒刑에 처했으며, 기타의 사람들이 궁문에 난입하면 황제의 안전을 위협하려 했는지의 여부를 따지지 않고 처벌하여, "천자의 궁문을 사마司馬라고 하는데 난입자는 성단에 처하고, 전문殿門에 난입한 자는 기시棄市에 처한다"고 했다. 예를 들어 박양정후博陽定侯의 후계인 병현丙顯은 "종묘에 제사를 드리는데 말을 타고 사마문에 들어갔다. 불경해 작위 1급을 빼앗았다"293)고 한다. 평양의후平陽懿侯 조정曹亭은 "궁전의 곁문을 난입하여 재물을 바치고 완위성단完爲城旦을 속면했다"294)고 한다. 위청衛靑의 후예 항伉은 태초太初 5년, "궁을 난입해 완위성단에 처했다"295)고 한다. 관리와 사졸이 궁문을 난입하는 자를 제지하지 않아도 같은 죄로 처벌했다. 성제成帝 때 대신 왕가王嘉는 "경에 밝아 책策이 갑과甲科로 뽑혀 낭郎이 되었는데, 전문殿門에 난입하는 자를 막지 못하여 파면되었다"296)고 한다. 동한東漢 연희延熹 2년, 호광胡廣과 사도司徒 한연韓縯, 사공司空 손랑孫朗은 "궁문의 지키지 못해 모두 작위와 토지를 박탈당하고 서인이 되었다"297) 한다.

---

292) 『한서漢書』「장석지전張釋之傳」주註
293) 『한서漢書』「외척은택후표外戚恩澤侯表」.
294) 『한서漢書』「고혜고후문공신표高惠高后文功臣表」.
295) 『한서漢書』「외척은택후표外戚恩澤侯表」.
296) 『한서漢書』「왕가전王嘉傳」.
297) 『후한서後漢書』「호광전胡廣傳」.

그밖에도 함부로 황가의 동산에 들어가거나, 황가의 담벼락에 취해 누워도 황가의 안전을 위협한 죄로 중징계에 처했다. 안구의후安丘懿侯의 계승자 장습張拾은 "황제의 숲에 들어가 사슴을 훔치려고 계획하고 잡아다 숨겨서 완위성단에 처했다"298)고 한다.

② 범필죄犯蹕罪

황제가 거동할 때 수레와 말을 제지하는 것을 필蹕이라고 했다. 제왕이 지나가는 곳은 길을 잘 닦아 놓고 행인을 막는데, 황제의 의장이나 수레, 가마에 마주치면 범필죄에 해당했다. '영을令乙'에 규정하기를 "길을 치웠는데 먼저 이르러서 범한 자는 벌금 4량이다"고 했다. 이는 고의로 길을 치워놓은 것을 범하여 받는 처벌이었다. 만일 고의로 찌르거나 범하면 불경죄로 극형에 처했다.

네 번째로, 법률로 황권을 적극적으로 방어하고, 할거 세력을 약화시키려고 했다. 따라서 각 제후국에 대해서도 따로 징벌 조규條規를 두었는데, 주요한 것으로는 다음과 같은 것들이 있다.

① 아당부익죄阿黨附益罪

한에는 좌관율左官律이 있어 정부 관리와 제후왕이 서로 결탁해 모반하는 것을 막고, 또 '아당부익법'을 제정해 "제후의 죄를 부상傅相이 알리지 않으면 아당阿黨"이라 하고, "제후왕의 이익을 도모하는 것"을 부익附益이라 했다.299) 이러한 법령을 위반하면 중벌에 처하며, 또한 조정의 신하가 제후와 결탁하거나 제후왕과 서로 통하면 중벌에 처했다. 유리후有利侯 정訂은 "원수元狩 원년, 회남왕에게 글을 보내 신하라 칭하여 기시에 처했다"300)고 한다. 회남왕, 형산왕衡山王이 모반을 했을 때 죽은 자가 수만 명일 정도로 잔혹한 진압을 했다.

---

298) 『한서漢書』 「고혜고후문공신표高惠高后文功臣表」.
299) 『한서漢書』 「고오왕전高五王傳」 장안張晏의 주註.
300) 『한서漢書』 「왕자후표王子侯表」.

② 비정죄非正罪

적장자 계통의 정종正宗이 아닌 자가 작위를 계승하면 비정죄가 되었다. 평용후平用侯 정만丁滿은 "원시元始 3년 비정죄로 파면되었다"고 한다. 양신후 陽新侯 정업鄭業은 "원수 2년, 비정죄로 파면되었다"301)고 한다. 한율은 비정 죄를 범하면 후의 지위를 박탈했다.

③ 좌주금坐酎金

제사용 술을 '주酎'라 했다. 한의 제도에 따르면 매년 8월 종묘에 제사를 지낼 때 제후를 불러 들여 금을 바치게 하는데, 이를 주금酎金이라고 했다. 한율에 "제후열후諸侯列侯는 각기 인구의 비례하여 1,000명당 금 4냥을 바치 고, 1,000명에서 500명까지도 역시 4냥을 바치고, 술을 나눠 마시며, 소부少府 에서 받는다"302)고 했다. 제후왕이 주금을 납부하지 않으면 처벌을 받았다. "제후왕이 호구 수에 따라 종묘에 황금을 바치는데, 황제가 임시로 헌금을 받았다. 금이 작아 근량에 미달되면 황제는 안색이 변하여, 왕은 영토를 줄이 고, 후는 나라를 빼앗았다."303) 이는 양한에서 가장 빈번했던 범죄의 하나였 다. 흉노를 격파한 유명한 장군 조파노趙跛奴는 "원정元鼎 5년, 좌주금으로 파면되었다"고 한다. 상성후湘成侯 창도락敞屠洛은 같은 해에 좌주금에 의해 후의 지위에서 파면되었다.304) 장사정왕長沙靖王의 두 아들 의춘후宜春侯 성成 과 용릉후容陵侯 복福, 중산정왕中山靖王 개봉후皆封侯의 네 아들 조평朝平, 미앙 未央, 정貞, 가嘉는 모두 원정元鼎 5년 좌주금으로 후위를 벗게 되었다.305)

원정 5년 "9월 열후가 주금酎金을 종묘에 바치고 제사를 지냈다. 법에 어긋 나 작위를 빼앗긴 자가 106인이고, 승상 조주趙周는 하옥되어 죽었다"306)고 한다. 무제가 한 번에 작위를 빼앗은 자가 106인이라 하니, 이 죄가 얼마나

---

301) 『한서漢書』「외척은택후표外戚恩澤侯表」.

302) 『후한서後漢書』「예의전禮儀傳」.

303) 한의漢儀 주註.

304) 『한서漢書』「경무소선원성공신표景武昭宣元成功臣表」.

305) 『한서漢書』「왕자후표王子侯表」.

306) 『한서漢書』「무제기武帝紀」.

빈번했으며 그에 대한 처벌이 엄했음을 잘 알 수 있다.

④ 출계죄出界罪

제후가 임의로 자기의 봉토를 떠나 다른 나라의 봉지로 가는 것을 출계라 했다. 그 징벌은 두 종류로, 하나는 면免이었다. 영엄후寧嚴侯의 상속자 후侯 위지魏指는 "국경을 떠나서 후의 지위에서 파면되었다"고 한다. 다른 하나는 내위사구耐爲司寇였다. 종릉제후終陵諸侯 화록華祿은 "효경 4년, 국경을 벗어났으므로 내위사구에 처했다"307)고 한다. 양구공후楊丘共侯의 계승자 언偃도 "효경 4년, 국경을 벗어났으므로 내위사구에 처했다"308)고 한다.

⑤ 사국인과죄事國人過罪

제후왕이 임의로 봉국의 피지배인을 사역하는 것을 제한하기 위해 특별히 사국인과율事國人過律을 제정하고, 어기는 자는 후에서 파면했다. 신무숙후信 武肅侯의 계승자 근정靳亭은 "효문후孝文后 3년, 사국인과율을 어겼으므로 파 면되었다"고 한다. 또 축야효후祝阿孝侯 고성高成은 "후 3년, 사국인과율을 어겼으므로 파면되었다"309)고 한다.

그밖에 황제나 중앙정부가 수시로 제후왕이 중앙의 법령을 위반하면 처벌 했다. 다음과 같은 예가 있었다. "태상太常으로 제사음식이 영에 맞지 않으면 파면한다." "태상으로 제사가 미흡하면 파면하여 서인으로 한다." 이러한 엄격한 법률은 할거 제후의 지위를 고립되게 함으로써 세력을 약화시켜서 중앙정부에 대한 위협을 감소하고자 하는 의도였다. "오초吳楚의 난 이후로 제후권諸侯權을 약화시키고, 좌관左官·부익附益·아당阿黨 법을 없앴다. 그 후 제후들은 오직 의식衣食에 관한 부세만 걷을 수 있어서 빈곤한 자는 심지어 우마차를 타기도 했으며, 정사에 관여하지 말 것을 엄격히 규정했다."310)

---

307) 『한서漢書』「고혜고후문공신표高惠高后文功臣表」.
308) 『한서漢書』「왕자후표王子侯表」.
309) 『한서漢書』「고혜고후문공신표高惠高后文功臣表」.
310) 『한서漢書』「제후왕표諸侯王表·서序」.

(2) 중앙집권을 위협하는 경제범죄

한은 공업과 상업의 발전과 더불어 경제범죄가 증가하자 한율에 경제범죄를 다스리는 내용을 두었는데, 주요한 것으로 다섯 가지 유형이 있었다.

① 사영염철죄私營鹽鐵罪

염철의 관영 원칙은 한의 중요한 경제정책이었다. 부상富商이 염철을 직접 거래하면 엄청난 부를 축적하게 되어 국가재정과 세금수입, 공업발전에 직접적인 영향을 미쳤다. 더 나아가 중앙집권의 경제 기반을 뒤흔들 수 있어서 무제는 염철의 관영화를 명하고, 공근孔僅을 대사농大司農으로 임명해 염철을 관할하게 하고, 이를 엄한 형법으로 보장했다. "감히 사적으로 철기를 주조하거나 소금을 판매하는 자는 왼발에 차꼬로 채우고 그 기물을 몰수한다."311) 또한 그 후에 균수均輸·평준법平準法 같은 경제정책을 조정하고, 광산개발법과 염법을 제정하여 강력한 법률을 활용해서 부상의 염철 경영을 금지하고, 국가의 공업생산을 발전시켰다. 이는 한대의 경제발전에 크나큰 의의를 지녔다.

② 도주화폐죄盜鑄貨幣罪

한의 화폐정책과 관련된 법으로는 주금률酎金律과 금포율金布律이 있었다. 또 화폐를 몰래 주조하는 것을 금하는 전율錢律이 있었다. 문제文帝 때는 민간에서 자유로이 화폐를 주조할 수 있어서 제후왕이 막대한 이익을 취해 그들의 재산이 국고를 초과하고, 오왕吳王 비濞와 유통劉通 같은 자의 전포錢布가 천하에 위세를 떨쳤다. 이에 경제景帝와 무제武帝는 화폐를 몰래 주조하면 기시에 처한다는 엄한 율을 정했다.312) 즉, "금전을 몰래 주조하는 자는 모두 죽인다"는 것이었다. 신양후愼陽侯의 계승자 후侯 악매지樂買之는 "원수元狩 5년, 백금을 주조해 기시되었다"고 한다. "관리와 백성이 금전을 몰래 주조하다가 죽은 자가 수십만에 이르렀다. 발각되지 않고 서로 죽인 자는 셀 수가 없다."313)

---

311) 『한서漢書』「식화지食貨志」.
312) 『한서漢書』「경제기景帝紀」.

③ 도매관전죄盜賣官田罪

한은 진율을 따라 전율, 왕전령王田令 등을 제정해 농사시기를 위반하거나 경작하지 않는 자를 징벌하고, 관청의 경작지를 매매하는 것을 금지했다. 농사시기를 위반하는 자와 농업생산을 회피하는 자는 경제적 처벌과 함께 유배를 보내고, 관전을 매매하는 자는 "영을 어기면 법에 따라 사형에 처한다"314)고 했다.

④ 천요부죄擅徭賦罪

마음대로 중앙의 규정을 위반하여 요역을 남발하고 부세를 가중해서 한조漢朝의 '휴양생식休養生息' 정책을 위반하면 모두 형사책임을 물었다. 한율은 "관의 리吏·영令·승丞은 함부로 요역을 시킬 수 없고, 그렇게 하면 중법重法으로 바로잡는다"315)고 규정했다. 조양후舒陽侯 인仁의 경우처럼 "함부로 요역과 부세를 남발하면 작위 1급을 깎는다"316)고 했다.

⑤ 항조부죄抗租賦罪

한율은 요역과 부세를 함부로 하는 것을 징벌하는 한편, 조세와 부세에 항거하는 죄도 징계했다. 탁전度田(경작지 조사)과 점조占租(조세 상고詳考)가 실제와 맞지 않으면 처벌했다.

관리가 직무를 소홀히 하면 반드시 엄징했다. 예를 들어 광무제 16년 가을 9월, "하내용河內尹 장급張伋과 군수郡守 10여 인이 탁전부실죄度田不實罪로 모두 하옥되어 죽었다"317)고 한다. 또 광무제 15년, 주군州郡에 조서를 내려 개간한 전지가 부실하다는 죄상이 드러나 "이듬해 융隆은 하옥되고, 그 동배 10여 인은 모두 사형에 처했다"고 한다.

한율은 농민이 "법률로써 조세를 상고詳考"하도록 강제하여, "조세를 상고할 때는 가장家長이 직접 각 물건을 상고하는데, 상고가 부실하고 가장이

---

313) 『한서漢書』「식화지食貨志」.
314) 『한서漢書』「고혜고후문공신표高惠高后文功臣表」.
315) 『한서漢書』「혹리열전酷吏列傳」.
316) 『한서漢書』「왕자후표王子侯表」.
317) 『후한서後漢書』「광무제기光武帝紀」.

직접 보고서를 쓰지 않으면, 모두 벌금(銅) 2근斤에 처하며 상고하지 않은 물건과 금전은 현관縣官에서 몰수한다"318)고 했다. 즉, 조세를 상고한 보고가 부실하고, 자진 보고하지 않으면 동 2근을 벌할 뿐만 아니라 보고하지 않은 농작물과 금전은 현부縣府에 몰수했다.

(3) 통치질서와 사회안정을 파괴하는 범죄

서한 초기에 통치계급이 실행한 관용정책으로 일정 정도 계급 사이의 갈등이 완화되고 생산력이 발전하여 잠시 동안 경제가 번영하게 되었다. 사람들도 스스로 법도를 중시해 사회가 안정되었다. 그러나 무제 때 이르러 전쟁이 빈번해지면서 자주 부세를 거두어 백성의 부담이 과중되고, 사회 모순은 날로 첨예화되었다. 소제昭帝·선제宣帝 때는 도적떼가 창궐하고, 농민 봉기가 부단히 증가하여 다시 지배계급의 통치가 위태로워졌다. 그래서 한 왕조는 통치권을 수호하기 위해 중형重刑으로 통치질서와 사회안정을 위협하는 행위를 진압했는데, 무제 때 진압된 한 농민봉기에서는 한 번에 만여 명이 도살되었고, 그에 연루되어 죽은 자가 헤아릴 수 없을 정도였다고 한다. 따라서 각종 반항 투쟁을 진압하고, 통치권을 효과적으로 수호하는 것이 한율의 주 내용이 되었고, 이에 따라 많은 죄명을 규정했다.

① 살상죄殺傷罪

진秦·한漢시대에는 통치권을 위협하고, 사회질서와 안정을 파괴하는 범죄를 적賊이라 했는데, 그 범죄의 특징은 인신의 안전을 침범하는 것이었다. 유방劉邦이 관중에 들어가 "살인자는 죽이고, 남을 해친 자와 도둑질한 자는 형벌에 처한다"는 '약법삼장約法三章'에 보이듯이, 적賊과 도盜의 징벌 원칙을 나누고 있었다. 그 후 소하蕭何는 구장률九章律에 적률과 도율을 포함했고, 이 것이 한대 형법의 주체가 되었다.

다른 사람을 살상하는 것은 또 투살상鬪殺傷·희살상戱殺傷·적살상賊殺傷과

---

318) 『한서漢書』「소제기昭帝紀」.

과실상過殺傷 등으로 나누었다. 『진서晋書』「형법지刑法志·석의釋義」에 의하면, "양자가 서로 다투는 것이 투鬪이고, 양자가 서로 다치는 것이 희戱이고, 도구를 사용하거나 때려서 다치게 하는 것이 적賊이고, 뜻하지 않게 잘못을 범하는 것이 과실過失"이라 했다. 또 "신분이 낮은 자가 높은 자와 싸우면 적賊"이고, "말을 타고 살인을 하면 적賊"이라는 설도 있다. 신분이 낮은 자가 신분이 높은 자를 죽이면 고의 살인으로 이는 살상죄 가운데 중죄이고, 율에 따라 사형에 처했다는 것을 알 수 있다. 예를 들면 주자남군周子南君의 계승자 희당姬當은 지절地節 3년, "노비로 하여금 가승家丞을 죽이게 해 기시에 처했다"[319]고 한다. 원락후原洛侯 감敢은 "정화征和 3년, 살인죄로 기시에 처했다"고 한다.

율에 따라 "사람을 죽인 자는 사형"에 처함은 사서왕후士庶王侯의 구분이 없었지만 꼭 그렇지는 않았다. 소하蕭何의 7대손 하획何獲은 영시永始 원년, "노비로 하여금 살인을 하게 했지만 사형을 감면하여 완위성단完爲城旦에 처했다"[320]고 한다. 무안후武安侯 수愯는 원수元狩 2년, "노비로 하여금 살인을 하게 했지만 사면 받았다"[321]고 한다. 또 부후富侯 용龍은 원강 6년, "노비로 하여금 살인을 하게 하여 하옥되어 병들어 죽었다"고 한다. 이상의 예들은 죄는 모두 같지만 형벌은 다르다는 것을 설명한다. 소후邵侯 순順은 천한天漢 원년, "사람들과 노비를 살해한 것이 무려 16인이나 되는데, 흉노 천기千騎를 포획해서, 사면 받았다"고 한다. 이는 흉노 기병 천 명을 포획했기 때문에 "사사로이 살인한 것을 관당官當할 수 있었다"[322]는 것이다. 큰 공을 세워서 살인죄를 면한 것을 알 수 있다.

살상죄를 처벌할 때 종종 사람에 따라 형벌이 달라졌다. 노능후路陵侯 동童은 원봉元封 4년 살인죄로 사형(賜死)이 내려졌는데, 이는 특권자에 대한 관용

---

319) 『한서漢書』「외척은택후표外戚恩澤侯表」.
320) 『한서漢書』「고혜고후문공신표高惠高后文功臣表」.
321) 『한서漢書』「왕자후표王子侯表」.
322) 『한서漢書』「왕자후표王子侯表」.

적인 징벌이었다. 양광후陽光侯 창창은 "서자로 하여금 살인하도록 해 기시에 처했다"323)고 하니 그 처벌이 전자보다 매우 엄중했다. 그 이유는 창이 세력을 잃은 하간효河間孝의 왕자王子였기 때문이다. 고양후高陽侯 설선薛宣은 "수화綏和 2년, 불충효죄不忠孝罪로 부자父子가 근신近臣을 죽였는데 파면되었다"324)고 한다. 설선은 조정의 사법관으로 근신을 죽였는데 단지 후의 지위를 파면하는 벌에 처해졌다. 이와 같이 사람에 따라 형벌을 달리하는 예는 법률을 짓밟는 행위였다.

과실 살인은 율에 의해 사형에 처하지 않았다. 죄를 정할 때 고의 살인과 명확한 구분했으나, "다른 사람의 집이나 지나다니는 길에 화살을 쏘면 과실일 수 없다"고 했다. 이것은 다른 사람의 거처나 도로에 화살을 쏘아 살상하게 되면 과실이라도 고의 살인이나 투살鬪殺과 같아 고의 살인으로 처벌했다는 뜻이다.

② 도절죄盜竊罪(절도죄)

"왕의 정치는 도적盜賊보다 급한 것이 없다."325) 신흥 지주계급은 도적을 다스리는 것을 중시했는데, 이는 사직의 안위, 통치 안정의 출발점이었기 때문이다. 무엇을 도盜라고 하는가?『진서晉書』「형법지」에는 "자기 물건이 아닌 것을 취하는 것을 도盜라 하고, 재화의 이익을 취하는 것을 장臧이라 한다"고 했다. 관부官府나 사가私家의 재물을 몰래 탈취하거나 침입해 빼앗는 행위는 모두 도죄盜罪로 처벌했다. 도죄에 대한 형벌로는 다음의 몇 가지가 있었다.

㉠ 도원림릉물盜園林陵物 : 황제를 침범하는 중죄였다. 법률에 "종묘에서 쓰는 기물을 훔치는 자는 기시에 처한다"326)고 규정했다. 원정元鼎 4년, 후侯 장습張拾은 "황제의 숲에 들어가 사슴을 훔치려 계획하고 잡아다 숨겨서 완위성단에 처했다"327)고 한다. "한의 모든 능묘는 태상太常에 속하여 잣나무를

---

323)『한서漢書』「왕자후표王子侯表」.
324)『한서漢書』「외척은택후표外戚恩澤侯表」.
325)『진서晉書』「형법지刑法志」.
326)『한서漢書』「장석지전張釋之傳」.

훔치는 자는 기시에 처했다"328)고 한다. 단지 종묘 앞의 옥잔을 훔치기만
해도 문제文帝는 정위廷尉에게 명해 족형族刑에 처하라고 했는데, 문제는 형벌
을 신중히할 것을 주장한 황제였다.

　　ⓛ 관의 물건을 훔치면 사형에 처했다 : "(전연년田延年은) 대사농으로
도내都內의 3천만 전을 훔쳐서 자살하게 했다." 낙안후樂安侯 광형匡衡은 "토지
를 무단으로 독점해 파면"329)되었다. 심지어 "말을 훔친 자는 사형에 처했고,
소를 훔친 자도 처벌"330)했다. 관가의 소와 말을 훔친 자는 모두 사형을
당했다.

　　ⓒ 겁략劫略 : 도盜의 일종이었다.『진서』「형법지」에 "도율盜律에는 겁략,
공갈恐猲, 사람을 매매함" 세 가지가 있다고 했다. 후侯 진하陳何는 원광元光
5년, "타인의 처를 겁탈해 기시에 처했다"고 한다.

　　ⓔ 공갈 : 힘으로 협박하여 타인의 재물을 빼앗는 것이다. 갈괴절후葛魁
節侯의 계승자 척우戚于는 "원정元鼎 3년, 가리家吏를 묶고 공갈하여 뇌물을
받아 기시에 처했다"고 한다. 평성후平城侯 예禮는 "원수元狩 3년, 공갈로 타인
의 닭을 뺏어가 명하여 닭을 사다 보상하도록 하고 사면했는데, 그 후 다시
속여서 완위성단에 처했다"고 한다. 적양후藉陽侯 현顯은 "건소建昭 4년, 공갈
로 국민의 재물을 빼앗아 파면되었다"고 한다. 승향절후承鄕節侯의 계승자
덕德은 "홍가鴻嘉 2년, 국민을 공갈해 장물 오백 이상을 받아서 파면되었
다"331)고 한다.

　　ⓜ 화매매인和賣買人 : 사람을 겁략해 노비로 파는 것이었다. 유수劉秀
때 '매인법賣人法'이 있었다. 건무建武 7년, "관리와 백성이 기근을 당했는데,
청靑과 서徐는 도적들이 겁략해서 노비의 처가 되었는데 가지 않으려 하는
자는 인신매매했다. 감히 구금죄라 하는데도 돌려보내지 않아서 매인법(인신

---

327)『한서漢書』「고혜고후문공신표高惠高后文功臣表」.
328)『태평어람太平御覽』권954.
329)『한서漢書』「외척은택후표外戚恩澤侯表」.
330)『염철론鹽鐵論』「형덕刑德」.
331)『한서漢書』「왕자후표王子侯表」.

매매법)으로 처리했다"332)고 한다.

㉴ 박엄搏掩 : 겁략의 하나였다. 즉 타인의 재물을 강제로 빼앗는 것이다. 후侯 수遂는 "원정元鼎 원년, 공주의 말을 강제로 빼앗은 죄로 곤위성단髡爲城旦"333)에 처했다. 그 죄는 겁략보다는 가볍기 때문에 곤위성단으로 처벌했다는 것이다.

③ 수익죄首匿罪

수익은 범죄 은닉을 주모한 주범이었다. 소제昭帝 때 규정하기를, "모반 음모를 수익하는 자는 기시에 처한다"고 했다. 『한서』에 의하면 영음의후頴陰懿侯의 계승자 관현灌賢은 "원삭元朔 5년, 아들이 타인을 상해한 것을 은닉하여 1,000호戶를 줄였다"334)고 한다. 필량후畢梁侯 영嬰은 "원봉元封 4년, 죄인을 은닉해 귀신鬼薪"에 처했다. 수고후修故侯 복福은 "원강元康 원년, 군도群盜를 은닉해 기시"335)에 처했다. 양한兩漢 시대에는 도적을 은닉하면 중벌에 처해졌다.

④ 통행음식죄通行飮食罪

한율의 규정은 반란을 일으킨 자를 위해 연락을 취하거나 안내를 하고, 음식을 공급하면 통행음식죄로 처벌했다. 무제 때 "통행음식법에 따라 죽임을 당한 자가 군郡이 서로 연좌되면서 심한 곳은 수천 명에 이르렀다"고 한다. 이와 같이 엄한 형벌이었기에 "무리(𡟤)가 흩어져 사라져도 또다시 무리(黨)가 모여서 산천을 막고, 이따금 떼(群)를 지어 모여 어떻게 할 수 없었다"고 한다. 이에 침명법沈命法을 제정했는데, 침沈은 몰수한다는 뜻으로 감히 도적을 은닉하면 그 목숨을 몰수했다. "도둑의 무리가 일어났는데도 발각하지 못하거나 발각했으나 모두 체포하지 못하면, 2천석石 이하에서 소리小吏에 이르기까지 책임자는 모두 사형에 처한다." 소리는 도적을 체포하지 못해서

---

332) 『후한서後漢書』「광무제기光武帝紀」.
333) 『한서漢書』「고혜고후문공신표高惠高后文功臣表」.
334) 『한서漢書』「고혜고후문공신표高惠高后文功臣表」.
335) 『한서漢書』「왕자후표王子侯表」.

사형을 당할까, 또 상급자는 연좌될까 두려워하여 상하가 서로 숨기고 법률의 제재를 적극적으로 회피했다. 그래서 침명법은 이름만 있고 실재가 없는 공법空法이 되었다. 이렇게 양한은 도적을 징벌하고자 했지만 그다지 효과가 없었다.

⑤ 견지고종죄見知故縱罪

무엇을 고종故縱이라고 하는가? 『진서晉書』 「형법지刑法志」 뜻풀이에 "알고도 범하는 것을 고故"라고 했다. 도적을 알고도 잡지 못하는 관원에 대해서 형사책임을 추궁했다. 무제는 침명법沈命法을 반포한 후 2천석 이하의 관리가 도적을 못 잡으면 모두 중징계를 내린다고 했다. 관원들은 혹시라도 연루될까 두려워해 알면서도 검거하지 않고 사태를 숨겼다. 이에 장탕張湯, 조우趙禹에 의해 시작된 견지고종見知故縱 율문은 도적을 체포하는 데 힘쓰지 않는 관원을 엄징하려고 했다. "사정을 알고도 검거하지 않는 자는 죄인과 똑같이 처벌하고, 실수로 검거하지 않은 자는 속죄에 처하며, 보지도 알지도 못한 자는 처벌하지 않는다."336) 관리가 죄인을 알고도 체포하지 않으면 도적과 같은 죄에 처했다. 도적에게는 반드시 중징계를 했으므로 고의로 놓아주면 도적과 같이 엄한 형벌을 받았다. 소제昭帝 원풍元風 2년, 좌풍익左馮翊, 가승호賈勝胡 등이 모반자를 놓아준 죄로 요참腰斬에 처해지고 기시棄市되었다. 실수로 놓아줘도 중벌에 처해져, 무고안巫蠱案이 일어났다. "어사대부御史大夫 폭승지暴勝之, 사직司直 전인田仁이 실수로 놓쳤으므로 승지는 자살케 하고, 인은 참수에 처했다."337) 동한 초기 견지고종법을 방치하다가 안제安帝 후 도적이 사방에서 일어나도 군현에서는 서로 은닉하고 검거하려 하지 않기에 새로운 법이 만들어졌다. "강도가 일어나 다른 군현에 의해 발각되었다. 한 번 발각되면 무리는 형법의 처벌을 받고, 위로는 관직을 1등급씩 깎고, 영장令長은 3개월 치 봉록을 감한다. 두 번 발각되면 위로는 관직에서 파면되고, 영장은 관직을 1등급 깎는다. 세 번 발각되면 영장은 관직에서 파면된다."338) 관원이

---

336) 『진서晉書』 「형법지刑法志」.
337) 『한서漢書』 「무제기武帝紀」.

도적을 체포하는 데 힘쓰지 않으면 더 엄격한 형사책임을 규정했다. 이렇게 관리가 잘못해서 살인하는 것보다 범인을 놓아주는 것을 용서하지 않는 잔혹한 정책을 만들어 놓았다.

(4) 혼인과 가정을 파괴하는 죄

동중서董仲舒가 제창한 '독존유술獨尊儒術' 사상이 한의 통치자에게 받아들여져서 '제례이지형制禮以止刑'이란 형사입법 원칙을 확립했고, 이와 함께 '삼강오상三綱五常(삼강오륜)'의 이론체계가 만들어져, 부자·부부 사이의 친속관계와 군신 사이의 정치관계가 모두 일종의 절대적 제약이 되었다. 이러한 관계를 반대하거나 파괴하는 행위는 범죄로 처벌되었다.

① 불효죄不孝罪

가정 윤리의 기초는 '부위자강父爲子綱'으로, 효로써 백성을 이끈다는 것이 그 핵심이다. 불효는 큰 죄이기 때문에 한율은 "불효는 기시에 처한다"고 규정했다. 무제 원삭元朔 5년, "효孝는 왕의 노비와 간통하고, … 태자 상爽은 왕부王父(형산왕)를 고발한 불효죄를 범하여, 모두 기시에 처했다"[339]고 한다. 미양美陽의 여자가 양자가 덕이 없다고 고발했다. 미양 현령縣令이 처모죄妻母罪로 "감히 불효한 자식은 나무에 매달아 찢고, 기리騎吏 5인으로 하여금 활로 쏘아 죽였다."[340]

부모를 살상하는 것은 오륜을 멸하는 죄로 사형에 처했다. 오제후伍齊侯 율노戎奴는 "원수元狩 5년, 사람을 시켜 작은 아버지를 죽여 기시에 처했다"고 한다. 거상간居喪奸은 불효 중의 불효로 처벌되었다. 당읍안후堂邑安侯의 계승자 진계수陳季須는 "어머니가 돌아가셔서 아직 상복을 벗지도 않았는데 간통하고 형제가 재산을 다투니 사형에 해당되어 자살하게 했다"[341]고 한다.

---

338) 『후한서後漢書』「진충전陳忠傳」.
339) 『한서漢書』「형산왕전衡山王傳」.
340) 『한서漢書』「왕존전王尊傳」.
341) 『한서漢書』「고혜고후문공신표高惠高后文功臣表」.

② 약인처죄略人妻罪

민간의 처를 강탈하고, 타인의 혼인·가정을 파괴하면 중벌에 처했다. 곡역헌후曲逆獻侯 진하陳何는 "원광元光 5년, 타인의 처를 겁탈해 기시에 처했다"고 한다.

③ 간음죄

『한서』「형법지」에 "관리의 뇌물수수, 남녀의 음란함은 모두 복고형復古刑으로 3천 장章이다" 했다. 당연히 간음은 범죄로 여겨졌다.342) 토군식후土軍式侯 선생宣生은 "타인의 처와 간음해 파면"되었다.343) 즉, 간통으로 후에서 파면된 것이다. 주인이 노비와 간통하면 범죄가 되는데, 박성후博成侯 장건張建은 "건시建始 4년, 양읍공주陽邑公主와 혼인했는데, 노비와 공주 옆에서 간음하고 술에 취해 공주를 욕보여 파면"되었다. 또 "효孝는 반란을 자수하여 그 죄가 사면되었는데, 왕의 여노비와 간음해 기시에 처했다"344)고 한다.

④ 금수행禽獸行

이는 유가의 윤리를 완전히 거스르는 범죄로, 한대漢代에 중벌로 처벌한 대죄였다. 연경왕燕敬王 정국定國은 "금수행의 죄로 자살하게 했다"345)고 한다. 실로 이는 사형을 내리게 하는 형벌이었다. 종고終古는 "금수행으로 군신부부君臣夫婦 유별을 어지럽히고 인륜을 거역해 체포되어 4현縣을 줄였다"고 한다. 동평후東平侯 경庚은 "원수元狩 3년, 누나와 간음하여 하옥되어 병으로 죽었다"346)고 한다.

(5) 각급 관리의 직무범죄

한율에 전문적으로 직무범죄를 다스리는 관률은 없었지만, 적지 않은 율문과 선례로 각급 관리의 직무범죄를 징벌하는 규정을 두었다. 몇 가지만

---

342) 도미야 이따루, 『유골의 증언—고대 중국의 형벌』, 102~104쪽. —역주
343) 『한서漢書』「고혜고후문공신표高惠高后文功臣表」.
344) 『사기史記』「회남형산열전淮南衡山列傳」.
345) 『한서漢書』「제후왕표諸侯王表」.
346) 『한서漢書』「왕자후표王子侯表」.

열거한다.

① 수장왕법죄受臟枉法罪

한은 초기에 관리의 뇌물수수에 대해 매우 엄하게 징계했다. 문제文帝 13년에 조詔를 내려 "관리가 수장왕법죄를 저지르는 것은 현관縣官의 재물을 지키면서 그것을 훔치는 것이니, … 기시에 처한다"고 했다. 당시 한율은 장물의 가치가 10금이라면 중죄로 여겼다. "10금은 무거운 범죄이니, 엄격한 법으로 처벌하지 않을 수 없다." 중랑장中郎將 임상任尚은 장물을 취득해 기시되었고, 상서랑尙書郎 맹당孟璫 또한 장물을 취득해 죽임을 당했다. 또한 광평경후廣平敬侯의 계승자 설양薛穰은 "원수元狩 5년, 회남淮南에게 뇌물을 받고 신하라 칭하여" 중죄를 받았다.347)

㉠ 청청수장聽請受贓 : 율문에 "타인을 위해 관리에게 부정한 방법으로 청탁해 일처리하면, 이를 들어준 관리는 사구司寇에 처한다"고 규정했다. 선제宣帝 지절地節 2년, 평구후平丘侯 왕천王遷은 "평상서平尙書로 청탁을 들어주고 뇌물 6백만을 받아서 자살하게 했다"348)고 한다. 아직 죄로 판결되지 않았지만 죄를 피하기 위해서 자살하게 하는 장면이 한대漢代에는 자주 있었다. 심옥이후沈獄夷侯의 계승자 세수歲受는 "원수 5년, 종정宗正으로 청탁을 받고 종실을 지키지 못하여 내위사구耐爲司寇에 처했다"349)고 한다.

㉡ 행구行購 : 분음도후汾陰悼侯 계승자 주의周意는 "뇌물을 받아서 곤위성단髡爲城旦에 처했다"고 한다.

㉢ 행간수재行奸受財 : 안두후岸頭侯 장차공張次公은 "원수元狩 원년, 회남왕의 딸 능陵과 간통하고 재물을 받아 파면되었다"고 한다. 능은 회남왕 안의 딸로서, 이 간통과 뇌물수수에는 정치적 거래가 있는 것으로 보아 후의 작위를 빼앗은 것이다.

그밖에 '매금물買禁物'의 규정이 있었는데, 이는 뇌물수수에 속했다. 후侯

---

347) 『한서漢書』「고혜고후문공신표高惠高后文功臣表」.

348) 『한서漢書』「외척은택후표外戚恩澤侯表」.

349) 『한서漢書』「왕자후표王子侯表」.

허구許九는 "효경孝景 중中 2년, 흉노에 사신을 보내어 국경 밖의 금지된 물건을 사와서 파면되었다"350)고 한다.

② 부실죄不實罪

주로 관리임용과 죄형을 적용할 때 불법 행위를 하는 것이다.

㉠ 선거부실選擧不實 : 공성공후邛成共侯의 계승자 왕훈王勳은 "건평建平 2년, 관리임용의 불법으로 정사廷史를 욕해, 큰 불경죄로 파면되었다"351)고 한다.

㉡ 택인부실擇人不實 : 산양후山陽侯 장당거張當居는 "원삭元朔 5년, 태상太常으로 박사 제자를 뽑는 데 불공정해 완위성단完爲城旦에 처했다"고 한다.

㉢ 국옥부실鞠獄不實 : 한율에 규정하기를, "죄인을 고의로 놓아주거나 죄형의 적용이 부당함을 말한다." 형량 적용이 부당하면 출입인죄出入人罪로 처벌한다. 신주후新疇侯 조제趙弟는 "태시太始 3년, 태상太常으로 형량 적용이 부당하여 백만 전을 받고 속면받아 완위성단에 처했다"352)고 한다.

③ 누설죄漏泄罪

한의 예제禮制에 의하면, 왕이 거처하는 곳은 금중禁中이고, 공公이 거처하는 곳이 성중省中이다. 만일 성중이나 금중의 기밀을 외부에 누설하면 중죄에 해당해 참수하거나 후에서 파면하는 등 징벌이 일정치 않았다. 『한서』 「곽광전霍光傳」에 "액정령掖庭令으로 감히 기밀을 누설하는 자는 요참에 처한다"는 조서를 내렸다고 한다. 원제元帝 건소建昭 2년 겨울, "회양왕淮陽王의 외삼촌 장박張博, 위군魏郡 태수 경방京房이 제후왕을 염탐해 장박張博은 요참에 처하고, 경방京房은 기시에 처했다"353)고 한다. 원제元帝 때 어사중승御史中丞 진함陳咸은 간신 중서령中書令 석현石顯에게 "성중省中의 말을 누설했다고 모함을 당해서, 하옥되어 심문당하고 사형은 면했으나, 곤위성단髡爲城旦에 처해지

---

350) 『한서漢書』 「고혜고후문공신표高惠高后文功臣表」.
351) 『한서漢書』 「외척은택후표外戚恩澤侯表」.
352) 『한서漢書』 「경무소선원성공신표景武昭宣元成功臣表」.
353) 『한서漢書』 「원제기元帝紀」.

고 관직에서 파면되었다”고 한다. 본래 사형에 해당되지만 법을 집행함에 엄격했고 공적이 있었기에 곤위성단髡爲城旦으로 감형되고 관직에서 파면되었다. 고락절후高樂節侯 사단師丹은 “건평建平 원년, 누설죄로 파면되었다”354)고 한다.

④ 탈망죄脫亡罪

한 초기에 호적 인구의 관리를 매우 중시해 주관 관원의 잘못으로 호구가 탈락되거나 법을 어기면 책임을 추궁했다. 이른바 탈망脫亡이라는 것은 명수名數를 누락하고 호적에 올리지 않은 것이다. 무제 때 호숙경후胡孰頃侯의 계승인 서성胥聖은 “타인이 명수를 누락한 것을 알고, 법을 지키기 위하여 죽이고 파면했다”355)고 한다.

⑤ 실직죄失職罪

관원이 직무 기간 동안 직무에 소홀하면 한율은 범죄로 여겨 형사책임을 물었다. 양성애후襄城哀侯의 계승자 한석지韓釋之는 “원삭元朔 4년, 거짓으로 질병이 있다며 따르지 않아 내위예신耐爲隷臣에 처했다”356)고 한다. 동완후東莞侯 길음吉音은 “5년, 숙질로 조정에 나가지 않아 파면”되었다.357) 박산간열후博山簡列侯 공광孔光은 “건평建平 2년, 많은 직무를 행하지 않아 파면”되었다.358)

⑥ 외유죄畏懦罪

군대의 장군이 전쟁에 나가 적을 두려워하여 물러나 앞으로 나가지 않아 전쟁에서 지면 그 형사책임을 추궁했다. 유명한 외교가이자 장군인 박망후博望侯 장건張騫은 “원수 2년, 장군으로 흉노와 싸울 때 적을 두려워해 참수형에 해당되지만 속면하여 파면되었다”고 한다. 또 장량후將梁侯 양복揚僕은 “원봉元封 4년, 장군으로 조선朝鮮을 공격할 때 적을 두려워해 대나무 2만 개를 납부하고 속면해 완위성단完爲城旦에 처했다”359)고 한다. 장군이기 때문에

---

354) 『한서漢書』 「외척은택후표外戚恩澤侯表」.
355) 『한서漢書』 「왕자후표王子侯表」.
356) 『한서漢書』 「고혜고후문공신표高惠高后文功臣表」.
357) 『한서漢書』 「왕자후표王子侯表」.
358) 『한서漢書』 「외척은택후표外戚恩澤侯表」.

죄를 속면하고 완위성단에 처한 것이다.

⑦ 교사죄敎唆罪

관리가 사람을 시켜 상서上書하여 법을 어기도록 하며, 거짓말하는 행위는 교사죄에 해당되어 형사범죄로 처벌했다. 두 가지 예가 있는데, 조양제후朝陽齊侯 화당華當은 "원삭元朔 2년, 사람을 교사해 법을 어겨서 내위귀신耐爲鬼薪에 처했다"360)고 한다. 위양후義陽侯 위산衛山은 흉노를 격파한 명장이나 "태시太始 4년, 사람을 교사해 중리후衆利侯를 거짓으로 고발하여 기시棄市에 해당되었으나 형을 집행하기 전에 병으로 죽었다"361)고 한다.

⑧ 만광죄謾誑罪

'만謾'과 '광誑'은 같은 뜻이다.『진서晉書』「형법지」에 충성을 위반하고 황제를 기만하는 것을 '만'이라고 했다. 관원이 기만 행위를 하면 관직과 후의 자리에서 파면당했다. 수성후隨城侯 조불우趙不虞는 흉노와의 전쟁에서 큰 공이 있었다. 그러나 사실을 기만하여, "원수元狩 2년, 정양도위定襄都尉로 흉노에게 패했으나, 태수에게 사실이 아니라는 보고를 하여 기만죄로 파면"되었다. 중리후衆利侯 학현郝賢은 흉노를 공격해서 천여 명을 죽여 공적이 뛰어났으나, "원수 2년, 용곡容谷 태수로 (변방 군졸에게) 뇌물을 받고 상계上計를 속여서 파면"되었다.362) 상계는 본래 관원을 평가하는 것으로, 엄격한 법적 기준이 있어서 거짓으로 보고할 수 없었다. 그런데 회계장부를 거짓으로 보고해 그 죄로 후에서 파면되었다.

2. 형벌제도

한漢의 형벌은 기본적으로 진秦의 제도를 이어받아 사형死刑, 육형肉刑, 도

---

359)『한서漢書』「경무소선원성공신표景武昭宣元成功臣表」.

360)『한서漢書』「고혜고후문공신표高惠高后文功臣表」.

361)『한서漢書』「경무소선원성공신표景武昭宣元成功臣表」.

362)『한서漢書』「경무소선원성공신표景武昭宣元成功臣表」.

형도형徒刑, 사변徙邊, 벌금 등의 유형으로 나누었다. 사형을 제외하고 그 외의 형벌은 경중에 따라 구분했다. "엄한 형벌 순서대로 꼽으면, 먼저 우지右趾로 이것은 오른쪽 다리를 자르는 것이고, 다음은 왼쪽 다리를 자르는 것이고, 다음은 코를 베는 것이고, 그 다음은 얼굴에 죄명을 새기는 것이고, 마지막으로 곤겸위성단용髡鉗爲城旦春에 처하는 순이다. 성단용도 그 경중에 따라 구분할 수 있는데, 성단이란 새벽부터 저녁까지 감시를 받으며 장성을 쌓는 것이고, 용이란 부인들이 죄를 저지르면 군역 대신 그 무리가 먹을 양식을 찧게 하는 것이다. 그리고 완完이란 곤겸형髡鉗刑을 추가하지 않고 성을 쌓게 하는 것이고, 다음은 귀신鬼薪과 백찬白粲이고, 그 다음은 예신첩隸臣妾이고, 마지막은 사구司寇의 일을 시키는 순이다."363)

(1) 사형死刑

서한西漢의 법으로 정해진 사형으로는 효수, 요참, 기시 세 가지이나 실제 적용된 것은 7~8종류가 넘는다.364)

① 효수梟首

무엇을 효수라고 하는가? 『후한서』「진탕전陳湯傳」에는 "머리를 베어 걸어 놓는 것"이라고 했다. 즉, 머리를 벤 후 난간 같은 곳에 매달아 보이는 것이다. 예를 들어 "한왕漢王의 병이 나았다. … 고색왕故塞王 흔欣의 머리를 악양櫟陽의 저자에 매달아 놓았다"고 나온다.365) 한왕漢王은 "팽월彭越을 불러 모반을 꾸짖은 뒤 이삼족夷三族에 처했다. 팽월의 머리는 낙양雒陽에 매달아 놓았다"366)고 한다. 무제 때 "승상 굴리屈氂는 하옥되어 요참에 처하고, 그 처는 효수되었다"367)고 한다. "왕씨王氏가 조정을 천단하고, 종실을 배제하고, … 사신이 수왕守王을 다그치니, 약을 먹고 죽고 저자에 효수되었다"368)

---

363) 『후한서後漢書』「명제기明帝紀」 주註.
364) 도미야 이따루, 『유골의 증언』, 85~92쪽 참조. —역주
365) 『한서漢書』「고제기高帝紀」.
366) 『사기史記』「계포란포열전季布欒布列傳」.
367) 『한서漢書』「무제기武帝紀」.

고 한다. 또 "무武, 소소紹가 도주하여 군대가 추격해 포위했다. 모두 자살하여 낙양洛陽 도정都亭에 효수되었다"369)고 나온다. 이는 자살한 뒤에 효수형에 처한 것인데, 매우 잔혹한 형벌로 한에서는 자주 볼 수 있었다.

또 효이형梟夷刑이 있었는데, "장각張角은 효이형에 처했고, 황건黃巾은 복장을 바꾸었다"370)고 한다. 이 형벌에 대해 『자치통감資治通鑒』 「한기漢紀」에서는 "효이는 참수하고 그 족을 멸하는 것이다"고 했다. 또 『풍속통風俗通』에는 "집에는 만금이 쌓여 있고, 몸에는 4개의 인장을 차고, 말에는 헤아림이 있었으나, 또한 효수하고 찢어 죽였다"고 나온다. 효이형에는 효수형과 거열형을 함께 사용했음을 알 수 있다.

효수형과 참형을 함께 사용하기도 했다. 그 예로, 굴리屈氂의 처가 무고죄를 저질렀지만, 굴리도 요참형을 당하고 처는 효수되었다. 이는 극히 중대한 무고죄나 남을 저주하는 죄에 적용되었다. 『한서』 「무제기武帝紀」에 원광元光 5년 가을, "무고죄로 체포된 자는 모두 효수형에 처했다"고 나온다. 이후 성문이 되지는 않았지만 일종의 율문처럼 사용되었다.

② 참斬, 요참腰斬

참형은 효수형 다음으로 엄한 형벌이다. 한율에 규정하기를 "머리를 베는 것을 참이라 하고, 허리를 베는 것을 요참"이라 했다. 여기에 사용된 형구로는 칼, 도끼, 검 등이 있었다. 한에서는 참수형을 매우 자주 사용했다.

㉠ 참 : 오왕吳王 비濞 등 7국이 모반하자, 경제는 "어사대부御史大夫 조조晁錯를 참수해 7국에 사죄했다"고 나온다. 7국의 반란이 소멸된 후, "오왕 비를 쫓아가 단도丹徒에서 참수했다"371)고 한다. 또 "원소袁紹와 숙부 외교隗矯는 번릉樊陵, 허상許相을 불러들여 그들을 참수했다"372)고 한다.

㉡ 요참 : 저주·무고·모반·음란 등의 대역죄에 적용되었다. 호후鄗侯

---

368) 『한서漢書』 「설선주박전薛宣朱博傳」.
369) 『후한서後漢書』 「헌무전憲武傳」.
370) 『후한서後漢書』 「부섭전傅燮傳」.
371) 『한서漢書』 「경제기景帝紀」.
372) 『후한서後漢書』 「하진전何進傳」.

주舟는 "정화征和 4년, 황제를 저주해 요참형에 처했다"373)고 나온다. 요후瞭侯 필봉의畢奉義는 "후后 2년, 황제를 저주해 참수형에 처했다"고 한다. 내후乃侯 육강陸强 또한 황제를 저주해 요참에 처해졌다. 또 원정元鼎 5년, "낙통후樂通侯 난대欒大는 무고죄로 요참에 처했다"고 한다. 정화征和 2년, "제읍諸邑 공주, 양석陽石 공주는 모두 무고죄로 죽음을 당했다"374)고 한다. "어사대부 폭승지 暴勝之, 사직司直 전인田仁은 실직죄에 따라, 승지는 자살하게 하고 인은 요참 에 처했다." 왕망王莽 때는 요참과 책형磔刑을 함께 사용하여 형벌이 더욱 잔인해졌다. "장章은 요참형에 처해진 후 시체를 찢어 저자 동쪽 문에 놓았 다."

③ 기시棄市

저자에서 죽여 대중에게 보이는 것이다. 그 형구로는 칼을 많이 썼다. 대신과 지방관이 모반, 살인, 무고, 대역, 공을 다투거나, 적진에서 두려워하 는 등의 엄중한 직무범죄를 저질렀을 때 기시에 처했다. 모반에 참여한 자를 처벌할 때, "승상·어사에게 명해 현縣에서 회남왕에게 수레와 음식을 제공하 며 도와준 자는 모두 기시하도록 했다"375)고 한다. 살인자를 징벌할 때도 사용했는데, 유여후收與侯 칙則은 "태초太初 원년, 죄수를 죽여 기시에 처했다" 고 한다. 감정후甘井侯 광光은 "정화征和 2년, 살인하여 기시에 처했다"고 한다. 평읍후平邑侯 창敞은 "초원初元 원년, 일가 2인을 죽여서 기시에 처했다"376)고 한다. 대역죄를 징벌하기도 했는데, 상광덕上廣德은 "원광元光 5년, 처가 대역 죄를 저질러 기시에 처했다"고 한다. 직무범죄에 대한 징벌로는, 원봉元封 3년 초 "누선장군樓船將軍 양복楊僕은 유실이 많아 파면되어 서인이 되고, 좌장 군左將軍 순치荀齒는 공을 다투어 기시에 처했다"고 나온다. 천한天漢 3년 가을, "흉노가 안문雁門에 들어왔는데 태수가 두려워해 기시에 처했다"377)고 한다.

373) 『한서漢書』 「왕자후표王子侯表」.
374) 『한서漢書』 「무제기武帝紀」.
375) 『한서漢書』 「회남왕전淮南王傳」.
376) 『한서漢書』 「왕자후표王子侯表」.
377) 『한서漢書』 「무제기武帝紀」.

④ 족族

십악十惡의 중죄를 범한 자에게는 연좌이족連坐夷族을 실시했다. 족의 범위는 3족과 5족이라는 두 가지 설이 있다. 고조高祖 9년 "조왕趙王 오敖를 하옥하고 감히 그를 따르는 자는 이삼족夷三族의 죄에 처하라고 조서를 내렸다"고 한다. 3족은 부족·모족·처족이었다.378) "후后 원년 겨울 10월, 신원평新垣平은 사기행위가 발각되자 모반해 이삼족에 처했다"379)고 한다. 또한 혹리 왕온서王溫舒가 호족과 내통하여 "지방의 세력가와 천여 가家가 연좌되어 체포되었다. 상소를 올려 죄가 큰 자는 족형에, 작은 자는 사형에 처하며 재산을 몰수하기를 청했다"380)고 한다. 어떤 이가 "온서가 관원에게 기마騎馬 비용을 받고, 간악하게 이익을 꾀했다"고 고발했는데, "죄가 멸족에 이르러 자살하게 했다. 그 두 동생과 각각의 처가는 멸족에 처했다"381)고 나온다. 광록훈光祿勳 서徐는 탄식하며 말했다. "옛날에는 삼족이었는데, 왕온서의 죄는 오족에까지 이르렀구나!"

(2) 육형肉刑

육형은 사지를 베고, 피부에 새겨서 영원히 지울 수 없게 하는 혹형으로, 문제文帝까지도 이 형벌은 "고통스럽고 덕이 없다"고 할 정도로 인도적이지 않은 형벌이었다. 한 초기에 쓰인 육형은 『한서』에 의하면 "한의 법에 육형은 세 가지로 경黥, 의劓, 좌우지左右趾이다. 문제가 그것을 경을 곤겸성단용髡鉗城旦春으로, 의를 태형 300대로, 좌우지를 태형 500대로 고쳤다"고 한다. 그러나 실제로는 대여섯 가지가 넘었다. 경형과 의형은 고대의 유습으로, 문제가 육형을 개혁할 때 폐지되었다.382) 좌우지는 고대의 오른발을 자르던

---

378) 『한서漢書』 「고조기高祖紀」.

379) 『한서漢書』 「문제기文帝紀」.

380) 『사기史記』 「혹리열전酷吏列傳」.

381) 『한서漢書』 「혹리열전酷吏列傳」.

382) 한문제의 형제刑制 개혁의 의미에 대해서는 도미야 이따루, 『유골의 증언』, 70~71쪽, 217~243쪽 참조. ―역주

형벌에서 온 것으로, 문제 때 폐지되었다. 이후 양한兩漢에서 행한 육형은 단 세 가지로, 태·궁·참우지형이 그것이다.

① 태笞

태는 때리는 것으로, 대나무나 곤장으로 죄인의 척추, 등, 궁둥이를 때리는 것이다. 당률소의唐律疏議에 이르기를 "한대의 태형에는 대나무를 썼는데, 지금은 가시나무를 쓴다"고 했다. 한 초기의 태형은 『사기』 「장창전張蒼傳」에 처음으로 보이는데, "노비를 체포해 곤장을 치면서 심문했다"고 나온다. 또 『한서』 「동평사왕전東平思王傳」에 "영항永巷을 청소케 하고, 수차례 때려 보냈다"는 내용이 보인다. 또 태형을 적용하는 구체적 부위에 대해서는 『한서』 「가의전賈誼傳」에 "복중행伏中行이 말하기를, 등을 친다"고 하여 등을 때렸음을 알 수 있다.

후에 문제文帝·경제景帝가 육형을 개혁하여 의형에 해당하는 자를 태형 3백대로 처벌했다. 형의 집행 방법도 상세히 규정되었다. "때리는 도구는 채찍이 5척 길이인데, 원래는 1척이 더 길었다. 대나무는 끝을 반촌 얇게 하고 마디를 평평하게 만들었다. 궁둥이를 칠 때는 사람을 바꾸지 말고, 한 사람의 형벌이 끝나면 바꾼다"383)고 했다. 『인화록因話錄』에는 "궁둥이 10대를 쳤고, 다른 날도 이와 같다"고 나온다. 태형은 이렇게 궁둥이를 치기도 했다.

태형이 가벼운 형벌이기는 하지만 사람을 죽일 수도 있었다. 『사기』 「여태후본기呂太后本紀」에 "신서辛西가 여록呂祿을 체포해 참수하고, 여수呂須를 태형으로 죽였다"고 한다. 이는 한 초기의 이야기이지만 동한東漢에서도 그러했다. "상규上邽의 영令 황포정皇甫禎에게 장물죄가 있어 현玄이 곤태형髡笞刑을 내리고 기시하니, 일대가 술렁거렸다."384) 이렇게 태형으로 죽을 수도 있었기에 한에서는 사형을 태형으로 감하는 경우도 보인다. "원초元初 원년, 징계를 받아 하옥되었는데, 사형을 감해 태형 2백대에 처했다."

---

383) 『한서漢書』 「형법지刑法志」.
384) 『후한서後漢書』 「교현전橋玄傳」.

한에는 태형과 함께 욕辱을 주는 형이 있었는데, 이는 태형을 부가형으로 사용했다는 것이다.『동관한기東觀漢記』「질운전郅惲傳」에 망수승芒守丞 한공韓龔이 대도大盜 정중丁仲의 돈을 받고 결탁하여, 태형 팔백 대를 때렸으나 죽지 않았다는 기록이 있다. 삼국양진三國兩晋 때 와서는 제도로 정해지게 되었다. 진晋에서는 "곤겸 5년형과 태형 2백대로, 태형을 곤겸에 부가했다. 양률梁律도 이와 같다"385)고 나온다.

② 궁형宮刑

부형腐刑 또는 잠형蠶刑이라고도 한다. "궁이란 여자가 간음하면 궁중에 가두고 나가지 못하게 하는 것이며, 남자가 간음하면 그 성기를 자르는 것이다."386) 즉 음란한 남녀는 궁형에 처했다. 한 무제 때의 명가수名歌手 이연년李延年은 "부형腐刑을 당하고, 개를 섬기는 일을 감독했다"387)고 한다. 즉, 궁형을 받고 천자의 개들을 기르는 벌을 받은 것이다. 그러나 궁형이 꼭 음란함 때문에 받는 처벌은 아니었다. 사마천은 흉노에 투항한 장군 이릉李陵을 변호하다가 궁형에 처해져 후궁에서 시중을 들게 되었다. 장안세張安世의 형 장세하張世賀는 위태자衛太子의 빈객이 되었다가 연좌되어 궁형에 처해졌다. 이러한 예로 보아 정치적 이유로 궁형을 받을 수도 있었던 것이다. 문제가 육형을 개혁하면서 궁형은 바꾸지 않았는데, 그 이유는 음란함 때문이었다. 경제景帝 때는 궁형으로 사형을 대체하기도 했다.

동한東漢 광무光武 28년(52)에서 31년, "조서를 내려 명하길 사형수는 모두 잠형에 처하고, 여자는 궁형에 처하라"388)고 했다. 명제明帝 영평永平 8년(65)에 또 조령을 내려 "대역무도해 사형에 처해야 되는 자는 모두 잠형에 처하라"389)고 했다. 장제章帝 건초建初 7년, 원화元和 원년, 장화章和 원년에 조령을 내려 "중죄를 저지른 자는 모두 잠형에 처하고, 여자는 궁형에 처하라"390)고

---

385) 당육전唐六典 형부刑部 주註.
386) 『백호통白虎通』「오형五刑」.
387) 『한서漢書』「이연년전李延年傳」.
388) 『후한서後漢書』「광무제기光武帝紀」 31년.
389) 『후한서後漢書』「명제기明帝紀」.

했다. 화제和帝 영원永元 8년 다시 조를 내려 "대역죄를 범한 자는 잠형에 처하고, 여자는 궁형에 처하라"고 했다. 이 제도를 경제가 제정한 후 역대 조정에서는 이에 따라 많은 죄인이 고자가 되었다. 이것 또한 한대 형법제도 개혁의 중요한 특징이었다.

③ 참우지斬右趾

월우지刖右止라고도 한다. 지止는 발이다. 오른발을 잘리는 벌에 해당되는 자는 벌이 중하므로 기시되었다. "참우지형을 받은 자는 기시되니, 곧 죽는다는 것이다." 이는 참수형에 다음 가는 혹형으로, 그 기원은 주周의 월죄刖罪에서 유래한다. 한 초기에는 체좌우지鈦左右止로 월형을 대신했다. 고조 때 이삼족夷三族 령令 규정에 "삼족에 해당하는 자는 모두 우선 경黥, 의劓, 참우지한 뒤에 태형으로 죽인다"고 했다. 한신韓信, 팽월彭越 같은 신하들도 이 형을 받았다. 경제 때는 기시에 처해야 할 죄인을 참우지로 처벌했는데, 비로소 발을 자르는 법으로 만들어졌다. 이렇게 사형을 발을 자르는 처벌로 고친 것은 죽을 사람을 살려주는 것으로, 범죄자에게는 징계 작용을, 사람들에게는 관용적인 법을 시행한다는 표현으로 민중의 찬양을 받았다.

(3) 도형徒刑

도형은 죄에 따라서 일정량의 노역으로 복역하도록 하는 것이다. 원래 한 초기에는 도형을 받는 정해진 기한이 없었는데, 문제文帝의 개혁 때 형기刑期를 정했다. 그는 조령詔令에서 "육형을 개혁해 고친다. 죄인은 그 죄의 경중에 따라 도망가지 못하게 하고, 기한이 지나면 사면하라"고 했다. 승상 장창張蒼, 어사대부 풍경馮敬은 문제의 뜻에 따라 구체적 형기를 정해서 제출했다. "죄인이 하옥되어 판결 받으면 완위성단용完爲城旦舂에 처하고, 만 3년이 지나면 귀신鬼薪·백찬白粲이 되고, 귀신·백찬 1년이 지나면 예신첩隷臣妾이 된다. 예신첩 1년이 지나면 사면하여 서민이 된다." 391) 이렇게 형기를 실시하는

---

390) 『후한서後漢書』「장제기章帝紀」, 건초建初 7년.
391) 『한서漢書』「형법지刑法志」.

정책을 결정했다. 경제景帝 때는 정식으로 형기가 확정되었다. "죄에 따라 그 형기를 마친다. 무릇 죄가 있으면 남자는 곤겸위성단髡鉗爲城旦에 처한다. 성단이란 성을 쌓는 것이다. 여자는 용舂에 처하는데, 용은 쌀을 찧는 것이다. 모두 5년형인데, 완完은 4년형이다. 귀신鬼薪은 3년형이다. 귀신이란 남자는 귀신에게 제사를 지내기 위해 산에서 땔 나무를 해오고, 불을 땐다. 여자는 백찬白粲이 되는데, 제사용 쌀을 고르는 일이다. 모두 3년형이다. 죄가 사구司寇라면 남자는 수비守備를 하고, 여자는 작여사구作如司寇를 하는데, 모두 2년형이다. 남자는 변방의 수자리(戍罰作)를 서고, 여자는 관부에서 노역(復作)하는데, 모두 1년에서 3개월의 형이다."392) 이상에서 서술한 형기를 나누면 아래의 다섯 가지가 된다.

① 곤겸성단용舂髡鉗城旦舂

5년형이다. 곤겸髡鉗은, "죄인의 목에 씌우는 철로 만든 형구를 겸鉗이라 하고, 발목에 채우는 형구를 체釱라 하고, 머리를 깎는 것을 곤髡이라 한다"고 나온다. 성단城旦이란 『후한서』「한릉전韓棱傳」에서 말하기를 "성단은 가벼운 형이다. 낮에는 외적을 감시하고, 밤에는 장성을 쌓아서 성단"이라고 했다. 낙후樂侯 의義는 "사람을 시켜 살인해 곤위성단髡爲城旦에 처했다"393)고 한다. 포선鮑宣이 죽을죄를 범하자 "황제는 선의 죄를 1등급 감하고 곤겸에 처했다"394)고 한다. 사법관 영성寧成은 혹리로 불렸는데, "무제가 즉위하고 내사內史가 되었다. 외척들이 성의 단점을 지적해 곤겸에 처했다"395)고 한다. 또 사엄후邗嚴侯의 계승자 황수黃遂는 "원정元鼎 원년, 공주의 말을 협박으로 빼앗아 곤위성단에 처했다"396)고 한다. 이것은 몇 가지 예에 불과하고 무제 시대에는 곤겸형의 사용을 남발했다.

---

392) 한관육종漢官六種 한구의漢舊儀(하권).
393) 『한서漢書』「왕자후표王子侯表」.
394) 『한서漢書』「포선왕전鮑宣王傳」.
395) 『사기史記』「혹리열전酷吏列傳」.
396) 『한서漢書』「고혜고후문공신표高惠高后文功臣表」.

② 완위성단完爲城旦, 용춘

4년형이다. 중거仲居는 후를 물려받은 뒤, "원정元鼎 3년, 태상太常으로 적측전赤側錢을 받지 않아 완위성단에 처했다"397)고 나온다. 유문성후留文成侯의 계승자 장불의張不疑는 "효문 5년, 문대부門大夫와 고초故楚의 내사內史를 죽여서 속면해 성단에 처했다"398)고 한다. 감찰관 설선薛宣의 동생 "명明이 사람을 다치게 했는데 죄를 가볍게 하여 그와 함께 작위를 감하고 완위성단에 처했다"399)고 한다. 번후樊侯의 계승자 채벽방蔡辟方은 "원정 4년, 협박죄로 완위성단에 처했다"고 한다. 이로써 완위성단이 서한에서는 매우 보편적으로 사용되었음을 알 수 있다.

③ 귀신鬼薪, 백찬白粲

3년형이다. 곡성위후曲成圉侯의 계승자 황유皇柔는 조령을 받들지 않았다. "원정 2년, 여남汝南 태수는 백성들이 적측전赤側錢으로 부세를 내게 하지 않아 귀신에 처했다." 성경후成敬侯의 후계자 동조董朝는 왕녀와 간음했다. "원수元狩 3년, 제남濟南 태수는 성양城陽 왕녀와 간통해 내위귀신耐爲鬼薪에 처했다."400) 이석후離石侯 관속은 "상서上書를 기만해 내위귀신에 처했다"401)고 한다. 그런데 백찬의 판결례가 『한서漢書』에는 보이지 않는다.

④ 사구司寇, 작여사구作如司寇

2년형이다. 남자는 경비를 서고, 여자도 이와 같다. 『한서』「장제기章帝紀」에 "귀신, 백찬의 이상의 죄인이 원래 죄를 1등급 감하면 사구형이 된다"고 했다. 이로써 귀신, 백찬보다 1급이 낮은 도형임을 알 수 있다. 연간후衍簡侯 적불의翟不疑는 "원삭元朔 원년, 조서를 옆에 끼고 다녀 내위사구耐爲司寇에 처했다"고 한다. 심헌이후沈獻夷侯는 "원수 5년, 종정宗正으로 청탁을 해 종실을 갖추지 못하여 내위사구에 처했다"고 한다. 유수劉秀 때의 혹리 이장李章은

---

397) 『한서漢書』「고혜고후문공신표高惠高后文功臣表」.
398) 『한서漢書』「고혜고후문공신표高惠高后文功臣表」.
399) 『한서漢書』「설선전薛宣傳」.
400) 『한서漢書』「고혜고후문공신표高惠高后文功臣表」.
401) 『한서漢書』「왕자후표王子侯表」.

"토지를 조사해 징세하는 일을 부실하게 했다. 장은 공로가 있지만 사구에 처했다"[402]고 한다. 또 오방엄후吳房嚴侯의 계승자 양거질揚去疾, 심택제후深澤齊侯의 계승자 조수趙修는 죄가 있어 내위사구에 처했다. 한의 사구는 진秦 때와 마찬가지로 가벼운 형에 속하며, 복역하는 기간에는 변방의 외적을 감시하고 형도를 감독하는 임무를 맡았다.

⑤ 벌작罰作, 복작復作

1년형이다. 남자는 변방의 수자리로 1년 동안 복역하고, 여자는 관부에서 1년 동안 노역을 하는 도형으로, 가장 가벼운 형벌에 속했다. 소림蘇林은 "1년형은 벌작이고, 2년 이상은 내耐라고 한다"고 설명했다. 가내加耐는 2년형 이다. 문제 때 운중雲中 태수 위상魏尚은 적의 머리를 벤 것을 기록하는 데 6명의 오차가 있어 "작위가 깎이고 벌작에 처했다"고 한다. 또, 여평후如平侯 수遂는 "어떤 이가 관부의 암말을 훔쳐 숨긴 것을 알았다. 사면되어 복작에 처했다"[403]고 한다. 사면되긴 했지만 1년형을 복역했다는 뜻이다. 벌작과 복작은 같은 것으로, 남녀의 구분이 없었다.

예신隷臣과 예신첩隷臣妾은 1~2년형에 속했다. 척어후戚圉侯 수신성秀信成 은 "원수 5년, 태상으로 승상이 신도神道를 침범함에 연좌되어 예신이 되었 다"고 한다. 안사고顔師古의 주註에 "1년형은 신첩臣妾이 되고, 1년이 지나면 사면되어 서인庶人이 된다. 그러하여 남자는 예신이 되고, 여자는 예첩이 된다"고 했다. 노후鹵侯 장승張勝, 남궁후南宮侯 장생張生은 모두 죄가 있어 예신이 되었다. 소하의 후예로 후侯 계승자 하승何勝은 "재계하지 않아 내위 예신에 처했다"[404]고 한다. 진秦에서 예신첩은 무기형이었는데, 한에서는 1년이나 2년의 가벼운 형으로 개혁되었다. 진과 비교하면 한의 형벌은 많이 너그러워진 것 같다. 그러나 실제로는 형도의 생활환경은 극히 열악했을 뿐만 아니라 인신의 안전보장도 전혀 없었다. 전쟁에서 공을 세우면 속죄해

---

402) 『후한서後漢書』 「혹리열전酷吏列傳」.

403) 『한서漢書』 「왕자후표王子侯表」.

404) 『한서漢書』 「고혜고후문공신표高惠高后文功臣表」.

준다며 형도를 내보내 무수히 많은 형도들이 죽었다. 또한 나라 안의 대규모 토목공사도 형도의 노역에 의지했다. 낙양洛陽의 한위고성漢魏古城을 건설하다가 죽은 형도들의 묘가 총 5만여 평방미터라는 사실만 봐도 복역 도중에 사망한 형도가 매우 많았다는 것을 알 수 있다.

(4) 금고禁錮

범죄인을 평생 감시하는 형벌로, 주로 관리와 범죄인의 가족·친지에게 적용했다. 서한西漢 문제 때, 고인賈人·췌서贅婿·관리가 장물죄를 범하면 모두 금고죄에 처하고, 다시는 관리가 될 수 없다고 규정했다. 동한東漢 때는 자손에게까지 이어졌다. 장제章帝는 원화元和 원년(84)에 조령을 반포했다. "한 사람이 죄를 범하면 금고는 삼족에 미쳐 아무도 왕조에서 관리가 될 수 없었다. 능력 있는 인재가 나이만 먹고 임용되지 못하는 것을 짐은 매우 안타깝게 여겨, 새로 저지른 죄가 아니라 전에 죄를 지어 금고된 자는 모두 사면한다. 단 명백히 죄과를 뉘우치더라도 숙위宿衛는 할 수 없다."405) 이렇게 제한적으로 금고를 해지한다고 선포했지만 실제로는 행해지지 않았다. 안제安帝 때 이르러서도 여전히 남아 있었다. 예를 들어 안제 초기에, "청하상淸河相 숙손광叔孫光은 뇌물죄로 2세까지 금고를 받아 아들에게도 형이 미쳤다"고 한다. 이런 이유로 영초永初에 어사 진충陳忠이 상소해 "뇌물을 주고받은 관리를 삼대까지 금고하는 것을 풀고, 또한 금고형을 없앨 것"406)을 청구했다.

그러나 동한 말년, 환관이 전권을 휘두르며 당고黨錮의 화禍를 일으켜, 금고형이 다시 생겼다. 수백 명의 당인黨人이 금고를 당했다. 상서尙書 곽서霍諝와 성문교위城門校尉 두무竇武의 경우, "이에 모두 사면하여 전리田里로 돌려보내고 평생 동안 금고했다"고 한다. "파면된 관리의 금고는 5대까지 미쳤다." "장검張儉의 사건 때 무리를 잡아들여 … 이에 하옥시켰다. 고문을 받다 죽고, 처자는 변방으로 유배를 보내고, 문생門生, 고리故吏 및 그 부모는 모두 금고를

---

405) 『한서漢書』「장제기章帝紀」.
406) 『후한서後漢書』「진충전陳忠傳」.

당했다."407) 이와 같이 한대에는 금고형이 환관 집단에 대항하는 사람들에게 사용되었고, 동한 역사의 거대한 퇴보를 가져왔다.

(5) 사변徙邊

사형을 감해 변방으로 유배를 보내는 것으로, 한대에 자주 사용되던 형벌이었다. 원화元和 3년(86), 정위廷尉 곽궁郭躬은 "사형을 감해 변방의 수자리를 시키는 것은 인명을 중시하는 것입니다"408)고 상소하였고, 장제가 조령을 반포함으로써 제도로 정해졌다. 화제和帝 영원永元 8년(96) "군국중도관郡國中都官에 조서를 내려 사형을 1등급 감하고 돈황에서 수자리에 복역하도록 하라"409)고 했다. 충제沖帝가 즉위한 해에도 같은 조치를 내렸으나, "모반대역죄는 이 법령을 적용하지 않는다"410)고 했다. 환제桓帝가 이어서 즉위하고, 건화建和 원년(147), 화평和平 원년(150), 영흥永興 원년(153), 영흥 2년의 네 번에 걸쳐서 "사형을 1등급 감형하여 변방의 수자리로 복역하도록 할 것을 명령했다"411)고 한다. 그러나 이러한 조치는 변방의 수비 때문에 이루어진 것이지 진심으로 너그럽게 형을 감해준 것은 아니다.

(6) 면免, 삭削, 폐廢, 제除

서한 시대에는 제후·왕자·작위에 봉해진 공신 및 그 상속자들이 법률을 위배하면, 보통 그 내용에 따라 면·삭·폐·제 등의 형벌을 적용했다.

① 면免

동한의 유수劉秀 때 조령을 반포해, "감히 노비를 불로 지지는 자는 법률에 따라 처벌해 파면하여 서인으로 한다"고 했다. 그밖에 각종 불법행위를 저지르면 모두 후에서 파면했다. 박산간열후博山簡列侯 공광孔光은 직무유기로,

---

407) 『후한서後漢書』「금고열전禁錮列傳」.
408) 『후한서後漢書』「곽궁전郭躬傳」.
409) 『후한서後漢書』「화제기和帝紀」.
410) 『후한서後漢書』「충제기沖帝紀」.
411) 『후한서後漢書』「항제기恒帝紀」.

고락절후高樂節侯 사단師丹은 누설죄로 파면되었다. 공향후孔鄕侯 박안博晏은 처첩의 지위를 문란하게 해 파면되었고,412) 방광후旁光侯 은殷은 대출금을 조세에 기록하지 않고 과도하게 이익을 취해 사면되었으나 파면되었다. 능향후陵鄕侯 흔訢은 사람을 시켜 가승家丞을 다치게 하고, 곡물을 대출해 주고 과도하게 이익을 취해 파면되었다. 하양엄후河陽嚴侯 진신陳信은 채무를 6개월 이상 갚지 않아 파면되었다.413) 온수후溫水侯 안국安國은 "상서에 요망한 말을 올려 사면하고 파면했다"고 한다. 후의 지위에서 파면해 서인이 되게 하는 것은 무거운 처벌이었다.

② 삭削

삭작削爵, 삭호削戶 등의 처벌이 있었다. 갱힐후羹頡侯 신信은 "죄를 지어 작위 1급을 깎아 관내후關內侯가 되었다"414)고 한다. 의양후義陽侯 여온돈厲溫敦은 "아들 이세왕伊細王이 모반해 작위 1급을 깎아 관내후가 되었다"고 한다. 안원류후安遠繆侯 정길鄭吉은 죄를 지어 3백 호戶가 깎이고, 신성후信成侯 왕정王定은 동생이 모반해 5백 호가 깎이고, 고창장후高昌壯侯 동충董忠은 죄를 지어 천백 호가 깎였다.415) 삭은 면보다 가벼운 처벌이었다.

③ 제除

왕후王侯가 죄를 범하면 봉국을 없앴다. 수향후首鄕侯 단조段曹의 증손자 승勝은 "노비를 살해해서 봉국을 없앴다"416)고 한다. 자후子侯 언偃은 "회남왕과 모반해 사형에 처하고, 봉국을 없앴다"417)고 한다. 무수후武遂侯 평平은 "형산왕에게 거짓 조서를 보내 금 백 근을 취하여 기시형에 처해졌는데, 병으로 죽어 봉국을 없앴다"418)고 한다. 난포자분欒布子賁의 후계자 위位는 "태상으로 희생을 법도에 맞추지 못해 봉국을 없앴다"고 한다. 괴성후魁成侯

---

412) 『한서漢書』「외척은택후표外戚恩澤侯表」.
413) 『한서漢書』「고혜고후문공신표高惠高后文功臣表」.
414) 『한서漢書』「왕자후표王子侯表」.
415) 『한서漢書』「경무소선원성공신표景武昭宣元成功臣表」.
416) 『동관한기東觀漢記』.
417) 『사기史記』「부관전傅寬傳」.
418) 『사기史記』「역생전酈生傳」.

의 계승자 "자창대후子昌代侯는 죄를 지어 봉국을 없앴다. 효경 중中 2년에 설자거綵子昷를 대신 봉했다. 원정元鼎 3년에 태상으로 죄를 지어 봉국을 없앴다"[419]고 한다. 열후로 봉해지는 것은 쉽지 않은 일인데 조금이라도 법을 어기면 봉국을 없애서, 제후들은 항상 자리를 보전하는 데 불안했다.

④ 폐廢

중죄를 저지르는 제후왕은 나라와 후를 함께 폐하는 이중 처벌을 했다. 창읍애왕昌邑哀王 하賀는 "음란죄로 폐형에 처해져 고국으로 돌아갔다"고 한다. 대효왕代孝王의 후계자 년年은 "여동생과 간통해 폐형에 처해져 방릉房陵으로 유배를 보냈다"고 한다. 광주혜왕廣州惠王 거去는 "첩을 삶아 부도해 폐형에 처해져 상용上庸으로 유배를 보냈다"고 한다. 양효왕자梁孝王子 환읍후桓邑侯는 "건원建元 3년, 중부中傅를 살해해 폐형에 처해져 방릉으로 유배를 보냈다"고 한다. 상산헌왕常山憲王의 계승자 왕발王勃은 "헌왕의 상복 기간에 간음해 폐형에 처해져 방릉으로 유배를 보냈다"[420]고 한다. 왕위를 폐하는 것은 종종 유배형의 부가형으로 적용된다. 이는 형을 병용하는 징벌로 모욕을 주는 목적을 지닌다.

(7) 속형贖刑

한대의 속죄는 시기마다 각각 다르게 규정되었다. 혜제惠帝 원년(기원전 194), "백성에게 죄가 있었는데, 작위 30급을 사서 사형을 면했다"[421]고 나온다. 응소應劭는 "1급은 가치가 2천전으로 모두 6만전이 된다"고 했다. 또 무제武帝 천한天漢 4년(기원전 97) "사형수가 속전 50만을 내면 1등급을 감해 준다"는 법령을 내렸고, 태시太始 원년(기원전 96) "사형수가 속전 50만을 내면 1등급을 감해 준다"[422]고 했다.

---

419) 『사기史記』 「주후전周侯傳」.
420) 『한서漢書』 「제후왕표諸侯王表」.
421) 『한서漢書』 「혜제기惠帝紀」.
422) 『한서漢書』 「무제기武帝紀」.

무제는 재정적 어려움을 해결하기 위해 금전으로 죄를 속면하는 것을 윤허했는데, 얼마 되지 않아 그 문제점이 불거져서 격렬한 논쟁을 일으켰다. 그 논쟁의 결과 한의 속형제도가 확립되었는데, 동한東漢의 법령에 반영되었다. 명제明帝 중원中元 2년(57) 12월 조령에, "천하의 망명亡命과 수사殊死 이하는 속형을 허락한다. 사형은 비단 24필, 우지右趾부터 곤겸·성단·용은 10필, 완성단·용·사구는 3필을 낸다. 발각되지 않은 사람과 조서를 내린 이후 자수한 자는 그 반을 낸다"[423]고 했다. 또 장제章帝 건초 7년(82) 조령에, "망명자亡命者는 속전을 낸다. 사형은 비단 24필, 우지부터 곤겸·성단·용은 10필, 완성단부터 사구는 3필, 관리가 죄를 범했는데 발각되지 않은 경우와 조서를 내린 후 자수한 자는 반을 낸다"[424]고 했다.

화제和帝는 영원永元 원년(84)에 속형령贖刑令을 반포했다. "사형 이하부터 사구 및 망명자까지는 속전을 내는데, 각각 차이가 있다."[425] 동한에서 반포한 속죄령만 30여 건으로 고금을 막론하고 그러한 사례가 없다. 속형을 실시한 목적을 충분히 엿볼 수 있는 대목이다.

속형에도 여러 유형이 있었다.

① 속사죄贖死罪

평릉후平陵侯 소건蕭建은 "전장군前將軍으로 흡후翕侯 신신信과 함께 패배했으나 혼자 돌아와서 참형에 해당되었는데, 속죄해 파면되었다"고 한다. 합기후合騎侯 공손오公孫敖는 "원수元狩 2년, 병사를 이끌고 흉노를 공격했는데, 두려워하여 참형에 해당되었지만 속죄해 파면되었다"고 한다. 의관후宜冠侯 고부식高不識은 "흉노를 공격했는데 베어낸 적의 머리를 과장해 부실하여 참수형에 해당되나 속죄해 파면되었다"[426]고 한다. 이러한 속형은 군관에 한정된 것으로 사형을 속면한 후 다른 형을 가하지 않았다.

---

423) 『후한서後漢書』「명제기明帝紀」.
424) 『후한서後漢書』「장제기章帝紀」.
425) 『한서漢書』「화제기和帝紀」.
426) 『한서漢書』「경무소선원성공신표景武昭宣元成功臣表」.

② 속감형贖減刑

성안후成安侯 한연년韓延年은 "태상으로 … 1월 세금을 적게 걷어 곡식을 내고 속면하여 완위성단에 처했다"고 한다. 신주희新畤侯 조제趙弟는 "태상으로 국문을 부실하게 해 백만 전을 내고 죄를 속면하여 완위성단에 처했다"고 한다. 양성류후陽城繆侯 유덕劉德의 "아들 안민安民이 5백 호戶로 동생 경생更生의 죄를 속면해 1등을 감했다"427)고 한다. 이러한 속형은 형을 줄이는 데 한정되어 사형을 감면할 뿐 범죄를 감당하기는 어려웠다.

③ 속면贖免

무석후無錫侯 묘卯는 "조문왕趙文王과 함께 병사를 이끌고 외적을 쫓다가 홍농弘農에서 병사를 버리고 돌아온 죄를 속죄해 파면되었다"고 한다. 이러한 속면은 윤허하면 어떠한 책임도 다시 추구하지 않았다.

그밖에 속죄한 사람에게 보복을 하면 형벌에 처했다. 포후蒲侯 소이오蘇夷吾는 "홍가鴻嘉 3년, 여노비가 속면하여 서민이 되었는데, 겁략해 노비로 만들어서 파면되었다"428)고 한다.

속형은 관용적인 형벌의 하나로 왕후와 관료에게만 적용되었다. 사형을 속면하려면 "관리가 아닌 자는 2근 8량의 금을 내야 한다"429)고 했다. 평민의 경우 그렇게 비싼 대가를 치르고 속면하기란 불가능했다.

3. 형벌제도의 개혁

문제와 경제 때 통치자는 농업을 근본으로 요역과 부세의 경감을 추진하여 사회질서는 비교적 안정되었다. 그 결과 경제가 번영하고, 문경지치文景之治라는 태평성대를 이루었다. 이는 형벌제도를 개혁하기 위한 유리한 조건을 만들어, 이에 문제와 경제는 사회 발전의 추세에 따라 법제의 개혁에 착수하

---

427) 『한서漢書』 「외척은택후표外戚恩澤侯表」.
428) 『한서漢書』 「경무소선원성공신표景武昭宣元成功臣表」.
429) 『한서漢書』 「회남왕안전淮南王安傳」.

여 어느 정도 성과를 거두었다. 개혁의 중점은 주로 세 방면에서 진행되었다.

(1) 육형肉刑의 폐지

육형 개혁의 사회적 의의에 대해서는 문제와 경제가 여러 차례 조령을 통해 말했다. 문제는 "백성이 한 번 죄를 범하면 평생 동안 형벌을 받으니 안타깝다"고 했고, 경제 또한 "중죄와 다를 바가 없어 다행히 죽지 않아도 사람 구실을 못한다. 짐은 그것을 안타깝게 여긴다"[430]고 했다. 이러한 까닭에 육형을 폐지하는 것이 문·경 시대 법제 개혁의 주요 사명이 되었다.

문제文帝 13년(기원전 167) 5월 정식으로 '제육형법除肉刑法'을 반포했다. "완完에 해당되는 자는 완위성단용으로, 경黥에 해당되는 자는 곤겸성단용으로, 의劓에 해당되는 자는 태형 3백으로, 참좌지斬左趾에 해당되는 자는 태형 5백으로 하라. 참우지斬右趾와 살인하고 자수한 자, 관리의 뇌물죄, 현관의 재물을 지켜야 하는데 오히려 이를 훔친 자의 경우는 판결을 한 후, 태형 이상의 죄라면 모두 기시棄市하라."[431]

(2) 감태죄減笞罪

의형을 태형 3백대로 고치고, 참좌지를 태형 5백대로 고치긴 했으나, 형벌은 여전히 엄했다. "태형을 시행하는 도중 죽어서 다 마치지 못했다." 이에 경제는 즉위한 뒤 두 차례에 걸쳐 태형을 개혁했다. ① 경제景帝 원년(기원전 156), 태형 500대를 300대로, 태형 300대를 200대로 감한다고 율을 정했다. ② 중원中元 6년(기원전 144), 태형 300대를 200대로, 태형 200대를 100대로 감한다고 조서를 내렸다. 여기서 의형劓刑을 태형 100대로 감하고, 참좌지를 태형 200대로 대신하는 것으로 정해졌다.

---

430) 『한서漢書』「형법지刑法志」.
431) 『한서漢書』「형법지刑法志」.

(3) 정추령定箠令

육형의 폐지를 보증하기 위해 경제 중원 6년 5월, "이에 조서를 내려 태형법을 감면하고 추령箠令을 정한다"[432]고 했다. 그리고 구체적으로 개혁을 진행했다. "매질은 채찍의 길이를 5척으로 하는데 원래는 1촌이 더 길다. 대나무는 끝을 반촌 정도 얇게 하고 마디를 평평하게 했다. 볼기를 치다가 사람을 바꾸지 말라. 한 형벌이 끝난 뒤 사람을 바꾼다."[433]

(4) 감형기減刑期(형기의 감면)

『한서』「형법지」다음과 같이 규정했다. "죄인의 판결이 이미 결정되어 완위성단용은 만 3년이 지나면 귀신·백찬이 되고, 귀신·백찬은 만 1년이 지나면 예신첩이 되고, 예신첩은 1년이 지나면 사면되어 서인이 된다. 예신첩은 만 2년이 지나면 사구가 되고, 사구 1년 및 여사구 2년이 지나면 사면되어 서인이 된다. 도망자와 내耐 이상의 죄에는 이 법령이 적용되지 않는다."

여기서 규정하고 있는 것은 이미 재판이 결정되어, 노역에 일정기간 복역하고 다시 범죄를 저지르지 않는 자에 대해서는 형벌을 감면한다는 것이다. 이는 다섯 가지 유형으로 나눌 수 있다.

① 완성단·용의 노역에 삼년 복역하면 귀신·백찬으로 감면한다.
② 귀신·백찬의 노역에 1년 복역하면 귀신·예첩으로 감면한다.
③ 예신·예첩의 노역에 1년 복역하면 사면되어 서인이 된다.
④ 예신·예첩의 노역에 2년 복역하면 사구로 감면한다.
⑤ 사구의 노역에 1년 복역하면, 작여사구는 만 2년 복역하면 사면되어 서인이 된다.

그러나 형기 중 도망간 사람과 내耐 이상의 죄는 감면되지 않았다.

문·경 시대 형벌개혁은 제도에서는 형법의 적용원칙을 세웠고, 역사적 진보성을 갖는다. 그러나 그 계급적 성격과 시대 조건의 제한으로 형벌의

---

432) 『한서漢書』「경제기景帝紀」.
433) 『한서漢書』「형법지刑法志」.

잔혹성을 근본적으로 고치지는 못했다. 육형의 폐지와 부활이 반복된 것은 형벌개혁에 통치계급이 동요하고 있는 상황을 반영한 것이다.

4. 형법의 적용 원칙

한율은 형법 적용의 원칙을 진율에서 그대로 이어받았다. 예를 들어, 자수하면 형벌을 감면하고, 재범은 죄를 무겁게 하고, 고의와 과실을 구분하는 것과 무고와 반좌 등이 그러하다. 한율은 몇몇 새로운 원칙도 확정했는데, 상청제도上請制度, 휼형제도恤刑制度와 친친상은親親相隱 등이 그것이다. 이러한 원칙들은 형사법률을 발전시켰고, 사회 안정에 큰 작용을 했다.

(1) 상청제도上請制度

황제가 직접 판결하는 제도이다. 통치계급의 특권을 보장하기 위하여 한율은 사법부가 심리하는 귀족·관료의 범죄 안건을 반드시 황제가 판결하도록 상소하여 청해야 했다. 위반시에는 불법이 되었다. 고조 7년(기원전 200) 조서를 내려 "낭郞 중에서 죄가 내耐 이상은 상청한다"[434]고 했다. 여기서 말하는 내는 2년에서 4년에 해당하는 형벌로, 황제의 비준을 통과해야 심리와 재판이 가능했다. 선제宣帝 때 상청제도를 조서로 내려 6백석石 이상의 관리에게까지 확대했다. "관리로 6백석 지위의 대부는 죄가 있으면 먼저 상청한다."[435] 그 후 공열후와 그 자손에까지 확대했다. 동한 때는 귀족 관료의 특권이 무한히 확대되어 "관리 가운데 6백석 미만에서 묵수장墨綬長, 상相까지는 죄가 있으면 먼저 상청한다"[436]고 했다. 심지어 "부모가 자식을 은닉하고, 남편이 아내를 은닉하고, 조부모가 손자를 은닉해 죄가 사형에 이르면 모두 상청해야 하고, 정위가 이를 듣는다"고 했다. 이는 관료가 사법관할을

---

434) 『한서漢書』「고제기高帝紀」.
435) 『한서漢書』「선제기宣帝紀」.
436) 『후한서後漢書』「광무제기光武帝紀」.

넘어 권한을 행사하며, 심지어 속형을 통해 형벌을 면할 수도 있었다는 것이다. 상청제도는 그 성격상 법률 특권을 수호하는 제도로, 역대 왕조들은 이를 고치지 않았고 후대에는 팔의八議로 발전했다.

(2) 휼형제도恤刑制度

한율은 통치 계층의 여러 특권을 보장하면서 또한 노약자에게는 휼형을 시행하도록 입법했다. "80세 이상, 8세 이하 및 임산부, 사師, 난쟁이 가운데 신문받아야 할 자는 구금하는 것을 용서한다."[437] 즉 8세 이하, 80세 이상의 노약자는 심문 기간이라도 형구를 차지 않기 때문에 구금한 것이다. 그 후에 선제 원강元康 4년(기원전 102)에 규정을 보충해 "80세 이상으로 무고와 살상죄가 아니면 형을 받지 않는다"[438]고 했다. 무고와 살상죄는 법률의 제재를 받지만 다른 범죄는 모두 휼형을 실행했다. 이러한 휼형정책은 법률의 실질적인 내용을 바꾸지 않으면서 잔혹한 형벌을 제한하고, 격렬한 사회 모순을 완화하는 효과가 있었다.

(3) 친친상은親親相隱

이는 유가 학설인 '이례입형以禮入刑'의 전형적인 모습이다. 공자는 "아비가 자식을 위하여 숨기고, 자식이 아버지를 위하여 숨김에 바름이 거기에 있다"[439]고 했다. 한율은 이 학설을 법률화했다. 선제 지절地節 4년(기원전 106) 조서를 내려서 "지금부터 자식이 부모를 숨기고, 처가 남편을 숨기고, 손자가 조부모를 숨기면 모두 형벌을 받지 않는다"[440]고 했다. 수닉首匿은 원래 일종의 범죄이지만 친친상은의 원칙을 운영해서 법률상 친속이라면 범죄를 은닉해도 형사책임을 지지 않도록 했다. 명목은 천성天性·인효仁孝로

---

437) 『한서漢書』「형법지刑法志」.
438) 『한서漢書』「선제기宣帝紀」.
439) 『논어論語』「자로子路」.
440) 『한서漢書』「선제기宣帝紀」.

천하를 통치하겠다고 표방한 것이나, 실질적으로는 예로써 법을 어지럽힌 것이다. 후대의 형사입법 역시 친친상은의 원칙을 지고의 신조로 삼아 형법에 시종일관 관철했다.441)

(4) 자고감형自告減刑

한율은 또 자수하면 형벌을 감면한다고 규정해 범죄자의 자수를 장려했다. 형산왕衡山王 유석劉賜의 아들 유효劉孝는 모반에 참여했으나 정위廷尉에게 자수하면 형을 감면해 준다는 규정 때문에 모반죄를 면제받았다.442) 왕과 함께 모반한 자는 모두 죽인다고 했지만 자수하면 형을 면제해 주었다. 그러나 주모자라면 자수를 해도 죄를 면해주지 않았다.

그밖에 무고誣告·반좌反坐 등의 형법 원칙으로 고의와 과실을 구분하도록 규정했다. 특히 전통 형법에서는 무고를 중요시하여, 그 법률 규정이 구체적일 뿐만 아니라 엄격하게 집행되었다. 그래서 팔십 노인이 휼형을 받는다고 하더라도 무고죄라면 그 책임을 추구하여 엄하게 징벌했다. 이는 통치계급이 법률 실천 가운데 얻은 '성형식무省刑息誣'의 중요한 경험 교훈이다.

(5) 한율의 기본 특징

한율은 양한兩漢의 사법 실천과 형법 개혁을 겪은 후 기본적인 체계를 확립했다. 오형五刑·십악十惡·팔의八議 등의 고대 법률의 잔재는 이미 삭제하고, 법률 발전에 새로운 기원을 열었다. 한율과 진율을 비교할 때 가장 중요한 점은 '납례입형納禮入刑'으로, 여기서 예법합류禮法合流, 형덕병시刑德幷是의 형사입법 원칙이 확립되었다. 더욱이 유가 학설이 주도적인 위치를 확립한 뒤 군신 사이의 강령은, 형법이 황권을 수호하고 십악을 다스리는 주요 내용이 되었다. 황권을 반대하는 어떠한 행위도 대역무도한 중죄가 되어 모두 엄벌에 처했다. 예가 창도하는 인효仁孝의 다스림은 친친상은을 구성하여

<hr>

441) 임중혁, 『한율령漢律令의 형성과 발전에 대한 연구』(고려대학교 박사논문), 208~210쪽. ―역주
442) 『한서漢書』「회남형산제북왕전淮南衡山濟北王傳」.

예로써 법을 어지럽히게 되었고, 형불상대부刑不上大夫의 학설은 귀족 관료에게 상청·은사 등의 법률 특권을 확립했다. 이러한 면은 법률 실천에서는 불필요한 부분이다. 인정仁政 학설에서 출발해 형법제도를 개혁하고 육형을 폐지했으며, 명분학名分學의 지도 아래 형법의 형명刑名 체계를 확립했고, 염정사상廉政思想의 영향 아래 직무범죄를 다스리는 형법을 수립했다. 이러한 요인에 의해 한율은 역사적으로 형사입법의 근거가 되는 것으로 여겨진다. 『명사明史』「형법지」에서 "역대의 법률은 모두 한漢의 구장九章이 종법宗法을 이룬다"고 언급한 것과 같다. 한율의 중국 형법사에서의 지위를 객관적으로 평가한 내용이다.

제4장 민사경제법률

중국 전통시대의 민사경제 법률규범은 법률체계에서 부문법을 구성한다. 사유제의 발전에 따라 전지·부세·혼인·책무·재산·상속 등에 관한 민사법률 규범은 복잡하게 되었고, 형률 가운데 규정되어 있거나 또는 단행의 법률을 형성해 특정한 재산관계, 인신관계, 경제관계 및 기타 사회적 관계를 조정했다. 그래서 진율과 한율 중에는 민사법률 규범과 경제법률 규범이 포함되었다.

제1절 진·한시대의 민사법률

진·한 양조兩朝는 독립적인 민사법전을 제정하지는 않았으나, 민사법률 관계는 보편적으로 존재했다. 진·한율 가운데 이와 관계되는 내용의 분석을 통해서, 이 시기의 민사법률 규범이 주로 민사법률 원칙, 전통윤리와 혼인가정 및 종법계승 관계 등에 체현되었음을 알 수 있다.

1. 민사법률 원칙

진·한의 법률에서 규정된 민사법률 원칙은 다음 몇 가지가 있다.

(1) 민사권리주체의 규정

민사권리의 주체는 법에 따라 민사권리를 향유하며 민사 의무를 지는 사람으로서, 4종의 유형으로 나눌 수 있다.

① 최고 통치자인 황제는 가장 완전한 민사권리의 주체

진은 건국 때부터 토지·광산·금은 및 노예를 포괄하는 대량의 국가재산을 황제가 지배하는 것으로 규정했다. 진율이 규정하는 내용을 보면, 황제는 농·목축업을 직접 통제하고, 채광·염철·병기·화폐 등 수공업생산을 독점하고, 국가의 양식·유료油料·면직물 등 생활자원을 장악했다. 또한 국가 정무와 행정사무를 집행하는 각종 관원이나 중앙과 지방의 각종 기구를 관장하는 관원들 역시 모두 황제가 직접 파견했으며, 그들은 황제에 대해 책임을 졌다. 이렇게 권력기구에 의해 집중된 재부財富에 대해서 황제는 완전한 지배권을 가지며, 조견調遣과 전양轉讓이 가능했다. 집행과정에서 각급 관리는 백성 및 기타 각국과 발생하는 매매·신용·대여를 관장했다. 구원률廏苑律·금포율金布律·전율田律·창률倉律 등에서 규정한 것처럼 황제부터 각급 관리에 이르기까지 작위가 있는 자와 사오士伍 등은 모두 법정 민사권리의 주체가 되었다.

② 상고商賈·작무作務 등은 민사권리가 제한된 주체

진·한의 작무·상고·췌서贅婿·후부後父 등은 비록 일정한 재산 권리가 있었으나 사회적 지위는 낮은 편이었다. 진인秦人의 말처럼 "부유하나 화려함이 없다"고 표현되는 처지였다. 관리선발에서 그들과 자녀들은 정치에 참가하거나 관리에 임명되지 못하도록 규정되었다. 이러한 정치적 제한과 진부한 관념에 의해 그들은 단지 제한적 민사권리의 주체였을 뿐이다.

③ 예신첩도 민사권리 자격에 제한이 있는 계층

종신토록 복역해야 하는 형도인 예신첩은 비록 일정 정도 인신권리는 있었으나 불완전한 민사권리의 주체였다. 구원율에 규정하기를, 방목을 담당하는 소예신小隸臣은 병역을 담당하는 의무가 있었다. 이 때문에 공을 세워 작위를 받아 관리에 임명되거나 장군이 되는 것이 생명을 법률적으로 보호를 받을 수 있는 방법이었다. 그리고 법으로도 재산권이 규정되었다. 법률의 규정과 같이 관부의 일에 종사하면 관부에서는 기준에 따라 식량을 공급했고, 사무에 종사하면 스스로 식량을 준비했다. 또 그들에게 호적과 일정한 토지를 지급해서 농업에 종사하게 했다. 이는 그들이 제한된 권리를 지닌 자들이며 불완전한 민사권리 주체였음을 설명한다.

④ 방객邦客과 유사游士는 특수한 민사권리를 향유

진·한은 객사客士를 중시했는데, 그들은 백성들과 같이 인신·재산·혼인· 가정의 권리가 있었을 뿐만 아니라 법으로 관리임용 등을 보장받는 등의 특수한 대우를 받았다. 관부에 신청해 경영권을 취득할 수도 있고, 국왕의 사신으로 타국에 파견되기도 하고, 군공으로 작위를 받아 제후로 봉해지기 도 했다. 상앙·여불위·이사 등은 모두 객사로 상국相國을 역임했는데, 객사 는 진·한 시대에 특수한 법률적 지위를 향유했다.

⑤ 노첩奴妾과 전객佃客은 민사권리의 객체

많은 수의 노첩奴妾과 전객佃客이 존재했는데, 사실상 그들은 관가 소속의 노비여서 임의로 매매될 수 있고, 민사권리와 인신권리는 없었다. 따라서 그들은 단지 매매되는 객체일 뿐 아무런 민사권리 주체의 자격도 갖추지 못했다.

(2) 행위능력의 규정

진·한에서 개인의 능력 여부를 확인하는 기준은 신장이었다. 신장으로 성년 여부를 결정했는데, 법률답문에 이런 예가 있다. "여자 갑은 어떤 사람 의 처인데 도망갔다가 체포되었다. 또는 자수했다. 6척이 되지 못하면 어떻 게 처벌하는가? 관에 혼인신고를 했으면 처벌하고, 신고하지 않았으면 처벌 하지 않는다." 여기서 두 가지 점을 명확히 볼 수 있다. 첫째는 민사행위능력 과 형사책임능력의 규정은 서로 일치하며, 모두 신장을 기준으로 성년의 여부를 판단한다는 것이다. 둘째는 미성년의 법률행위는 감호인의 동의를 얻어야 하며, 관에 등기한 후에야 유효하다는 것이다. 이 규정을 집행하기 위해서 진은 관례의 표준을 규정했다. 즉 대관례戴冠禮를 행했는가의 여부가 완전행위능력의 기준이 되었다.

(3) 소유권에 관한 규정

진·한 시대의 소유권은 세 가지 형태가 있었다.

① 국가 소유권

곧 황제 소유권이다. 전제적 중앙집권제도 아래에서 "6국이 합해진 곳은 모두 황제의 토지이다. 서쪽은 유사流沙를 건너고, 남쪽은 북호北戶에 이른다. 동쪽으로 동해東海가 있고, 북쪽으로 대하大夏를 건넌다. 인적이 미치는 곳은 신하가 아닌 바가 없다"고 규정했다. 이런 광활한 영역 안의 모든 것은 황제가 영유하는 바이고, 권력 행사에서 "천하의 일은 큰 것 작은 것 없이 모두 황제에 의해 결정된다"443)는 것이다. 국가의 재정·부세·관리·민중·토지를 포괄하는 모든 것이 황제의 처치권處置權으로 표현되는데, 이는 국가의 보편적 소유권의 일종이다.

이러한 소유권의 기초는 바로 토지 사유제였다. 최고 통치자부터 하층 지주에 이르기까지 생산수단을 이루는 토지를 점유하고, 토지권의 이양을 둘러싸고 나타나는 매매·조차·저당·고용과 지상권地上權·지역권地役權 등의 권리를 설정하여 일련의 민사법률 관계 또는 민법의 기초를 구성했던 것이다. 이러한 의미에서 말하면 토지소유권은 소유권의 주요한 지표였다.

② 가족 소유권

사회에서 관료·지주·부상富商 등의 소유권은 가족 집단의 소유권으로 체현되었다. 『한서漢書』 「식화지食貨志」는 다음과 같이 기록했다. "진효공秦孝公은 상앙을 써서 정전을 파괴하고, 농토를 개간하고, 농사와 전쟁의 공에 따라 상을 주고, 비록 옛 도는 없으나 근본에 힘쓴 까닭에 이웃 나라를 이기고 패자가 되었다. 서민 가운데 부자는 몇 만에 이르나 빈자는 거친 음식을 먹었다. 강한 국가는 주역州域을 겸병하고, 약자는 사직을 상실했다. 진시황에 이르러 천하를 겸병하고, 안으로 공업을 일으키고 밖으로 이적夷狄을 제압했다. 2/3의 부세를 거두고, 대부분을 수자리로 징발했다. 남자는 힘써 경작해

---

443) 『사기史記』 「진시황본기秦始皇本紀」.

도 양식이 부족하고, 여자는 방직을 해도 의복이 부족했다. 천하의 자원으로 정부를 봉양해도 그 원하는 바를 채울 수 없었다." 정치관계가 결정한 황권은 가장 높은 지위를 가지며, 그 다음으로 관료 지주와 부상富商을 대표로 하는 계층이 제2위를 차지하며, 양자가 소유권의 절대 주체를 구성했다.

③ 농민 소유권

『한서』「식화지」의 기록에서 당시의 농민과 백성도 일말의 재산소유권을 지녔다는 것을 확인할 수 있다. 진율은 호족의 존재를 인정하기는 했지만, 개인 소유권은 승인하지 않았다. "부친이 자식의 물건을 훔치는 것은 도적으로 여기지 않는다"는 규정은, 부친이 가장으로서 재산권을 지배하는 호주라는 것을 인정한 것이다. 이러한 고유권의 존재는 국가소유권과 가족소유권에 대한 미약한 보충 성분이었다. 소유권의 취득과 변경, 소멸에 대해 상앙은 형상形象으로 비유해 "한 마리 토끼가 뛰어가면 백 명의 사람이 이를 쫓는다. 토끼가 백으로 나뉘어져서가 아니라 명분이 아직 정해지지 않았기 때문이다. 토끼를 파는 자가 시장에 가득하면 도둑은 감히 훔치지 못한다. 명분이 이미 정해졌기 때문이다"444)고 했다. 그는 백 명이 한 마리 토끼를 쟁탈하고, 토끼를 파는 자가 토끼를 점유하는 사례를 들어 민사입법 가운데 소유권의 취득, 변경과 소멸의 원리를 서술했다.

진·한 시대의 소유권 취득에 대해서, 전율田律은 선점 취득으로 규정했다. 법률로 금지한 것이 아니라면 나무를 베고, 수렵·사냥을 하고, 황무지를 개간하는 것에서 얻는 소득과 획득한 바를 승인했다. 또한 합법적인 취득을 보호했다. 포상, 합법적 매입물, 소득의 상속 등은 모두 합법적 취득의 범위에 속했다. 법률답문에 이런 예가 있다. "지금 절도범이 갑의 옷을 훔쳐서 팔고 무명을 샀다. 옷과 무명을 갑에게 돌려주어야 하는가? 갑에게 무명을 돌려주고 옷은 돌려주지 않는다." 이는 절도자로부터 산 물건에 대한 소유권을 인정한다는 것이다. 또 진율잡초의 예를 통해, 전쟁에서 죽은 사람이 발굴

---

444) 『상군서商君書』「정분定分」.

되지 않으면 자손에게 군공을 포상한다는 규정은, 부친의 군공으로 그 자식에게 작위나 포상을 수여했음을 알 수 있다.

소유권의 변천과 소멸에 관해서는 이미 진율에 명확히 규정되어 있고, 경미한 범죄자는 노역으로 채무를 대신할 것을 허락하고 있는데, 이는 소유권 변천에 관한 내용에 속한다. 백성의 개가 금원禁苑에 들어가면 때려죽이고, 관청에 납부해야 한다. 한漢은 화폐를 몰래 주조하는 자는 그 기물을 몰수한다고 규정했다. 이것은 소유권 소멸에 관한 규정이다.

(4) 채권·채무의 규정

진·한 시대의 채권으로는 중요한 두 가지가 있었다.

① 국가 채권

진·한 시대의 국가 채권은 주로 부세·벌관罰款·공물公物의 손실 및 관부에서 취득한 부당한 이익에서 발생했다. 국가 채무는 강제적 수단으로 채무인이 이행하게 하거나 강제로 집행했다. 진율과 한율 가운데 많은 사례가 있다.

② 개인 채무

개인 사이의 채무는 주로 계약의 형태였다. 진·한은 서주의 전통을 계승했다. 『주례』 「천관」에 "부별傅別445)로 토지쟁의를 판결한다," "계약문서에 따라 주고받는다" 등의 채권채무 계약의 정황이 기재되었다. 발견된 진간, 한간에는 혼약婚約으로 발생한 소송이 많이 보인다. 권리의 침해나 손해에서 비롯된 채권·채무 관계는 법률의 규정에 따라 보상했다.

그밖에 매매관계·대차관계·조전租佃관계에서 발생한 손해보험·손해배상 등의 채권·채무 관계는 그 내용이 비교적 풍부한데, 아래에서 상세하게 나누어 소개하겠다.

---

445) 대차관계를 기록한 증서. ― 역주

(5) 매매관계의 조정

진·한 시대에는 경제발전의 속도가 빨라서 국가의 재정이 날이 갈수록 풍부해졌다. 국가의 법률운영은 사유재산을 엄격하게 보호하여 경제발전을 촉진했다. 따라서 매매와 신용대여가 매우 활발했다. 진秦 말기, 한漢 초기에 수도 장안이나 그밖에 중요 도시에는 이미 전문적인 무역시장이나 관리기구가 설치되어 주로 토지와 노비의 매매를 다루면서 변방 무역으로 발전했다.

토지의 매매는 전국시대에 시작되어 양한兩漢 때 더욱 성행했다. 그러나 토지매매의 결과 토지의 겸병이 일어나 국가경영에 위험이 되었다. 강한 호족세력에 타격을 가하기 위해서, 정부는 여러 차례 한전限田 제도를 도입했다. 한의 경제景帝 때, 제남濟南의 간씨間氏, 장안長安 종실 등의 세력에게 심대한 타격을 주었다. 무제武帝에서 애제哀帝 때 이르기까지, 한전을 실행하도록 명확히 규정해 왕후와 귀족, 백성은 "명전名田은 모두 30경頃을 넘을 수 없다. … 위반한 자는 율에 따라 형벌에 처한다"446)고 했다. 조서가 내려져 토지를 겸병하지 못하게 하였으나, 왕망 때에는 "강자는 전지가 수천이고, 약자는 조금의 땅도 거할 곳이 없다"447)고 했다. 토지매매가 야기한 토지집중의 결과는 역대 왕조에 고칠 수 없는 병이 되었다.

토지매매를 할 때는 대부분 증서를 써서 쌍방이 하나씩 갖고, 분쟁이 발생하면 증서의 규정에 따랐다. 이른바 "소송은 증서로 처리한다"448)는 것이다. 이러한 토지증서는 한대의 고고학 자료에서 많이 발견되었다. 예를 들어 '한漢 건녕建寧 2년(169), 왕□경王□卿 매전연권買田鉛卷'에는 '즉단서철권위약 卽丹書鐵卷爲約'이라는 구절이 있으며, '오吳 황무黃武 4년(225) 호종浩宗 매지買地 전권磚券'에는 '□서위명□書爲明, 여율령如律令'이라는 구절이 있다.449) 이는 "백성 사이에 개인적 약정이 있으면 법률과 같다"450)는 것이다. 동시에 매매

---

446) 『한서漢書』「애제기哀帝紀」.
447) 『한서漢書』「왕망전王莽傳」.
448) 『주례周禮』「추관秋官·사사士師」 주註.
449) 나진옥羅振玉, 『지권정존地卷征存』.
450) 전대흔錢大昕, 「십가재양신록十駕齋養新錄」.

는 공평하게 하는 것이 원칙으로 고의로 가격을 올리면 엄중한 징벌을 받았다. 『한서』「공신표功臣表」에 무제 태시太始 4년, 양기후梁期侯의 계승자 후후後侯 임당천任當千이 "말 1마리를 15만전의 가격으로 팔아 공정가를 넘어 장물贓物이 500전 이상이므로 파면되었다"고 하는데, 이 경우 파면되고 후侯(작위)를 빼앗기는 징계를 받았다.

양한 시대에는 노비 무역이 매우 발달해, 주인이 노비를 임의로 죽일 수는 없으나 재산과 같이 매매와 증여의 대상물이었다. 노비 매매 무역의 성행으로 노비의 수는 급격히 증가했고, 농업 노동력은 크게 감소했다. 이에 애제哀帝 때 조령을 내려 제후왕의 노비는 200인을 넘지 못하고, 열후·공주는 100인을 넘을 수 없고, 관내후關內侯나 이민吏民은 30인을 넘지 못하도록 했다.451) 동한 광무제는 여러 차례 조서를 내려 노비를 석방하도록 지시했다. 그러나 이는 근본적으로 문제를 해결하지 못했다. 동한 말년, 많은 사람이 노비 수천 명을 소유했다. 그 하나의 사례로 동한의 마방馬防은 "형제가 부귀해 노비가 각각 1,000명 이상이며, 자산이 거액이었다"고 하며, 광무제의 아들 제남안왕濟南安王 강康도 노비가 거의 2,000명에 가까웠다고 한다.

황제는 더 사치스러워 노비는 물론 후비와 궁인도 많이 거느렸다. 무제는 진시황의 후비后妃 7등等 단계를 10급級으로 확대했고, 유석劉奭에 이르면 음란무도하여 15급 8등의 대우로 증가시켰다. 즉, 황후皇后·소의昭儀·첩여婕妤·형아娙娥·용화容華·충의充衣·미인美人·양인良人·팔자八子·칠자七子·장사長使·소사少使·오관五官·순상順常 등인데, 황후의 위치는 황제와 비기고, 제1급인 소의는 재상에 비기고, 첩여는 상경上卿에 비겼다. 이렇게 진시황의 삼궁三宮 육원六院을 훨씬 초과하여 궁실 안에서 시종하는 여자는 2만 명이 넘었다. 새로 발견된 한율漢律 죽간竹簡에는 "제후왕은 희姬·팔자八子·유자孺子·양인良人을 둘 수 있고, 철후徹侯는 유자孺子·양인良人을 둘 수 있고, 제후왕諸侯王의 딸은 공주公主라고 칭할 수 없다"라고 규정했는데, 숙손통叔孫通의 방장률傍章

---

451) 『한서漢書』「애제기哀帝紀」.

律의 내용과 비슷하다.

양한 왕조가 서역을 개척하여 나라 밖과의 물자 교류가 빈번해짐에 따라 대외무역이 매우 발달했고, 한율에도 이와 관련한 규정을 마련했다. 예를 들어 해외무역의 출입에는 통행증이 필요했다. 『한서漢書』「문제기文帝紀」에는 "양측이 비단에 증서를 써서 그 하나씩을 나누어 갖고, 관문을 출입할 때 합해야 통과할 수 있는데, 전傳이라 한다"고 했다. 만일 이 규정을 어기면 난출입관죄闌出入關罪를 범하는 것으로 사형에 처했다. 또한 변방 밖의 금지된 물건은 매입할 수 없고, 국내의 말과 무기는 수출을 엄금하며, 위반하는 자는 중형에 처했다. 『한서』「공신표」에 사례가 하나 나오는데, 경제景帝 2년 후계자 후侯 송구宋九는 "사신을 흉노에 보내 변방 밖의 금지된 물건을 매입해 파면되었다"고 한다. 이러한 규정은 경제를 발전시키고, 국가 안전을 수호하고자 하는 적극적 의미를 가진다.

(6) 대차貸借 관계의 조정

진·한 시대에 매매관계 외에도 대차관계가 활발하게 이루어졌다. 고리대를 놓는 것은 재산을 증식하기 위한 좋은 방법이라 많은 귀족 관료가 고리대의 행렬에 참가했다. "빚을 놓으면 이자를 나누어 받는다." 심지어 왕망도 고리대를 놓는 데 가담하여 시건국始建國 2년 "관리는 싼 것을 구입해 비싸게 팔고, 백성에게 대여해 매월 3/100의 이자를 받을 것을 명령했다"고 한다. 그 뜻은 백성에게 1백전을 빌려주고 매월 3전의 이자를 받는다는 것이다. 동한에 이르러 "같은 부서의 낭郞이 수십만 전의 빚을 진 사람이 있는데, 채권자가 매일 와서 책하는(詭求) 것이 끊이지 않았다"452)고 한다. 대차가 이미 활발하게 이루어졌음을 알 수 있다. 한율의 대차관계의 중점은 채권자의 이익을 보호하는 것이라서 대차의 기한을 넘겨도 갚지 않는 사람은 법률 책임을 부과했다. 『한서』「공신표」에는 효문제 3년, 후계자 후侯 진신陳信은

---

452) 『후한서後漢書』「독행열전獨行列傳·진중전陳重傳」.

"채무를 상환하지 않은 것이 6개월이 넘어 면직되었다"고 한다. 또『한서』
「외척은택후표外戚恩澤侯表」에는 원수元狩 3년, 후계자 후侯 전조田祖는 "정부
가 관원에게 빌려준 주택을 반환하지 않아 면직되었다"고 한다. 정부가 관원
에게 빌려준 전택과 금전을 기한이 지나도 반환하지 않으면 법에 따라 처리
했다.

한 초기에는 고리대 이자에 대한 제한이 없어서 사기·위협과 폭력행위가
횡행했다. 후에 고리대금업자의 폭리를 막고 사회질서를 안정시키기 위해서
한율에 대차 이율을 규정했다.『한서』「왕자후표王子侯表」에 무제 원정元鼎
원년, 방광후旁光侯 유은劉殷은 "돈을 빌려주고 조세로 보고하지 않고 이자를
취하여 법률의 규정을 어겨서 면직되었다"453)고 한다. 또 성제成帝 건시建始
2년, 능향후陵鄕侯 흔訢은 "사람을 시켜 가승家丞을 다치게 하고, 곡물의 이자
가 법률의 규정을 어겨서 면직되었다"고 한다. 법률을 운용해 채권인과 채무
인의 분쟁을 조정하고, 대차관계를 보호하는 근본 목적은 지주계급의 경제
적 이익을 보호하고, 왕조의 통치를 공고히하는 것이었다.

(7) 조전관계의 보호

조전租佃은 토지 사유제를 기초로 한 수탈 관계라 할 수 있다. 토지 점유자
는 토지를 전호에게 대여하고, 계약한 수량과 기간에 따라 지조地租를 납부하
도록 했다. 이렇게 지조는 토지소유권을 전제로 하는 일종의 특정한 약탈
관계라 할 수 있는데, 진 말과 한 초에 이미 조전 계약이 출현했다.『한서』
「구혁지溝洫志」에, 무제가 조서를 내려 "지금 내사內史의 전조田租를 받는 약
령約令이 무거워 군郡과 같지 않다. 의논해 감하라"고 했다. 이른바 조계租挈는
전조를 받는 약령이었다. 이는 조전 계약에 관한 가장 이른 기록이다. 그밖에
관부가 점유한 토지도 부분적으로 농민에게 대여했는데, 이러한 토지를 '가
민공전假民公田'이라고 했다. 이러한 수탈 방식도 조전 관계의 한 부분이었다.

---

453)『한서漢書』「왕자후표王子侯表」.

거연한간居延漢簡에 기재되기를, 관부는 둔전졸屯田卒에 대한 지조를 받는데, 전지 65무畝에 대해 26석石의 조세를 받고, 1무에 4두斗의 조세를 받았다. 한대 중후기中後期 조전 관계의 발전은 민사법률 관계에서 두드러진 새로운 내용이다.

(8) 채무담보의 확인

진율·한율에 규정된 채무담보는 채권상환의 보장행위로, 두 가지 형식을 포괄했다. 하나는 물건으로 담보하는 것으로, 채무인이나 제3자가 소유물에 대해 질권質權 또는 저당권을 설정하여 채무담보로 했다. 질권은 동산이나 권리증서를 채권인이 점유하는 것이고, 저당권은 부동산을 담보로 하되 완전히 점유하지는 않았다. 이는 진·한 시대 채무담보의 기본방식 중 하나였다. 또 하나는 대인 담보로 이는 제3자와 채권인이 의논해 채무인이 채무행위를 이행하지 않을 경우 제3자가 대신 책임을 이행하게 하는 것인데, 이와 같이 제3자가 담보를 한 사례는 진간과 한간에 거의 나오지 않는다.

(9) 손해배상의 규정

손해배상은 주로 타인의 인신이나 재산 권리를 불법으로 침해해 민사배상 책임을 지는 것이었다. 진율·한율에 침권 행위로 재산에 손해를 끼치면 그에 대한 배상을 명확히 규정했다. 가해인은 수리하거나 원상회복을 하도록 하고, 그러지 못하면 같은 물건으로 대체하거나 금전으로 배상했다. 『고사전高士傳』에는 동한東漢 사람 양홍梁鴻이 "산림에서 돼지를 키우다 잘못해 불을 내 그 불이 다른 집에 퍼져서 홍은 불탄 곳을 방문하여 손실을 묻고 돼지로 보상했다"고 한다. 또 진율과 한율에는 관부의 말을 방목하는 자가 관부의 말을 잃어버리거나 죽이면 배상책임을 지도록 규정했다. 효율效律에도 관원이 직무수행을 소홀히 해 보존물에 손해를 끼치면 손해배상을 하도록 규정했다. 수공업 관련 법률규정 가운데, 차량을 제조하거나 건설공정을 담당하는 사람이 손실을 끼치면 가벼운 손해는 배상을 요구하고 손해가 심하면 형사책임을 물었다.

진율과 한율에는 채무의 저당에 대한 전문적 규정이 있었다. 법률답문에 "백성에게 채무가 있으면 강제로 질권을 정하지 않는다. 강제로 질권을 정하거나 받는 자는 모두 자貲 2갑二甲에 처한다. 성례에 강제로 사람을 저당한 자는 처벌하고 갚을 자는 처벌하지 않는다. 질권을 받는 자와 갚을 자는 처벌하지 않는다"고 규정했다. 이는 강제로 채무인을 인질로 저당하는 것을 금지하는 법률규정이었다. 사공률司空律에 규정하기를, "죄를 지어 자속貲贖하는 것과 관부에 채무를 진 것은 판결이 결정된 날에 심문해 배상을 할 수 없으면 규정된 날로부터 노역으로 채무를 갚게 한다. 노역은 하루에 8전으로 계산하고, 관부에서 음식을 주는 것은 하루에 6전으로 계산한다"고 했다. 이는 노역으로 채무를 보상하게 하는 규정으로, 관부에 채무를 지어 납부할 수 없는 자는 금전으로 속죄하는 것과 같이 노역으로 보상했다. 진율·한율 중에 규정된 채무관계는 전국戰國 시대 채무관계의 규정보다 많은 발전이 이루어졌다.

2. 전통윤리와 혼인가정

혼인가정 관계는 진·한 시대에 비교적 크게 발전하였는데, 양조兩朝의 내용에는 차이가 있었다.

진은 서북쪽의 한 작은 부락에서 일어난 왕조로 그 문화는 중원의 제齊·노魯보다 낙후되었고, 유가 학설의 영향도 적었다. 이러한 점이 혼인제도에 반영되어 혼인의 성립조건, 혼인의 형식 및 가정의 권리 의무와 혼인의 해제 등에 있어 진秦만의 확실한 특색이 있었다. 진율의 "여자 갑이 남편을 떠나 도망했다. … 경위성단용에 처한다"는 규정과 같이, 처자가 자기 마음대로 남편을 떠나지 못하게 하며 남편도 그에 상응하는 의무를 행하도록 했다. 진시황은 각석刻石에 남편이 간통하면 죽여도 죄가 없다고 했고, 법률답문에는 "처자가 사나우면 남편이 때려도 된다"고 규정했다. 그러나 남편이 처자를 때려 상처를 입히면 상해죄로 처벌했는데, 이는 남편의 권리를 제한하고 처자의 인신권리를 보호하기 위함이었다. 이러한 점들은 진나라 사람들의 원시 가정관의 특징을 반영했다.

양한의 혼인관계는 엄격한 전통윤리 도덕의 기초 아래 유가 학설의 영향이 덧붙여져 수립되었다. 그것은 남편의 권리를 확고히하여 매매혼과 일부일처제, 다첩제多妾制를 포함한 혼인관계를 보호했으며, 그러한 전통적 혼인 가정제도를 수호하는 것이 법률의 주요 임무가 되었다.

혼인의 성립권은 오직 부모의 의지에 달려 있어 자녀의 뜻은 배제되며, 빙례聘禮 매매賣買가 그 혼인의 형식을 구성해 부녀자는 교역의 물품으로 간주되어 어떠한 자주적 의지도 없었다고 할 수 있다.

법률은 공개적으로 일부다처제를 확인해 주었고, 축첩蓄妾 축비蓄婢도 합법적인 것이었는데, 황제가 그 대표적인 경우였다. 진시황이 먼저 궁원후비제宮院後妃制를 마련하자 귀족 관료도 처를 여러 명 두게 되었고, 이는 한 왕조도 마찬가지여서 승상 장창張蒼은 처첩이 100여 명에 이르렀다고 한다. 정치 경제적인 권세는 혼인관계를 점유하는 자와 점유당하는 자의 불평등한 관계로 만들었고, 이렇게 결성된 가정관계의 가장 본질적인 내용은 남존여비가 되었다. 남자들은 지고무상의 권력을 누렸지만 여자들은 독립된 인격과 지위를 상실한 채 남자들에 의해 통제되었다.454) 그밖에 매매혼도 혼인의 기초를 이루어 그렇게 형성된 가정관계에서는 여성의 권리가 박탈되었다.

법률에는 혼인 연령에 대해서 명확한 규정을 하고 있지 않지만, 서한西漢 초기 혜제惠帝 때 전쟁으로 인구가 크게 감소하자 조혼을 장려해 "여자가 15~30세에 혼인을 하지 않으면 정부丁賦의 5배"를 징벌했다.455)

가정관계에서 부부의 권리가 불평등했다는 점은 이혼에 관한 권리에서도 드러났다. 한율에 규정된 칠기七棄와 삼불거三不去가 그것이었다. 이른바 칠기는 불효·무자·음란·질투·질병·다언과 절도였다.456) 부모에 대한 불효는

---

454) 임병덕, "중국 고대법이 말하는 여성"(『중국사연구』 36) 참조 ―역주
455) 『한서漢書』 「혜제기惠帝紀」.

칠기 가운데 으뜸으로 법률적으로도 절대 용서하지 않았다. 그리고 이른바 삼불거는 칠기를 범하지 않는 조건 아래 돌아갈 곳이 없는 처는 버리지 않고, 3년 상喪을 치른 처는 버리지 않고, 고생을 함께 한 처는 부귀해져도 버리지 않는다는 것이다. 이렇게 법률이 규정한 이혼의 권리는 일방적으로 남자가 여자에게 행사할 뿐이었다.

3. 종족宗族 상속 관계

통치자는 특권을 대대로 전하기 위해서 관작을 계승하고 재산을 상속하는 것을 법률로 보호했다. 당시 상속관계의 발전으로는 두 가지 중요한 부분이 있다.

우선, 진율·한율은 관위의 계승에서 적장자 계승제를 실행했다. 진은 서주의 적장자 계승제 외에 유촉遺囑의 방식으로 황위 계승인을 확립했고, 한도 이러한 전통을 계승했다. 『사기』「효문본기孝文本紀」에 "자식에게 상속하는 것은 고대부터 행해졌다. … 자손이 상속받고, 대대로 끊이지 않는 것이 천하의 대의이다"고 기록되었다. 통치자는 적장자 상속은 천하의 대의로 절대로 위반할 수 없는 것이라 여겼다. 그래서 적장자가 아닌 자가 작위와 관직을 상속하면 법률의 제재를 받았다. 『한서』「외척은택후표」에 원연元延 3년 궁평장후의 계승자 후侯 조잠趙岑은 "부친 흠欽이 장안 여자 왕군협王君俠의 아들을 속여서 상속자로 삼은 죄에 연좌되어" 2,944호를 빼앗기는 징벌을 받았다.

그러나 재산 상속권에서는 균분제均分制를 선택하여 여자도 상속권을 가졌다. 『사기』「육가전陸賈傳」에 의하면 "효혜제孝惠帝 때, 여태후가 전권을 휘두르며 여몸씨를 왕으로 삼으려 하여, 대신들이 이를 논하게 될까 두려워했다. 육생陸生은 스스로 이를 논할 수 없다고 판단해 병으로 관직을 사직하

---

456) 김택민, 『중국 고대 형법』(아카넷), 259~262쪽 참조 ―역주

고 은거했다. 좋은 경작지가 있어 재산을 모을 수 있었다. 자식으로 5남을 두었는데, 사람을 월越에 보내 재산을 팔고 천금千金을 사서, 자식들에게 200금씩 나눠주고 생산을 하게 했다"고 한다. 이 사례에서 적서嫡庶의 재산상속에 차이가 없었음을 볼 수 있다. 하지만 적장자는 작위와 관직을 계승하며 재산 상속에서 우선권을 갖고 있었다. 여자의 유산 상속권에 대해서는『당음비사棠陰比事』「풍속통風俗通」에 한 사례가 있다. "한패漢沛의 군민이 재산이 20여 만인데, 아들이 몇 살 밖에 안 돼 모친을 잃고, 딸은 현숙하지 않았다. 그 아버지가 병이 들었는데 유서를 내려 딸에게 재산을 상속하게 했다." 후에 가서 소송이 생겨서 태수가 임의로 판단하여 유촉인遺囑人을 두고 딸에게 가산을 상속케 한 것은 잠시 맡긴 것일 뿐 상속한 것은 아니라고 했다. 판결과 유촉이 서로 대립되지만 이 사례는 한대漢代의 여성에게 상속권이 있었음을 설명하고 있다.

그밖에 진율·한율에는 법정法定 상속과 지정指定 상속의 구분이 있어 상속 방식도 명확히 구분되었다. 즉, 고대의 세경세록제도를 폐지한 이후 기술 관직이나 사관 등은 자제들이 계승할 수 있었고, 농업과 전쟁을 장려하기 위해 군공軍功으로 얻은 작위는 일정 조건 아래 자제의 상속을 윤허했는데, 이는 법률이 상속관계를 보호했다는 또 하나의 실증이다.

진·한 양대兩代는 중국 전통시대의 법제가 형성되고 확립된 시기로 이 시기의 민사법률은 형사법률과 함께 많은 발전을 했다. 더욱이 진율·한율을 제정 반포하고 시행하여 후대 왕조가 더욱 완비된 민사법률을 갖출 수 있도록 기초를 다졌다.

제2절 진·한 시대의 경제법률

1. 진·한의 경제입법 상황

진·한 시대에 이미 경제법률 및 규범이 발전하고 있었다. 진시황은 6국을 통일한 뒤, 각 제후국의 법률에 차이가 많은 점을 개혁하기 위해 전국에 법률·문자·도량형 등을 통일한다는 법률과 법령을 반포하고,[457) 단행單行의 경제법규를 제정하여, 생산관계를 보호하여 경제발전을 촉진했다. 수호지睡虎地에서 발견된 진간秦簡과 장가산張家山에서 발견된 한간漢簡의 통계에 의하면 진·한 시대에 발행된 단행의 경제법규는 20여종인데, 다섯 가지 유형을 포괄한다.

(1) 농업과 목축업에 관한 입법

전율田律· 구원률廐苑律· 우양과牛羊課· 창률倉律 등은 농업수리農業水利, 목축업, 식량 저장 등을 관리하는 제도 및 그 보호 법령을 규정했다.

(2) 공업과 과학기술에 관한 입법

공률工律· 공인정률工人程律· 균공률均工律 등은 관영 수공업에서 상품의 규격과 질량, 생산 액수와 생산력 조정 등에 대해 구체적으로 규정했다.

(3) 상업과 무역에 관한 입법

관시율關市律· 시정률市井律· 진관령津關令 등은 시장 관리, 상업·무역, 염철 경영, 상업세의 징수 및 중농억상의 각종 조관條款에 대해서 규정했다.

---

457) 『사기史記』 「진시황본기秦始皇本紀」.

(4) 재정과 금융에 관한 입법

금포율金布律· 효율效律· 전율田律」 등은 화폐개혁, 화폐의 관할과 유통, 재정통계 등에 대한 법령과 조시措施를 규정했다.

(5) 부세와 요역에 관한 입법

전율· 창률· 요율徭律· 균수율均輸律· 잡률雜律· 이년율령二年律令 등은 국가의 세금징수· 공부貢賦· 재산세 및 각종 요역의 조관을 규정하고 있는데, 이는 전통시대 초기의 경제입법 가운데 매우 중요한 법률의 하나였다.

이러한 경제법률과 법령은 토지제도, 부세제도, 화폐제도, 상업제도, 금융재정제도, 도량형 등 각 방면에 관계되어 법률을 운영해 일정 범위의 경제관계를 조정하여 국가의 생산과 발전을 보장하고, 국가의 재정 금융을 조정하며, 국가와 백성의 경제관계와 경제 이익을 협조하는 데 적극적으로 작용했다. 고대에는 비록 경제법이나 경제입법의 개념이 나오거나 사용되지는 않았다. 그러나 경제법률 규범이 어느 정도 작용하고 있어 국가 정권의 각종 관리管理에서 중요한 조정 작용을 발휘했다.

2. 엄격한 경제기초 수호

진율과 한율은 경제를 수호하는 기초적 주요 수단이었다. 그것은 우선, 엄격하게 토지소유제를 수호했다. 진의 토지소유에는 국가와 지주 소유라는 두 가지 주요 형식이 있었다. 한은 국가와 황실이 관전官田을 점유한 공전公田과 관리官吏 귀족이 점유한 민전民田이 있었다. 둘은 명칭은 다르지만 모두 법률적인 승인과 보호를 받았다. 진시황의 백성이 스스로 경작하게 한다는 법령 이후 국가 점유제는 점점 지주 개인 점유제로 대체되었다. 진율의 법률 답문 가운데 "도사봉盜徙封, 속내贖耐"라는 규정에서 사徙는 옮긴다는 것이고, 봉封은 경지의 경계로, 개인이 경지의 경계를 바꾸는 자는 내형耐刑에 처한다는 것이다. 이는 법률을 운영해 토지 사유제를 보호하는 방식 중 하나였다.

한율에도 이를 명확히 규정하여 관전의 매매를 금지하고 이를 매매하는 자는 사형에 처한다고 했다. 한 무제는 토지의 겸병을 엄금하는 법령을 반포했다. "시적市籍을 가진 상인과 그 가속은 모두 전지를 소유할 수 없으니, 농민을 보호하는 것이다. 감히 영을 어기면 전동田僮을 몰수한다."458) 애제哀帝 때 반포한 점전령占田令에는 "제왕과 열후는 나라 안에 전지를 소유하고, 장안에 있는 열후와 공주는 현도縣道에 전지를 소유한다. 관내후關內侯와 관리와 백성이 소유한 전지는 모두 30경頃을 초과할 수 없다. … 어기는 자는 법률에 따라 처벌한다"459)고 규정했다. 그밖에도 양한은 적지 않은 전령田令을 반포했다. '영갑令甲'에는 "제후가 나라에 있으면서 다른 현의 전지를 소유하면 벌금 2량에 처한다"고 규정했다. 진율·한율이 지주계급의 토지사유권을 보호하는 목적은 정권의 경제기초를 공고히 하려는 것이었다.

다음으로, 진율과 한율은 수리시설의 보호와 산림자원의 국유화를 규정했다. 전율과 각종 조령에서 수리시설을 임의로 파괴하는 것, 수도를 막는 것, 때를 어기며 어패류를 포획하는 것을 금하고 이를 어길 때는 모두 형사책임을 끝까지 추궁했다. 임의로 산림을 벌목해 자연자원을 파괴하는 것, 마음대로 조수를 포획하는 것을 금하고 이를 위반하는 자는 사정에 따라 처벌했다.

그 다음으로 법률을 운영해 전통적 생산관계를 보호했다. 진과 한은 모두 일정 기간 병역과 요역을 감면하고 그 인력을 동원해 황무지를 개간하도록 했는데, 이는 모두 농업을 장려하기 위한 것이었다. 또한 군공과 변방의 수자리를 통해서 노예를 해방해 노동력을 증가시켰다. 군작률軍爵律에는 "작위 2급을 반환해서 예신첩인 친부모 1인을 사면하려는 것과 적의 목을 벤 공으로 공사公士가 된 예신이 공사를 반환해서 예신인 처자 1인을 사면하려는 것을 허락하니, 사면해 서인이 된다. 공예신이 적의 머리를 베어 오거나 다른 사람이 적의 머리를 베어와 그를 사면하려면 모두 공인工人으로 명한다"고 규정했다. 사공률司空律에는 "백성이 모친과 자매가 예첩인데 유배죄 없이

<hr>

458) 『사기史記』 「평준서平準書」.
459) 『한서漢書』 「애제기哀帝紀」.

변방에서 5년 동안 복무하면, 1인을 사면해 서인이 되는 것을 허락한다"고 규정했다. 즉 군공과 변방의 수자리로 복무하여 본인의 노예 신분만이 아니라 친족의 노예 신분도 해방할 수 있었고, 이에 따라 생산력도 높아지게 되었다. 또한 법률을 운영해 노예의 권리도 보호했다. 예를 들어 노예의 처형은 국가의 윤허를 받아야 하고, 법정에서 노예가 증언을 할 수도 있는데, 이렇게 조건적으로 노예를 해방한 것은 더 많은 생산력을 얻기 위해서였다.

3. 농·목축업 입법 및 관리 경영의 강화

전통사회에서 농업은 국가경제의 중요한 부분이었다. 그래서 통치자는 농업과 목축업 생산을 한층 발전시키기 위해서 많은 단행 법규를 반행頒行했다. 진율 가운데 전율·구율·창률·요율·효율·내사잡률 등이 그것이다. 한율은 진율을 계승하고 또 별도의 잡률·균수율 등의 법규를 반행해 수리시설 관리, 농산품과 종자의 보관, 농업 노동력의 공제控制, 노동 기율紀律의 평가, 목축 사육의 평가 및 관리官吏의 농업관리에 대한 평가 등에 대한 상세하고 구체적인 규정을 마련했다. 나아가 효율적인 농업 관리管理 제도와 비교 과학적인 관리 방법을 만들었다. 농·목축업에 관한 입법 내용은 다섯 방면에서 주로 나타났다.

(1) 전문직 농업관리기구의 설립

농관農官은 서주西周 말에 설립되었는데, 진·한 때는 대사농大司農이라 했으며 구경 중 하나가 되어 농경과 잠업을 전문적으로 관리하고 관원의 전문적 직무를 법률로 규정했다. 전율에 의하면 관리管理 직능職能은 3급으로 나뉘었다. 대사농은 국가 최고의 농업 관원으로 총체적 농업 사무의 기획을 책임지고, 집행 관원인 대전大田은 농업생산을 책임지고 집행하며, 전색부田嗇夫는 현縣의 1급 농업 관원이었다. 창색부倉嗇夫는 양식창고를 관리하는 관원이고, 구색부廐嗇夫는 목축을 관리하는 관원이었다. 전율에는 또한, 농관農官은 때에 맞춰 개간되지 않은 땅의 면적과 비가 내리는 토지의 면적과 새싹의 생장과정 및 재해상황을 중앙에 보고하도록 했다. 더불어 현과 그 이하에 속한 관원에게 농업생산력을 충분히 갖추고 함부로 중앙의 농업정책을 위반하지 못하도록 규정했다. 또한 양식 관원은 태창太倉을 잘 지키고, 창고에서 양식이 들어오고 나갈 때 엄격하게 감독해야 하기 때문에 전문 관리가 있어야 한다고 규정했다. 만일 창고관리를 못하여 비가 새거나 장마 피해를 받거나 유실되면 가벼운 경우에는 질책을, 무거운 경우에는 1갑이나 2갑의 벌금으로 징벌하고, 엄중한 경우에는 형사책임을 추궁했다. 목축 관원에게는 때에 맞춰 국가에 양초를 납부하게 하고, 사육하는 가축의 숫자를 보고하도록 하며, 정기적으로 경우耕牛를 평가해서 성적이 우수한 자는 장려하고 성적이 낮은 자는 처벌했다. 관부의 죽은 소와 말의 수가 어느 선을 넘으면 주관자는 형사처벌을 받았다. 이러한 규정은 농업·목축·양식 관원의 책임감을 크게 증강시켰다.

(2) 중농정책의 관철

진·한의 통치자는 "나라를 부흥시키는 것은 농전이다"[460]고 여겼다. 이러한 사상의 지도 아래 법률을 운영하여 농업생산을 발전시키기 위한 정책과 조치를 취할 수 있도록 전율 등의 법률을 제정하고, 또한 그 외에 농업 노동력과 농업 경영 관리를 중시했다. 진율잡초秦律雜抄 '수율戍律'에 "동거자가 함께 수자리에 복무할 수 없는데, 현의 색부嗇夫와 위尉, 사리士吏가 법률을 어기면 자貲 2갑甲에 처한다"고 규정했다. 이는 관리가 같은 시기에 한 집에서 두 명 이상의 노동력을 선발해서 복역하게 하면 2갑의 벌금으로 징벌한다는 것이었다. 사공률에는 "채무를 자속貲贖하는 자라도 농번기에는 돌아가 20일 동안 새싹을 돌본다"고 규정했다. 즉 노역으로 죄나 채무를 갚는 사람도 파종이나 경운을 하는 농번기에는 각자의 집으로 돌아가 20일 동안 농업생

---

460) 『상군서商君書』「농전農戰」.

산에 참가할 수 있다는 것이다.

이와 함께 농경에 참가하지 않는 자는 관부에 회부해 징벌했다. 농경에 종사하지 않는 노예는 벌을 주고, 자유민은 노예가 되는 징벌을 받았다.

(3) 농전農田과 수리시설의 중시

전율에 "봄 2월, 감히 … 옹벽으로 물을 막지 말라"고 규정했다. 이는 제방을 쌓아 물길을 막는 것을 금한 것이다. 농전과 수리를 고치는 법규를 일으켜 민강岷江의 수리시설인 정국거鄭國渠461)와 영거靈渠 등을 건설했고, 전문적으로 농전과 수리시설 설비를 보호하는 법률을 규정해 농업발전을 촉진했다.

각종 농작물의 종자를 선택해서 파종할 수 있도록 충분한 양을 보관하고, 파종할 때는 정확한 양을 사용하도록 규정했다. 창률에는 벼와 삼은 무畝당 종자를 1두斗나 2/3두 정도 뿌리고, 보리는 무당 1두 가까이 뿌린다는 등의 규정을 했다. 이는 농사 기술을 법률로 규정해 놓은 것이다.

(4) 입법 형식으로 농잠의 권장

진율 봉진식封診式과 한율 주얼서奏讞書에는 나태한 유민游民과 농업생산에 참가하지 않는 자에 대한 징벌을 규정하고, 동시에 적극적 조치를 취해 농업과 양잠을 장려했다. 문제文帝·경제景帝 시기에는 여러 차례에 걸쳐서 농잠農蠶을 권장하도록 명령했고, 농업을 근본으로 하도록 강조하며 농업과 수공업을 발전시켰다. 경제는 조령으로 "짐은 친히 농사를 짓고, 황후는 친히 양잠을 한다. 종묘의 제수, 제복을 받들고 천하의 으뜸으로 한다"고 선포했다. 국가가 농업을 중시함을 적극적으로 표현한 것이다.

각급 관원에게는 고과령考課令을 규정했다. "연말에 각 현의 호구와 개간지의 수와 화폐와 곡물의 입출, 도적의 수를 상부에 보고하도록 한다." 아울러 승상은 그 전최殿最를 평가해 관리 승진의 표준으로 했다.462) 농잠農蠶의

---

461) 한韓에서 온 수리 기술자 정국鄭國의 건의에 따라 강을 막고 수로를 건설해 황무지를 개간한 것인데, 일종의 운하이다. —역주

권장을 관리 승진의 직무 성적으로 하는 것을 법률로 인정한 것이다. 이는 전통사회 초기에 창조적으로 농업생산력을 발전시킨 일대 혁신이었다.

(5) 목축업 관리의 강조

진·한 시대에 소는 경작에, 말은 변방의 방비에 사용되었다. 따라서 목축업의 생산과 관리 또한 입법의 주요 내용이었다.

진율에는 구원율과 우양과가 있었다. 구원율에서는 일소(耕牛)의 사육 번식으로 관리를 평가하는 근거로 삼고, 소와 말의 사육과 방목에 대한 상벌을 시행하며, 기술에 대한 규범을 구체적으로 제정했다. 우양과율에서는 어미소 10마리 가운데 6마리 이상이 새끼를 낳지 못하면 색부와 좌佐는 각각 자貲 1순盾에 처하고, 어미양 10마리 가운데 4마리 이상이 새끼를 낳지 못하면 각각 자 1순에 처한다고 했다. 이는 법률로 목축의 법식과 사육 관리를 강조한 것이다. 한율 가운데 소하蕭何가 제정한 구장률에는 구율廐律이 있었다. 그 내용은 대부분 진율을 계승하여 관영 목축업을 발전시키고, 사영 목축업을 장려하고, 가축은 반드시 등기하고, 일정한 관리 기록을 할 것을 규정했다. 만일 노인이 변방의 군郡에서 3년간 말을 사육하면 식십일息什一(1/10의 이자)과 제고민除告緡(부역의 면제)의 상을 받았다. 이렇게 말 사육에 공이 있으면 요역과 부세를 면제받을 수 있었다. 이로써 백성이 가축을 사육하고 번식하도록 장려했다.

그밖에 한율 가운데 도율盜律에는 "말을 훔친 자는 사형에 처하고, 소를 훔친 자는 형벌을 가한다"고 하여, 소와 말을 훔친 자는 모두 주살誅殺에 처했다.463) 또 진관령津關令에는 국외와 소수민족 지역에서 말과 소를 무역하지 못하게 하고, 위반하면 법률에 따라 처벌한다고 규정했다.

진·한은 법률로 농업생산을 발전시키는 각종 조치들을 마련해, 경제에 생기를 불어넣었다. 『사기』에 의하면 "관중의 땅은 천하의 삼분의 일로, …

---

462) 『후한서後漢書』「백관지百官志」.
463) 『회남자淮南子』.

물자가 풍부해 열에 여섯이 거한다"464)고 했다. 경제를 발전시키는 것과 법률을 강조하는 것, 직능을 조정하는 것은 서로 분리될 수 없었다.

4. 공업과 과학기술을 개발하는 입법

진·한 시대의 공업·과학기술에 관한 입법은 다음 세 가지가 주요 내용이었다.

(1) 염철·채광·치련治鍊의 관영

진 말, 한 초에 국가는 개인이 채광과 염철을 경영하는 것을 윤허하고, 국가는 일정 비율의 관세만 징수했다. 이에 부상과 대지주들이 염철업을 독점해 국가재정에 엄중한 영향을 미쳤다. 이에 한 무제는 야철冶鐵과 자염煮鹽을 국가소유로 만들고 개인이 경영하는 것을 금지했다. 한율은 이에 대해 "개인이 철기를 주조하고 소금을 파는 자는 체좌지鈦左趾(발목에 차꼬를 채우는 것)하고 그 기물을 몰수한다"465)고 규정했다. 이와 함께 불법 염철 상인 및 그들과 결탁한 정부의 관리들을 처벌하고, 정부 관리를 파견해 지방의 야철과 자염을 관리하도록 했는데, 후대에 점점 제도로 고착되었다.466)

그 다음으로 광산의 채광과 금속의 치련, 동철의 야주冶鑄 등에 관한 몇몇 과학기술 규범을 제정했고, 과학기술을 발전시키는 전문법규를 세상에 공포했다. 후대에 점진적으로 전문적인 염법과 철법을 제정하여 염철 과학의 발전을 촉진했다.

(2) 수공업 관리 법규

진·한의 통치자는 국가 수공업의 발전을 매우 중시했다. 진율과 한율은

---

464) 『사기史記』 「화식열전貨殖列傳」.
465) 『한서漢書』 「식화지食貨志」.
466) 『한서漢書』 「식화지食貨志」의 역주는 박기수·이경룡·하원수·김경호 역주 『사료로 읽는 중국 고대 사회경제사』(청어람미디어)로 출간되었다. ―역주

모두 전문적 단행單行 법규를 제정했는데, 공률·공인정률·균공률과 효율·관시율 등은 수공업의 생산규모, 질량·정액·성분과 가격계산 등에 대한 구체적 규정을 했다.

생산품의 생산규모에 대해서, 공률에는 "동일한 종류의 기물을 제조할 때는 대소·장단·넓이가 같아야 한다"고 규정했다. 그밖에 저울과 저울추, 두통斗桶과 승升은 적어도 매년 한 번씩 교정을 하도록 규정해 생산품의 규모를 표준화했다.

생산품의 질량에 대해서도 구체적으로 규정을 했다. 관영 수공업생산품은 1년에 한 번 평가해서 낮은 등급의 평가를 받으면 공사工師는 벌금 1갑, 승丞과 조장曹長은 각각 벌금 2갑에 처하고, 연속으로 3년 동안 낮은 등급의 평가를 받으면 징벌을 가했다. 그 해 생산품이 하등이면 공관工官 등의 사람은 벌금 순盾이나 갑甲에 처하고, 성단城旦이 공산품을 제조해서 낮은 등급으로 평가를 받으면 태형 1백 대를 때렸다. 이처럼 질량을 검사해서 표준을 위반하면 엄격하게 징벌했다.

생산 정액定額에 대해서는 진간 공인정률에 관영 수공작방手工作坊의 각 사람과 날짜 당 정액을 명확히 규정했다. 또한 계절과 생산자의 연령에 따라서 "예신隸臣·하리下吏·성단과 공인工人의 겨울철 생산량 3일 분은 여름철의 2일 분으로 계산한다"는 식으로 다르게 규정했다. 여름과 겨울의 낮 길이가 다르므로 겨울철의 생산량 3일분을 여름철의 2일분으로 계산했다. 또한 잡일을 하는 예첩 2인은 공장工匠 1인에, 경예첩更隸妾 4인은 공장 1인에 해당했다. 자수에서는 여자 1인이 남자 1인에 해당했다. 그밖에 수공예, 특히 전통 공예기술인 수레 제작, 유칠油漆 쇄신刷新 등에 대해서는 다른 규격을 요구했다. 이러한 노동 강도와 기술 성능을 구별하는 기술 규범은 진·한 시대 과학 기술 입법의 발전 상황을 반영한다.

(3) 건축 공예와 기술에 관한 입법

진·한 양조의 제왕은 궁실과 성, 정원을 많이 건축했다. 진의 함양성·아방궁·여산릉과 한의 장락궁·미사궁은 모두 주목받는 위대한 건축물로 만리장성과 그 명성을 함께 한다. 건축 기술 규범은 대부분 궁정 건축 규모, 민간용과 예술 건축 형태에 관한 것과 공정工程과 건조建造에 대한 구체적 기술 규범이었다. 이러한 건축 경영 관리와 기술 규범이 국가에 의해 통일적으로 제정되고, 행정관리와 기술 규범을 집행하는 입법 선례를 이루었는데, 후대 각 시대 건축 기술의 발전에 본보기가 되었다.

5. 상업·무역 관리 입법의 착수

진·한의 통치자는 중농억상 정책을 내세웠지만 당시의 상업·무역은 매우 발달해 있었고, 그에 따라 상업과 무역을 조절하고 통제하는 법률 규범이 출현했는데, 관시율·균수율·진관령 등이 그것이었다. 주요 내용은 다음과 같다.

(1) 합법적 상품교환의 보호

합법적인 상품교환 활동에 속하는 것은 법률로 보호했다. 그 범위는 상업과 무역, 상업투자 및 상업유통의 각종 방식 등을 포함했다. 국가에 유리한 것은 일률적으로 윤허하고 적당한 보호를 했다. 법률답문에 한 사례가 기재되어 있다. 절도범이 훔친 장물을 팔아 다른 물건을 구입했을 경우 남은 장물과 구입한 물건을 모두 주인에게 돌려주도록 했다. 그러나 도적이 갑의 옷을 훔쳐서 을에게 팔고, 그 돈으로 무명을 샀으면 남은 돈과 구매한 물건은 갑에게 돌려주지만 을이 도적에게 구입한 옷은 합법적인 교역에 속하므로 반환하지 않았다.

불법적 상업활동에 대해서는 엄격히 금지하여, 지켜지지 않으면 상업을 경영하는 관리에게 책임을 추궁했다. 진율잡초에 "좌佐·사史 이상의 관리 가운데 물건을 나르는 말과 문서를 지키는 사졸을 이용하여 무역으로 이익을 취하면 유배형에 처한다"고 규정했다.

그밖에 국가는 주류酒類를 임의로 판매할 수 없다고 규정하고, 이를 어기면 형벌에 처했다.

(2) 법률 수단으로 상품의 물가에 간여(干預)

진·한 시대의 상업 활동에서 가장 큰 문제는 상품 물가의 관리와 안정이었다. 진율은 중요한 생활용품, 양식과 농업생산에 이용되는 가축과 노동력 등에 대해서 엄격한 가격 표준을 규정했다. 사공률에 양식 가격은 석石 당 30전으로, 노동력은 일당 8전으로, 관부에서 제공하는 음식은 6전으로 규정했다. 또 시장에서 매매하는 화물에 물가를 표기하도록 했다. 금포율에는 매매시 가격을 구분해 표시했다. 진·한 시대에는 시장가격에 대해 통일적으로 조정하고 간여했다.

(3) 억상抑商 조치의 실시

진·한의 신흥 통치자들은 한편으로는 상업·무역을 윤허했지만 중농억상의 지도 이념 아래 상업 활동과 상인에게 많은 제한을 가하고 심지어 경시하기까지 했다. 상인의 양식 매매를 금지하고, 재물이 생기는 길을 막고, 농업세를 낮추는 것과 함께 상업세를 높였다. 아울러 상업과 상점을 경영하는 것을 규정해, 도시 안에 세우지 못하게 하고, 전지와 가옥으로 쓸 땅을 사용하지 못하게 하며, 그 자식들은 관리가 되지 못하게 했다. 심지어는 상인을 강제로 군대에 복무케 하며, 정치적 지위도 매우 낮아서 귀족, 관리, 농민·수공업자의 아래인 4등 공민公民이며, 조세도 많이 내도록 하여 상인에게 타격을 줬다. 경제景帝 때 민전緡錢을 계산하여 징수할 것을 반포하여 재산이 1만 전인 자는 127전을 납부하도록 하니, 그 세율은 1.27%였다. 한 무제 때 처음으로 민전緡錢을 계산해, 상인은 민전緡錢 2천을 1로 계산하고, 수공업자는 민전緡錢 4천을 1로 계산했다. 1관貫(1,000전)마다 20전을 납부해야 하므로 세율은 2%였다. 상인이 자신의 재산이나 자본을 사실대로 보고하지 않으면 익세匿稅에 해당되어 처벌을 받았다. 그밖에 염철 전매를 시행하는 동시에 균수법均輸

法과 평준법平準法을 실시해 상인의 이익을 제한했다. 특히 평준법은 각종 공품貢品과 관영 공산품으로 시장의 상품가격이 안정되도록 조정하는 것이었다. 상품가격이 오르면 국가는 저가로 상품을 팔고, 상품가격이 내리면 대량으로 구매해 이로써 물가의 통제와 조정을 해서 부상이 이익을 얻을 수 없게 했다.

또한 나라의 법률로 대외무역을 제한했다. 법률답문에는 외국 상품을 중국 국경 안에서 매매하려면 관부의 동의를 얻어 증명서를 받아야 하며, 그렇지 않으면 경제 징벌을 받았다. 보석을 훔쳐 국경 밖으로 밀매하거나 소와 말을 밀매하면 징벌을 받았다. 범인이 내죄耐罪 이상에 처해질 경우 이를 잡은 자는 포상을 받았다. 균수법·평준법의 강제 억상抑商 작용은 후세에도 채용되었는데, 중국의 상업·무역 입법의 소극적인 면을 반영한다.

6. 재정·금융 입법의 중시

진·한의 경제발전에 따라 장안長安·낙양洛陽·한단邯鄲·성도成都·임치臨淄 등 여러 유명한 도시의 상업·무역이 매우 번영했다. 국가는 경제적 통일을 실현하기 위해 재정·금융 관리를 한층 강화하고 금포율·전율·효율 등의 관련 법규를 제정했다. 구체적 내용은 아래와 같다.

(1) 화폐권의 농단壟斷

진은 전국 범위의 정치·경제권을 획득한 후, 화폐개혁과 통일을 실행하면서 중앙이 화폐 제조권을 독점했다. 양한은 통일을 보장하기 위해 정책적으로 법률에 구체적 규정을 두었는데, 경제景帝 중원中元 6년 주전위황금기시율鑄錢僞黃金棄市律을 반포하고 화폐 유통의 상황을 개혁했다.[467] 무제는 화폐 제조권을 모두 중앙으로 회수하고, 수형도위水衡都尉의 속관屬官·종관鐘官·변

---

467) 『한서漢書』 「경제기景帝紀」.

관辨銅 등 전문 관원으로 화폐 제조기구를 구성해 오수전五銖錢을 만들고, 그 후 피폐전皮幣錢, 녹피폐鹿皮幣라고 하는 화폐를 사용했다. 금포율에는 개인의 화폐주조를 엄금하여 금전을 몰래 주조하면 사형에 처했다. 봉진식에 한 부분이 나온다. 남자 병·정 2인이 몰래 화폐를 주조하다가 사오士伍 갑에게 발각되어 주조한 화폐와 함께 관부에 송환되었다. 이처럼 몰래 화폐를 주조해 사형에 처해진 자가 10만 명에 달했다고 한다. 이는 엄한 금령과 중형으로 화폐권을 독점한 것이다.

(2) 화폐의 통일

화폐권을 독점하는 동시에 통일된 화폐 규격과 비교가를 규정했다. 진秦의 금포율에 규정하기를 진에서는 금金·포布·전錢으로 화폐를 유통했다. 비교가는 11전이 1포에 비하고, 그 규격은 "포의 길이는 8척, 폭은 2척 5촌이다. 만일 포가 질이 나쁘거나 그 규격이 법도에 맞지 않으면 유통하지 못한다"고 했다. 즉 금포가 규정된 규격에 맞지 않으면 유통시킬 수 없었다.

화폐 유통의 보증은 화폐 통일에서 중요한 내용이었다. 금포율에 "화폐가 좋건 나쁘건 함께 사용한다"거나 "백성이 저자에서 화폐를 사용함에 좋건 나쁘건 섞어서 사용하고 감히 구별하지 말라"고 규정했다. 유통과 교역에서 화폐는 함께 사용해야지 임의로 선택할 수 없었다. 이를 위반하는 사람이 있으면 관부의 관원을 포함하여 모두 형사처벌을 받았다.

(3) 재정 감사(審計)

진·한 시대에 이미 재정 감사의 규범이 생겨서 진에는 재정 감사의 성질을 갖고 있는 효율이 있었고, 한대에는 이를 이어받아 보충했다. 효율에는 정기와 부정기적인 검사 장목帳目과 창고에 보관된 물자의 검사라든가 장부에 기재된 물건의 대조 등을 규정했다. 동시에 도량형의 표준화관리를 강조해, 도량형의 검사도 함께 상세히 규정했다. 진·한의 재정 금융의 입법과 실시는 적극적으로 새로 수립된 통치계급의 경제발전을 가져왔다.

부세賦稅는 국가의 중요한 재정수입이었으며, 요역은 농민을 수탈하는 주요한 형식이었다. 진대秦代에 국가에서 징수한 부세는 주로 전부田賦와 호부戶賦와 구부口賦 세 가지가 있었다. 한대漢代에는 여기에 경부耕賦와 상인에 대한 재산세를 더했다. 입법 방면에서는 진은 전율·창률·요율을 반포했고, 한은 이 세 율을 기초로 해 전조세율田租稅律과 염철세율鹽鐵稅律 등의 조세징수 법규를 더했다. 양조의 조세와 요역 입법의 주요 내용은 아래와 같다.

(1) 입법 형식과 부세 징수의 증가

전부는 토지 수량에 따라 일률적으로 징수했다. 전율에 "매 경頃의 전지마다 납부해야 하는 꼴과 짚은 전지의 수량에 따라 납부하는데, 개간 여부에 상관없이 경마다 꼴은 3석, 짚은 2석을 납부한다"고 규정했다. 또 창률과 효율에는 '입화가入禾稼'를 언급하며 아울러 "벼의 출입에 있어서 증가는 율령과 같다"고 규정했다. 매 경마다 전지에 납부하는 곡물은 모두 법으로 정한 수량에 따라 집행한다고 규정했다. 만일 전조가 증가했는데 상부에 보고하지 않으면 익전죄匿田罪로 행정처벌이나 사법처벌을 받았다.

한 왕조의 전조는 여러 차례의 변화를 겪었다. 서한 초기에는 "전조는 가볍게 해 1/15세이다"[468]고 했다. 문제 때는 전조의 반을 감면하라고 명을 내렸다.[469] 동한 때는 1/10세와 1/30세 두 종류의 부세를 실행하다가 동한 말년 다시 화폐 지조地租의 형식으로 고쳤다. 아무튼 어떠한 세금 징수의 형식을 운영했던지 간에 조령이나 법률로 천하에 공포하고 엄격히 집행했다. 자연 재해를 당하면 2~3할에서 절반 정도의 부세 감면을 실행했다. 전부세의 납부를 보장하기 위해서 관원이 토지면적 조사를 실제와 다르게 하면 중죄에 처했다. 『한서』에 의하면 광무제 16년, 하남윤河南尹 장급張伋 및 군수

---

468) 『한서漢書』「식화지食貨志」.
469) 『한서漢書』「문제기文帝紀」.

10여 명의 토지면적 조사내용이 사실과 달라서 사형에 처했다고 한다.

호부戶賦는 전부의 보조 형식이었다. 법률답문에는 "무엇을 익호匿戶라 하는가? … 익호는 요역에 복무하지 않고 호부를 납부하지 않는 것을 말한다" 하고, 진율잡초에는 "다 자란 아이를 숨기고 노인을 살피지 않고 보고하면 전典과 노老는 속내에 처한다. 백성이 노인이라 했는데 노인이 아니라 감히 속인 것이라면 자 2갑에 처한다. 전과 노가 보고하지 않았으면 각각 자 1갑에 처한다. 오인伍人들은 호마다 1순에 처하고 모두 유배를 보낸다"고 했다. 무릇 부적簿籍 연령에 이르는 성동成童을 은닉하거나 노인을 불확실하게 보고하면 이전里典과 오로五老는 속내贖耐에 처했다. 이렇게 익호는 익전죄의 보조 형벌이었다. 백성 중 노인의 연령이 아닌데 관부에 노인이라고 신고하면 자 2갑에 처하고, 이전·오로가 보고하지 않으면 각각 자 1갑에 처하며, 오인은 각 호마다 자 1순에 처하고 유배를 보냈다. 여기서 익호죄에 대한 징벌이 상당히 엄하여 인근 마을도 연좌되며, 익전죄보다 무거웠음을 알 수 있다.

구부口賦는 인두세人頭稅였다. 인구에 따라 세금을 받기 때문에 진율은 엄격하게 인구가 바깥으로 나가는 것을 금지했다. 법률답문의 규정에 의하면 "신방인(소수민족)이 주장主長에 대해 불만을 갖고 진의 경계를 떠나려 하는 것은 허락하지 않는다"고 했다. 이는 소수민족 지역에 대한 규정이었다. 진율잡초에는 "진나라 사람이 국경을 나가는 것을 도와주거나 명적을 삭제하면 상조上造 이상은 귀신에, 공사公士 이하는 성단에 처한다"고 했다. 다른 사람에 대한 처벌은 더욱 엄격했다.

동한 시대의 호부와 구부는 그리 엄밀하게 구분하지 않았다. 『한서』 「소제기昭帝紀」에는 백성이 7세에서 14세까지는 구부전口賦錢을 내야 하는데 매년 20전이었다. 무제 때는 한 사람에 23전을 납부해야 하며, 호부戶賦는 매년 호당 2백전을 냈다. 그밖에 일종의 경부更賦의 형식이 있어서 남자에 한해서 23세에 주관疇官을 보좌하고 관부에 등록해야 하는데 이에 부傅라 하고 56세에 면역이 되었다.

(2) 요역의 착취 형식

요역은 착취 압박의 중요한 형식으로, 진의 요역은 상고 시대보다 30배에 달했다. 대규모 공사로 형도와 요역의 징발을 남발하여 민중의 반항을 일으켰다. 진은 이러한 반항을 강한 법률적 압력으로 진압했다. 법률답문에 다음 예가 나온다. "요역에 불참하면 태형이고, … 현재 사오 갑이 요역에 불참하니 태형 50대에 처한다. 1년이 지나지 않았으면 태형에 처하는 것이 부당한가? 마땅하다." 요역에 복무할 때 등록을 해야 하는데 등록을 하지 않은 자는 태형 50대에 처하고, 도망가서 1년 이내에 잡히면 태형을 가한다고 규정했다. 이에 '핍요지죄乏徭之罪'가 출현했다. 또 요율에는 "조정에서 요역을 징발할 때 응하지 않으면 자 2갑에 처하고, 3일에서 5일 늦으면 질책하고, 6일에서 10일 늦으면 자 1순에 처하고, 10일이 넘으면 자 1갑에 처한다"고 규정했다. "기일을 어기면 참형에 처한다"는 것은 요역에 복무하는 자에게 엄한 처벌을 하기 때문에 기층의 관리가 기일을 연기하고 요역을 징발하지 않으면 참수의 중형에 처한다는 것이다. 이 때문에 진승陳勝, 오광吳廣의 난이 일어났다.

한의 통치자는 이러한 역사적 경험을 총결했다. 진秦은 "북쪽으로 장성을 쌓는 데 40여만, 남쪽으로 오령五嶺에 복무하는 데 50여만, 여산驪山·아방阿房 지역에 70여만으로, 병력이 부족해 유배자를 징발했다"470)고 추산했다. 이에 크게 요역을 삭감하고, 농업을 강화해 사회 모순을 완화했다.

(3) 재산세의 징수 및 조치

서한 초기부터 상인에 대해서 일률적으로 재산세를 징수했다. 염철, 수공업 및 상업·무역을 경영하는 자들에게는 각각 다른 세금 징수의 규정을 적용했는데, 이에 대해서는 앞에서 설명했다. 세금을 효과적으로 징수하기 위해서 무제 때 특별히 균수평준관均輸平準官을 설치하고, 상인의 불법 행위를 제한했다. 그밖에 두 가지 징계 조치를 채택했는데, 첫째는 산부算賦의

---

470) 『문헌통고文獻通考』 「병고兵考」.

증가로 15세에서 56세까지는 1인당 부 120전을 내면 1산算으로 하고, 상인은 산을 배로 계산했다. 이렇게 상인이 임의로 축비蓄婢하는 것을 제한했다. 둘째는 무제 때 산민고민령算緡告緡令을 반포했다. 산민은 상인에게 재산세를 징수하는 것으로 상인과 고리대금업자는 정부에 재산을 사실대로 보고하게 하고, 2천전마다 1산을 징수하고, 수공업에 종사하는 자는 4천전마다 1산을 징수했다. 상인의 수레는 한 대당 2산을 징수하고, 오부五夫 이상의 배는 1산을 세금으로 걸었다. 재산을 은닉隱匿하고 보고하지 않거나 사실대로 보고하지 않는 상인을 고발하는 것을 장려하기 위해서 고민령告緡令을 반포했고, 고발자의 내용이 사실이면 고발당한 사람의 재산을 모두 몰수하고, 1년 동안 변방에서 수자리에 복역하도록 하며, 고발자는 몰수한 재산의 반을 받았다. 산민과 고민령의 반포는 국가의 수입을 증가시켰지만 부상의 경제력을 약화시켜서 상업·무역의 발전을 방해했는데, 이는 한대 경제입법 중 중요한 실책이었다.

진·한 시대의 경제입법은 비록 초보 단계이긴 하나, 이미 법률 수단을 활용해 경제관계를 조정할 수 있었다. 또한 국가생산과 경제발전을 보증해 국가의 재정수지를 조정하고, 국가와 백성 사이의 경제 이익과 경제관계를 조정했다. 농목, 공업과학기술, 상업무역, 재정금융 등의 전문부문의 초보적 법규 계통을 형성했다. 이는 중국 경제입법의 발전에 중요한 기초와 추진이라는 의의를 지닌다.

제5장 사법제도

제1절 진 왕조의 사법소송제도

고대 사회는 비록 형사소송과 사법심판이 있었고, 「여형呂刑」에도 몇몇 원칙을 규정했으나 사법 관할기구가 없었고, 일정한 제도도 형성되지 않았다. 사법기구와 소송제도의 수립과 체계화는 진이 수립된 뒤에 이루어졌다.[471]

1. 사법기관

(1) 중앙 사법기관

진의 사법기관은 정위廷尉와 어사대부御史大夫 등으로 구성되었다. 진시황은 관리를 등용해 중형重刑 정책을 추진하는 도구로 삼았다. 이른바 "횡포한 관리를 중용해 형벌을 함부로 가했다"[472]는 것이다. 진의 중앙 사법기관은 정위부廷尉府이고, 최고 사법관은 정위廷尉였다. 황제가 지정한 안건을 심리하고, 지방에서 올라온 안건을 책임졌다.

새로 출토된 위잡률尉雜律에는 "매년 어사처에 가서 형률을 대조해야 한다"[473]는 내용이 있다. 이는 어사대부가 도적비서圖籍秘書를 장악했다는 것을 증명하고, 정위가 형벽刑辟을 장악하는 직책이었음을 증명하는 것이다.

일찍이 전국시대의 진秦에도 정위가 있었다. 6국을 통일한 뒤 정위는 열경列卿의 하나가 되었고, 전국 최고의 사법심판관이 되었다. 정위에 관해서는

---

471) 이수덕, "진한秦漢 시기 치옥治獄 과정에 관한 일고찰—강릉江陵 장가산張家山 「진얼언秦讞言」을 중심으로"(서울대학교 석사논문), 참조. —역주
472) 『사기史記』 「진시황본기秦始皇本紀」.
473) 수호지진묘죽간睡虎地秦墓竹簡 진율잡초秦律雜抄, 109쪽.

두 가지 해석이 있다. 하나는 "심문은 반드시 조정에 묻고, 다수가 함께 한다. 병兵·옥獄은 같은 제도이기에 정위라고 한다"는 것이고, 다른 하나는 "정廷은 균등함이다. 옥을 다스리는 데 있어 공정함이 중요하므로 이렇게 부른다"474) 는 것이다. 정위의 아래에는 정正과 좌우감左右監 등의 관리를 두어 정위가 구체적 사무를 처리하는 것을 도왔다. 정위의 주요 임무는 두 가지였다. 하나 는 조옥詔獄, 즉 황제가 심리를 조령詔令한 안건을 살피는 것이고, 다른 하나는 지방의 상소 안건과 군현이 판결을 내리기 어려운 안건을 복심覆審하는 것이 었다.

그러나 어사중승御史中丞이나 정위가 심리하는 중대 안건이나, 또는 6백석 이상의 관리나 왕후의 위법·범죄 안건은 반드시 먼저 상청上請해야 하며, 최후에 황제의 결제를 받아야 안건으로 정해졌다. 이는 국가의 최고 사법심 판권이 황제에게 귀속되어 있음을 말해주는 것이다.

(2) 지방 사법기구

진대에 처음으로 군郡·현縣을 설치했다. 그것은 행정기구이며 동시에 지 방 사법기관으로 군수와 현령이 겸해서 처리했다. 일반적 안건은 스스로 처리하고 중대 안건은 중앙의 정위가 맡아 처리하도록 했다. 법률답문에는 "지금 군수가 사법기관에 속하는가 그렇지 않은가? 사법기관에 속한다"475) 는 내용이 있다. 즉 군현의 사법심판은 상당 정도 독립적인 행사권이 있었음 을 말해준다.

군수郡守 아래 군부郡府에는 조曹를 편제하여 사조辭曹 연사掾史와 결조決曹 연사를 설치하고, 현정縣廷에는 사조 연사와 옥연獄掾을 설치했다. 이들은 군수와 현령을 도와서 각종 안건을 심리했다. 호북 운몽 수호지 11호 묘에서 진의 법률문서가 대량으로 출토되었는데, 묘주 희喜는 진시황 12년 언鄢의 치옥연治獄掾을 담당했다.

---

474) 『한서漢書』 「백관공경표百官公卿表」(응소應劭, 안사고顔師古 주註).
475) 수호지진묘죽간睡虎地秦墓竹簡 법률답문法律答問, 192쪽.

현 이하의 조직은 향鄕이고, 향 이하는 정亭이며, 정 이하는 이里였다. 각기 일정한 사법 관할권이 있었다. 큰 향으로 5천호에 이르면 군에서 유질有秩을 파견하고, 작은 향으로 5천호에 이르지 못하면 현에서 색부嗇夫를 파견했다. 양자는 동시에 설치되지는 않지만 직책은 같아 분규를 조정하고, 시비를 가리고, 부세를 거두고, 요역을 징수했다.

유격游繳은 도적을 순찰하는 것을 담당했다.

정장亭長은 『사기』「고조본기高祖本紀」 정의正義에 나오는데, 진법秦法에서 "정장은 정亭을 주관하는 관리이다. 백성 사이에 쟁송이 있으면 관리는 이를 판별해 그 정치를 이룬다"고 했다.

2. 소송제도

(1) 소송 형식

소송 형식은 안건에서 차지하는 지위에 근거해 크게 두 종류로 나누어졌다. 첫째는 관리인데, 어사와 기타 관리들은 범죄를 검거하고 소송을 제기하는 위치로, 근대의 공소인과 유사했다. 둘째는 일반 평민인데, 주로 당사자로 근세의 소송인과 유사했다. 그리고 모든 사람은 범죄를 고발할 의무를 졌다. 진율에 규정하기를, 같은 리里와 네 이웃은 살인 사건이 발생하면, 이전과 오로는 집에 없더라도 연대책임을 진다고 했다. 그 목적은 사람들을 서로 감시하고, 검거하도록 강제하는 데 있었다. 이는 상앙의 십오什伍 연좌법의 계승과 발전이었다.

(2) 소송 절차

법률답문에 '사자사정辭者辭廷'이라는 말이 나온다. 이른바 사자辭者란 소송을 제기하는 사람이다. 정廷의 원래 뜻은 정위로, 중앙의 사법심판을 장악하는 기관이다. 법률답문의 해석에 의하면 후대에 군수와 현령도 정에 속했다. '사자사정'이란 소송자는 군·현의 정에 가서 기소한다는 말이다. 봉진식

封診式에 고자告子, 고신告臣, 갑고甲告, 병고丙告, 자고自告 등이 나오는데, 이는 사법기관에 제출한 공고控告나 보고報告였다. 또한 박예고縛詣告가 있는데, 이는 관리나 피해자가 범죄인을 직접 사법기관에 압송하는 것이었다.

진율에는 '공실고公室告'와 '비공실고非公室告'의 구분이 있었다. 타인을 살상하거나 절도하는 것이 공실고이고, 가장이 그 자식이나 노비를 살해하고 형을 가하고 체벌을 가하면 비공실고였다.[476] 공실고에 속하는 안건은 관부가 이를 수리하고, 비공실고 안건은 관부가 수리하지 않았다. 이 규정은 존비 관계와 주노主奴 관계를 수호하기 위한 것으로, 소송제도에서 불평등을 공개적으로 보여주는 것이다.

진간의 법률답문에는 '주고州告'도 관부에서 수리하지 않는다고 했다. 이른바 주고는 "죄인을 고소했는데 고소 내용이 사실이 아닌 상태에서, 또 다른 사건으로 고소하면 수리하지 않고 고발자의 책임을 추궁하는 것"으로, 즉 부실 고발죄였다. 그 뜻은 죄인을 고발했는데 고발 내용이 사실이 아니고, 또 다른 일로 고발하면 심리하지 않는다는 것이다. 그리고 책임을 추궁하여 무고죄로 죄를 논한다는 것이었다. 진율이 이와 같이 규정한 목적은 타인을 무고하는 것을 방지하기 위함이었다.

봉진식에 의하면, 안건이 발생하면 그 지역의 이전은 사법기관이 안건을 수리하기로 결정한 피고인의 성명, 신분, 관적, 어떤 범죄를 범했는지, 어떤 형을 받았고, 사면된 적이 있는지, 도망한 적이 있는지 등을 서면으로 보고해야 했다. 현의 사법기관이 안건을 접수한 뒤, 일반적으로 현승縣丞이 영사令史로 하여금 가서 조사하게 하고, 그러한 뒤에 조사나 검증 내용을 기록하는 것을 원서爰書라고 했다. 조사하여 봉쇄가 필요해서 봉쇄하는 것을 봉수封守라고 했다. 봉은 재산을 봉쇄하는 것이고, 수는 가족을 지키는 것이다. 봉수에는 상세한 기록이 필요했다. 봉쇄되는 가옥·가축·인구 및 가축의 종류와 숫자 등을 모두 자세하게 현에 보고해야 하며, 현령은 사람을 파견해 이를

---

476) 수호지진묘죽간睡虎地秦墓竹簡 법률답문法律答問, 195쪽.

지켜보도록 했다.

(3) 심판 절차

봉진식에 진의 사법기관이 당사자에 대해서 심리하는 방법과 순서가 나오는데, 대체로 아래와 같다.

① 당사자의 진술을 청취했다. 심리에서는 "먼저 반드시 당사자의 진술을 듣고 기록해야 한다"고 했다. 또한 심리를 받는 사람들은 각자 진술하고 "거짓 진술임을 알더라도 즉시 힐문하지 않는다"고 했다.

② 진술의 모순점과 정확하지 않은 부분에 대해 힐문했다. 힐문할 때 변명한 말을 기록하며 그 외의 정확하지 않은 문제가 있나 없나를 살펴서 "계속 힐문을 진행한다"고 했다.

③ 여러 번 진술을 바꾸는 경우와 죄를 사실대로 인정하지 않는 경우 심리를 가했다. 진율의 규정에 의하면 매질을 가했다. 여기서 진의 통치자는 일반적 상황에서는 사법관리가 매질을 가해 심문하는 것을 허락하지 않았음을 알 수 있다. 그들은 심리 효과를 상上·하下·패敗의 세 종류로 나누었다. '상'은 진술을 근거로 조사해 범죄 사실의 여부를 밝히는 것이었다. '하'는 심문할 때 형구를 사용해 안건의 사정을 밝히는 것이었다. '패'는 협박 수단으로 심문을 하는 것으로 실패였다.

이상의 규정은 진의 통치가가 장기적 사법 경험을 통해 형구를 사용하지 않고 획득한 진술이 신뢰할 수 있고, 사법심판의 위력을 나타내므로 효과가 가장 좋다고 인식했음을 설명하는 것이다. 그러나 실제로 사법기관에서는 보통 형구를 사용해 죄를 정했는데, 이는 사법심판 제도의 큰 폐단이었다. 진의 형구를 사용한 심문은 매우 잔인했다. 『사기』 「이사열전李斯列傳」에 의하면, "조고가 이사를 심문할 때 볼기를 1,000여대를 때려서 고통을 참지 못하고 죄를 자복했다"고 한다.

진간 법률답문에 나오는 각종 원서爰書는 곧 기록인데, 시신에 대한 검사 보고, 문둥병 환자에 대한 의학감정, 범죄현장 검증 등에 관한 내용이었다.

이를 통해 당시에 소송 과정에서 증거를 중시했음을 알 수 있다.

심리 후에는 판결을 내리고 독국讀鞫, 즉 판결서를 읽었다. 그 후 당사자가 죄를 인정하면 판결을 집행하고, 그렇지 않으면 재심을 청구하는데, 이를 걸국乞鞫이라고 했다. 걸국은 당사자나 제3자가 제출할 수도 있었다. 만일 2년 이상의 형벌이면 가족이 재심을 청구할 수도 있었다. 재심을 청구하는 자는 반드시 1심 판결 이후 재심을 청구해야 수리되었다. 그러나 왕왕 재심 시기를 연기하거나 기각해 백성의 원통한 죄를 벗겨주지 않았다.

제2절 양한의 사법소송제도

양한의 사법기관은 국가기관의 강화에 따라 직능 또한 계속적으로 완비되었고, 중앙과 지방에서 비교적 완비된 기구를 이루었다.

1. 사법기관

(1) 중앙 사법심판 기구

양한의 중앙 사법기구는 상서尚書· 정위廷尉· 어사대부御史大夫로 구성되었다.

① 상서

한 초기에는 승상丞相이 처벌권을 가졌다. 전분田蚡이 관부灌夫가 공경하지 않고 또 관부의 집이 영천潁川에 있어 불법을 횡행하고 있다고 탄핵하며 무제에게 처벌의 조서를 내릴 것을 청했다. 무제는 "이는 승상의 일이다. 왜 짐에게 청하는가?"477)라고 반문했다. 문제 때 신도가申屠嘉가 승상이었는데, 총신 등통鄧通이 그에게 무례하고 승상에게 공경하지 않는 죄로 등통을

---

477) 『한서漢書』「전분전田蚡傳」.

승상부에 불러 죽이려 했다. 무제는 사신을 파견해 그를 석방했다.[478] 이러한 것은 승상이 처벌권을 행사하는 것이 직권이었음을 설명한다.

한 무제 이후 승상의 권한을 제한하기 위해 특별히 상서에게 사법심판권을 부여했다. 성제成帝 때는 오조五曹를 설치했다. 삼공조三公曹는 재판을 주관하며, 동한 이후 상서대尚書臺는 국가의 중추기관이 되었다. 상서는 왕명을 출납하고, 만사를 아뢰고, 정령을 선포하고, 선거를 정하고 죄를 바르게 했다. 더불어 이천석조二千石曹를 설치해 송사를 주관하도록 했다. 이에 따라 사법심판의 대권은 정위와 상서가 공동으로 주관했다.

② 정위

원래 진의 관리로, 경제景帝 중원中元 6년 대리大理로 명칭을 바꾸고, 무제 건원建元 4년 다시 정위라고 바꿨다. 애제哀帝 원수元狩 2년 또 대리로 개칭했고, 동한의 광무 이후 다시 정위라고 했다. 그 직무는 형옥刑獄으로 최고 법관이었다.

한 초기, 승상과 어사대부는 심판권을 가졌다. 동한 때 승상을 폐지하고, 어사대부를 사공司空으로 개칭했다. 정위는 최고 사법심판 장관이 되었다. 주요한 직책은 황제가 위임한 재판을 담당하고, 지방에서 올린 의안을 담당했다. 소속 관원으로 정위정廷尉正이 있어 의안을 판결하고, 좌우감은 체포를 맡고, 좌우평左右平은 조옥詔獄을 담당했다. 그밖에 정위사廷尉史·주언연奏讞掾·주조연奏曹掾 등이 있었다.

정위는 형옥을 담당하고, 한대에 이른바 '소치정위召致廷尉'라는 말이 있었으니, 즉 정위에 의해 판결이 내려졌다. 『한서』「주박전朱博傳」에 "주박博은 정위가 되어 의안을 판결해 천하의 옥을 평정했다"고 한다. 『한서』「문제기文帝紀」에는 정위가 직접 조옥詔獄을 칭하여 "주발周勃은 죄가 있어 체포되어 정위가 조옥을 했다"고 한다. 서한 무제 이후 정위옥廷尉獄과 중도관옥中都官獄이 26곳이고, 동한에는 정위와 낙양조옥洛陽詔獄만 있었다.

---

478) 『한서漢書』「신도가전申屠嘉傳」.

『후한서』「백관지百官志」에는 "무릇 군국에서 해결하지 못하면 모두 보고한다"고 했다. 만일 지방관이 해결하지 못한 안건은 정위에게 보고하고, 정위가 해결하지 못하면 황제에게 보고해야 한다고 했는데, 이것이 '결의당얼決疑當讞'이었다. 새로 발견된 한간 주얼서奏讞書에는 상부에 보고한 많은 의안이 있다. "8년 4월 갑진삭甲辰朔 을사乙巳일에 남군수南郡守 강강은 감히 보고한다." "10년 7월 신묘삭辛卯朔 계사癸巳에 호상胡狀, 승희丞憙는 감히 보고한다." 관련된 안건은 대서장大庶長, 관내후關內侯 등이었다.

③ 어사대부

어사중승御史中丞의 주요 직무는 죄상의 탄핵이었다. "진겸陳謙은 어사중승이 되어 법을 집행하고 잘못된 것을 규정해 백관의 공경을 받았다." "마엄馬嚴은 어사중승이 되어 죄상을 탄핵하고 법을 따라서, 죄를 회피할 수 없어 백관이 그를 두려워했다."479)

어사중승은 정위 등과 황제가 위임한 재판권이 있었다. "정위 양상梁相과 승상장사丞相長史, 어사중승 및 오천석·이천석이 함께 동평왕東平王의 안건을 처리했다."480) "하량賀良 등은 반란을 일으켜 민중을 미혹케 해 하옥되었다. 광록훈光祿勛 평당平當, 광록대부光祿大夫 모막여毛莫如와 어사중승, 정위가 함께 안건을 처리했는데, 하량 등이 옳지 않은 도로 조정을 어지럽히고 국가를 위협하며 주상을 기만해 부도하므로 모두 죽임을 당했다."481)

(2) 지방 사법기구

지방 사법기구는 기본적으로 군·현에 있었다.

한 초기에는 군현과 봉국이 병존했는데, 봉국은 독립된 심판권이 있었지만 사법 관할기구를 구성하지는 않았다.

『후한서』「백관지」에 의하면 군 태수의 직무는 상벌을 포괄해 사법과

---

479) 『태평어람太平御覽』「직관부職官部」.
480) 『한서漢書』「왕가전王嘉傳」.
481) 『한서漢書』「이심전李尋傳」.

감찰 등의 권리가 있었다. 『한서』「설선전薛宣傳」에 의하면, "광한군廣漢郡에 도적이 일어나자 성제成帝는 조호趙護를 광한태수로 임명해 군법軍法으로 종사하도록 했다"고 한다. 또 진총陳寵이 "광한태수가 되었다. 서주西州의 호족이 겸병하고, 관리는 간악하며, 소송이 날마다 1백여 건이었다. 진총이 도착하자, 양리良吏 왕환王渙·심현鐔顯 등을 등용해 심복으로 삼았다. 소송자가 날로 감소하고, 군은 깨끗해졌다"482)고 한다. 혹리酷吏 왕온서王溫舒는 하남河南 태수로 승진해 "군郡에서 교활한 세력가를 체포했는데 연좌된 자가 1,000여 가家로 조사를 올려 죄가 큰 자는 족형에 처하고, 죄가 작은 자는 사형에 처하며, 재물은 장물의 상환으로 몰수했다"483)고 한다.

군수·현령은 사법권을 가지고 있었으므로 결조決曹를 설치해 여러 사람들의 불법행위를 다스렸다. 적조賊曹는 도적을 체포해 처벌하는 것을 주관하고, 사조辭曹는 사송辭訟을 주관하고, 결조決曹는 범죄를 처벌하는 것을 주관하고, 인서연仁恕掾은 결옥(재판)과 단옥(형벌 집행)을 관할했다. 여기서 한대에는 중앙에서부터 지방까지 기구의 계통이 이미 완비되었음을 알 수 있다.

2. 소송제도

『진서晉書』「형법지刑法志」가 인용한 위魏의 신율서략新律序略에, 한의 "수율囚律에는 고핵告劾, 전복傳覆 … 계수系囚, 국옥鞠獄, 단옥斷獄의 법이 있다"고 했다. 그밖에 옥령獄令, 수령簿令 등 소송에 관한 법령이 있었다. 이상의 율령은 이미 사라지고 없어, 지금은 옛 서적의 기록을 통해 당시 소송제도의 상황을 짐작할 수 있다.

(1) 고핵

한대에는 기소를 고핵이라고 했다. 하나는 당사자가 직접 관부에 나아가

---

482) 『한서漢書』「진총전陳寵傳」.
483) 『한서漢書』「혹리열전酷吏列傳」.

고소하는 것으로 현대의 개인 고발에 해당한다. 다른 하나는 정부 관리, 주로 감찰관리인 어사와 사예교위司隸校尉가 범죄를 탄핵하는 것으로 현대의 공소公訴에 해당한다. 무제 때 사법 방면의 진압을 강화하기 위해 장탕張湯·조우趙禹 등이 "법령을 정해 범죄행위를 알고도 고발하지 않는 자는 연좌죄에 처하도록 규정했다"고 한다. 안사고가 이르기를 "타인의 범법을 보고 기소하지 않는 것을 고종故縱이라 하고, 감독하는 감부주監部主는 연좌된다"484)고 했다. 이로써 각급 관리의 범죄를 탄핵하는 책임을 강화했다. 또한 관리와 백성이 범죄를 고발하는 것을 장려하는 법령을 제정했다. 예로, 무제 원정元鼎 3년 11월, "백성 가운데 민전緡錢을 신고하는 자는 그 반을 준다"고 했다. 맹강孟康이 말하기를 "세금을 내지 않는 경우, 백성이 고발하면 그 반을 주는 것을 법령으로 한다"고 했다. 고민령의 규정에 의하면, 자신의 재산을 숨기고 보고하지 않거나 부실 보고한 자는 고발되면 변방의 수자리 1년의 처벌을 당하고, 재산은 관부에 몰수되어 그 가운데 반은 고발자에게 상을 주어 장려했다.

양한 시대, 일반적 상황에서는 반드시 사법의 관할에 따라 기소의 절차를 밟으나, 억울한 죄일 경우에는 황제에게 직접 상서를 해도 잘 받아들여지지 않아 백성들은 정신적·육체적 손상만 입으며, 원통함을 풀어 주지 않았다. 또 한율은 친족은 서로 은닉할 수 있다는 원칙을 가지고 있어 대역과 모반이 아니라면 신분이 낮은 자나 나이가 어린 자가 신분이 높고 연령이 높은 자를 고발할 수 없고, 고발하면 오히려 처벌을 받았다. 한대의 존비·귀천에 관련된 소송은 매우 불평등했다.

(2) 체포와 구속

관부는 고발을 받으면 바로 체포하고 구속을 진행했다. 한율은 범인의 신분에 따라 체포와 기소에서 각각 다른 절차를 취했다. 첫째, 보통 사람의 범죄는 어떤 이가 고발하거나 관리에게 탄핵을 받으면 체포했다. 예를 들어, 서한 때 동해에 효부孝婦가 있었는데 어떤 이가 그녀가 시어머니를 살해했다

---

484) 『한서漢書』「형법지刑法志」.

고 고발했다. 사법기관은 즉시 관리를 파견해 효부를 체포했다.[485] 또『한서』
「위상전魏相傳」에 "상相은 그 객이 의심스러워 체포하고, 그 죄를 추궁했다"
는 기록처럼 의심스러운 자는 먼저 체포하고 심문했다. 폭동이나 모반 등의
중대 범죄는 범죄자 본인은 즉시 체포하고, 이에 연루된 자도 체포해 조사했
다. 둘째, 귀족 관료의 범죄에 대해서는 체포 전에 먼저 황제에게 아뢰어
청하는데, 이른바 '유죄선청有罪先請'이라고 했다. 그들은 체포되더라도 형구
를 차지 않았다. 이는 귀족 관료의 특권이 소송제도에 반영된 것이다.

민간의 쟁송에 대해서는 일률적으로 체포하지 않고 '덕화德化'를 취했다.
즉 도덕 교화의 방법으로 소송을 막는 것이다.『후한서』「오우전吳祐傳」에,
오우가 교동후膠東侯의 상相에 임명되어 "민간에 쟁송이 있으면 자책하고,
그러한 후 소송을 막고, 도로 깨우치고 친히 민가에 가서 서로 화해시켰다"고
한다. 이러한 방법은 근세의 조정과 화해과 비슷한데, 당시에는 쟁송을 막는
효과를 거두었다.

(3) 심리와 판결

한율에는 국옥鞫獄과 단옥斷獄이 있었다. 즉 피고인에 대한 심리와 판결을
진행하는 것이다.『상서尚書』「여형」에는 "한의 세간에서는 죄를 묻는 것을
국鞫이라 한다"고 했다. 양한 시대, 사법기관의 심리 안건은 주로『주례周禮』
의 '이오성청옥송以五聲聽獄訟'의 방법에 따라 범인의 진술을 근거로 판결을
진행했다. 심문 과정에서 다수의 관리는 범인이 죄를 인정하도록 강박하고,
그렇지 않으면 매질을 하여 잔혹한 심문에 고통을 참지 못하고 무고한 죄를
인정했다. 따라서 원래 죄가 없는 사람이 무고하게 도적으로 몰려 진압을
당하곤 했던 것이다. 관리도 범법이나 기타 사정으로 체포되어 엄혹한 심문
때문에 죄가 없는데도 죄가 있다고 자백하고 사형을 당하기도 했다. 여기서
심문으로 자백을 강요하는 것은 당시 원옥冤獄을 이루는 원인의 하나였음을

---

485)『한서漢書』「우정국전于定國傳」.

알 수 있다.

심리에서 진술을 받은 후 삼일 뒤에 다시 복심을 하는데, 이를 '전복傳復'이라고 했다. 『한서』「장탕전張湯傳」왕선겸王先謙 보주에 장연張宴이 "신문은 삼일 후 다시 하여, 앞의 말과 맞는지 대조한다"고 말한 것을 인용하였다. 복심의 목적은 진술이 이처럼 전의 진술과 같은지를 확인하는 것이었다. 이러한 규정은 피의자가 정확히 진술할 기회를 주었다. 복심 후 판결을 하고, 피고인에게 판결서를 선포하는데, 이를 독국讀鞫이라고 했다. 피고인이 원옥이라고 주장하면 본인이나 친속이 복심을 청구할 수 있는데, 이를 걸국乞鞫이라고 했다. 『사기』의 기록에 보면, 당시의 백성 가운데는 원안이 많았다. 그리고 특히 농민이 지주를 공고한 안건은 지주가 경제적·사회적 지위가 높기에 관리들과 결탁해 부간富奸은 아래에서 뇌물을 바치고 탐리貪吏는 위에서 법을 어겨, 죄가 어떻든 형벌을 받지 않았다. 당시의 사회적 조건에서 농민은 억울함을 호소할 길이 없었다.

(4) 상서복심上書復審

한율의 '유고걸국有故乞鞫'의 규정은 바로 사법기관의 판결에 불복해 당사자가 상서하는 것을 윤허하는 것으로, 상급기관에 복심을 청구하면 한율은 규정된 법정기간 안에 복심을 청구하고, 기간 내에 청구하면 수리하고, 그 기간 외에 청구하면 수리하지 않았다. 3개월이 지나면 복심을 청구하지 못했다. 여기서 양한 시대의 복심 청구는 3개월이 기한임을 알 수 있다. 한율의 복심 청구에 관한 규정 또한 통치자의 신형愼刑의 고려에서 나온 것으로, 이로써 사회 모순을 완화하고 사법 관리가 법제를 집행하는 데 있어 감찰 작용도 했다. 그러나 사법 관리의 지연, 법률의 남용 등으로 『한서』「형법지」에 "죄가 있는 자는 오랫동안 재판하지 않고, 죄가 없는 자는 오랫동안 가두고 판결을 하지 않는다"는 말과 같이, 공평한 복심이 진행되지 않고, 관리들의 친분관계에 의해 형벌의 경중이 정해졌다.

사서에 한대는 '예궐상서詣闕上書'의 사례가 있었다고 기재되어 있다. 어떤 이는 이를 근거로 복심에서도 굴복하지 않으면 상서해 예궐상서에 직접 이른다고 보기도 하는데, 이는 사실에 부합하지 않는 것이다. 열거한 사례는 원래의 판결에 불복해 황제에게 상소를 제출하는 것이 아니라 고관이 사건에 연루되어 직접 황제에게 상소를 올려 억울함을 호소하거나 스스로 재소하는 것이지 상소를 올려 복심하는 것은 아니다. 이러한 사건은 양한 시대에만 있었던 것이 아니라 어느 사회에서든 항상 있어온 것이다.

(5) 집행

사법기관이 판결을 낸 후 중대 안건 가운데 황제의 재가를 받아야 집행할 수 있는 것이 있었다. 일반 안건은 현이나 군이 집행하고, 사형의 경우도 황제에게 보고할 필요가 없었다. 역사서에 기록하기를 한대에는 "수령이 사람을 죽이는 데 보고할 필요가 없다"고 했다. 여기서 군현의 수령이 사형 집행권을 가졌음을 알 수 있다. 한의 사형 집행은 '추동행형秋冬行刑'의 제도에 따라 실행했는데, 이는 천인감응의 이론에 근거해 봄·여름에는 사형을 집행할 수 없다는 것이다. 동한 장제章帝 원화元和 2년에 다시, "왕의 살리고 죽임은 천기에 따라야 한다. 정해진 법률은 11월, 12월에는 수감된 죄인이 없도록 한다"[486]고 했다. 모반과 대역 같이 판결에 때를 기다릴 필요가 없는 것 외에는 사형 집행은 가을 서리가 내린 뒤부터 동지 이전에 집행되었다.[487] 이때 천지가 숙살肅殺을 시작하므로 살기가 충만하다는 것이다. 모든 형벌은 신중히 하늘의 뜻에 따라 주벌을 내려야 한다는 것이다. 이는 하늘을 대신해 주벌을 행한다는 것으로 백성을 속이고 진압하려는 의도였다.

그러나 동한 화제和帝 때 사도司徒 노공魯恭은 봄여름에 형을 집행하는 것에 반대하고, 입춘 이전과 입추 이후에는 판결된 사형수는 보고 없이 집행할 수 있다고 했다. 그 이유는 "위로 시기를 거스르는 것" 외에도 "아래로 농업

---

486) 『후한서後漢書』 「장제기章帝紀」.
487) 사형의 집행 시기에 대하여는 도미야 이따루, 『유골의 증언—고대 중국의 형벌』 85~91쪽 참조 —역주

을 해치는” 문제를 고려해야 한다는 것인데, 이러한 주장은 농업생산 위주의
사회에서 의미를 갖는 것이었다.

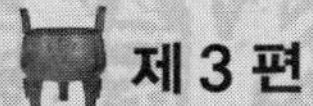

전통사회 법률제도의 발전

―삼국양진三國兩晋·남북조南北朝· 수당오대십국隋唐五代十國―

포건蒲堅 지음
임대희 옮김

제1장 개 관

동한東漢 말년에 일어난 황건 농민의 봉기를 진압하고 그 성과를 다투는 과정에서, 지주 계층 내부에서 권력 투쟁이 발생했다. 그 투쟁의 혼전 과정에서 무장 집단이 출현하게 된다. 이들이 서로 병합하는 과정에서 조조曹操·유비劉備·손권孫權이라는 비교적 큰 세 집단으로 할거하는 한편, 마지막에는 위魏·촉蜀·오吳 삼국이 병립했다. 그 후, 거의 반세기 동안 이러한 대치 상황이 계속되었다.

조씨의 위는 나중에 권문세가의 대표인 사마의司馬懿에게 장악되고, 263년에는 촉나라를 멸했다. 265년에 사마의의 손자인 사마염司馬炎이 위나라를 대신해 진晉 왕조를 세우고 황제라 칭했다. 낙양洛陽에 도읍하니, 이를 서진西晉이라 부른다. 서진 말년에, 북방의 각 민족이 여기저기서 들고 일어나 진에 대항하는 투쟁을 일으켰다. 311년과 316년, 낙양과 장안을 잇따라 공격해 함락시키고, 서진의 회懷·민愍 두 황제를 포로로 잡았다. 북방 소수민족의 지도자들은 자신들이 통치하는 지역에서 한나라의 제도를 모방하여 많은 왕조를 건립했다. 바야흐로 북방에는 '5호胡 16국國'이라고 불리는 시대가 시작된 것이다. 각 민족의 통치자는 100여 년에 걸쳐 정복 투쟁을 전개해, 사회·경제적으로 심각한 파탄을 일으켰다. 따라서 수많은 민중들이 큰 재난을 겪었다.

북방 민족 통치자들이 혼전하는 가운데, 본래 강남에 주둔해 있던 서진의 종실 사마예司馬睿는 화북 지방에서 망명한 대지주와 강남 지방의 토착 대지주들의 지지를 바탕으로, 317년 건강建康(현재의 남경시)에서 진晉 왕실을 다시 세웠는데, 이를 동진東晉이라 한다. 5세기 초에 동진은 유劉씨의 송宋 왕조로 대체되었고, 이후 제齊·양梁·진陳 각 왕조가 다스렸다. 역사에서는 이를 남조

南朝라 칭한다. 그런데 북방에서 혼전하던 여러 국가는 곧 선비족鮮卑族 탁발부拓跋部에 의해 북위北魏로 통합되었다. 나중에 북위 또한 분열되어 동위東魏와 서위西魏로 나누어졌다. 동위는 북제北齊로 대체되고, 서위는 북주北周로 대체되었는데, 나중에 북주가 북제를 멸망시켰다. 이 왕조들은 모두 북방에 위치하고 있었기 때문에, 북조北朝라고 한다. 이와 같은 남북 대치의 분열 국면은 270년이나 계속되었다.

581년 양견楊堅은 북주 정권을 무너뜨리고 수隋 왕조를 세웠다. 수 왕조는 북주 이래 비교적 풍부한 경제력과 강대한 부병府兵을 토대로 589년 군사를 일으켜 남방의 진陳을 멸망시켰다. 이로써 3백년 가까운 분열 할거를 끝내고, 다민족을 통일시켜 중앙집권적 전제주의 국가를 다시 건립했다. 그러나 수 왕조의 잔인하고 포악한 통치는 겨우 37년에 그치고, 곧 농민봉기에 의해 전복되었다.

농민봉기가 고조되는 가운데 태원太原 유수留守 이연李淵, 이세민李世民 부자는 수 왕조에 반기를 들었다. 이연은 농민 전쟁의 성과를 흡수해, 618년 황제라 칭하며 당唐 왕조를 수립했다. 당 왕조 초년에 통치자는 생산력을 제고하는 각종 정책을 시행해 경제가 고도로 발전했고, 경제·정치·문화는 흥성기에 접어들었다. 당은 당시 세계적으로 많은 국가들에 큰 영향을 끼쳤는데, 특히 동아시아 각국에 대한 영향력이 컸다. 그러나 후기에 이르러서는 통치자의 부패로 사회 모순이 첨예하게 나타나, 황소黃巢 농민봉기가 폭발해 왕조에 심각한 타격을 주었다. 907년 당은 멸망했고, 이후 5대 10국 시대로 들어갔다.

5대는 뒤이어 중원 지역을 통치한 후량後梁·후당後唐·후진後晉·후한後漢·후주後周를 가리킨다. 10국은 태원의 북한北漢을 비롯해 남방의 오吳·오월吳越·전촉前蜀·초楚·민閩·남한南漢·형남荊南·후촉後蜀·남당南唐의 아홉 개의 작은 조정을 가리킨다. 중국은 다시 지역적으로 할거하는 분열에 빠졌고, 이 상황은 반세기 남짓 계속되었다.

제1절 삼국 양진兩晉 법률의 유가화儒家化

춘추·전국 시대의 유가 학설은 진秦에 이르러 분서갱유라는 탄압을 당하면서 곡절을 겪었으나, 한 무제武帝 때 다시 통치자에 의해 중시되어 국가의 정통 학설이 되었다. 한과 그 이후의 유학과 춘추·전국 시대의 유가 학설은 다른 점이 많지만, 종법 예제를 강조하고 어질고 바른 정치와 교화를 선양하는 점에서는 일맥상통했다.

삼국 양진은 법률체계가 나날이 완벽해지는 시대였으며, 나아가 예와 법률이 융합하는 시대였다. 한의 통치자는 진秦이 "가혹한 법 때문에 망했다"는 교훈을 명심하고, 법률을 연구·토론하는 것을 대단히 중시했다. 한漢 말에 유가의 경전·주석·율문에 의해 그러한 기풍이 널리 퍼졌고, 예와 법률을 융합해서 통합점을 찾는 데 이르렀다. 삼국 양진 시대는 도가道家의 학문(玄學)이 흥기하고 불학佛學 또한 발달했지만, 유학은 여전히 정통의 지위를 잃지 않았다.

유가 경전은 변함없이 국자학國子學의 주요 과목이었고, 유가 사상은 여전히 통치자와 전통적 사대부의 행위 준칙이었다. 그래서 한대의 예와 법률을 결합하는 추세는 삼국 양진 시대에 계승되고 고양되기에 이르렀다. 법률을 편찬하는 사람은 유가의 경전·주석·율문뿐만 아니라, 유가가 제창하는 예의 내용을 법률에 직접 받아들였고, 법률은 유가 사상에 영향을 주었다.

삼국 양진의 법률은 유가 학자를 직접 입법에 참여시켜 유가화儒家化를 실현했다. 삼국 시대 위의 명제明帝 조비曹丕는 진군陳群과 유소劉劭 등에게 조서를 내려 한대의 법을 삭제하고 신율新律 18편을 제정하도록 했다.1) 진군과 유소의 사상이 전부 같지는 않지만 두 사람은 모두 유학을 근본으로 여기고 예제禮制를 제창했다. 특히 유소는 "마땅히 예악을 제정해 풍속을 고쳐야 한다"고 했으며, 또 "경서를 들고 학문을 강의해야 한다"2)고 주장했다. 신율 제정 과정에서 그들은 유가 사상을 지침으로 삼았을 뿐만 아니라, 법률 속에

---

1) 임중혁, "한율령漢律令의 정신과 유가 사상의 침투(하)"(『법사학연구』 18, 101쪽) 참조. —역주
2) 『삼국지三國志』 「위서魏書·유소전劉邵傳」.

이를 반영시켰다. 유학자는 '친친親親'을 제창했고, 신율은 "다른 선생의 법을 없애고, 부자父子는 다른 재물이 없도록 한다. 형과 누나를 때리면 5년의 형벌을 가중함으로써 교화를 밝힌다"[3]고 했다. 신율의 이 두 항목의 내용은 분명히 "예로써 어른과 아이를 구별한다"[4]는 예의 정신과 부합한다. 유학자는 '군위신강君爲臣綱'을 제창했는데, 신율에서는 "모반과 대역은 즉각 체포하여 더럽히고, 목을 베어 매달고, 삼족을 멸한다. 율령律令에 있지 않더라도 매우 엄하게 다스려 악행을 끊게 할 따름이다"[5]라고 했다. 예는 등급 질서를 강조했다. 『예기禮記』「악기樂記」에는 "예라는 것은 다르게 하는 것이다" 했고, 신율은 주례의 팔벽八辟 제도를 법률에 넣어,[6] 전통적 등급제도를 법률화했다. 요컨대 『진서』「형법지」에서 말하는 것처럼, 신율 제정의 원칙은 한율 가운데 시대에 적합하지 않은 것을 폐기하는 것이었다. 그래서 "더욱 옛 뜻을 따라서 오형을 제정한다"고 했다. 옛 뜻이라는 것은 유학자가 창도한 예의교화禮義敎化를 말했다.

삼국 시대 촉과 오의 법률제도는 상세하게 알 수 없다. 그러나 통치자의 유학에 대한 태도에서 추론하자면, 촉·오 두 나라가 위나라보다 예를 중시했음을 알 수 있다. 손씨孫氏의 오나라 정권은 강남의 호족에 의지했는데, 이들은 보통 경학에 정통해 유가 사상의 영향을 깊이 받았음을 서로 내세웠다.

촉나라의 제갈량諸葛亮은 촉과蜀科(촉의 형벌)를 제정했는데, 유학을 실천한 재상으로 역사에 이름을 남겼다. 법률에서는 "명령의 내용을 먼저 가르쳐주고, 징벌하는 것은 나중에 한다," "군주가 먼저 몸을 바르게 한 연후에, 비로소 명령을 행하는 것이 마땅하다"[7]고 주장했다. 이러한 주장은 모두 유가 사상을 구현한 것이고, 이로써 촉과도 유가 사상의 산물이라는 것을 추측할 수 있다.

---

3) 『진서晋書』「형법지刑法志」.
4) 『예기禮記』「향음주의鄕飮酒義」.
5) 『진서晋書』「형법지刑法志」.
6) 정수덕程樹德, 『구조율고九朝律考』「위서고魏序考·팔의八議」.
7) 『제갈량집諸葛亮集』「교령敎令」.

진晉의 율학은 새로운 발전 단계로 들어갔다. 무제武帝 때 다듬어 편찬한 태시율泰始律은 중국 전통사회에서 유가화된 전형적인 법전으로는 첫 번째 것이다. 진인각陳寅恪은 "사마司馬씨는 동한 말년의 유학 명문名門으로 진晉을 창건했다. 중국을 통치하면서 그들이 제정한 형률刑律은 더욱 유가화되었다"8)고 말했다.

진율晉律의 유가화는 유학자를 임용해 법률을 제정하고 해석하면서 실현되었다. 『위서魏書』「형벌지刑罰志」에는 다음과 같은 기록이 있다.9) "진晉 무제武帝는 위나라 제도가 가혹하고 치밀했기 때문에 거기車騎장군 가충賈充 등 여러 유학자에게 명례名例를 20권으로 산정刪定하도록 조칙을 내렸다. 모두 합하면 2,900조목에 달했다." 이후 유명한 율학가인 두예杜預·장비張斐 등이 율을 위해 주석을 만들었다. 두예는 율표律表를 올리는 주장奏章에서 예가 중시하는 등급 명분은 마땅히 율의 기본 정신이 되어야 한다고 했다. 즉, "명분으로써 바로잡아야 한다"10)는 것이다. 따라서 법률을 제정하고 율에 주석을 달 때, 두예는 "멀게는 고례古禮를 따르고 가깝게는 지금의 제도와 같게 한다"11)는 기준을 세웠다. 또한 예를 준칙으로 삼아 "법률을 명분이라는 규범 속에 넣는다"12)고 했다.

두예와 거의 같은 시대 사람이었던 장비는, 법률이 반드시 예를 지침으로 삼아야 한다는 점에서는 두예와 같았다. 그는 먼저 태시율의 편과 장의 체제에 대해 해석을 했는데, 진율晉律이 형명刑名에서 시작해 제후諸侯로 끝나야 한다고 생각했다. 이는 "왕정은 위에서 펼치고, 제후는 아래에서 받들고, 예악은 가운데에서 어루만진다"13)는 원칙에 입각한 것이었다.

그 다음에 장비는 범죄와 관련되는 개념에 대해 간단명료한 해석을 했는

---

8)『수당제도연원약론고隋唐制度淵源略論稿』(三聯書店), 100쪽.
9) 전영섭, "『위서』 형벌지 역주"(『중국사연구』 11) 참조 ─역주
10)『진서晉書』「두예전杜預傳」.
11)『진서晉書』「예지중禮志中」.
12) 양경범楊景凡 주편, 『중국법률사상사간편中國法律思想史簡編(상)』, 제2편 제9장 제2절.
13)『진서晉書』「형법지刑法志」.

데, 많은 내용이 모두 예를 바탕으로 했다. 예를 들면 다음과 같다. "충성하지 않고 윗사람을 기만하는 것을 일러 만譴이라고 한다." "믿음을 저버리고 교활함을 감추는 것을 사誅라고 한다." "예를 저버리고 법도를 무너뜨리는 것을 불경不敬이라 한다." "예절을 거스르고 이치를 끊는 것은 부도不道라고 한다." "윗사람을 깔보고 윗사람을 범하는 것을 악역惡逆이라고 한다."14) 이로 볼 때, 진율이 종법 예제를 유지하는 법전이라는 것은 확실하다.

유가화된 진율의 구체적인 표현으로는 아래 몇 가지 점을 들 수 있을 것이다.

첫째, "엄한 예법과 도덕을 보호하기 위해, 5복五服의 단계에 따라서 죄를 규제한다"15)는 것이었다. 즉 형법으로써 예교를 지키는 방패로 삼아, 예교를 위반한 범죄자는 모두 중형에 처했다. 예를 들면 "백숙모와 거듭 간통한 자는 기시棄市에 처한다. 과부와 간음하면 3년형에 처한다"16)고 했다. 동시에 죄를 정하고 형벌의 정도를 판결할 때, 신분 등급을 충분히 고려함으로써 "군자를 소중히 여기고 서민을 핍박하는"17) 효과를 냈다.

둘째, 죄를 정하고 형벌의 정도를 판결할 때, 예와 율을 모두 중시했다. 심지어 죄를 정하는 직접적인 근거를 예에서 구하기도 했다. 『진서晉書』「은중감전殷仲堪傳」에 "다른 성씨로 양자를 삼는 것은 예율禮律에서 허락하지 않는 바이다"고 했다. 또 『진서』「유순전庾純傳」에는 "무릇 좋고 나쁨을 판단하고 바로잡는 것은 마땅히 먼저 예로써 한다"고 했다.

셋째, 예의 내용을 율에 넣음으로써 예를 직접 법률화했다. 예를 들면 팔의八議18)를 법률에 포함시켰다. 또 "제후로서 팔의에 해당하는 자 이상은 모두 관직을 그대로 두고 속전贖錢을 거두며, 머리를 깎거나 족쇄를 채우거나 매를 쳐서는 안 된다"19)고 규정했다. 죄명으로 보면 불경, 부도, 악역惡逆,

---

14) 『진서晉書』「형법지刑法志」.
15) 『진서晉書』「형법지刑法志」.
16) 『진서晉書』「형법지刑法志」.
17) 『진서晉書』「형법지刑法志」.
18) 팔의八議는 당률소의唐律疏議 명례율名例律 7조에 상세하게 규정되어 있다.―역주

부모를 속이는 것, 반역 등도 모두 예를 위반하는 것으로 율에 포함된 것들이 었다.

제2절 북조 법률에 대한 한漢의 영향

서진西晉 말년의 혼란으로 말미암아 북방의 소수민족이 아래로 옮겨오게 되자, 여러 종족이 대립하는 가운데 선비족 탁발부拓跋部가 승리해 중국 북방을 통일했다. 그리하여 북방 소수민족이 들어와 중원을 차지한 최초의 왕조를 일으켰는데, 이를 북위北魏라고 한다. 탁발씨는 고대의 부락 통치를 벗어나지 못한 상태에서 이미 성숙한 중원 지역을 통치하면서 선진화된 경제·정치·문화를 접하여 한화漢化가 일어났다.

선비족 통치자의 한화를 재촉한 결정적인 원인은 다음과 같은 엥겔스의 말에서도 알 수 있다. "미개한 민족이 행한 정복사업은 경제발전을 저해하고, 생산력 약화를 초래한다는 사실을 쉽게 알 수 있다. 그러나 장기간의 정복 과정에서 미개한 정복자들은 대부분 하는 수 없이 정복 후 존재하는 비교적 높은 수준의 경제상황에 적응하지 않을 수 없었다. 그들은 피정복자에게 동화되었으며, 또한 피정복자의 언어를 채용하지 않을 수 없었다."[20]

그와 마찬가지로, 북위의 통치자도 한족의 법률을 채용하고, 법률 문화를 받아들임으로써 중원 지역을 통치할 수 있었다. 주의할 것은 북위의 법률제도가 단지 한화의 산물일 뿐만 아니라 한족의 법률 전통도 새롭게 바꼈다는 점이다. 한화되는 동시에 반대로 새로운 내용도 많이 주입했다.

북위의 초기 법률은 매우 빈약해 죄를 정하고 형벌의 정도를 판결하는 것은 기본적으로 부족의 풍속·습관에 따랐으며, 재판할 때는 제후왕이나 제후 및 대인들의 의사를 기준으로 삼았다. 『위서』「형벌지」에는 "위魏의

---

19) 『북당서초北堂書鈔』권44에서 인용하고 있는 진율晉律.
20) 『마르크스·엥겔스 전집』제3권(북경 인민출판사, 1972), 222쪽.

예속禮俗은 순박하고, 형벌은 성글고 간단했다. 선제宣帝는 남천南遷하자, 다시 4부部 대인을 두고 왕정王庭에 앉아서 소송 안건을 판결하도록 했다. 성문법이 아니라 말로써 규칙을 정하고, 나무를 깎아서 일을 기록했으며, 감옥이 없고 심문하는 법이 없었다. 범죄자는 모두 그때그때 상황에 따라 사형을 집행하거나 유배를 보냈다"21)고 한다.

이와 같이 단순한 법률제도로는 분명 중원 지역의 사회 상황에 대처할 수 없었을 것이다. 그리하여, 세조世祖 때 급히 원래 있던 제도를 바꿔 한의 제도를 따르도록 당시 명망 있는 사족士族에게 명령했다. 법률학에 밝은 최굉崔宏·최호崔浩는 경사經史·천문·술수術數에 정통했을 뿐만 아니라, 『춘추공양春秋公羊』을 좋아했으며, 나중에 유학의 원로라고 불리는 사족 고윤高允22)과 함께 법률을 수정했는데, 그들은 한제漢制와 아울러 위진魏晉의 법제를 받아들였다.

당시 사족은 경학을 가장 중요시해 법률에서 예와 율을 융합할 것을 주장했는데, 세조는 일찍이 한의 법제를 모방했다. 춘추결옥春秋決獄은 경서에 나타난 취지로 복잡한 사건을 판결했다. 『위서』「세조기世祖紀(하)」에 "복잡한 사건이 있으면 모두 중서中書로 넘겨 경서에 나타난 취지로 판결한다"고 한 것을 보면, 북위의 법률제도가 상당히 한화되었음을 알 수 있다. 이로써 북위의 율은 "4부 대인이 왕정에 앉아서 소송 안건을 판결한다"든가, "그때그때 상황에 따라 사형을 집행하거나 유배시켰다"는 단순한 단계를 벗어나게 되었다. 세조 후에도 여러 차례 법률을 정리하고 고치는 작업을 진행했다. 법률을 중시하게 되자, 북조의 미개 풍조는 점점 한족의 예·율을 융합한 법률에 동화되었다.

북위는 효문제孝文帝 때 낙양洛陽으로 천도하고 부족의 옛 제도를 대폭 개혁해 전면적으로 한화漢化 정책을 추진했다. 법률의 한화 과정도 가속화되었다. 태화太和 연간에 효문제와 유생儒生은 다시금 협의해 두 차례에 걸쳐

---

21) 전영섭, "『위서』「형벌지」 역주"(『중국사연구』 11, 242~243쪽)를 참조.
22) 『북사北史』「고윤전高允傳」.

법률을 수정했으며, 의문 나는 부분에 대해 친히 글까지 썼다. 효문제 때의 법률 수정은 다음과 같은 특색이 있었다.

첫째, 전대前代를 집대성했다. 효문제 등은 법률을 수정할 때 한율을 기초로 삼는 동시에 위율·진율을 받아들였으며, 남조 법률의 일부 내용을 따르기도 했다. 그리하여 전대의 법률을 종합하고 풍부한 한족의 법률 문화의 정수를 흡수했다. 같은 시대의 남조 법률과 비교하면, 북위는 여러 분야에서 널리 모았고, 새로이 만든 바도 많았다. 남조는 오히려 진율晉律에 얽매였으며, 사대부는 공론을 숭상하고 형률은 연구할 만한 가치가 있다고 여기지 않았다. 그래서 "중원의 율학은 강남에서는 쇠퇴하고 화북에서는 번성했다"23)고 한다. 북위가 비록 소수민족 왕조였지만, 한족의 법률 문화를 발양하고 계승한 면에서는 오히려 뛰어났으며, 후대에도 큰 영향을 끼쳤다.

둘째, 예의 내용을 중시하고, 한의 법률 가운데 관련 있는 예법의 내용을 율에 반영해 예와 율을 융합했다. 북위의 율에는 팔의·부도·불효·불경 등의 내용이 있었는데, 효문제는 율을 수정하는 과정에서 예의정신에 부합하도록 매우 주의해 어떤 부분에서는 한족 통치자보다 훨씬 더 예를 중시했다. 그는 참형斬刑은 형을 받는 사람으로 하여금 '나형복질裸形伏質'하게 되므로 예의에 맞지 않는다고 생각해서 이 제도를 변경하도록 했다. 또 "삼천 가지 죄중에서 불효보다 더 큰 것이 없다"고 생각해 불효죄는 가중 처벌하도록 했다.24) 북위 통치자가 예와 율의 융합을 중시한 것은 한화 정책의 결과이지만, 다른 한편 북위가 낙후한 소수민족이었다는 점과도 관계가 있다. 그들은 옛날 생활양식이 그대로 있어 풍속은 순박하고, 예속의 운용이 순조롭게 진행되어서 율 가운데 본래의 민족 습속의 내용이 많았던 결과이기도 하다. 이와 같은 예와 율의 융합은 비단 한족의 법률 문화의 전통을 부흥시켰을 뿐만 아니라, 한족의 법률 문화에 새로운 활력소를 제공하기도 했다.

셋째, 한족의 법률 문화 가운데 "덕을 주로 하고, 형벌을 부로 한다"는

23) 정수덕程樹德, 『구조율고九朝律考』 「남조제율고南朝諸律考·서序」.
24) 『위서魏書』 「형벌지刑罰志」.

전통을 살려 교화를 중시했으며, 법률을 제정할 때 "무거운 쪽을 고쳐서 가볍게 했으며, 번잡한 것을 고쳐서 간단하게 만들었다." 즉 사형을 4등급에서 3등급으로 바꾸었으며, 환轘[25]이나 요참腰斬 등의 가혹한 형벌을 폐기하고, 단지 효수梟首·참수형斬首刑·교수형絞首刑만을 사용하고, 또 먼 친척을 연좌시켜 함께 죽이는 것을 중지하고, 모반·대역大逆이나 법도에 저촉되거나 외국으로 달아나는 것이 아니면 죄는 단지 그 자신에게 그치도록 했다.[26]

북위 분열 후 서위西魏·동위東魏는 20년이 못 가서 북주北周·북제北齊에 의해 교체되었다. 북주의 우문宇文씨는 "처음으로 중국 풍습을 배웠기"[27] 때문에 예·율을 융합하는 데 편파적이었다. 『주례』를 본뜬다는 것이 "나귀도 아니고 말도 아닌"[28] 혼란을 일으켰다. 그러나 북제의 통치자 고환高歡은 선비족화鮮卑族化된 한인漢人이라서 북위 법률의 한화 경향을 계승 발전시킬 수 있었다. 문선제文宣帝 고양高洋은 율학에 정통한 발해渤海 봉씨封氏와 유생 최섬崔暹·이양李洋·위수魏收 등을 임용해 법률을 수정하고, 15년 동안의 세심한 연구 토론을 거쳐서 북제율北齊律을 제정했다. 북제율은 역대 통치자의 경험을 총괄해, 형률이 겨냥하는 바를 정권 및 예교를 해치려는 범죄에 집중해 중죄重罪 10조를 확립했다. 북제율은 북주율北周律과 비교해 볼 때 간명하고 요령이 있어, 수대隋代의 개황률開皇律에 흡수되었고, 또 당률의 제정에 기초를 제공했다.

요컨대 북조 정권은 중원을 통치하는 가운데, 한족漢族의 법률 문화를 흡수하고 총괄하는 전통을 이루어냈다. 율학에 독창적 견해가 많고 강남에 비해 훨씬 뛰어났으며, 전통 법률의 발전에 있어 불멸의 공헌을 했다.

---

25) 수레가 양쪽에서 몸을 끌어당겨 찢어 죽이는 형벌. ―역주
26) 『위서魏書』「고조기高祖紀(상)」.
27) 『구조율고九朝律考』「후주율고後周律考·서序」.
28) 진인각陳寅恪, 『수당제도연원약론고隋唐制度淵源略論稿』(三聯書店), 112쪽.

제2장 입법활동

제1절 삼국 양진 남북조의 입법활동

1. 삼국의 입법활동

(1) 위魏

위 초기에는 한율을 계속 사용했으나, 명제明帝가 227년에 유소劉劭·유억庾嶷·순황荀況 등에게 한율을 참작해 신율 18편을 만들도록 명했다. 이에 태화太和 3년(229) 10월에 신율을 공포했다. 위율魏律은 오래 전에 소실되었는데, 당육전唐六典 권6의 주註에 따르면, 그 편목은 한의 구장률九章律을 기초로 겁략劫略·사위詐僞·훼망毁亡·고핵告劾·계신繫訊·단옥斷獄·청구請賕·경사驚事(『통전通典』에는 경사警事)·상장償贓의 9편을 첨가해 완성했다고 한다. 이것이 위율魏律이다. 한율과 비교하면 "정률正律에서 9편이 증가되고, 방장傍章에서 과령科令이 줄었다."[29] 또한 주군령州郡令 45편과 상서관령尙書官令·군중령軍中令 180여 편, 그리고 우전령郵傳令 등이 제정되었다.

위율은 비록 한율을 참작했으나, 격식이나 내용 모두에서 매우 큰 변화가 있었다. 먼저 격식은 첫째, 구율具律을 형명刑名으로 고치고 모든 편의 첫머리에 끼워 넣었다. 구율은 한의 구장률 제6권에 있었던 것인데, 이것은 근대 법전의 '총칙편'에 해당하는 것이므로 거기에 두는 것은 편장의 격식에 부합하지 않았다. 그런데 이제 구율을 형명으로 고치니 비로소 서로 부합하게 되었다. 여러 편의 첫머리에 두어서 각 편을 통일함으로써 합리적인 격식이 되었다. 두 번째, 무릇 내용과 편목이 서로 부합하지 않는 것은 "따로 세워서

---

29) 『진서晉書』「형법지刑法志」.

편으로 삼았다(別立爲篇)." 예를 들어 원래 도율盜律에는 겁략劫略·공갈恐喝·사 매매인私賣買人이 있었는데, 이러한 내용이 "모두 도盜는 아니므로" 겁략률 등으로 구분했다. 셋째, 한율의 어떤 조문들은 이미 동한 때 폐지되어 쓰지 않았는데도 "법에는 그 조문을 그대로 남기고 있었으나" 위율은 이를 받아들이지 않았다. 위율은 조문이 확실하고 사례가 통했으며, 구성이 더욱 합리적이었다.

내용에서 중요한 것은 다음과 같다. 첫째, 팔의八議를 정식으로 법전에 실었다. 당육전唐六典 권6의 주에, "팔의는 위魏·진晉·송宋·제齊·양梁·진陳부터 … 수隋에 이르기까지 모두 법에 실었다"[30]고 한다. 둘째, 형벌제도가 한층 더 규범화되었다. 위율에서는 형제刑制를 사형死刑, 곤형髡刑, 완형完刑, 작형作刑, 속형贖刑, 벌금, 잡저雜抵로 정하면서,[31] 한율의 궁형宮刑을 삭제했다. 셋째, 몇몇 죄의 형벌을 줄여 가볍게 했다. 예를 들면, 투서投書·기시棄市를 폐지하고, 연좌의 범위를 제한하고, 무고와 사자복수私自復讐[32]를 금지시키는 등이었다. 이 모든 것이 후세 입법에 큰 영향을 주었다.

(2) 촉蜀

촉은 주로 한율을 사용하다가 유비가 성도成都에서 스스로 황제라 칭하고 난 뒤, 형식을 개선할 필요에 따라 새로운 법령 제정에 착수했다. 『삼국지』 「촉서蜀書·이적전伊籍傳」에 "(이적이) 제갈량諸葛亮·법정法正·유파劉巴·이암李嚴과 함께 촉과蜀科를 만들었다"고 한다. 촉과는 촉나라의 법전이었다. 과科는 이때부터 중요한 법률의 형식이 되었다. 역사서에 제갈량은 촉을 다스리면서 법을 엄격하고 명확하게 집행하고, 법제도를 매우 중시했다고 한다. 『삼국지』 「촉서·제갈량전」에 나오기를, 진수陳壽가 일찍이 『제갈씨집목록諸葛氏集目錄』 24편을 편집했는데, 그 가운데 법검法檢(상·하), 과령科令(상·하), 군령

---

30) 김택민, 『역주 당육전(상)』(신서원, 2003) 참조
31) 곤형髡刑은 머리카락을 자르는 형벌, 속형贖刑은 금품으로 죄를 면하게 하는 형벌. —역주
32) 무고誣告는 없는 일을 꾸며서 고소하는 행위, 사자복수私自復讐는 제멋대로 복수하는 행위. —역주

軍令(상·하)이 있었다고 한다. 이것들은 모두 아마 제갈량이 지은 율령일 것이다. 그러나 이들 문헌은 촉과와 함께 전해지지 않는다.

(3) 오吳

오에는 과科와 영令이 있었는데, 주요한 입법활동은 두 차례에 걸쳐 이루어졌다. 제1차는 황무黃武 5년(226) 10월에 있었다. 육손陸遜이 "덕은 베풀고, 형벌은 늦추고, 부賦는 너그럽게 하고, 조調는 관대하게 할 것을 권합니다"라고 글을 올리니, 손권은 "이리하여, 관련 부서에 과조科條를 만들도록 명령했다"[33]고 한다. 제2차는 가화嘉禾 3년(234)에, 손권이 신성新城을 공격하러 가면서 손증孫登에게 수도에 남아 지키면서 정무 전체를 관리토록 명했다. "당시에 곡식이 풍부하지 않아 많은 도적이 생겼다. 따라서 과·영을 정하도록 표를 올려 막았다. 그리하여 간인奸人들을 그치게 할 수 있었다."[34] 그러나 오나라의 법규 또한 전하지 않는다.

2. 양진兩晉의 입법활동

진의 입법활동은 진이 위를 취하기 이전에 시작되었다. 일찍이 사마소司馬昭가 위를 보좌할 때, 함희咸熙 원년(264)에 가충賈充·양호羊祜·두예杜預·배해裵楷 등 14인에게 한율과 위율을 참작해 신율을 편찬하도록 명했다. 4년이 지난 후 무제武帝 태시泰始 3년(267)에 완성하여 다음해에 공포하고 시행했는데, 이를 태시율이라 한다. 진율晉律은 모두 20편으로, 형명刑名·법례法例·도율盜律·적률賊律·사위詐僞·청구請賕·고핵告劾·포율捕律·계신繫訊·단옥斷獄·잡률雜律·호율戶律·천흥擅興·훼망毁亡·위궁衛宮·수화水火·구율廐律·관시關市·위제違制·제후諸侯가 있었다. 모두 630조,[35] 27,650자였다.

---

33) 『삼국지三國志』「오서吳書·오주전吳主傳」.
34) 『삼국지三國志』「오서吳書·손등전孫登傳」.
35) 『통전通典』 권163, 『통지通志』 권60, 『문헌통고文獻通考』 권164에서는 모두 '630조'라고 했다. 그런데 당육전唐六典 권6의 주註에서는 '1,530조'라고 한다.

가충 등은 율을 편찬하는 것과 동시에 또한 영 40편을 편찬하고, "겸해 조서의 조목을 산정해 고사故事 30권으로 만들어 율령과 병행케 했다."36) 이밖에 『진서晋書』「식화지食貨志」에 이르기를, 진이 오를 평정한 후에 "또한 호조식戶調式을 제정했다"는데, 주로 호조戶調·점전占田·과전課田과 음족蔭族· 음객蔭客의 규정을 포괄했다. 이상의 진대 입법 상황을 보면, 그 법률 규범이 주로 율·영·고사·식 4종이었다.

진의 율령은 모두 전하지 않아 내용을 상세히 알 수 없다. 그러나 『진서』 「형법지」와 당육전 등의 기록을 보면, 진율은 한·위의 구율舊律을 기초로 발전했다고 한다.

격식에서 중요한 것은 다음과 같다. 첫째, 진율은 위율의 형명을 나누어 형명·법례 2편으로 하고, 겁략劫略·경사驚事·상장償贓·면좌免坐 4편을 삭제했다. 위궁衛宮·수화·관시·위제·제후 5편을 추가하고, 한의 구율廐律 1편을 회복시 켰다. 총 편목은 위율에 비해 2편이 많아졌다. 둘째, 명법연明法椽 장비와 하남윤河南尹 두예가 잇따라서 진율에 주를 달았다. 그들은 한漢 이후 단지 글자의 의미를 천착하는 해석의 관례를 깨고, 법리 이해에 따라 설명하는 데 힘을 기울였다. 예를 들면, 고의죄와 과실죄에 대한 해석을 시도했다. 무엇이 고의범인가? 장비가 말하기를, "알고서 위반하는 것을 고故라 한다" 는 것이다. 또한 까닭을 알면서 죄를 짓는 것이 바로 고의라고 설명했다. 무엇이 과실인가? 장비가 해석하기를, "뜻밖의 실수로 죄를 지은 것을 과실 이라고 한다"는 것이다. '뜻밖'이라고 하는 것은 그 행위가 장차 어떠한 결과 를 낳을 것인지를 의식하지 않은 것이다.

내용에서 주요한 것은 다음과 같다. 첫째, "예교를 엄격히 보호한다"는 것을 입법의 지도사상으로 삼았으며, 예와 형의 발전적 결합을 표명했다. 둘째, 형법에서 한·위의 구율에 팔의나 고의와 과실, 노인와 어린이(老幼)의 형사책임, 주동자(造意), 자수의 원칙 외에 또한, 복제服制·누범가중累犯加重

---

36) 당육전唐六典 권6, 주註.

등의 내용을 더했다. 형명에는 편태鞭·장장杖·곤발髡髮·사변徙邊·사형死刑·속형·벌금 등의 항목이 있고, 죄명에는 모반·대불경·불효·부도·악역惡逆·도盜·사위詐僞·탐장貪贓·무망誣罔 등이 있었다.

『진서』「형법지」에 진율은 한·위의 구율을 기초로 하되 "가혹하고 더러움을 제거하며, 분명하고 간단함을 남기며, 중전中典37)에 따라 행하여 당시에 이익이 되게 했다"고 한다. 법이 완성된 후, 진 무제는 법을 만든 여러 사람에게 상을 하사하고, 또한 "친히 강의에 임해, 배해로 하여금 낭독하게 했다." 진율과 함께 장비·두예의 주는, 동진에서 계속 답습하여 법사法司가 형을 다스리고 사건을 처리하는 주요한 근거가 되었으며, 후세 법전에도 많은 영향을 주었다.

3. 남조南朝의 입법활동

남조는 동진 이후 계속해 강남을 점거했던 송·제·양·진 4개 왕조를 가리킨다.

(1) 송宋

동진의 대신이던 유유劉裕는 진을 대신해 황제라 칭하고 송을 수립했는데, 이를 유송劉宋이라 부른다. 송 초에는 계속 진율을 사용하다가, 효무제孝武帝 대명大明 4년(460) 상서좌복야尙書左僕射 유수지劉秀之가 율령을 개정했다. 대명 7년 8월 정사丁巳일에 조서를 상서와 각주 자사刺史에게 보내 "함께 율령을 상세히 살피라"고 했다. 송률은 전하지 않아 내용을 조사해 볼 도리가 없으나, 당육전 권6의 주에 의하면 "편목과 형명의 제도는 대략 진대의 것과 마찬가지다"라고 한다.

---

37) 가볍지도 무겁지도 않은 중간의 형벌. 일반적으로 행해지는 형벌. —역주

(2) 제齊

유송劉宋의 금군禁軍 장령將領인 소도성蕭道成은 송 승명昇明 3년(479) 순제順帝를 협박해 퇴위시키고 스스로 황제에 올라 국호를 제로 고쳤다. 제 초에도 역시 진율을 답습했다. 무제는 상서산정랑尙書刪定郎 왕식지王植之 등에게 영명永明 7년(489)에 진율과 장비·두예의 주에 근거해 "번잡하고 해로운 것을 버리고, 진실하고 타당한 것을 기록해" 제율을 편찬하도록 명해, 영명률永明律을 만들었다. 대략 1,530조, 20권이었다. 영명 9년에 다시 송궁宋躬·왕식지가 율문律文 20권과 녹서錄叙 1권, 총 21권을 새로 편찬했다. "널리 지방에까지 보내어 사용하도록" 조정에 아뢰었다. 그러나『수서隋書』「형법지」에 이 영명률은 "일이 미처 시행되기도 전에, 그 조문이 거의 소멸되었다"[38]고 한다. 영명률은 당대唐代에 대부분 사라졌다. 당육전 권6의 주에서 말하기를 "남제율의 편목과 형명의 제도는 대략 진씨晉氏의 것과 마찬가지다"고 하니, 진율과 큰 차이가 없었다고 볼 수 있다.

(3) 양梁

제齊 화제和帝 중흥中興 원년(501), 옹주자사雍州刺史 소연蕭衍은 병사를 이끌고 건강建康(南京)으로 공격해 들어가, 이듬해 황제라 칭하고 양을 건립했다. 그리고 조서를 내려 율학자 채법도蔡法度 등에게 제의 영명률에 근거해 신율을 편찬하도록 명령했다. 천감天監 원년(502)에 완성하니 모두 20편, 2,529조였다. 그러나 역시 일찍이 흩어져 없어졌다.

(4) 진陳

양 태평太平 2년(557) 진패선陳覇先은 경제敬帝 소방지蕭方智를 폐하고 스스로 황제가 되어 남조의 최후 정권인 진을 건립했다. 진 초에 양률梁律이 "강목綱目이 혼탁하고 번잡하며," "헌장憲章에 문란한 것이 남아 있다"고 생각되어, 상서랑尙書郎 범천范泉 등에게 율을 산정刪定하도록 명하고, 더불어 상서복야

---

38) 전영섭, "『수서』「형법지」 역주"(『중국사 연구』 30) 참조.

尙書僕射 심흠沈欽과 이부상서吏部尙書 서릉徐陵 등에게 그 일을 주관하도록 명해 율 30권을 편찬하니, 이것이 진율陳律이다. 『수서』「형법지」에, 이 법은 "조條가 번잡하며, 비록 강목이 두루두루 있으나 요점을 찌르지는 못했다"고 평했다.

남조 법전은 전하지 않으나, 역사에서는 양률이 진율을 그대로 답습했다고 한다. 총 20편으로 편목에는 변경이 있으나, 목차는 대략 조정되었다고 한다. 즉, 형명刑名· 법례法例· 도겁盜劫· 적반賊叛· 사위詐僞· 수회受賄· 고핵告劾· 토포討捕· 계신繫訊· 단옥斷獄· 잡률· 호율· 천흥擅興· 훼망毁亡· 위궁衛宮· 수화水火· 창고· 구율廐律· 관시關市· 위제違制였다.[39]

진에는 관품官品으로 도형徒刑을 대체하는 '관당官當' 제도가 있었다. 즉 도형 5년형이나 도형 4년형인 경우, 만약 관품이 있으면 품계의 높고 낮음을 가리지 않고 2년을 대체해 주었다. 나머지는 거작居作을 했다. 도형 3년형의 경우, 만약 관품이 있으면 2년을 감해 주고 나머지 1년은 속형했다. 도형 2년형의 경우에는 관품이 있으면 속형했다.

총괄적으로 보면, 송· 제는 진율晉律을 답습했고, 양· 진은 비록 율령을 편찬하는 사업이 있었지만, 단지 진율의 개별 문구와 조문에 대해 고친 것이었으므로 실제로는 진율을 그대로 답습한 셈이었다. 이 4개 왕조의 통치 기간 170년 동안은, 통치자가 모두 "형법을 연구하는 것을 꺼림칙하게 여겼다."[40] 그래서 조야朝野의 상하 모두가 법률의 편찬을 중시하지 않아서 법제 분야에서는 업적이 비교적 적었다.

4. 북조北朝의 입법활동

북조는 동진 이후 서로 이어가며 중국 북부를 통치한 북위北魏· 북제北齊· 북주北周 등의 왕조를 가리킨다. 이들 왕조의 통치자는 광대한 중원 지역에서

---

39) 진진의 태시泰始 율령을 거의 그대로 답습한 것인데, 다만 왕식지王植之와 채법도蔡法度가 두예杜預와 장비張斐의 주註를 절충하여 보충하였다. —역주

40) 진인각陳寅恪, 『수당제도연원약론고隋唐制度淵源略論稿』(三聯書店), 111쪽.

한족을 비롯한 여러 민족을 통치할 필요성에 따라, 모두 한족의 법령제도를 모방하는 데 중점을 두어 편찬했다. 그 가운데 북위율과 북제율은 한漢·위魏·진晉의 법을 총괄한 뒤에, 중국의 전통적 법전을 발전시켜 상당히 수준 높은 경지에 이르렀고, 중국 법제사에 큰 영향을 끼쳤다.

(1) 북위北魏

『위서魏書』「형벌지刑罰志」에 "위나라는 초기에 예의와 풍속이 순박하고, 형금刑禁이 성글고 간단했다"고 한다. 339년에 법률 제정을 시작했다. "당사자는 그 집에 금이나 말을 바쳐서 속형하도록 허가한다. 대역을 범한 자는 친족과 남녀노소를 막론하고 모두 참수형에 처하고, 남녀가 예로써 사귀지 않는 자는 모두 사형에 처하고, 백성들이 서로 죽인 경우에는 죽은 집에 우마 40마리를 주고 장례 기물을 보내어 그것을 진정시키고, 계신繫訊 없이 체포하면 처벌한다. 관물을 훔친 경우에는 5배를, 개인의 물건이면 10배를 배상케 한다."

탁발규拓跋珪가 탁발拓跋 구부舊部를 통일하고 평성平城(지금의 산서성 대동시) 동쪽으로 천도한 후 황제로 즉위해 천흥天興으로 연호를 바꾸었다. 이후 선비족이 중원에 들어와 살면서 통치를 강화하기 위한 수단으로 법률 운용에 관심을 기울였다. 그들은 율학에 정통한 왕덕王德·최호崔浩·고윤高允·유이游雅·상경常景 등 한족 유학자들을 중용해 율령을 편찬케 하고, 법학을 전수시켜 북조 법학이 흥성하는 계기로 삼았다. 효문제孝文帝 태화太和 19년(495)에, 율학박사 상경 등이 율 20편을 만들었다. 『수서』「경적지經籍志」에는 후위율後魏律 20권이 나오나 『구당서舊唐書』「경적지」에는 나오지 않으니, 당대에 이 법전이 사라진 것을 알 수 있다. 북위에는 율 외에도 또한 영이 있었는데, 당육전 권6의 주에 "북위 초기에 최호에게 영을 정하도록 명하고, 그 이후에 유아 등에게 이를 완성하도록 명했으나, 역사서에는 그 편목이 빠졌다"고 한다.

(2) 동위東魏와 서위西魏

북위는 동위와 서위로 분열되었다. 동위 효정제孝靜帝 흥화興和 3년(541)인지격麟趾格이라는 법전을 공포했다. '격格'은 한·위의 '과科'에서 발전한 것으로 동위에서는 격으로 과를 대신했고, 격이 주요 법률 규범의 하나로 이루어졌다. 그것이 '인지전麟趾殿'에서 산정된 까닭에 이름을 인지격이라고 이름 붙인 것이다.

서위 문제文帝 대통大統 10년(544), 상서 소작蘇綽 등에게 대통 원년 이래 새로 편찬된 조항을 정리 보충하도록 명하여 총 5권이 되었다. 천하에 시행 공포하니 이를 대통식大統式이라 불렀으며, 서위의 주요 법전이 되었다.

(3) 북제北齊

고양高洋은 동위 정제靜帝를 폐하고 스스로 제위에 올라 국호를 제로 하니, 이를 북제라고 한다. 북제 초인 천보天保 원년(550)에 고양은 여러 신하들에게 제율을 의논해 만들도록 명했다. 무성제武成帝 하청河淸 3년(564)에 이르러 상서령 고예高叡 등이 제율 12편을 올리니 모두 949조였다. 그밖에 북제는 또한 영令과 격格이 있었다. 북제령北齊令은 영과 권령權令으로 나누었다. 권령은 구체적인 규정을 제시한 것이 아니라 일반 율령 규정을 보충하는 성격을 가졌다. 북제격北齊格은 조사격曹司格 그밖에도 권격權格이 있었는데, 이는 어떤 사건에 한해서 임시로 공포하는 것이고, 편목을 만들어 세우는 데 편리하지 않기 때문에, '권격' 또는 '별조권격別條權格'이라 했다.

(4) 북주北周

우문각宇文覺은 서위 공제恭帝를 폐하고 황제에 즉위해 국호를 북주北周라 했다. 북주 초기에는 서위의 대통식大統式과 기타 제도를 답습했다. 560년에 우문옹宇文邕이 즉위해 무제가 되어 곧 조숙趙肅·탁발진拓跋進 등에게 율령의 편찬을 명하니, 보정保定 3년(563) 3월에 완성되었다. 모두 25편에 1,537조였으며, 『상서』「대고大誥」를 모방해 대율大律이라 불렀다. 조숙 등은 또한 북주령

北周令을 지었는데, 당육전에 이르기를 "역사에서 그 편목이 사라졌다"고 한다. 그밖에도 형서요제刑書要制가 있었는데, 무제 건덕健德 6년(577)에 공포 시행하고, 선제宣帝 대성大成 원년(579)에 증보해 형경성제刑經聖制라고 고쳐 불렀다. 이 두 가지 법규는 법외의 특별 법전이었다.

북조 법전은 남아 있지 않아 내용 또한 완전한 모양을 알기 어려우며, 현재는 사적에 실린 것을 통해 대략 다음과 같이 말할 수 있다. 격식을 보면, 북위율은 원래 20편인데, 당률소의를 통해 알 수 있는 것은 그 가운데 15편뿐이다. 즉 형명刑名·법례法例·위궁衛宮·위제違制·호율戶律·구목廐牧·천흥擅興·적률賊律·도율盜律·투율鬪律·계신繫訊·사위詐僞·잡률雜律·포망捕亡·단옥斷獄인데, 기본적으로 진율을 답습했음을 알 수 있다.

북제율은 여러 편의 격식을 생략하거나 합치고 정제시켰기 때문에, 그 변화가 커서 12편으로 정해졌다. 『수서』「형법지」에 따르면 명례名例, 금위禁衛, 혼호婚戶(당육전에서는 호혼戶婚이라 함), 천흥擅興, 위제違制, 사위詐僞, 투송鬪訟, 적도賊盜(당육전에서는 도율盜律이라 함), 포단捕斷, 훼손毁損, 구목廐牧, 잡률雜律이었다. 역사적인 평가에서는 북제율은 "법령이 분명하고 상세하며, 과조는 간명하다"[41] 해, 비교적 성숙된 법전으로 본다.

북주율 25편은 형명刑名·법례法例·사향祀享·조회朝會·혼인婚姻·호금戶禁·수화水火·흥선興繕·위궁衛宮·시전市廛·투경鬪競·겁도劫盜·적반賊叛·훼망毁亡·위제違制·관율關律·제후諸侯·구목廐牧·잡범雜犯·사위詐僞·청구請賕·고언告言·도망逃亡·계신繫訊·단옥斷獄이었다. 사서史書는 북주율이 『상서』와 『주례』를 모방했다고 하며, 위·진의 율을 섞어 모아 편과 장의 조목이 잡다해, "제율과 비교하면 번다하고 간명하지 못하다"[42]고 했다. 북주율은 복고 경향이 뚜렷한 까닭에 후세에 끼친 영향은 크지 않았으나, 수 왕조의 개황률開皇律은 북제율을 많이 채용했다.

---

41) 『수서隋書』「형법지刑法志」.
42) 『수서隋書』「형법지刑法志」.

제2절 수·당의 입법활동

1. 수의 입법활동

(1) 개황률開皇律과 대업률大業律의 제정

수隋에서는 비교적 큰 입법활동이 두 차례 있었다. 첫 번째는 개황開皇 율령의 제정이었다. 수隋 문제文帝 양견楊堅은 전국을 통일하고 새로운 사회를 안정시킬 필요에 부응하기 위해, 자신을 황제라 일컬은 뒤 즉시 인재를 모으고 새로운 율령을 제정했다. 사서에 따르면, 고경高熲·양소楊素·배정裴政·소위蘇威·우홍牛弘·정역鄭譯 등 10여 인이 새로운 율령을 기초하는 데 참여해, 개황 원년 10월에 공포 시행했다고 한다. 이때 수정한 율령은 비록 위·진 남북조 이래의 옛 율을 참작했지만, 주로 북제율을 표본으로 삼았으며, 그 가운데 많은 제도가 이후 수율隋律에 의해 흡수되었다.

개황 원년에 새로 반포된 수율은, 엄한 형벌을 버리고 가벼운 쪽을 채택했으며, 번잡한 것을 삭제해 간단하게 함으로써, 전대에 비해 개혁을 했다. 그러나 문제는 형부刑部에서 상주한 것을 살펴보고, 소송판결(斷獄) 수가 1만 가지에 이를 정도로 여전히 신율도 조밀하여 많은 사람들이 범죄망에 걸린다고 생각했다. 그리하여 개황 3년(583)에 다시 소위·우홍 등에게 더 삭제하도록 명해 사형죄 81조, 유형流刑 154조, 도형徒刑, 장형杖刑 등 천여 조를 없애고, 다만 5백 조만 남겼다. 이는 모두 12편인데, 명례名例, 위금衛禁(궁성 경비), 직제職制, 호혼戶婚(혼인·가족·상속), 구고廐庫, 천흥擅興, 적도賊盜, 투송鬪訟, 사위詐僞(사기), 잡률雜律, 포망捕亡, 단옥斷獄(소송 판결)이었다. 이것이 바로 사서에서 말하는 개황률이다. 『수서』「형법지」에 개황률은 "형벌의 요점은 간단명료하고, 간략하면서도 빠뜨림이 없다"고 했다. 그래서 오랫동안 전통시대 통치자들에게 찬양받아왔다.

개황 초기에 율을 정하는 한편, 고경 등은 영 30권을 편찬해 개황 2년에 공포 시행했다. 그밖에 이 시기에는 또한 격格·식式을 제정했다.

두 번째는 대업 율령의 제정이다. 수隋 양제煬帝 양광楊廣은 즉위 후에 개황 율령의 처형이 여전히 엄하다고 생각해, 대업大業 2년(606) 10월에 소위·우홍 등에게 새로 개정할 것을 명했다. 그 다음해 4월에 신율이 완성되어 천하에 공포 시행되었다. 모두 18편으로 명례名例·위궁衛宮·위제違制·청구請賕·호율 戶律·혼율婚律·천흥擅興·고핵告劾·적률賊律·도율盜律·포망捕亡·투율鬪律·창 고倉庫·구목廐牧·관시關市·잡률雜律·사위詐僞·단옥斷獄으로, 여전히 5백조였 다. 이것이 바로 사서에서 말하는 대업률大業律이다. 대업률이 후세의 전통 법전에 끼친 영향은 그다지 크지 않은데, 이는 당률唐律이 개황률을 그대로 계승했기 때문이다. 대업률을 공포 시행함과 동시에, 또한 대업령大業令 30권 및 새로운 식式을 천하에 공포 시행했다.

수의 율령은 모두 오래 전에 없어지고, 다만 수·당의 사적에 수대의 율령 자료가 보존된 것이 있다. 수대의 개황률은 내용면에서 전과는 크게 다른 면이 있는데, 첫째로 새로운 오형 제도를 확립했다는 것을 들 수 있다. 고대에 는 묵형墨刑·의형劓刑·비형剕刑·궁형宮刑·대벽大辟(사형) 등 5종의 형벌이 있 었는데, 한대부터 제도화되기 시작하면서 역대에 걸쳐 여러 번의 개혁이 있었다. 그리하여 수대에 이르러 비로소 확정되었는데, 태형笞刑이 5종으로 10대에서 50대까지이며, 장형杖刑이 5종으로 60대에서 100대까지이며, 도형徒 刑이 5종으로 1년부터 3년까지이며, 유형流刑이 3종으로 1천리에서 2천리까 지이며, 사형死刑이 2종으로 교수형과 참수형이었다. 새로운 오형 제도의 확립은 고대 중국 법제사에서 획기적인 대사건으로, 고대 사회부터 형벌제 도를 상징하던 야만적인 수단이 수에 이르러 비로소 문명적인 방향으로 바 뀐 표시인 셈이다. 이것은 전통시대 경제·문화의 고도한 발전을 표현한다. 다음으로, 개황률은 북제율의 '중죄 10조'를 발전시켜 '십악'의 대죄로 만들 어 율문에 기재함으로써, 지배층의 독재정치나 통치질서를 파괴하는 행위에 대한 단죄를 강화했다. 십악은, ① 모반謀反, ② 모대역謀大逆, ③ 모반謀叛, ④ 악역惡逆, ⑤ 부도不道, ⑥ 대불경大不敬, ⑦ 불효不孝, ⑧ 불목不睦, ⑨ 불의不 義, ⑩ 내란內亂이었다.

두 번째로, 개황률은 팔의八議·청청請·감감減·속속贖·관당官當의 제도를 확립해, "학식을 가진 자를 귀하게 여겨 도형에 처하지 않도록 하고, 면류관을 쓴 자들의 특권을 넓혀 방계 및 모든 친족 등에 미치게 해"[43) 귀족 관료의 법률상 특권을 확립했다.

(2) 수율의 역사적 지위

개황률과 대업률을 포함하는 수의 법률은 지금까지 그 역사적 지위가 학술계에서는 그다지 중요시되지 않았다. 그렇지만 고대 법제 발전사에서 보면, 수율 가운데 특히 개황률은 중요한 역사적 의미를 가진다.

수는 겨우 37년간 존재했지만 진秦과 마찬가지로 중국 역사상 획기적인 왕조라고 말할 수 있는데, 그것은 수가 장기간의 분열 할거 상황을 거친 후에 수립된 거대한 통일 왕조였기 때문이다. 이 두 개 왕조가 건립한 법률제도를 포함한 여러 가지 제도는 모두 지난 시기의 효과를 계승하면서 미래를 개척하는 역할을 하고 있었다. 한漢은 진秦의 제도를 이어받아 그 기초 위에서 발전하다 위魏·진晉·남북조에 전하고, 당은 수의 제도를 이어받아 그를 기초로 발전하고 변화하다 송·원·명·청에 전했다. 수 초기의 법제 개혁은 역대에 답습하던 가혹한 형벌과 까다로운 규정을 폐지하고, 새로운 오형 제도를 확립했다. 이것이 '개황開皇의 치治'라는 번성 시대를 촉진했음은 의심할 나위가 없다.

수 문제文帝의 후계자인 양제煬帝도 법제 개혁에 매우 관심을 기울였다. 그는 즉위 후에 "과거의 법망이 준엄하고 모질기 때문에 다시 칙명을 내려 율령을 편찬하고, 십악의 조목을 제거한다," "오형 가운데 간단한 전례(輕典)로 내린 것이 2백여 조이며, 가枷·장杖·결決(사형)·벌罰·신신訊(심문)·수수囚(구금)의 제도는 모두 이전보다 가볍게 한다"[44)고 하는 동시에 체제도 약간 조정했다. 이들 개혁은 개황률 이래 법제 개혁의 연장선에 있으면서도 보다 발전된

---

43) 『수서隋書』 「형법지刑法志」.
44) 『수서隋書』 「형법지刑法志」.

형태의 개혁이라 할 수 있다.

수의 통치자가 진행한 법제 개혁은 앞에서 말한 바와 같이 적극적인 영향을 미치긴 했지만 그 상황이 오래 가지는 않아, 개혁된 법제는 그다지 철저히 시행되지 않았다. 수 문제는 노년에 "법은 더욱 엄해지고, 기쁨과 노여움은 쉽게 바뀌고, 살육이 지나쳐서" 논죄해 형벌의 정도를 정하는 데 있어, 자주 "과율에 따라서 부과하지 않았다"고 한다. 이는 법을 넘어서는 형벌을 준 것이다. 이후에 다시 도적에 관한 엄한 법을 만들었다. 심지어 도적 3인이 오이 하나를 훔친다고 해도 1전 이상이면 모두 기시했다. 수 양제 후기의 폭정은, "무고·무죄인데도 엉뚱하게 죽임을 당한 자"를 "모두 다 기록할 수 없다"[45]고 할 정도였다.

그들은 개혁된 법제를 버리고 파괴하였다. 따라서 사회의 모순은 한층 격화되었고, 최후에는 농민봉기가 폭발하여 수 왕조의 잔인하고 포악한 통치를 뒤집어버렸다. 우리는 수 왕조의 흥망성쇠로부터 법제가 담당하는 역할이 무엇인지, 또한 좋은 법제가 있음에도 불구하고 집행하지 않으면 법이 없는 것과 마찬가지라는 사실을 알 수 있다. 청나라 말기 법학자인 심가본沈家本은 수의 법제를 평론하며 이렇게 말했다. "양제가 처음에는 가벼운 형벌(輕刑)을 사용하다가 나중에는 과도한 형벌(淫刑)을 사용하는 것을 보니, 문제와 아주 비슷한 과정을 걷고 있다. 문제는 음형으로 그 자신이 시해를 당했고, 양제는 음형으로 국가를 망하게 했다. 대체로 훌륭한 법이라고 하더라도 법을 준수하지 않으면, 그 또한 빈 그릇일 뿐이다."[46] 법이 있으나 따르지 않고 마음대로 법을 파괴하는 양상은 군주 전제제도 아래에서 법제도가 집행되는 모습을 보여주는 특징이라 하겠다.

---

45) 『수서隋書』「양제기煬帝紀(하)」.
46) 『역대형법고歷代刑法考』「형제총고刑制總考 3」.

2. 당의 입법활동

수 대업大業 13년(617)에 이연李淵이 병사를 일으켜 수도 장안을 점령했다. 한 고조 유방이 진의 수도 함양을 점령하고 진나라 백성에게 '약법 3장'을 내린 것을 모방해, 그는 '약법 12조'[47]를 내렸는데, 그 내용은 사서에 남아 있지 않으므로 고찰할 길은 없다. 이연은 황제라 칭한 후에 즉시 조서를 내려 율령을 제정했다. 무덕武德 원년(618) 5월, 대신 유문정劉文靜과 몇 명의 학자에게 개황률을 바탕으로 삼아 수隋의 번거롭고 엄한 법을 모두 삭제하도록 명했다. 같은 해[48] 11월에 53조의 격을 제정해 천하에 반포 시행했다.

(1) 무덕률武德律의 제정

새로운 격을 반포한 이후에 고조高祖는 또 상서성尚書省 좌우복야左右僕射인 배적裴寂과 소우蕭瑀에게 율령을 편찬하도록 임명했다. 그들은 개황률을 기준으로 무덕 7년에 율을 완성했는데 이를 무덕률이라 한다. 당육전 권6의 주에 따르면, 무덕률의 편목은 이전의 개황률에 준하며, 형명의 제도도 대략 같았다. 변동된 것은 "다만 세 종류의 유형流刑에 모두 1천리를 더하고, 3년, 2년 반, 2년 동안 거작居作하게 하던 것을 모두 1년으로 한 것"뿐이었다.

개황률에서 유형은 1천리, 1천 5백리, 2천리의 세 가지였는데, 무덕률에서는 각각 1천리를 더해, 2천리, 2천 5백리, 3천리로 고쳤다. 또한 개황률에서 유형을 받은 자는 유배지에서 각각 2년, 2년 반, 3년의 강제 노역에 복무하도록 규정했는데, 무덕률에서는 이를 일률적으로 모두 1년으로 고쳤다. 그밖에 가혹하고 세밀하던 53조를 삭제하고, 무덕 원년에 제정했던 53조의 격을 율에 넣었다. 이것은 개황률의 형벌을 경감한 시책이라고 할 수 있다. 사서에 "나머지는 고친 바가 없다"고 하는 것으로 보아, 개황률을 크게 바꾸지 않았음을 알 수 있다. 어떤 이는 기본적으로는 개황률을 계속 사용했다고도 하는

---

47) 『구당서舊唐書』에는 20조.
48) 『신당서新唐書』「형법지刑法志」에는 무덕武德 2년이라고 함.

데, 두 가지 모두 500조였다.

(2) 정관율貞觀律의 제정

태종太宗은 즉위 후, 장손무기長孫無忌·방현령房玄齡과 학사·법관에게 명해 무덕률을 수정·정리하도록 하여, 정관 원년(627)부터 시작해 11년 만에 완성했다. 이 새로운 율령은 여전히 500조 12권이었다. 제1편 명례名例, 제2편 위금衛禁, 제3편 직제職制, 제4편 호혼戶婚, 제5편 구고廏庫, 제6편 천흥擅興(군율), 제7편 적도賊盜, 제8편 투송鬪訟, 제9편 사위詐僞, 제10편 잡률雜律, 제11편 포망捕亡, 제12편 단옥斷獄이었다. 정관 연간에 수정했다고 해서 이를 정관율이라 한다.

『구당서』「형법지」에 따르면, 정관율은 수의 개황률에 비해 대벽大辟(사형)을 줄인 것이 92조이며, 유형을 감해 도형으로 한 것이 71조라고 한다. "무릇 번거로운 것을 삭제하고, 무거운 것을 바꾸어 가벼운 것으로 만든 것을 이루 다 기재할 수 없다." 당육전 권6의 주에는 "무릇 500조를 수정했는데 개황률의 대벽을 줄여서 유형에 넣은 것이 93조(『구당서』에 비해 1조가 많음), 고대의 사형에 비해 거의 반을 삭제했다" 한다. 정관율은 무덕률에 비해 형벌을 대폭 경감했음을 알 수 있다.

정관 연간에 율의 수정과 동시에, 영·격·식도 전면 수정했다. 영令 1,590조(일설에는 1,546조)를 정하고 30권으로 나누어, 정관 11년 정월에 공포했다. 또한 무덕에서 정관까지의 기간에 선포한 3천여 건의 조칙 중 700조만 격18권으로 편성해 본사本司에 보존하며 시행했다. 또한 식 33편을 정해 20권으로 나누어 만들었다.

당률은 정관 11년에 수정한 뒤에는, 당대 전체에 걸쳐 격식에서 내용까지 기본적으로 큰 변화가 없었다. 그래서 청 말 법학가 심가본 沈家本이 말하기를 "당률은 정관 때 수정된 것을 정본으로 삼는다"[49]고 했다.

---

49) 『역대형법고歷代刑法考』「율령고律令考」.

(3) 영휘율永徽律의 수정과 율소律疏의 편찬

고종高宗은 제위를 이은 뒤, 영휘永徽 원년(650)에 조를 내려 율령을 수정했다. 참가자는 장손무기·이적李勣·우지령于志寧 등인데, 그들은 무덕·정관 이래의 율·영·격·식을 참조해 수정·편찬했다. 사서에 따르면 고종이 태종 때의 관간寬簡 원칙을 따랐기 때문에 내용 변동이 크지 않았다 한다. 다만 "옛 제도에서 불편한 것을 단계에 따라 삭제하고 정정함으로써" 새로운 상황에 부합시켜, 영휘 2년에 완성했다고 한다. 율은 여전히 500조 12권이었다. 또한 유사격留司格 18권을 창제해 본청에 보존하면서 "대청의 벽에 써 두고" 관리들로 하여금 "올려다보며 관찰해 어떻게든 잊지 않도록 하라"50)고 했다. 그렇게 함으로써 "위반하는 것을 금하고 재앙을 막으려는" 목적을 달성했다.

이때 율·영·격·식의 수정 외에, 또 하나의 입법 이론 작업을 했는데, 그것은 바로 영휘 3년 고종이 조를 내려 율을 위해 소疏를 만든 작업이다. 이 작업은 율을 정한 모든 사람이 참가했다. 영휘 4년(653) 10월에 마침내 율소律疏 30권을 완성해 천하에 공포 시행했다. "이로부터 판결(斷獄)은 모두 소를 인용해 분석했다."51) 무릇 단옥은 모두 율소의 해석으로써 기준을 삼았다. 율소의 제정은 당이 법제를 강화하고 더 나은 법률을 시행하며 통일적으로 적용하는 데 중요한 작용을 했을 뿐만 아니라, 전통적 법리학의 큰 발전이기도 했다. 이는 이후 역대 왕조의 입법에 이론적 근거가 되었다.

(4) 개원률의 수정

현종玄宗은 개원開元 원년(713)부터 25년까지 세 번에 걸쳐서 율령을 수정했는데, 가장 큰 작업은 개원 22년에 정관 이래의 율·영·격·식에 대해 전면적인 수정을 진행한 일로, 이림보李林甫·우선객牛仙客·왕경종王敬從 등이 참여해 4년이 걸렸다. 『구당서』 「형법지」에, 이때 율·영·격·식과 조칙 7,026조를 다듬어서 편집했다고 한다. 1,324조는 삭제하고, 2,180조는 개정하며, 3,594조

---

50) 『통전通典』 「형제刑制 3」.
51) 『구당서舊唐書』 「형법지刑法志」.

는 그대로 두어 최종적으로 율 12권, 율소 30권, 영 30권, 개원격開元格 10권, 식 20권을 완성했다. 이밖에 분산된 율·영·격·식의 조문을 분류 편찬해서 격식율령사류格式律令事類 40권을 완성했다.

이처럼 유사한 부류끼리 모으는 편찬 방법을 이용해서, 사법 관원이 찾아보기 편리하게 했다. 이 방법은 전통적 법전 체제에서 옛것을 버리고 새것을 창조한 것으로, 이후 5대 10국과 송宋의 법전에 큰 영향을 끼쳤다. 이 때 수정한 율·영·격·식을 사류事類 40권과 함께 개원 25년 9월에 황제께 올리자 상서도성尚書都省에 50본을 베껴 천하에 배포하도록 칙령을 내렸다.52)

(5) 당육전唐六典의 편찬

당육전의 편찬은 당 개원 시기의 주요한 입법활동이었다. '전典'은 법률 규범의 명칭으로서, 『주례周禮』「천관天官·총재冢宰」에 "대재大宰의 직분은 나라의 육전을 세우는 것이다"라고 하는 데서 처음 나타났다. 여기서 '육전' 은 육관의 전을 가리키는 것으로, 즉 관제에 관한 법규였다. 당육전도 이 분야의 내용으로, 당 현종 개원 10년(722)부터 26년까지 편찬한 것이다. 당나라 사람 유숙劉肅이 편찬한 『대당신어大唐新語』 권9에 그 제작 과정이 꽤 상세하게 기술되어 있다.

"개원 10년에 현종은 서원書院에 당전唐典을 편찬해 바치도록 조서를 내렸다. 당시에 장열張說이 여정학사麗正學士가 되었기 때문에 서견徐堅에게 그 일을 위임했다. 1년이 지나, '서견은 전에 일곱 번 책을 편찬하는 동안 표준에 의거해서 모두 어렵지 않아 했는데, 오직 당전만은 해를 넘겨 생각을 거듭하면서도 어쩔 줄 모르고 있다'고 했다. 장열은 다시 학사 무경毋煚 등에게 명하여, 전 시대의 역사에서 관직을 조사해 오늘의 방식으로 육사六司에 나누어 넣도록 하고, 오늘의 육전六典은 주나라 관직제도를 반영하도록 했다. 그러나 작업이 매우 어려워서 여전히 몇 년이 더 걸렸다. 그 후 장구령張九齡

---

52) 돈황에서 발견된 개원률開元律 사본寫本 잔권殘卷에 개원 25년 6월 27일 주상奏上했다고 적혀 있다. 여기에 적혀 있는 시간이 매우 구체적이므로 그것을 따라야 할 것이다.

은 육선경陸善經에게 위임하고, 이림보李林甫는 원함苑咸에게 위임했다. 개원 26년에야 비로소 황제에게 주상하자 대신들은 경축하는 말을 늘어놓았고, 지금까지 이를 사용하고 있다."53)

이 육전은 집현원이 실제적인 편찬을 담당하고, 16년 동안 지원知院 4인과 참찬관參撰官 12인의 손을 거쳤다.54) 현종이 직접 정한 6조의 내용, 즉 "이전理典(고종高宗의 휘諱를 피하려고 치전治典을 이전理典으로 고침), 교전教典, 예전禮典, 정전政典, 형전刑典, 사전事典"과 "고금을 통해 『주례』를 따라 당전唐典을 만든다"55)는 원칙에 따라 개원 26년에 편찬과 주석 작업을 완성했다.

당육전은 모두 30권으로, 현종의 명령에 따라 『주례』 육관을 모방하여 육전으로 정했다. 그러나 당의 정치체제는 '육관'으로 직분을 모두 포용할 수 없었기 때문에, 개원 10년 현종이 조서를 내려 서적 편찬을 명한 이후, 일손을 배치하고 체제를 계획하는 데 10년의 시간이 걸려, "여러 해 동안 적합한 바가 없어" 진전이 느렸다. 이것은 주석을 쓰는 이가 상당히 고심한 끝에 매듭지었음을 반영한다. 마지막으로 채택한 방법은 "현재의 식을 육사 六司에 맞추어 『주례』의 육관 제도를 따르고, 그 연혁은 모두 주에 넣는다"56) 는 것이다. 그러나 사실 이것은 상서성 6부를 『주례』 육관에 대응시킴으로써 황제의 명령에 부응한 것인데, 모두 30권이기 때문에 반드시 육부직사六部職 司에 한한 것이라고 할 수는 없다. 그 목차는 아래와 같다.

제1권 삼사三師·삼공三公·상서도성尚書都省, 제2권 상서이부尚書吏部, 제3권 상서호부尚書戶部, 제4권 상서예부尚書禮部, 제5권 상서병부尚書兵部, 제6권 상 서형부尚書刑部, 제7권 상서공부尚書工部, 제8권 문하성門下省, 제9권 중서성中書 省·집현원集賢院·사관史館·궤사원匭使院, 제10권 비서성秘書省, 제11권 전중성 殿中省, 제12권 내관內官·궁관宮官·내시성內侍省, 제13권 어사대御史臺, 제14권 태상시太常寺, 제15권 광록시光祿寺, 제16권 위위衛尉·종정시宗正寺, 제17권 태

---

53) 『대당신어大唐新語』 「저술著述 19」.
54) 『옥해玉海』 「당육전唐六典」.
55) 『전당문全唐文』 「고덕장顧德章」.
56) 『직제서록해제直齊書錄解題』 권6.

복시太僕寺, 제18권 대리시大理寺·홍로시鴻臚寺, 제19권 사농시司農寺, 제20권 태부시太府寺, 제21권 국자감國子監, 제22권 소부少府·군기감軍器監, 제23권 장작將作·도수감都水監, 제24권 제위諸衛, 제25권 제위부諸衛府, 제26권 태자삼사太子三師·삼소三少·첨사부詹事府·좌우춘방左右春坊·내관內官, 제27권 태자가령太子家令·솔경率更·복시僕寺, 제28권 태자좌우위太子左右衛·제솔부諸率府, 제29권 제왕부諸王府·공주읍사公主邑司, 제30권 삼부三府·도독都督·도호都護·주州·현縣 관리였다. 이와 같이 당대 중앙정부의 행정·재정·군사·사법·감찰·교육·예빈禮賓·농림·토건·수리와 지방정부의 관리체제를 포함하며, 또한 기구조직, 직관의 선발·임용·직권·품급 및 고과 관리, 활동 방식, 방법 등 모든 영역을 포괄했다. 지금까지 상술한 내용을 보면, 당육전은 국가 행정 법전의 내용을 잘 보존하고 있는 가장 오래된 문헌이다. 그 가운데 6권의 형부, 13권의 어사대, 18권의 대리시, 30권의 삼부·도독·도호·주현 등은 우리가 당대 사법제도를 연구하는 데 필수적인 자료들이다.[57]

당은 몇 차례에 걸친 대폭적인 법률 수정 외에도 무측천의 수공垂拱 시기, 중종의 신룡神龍 시기, 예종의 경운景雲 시기, 헌종의 원화元和 시기, 문종의 개성開成 시기, 선종의 대중大中 시기에도 각각 율·격·식의 수정이 있었다. 그러나 이때는 모두 율의 체제나 내용에 대한 변동이 많지 않았다. 검토할 만한 가치가 있는 것은 선종의 대중 5년 4월, 형부시랑 유전劉瑑 등이 칙명을 받들어 편찬한 대중형법총요격후칙大中刑法總要格後勅 60권으로, 정관 3년 6월부터 대중 5년 4월까지 224년간의 잡다한 칙명을 모두 분류해 모두 총괄 편집했기 때문에 646부문 2,165조에 이르렀다. 대중 7년 5월, 좌위솔부左衛率府 창조참군倉曹參軍 장규張戣는 율문을 성격에 따라 나누어 부문을 만들었다. 그리고 다시 성격이 같은 영·격·식을 상응하는 부문의 율문 뒤에 붙여 도합 12권을 만들었다. 이듬해 대중형률통류大中刑律統類[58]라 하고 황제께 올

---

57) 당육전의 번역으로는 김택민, 『당육전(상)』(신서원, 2003)과 『역주 당육전(중)』(신서원, 2005)이 출간되어 있다. 하권도 곧 출간될 예정이다.
58) 『구당서舊唐書』「선제본기宣帝本紀」에는 대중형법통류大中刑法統類라고 되어 있다.

려 허가 받은 후에, 형부에 조를 내려 공포 시행했다. 이것은 개원 25년『격식율령사류格式律令事類』의 뒤를 이어, 재차 율·영·격·식을 하나로 혼합해 편집한 법전 형식인데 그 체제가 더욱 완전해졌다.

<h2 style="text-align:center">제3절 5대의 입법활동</h2>

5대의 법률은 오래 전 사라졌는데, 관련 사서에 의하면 5대 각 왕조의 법전 편찬은 기본적으로 당률을 답습했다고 한다. 그러나 새로운 역사적 조건 아래 필요에 따라 약간의 증감과 보충이 있었다.

5대의 각 왕조는 수명이 짧아 후한의 경우에는 단지 4년에 불과했다. 그러나 통치 기간은 짧았더라도 전통적 법제를 엄격히 집행해, 모두 율령 제정을 활발히 했다.

<h3 style="text-align:center">1. 후량後梁</h3>

후량의 개국 황제 주전충朱全忠(원래 이름은 주온朱溫)은 당말 농민봉기에 참가했으나, 뒤에 당 왕조에 의탁해 선무절도사宣武節度使에 임명되었다. 그 후 907년 당의 애제哀帝를 폐하고 자립해, 후량을 수립했다. 개평開平 3년(909) 11월, 태상경太常卿 이연李燕, 어사御史 소경蕭頃, 중서사인中書舍人 장연張兗, 호부시랑戶部侍郎 최기崔沂, 대리시경大理寺卿 왕선王鄯, 형부랑중刑部郎中 최고崔詁에게 율·영·격·식을 수정하도록 명했다. 개평 4년 12월에 완성되었는데, 모두 영 30권, 식 20권, 율·목록이 13권, 율소가 30권이었다. 총 5권 10질帙59)로 모두 103권이며, 대량신정격식율령大梁新定格式律令이라 했다.

---

59) 질帙은 책을 싸는 덮개를 가리킨다. —역주

2. 후당後唐

후당 통치자 이존욱李存勖은 당의 후예는 아니지만 사타인沙陀人으로서 이
씨 성을 받았는데, 주씨의 후량 왕조를 무너뜨린 뒤 당의 깃발을 내걸고
당률을 그대로 사용할 것을 표명했다. 주온이 당을 빼앗은 뒤 당의 "법서를
불태워 없애 버리게" 했기 때문에, 단지 정주定州(지금의 하북 정현定縣)에 일부
가 남아 있었을 뿐이었다. 이존욱이 황제가 되고 얼마 되지 않아, 급히 정주
절도사節度使에게 그곳에 수장된 당의 율·영·격·식 286권을 여러 권 베껴서
임시변통하도록 명령했다. 동광同光 3년(925)[60]에 형부상서 노가盧價(노질盧質
이라고도 함)로 하여금 동광형률통류同光刑律統類 13권을 제정하도록 했다. 또
한 『5대회요五代會要』 권9에 따르면 장흥長興 4년(933)에 어사중승 용민龍敏
등에게 조칙을 내려 당조의 선종 대중 연간에 편찬한 대중형률통류大中刑律統
類를 상정케 했다. 이것은 후당이 기본적으로 당대 법률을 그대로 사용했음
을 말해 준다. 이밖에 명종 천성 연간(926~929)에 새로운 격을 제정해 천성격
天成格, 또는 천성장정격天成長定格이라 했는데, 모두 3권이었다. 청태 2년(935)
에 어사중승 노손 등이 청태 원년 이전 11년간에 제정된 조칙을 편찬해 청태
편칙淸泰編勅 30권으로 만들었으며, 그 안에는 칙으로 만든 394도道가 있었다.

3. 후진後晉

석경당石敬瑭은 거란 귀족과 결탁해 후당을 멸망시키고, 황제가 되어 후진
을 세웠다. 초기에는 당률을 그대로 사용했으나 뒤에 천복天福 3년(938)에
좌간의대부左諫議大夫 설융薛融 등이 칙을 제정하고 편찬하여 이듬해에 완성
해, 천복잡칙天福雜勅이라 했다. 거기에는 제정한 칙勅이 368도道가 있었으며,
나누어 31권으로 만들었다.

---

60) 『구오대사舊五代史』 「형법지刑法志」에는 2년으로 되어 있다.

4. 후한後漢

후한은 4년도 못 갔으며 게다가 줄곧 전란 상태였기 때문에 법전 편찬은
생각도 하지 못했다. 다만 사서에 형법과 관련된 조칙만 남겼다. 예를 들면
건우乾祐 2년 정월에서 5월까지 몇 차례에 걸쳐서 "정치는 관대하고 쉬운
것을 중히 여기고, 형벌은 불쌍히 여기는 것을 존중한다(政貴寬易 刑尚哀矜)"고
하여 형법과 재판(獄政) 분야에 관련된 조칙이 있었을 뿐이다.

5. 후주後周

천웅天雄 절도사 곽위郭威는 후한을 멸한 뒤 후주를 수립하고, 광순廣順
원년(951) 6월에 시어사侍御史 노억盧憶 등에게 명해, 전 시대의 율·영·격·식과
통류統類·편칙編勅 148권을 다시 정했다. 이와 동시에 후진·후한 및 후주
초기의 형법과 유관한 칙조 16건(26건이라고도 함)을 2권으로 편찬해 그 뒤에
덧붙여, 이를 대주속편칙大周續編勅이라 했다.

그 뒤 세종世宗 시영柴榮의 통치 시기에는 법제 제정을 더욱 중시해, 형법을
백성을 마음대로 부리는 '재갈(銜勒)'이며 '폐단을 막는 도끼'라고 규정하고,
"가정에서 하루도 회초리를 느슨하게 할 수 없듯이 나라에서는 하루도 형벌
을 없앨 수 없다"고 보았다.

현덕顯德 4년(957) 중서문하中書門下에서, 지금 "조정이 사용하는 것은 율
12권, 율소 30권, 식 20권, 영 30권, 개성격開成格 10권, 대중통류大中統類 12권
및 황조 제칙 등"인데, "율령은 문장이 오래되고 질박해서 대강 훑어보아서
는 상세히 알기가 어렵고, 격칙의 조목은 번잡하고 많아서 경우에 따라서는
이상하거나 잘못된 것이 있을 수 있사오니" 따라서 "획일된 규정을 밝혀야
합니다"61)라고 아뢰었다. 이에 장식張湜에게 명하여, 형서를 편집해 현덕 5년

---

61) 『오대회요五代會要』「정격령定格令」.

7월에 올리니 모두 21권이었다. 이를 대주형통大周刑統이라 한다. 후세에는
그것을 후주의 현덕형통顯德刑統이라 한다.『구오대사』「형법지」에 의하면,
"편집은 율을 위주로 했다. 문장의 뜻을 해석하기 어려운 곳은 소의疏意로
해석했다. 문장의 이치가 바뀐 곳은 소문을 생략했다. 식과 영에 가까운 것은
그 다음에 두었다. 격칙을 폐지하거나 새로 설치한 것이 있으면 또한 그
다음에 두었다. 오늘날 보아 불편하거나, 해당 조문이 불충분한 것은, 본조의
아래에 새로운 조문을 따로 설정했다. 한편 문장의 이치가 어렵거나, 의혹이
드는 경우에는 별도로 붉은 글자로 훈을 달고 해석했다. 조정의 금령이나
주현의 통상적인 규범도 각각 분류해, 모두 편부編附하도록 명령했다"고 한
다. 이러한 개편은 송률宋律에 직접적인 영향을 주었다. 송형통은 당률소의를
바탕으로 개편한 것으로서, 양자는 체계가 기본적으로 같다.

제4절 당 법제의 성숙

1. 당 초기의 입법 사상

당 초기의 입법 사상은 "백성을 안정시키는 정책을 취한다"는 정책 방침
과 밀접한 관련이 있으며, 이를 사서를 통해 분석하면 대체로 세 가지로
귀결된다.

(1) 예와 형을 병용한다(禮刑幷用).

당 초기에 무엇을 치국 입법의 근원으로 삼을 것인가 대해 태종 이세민이
이끄는 가운데 열렬한 토론이 진행되었다. 어떤 사람은 '위엄 있는 형벌'로
나라를 다스릴 것을 주장하고, 어떤 사람은 '인의'로써 나라를 다스릴 것을
제시했다. 봉덕이封德彝가 태종에게 "위형威刑으로써 천하를 타일러야 합니
다"라고 권하자, "위징魏徵이 안 된다"고 했다.62) 위징이 "인의는 다스림의

근본이고, 형벌은 다스림의 말단입니다"63)라고 하자, 봉덕이는 "삼대 운운한 이후 사람들이 점점 거짓이 늘었기 때문에, 진秦은 법률에 맡기고, 한漢은 패도를 뒤섞어 넣어 교화하려 했지만 그럴 수 없었으니, 어찌 그들을 교화할 수 있겠습니까?"라면서, "위징은 서생이라서 아직 시대의 객관적 상황이나 정세를 알지 못하니, 만약 그런 공허한 논의를 믿으면 반드시 국가가 망할 것입니다!" 했다. 이에 위징이 반박하기를, "삼황오제도 백성을 교화하는 일이 쉽지 않았습니다. 옛날에 황제가 치우蚩尤를 정벌하고, 고양高陽이 구려九黎를 정벌하고, 탕왕이 걸왕을 추방하고, 무왕이 주왕을 정벌하고 나서야 모두 태평할 수 있었습니다. 어찌 큰 난리 이후라고 (교화를) 포기한단 말입니까?"64) 하고 반박했다. 태종은 위징의 의견을 받아들였다. 태종이 신하들에게 말하기를, "짐은 고래古來의 제왕이 인의로 다스려 국조國祚가 연장되었다고 생각한다. 법에 맡겨 사람들을 통제할 경우에는 잠깐 동안은 그 폐해를 구제하겠지만, 또한 패망을 재촉할 것이다. 이미 앞선 군주들이 이룬 일을 보니 좋은 본보기로서 충분하다"65) 했다.

태종은 이처럼 인의를 천하를 다스리는 거울로 삼았다. 이는 수 문제가 "유가의 학설을 즐기지 않고 오로지 형명에 맡기고,"66) "작은 과실에도 무거운 벌에 처하며," 수 양제가 "부당한 형벌을 점점 더 늘려서"67) 수조의 "패망을 재촉했다"는 점을 잘 살핀 결과였다. 쌍방의 변론의 쟁점은 '형살刑殺'로 위엄을 삼을 것인가, 아니면 "위엄과 은혜를 같이 베풀고, 강하고 부드러운 것 두 가지를 모두 사용할 것인가"68)하는 문제였다. 태종은 역사 경험을 통해 양쪽 모두의 경험과 교훈을 종합했다. 교화를 위주로 하되 형벌을 보조로 삼는 정책에 적극 힘썼기에 그가 주도해 제정한 정관율貞觀律은 예형禮刑

---

62) 『신당서新唐書』「형법지刑法志」.
63) 『정관정요貞觀政要』「공평公平」.
64) 『당감唐鑒』「태종太宗(상)」.
65) 『정관정요貞觀政要』「인의仁義」.
66) 『수서隋書』「유림전儒林傳·서序」.
67) 『수서隋書』「형법지刑法志」.
68) 『제범帝範』「무농務農」.

병용을 입법의 지도사상으로 삼았다.

고종 이치李治는 태종의 유훈을 계승하여, 그가 추진한 정책에도 정관의 풍조가 남아 있었다. 영휘율永徽律을 위해 그가 제작한 율소律疏에는 이러한 유풍이 잘 반영되었다. 율소에 이르기를 "덕과 예는 정교의 근본이고, 형과 벌은 정교의 수단이다. 이것은 마치 황혼과 새벽이나, 여름과 가을이 서로 번갈아 와야만 하루나 일 년이 이루어지는 것과 같다"[69]고 했다. 즉 덕례德禮의 정치를 교화의 근본으로 삼고, 형벌은 단지 덕례의 실행을 보장하기 위한 것으로 하여, 양자가 서로 보완함을 비유해 마치 새벽과 황혼이나 봄과 가을 같이 조금도 빠질 수 없는 관계를 이루는 것으로 보았다.

(2) 법과 명령을 간략하게 하다(法令簡約).

당은 수가 "패망을 재촉"한 원인을 "법령의 조목이 늘어나고," 법망이 너무 촘촘해 인민들이 걸핏하면 형벌의 조문에 저촉되어 잔혹하게 살육되었기 때문이라고 여겼다.

당 태종 이세민이 즉위한 후 신하에게 말하기를 "법을 운용함에는 관대하고도 간편함에 힘써야 한다"[70] 하고, "국가의 법령은 반드시 간략해야 한다"[71]고 강조했다. 이른바 간략함이란 조문이 간단명료하면서 사람들이 알기 쉬워야 한다는 것이었다.

당 초기에 당고조 이연은 수율을 참작해 새로운 율을 만들도록 지시하면서 "본래 법령은 모든 사람들이 이해할 수 있어야 하지만, 예로부터 이어져 내려오는 사이에 대부분 이해하기 어려운 말이 되어 버렸다"고 지적했다. 그는 이에 "마땅히 문장이나 문자의 잘못을 바로잡아 쉽게 이해할 수 있도록 애쓰라"[72]고 요구했다.

후에 태종 이세민은 "마땅히 엄밀한 심사를 해 서로 어긋나는 문장이

---

69) 김택민金鐸敏·임대희任大熙 주편, 『역주 당률소의』(한국법제연구원), 96쪽. —역주
70) 『정관정요貞觀政要』 「형법刑法」.
71) 『정관정요貞觀政要』 「사령赦令」.
72) 『구당서舊唐書』 「유문정전劉文靜傳」.

없도록 하라” 했으며, “죄 하나가 여러 종류의 조문에 해당되어서는 안 된다”73)고 해, 관리들이 인용하고 집행하는 데 편리하게 했다. 즉, “번거로운 것을 삭제하고 폐해를 없애” 과조科條가 간단하고 요긴해졌다.

당시 사람들 가운데는 위진 이래 수대까지 “법령이 늘고 줄고 했지만, 엉긴 기름덩어리가 더욱 걸어지고 가을 씀바귀가 오히려 번성한 것 같다”74)고 여기는 이들도 있었다. 태종 이세민은 그 폐해를 힘써 고쳤으나, “격식이 워낙 많아,” “관인이 다 기록을 할 수가 없을” 정도였다. 또한 “간사함이 다시 일어나, 죄를 경감하려면 가벼운 조문을 끌어 적용하고, 죄를 가중하려면 무거운 조문을 끌어 적용75)”하기 쉬웠기 때문에, 관인들이 법조문을 왜곡해 부정을 저지를 수 있다고 했다.

이러한 입법 원칙 아래 정관 11년 정월에 “무덕 이래 조칙 3,000여 조를 삭제하고 700조를 남겨서 이를 격으로 삼았다.”76) 고종 이치는 영휘 2년 9월에 반행신율조頒行新律詔에서 영휘율의 제정 원칙을 설명하며 “제도를 통일하여 간단하고 쉽게 하며, 법문의 문장이 간략하면서도 빠짐이 없게 해야”77) 한다고 했다. 율에 대한 소를 만들 때, 당 고종은 조령에서 “엉기어 뭉쳐진 기름덩어리를 줄이고, 긴요한 곳을 성실하게 해야 한다”는 원칙을 세워야 한다고 다시금 언급했다.

(3) 관대하고 어질며 형벌에 신중하다(寬仁ᆞ愼刑).

『구당서』「형법지」에, 태종 이세민이 “관대함과 어짊으로 천하를 다스려서 형법에 있어 매우 신중했다”고 한다. 여기서 관대하고 어질다는 것은 가벼운 형을 쓰도록 제창한 것을 말한다. 당 초기의 통치자는 수 왕조가 엄형과 가혹한 처벌을 시행한 것이 사회 모순을 격화시켜 “백성이 원망하고

---

73)『정관정요貞觀政要』「사령赦令」.
74)『구당서舊唐書』「최인사전崔仁師傳」.
75)『정관정요貞觀政要』「사령赦令」.
76)『신당서新唐書』「형법지刑法志」.
77)『당대조령집唐大詔令集』권82.

탄식해 천하가 크게 무너지는"[78] 사태를 초래한 것을 직접 목격했다. 그들은 이를 교훈 삼아 오래도록 안정된 통치를 한다(長治久安)는 목적으로, "관대하고 어질며 형벌에 신중한(寬仁愼刑)" 태도를 입법의 원칙으로 세웠다.

위징은 일찍이 태종에게 상소해 "성스러운 황제와 현명한 군주는 모두 덕으로써 교화에 힘쓰고, 형벌로 위력을 부리는 것은 삼가해야" 비로소 "천하에 왕 노릇하며 국가를 다스릴 수 있다"고 했다. 태종은 이를 기쁘게 받아들였다. 태종 휘하의 장손무기·방현령·위징 등의 신하들은 때때로 수의 멸망을 교훈 삼아 진언했다. 그들이 명을 받아 율령을 수정할 때, 모두 "옛 율령은 엄하다"고 말했다. "방현령 등이 드디어 법사의 관원들과 함께 수율을 증손增損했고, 사형을 낮추어 유형으로 만든 것이 92개조, 유형을 낮추어 도형으로 만든 것이 71개조였다."[79] "무릇 번잡한 것은 삭제하고 낡은 것은 버렸는데, 무거운 형벌을 가벼운 형벌로 바꾼 것은 이루 다 헤아릴 수 없다"[80]고 했다.

그들이 수정한 정관율은 무덕률에 비해 경감된 것이 매우 많았다. 이러한 원칙 아래 제정된 정관율은 같은 종류의 죄형에 대한 처벌 중 어느 시대보다 가장 관대한 법률이 되었다. 고종은 영휘율永徽律을 수정하면서 여전히 "선왕의 취지를 우러러 따른다"[81]고 해, 태종의 유훈을 기본으로 함을 밝혔다. 관인신형寬仁愼刑의 사상에 비추어 법률을 제정한 것이다.

이른바 형벌에 신중하다는 것은 범죄자의 처형에 신중한 태도를 취함을 말한다. 태종 이세민은 말하기를, 일반 범죄에 대해서는 "형벌을 사용하는 방법은 마땅히 사리의 경중을 심사한 후에 형벌을 가해야 한다"고 했으며, 더구나 사형에 대해서는 "인명은 지극히 소중하고 한 번 죽으면 다시 살아날 수 없으므로," "마땅히 이틀 동안 다섯 번은 재차 아뢰어야 하며, 아래로 모든 주州에서도 세 번씩 재차 아뢰어야 한다"[82]고 규정했다. 또한 "문하성門

---

78) 『수서隋書』「형법지刑法志」.
79) 『신당서新唐書』「형법지刑法志」.
80) 『구당서舊唐書』「형법지刑法志」.
81) 『당대조령집唐大詔令集』 권82.

下省에서 재심사(覆理)하여, 법에 따라 사형이 마땅하더라도, 은혜를 베풀어 용서할 수 있는 정황이라면 반드시 기록해 아뢰어야 한다"고 조령을 내렸다. 이에 "다시 살아난 자가 매우 많았으며" 몇 번이나 문서에 의한 상주를 거친 조사를 반복함으로써 억울한 사건이 감소하게 되었다.

2. 당의 법률 형식

(1) 율律

당육전 형부刑部에 "율로써 죄를 정해 형을 바로잡는다"고 했는데, 그 의미는 『신당서』「형법지」에서 말한 바와 같다. 즉 영·격·식의 규정은 "사람이 나쁜 짓을 해 죄에 빠지면 율로써 판결한다"는 것이다. 당대에도 통치계급의 권익을 침해하거나 사회질서에 도전하는 범죄행위는 율에 따라 형벌을 정해 죄를 다스렸다. 하지만 당의 통치자들은 '율'에 대해 "그 조화에 신중을 기한다"[83]고 하여, 상대적으로 온정성穩定性을 가지고 있었다. 이는 다른 전통 왕조에도 주요한 법률 규범이 되었다.

(2) 영令

진대晋代의 법학가 두예杜預는 일찍이 율·영을 정의하기를, "율로 죄명을 바로잡고, 영으로 제도를 섬긴다"[84]고 했다. 당은 이러한 정의와 같이 기본적으로 율·영을 다른 것으로 구별했다. 당대에 영은 국가의 여러 가지 제도에 관한 것으로 기구조직, 토지, 부역 등의 제도를 포괄하는 규정이었다. 당육전 형부에 말하기를, "영으로 범위를 정하고 제도를 세운다"고 했다. 『신당서』「형법지」에서는 "영이라는 것은 존비귀천의 등급이며, 국가의 제도이다"고 했는데, 이는 영이 국가 제도에 관한 규범임을 설명하는 것이다.

---

82) 『구당서舊唐書』「형법지刑法志」.
83) 『진서晋書』「형법지刑法志」.
84) 『태평어람太平御覽』 권63에서 인용한 두예杜預의 「율서律序」.

(3) 격格

후위에서는 격으로 과를 대신한다고 했고, 당 초기 무덕 원년에는 수 왕조 대업 연간의 율·영을 폐하고 53조의 격을 제정했다. 이 시기의 격은 임시 법전의 성격을 띠었다. 정관 이후를 총체적으로 보면 격은 황제의 각종 조칙을 한데 모은 것이다. 그리고 칙은 황제가 임시로 반포하고 국가기관에 보내 집행하게 하는 단행 법규로, 내용이 복잡해 어떤 것은 율에, 어떤 것은 영에 속했다. 그러나 그것이 격에 편입되기 전에는 모두 임시적인 것이었다.

골라서 수정하고 정리해 '격'에 넣은 뒤라야 영구성을 가지는 이른바 '영격永格'으로 간주된다. 격과 율·영이 서로 다른 점은, 격은 내용이 자질구레하게 흐트러져 계통이 없기 때문에, 계통이 잡혀 있는 율·영을 보충했다는 점이다. 율을 쉽게 고칠 수 없는 상황에서는 격의 역할이 커진다. 황제는 항상 개개의 사항에 대하여 조칙을 내렸기 때문에, 당대 통치자들은 부지런히 격을 편찬해 율·영의 부족함을 보충했다.

영휘 무렵에는 '유사격留司格'과 '산반격散頒格'의 구분이 있었다. 유사격은 원래 관서에 두고 사용하던 것으로, 당육전 형부에 "격으로 부정을 막고 금지시켰다"고 하는 것처럼 관리에게 여러 가지 준칙을 지키게 한 것이다. 반면에 산반격은 천하에 반포한 것이다.

(4) 식式

당에서 식은 주로 각 기관의 장부·서장·격식을 기재하는 형식에 관한 규정이었다. 식은 33편이 있었으며, 상서성 24사에 더해 비서秘書·태상太常·사농司農·광록光祿·태복太僕·소부少府 등의 관서로 그 편목 명칭을 삼았다. 당육전 형부에 "식은 법도(軌物)로 일을 헤아린다"고 했으니, 곧 일을 처리하는 세칙과 규격에 관계된 규정이었다.

3. 당률의 체제와 각 편의 주요 내용

(1) 체제

현재 전하는 당률은 율소와 더불어 조목조목 편찬되어 있다. 따라서 후인들이 당률이라 하는 것은 주로 당률소의唐律疏議를 가리킨다. 현존하는 당률소의는 주로 12편의 율문과 소의·주·문답과 장손무기가 당 고종에게 올린 '율소를 올리는 표(進律疏表)'85)로 구성되어 있다. 그밖에 한 편의 율문마다 맨 앞에 소의의 방식으로 그 편명의 발전 과정에 대한 설명을 더했다.

율문은 법률 조문으로, 12편 502조였다.86) 소의는 율문을 해석한 것으로 30권인데, 율문 하나하나와 주 뒤에 찬술했다. 소의는 율문 문장의 뜻을 해석하는 한편 정신적인 실질을 밝혔다. 장손무기 등이 당률을 위해 만든 율소는 바로 "금궤의 고사故事를 줍고, 석실의 유서遺書를 채취하는 것"으로 앞 시대의 율에 대한 주석 경험을 흡수한 바탕에서 편찬된 것이다.

당 고종이 율을 위해 소를 지은 목적을 살펴보면 다음과 같다.

첫째, 당시 "매년 명법과明法科를 선발함에 끝내 기준이 없었다"고 한다. 과거 시험인 명법과에 참가하는 생원들의 당률 율문에 대한 해석이 각기 달랐던 것이다.

둘째, 사법 실천에서 차이가 있었다. "형법기관마다 집행이 매우 달랐다. 대리시大理寺87)에서는 사형으로 처벌하는 사건을 형부에서는 유형으로 처벌하고, 주州에서는 도형 1년으로 처벌하는데 현縣에서는 장형으로 처벌한다"는 것이다. 이처럼 각급 사법기관의 율문의 정신에 대한 이해가 매우 달랐다. 이 때문에 율소를 제정해 사람들이 쉽게 이해할 수 있도록 할 필요가 있었다.

문답은 작자가 율문의 소의 가운데 의문이 생길 수 있다고 생각되는 부분

---

85) 이 표는 김택민·임대희 주편, 『역주 당률소의 ― 명례편』(한국법제연구원, 1994)의 47~78쪽에 역주가 실려 있다.
86) 원래 500조였는데 후에 직제율職制律과 투송률鬪訟律이 1조씩 늘어났다. 그러나 언제 보태졌는지 현재로서는 명확하지 않다.
87) 중국 고대의 관명이다. 추포·규탄·재판·형벌을 맡아보았다. ―역주

에 대해 문답 방식으로 밝혀놓은 것이다.

소의·주·문답은 율문을 해석한 것이지만 황제가 비준했기에 법률과 똑같은 효력을 가졌다. 그러므로 『구당서』「형법지」에는 "이로부터 소송 사건을 판결할 때는 모두 소를 인용해서 분석했다"고 한다.

(2) 각 편의 주요 내용

제1편 명례율名例律 57조 : 이 편은 현대 법전의 총칙에 해당하고, 그 나머지 편은 분칙에 해당한다. 명례율의 주요한 규정으로는, 오형五刑·십악十惡·팔의八議·청請·감減·속贖·관당官當·면免을 포괄한다. 또 노老·유幼·독篤·폐廢·잔병殘病에게 형을 감면하는 것, 공죄·사죄의 구분, 여러 죄를 지었을 때 함께 벌하는 것, 자수, 공범, 고의와 과실, 유추類推, 동거인끼리 서로 숨겨주는 것, 외국인의 범죄 등에 관한 내용도 포함된다.

제2편 위금률衛禁律 33조 : 위는 경위警衛이고, 금은 관금關禁이다. 주요 규정은 문門을 통제하는 것으로, 태묘太廟의 문을 난입하는 범죄에 대한 규정과 그 기준은 문지방을 넘는 것으로 한다는 개념 정의 등이 있다. 또 궁전의 안전에 관한 것으로는, 높은 곳에 올라가서 궁중 안을 들여다보는 범죄, 숙위인宿衛人이 잘못을 저지르는 경우 등을 다루었다. 황제가 출행할 때의 안전에 관한 것도 있는데, 황제의 행차와 만나는 경우 등에 관한 것이다. 그리고 국경 통제에 관한 것으로, 관문을 사사로이 넘는 범죄(私度關), 연변緣邊의 성城·수戍에 외국 첩자가 들어온 경우(緣邊城戍), 봉후로 경고하지 않는 경우(烽候不警) 등에 대한 처벌 규정을 담고 있다.

제3편 직제율職制律 59조 : 직이란 직무이며, 제란 제도이다. 주요 규정은 국가기관의 관리 배치에 관한 것으로, 관리를 과다하게 배치하거나 불필요하게 배치한 경우에 대한 처벌 규정이 있다. 또 관원으로서 적합하지 않은 인물을 뽑은 경우에 대한 규정도 있다. 직무나 기율에서는, 중대사의 비밀을 누설한 경우, 규제를 받고도 잘못해 잊은 경우, 상주해야 할 사안을 상주하지 않은 경우, 감림주사監臨主事가 뇌물을 받고 법을 어긴 경우 등에 관한 처벌

규정을 담고 있다.

제4편 호혼율戶婚律 46조 : 호는 호구이고, 혼은 혼인이다. 호적 관리에 관한 것으로, 호구를 빠뜨리거나(脫戶), 인구를 누락하거나(漏口), 나이나 병세(病勢)를 증감시키는 것 등을 포함한다. 토지에 관해서는, 구분전을 매매하거나, 몰래 공전이나 사전을 경작하는 경우를 규정했다. 조세·부역·요역에 관해서는, 부역을 부과했는데 응하지 않거나, 과세물품의 수납기간을 어기는 경우이다. 혼인과 가정에 관해서는, 동성 금혼, 양인과 천민 사이의 금혼, 조부모·부모가 살아 있는데 자손이 호적을 달리하고 재산을 분할하거나, 적자를 세움에 법을 위반한 경우 등이다.

제5편 구고율廐庫律 28조 : 구란 가축 사육장이고 고란 창고이다. 가축을 사육하고 관리하는 것과 더불어 무기와 갑옷과 재물, 비단을 창고에 저장하고 관리하는 일에 대한 규정을 담고 있다.

제6편 천흥률擅興律 24조 : 천은 독단적으로 권리를 행사하는 것으로, 월권해 군사를 일으키는 것이다. 흥은 흥조興造·영조營造·수선修繕 등의 공정이다. 주요한 규정에는 군사 분야에서 함부로 발병發兵하거나, 징발한 병사를 대체하거나, 병사가 범죄를 저질렀을 경우 등을 다루고 있다. 공정 분야에서는, 법대로 제작하지 않았거나, 기물을 만드는 공정을 법대로 하지 않았을 경우, 징발된 정부丁夫·잡역(雜匠)이 기일을 어기고 도착하지 않은(稽留) 경우 등을 규정했다.

제7편 적도율賊盜律 54조 : 적은 반역·구타·살인 등을 가리키며, 도는 재물을 훔치는 것이다. 주요 규정에 반반反叛이나 대역, 모반, 모살부주謀殺府主,[88] 죄수를 강탈해 가는(劫囚) 것 등이 있다. 살인과 관련해서는 사람을 죽이는 것, 사람을 약탈하거나 파는 것 등에 관한 규정이 있다. 공사 재물을 훔치는 것에 관해서는, 가령 대사大祀에 신어神御하는 물품을 도둑질한 경우, 민간 소유가 금지된 병기를 훔친 경우, 강도·절도·공갈로 재물을 빼앗는 경우 등을 규정했다.

---

88) 외국 대사관의 대사를 죽이려고 하는 것. —역주

제8편 투송률鬪訟律 60조 : 투는 싸우거나 구타하는 것이고, 송은 소송·고발이다. 싸우다가 병장기로 사람을 치거나 쏘았으나 맞지 않은 경우에 대한 처벌 규정도 있다. 고의로 또는 과실로 사람을 죽이거나 상해한 경우에 관한 규정도 있다. 고발과 소송 규정에는 타인을 모함해 고발한 자는 그와 똑같은 죄로 처벌(反坐)하는 것도 있다. 기친期親·어른을 고발하는 경우, 부곡·노비가 주인을 고발하는 경우에 관한 조항도 있다.

제9편 사위률詐僞律 27조 : 사란 거짓말로 사람을 속이는 것이고 위는 위조로서, 거짓 물건으로 사람을 속이는 것이다. 거짓말에는 가령 상주上奏를 올바르게 하지 않은 경우, 관직을 사칭해 재물을 사취하는 것에 대한 조항이 있다. 위조는 도장이나 문서를 위조함을 말한다.

제10편 잡률雜律 62조 : 잡은 기타 다양한 위반 사항을 가리킨다. 다른 편에 속하지 않는 것은 모두 잡률에 속한다. 주요한 것으로 국기國忌로 휴무하는 날에 음악을 연주하는 경우나, 사사로이 화폐를 주조하는 경우, 빚을 지고도 계약을 어겨 갚지 않는 경우, 놀이를 하면서 노름을 하는 경우, 성안의 길거리나 사람이 많은 곳에 까닭 없이 함부로 수레나 마차를 몰고 달린 경우, 그릇·용구 등의 물건을 조잡하게 만들었거나 견·포 등을 정해진 치수보다 짧거나 좁게 해서 판 경우, 제방을 몰래 무너뜨리는 경우, 불이 난 것을 보고 알리지 않거나 끄지 않은 경우 등이다.

제11편 포망률捕亡律 18조 : 포란 체포, 망은 도망·탈주이다. 주요 규정은 장교와 하급 관리가 범인을 쫓아 체포하는 경우, 군사 원정에서 도망가는 경우, 사정을 알면서도 죄인을 숨겨 주는 경우 등이 있다.

제12편 단옥률斷獄律 34조 : 단은 판결, 즉 심판한다는 뜻이다. 옥은 범인을 감금하는 곳인데, 소송도 또한 옥이라고 한다. 주요 규정은 죄를 판결할 때 율·영·격·식의 해당 조문을 인용하는 규정이라던가, 죄수들을 구금하지 않은 경우나, 관리가 죄를 증감시킨 경우, 판결이 법과 같지 않은 경우가 있다.

4. 당률의 계급적 본질

당률은 전통사회의 경제를 토대로 지주계급의 의지를 표현한 것이다. 따라서 그 임무는 지주계급의 전제 정치를 공고히 하고, 통치질서를 수호하며, 관료의 특권을 보장하는 것이었다. 당률은 바로 이 두 가지 기본 임무를 바탕으로 각종 사회관계를 조정했다. 이러한 원칙을 반영한 조항이 십악十惡·의議·청請·감減·속贖·관당官當의 각 조였다.

(1) 십악十惡

십악은 수·당의 율전律典에는 사면해서는 안 되는 10가지 죄명을 가리키며, '십악 불사不赦'라고 했다. 당률소의에 "다섯 가지 형벌(五刑) 중 십악은 매우 절박하니, 명분과 교화를 손상시키고, 사대부의 체면을 무너뜨리기에 특별히 첫머리에 편집해 명분과 계율로 삼는다"고 했다. 십악은 북제율의 '중죄 10조'를 고쳐 수의 개황률에서 최초로 십악이란 법률을 만든 것이다. 그 내용은 첫째 모반謀反, 둘째 모대역謀大逆, 셋째 모반謀叛, 넷째 악역 惡逆, 다섯째 부도不道, 여섯째 대불경大不敬, 일곱째 불효不孝, 여덟째 불목不睦, 아홉째 불의不義, 열째 내란內亂이었다. 십악을 범하거나 고의로 사람을 죽여서 형벌이 확정된 경우에는 사면을 받더라도 계속 제명을 시켰다. 당은 무덕 이래로 십악에 관해, "개황을 따라 빼고 더함이 전혀 없게 했다."

십악 중 앞의 3조는 주로 농민 반란과 통치계급 내부의 반역을 진압하기 위한 것이었다. 그래서 그 내용은 주로 적도율賊盜律 안에 있었다.

① 모반謀反

"사직을 위태롭게 하는 것"이다. 사직은 원래 고대 제왕이나 제후들이 제사를 지내는 토지신과 곡물신을 가리키는데, 국가와 군주를 칭한다. 『예기』 「곡례」에 "국군國君은 사직을 위해 죽는다"라든가, 또는 『예기』 「단궁」에 "방패와 창을 들어서 사직을 지킨다"는 말에서 사직은 모두 국가를 의미한다. 당률에서 모반은 당 왕조를 전복시키는 활동을 가리킨다. 그러므로 십악의 맨 앞에 놓고 최대의 범죄로 간주했다.

당률 적도율에는 모반한 자는 우두머리건 따르는 무리건 모두 참형에 처한다고 규정했다. 또 아버지와 16세 이상의 아들은 모두 교수형에 처하고, 15세 이하의 아들, 모녀·처첩·조부·형제·자매 또는 부곡部曲·자재資財(동산)·전택田宅(부동산)은 모두 관에서 몰수했다. 백숙부·형제의 아들은 유형 3천리에 처한다고 규정했다. 모반 행위가 있었으나, "군중을 선동하지 못하거나 사람을 통솔할 위력이 모자라도 또한 참수형에 처한다"고 했다. 부자, 모녀, 처첩은 모두 유형 3천리에 처했으나, 재산은 몰수하지 않았다.

적도율에서 "입으로는 반反[89]하겠다고 말은 했으나 마음에는 실질적인 계획이 없고, 모반의 증거를 찾을 수 없는 경우에는 유형 2천리에 처한다"고 규정했다. 이른바 마음에 실질적인 계책이 없다는 것은 진정한 모반 계획이 없음을 말한다. 죄상을 찾을 수 없다는 것은 모반의 행위가 없었음을 말한다. 단지 "함부로 엉뚱한 소리를 하고," 왕조 통치에 대해 불만의 말을 제멋대로 해대면 유형 2천리였다.

② 모대역謀大逆

"종묘·산릉·궁궐을 훼손하는" 것이다. 종묘는 황제의 가묘家廟, 산릉은 황제의 무덤, 궁궐은 황제가 거주하는 궁전이다. 무릇 종묘·산릉·궁궐을 훼손하고자 도모하는 행위는 모대역으로 간주했다. 소에 "이 조항에 해당하는 자는 기강을 범해 순리를 따르지 않고, 도리를 어기고 덕을 배반하니, 반역 행위가 이보다 큰 것이 없으므로 대역이라 한다"고 했다.

당률에 모대역에 대한 처벌은 모반과 동일하여 주모자나 추종자를 막론하고 모두 참수형에 처한다고 했다. 아버지와 16세 이상의 아들은 모두 교수형이며, 15세 이하의 아들·모녀·처첩·조부·형제·자매·부곡·재산·전택은 모두 몰수했다. 백부·숙부·형제의 자식들은 모두 유형 3천리였다. 모반과 다른 점은, "반反은 단지 모의를 시작하다가 그친 것이고, 대역은 그 행위가 저지르

는 것이다." 즉 전자는 단지 모의를 하다가 걸려서 반역죄가 성립된 것이고, 후자는 모반 행위를 하여 대역죄가 성립된 것이다.

③ 모반謀叛

배신해 적에 투항하는 것이다. "나라를 배반하고 괴뢰를 따르려고 꾀함을 말한다." 소에 "사람이 자기 나라를 배반하고 적국으로 투항을 꾀하거나, 성을 가지고 적국에 항복하려 하거나, 관할 지역을 가지고 외국으로 달아나려 하는 행위"는 모두 모반죄가 된다고 했다. 당률 적도율에서 "무릇 모반한 자는 교수형에 처한다. 이미 착수한 자는 모두 참수형에 처한다"고 규정했다. 모반에 대한 형벌 처리 원칙은 다음과 같았다. 도모만 하고 행동으로 실현하지 않았는데 발각되면 주모자는 교수형에 처하고, 추종자는 유형에 처했다. 무릇 모반한 본인은 참수형에 처하고, 처자는 유형 2천리에 처했다. 만약 거느린 무리가 100명 이상이면 부모·처자는 유형 2천리에 처했다.

④ 악역惡逆

"조부모·부모를 구타하거나 죽이려고 하며, 백부모·숙부모·고모·형·누나·외조부모·남편·남편의 조부모와 부모를 살해한 것"을 말한다. 백부모·숙부모부터 그 이하는 살해를 해야만 죄가 되고, 도모했으나 죽이지 않았으면 '불목不睦'으로 판정 처리했다.

⑤ 부도不道

인간의 도리를 완전히 상실한 것을 가리킨다. 소에 "잔혹한 살인을 태연히 범해 정도를 위배했으므로 부도라 한다"고 일컬었다. 그 주註에 "한 집안에서 죽을죄를 짓지 않은 세 사람을 한꺼번에 살해하거나, 사람을 살해해 절단한 행위와, 고독蠱毒90)을 제조하거나 기르고 염매厭魅91)한 행위를 말한다" 했다.

---

90) 고독蠱毒이란 여러 종류의 충蟲을 사용해 비전의 사법邪法으로 제조한 독毒이다. 사람을 해치는 힘이 있다고 믿어졌다. 당률소의唐律疏議 적도율賊盜律 15(조축고독造畜蠱毒). —역주

91) 염매厭魅란 나무나 종이에 사람의 형상을 새기거나 그려 놓고, 바늘로 찌르거나 수족을 묶는 등의 주술적 행위를 행함으로써 타인의 운명이나 행동을 자신의 의지대로 움직이려는 것을 말한다. 당률소의唐律疏議 적도율賊盜律 17(증오조염매憎惡造厭魅). 단 주술에 의해 타인의 생명이나 건강을 해치려고 하는 경우에 한해 부도죄不道罪가 적용되며, 조부모나 부모에게 사랑을 받고자 한 경우에는 불효죄不孝罪가 적용된다. —역주

⑥ 대불경大不敬

황제에 불경하거나 안전을 위협하고 해로움을 조성하는 행위를 말했다. 대불경의 범위는 매우 넓어 대사大祀에 바치는 물품을 훔치는 것까지 포괄했다. 즉 황제가 신을 공경해 추모하는 의식에 쓰는 물건 및 황제의 어물을 훔치거나, 황제의 도장과 국새를 훔치고 위조하거나, 황제의 약제를 조제하는 데 처방대로 하지 않거나, 황제의 음식을 조리하는데 식경食經에 따르지 않고 잘못해 식금食禁을 어기거나, 황제의 배(船)를 견고하게 하지 않거나, 황제를 비난하는 마음이 매우 위험하거나, 제칙을 받들고 지방으로 나가는 사신에게 예의를 갖추지 않는 경우도 모두 대불경이었다.

⑦ 불효不孝

직계 손윗사람을 거역하는 언행을 가리킨다. 소에 "부모를 잘 섬기는 것을 가리켜 효라고 한다. 거스르고 범하는 것이 있으면 이것을 불효라고 한다"고 했다. 효는 예의 중요한 내용으로 그것이 포괄하는 범위는 매우 넓다. 주註에 "조부모·부모를 고발하거나 저주하고 욕하는 행위, 조부모·부모가 살아 있음에도 호적을 달리 하거나 재산을 나누는 행위,92) 또는 공양을 거르는 행위, 부모의 상중에 몸소 처를 취하고 음악을 연주하며 상복을 벗고 길복을 입는 행위, 조부모·부모의 상을 듣고도 상복을 하지 않았거나, 조부모·부모가 죽었다고 사칭한 행위"를 일컬었다. 위에서 하나의 항목만 갖추어도 불효에 해당했다.

⑧ 불목不睦

친족 사이에 서로 침범하는 행위를 말했다. 소에 "『예기』에 '믿음을 두터이 하고 친목을 돈독히 한다' 했고, 『효경』에 '백성이 이로써 화목하다'고 했다. 이 조문의 규정은 모두 친족 사이에 서로 침범해서 구족93)이 화합·친목하지 못한 것이므로, 불목이라고 한다"고 일컬었다. 주에서 "불목이라는

---

92) 별적別籍이란 호적상 독립호獨立戶가 되는 것이고, 별재別財란 실생활에서 가산家産을 분할해 독립 가계家計를 꾸리는 것이다. —역주
93) 동성 직계인 고조·증조·조·부·본인·자·손·증손·현손이라는 해석과, 이성異姓이 포함된 부족父族 4, 모족母族 3, 처족妻族 2라는 해석이 있다. —역주

것은 시마緦麻 이상의 친족을 모살하려 했거나 팔아넘긴 행위이다. 또 남편, 대공친大功親 이상 어른, 소공친 존속을 구타하거나 고발한 행위를 말한다”고 언급했다.

⑨ 불의不義

소에 “예에서 우러르는 것은 그 도의를 높이는 것이다.[94] 이 조항은 원래 혈속에 관계된 것이 아니므로 단지 서로 도의에 따를 뿐이다. 도의를 저버리고 어짊에 어긋난 행위이므로 불의라고 한다”고 일컬었다. 이 조목은 혈연관계에서가 아니라, 의로써 서로 따르는 것을 말했다. 관부가 관할하는 서민이나 아래의 관료들로 하여금 상관에게 복종하도록 하고, 남편이 죽었을 때 아내는 곡을 하는 것 등이었다.

⑩ 내란內亂

친족 사이의 윤리를 위반하는 음란한 행위였다. 소에 따르면, “『좌전』 환공 18년에 ‘여자에게는 남편이 있고, 남자에게는 아내가 있으니 서로 더럽힘이 없어야 한다’고 했다. 이 원칙을 어지럽히면 음란하게 된다. 금수 같이 행동해 집안에서 무리로 음탕한 짓을 하면, 예의 대원칙을 문란케 한 행위이다. 그러므로 이것을 내란이라고 한다”고 언급했다. 주에서 “소공小功 이상 친족을 간음한 행위와, 부·조의 첩과 간음하거나 화간 행위를 말한다”고 일컫고 있다.

(2) 의·청·감·속·관당·면관

① 의議

팔의八議를 말한다. 조위율曹魏律 이래 규정한 8가지 종류의 범죄로서, “형벌의 가볍고 무거움은 법조문에 따르지 않는다”고 했다. 죽을죄를 범해 처형되어야 하면 법률 규정에 의거하지 않고, 그때그때 황제의 판단에 따랐다.

첫째는 의친議親이다. 친은 황제의 내외 친족이다. 의친의 범위는 황제의

---

94) 『예기禮記』 「교특생郊特牲」.

단문袒免 이상의 친척과 태황태후와 황태후의 시마 이상의 친척, 황후의 소공 이상의 친척을 포함한다. 단문 친척은 예에 의거해 다섯이 있다. 고조의 형제, 증조의 사촌 형제, 조부의 육촌 형제, 부친의 팔촌 형제, 자신의 십촌 형제이다. 시마는 넷이 있다. 증조의 형제, 조부의 사촌 형제, 부친의 육촌 형제, 자신의 팔촌 형제이다. 소공은 셋이 있다. 조부의 형제, 부친의 사촌 형제, 자신의 육촌 형제이다. 의친의 대상이 상당히 광범위함을 알 수 있다.

둘째는 의고議故이다. 고란 황제의 옛 친구다. 소에 이르기를 "오랫동안 시중들고 보아 왔으며, 황제와 같이 지낸 시간이 긴 사람을 이른다"고 했다.

셋째는 의현議賢이다. 현은 큰 덕행을 하는 현인을 가리킨다. 소에 "현인은 군자이며 말과 행동이 법대로 곧은 사람을 이른다"고 한다. 전통적 도덕으로 수양된 바가 있어서 사람들의 모범이 되는 사람을 뜻한다.

넷째는 의능議能이다. 능은 큰 재능을 지닌 사람이다. 소에 이르길 "군대의 행군을 질서 정연히 할 수 있거나, 정사에 참석하고, 황제의 도리를 보필해, 모든 사람의 사표와 모범이 되는 사람을 말한다"고 한다.

다섯째는 의공議功이다. 공은 국가에 큰 공훈이 있는 자를 가리킨다. 소에 이르길 "적장을 베고 적기를 빼앗으며, 만리에 원정해 적의 예봉을 꺾거나, 무리를 이끌고 귀화했거나, 국가의 위급을 안정시켰거나, 국가를 간난으로 부터 바로잡아 구함으로써, 큰 기(太常)95)에 공이 기록된 사람을 말한다"고 한다. 즉 전쟁에서 적장의 목을 베고, 견고한 적의 방어를 부수고 또는 무리를 거느리고 귀순함으로써 큰 공훈을 세운 사람이다.

여섯째는 의귀議貴이다. 귀란 관료 귀족을 가리킨다. 가령 직사관이면 3품 이상, 산관이면 2품 이상, 작위의 경우 1품인 사람이다. 소에 이르길 "영에 의거하면 업무를 관장하고 있는 관을 직사관이라고 하며, 관장하는 업무가 없는 관을 산관이라고 한다. 작爵은 국공國公 이상을 말한다"고 한다. 즉 조정의 중요 직위에 자리 잡고 있는 상층 관료 귀족 집단이다.

---

95) 『주례周禮』「춘관春官·사상司常」. —역주

일곱째는 의근議勤이다. 근은 공직 기간 중에 아주 부지런히 일한 사람을 가리킨다. 소에 이르기를 "장군이나 고위 관리로 있을 때 근신해 아침부터 밤늦게까지 부지런히 공무를 수행하거나, 또는 먼 지역에 사신으로 가서 험난함을 무릅쓴 사람을 가리킨다"고 한다. 즉 문무 고급 관리가 직무를 지키는 데 충실하고, 사사로움을 잊고 공무에 충실하며, 변경 지역에 관리로 나아가 혼란하고 위험한 것을 극복하는 것이다.

여덟째는 의빈議賓이다. 빈은 전 왕조의 귀족이다. 소에 이르길 "옛날 무왕이 상商을 함락하고, 하후夏侯씨의 후예를 기杞에 봉하고, 은殷씨의 후예를 송宋에 봉했다. 그와 마찬가지로 지금은 북주의 후예를 개공介公으로 하고, 수의 후예를 휴공酅公에 봉해 모두 국빈으로 삼았다"고 한다.

위에서 기술한 '팔의'에 해당하는 사람이 죽을죄를 범해도 "관할 부서에서는 감히 죄를 결정하지 못하며," 사법기관도 직접 처리할 수 없고, 죽어마땅한 죄를 범한 이유와 팔의 가운데 어느 종류의 신분에 속하는지 등의 사항을 먼저 황제에게 소상히 상주한다. 황제에게 사법기관과 관련 기관이 상서성 사무실인 '도성都省'에 모여서 향후 처리를 상의할 것을 허락하도록 간청했다. 즉 도성은 집단으로 어떻게 처리할 것인지 상의한다. "의정·상주·재판 모두 반드시 신속히 결정을 내려야 한다." 상의를 거친 뒤에는 다시 황제에게 알려 판결 결정을 청한다. 일반적인 상황에서 의논을 거친 경우에는 모두 감형을 할 수 있다. 그러나 십악을 범한 자는 그 규칙이 적용되지 않는다. 왜냐하면 십악을 범한 경우에는 죽을죄라도 상주할 수 없으며, 유형죄 이하라도 감형할 수 없었다.

② 청청請請

명례율名例律에 "황태자비의 대공 이상 친족과, 의논할 자격이 있는 자의 기년복 이상 친족 및 손자, 관작이 5품 이상인 자가 죽을죄를 범한 경우 청장을 적용할 것을 상주한다"[96]고 규정했다. 대공 친척은 청장을 상주해

---

96) 김택민·임대희 주편, 『역주 당률소의―명례편』(한국법제연구원) 참조. ―역주

석방을 했다. 소에 이르기를 "기친期親은 백숙부모·고모·형제·자매·처·자 및 형제의 아들 등을 말한다"고 한다. 아울러 증조·고조도 포함한다. "손자까지 미친다는 것은 적손嫡孫[97]이나 중손衆孫[98] 모두 그렇다는 것이며, 증손과 현손의 경우도 같다. 자부나 손부의 복服은 비록 가벼우나 정의가 두터우므로 기친의 예와 같이 한다"[99]고 한 데에서, '청'의 규모와 격식은 '의'보다 낮지만 '청'을 받을 수 있는 사람들의 범위가 훨씬 더 넓어 혜택이 많았음을 알 수 있다. 위에 기술한 청할 자격이 있는 사람이 죽을죄를 범할 경우 모두 황제권의 결단을 청할 수 있었다. 그러나 유형 이하 죄를 범한 사람은 상청을 이용할 수 없고 처벌을 1등급 감해 주는 예를 따랐다. "그러나 십악을 범했거나, 반역에 연좌되었거나 고살·투살·모살 등으로 살인한 경우에는, 주범과 종범을 가리지 않으며, 그 관할 구역 안에서 여자를 간음했거나, 절도했거나, 사람을 약취했거나, 재물을 받고 왕법한 경우에는 청장을 적용받을 수 없다."

③ 감減

유형 이하의 죄를 범해 감형되는 특전을 누리는 것이다. 명례율에는 "7품 이상 관원과, 관품이나 작위로 청장을 적용받을 수 있는 자격이 있는 자의 조부모·부모·형제·자매·처·자손이 유형 이하의 죄를 범하면, 각각 일등을 감하는 예에 따른다"[100]고 규정한다. 감하는 폭은 청보다 낮으나, 감형 받을 수 있는 범위가 '청'에 비해 더 광범위해 폭넓게 혜택을 누림을 알 수 있다.

④ 속贖

유형 이하의 죄를 범했을 때 돈으로 죄를 씻을 수 있는 것을 가리킨다. 명례율에는 의장과 청장과 감장을 적용받을 수 있는 자와 9품 이상 관원, 또는 관품에 의해 감형될 수 있는 자의 조부모·부모·처·자손이 유형 이하의 죄를 범하면, 속면을 허용한다[101]고 규정했다. 그러나 아래의 상황 중 하나인

---

97) 정처正妻가 낳은 큰아들의 큰아들. —역주
98) 적손嫡孫 이외의 손자. —역주
99) '자손子孫의 부婦'를 '기친期親의 예와 같이 한다'고 하는 것은 율에 근거가 없는 소疏의 독자적인 의견이다. 이 조항에 한하는 해석이고 일반적인 원칙을 말한 것은 아니다. —역주
100) 당률소의唐律疏議 명례名例 10(칠품이상지관七品以上之官 : 감장減章). —역주

경우에는 범죄가 납속될 수 없다. 예를 들면, 관당102)해야 할 자는 당연히 관당법에 따라 관당 절차로 형벌을 감면받는다. 그러나 가역류형加役流刑, 반역죄에 연좌된 유형, 자손이 범한 과실로 인한 유형,103) 불효로 인한 유형,104) 사면령이 내려도 여전히 유형에 처해야 하는 경우105)에는 죄가 무겁기 때문에, '감장'이나 '속장'의 특권을 향유할 수 없다.

⑤ 관당官當

관품으로 죄를 저당抵當하는 것을 말한다. 당은 저당한다는 의미이다. 당은 수의 제도를 따라 5품 이상은 한 사람에 도형 2년을 관당하게 하고, 9품 이상은 도형 1년을 관당하게 했다. 만약 공죄公罪를 범한 경우는 각각 1년을 더해 관당했다. 또한 관이 유형을 관당하는 경우에는 3등급의 유형 모두를 도형 4년으로 간주한다고 규정했다. 만일 죄는 가벼운데 관품이 크면 관에 머무르게 하고 속금贖金을 받는다. 죄가 큰데 관품이 작으면 남은 죄는 속금을 받는다. 이렇게 죄를 저당했기 때문에 관을 떠난 자는 1년 후에 본래의 관에서 1등급 낮추어 임용했다.

⑥ 면관免官

관직을 박탈하는 형벌이다. 면소거관免所去官,106) 면관, 제명의 3등급으로

나눈다. 법률에 따르면, 면소거관은 1년 후에 원래의 품계에서 1등급 내려 임용한다. 면관은 3년 이후에 원래 품계에서 2등급 내려 임용한다. 제명의 경우에는 6년 이후 그 출신법에 따라 임용한다. 그들이 죄 때문에 면직되더라도 일정 시기가 지나면 다시 임용될 수 있으므로 '면관'도 하나의 특권이라 할 수 있다.

5. 당률의 역사적 의의

당률은 지금까지 전해 내려온 법률 가운데 최초이자 가장 잘 갖추어진 전통 법전이다. 이 법전은 중국 전통사회의 흥성 시대, 즉 당이 고도로 발전한 경제·정치·문화 수준을 바탕으로 당 이전 왕조들의 입법·사법 경험을 종합했기 때문에 우수한 내용과 제도를 집대성할 수 있었다. 당률은 당시 사회생활 여러 분야의 풍부한 내용을 포함하고 있어, 전통적 율전의 본보기를 갖추게 되었다. 동시에 당 이후 역대 율전의 모범이 되었다.

당률은 중국 법제사의 발전 단계에서 위를 계승하고 아래를 일깨우는 역할을 했다. 청대 대학자인 손성연은 「중간고당률소의서重刊故唐律疏議序」에서 "당률을 읽지 않고서는 선진先秦 역대 율령의 변혁 원인들을 알지 못한다"라고 말했다. 바꾸어 말하자면, 당률을 읽으면 바로 역대 율전이 변화한 순서의 관계와 내력을 해석하는 데 도달할 수 있다는 말이다.

당률은 아시아 여러 국가의 율전에도 큰 영향을 미쳤다. 고도로 발전한 당의 정치·경제·문화는 당시 세계적인 선진 문명국가를 이룩했다. 각국과 더불어 경제적인 무역과 우호적인 교류가 번성했으며, 특히 동아시아 각국은 사절을 파견하고 많은 유학생이 중국에 와 선진 문화와 각종 전장典章 제도를 배웠다. 당률은 '화외인化外人'107)에 관한 전문 조항을 두어 중국에

---

107) 화외인은 교화가 미치는 지역 밖에 있는 사람, 곧 외국인을 말한다. 화외인에 관해서는 당률소의唐律疏議 명례名例 48 '화외인상범化外人相犯'에 "화외인이란 번이蕃夷의 나라로서 달리 군장君長을 세운 자를 말한다. 각각 풍속이 있고 제도와 법이 같지 않다"고 정의되어 있다. ―역주

있는 외국인에게 발생하는 법률관계를 처리하는 원칙을 규정해 그들의 합법적 권익을 보장했다. 당률이 전형성을 구비한 전통적 율전이며 통치자의 요구에 부합하기 때문에, 그들도 중국 문화를 학습하면서 당률을 본국에 도입해 자국의 상황에 결합시켜 자신의 법제를 완벽하게 했다.

아시아에서 가장 뛰어나게 당률을 모방한 곳은 일본인데, 중국 역사학자 곽말약은 "수·당 양대에 적지 않은 승려나 학생을 중국에 파견해 중국의 문화와 각종 상부 구조의 내용을 거의 통째로 실어갔다"[108]고 지적했다. 거기에는 자연히 법률 문화도 포함되어 있었다. 일본 학자 구와바라 지쓰조(桑原騭藏)는 "일본의 다이호리쓰(大寶律)는 대체로 당률을 채용한 것이고, 단지 일본의 국정을 다시 고려해 삭제하고 보탤 것을 헤아린 데에 불과하다"[109]고 말했다. 가령 일본은 당률의 '팔의八議'를 받들면서도 의근·의빈을 삭제해 육의六議로 줄였다. 십악에서 불목·내란을 삭제해 팔학八虐으로 바꾸어 만들었다. 형벌의 이름을 정한 제도에서 다이호리쓰는 당률의 태형·장형·도형·유형·사형의 오형을 따랐다. 단지 유형만은 거리로 계산하지 않고, 근류近流·중류中流·원류遠流라는 3등급으로 정했다. 죄명 또한 난입궁전,[110] 범비犯蹕[111]·지척승여指斥乘與·사도관私渡關 등 모두 당률과 마찬가지였다.

한반도 국가의 고대 율전 또한 당률을 많이 모방했기 때문에『고려사』「형법지」에 "고려 일대의 제도는 대체로 모두 당의 것을 모방했다. 형법도 역시 당률을 채용해 시의적절히 참작하여 그것을 이용했다"고 기록했다. 베트남 고대 법전도 당률을 모방한 것이다. 이씨 왕조의 이태종이 명도 원년(1042, 송宋 경력慶歷 2)에 반포한 형서刑書 3권과 진씨陳氏 왕조의 태종이 건중 6년(1230, 송 소종紹定 3)에 제정한 국조통제國朝通制 20권 가운데 국조형률에서 모두 기본적으로 "당송의 제도를 따르고 이용한 것이며, 단지 늦추고 줄이는

---

108) 곽말약郭沫若,『금석포검今昔浦劍』「일본 민족 발전 개황」.
109) 구와바라 지쓰조(桑原騭藏),『중국법제사논총中國法制史論叢』제363쪽. 대보율령大寶律令은 율률이 6권이고 영令이 11권인데, 문무천황文武天皇 대보大寶 원년元年(701)에 반포되었다.
110) 궁전에 무단으로 들어가는 것. ―역주
111) 황제가 행차할 때 통행을 금해 길을 막는 것. ―역주

정도가 있고 때때로 더하고 뺀 것이 있다"고 했다. 후에 여黎씨 왕조의 홍덕형률鴻德112)刑律도 역시 "수·당 법제를 참고하고 이용한" 것이며, 아울러 "역대에 이에 따라 행함으로써 헌憲이 되었다"113)고 한다. 이처럼 당률의 영향은 송·원·명·청만이 아니라, 일본, 한반도 국가, 베트남 등 아시아 각국까지 미쳤다. 심지어 세계 법계에서도 독자적인 특색을 가진 중화 법계를 형성했다.

---

112) 홍덕洪德이라고도 함. —역주
113) 반휘주潘輝註, 『역조헌장류지歷朝憲章類志』「형률지刑律志」.

제3장 행정입법

제1절 삼국 양진 남북조의 행정입법

이 시기에 중국은 대부분 분열 할거 상태에 있었으나, 군주 전제가 발전함에 따라 각 왕조가 수립한 행정관리 체제도 그를 강화하는 추세로 나갔다.

1. 3성省의 출현

(1) 상서성尙書省의 설립

상서대尙書臺는 동한 때 생겼다. 황제의 지지를 얻어 재상의 직권을 행사함으로써 상서의 직권은 더욱 중요해졌다. 그러나 재상 기구의 이름은 없었으며 조직상 소부少府에 예속되었다. 상서의 녹봉은 천석에 불과했고 직권상 중대한 문제는 여전히 품급이 만석인 '3공'이 결정했다. 삼국 양진 남북조 시대에 이르러 상서대는 점점 소부와 분리되어, 서진 때는 6대조六大曹 아래에 36소조小曹로 직임을 나누었다. 이때부터 상서령이 재상의 직권을 맡아 모든 행정권이 상서성에 귀착되면서 마침내 상서성이 형성되었다. 조직과 직권으로 보자면, 이 시기에는 여전히 동한 이래의 녹상서사錄尙書事 제도를 답습했다. 황제가 지정한 측근 중신이 겸직했기 때문에 "직무를 총괄하지 않는 것이 없다"[114] 했고, 정식으로 재상으로 불렀다. 남조의 녹상서사 유의 강劉義康은 "큰일은 모두 자신이 결단을 내렸으며, 생살生殺의 큰일은 녹명錄命으로 판단했다. 상주하는 것마다 받아들여져서 불가한 것이 없었다. 또한 방백方伯 이하의 임용은 유의강에게 맡겼다"[115]는 것을 보면, 이 시기 녹상서

---

114) 『송서宋書』「백관지百官志(상)」.
115) 『송서宋書』「팽성왕彭城王 의강전義康傳」.

사는 최고의 행정장관이었음을 알 수 있다. 그러나 녹상서사는 상설된 제도는 아니었다. 남조의 송명제宋明帝는 "이제 녹상서사를 생략했으나, 상서령은 옛날의 녹상서사錄尚書事의 지위에 머무는 것이 편하겠다"116)고 했다. 북위의 고조高肇는 상서령이 되어 "권력을 독점하여 주거나 빼앗는 권한이 모두 맡겨져," "그를 따르는 자는 열흘이나 한 달 만에 등급을 뛰어넘어 승진하고, 그를 등지는 자는 대죄로 모함했다"117)고 한다. 당시 상서령의 권력이 얼마나 막대했는지 알 수 있다.

(2) 문하성門下省의 설립

동한 영제靈帝 희평熹平 6년에 문하성의 전신인 시중시侍中寺가 설치되어 시중과 황문시랑黃門侍郎을 두고 초기에는 주로 궁문의 안전을 책임지게 했다. 뒤에는 조직과 직권을 끊임없이 확대했다. 한대漢代 시중의 직위는 낮았으나 항상 황제 가까이 있었기 때문에 측근이 되었다. 위진魏晉 시대에 이르러 시중이 주로 정치를 담당하게 되어 황제는 학식이 해박한 사람에게 이 직무를 맡겨 직위가 날로 커졌다. 진晉 때 임개任愷가 시중이 되어 "정사를 많이 의논하고," "대소 기관을 총괄했으며," 상서령 가충賈充에 대해, "항상 재裁하고 억제했다"118)고 한다. 당육전 권6의 주에 "진대부터 비로소 문하성이 있었다"고 하며, 남북조 시대에야 비로소 재상의 직권이 생겼다. 『송서』「왕화전王華傳」에, 왕화가 시중이 되어 다음과 같이 탄식했다고 나온다. "재상이 여러 명이 있어 일을 처리하니, 천하를 어찌 마음대로 다스리겠는가!" 이는 당시 상서성과 함께 문하성이 생겨 상호 견제 작용을 했음을 말해 준다. 양무제梁武帝는 시중을 재상으로 삼았으며, 북위北魏 또한 시중이 정치를 보좌한 경우가 많았다.

---

116) 『송서宋書』「왕경문전王景文傳」.
117) 『위서魏書』「고조전高肇傳」.
118) 『진서晉書』「임개전任愷傳」.

(3) 중서성中書省의 설립

　『통전通典』「직관職官 3」에 "중서관은 오래되었는데, 이를 중서성이라고 부른 것은 위진에서 시작되었다"고 한 것을 보면, 중서성이 위진 시대에 형성되었음을 알 수 있다. 중서의 명칭은 한 무제 때 처음 나타나고 직무는 상서와 동일했는데, 사인士人이 이 직책을 맡으면 상서라 하고, 환관이 맡으면 중서라 했다. 나중에는 독립적인 기구로서 장관은 중서령이 되어 황제의 신임을 얻으며 항상 여러 가지 일을 맡게 되자 권세가 날로 커졌다. 사서에서 한 원제元帝 때 중서령 석현石顯은 "일이 크든 작든 분명하게 해결했기 때문에 은총이 조정의 누구보다 뛰어나서 모든 관료는 모두 석현을 존경해 섬겼다"119)고 한다. 동한 말 조조가 위왕이 되었을 때, 상서령의 권력이 막중한 것을 보고 비서령秘書令을 두고 상서성에 상주되는 일을 맡겼는데, 이는 신설된 비서秘書 기구를 통해 상서의 권한을 분할한 것이다. 그 아들 조비가 황초黃初 원년에 비서령을 중서령으로 고쳐서 사인士人을 임명하고, 아울러 중서령 위에 중서감中書監을 설치하고, 중서령을 그 차관(副)으로 삼아 마침내 중서성이 형성되었다. 진대에 중서감령中書監令의 권세는 더욱 커져서 항상 재상이 겸직 관할함으로써 요직으로 여겨졌다. 당시 순욱荀勖은 중서감령에서 상서령에 임명되어 실의에 빠진 나머지 얼이 빠져 있었는데, 어떤 사람이 그에게 축하하자 순욱이 "나는 봉황의 못을 빼앗겼는데 여러분들은 어찌 나를 축하하는가!"120)라고 대답했으니, 당시 중서감령의 지위가 대단했음을 알 수 있다. 동진東晋 남조에 이르러 사도司徒 등 재상 고관도 중서령을 겸직하지 않으면 실권이 없었기 때문에, 이 시기의 세가世家·대족大族들이 다투어 임용되고자 했다.

　3성의 잇따른 형성으로 9경九卿의 권한이 침해되었으나, 진·한 시대 이래로 여전히 존재했다. 다만 양무제는 불교를 맹신해 9경을 12경으로 고치고 춘하추동 사시에 따라서 12경을 넷으로 나누어 태상경太常卿·종정경宗正卿·

---

119)『한서漢書』「석현전石顯傳」.
120)『진서晋書』「순욱전荀勖傳」.

사농경司農卿을 춘경으로, 태부경太府卿·소부경少府卿·태복경太僕卿을 하경으로, 위위경衛尉卿·정위경廷尉卿·대장경大匠卿을 추경秋卿으로, 광록경光祿卿·홍로경鴻臚卿·태주경太舟卿을 동경으로 삼았다. 북조는 진·한의 9경제를 답습했다. 북위 태화太和 5년부터 비로소 9경에 각각 소경 1인을 두고 차관으로 삼았다. 북제는 경을 시寺로 고쳐 '9시九寺'라 했다. 이에 따라 중앙 부서의 명칭이 관명과 구별되었다. 이상의 기구는 주로 황실에 복무한 것으로, 여러 가지 행정기관이 황실 사무가 증가함에 따라서 기구도 확대되었다.

2. 지방행정 체제의 주·군·현 3급제 시행

이 시기 지방행정 관리체제는 동한 이래의 주·군·현 3급제를 답습하고 있었다.

(1) 주州

주의 장관은 주목州牧 또는 자사刺史라고 불렀다. 그 속관屬官은 별가別駕·치중治中·병조兵曹·주부主簿 등이 있어 각 조목의 구체적인 사무를 담당했다. 자사는 전쟁에 대처하고 인민 봉기를 진압하기 위해 병권을 겸해 통솔할 때가 많아 '도독제주군사都督諸州軍事'라고도 불렀다. 사마씨司馬氏 3대는 모두 이 직무를 맡아 위의 군사권을 장악했다. 북조는 이를 '총관모주군사總管某州軍事'라고 불렀다. 그 책임이 막중한 자는 '사지절도독使持節都督'이 되었는데, 이 직함을 더한 자의 권력이 막강해 황제를 대신해 2천석의 관원을 죽일 수 있을 정도였다. 그리고 '지절도독持節都督'이나 '가절도독假節都督' 직함을 겸용한 경우에는 권한이 약했다. 자사는 이러한 실제적 직함과 함께 군·정·감찰의 대권을 한 몸에 집중했기 때문에 권문세가와 높은 문벌의 가문 자제들은 서로 다투어 자사에 출임했다. 이러한 외중내경外重內輕의 형세 때문에 중앙에서 통제하는 데 어려움이 있어 지방행정 관리체제의 폐단이 되었다. 황제는 이렇게 자사권이 확대되어 할거 세력이 형성되는 것을 방지하기 위해 여러 방법으로 주군에 대한 통제를 강화했다. 예컨대 자사를 자신의 측근이나 자제로 선임하기도 하고, 자사의 속관인 별가를 '행사行事'라고 불러서 자사의 직권 대행을 특별히 명하고, 어떤 때는 별도로 자신의 측근을 파견해 '전첨典簽' 또는는 '전수典帥'라고 하며 주군을 감찰했는데, 그 권력이 매우 컸다.

(2) 군郡

군은 주 아래의 지방 행정기관인데, 한의 제도를 따라서 경사군京師郡과 지방군(外郡)으로 나누었다. 경사군의 장관은 윤尹인데, 위진 시대의 하남윤河南尹과 같은 것이다. 경사군은 경기 지방에 위치하고 있어서 안으로는 수도를 관장하고, 밖으로는 경기 지역을 통괄했다. 그리고 주민은 서로 다른 신분이 뒤섞여 살고, 호족과 상인이 많아 사회적 환경이 복잡했기 때문에 중요 대신이 임명되는 경우가 많았다. 진晉 무제武帝는 함령咸寧 3년에 조서를 내려 "하남군은 여러 군의 우두머리이니 그 풍속과 교화를 바르게 이끌어 널리 모범이 되게 해야 한다. 시중 봉차도위奉車都尉인 왕순王恂은 성실하고 충성스러우며, 재주는 안팎을 겸하고 다스려 교화하는 데에 밝다. 그러므로 왕순을 하남윤으로 삼도록 하라"121)고 했다.

지방군에는 태수太守(북주에서는 군수)를 두었는데, 당시 태수는 '장군' 직함을 겸해 한 군의 병권을 다스리는 경우가 많았다. 모든 군은 호구의 많고 적음에 따라서 거느리는 관원의 수를 결정했다. 규정에 따르면 "군국郡國의 호가 5천호가 되지 않으면 직리職吏 50인, 산리散吏 13인을 두고, 5천호 이상이면 직리 63인, 산리 21인을 둔다. 1만호 이상이면 직리 69인, 산리 39인을 둔다"고 했다. 경우에 따라 태수 밑에 승丞을 두었지만, 일반적으로 중정中正·주부主簿·녹사錄事를 두고, 북위의 군에는 중정 2인 및 녹사·호조戶曹·금조金曹·조조租曹·병조兵曹·법조法曹 등의 하급 관리가 있었다. 북제와 북주는 이것과 비슷했다.

---

121) 『태평어람太平御覽』 권252에서 인용한 진기거晉起居의 주註.

진晉 무제武帝는 황족의 자제 7인을 봉해 왕국을 세웠는데, 제도는 군郡과 같았고, 비교적 독립적인 정권·병권·재정권을 주었다. 그리고 왕을 보좌해 정무를 처리하는 상相을 두었는데, 관품은 군수에 상당했다. 이를 무제 태강太康 10년에 내사內史로 고쳤다. 이렇게 봉을 받은 왕들은 무제가 죽고 혜제惠帝가 즉위해 가후賈后가 정치를 어지럽히자 '8왕의 난'을 일으켰다.

(3) 현縣

현의 편제는 대체로 한과 비슷했다. 큰 현에는 장관인 영令 1인을 두고, 작은 현에는 장長 1인을 두어 현의 정무를 총괄하게 했다. 속관은 현의 인구와 호수의 다과에 의해 정했는데, 일반적으로 승丞·위尉·중정中正·주부主簿·공조功曹·녹조錄曹·금조金曹·적조賊曹·병조兵曹·이조吏曹 등을 두었다.

삼국 양진 남북조 시대는 전쟁이 빈번한 탓에 향리 제도가 파괴되어, 몇몇 강종强宗[122]·호우豪右[123]가 전란을 틈타 보루를 세우고 성채의 주인으로 자립해 지방의 패자覇者라고 자칭하기도 했다. 그러나 각 왕조는 중앙집권제를 강화해 모두 향리 제도를 강력하게 추진하여 위진 남조는 모두 현 아래에 향을 두고, 한의 제도를 답습해 삼로三老·유질有秩·색부嗇夫·유격游激 각 1인을 두어 향의 사무를 나누어 관장케 했다.

3. 구품중정제九品中正制의 선관제도

(1) 구품중정제의 출현과 선관 방법

동한 말년 지방 호족에 대한 황건 농민의 봉기와 통치계급 사이의 전쟁으로 인구의 유동이 매우 많아져서 전통 왕조의 인재 선발은 한대처럼 향당의 의견을 구하는 것이 불가능했다. 특히 몇몇 사족士族 지주들이 경제력을 토대로 관직 진출을 독점하고 정권을 조종했다. 위魏는 통치 안정을 위해 중앙정

---

122) 세력이 있는 종족. ―역주
123) 시골에서 세력을 떨치는 사람. ―역주

부에서 용인권用人權을 장악하고 사족 지주세력을 정치적으로 제한하려고 시도했다. 이 때문에 위문제魏文帝 조비의 즉위 후에는 상서령 진군陳群이 제출한 '구품관인법九品官人法'124) 제정 건의를 받아들여 구품중정제를 실시했다. 각 주군에 중정관을 설치하고, 주에는 대중정을 두며, 군에는 소중정을 두어 충실하고 통치 경험이 있는 사람을 뽑아 등급을 매겨 중앙에 추천케 했다. 그 방법은 다음과 같다. 중정관이 관할 지역에서 인물의 가문·덕행·재능에 따라 9품으로 나눈 후에 소중정이 대중정에게 보고해 사실을 확인케 하고, 마지막으로 중앙에 보고해 사도司徒가 결정하도록 한다. 중앙에서는 다시 품급에 따라 채용 여부와 직위의 고저를 결정한다. 높은 등급으로 평가되면 고위 관리가 되어 빨리 영전했고, 낮은 등급은 하급 관리가 될 수 있을 뿐이며 승진이 느렸다.

(2) 구품중정제의 실시와 그 폐단

이 제도를 실시한 최초의 목적은 "인재의 우열을 논하는 것이 세족의 높고 낮음으로 되어서는 안 된다"125)는 것이다. 또한 통치 재능이 있는 한문寒門을 배려해, 향당 평론의 규제를 받은 사람이 국가 중정관의 호평을 얻을 수 있도록 배려했다. 이는 한 말 이래 부패한 찰거察擧 제도에 대한 부정이며, 정부의 인재 선발에 있어 큰 진보라고 할 수 있다. 그러나 중정관을 현직에 있는 중앙과 지방의 고급 관리 중에서 선발했기 때문에 품평이 공정하지 못했다. 주로 선발된 자는 모두 대지주계급과 사족의 대표이고 품평이 공정하지 못하여 "높고 낮음은 제멋대로이고, 영예와 치욕은 손아귀에 있었으며," "좋고 싫음을 마음대로 정하고, 정위情僞는 자신에게 달렸다." 그래서 사족에게 편향되어 한문(중소 지주)은 제한을 받았다. 이 때문에 한문 서족庶族은 도덕이 고상하고 학식이 해박해도 선발되어 벼슬길에 오르기가 매우 어려웠다. 이리하여 품평 과정에 "상품에는 한문寒門 없고, 하품에는 세족勢族

---

124) 미야자키 이치사다, 『구품관인법의 연구』(임대희·신성곤·전영섭 옮김, 소나무, 2002) 참조.
125) 『송서宋書』「은행전恩倖傳·서序」.

없다"126)는 상황이 벌어졌다. 그 결과 구품중정제는 대지주계급이 벼슬길로 들어서는 독점 도구로 변질되어 버렸다. 중정이 품평하는 인재에 '사족'과 '한족'의 구별이 있었지만 그들 모두는 지주계급으로 농민이 발을 들여놓는 것은 근본적으로 허용되지 않은 것이 구품중정제의 성격이다.

구품중정제의 추진은 또한 사족 내부의 문벌제도를 한층 더 공고히 했다. 몇몇 사족은 오랫동안 우월한 사회적 지위를 장악하고, 사족과 비사족의 한계를 제도적으로 한층 공고히 했다. 이에 따라 남북조 시대에는 남조의 왕王·사謝·원袁·소蕭·고顧·육陸·주朱·장張, 북조의 왕王·최崔·노盧·이李·정鄭·원袁·배裴·유柳 등의 성씨와 같은 수많은 고정적인 문벌이 형성되었다. 사족의 확립과 발전은 인재 선발방식의 변화까지 가져와 과거에 3년마다 한 번씩 인재의 품제(우열)을 평가하던 것을, 후에는 중정관의 품제에 따르지 않고 주로 사족의 신분에 따랐다. 이것은 덕행·재능보다 가문과 신분의 높고 낮음을 표준으로 지위의 고하가 결정되었음을 말한다. 사서에서는 남조에서 사족의 자제는 관리가 되기 매우 쉬웠다고 기록했다. 『양서梁書』「무제기武帝紀(상)」에 남조 때는 "갑족甲族은 20세면 벼슬길에 오른다"고 한다. 좋은 가문의 자제는 20세에 주요 관직으로 바로 나아갈 수 있었고, 한문 자제는 30세나 되어서야 별 볼일 없는 관직을 얻을 수 있었다. 또한 사족이 관리가 되는 경우에는 심사도 하지 않고 "높은 벼슬은 자질이 없어도 모두 가문의 복으로 물 흐르듯이 평탄하게 나아가 앉아서 공경에까지 이른다"127)고 해 영전이 매우 쉬웠다. 한족寒族은 특수한 경우를 제외하면 이러한 기회가 매우 적었다. 이처럼 '구품중정제'는 단지 문벌 사족만 요직을 차지하고, 한문 서족은 덕과 재능을 겸비해도 나아갈 희망이 없었으니, 이른바 "인재의 우열을 논함이 세족의 높고 낮음으로 되어서는 안 된다"고 한 것은 완전히 빈말에 지나지 않았다. 진晉의 단작段灼은 이러한 폐단을 꿰뚫어 보고 "지금 태각台閣에서 선거를 하는 것은 도랑이 이목을 막고(塗塞耳目) 9품의 인물을 미리 선임하고

---

126) 『진서晉書』「유의전劉毅傳」.
127) 『남제서南齊書』「저연왕검전褚淵王儉傳」.

중정에게는 물어보기만 할 뿐이다. 그러므로 상품에 오르는 자는 공후의 자손이 아니면 도랑의 형제가 맡는다. 둘이 함부로 그러하니, 가난한 집의 준재가 어찌 세상을 피해 숨는 자가 없겠는가!"128)라고 개탄했다.

구품중정제는 동한 말년 이래 형성된 대지주 집단의 세력 팽창을 반영하는데, 이 시대 각 왕조는 그들의 지지를 얻어야 존재할 수 있었기에 그들은 당연히 특권을 향유했다. 그러나 이러한 제도는 통치계급에 불리한 측면도 있는데, 그것은 바로 사족 지주들의 부패에서 비롯된다. 구품중정제로 선발된 인물은 재능이 부족해 문무文武에 모두 능하지 못했으며, 다만 "무위도식하면서 술에 빠져 있다가 일 없이 하루를 소비하고, 어느덧 수명을 마쳤으니"129) 진취적 기상이 전혀 없었다. 또한 돈을 헤프게 쓰고 요량이 없어서 어떤 사람은 사족이 "사치하는 비용이 천재天災보다 심하다"130)고 했는데, 천재는 해마다 발생하지 않지만 사족의 잔혹한 착취는 조금도 줄지 않아 사회 모순이 심화되었다. 이 때문에 당시 가문에 따라 인재를 등용하는 방식에 반대하는 정치가가 적지 않았다. 또한 한족寒族 지주의 경제력이 상승하면서 사족이 벼슬길을 장악하고 있는 현실에 불만을 가졌다. 소수의 한문 출신 사인은 고관으로 승진했지만 삼국 양진 남북조 시대의 관직 진출은 기본적으로 사족 지주들의 손아귀에 장악되었다. 그러나 사족 지주의 부패가 심화됨에 따라 구품중정제는 역사 발전의 장애가 되어 폐지되었다.

4. 근무평정(考績) 제도

삼국 양진 남북조 시대에는 전란이 빈발해, 관리 직분의 변화가 일정치 않아서 관리의 고과가 어려웠다. 설사 법령에 따랐다고 하더라도 주요 관품은 권문세가가 장악해 그들의 "첩지에 따라 이동"131)했으므로 근무 평정제

---

128) 『진서晋書』 「단작전段灼傳」.
129) 『안씨가훈顔氏家訓』 「면학勉學」.
130) 『진서晋書』 「부함전傅咸傳」.
131) 『진서晋書』 「왕연전王衍傳」.

도 역시 실시하기 어려웠을 것이다. 따라서 사서에서는 당시 평가법의 폐지를 "진위가 혼잡하고, 허실이 서로 감추어졌기"132) 때문이라고 설명한다. 사서의 기록을 보면 이 시대에는 3년마다 1번씩 평가제도를 실행했다. 위魏는 3년에 1차 평가를 해 그 성적을 근거로 출척黜陟을 정했다. 진 무제 사마염司馬炎이 위를 이어받은 후 태시泰始 4년(268) 6월에 "군수와 국상은 3년에 한 번씩 휘하의 현을 순행해" 장리長吏의 능력 여부를 살피고 공적의 우열을 다스려, "탁한 물은 흘려보내고 맑은 물은 끌어들이며, 선한 것은 들어올리고 사악한 것은 탄핵하기" 편하게 하라고 조서를 내렸다. 현의 관리에 대해서도 근무평가를 실시해 상벌을 결정했다. 같은 해 12월 또 다시 군국에 5개조의 조서를 반포했다. "첫째로 자신을 바르게 하고(正身), 둘째로 백성을 도와주고(勤百姓), 셋째로 고아와 과부를 보호하며, 넷째로 근본을 돈독히해 지엽적인 것을 쉽게 하고, 다섯째로 거인사去人事하는 것"133)으로 근무평가의 구체적인 표준으로 정했다. 5년 2월에 조서를 내려 거듭 표명하기를, "옛날에는 여러 부류의 능력 여부를 결산해 3년마다 그것으로 책망하고 상을 주었다"고 했다. 평소에 관리의 품행을 책에 기록해 3년마다 근무평정해 상벌을 결정하는 근거로 삼을 것을 요구했다.

남조 송宋 초기에는 6년에 한 번 근무 평정을 실시하다가, 후에 "6년은 너무 길다고 여겨, 3년으로 정했으니, 이를 '소만小滿'이라 한다."134) 남제는 송을 모방해 영명永明 3년에 조서를 내려 지방의 평가에 대해 구체적으로 규정했다. "농업 및 양잠과 토지를 헤아릴 때는 반드시 지리적 우세함을 밝혀 엄히 세를 부과할 것"을 요구했다. 만약 "평방平方을 어기거나 교만하고 자부심이 많아서 세상에 드러나지 아니한 사실로 농민에게 지장을 주는" 자는 반드시 엄중하게 징벌해 관용을 베풀지 않았으며, 아울러 "연말에 근무 평가로 출척을 신청하도록" 했다.135) 매년 연말에 상벌을 결정한 것이다.

---

132) 『삼국지三國志』「위서魏書·노육전盧毓傳」.
133) 『진서晉書』「무제기武帝紀」.
134) 『문헌통고文獻通考』「선거選擧 12」.
135) 『남제서南齊書』「무제기武帝紀」.

북위 효문제 태화 18년의 조서에서도 "3년에 1번 고考(점검)를 하는데 고는
곧 출척黜陟이다"136)라 한다.

5. 사직(致仕) 제도

삼국 양진 남북조 시대의 퇴직 연령은 대개 70세였다.『삼국지』「위서·전
예전田豫傳」에, 전예는 자리에 있다가 연로해 누차 물러날 것을 빌었으나
태부太傅 사마선왕司馬宣王이 윤허하지 않자, 전예가 대답하기를, "나이 70세
가 넘어 현직에 머물러 있는 것은 밤이 깊었는데도 밤길 가는 것을 멈추지
않는 것과 마찬가지이오니, 이는 죄인입니다"라고 했는데, 그는 제도에 따라
70세면 마땅히 퇴직해야 함을 설명했다. 진 또한 70세 퇴직 제도를 따랐으나
퇴직한 신분으로 관직에 있는 경우가 많았다. 남제 영명永明 연간에 어사중승
御史中丞 심연沈淵은 일찍이 "백관은 나이 70세에 이르면 모두 퇴임해야 한
다"137)고 건의했다. 북위에서는 70세가 되면 제도에 따라 마땅히 그만두되,
다만 그 오랜 근무를 그리워해 "견디지 못할 것을 생각해 비록 70세가 되었더
라도 그 위민袗民을 허가한다"고 비교적 융통성 있게 규정했다. 그러나 북위
효명제孝明帝 정광正光 4년의 조서에서 "이름이 높고, 덕이 빼어나고, 통달해
인정하는 바라면 예에 구애받지 않는다"138)고 한 것처럼, 나이 70세에도
퇴직하지 않는 명문도 있었다. 진 무제 때 "황제가 그 노인에게 매우 정중하
게 예의를 갖추었다"고 한 것을 보면, 대장 진건陳騫은 이미 퇴임할 연령이
넘었는데도 관직에 머물러 있던 것으로 보인다.139)

퇴직 이후의 대우는 퇴직 이전의 직위로 결정된다. 일반적으로 "재능에서
특별한 것이 아니라, 조정의 현직에 있으면서" 퇴직하면 "죽을 때까지 본래
관직의 봉록의 반을 주는데,"140) 이는 퇴직 후 고향으로 돌아가 향리에 귀착

---

136)『위서魏書』「고조기高祖紀」.
137)『남제서南齊書』「명제기明帝紀」.
138)『위서魏書』「숙종기肅宗紀」.
139)『진서晋書』「진건전陳騫傳」.

하면 죽을 때까지 봉록의 반을 주었던 것이다. 특별한 공훈이 있는 고급 관원은 봉록 전체를 받을 수도 있었다. 어떤 경우에는 저택과 전물·기장幾杖 등을 주기도 했다.

제2절 수·당의 행정입법

수·당 시대에 행정관리 제도는 한층 더 완벽해지고 규범화되었다. 행정관리 분야의 법률은 과거보다 더 세밀하게 조정되었다. 행정관리 분야의 영·격·식은 전문적으로 조정되었고, 당률의 직제율職制律·구고율廐庫律·천흥률擅典律 및 개원開元 시기에 편찬한 당육전은 행정관리 체제, 기구설치, 관원편제 및 관원의 선임, 근무평정(考績), 퇴직(致仕) 등에 대해 모두 명확한 규정이 있었다.

1. 3성 6부제의 확립

수·당의 최고 행정기관은 3성 6부이다. 3성은 중서中書·문하門下·상서尚書를, 6부는 상서성이 관할하는 이吏·호戶·예禮·병兵·형刑·공工을 가리킨다.

(1) 중서성中書省

수 초기에는 내사성內史省이라 부르고 내사감內史監과 내사령內史令 각 1인을 두었는데, 곧 내사감을 폐지하고 정3품인 내사령 2명을 두었다. 시중과 함께 정사를 관장하는 재상의 직분이 되었다. 수 양제 12년에 내서성內書省으로 고쳤다. 당 무덕武德 초에 내사성으로 고쳤다가 무덕 3년에 다시 중서성으로 고쳤다.

---

140) 『위서魏書』「숙종기肅宗紀」.

중서성은 기밀을 관장하고 군국대정軍國大政(군대를 통솔하고 나라를 다스리는 정사)을 결정해 최고의 명령을 반포하는 기관이다. 최고의 정치 명령은 모두 중서성에서 기초해 황제의 명의와 조서 형식으로 발표되었다. 황제의 조서는 칙명이라 했는데, 사실 황제 자신이 지은 것이 아니고 중서성이 황제의 뜻에 근거해 글을 짓고 입안한 것이다. 중서성의 장관은 중서령이며, 중서성을 책임지고 지도한다. 중서성은 조령을 기초하는 외에 상서성 및 기타 중앙기관과 지방기관에서 올린 상소문이나 공문을 처리하고, 아울러 '기밀에 참여'할 수 있으며, 군사·국정의 큰일을 연구 토론하는 등 권력이 매우 컸다. 그러므로 중서성은 "천자를 보필함으로써 큰 정사를 담당하는 기구"141)였다. 중서령 밑의 시랑侍郎은 정4품으로서 "중서령에 버금가는 직분을 담당하며," 중서성의 부장관이다. "무릇 나라의 서무나 조정의 큰 정사에는 모두 참여한다." 중서시랑中書侍郎 밑에 중서사인中書舍人은 정5품 상上으로 수대에는 6인을 두었으며, 당대에는 수대의 제도를 따랐다. 조칙을 정하고 입안하는 것을 책임지는데, 여러 중서사인이 별도로 글을 짓고 입안했으므로 '오화판사五花判事'라고 불렀다. 그러고 나서 다시 중서령 또는 중서시랑이 초고 가운데 하나를 선정해 수정 보완한 다음 황제에게 올려 살펴볼 것을 신청한다. 황제가 본 뒤에 동의를 표시하면 '칙勅'자를 그려 황제의 정식 조령이 되며, 바로 문하성에 보내 심의한다. 다른 의견이 없으면 문하성에서 곧 상서성에 보내 집행한다.

(2) 문하성門下省

수 초기에 문하성은 황제의 시중을 들고 공봉供奉과 간의諫議를 관장하는 기관이 되었다. 수 양제 대업大業 3년(607)에 공봉의 직을 병합하여 따로 전내성殿內省을 세우자, 문하성은 오로지 봉박封駁을 주관하게 되었다. 당은 이를 이어 받았다. 문하성은 재상으로서 군사·국정의 대사에 관한 토론에 참여하

---

141) 당육전唐六典 중서성中書省.

는 것 외에도, 위로 올리는 문서를 심사했다. 중서성에서 기초한 초서를 심사해 결정하는 권한이 있어서, 만약 불가하다고 여기면 봉해 다시 입안하도록 반환했다. 무릇 중앙과 지방의 각 기관과 부문에서 올리는 상소문 가운데 중요한 것은 모두 상서성을 거쳐 문하성에 제출 심사한 후에야 비로소 중서성에 보내져 황제의 결재를 신청하였다.

문하성의 장관은 수 초기에는 납언納言, 양제 때는 시내侍內, 당대에는 시중으로 고쳤는데, 정3품 2인을 두었다. "무릇 국가의 일은 중서령과 함께 하며, 문하성에 해당하는 일은 전결한다."[142] 그밖에 급사중給事中은 시중 아래의 중요 관원으로서 직권 범위가 매우 넓었다. "무릇 백사百司가 상소한 것은 시중이 심사하고 결정해 먼저 읽고 그것에 서명함으로써 옳고 그름을 논박한다. 무릇 칙명을 만들어 선언하고 실행함에 큰일이면 덕택을 찬양하고, 아름다운 공훈과 업적을 찬양해 다시 상소하고 시행할 것을 청한다. 작은 일이면 서명해 그것을 공포한다. 무릇 국가의 큰 범죄 사건은 삼사三司가 상세하게 재판해, 만약 형명이 부당하거나 형량이 잘못되었으면 법례에 따라 이를 취소하고 다시 재판한다. 무릇 문서를 발송하고, 사신을 보내는 일은 그 일이 마땅한지를 심의해 황문시랑黃門侍郎에게 주어서 보낸다. 혹시 늦게 보내 적당하지 않게 되면 그것을 파기한다. 무릇 문무 6품 이하의 직관을 임용할 때는 해당 부서에서 초안해 상주하면 그 벼슬 경력이 얕은지 깊은지, 공장功狀(공적을 기록한 문서)과 견주고, 덕행을 탐문하며, 재능과 기술을 측량한다. 만약 관리가 적격이 아니고, 일이 잘못 처리되었으면 시중에게 아뢰어 잘잘못을 따지고, 평가한 것을 되물린다. 만약 홍문관 도서가 그것을 필사했으면, 구교仇校가 가르치고 살핀다. 무릇 천하에 원통하거나 막혀서 펼쳐지지 못한 일이 있거나, 관리가 각박해 해롭게 한 일은 반드시 그 소송을 허가해 어사와 중서사인이 함께 그 일이 온당한지를 따지고 그것을 처리하도록 신청한다."[143]

---

142) 『신당서新唐書』「백관百官 2」.
143) 『구당서舊唐書』「직관職官 2」.

(3) 상서성尚書省과 6부部

수·당대에 상서성은 행정의 최고 집행기관이었다.『수서』「백관百官(하)」에 "상서성은 모든 일을 총괄한다"고 했다. 당은 수의 제도를 따랐다. 상서성의 모든 공무를 처리하는 관서는 상서도성尚書都省, 또는 도사都司·도대都臺·도당都堂이라 했다. 중서성에서 기초한 조서는 문하성의 심사를 거친 후 모두 상서성에 이송되어 중앙 각 부와 지방 주현에 발송된다. 아울러 가능하면 조서의 정신에 근거해 구체적인 정령을 제정해 관계 부서에 내려 보내는데, 이것이 시행제칙施行制勅이다. 그밖에 중앙기관에서 "부符·고稿·관關·첩牒을 여러 주로 보낼 경우에 반드시 상서도성을 거쳐서 보낸다."[144] 당태종이 말하기를 "상서성은 천하의 밧줄이며 온갖 기관이 보고하는 곳이다. 만약 한 가지라도 실수가 있으면 천하는 반드시 그 폐를 입는다"[145]고 했으니, 상서성이 행정 최고기관이라는 중대한 지위를 잘 말해 준다.

상서성의 장관은 정2품의 상서령 1인이었는데, 쉽게 사람을 제수하지 않았다. 수대에는 단지 양소楊素가 있었으며 '평량平凉의 공으로' 대업 원년에 상서령에 올랐다.[146] 당대에는 "무덕 초기, 태종이 진왕秦王이 되고, 그 후 신하들이 아무도 감히 이 자리를 맡을 수 없자 용삭龍朔 3년부터 상서령을 폐지했다."[147] 종 2품인 좌복야와 우복야 각 1인을 두어서 "상서령에 버금가게 해서" 상서성의 부장관이 되었다. 그러나 "상서령을 두지 않은 이래로 복야僕射가 상서성의 일을 총괄했다"[148]고 하니, 실제적인 상서성의 장관이었다.

상서도성 밑에 6부를 두고, 각 부는 4사司로 나누어 통솔했다.

이부吏部는 "모든 관리의 선발·제수·훈봉과 관리의 성적을 평정하는 정령을 관장한다." 그 아래 4사는 이부사吏部司·사봉사司封司·사훈사司勳司·고공

---

144) 『구당서舊唐書』「직관職官 2」.
145) 『구당서舊唐書』「대주전戴胄傳」.
146) 『수서隋書』「양소전楊素傳」.
147) 『통전通典』「직관職官 4」.
148) 『구당서舊唐書』「직관職官 2」.

사考功司이다.

호부戶部는 수대의 민부로, 당은 그것을 이어받았다. 정관 23년에 태종의 휘諱(죽은 왕의 이름)를 피하기 위해 호부로 고쳤다. 호부는 "천하의 전호田戶· 균수均輸· 전곡錢穀의 정령을 관장한다." 토지· 호구· 혼인· 전곡· 공부 등을 포괄하는 전국의 재정· 민정을 모두 호부가 관리한다. 그 아래 4사는 호부사戶部司· 도지사度支司· 금부사金部司· 창수사倉部司이다.

예부禮部는 "모든 예절과 의식· 제향· 공거貢擧[149]의 정령을 관장한다."[150] 예의· 제사· 문화· 교육· 종교· 외교 및 민족 등에 속하는 모든 사무는 예부가 관장한다. 당대 과거 시험은 본래 이부의 고공원외랑考功員外郞이 주관하다가 개원 24년(735)에 고공원외랑 이앙李昻이 시험을 주관할 때 비난을 받아서, "이로부터 조정 회의에서 고공원외랑과 같이 지위가 높은 사인士人을 앞세워 주관하기에는 일이 경미하다는 점을 살펴서 이에 예부시랑에게 전담하도록 조서를 내렸다."[151] 이로써 예부의 직권은 확대되고 지위도 상승했다. 아래의 4사는 예부사禮部司· 사부사祠部司· 선부사膳部司· 주객사主客司를 두었다.

병부兵部는 "전국의 무관 선발· 제수 및 지도와 갑옷과 무기· 전쟁의 정령을 관장한다." 휘하의 4사는 병부사兵部司· 직방사職方司· 가부사駕部司· 고부사庫部司이다.

형부刑部는 "전국의 사법 행정을 관장하고, 중대 안건의 심리에 참여하고, 노비· 잡호雜戶를 예속시키고, 내외 경비 및 관문 경비 등의 정령을 관장한다." 아래 4사는 형부사刑部司· 도관사都官司· 비부사比部司· 삽문사司門司이다.

공부工部는 "전국의 모든 장인· 둔전屯田· 산택山澤의 정령을 관장한다." 4사는 공부사工部司· 둔전사屯田司· 우부사虞部司· 수부사水部司이다.

---

149) 인재를 뽑아 조정에 추천하는 것. ―역주
150) 『구당서舊唐書』 「직관職官 2」.
151) 『당차언唐摭言』 「진사귀례부進士歸禮部」.

(4) 정사당政事堂의 설립

정사당은 당대의 재상이 공무를 의논하는 장소로 설립한 것이다. 수·당의 중서·문하·상서의 장관, 즉 중서령·시중·복야는 모두 재상이다. 이 제도의 목적은 재상의 권력을 분산해 황권을 강화하며, 3개 기관이 상호 견제를 통해 통치계급의 의도를 관철시키기 위함이다. 이들 재상은 3개 부문으로 나뉘어 공동으로 재상 직권을 집행했지만 그 구체적 직능은 각기 다르다.

중서성은 조령을 기초하는 것을 책임지고, 문하성은 심의하고 제한하고 반박하는(審核封駁) 것을 주관하고, 상서성은 집행을 책임진다. 만약 서로 의견이 일치하지 않으면 반드시 논란이 일어나 여러 가지 불편이 있을 수 있기 때문에 공무를 논의할 장소가 필요했다. 예를 들면 『문헌통고文獻通考』「직관 4」에 "정사당을 설립한 것은 대체로 중서성이 조령을 발하고 문하성이 봉박을 주관하므로 매일 논쟁이 분분한 까닭에 두 성省으로 하여금 우선 정사당에서 의견을 정한 후에 천자께 아뢰도록 했다." 그러나 이것이 책임 소재를 따지는 상황에서는 어떤 일의 논의를 오래 끌어도 결정되기 어렵기 때문에 행정 효율에 심각한 악영향을 미치기도 했다.

개원 이전에는 재상이 정사당에서 의논한 후 그에 따라 본성으로 돌아가 공무를 보도록 했는데, 정사당이 재상기관이 되자 '중서·문하'를 전담하는 곳을 설립하고, 마침내 재상이 여기에서 공무를 처리했다. 일을 의논할 때, '동중서문하同中書門下 3품'의 직함을 가진 사람은 모두 정사당에 들어오도록 해 재상의 업무에 참여케 했다. 재상의 수가 많기 때문에 그들 가운데 한 사람이 회의를 주관하는데, 그를 '집정사필執政事筆'이라 불렀다. 회의가 끝나면 관련된 관리가 '집정사'를 도와 토론을 정리해 조직 문서를 완성한 후에 황제에게 '칙'자를 그리도록 아뢰고, 상서성에 보내 집행했다. 개원 연간에 이임보李林甫·양국충楊國忠이 재상이 되어 장기간 이 업무를 독차지함으로써 권력을 독점해 마음대로 일을 처리했다.

이러한 폐단을 감안해 숙종肅宗 지덕至德 2년(757)에 "재상은 나누어 돌아가면서 정사를 주관하되, 집필은 각각 10일 동안 맡도록" 명했다. 덕종德宗 정원

貞元 10년(794) 5월부터는 매일 나누어 한 사람씩 집필했다.[152] 5방 즉 이방吏房·추기방樞機房·병방兵房·호방戶房·형예방刑禮房을 세워서, "조曹를 나누어서 여러 일을 주관하도록 했다."[153] 정사당의 직권은 실로 중서·문하 양성의 직권을 종합한 것이다. 국가의 군사·행정·사법·재정의 큰 정치 방침은 모두 정사당에서 나오는데, 그것은 정사당이 최고 행정기관임을 말한다.

(5) 9시寺 5감監

수·당 시대 중앙의 모든 정사를 맡은 기관은 9시 5감이다. 9시 5감과 중앙 상서 6부는 밀접한 관계가 있는데, 6부는 정령政令을 관장하고, 시와 감은 정령을 구체적으로 관철하고 세부적인 사무 업무를 맡으며, 행정 각 부의 감독을 받는다. 즉 여러 관직을 총괄하는 것은 상서성이고, 일을 나누어 전담하는 것은 시寺이다. 9시는 태상시太常寺·광록시光祿寺·위위시衛尉寺·종정시宗正寺·태복시太僕寺·대리시大理寺·홍로시鴻臚寺·사농시司農寺·태부시太府寺이고, 5감은 국자감國子監·소부감少府監·장작감將作監·군기감軍器監·도수감都水監이다. 5감은 주로 영조營造(건축물을 짓는 것)와 생산을 관리한다. 단지 국자감만 인재를 양성하는 기구이다. 통치자들이 국자감을 5감의 하나로 삼은 것은 인재 양성을 생산의 일부분으로 간주했다는 것을 의미한다. 게다가 5감의 제일 앞에 놓은 것으로 보아, 통치자들이 인재 양성을 가장 중요하게 생각한 것이다.

2. 주(군)·현 2급 지방 행정관리 체제

수 초기에는 남북조 이래의 주·군·현 3급제를 계속 실시했다. 주·군·현 3급은 모두 상상上上에서 하하下下까지 9등급으로 나누었다. 그래서 "땅이 100리가 안 되는데 여러 현을 설치하기도 하고, 인구가 1,000명이 안 되는데

---

152) 『당회요唐會要』「중서령中書令」.
153) 『신당서新唐書』「백관百官 1」.

군을 둘로 나누어 거느리는” 상황이 생겼기 때문에, “백성은 적고 관리는 많아서, 양 10마리에 목동이 9명”인 셈이었다.[154] 그래서 개황 3년(583)에 주요한 곳은 보존하고 쓸데없는 곳은 없애며, 작은 것을 병합해 큰 것으로 만드는 원칙에 따라서 몇 개의 주군을 합병하고 군급의 지방조직을 철폐해, 주·군·현 3급제를 주(군)현 2급제로 고쳤다. 개황 14년에는 주현의 9등급을 개혁해 상·중·하 도합 3등급으로 바꾸었다. 수 양제 대업 3년(607)에 주를 개혁해 군으로 만들었으나, 여전히 2급제였으며 당은 그것을 따랐다.

현 아래에는 향鄕·리里를 두어 기층 행정조직으로 삼았다. 『수서』「고조기(하)」에 따르면, 개황 9년 2월 병신丙申에 “제도를 고쳐서 5백가를 향으로 하여 정正 1인을 두고, 1백가를 리로 하고 장長 1인을 두었다.” 당은 수의 제도를 따랐다. 『구당서』「직관 2」에는 “1백호를 리로 하고, 5리를 향으로 했다. 양 수도(京)와 주현의 성곽 안을 방坊으로 나누고, 교외는 촌村으로 했다”고 한다. 여기서 알 수 있듯이, 당대의 향촌과 성읍의 주민 관리에는 서로 다른 행정제도가 있었다. 농촌은 향을 단위로 삼고, 성읍은 방을 단위로 삼았다. 방은 성읍의 기층 주민조직인 것이다. 당 초기에 장안성은 황성皇城을 제외하면, 주민구와 상업구로 나누어져 110방이 있었는데, 각 방은 모두 벽과 울타리로 둘러싸고 방문을 세워 그곳으로 사람이 드나들게 하며, 방정坊正이 사무 및 성문 열쇠를 관장했다. 송민구宋敏求의 『장안지長安志』「만년현지萬年縣志」와 「장안지」에 의하면, 당의 만년현은 45향이 있고, 장안현은 59향이 있으며, 두 현 모두 합하면 104향이 된다고 한다. 천보天寶 원년(742)의 통계에 의하면 전국에는 16,829향이 있었다.[155] 향 아래에는 리를 두었는데, 5리를 향으로 해 계산하면 앞에서 서술한 두 현은 520리가 된다. 향·리는 농민이 모여 사는 곳으로, 주위에는 울타리가 있고, 리에는 문이 있어 야간에 문을 닫음으로써 농민의 야간 외출을 막고 리의 안전을 도모했다.

향에는 향장鄕長, 리에는 리정里正을 두었다. 향 아래 촌을 설립하고, 촌에

---

154) 『수서隋書』「양상희전楊尙希傳」.
155) 『구당서舊唐書』「현종기玄宗紀(하)」.

는 촌정村正을 두었다. 리정과 촌정은 균전제를 집행할 때 토지 수수를 책임지고, 농업과 뽕나무를 권장하며, 부역과 세금을 거두어들이고, 병역을 균등하게 할당한다. 두보의 시에, "부역을 부과하는 것을 재촉하는 것"은 전적으로 "리정과 과두裏頭에 달려 있다"고 하니, 리정은 당 정부가 인민을 직접 통치하는 도구의 역할을 수행했음을 알 수 있다.

3. 과거 취사取士 제도

과거는 과를 나누어 사士를 취하는 것을 가리킨다. 수 초기인 개황 7년(587) '구품중정제'를 폐지하고, 경관京官 5품 이상과 총관·자사에게 조서를 내려서 지행수근志行修謹과 청평간제淸平干濟의 2과로 사람을 뽑았다.156)

후에 "수 양제가 이를 개정해 명明·진進 2과를 두었다."157) 과를 나누어서 사를 취하는(分科取士) 과거제를 처음 실행하면서 국가는 과목을 설정하고 정기적으로 공통된 시험을 행해, 합격 후에는 성적에 따라 관직을 수여했다. 과거제의 추진으로 문벌 사족이 벼슬길을 농단하는 상황을 타파해, 중소 지주의 정치 참여에 유리한 조건을 제공했다.

당은 과거제도를 전면적으로 확대했다. 『신당서』「선거지選擧志(상)」에 다음과 같이 나온다. "당의 제도에서 취사하는 과목은 수의 옛 제도를 많이 따라 세 가지가 있다. 학관學館에서 나온 사람은 생도生徒라고 부르고, 주현州縣에서 나온 사람은 향공鄕貢이라 부르는데, 모두 유사有司에 올려 진퇴를 결정한다. 그 과목은 수재秀才·명경明經·준사俊士·진사進士·명법明法·명자明字·명산明算·일사一史·삼사三史·개원례開元禮·도거道擧·동자童子가 있다. 그리고 명경의 종류는 5경經·3경經·2경經·학구일경學究一經·3예禮·3전傳·사과史科가 있다. 이는 매년 선발하는 것이다. 천자가 친히 조칙을 내려서 뽑는 것을 제거制擧라 하는데, 특별한 인재로 대우한다."

---

156) 『수서隋書』「고조기高祖紀(하)」.
157) 『대당신어大唐新語』「이혁厘革 22」.

당대의 과거에는 상거常擧와 제거制擧 두 종류가 있다. 상거는 매년 시험을 실시했다. 시험에 참가한 자는 국자감과 주·현의 학교 생도가 있었으며, 그 밖에도 학교에서 수학하지 않았더라도 스스로 주·현에 가서 등록해 합격하면 주·현에서 중앙으로 보내는 향공鄕貢이 있는데, 이를 '공거貢擧'라고 했다. 제거制擧는 황제가 필요에 따라 조칙을 내려 '뛰어난 인재'를 뽑는 것을 말한다. 제거의 명목은 매우 많아서 현량방정賢良方正·직언극간과直言極諫科·문사청우과文詞淸雨科·박통분전달우교화博通墳典達于敎化·군모광원軍謀廣遠 등의 과科가 있었으며, 합격하면 원래 관리인 자는 즉각 승진시키고, 관직이 없었던 자는 이부에서 관직을 제수했다.

그러나 제거는 정도正途로 여겨지지 않아서 '잡색雜色'이라 불렀다. 무측천 때도 여전히 전정殿庭에서 친히 고시를 주관했다. 재초載初 원년(690) 2월에 "낙성전洛城殿에서 공인貢人에게 책문하기를 며칠이 지나서야 비로소 마쳤는데, 궁전 앞에서 사람을 시험하는 것은 여기서 비롯되었다"[158]고 한다. 시험에 합격한 사람은 '급제及第'라 했다. 진사 가운데 1등을 한 사람은 '장두狀頭' 또는 '장원壯元'이라고 했다. 무측천 때 무관 선발이 강화되어 무관의 소질을 높였고, 합격자는 병부에서 무관으로 제수했다. 이것은 과거제도의 중요한 발전이다. 이 제도는 청까지 계속 시행되었다.

수험생 가운데 명경·진사 2과에 응시하는 사람이 가장 많았는데, 특히 중요 관원들 중에 진사 출신이 많아서 진사에 합격하는 것은 '용문에 오르는 것'이라 하며 진사 합격을 특별한 영광으로 여겼다.

과거제는 구품중정제의 선관제도보다 우월한 것이었다. 실행 결과 중소 지주가 벼슬할 수 있는 경로를 넓게 열어서 손복가孫伏加 같은 소리小吏 출신이 수 왕조 대업大業 연간에 진사가 되어 당 왕조에서 민부시랑民部侍郎·대리경大理卿 등의 요직을 역임했다. 대대로 집안에 명성이 없던 이의부李義府는 과거를 통해 재상에 이르렀다. 고종과 무측천 시대 이후에 과거 응시자가

---

158) 『통전通典』「선거選擧 3」.

증가하면서 이런 사례가 보편화되었다. 한문 서족 출신의 지식인들이 과거를 통해 입신출세해 정권에 참여함으로써, 통치의 사회적 기반을 확대해 지주계급의 정치 독점을 강화하고 그들의 세력을 굳히는 데 매우 큰 작용을 했다. 당대에 "300년을 전해 내려왔으니 어찌 과거를 통하지 않은 자가 있겠느냐?"[159]라고 했다. 그러나 이 제도는 해가 거듭되면서 당의 관료기구를 비대하게 만들었고, 중소 지주들은 높은 관직과 두둑한 녹봉으로 부귀영화를 누리면서 새로운 관료 집단을 형성해 조정을 독차지하고 과거를 조종하는 등 수많은 폐단을 조장했다. "또는 권세를 끼고, 또는 친고親故를 어지럽히고, 또는 자제에 누를 끼치는 등 모두 도리상 피할 수 없는 바이다."[160] 이러한 현상은 당 후기에 더욱 심각해졌다.

수대에는 시험 후에 곧바로 관리로 임명되었는데, 당대에는 합격은 임관 자격을 취득하는 것뿐이었고 임관하려면 이부 고시를 거쳐야 했다. 이부 고시를 통과하지 않으면 관직을 얻을 수 없었다. 이부 고시를 '석갈시釋褐試'라 한다. 갈은 무명 의복을 가리키는 것으로써 이부 고시에 합격한 후에야 비로소 무명옷을 벗고 관복으로 갈아입을 수 있으니, 이는 정식으로 정부 관원이 된다는 의미이다.

당대의 이부에는 "사람을 고르는 네 가지 방법이 있다. 첫째는 신身으로, 그 자태와 용모가 크고 장대한 사람을 뽑는 것이다. 둘째는 언言으로, 그 언사가 시비를 따져 바로잡는 사람을 뽑는 것이다. 셋째로 서書인데, 그 글씨가 힘차고 아름다운 사람을 뽑는 것이다. 넷째로 판判인데, 그 글의 조리가 우수하고 뛰어난 사람을 뽑는 것이다. 네 가지를 모두 취할 만하면 덕행德行을 우선하고, 덕이 고르면 재才로써 택하며, 재가 고르면 공로功勞로써 택한다. 6품 이하는 자질을 따지고 공로를 헤아려 관직을 정한다. 5품 이상은 시험을 치지 않고 이름을 나열해 중서·문하성에 올려서 제칙을 들어 처리한다."[161] 즉, 반드시 이부吏部 복시復試를 치지 않아도 직접 높은 지위에 오를

---

159) 『당척언唐摭言』 「술진사述進士(상)」.
160) 『일지록日知錄』 「호명糊名」.

수 있었다. 사서에 "이부가 시험하는 네 가지 가운데 판判이 가장 중요하다. 정치에 임하고 백성을 다스리는 데는 판이 가장 중요한 도리가 되며, 반드시 사정을 통달해 법률에 능숙하고 시비를 명백히 구별하며 숨어 있는 것을 적발하는 모든 것을 가히 판으로써 살펴볼 수 있다"162)고 했다.

4. 근무평가 제도

국가기관은 행정 효율을 높이고 원활한 직능 발휘를 위해, 각급 관리가 재능이 없으면서 머리 숫자만 채우거나 일시적인 안일만 꾀하고 되는 대로 살아갈 수 없도록 했다. 이를 위해 관리를 선발하고 임명할 때 엄격한 표준을 적용하는 것 외에도, 평소의 근무평가에 주의를 기울여 일련의 완비된 근무 평가 제도를 수립했다.

수의 관리들에 대한 근무평가와 관련된 기록은 간략한데, 『수서』「백관(하)」의 기록을 보면, "매년 전최殿最를 심사해 자사와 현령은 3년에 한 번 전근시키고 좌관佐官은 4년에 한 번 전근시킨다"고 했다. 수 양제 대업 2년 가을 7월 경신庚申에, "제制(천자의 명령)하여 모든 관리는 근무평가를 따져서 승진할 수 있다. 반드시 덕행과 활동 능력이 있어야 하고, 명철하고 현저한 자를 뽑는다"163)고 했다.

당의 관리 근무평가는, 주로 상서성 이부 고공사考功司에서 책임을 맡았다. 당육전 이부에는 "고공랑중考功郎中의 직무는 중앙과 지방 문무관리의 고과를 관장한다"고 규정되었다. 단 이부는 4품 이하 관리의 심사를 관장할 뿐이었다. 3품 이상은 "관련 부서에서 도맡아 할 수 없고, 이름을 올려"164) 황제로부터 친히 심사를 받았다.

당육전 이부·고공랑중에는 다음과 같이 나와 있다. "고과의 법에는 4선四

---

161) 『통전通典』「선거選擧 3」.
162) 『고금도서집성古今圖書集成』「전형전銓衡典」.
163) 『수서隋書』「양제기煬帝紀(상)」.
164) 『신당서新唐書』「이발전李渤傳」.

뜸이 있는데, 첫째는 덕과 의가 명성이 있는 것(德義有聞), 둘째는 청렴하고 삼가는 것이 명백하고 현저한 것(淸愼明著), 셋째는 공정함이 칭찬할 만한 것(公平可稱), 넷째는 정성껏 부지런히 힘써 일해 태만하지 않는 것(恪勤匪懈)이다." 이는 중앙과 지방 문무 관리에게 공통된 표준이었다.

그밖에 부문이 다른 여러 직책의 표준으로 '27최最[165]'가 있었다. 예를 들어, 헌가獻可[166]·체부替否[167]·습유拾遺[168]·보궐補闕은 근시近侍의 최고(最)였다. 인물을 가려서 등용하고 선발하는 것은 선사選司의 최고였다. 악을 물리치고 선을 권장하고 포폄褒貶의 직무를 담당하는 것은 근무평가(考核)의 최고였다. 안건의 판결이 정체되지 않도록 합리적으로 수행하는 것은 판사判事의 최고(最)였다.

정상적인 심사를 보장하기 위해 심사관은 심사 과정에서 사사로운 정에 얽매여서는 안 되었다. "내외 문무 관료는 연말에 꼭 공적과 과실을 평가받아야 한다." 만약 평가가 충실하지 않다고 여겨지면 '공거비기인貢擧非其人'[169]죄에서 1등을 감해 처벌했다. 즉 장형 100대였다.[170]

당대 관리는 일반적으로 고과에 의해 품계가 올라가고 진급했다. "무릇 벼슬에 있으면 반드시 근무평가를 받는데, 네 가지 근무평가(四考)에서 '중중'이면 매년 공로를 일급 올려서 서품한다. '중상'은 한 단계 나아가고, '상하'는 두 단계, '상중' 이상 및 5품 이상은 상주해 별도의 등급이나 순서를 평의하도록" 했다.[171] 통치자들은 "벼슬에 나아가는 사람들은 모두 한도를 정해 공이 없고 능력이 없는 사람으로 머릿수를 채우지 말라"[172]고 해 관리의 자질을 보증하려고 했다.

---

165) 관리의 공적이나 치적의 일등. —역주
166) 황제에게 착한 말을 해 과실을 바로잡도록 함. —역주
167) 폐기하지 아니함. —역주
168) 천자가 알지 못하는 과실을 바로잡는 벼슬. —역주
169) 주州·군郡에서 적합한 인물이 아닌 자를 인재로 뽑아 추천한 경우. —역주
170) 당률소의唐律疏議 직제職制.
171) 『신당서新唐書』「선거지選擧志(하)」.
172) 『구당서舊唐書』「직관職官 2」.

5. 퇴직제도

행정 효율을 목적으로 관리가 늙으면 퇴직하는(致仕) 제도를 규정했다. 정관 초기에 퇴직 연령을 엄하게 정했다. 행정사무 관리는 연령 70세에 이르면 모두 퇴직시켰다. 간혹 "나이는 비록 젊으나 용모가 노쇠한 자도 역시 퇴직을 허가했다."[173]

퇴직 절차의 첫째는 '걸해골乞骸骨'이라는 신청서를 제출하는 것이었다. 나이 70세가 되거나 약하고 병이 있는 자는 모두 신청서를 제출할 수 있었는데, 관품의 높고 낮음에 따라 허가절차가 달랐다. 5품 이상은 반드시 직접 황제에게 주청해 허가받고, 6품 이하는 상서성에서 황제에게 상주해 허가를 받았다.

퇴직 이후의 대우는 당대의 전후기 사이에 크게 변화했다. 전체적으로 경제발전과 정치 안정에 따라 퇴직 이후 대우가 꾸준히 향상되었다. 정치적 대우는 관리의 품계에 따라 차이가 있었다. 정관 2년, 문무 퇴임관리가 조참朝參[174]할 때 도열하는 위치에 대해 "해당 관품의 현임관보다 상급에 선다"고 규정했다. 이는 퇴직 관리를 우대하는 것을 의미했다. 3품 이상의 고급 관리는 초하루와 보름(朔望)에 조정 회의에 참석할 수 있었다. 경제적 측면에서도 품계와 공헌도에 따라 퇴직 후 향유하는 생활의 대우가 달랐다. 5품 이상에게는 녹祿의 반을 죽을 때까지 지급했다. 당 초기에 5품 이하 관리에게는 4년만 반록을 지급하다가, 천보 9년(750) 3월 23일의 칙령으로 5품 이상의 관리와 같아졌다. 특별한 공헌이 있는 관리는 황제의 은전을 입어 전녹을 받을 수 있었다. 당현종 때 '삼입총사三入家司'한 송경宋璟이 퇴직하자, 영에 따라 녹봉을 전부 지급했다.[175]

퇴직 관리에게 반봉半俸 또는 전봉全俸의 녹미祿米 외에도 명주와 월봉전月

---

173) 『통전通典』「치사관致仕官」.
174) 벼슬아치가 조정에 나아감. —역주
175) 『구당서舊唐書』「송경전宋璟傳」.

俸錢, 토지를 지급했다. 중앙관 6품 이하와 지방관 5품 이하 관리는 영업전永業田을 지급받아 여생을 보냈다. 당의 제도에 따르면, 직사관職事官의 경우는 1품에서 9품까지 영업전을 2경에서 1백경까지 수여했고, 직분전職分田은 1경 50무에서 12경까지 수여했다. 영업전은 자손에게 상속할 수 있었고, 직분전은 사후에 국가가 회수했다.[176] 녹미 수령은 퇴직 후의 주소를 보아서 결정했다. 원적原籍(고향)에 있거나 기타 주현에서 기거하는 경우에는 모두 중앙정부가 발표한 칙서에 따라 토지가 지급되었다. 퇴직 후 고향으로 돌아가면 경우에 따라서 공승公乘(국유 수레)을 지급하기도 하고, 고향까지 수레를 파견해 전송하기도 했다.

당대의 퇴직제도는 정치·경제 정황에 따라 크게 변했다. 사서에 따르면, 초기에는 비교적 순조롭게 집행되었는데, 중기 이후 환관의 전횡과 붕당의 다툼으로 정치가 극도로 문란해지자 관리들이 녹봉과 지위에 연연했다고 한다. 일찍이 대시인 백거이가 '진중음秦中吟 불치사不致仕'에서 풍자한 것이 있다. "70세가 되어 퇴직하는 예법이 명문에 있다. 어째서 오히려 영예를 탐하는 자가 들은 적이 없는 것처럼 말하는가? 애처로이 팔구십의 늙은이가 되어, 이가 빠지고 두 눈이 희미해지는데도 아침 이슬에 명리를 탐하고, 석양에 자손을 근심하니 얼마나 가련한가. 의관을 걸어 놓고 비취색 갓끈을 돌아본다, 수레를 매어 놓고 바퀴를 아끼노라. 금장요金章腰를 헤아릴 수 없어서 몸을 굽히고 군문에 들어가는구나."

정부기관에 있는 관리의 노화 현상은 이 지경에까지 이르러 각종 폐단을 낳게 되었고, 국가의 행정 효율에 심각한 영향을 주게 되어 시인이 격렬하게 비난했던 것이다.

---

176) 『신당서新唐書』 「식화食貨 5」.

제4장 형사입법

제1절 정죄양형定罪量刑의 원칙

1. 노인·어린이·장애인의 형 감면

당률은 노약자의 형벌을 연령에 따라 3단계로 나누어 감면하고, 또한 그것을 '불구'와 '불치'까지 확대했다. "나이 70세 이상 15세 이하 및 불구인 자가 유죄流罪 이하를 범했을 때는 속전贖錢에 처한다." 단 가역류加役流,[177] 반역연좌류反逆緣坐流,[178] 회사유류會赦猶流(죄질이 무거워 사면되지 않는 유형)를 범한 자는 제외했다. 유형을 받아도 유배지에서는 노역을 면제했다. "80세 이상 10세 이하 및 독질篤疾[179]인 자가 모반·대역·살인을 범해 사형에 처할 경우에는 상청上請한다. 절도와 상해의 경우는 역시 속전에 처한다. 나머지는 모두 논죄하지 않는다." "90세 이상이나 7세 이하는 비록 사형에 해당되어도 형벌을 가하지 않는다." 남을 사주(敎令)한 사람은 그 사람을 처벌했다.

노약자·불구자가 죄를 범한 시점에 관련하여 명례율에 따르면, "죄를 범했을 때 아직 노인[180]이나 병자는 아니었지만, 사건이 발각된 당시에 노인이나 폐질자가 된 경우에는 노인·폐질자로서 죄에 처한다"고 규정했다. 즉 죄를 범할 당시 나이가 아직 '노老'에 도달하지 않았거나 또는 '질'이 발생하

---

177) 당대 유형流刑 가운데 가장 무거운 것으로, 3년의 노역이 추가되어 붙여진 이름이다. 사형을 팔다리를 자르는 형벌로 바꾸었다가 다시 가역류로 바꾸었다. ―역주

178) 반역자의 직계 존비속으로서 반역 사건에 연좌되어 유배되는 경우. ―역주

179) 호령戶令의 규정에 따르면, 바보, 난쟁이, 허리 병신, 한쪽 팔다리를 못 쓰는 자 등은 모두 폐질廢疾이다. 정신병자, 두 팔다리를 못 쓰는 자, 장님 등은 모두 독질篤疾이다.

180) 이 조항에서 '노인'은 단순히 늙은 사람이 아니라, 위의 명례 30조와 본 조항의 소의에서 보듯이 형刑을 적용하는 기준이 되는, 즉 형刑을 감경하거나 면하는 특전을 부여할 수 있는 일정한 연령 이상의 행위자를 가리킨다. 그러나 영令에서는 대개 60세 이상을 가리킨다. 당령습유唐令拾遺 호령戶令 8조, 224쪽. ―역주

지 않았으나, 사건이 드러난 때 '노'와 '질'에 해당하면 이에 준해 죄를 논했다. 소疏에서 "가령 나이가 69세 이하일 때 죄를 범했는데 70세에 사건이 적발되었거나, 질병이 없을 때 죄를 범했는데 폐질이 된 뒤에 사건이 적발되면, 모두 위에서 해석한 '속전'에 처한다"고 했다. "70세는 노쇠해 도역徒役을 치를 수 없으므로 속형에 처한다"는 것이다. 또 "가령 79세에 가역류죄를 범하고 80세가 되어 사건이 발각되어 판결을 받으면, 면죄하고 도형이나 유형을 집행해서는 안 된다. 도역의 연한 내에 노인이 되었거나 병자가 된 경우에도 또한 마찬가지이다"고 했다. 예를 들어 어떤 사람이 징역 3년을 판결 받았는데, 그가 형을 복역하는 기간에 '노'에 도달하거나 '폐질'이 발생하면 복역을 면제하고 동銅으로 속형할 수 있게 했다. 만약 "죄를 범했을 때는 어렸지만 사건이 발각된 시점에는 다 자랐으면 어린 나이에 적용해 처벌한다"고 했다. 소에 "가령 7세에 죽을죄를 범하고 8세에 사건이 발각되면 죽을죄로 처벌하지 않는다. 10세에 살인을 하고 11세에 사건이 발각되면 상청해 황제의 재가를 받는다. 15세에 도둑질을 하고 16세에 사건이 발각되면 속전에 처한다"고 했다. 형벌 규정은 당대 통치자가 역대의 사법 실천을 총괄한 산물이었다. 그들은 이러한 사람들의 범죄가 통치계급을 위태롭게 하지 않는다고 여겼기 때문에 '휼형恤刑' 정신을 구현했던 것이다.

2. 공죄公罪와 사죄私罪의 구별

공죄는 공무 중에 죄를 범한 것으로서 바르지는 않지만 사사로움이 없는 것을 말했다. 이에는 두 가지 조건이 있었다. 첫째, 반드시 공무를 처리하는 과정에서 발생한 범죄에 국한했다. 둘째, 공무 처리 과정에서 사사로운 정에 따라 일을 처리한 경우에 국한했다. 이는 고의로 법률을 왜곡하여 해석한 것이 아니라 내용과 의미를 잘못 이해했다는 뜻이다. 공죄는 관리의 과실 행위로 생겼기 때문에 가볍게 처벌했다.

사죄는 "사사로이 직접 범한 죄, 황제를 친견하여 물음에 사실대로 답하지 않거나 청탁을 받고 법을 어긴 죄 등"을 말했다. 아래에 열거한 두 종류는 모두 사죄에 속했다. 첫째, "공적인 일에 연관되지 않고, 사적으로 스스로 죄를 범하는 것"으로, 공무 처리 과정에서 법을 어기고 죄를 범하는 행위가 아니었다. 예를 들면 살인·방화·강간·약탈 등을 말했다. 둘째, "공적인 일 때문이나 의도가 사욕(阿曲)을 차리는 데 있으면 역시 사죄와 같다"고 했다. 예를 들면 "황제를 친견하여 물음에 거짓으로 답한 것은, 그것이 공적 사무이지만 임시방편으로 거짓되게 아뢰었으면 마음에 숨기고 속인 것이 있기 때문에 사죄와 같다"는 것이다. 또 "청탁을 받고 법을 어긴 것과 같은 종류"는 법을 어기고 사사로운 정에 따르는 것으로, 재물을 받지 않았더라도 또한 사죄를 범한 것이다. 사죄는 보통 관리가 직권을 이용해 개인적인 이득을 꾀하는 고의 행위이므로 무겁게 처벌했다.

3. 자수 감면형

당률은 "죄를 범했지만 적발되기 전에 자수한 자는 그 죄를 용서한다"고 규정했다. 죄를 용서함은 곧 형벌을 면제한다는 것이다. 그러나 반드시 범죄 행위가 발각되기 전에 관부에 가서 자수해야 면제될 수 있었다. 자수의 정황 판단은 비교적 복잡한데, 당률에 구체적인 규정을 만들어 놓고 있다. 첫째, "가벼운 죄가 발각되어 그 때문에 중죄를 자수하면 중죄는 감면한다." 둘째, "탄핵된 사건을 심문받다가 별도의 다른 죄를 말한 경우에" 그 죄는 자수로 처리했다. 셋째, "자수하되 사실이 아닌 경우에는 부실죄不實罪로 처벌한다." 예를 들어 강도를 했으면서 절도라고 자수하면 이것이 바로 부실이다. 이 경우에 장물을 그 숫자대로 모두 자수했더라도, 재물을 취득하지 못한 강도에 해당하는 죄로 처벌했다. "자수했더라도 부진하다"고 하는 것은, 예를 들어 법을 어기고 재물 15필을 취했는데, 14필만 취했다고 자수하면 나머지 1필에 대해서는 부진죄不盡罪가 적용되는 것을 말한다.

당률은 다른 사람이 대신 자수해도 본인이 직접 자수하는 것으로 인정했다. 누구든 범죄자의 위탁을 받고서 대신 자수하면 범죄자 본인이 자수한 것과 마찬가지였다. 그러나 일부 범죄는 자수를 허락하지 않았는데, 예를 들어 사람에게 손상을 입혔거나, 물건으로 배상하지 못하거나, 사건이 드러나자 도망했거나, 국경을 월도越度(관문이 아닌 다른 곳으로 넘나듬)했거나, 부녀를 간음했거나, 천문天文을 사사로이 학습한 경우에는 자수를 인정하지 않았다. 일반적으로 당률이 규정한 자수의 목적은, 율소에서 말한 범죄자로 하여금 "잘못을 회개하고" "스스로 새로워지도록" 하여, 범죄자의 반항 의지를 무너뜨려 군중의 저항을 와해시키는 데 있었다.

4. 고의와 과실의 구분

서진의 장비張斐는 진율晉律을 주석할 때 '고의'에 대해 명확하게 해석했다. 그는 "알고도 범하는 것을 '고의'라 한다"[181]고 했다. 당률에서도 고의와 과실에 대한 해석은 기본적으로 장비의 해석을 따른다. 투송률鬪訟律에는 "칼이나 고의로 살해하면 참형에 처한다"는 규정이 있다. 소에는 "칼이나 고의로 살해하는 것은 싸우면서 칼날을 사용한 것이니, 즉 해칠 마음이 있는 것이다. 싸움 때문이 아니라 무단히 죽인 것이니, 이것을 고의로 죽인 것(故殺)이라고 한다"고 했다.

과실에 대한 장비의 해석은 "의도가 없이 잘못해 범한 것을 과실이라 한다"라는 것이다. 의도가 없다는 것은 바로 이 행위가 어떤 결과를 초래할 것인가를 의식하지 않았다는 것이다. 투송률에는 '사람을 과실로 살해하거나 상처를 입힘(諸過失殺傷人)'이라는 조문의 주에 "눈과 귀의 감각이 미치지 못한 경우나 생각이 미치지 못한 경우, 함께 무거운 것을 들다가 힘으로 제어하지 못한 경우, 또는 높은 곳에 올라갔거나 위험한 곳을 밟고 섰다가 발이 미끄러졌거나 또는 짐승을 사격하다가 사람을 죽였거나 상해한 것 등

---

181) 『진서晉書』 「형법지刑法志」.

이 모두 그러하다”고 했다.

당률은 고의는 무겁게 처벌하고, 과실은 가볍게 처벌했다. 예를 들어 투송률에 “칼이나 고의로 살해하면 참형에 처한다”고 규정했다. 그러나 “사람을 과실로 살해하거나 상처를 입힌 경우에는 각기 그 상황에 의거해서 속형에 처한다”고 했다. 즉 과실로 사람을 살상한 경우에는 상황에 따라 금전으로 그 죄를 속면할 수 있었다.

5. 수범·종범의 구분

당률은 “공동으로 죄를 범한 경우에는 주모자를 수범으로 하고, 추종자는 1등을 감한다”고 규정했다. 공범은 두 사람 이상이 함께 죄를 범한 것이고, 주모(造意)는 범죄 음모를 짜는 것이다. 『진서』 「형법지」에서 장비는 “앞장서서 이끌어 우두머리로서 먼저 말함을 주모라 한다”고 했다. 주모자는 수범으로 범죄를 주도적으로 계획한 자이다. 수범은 무거운 형벌로 처벌하고, 종범은 가벼운 형벌로 처벌했다. 이것은 당률의 공동 범죄에 관한 형사 책임의 일반적 규정이었다. 공범의 신분과 행한 범죄에 따라 여러 가지 구체적인 규정이 있었다. 예를 들어 “가족이 같이 범한 경우에는 어른만 처벌한다”고 했다. 감독하는 주수主守와 함께 죄를 범하면, 주모자가 있더라도 주수가 수범이고 그밖의 사람은 종범이 되었다.

6. 여러 죄를 같이 처벌

여러 가지 죄를 같이 처벌한다는 규정은 한 사람이 여러 죄를 범한 경우의 처리 원칙을 말한다. 당률 명례율에서 다음과 같이 규정했다. 첫째, 두 가지 죄 이상이 함께 드러나면 무거운 죄로 처벌했다. “경죄를 합산 가중하는 것”이 아니었다. 즉 몇 종류의 죄를 한꺼번에 합쳐서 처벌할 수 없고 반드시 그 가운데 중죄로 처벌했다. 둘째, “죄의 경중이 같은 경우, 그 가운데 하나에 따른다"고 했다. 두 가지 이상의 죄의 형벌이 서로 같으면, 그 중 한 죄에 대한 형벌 판결을 따랐다. 셋째, 한 가지 죄가 먼저 드러나 이미 판결을 받았는데 이후 여죄가 드러나면, 이때는 여죄를 앞의 죄와 비교해 경중을 따졌다. 만약 이전에 발견된 죄보다 가볍거나 같으면 다시 죄를 묻지 않고, 여죄가 이전 죄에 비해 무거운 경우에는 "다시 논죄하되" 뒤의 죄에 따라서 다시 판결했다. 단지 "앞서 처결된 형벌을 계산해 뒤의 형량에 충당한다"고 하는 것은 범죄자가 이미 복역한 형기를 계산해, 뒤에 판결되어 복역해야 할 형기에 포함시킨다는 것이다. 그러나 "뇌물죄를 자주 범한 경우에는 모두 합산해 처벌한다"고 했다. 이는 관리가 재물욕 때문에 죄를 범하거나 자주 범한 경우에 중죄 우선 형벌의 원칙을 적용하지 않고, 몇 가지 죄의 장물을 합산해 절반으로 나눈 뒤에 그 장물의 수에 따라서 형을 판결한 것이다.

7. 재범 가중 처벌

명례율에는 "하나의 범죄가 이미 발각되었거나, 또는 죄를 범하고 이미 배속되었는데(已配) 다시 죄를 범한 경우에는 가중 처벌한다"[182]고 규정했다. "다시 죄를 짓는다"는 것은 '재범'이며 무거운 죄에 따라서 처형했다. 범죄자가 이미 고발되었거나 판결을 받고서 형을 복역하는 과정에서 또 태형 이상의 죄행을 범하면, 새로운 범죄를 저지르는 것이 되었다. 당률은 새로운 범죄 처리의 원칙에 대해 "만약 거듭해서 유형죄를 범한 자가 뒤에 다시 범한 유형죄에 대해서는 유주법留住法[183]에 의거해 장형을 집행하는 것으로 대체하고, 유배지에서 3년을 추가 복역케 한다"고 했다. 즉 유형 2천리는 장형 100대, 유형 2천 500리는 장형 130대, 유형 3천리는 장형 160대로 대체하고,

---

182) 본 조항은 여러 가지 죄를 범한 경우 형을 가중시켜서 병과하는 방법과 각종 형의 최고 한도에 대해 규정했다. 형을 가중할 경우는 한 가지 죄가 발각된 후에 다른 죄를 범하면 형을 가중했다. 이때의 기본원칙은 당률소의 명례율 45(이죄종중二罪從重)에서 밝힌 대로 더 무거운 범죄에 나머지 죄를 흡수시켜 처벌한다는 것이다. 이 조항은 범죄가 발각된 이후에 다시 죄를 범한 경우이므로 발각의 시점이 매우 중요하다. —역주

183) 당률소의唐律疏議 명례名例 28(공악잡호工樂雜戶)을 참조. —역주

각각 유배지에서 3년을 더해서 복역케 하며, 전에 범한 유죄流罪로 복무해야 할 1년을 합해 모두 4년을 복역케 했다. 만약 유죄와 도죄徒罪를 여러 번 범해 복역기간을 누계할 경우에도, 도합 4년을 초과할 수 없었다. 가령 원래 가역류죄를 범하고, 뒤에 또 가역류죄를 범해서, 앞뒤의 죄를 누계해 도역 기간이 도형 6년이라도, 복역은 4년을 상한으로 했다. 만약 복역기간을 끝마치지 않았는데, 다시 유죄나 도죄를 범한 경우에는 가장加杖으로 대체하는 법례184)에 준했다. 설사 죄가 많아 대체할 장형·태형을 누계하더라도 200대를 넘지 못했다. 가장하는 경우도 마찬가지였다.

8. 동거하는 자를 서로 숨김

당률 명례율에서는 "동거자 또는 대공大功 이상의 친족 및 외조부모·외손, 또는 그 손부·남편의 형제 및 형제의 아내에게 죄가 있어 서로 숨겨 준 경우"를 규정했다. 동거는 "재산을 공유하고 같이 거주하는 것을 말하는데, 호적이 같고 다름에 관계없고, 복服이 없는 자라도 같다"라 했는데, 이는 당률이 서로 숨겨 주는 범위를 확대 적용했음을 말한다. "부곡·노비가 주인을 숨겨 준 경우는 모두 처벌하지 않는다." 만일 범죄자에게 사실을 누설하거나 소식을 은밀히 전해도 범죄가 되지 않았다. 그러나 모반謀反·모대역謀大逆·모반謀叛의 경우에는 숨겨 줄 수 없었다. 즉 범죄행위가 통치자의 전정專政을 위태롭게 했을 때는 바로 '대의멸친大義滅親' 했다.

9. 유추 적용

당률에서는 법을 유추하여 적용하는 것(比附)185)을 엄격하게 통제했다. 우

---

184) 당률소의唐律疏議 명례名例 27(도응역무겸정徒應役無兼丁)을 참조 ―역주
185) 범죄 사건에 대한 명문 규정이 없을 때 유사한 예로 유추해서 판단하는 것을 말한다. 고구치 히코타(小口彦太) 저, 임대희 역, "전통 중국의 법제도"(『역사교육논집』 16집, 244~246쪽) 참조 ―역주

선 비부의 원칙을 명례율에는 "단죄해야 하지만 해당 조문이 없어 그 죄를 줄여야(出罪) 할 경우에는 무거운 쪽을 들어 가벼운 것을 밝히고, 죄를 더해야(入罪) 할 경우라면 가벼운 쪽을 들어 무거운 것을 밝힌다"고 규정했다. 그 다음으로 비부를 사용해서 안 되는 몇몇 안건을 규정했는데, 예를 들면 천흥률擅興律에서는 "만약 군령을 위반하면 회군한 뒤 율문에 조항이 있으면 그에 따라 처단하고, 조항이 없으면 처벌하지 않는다"고 규정했다. 또한 비부를 사용하는 안건 승인에도 엄격한 제한을 두었다. 예를 들면 단옥률斷獄律에서는 무릇 "만약 사서赦書에 죄명을 정해 경죄에 따라야 할 경우에는 다시 해당 죄로 처벌하는 조문을 인용하거나 비부해서 중죄로 처리할 수 없다. 위반한 경우에는 각각 고의·과실로 처벌한다"186)고 했다. 이러한 규정은 한대 이래 간사한 관리가 비부를 이용해 사사로운 정으로 법을 어기고 "살리려면 살리는 쪽에 붙이고, 죽이려면 죽이는 쪽으로 붙인다"187)고 하는 상황을 방지하려는 의도였다.

10. 화외인 상범相犯

당률에서는 외국인을 '화외인化外人'이라 했다. 당대의 '화외인'에 관한 안건은 현대 중국 형법의 '대외관련 안건'과 유사하다. 명례율은 "화외인이 자국인끼리 서로 범한 경우에는 각각 본국의 법에 의하고, 타국인끼리 서로 범한 경우에는 중국의 법률로 처벌한다"고 규정했다. 이는 국적이 같은 외국인 사이의 소송 분규는 그들이 "별도로 군장君長을 세우고, 각각 풍속이 있고 제도와 법률이 다르기" 때문에 해당 국가의 법률에 의거해 처리해야 한다고 했다. 즉 "그 풍속과 법으로 단죄한다"는 것이다. "타국인 사이에 서로 범한 경우"는 서로 다른 국적의 외국인이거나, 외국인과 중국인 사이에 발생한

---

186) 고의로 죄를 증감하거나 과실로 죄를 증감하는 것으로 논하는 것을 말한다. 당률소의 단옥斷獄 19 참조 ―역주
187) 『한서漢書』 「형법지刑法志」.

소송 분규로 보아 반드시 당률로 처벌했다. 당률의 화외인 안건의 처리 원칙은 당唐 정부가 외국인의 법률적 지위를 보장하는 동시에 당의 주권 원칙을 철저하게 유지했다는 것을 보여준다.

제2절 형벌제도

1. 양진 남북조 형벌제도의 변화

한 문제 13년에 조칙을 내려 '육형肉刑을 폐지'한 이래 고대의 묵형墨刑·의형劓刑·비형剕刑·궁형宮刑·대벽大辟의 다섯 가지 형법제도가 무너졌다. 이후 삼국 양진 남북조 시대에 새로운 형벌이 다시 출현했다.

첫째, 진晉의 형벌제도는 대벽大辟·곤형髡刑·속형贖刑·잡범으로 구분되었다. 대벽에는 참斬·효수梟首·기시棄市가 있었고, 곤형에는 네 가지 종류가 있었는데, 곤겸髡鉗 5년형에 태형 200대, 4년형, 3년형, 2년형으로 구분했다. 즉 "형벌의 종류는 1년의 차를 넘지 않는다"고 했다. 그리고 속형贖刑은 악의 없이 불가피하게 저지른 경우에 적용하는 것으로 다섯 가지로 구분했다. 사형을 속贖하는 데에는 금 2근, 5년형을 속하는 데는 금 1근 12냥, 4년형·3년형·2년형을 속하는 데에는 각각 금 4냥의 차이가 있었다. 이는 "금의 등급은 4냥을 초과하지 않는다"는 것을 말한다. 그리고 잡범은 벌금으로 12냥·8냥·4냥·2냥·1냥을 부과했다. 기시 이상을 사죄로 하며, 2년형 이상을 내죄耐罪로 하며, 벌금 1냥 이상을 속죄로 했다.

둘째, 북위의 형벌제도는 사형188)·부형腐刑·유형流刑·도형徒刑·장형杖刑·편형鞭刑으로 구분되었다.

셋째, 북제의 형벌제도는 사형189)·유형·도형·편형·장형으로 구분되었다.

---

188) 교絞·참斬·효수梟首·환轘·침연沉淵·문방門房이 있다.
189) 교絞·참斬·효수梟首·환轘이 있다.

『북제서』「후주기後主紀」에는 천통天統 5년 2월 을축乙丑의 조서에서 "궁형宮刑에 해당하는 자는 형벌을 면제해 관구官口로 한다"고 해 관노官奴로 삼았다. 이후의 전통 법전에는 다시 궁형이 나타나지 않았다.

넷째, 북주의 형벌제도는 사형·장형·편형·도형·유형으로 구분되었다. 장형은 10대에서 50대까지, 편형은 60대에서 100대까지 있었다. 도형은 다섯 가지로, 도형 1년에 해당하는 자는 편형 60대에 태형 10대, 도형 2년은 편형 70대에 태형 20대, 도형 3년은 편형 80대에 태형 30대, 도형 4년은 편형 90대에 태형 40대, 도형 5년은 편형 100대에 태형 50대를 더했다. 유형은 다섯 가지가 있었는데, 유위복流韋服은 황제가 있는 수도로부터 2천 500리 밖으로 보내며 편형 100대에 태형 60대, 유요복流要服은 3천리에 편형 100대에 태형 90대, 유번복流蕃服은 4천 500리에 편형 100대에 태형 100대를 더했다. 사형은 경형磬刑·교형絞刑·참형斬刑·효수梟首·거열車裂 다섯 가지였다.

이 시기의 형벌 변화는 전체적으로 고대 형벌에서 팔다리를 자르거나 지체에 해를 가하던 수단이 점점 사라져 가는 추세로, 형벌제도 역시 점점 규범화되면서 새로운 오형 제도로 변해가는 과도기였다.

2. 수·당 시대 새로운 오형 제도의 확정

수의 개황률에서 태형·장형·도형·유형·사형의 새로운 오형 제도가 확정되었다. 당대 역시 이를 받아들였으며, 각 형벌의 등급, 형구의 규격화, 형벌 집행시 준수사항 등 모든 부문을 상세하게 규정했다.

(1) 태형笞刑

소疏에 "태란 매로 친다는 뜻이다. 또 부끄러움을 느끼게 해 교훈을 주는 것이다"고 했다. 어떤 사람에게 잘못이 있으면 법에 따라 때려서 징계를 했다. 태장笞杖의 규격은 단옥률의 형벌 집행을 위반한 경우에 대한 옥관령獄官令에 나오는데, 그에 따르면 굵은 부분의 직경이 2푼, 가는 부분의 직경이

1푼 5리, 길이는 3척 5촌이었다. 이러한 용구는 비교적 가벼운 죄인에게 사용했다. 소에 "태란 때리는 형벌이며 비교적 가벼운 형벌이다"라고 했듯이, 오형 가운데 가장 가벼운 형이었다.

수·당의 법률은 태형을 5등급으로 나누었다. 각 10대씩 차이를 두어서 10·20·30·40·50대가 있었다. 태형을 때리는 부위는 위에서 언급한 옥관령에 "태형을 집행할 경우 종아리와 허벅지 부위에 나누어 맞도록 한다"고 해, 한곳만 때리지 않았다. 이렇게 하면 형벌을 받은 이후에 회복이 빨랐다. 수·당의 법률은 동銅으로 죄를 속면하는 것을 허락했다. 즉 태형 10대는 동 1근으로 속형할 수 있었으며, 매 등급마다 1근의 차를 두었다. 따라서 태형50대는 동 5근으로 속면했다.

(2) 장형杖刑

장형은 태형보다 더 거친 몽둥이로 범인을 때리는 형벌이었다. 옥관령에 따르면, 몽둥이 길이가 3척 5촌, 굵은 부분의 직경이 3푼 3리, 가는 부분의 직경이 2푼 2리였다. 이 역시 5등급으로 나누어 10대씩의 차이를 두어 60·70·80·90·100대를 때렸다. 집행 부위는 등과 허벅지와 종아리였다. 장형도 동으로 죄를 속면할 수 있었다. 장형 60대는 동 6근, 70대는 7근으로, 한 등급에 동 1근씩 증가시켜 속면했다.

(3) 도형徒刑

"도徒란 노奴이다. 노奴로 만들어 그를 욕보인다." 즉 일정 기간 동안 범인의 자유를 박탈하고 강제로 노역에 종사시키는 형벌이었다. 수의 개황률에서 도형을 1년, 1년 반, 2년, 2년 반, 3년의 5등급으로 규정했다. 매 등급마다 반년의 차이를 두며, 그밖에 다른 형벌은 가하지 않았다. 당은 수의 제도를 따라 도형에 해당하는 자는 "목에 칼(鉗)을 씌우고, 수도에서는 장작감將作監에 속하고, 여자는 소부감少府監에 속해 바느질 등의 일을 했다"190)고 한다. 이 역시 동으로 죄를 속면할 수 있어 도형 1년은 동 20근, 1년 반은 동 30근,

2년은 동 40근으로 속면했다.

(4) 유형流刑

수의 유형은 3등급으로 1천리, 1천 500리, 2천리로 나뉜다. 이 형벌을 받는 경우 따로 2년, 2년 반, 3년의 거작居作을 실시했다. 거작을 실시하는 경우에 세 등급의 유형은 모두 3년의 노역을 살았다. 단 가까운 곳의 유형자는 장형 100대를 때리고, 매 1등급마다 30대씩 더했다.

당의 유형 역시 3등급인데, 거리는 매 등급마다 1천리를 더하고, 거작 기간은 모두 1년으로 단축했다. 역이 끝나면 소재지에 편입해 호戶로 삼았는데, 이를 '상류常流'라 했다. 3년의 노역을 하는 경우를 '가역류加役流'라고 불렀는데, 일반 유형과 달리 유배지에서 2년의 노역을 더했기 때문이다. 이 형벌은 당육전 권6의 주에서 "무덕武德 연간에 본래 사형은 단지斷趾로 고쳤으며, 정관 6년에 다시 가역류로 고쳤다. 상류가 도역 1년인데 비해 유형 3년에 노역이 더해지기 때문에 가역이라는 이름을 붙였다"고 한다. 유형을 동으로 속면하는 방법은 2천리에 동 80근, 2천 500리에 동 90근, 3천리에 동 100근으로 속면했다.

(5) 사형

사형은 가장 엄한 형으로서 오형 가운데 가장 무거웠다. 수의 개황률은 사형을 교수형과 참수형 두 가지로 나누었다. 당률도 사형제도를 두 가지로 분류해 교수형과 참수형으로 나누고, 이를 속면하려면 동 120근으로 할 수 있었다.

이상의 형벌제도로 볼 때, 수·당의 형벌제도는 중국의 전통 법전 가운데 가장 가벼웠다. 그 주된 차이는, 사형제도는 교수형과 참수형만 두고, 유형의 거리를 줄이고, 도형의 노역 기간을 줄이고, 태형과 장형도 각각 그 대수를

---

190) 『신당서新唐書』 「형법지刑法志」.

줄인 것에서 알 수 있다. 형벌은 일죄 일벌로 다스렸다. 수·당은 법전에서 진·한 이래 하나의 죄에 여러 가지 형벌을 내리는 제도를 삭제했다. 그러나 당 이후 다시 복잡하게 변해서, 예를 들면 송宋의 경우에는 유형에 장형을 더하고 문신을 새겨서 하나의 죄에 세 가지 형벌을 가하는 일죄 삼형이 이루어졌다. 명대明代 사람인 구준丘濬이 말하기를 "송나라 사람은 5대에서 자배刺配를 행하던 법을 이어받아 등허리에 장형을 가하고, 유배를 보내고, 얼굴에 자자를 실시했다. 이로써 한 사람이 한 사건의 범죄 때문에 세 가지 형벌을 받았다"191)고 한다.

법전만 살펴보면 수와 당 전기의 법제가 가장 가벼웠다. 그러나 이것은 법전만 보고 말한 것이고, 실제로는 수·당 시대에도 여전히 제도로 규정하지 않은 각종 잔혹한 형벌이 존재했다.

3. 형벌의 가감

당률 명례율에서 "가加란 무겁게 처벌하는 것이고, 감減이란 가볍게 처벌하는 것이다"고 규정했다. 가형은 차례대로 한 등급씩 더하고, 감형은 차례대로 한 등급씩 빼는데, 예외가 있었다. 예를 들면 "사형의 두 가지와 유형의 세 가지는 각각 하나로 간주해서 감하도록" 했다. 두 가지 사형은 교수형·참수형이고, 세 가지 유형은 3등급의 유형을 말했다. 감형은 위에서 말한 상황에 따라 차례대로 한 등급씩 감형하는 것이다. 단 사형과 유형은 그 형종에 따라 감했다. 예를 들면 사형은 전체가 하나의 형벌로서 한 등급 감하면 유형이 되었다. 그리고 유형에서 한 등급 감하면 도형이 되었다. 그러므로 2사死와 3유流는 각각 1급을 감하는 것과 같았다. 가역류를 감형하는 경우도 3유와 마찬가지였다.

그러나 가형에는 엄격한 규정이 있었다. 첫째, "가형을 할 경우 조건이

---

191) 『대학연의보大學衍義補』 「신형헌愼刑憲·명류속지의明流贖之意」.

충족되어야 처벌할 수 있다"고 해서, 반드시 법률의 규정에서 정한 조건이 채워졌을 때라야 가중 처벌할 수 있었다. 둘째, "그 형벌을 가중하더라도 사형에 처해서는 안 된다"고 했다. 그러나 이 조문은 명문화된 규정에 의해 사형이 허가된 경우에는 이 제한을 받지 않았다. 셋째, "가중 처벌로 교수형에 처해진 후에 다시 참수형을 가중 처벌하지 않는다"고 했다. 이것은 교수형이 처벌로는 정점頂点이라서 가중할 수 없다고 한 것이다. 따라서 "사형에 처했으면 더 이상 가중 처벌하지 않는다"는 것이 원칙이었다. 이상과 같은 형벌의 가감 원칙을 보더라도 당률의 가벼운 처벌 원칙을 잘 알 수 있다.

제5장 민사입법

제1절 민사권리의 주체

1. 행위능력의 결정시기

행위능력의 연령은 통치자들의 필요에 따라서 자주 변했다. 진秦은 16세를 전정全丁으로, 13세를 반정半丁으로 삼았던 적도 있었다.『수서』「식화지」에 따르면, 남자의 경우 3세 이하는 황黃이고, 10세 이하는 소小이고, 17세 이하는 중中이고, 18세 이상은 정丁이 되었다. 정이 되면 부역과 세금이 부과되고, 60세가 되면 노老로 역을 면했다. 당 역시 기본적으로는 수의 제도를 따랐다. 고조 무덕 7년 4월에 영으로, 남녀는 태어나면 '황'이고, 4세가 되면 '소'이고, 16세가 되면 '중'이며, 21세가 되면 '정'이고, 60세가 되면 '노'라고 정했다. 이 역시 몇 번의 개정이 있어서 중종 때는 22세를 정으로 삼았고, 현종 천보 3년에는 18세가 되면 '중'이 되고, 22세가 되면 '정'이 되었다.『구당서』「식화지」에 따르면 "천하의 남자는 23세가 되면 정이 되고, 58세가 되면 노가 된다"고 했다. 여기서 정이 된다 함은 법이 정한 성년이라는 뜻으로, 국가 부역에 임할 수 있고, 이때부터 완전한 행위능력을 구비했다고 인정했다.

2. 권리 주체와 신분 등급

당대에 일반 민중의 민사법률 관계에서 권리능력과 행위능력을 결정짓는 것은 그 사람의 사회 신분 등급에 따랐다. 당은 '양민'과 '천민'을 나누었는데, 양민은 일반 백성으로 다시 직업에 따라 네 가지로 구분했다.『구당서』「직관지·호부」에 따르면 "천하에는 그 업에 따라 네 가지 사람이 있다. 문무를 학습하는 자를 '사士'라 하고, 힘써 농사짓는 자를 '농農'이라 하고, 기계를 만드는 자를 '공工'이라 하고, 판매하는 자를 '상商'이라 구분한다. 공과 상에 해당하는 자는 사가 될 수 없고, 녹봉을 받는 사람은 아랫사람의 이득을 침해해서는 안 된다"고 했다.

실제로는 크게 두 계급으로 나눌 수 있으니, 황제와 귀족 관료로 대표되는 계급과 농민으로 대표되는 계급이다. 양민良民도 넷으로 나뉘어 사회적 지위가 서로 달랐고, 권리능력과 행위능력도 달랐다. 공·상의 지위가 가장 낮아 관리가 될 수도 없었다. 사의 지위는 가장 높았고, 일단 벼슬길에 진입하면 관품과 관직이 올라감에 따라서 각종 법률적 특권을 향유할 수 있었다. 그들이 죄를 지으면 의議·청請·감減·관당官當·속면 등의 절차를 거쳐서 형벌을 감면받았다. 그들은 민사법에서도 완전한 권리능력과 행위능력을 향유할 수 있었다.

천민은 관천민官賤民과 사천민私賤民 두 가지가 있었다. 관천민에는 관노비官奴婢·관호官戶·공악호工樂戶·잡호雜戶·태상음성인太常音聲人[192]이 있고, 사천민에는 노비奴婢·부곡部曲·객녀客女·수신隨身이 있었다. 관천민과 사천민에도 신분상의 엄격한 등급 구분이 있었다.

당의 천민은 크게 세 가지 등급이 있었다. ①관노비·사노비, ②관호·공악호·부곡·객녀, ③잡호·태상음성인太常音聲人이 그것이다. 그밖에 수신隨身은 노임을 주고 고용한 사람으로서 "기간을 정해 계약하여 대가를 받고 고용되었으므로 수신(兩面斷約年月 賃人指使 爲隨身)"[193]이라 했다. 기간이 끝나면 바로 천인을 벗어나 다시 양인 지위를 회복했다. 당대唐代의 노비는 천민 중 가장 낮은 계층이었다. 남자는 노, 여자는 비인데 "율에서는 가축과 재산에 비유한다," "주인에게 관貫이 속하고 호적도 없다"고 했다. 즉 조금의 권리능력은 물론 행위능력도 없었다. "태상음성인의 혼인은 백성과 같다는 규정에 의거

---

192) 태상음성인太常音聲人은 태상시太常寺의 태악太樂·고취鼓吹 두 부서에 근무하면서 국가의식에 필요한 음악과 가무를 담당하는 관노비. ―역주
193) 당률소의唐律疏議 왕원량王元亮 석문釋文 권22.

해 그 가운데에 다른 신분과 혼인한 자는 모두 양인에 준한다"고 했다. 그러나 공악호·잡호는 "같은 신분끼리 혼인한다"는 규정에 따라서 양인과 결혼할 수 없었다. 이는 공악호와 잡호가 태상음성인의 권리능력과 행위능력에 미치지 못함을 나타낸다.

제2절 소유권

1. 소유권의 내용

당대에 주요한 소유권의 대상은 토지였다. 당률에는 동산과 부동산의 구분이 있었다. 호혼률戶婚律에서는 남의 땅을 훔치는 것을 "함부로 공전과 사전을 자기 것이라고 사칭하는(妄認公私田)" 것이라고 했다. "전지田地는 옮길 수 없어 진짜로 훔치는 것과 같지 않다"는 표현은 토지가 부동산에 속했다는 것을 말해준다. 그밖에 재물은 "우리에 가두거나 묶어둔 것이 원래 있던 곳에서 벗어나야 하고, 기물과 같은 것은 다른 곳으로 옮겨져야 (절도죄가) 성립한다"고 한 것은 움직일 수 있는 재물은 동산에 속한다는 설명이다. 이 구분은 도절죄盜竊罪의 성립에 중요한 의의를 가진다.

당 전기에는 균전제가 실시되었지만 여전히 귀족과 관료 계층이 광대한 토지를 장악했고, 농민은 약간의 토지만 소유했다.

2. 토지소유권의 보호

당률에서는 공유 토지와 사유 토지의 소유권을 모두 엄중히 보호했다. 호혼률에서는 아래와 같이 규정했다.

첫째, 구분전口分田194)의 매매를 엄격히 규제하고, 아래의 경우에만 매매를

---

194) 당唐 무덕武德 7년 균전령均田令을 반포해 정남丁男 및 18세 이상의 중남中男에게 100무畝의

허용했다. ① "주택과 방앗간과 가게(邸店)는 팔 수 있다." ② "법적으로 팔 수 있는 경우는 협향狹鄕(사람은 많은데 땅이 적은 곳)에서 관향寬鄕(주어야 할 전지에 비해 땅이 많은 곳)으로 이사하고자 하는 경우, 영에 의거해 모두 파는 것을 허용한다."195) 그렇지 않은데 "구분전을 판 자는 1무와 태형 10대에 처하고, 20무마다 1등씩 더하며 그 죄의 최고형은 장형 100대이다. 그 전지는 본래 주인에게 돌려주고 전지 대금은 몰수하고 돌려주지 않는다"196)고 했다.

둘째, "점전占田이 한도를 넘는" 것을 허용하지 않았다. "점전이 한도를 넘은 자는 1무당 태형 10대에 처하고, 10무마다 1등씩 더한다. 장형 60대가 넘으면 20무마다 1등씩 더한다"라고 규정했다. 이 규정은 사람이 많고 땅이 적은 '협향'에만 한정했다. 반면에 '관향'에서는 "점유한 전지가 비록 많더라도 죄를 주지 않는다"고 했다. 그래도 반드시 문서로 신고하고 등록해야 하며, 그 목적은 변경 지역의 황야 개간을 촉진해 국가 수익을 올리는 데 있었다.

셋째, 공전이나 사전을 몰래 경작하는 것을 엄격히 규제했다. "공전이나 사전을 몰래 경작한 자는 1무 이하는 태형 30대에 처한다." "황전荒田은 1등을 감한다. 강행한 자는 각각 1등을 더한다. 묘자苗子197)는 관이나 주인에게 돌려준다."

넷째, 관리의 민전 침탈을 엄격히 금했다. "관직에 있으면서 사전을 침탈

전지田地를 지급하고, 그 중 80무를 구분전이라 부르며 땅에 대한 재산권을 국가 소유로 해 매매할 수 없게 규정했다. 전지를 경작했던 사람이 죽으면 다시 국가가 회수해 다른 사람에게 분배했다. —역주

195) 당령습유唐令拾遺 전령田令 20조(630~634쪽) 참조. —역주

196) 재몰불추財沒不追란 이미 지불된 대금은 매주賣主가 취득한 것으로 인정하고 반환하지 않는다는 의미로 해석할 수 있다. 이 경우 매주는 죄를 범했으면서도 이미 받은 대금을 부당 이익으로 가질 수 있어 율문이 불합리한 것처럼 생각할 수도 있다. 하지만 매주는 장형杖刑을 받고 매주買主는 재물을 상실했기 때문에 균형을 도모한 것으로 생각할 수도 있다. 그러나 몰沒의 의미를 관官에서 몰수하는 것으로 생각하면 이러한 해석에 의문의 여지가 있다. 매주賣主와 함께 범법犯法한 매주買主에 대한 처벌은 보이지 않기 때문에 쉽게 단정하기 어려운 점이 있다. 이는 더욱 연구해 보아야 할 것이다. —역주

197) 묘자苗子란 그 토지에 현재 생육하고 있는 작물 및 소비하지 않고 저장한 당해의 수확물을 말한다. 악의로 점유한 전기간全期間의 과실果實을 평가해 그 반환을 명한다는 의미는 아닐 것이다. 위의 공사전公私田과 대응해 귀관주歸官主라고 했다. —역주

한 자는 1무 이하면 장형 60대에 처한다." "원園과 포圃는 1등을 더한다."
이 규정은 관리가 세력을 끼고 백성의 토지를 침탈하는 것을 막아 사회 모순
의 격화를 방지하고, 국가의 세무와 노역의 원천을 보호하려는 것이었다.

다섯째, 함부로 공·사전을 자기 것으로 사칭하는 것을 인정하지 않았다.
"몰래 교환하거나 팔아 넘긴 자는 1무 이하면 태형 50대에 처한다."

3. 기타 재물 소유권에 대한 보호

당률에서는 그밖에 재물 소유권 보호에 관한 주요 규정을 잡률에 아래의
다섯 가지 유형으로 규정했다.

① 관사官私의 전원田園에서 함부로 과실이나 채소를 채취하는 것을 금했
다. "관사의 전원에서 함부로 채소·과실 등을 먹으면 좌장죄坐贓罪로 논한다.
버리거나 훼손해도 이와 같다. 가져가면 준도죄準盜罪로 논한다." "주관하는
관원이 주면 1등을 더한다." "해당 관원의 감독관이 강제로 취하면 범도죄凡
盜罪에 2등을 더한다."

② 당률에 따르면 번식蕃息이란 재물 자체가 번식해 생긴 권익이었다. 이
렇게 번식된 결과물은 "노비가 아이를 낳고, 말이 망아지를 낳은 경우"와
같은 것이었다. 당률에는 노비를 주인의 소유물로 보았으므로 "법률에는
가축과 재산에 비하고 있다." 그러므로 노비가 낳은 자식이나 말이 낳은
망아지나 마찬가지였다. "번식이 다만 생겨난 것에 불과하므로 율에 의거해
어미에 따라 주인에게 반환한다."

③ 타인이 위탁한 물건을 함부로 사용하지 못하도록 했다. 당률은 '맡긴
재물'이라 했다. "맡긴 재물을 함부로 소비하거나 사용하면 좌장죄로 논하되
1등을 감한다. 죽거나 잃어버렸다고 거짓말하면 속여서 재물을 취한 죄로
논하되 1등을 감한다." 단, 위탁한 동물이 병들어 죽거나 재물을 "강도당하면
배상하지 않는다"고 했다.

④ 매장물에 대한 소유권 문제는 다음과 같았다. 당률은 타인의 토지에서

매장물을 발견하면 영에 의해 토지의 주인과 반반씩 나누어야 한다고 했다. 만약 물건을 감추면 "주인에게 돌아갈 몫을 계산해 좌장죄로 논하되 3등을 감한다"고 했다. 만약 매장된 골동품을 발견하면 "영에 따라 관에 보내고 그 대가를 배상받는데" 숨기면 "얻은 기물에 준해 좌장죄로 논하되 3등을 감한다"고 했다.

⑤ 유실물은 주운 지 5일 내에 관청에 보내야 했다. 5일 내에 보내지 않은 자는 형벌에 처했다. 관청에 보낸 뒤에는 『신당서』「백관지」에 이르듯 관부에서 "유실물을 문밖에 내걸어 방을 붙이고, 1년이 지나면 관에서 몰수했다"고 한다. 즉 1년이 지나도록 찾아가는 사람이 없을 때는 관부가 몰수하는 것이다.

제3절 계약관계

당대는 중국 전통사회의 경제가 고도로 발전하여 각 영역의 경제관계가 모두 활발하게 이루어졌다. 예를 들면 현대의 환어음과 유사한 '비전飛錢'이 나타났는데, 이것은 상품 무역의 관계가 발전한 데 따른 것이다. 그밖에 저점邸店이 널리 설립되어 상인들이 왕래하며 유숙하기에 매우 편리했다. 수도인 장안의 시장에는 가게들이 전례 없이 증가했고, 강을 따라 도시가 개발되고 무역이 빈번했다. 이들 제반 사항들은 민사 법규를 통해 조정되고, 계약관계의 체결 역시 그러한 민사관계 법률에 의해 보증되었다. 당률에서 당시 계약관계의 주요 사항은 아래와 같다.

1. 매매 계약

당대에는 대지·주택과 중요한 동산의 매매는 모두 계약서를 작성했다. 균전제의 실시로 토지 거래는 일정한 제한을 받았지만 전령田令에서 특별한 사정이 있으면 영업전의 매매가 허용되었다. 특히 관료 귀족들의 영업전 및 사전賜田은 "팔거나 임대하는 경우에 규제를 받지 않았다." 또한 상업을 경영하는 지주들이 소유하는 영업전도 규정에 의해 "전답과 가옥·점포·방앗간 등의 매매는 비록 요천樂遷이 아니더라도 허용되었다." 일반 백성들도 "시골로 이사하는 서민이나 가난해 묘지를 쓸 수 없는 자는 영업전을 팔 수" 있었다. 협향에서 관향으로 이사하는 자는 구분전도 팔 수 있었다.

돈황에서 출토된 매매 계약서 조각을 보면, 토지매매 계약서에는 쌍방의 성명과 토지의 면적·위치 및 주변 땅의 소유자, 면적당 가격과 중개인 등이 기재되어 있다. 이러한 토지매매 거래 계약서가 대량 출토된 것으로 보아 당대에 토지와 주택 거래가 보편화된 현상이었음을 알 수 있다.

중요한 동산의 매매도 반드시 계약을 체결했다. 잡률에는 "노비·말·소·낙타·노새·나귀를 사고서 값을 치루는데, 매매 증서를 작성하지 않고 3일을 경과하면 태형 30대에 처하고, 판 자는 1등을 감한다. 매매 증서를 작성한 뒤에 지병이 있으면 3일 내에 매매를 취소할 수 있다. 병이 없는데 속이면 매매는 법대로 한다. 어긴 자는 태형 40대에 처한다"고 규정했다.

이상 언급한 여러 가지 매매 계약은 시장을 관리하는 자가 작성하는데, 매매증서(市券)는 꼭 법령에 의해 작성했다. 그리고 '사사로운 계약문서'가 없도록 했는데, 이는 정부가 계약 체결을 감독하기 쉽도록 조치한 것이다. 동시에 과호過戶 수속을 처리하면서 정부에 납세하도록 규정해 국가의 조세를 보장했다. 그래서 계약 성립 이후 3일 이내에 매매 증서를 작성하지 않으면 매매 쌍방이 모두 처벌을 받았다. 이를 주관하는 관리는 때에 맞추어 매매 증서를 발급하는데 이를 지키지 않으면 "하루에 태형 30대에 처하고," 형사책임을 추궁했다. 이를 통해 사기 행위를 근절해 매매 쌍방의 정당한 이익을 보호하는 동시에 국가의 조세 수익을 증대시켰다.

2. 임대 계약

당대에는 임대차에 관한 개념이 있었다. '빌린다(借)'는 것은 일반적으로 "사용 대차貸借"를 말한다. 가령 직제율職制律에는 "관의 노비나 가축을 사사로이 빌리거나," "노비·소·말·낙타·나귀·노새·수레·배·물레방아(碾磑)·저점 등을 빌려 사용한 경우"를 규정했다. '빌리다(貸)'라고 하는 것은 일반적으로 소비하기 위해 빌리는 것을 말했다. 직제율에서는 "감림監臨하는 재물을 빌리거나," "관물을 사사로이 빌리는 것"에 관해 규정했다.

사용 대차와 소비 대차의 구별은, 전자는 특정물을 빌린다는 점에 있다. 예를 들어 노비 갑을 빌린 경우에는 반드시 노비 갑을 돌려주어야지 노비 을로 대체할 수 없다. 그런데 후자는 불특정한 물건을 대차해 사용하고 써 버리는 것이다. 예를 들어 금전이나 곡물을 빌려 써 버린 후에는 원래의 물건으로 반환하는 것이 불가능하므로 같은 종류의 물건으로 반환하면 되는 것이다.

당률은 대차 계약을 이자의 유무에 따라 두 종류로 구분했다. 이자가 있는 것은 '출거出擧'라 하고, 이자가 없는 것은 '부채負債'라 했다. 민간에서는 가끔 높은 이자를 받는 경우가 있었는데, 당 현종 때 "요즈음 공사채를 발행함에 고리가 심해 빈곤자가 손해를 보는 폐단이 있으니, 이를 정리하고 개혁할 필요가 있다. 이후로는 천하의 모든 사채는 4푼, 공채는 5푼의 이자를 받도록 하라"고 조서를 내렸다.[198]

잡률은 부채 계약에 관해서, "계약을 어기고 부채를 상환하지 않은 경우 1필疋 이상으로 20일을 어기면 태형 20대에 처하고, 20일에 1등씩 더하며, 최고형은 장형 60대이다. 30필이면 2등을 더하고, 100필이면 3등을 더해 배상하게 한다"고 정했다. 즉 빌린 사람이 기한이 되어도 계약대로 이행치 않거나 기한을 어기면 빌려준 사람은 관에 고발하고 보상을 청구할 수 있으며, 관은

---

198) 『전당문全唐文』「현종황제玄宗皇帝·금공사거방중리조禁公私擧放重利詔」.

법에 따라 형사책임을 묻고 그 상환을 강제할 수 있었다.

제4절 혼인 입법

1. 혼인의 체결

당대 혼인관계의 체결은 혼인 계약서인 '혼서婚書'를 만들거나 '계약'을
체결하는데, 이는 근세에 혼서를 정하는 것과 유사하다. 그러나 이런 종류의
혼인 계약서와 계약 규정은, "혼인하는 법은 반드시 중매인이 있기" 때문에
모두 부모나 웃어른 또는 중매인에게 맡겨지므로, 그것을 '도맡긴 혼인(包辦)'
이라 한다. 그러나 예외도 있었다. 예를 들어 젊은 사람(卑幼)이 공적이거나
사적인 일 때문에 다른 곳에서 처를 얻은 후에 "어른이 그를 위해 따로 정혼
했더라도 그 이전에 이미 성혼한 경우에는 혼인을 합법적인 것으로 인정한
다. 그러나 아직 성혼하지 않은 경우에는 어른이 정한 뜻에 따른다. 이를
어긴 자는 장형 1백대에 처한다"고 했다. 이러한 규정은 '도맡긴 혼인(包辦)'이
그리 엄격하지 않았음을 보여준다.

당률에 나온 "처를 첩으로 삼는다"는 조條의 소를 보면, "처란 집안일을
맡고 제사를 이어야 하며, 혼인할 때 육례六禮를 모두 갖추고, 그 모범을
이의二儀199)에서 취했다"고 한다. 요컨대 남녀 쌍방이 결합해 부부가 되려면
반드시 '육례'를 갖추어야 한다는 것이다. 즉 납채納采·문명問名·납길納吉·납
징納徵·청기請期·친영親迎을 거쳐야 한다. 육례가 갖추어진 뒤에야 혼인이
성립된다. 이 제도는 삼국 양진 남북조 시대부터 세가 대족들 사이의 혼인은
빙재聘財와 문벌을 존중해 "딸을 팔아 재산을 받고, 아내를 사서 비단을 실어
나른다"든가 "조상을 비교해 잰다(比量)"라는 세태가 보편적이 되었다. "조상
을 비교해 잰다"는 것은 가문을 중시해 그 선조의 권세와 지위를 논하는

---

199) 이의二儀란 천天과 지地를 의미한다. 『주역周易』 「설괘說卦」 참조 —역주

것이다. 혼인을 맺을 때 가끔씩 빙재의 많고 적음 때문에 "극히 사소한 것조차 계산하고, 많이 요구하고 적게 갚는다"든가 "시정배와 다를 바가 없다"라는 말처럼, 혼인 쌍방이 장사하는 것과 같았다. 이 때문에 이런 종류의 혼인을 '매매 혼인'이라 부른다. 당대에도 '매매 혼인' 풍속은 여전히 성행했다. 『신당서』「고검전高儉傳」에는 당 초기에 "태종은 일찍이 산동의 사인으로, 권문세가를 숭상했으며, 후에 비록 쇠해 자손이 세상의 원망을 받으면서까지 장가갈 때는 반드시 많이 계산했기에 사람들은 그것을 매매 혼인이라 한다"고 기록되어 있다. 이에 당 정부는 여러 차례 매매 혼인을 금지했으나 그 풍속은 줄곧 성행했다.

결혼 적령기에 대해서는 두 번의 조령을 반포한 적이 있었다. 태종 정관貞觀 원년(627) 정월 4일에 조령을 내렸다. 남자 20세, 여자 15세 이상인데 "가정이 없는 서인 남녀는 주현의 관리에게 보고해 예로써 시집·장가를" 가도록 했다고 한다. 개원開元 22년(734)에 남자는 15세, 여자는 13세 이상으로 고쳤다.

혼인에는 몇 가지 제한이 있었다. ① 같은 성은 결혼할 수 없었다. ② 같은 성이 아니라도 혈연관계에 존비가 있으면 결혼하지 못했다. ③ 도망한 부녀자와 혼인할 수 없었다. ④ 감독관은 관할하는 여자와 혼인할 수 없었다. ⑤ 양민과 천민은 서로 혼인할 수 없었다.

과부의 재가는 허락했는데, 당 초기 정관 원년 2월 4일에 "과부가 복상이 끝난 뒤에는 모두 신청해 결혼하도록 하며, 그들이 잘 결합하도록 하라"는 조령을 내렸다. 그러나 지아비의 상복을 벗고도 수절하려는데 여자의 조부모·부모가 아닌 자가 억지로 시집보내려고 하면 도형徒刑 1년에 처했다. 부모가 억지로 시집보내면 2등을 감하고 이혼을 시켜 여자는 전 가문에 되돌려 보내고, 장가든 자는 따로 처벌하지 않았다.

2. 이혼

당대의 이혼은 강제 이혼과 협의 이혼이 있었다. 우선 강제 이혼은 두 가지 상황이 있었는데, 관가에 의한 것과 남편에 의한 것이 있었다. 전자는 법률 규정을 위반한 혼인이라 관가에서 법에 의거해 강제로 이혼시키는 것이다. 이혼 판결 후에도 헤어지지 않으면 간음죄로 처벌했다. 그리고 '의절義絕'이 있었다. 의절은 남편·아내 사이의 은혜와 의리가 끊어진 것을 말한다. 가령 남편이 "처의 조부모·부모를 때리거나 처의 외조부모·백숙부모·형제·고모·자매를 죽이거나" 또는 "처가 남편의 조부모·부모를 때리고 욕하거나, 남편의 외조부모·백숙부모·형제·고모·자매나 남편의 시마緦麻 이상 친척을 살상하는 것, 또는 남편이 장모와 간통하는 것, 처가 남편을 해치고자 한 것 등을 말하며, 이 경우에는 사면령이 있어도 모두 의절케 한다"고 했다. 그밖에 남편과 아내 쌍방의 조부모·부모·외조부모·백숙부모·형제·고모·자매가 서로 죽이는 경우 역시 의절에 속했다. 의절을 범하면 강제로 이혼시키고, 이에 따르지 않으면 도형 1년에 처했다.

한편 남편에 의한 강제 이혼이 있었다. 당률의 규정을 보면, 아내가 '칠악'의 하나를 범하고 '삼불거三不去'에 해당하지 않으면 남편은 강제로 이혼할 수 있었다.

그 다음에 협의 이혼이 있었는데, 이를 '화리和離'라고도 한다. 이것은 쌍방이 서로 원하는 이혼이었다. 호혼율에 보면, "만약 부부가 서로 편안하지 않고 화합되지 않아 합의해 이혼할 경우에는 처벌하지 않는다"고 했다. 이러한 규정은 진보적인 의의를 지닌다. 당시의 전통사회에서 부녀자들은 '사권四權'의 속박을 받아서 사회적 지위가 낮아 결혼에서 자신의 뜻을 표현하기 어려웠으나 이러한 법률 규정은 긍정적 요소였다.

제5절 가정과 상속 입법

1. 가정 입법

삼국 양진 남북조 시대에는 유가 사상이 법률에 영향을 주어서 예가 규정하는 친친親親·존존尊尊이 가정관계의 준칙이 되었다. 가정에서 자식은 조부모·부모에게 효도하고 공경하는 것을 중시하고, 공양함에 실수가 있거나 효도를 저버리는 것을 두려워했다. 위율魏律에는 "따로 자식이 처벌받은 것이 아니라면 부자의 재산을 달리 해서는 안 된다"[200]는 규정이 있었는데, 이것은 자손이 분가해 재산을 따로 두는 것을 금지해 효도에 힘쓸 것을 권장하는 것이었다. "효로써 천하를 다스린다"[201]는 진晉 문제文帝가 위의 정치를 보좌할 적에 "가충賈充과 양호羊祜 등에게 명령해, 예의와 율령을 나누어 정하도록"[202] 했다. 후에는 예와 율이라는 저울로써 "사람의 행위가 범죄를 구성하는지 아닌지를 헤아려야 한다"고 했다. 가정에서 예의 '친친' 원칙을 철저히 실행하고, 고쳐진 법이 정한 영을 따라야 대신은 상喪을 마칠 수 있었다.[203] 현직 관리가 부모의 상을 당하면 관직에서 물러나 집에 기거하며 상을 지켜야 하고, 관리가 불효의 죄를 지으면 대사大赦를 받아도 관직에서 면직되어 백성이 되었다.[204] 또한 가정에 부친이 "80세이면 아들 한 명이 부역을 지지 않아도 되고, 90세이면 그 집안 전체가 부역을 지지 않는다"고 규정했다. 서진 초기에 유순庾純이 하남윤이 되었는데 "부친이 늙었는데도 돌아가 공양하지 않는다"[205]고 탄핵을 받아 불효죄에 저질렀다. 진율晉律은 존비의 서열을 강조하고, 인의를 밝히는 것을 강조해 "아랫사람이 어른과 다투면 모두 적賊이 된다"[206]고 했다. 자손이 "가르침과 명령을 어기고, 공경

---

200) 『진서晉書』 「형법지刑法志」.
201) 『진서晉書』 「하증전何曾傳」.
202) 『진서晉書』 「정충전鄭沖傳」.
203) 『진서晉書』 「정묵전鄭黙傳」.
204) 『태평어람太平御覽』 권651에 인용한 진율晉律을 참조
205) 『진서晉書』 「유순전庾純傳」.

하고 받드는 것이 모자라면 부모가 이들을 죽이려 하면 모두 허락한다"[207]고 했다. 또한 계모에게도 효도를 하도록 했는데, 위율魏律에 "계모를 살해하는 것은 친어미를 죽이는 것과 같다"고 해 '친친'의 범위를 확대했다. "계모와 의붓자식의 틈을 막음으로써" 전통적 가정관계를 유지시키려 했던 것이다. 이에 계모가 죽으면 의붓자식은 친어미와 같이 3년 동안 상복을 입어 효도를 다했다. 진율은 이와 같은 원칙을 계승하여 동진 초기에 회남군准南郡의 중정中正인 왕식王式이 계모의 상을 당하고도 1년만 상복을 입은 까닭에 "명예와 가르침을 해하고 그르쳤다"는 이유로 탄핵받아 관직에서 물러났을 뿐만 아니라, "고향의 청의淸議에서 논해, 평생토록 버림을 받아"[208] 다시는 관직을 맡을 수 없었다.

당률은 부권 가장 제도의 유지에 힘써 가정에서 자손이 효를 다하고, 조부모·부모가 살아 있으면 호적을 따로 만들거나 재산을 달리 나눌 수 없도록 했다. 만약 '다른 호적, 다른 재산'을 구성한 경우에는 도형 3년에 처했다. 당률은 불효를 십악의 하나로 보고 엄하게 처벌했다. 그밖에 당률은 자손이 가르침을 어기거나 봉양에 미진함이 있으면 도형 3년에 처하도록 했다. 당률은 친친상은親親相隱의 규정에 따라 "자식은 부친을 위해 숨겨준다"는 점을 강조하여 만약 "자식이 조부모·부모를 고발하는 경우는 교수형에 처한다"고 했다. 이러한 행위는 "정을 잊어버리고 예를 저버린" 것이었기 때문이다. 부부관계에서는 "처는 남편과 같으며, 남편과 몸을 같이 한다"고 했지만, 당률은 부권 유지에 중점을 두어 아내의 지위는 지아비에 비해 낮아 "오히려 노비나 어린이와 마찬가지"였다. 지아비는 높고 아내는 낮기에 법률상 똑같은 죄라도 다르게 처벌했다. 투송률은 아내를 구타하면 일반인을 구타한 죄에서 2등을 감하나, 처가 남편을 구타하면 3등을 더했다. 똑같은 구타죄라도 그 차이가 5등이었다. 첩은 아내보다 지위가 더 낮은 까닭에 남편이 첩을

---

206) 『진서晉書』「형법지刑法志」.
207) 『송서宋書』「하승천전何承天傳」.
208) 『진서晉書』「변호전卞壺傳」.

때리면 거기에서 또 2등을 감하니, 일반 구타죄의 처벌보다 4등이 낮았다. 첩이 남편을 때리면 아내가 남편을 때린 처벌에 1등이 더해져 일반인의 구타죄 처벌보다 4등이 높았으니, 그 차가 더욱 현격했다.

2. 상속 입법

이 시기 상속제도는 적장자 상속제도로 종조를 계승한 적자와 서자의 구분이 강조되었다. 진 무제는 태시太始 10년 정해丁亥에 "적서의 구분은 상하를 구분짓고 귀천을 밝힌다. 근세 이래 많은 자들이 총애를 받아 비나 후의 직위에 올라 존비의 서열을 문란케 했다. 지금부터 모든 첩이나 잉媵을 적처나 정처로 할 수 없다"209)고 조서를 내렸다. 당률은 처첩의 구별을 더욱 엄격히 해서, 아내를 첩으로 삼는 사람은 도형 2년에 처하고, 첩을 아내로 삼으면 도형 1년 반에 처하며, 모두 원래 위치로 돌렸다. 당률에 종조의 상속 원칙은 "적자를 세운다는 것은 본래 승습承襲210)하기 위한 것이다. 적처의 장자가 적자인데 이에 의하지 않고 적자를 세우면 도형 1년에 처한다"고 했다. 적처의 나이가 50세 이상인데도 자식이 없는 경우 "서자를 세워 적자로 삼는 것을 허용"211)했다. 단지 "서자 중에서 장자長子를 세워야 하는데, 장자를 세우지 않은 자 또한 도형 1년에 처한다"고 했다. 영에 "적자가 없거나 적자에게 죄나 병이 있으면 적손嫡孫을 세운다. 적손이 없으면 다음으로 적자의 동모제同母弟를 세운다. 적자의 동모제가 없으면 서자를 적자로 세운다. 서자가 없으면 적손의 동모제를 적자로 세운다. 적손의 동모제가 없으면

---

209) 『진서晉書』「무제기武帝紀」.

210) 승습承襲이란 왕王·공公·후侯·백伯·자子·남男의 봉작封爵을 상속하는 것을 의미한다. 이는 당연히 단자상속單子相續이며, 이를 위해 미리 상속인을 지정해 관官에 신고하는 행위를 입적효嫡이라 한다. 이는 봉작을 둘러싼 분쟁을 미연에 방지하기 위해 설정된 것으로 여겨진다. ―역주

211) 적처嫡妻 49세 이하에도 유작자有爵者가 사망하면 서장자庶長子가 습작襲爵하기 때문에 입적효嫡을 적처嫡妻 50세까지 유보하는 의미는 크지 않다. 다만 일찍 입적효嫡했다가 후에 적처嫡妻에게 자식이 생겨 이를 수정하는 번거로움을 피하기 위한 규정이라고 생각된다. 오카노 마코토, "당대 호혼율 입적위법조에 대하여"(임대희 옮김, 『경주사학』 10) 참조―역주

서손庶孫을 세운다. 증손曾孫·현손玄孫 이하도 이에 준한다. 후사가 없는 경우에는 호절戶絶"로 했다. 이렇게 종사의 상속이 남자에 한정되었으며 그 중에서 직계 비속을 중시했음을 알 수 있다. 만약 직계 비속이 없으면 양자를 들여 대를 이었다.

당률에는 양자에 관한 규정도 있었다. 고대에는 양자를 받아들이는 제도와 종조 상속이 서로 밀접하게 관계되었는데, 이는 선조의 혈통이 끊어지지 않도록 보호하기 위함이었다. 당률은 "모두 예에 의거했기" 때문에 이성異姓을 양자로 삼아 종조를 문란하게 하는 것을 금지했다. 당률소의 권12에서는 당의 호령戶令을 인용해, "자식이 없는 경우에는 같은 집안(同宗)으로서 소목昭穆이 서로 합당한 자를 양자로 허용한다"고 했다. 양자의 범위는 같은 조상의 혈연으로 한정하고, 만약 다른 성씨를 양자로 받아들이는 경우에는 도형 1년에 처했다. 그러나 3세 이하의 버려진 아이는 양자로 허용했다. "어린아이가 세 살 이하로 친부모가 그를 버린 경우에 수양을 허용하지 않으면 생명이 끊어지게 된다. 그러므로 비록 이성일지라도 수양을 허용한다." 단, 양부의 성을 따르도록 했다. 만일 부모가 잃어버려서 나중에 자신의 자식임을 주장하면 친부모에게 돌려보내야 하며, 친부모 집에서는 아이를 양육한 값을 치러야 했다.

그러나 당률은 양인良人이 천민, 즉 잡호·부곡·노비의 자식을 양자로 입양하는 것을 금지했다. 이를 어기는 자는 장형 100대에 처하고 "각기 본래대로 되돌린다"고 했다. 만약, "같은 신분을 양자로 삼은 경우는 백성이 양자로 삼는 법과 같다"고 해 천민이 자식이 없어 양자를 받아들이는 것도 양인의 경우와 같이 인정했다.

재산상속은 보통 여러 자식에게 골고루 나누어 주는 것을 원칙으로 삼았다. 당률소의 호혼에서 호령을 인용해 "전·택 및 재물을 나눌 때는 형제가 균등하게 나누어야 한다. … 형제 가운데 사망한 자는 그 아들이 아버지의 몫을 잇는다"고 했다. 또한 당률소의 적도의 연좌비동거緣坐非同居 조의 문답에서도 호령을 인용해 다음과 같이 기록했다. "가령 어떤 이의 나이가 80세이며 3남 10손이 있다. 그 가운데 한 손이 반역했는데, 1남만 생존하거나 또는 3남이 모두 사망하고 10손만 생존한 경우에 이 노인에게 어떻게 남겨서 나누어 줍니까?"라고 질문하고, 답에서는 "1남만 생존했으면 호령에 의거해 3남 분법으로 하고 여기에 노인 1인을 더해 4분한다. 만약 3남 모두 사망했으면 호령에 의하면 여러 아들은 균분하므로 노인과 10손을 합해 모두 11분으로 나눠 1분을 노인에게 준다"고 했다. 이것도 역시 여러 아들에게 균분한 것이다. 송형통宋刑統 호혼의 '호가 끊어진 자산(戶絶資産)'이라는 조항에서 당唐의 개성開成 원년 7월 5일 조칙을 인용해, "지금 사람이 죽었는데 남자는 없고 여자만 남아 이미 출가를 했으면, 그로 하여금 재산을 얻을 수 있도록 하라"고 했다. 이는 집안에 남자 자손이 없는 상황에서는 출가한 여자도 친정 재산에 대한 상속권이 있었음을 설명하는 것이다.

작위 상속에 있어서도 여전히 적장자 계승이 행해졌다. 당률소의 권12 '입적위법立嫡違法' 조에 "장자로써 적자를 세운다"고 규정했다. 소에 "적처의 장자가 적자가 된다"고 했다. 권4에서는 당령唐令을 인용해 "왕·공·후·백·자·남의 작爵을 가진 사람은 모두 자손 가운데 적자가 작을 세습한다. 적자가 없으면 적손을 세우고, 적손이 없으면 순서대로 적자의 동모제를 세우며, 동모제가 없으면 서자를 세우고, 서자가 없으면 적손의 동모제를 세우며, 적손의 동모제가 없으면 서손을 세운다. 증손과 현손 이하도 이에 준한다"고 했다.

제6장 경제입법

경제입법 내용은 상당히 광범위하며, 특히 삼국 양진 남북조 시대에는 경제가 발전해 국가가 경제관계의 조정을 강화하면서 경제입법도 한층 완결되는 단계에 들어섰다.

제1절 부세賦稅 입법

부세는 국가재정의 주요 수입원이었다. 전제주의 중앙집권제의 발전으로 관료기구가 확대되고 각종 재정지출이 증가함에 따라, 부세 입법도 끊임없이 발전했다. 이 시기에는 호조戶調, 조용조租庸調, 양세법兩稅法이 있었다.

1. 조조법租調法

조租는 전조田租, 조조는 호조戶調를 가리키며, 이는 소농 경제에 조응한 과세 방법이다. 조조법은 삼국 시대의 조조曹操가 "전조는 무마다 4되, 호마다 비단 2필과 무명 2근을 납부한다"212)며 시작했다. 그 목적은 호족의 전횡을 막아 경제를 회복시키고 사회안정을 도모하는 데 있었다. 촉蜀나라는 건안建安 13년에 "부세를 거두어 군비를 충당했다"213)고 하며, 오吳나라도 황무黃武 5년(226)에 "부세를 관대하게 하고, 조세를 쉽게 했다(寬賦息調)"214)는 기록이 있다. 서진 태강太康 원년(280) 점전령占田令을 반포하는 동시에, 호조

---

212) 『삼국지三國志』 「위서魏書·무제기武帝紀」 주註에 『위서魏書』 건안建安 9년 영슈을 인용함.
213) 『삼국지三國志』 「촉서蜀書·제갈량전諸葛亮傳」.
214) 『삼국지三國志』 「오서吳書·오주전吳主傳」.

식호조식戶調式을 추진했다. 정남丁男에게 50무마다 조租 4곡斛[215]을 거두도록 규정하여 무당 8승升을 거두었다.

전조 외에도 호조가 있어, 정남이 호주가 되면 매년 비단 3필과 무명 3근을 납부하게 했고, 정녀가 호주가 되면 호조를 반감했다.

북위 도무제道武帝 탁발규拓跋珪가 중원의 주인이 된 후 유목 생활을 바꾸어 "땅을 나누어 정착한다(分土定居)"는 시책을 시행하고, 호조법으로 농노에게서 부세를 징수했다. 이후 균전령均田令과 조조법租調法을 반포하여 "일부일부一夫一婦는 백백帛 1필과 속粟 2석을 납부했다"[216]고 한다. 이것은 시대에 조응한 부세 제도로, 후에 수·당이 그대로 계승했다.

2. 조용조법租庸調法

수 초기에는 북위 이래의 균전제와 조조제를 그대로 답습했으나, 개혁한 것도 있었다. 당을 수립한 후 무덕 2년(619)에 조용조법을 반포하여 밭을 받은 사람이 정丁이 되면 매년 국가에 속粟 2석을 납부하는 것을 조租라고 규정했다. 또한 요역 20일을 복역하게 하고, 윤년에는 2일을 더했다. 만약 비단이나 베로 요역을 대신하려면 하루를 비단 3척尺이나 베 3척 7촌寸 5분分으로 환산해 납부하게 하는데, 이것이 용庸이었다. 여기에 비단, 명주 2장丈, 사면絲綿 3량兩을 부과하고 비단이 생산되지 않는 지방은 베 3장 5척과 삼베 3근을 납부하게 하는데, 이것이 조調였다. 용은 일반 부세가 아니고 실물로 노역을 대체하는 것이었다. 당대에는 정역正役 외에도 여전히 가역加役이 있었다. 역을 15일 더하면 조調를 면제하고, 역을 30일 더하면 조조租調를 완전히 면제했다. 매년 정丁 한 사람의 "정역은 통틀어 50일을 넘을 수 없다"[217]고 규정했다. 당대의 "조용조법은 인정人丁을 바탕으로 해"[218] 과세 대상의 첫째는

---

215) 곡斛은 부피의 단위로 10두斗가 1곡斛이 되니 1석石과 같다.
216) 『위서魏書』「식화지食貨志」.
217) 『구당서舊唐書』「식화食貨(상)」.
218) 『자치통감資治通鑑』「당기唐紀 3」호주胡註.

전田이고, 둘째는 호戶이며, 세째는 신身인데, 직접 담당하는 사람은 성정成丁
이라 했다. 삼자의 관계는 밀접해서, "전이 있으면 조租가 있고, 집이 있으면
조調가 있으며, 몸이 있으면 용庸이 있어, 천하는 한 집안이 되어 법제가
균일하여 먼 곳으로 이사를 가서 역을 회피하려 함은 용납하지 않는다. 그래
서 사람들의 마음은 동요됨이 없고, 일에는 정제定制됨이 있다"219)고 했다.
당의 정부는 전령·부세령에 규정한 균전제와 조용조제를 통해 농민을 국가
규제의 아래에 두고, 토지에 속박시켜 최대한 조세를 거두었다.

　　당대 법률은 조용조를 완납하는 기일을 두었다.『통전』「식화지」에 따르
면, "모든 부세 물품은 매년 8월 상순에 이송하기 시작해 30일 내에 완료하고,
9월 상순에 각기 해당 주(本州)로 보낸다. 여러 조세는 해당 주의 수확 시기에
따라서 운송하는 길의 험난함과 거리를 참작해 차례대로 분배한다. 해당
주는 거둬들이는 것이 끝나면 11월에 발송해 정월 안에 완납한다"고 되어
있다. 당은 조·용·조 징수를 보장하기 위해 당률에 반드시 법정액에 근거해
기한 내에 납부하도록 규정했다. 그 법을 실행함에 있어 첫째, 관리는 관할
지구에 부세 및 기한 준수를 촉구하고, 정확히 과세해야 한다고 했다. "관할
지역의 과세 물품을 기한이 지나도록 정해진 양을 채우지 못하면 10으로
나누어 처벌한다. 즉 1/10을 어겼으면 태형 40대에 처하고, 1/10마다 1등씩
더한다. 가령 담당 구역에서 100석의 곡물을 징수해야 하는데, 10곡斛을 채우
지 못하면 태형 40대에 처하고, 매 10곡마다 1등씩 더한다. 기한이 지나도록
정해진 양을 전혀 수납하지 못한 자는 도형 2년에 처한다." 둘째, 세호稅戶는
기한 내에 납부해야 한다고 했다. "호주가 정해진 양을 채우지 못한 경우에는
태형 40대에 처한다." 태형을 받은 후에 다시 책임지고 납부하도록 명령을
받았다. 동시에 부역령賦役令에 각급 관리는 반드시 "법으로만 부세를 징수하
고," 멋대로 '가익加益'할 수 없으며, 가익한 자는 누구라도 모두 처벌하는데,
그 재물을 관에 귀속시킨 자는 가볍게 장형杖刑으로 처벌하며, 최고형은 도형

---

219)『당육선공주의唐陸宣公奏議』「균절부세휼백성均節賦稅恤百姓」제1조.

3년에 처했다. 개인 착복이면 형이 무거워 법을 어긴 것으로 처벌하는데, 유록관有祿官이 1척尺의 법을 어겼으면 장형 100대, 15필의 법을 어겼으면 교수형에 처하고, 무록관無祿官인 경우에는 1등을 감하고, 20필이면 교수형을 부과했다.

위에 언급한 당률의 취지는 조용조법의 실시를 보장하는 데 있었다. 그러나 이는 단지 일반 민중에게만 적용되는 것으로, 즉 "호구 안에 과구課口가 있는 경우를 과호課戶라 한다"는 것처럼 부세 부담의 주체는 일반 민중이었다. 왕王· 공公 이하 황친· 국척· 귀족· 관료 등은 과호가 아니었다. 과호는 부역의 주요 담당자이며 그 절대 다수는 자신의 힘으로 자급하는 사람들이었다. 이것은 당대 부세가 누구에게 어떻게 거두어졌는지 잘 반영했다.

3. 양세법兩稅法

당대 중후기에 균전제가 파괴되고, 조용조법이 존재 기반을 상실하게 되자 정부재정 수입에 심각한 영향을 미쳤다. 사서는 이 시기에 "부세가 들어오는 바가 거의 없다"[220]고 기록했다. 국가의 재정 위기를 해결하기 위해 당 덕종德宗이 즉위 후 재상 양염은 "정부丁夫를 기준(本)으로 삼는" 조용조법을 폐지하고, 재산과 토지의 다소를 표준으로 삼도록 부세법 개정을 상주했다. 이에 덕종의 허가를 얻어 '양세법'을 만들었는데, 그 주요 내용은 다음과 같았다.

첫째 "수입을 헤아려서 그에 맞게 지출한다(量入爲出)"고 했다. 정부는 국가 재정 지출의 액수와 재정 수입의 총액을 헤아려 수입을 정해, 산출된 총세액에 근거해 사람과 호구에 따라 징수를 분담시켰다.[221]

둘째, "호는 주호· 객호에 관계없이 현재 거주 지역에 호적을 올린다"고

---

220) 『구당서舊唐書』 「양염전楊炎傳」.
221) 당은 779년, 각지에서 보고한 재정수입과 중앙의 재정지출 실수액을 근거로 총예산을 세우고, 그에 근거해 각 주와 현에 배정할 액수를 확정했다. —역주

해, 토착호나 객호·외래호를 막론하고 일률적으로 현거주 주현의 호적에 편입했다. 양세법은 각 가정에 정남이 있는지 중남이 있는지 가리지 않고 재산의 크기에 근거해 등급을 정하고, 거주지에서 납세하도록 했다. 행상은 떠돌아다니기 때문에 그가 소재하는 주현에서 1/30을 상업세로 납부했다.

셋째, 여름·가을 두 계절로 나누어 납부하기 때문에 '양세법'이라 했다. 하세는 6월을 넘지 않고, 추세는 11월을 넘지 않게 일률적으로 납부해야 하며, "양세사兩稅使를 두어서 이를 총괄한다"222)고 했다.

넷째, 조용조와 일체의 잡요·잡세는 모두 없애나, "정액丁額은 폐지하지 않고," 정구책자丁口冊子는 그대로 남겨두었다.

다섯째, 양세법은 호에 따라 화폐를 납부하게 하고, 농사 면적에 따라 속粟을 납부하도록 규정했다. 그리고 매년 호수와 세액의 증감으로 관리의 치적을 평가하는 근거로 삼았다.

양세법의 철저한 실행과 집행을 보증하고, 관리들이 함부로 세액을 증가시켜 사회 모순을 격화시키는 것을 방지하기 위해, 당은 목종穆宗 장경長慶 원년(821) 정월 25일에 "설사 양세법에 합당하게 징수했더라도 돈 한 푼, 물건 한 개라도 멋대로 더 부과하면 주현의 장리는 법을 어기고 장물을 취한 것과 같은 처벌을 받을 것이다"223)고 명했다.

제2절 수공업생산 입법

1. 공장工匠 관리

수·당 시대는 위진 남북조 이래의 관리기구를 계승해, 수공업생산과 공장을 관리했다. 중앙에는 공부工部, 소부감少府監과 장작감將作監이라는 3개의

---

222) 『신당서新唐書』「식화食貨 2」.
223) 송형통宋刑統 호혼률戶婚律에 당唐 장경원년長慶元年 칙절문勅節文을 인용함.

주요 기구가 있었다.

사서에는 소부감에 공장工匠이 19,850명이고, 장작감에 15,000명이라고 했다. 이 같은 공장들은 모두 전국 각지에서 징발한 사람들이었다. 각 지방정부에 "재능 있고 건장하며, 기능이 정교한 자를 뽑아서 힘들고 중요한 것을 피하거나 우수한 기술을 감추고, 쉽고 지엽적인 것을 골라하지 않도록 하라"고 명했다. 전국의 솜씨 좋은 공인과 장인을 소부감과 장작감에 모은 것이다. 전문 기술의 후계자를 확보하기 위해 법률로 그 자제가 "일단 공장이 된 다음에는 별도로 다른 신분에 들어갈 수 없다"224)고 규정했다.

한편 공장 관리를 위해 조직을 두어 "공장은 주현을 단團으로 하고, 다섯 사람이 화火가 되고, 5화에 한 사람의 장을 둔다"225)고 했다. 공장은 윤번輪番으로 복역을 강요받으며, 신분에 따라 세 부류로 나누었다. 첫째는 "오랫동안 역을 하지만 번番이 없는226)" 관노비였다. "관리로서 나라에 반역한 죄로 연좌되어 집안이 관에 몰수된 뒤 관조官曹에 배속되어 복역하게 되었기" 때문에, 그들은 "일단 공장이 된 뒤에는 다른 신분이 될 수 없고," 평생 복역하며 대대로 세습되었다.

둘째는 윤번하는 공장으로서 "번호番戶는 1년에 3번, 잡호雜戶는 2년에 5번"227)이었다. 번호는 매년 3개월, 잡호는 2개월 반을 복역하며, 번호와 잡호는 천민에 속했다. 당의 통치자는 천민들의 무상 노역을 유지하기 위해 해당 신분끼리의 혼인만 인정했다.

셋째, 일시적인 수요에 따라 고용된 공장은 법으로 정한 20일 이외의 노역에 대해 일정한 보수를 지급받았다. "고용된 사람은 비단 3척으로 한다."228) 기예의 높고 낮음을 막론하고 일률적으로 일수에 따라 같은 보수를 지급했다. 고용된 공장에는 두 종류가 있는데, 수준 높은 교장巧匠과 전문기술 없이

---

224) 당육전唐六典 공부랑중원외랑工部郎中員外郎.
225) 『신당서新唐書』「백관百官 1」.
226) 당육전唐六典 형부刑部.
227) 당육전唐六典 형부刑部.
228) 『신당서新唐書』「백관百官 1」.

향촌에서 온 노무 공장이었다.

2. 생산관리

　당대의 수공업은 매우 세밀히 분업화되었고, 그 품종도 다양했다. 소부감 산하에는 방직·표백·염색을 전문으로 관리하는 직염서織染署가 있었고, 그 아래에는 각종 수공업 작업장이 있었다. 가령 베 짜는 작업장이 열 곳, 조수組綬 작업장이 다섯 곳, 주선綢線 작업장이 네 곳, 연염練染하는 곳이 여섯 군데 등이다. 당시 직염 기술은 높은 수준이었다.

　생산품 규격에 관한 조항에 비단 등은 넓이 1척 8촌, 길이 4장인 것을 1필이라 하고, 베는 길이 5장을 1필로 했다. 그리고 생산품의 품질과 양을 보증하고 책임을 명확히 하기 위해서 생산품에 생산자의 성명을 새겨 넣었으며, "군사 무기에는 날짜와 함께 공장의 이름을 새겼다"229)고 한다. 병기에는 성명만이 아니라 생산일까지 새겨 넣도록 했다. 잡률에, "그릇·용구 등의 물건을 조잡하게(行濫) 만들거나, 비단 따위를 짧거나 좁게(短狹) 해서 팔면 각각 장형 60대에 처한다"고 규정했다. 기물이 견고하지 않은 것을 '행行'이라고 하고, 충실하지 않은 것을 '남濫'이라 했다.230) 단협短狹은 견필이 40척이 되지 않거나, 베가 50척에 모자라고, 폭이 1척 8촌에 부족한 것을 말했다. "그 가운데 조잡한 물건은 관에서 몰수하고, 짧거나 좁은 물건은 주인에게 반환한다." 불합격된 생산품을 판매해 "이익을 얻은 죄가 장형 60대보다 무거우면, 이익을 계산해 도죄盜罪에 준해서 처벌한다. 판매한 자도 마찬가지다. 시장·주·현의 관원이 사정을 알았으면 같은 죄로 처벌한다. 적발하지 못하면 2등을 감해 처벌한다."

---

229) 『신당서新唐書』「장작감將作監」.
230) 만약 패도佩刀나 화살촉을 만드는 데 무른 철을 사용하면 역시 '남濫'이 된다. ―역주

제3절 상업 입법

당률과 사서를 보면, 당대의 상업 입법은 상품시장, 물가관리와 도량형 관리 등 여러 방면을 포괄하고 있음을 알 수 있다.

상업을 관리하는 전문기구로는 여러 시서市署가 있었다. "시서는 재화의 교역과 도량度量 기물器物을 관장하며, 그 진위과 경중을 판별한다. 시장과 가게는 모두 표를 세우고, 흙을 쌓아 망루를 만든다. 매점매석으로 이득을 얻는 행위를 금한다. 시장에는 낮에 3백번 북을 울려서 사람들이 모이게 하고, 해가 지기 전에 징을 3백번 울려서 파한다. 물건을 평가해 가격을 3등급 으로 나누고, 열흘 단위로 장부에 올린다."231)

1. 시장 관리

당의 통치자는 정상적인 상업 질서를 유지하고 보호하기 위해, 강제적인 매매, 사기 행위, 시장을 장악하거나(霸市) 물가를 올리는 것을 막았다. 잡률에 "매매가 이루어지지 않자 농단(較固)232)해 취하거나, 또는 매매에 참견해233) 자신의 부당한 이익을 꾀하면 장형 80대에 처한다. 이미 장물로 이익을 얻었 으면 이익을 계산해 도죄에 준해서 처벌한다"고 규정했다.

정상적인 매매 관계는 서로 원해서 자유롭게 합의된 것을 일컬었다. 그러 나 다음과 같은 사항은 모두 불법이었다. 첫째 '매매불화賣買不和'인데, 이것 은 물건을 파는 사람과 사는 사람 사이에 협상이 되지 않았는데 강제로 팔거 나 사는 것이었다. 둘째, '농단해 취함'은 힘으로 그 매매를 장악해 외부인이 사는 것을 허용하지 않는 것을 가리켰다. 셋째, '번갈아 산다 안 산다 해(更出開 閉)' 매매 쌍방이 함께 간계를 한 것은 "자신이 물건을 팔 경우에는 싼 것을

---

231) 『신당서新唐書』 「백관百官 3」.
232) 교較는 매점매석해 그 이익을 약탈하는 것을 말하고, 고固는 매매를 봉쇄하는 것을 말한다. —역주
233) 물건을 사고파는데 옆에서 값을 높이거나 내리거나 해 혼란스럽게 만드는 것을 말한다. —역주

비싸게 하고, 남의 물건을 살 경우에는 비싼 것을 싸게 하는 것"이었다. 이것의 목적은 다른 사람을 속이는 데 있었다. 넷째, 도부到仵 장사 무리들이 서로 한 통속이 되어 가격을 담합해 외부인을 혼란시키는 것이었다. 즉 "사람이 매매하는 데 끼어 들어서 가격을 높이거나 낮추어서 혼란시키고, 이 때문에 수입을 얻는" 것이었다. 위에서 언급한 네 가지 상황은 모두 장형 80대에 처했다. "이미 이익을 얻은 물건은 장물로 계산해 장형 80대보다 무거우면 이익을 계산해 도죄에 준해서 처벌한다." "그 장죄는 도죄에 준해서 처벌한 이상 추징해 원래 주인에게 돌려줘야 한다."

2. 물가관리

당의 통치자는 물가에 많은 관심을 가져서 항상 물가를 평가하고 지정하도록 각지에 관원을 파견했다. 그들은 생산과 소비의 수요·공급 상황과 생산품의 질량에 근거해 물가를 다스렸다. 당 정부는 관원들이 가격 평정을 할 때 공정하고 합리적이기를 요구하여 만약 비싼 것을 싸게, 싼 것을 비싸게 평가하면 모두 법률적 책임을 물었다. 잡률에, "시장을 관리하는 관원(市司)이 물가를 잘못 평가하면, 비싸게 하거나 싸게 한 만큼 계산해 장죄로 처벌한다. 개인적으로 착복하면 도죄로 처벌한다"고 규정했다.

물가의 평가를 바르게 하지 않았다는 것은 "공사 사이에 물건을 사고파는 데 관원이 파견되어 물가를 비싸거나 싸게 해 가격을 바르게 하지 않았다"는 것을 가리킨다. 이 때문에 "비싸게 하거나 싸게 한 만큼의 값을 계산해 장죄로 처벌하는" 것이었다. 개인적인 착복도 처벌했다. "물가를 평정함에 조작을 통해 재물을 얻어 개인적으로 착복한 것을 가리키며, 도죄로 처벌한다. 모두 제除·면免·배장법倍贓法에 따른다."

3. 도량형 관리

당대에는 통일된 도량형제도가 전국적으로 실행되었다. 국가는 통일된 표준을 규정하긴 했으나 이를 관장하는 전문적인 기구는 두지 않고, 상서성의 호부 가운데 금부金部가 전국의 '권형도량權衡度量의 수치'를 관장했다. 또한 상인의 제작을 허용했지만 반드시 정부로부터 심사·검인을 받은 후에 사용할 수 있도록 했다. 중앙의 태부시太府寺, 교인서校印署 및 주현의 지방기관이 심사·검정하는 일을 맡았다. 잡률에 "곡두斛斗, 저울, 자를 교정하는데, 고르게 하지 않으면 장형 70대에 처한다. 교정하는 것을 감독하는 자가 이를 적발하지 못하면 1등을 감한다. 사정을 알면 같은 죄로 처벌한다"고 규정했다. 관시령關市令에는 "곡두, 저울, 자 등은 관할 관청에서 매년 측량하고 교정해 인장을 찍고 서명해서 사용한다"고 규정했다. 매년 8월에 경성京城 부근에서는 태부시에서 표준형을 검사하고, 수도권 이외의 지역에서는 소재하는 주·현의 관련 기관에 가서 검사를 받고 도장을 받은 후에 사용했다. 만약 정확하지 않은 것을 시장의 점포에서 사용하면 태형 50대에 처했다. 그 때문에 다른 사람에게 손실을 입히면 증감된 바를 계산해 도죄에 준해 처벌했다.

4. 대외무역 관리

당의 대외무역은 현대의 대외무역과는 달랐다. 당시의 대외무역은 외국 상인이 당 정부나 상인과 상품을 교환하는 것은 물론 변경 지역에서 각 민족끼리 교환하는 것도 포함했다. 당대에는 수공업과 상품경제가 발전하여 대외무역에 유리한 조건이 조성되었다. 당 정부와 유럽 및 아시아 각국과의 무역과 변경의 각 민족의 경제교류도 왕성하게 발전했다. 『신당서』「지리地理 7(하)」에 당시 국내외 무역시장을 왕래하는 일곱 개의 도로가 있었다고 나온다. "① 영주營州에서 안동安東으로 가는 길, ② 등주登州에서 바다로 고려·발해로 가는 길, ③ 하주夏州(지금의 섬서성 횡산 서쪽)에서 대동大同의 운중

雲中으로 통하는 길, ④ 중수강성中受降城(지금의 내몽고 자치주 포두시)에서 위구르로 가는 길, ⑤ 안서安西에서 서역西域으로 가는 길, ⑥ 안남安南에서 인도로 통하는 길, ⑦ 광주廣州에서 해이海夷로 통하는 길이다."

당 정부는 대외무역 관리업무를 책임질 전문기구를 설치하여 호시감互市監은 육로무역, 시박사市舶司는 수로무역을 관리했다. 당 정부는 변경 지구에 고정된 무역 장소를 설치해 변경 각 민족과 인근 국가와의 상품교환을 장려했다. 법률에 "여러 외번外蕃과 변경 호시는 모두 호관사互官司의 검열을 받는다. 그 시장의 사면에 해자를 파고 울타리를 세우고 사람이 문을 지킨다. 시장이 서는 날은 묘卯시가 지나서 각기 화물과 축산을 가지고 시장으로 오는데, 관사官司가 먼저 가격을 정해 놓은 뒤에 교역한다"234)고 규정했다. 당 초기에 돌궐은 소, 양 등의 축산품을 비단이나 무명으로 교환했다. 무측천 때 당 정부는 돌궐에게 "종자 4만여 석과 농기구 3천개 이상"235)을 주었다.

당의 대외무역이 발전함에 따라 중국에 사는 외국 상인과 그 가족들이 끊임없이 증가했다. 경성이나 각 시박市舶의 항구에 많은 외국 상인과 그 가솔들이 거주했고, 특히 광주廣州와 천주泉州 두 항구에 가장 많았다. 고염무顧炎武는 "당조가 광주에 결호사結好使를 설치한 후부터 상인들이 호를 세우고, 송에 이르기까지 끊이지 않았다"고 기록했다. 그들은 "해안가의 배를 정박시키는 곳에 집을 많이 지어 도시를 이루었으며 자손들이 번창했다"236)고 한다. 결호사는 시박사의 처음 이름이었다. 당 정부는 이들을 관리하기 위해 외국 상인들이 모여 사는 지역에 번장蕃場을 설립했다. 광주의 번장이 가장 번성한 때 약 13만 명이 있었다고 한다. 이로 보아 광주는 그 시대에 이미 개방된 국제 도시였음을 알 수 있다.

대외무역의 촉진과 외국 상인의 합법적 권리를 보증하기 위해 당률은 전문적인 조항을 두어, 외국인이 통상하면서 발생하는 소송 안건을 규정했

---

234) 니다 노보루(仁井田陞), 『당령습유唐令拾遺』(東方文化學院), 715쪽.
235) 『통전通典』 「변방전邊防典」.
236) 『천하군국이병서天下郡國利病書』 「광동廣東(하)」 104쪽.

다. 같은 나라 출신 거주민끼리 발생한 소송 안건은 그들의 습속을 존중해 "화외인化外人이 자국인끼리 서로 범한 경우에는 본국의 법에 의한다"고 하여 본국의 법률로 처리했다. "타국인끼리 서로 범한 경우에는 중국의 법률로 처벌한다"고 하여 서로 다른 나라 주민끼리의 쟁송은 당률로 재판했다. 이러한 규정은 당 정부가 각국과의 무역관계에서 평등과 호혜의 원칙을 구현했음을 보여준다.

외국 상인의 재산권을 보증하기 위해 당 문종文宗 대화大和 8년(834) 8월 23일의 칙령에 외국인이 죽은 뒤에 재산을 처리하는 방법을 두었다. 죽은 상인에게 "부모·처·친자식·친형제가 있으면 그 친소관계를 헤아려 모두 돌려준다"237)고 했다. 즉 죽은 자의 유산은 그 친속에게 나누어주었다.

수·당 때는 개인이 변경을 출입하며 무역을 하려면 반드시 정부의 허가를 얻어야 했다. 당시의 증명서를 '과소過所'라 하는데, 오늘날의 여권과 유사한 것이다. 증명서 없이 함부로 출입한 경우는 사도私度 또는 월도越度라 했다. 위금률衛禁律에서, "만약 관새關塞238)를 사사로이 제멋대로 넘어간 경우에는 도형 2년에 처한다. 화외인과 함께 사사로이 교역해 사고 판 자는 1척에 도형 2년 반에 처하고, 3필마다 1등씩 더하며 15필이면 가역류에 처한다"239)고 규정했다.

법으로 금지된 물품을 받거나, 사사로이 외국인과 무역할 수 없는 물품을 취급하는 것을 "금물禁物을 가진다"고 했다. 위금률에 "금지된 물품(禁物)을 지니고 관을 사사로이 건넌 경우에는 장죄로 처벌하고,240) 장죄가 가벼운 경우에는 사사로이 만들거나 소유한(私造, 私有) 법에 따라 처벌한다"고 규정

---

237) 송형통宋刑統 호혼률戶婚律 호절자산문戶絶資産門에서 인용.
238) 국경 지방에 설치된 관소關所와 성채城砦. ―역주
239) 14필로 유형流刑 3천리에 처한다. 형벌을 가중할 때는 명문이 없는 한 유형流刑에서 끝나게 된다. 또한 율문과 소의에 명문은 없지만, 교역해 취하고 준 물품은 관에 몰수되었다. 당률소의 唐律疏議 명례名例 32의 "피차 함께 죄가 되는 장물"에 해당되기 때문이다. ―역주
240) 금지된 물품을 비단絹의 값으로 환산해, 당률소의唐律疏議 잡률雜律 1의 "장물로 죄를 이룬 자는 1척에 태형 20대, 1필마다 1등을 더하고, 10필이면 도형 1년, 10필마다 1등을 더하며, 죄의 최고형은 도형 3년이다"를 적용한다. ―역주

했다. 예컨대 병기는 사사로이 소유할 수 없으므로, 천흥률에 "갑甲 1령領을 사유하거나 노弩 3장張을 사유하면 유형 2천리에 처한다. 창 1장을 사사로이 소유한 자는 도형 1년 반에 처하고, 사사로이 제조한 자는 각각 1등씩 더한다. 사유하고 관을 넘으면 각각 장물수를 계산해 처벌한다. 장물이 가벼운 경우에는 사사로이 만들거나 사유한 죄에 따라 처벌한다. 가령 창을 사유하고 관을 건넌 자는 장물의 값을 평가해 비단 30필의 값이면 좌장에 따라 도형 2년을 부과하며, 사유한 죄로 처벌하지 않는다. 갑 1령을 사유하고 관을 넘으면 장물로 계산해 처단하지 않고, 사유한 법에 따라 유형 2천리에 처한다"고 했다. 같은 조문에 "만약 개인의 물품이라도 관을 넘을 수 없는 것을 사유한 경우에는 3등을 감한다"고 했다. 이것은 개인이 물건을 소유하는 것은 인정하지만 이것을 가지고 관문을 나가는 것은 허락하지 않는다는 것이다. 이를 어기면 금물을 가지고 사사로이 관문을 건넌 죄에서 3등을 감해 처벌했다.

관시령에서는 "금錦·능綾·라羅·곡穀·주綢·금綿·견絹·사絲·포布·검은소꼬리(犛牛尾)·진주·금·은·철은 모두 서변西邊·북변北邊의 여러 관문을 넘을 수 없으며, 연변緣邊 여러 주와 무역할 수 없다"고 규정했다. 위의 물품을 개인이 소유할 수는 있지만, 이를 가지고 사사로이 관문을 지나는 것은 허락하지 않았다. 또한 개인이 가질 수 없는 병기와 같은 물품은 비록 관문을 넘지 않았더라도 몰수했다. 개인 소유가 허용된 물품이라도 관을 넘는 것이 금지된 경우에는 이미 통행증을 받았더라도 관사에게 걸리면 몰수했다. "관을 넘거나 강을 건넜을 때 신고로 붙잡히면 그 물품의 2/3는 잡은 사람에게 상으로 주고, 1/3은 관에서 몰수한다." 당의 금물 규정이 엄격한 것은 대외무역보다 당 제국의 필요와 안전을 우선시했기 때문이다.

제7장 사법감찰제도

제1절 사법제도

1. 사법기관

(1) 중앙

삼국 양진 남북조 시대의 사법기관은 기본적으로 한의 제도를 이어받아 중앙의 최고 심판기관은 여전히 정위廷尉가 맡았다. 위魏 명제明帝 때 위기衛覬의 건의에 따라, 사법관리의 법률지식과 재판의 효율성을 높이기 위해 정위 아래에 율박사律博士 1인을 두어서 전문적으로 이 분야에 종사시켰다. 북위北魏의 정위廷尉 경卿에는 소경少卿 1인을 두었고, 북제北齊 때는 정위를 대리大理로 바꾸었다. 그 후 시寺 기구로 확대해 대리시大理寺라고 불렀다. 이 시기의 상서적조尚書賊曹나 도관상서都官尚書도 중앙 사법기관이었다.

수·당 시대 중앙 사법기관은 대리시와 형부 그리고 어사대가 있었다. 대리시는 최고 심판기관으로서 그 조직과 직권은 위진 시대의 제도를 이어받았다. 여기에 대리경大理卿·대리소경·대리정正·대리승丞·대리사직司直·대리평사評事 등의 관직이 있어서 중앙 백관의 범죄와 수도권 지역의 도형 이상의 안건을 심리했다. 또 형부로 이송된 사형 안건을 재심리하는 권한을 가졌다.

형부는 중앙 사법행정 기관으로, 위진 시대의 도관都官이 발전한 것이다. 당대의 형부에는 상서上書·시랑侍郎·낭중郎中·원외랑員外郎 등의 관직이 있었다. 형부 아래에는 형부사刑部司·도관사都官司·비부사比部司·사문사司門司를 설치하여 "천하의 형법과 도예徒隷나 구복勾覆 및 관금關禁의 정령" 등 사법행정 사무를 관장하게 하고, 중대 안건의 심판에도 참여하게 했다.

어사대는 최고 감찰기관으로 어사대부와 어사중승을 정·부 장관으로 두었다. 그 아래에 대원臺院·전원殿院·찰원察院을 두고, 백관의 탄핵, 조례의 숙정, 대리시나 형부의 사법활동 감독, 중대 안건의 심판 등을 담당하게 했다.

위에 언급한 세 기관은 평상시에는 업무가 나뉘어져 있었으나, 중대 안건이 생기면 대리경·형부상서·어사대의 어사중승이 공동으로 심리하여 이를 '삼사의 추사推事'라고 했다. 가령 지방에서 중대한 안건을 중앙으로 보냈는데 심리하기 어려운 경우에는 감찰어사·형부원외랑·대리평사를 파견했는데, 이를 '삼사사三司使'라고 했다.

(2) 지방

지방의 사법권은 각급 지방 행정장관에게 있었다. 삼국 양진 남북조 시대의 지방은 주·군·현 3급이었다가 수에 이르러 주·현 2급으로 나누었고 당도 이를 답습했다. 지방 행정장관은 사법을 겸해 맡았고, 이를 보조하기 위해 사법심판 사무를 관장하는 관리를 두었다. 당대에는 각 주에는 사호참군사司戶參軍事, 각 도독부에는 호조참군사戶曹參軍事를 두어 민사 안건을 책임져서, "소송을 재판하고, 남녀 혼인에 반드시 그 족성族姓을 밝히고 위반을 단속한다. 정전의 이해관계는 쟁송을 멈추게 하고 순리에 따르도록 한다"고 했다. 법조참군사法曹參軍事와 도독부의 사법참군사司法參軍事는 형사안건을 책임져서, "율령과 격식을 장악하고, 옥사를 국문해 형벌을 정한다. 도적을 잡도록 독려하며 간사스럽고 법이 아닌 일의 옳고 그름을 규명한다. 그로써 무거운 것을 사면하고, 가벼운 것으로 벌주어서, 사람들이 피해야 할 바를 알게 해 착한 것을 추천하고 죄를 멀리하게 한다"[241]고 했다. 현에는 전담관이 구체적인 사법사무를 맡았지만 일체 "모든 것은 현령이 알아서 처리"했다.

---

241) 당육전唐六典 권30.

2. 소송제도

삼국 양진 남북조와 수·당 시대에는 소송제도를 고치지 않고 계승하여, 당에 와서 더욱 완비되었다. 여기서는 당률에 근거해 당대의 소송제도를 소개하겠다.

(1) 기소

기소는 일반적으로 피해를 입은 사람이 제기하는 것으로, 기소 당사자의 지위에 따라서 두 종류로 나누었다. 우선 하나는 감찰기관과 각급 관리가 국가를 대표해 범죄를 규찰해, 사법기관이나 정부에 소송을 제기하는 '거핵擧劾'이 있었다. 거핵은 오늘날의 '공소公訴'와 유사하다. 당률에는 감찰기관과 각급 관리가 중대 범죄를 규찰하지 않았거나 미흡하게 규찰하면 모두 형사책임을 진다고 규정했다.

다른 하나는 일반인의 안건으로, 당사자가 스스로 정부에 고소하거나 친척이 대리로 고소할 수 있었다. 고소는 오늘날의 이른바 '자소自訴'이다. 당대의 기소는 기소서起訴書를 작성했는데, 이를 '사첩辭牒'이라 했다. "쓸 수 없는 사람은 전典이 대신 써 준다"242)고 하여 자신이 쓸 수 없으면 관리가 대신 써주었다. 또 사람을 고용해서 쓰기도 했다.

당률의 고소권에 대한 제한은 다음과 같았다. 첫째, 모반謀反·모대역謀大逆·모반謀叛 등의 죄가 아니면 아랫사람이나 노비가 윗사람이나 주인을 고발할 수 없었다. 둘째, 잡혀 있는 범인, 80세 이상, 10세 이하, 독질篤疾인 사람은 고소권이 없었다. 고소권이 없는 사람이 고소한 사건은 정부가 접수해 처리할 수 없었다. 이를 접수한 사법 관리는 "처리한 죄에서 3등을 감"한 형벌에 처했다.

---

242) 『통전通典』「형刑 3」.

(2) 심문(審訊)

사법기관이 기소서나 거핵서擧劾書(고발장)를 접수한 뒤에는, 당사자를 심문하기 위해 체포하고, 구금할 사람은 곧바로 체포하여 구금했다. 체포한 범인에게는 형구刑具를 채우고 관압關押을 더했다.

심문을 할 때 당대에는 회피廻避제도인 '환추換推'가 있었다. 즉 안건과 이해관계가 없는 관리가 심리를 진행해야 했다. 회피하는 범위는 다음과 같았다. 첫째 사법 관리와 당사자가 친척관계인 경우, 둘째 사제관계에 있는 경우, 셋째 과거 일 때문에 원수가 된 경우, 넷째 예전에 해당 지역에서 자사·현령을 역임한 경우였다. 환추를 규정한 목적은 사법관리가 정에 이끌려 죄를 조작하고 법을 왜곡하는 것을 방지해 공정한 판결이 되도록 하기 위함이었다.

관리가 심문할 때는 고소장을 근거로 진행하며 다른 죄를 따로 다룰 수 없었다. 다른 죄행이 있다고 조사된 사람은 예외였다. 단옥률斷獄律에 심문과 검증을 반복해도 인정하지 않는 사람은 고문을 할 수 있다고 규정했는데, 고문은 세 차례를 넘길 수 없으며 모두 200대를 초과할 수 없었다. 의議·청請·감減을 받을 수 있는 특권을 가진 귀족이나 관료 또는 노유老幼, 독질과 임신 중인 여자나 산후 100일이 지나지 않은 부녀에 대해서는 고문할 수 없었다.

고문 뒤에는 범인이 위협 때문에 진술했다고 번복하지 않도록 그 자신이 직접 구공서口供書를 쓰도록 했다. "만약 글을 쓸 수 없으면 말로 공술하고, 이를 주전主典이 받아 쓴 다음 재판관에게 읽어 보인다."243)

화외인에 대한 안건 심리에는 통역인을 두었다. 통역인이 사실대로 통역하지 않고 거짓이 있을 때는 형사책임을 물었다.

(3) 판결

당률은 사법관료가 판결할 때는 반드시 율·영·격·식의 정식 조문을 인용

---

243) 송형통宋刑統 권29에서 당옥관령唐獄官令을 인용.

하도록 규정했다. 적절한 조항이 없으면 명례율의 "누구의 어떤 행위가 경감해야 할 죄라면, 그보다 무거운 것을 들어서 감경해야 함을 밝힌다. 반대로 죄를 더해야(入罪) 할 경우라면 그보다 가벼운 것을 들어서 무겁게 해야 함을 밝힌다"는 조항을 따랐다. 또한 사법 관리들은 정확하게 법률을 운용해야 하며 죄를 가감해서는 안 되었다. 고의로 사람의 죄를 가감한 사법관에 대한 처리는 "만약 죄를 더하면 그 죄로 처벌"하고, "가벼운 죄를 무겁게 하면, 잘못을 더한 만큼 처벌"했다. "고의로 죄를 줄인 경우 역시 죄를 더한 경우의 논죄 방법같이 처벌한다"는 조항에 비추어 처리했다. 과실로 죄를 가감한 경우에는 형사책임을 물어 정황에 따라 가감한 형량에서 3등에서 5등을 감해 처벌했다.

판결 뒤에는 안건이 완결된 것으로 간주하여 "옥사가 종결되었다(獄結竟)"고 공표했다. 이 때 죄수와 그 가속을 불러 판결된 죄명을 알리고 "죄수의 승복을 받는데(取囚服辨)," 죄수가 불복해 판결이 부당하다고 여기면 변론해 그 잘못된 바를 지적하도록 했다.

(4) 상소上訴

상소는 당사자가 원판결에 불복한다는 표시였다. '부준월不準越'이라는 것은 단계를 뛰어넘어 기소하거나 상소하는 것을 인정하지 않는 것이었다. 현에서 판결한 것에 불복하면 주에 상소하고, 주에서 판결한 것에 불복하면 중앙의 대리시에 상소했다. 투송률에는 "소송의 단계를 넘어 소송한 자와 이를 접수한 자는 모두 태형 40대에 처한다"고 규정했다.

(5) 집행

판결에 대한 집행은 소송절차의 최종단계였다.

태형이나 장형으로 판결된 경우에는 현에서 집행하는데, 임신한 부녀의 경우에는 반드시 출산 뒤 100일이 지나서 집행할 수 있었다. 도형으로 판결된 경우에는 수도권에서는 남자 범인을 장작감으로, 여자 범인을 소부감으로 보내어 노역에 종사하게 했다. 주현에서는 해당 지역의 관부에 보냈다. 유형으로 판결이 되면 유배지에 보내고, 이를 지체하면 해당 관리는 태형 30대에서 도형 2년에 이르는 형벌로 처벌했다.

사형 집행은 반드시 황제의 허락을 받아야 했다. 모반·모대역·모반·악역 및 부곡이나 노비가 주인을 살해한 경우에 한해서는 한 번만 복주覆奏하고 바로 집행할 수 있었다. 그밖에 수도권의 사형판결은 황제에게 5번 복주하고, 지방 주현의 사형판결은 황제에게 3번 복주한 뒤, 황제의 허가가 내려온 3일 뒤에 집행할 수 있었다. 이러한 복주를 거치는 일반 사형판결의 집행은, 당률에는 반드시 추분 이후 입춘 이전에 집행하도록 규정하고, 이를 위반하면 도형 1년으로 처벌했다. 임신한 부인은 출산 뒤 100일이 되면 집행했다. 출산 전에 처벌하면 도형 2년에 처하며, 출산 뒤 100일 이전에 처벌하면 도형 1년에 처했다.

제2절 감찰제도

1. 독립된 감찰기관의 형성

삼국 양진 남북조의 감찰기관은 끊임없이 강화되어 점점 행정기관에서 독립하게 되었다. 동한 이래로 내정內廷에서 문서관리는 상서대에서 담당했고, 감찰은 따로 어사대를 세워서 전담하게 했다. 이로부터 감찰기구가 생겼다고 할 수 있다. 하지만 조직상으로는 여전히 소부少府에 소속되어 통제되었고, 삼국 양진 남북조에 이르러서야 황제가 직접 장악하는 독립된 감찰기구가 되었다. 그런데 각 왕조마다 명칭도 달라서, 남조의 제齊·양梁과 북조의 북위北魏·북조北齊에서는 어사대를 '남사南司' 또는 '남대南臺'라 했으며, 북주北周에서는 '헌대憲臺'라고 했다.

어사대의 장관은 어사중승御史中丞(북위는 어사중의御史中尉)이었다. 그 직권은 매우 커서 두우杜佑는 『통전』 「직관 6」에서 "천자의 아래에서 규탄하지 않는 바가 없다"고 지적했다. 남조의 제齊 명제明帝도 어사중승 강엄江淹에게 "지금 자네의 남사南司가 모든 관료를 정숙하게 하기에 충분하다"[244]고 말했다. 북위 때의 어사중위는 "모든 관료를 감독하고, 출입하는 데를 청도淸道로 해 황태자와 길을 나누어 공公과 관료들은 모두 겸손하게 피한다. 나머지 관료는 말에서 내리고 수레를 길가에 멈춘다. 이를 어긴 경우에는 몽둥이로 내리친다"[245]고 했다. 북위의 제도에서는 공적인 행사가 있을 때 조회하는 백관의 명부 가운데 상서령과 복야 이하는 모두 남대南臺로 보냈다. 이로 보아 어사중승의 위엄이 대단했음을 알 수 있다. 그러나 여러 신하들에게 죄가 있는데 어사중승이 규찰하지 못하면, 즉시 면관했다. 전통시대의 통치자는 감찰기관의 직능을 강화하려고 했는데, 이는 축적된 통치 경험에 바탕했다. 그들은 통치계급의 의지에 따라서 일을 추진하려면 모든 관료기구에 대한 감독을 강화해야 행정 효율을 높일 수 있다는 것을 알았다.

어사대의 조직은 진晉 이후에 중승 아래 몇 명의 어사를 설치해, 중앙과 지방의 관리를 감독하는 책임을 맡겼다. 담당 인물의 선발은 한대에 비해 엄격해지고, 명칭이 많았으며, 그 조직 또한 방대해졌다. 가령 치서시어사治書侍御史·전중시어사殿中侍御史와 그밖에도 금방禁方·검교檢校·독운督運·감군監軍 등의 어사가 있었는데, 상황에 따라 설치했고 직권도 통일되지 않았다. 한대의 고정된 지방 감찰기관은 조씨의 위魏 이후로는 다시 설치되지 않았고, 중앙에서 부정기적으로 파견되어 순찰하는 어사들이 담당했다.

한의 사예교위司隷校尉는 위 초기에는 어사중승과 함께 백료를 나누어 감독했지만 나중에는 점점 행정기구로 바뀌어 동진에 이르러 그 행정권은 양주楊洲 자사刺史에게, 감찰권은 어사대에 병합되었다. 사예교위는 황제가 수도권을 통제하기 위해 임시로 설치한 것이라 어사대와 직권이 중복되었는데, 어사대가 강화되면서 자연스럽게 폐지되었다.

---

244) 『양서梁書』 「강엄전江淹傳」.
245) 『통전通典』 「직관職官 6」.

2. 감찰기관의 발전과 완성

수·당 시대에는 전제주의 중앙집권제의 발전에 따라 감찰기관도 완성되었다. 주요한 내용으로 두 가지를 들 수 있다.

(1) 어사대의 조직과 직권

어사대의 장관은 동한에서 수 이전까지는 어사중승이었으며 대부大夫는 설치되지 않았는데, 수대에는 '중中'자를 피하기 위해 중승을 대부로 고쳤다. 그 아래 치서시어사治書侍御史 2명을 두어서 중승의 직책을 대신하고, 그 밑에 시어사 8명은 주로 중앙의 문무백관을 감찰했다. 전내시어사殿內侍御史 12명을 두어서 주로 조회 때 의례를 어기는 백관들을 규찰하는 책임을 맡겼다. 감찰어사 12인은 주로 지방 문무백관들을 감찰하도록 했다.

수와 당 초기에는 그 직권이 규찰하는 데 그치고 사법심판에는 참여하지 않아서, "단지 풍문에 탄핵할 일이 있으면 기강을 제기할 뿐"이었다. 그러나 정관 연간 이후에는 어사가 심판에 참여하기 시작했다.

당 초기에는 수의 제도를 이어받아 어사대를 최고의 감찰기관으로 삼았다. 어사대는 전국의 감찰업무를 총괄했는데, 명칭은 몇 번에 걸쳐서 변경되었다. 고종高宗 용삭龍朔 2년에는 '헌대憲臺'라 하고, 무측천 광택光宅 원년에는 좌우로 나누어 '좌우숙정대左右肅正臺'라고 했으며 좌대는 수도권의 백관을, 우대는 각 주를 감찰했다. 뒤에 합쳐서 다시 어사대가 되었다.

어사대에는 정3품의 장관으로 어사대부 1인을 두고 차관으로 지서시어사持書侍御史를 두었다. 정관 말기에 고종 이치李治의 이름을 피해서 지서시어사를 어사중승으로 바꾸어 2인을 두고 정4품으로 했다. 그 후 예전의 제도에 근거해 어사대부와 함께 정·부 장관을 두었다. "나라의 형헌刑憲 전장典章을 관장해 조정을 숙정肅正한다. 중승은 차관이 되었다. 천하에 억울함이 있으나 고발하지 않은 경우에는 삼사三司와 함께 그것을 심문한다. 국내외 관료의 일을 탄핵할 경우에 어사는 대부에게 이야기한다. 큰 사건은 공공연하게 상주해 탄핵하고, 작은 사건은 서명할 뿐이다.”[246] 주로 행정과 사법 계통 관리들의 위반과 과실을 감독하고 규찰하여 조정의 기강을 숙정하고 이치吏治를 강화했다.

어사대는 최고 감찰기관으로서 백관을 탄핵하는 것 외에도 사법심판에 참여하고 창고의 출납사무를 감독했다. 이로부터 어사대가 통치를 강화하는 중요한 기구라는 점을 알 수 있다. 그런 이유로 당 예종睿宗은 “선한 것을 드러내고(彰善) 악한 것을 증오하며(癉惡), 탁류를 물리치고 청파를 일게 하는 (激濁揚淸)[247] 것이 어사의 직책이다. 정치의 다스려짐과 어지러워짐은 실로 모두 이에서 비롯되는 것이다”[248]라고 했다.

당대에는 어사대 조직과 기구가 한층 더 확대되어 관할하는 어사가 3종류로 나누어졌다. 그에 따라 3원院을 설립해서 3종류의 어사에게 각자의 사무기구를 가지도록 했다. 직권 업무분담이 명확하며 통일적이었는데, 이는 중국 전통사회의 감찰제도가 완숙한 단계로 발전한 것이다.

① 대원臺院

대원은 어사대의 기본을 이루는 부분으로 시어사 4인을 종 6품에 두어, “백료를 규찰하고 옥송을 추국推鞫하는 일을 관장”했다.[249] 그 아래 주부主簿 1명을 종7품 하下에, 녹사錄事는 2명을 종9품 하下에 두었다. 그밖에 다른 속관 40여 명이 어사대의 업무를 나누어 맡았다.

대원의 시어사는 주로 중앙의 백관을 규찰하는 임무를 맡고, 또한 중대 안건이나 황제가 명령한 안건을 대리시와 함께 심판하는 데에 참여했다. “삼사三司가 사건을 다스리는 데는 급사중給事中, 중서사인中書舍人과 함께 처리하며, 더 나아가 직접 조당朝堂에서 표를 받는다. 만약 삼사가 다루는 대상이 해당 부서의 장관이 아니라면 형부랑중刑部郎中이나 형부원외랑刑部員外郎과 대리사직大理司直이나 대리평사大理評事에 가서 심문한다.”[250]

---

246) 『구당서舊唐書』 「직관지職官志」.
247) 악을 제거하고 선을 들날린다는 의미. —역주
248) 『당대조령집唐大詔令集』 「영어사녹주내외관직사조令御史錄奏內外官職事詔」.
249) 『구당서舊唐書』 「직관職官 3」.

어사대에서는 시어사의 지위가 최고이며 직권이 가장 크기 때문에, 대부분 황제가 직접 지명해 파견하는 친임자가 담당했다. 어떤 때는 재상과 어사대부가 상의하거나 이부에서 선임하는 경우도 있었다.

탄핵을 할 경우에는 반드시 어사대부와 어사중승이 상주문에 서명해 권한의 통일을 보이도록 했다. 당의 제도에서는 4명의 시어사 가운데 경력이 많은 경험자 1명을 선발해 일상적인 잡무를 처리하도록 했는데, 이를 '시어사지잡사侍御史知雜事' 또는 줄여서 '지잡어사知雜御史'라고 했고, 경력이 짧은 사람은 '시어사내공봉侍御史內供奉'이라 했다.

② 전원殿院

전원에는 전중시어사 6명을 종 7품 하下로 두고, 또한 영사令史 8명과 서령사書令史 18명을 두었다. 전중시어사는 "전정殿庭의 공봉供奉 의식을 관장했다. 동지冬至나 정월의 대조회에는 모두 복장을 갖추어 어전에 오른다. 교외의 사당에 순행할 때는 행렬 가운데 어김이 없는지 규찰하고, 정문旌門[251]에서 복장을 갖추어 따라가며 문물에 완전하지 못한 바가 있는지 살펴보아서 바로 규찰한다. 장안과 낙양의 성내를 좌우로 나누어 순찰하며 그 구역 안에 불법적인 일이 있는지 살핀다"[252]고 했다. 그밖에 주요한 것은 백관들이 전정 안에서 법과 예의를 어기는 것이나, 황제의 순행 때 의장이나 의복과 연장이 제도에 맞는지를 규찰하는 것이었다.

③ 찰원察院

찰원에는 감찰어사 10인을 정 8품 상上으로 두었다. 태종 정관 초에 마주馬周와 같이 젊고 경륜이 짧은 사람들을 포의布衣로 발탁해 어사로 충임하고, 태종은 감찰어사에서 '이행裏行'하도록 명했다. 이행은 경력이 짧기 때문에 먼저 어사의 이행에서 경험하도록 한다는 의미로, 오늘날의 견습생과 비슷하다. 감찰어사는 "군현·둔전·주전鑄錢·영남선보嶺南選補·지태부知太府·사

---

250) 『구당서舊唐書』「직관職官 3」.
251) 제사·연회 등에서 마련하는 기旗로 꾸며진 문. ―역주
252) 『구당서舊唐書』「직관職官 3」.

농출납사農出納·감결수도監決囚徒 등을 나누어 관장한다. 제사를 감찰하는 것은 신명에게 제물로 바칠 짐승을 검열하고, 기물과 의복을 살펴 불경스러우면 제관祭官을 탄핵한다. 상서성에서 회의가 있으면 역시 그 과오를 감찰한다. 백관의 연회나 습사習射에서도 그렇게 한다”[253]고 했다.

지방에서는 ‘도道’를 감찰 구역으로 삼았다. 태종 정관 때는 전국을 10도로 나누고, 현종 때는 15도까지 늘렸다. 각 도에는 감찰어사 1명을 파견해 나중에 순안사巡按使, 안찰사按察使, 채방사采訪使, 관찰사觀察使라고 불렀다.

감찰어사 아래에는 판관 2명을 두어서 보좌했다. 당대에는 여전히 한대의 “육조六條로 사건을 묻는다”는 기준에 따라 탄핵을 진행했으나, 실제로는 사회·정치 형세의 변화와 행정 수요의 강화 때문에 규찰하지 않는 바가 없을 정도로 권력이 확대되었다. 뒤에는 상서성과 육부의 집행 효율을 높이기 위해 감찰어사에게 “상서 육부를 나누어 감찰해 그 과실을 규찰하도록”[254] 했다. 덕종德宗 흥원興元 원년(784)에 제도를 정해 상서 육부에 2부마다 감찰어사 1명을 두었는데, 이를 분찰分察이라 했다. 이로써 감찰기관의 행정 부문에 대한 감찰 직능을 한층 강화했다.

(2) 어사대의 선임과 감독

어사의 견제 받지 않는 탄핵권 행사를 보장하기 위해 수·당 시대에는 북위 이래로부터 어사대 장관이 어사를 선임하던 제도를 고쳐서 이부에서 선임하도록 했다. 사서에는 고종 영휘 연간 이후부터 감찰어사는 “대부분 황제의 직접 임명을 받았다”고 기재되어 있다. 또한 각 원院의 어사에 대한 엄격한 근무평가 제도가 있어서 “감찰어사는 25개월, 전중시어사는 18개월, 시어사는 13개월을 기준으로 했다”고 한다. 가령 “네 번 국옥鞫獄을 다스리고, 두 번 거사를 탄핵해 모두 실패가 없을 만큼 성적이 좋으면 옮길 수 있다”[255]

253) 『구당서舊唐書』 「직관職官 3」.
254) 당육전唐六典 어사대御史臺.
255) 당회요唐會要 어사대御史臺.

고 했다.

어사가 임무를 집행할 때 모든 탄핵을 어사대 장관에게 보고할 필요는 없었다. 사서에는 다음과 같은 이야기가 나온다. "이승가李承嘉가 어사대부가 되어 여러 어사에게 말하기를 '공들이 사건을 상주하기 전에 반드시 나에게 보고해 알려 주어야 합니다. 그렇지 않으면 억울한 일이 생길 수도 있습니다(无妄聞也)256)'고 했다. 그러나 여러 어사들이 모두 미리 보고하지 않았다. 승가가 화가 나서 다시 엄하게 말했다. 감찰어사 소지충蕭至忠이 나아가 말하기를 '어사는 군주의 눈과 귀입니다. 웅대한 권한을 모조리 쥐고 있는데(俱握雄權), 어찌 상주할 일에 대해 먼저 대부의 자문을 받들어야 합니까? 어사대에는 이러한 사례가 없었습니다. 중승을 탄핵할 때 대부가 어찌 자문을 받들겠습니까?'라고 하자, 승가는 할 말을 잃었다."257) 국가기구 가운데 "어사는 사법관으로서 냉엄한 임무를 맡아서 불법을 탄핵해 백관이 모두 두려워하니, 벼슬의 높고 웅대함이 이에 비길 것이 없다"258)고 했다. 당연히 황제의 집권에 유리한 역할을 했다. 그러나 이 제도는 오히려 몇몇 어사로 하여금 권세에 의지해 길에 떠도는 말을 듣고 근거 없이 탄핵하게 하며, 무고한 사람을 모함하고 제멋대로 하는 길을 열어 놓은 측면도 있었다. 관리의 비행을 규탄하기 위해 어사에게 올리는 익명의 글을 귀담아 듣는(風聞言事) 폐단이 생기기도 했던 것이다.

그래서 나중에는 어사의 업무를 제한했다. 가령 어사가 백관을 탄핵하면 상서성의 좌우복야와 좌우승의 제약을 받았다. 『구당서』「직관 2」에서 복야의 직권을 서술하면서 "어사가 규찰한 내용에 부당함이 있는 경우 이를 탄핵할 수 있다"고 했다. 『신당서』「백관 1」에는 상서 좌우승이 "육관의 의식을 장악해 성내를 규찰하고, 어사가 규찰한 것이 부당한 경우에 이를 탄핵한다"고 나와 있다. 그와 함께 어사가 백관을 탄핵할 때는 반드시 먼저 황제에게

---

256) 황제에게 근거 없는 사실을 보고하게 되어 불공하게 된다는 의미이다. —역주
257) 『대당신어大唐新語』「지법持法 7」.
258) 『통전通典』「직관職官 6」.

상주해 보고하도록 했다. 중종中宗 때 조서를 내려서 어사가 "매번 탄핵할 때 반드시 보고를 한 뒤 허락하면 탄핵할 수 있도록"[259] 했다. 즉 반드시 황제의 동의를 먼저 얻은 뒤에야 공개적으로 탄핵할 수 있었다. 이렇게 함으로써 황제가 어사의 업무를 통제하기가 한결 편해졌다. 이러한 규정은 모두 당대의 감찰제도가 한층 더 완비되고 성숙하게 되었음을 반영한다.

---

259) 『수당가화隋唐嘉話(하)』.

제 4 편

전통사회 법률제도의 완비

―송·원·명·청―

장진번張晉藩 집필
한상돈 옮김

제1장 개 관

제1절 송에서 청까지의 법제적 특징과 역사적 의의

송에서 청까지의 8백여 년은 중국 사회의 발전이 후기에 이르는 중요한 역사 단계로, 이 시기에 전통적 법률제도도 완비되었다. 그러한 발전과 변화는 시대를 반영할 뿐만 아니라, 법제의 역사적 규칙성을 보다 완전하게 나타낸다.

이 시기에 농업과 공업이 어느 정도 발전했지만, 아직 자급자족의 자연경제 구조가 견고해 자본주의가 싹트고 발전하는 데에 장애가 되었다. 새로운 정치·경제적 역량의 발전 또한 충분치 못해, 사회적으로 지주계급과 서로 균형을 이룰 만한 서양의 시민 계급과 같은 세력이 형성되지 못했다. 전제주의 정권은 부단히 국가기구를 확장하여 그를 통해 경제에서 정치, 사회에서 가정, 군중에서 개인에 이르기까지 광범위하게 지배했다. 뿐만 아니라 전통 사회에 충격을 주는 새로운 변화에 대해서도 강력한 탄압을 행사했다. 이러한 상황에서 17세기를 맞이한 중국은 서구 선진 국가에 비해 낙후된 상태에서 자본주의 열강의 도전에 대응하지 않으면 안 되었다. 법제는 근 2천년 동안 옛것을 그대로 답습하는 시기를 지나, 19세기 말에서 20세기 초에 들어서야 전통의 무거운 족쇄를 벗어버리고 근대화로 접어들게 된다. 청말에 이르러 비로소 전통 법제가 종식되고 근대 법제가 시작된 것이다.

우회와 곡절의 길을 8백여 년 동안 걸어온 전통 법제는 사회 역사의 변화에 따라 아래와 같은 주요한 특징을 가진다.

1. 완비된 법률체계의 형성

송宋 이후 더욱 복잡해진 사회의 요구로 인해 법률의 내용과 조정 방식은 다양해졌다. 과거 모든 법을 합치는 법전 편찬 방식은 여러 법을 함께 쓴다는 새로운 분별 편찬 형식으로 바뀌었다. 법률체계에서는 형법이 여전히 주요한 부분이긴 하지만, 민법·경제법·행정법·소송법 등의 각 부문법을 망라하여 보다 완비된 체계를 형성했다. 그중에서 행정입법은 방대한 국가 활동을 규범하고, 민사입법은 복잡해지는 재산관계와 인신관계를 조정했다. 전통사회 후기의 법률체계라고 하지만 근대 자본주의의 수준과는 상당한 거리가 있었고, 변혁이 불가피한 경우에도 그 과정은 아주 완만했다.

2. 각 민족 법률 문화의 융합

이 시기에 핵심이 된 법률 문화는 유가 학설을 중심으로 한 한족의 법률 문화였다. 그런데 몽고족과 만주족이 중국 전체를 통치함에 따라 여러 민족의 법률 문화가 신속히 융합되기 시작했다. 원元 법률의 기본적 특징의 하나는 당과 송의 옛 법률 내용과 형식을 답습하면서도 한편으로는 몽고족 전통의 관습법을 남겨놓은 점이다. 청의 초기에 형성된 "한漢을 참고하고 금金을 따른다(参漢酌金)"는 입법 노선은 한족과 만주족의 법률 문화를 융합한 구체적 사례이다. 청의 통치자는 중원으로 들어온 이후 신속히 '참한작금'의 입법 노선을 전국으로 확대했다. 여기서 '참한参漢'은 명의 법제만을 가리키는 것이 아니라 명을 위주로 한 역대 한족의 모든 법제를 말한다. '작금酌金' 또한 여진족의 관습법만이 아니라 만주 귀족을 주체로 하는 청의 통치를 받는 사회와 민정에 적합한 것을 뜻한다. 결론적으로 이 시기 입법의 방향은 선진적인 한족 법률 문화를 골간으로 각 민족의 법률 문화를 융합한 것이라 할 수 있다.

3. 전제주의 통치 강화

송이 건립된 후부터 통치자들은 당 말기에 할거하던 5대 번진을 제거하고, 중앙집권적 전제주의를 강화하고자 하여 전제주의 제도는 송부터 청에 이르기까지 계속해서 강화되었다. 국가적인 추구 방향을 보여주는 의식의 형태가 되는 법률은 전제주의를 강화하려는 시대적 특징을 전적으로 반영했다. 구체적으로 말하면 다음과 같다.

① 지고무상한 황권을 보호하고, 황제를 주축으로 하는 행정관리 체제로 바꾸어 국가기구를 통해 전제주의 중앙집권제가 운용되도록 했다.

② 전제주의 통치를 위협하는 반역죄의 처형을 엄하게 하는 동시에 사상과 문화 영역에서는 이단을 징벌하는 강압적 문화정책을 추진했다.

③ 자연 경제를 기초로 전제제도를 보호하고, 중농억상重農抑商을 추진하며, 해외 무역을 금하거나 제한했다.

④ 전제주의 통치를 지탱해 주는 가족주의적 통치를 계속 강화했다.

⑤ 황제는 최고 사법권을 독점할 뿐만 아니라 친군親軍을 파병하고, 환관을 보내 사법에 간여하게 했다.

4. 사법제도의 규범화·절차화

국가의 중요 활동인 사법심판은 이 시기에 전면적으로 제도화되어 나날이 완비되어 갔다. 소송제도에서는 한당漢唐 시대 보다 더 엄밀해지고 규범화·절차화 되었다. 심판에서는 사법 심급 단계와 관할이 분명해졌고, 또한 소수민족이 사는 변경 지역까지 미치게 되었다. 사형의 재심은 명明의 조심朝審 제도를 거쳐 추심秋審 제도로 발전했다. 추심이 '대전大典'으로 과장된 것은 우연이 아니라, 사형 안건 판결의 타당성 여부는 사회안정에 영향을 주고, 추심을 통해서 법률을 일관되게 활용하기 때문이다. 특히 민사소송 중에 '조처調處'를 폭넓게 응용했다. 중국 전통시대의 자연 경제 위에 형성된 보수

적이고 폐쇄적인 혈연·지연관계는 오랫동안 안토중천安土重遷·취족이거聚族
而居·가장특권家長特權·인리상보隣里相保 등의 관습을 낳아서, 관부는 민간에
서 발생하는 토지·혼인·전채錢債와 관련된 소송과 분쟁을 인리鄰里과 친족의
'조처'를 통해 막을 수 있었다. 청대에 이르면 주·현의 민사와 경미한 형사
안건은 인리鄰里 조처, 보갑保甲 조처, 친족 조처와 주·현관 조처를 통해 해결
했다. 조처의 근거는 법률에만 있는 것이 아니라 강상예교綱常禮教와 가법족
규家法族規에도 따랐다. 이러한 조처가 강제성을 띠어 '준명화식遵命和息' 했지
만 인민의 소송 부담을 가볍게 해준 것은 확실해서 '조처調處'로 해결된 일이
많았다.

5. 초경제적 착취제도의 감소

송대宋代부터 전통적인 조전제租佃制는 주요한 착취 방식이었는데, 전호佃
戶와 전주田主가 계약에 의해 조전관계를 맺으며 점점 전객佃客은 토지에 얽
매인 처지에서 벗어나게 되었다. 청대에 이르면 '탄정입지攤丁入地'를 실행해
농민이 국가의 인신 통제로부터 벗어나도록 했다. 청대에는 명대 수공업
노동자를 속박하던 '장적匠籍' 제도를 없애고, 천민의 '천적賤籍'을 개선했으
며, 채무관계에서 노역으로 빚을 갚는 것을 없애는 동시에 피고용인의 법률
적 지위를 상대적으로 개선했다.

이러한 특징들은 이 시기의 전통적 정치·경제관계의 발전에 의한 것이다.
그밖에도 원·청의 법제는 민족 통치의 색채를 반영했다.

제2절 전제주의 강화가 법제에 끼친 영향

960년 후주後周의 군정 대권을 장악한 조광윤趙匡胤은 병변兵變을 통해 정권
을 찬탈하고 송宋을 세우고 도읍을 변卞에 정하니, 역사에서는 북송北宋이라

한다. 송 초기에 통치자는 당이 번진藩鎭이 강해져서 망한 역사적 교훈을 되새겨 중앙집권을 강화하여 '방진태중方鎭太重'을 방지함을 국책으로 삼았다. 사회의 각 계급은 당 말기와 5대의 정치적 혼란을 겪으면서 강력한 중앙집권적인 조정을 통해 전통 경제제도와 사회질서가 안정되기를 원해 송의 중앙집권 강화정책을 지지했다. 이러한 송의 중앙집권 강화는 입법활동, 법률 형식, 법률 내용은 물론 사법 활동에 뚜렷한 영향을 끼쳤다.

송은 건립 후 통일을 공고히 하고 중앙집권을 강화하는 방침에 따라 적극적으로 법제 만들기에 착수한다. 건륭建隆 4년(963) 8월 공부상서工部尚書 판대리시判大理寺 두의竇儀·소효蘇曉·해서奚嶼·장희손張希遜·진광부陳光父·풍숙향馮叔向 등은 새로운 율인 송건륭상정형통宋建隆詳定刑統(약칭 송형통宋刑統)을 제정하고 목판으로 인쇄해 천하에 반포했다. 송형통의 체계는 당 말기 선종宣宗 때의 대중형률통류大中刑律統類와 후당後唐의 동광형률통류同光刑律統類, 후주後周의 현덕형률통류顯德刑律統類를 모방했다. 진율秦律·한율漢律·당률唐律부터 형통刑統까지의 발전은 법전 체계상의 변화를 가져왔다. 송형통은 형률을 위주로 당 개원 2년부터 건륭 3년까지의 칙령·격식 가운데 형사규범을 뽑아 율문 뒤에 붙이고, 다시 율목律目을 부문별로 모아 편찬했다.

송형통의 편목 조문은 기본적으로는 당률을 번역하여, 원래 12편을 213문으로 나누었다. 송형통이 취한 율·칙을 합편한 체계는 전제주의가 강화된 시대에는 칙령의 조정 범위가 매우 넓고 중요하다는 점을 보여준다. 그러나 송의 판결은 여전히 율을 위주로 하여『송사宋史』「직관지職官志」에 "단옥斷獄은 율을 기본으로 하되, 율로 할 수 없는 것은 칙·영·격·식으로 정한다"고 했다. 송형통은 송 개국 후 첫 법전이기 때문에 역대 군주가 쉽게 고칠 수 없었다. 태조太祖 건덕乾德 4년, 신종神宗 희령熙寧 4년, 철종哲宗 소성紹聖 원년, 고종高宗 소흥紹興 원년에 몇 차례 논의가 있었지만 아주 조금만 고치고, 율문에 부족한 것은 관련되는 기타 법률 형식으로 보충했다.

전제주의가 발전함에 따라 황제가 비준하고 중서中書에서 반포하는 '칙'은 그 수량이 늘어났을 뿐만 아니라, "죄명과 형벌의 경중도 다양해졌고" "사건을 관계 조문에 비추어 처벌하는"[1] 기능도 있어, 수시로 율문을 보충하고 고치며 국가의 사법을 이끌었다. 칙은 대개 한 지역의 한 가지 일에 대한 단행법이기 때문에 나날이 쌓이게 되어, 복잡하게 흩어져 있는 칙을 분류해서 정리하며, 중복되고 모순되는 곳은 삭제한 다음 다시 반포했다. 이는 특정한 법률 형식이 되어 보편적인 효력을 갖게 되었는데, 이를 편칙編勅이라 한다.

송대에 편칙은 가장 중요하고 일반적인 입법활동이 되었다. 태조 때는 건륭편칙建隆編勅 4권이 있었다. 태종 때부터는 편칙이 점점 번잡해지는데, 주요한 것으로는 태평흥국편칙太平興國編勅 15권, 순화편칙淳化編勅 30권, 함평편칙咸平編勅 12권, 대중상부편칙大中祥符編勅 30권, 대성편칙大聖編勅 12권, 경력편칙慶曆編勅 20권, 가우편칙嘉祐編勅 30권이 있다. 이러한 칙은 조정에만 있는 것이 아니라 지방의 "(일사一司) 일로一路, 일주一州, 일현一縣에도 또한 별도의 칙이 있다." 신종神宗 이전을 율·칙 병행 시대라고 한다면 신종 때는 칙이 율을 대신한 시대라고 할 수 있다. 신종은 "…율이 사정을 살피기에 부족하니, 율에 규정되지 않은 것은 칙으로 처리한다"고 선포한 적이 있다. 송의 번잡한 편칙과 율을 대신한 칙은 이 시기 입법활동의 주요 특징이다.

편칙의 성행은 입법에서 황권이 강화된 것을 반영하지만, 법령이 한결같지 못해 법사法司가 임의로 적용하고 사적으로 행하는 폐단을 낳았다는 것을 뜻한다. 신종 이후에는 칙이 율을 심하게 파괴하여 황제의 붓이 "옛 규정을 교란"하는 경향이 있었을 뿐만 아니라 "율·령·격에 규정되지 않으면" 담당 기관이 "예例로써 심판"할 수 있었다. '예例'란 판결 사례인데, 성례成例가 법률 효력을 갖는다는 것은 법망의 엄밀함을 나타내는 한편, 심판 과정에서 법집행자의 주관이 강하게 작용할 수 있다는 것을 뜻한다. 예로 판결하여 율을 파괴한 결과 "관리가 모든 일을 예로써 하니, 법은 당연히 예가 없으면 일이 되지 않아 모두 쓰이지 않게 되었다." 예가 광범위하게 응용되어 편례

1) 『주자어류朱子語類』 권128.

문제가 발생했다. 신종 때는 희령법시단례熙寧法寺斷例가, 철종哲宗·휘종徽宗 때는 원부형명단례元符刑名斷例, 숭령단례崇寧斷例가 편찬되었다. 남송南宋 각 조정에는 소흥형명의란단례紹興刑名疑難斷例, 건도신편특지단례乾道新編特旨斷例, 개희형명단례開禧刑名斷例 등이 편찬되었다.

북송北宋 후기에는 "한 마디 말, 한 가지 일로 곧 하나의 법을 만든다," "번잡해 들어내 활용하기 어렵다," "법을 사용한 이후에 충전沖前하고, 개정함이 분연하다"[2]는 식으로, 여러 형태의 법이 생겨 서로 모순되면서 성문 법규의 형식을 이루었다.

남송 시대에, 효종孝宗은 북송 후기의 법제가 문란했던 폐단을 고치기 위해 법률의 규범화·집중화에 힘을 쏟아, '예例'와 '지휘指揮'의 활용 범위를 제한하고, 법사法司가 율령을 고치려면 "반드시 친히 정정"[3]하도록 했다. 또한 '사事'를 유류類로 하는 법전을 편찬함에 법률 형식에 따라 모아서 편찬하는 체계로 고쳤다. 효종 때 순희조법사류淳熙條法事類, 영종寧宗 때 경원조법사류慶元條法事類, 이종理宗 때 순우조법사류淳祐條法事類를 편찬했는데, 이는 송대 입법의 두 번째 주요 특징이다. 경원조법사류 48권 16문은 현존한다.

계급·민족의 갈등이 아주 첨예했던 남송 시대에는 중원을 잃어 지방 안거安居를 유지하기 위해 법으로 금하던 것을 조금씩 완화하고, 형벌을 경감하고, 관리를 단속하고, 심국審鞫을 중시했다. 특히 민사, 재정, 무역 분야의 입법활동을 강화하고, 정주程朱[4] 성리학을 받아들였다.

남송 말기에는 심각한 위기를 번잡한 법과 혹독한 형으로 극복하고자 하여 "내외 상하의 어떤 사건이 작거나 죄가 경미할지라도 모두 우선 법으로써 대한다"[5]고 했지만, 이때는 남송의 멸망이 머지않은 시기였다.

양송이 통치한 3백년을 보면, 송 초기와 신종 때는 입법을 신중히 해 특별

---

2) 『송사宋史』「형법지刑法志」. 박영철, "『송사』「형법지」 역주(상)"(『중국사연구』 19)와 이석현, "『송사』「형법지」 역주(중)"(『중국사연구』 41)을 참조 — 역주
3) 『송사宋史』「형법지刑法志」.
4) 송宋 이학理學의 대가인 정호程顥·정이程頤 및 주희朱熹를 말한다. 주경존성主敬存誠을 주장했으며, 송대 이학理學의 주류학파主流學派에 속한다. —역주
5) 『송사宋史』「형법지刑法志」.

법인 경우 그 기초 과정부터 여러 의견을 받아들여 먼저 시험해 본 후 시행했다. 예를 들면 '희령변법熙寧變法' 시기에 반포된 면역법免役法은, 조정의 논의를 여러 번 거치고 조문으로 정한 후, 우선 한 주현에 1개월 동안 게시해 "백성의 다른 의견이 없음"을 확인하고 다시 한 번 그 실제 효과를 살펴본 후에야 전국에 반포했다. 이는 아주 본받을 만한 것이다.

양송의 3백여 년 동안의 통치는 국력은 쇠약했지만, 경제 분야는 1천여 년 동안의 발전에 기초하며 현저하게 진보해, 부곡제部曲制에서 조전제租佃制로 가는 과도기가 되었다. 농민은 지주 개인과의 종속관계가 약화되며 그에서 벗어나 국가의 '편호編戶'로 자리 잡았다. 경제발전은 법률의 발전을 가져왔다. 법률적 조정 방식과 내용은 더욱 복잡해졌으며, 특히 민사와 재정 입법이 법제의 주요 내용이 되었다.

사법제도는 황제의 전제 권력이 강력해짐에 따라, 상황에 따라서 황제의 뜻에 따르는 법이 되었다. 어필御筆의 권위는 임의로 법정 절차를 무시할 수 있었는데, 이로써 전제제도가 발전할수록 법제 질서는 쉽게 파괴된다는 것을 보여주었다.

제3절 계급과 민족을 억압하는 원元의 법제

13세기 초 몽고족의 걸출한 지도자 칭기스칸은 몽고의 각 부락을 통일하고 몽고칸국蒙古汗國을 세워, 전 몽고의 대칸에 추대되었다.

1271년 원元 세조世祖 쿠빌라이칸은 일부 한족 지주의 지지 아래 원을 수립하고, 다음해 중도中都를 대도大都로 고쳤다. 1279년 남송을 멸하고 원이 전국을 통치하게 되어, 5대 이래 370여 년 동안 할거하던 시대를 마감했다. 원은 몽고 귀족을 중심으로 한족 지주계급과 기타 각 민족의 상층 계급으로 구성된 정권이다. 원의 통치자는 한편으로는 당송唐宋의 옛 제도를 참조해 적극적으로 수용하고, 다른 한편으로는 몽고 고유의 통치 방식을 따랐는데, 군사

전제 정치와 민족 억압이라는 특징을 보인다.

원은 중국을 통일하기 전에 벌써 '대찰살大札撒'이라는 간단한 성문법을 초안했다. 역사 기록에는, 칭기스칸이 국가를 수립할 때 곽보옥郭寶玉에게 법률 제정을 명하여 조화오장條畵五章 반포했다. 사법 과정에서는 금률金律을 쓰도록 하여 "모든 사법기관에서 소송을 심리할 때 금률을 따라 썼다."[6] 형벌의 경우 중죄는 사형에 처하고, 기타 사건은 정상을 헤아려 태형에 그쳤다. 오고타이칸 6년(1234) 5월 제왕 백관 대회에서 조령條令을 반포했는데, 공적인 일에 하지 말아야 할 말을 한 자는 태형·장형이나 사형까지 처했다. "법을 존중하지 않는 자는 면직시켰다."[7] 그러나 전체적으로는 관습법이 여전히 통치적 지위를 차지했다.

원 초기, 세조는 전국을 통치할 필요에 따라 한족 관료가 건의한 '준용한법遵用漢法,' '부회한법附會漢法'을 받아들여, 당송 법제를 본보기로 하고 몽고 관습법을 참고해 원의 법률을 편찬했다. 세조 지원至元 8년에는 "금률金律의 시행을 금한다"[8]는 조서를 내렸다. 지원 10년, 한족 관료인 사천상史天祥, 요추姚樞 등의 협조 아래 신격新格을 제정했다. 또한 송의 편배鞭背, 묵형墨刑 등을 사용하지 못하도록 영을 내렸는데, 후세에는 이 시기를 "법이 관대하고, 형이 가벼운" 시대라 한다. 지원 27년(1290) 중서의 참지정사參知政事 하영조何榮祖가 "공규公規·치민治民·어도御盜·이재理財 등 10사事를 1서書로 묶어 지원신격至元新格이라 하고,"[9] 다음해에 반포하여 시행했다. 지원신격은 "대체로 한 때 시행했던 사례를 모아서 조격條格으로 편했을 뿐 구율을 비부比附[10]한 것은 아니었다."[11] 지원신격은 원의 통일 이후 반포된 최초의 법전으로, 모든 법을 합한 기본법이다. '격'은 일종의 법률 형식으로 당대에 이미 출현한

---

6) 『원사元史』「형법지刑法志」. 박영철, "『원사』「형법지」 역주①"(『중국사연구』 36) 참조.—역주
7) 『원사元史』「세조본기世祖本紀」.
8) 『원사元史』「세조본기世祖本紀」.
9) 『신원사新元史』「형법지刑法志」.
10) 비부比附에 대해서는 이 책 3편 185번 주註를 참조 —역주
11) 『신원사新元史』「형법지刑法志」.

적이 있는데, 단행單行된 보충법의 일종이고 법률 형식에서는 율 다음이었다. 그러나 원대에 격은 보충법이 아니라 제일 중요한 법률 형식이 되었다.

세조 지원 5년에 헌대격례憲臺格例 36조를 제정하고, 지원 14년에는 행대조화行臺條畫 29조를 제정해 감찰기관의 활동 준칙으로 삼았다. 인종仁宗 때 "격례格例 조화條畫 중 풍기風紀와 관련 있는 것을 종류별로 모아서 책을 만들었다" 하는데, 이를 풍헌홍강風憲宏綱이라 불렀다. 영종英宗 지치至治 3년 풍헌홍강의 기초 위에 안납단顔納丹·조백계曹伯啓가 세조 이래의 조격條格·조령詔令·단례斷例를 집대성해서 대원통제大元通制를 제정했다. 대원통제는 명례名例·위금衛禁·직제職制·제령祭令·학규學規·군율軍律·호혼戶婚·식화食貨·대악大惡·간비奸非·도적盜賊·사위詐僞·소송訴訟·투구鬪毆·살상殺傷·금령禁令·잡범雜犯·포망捕亡·휼형恤刑·평반平反 20편으로, 모두 2,539조로 되어 있다. 그 중에는 단례斷例가 717조, 조격條格이 1,151조, 조제詔制가 94조, 영류令類가 577조이다. 이른바 조격은 "한 번 정한 법"이고, 단례는 "사건 때문에 법을 만들고, 한 사건을 재판해서 하나의 예例가 된다"는 것이다. 조제는 "격格·례例에 의하지 않고 재판하는 상위의 것"이다. 대원통제의 주요 내용은『원사』「형법지」에 보존되어 있다.

대원통제를 반행함과 동시에 대원성정국조전장大元聖政國朝典章도 편찬했는데, 이를 간단히 원전장元典章이라 하며 전집前集과 신집新集으로 구성되어 있다. 전집은 60권으로 조령詔令·성교聖敎·조강朝綱·대강臺綱·이부吏部·호부戶部·예부禮部·병부兵部·형부刑部·공부工部 10류類를 포함해 373목이며, 매 목目은 조격으로 나누었다. 신집의 체계는 전집과 달리 권으로 나누지 않았다. 원전장은 지방정부가 편찬한 것으로부터 세조 이래 50여 년간의 사회·경제·정치·군사·법률과 관련한 각 분야의 조령·조격·판례까지 하나로 모았는데, 그 중 제일 많은 것은 19권으로 된 형부이다. 원전장은 원대 전장典章 제도의 발전·변화 상태를 잘 반영하여 원사 연구의 중요한 사료이다.[12]

---

12) 원전장元典章이나 서기규범書記規範과 같은 서적이 이 시대에 만들어져서 오늘날까지 전해지고 있는 이유는 몽골 시대에 문서 중심의 행정이 이루어졌으며, 특허장이나 비각을 정리하고 수집

원 말기 순제順帝 지정至正 6년(1346)에 대원통제를 기초로 지정조격至正條格을 반포했는데, 원래 권수는 알 수 없고 현재 『영락대전永樂大典』에 23권 2,909조가 실려 있다.[13]

원대를 총괄해 보면 영종英宗 때 제일 활발히 입법을 하고, 공헌이 많았다. 원의 입법은 당률·송률을 흡수하고 몽고의 전통 관습법과 회회回回[14]의 법률도 받아들였기 때문에 영令·격格·제制·칙敕·전典·예例 등의 각종 법률 형식이 있었지만, 이보다 더 많은 것은 안례案例를 모아 편찬한 것이었다. 지정조격을 예로 들면 놀랍게도 판례가 1,059조로, 이는 원의 통치자가 입법을 하면서 "고금古今에 차이가 나는 것은 따르지 말고, 다만 지금 타당한 것만 취한다"[15]는 방침을 받아들였다는 것이다. 그러나 너무 판례를 사용하여 "끌어쓸 수 있는 판례는 있지만 지킬 수 있는 법은 없다"는 폐단을 낳았다.

원대의 법률체계는 당송과 달리 다원적인 구조를 이루었는데, 법률 내용에서는 여전히 통치 지위를 유지하기 위한 전통 생산관계와 억압적인 신분관계의 잔재를 확인할 수 있다. 특히 각 민족이 법률적으로 불평등함을 선포하고, 한족을 향해 형벌의 칼끝을 겨누었다. 한인은 보통 정치적 권리를 누리지 못했을 뿐만 아니라, 인신마저도 법률로 보호받을 수 없었다. 그러므로 원의 법제는 계급 억압과 민족 압제의 도구라 할 수 있다.

제4절 전제주의가 강화된 명明의 법제

명은 중국 전통사회 후기의 중요한 왕조이다. 명대의 법제는 중국 법제

하는 데 노력을 기울인 면을 강조하기도 한다. 스기야마 마사아키 지음, 『몽골세계제국』(임대희·김장구·양영우 옮김, 신서원), 336~337쪽 참조 — 역주

13) 이개석, "원조 중기 법전 편찬 연구와 지정조격의 발견"(『동양사학연구』 83) 참조 — 역주

14) 회족回族이 세운 고대 국가의 이름을 가리킨다. 『요사遼史』에는 "야율대석耶律大石이 서쪽으로 가서 홀아산忽兒删의 병사를 크게 쳐부수고 심사우尋思干에 90일 동안 주둔하니, 회회국回回國의 왕이 항복해 공물을 바쳤다"고 기록되어 있다. 후에 칭기스칸에게 멸망당하는데, 원나라 법제에 회회국 법률의 일부가 남아 있다. —역주

15) 『원사元史』「성종본기成宗本紀」.

발전사에서 전대를 이어 후대를 연 중요한 위상이 있다.

원 말기에 반원反元 농민봉기가 한창일 때, 빈농 출신의 주원장朱元璋은 점점 많은 군사를 거느리고 홍건군紅巾軍의 중요한 수령 중 한 명이 되었다. 1368년 음력 정월 주원장은 남경南京에서 황제에 즉위하고 정식으로 한족 지주계급의 정권을 수립해, 국호를 명으로 연호를 홍무洪武로 했다.

명 초기의 당면 정치 형세는 복잡하여 밖으로는 심각한 위협이 되는 원의 잔여 세력이 존재했고, 안으로는 사회질서가 극히 문란하며 일부 호강豪强 대지주는 명에게 비협조적인 태도를 보였다. 그리고 원 말기 부패 정치에서 싹튼 흑암黑暗 이치吏治는 새로 수립된 명 왕조에 부정적인 영향을 미쳤다. 더구나 원 말기의 대대적인 농민봉기 이후 계급의 역학관계는 인민에게 유리한 방향으로 발전했다. 이 때문에 정권을 확고히 하고, 국방을 보호하며, 사회질서를 정돈하고 지주계급의 역량을 통일시키기 위해 새로운 정치·경제 제도를 실시했는데, 이것이 명의 군주 전제 제도가 발전하게 된 중요한 원인이 되었다. 이뿐만이 아니라 원 말기 이래 일어난 대규모의 농민봉기가 지방의 각 민족 지주 관료에게 큰 타격을 주어서 명의 전제주의 중앙집권이 강화되는 객관적인 조건이 되었다.

그밖에도 주원장을 대표로 하는 명조의 통치자는 역대 정권 가운데 특히 송대宋代에 중앙집권을 강화한 경험에 주목했다. 그는 당 이래 오랫동안 실행된 법률체제를 중앙집권에 유리하게 개혁했다. 또한 법제 창건 사업을 중시해 법률은 "민란을 막는 도구이며, 통치를 보완하는 방법"으로 여겼고, 법이 있어야 비로소 "사람의 뜻이 정해져 위아래가 평안"할 수 있으므로 "건국 초기에 먼저 해야 할 일"16)로 보았다. 명 초기의 법제 건설은 전제주의를 강화하고 보호하는 역할을 했다.

---

16) 『황조사대법皇朝四大法』 권3.

1. 대명률大明律과 문형조례問刑條例의 제정

일찍이 오吳 원년(1367) 주원장은 무창武昌을 평정하고 오왕에 오르면서 "건국 초기에 먼저 기강을 바로 세운다"[17] 하고, 율령 제정을 시작했다. 『명사』 「형법지」에는 "명태조明太祖가 무창을 평정하고 곧 율령을 논의했다. 오 원년 겨울 10월 좌승상 이선장李善長을 율령 총재관總裁官으로 삼고, 참지정사 양헌楊憲과 부헌傅瓛, 어사중승 유기劉基, 한림학사 도안陶安 등 20인을 의율관議律官으로 삼아서 … 12월에 완성했다…"[18]고 기록되어 있다. 주원장은 원 말기의 "조격이 번잡하여 관리가 이를 핑계 삼아 간악하게 적용하니, 그 피해가 이루 말할 수 없다"[19]는 것을 감안해, 이선장 등에게 지시하기를 "법이라는 것은 간략함과 마땅함을 귀하게 여겨야 사람들로 하여금 법조문의 의미를 쉽게 깨닫게 할 수 있다. 조문이 너무 많아 하나의 사건을 두 가지로 해석할 수 있어 형벌이 가볍기도 하고 무겁기도 하면 관리들이 이를 기회로 삼아 간사한 짓을 행하니, 법이 뜻하는 바가 아니다. 그물이 너무 조밀하면 물에 큰 고기가 없고, 법이 지나치게 엄밀하면 나라에 백성이 없으니, 경卿 등은 온 마음을 다해 탐구하여 매일 형명과 조목을 갖추어 올리면 짐이 친히 의견을 참작하겠노라"[20] 했다.

홍무 원년 대명령大明令을 공포할 때 다시 지적하기를 "…옛 율령은 간소했는데 후세에 점점 번잡해져서 심지어 그 뜻이 통하지 않는 것도 있다 하니, 어찌 사람이 법의法意를 알 수 있으며 범죄를 저지르지 않을 수 있겠는가? 법이 알기 어렵기 때문에 관리가 간악해져서 백성을 법망에 빠뜨리게 되니, 짐이 이를 발견하여 가련히 여기노라. 오늘날 율령을 제정하는 데 번거로운 것을 없애고 간단히 하여 옛날처럼 되게 하고, 이런 일을 그대로 알려 사람마다 쉽게 알아 죄를 범하지 않도록 하라"[21]고 했다. "법은 간략하고 마땅함을

---

17) 『명기사본말明紀事本末』 「개국규모開國規模」.
18) 전영진, "『명사』 「형법지」 역주"(『중국사연구』 23, 29) 참조 — 역주
19) 『명실록明實錄』 권22.
20) 『명사明史』 「형법지刑法志」.

귀하게 여긴다"는 사상에 기초해 오 원년 12월 대명률령大明律令을 제정했는데, 영令은 145조, 율은 285조였다. 주원장이 내세운 "그물이 너무 조밀하면 물에 큰 고기가 없고, 법이 지나치게 엄밀하면 나라에 백성이 없다"는 말에서 깨어 있는 정치가의 견해를 볼 수 있다.

1368년 주원장은 명을 수립한 후에 전국에 통용되는 대명률의 제정에 착수했다. 그는 홍무 원년 "유신儒臣 4인에게 당률을 강해講解하게 해 매일 20조를 올리게 함"22)으로 대명률 제정의 기초 작업으로 삼았다. 주원장은 당률을 대명률의 본보기로 삼았는데, 이는 그가 예禮와 법法을 결합한 사상에 주목한 것과 밀접한 관련이 있다. 당률은 "반드시 예로써 적용해" 많은 예의 규범을 법전화 하여 법전 중에 예와 법을 결합한 모범이기 때문에, 후세 통치자가 법으로 취하게 되었다. 주원장은 역사적 경험을 통해 크게 깨달아 "예악禮樂은 태평하게 다스리는 기름진 고기와 맛있는 음식이고, 형정刑政은 폐단을 없애는 약藥과 침針이다"23)고 설파했다. 오직 "덕德으로 천하를 교화하고," "형제刑制를 펴서 가지런하게 해야" 오래도록 안정되게 다스릴 수 있다는 것이다.

홍무 6년(1368) 겨울 주원장은 형부상서 유유겸劉惟謙, 한림학사翰林學士 송렴宋濂에게 대명률을 자세히 정하도록 하여 홍무 7년 2월에 완성했다. 그들은 진명률표進明律表에서 "편목은 당과 똑같이 하여 … 606조로 합하고, 30권으로 나눴다. 빼거나 더한 것도 있고 옛것을 그대로 남긴 것도 있는데, 경중이 타당하도록 힘썼다"24)고 했다. 유유겸 등이 정한 대명률은 황제의 명을 받들어 "천하에 반행頒行"했다.

홍무 9년(1376) 주원장은 호유용胡惟庸, 어사대부 왕광양汪廣洋 등에게 율조 중 "여전히 합당하지 못한 것"을 "자세히 의논해 13개 조문을 바로잡으라"25)

---

21) 『명사明史』 「형법지刑法志」.
22) 『명사明史』 「형법지刑法志」.
23) 『명태조실록明太祖實錄』 권162.
24) 『명사明史』 「형법지刑法志」.
25) 『명사明史』 「형법지刑法志」.

고 명했다.

홍무 22년(1389) 형부에서 "매년 조례의 증감이 같지 않아서 판결할 때 타당하지 못했다. 유형별로 편찬하고 반행해 중앙과 지방에서 준수하게 해야 한다"고 주장했다. 한림원翰林院에 명하여 형부관刑部官과 함께 "대명률을 맨 처음에 놓도록 고치고," "매년 증가한 것을 분류하여 삽입하도록" 했다. 홍무 13년(1380) 중서성을 없애고 다시 재상을 두지 않아서 이吏·호戶·예禮·병兵·형刑·공工 6부部가 중서성의 직권을 나누어 관장하게 되었다. 그래서 명례률이 각 편의 으뜸이 되고, 그 아래 육부 관제에 따라 이율·호율·예율·병률·형률·공률로 육률六律 30권, 460조가 되었다. 수·당 이래 800년 동안 사용하던 법률체계와 구조는 이때쯤 변했다.

홍무 30년(1397) 주원장은 흠정률고欽定律誥 147조를 편찬했다. 대명률 가운데 사죄(진범眞犯 사죄와 잡범雜犯 사죄 포함)와 관련 있는 처형 조항을 보충했는데, 명률 460조 뒤에 붙여서 대명률이라 하고 "중앙과 지방에 선포해 천하가 알아 준수하게 명했다"고 한다.

홍무 30년에 제정해 대명률 뒤에 붙인 흠정률고欽定律誥는 법망을 더욱 엄밀하게 했다. 또한 흠정률고의 처형處刑을 율문에 비해 무겁게 하여 대명률의 처형은 가중된 편이었다. 심지어 "경중이 기준을 잃어" 명 중기에 이르면 흠정률고는 폐지되어 사용되지 않았다.

대명률의 편목은 아래와 같다.

명례名例 1권 : 오형五刑·십악十惡·팔의八議

이율吏律 2권 : 직제職制·공식公式

호율戶律 7권 : 호역戶役·전택田宅·혼인婚姻·창고倉庫·과정課程·전채錢債· 시전市廛

예율禮律 2권 : 제사祭祀·의제儀制

병률兵律 5권 : 궁위宮衛·군정軍政·관진關津·구목廐牧·우역郵驛

형률刑律 11권 : 도적盜賊·인명人命·투구鬪毆·매리罵詈·소송訴訟·수장受贓· 사위詐僞·범간犯姦·잡범雜犯·포망捕亡·단옥斷獄

대명률은 당률의 기본 정신을 흡수했을 뿐만 아니라 특히 명 초기 30년의 통치 경험을 융합했다. 그리하여 조문은 당률보다 간략하고 입법 정신은 송률보다 엄해, 형식과 내용에서 모두 발전한 중요한 법전이다.

주원장은 뛰어난 법제를 창제하기 위해 심혈을 기울여서 법제의 안정 유지에 힘을 쏟았다. 홍무 25년 형부에서 "율조와 조례가 같지 않은 것은 적합하게 개정"26)할 것을 제시했다. 이에 주원장은 "조례로써 때에 적합하도록 특별히 정하고, 율로 정한 것은 고칠 수 없다"27)고 했다.

홍무 30년 대명률이 완성되자 특별히 영을 내려 "자손들은 그것을 지키고, 여러 신하 가운데 조금이라도 고치자고 논의하는 자가 있으면 조상의 제도를 어지럽게 바꾼 죄로 처벌한다"28)고 했다. 주원장이 임의로 율령을 개정하는 것을 중죄로 금했기 때문에 대명률은 "대대로 이어받았지만 감히 쉽게 고칠 수 없었다." 그러나 법률은 사회 변동에 따라 변하기 때문에 법률의 안정은 상대적일 뿐이다. 어쨌든 법은 시의에 맞아야 하는데 이에는 객관적 발전 법칙이 있다. 명 초기에 주원장은 자신의 필요에 따라 반행한 법률을 바꾼 적이 있다. 예를 들면 홍무 22년 "태손太孫이 법률을 5조 이상 개정하도록 청하자, 태조는 훑어보고 좋다고 했다. 태손이 또 청하기를 '명형明刑하는 까닭은 필교弼敎29)에 있으므로, 무릇 오륜五倫에 저촉되는 것은 모두 법을 굽혀 정리情理가 뻗칠 수 있어야 합니다'고 했다. 그래서 73조를 개정하도록

---

26) 『명사明史』「형법지刑法志」.
27) 『명사明史』「형법지刑法志」.
28) 『명사明史』「형법지刑法志」.
29) 명형明刑에는 두 가지 뜻이 있다. 하나는 죄상을 목판에 써서 죄수의 등에 매달았는데, 이를 가리켜 명형이라 했다. 『주례周禮』「추관秋官·대사구大司寇」에는 "무릇 사람을 해친 자는 감옥에 넣어 관리가 처리하는데 명형으로 욕을 보인다(凡害人者, 置之圜土而施職事焉, 以明刑恥之)"고 했다. 다른 하나는 형벌을 엄하게 밝힌다는 뜻으로 쓰였다. 『상군서商君書』「상형賞刑」에 "따라서 일컫기를, 명형을 오히려 지극하게 하여 형을 없앤다(故曰, 明刑之猶至于無刑也)"고 했다. 필교弼敎의 필弼은 여기서는 보좌, 보충의 뜻으로 쓰인다. 즉 교화를 돕는다는 의미인데, 명형필교明刑弼敎란 형刑을 철저히 잘 적용하는 것이 교화敎化에 도움이 된다는 것이다. 『상서尚書』「대우모大禹謨」에 "다섯 형을 밝히면 다섯 가르침에 도움이 된다(明于五刑, 以弼五敎)"는 구절에서 비롯되었다. —역주

명했다."30) 명률의 변동은 문형조례問刑條例의 수정에 잘 나타나 있다.

명 초기부터 통치자는 "법의 규정은 유한하고, 천하의 사정은 무궁한" 모순을 보충하기 위해 송이 '칙勅'을 이용해 판결한 전통을 따랐다. 그래서 대신을 통해 상주하면 황제가 "정상을 헤아려 사례를 만들어"31) 사법에 활용했다. 명 중기로 가면 조례가 복잡해져 통일적으로 활용하기 어려운 폐단이 생겨, 자주 "한 가지 사건에 서너 가지 예가 있고, 사건에 따라 그 예가 매년 늘어나거나 다시 변했다."32) 그리하여 헌종憲宗 때 대신들이 통일된 문형조례를 제정하자는 건의를 했다. 효종孝宗 홍치弘治 5년 7월, 형부상서 팽소彭韶 등이 문형조례를 개정하면서 "법의 규정은 유한하고, 천하의 사정은 무궁하다. 법을 어긴 정도는 가벼운데 죄가 무거운 것이 있고, 법을 어긴 정도는 무거운데 죄가 가벼운 경우가 있으니, 종종 군주의 재가를 얻어서 실정에 맞게 사례를 만든다. 이런 예가 중앙의 법사에서 적용된 적은 많으나 지방에서는 그렇지 못하다. 지방에서 형을 결정할 때 경중의 타당함을 잃는 경우가 많다. 이에 전후를 한데 모아 사례로 만들어서 분류·편찬하게 했다. 내외로 통용되고 대명률과 병용하니, 많은 사례가 제정되고 죄를 논함에 부족함이 없게 되었다"33)고 했다. 효종은 문형조례의 수정을 허락해 달라는 요구에 대해, 홍치 11년 12월 조령을 내려 "법사에서 죄수의 죄를 물을 때 근래에 조례가 너무 많아 사람이 준수하기 어렵다. 그 가운데 시행할 만한 것은 삼법사三法司가 타당성 여부를 살펴보아, 낱낱이 조목별로 가부를 재결토록 하라. 그 나머지 번잡해서 시행하기 어려운 것은 모두 폐지토록 하라"34)고 했다. 홍치 13년 2월 형부상서 백앙白昻이 황제의 뜻을 받들어 문형조례 279조를 "천하에 시행해 영원히 상용되는 법으로 할 것을 청합니다"35)고 상주

---

30) 『명사明史』「형법지刑法志」.
31) 『명전회明典匯』 권181.
32) 『황명조법사유찬皇明條法事類纂』 하책下冊, 372쪽.
33) 『명전희明典匯』 권181.
34) 『명효종실록明孝宗實錄』 권154.
35) 『명효종실록明孝宗實錄』 권159.

했다. 3월 2일 효종이 그 시행을 단행했는데, 이를 홍치弘治 연간의 문형조례門刑條例라 한다.

홍치 연간의 문형조례는 1백여 년 동안의 사회·정치·경제 발전을 반영하는데, 명 왕조를 공고히 하기 위해서 명률을 큰 폭으로 수정했다. 문형조례는 대명률보다 관리의 독직죄瀆職罪와 그 외의 일반 범죄를 무겁게 처벌하는 동시에 속형贖刑의 적용 범위도 확대했다. 홍치 연간의 문형조례는 번잡한 것을 간단하게 정리하고, 과거에 예가 율을 파괴하는 폐단을 어느 정도 고쳐서 "율을 도와 시행하는" 중요한 입법이 되었다. 이는 백 년 동안 경험한 형사 조례 입법의 총결산이며, 이후 가정嘉靖 연간의 문형조례와 만력萬曆 연간의 문형조례의 제정에 기초가 되었다.

가정嘉靖 29년 10월 세종世宗은 현행 조례를 조사하고 경중이 잘못된 것들을 골라, 형부상서 고응상顧應祥에게 다시 고친 문형조례를 반포하도록 지시하여, "내외 아문衙門(관아)에서는 다음의 지시를 따라 시행하고, 지금 이후부터 형관刑官이 제멋대로 사람을 죄에 빠뜨리면 실정을 조사해 탄핵하여 경형黥刑에 처하라"36)고 했다.

가정 문형조례 376관款37)은 가정 34년에 늘어난 9관을 더해 모두 385관이 되었다. 가정 문형조례는 홍치 문형조례를 기초로 했다. 홍치 이후 명은 쇠퇴기로 접어들어 계급의 대립과 통치 집단의 권력 투쟁이 더욱 치열해져 전제주의 중앙집권은 더욱 강화되었다. 그리하여 가정 문형조례는 새로운 특징을 갖게 된다.

첫째, 공·사의 재산 침해에 대해 형량을 가중했는데, 특히 명의 사회안정을 위협하는 "형세를 억제할 수 없어," "산으로 도망해 운집하는" 유민流民은 무거운 법으로 다스렸다.

둘째, 관리·군인·백성을 막론하고 "함부로 주황색이나 밝은 황색을 사용

---

36) 『명효종실록明孝宗實錄』 권366.
37) 가정 29년의 중수문형조례는 376조이고, 이후 가정 34년에 9조가 추가되어 모두 385조가 되었다.
　—역주

하면 무거운 죄로 다스리고, 복식과 기물은 추징해 관에서 몰수하고," "각 왕부가 예例를 위반해 곡식을 받고, 토지문제 등의 쟁송을 일으켜 군민과 다투는 경우에는 각 아문衙門이 공리公理로 처리하되, 장사사長史司는 사장詞狀을 함부로 받는 것을 허락하지 않는다"[38]는 등 전제주의 통치를 강화했다.

가정 문형조례의 제정과 시행은 사법 분야에서 중요한 작용을 했다. 신종神宗 즉위 이후 10년의 공을 들여 다시 문형조례를 수정해 만력萬曆 13년 4월 11일 반포했다. 후에 "율은 정문正文으로, 예는 부주附註로" 하는 체계에 의해 명률과 예例를 합해 편찬하여 인쇄했다.

만력 문형조례 382개 조항은 입법 취지를 명확하게 하여 신중히 제정되었다. 형부상서 서화舒化가 중수문형조례제고重修問刑條例題稿에서 지적한 것처럼 "예例를 정함은 율을 보충함이니," "율에 의거해 예例를 정하고," "반드시 오래도록 시행되게 하고, 명백하고 쉽게 알 수 있도록 하며, 번잡함을 없애 현실과 법이 맞도록" 했다. 예例를 수정하려는 취지를 살린 만력 문형조례는 죄와 형량을 정하는 발전된 규범이다.

이상의 홍치 문형조례, 가정 문형조례, 만력 문형조례와 같은 문형조례의 수정은 명대 중·후기의 중요한 입법활동이었다. 이의 역사적 가치는 사회생활의 발전에 따랐다는 것만이 아니라, 조종祖宗이 만든 법은 고치지 못한다는 속박에서 벗어났다는 것에 있다. 또한 형사 조례를 일률적으로 규범화해, 과거 "예가 율을 파괴하는" 폐단을 극복하고, "예가 율을 보완하게" 했다. 이로써 명률이 통일적으로 적용되며, 사법심판에서도 정확성과 효율성을 높였다. 이 때문에 청강희清康熙 18년에는 대청률집해부례大淸律集解附例 외에도 문형조례를 제정하게 했다. 이는 명明의 세 황제가 문형조례를 수정했던 역사적 경험을 계승·발전한 것이라 할 수 있다.

---

38) 명률明律의 응의자지부조유범應議者之父祖有犯 조문 후반.

2. 명대고明大誥와 명회전明會典

명 초 주원장은 "백성이 원의 습관에 물들어, 공을 버리고 사를 좇고, 죄과는 매일 드러나며,"[39] "기시棄市에 처한 시체를 옮기기도 전에 새로운 사형범이 도착하는"[40] 사태를 거울로 삼았다. 홍무洪武 18년에서 20년까지 친히 관민官民의 범죄를 모아서 어제대고御制大誥, 어제대고속편御制大誥續編, 어제대고삼편御制大誥三編, 대고무신大誥武臣을 연달아 편찬했다. 총 236개 조목인데, 그 가운데 어제대고초편御制大誥初編이 74조, 어제대고속편御制大誥續編이 87조, 어제대고삼편御制大誥三編이 43조, 대고무신大誥武臣이 32조였다. 명대고 4편의 내용은 세 가지 분야였다.

① 홍무 18년에서 20년 동안의 관민에서의 범죄 사례 156건을 모아 '우매하고 완고함을 경계'하도록 사용했다. 이로 인하여 혹형으로 학살된 자가 무더기로 나왔다. 『명사』「형법지」에 "세 '고誥'에서 나열하고 있는 능지凌遲·효시梟示·종주種誅의 종류가 무려 천백 가지이고, 기시棄市 이하는 만 가지다"고 한다.

② 율 외에 '어제御制'라는 준엄한 명령 60여종을 모았는데, 이 준령은 법 바깥의 법으로, 대명률을 보충하고 전제주의 법망을 엄밀하게 했다.

③ 명 태조는 신민에게 '길한 것을 향하고 흉한 것을 피하라는' 훈계를 강술했다. 태조는 대고속편에서 "천하의 신민이 가르침을 따르지 않는 자가 많아서 짐이 긴요한 일로 삼는다. 특히 신민이 범하기 쉬운 조문을 2고誥로 만들어 선포하니, 집집마다 알려서 경계로 삼고 준수하게 하라"[41]고 했다.

명대고는 주원장이 엄한 법으로 나라를 다스린 이유를 잘 반영한다. 『명사』「형법지」에는 "처음 태조가 몽고를 쫓아내고 혼란했을 때는 중전重典[42]을

---

39) 『명사明史』「형법지刑法志 1」.
40) 「대고자서大誥自序」.
41) 『어제대고속편御制大誥續編』「반행속고頒行續誥 87」.
42) 중전重典은 엄준한 법령을 가리킨다. 『주례周禮』「추관秋官·대사구大司寇」에 "어지러운 나라를 다스리려면 중전을 쓴다(刑亂國, 用重典)"고 했다. 『한서漢書』「형법지刑法志」에 "옛 주나라의 법은 삼전을 만들어 방국을 다스리고 사방을 꾸짖었다. 첫째 새로운 나라는 경전을 쓰고, 둘째

사용해 다스렸다"고 되어 있다. 주원장 자신도 "어지러운 세상을 다스릴 때는 무거운 형벌을 사용하지 않을 수 없다"고 인정했다. 명률에 의하면 각 아문에서 문서를 숨기거나 누설하고 보고하지 않으면 장형杖刑 80대에 처하고, 곡물을 규정을 넘어서 받으면 장형 100대에 처한다고 하는데, 대고에는 능지형陵遲刑[43]에 처한다고 한다. 대고에 수록된 범죄 안건은 대부분 관리를 처벌한 것이다. 이는 우연한 일이 아니라 농민봉기에 가담한 적이 있는 주원장은 탐관오리가 백성을 괴롭히는 것이 민변을 일으키는 중요한 원인임을 잘 알고 있었다. 그는 신하들에게 "내가 민간에 있을 때 주현의 관리들 대부분이 백성을 긍휼히 여기지 않고, 재물을 탐하고 호색하며 일을 제쳐 놓고 술만 마시니, 백성들이 고통스러워하여 그것을 쳐다볼 수 없을 정도로 마음이 몹시 답답했다. 오늘날 이를 바로잡아 법으로 금하니, 관리가 부패해 백성을 해치면 절대로 용서하지 않겠다"[44]고 했다. 물론 관리를 잘 다스려야 더 효과적으로 백성을 다스릴 수 있다.[45]

처음 대고를 만들고 대고무신까지 완성하는 데 걸린 시간은 불과 2년 1개월 정도였다. 그런데 조목條目과 안례案例를 보면, 그 사이에 탐관오리를 처벌하는 비중은 줄고 간악한 백성을 처벌하는 비중은 늘어났다는 것에서 대고가 금하는 징벌 대상이 관과 민 모두이며, 관리를 바로잡기 위한 것만이 아니었음을 알 수 있다. 홍무 31년 건문제建文帝가 즉위한 후, 주원장이 엄한 법으로 나라를 다스리며 법에 없는 형을 사용하여 현실과 법이 따로 놀았던

평화로운 나라는 중전中典을 쓰고, 셋째 어지러운 나라는 중전重典을 쓴다(昔周之法, 建三典以刑邦國, 詰四方. 一曰刑新邦用輕典, 二曰刑平邦用中典, 三曰刑亂邦用重典)"고 했다. 이는 나라를 새로 세웠을 때는 법령을 가볍게 하되, 나라가 어지러울 때는 엄준한 법령으로 다스린다는 것이다. —역주

43) 능지처참陵遲處斬으로, 대역죄나 패륜을 저지른 죄인 등에게 가해진 극형이다. 언덕을 천천히 오르내리듯 고통을 서서히 최대한으로 느끼면서 죽어가도록 하는 잔혹한 사형으로서 대개 팔다리와 어깨·가슴 등을 잘라내고, 마지막에 심장을 찌르고 목을 베어 죽였다. 또는 많은 사람이 모인 가운데 죄인을 기둥에 묶어 놓고 포를 뜨듯 살점을 베어내되, 한꺼번에 많이 베어내서 출혈 과다로 죽지 않도록 조금씩 베어 참을 수 없는 고통 속에서 죽음에 이르도록 하는 형벌이라고도 한다. —역주

44) 『명태조실록明太祖實錄』 권38.

45) 전영진, "대고를 통해 본 명 태조의 관리 대책"(『경북사학』 14, 1991) 참조. —역주

경험을 살펴, "앞으로는 관민 가운데 오형五刑에 해당하는 죄를 범한 자는 법사法司에게 대명률로만 처리하도록 하고, 다른 법조문을 적용시키지는 않겠다"46)고 조서로 선포했다. "다른 법조문을 적용시키지는 않겠다(無深文)"는 말은 대고를 폐지한다는 것과 같다. 그러나 성조成祖가 건문제를 대신해 정권을 장악한 후에 여러 차례 칙령을 내려, "천하에 대고를 송독케 하고, 향음鄕飮47)할 때는 옛날처럼 강해講解하도록 하라"48) 하고, "방정方正한 선비를 선발할 때는 대고와 율령을 강독하라"49)고 지시했다. 영락永樂 19년 4월, 건문제의 영향력이 사라지고 성조의 권위가 확고해지자, "법사에서 죄수를 심문할 때는 대명률로 죄를 정하고, 그 외의 조문을 적용하거나 방문榜文·조례를 함부로 행하지 말라"50)고 선포했다. 인종仁宗·선종宣宗 때는 대고 4편뿐만이 아니라 율고 36조마저도 모두 폐지했다. 이렇게 명대고가 폐지된 것은 역사적 필연성이라 할 수 있다. 엄한 법으로 나라를 다스리는 것이 일시적으로는 효과가 있지만 범죄를 근절할 수는 없으며, "부끄러움을 알고 바르게 되는"51) 경지까지 도달하게 할 수 없기 때문이다. 또한 대고의 조목과 율문의 충돌은 법률의 통일적 적용과 사회안정에 불리하다. 그리하여 건문建文·인종仁宗·선종宣宗·영종英宗은 사법기관이 죄수를 심문할 때는 대명률을 따르게 하고, 그밖에 조문 적용을 불허한다고 선포했다.52)

명의 입법활동 가운데 명회전明會典의 제정은 전제정치를 강화하고 국가활동을 규범화한 성과 중 하나이다.

홍무 13년 중서성을 폐지한 후, 행정관리 체제를 포함한 황권 강화에 중대

---

46) 『강씨비사姜氏秘史』.
47) 향음鄕飮은 향음주鄕飮酒 또는 향음주례鄕飮酒禮를 가리킨다. 이는 주나라 때 3년에 한 번 향대부鄕大夫가 덕과 예가 있는 자를 뽑아 국군國君에게 천거할 때 현자들에게 빈례賓禮를 갖춰 잔치를 베푼 데서 유래한다. 후에는 지방관이 그 지방의 나이 많고 덕이 있는 자를 위해 잔치를 베풀었는데, 이 또한 향음주례鄕飮酒禮라 했다. ─역주
48) 『명태종실록明太宗實錄』 권10(하).
49) 『명태종실록明太宗實錄』 권39.
50) 『명태종실록明太宗實錄』 권236.
51) 원문에는 "민면이무치民免而無恥"라 되어 있다. 이는 『논어論語』 「위정爲政」을 인용한 것인데, 아마 "유치차격有恥且格"의 오기誤記인듯 하다. ─역주
52) 『황명조령皇明詔令』 권7~10.

한 변화가 발생했다. 법률 형식을 사용하기 위해 새로운 중요 행정관리 체제를 확립했다. 영종 때부터 관에서 회전의 편찬을 시작하여 효종 홍치弘治 10년에는 특별히 유신儒臣들에게 당육전唐六典의 체계를 본 따서 전장典章 제도를 나누어 편찬하도록 조칙을 내렸다. 그리하여 홍치 15년에 대명회전 180권을 편찬했다. 무종武宗 정덕正德 연간에는 '내각에 3번 살피게 하여 빠진 것을 보정'해서 정식으로 천하에 반포해 시행했다. 세종世宗 가정嘉靖 8년에는 가정속찬회전嘉靖續纂會典을 편찬했는데 반포하지는 않았다. 신종神宗 만력萬曆 4년에 회전을 중수重修하기 시작하여 만력 15년에 완성했는데, 이를 보통 만력중수회전萬曆重修會典이라 한다.

명회전은 행정 법규 대전의 성격을 갖고 있어서, 명의 관부에서 만든 율律·영슈· 예禮· 식式· 헌강憲綱과 각 부서의 기록(檔案)이나 문서(籍冊)를 모아 놓았다. 즉, 명대의 전장 제도를 광범위하고 상세하게 하나로 모아놓은 명대 입법의 중요 성과물이다.

명회전은 당육전을 따랐지만 재상 제도를 없앴기 때문에, 6부 관제를 기준으로 종인부宗人府·육부六部· 도찰원都察院· 육과六科· 시寺· 부府· 감監· 사司의 순서에 따라 행정기관의 직무 범위와 사례를 나누어 기술했다. "6부에서는 다시 사과司科로 나누고, 사과 밑에는 다시 여러 조목條目을 제시했다." 명은 회전을 행정입법의 총체로 하고 단행된 예例로 그것을 보완하여 행정 법체계를 형성했다. 이로써 전제주의 중앙집권적 국가 발전의 새로운 장을 열었다고 할 수 있겠다.

3. 법률에 의한 전제주의의 강화

첫째, 황권皇權의 지고무상한 권력을 위해 6부와 내각을 중추로 하는 행정관리 체제를 확정하고, 황권을 침해하는 재상 제도를 영원히 폐지하며, 신하가 이를 되돌리려고 하면 엄벌에 처했다. 이와 함께 '천자의 눈과 귀가 되는 기관'이라는 감찰기관의 지위와 직권을 높였다.

둘째, 대명률로 파당을 짓지 못하게 해서, 신하가 무리를 짓고 내외 관리가 결당하는 것을 엄금하여 황권에 위협이 되는 붕당 세력의 형성을 방지했다. 청의 설윤승薛允升은 당률·명률을 비교해, 간당奸黨 등의 조문이 "모두 홍무 연간에 추가로 제정된 것이다. 명明은 신하가 폐단을 막지 못할까 의심해서 제정한 율이 매우 가혹하니, 이것이 서로 다르다," "신하의 권력 독점과 자의적인 행사를 방지하고, 파당을 맺는 경우에는 원천적으로 그 여력을 남기지 않았다"[53]고 했다.

셋째, 전제정치를 위협하는 반란 진압을 강화했다. 반역죄에 대한 가혹한 처형과 연좌되는 범위가 모두 당률·송률을 능가했다.

넷째, 전제정치를 보호하기 위해 중앙집권적인 부역제도와 전제 국가를 계속 추진하는 데 필요한 전매(禁権) 제도를 확정했다. 아울러 화폐관계가 자유로이 발전하는 것을 방지하도록 정한 '전법錢法'이나 '초법鈔法'을 상세하게 제정했다.

다섯째, 황제의 사법권 통제를 보장하기 위해 '삼사회심三司會審' 제도를 만들고, 친히 군軍을 통솔하고 환관이 심판에 간여하는 것을 윤허했다. 또한 법으로 정하지 않은 사법기관마저도 사법권을 관장하며 집행하도록 해 법제 질서가 파괴되었다.

여섯째, 사상과 문자를 관리와 백성의 징벌 구실로 삼아 사상·문화 영역에서도 전제정치를 강화했다.

제5절 청 법제의 완비

청은 중국 전통사회의 마지막 왕조인데, 법제는 2천년 동안의 발전을 통해 상당히 완비된 편이었다. 법률체계상 형법·민법·행정법·소송법·옥정법獄政

---

53) 당명률합편唐明律合編 권9.

法 등 각 부문의 법이 짜여 있었고, 또한 계통적인 법률체계도 갖추고 있었다. 입법의 구체적인 내용은 광범위하고 실제적이었다. 사법제도는 절차가 완비되고 심급審級이 엄격했으며, 심리와 사형의 재심리가 제도화·법률화되었다. 특히 법의 통일적 적용이 필요한 다민족 국가여서 변경의 소수민족 지역에서도 사용할 수 있는 법률을 제정했다.

청의 법제는 중국 전통 법제가 완비된 형태이기 때문에, 그것을 분석하면 전통 법제의 발전 경향과 법칙을 전체적으로 이해할 수 있다.

1. 산해관 진입 이전의 입법활동

청은 만주 귀족을 주체로 한 정권이다. 1616년 후금 정권 때부터 만주족은 정치제도와 법제 건설에 대한 특유의 견해를 표현했다. 『청태조무황제실록淸太祖武皇帝實錄』에는 "명 만력 15년(1587) 비아랍費阿拉성을 쌓고 6월 24일 국정을 정해, 난亂을 일으키거나 훔치고 속이는 행위를 못하게 했다"54)고 한다. 『청태조고황제실록淸太祖高皇帝實錄』에도 유사한 기록이 있는데, "6월 임오壬午일에 황제께서 국정을 정해, 모반을 금하고 도적을 체포하니 법제가 수립되었다"55)고 한다. 여기서 '국정을 정하는 것'과 '법제를 세우는 일'이 동시에 진행되었음을 볼 수 있다. 법제가 겨냥한 것은 모반과 도적이며, 법제의 주요 기능은 금하는 것과 잡아들이는 것이었다.

1616년 누르하치는 후금을 세우고 입법의 발전을 꾀했다. 『청태조조만문노당책淸太祖朝滿文老檔冊』(황자당荒字檔)에는 을묘乙卯년 12월에 "성공적으로 백성을 정복하고 다스리니, 폭력과 난리가 그치고 도적이 평정되며, 각종 법제가 세워졌다"고 한다. 각종 법제란 팔기八旗의 조직과 제도, 군령軍令, 위렵령圍獵令, 소송 등 각 방면을 말한다. 이러한 법령에는 과거의 관습법이 법률로 된 것도 있으니, 즉 "일체의 상례常例가 제도로 정해졌다." 어떤 것은

---

54) 『청태조무황제실록淸太祖武皇帝實錄』 권1.
55) 『청태조무황제실록淸太祖武皇帝實錄』 권2.

처음 만들어졌는데, 예를 들면 "떨어진 물건을 주워서 주인에게 돌려주면, 그것을 셋으로 나눠서 주인이 둘, 습득자가 하나를 갖는다"는 것 등으로, "지금까지 선례가 없던 규칙이다."56)

누르하치는 후금을 세우는 과정에서 법을 세워 집행하는 것이 '나라를 위한 길'임을 인식하게 되었다. 그는 자식들과 조카들에게 "나라를 위하는 방법 가운데 어떻게 해야 굳건해지는가를 말한다면, 만사의 귀함은 정성을 다함에 있고, 법령의 귀함은 엄밀하고 완비됨에 있다. 엄격하게 제정된 법령을 가벼이 여기면, 정사에 무익하며 나라의 재앙이다"57)고 경고했다. 그는 또 팔기 장군들에게 "공정한 마음을 품고, 백성들에게 법령을 명심하도록 가르치라"58)고 훈시했다. 심지어 강제로 팔기 장군들에게 법을 지키도록 '서약誓約'하게 했다.

누르하치가 법령의 엄수와 공평한 법집행을 신신당부한 이유는, 명 말기의 정치가 부패하고 법률 기강이 문란해져 국력이 쇠잔해졌던 교훈에서 얻은 결론 때문이다. 그는 명의 형편이 갈수록 나빠진 것은 '법령이 불공평하고 엄명하지 않기'59) 때문이라고 지적했다.

누르하치는 '입에 천헌天憲을 머금었다'고 할 정도로 그가 내린 법령은 제일 중요한 법률 형식이 되었고, 나라나 가정에서 반드시 준수해야 할 구속력이 있었다. 누르하치의 명령을 위반하면 바로 사형에 처해졌다. 이러한 내용이 문서 자료에 모두 기록되어 있는데, 어떤 명령(諭令)은 말(口諭)로만 내려졌다.

누르하치의 명령 외에도 버일러(貝勒)60)가 의논해 정한 구두口頭 규칙이나 팔왕八王이 반포한 '문서' 역시 일종의 법률 형식이었다.

---

56) 『만문노당滿文老檔』「태조太祖 3」(을묘년 12월).
57) 『만문노당滿文老檔』「태조太祖 4」(계축년 12월).
58) 『만문노당滿文老檔』「태조太祖 11」(천명天命 7월 초8일).
59) 『만주실록滿洲實錄』권8, 11쪽.
60) 버일러(貝勒)란 청의 종실 및 몽고 외번外藩에 수여된 작위명으로, 그 지위는 군왕君王의 아래, 패자貝子의 위이다. ―역주

홍타이지(皇太極)가 청淸을 건국하고 연호를 숭덕崇德이라 바꾼 후, '법률 기강을 선포하고 명의 법전을 수정해 법규'로 삼아 '나라를 보위하고 치세하는 책략'으로 했다.61) 그는 "전대前代를 거울삼아 나라를 잘 다스리기 위해 정치에 힘쓰고 법제를 자세히 밝히는 것은 나라를 영원하게 하지만, 정사에 태만하고 기강을 어지럽히면 나라는 반드시 위태로워진다"62)고 했다.

홍타이지 통치기에 행정입법은 6부가 성립되고 각종 단행 법규를 반포하면서 나타나기 시작했다. 특히, 숭덕 원년(1636) 4월 홍타이지가 즉위한 후 회전을 반포했는데, 이것이 곧 청의 숭덕회전崇德會典63)이다. 이것은 천총조天聰朝64)의 수정을 거친 중요한 어명(諭令)을 총망라한 것이었다.

이밖에 산해관 진입 이전에 입법한 주요 내용은 아래와 같다.

경제관계를 조정한 입법 : 정丁에 따라 국유지를 분배하여 "매 정丁에게 토지 5무씩을 주어 한 집의 의식을 해결하게 하고, 모든 부역의 차이는 여기에서 나오도록 했다."65) 귀족 대신의 자제가 교외에서 매사냥 하는 것을 금지해 '인민을 해치고, 전원을 유린하고, 가축을 상해하는 것'을 방지했다. 소민小民부터 궁중에 이르기까지 제사·잔치·장례 등에 소나 나귀를 사용하는 것을 금지해 농업생산력을 보호했다. 양식의 자유로운 매매를 허가하고, 곡식으로 속죄할 수 있도록 했다.

사회관계를 조정한 입법 : 계급관계의 새로운 변화를 반영한 이주조례離主條例를 제정해, 노비가 주인에게 허락을 받으면 '가고 싶은 곳'으로 갈 수 있었다.

---

61) 『청태종실록淸太宗實錄』 권35, 13쪽.
62) 『청태종실록淸太宗實錄』 권35, 13쪽.
63) 숭덕회전崇德會典이란 용어는 이연광李燕光이 처음 사용한 것으로, 이에 관해 중국과 일본의 학계에서 논의된 결과 일반적으로는 그 존재가 부정되고 있다. 따라서 청대 최초의 회전은 강희회전康熙會典이라고 할 수 있다(『중국법제사―기본 자료의 연구』 486쪽 참고). ―역주
64) 천총조天聰朝는 청을 찬양하는 말로, 천총天聰이란 천자의 듣고 봄(聽聞)이 총명함을 나타낸다. 『서경書經』에 "하늘이 총명하니 우리 백성도 총명하다(天聰明, 自我民聰明)" 했고, 『한비자』「해노解老」에 "사람이란 하늘의 밝음에 의지해 보고, 하늘의 총명에 의탁해 들으며, 하늘의 뜻에 기대어 생각한다(人也者乘於天明以視, 寄於天聰以聽, 託於天志以思慮)"고 했다. ―역주
65) 『천총조신공주의天聰朝臣工奏議』 상권.

형사입법 : 도박을 금지하고 개인의 무역과 탈세를 금했다. 특히 정치적 범죄와 도적의 진압을 강화해 한족의 전통 법전 가운데 '십악'에 관한 조항을 받아들이기 시작했다.

사법제도 역시 점점 규범화되었다. 현존하는 성경형부원당盛京刑部原檔이 이를 증명한다.

홍타이지가 통치하던 때는 '한족을 참고하고 금을 따르는(参漢酌金)' 입법 노선을 받들어, 만주족 전통에서 출발해 명의 예법을 흡수하는 제도를 창조했다. 1633년 문관文館 대신 영완아寧完我가 이에 대해 "대명회전은 좋은 것이긴 하지만, 우리가 지금 그것을 참조해 사용할 수는 없습니다. … 회전은 홍무 연간부터 지금까지 몇 번이나 고쳤는지 알 수 없으니, 지금이라고 고칠 수 없겠습니까? 그들은 성인이 아니면 율령을 제정할 수 없다고 하니, 우리 같은 사람들이 감히 논의할 수 있겠습니까? 이는 말도 안 됩니다. 훌륭한 군신이 있으면 훌륭한 제도가 있다는 점을 생각하지 못했을 뿐입니다"고 했다. 영완아는 "한족을 참고하고 금金을 따라 성심껏 생각하여 현실에 맞는 금전金典을 만들어야 한다"[66]고 제의했다.

홍타이지 때는 전제정치의 발전에 따라 그의 어명이 중요한 법률 형식이 되어 군신이 반드시 엄수해야 할 최고의 권위를 가졌다.

관습법이 성문법으로 대체되는 과정에서 단행 조례도 중요한 법률 형식이 되었다. 천총조에서 반포한 중요 조례에는 내외'니루'수고리주조례內外牛錄首告離主條例,[67] 종축입전벌례縱畜入田罰例, 제왕'버일러'위법벌속조례諸王貝勒違法罰贖條例 등이 있었다. 또한 팔기八旗는 병민兵民을 나누지 않는 체제였기에 군율도 보편적인 구속력을 갖는 법률 형식이었다.

지금까지는 청 개국 시기의 법제에 대한 연구를 소홀히 해 왔다. 그러나 그 시기의 법제는 동북의 각 부락을 통합해 중국을 통일하는 데 중요한 역할

---

66) 『천총조신공주의天聰朝臣工奏議』 중권, 35쪽.
67) 팔기에 소속된 노복이 주인의 비리를 칸(汗)에 보고하여 자신의 자유를 획득할 수 있었다. 이로써 버일러(貝勒)들은 자신 위하의 기인들로부터 감시당하는 처지가 되었다. 임계순, 『청사—만주족이 통치한 중국』(신서원, 2000), 52쪽 참조. — 역자주

을 했으며, 사회 변혁기의 특수성을 반영하여 소수민족의 법률 사상과 그 실천을 흡수해 산해관 진입 이후에 법제를 건설하는 데 기초가 되었다.

2. 산해관 진입 이후의 법제 건설

1644년 산해관에 진입한 후 복잡한 계급·민족 갈등에 직면해 원래 있던 간단한 법령으로는 전국을 통치하는 것이 어렵게 되어 법률 제정에 착수했다. 순치順治 원년(1644) 6월, 먼저 북경에 진주한 섭정왕攝政王 도르곤(多爾袞)이 "지금부터 심문하여 형을 정할 때는 명률에 기준한다"68)고 명령하여, 청은 중원에 들어와 새로운 형세에 적응하며 명률을 따라 쓰기 시작했다. 같은 해 8월, 형과급사중刑科給事中 손양孫襄은 '옛 명의 율령'을 준수하는 기초 위에 '이전의 법을 살펴 때에 맞게 손을 봐서' 입법하는 한편, "안팎에 반포하여 일률적으로 준수하도록 알려야 한다"69)고 주장했다. 이러한 입법 원칙은 청의 최고 통치자에게 긍정적인 반응을 얻었다. 도르곤은 "법을 다루는 관리는 조정의 신하와 함께 명률을 상세히 밝혀 때에 맞도록 참작하고, 충분히 논의된 것을 모아 책으로 엮고 천하에 시행하라"70)고 명했다. 순치 2년, 다시 "율을 고치는 관리는 만주족과 한족의 조례를 참작하고, 경중과 차등을 분별하여 한 편의 회람을 만들라"71)고 하며, "알맞게 제정해서 반포하고 시행하라"72) 명했다. 순치 3년 5월에 이르러 '널리 수집하고 두루 살피고,' '더할 것은 더하고 뺄 것은 빼서' 마침내 대청률집해부례大淸律集解附例를 제정했다. 또한 '율문에 뜻을 알기 어려운데 설명이 부족한 곳'은 소주小註를 넣어 천하에 반포해 시행했다. 이것이 바로 청대에 최초로 완비된 성문 법전이다. 청세조淸世祖는 서문에서 '중원을 다스리게 된' 후 '인민들이 늘어나 사정이 다양

---

68) 『청세조실록淸世祖實錄』 권5.
69) 『청세조실록淸世祖實錄』 권7.
70) 『청세조실록淸世祖實錄』 권7.
71) 『청세조실록淸世祖實錄』 권14.
72) 『청세조실록淸世祖實錄』 권16.

해졌는데,' '율례律例가 제정되지 않아 사법기관이 처리하지 못하니,' 이 때문에 대청률집해부례를 제정한다고 밝혔다. 그는 "내외의 사법 관리는 성헌成憲을 받들어 함부로 형량을 올리거나 내리지 말라" 하며, '모든 관리와 백성이 이를 두려워하여 법을 어기는 것을 무겁게' 여기도록 해 '형조刑措'73)의 경지에 이르기를 기대했다.

그는 대청률大淸律의 제정을 중시했기에 '자손과 신민 모두가 대대로 지키도록'74) 간곡히 당부했다. 그리고 이 법전이 '명률을 상세히 살펴 국제國制에 참고하도록' 만들어진 것임을 시인했다. 실제로 그 법전은 명률을 번역한 것에 지나지 않아서, 어떤 규정은 청의 사회 현실과 맞지 않기도 했다. 바로 이와 같은 이유로 대청률은 반포 이후에도 많은 규정이 제대로 집행되지 않았다. 순치 8년 형과급사중 조진미趙進美는 상소에서 "율령례가 반포된 지 오래되었는데, 제대로 시행된 것을 보지 못했습니다"75) 했다. 대청률집해부례는 한문으로 인쇄해서 반포되어 한문을 모르는 만주족 관리들은 사용할 수 없었다. '관리들이 지키도록 권장'하기 위하여 순치 12년에 "전 왕조의 회전을 참조해 간단명료한 칙례를 편찬했다."76) 대청률이 만주족과 한족에게 모두 사용되게 하기 위해 순치 13년에는 만문대청률滿文大淸律을 반포해서 시행했다.

강희제康熙帝가 제위에 오른 이후, 형부는 율문을 교정할 것을 건의하여 강희 9년에 완성되었다. 입법과 사법 시행에서의 모순을 없애기 위해, 강희 18년에 형부에 명하여 모든 옛 조문과 새로운 예例를 다시 검토해 제정하도록 했다. 그는 9월 14일의 상유上諭에서 '국가에 법제를 세우는' 목적을 천명하기를, '간악함을 금하고 선량함을 기르도록 하기' 위해 '율을 제정하는 것 외에 조례를 두어,' 백성이 '두려워하고 조심하게 해 형벌을 받는 재앙을

---

73) 형조刑措는 치안이 양호하고 범죄가 없어 형법이 있어도 사용하지 않는다는 뜻으로, 원래는 형착刑錯이라 했다. ―역주
74) 『대청률례통고大淸律例通考』 권1.
75) 『청세조실록淸世祖實錄』 권54.
76) 『청사고淸史稿』 「형법지刑法志」.

면하게’ 하는 데 뜻이 있다고 했다. 또한 그는 율과 예가 통일되지 않은 것을 지적하며, 율에는 사형이 아닌데 “새로운 예例에는 사형으로 논하고, 또는 원래는 가벼운 죄인데 새로운 예에는 지나치게 엄하다”고 했다. 그래서 ‘버릴 것은 버리고, 남길 것은 남겨’ “9경卿· 첨사詹事· 과도관科道官77)이 함께 모여서 실정을 참작해 제정하라’78)는 명을 내렸다. 강희제의 확고한 원칙에 따라 형부에서 현행칙례現行則例를 제정했는데, 율문 규정 이외의 각종 예에 대해 상세히 살펴 제정한 것이었다. 강희 28년에는 대신臺臣 성승盛升이 10년 동안의 사법 시행 과정에서 율례를 병행하면서 발생하는 문제에 대해, ‘율례는 반드시 일관되게 하며, 더욱 잘 살펴 제정해서 법을 지키도록’79) 상주했다. 이에 대해 강희제는 ‘특별히 9경이 심의해 현행칙례를 대청률 안에 넣도록’80) 승낙했다. 이리하여 상서 도납圖納· 장옥서張玉書 등을 율을 고치는 총재관으로 삼아 대폭 수정하도록 명하고, 매 편의 정문 뒤에는 주석과 율의 뜻풀이를 덧붙였다. 강희 46년에 최종적으로 완성했는데, 정식으로 반포해서 시행하지는 않고, 후에 옹정雍正· 건륭乾隆 두 황제가 대청률을 완벽하게 제정하는 데 중요한 토대가 되었다.

옹정雍正 초에 현행 칙례 중에서 ‘무거운 것을 가볍게 고쳤거나, 가벼운 것을 무겁게 고친 경우’ 또는 ‘예전에는 시행했으나 지금은 시행하지 않고, 같은 사건인데도 법이 다른 경우’ 등의 폐단을 검토해, 바로 수정 작업에 착수했다. 대학사大學士 주식朱軾 등을 총재로 삼아 다른 것을 분석해 같은 것으로 귀납하고, 복잡한 것은 간단하게 추리며, 경중輕重· 관엄寬嚴을 원칙으로 세워서 옹정 3년에 완성했다. 그 후 옹정 5년에 이르러서 대청률집해大淸律集解로 반포했다. 대청률집해의 체계는 그전과 같으며, 조문을 다소 조정하고 율 뒤에 주석을 붙였는데, 특히 율문의 소주小註에 많은 변화와 발전이 있었다.

---

77) 명대의 과도관에 대한 연구로서는 조영록, 『중국 근세 정치사 연구』(지식산업사) 참조.
78) 『대청률례통고大淸律例通考』 권1.
79) 『청사고淸史考』 「형법지刑法志」.
80) 『청사고淸史考』 「형법지刑法志」.

청대에는 조례가 많아서(옹정 3년에 815조) 다양하게 활용되었고, 또 때와 사건에 따라 만들어 구체적으로 율문을 보충해 사법 절차 과정에서 율보다 더 효력을 지닌 경우가 많았다. 관리가 임의로 예를 인용하며 율을 파괴하는 것을 방지하기 위해서 옹정 3년 5월 27일에 "조례가 너무 많아 … 임의로 경중을 인용해 판결하니, 그르치는 경우가 적지 않다"고 하며, '하나로 교정하여 … 올바로 참작해 형을 정할 때 신중히 하도록'[81] 조서를 내렸다. 815개 조례 가운데 '누조구례累朝舊例' 즉, 원래 있던 예(原例)는 321조이고, '강희간현행례康熙間現行例' 즉, 증가한 예(增例)는 290조이며, 그밖에 '옹정조흠정례雍正朝欽定例'는 204조였다.

옹정제는 백성이 법을 알고 법을 두려워하도록 법률 선전을 매우 중시했다. 그는 대청률집해를 '간행해 안팎에 반포'한 후, 현직 관리들이 '잘 생각하고 익혀서 크고 작은 일 모두 상세히 규명'하게 했다. 그리하여 백성을 다스리는 관리는 "평소 상세히 알아 백성을 다스림에 하급 관료의 조언을 빌리지 말고 판결할 수 있도록 하라"고 했다. 특히 "도읍과 큰 읍부터 시골의 작은 고을까지, 주현이 있던 지방에서 『주례』를 법률로 반포하고 그 의미를 해설했던 제도에 따라, 때에 맞게 해설하여 남녀노소가 모두 조심하고 법을 두려워할 줄 알아서 스스로 아끼게 하라. 이와 같으면 위로는 소송을 바르게 판결하고, 아래로는 소송이 그쳐서, 풍속을 바로잡고 예를 일으킬 수 있다"[82]고 했다.

건륭제 즉위 이후, 삼태三泰 등을 총재로 삼아 대청률례를 다시 수정하게 하고, 원래 있던 율례는 조를 살펴 바로잡고 다시 편집하도록 명령했다. 또한 예例를 상세히 교정해 더할 것은 더하고 뺄 것은 빼고, 조례條例라고 통칭했다. 율 뒤의 총주를 삭제하고 소주를 달아 건륭제가 친히 검토하고, 건륭 5년에 대청률례를 완성해 "간행해 반포하여 영원히 준행하도록 하라" 했다. 청 초기에는 명률을 따라 쓰면서 백 년 동안 몇 차례의 수정을 거친 후,

---

81) 『대청률례통고大淸律例通考』 권1.
82) 『대청률례통고大淸律例通考』 권1.

드디어 대청률례를 완성했다. 이는 청의 통치자가 전국을 통치하면서 통일적인 사법 통제를 강화해야 함을 인식하게 되었다는 것을 반영한다.

대청률례는 명률을 기반으로 한 중국 역사상 최후의 전통 법전이다. 이는 역대의 전통 법률을 집대성한 것으로, 이른바 '옛 법 정신에 합치되도록' 하고, '이전의 잘못됨도 바로 잡도록' 하여 "간악과 포악을 제거하고, 탐욕과 사악을 물리치며, 풍속을 바르게 하고, 관방을 깨끗하게 한다"는 방침을 체현했다.

청은 그 역사적 특징 때문에 대청률례에 민족을 억압하는 조항을 증설했다. 이 때문에 대청률례는 각 민족 사이의 관계를 조정하는 동시에 각 민족의 저항을 진압하는 법전이기도 하다.

대청률례는 구조적으로 명률과 같아서, 명례율名例律·이율吏律·호율戶律·예율禮律·병률兵律·형률刑律·공률工律 등 30편 47권 30문으로 나누고, 율문律文 436조와 부례附例 1,049조가 있었다. 대청률례는 정형화된 법전이라 건륭 5년 이후에는 율문을 수정하지 않았고, 부례附例만 5년에 한 번(小修), 10년에 한 번(大修)씩 수정했다. 조례는 매번 수정할 때마다 늘어나 율문을 보충하는 역할을 했다.

청이 산해관에 진입한 이후의 입법활동은 대청률례가 대표적이지만, 그뿐만 아니라 다양한 형식의 입법활동도 병행되었다.

(1) 오조회전五朝會典의 제정

강희 23년, 관리의 통치 효율을 높이고 행정관리를 강화하기 위하여 국가기관이 전典과 칙則에 근거해 활동하도록 했다. 이때 명회전을 참고해 6년에 걸쳐 완성한 것이 강희회전康熙會典이다. 청회전의 체제는 관에서 일을 통괄해 맡도록 하여, 종인부宗人府, 내각內閣, 이부·호부·예부·병부·형부·공부 육부, 이번원理藩院, 도찰원都察院, 통정사사通政使司, 내무부內務部 및 기타 시寺·원院·부府·감監 등의 기구로 목目을 나누어, 처음과 끝이 균형이 잡히고 그 내용이 풍부했다. 그 후 옹정 10년에는 옹정회전雍正會典을 편찬했다.

건륭제도 회전을 찬수하면서 "예例는 변통할 수 있지만 전典은 고칠 수 없다"는 것을 거울삼아, 전례典例를 기재할 때 후세 사람들이 '제대로 인용하지 못하고 적용할 수 없을까' 우려했다. 그래서 각 조의 칙례에서 빼서 따로 한 편을 만들었다. 전典을 주축으로 하고 칙례를 목目으로 해서 전례에 섞이지 않고 서로 보완되도록 했다. 이렇게 하여 건륭회전乾隆會典 100권과 건륭회전칙례乾隆會典則例 180권이 만들어졌다.

건륭회전부터 '전典을 강綱으로 하고, 칙則을 목目으로' 나누어 편집한 것이 고정된 체계가 되었다. 회전에 기재된 것은 '오래도록 시행할' 법이라 큰 줄기는 고치지 않고, "후대에 때에 따라 고쳐야 할 것은 그 절목을 칙례 안에 고쳐 넣었다. 큰 줄기와 관련 있는 것은 한두 조만 보충해 전체를 건드리지 않고 한 번에 영원히 따르도록 했다."83) 건륭 연간 이후 가경嘉慶 17년에는 가경회전嘉慶會典 80권, 가경회전사례嘉慶會典事例 920권을 편찬하고, 광서光緖 25년에는 광서회전光緖會典 100권, 광서회전사례光緖會典事例 1,220권을 편찬했다. 대청회전大淸會典은 청 개국부터 광서제까지 각급 행정기관의 직권·사례·활동 원칙과 관련된 제도·전례를 자세히 기술하고, 또 그림으로도 설명해 취급하는 것이 많아졌다. "직방관제職方官制·군현영수郡縣營戍·둔보근손屯堡覲殣·공부전폐貢賦錢幣 등 모든 정사를 육조六曹 서사庶司가 관장하여 기록되지 않은 것이 없었다."84) 대부분 '예악형정禮樂刑政의 대강'에 속해 "오랫동안 시행할 제도였다." 청회전은 '청제국의 헌법'이라 불린다.

(2) 각 부원部院 칙례의 제정

청은 각 부원의 직권과 활동을 규범화하기 위해 각 부원이 책임지고 칙례를 편수하게 했다. 칙례는 청대 법률의 중요한 형식으로, 일반 칙례와 특별 칙례로 나뉜다. 일반 칙례는 6부의 일반 사무와 관련해 제정한 것을 가리키는데, 흠정이부칙례欽定吏部則例 등과 같은 것이다. 특별 칙례는 각 부 관할의

---

83) 대청회전大淸會典 범례.
84) 건륭조대청회전어제서문乾隆朝大淸會典御制序文.

특정 사항과 관련해 제정한 것을 가리키는데, 흠정팔기칙례 등과 같은 것이다. 실제로 특별 칙례라는 이름은 없었지만 특별 칙례 범주에 들어가는 흠정호부조운전서欽定戶部漕運全書, 흠정학정전서欽定學政全書 같은 것이 있었다. 청은 강희제 때부터 칙례를 제정하기 시작했는데, 간략히 서술하면 아래와 같다.

형부현행칙례刑部現行則例 : 강희 19년 율과 조례 사이의 경중 차이를 조정하기 위해 형부형행칙례를 제정한 후 정률 안에 넣었다.

흠정이부칙례欽定吏部則例 : 옹정 12년에 편찬하고 건륭·가경·광서제 때 찬수했다. 주요 내용은 각 부의 직관·관원의 선발과 품급 및 각 부의 위법행위에 대한 처분 칙례 등으로, 행정관리 법규의 성격을 가졌다.

흠정호부칙례欽定戶部則例 : 건륭 41년 편찬하고 여러 차례 수정을 거쳤다. 주요 내용은 호부의 규정 외에 호구戶口·전부田賦·고장庫藏·창유倉庾·조운漕運·염법鹽法·참과參課·전법錢法·관세關稅·늠록廩祿·병향兵餉·견휼蠲卹·잡지雜支 등의 부문으로 나누어, 경제관리 법규와 유사했다.

흠정예부칙례欽定禮部則例 : 가경 9년에 편찬하고 도광道光 24년 증수했다. 의제儀制·사제祠祭·주객主客·정선精膳 4개 부문으로 나눈 국가 예의에 관한 행정관리 법규였다.

흠정중추정고欽定中樞政考 : 강희 11년에 병부에서 편찬했다. 옹정·건륭·가경·도광 각 왕조에서 모두 수정을 했다. 주요 내용은 무직武職의 품급, 승진과 군정이다. 가경 연간의 내용에 따라 팔기八旗 칙례, 녹영綠營 칙례, 처분處分 칙례로 나누었다.

흠정공부칙례欽定工部則例 : 건륭 14년에 편찬해 가경·광서 때 수정했다. 주요 내용은 승여乘輿·의장儀仗과 군기軍器의 제작에 관한 것이다. 광서 연간에 영선營膳·선정船政·하방河防·수리水利·군화軍火 등의 항으로 나누었다.

이번원칙례理藩院則例 : 이번원理藩院은 몽고족·회족·장족의 사무를 관리하던 기관으로서, "외번의 정령을 관장하고, 그 작록을 제정하며, 정기적으로 조회하고, 형벌을 바로잡았다."85) 또한 속국의 일부분과 기타 외국과의 외교를 관장했다. 강희 26년(1687) 이번원칙례를 제정하고, 건륭·가경·도광·광서 연간에 모두 수정했는데, 이는 몽고인에게 전문적으로 적용한 법률이다. 또한 이번원은 러시아(俄羅斯)와의 교섭도 관장하여 칙례 가운데 아라사칙례俄羅斯則例도 있었다. 이번원칙례는 몽고족·회족의 행정 계통을 확립하고, 그 지역의 사법 관할을 강화함으로써 청이 다민족 국가의 통일을 공고히 하는 데 도움이 되었다.

칙례는 중요한 법률 형식으로, 수량도 많아서 국가 행정관리에 중요한 조정 작용을 했다.

(3) 소수민족 거주지에 적용하는 법률의 제정

통치하던 영토가 매우 넓었던 청은 다민족 국가의 통일성을 유지하고 중앙의 소수민족 거주지에 대한 사법 관할을 강화하기 위해, 변경에 거주하는 소수민족과 관련한 전문적인 법규를 제정했는데, 몽고율蒙古律, 회율回律, 번율番律, 서녕번자치죄조례西寧番子治罪條例, 금약십이사禁約十二事 등이었다.

3. 청 법제의 기본 특징

청은 강희·옹정·건륭 삼조 1백여 년의 안정된 통치를 거치면서 경제·정치·법제·문화 등 모든 부문에서 전 왕조를 능가하는 현저한 발전을 이룩했다. 청 법제의 기본 특징은 바로 그 완비성에 있다.

입법에서 청은 순치 때부터 '한족을 참조하고 금을 따르는(参漢酌金)'의 입법 사상과 입법 노선을 전국적으로 행했다. 다민족 국가가 통일됨에 따라 역대의 법제 건설 경험을 종합하여, 다양한 형식으로 이전에는 없었던 전국적 차원의 통일된 법제 질서를 세웠다. 그 입법의 정밀함, 제도의 완비성, 건실한 절차는 중국 법제사의 최고봉이다.

---

85) 청회전清會典 권63.

특히 변경에 거주하는 소수민족에 대해서 통일적이며 안정된 법률을 시행했다. 청의 소수민족에 대한 입법은 그 민족의 풍속과 관습을 반영해 그에 알맞은 특징을 갖추고 있었다. 어떤 법규는 임시로 사용하다가 통치에 유리하도록 법률로 바꾸기도 했다. 예를 들면 옹정 11년에 영하寧夏·청해靑海·감숙甘肅의 소수민족에게 적용한 서녕번자치죄조례(번례조관番例條款이라고도 함)는 처음에는 시행 5년 후에 대청률로 고쳐 사용하기로 했는데, 기간을 연장해서 사용했다. 건륭 13년 5월 형부에서 번민番民의 절도 사건을 번례조관에 따라 처리하고, 기한을 연장해 달라 청하지 못하게 상소했다. 번례조관에 의하면 몽고인이 죄를 범하면 우선 살아 있는 가축으로 갚게 하고, 그것이 부족하면 채찍으로 때리도록 처벌했는데, 좌령佐領이나 관기장경管旗章京에 속하면 맹세하는 것으로 해결했다. 그러나 고의로 은닉하고 갚지 않은 것이 있으면 처벌했다. 판결하기 어려운 사안은 당사자에게 맹세하게 해 종교적인 색채가 짙은 신판神判86)으로 해결했다.

입법 내용에서는 전면적으로 전제정치를 강화하는 방향으로 나아갔다. 청은 전제적 중앙집권제가 매우 강화된 시대였다. 따라서 청의 법률은 전면적으로 전제정치를 강화하고, 황제를 중추로 하는 국가기구의 운영을 확보해, 송·명 두 왕조의 법률을 능가했다. 그밖에도 법률의 조정 범위에서는 정치부터 군사까지, 경제부터 문화까지, 산업부터 생활까지, 가족부터 개인까지, 학교부터 사묘寺廟에 이르기까지 망라하지 않은 것이 없었다.

사법제도에서는 청의 사법기관은 중앙부터 지방까지 완벽한 체계를 형성했고, 만주 귀족에 의한 통치를 적용하기 위해 만주인의 소송을 심리하는 특정 사법기관을 두었다. 그렇지만 심급이 확실하고 관할이 분명해 변경의 소수민족 거주지에도 영향이 미쳤다. 소송제도에서는 이전보다 엄밀한 절차와 완벽한 제도를 갖추었다. 심판제도에서는 명의 조심朝審을 계승해 고정적

---

86) 신판에 대해서는 이은봉, 『신명재판』(신서원)에 실려 있는 니이다 노보루, "민간 신앙과 재판"(임대희·박춘택 옮김), 하지건夏之乾, "중국의 신판"(임대희·이지은 옮김), 박영철, "해태고—중국에 있어서 신판의 향방" 참조. —역주

인 추심秋審 제도로 발전시켜, 사형을 재조사하고 재심하는 등 완비된 제도가 되었다. 민사소송과 경미한 형사 안건을 조정하여 소송을 그치게 하는 방법이 제도화·법률화되어 안건의 해결 비율이 높아졌다.

또한 예例를 사용하여 형사사건을 재판하는 전통도 발전했다. 중국은 예例를 사용하여 율문의 부족한 점을 보충했는데, 그 유래는 아주 오래되었다. 예例는 형식이 다양해서 때에 맞춰 통치계급의 의지를 법률화할 수 있었기 때문에 통치자의 주목을 받아, 그 작용과 효력이 점점 율을 능가하게 되었다. 그러나 조례가 너무 많아져 관리가 임의로 행하기도 했다. 강희제 때는 "칙례가 너무 많아 관리가 가볍게 처벌하고자 하면 가벼운 조항이 있고, 무겁게 처벌하고자 하면 무거운 조항이 있으니, 같은 사건이라도 적용하는 법이 달랐고, 여러 가지 명목을 만들어 높고 낮음을 마음대로 적용한다"87)는 현상이 나타나기도 했다. 강희·건륭 이후에 특히 심해졌다.

1840년 이후 중국은 대전환기를 맞는다. 전통 법제가 그 경제 기초가 흔들리자 점점 해체되고, 외국의 법제가 여러 경로를 통해 중국에 유입되기 시작했다. 이 과정은 19세기 말에서 20세기 초의 법을 고치고 율을 고치는 과정에서 집중적으로 나타난다. 따라서 청의 법제는 전통 법제의 최후 형태일 뿐만 아니라 근대 법제의 시작이기도 하다.

---

87) 『강희실록康熙實錄』 권33.

제2장 행정법

제1절 송의 행정법

송은 전통사회의 전환기로, 새로운 행정체제를 확립하기 위해서 3백여 년의 통치 기간을 거치며 관료체제를 조직했다. 역대 왕조는 모두 행정 법전을 편수하여, 현존하는 것으로는 이부칠사법吏部七司法 몇 권과 경정리부조례景定吏部條例가 있다. 특히 경원조법사류慶元條法事類에는 직제職制·선거選擧·문서文書·각금權禁·재용財用·고무庫務·부역賦役·농상農桑·도석道釋·형옥刑獄 등 십여 부문을 포함하고 있고, 그 후 개희開禧 연간에 다시 수정한 상서이부시랑우선격尚書吏部侍郞右選格 2권이 추가되었다. 경원조법사류는 송의 대표적인 행정법이었다.

1. 행정관리 체제의 변화와 정권政權 체계의 확립

송의 중앙집권제의 발전은 중추체제 및 중앙과 지방 행정기관에 모두 큰 변화를 가져왔다. 송은 당의 삼성三省 제도를 따랐지만 재상과의 파행적인 관계로 허술한 형태였다. "중서령·시중·상서령은 조정朝政에 간여하지 않았다."[88] 최고의 행정기관은 중서문하인데, 당의 그것과는 다르다. 이는 재상의 연합기구가 아니라, 삼성에서 독립된 행정기관이었다. '중서문하 평장사平章事'가 장관으로 재상의 일을 하며, 보통 두세 명을 두었는데, 정원은 없었다. 또 '참지정사參知政事'를 설치해 재상으로 삼았다. 중서문하는 하부 행정기관에 명령하고, 하부기관은 직접 중서문하에 업무를 보고하여, 이른바 "천자를

---

88) 『송사宋史』「직관지職官志 1」.

보좌하고, 백관을 총괄하며, 서정庶政을 고르게 하여 일이 통일되었다." 그러나 실질적으로 재상의 권력은 과거보다 감소했다. 군정권軍政權은 추밀원으로, 재정권은 삼사사三司使로 나누었기 때문에, 국가의 구체적 사무 처리에 관한 행정권을 행사하는 데 큰 제한을 받았다. 일의 크고 작음에 관계없이 모두 황제에게 올린 다음, 조서詔書를 받아 시행했다. 이처럼 송은 재상의 권력이 약해진 반면 황권은 강화되었다.

송 초기 중추체제의 변화는 중앙집권을 강화하는 데 도움이 되었지만 중추기관의 권력을 분할한 결과, 여러 불필요한 견제를 가져와 행정 효율이 떨어졌다. 이 때문에 신종神宗 원풍元豊 5년에 한 차례 행정기구 개혁을 추진해 재상과 삼성을 다시 결합시켰다. 신종 이후 재상의 명칭이 여러 차례 변하다가 남송의 효종 때 재상을 좌우승상左右丞相으로 확정하고, 참지정사參知政事를 부재상으로 삼았다.

송은 내부의 첨예한 계급 저항과 빈번한 외환에 대응하며, 백만이 넘는 방대한 군대를 통솔하기 위해, 5대의 옛 제도를 따라 추밀원을 중앙의 최고 군사 행정기관으로 세웠다. 추밀원은 "군국軍國의 기무機務·병방兵防·변비邊備·융마戎馬의 정령을 관장하고, 밀령密令을 출납하며, 다스림을 보좌했다. 시위侍衛의 당직, 내외 금병禁兵의 모집·열시閱試·천보遷補·둔술屯戍·상벌賞罰을 모두 관장했다."89) 추밀원樞密院 장관은 추밀사로서 그 품급은 재상에 상당해 중서와 추밀원을 '이부二府'라고 했다. 추밀원을 통해 중앙의 병권을 흡수함으로써 재상의 권력을 분할하고, 황제가 군대를 쉽게 통제할 수 있게 하여 전제주의 정책을 강력하게 추진하는 기능을 했다. 신종은 제도를 고치면서 추밀원의 필요성을 강조하여 "조종祖宗은 병권을 특정 부서(有司)에 귀속시키지 않기 때문에 관리에게 전적으로 통솔하도록 명할 수 있어, 서로 조화를 이루며 제도를 운영하게 하니, 어찌 폐지할 수 있겠는가?"90)라며 이 제도를 보류했다.

---

89) 『송사宋史』「직관지職官志 2」.
90) 『송사宋史』「직관지職官志 2」.

그러나 이부二府의 상호 견제는 정무 집행에 갈등을 가져왔다. 추밀사는 "조정에서 매번 상주上奏할 때, 중서와 협의 없이 하여 서로 말한 바를 몰랐고, 의혹이 많아졌다." 심지어 "중서에서는 싸우자 하고 추밀원에서는 수비하자 하니, 어떻게 천하에 영을 내리겠는가?"[91]라는 상황까지 발생했다. 이러한 갈등을 조정하기 위해 전쟁에서는 주로 추밀사가 재상을 겸했다. 그리하여 남송 명종明宗 이후에는 추밀사가 재상을 겸하는 제도가 정착되었다. 추밀원은 중서문하와 함께 '이부'라고 불렸지만, 지위는 좀 낮아 그 장관은 부재상급이었다.

송은 또 삼사(염철사鹽鐵司·도지사度支司·호부사戶部司)를 설치해 최고 재정 관리기관으로 삼았다. 공납·부세·금전·곡식의 출납과 전국의 호구를 관리했다. 삼사의 지위는 이부二府보다 낮았으나, 권한과 임무는 막중하여 송의 국가 활동을 유지하는 데 특수한 역할을 했다. 그러므로 삼사의 장관인 삼사사三司使는 '계상計相'이라고 했다.

송 황권의 발전은 감찰제도를 발전시켰다. 어사대御史臺는 여전히 최고 감찰기관으로서 대원臺院·전원殿院·찰원察院으로 나누고 '관의 잘못을 시찰하고 기강을 바로잡는' 등의 감찰 직권을 지녔다. 또한 지방에 통판通判을 세우고, 지방관의 감찰을 함께 맡아 '감주監州'라고 했다. 그밖에 황제는 가끔씩 전운사轉運使·관찰사觀察使·안찰사按察使·외임어사外任御史 등을 지방에 파견해 감찰 사무를 맡겼다. 송의 어사대부御史大夫는 실질적인 임무가 없었고, 어사중승御史中丞이 대장臺長이었다.

송은 당대의 재상에게 있던 어사 임용권과 천거권을 폐지하고, 황제가 친히 감찰어사 임용권을 장악했다. 재상이 천거해 관리가 되거나 재상의 친지라는 이유로 어사가 될 수 없었다. 이는 어사가 황제에게 충성하고, 중추 기관을 감독하게 하기 위함이다. 2번 이상 현령을 역임하지 않은 자는 어사를 할 수 없도록 해 실질적인 정치 경험을 갖추게 했다. 그밖에 어사가 근거

---

91) 왕명청王明淸, 『휘진후록揮塵后錄』 권1.

없는 '풍문으로 탄핵'해도 허용하고, 부당하게 탄핵하더라도 징벌하지 않았다. 그리고 반드시 매달 한 번씩 상주하도록 해 '월과月課'라 하고, 취임 후 백일 이내에 성과가 없으면 외관外官으로 보내거나 '욕대전辱臺錢'을 부과했다. 이러한 규정은 어사의 탄핵권 남용을 크게 조장했다. 그러나 감찰기관도 상서성의 감독을 받아서, 상서성은 '어사의 실직을 좌우할 수 있는' 권한이 있었다. 어사대와 상서성의 상호 견제로 황제가 그 두 기관을 쉽게 조정할 수 있었다.

어사는 규간規諫하는 권한도 지니고 있었다. 송 이전에는 어사와 간의諫議는 별개였는데, 송 초에 당 간관의 토대 위에 문하성에 간원諫院을 설립하고, 문하·중서 좌우에 간의대부·사간司諫을 나누어 배속하여 간관이라 했다. 간관은 조정의 잘잘못을 규간하는 직책을 맡아, 대신 및 백관의 임용, 정부 각 부문의 조치에 대한 의견을 제시할 수 있었다. 간원과 어사대를 '대간臺諫'이라고 했다. 그 후에 어사의 직권을 강화하면서 어사에게도 규간의 책임을 부여해 대간이 합일하는 제도가 이 때문에 시작되었다.

감찰권의 확대와 황권의 강화는 서로 일치한다. 송대의 어사는 광범위한 감찰권을 가지고 백성을 괴롭히는 관리를 탄핵해서 그들이 황제에게 얼마나 충성하는지, 국가기관의 기능이 충분히 발휘되고 있는지를 감독했다.

송의 지방기관에는 큰 변화가 있었는데, 전체적인 경향은 지방기관의 직권 분산과 중앙의 지방에 대한 통제 강화이다.

송 초기에 지방 행정 단위는 주州·현縣 두 급이었다. 주·현의 관리는 정기적으로 임용해 교대시키는 파견 형식을 사용하거나, 조정의 관리를 외부에 보충해 지주知州·지현知縣이라는 방법을 사용해, 지방관의 결당結黨과 권력 남용을 방지했다. 송 태조太祖는 절도사節度使의 직권을 줄이기 위해 제도적으로 권한을 분산시켜 마음대로 날뛰지 못하게 했다. 절도사가 장악하고 있는 병력·재력과 소재지 주·군의 행정관리권을 회수하고, 번진藩鎭이 여러 군을 관할하는 제도를 없앴다. 전국 각 주를 중앙에 직할시켜 절도사의 두 손을 옭아매는 시책을 썼다. 점점 절도사란 직책은 장군, 대신들이나 종실의 친척들을 끌어매는 허울뿐인 직위로 변질되었다. 이것은 북송이 지방 할거세력을 약화시키고, 중앙집권을 강화하는 중요한 조치였다.

송은 지방에 대한 통제를 강화하기 위해 주州 위에 '로路'를 설치해 지방의 최고 권력으로 삼아 전국을 15로(뒤에 증감됨)로 나누었다. 로는 감찰구監察區의 성격이 있어서 안무사安撫使(남송은 수사帥司라 함)가 로의 군정을 관장하게 했다. 그리고 전운사轉運使(남송은 조사漕司라 함)가 하나나 여러 로의 재물을 관장하게 해 각종 세금은 모두 이를 통해 중앙으로 전달되었다. 그 후 전운사의 직권이 확대되어 변방·치안·전량·감찰 등을 함께 관리하여 부府·주州 이상의 행정장관이 되었다. 또한 제점형옥提点刑獄(남송은 헌사憲司라 함)을 설치해 사법을 관장하게 하고, 제거상평사提擧常平使를 설치해 이재민 구제와 염철의 전매를 관리하게 했다.

이상의 네 기관은 서로 통솔하지도, 감독하지도 않고, 직권 범위에도 엄격한 구분 없이 모두 직접 책임을 지도록 해, 지방장관들의 권력 독점을 예방할 수 있었다.

로路 이하의 부府·주州·군軍·감監은 같은 급의 정권으로 모두 중앙에 직속되었다. 이러한 일급 정권 가운데 주가 중심이었고, 부·군·감은 그리 많지 않았다. 군·감은 보통 현을 다스리지 않았다. 부·주·군·감은 세금을 징수하고, 백성을 통치하는 중요한 일급 지방기구이다. 지부知府·지주知州·지군知軍·지감知監을 황제가 직접 장관으로 임명했는데, 중앙의 문관직을 담당하기도 했다. 이는 과거에 무장이 지방관을 겸임하면서 무력을 키우던 일을 방지하기 위함이다. 태종 초년에 이르러 서북 변경의 주군州郡도 모두 문관으로 충당했는데, 지주의 권력이 커져서 중앙에 맞설 것을 염려해 관직에다 '권지權知'라는 글자를 붙였다. 예를 들어 '권지주사權知州事'란, "이름이 바르지 않으면 임직이 오래가지 못한다"는 표시이다. 그 후 더욱 명확하게 '삼 년에 한 번 바꾸고,' 자기 본적지에서는 관직을 할 수 없는 제도를 규정해, 지방관이 오랫동안 임직에 머무르며 한 곳을 지키지 못하게 했다. 그밖에 각 부·주는 '일을 전달할 수 있는' 황제의 통판通判을 설립해 지주의 직권을 분산했다.

통판은 감찰관의 성격을 지니며, 한 주의 재정을 책임지고 기타 사무를 관리했다. 주 내의 모든 정령政令은 통판의 서명이 없으면 무효로 했다. 또한 통판은 수시로 황제에게 주의 상황을 보고해 황제의 눈과 귀가 되어 '감주監州'라고도 했다. 중앙집권제의 안정에 따라 통판은 점점 주의 부장관으로 변화했다. 현은 지현을 장관으로 했는데, 황제가 임명한 문관이 담당했다. 5대 이래 절도사가 측근을 파견해 현에 주둔시키면서 생긴 무인이 정무를 장악하는 현실을 바꿨다.

지방 행정기구의 변화를 간단히 말하면, 범조우范祖禹가 말한 것처럼 "향장鄕長·진장鎭將의 권력은 현에 귀속되고, 현의 권력은 주에 귀속되며, 주의 권력은 감사監司에 귀속되고,[92] 감사의 권력은 조정에 귀속된다."[93] 이와 같이 중앙의 지방에 대한 통제가 전례에 없을 정도였다. 당 말기부터 '여러 주를 함부로 제압해 그 힘으로 위와 맞서던' 번진 세력들이 완전히 사라졌다. 중앙과 지방의 권력관계를 조정하는 일은 여전히 중앙집권 통치를 강화하는 데 있었다.

송의 관료기구는 아래와 같은 특징이 있다.

① 중앙과 지방 행정기관의 어떠한 변화도 모두 황권을 확대하기 위한 것으로, 황제를 중심으로 중앙이 지방을 확고히 통제하려는 전통적 관료조직 체제이다. 지방의 행정권·재정권·사법권·병권을 모두 중앙에 매어 놓고, 직접 지방을 통치하여 전제정치가 확대되었다.

② 조직이 여러 군데에서 서로 겹쳐서 관제가 어지러웠다. 많은 관직과 파견(差遣)이 새로 증가해 보통 한 관직을 대여섯 명이 맡곤 했다. 이러한 현상은 남송 때 더 심각해졌다. "주현은 예전보다 많아지지 않았는데, 관직은 전보다 5배가 늘었다."[94] 많은 조직들 사이에 소속관계가 없고, 모두 황제가 통괄해 행정 효율이 매우 떨어졌다.

---

92) 전운사轉運使, 제형提刑, 제거상평사提擧常平使는 모두 감사라 한다.
93) 『범태사집范太史集』 권26(상).
94) 송기宋祁, 『경문집景文集』 권22.

③ '관官과 직職이 나뉘고' '명名과 실實이 구분되는' 제도를 실행했다. 송의 관에는 '관' '직' '차견' 등의 구분이 있었다. '관'은 품급과 녹봉은 있었으나 실권을 장악하지는 못했다. '직' 역시 허울뿐인 자리로서 전각학사殿閣學士 같이 이름난 고급 관리에게 주는 영예의 칭호이다. '차견'만 실제로 권력을 잡고 있던 관직이다. 송 때는 관이 상서尙書에 올라도 지주知州로 파견하곤 했다. 이렇게 관과 직이 나뉘고, 명과 실이 구분되는 제도는 관리의 권력 남용을 방지하고, 중앙집권을 강화하기 위해서다. 그러나 그 결과 오히려 엄청난 관제의 문란을 가져왔다. 그러므로 "부사, 상서, 승, 낭, 원외의 관에 자리 잡고 있으면서 그 직을 모르는 자가 열에 여덟아홉이었다."95)

④ 관리에게 전에 없던 여러 가지 특권과 대우를 주었다. 예를 들면 송의 녹봉에는 관봉官俸(최고 400斤), 녹속禄粟(최고 달마다 100石), 직전職錢, 공용전公用錢, 직전職田(최고 40頃), 차탕전茶湯錢, 급권給卷(출장비), 주료厨料, 땔감薪炭 등이 있었다. 그밖에 겸인傔人(부역), 의량衣糧96)이 있었다. 관직의 높낮이에 상관없이 일단 관직에 들어서면 먹고 사는 비용은 모두 때에 따라 다 쓰지 못할 정도로 주었다. 범중엄范仲淹은 참지정사參知政事에 있는 동안 황제에게 한 번에 소주蘇州 근교의 가장 좋은 밭 1,000무를 하사받는 은례恩例를 받았다. 참으로 "백관에게 은혜를 베풀 때는 행여 부족할까 걱정했고, 재물을 백성에게 취할 때는 조금도 남김이 없었다."97)

그뿐만 아니라, 송은 관리가 반역죄를 저지르지 않는 한, 법을 어겨도 사형에 처하거나 재산을 몰수하지 않고, 죄를 지으면 외관으로 보내 험한 곳에 원군遠軍하거나 주에 안치할 뿐이었다.

---

95) 『송사宋史』「직관지職官志 1」.
96) 큰 관리는 사복使僕 100명을 부릴 수 있었다. 사람마다 식량을 해마다 전 30문文으로 환산하고, 명주 옷감은 필마다 1관貫으로 환산하고, 베는 필마다 350문, 면은 양兩마다 40문이었다.
97) 『이십이사기二十二史記』 권25.

2. 직관의 관리제도

송은 전제주의 집권정책을 강화하기 위해 직관 관리를 엄격히 하여 임용·인사·상벌에 일정한 형식과 법도를 갖추었다.

(1) 직관의 임용

송의 관리 임명에는 아래와 같은 절차가 있다.

① 천거薦擧

송 초기에는 성省·대臺의 고관이 수도의 관리나 주현의 관리를 조정의 직관으로 천거할 수 있었다. 재상, 어사중승御使中丞도 조정의 신하 가운데에서 지방의 전운사로 천거할 수 있었다. 인연을 빌미로 삼거나 천거를 남발하는 일을 방지하기 위해서 천거하는 사람의 책임을 무겁게 했다. 만약 천거된 사람이 뇌물을 받아 법을 어기면 천거한 사람도 벌을 받았다. 희녕熙寧 원년, 천거 때문에 관리의 퇴폐가 심해지자 관리가 천거하는 제도를 폐지하고, 이부吏部 선관원選官院에 권한을 주도록 명령했다. 원우元祐 때부터 천거 방법을 끊임없이 바꿨지만 과거제도에 비교할 수가 없었다. 또한 장관이 하급 관리를 천거하고, 상부기관이 하부기관을 감찰했는데, 하급 관리는 상급 관리에게 아첨을 하고, 상급 관리는 정에 얽매여서 위아래, 안팎이 서로 결탁하게 되어 현명한 인재를 천거할 수 없었다.

② 과거

송은 관리를 선발하는 과거제도에서 당보다 훨씬 앞섰다. 경제발전은 중소 지주의 수를 늘렸고, 그들은 과거제도를 통해 정권에 진입했다. 그리고 중앙집권제를 강화하기 위해 재능 있는 사대부를 모두 받아들이고 사상을 통제해 통치자에 대한 불만을 누그러뜨렸다. 이른바 "성조聖朝(宋)는 과거科擧의 문을 활짝 열어 저마다 야심을 품게 하여 스스로 도적·악당이 될 수 없게 했다."98)

송 때의 과거제도는 합격과 임용 범위가 넓어진 점에서 이전보다 발전했다고 할 수 있다. 진사과進士科를 예로 들면, 당 때는 진사에 급제한 사람이 고작 이삼십 명에 지나지 않았는데, 송 때는 진사를 3등으로 나누어 1등은 급제及第라 하고, 2등은 사진사賜進士 출신이라 하고, 3등은 사동진사賜同進士 출신이라 말했다. 보통 이삼백 명 정도 합격했고, 가장 많을 때는 오륙백 명이나 되었다. 당 때는 합격을 해도 관리가 될 수 있는 자격만 취득한 것이라 관직에 오르려면 다시 이부吏部 고시에 합격해야 했다. 그러나 송 때는 일단 합격만 하면 임관할 수 있었고, 등수가 높으면 높은 관리가 될 수도 있었다.

그리고 전시殿試를 제도로 만들었다는 점에서 발전했다고 할 수 있다. 전시는 3년마다 한 번씩 황제가 친히 시험을 치르는 것이다. 당 때는 '좌주座主'와 '문생門生'이 정치 집단을 결성해 서로 공격하는 폐단이 있어, 태조가 "자기 집에서 사은謝恩하는 것을 금한다"99)는 조서를 내렸다. 이리하여 수험생은 천자의 문생만 될 수 있었고, 시험관을 '은사恩師'나 '사문師門'으로 부르거나 자기를 '문생'이라고 말할 수 없었다.

과거의 내용에서는 명법明法을 중시하여 태종太宗부터 송이 끝날 때까지 '명법과明法科'가 끊이지 않았다. 태종은 '경생經生은 명법하고, 법리法吏는 통경通經'하도록 선도했다. 옹희雍熙 3년(986)에 "조정의 신하, 수도의 관리와 막료, 주현의 관리들은 오늘부터 법서를 읽고 공부해야 한다. … 법서 내용으로 시험을 보고, 아무 것도 모르는 사람이 있으면 전벌殿罰을 주라"100)는 조서를 내렸다. 신종神宗 때는 '명법과'가 성행해, 율령律令과 형통대의刑統大義를 시험을 쳐서 판결을 제대로 알고 있으면 합격했다.

마지막으로, 과거 시험에서 '호명糊名,' '예록謄錄'101)을 막았다. 송 때 처음 만든 과거제도는 뒤에 명·청 두 나라에서도 시행되었다.

송은 과거 합격자 수를 늘렸을 뿐만 아니라, 벼슬길에 들어서면 각종 우대를 누릴 수 있게 하여 수·당 때보다 훨씬 많은 사람들의 마음을 끌었고,

---

98) 왕옥王玉, 『연익이모록燕翼貽謀錄』.
99) 증공曾鞏, 『원풍류고元豊類稿』 권49.
100) 『문헌통고文獻通考』 「선거選擧 5」.
101) 다른 사람이 답안지를 작성하는 것 같은 부정행위.

나중에는 스님이나 도사들도 환속해 고시를 보았다. 이렇게 해서 정권의 계급적 기초를 확대했다. 과거제도 외에 은음법恩蔭法도 있어 귀족들은 '음보蔭補'를 통해 관료가 될 수 있었고, 큰 부자들은 재력으로 관직을 살 수 있었다.

송은 관리 선발을 처음에는 중서성과 심관원審官院이 나누어 관리하게 하다가 신종 원년의 개혁부터 문관은 이부에서, 무관은 병부에서 선발했다.

(2) 직관의 고과考課

송 초기에는 고과를 중시한 편이였는데, 조정에서 특별 관원이나 관서官署를 지정해 관리들의 공과功過를 심사하는 것을 '마감磨勘'이라 하고, 각 부部와 원院의 장관이 평소에 소속 관리의 성적과 우열을 기록하는 것을 '역지歷紙'라 했다. 태종 단공端拱 3년, 심관원審官院을 설치해 수도의 관리들을 고과하고, 고과원을 설치해 막료와 주현의 관리를 고과했다. 역사책에 "처음에 황제는 여러 관리들의 혼탁함을 걱정해 관리를 고과하도록 명하여 마감원磨勘院을 심관원으로 바꾸어 수도와 조정의 관리와 막료와 주현의 관리를 심사하는 일을 관장하게 하고, 따로 고과원을 두어 이를 주관했다."102)

송의 내외 관리들은 임직하고 일 년이 되면 한 번 고과를 받아서, 그렇게 3번 고과를 받으면 임기가 끝났다. 고과의 기준은 초기에는 당과 같이 3등으로 나누고, 신종 때는 지방 수령을 고과하는 '4선善 4최最' 법을 제정했다. '4선'은 당의 덕의德義, 청근淸謹, 공평公平, 근각勤恪이다. '4최'는 "형사소송에 억울함이 없으며 세금 부과에 어지러움이 없는 것을 치사治事의 최고라 한다. 농업과 잠업, 개간과 수리시설 건설을 권과勸課의 최고라 한다. 도적을 없애고 백성을 편안하게 하는 것을 진방鎭防의 최고라 한다. 가난을 구제하고 떠돌게 하지 않음을 무양撫養의 최고라 한다." 고종 때는 4선 4최 외에 감사와 수령을 고과하는 '팔사八事' 법을 제정하니, 즉 "관리 천거의 타당성, 농업과

---

102) 『망감이지록網鑑易知錄』 권65.

잠업을 장려한 결과, 논밭의 개간, 호구의 증감, 이利를 늘리고 해害를 줄임, 감찰, 형사소송을 잘함, 도적의 검거이다.” 이러한 고과에 근거해 상벌을 정했다.

송에는 고과를 하는 법제도 있었지만 그보다 중요한 것은 근속 연수였다. 벼슬길에 올라 큰 잘못만 없으면 예例에 따라, 문관은 3년에 한 번, 무관은 5년에 한 번 승진했다. 범중엄范仲淹은 이에 대해 “지현知縣이 두 번 연임하면 예에 따라 동판同判에 오른다. 동판을 두 번 연임하면 예에 따라 지주知州에 오른다. 현명한 사람이나 우둔한 사람이나 모두 같고, 청렴한 사람이나 혼탁한 사람이 같다”103)고 비판했다. 그래서 송의 관리들은 관직에 있으면서 공을 세우기보다는 과오가 없기만을 기대했다. 관리를 고과하는 법이 있기는 했지만 대부분 헛것이었다. 남쪽으로 도읍을 옮기고 나서는 국력이 나날이 약해져 관제가 문란해지고, 간신들이 정권을 잡아 고과제도는 형식만 남았다.

(3) 품봉品俸과 치사致仕

송 초기에 직관 품급은 당의 9품제도를 따라 썼다. 품마다 정正과 종從이 있어 모두 18등이었다. 그밖에 당의 제도를 본 따서 산관散官 29계階를 두었다. 신종은 직관이 실권을 장악하고 있는 상황에 근거하여 관품령官品令을 새로 고쳐 산계散階를 없애고, 본관계本官階를 녹관계祿官階로 바꿔 송 전기의 품계 제도를 간단하게 했다. 봉록은 관품의 높고 낮음에 따라서 많고 적음을 정했다. 송 초기에 “봉록이 얄팍한데 청렴하기를 바라는 것은 매우 의미 없다. 필요하지 않은 인원 때문에 비용을 많이 쓰느니, 관직을 줄여서 녹봉을 올리는 것이 낫다”104)고 해, ‘녹봉을 올리는 조칙’ ‘관직을 줄이는 조칙’ ‘관리를 줄이는 조칙’을 잇달아 내렸지만 성공하지 못하고, 녹봉만 더 늘어났다. 송 때는 녹속祿粟, 직전職錢, 포백布帛 같은 녹봉이 있었는데, 그 양은 국고의 많고

---

103) 『범문정공집范文正公集』「천성오년상집고서天聖五年上執故書」.
104) 『속자치통감장편續資治通鑑長編』 권141.

적음에 따라 올리고 내렸다. 송은 상품 화폐 경제가 나날이 발전하여 원풍元豊 연간에 제도를 고치기 전에도 녹속을 돈으로 환산해 줬다. 이것은 송 이전에는 없었던 일이다. 신종 원풍 연간에 제도를 고쳐서 봉전俸錢 이외의 봉록은 모두 직전職錢으로 주었다. 송의 관리들은 월봉月俸, 직전職錢, 녹속, 지방관의 직전職田은 물론 '시중드는 사람'과 그 사람의 옷가지와 식량까지 받았다. 휘종徽宗 때가 되면서 관제가 문란해져 겸관兼官·겸봉兼俸하는 풍조가 성행해 한 사람이 십여 봉을 받는 경우도 있었다. 이 때문에 행정 효율이 떨어졌을 뿐만 아니라 재정 부담도 감당하기 어려워져 사직 제도를 강제로 추진하게 되었다.

송 초기의 법령에는 관원이 70세가 되면 사직하게 되어 있으나 관리들이 관봉을 탐내서 늙어도 물러나지 않았다. 인종 연간에 포증包拯은 문무백관이 칠십이 되어도 사직하지 않으면 '어사대에서 찾아내 벼슬에서 물러나게 하도록'105) 건의하여 이에 따라 강제로 사직하게 했다. 왕안석王安石은 "사대부가 칠십에 사직함은 경서에는 예禮로 나오는데, 이제는 법이 되었다"106)고 했다. 사직하는 관리가 국가에 뚜렷한 공로가 있을 때는 녹봉을 올려주거나 전록全祿을 주었다. 태조 때 왕언초王彦超가 사직하자 대장군의 녹봉을 주도록 했다. 높은 관리가 사직하면 전록을 하사했다. 태조 다음부터는 사직하는 관리에게 전록이나 반봉半俸을 내렸다. 백관의 휴직을 유도하기 위해 "문무관이 사직하면 모두 1계를 올리거나 그 자손에게 은택을 준다"107)고 했다. 즉 관품의 높고 낮음에 따라 음보로 그 자손이 관리가 되었다.

(4) 한관閑官에 대한 관리

'관은 많고 자리는 적은' 모순을 완화하기 위해, 진종眞宗 때 이름뿐이고 알맹이는 없는 한산閑散 관직을 만들었다. 그들은 "한가로이 지내는 날이

---

105) 『송사宋史』「직관지職官志 10」.
106) 『왕임천집王臨川集』 권53.
107) 『송회요집고宋會要輯稿』「職官 77」.

많고, 일을 처리하는 날은 적었다.”108) 이들은 관리 후보들이었다. 한관과 지방 세력이 결탁해 정무에 간섭을 하지 못하게 하려고 법률에 임기가 만료되어 자리가 나기를 기다리는 관료가 자기가 일했던 임지에 눌러앉아 살지 못하도록 명문으로 규정했다. “임관했던 관리가 임기가 끝난 지 3년이 지나지 않았는데, 그곳에 되돌아가 기거하는 사람은 도형 1년에 처한다.”109) 지주·통판·현령 자리가 비어도 ‘자리가 나기를 기다리는 관리에게 섭정攝政’하게 할 수 없었다.110) 한관閑官이 어떤 곳에 7년 이상 살고 있으면 그곳을 고향으로 보고 ‘본관을 회피’하는 임관제도를 적용하여 “그곳에 파견하는 것을 허락하지 않았다.”111) 그밖에 ‘땅의 생산력이 3등 호戶 이상’인 자도 “그 지역에 파견하는 것을 허락하지 않았다.”112) 기타 지역에서 임직하고 있는 관원과는 서로 자리를 바꿀 수 있었다. 송 때는 한관을 정치적으로 제한했지만, 경제적으로는 특별 우대를 했다. 예를 들면 관부에서 파는 관전官田을 ‘감사, 주현의 관리 등 공직자들은 살 수 없지만,’ “자리가 나기를 기다리는 한관은 살 수 있다.”113) 한관은 나날이 증가해 남송 중기가 되면 몇 배로 늘어났다. 그들은 빨리 파견되기 위해 마감磨勘에 신경을 쓰고 공경公卿 장관의 집을 들락거리며, “파견 여부를 공공연히 묻고, 빈번하게 뇌물을 주고받았다.”114) 이로써 관리의 행정이 빠르게 부패했다.

---

108) 『속자치통감장편續資治通鑑長編』 권386.
109) 경원조법사류慶元條法事類 권7.
110) 경원조법사류慶元條法事類 권6.
111) 『건염이래계년요록建炎以來系年要錄』 권175.
112) 『송회요집고宋會要輯稿』 「직관職官 61」.
113) 『송회요집고宋會要輯稿』 「식화食貨 5」.
114) 『학산선생대전문집鶴山先生大全文集』 권21.

제2절 원의 행정법

1. 일성제一省制의 행정관리 체제

원을 건국한 몽고 귀족들은 한족의 국가 통치 경험을 흡수했다. 만호萬戶[115]가 군족을 통솔하고 단사관斷事官[116]이 형정刑政을 관장하던 뒤떨어진 제도를 고쳐서 특색 있는 행정체제와 체계 잡힌 행정기구를 갖추었다. 그러나 한 마디로 말하면, 원의 행정기구는 너무 크고 서로 겹치며, 예속관계도 매우 문란했다.

원의 최고 통치자는 대칸(大汗)이라 불렀다. 중앙의 최고 행정관리기관으로는 중서성을 두었다. "중서는 정치의 근본이요, 군국軍國 사무에 관한 크고 작은 일을 관장했다."[117]

원은 처음에는 삼성제를 두려고 했는데, 당시 한족 관료인 고명高鳴이 "오늘날 천하가 옛날보다 커지고 일이 더욱 복잡해져 일성을 두면 막힘이 있을 것이라 하는데, 삼성이라고 다르겠습니까! 관을 많이 두는 것은 실정失政을 면하고자 함이지만 현명하고 준걸한 사람들이 한 자리에 모여 함께 결정하면 자연히 실정을 면할 것인데, 어찌 관직을 다르게 둔 후에야 실정을 하지 않는다는 것입니까! 그러므로 정사에는 사람을 얻는 것이 귀하지, 관리가 많은 것이 귀한 게 아니라고 합니다. 일성만 못합니다"[118]고 간하며 삼성제를 반대했다. 원 세조는 고명의 건의를 받아들여 중서성으로 삼성을 대신하

---

115) 『사기』「흉노열전」에 흉노의 군대조직은 군주인 선우 밑에 24인의 군단장을 두고, 그 아래에 천인대장千人隊長, 백인대장, 십인대장을 두었다고 한다. 칭기스칸은 그 십진법식 군대조직을 더욱 발전시켜 기마병단에 해당하는 만 명으로 구성되는 독립 부대를 구성하여 만호萬戶(萬人隊, tuman)라 불렀다. 10개의 십호(十人隊)가 모여 백호(百人隊)를 형성하고, 10개 백호(百人隊)가 모여 천호(千人隊)를 구성하고, 10개 천인대千人隊가 모여 만호(tuman)가 되고, 3개의 만호가 하나의 군 또는 군단을 구성하여 전투에 참여하도록 하였다. ―역주
116) 원은 로路 이하의 관청에 다루가치(達魯花赤)라는 독특한 관직을 두었는데, 이를 단사관斷事官 이라고 한다. 단사관은 지방 행정 전반에 대해서 결정권을 가지는 최고 책임자이자 차관급 이하의 한족 관료들을 감시하는 감찰관이기도 했다. ―역주
117) 원전장元典章.
118) 『원사元史』「고명전高鳴傳」.

며 조금씩 삼성제를 일성제로 전환했다. 그러나 삼성제가 있어야 한다는 전통적 관념의 영향으로 다시 설치하자는 논의가 생기기도 하여 세조와 무종武宗 때 세 번 상서성을 설치하기도 했다. 그러나 중서성과 직권에서 모순이 발생해 얼마 되지 않아 곧 철회했다. 이렇게 원은 중서성 일성제가 오랫동안 내려왔던 삼성제를 대신했는데, 그 주요 목적은 통치 효율을 높이고 권력기관 사이의 마찰을 해소하기 위해서이다.

중서성에는 이부·호부·예부·병부·형부·공부 6부를 설치해서 국가의 여러 사무를 관리하게 했다. 기타 6부에 속하는 행정관리기관인 원院·시寺·감監·부府는 기본적으로 당의 제도를 따르고 약간만 고쳤다. 중서성이 군국軍國의 정무를 관장했기 때문에 세조 이후에는 중서성의 장관인 중서령의 권한 남용을 방지하기 위해 자주 설치하지 않았고, 설치하는 경우에는 황태자가 겸임했다. 중서성에는 좌우승상, 평장정사平章政事, 좌우승, 참지정사參知政事가 있었다.

중앙의 최고 군사기관은 송의 제도를 따라서 계속 추밀원樞密院을 두고, 중서령과 마찬가지로 황태자가 추밀사를 겸임했다. 추밀원에는 추밀부사樞密副使, 동지원사同知院事가 있었다. 그러나 원의 추밀원과 중서성은 더 이상 '이부二府'의 병렬관계가 아니라, 추밀원의 법적인 지위가 중서성보다 낮았다. 추밀원은 국가의 군사 행정과 군대의 조달 등을 관장했기 때문에 몽고 귀족만 군기밀軍機密에 참여할 자격을 가졌다. 포진과 방어·병적·군대의 조달과 파견 같은 군사기밀은 황제와 두세 명의 측근 귀족만 장악할 수 있었다. "추밀원의 가까운 대신이라도 알 수 없었고, 오직 장관 한두 사람만 알고 있었다. 그러므로 나라가 세워진 지 백 년이 지나는 동안 병력의 많고 적음을 아는 사람이 없었다."119) 한족 관리가 추밀원에서 일한다고 해도 군사 기밀을 물어 볼 수 없었다.

원의 중앙정부가 새로 설치한 기구는 몽고의 한림원翰林院으로, 황제의

---

119) 『원사元史』「병지兵志」.

조지詔旨 작성을 주관했다. 통정원通政院은 역참驛站을 관리하고, 장작원將作院은 공장工匠을 관리했다. 집현원集賢院은 학교 사무를 관리하고, 선정원宣政院은 종교와 소수민족에 대한 사무를 관리했다. 원의 통치자는 라마교를 신봉하여 그럴듯하게 속이는 종교정책을 펼쳤다. 그러므로 선정원의 권세가 매우 커 토번吐蕃 지역의 일도 관할했는데, 관직에 승려를 임용하기도 했다. 이로써 승려의 지위가 높았고, 그들이 정치에 많은 영향을 끼쳤음을 알 수 있다.

원의 지방조직은 대체로 송·금의 제도를 따라 로路·부府·현縣 삼급이 있었고, 행중서성行中書省을 설치해 중앙의 임시 파출派出 기관으로 삼았다. 행중서성 제도는 중앙집권에 유리하였기 때문에 행정구역으로 정착되어 행성行省, 로, 부府(州), 현의 4단계로 정권을 편성했다. 행중서성의 설치는 지방 행정기구의 뚜렷한 변화를 가져왔다. 당시에는 전국을 11개의 행성으로 나누고, 변방 지역에는 소수민족에 대한 사무를 관리하는 4개의 행성行省을 설치했다.

행중서성의 승상 자리는 대체로 몽고의 친왕·귀족으로 충당했다. 권력이 매우 커서, "군국의 중요한 일은 그가 이끌지 않는 것이 없었다."[120] 행성제는 명·청 두 왕조의 성급省級 기관의 조직에 큰 영향을 주었다. 행중서성, 행추밀원, 행어사대는 원 때 중앙정부가 지방의 군사, 정치, 감찰을 세 가지 기관으로 나누어 다스리던 것들이다. 그 기관들을 설립한 것은 원의 통치자들이 지방을 통제하는 일을 매우 중시했다는 것을 뜻한다. 또한 당시 계급투쟁과 민족의 반항이 매우 세차서 지방에 큰 권력이 형성되면 곧바로 진압할 수 있는 기관이 필요했음을 설명하고 있다.

로路에는 총관부總管府를 설치하고 총관을 장관으로 했다. 부(또는 산부散府)에는 지부知府(또는 부윤府尹)를 설치했다, 주에는 주윤州尹(작은 주는 지주知州라고 함)을 설치했다. 현령縣令은 윤尹이라고 고쳐 말했다. 그러나 산부·주·현에

---

120) 『원사元史』 「백관제百官制」.

는 총관부 대신 장인변사掌印辨事를 설치하고, 다루가치의 일원인 몽고의 관사관管事官에게 실권을 주었다. 다루가치의 품급은 장관과 같으나 직권이 커서, 지방의 행정장관을 감독할 수 있을 뿐만 아니라 지방 정무의 실질적인 최고 책임자이기도 했다.

이밖에도 행성과 로 사이에는 두 가지를 더 설치했는데, 하나는 변경 소수 민족 지역에 설치한 군민軍民의 정무를 담당하는 선위사사宣慰使司이고, 다른 하나는 전국에 두루 설치한 감찰을 관장하는 숙정겸방사사肅政兼訪使司(처음 이름은 제형안찰사提刑按察司)이다.

거주민을 통제하기 위해 현 밑에는 촌사村社, 이갑里甲 등을 기초조직으로 두었다. 50집을 1사社로 편성해서 한족 지주나 향기鄕耆를 사장社長으로 삼아 거주민 통치와 세역稅役을 맡겼다. 사장 위의 관직은 몽고인이 앉아 감독을 했다. 특히 몽고 군대 또는 탐마적군探馬赤軍이 사에 주둔하면서 군사 통치를 했다. 촌사村社 밑에는 이갑里甲이 있는데, 20집이 1갑이다. 갑에는 갑주甲主가 있으며, 몽고인이나 색목인이 담당했다. 갑주는 거주민에 대해 엄청난 권위를 가지고, 의식이며 필요한 것을 전부 거주민들에게 제공받았다. 이와 같이 원의 기초조직은 군대를 통한 진압과 민족을 압박하는 경향이 매우 짙었다.

원 때부터 중국은 티베트(西藏) 지역 행정권을 행사했다. 1253년 헌종憲宗은 군대를 보내 티베트를 통일시켜서 당 말기부터 4백여 년 동안 계속되던 티베트 지역의 혼란을 마무리했다. 그때부터 티베트는 중국에 속하게 되었다. 세조 때는 정교를 하나로 하는 제도를 두고 백여 년 동안 시행했다. 선정원을 세워서 티베트 지역의 사무를 관리하게 하고, 선위사宣慰使 1명을 주둔시켜 세금, 부역, 공물, 호구 조사, 지방 관리의 평가하는 일들을 맡겼다.

2. 직관의 관리제도

원은 직관職官 제도 또한 당·송 행정법의 내용을 일부 흡수했다. 그러나 특수한 역사 상황으로 말미암아 나름대로 특징을 가진다. 임관제도에서는

'민족 원칙'을 강조하여 중앙과 지방정부의 장관은 전례대로 몽고 귀족이 맡도록 했다. 또한 부직副職도 우선은 색목인을 임용하고, 한족은 중·하급 관리나 속리만 될 수 있었다. 원이 망할 때까지 한인으로 승상을 역임한 자는 사천상史天祥과 하유일賀惟一 두 사람 뿐으로, 이 두 사람은 완전히 몽고 귀족이 된 충직한 노예였다. 간혹 부승상을 역임한 자도 있지만 기밀 요직을 역임할 수는 없었다. 한족은 추밀원장관이 될 수 없었고, 추밀원 사자使者를 역임한 색목인도 4명에 지나지 않았다. 몽고 귀족은 정권과 병권만이 아니라 국가재정의 생명선인 부세권賦稅權도 장악하고 있었다. 그런데 원이 통치하는 동안 몽고 귀족을 도와 여러 민족의 피땀을 빨아들인 한족 관리 노세영盧世榮이 잠깐 원의 부세를 관장한 적이 있었다.

임관의 중요한 절차인 과거제도는 민족 사이의 불평등을 뚜렷하게 드러냈다. 원의 제도에 의하면, 몽고인과 색목인들은 우방右榜,121) 한족과 남만인은 좌방으로 고시 과목이 다를 뿐만 아니라, 합격하고 관에 나가는 것에도 차별이 있었다. 대체로 몽고인은 색목인보다 1등이 높고, 색목인은 한족·남만인보다 1등이 높았다.

3. 상세한 감찰 법규

원은 이전 왕조와는 달리 감찰기관의 직권을 높이고 감찰에 관한 법률을 상세하고 엄밀하게 했다. 예를 들면 어사대와 중서성은 서로 거느리지는 않았으나 그 지위와 비중이 모두 중요하여, 어사대부 같은 경우 종2품에서 종1품으로 높였다. 원 세조는 중서·추밀·어사대의 관계와 어사대를 중시하는 이유를 다음과 같이 명백하게 했다. "중서는 짐의 왼손이고, 추밀은 짐의 오른손이며, 어사대는 짐이 두 손을 고치는 곳이다. 그러므로 어사대를 중히 여기는 뜻은 대대로 준수하며 고치지 않는다"122)고 했다. 『원사元史』「형법

---

121) 몽고의 제도에서는 우右를 우선시한다.
122) 토사기吒士奇, 『초목자草木子』.

지·직제율」 가운데 감찰기관이 관장하는 직무에 대해 자세히 밝혔는데, "여러 헌관憲官이 직무를 관장한다. 칙관飭官은 훈계를, 계리稽吏는 세금 부과를 담당해, 안으로 여러 제사의 질서를 바로잡고, 밖으로 행에서 일하는 사람을 감찰한다. 군국에 관한 의론을 들음에는 백성의 하소연까지도 다스려야 한다. 형명, 부역, 관리 선발, 회계, 조도調度, 징수, 영선營繕, 국감鞫勘, 심언審讞, 구계勾稽, 여러 관리의 부패에 대해서도 분명히 한다. 편민編民이 의지할 곳 없이 떠돌거나 난폭하면 모두 규제하고 검거한다"고 했다. 그밖에도 감찰기관의 구체적인 직권 범위를 확정하는 전문적인 법을 제정했다.

천거권을 예로 들면, 헌대격례憲臺格例 제18조에 "관리 중에 청렴하고 공정한 자는 감찰을 하여 확실하면 그 이름을 올린다"고 규정했다. 통제조격通制調格 거보조擧保條에는 "로·주현의 덕행과 재능을 지녀 정치에 참여할 수 있는 사람은 제형提刑 안찰사按察司에 알리고, 다시 감찰해 보아 확실하면 대臺에 보고하고 성省에 올린다"고 규정했다.

또 사법 감찰권을 예를 들면, 헌대격례 제3조에 "소송인 등은 먼저 그곳을 관리하는 관사官司에 고소해야 하는데, 만약 억울하면 민호民戶인 경우에는 좌우부左右部를 거치고, 군호軍戶는 추밀원을 거치고, 전곡錢穀은 제국용사사制國用使司를 거쳐야 한다. 판결이 부당하면 어사대가 담당할 수 있다"고 했다. 제4조에는 "사법기관에서 형명에 잘못이 있으면, 감찰기관이 규찰한다"고 규정했다. 제13조에는 "관부에서 억울하게 감금했거나 심문하기에 합당하지 않은 사람, 그리고 처음부터 접수하지 말아야 할 일 등은 감찰기관에서 실질적으로 규명하도록 한다. 만약 정말 원망스런 일이 있을 경우는 재판을 해 빨리 바로잡는다. 사법기관의 잘못에 책임을 묻지 않으면 규찰한다"고 규정했다. 제14조에는 "수감된 사람이 이치 없이 죽은 경우는 감찰을 통해 추적하여 규명한다"고 규정했다.

행대조화行臺條畵 제22조에는 "형명·소송에 심판이 불명확하거나, 판단을 부당하게 하거나, 또는 관리가 뇌물을 받고 고의로 잘못하거나 하는 비리가 있는 모든 사람은 규찰한다"고 규정했다.

원은 전국을 22도 감찰구로 나누고 숙정염방사肅政廉訪使를 지방에 상주하도록 했다. "칙관飭官은 훈계를, 계리稽吏는 세금을 부과하고, 안으로는 여러 제사의 질서를 잡고, 밖으로는 행行에서 일하는 사람을 감찰한다. 군국에 관한 의론을 들음에는 백성의 하소연까지도 다스려야 한다."123) 관리의 실직失職·독직瀆職 같은 행위에 대해 '규찰하고 검거할 수 있는' 권한을 가졌다. 예를 들면 '뇌물, 사기, 계위죄稽違罪를 범한 사람'은 "회수와 죄상을 보고했다."124) 또한 숙정염방사를 심사하는 관계 법률도 제정했다. 숙정염방사가 관할 지역의 '억울한 사건이 지체되는' 상황을 중앙의 어사대에 보고하면, '적籍에 기록했다가' 나중에 승진의 근거로 삼고, 근무성적이 떨어지는 사람은 파면했다. "천거나 심사에 마땅치 않으면 벌했다."

그리고 숙정염방사의 직권을 강화하기 위해 강남과 섬서 지방에 어사대를 설치하고 행어사대를 파견했다. 원이 중앙과 지방에 감찰체제를 만들고 관계 법률을 제정한 것은 원의 특수한 역사적 배경 때문이다. 몽고 귀족이 이끌었던 원은 전국을 통치하기 위해서 한족 지주 관료를 꼭나풀로 이용하지 않을 수 없었는데, 그들이 권력을 갖게 될까봐 한편으로는 이용하고, 다른 한편으로는 경계하는 정책을 펼쳐서 감찰기관을 통해 한족 지방 관리의 활동을 엄밀히 감시했다. 바로 이와 같은 이유로 어사대부라는 직책은 "국성國姓(몽고 귀족)이 아니면 수여하지 않았다."125) 그래서 한족 관리 하유일賀惟一은 어사대부가 된 뒤에 몽고 이름을 하사받았다. "국성이 아니면 받을 수 없었으므로 유일이 굳이 사양하자 특별히 몽고 올씨兀氏와 태평太平이라는 이름을 하사했다."126) 보통의 한족 관리는 지방 감찰기관의 서리書吏를 할 수 있는 자격도 없었다. 그밖에 원 초기에는 통일 대국을 관리하는 경험과 능력이 없어, "임직한 자는 대부분 재능이 없어서 정사가 엉망이었다."127)

---

123) 『원사元史』 「형법지刑法志」.
124) 『원사元史』 「형법지刑法志」.
125) 『원사元史』 「태평전太平傳」.
126) 『몽올사기蒙兀史記』 「하유일전賀惟一傳」.
127) 『원사元史』 「장웅비전張雄飛傳」.

그래서 세조는 한족 관리에 대한 감찰기관을 강화하면 '기강이 서고, 천하가 다스려진다'는 건의를 받아들여, 감찰기관을 통해 이치吏治를 엄정히 하여 행정 효율을 높이고, 국가기관의 기능이 잘 발휘되도록 했다.

원의 감찰기관은 직권이 매우 넓었기 때문에 대관臺官의 선발과 고시 성적을 중시했다. "관리 선발은 반드시 천자의 결재가 필요하고, 사람을 뽑을 때는 충직하고 순수해 국가에 돈후한 정치를 펼치는 사람이어야 한다."128)

"풍헌風憲 관리의 천거는 반드시 가장 좋은 성적을 받은 사람으로 하고, 탄핵할 경우는 반드시 그 죄상에 따르되, 천거와 탄핵이 부당하면 벌주었다." 그리고 "풍헌 관리가 뇌물죄를 범하면 더 무겁게 처벌하고, 법을 어기지 않았다고 하더라도 제명했다."129)

지원至元 21년 8월에는 특별법인 금치찰사조례禁治察司條例를 제정했다. "안팎의 관리가 뇌물죄를 범하면 가벼운 자는 장형에 처하고, 무거운 자는 사형에 처한다. 언관이 침묵을 하면 뇌물을 받은 자와 같은 죄로 논한다." "생일이나 절기, 환송이나 환영의 명목으로 선물을 받을 수 없고, 어긴 자는 뇌물죄로 논한다. 순안巡按이 가는 곳에 처나 첩을 둘 수 없고, 어기면 죄로 다스린다. 임직한 곳이나 순안이 가는 곳에서 친족이라 해도 그에게 축하의 재물을 줄 수 없으며, 어기면 뇌물죄로 논한다."

4. 문서와 '인신印信' 제도

원은 "정사를 집행함은 오직 법전에서 나오니, 보고는 공문으로 하라"고 강조하여, "중서를 거치지 않고 위로 아뢰거나, 아래로 하달한 자는 법제를 어긴 것으로 논했다."130) 인신印信을 관리하는 것을 엄격히 하여, 어떤 부서에서 인신을 잃어버리면 '바로 찾아도' "한 달 치 녹을 감봉하고," '끝내 찾지

---

128) 『원사元史』 「형법지刑法志」.
129) 『원사元史』 「형법지刑法志」.
130) 『원사元史』 「형법지刑法志」.

못하면' "담당자를 해직하고 죄로 다스렸다."[131]

제3절 명의 행정법

1. 내각과 6부의 중앙행정 관리체제

(1) 승상 제도의 폐지

명은 초기에 중앙행정 관리체제를 송·원의 일성제를 따라 실행했다. 중앙에는 중서성을 설치해서 6부를 통할하고 전국의 행정을 장악했으며, 도독부都督府를 설치해서 안팎의 군사를 통제하고, 또 어사대를 설치해서 감찰 업무를 관장하게 했는데, 이들을 '삼대부三大府'라 한다. 지방에는 행중서성(약칭 행성)을 설치해서 지방의 군정과 사법에 관한 지휘를 맡기고, '평장정사平章政事'를 장관으로 삼았다. 또 행도독부를 설치해서 지방의 최고 군사기관 및 중앙 대도독부의 지부로 삼았다. 행성 밑에는 부·주·현이라는 각급 지방 정권을 설치했다. 명 초기에 전략·정책·제도·법령의 제정과 관리의 임면권은 모두 황제에게 집중되어 있었다. 중서성, 대도독부, 지방 행성, 행도독부 장관도 비교적 큰 권력을 가지고 있었다. 이는 전국을 통일하는 과정에서 형성된 것이었다. 그런데 이러한 상황은 명의 통치가 안정되면서 군주의 전제 권력이 발전하는 것과 충돌을 일으키게 되어, 군권과 재상권, 중앙집권과 지방 분권 사이에 문제가 생겼다. 그래서 통치 집단 내부의 권력관계를 조정하고, 중앙집권을 강화하기 위해 "천자가 존귀한 자리에 있으면서 모든 권력을 휘두르고, 상벌에 관한 모든 전권을 장악했다."[132]

주원장은 모든 세력을 집중함으로써, 황권을 가장 위협하는 재상권을 약화시켰다. 명 초기에 승상은 국가의 중요 업무에 참여할 뿐만 아니라, 명령을

---

131) 『원사元史』「형법지刑法志」.
132) 『명태조실록明太祖實錄』 권129.

내려 6부와 기타 부서의 업무를 직접 지휘할 수 있는 제일가는 중신重臣이었다. 황제를 보좌할 뿐만 아니라, 어느 정도 황권의 행사에 지장을 주었다. 그래서 주원장은 빨리 재상 제도를 폐지하고자 하여 먼저 여론을 조성했다. "역대의 승상은 대개가 권력을 함부로 휘둘렀다"고 하며, 진·한·당·송·원이 패망한 원인을 승상이 '전권을 쥐고 정치를 어지럽혔기' 때문이라고 했다. 이어서 여러 과정을 거쳐 승상의 직권을 제한했다. 홍무洪武 10년 6월에 "천하의 신민이 일을 얘기할 때는 직접 짐 앞에서 해야 한다"133)고 명했다. 7월에는 통정사사通政使司를 설치해 "황제의 명령을 출납하고, 아래의 사정에 통달하도록 하며, 여러 기관과 공문을 관리하도록 했다."134) 대신들의 상주문은 반드시 통정사를 거쳐 황제에게 전달되도록 하고, 황제가 결제한 뒤에도 통정사를 거쳐 관계기관이나 관원에 내려 보냈다. 백성이 상언上言하여 억울함을 호소하거나 불법 행위를 고발할 때도 밀봉해 통정사사를 거쳐 황제에게 직접 전달할 수 있었다. 이렇게 해서 승상은 상주문을 검열하는 권력을 빼앗겼다.

홍무 11년 봄에 "6부가 상서할 때 중서성의 관여를 금한다"135)고 명하여 승상이 6부를 지휘하는 권력 또한 박탈했다. 홍무 13년에는 좌승상 호유용胡惟庸의 모반을 빌미로 그 일당과 공신功臣 15,000여 명을 죽이고 중서성 제도를 폐지해, 승상 관직을 없애고 그에 속했던 권력을 황제에게 귀속시켰다. 이렇게 중국 역사에서 천여 년 동안 지속되던 승상 제도와 칠백여 년의 역사를 지닌 삼성 제도가 폐지되었다. '호유용 사건'은 명 초기에 집권 정치를 강화하는 과정이라 할 수 있는데, 오랫동안 계속되던 황권과 재상권의 갈등이 황제의 승리로 끝나게 된 것이다.

---

133) 『명사기사본말明史紀事本末』권13.
134) 명회전明會典 권212.
135) 명회전明會典 권31.

(2) 내각제의 수립

중서성이 폐지된 후 6부의 직권과 지위가 크게 강화되어 직접 황제에 대해 책임을 지게 되고, 조정의 일급 행정기관을 분담하게 되었다. 이부는 문무 관리의 고과와 선발을, 호부는 전국의 호구와 전답·부역 등 재정을 관리했다. 예부는 과거와 예의 제사를, 병부는 무관의 선발과 군대의 통솔·훈련을 관리했다. 형부는 형옥을, 공부는 건설과 수리를 관리했다. 6부 가운데 호부와 형부는 지방을 나누어 관할하는 제도를 시행해 각각 13사司로 나누었는데, 이는 수·당 때부터 중앙에 6부와 24사를 둔 체제와는 다른 것이다. 6부에는 각각 상서 1명과 시랑 2명을 두었다. 6부 상서는 법으로 정한 구경九卿의 성원으로, 전국적인 정무와 대옥大獄에 참여할 수 있었다. 6부는 '권력이 1사司에 집중되지 않았고,' 각 부의 상서가 직접 황제에 대해 책임을 지며 황제의 명령을 집행하여 황권에 대한 위협이 줄어들게 되었을 뿐만 아니라, 황제가 독재 권력을 행사하는 데에도 매우 편리했다. 그래서 명 태조는 이 제도를 10년 동안 시행하다가 조서를 내려 "국가가 승상을 없애고 부府, 부部, 원院, 시寺를 설치해서 여러 업무를 나누어 관리하니, 입법이 매우 상세하고 완전하다. 이후의 군주는 승상을 두지 말며 신하가 설치하자고 하면 극형에 처하라"136)고 했다.

이러한 명의 중추기구 개혁은 행정체제의 큰 변화로서 당·송 때부터 중앙 권제가 발전한 결과이다. 그러나 주원장이 승상 제도를 폐지하여 '확고한 기강과 독단'을 실현했지만, "안팎의 모든 상주문은 모두 위에서 친히 열람하고 큰일을 결정하는데, 신하는 상주문만 올리고 황제의 뜻을 받들 뿐"137)이어서, "날마다 수많은 기밀을 하나하나 잘 처리하기가 어렵고," "군주가 혼자서 천하를 통제하는 데 보좌하는 신하가 없어서는 안 된다는 것"을 깊이 느끼게 했다.138) 이에 황제의 국사 처리를 돕기 위해 홍무 15년에 송의 제도

---

136) 『명사明史』「직관지職官志 1」.
137) 요도남廖道南, 『전각사임기殿閣詞林記』.
138) 『명태조실록明太祖實錄』 권133.

를 모방해 한림원 같은 문한文翰 기관에서 관원을 선발해서 전각殿閣 대학사大學士의 자리를 주고, 조서를 초안하며 황제의 고문을 겸하게 했지만 여전히 "국사에는 관여할 수 없었다."[139] 성조成祖 때 이르러 한림원에 명하여 시독侍讀·편수編修·검토檢討 등의 문학 시종 관원을 문연각文淵閣에 들여 정식으로 내각이라고 하고, 기무機務에 참여토록 해 "내각에 기무를 주는 것은 이때부터 시작되었다."[140]

내각 대학사의 관품은 5품에 지나지 않았고, 직권도 단지 명을 받들어 처리하는 것뿐이었다. 선종宣宗 때 내각의 신하가 직권을 행사하는 데 편하도록 6부 상서를 내각에 넣고 전각殿閣 대학사를 겸하게 함으로써, 내각의 직권이 점점 중요해졌다. 특히 영종英宗 초년에는 대학사의 대부분이 4, 5대를 봉직한 원로로 관직이 높고 황제가 어려 내각 대학사의 권세가 눈에 띄게 커지니, "6부에서 어지를 받으면 수행하지 않음이 없었다."[141] 세종 때는 대학사 하언夏言과 엄호嚴嵩가 정권을 잡았는데, 이때 내각장관들은 "조정에서 서열이 모두 6부 위에 있었으며,"[142] "진짜 재상처럼 보였다."[143] 그런데 명 태조가 자손들에게 승상 제도를 두지 못하게 하여 내각 대학사는 '보신輔臣'이라고 불렸고, 수석 대학사는 '원보元輔'나 '수보首輔'라 하며 승상이라고는 부르지 않았다. 내각 대학사들은 '비답批答' 작성을 관장하여 직접 조서를 초안하지 않는 승상보다 영향력이 훨씬 컸다.

국가조직 측면에서 대학사는 최고 행정장관이 아니었고, 6부와도 직접적인 관계는 없었다. 명이 통치한 시기에 진짜 실권을 쥐고 있던 수보는 엄호와 장거정 두 사람 뿐이다. 이렇게 성지聖旨에 따라 조령을 작성할 뿐이고 그 일에는 참여하지 않는, 곧 '위로는 황제의 재량을 위임받고, 아래로는 6부에 위임하는' 내각의 설립은 바로 군주 집권제가 매우 발전했음을 뜻한다. 내각

---

139) 『명경세문편明經世文編』 권293.
140) 『명사明史』 「해진전解縉傳」.
141) 『명사明史』 「직관지職官志 1」.
142) 『명사明史』 「직관지職官志 1」.
143) 『명사明史』 「직관지職官志 1」.

대학사의 엄청난 직권도 황권으로부터 나온 것이다.

　그러나 내각 수보의 성지 작성권은 실제로는 환관의 비홍批紅에 제한을 받았다. 명의 제도를 보면 궁전 안에 사례감司禮監을 두어 태감太監이 황제가 상주문에 대해 답변하는 것을 옆에서 돕게 했다. 그런데 그들은 점점 천헌天憲을 핑계 삼아 '상주 문서나 내각의 문서에 붉은 글씨로 비준하면서' 사실상 내각을 이끌고, 황제를 대리했다.『명사』「직관지」에는 "내각의 문서는 환관의 비홍批紅으로 결정되고, 재상권이 시인寺人에게 넘어갔으며, 조정의 기강과 현명한 사대부의 나아가고 물러남도 완전히 그들의 손에 들어갔다"고 기록되어 있다. 무종武宗 때 사례감의 태감들을 관장하는 유근劉瑾의 권세가 대단해서 수보 대학사의 재결은 반드시 먼저 "유근에게 가서 청하고 그 후에야 붓을 들었다."144) 명 말기의 사상가 황종희黃宗羲는 사례감이 비홍으로 권력을 농간하는 것과 명이 승상을 없애고 만든 내각 제도를 비판하여, "사실상 오늘날의 재상은 환관이고, 재상이 될 만한 사람은 모두 뒷전으로 물러났다. 환관이 재상의 실권을 지니게 된 것은 승상을 없앤 잘못 때문이다"145)고 했다. 환관은 원래 황제의 시종이었으나 자주 황제에게 다가갈 수 있어서 권력을 휘두르고 정권에 끼어들 수 있는 유리한 입장에 있었다. 명 때 환관이 국가의 대권을 좌지우지하는, 이른바 환관 정치가 출현한 것은 바로 전제 제도의 부패성 때문이다.

(3) 지방행정 관리체제

　명 초기에는 중앙집권을 강화하려는 정책에 따라 지방 행정기구도 조정했다. 홍무 9년(1376)에 행중서성을 폐지하고 송의 제도를 모방해서, 승선포정사사承宣布政使司, 도지휘사사都指揮使司, 안찰사사按察使司 같은 성급 권력기관을 조직해 '삼사三司'라고 하며 행정·군사·사법을 나누어 관장하게 했다. 명 초기에는 전국에 모두 13개의 승선포정사사를 설치해 성의 행정·민정·전곡

---

144)『명사기사본말明史紀事本末』권43.
145) 황종희黃宗羲,『명이대방록明夷待訪錄』「원상原相」.

錢穀들을 관리하게 하고, 그 장관으로 좌·우 포정사 1명씩을 두었다. 성의 수비지역을 관할하며 군무를 책임지는 도지휘사사에는 지방의 최고 군사장관이라 할 수 있는 도지휘사 1명을 두고, 성의 형옥과 감찰을 책임지는 안찰사사에는 지방의 최고 사법감찰관이라 할 수 있는 안찰사 1명을 두었다. 명은 이와 같이 삼사를 설립해 지방기관의 직권을 합침으로써 통치 효능을 높일 수 있었다. 또한 삼사의 지위는 평등하여 함께 성의 정무를 의논하더라도 서로 예속되지 않고 직접 황제의 영도를 받을 수 있었다. 이렇게 해서 성급 장관의 직권을 분산시켰을 뿐만 아니라, 세 기관이 서로 견제하게 함으로써 황제가 손쉽게 통제할 수 있었다.

성 밑에는 부·현 2급으로 나누고, 보다 쉽게 지방을 통제하고 감독하기 위해서 성과 부 사이에는 감찰구인 '도道'를 설치했다. 성 하나를 여러 도로 나누고, 도 하나가 여러 부를 관할하게 했다. 도를 '수守'와 '순巡'으로 나누어 포정사사를 돕는 좌·우 참정參政을 두고, 각 도의 전곡을 의논하여 나누어 관리하는 것을 '분수도分守道'라고 했다. 안찰사사를 돕는 부사副使를 두고, 각 도의 형명刑名을 검토하고 분류하는 것을 '분순도分巡道'라고 했는데, 대부분의 임무는 각 관부의 관리들을 감독하는 것이었다. 그밖에도 전문적인 직책의 도원道員이 필요하여 독량도督糧道·제학도提學道 등을 설치했다.

또 명은 한의 자사刺史 제도를 본 따서 성을 단위로 감찰구를 나누고 감찰어사를 파견했는데, 이를 '어느 곳에 순행하며 안찰하는 감찰어사'라 했다. 성조成祖 영락永樂 연간에 이러한 바탕 위에 총독·순무巡撫 제도를 새로 마련했다. 순무는 처음에는 임시로 파견하는 관리였는데, 선종 때부터 점점 고정되었다. 순무는 부도어사副都御使·첨도어사簽都御使·병부시랑兵部侍郎·제도군무提都軍務·찬리군무贊理軍務들과 같은 직함이 덧붙여지면서 감찰 직권을 쉽게 행사할 수 있었다. 총독은 몇 개의 성이나 큰 성의 군권과 감찰권을 가지고 병부상서·시랑·도어사都御使라는 직함을 사용했다. 총독과 순무의 지위와 직권은 포정사보다 높았지만 명이 망할 무렵에는 성급 지방관으로 보지 않았다.

현 밑의 바탕 조직으로는, 성城 안은 방坊이라 하고, 성과 가까운 곳은 상廂이라 하며, 향촌鄕村은 이里라 했다. 110호를 1리里라고 하며 이장을 두었다. 이 밑에는 갑甲이라 하며 갑수甲首 한 명을 두고, 민정·교화·부세·소송 등을 책임지게 했다. 이장은 관부의 정책을 시행하고 사회질서를 안정시키는 데 매우 중요한 역할을 했다. 그리하여 "밑으로는 민사民事에 이롭고, 위로는 관사官司에 도움이 되었다."146) 그밖에 세금 1만석이 걷히는 곳을 1구區로 하고 납세량이 가장 많은 지주 한 명을 양장糧長으로 삼아, 논밭에 대한 세금과 그 징수를 책임지게 했다. 명은 부세 수입을 매우 중시해 양장은 황제를 알현할 수 있는 특권이 있었다. 선종 때 곳곳의 양장들이 사기와 협박을 일삼으며 나쁜 짓을 했지만 그 제도를 없애지 않았다. 고염무顧炎武는 이를 지적하며 "명 초기에 대호大戶를 양장으로 삼아 향의 부세를 관장하게 했는데, 많게는 10만여 석이나 되었다. 세량을 경성에 운반하고 천자를 알현할 수 있었다. 홍무 연간에 관직을 수여하기도 했다. 선덕宣德 연간에 양장의 해로움을 여러 번 아뢰었다. 세량을 곱절로 거두고, 소송을 어지럽히며, 관부를 좌지우지했다. 몇 번이나 삼가게 해 그 환난이 다소 멈추었지만, 이 때문에 양장을 폐지하지는 않았다."147)

이상을 총괄하면, 명의 지방기관은 단계는 간소했지만 조직제도는 엄밀한 편이었다. 원 때 행성이 독자적으로 가졌던 큰 권력을 없앴지만, 송 때처럼 지방기관이 지나치게 약하진 않았다. 명의 통치자는 백성을 직접 대하는 지방기관의 관리를 다스리는 일을 중시했다. 홍무 17년 부·주·현에 여덟 가지 조례를 제정하고 반포해서 영원히 준수하도록 했다. 거기서 강조한 것은 각급 관리를 잘 관리하여 통치 효율을 높이며, 상급이 하급을 철저히 감독하도록 한 것이다. 더욱이 기본 행정단위인 현관의 이치吏治를 중시해 '부임할 때 알아야 될 31조'를 반포했다.

여기에는 현관이 부임하면 먼저 형옥·판적版籍·전량田糧 등 국가의 근본

---

146) 『명회전明會典』 권139.
147) 고염무顧炎武, 『일지록日知錄』 권8.

이 되는 사법과 재정에 대해서 이해하도록 하고, 그 다음에는 "관할 백성 가운데 법을 어겨서 사형 당한 사람이 몇이며, 파면되어 한가로이 지내는 사람이 몇이며, 죽을죄에 해당하는 자는 몇인지" 같은 현에 사는 사람들의 상황을 파악하고, 감시를 강화해서 통치를 위협하는 행동을 방지하는 것들이다. 부·주·현의 관리 가운데 "청렴하고 정직한 자는 칙령으로 상을 주어 격려하며 상금을 하사했다." 홍무 때는 지방의 백성이 현의 관리를 보증해 천거할 수 있었다. "장정張禎이 상해에 현승으로 부임하여, 백성들이 일을 잘한다며 그를 지현知縣 … 이부吏部로 등용하기를 요구했으나 어려웠다. 황제가 '백성이 원하는 것을 뿌리치지 말고 허락하라'고 말했다." "양공楊貢이 교하전사交河典史로 부임하여 민심을 얻은 지현 임준林俊이 다른 곳으로 옮기게 되자, 백성들이 양공이 바르고 청렴하며, 근면하고 능력이 있다면서 그 직책을 대신 맡게 해달라고 요청했다. 청원서가 인사를 담당하는 이부吏部로 내려오자, 상서尙書에 있던 왕직王直은 양공이 하급 관리라는 이유로 허락하지 않았다. 황제가 '백성이 원하면 그 사정을 따라야 할 것인데, 자격만 따지면 사람을 쓰는 길이 얼마나 좁겠는가. 경들은 짐의 뜻에 따라 임용하도록 하라' 말했는데, 과연 직함에 마땅하다는 칭송이 들렸다."148)

명 초기에 주원장은 주씨를 중심으로 통치권에 흔들림이 없도록 하기 위해 1370년에 여러 아들을 왕으로 분봉하고, 번국藩國을 나누어 억누르는 제도를 시행했다. 봉을 받은 여러 왕들은 엄청난 정치·경제적 특권을 누렸다. 호람胡藍 대옥이 일어난 뒤에는 군권軍權을 여러 아들에게 주고, 친왕에게 국경을 수비하게 하고 군사 업무를 담당하게 했다. 영토 안의 각 지역도 황제의 아들과 친왕이 지켜서 오직 주씨만이 가장 믿을 만한 방패가 되었다. 그러나 성조가 황위를 탈취한 '정란靖難의 변'이 일어난 후부터 황족 사이의 혈연관계에 대한 믿음은 권력 싸움으로 완전히 무너졌다. 그 후 여러 왕들의 경제적 특권과 그들의 군사와 정치적 실권을 없앴다. 이때부터 황제는 환관

---

148) 『고금도서집성古今圖書集成』 권689.

을 심복으로 삼아, 그에 의지해 문관과 무장을 감시하고 인민을 탄압했다.

2. 감찰기관의 직능과 입법의 강화

명은 군주의 전제정치를 강화하기 위하여 '천자의 눈과 귀인 풍기風紀 기관'을 감찰기관으로 삼았다. 명 태조는 "국가에 삼대부三大府를 세워, 중서는 정사를 총괄하게 하고, 도독은 군대를 관장하게 하며, 어사는 규찰을 관장하게 한다. 조정의 기강은 전부 여기에서 체계가 잡히는데, 대찰의 임무는 더욱 청렴해야 한다"149)고 말했다. 명 초기의 감찰기관은 당·송의 옛 제도를 따라서서 중앙에 어사대를 설치했다. 홍무 15년에는 감찰기구를 확대하고 어사대를 도찰원都察院으로 바꿔 '풍헌아문風憲衙門'이라고 했다. 도찰원은 좌·우 도어사를 장관으로 하고, 그 밑에 좌·우 부도어사, 좌·우 도어사 등을 두었다. 선덕 10년에는 성제省制에 따라 13도 감찰어사를 110명으로 늘려서 '주로 안팎 기관 관리들의 어긋남을 규찰'하게 하고, 경사京師와 지방 감찰 업무를 나누어 관장하게 했다. 또 감찰어사가 지방을 순회하는 제도를 만들었는데, 그 순안어사巡按御史는 황제를 대표하는 사람으로 권한이 매우 컸다. "큰일은 황제에게 아뢰어 결정하고, 작은 일은 곧바로 판결했다."150) 지방의 성급 장관과 지위가 같았고, 심하게는 지부와 지현이 알현할 때는 무릎을 꿇는 예절을 갖춰야 했다. 명 때 순안어사 제도를 시행한 목적은 지방관이 학정을 하는지 조사하기 위한 것이 아니라, 그들이 황제에게 충성하고 있는지, 국가의 이익에 잘 맞는지를 감독하는 데 있었다. 그래서 어사의 순시는 감찰권을 행사하기 위한 것만이 아니라, 때로는 황제에게 특명을 받아 기타 사무를 함께 관리했다.

도찰원은 감찰권과 함께 중요한 사건에 대한 사법권도 장악하고 있어서 전쟁을 할 때도 어사를 파견해 군軍을 감찰했다. 특히 자주 지정된 어사를

---

149) 『명사明史』「직관지職官志 2」.
150) 『명사明史』「직관지職官志 2」.

파견해서 규찰을 병행했다. 어사의 관급은 보통 정7품에 지나지 않았지만 권력이 크고 활동 범위가 넓어 어떤 어사라도 모든 기관을 탄핵할 수 있었다. 이러한 어사는 황제에 대해 직접적인 책임을 지기에 매우 엄격히 선출했다. 예例에 따라 반드시 진사進士·거인擧人 출신이어야 했는데, 성조成祖는 이부에 "어사는 조정의 눈과 귀 같은 역할을 하므로, 학식이 있고 이치를 깨달은 사람으로 하라"고 명했다. 또한 시험을 거쳐 선발한 다음에는 직책을 수행해 보도록 한 뒤에야 임명했다.

　명의 감찰기관은 도찰원 계통 이외에도 독립적인 감찰권을 지닌 육과급사중六科給事中이라는 조직이 있었다. 육과는 이과·호과·예과·병과·형과·공과이다. 과마다 급사중給事中 한 명을 두고, 주로 좌·우 도급사중都給事中들이 6부의 관리를 감독했다. 이른바 "6부의 모든 일인 시종侍從·규간規諫·보궐補闕·습유拾遺·계찰稽察을 관장했다."151) 6부에서 황제에게 주청해 실행하는 일은 먼저 급사중의 심사를 거쳐야 했고, 적합하지 않다고 여기면 받아들이지 않을 수도 있었다. 6부가 황제의 의견을 집행할지라도, 급사중에 등기해서 실제 집행상황을 검열하기 쉽게 했다. 급사중을 만든 일은 지위와 직권이 높아진 6부를 견제하는 효과를 가져왔다. 또한 도찰원의 감찰권도 분산시킬 수 있었다. 급사중과 어사 사이에도 서로 검거할 수 있어서 황제가 손쉽게 조정할 수 있었다. 그러나 그와 같이 감찰기구를 중첩해서 설치하기는 했지만, 감찰기관의 성격상 결코 청명한 이치吏治를 가져오지는 못했다.

　홍무 10년에 세운 통정사사通政使司는 간언을 말하는 직능이 있었다. 주원장은 통정사사를 설립하는 이유와 직능에 대해 "정사는 물과 같으니, 잘 통하게 하고자 하여 '통정'이라 한다. 경은 그 명령을 잘 살펴 백관들을 바로잡아 작은 일에도 미쳐 여러 업무에 통하도록 하라. 상주上奏하는 것을 꺼리지 말고, 바른 것을 반박하는 데 영합하지 말고, 진부한 것을 말하더라도 은폐하지 말며, 마땅히 만나야 할 사람에게 트집을 잡지 말라"고 했다. 그러

---

151) 『명사明史』 「직관지職官志 2」.

나 명 중기를 지나면서 성지聖旨나 말을 전달하는 일을 모두 환관이 도맡아 해 통정사사는 허수아비와 같았다. 결국 이 제도는 신종 만력萬曆 연간에 폐지되었다.

명은 중앙부터 지방까지 엄밀한 감찰기관 체제를 만들고, 비교적 완벽한 감찰법을 제정해서 감찰기관의 직책과 활동 절차를 확정하며 감찰권을 보장했다.

명의 감찰법은 홍무 연간에 이미 칙령과 단행법의 형식으로 나타났다. 홍무 26년에는 도찰원 기관법이 잇달아 제정되었는데, 그 중에서 헌강총례憲綱總例는 처음으로 예를 몇몇 조관條款으로 나누었다. 정통正統 4년에는 규모가 방대하고, 내용이 상세한 15부분의 법규가 완성되었는데, 곧 헌강총례, 독무건치督撫建置, 각도분예各道分隷, 규핵관사糾劾官邪, 고부백관考復百官, 급결선용急缺選用, 주청점차奏請点差, 출순사의出巡事宜, 조쇄문권照刷文卷, 회도고찰回道考察, 문의형명問擬刑名, 추문공사追問公事, 심록죄수審錄罪囚, 감예규의監禮糾儀, 무안통례撫按通例였다. 같은 해에 또 규핵관사규정糾劾官邪規定을 제정해서, 도찰원이 법과 직무를 어기는 문무백관을 규탄하고 처벌하는 4개 조문을 규정했다.

"문무 대신이 간사한 소인배가 되어 당을 만들어 비리를 행하고, 멋대로 조정을 문란하게 하여 명령을 내려도 성은이 선양되지 않고, 재앙이 자주 일어나니, 이것을 보고 들었을 때는 권세 있고 벼슬이 높은 자라도 모두 황제에 보고해 탄핵한다."

"백관이 재능이 부족해 그 직을 감당하지 못하고, 옹졸하고 졸렬하며, 선정을 베푼다는 소문은 없고, 탐욕스럽고 법을 어기는 자는 즉각 탄핵한다."

"지방관이 선량한 사람을 해하고, 뇌물을 탐하여 법을 어기고, 논밭을 황폐하게 해 백성이 그 해를 받으면 그 득실을 상주해 문책한다."

"학술이 바르지 않은 자가 상서를 올려 성헌成憲을 어지럽히고, 등용되기를 원하거나 재능과 덕성이 없으면서 자신을 내세우는 자는 즉시 규탄하고, 도주하지 못하게 한다."152)

같은 해에 또 통정사사에 관한 전장典章 총례總例 5조 11관, 사례事例 6조, 육과 급사중 총례 36조, 각 과의 사례 137조를 제정했다. 총례는 직무 범위를 정한 것이고, 사례는 업무 세칙을 열거한 것이다.

주원장은 적극적으로 중앙 감찰기관에 관한 법규를 제정했을 뿐만 아니라, 지방에도 시야를 돌려 백성을 다스리는 각급 지방 관리의 직책을 명백히 하고, 또 감찰관의 지방 활동을 제한했다. 홍무 26년에 출순사의出巡事宜 27조를 제정했다. 열거된 감찰 사항이 매우 많아 부역에 관한 것을 비롯해 호구·송사·농토·도로·군영·학교·역참·도량형까지 포함되지 않은 것이 없었다. 잡다하게 많은 감찰 사항 가운데 주요한 것과 부차적인 것, 급한 것과 그렇지 않은 것들로 일의 순서를 나누고 확실히 했다.

출순사의에는 특별히 "다스릴 곳에 이르면 먼저 죄수들의 심리 기록과 공문을 살피고, 여유가 있으면 몸소 여러 제사지내는 곳에 가서 제기祭器와 건물이 괜찮은지 점검한다. 그 후에 고아와 노인을 살피고, 의복과 양식이 지급되었는지 물어본다. 창고를 순시하고, 금전과 양식을 조사하고 계산해 부족함이 없는지 알아본다. 학교를 격려하고, 생원을 고과해 어느 정도 효과가 있는지 살피다가 사기와 폐단이 있으면 곧바로 법률에 따라 문책한다"고 규정한다. 접수한 소송이 그 현에 속한 관리에 대한 것이라면 그 부府로 보내 심리하게 했다. 그 부의 관리에 대한 것이라면 포정사에서 심리하게 했다. 포정사의 관리에 대한 것이라면 안찰사에서 심리하게 했다. "안찰사의 관리를 고발하거나 사법 관리들이 형명을 틀리게 문책하면 위임하지 않고, 반드시 친히 심문했다."153) 이로써 순회를 다니는 감찰어사의 권한이 컸음을 알 수 있다.

그밖에도 순무육찰巡撫六察이 있는데, 이치吏治를 깨끗이 하고, 도적을 징벌하며, 변방의 정사를 바로잡고, 재난을 구휼하고, 노인을 잘 돌보고, 인민을 편하게 하는 것이었다. 순안칠찰巡按七察은 억울한 형사소송을 바로하고, 군

---

152) 대명회전大明會典 도찰원都察院 1.
153) 대명회전大明會典 권210.

의 부역을 깨끗이 하고, 관리들의 풍기를 바로잡고, 간사한 관리를 탄핵하고, 소속 관리를 깨끗이 하고, 올바른 법으로 범죄를 다스리고, 도적을 숙정하는 것이었다. 이와 같이 순무육찰과 순안칠찰의 핵심은 이치吏治를 바로잡는 것으로, 이는 명 초기 주원장이 나라를 다스리려는 출발점이기도 하다.

이상에서 명의 감찰법은 명 태조 때를 바탕에 두고 있음을 볼 수 있다. 이는 주원장의 엄격한 이치 사상과 나누어 생각할 수 없다. 그런데 감찰법은 사회 발전과 함께 끊임없이 풍부해져 영종英宗 정통正統 4년에 제정된 헌강조례를 예로 들면, 이는 명 초기의 감찰법을 바탕으로 성조成祖, 인종仁宗, 선종宣宗에 걸쳐서 증설하고 보완한 것이다. 역사서에는 "헌강조례는 매우 완벽해, 분야별로 나누어 열거한다"154)고 기록하고 있다. 효종孝宗이 재위할 때는 대명회전을 편찬하여 감찰기관의 직책과 사례도 수록했다. 그 후 만력중수회전萬曆重修會典에도 많은 감찰과 간언에 관한 법규를 포함했다. 감찰법은 명의 것이 가장 체계가 잡혀 있고 완벽하다. 그것은 한·당·송·원부터 이어온 감찰법을 계승하고 발전시킨 것으로, 청이 감찰법을 제정하는 데 중요한 기초가 되었다. 명의 감찰기관은 법이 있어 그 법적 근거를 마련했고, 감찰관은 수칙이 있어 어느 정도까지는 관리의 사악함을 바로잡는 작용을 했다. 예를 들어 홍무 9년에 어사대부 왕광양汪廣洋과 진녕陳寧은 이선장李善長을 탄핵하라는 상주를 올려 이씨 부자는 파직되고 벌을 받았다. 영락永樂 14년에 어사 유관劉觀은 곡왕谷王 수훈穗가 우매하고 법도가 없다고 탄핵해 곡왕을 서인庶人으로 폐했다. 성화成化 19년에 어사 서용徐鏞 등은 환관 왕직汪直의 죄를 상주해 그의 직책을 빼앗았다. 그러나 무종 때부터 어사의 탄핵과 상주 대부분이 부당하다는 이유로 황제에게 처벌을 받았다. 가정嘉靖 35년에 어사 추응용鄒應龍이 엄호嚴薅 부자의 비리를 상주한 것이 수락되어 엄씨 부자를 죄로 다스린 일은 주목할 만하다. 그러나 이는 손으로 꼽을 수 있는 사례에 지나지 않는다. 어사의 역할이 점점 내리막길로 들어선 상황은 명의 이치가 실패했

---

154) 대명회전大明會典 권209.

음을 반영하는 것이다.

3. 엄격한 직관 관리제도

명 때는 황제가 자기 한 몸에 행정·입법·사법·군사의 대권을 집중시켰으나, 전국에 이를 보급할 만한 통일된 관료기구가 없어 통치권을 행사하기 어려웠다. 명 초기에 주원장은 친히 조정의 일을 관리하여 자기의 "마음을 거치지 않은 어떤 일도 없고," "가끔 대신을 불러 전殿에서 여러 정사를 재결하도록 한다"155)고 말한 적이 있다. 그러나 효종孝宗 이후 무종武宗 때는 "달마다 어조御朝는 3일에서 5일에 지나지 않았고, 조회 때 상주하는 일은 한두 가지에 지나지 않았다." 세종은 "20여 년 동안 조정을 돌보지 않았다." 신종 때는 "황제가 조정을 둘러보지 않은 지 30년이나 되었다." 이런 형편에서도 명의 국가기관이 운영될 수 있었던 것은 관료들과 직무를 나누어 담당하고, 법률이 있었기 때문이다.

(1) 관리의 선임

명의 관리 "선발 법은 대충 네 가지가 있다. 학교, 과목, 천거, 전형이다. 학교는 교육을 하는 것이고, 과목은 등용과 진급에 필요한 것이고, 천거는 곁으로 불러들이는 것이고, 전형은 공고하여 뽑는 것이니, 천하의 인재를 이처럼 모은다."156) 그렇지만 명 때는 과거科擧가 관리 선발의 기본이었다.

① 과거

『명사』「선거지」에 "명의 제도에서 과목科目이 성행하여 재상이 모두 여기서 나왔다. 학교는 재능을 쌓아서 과목에 응시하게 하는 것이다. 학교를 거쳐 서적에 통달한 사람에게는 과목이 주이고, 나머지는 잡류로 쳤다. 그러나 진사·거공擧貢·잡류 세 가지 경로를 함께 사용하고, 치중한 것이 있긴

---

155) 『고금도서집성古今圖書集成』 권162.
156) 『명사기사본말明史紀事本末』 권14.

했지만 폐지하지는 않았다." 일찍이 홍무 3년에 주원장은 칙령을 내려 과거를 통해서 인재를 모았다. "올 8월부터 특별히 과거를 마련해, 옛 것에 박식하며 오늘의 것도 통달한 자를 선발하고, 짐이 친히 조정에서 질문해 그 학식을 관찰하여 등급의 높고 낮음을 정하고 임용한다"157)고 했다.

홍무 6년에 "관장하는 곳에서 주로 문사文詞를 시험 보았는데, 시험적으로 등용해 보니 실무를 처리할 수 없는 사람이 많았다." 그래서 잠시 과거를 폐지하기도 했다. 홍무 15년에 "다시 과거를 치르게 해서 인재를 모으고, 3년마다 한 번 행하는 것을 제도로 정했다."158) 명은 과거 시험을 향시鄕試·성시省試·회시會試·경시京試·전시殿試·정시廷試로 나누었다. 향시는 자子·묘卯·오午·유酉년에, 회시는 축丑·진辰·미未·술戌년에 실시했다. 향시에 합격하면 거인擧人이 되고, 회시에 합격하면 전시에 참가할 수 있었다. 전시는 삼갑三甲으로 나누었는데, 일갑一甲 3명에게는 진사 급제及第를 하사했고, 이갑二甲 몇 명에게는 진사 출신出身을 하사했고, 삼갑三甲 몇 명에게 진사 출신과 같은 자격을 하사했다. 또, 영락永樂 7년에는 칙령을 내려 국가의 중요한 관원인 어사 같은 직책을 맡는 사람은 반드시 과거를 통해 뽑도록 규정했다. 이때부터 과거를 통한 임관이 더욱 중시되었다.

과거의 내용은 명 태조 때 유기劉基의 의견을 좇아 사서오경에서 명제를 택했다. 시험을 보는 자는 단지 성현이 남긴 말을 옮기는 것뿐이어서 송 때의 정주程朱 이학理學을 경經의 뜻을 해석하는 기준으로 삼아야지 절대로 자신의 견해를 펼칠 수 없었다. 그뿐만 아니라 명 헌종 때는 또 '팔고八股'의 격식을 창설해 단지 문장의 단락을 좇아 글을 짓게 했는데, 그 내용이 사회생활의 현실과는 서로 완전히 달랐다. 당·송 때 시문으로 인재를 뽑았던 것에 비해 더욱 선비들의 사상을 고착시켜 단지 황권을 위해 순종적으로 봉사하는 도구를 제조하는 것일 뿐이었다. 청 초기의 대학자 고염무는 "심하구나 팔고의 해로움이여! 진시황 때 분서하고, 함양의 교외에 460명의 학자를 묻어

---

157) 『명사기사본말明史紀事本末』 권14.
158) 『명사明史』 「태조본기太祖本紀 3」.

죽인 것보다 더 인재를 말살했구나!"159)라고 통탄했다.

② 천거薦擧와 연납捐納

임관 방법에는 과거 이외에 천거와 연납이 있었다. 홍무 6년에 "천하의 현재賢才를 경성에 모아 수령守令을 주었다."160) 홍무 12년에는 "천하의 박학하고 노련한 선비를 경사京師에 모았다."161) 홍무 13년에는 "총명하고 정직하며, 효성과 우애를 지니며, 현명하고 바르며, 학문을 겸비한 선비를 천거하도록 명했다."162) 홍무 14년에는 "경서에 밝고 노련한 선비를 구해 수도로 보냈다."163) 홍무 15년에 과거를 다시 시행했지만 천거제도를 없애지는 않았다. 홍무 19년에 "경서에 밝고 행실이 좋으며, 수련이 된 선비를 천거해서 나이 60세 이상인 사람은 한림翰林에서 고문을 하고, 60세 이하인 자는 육부와 포안布按 두 기관에 등용했다."164) 그러나 천거가 부당하면 연좌의 책임을 져야 했다. 인종 때 "안팎의 관리들에게 현명한 인재를 천거하도록 칙령을 내리고, 천거함에는 연좌법을 엄격히 했다."165)

연납은 경태景泰 연간부터 시작했다. 당시 선대宣大166) 지역 부근에 풀이 부족해 1,500다발의 풀을 연납한 사람을 등용하겠다고 했다. 성화成化167) 연간에는 곡식을 연납하는 제도가 있었다. 성화 19년에 급사중 왕서王瑞 등은 "오늘날 요행의 문이 크게 열려, 장사치가 시장에 몰려드는 듯하다. 천한 사람을 키우고, 거리의 유치한 자도 모두 높이 오를 수 있다"168)고 비판했다. 어사 장직張稷도 폭로하기를 "유랑 천민이 허망하게 공경公卿을 바라고, 백정과 장사치가 함부로 청고한 요직에 있으니, 문직에 있으면서 글자도 모르는

---

159) 『일지록日知錄』「의제擬題」.
160) 『명사기사본말明史紀事本末』 권14.
161) 『명사明史』「태조본기太祖本紀 2」.
162) 『명사明史』「태조본기太祖本紀 2」.
163) 『명사明史』「태조본기太祖本紀 2」.
164) 『명사明史』「태조본기太祖本紀 3」.
165) 『명사明史』「인종본기仁宗本紀」.
166) 명대 만리장성에 설치한 아홉 군데 변방 군사 요충지(이른바 9변진) 가운데 선부宣府와 대동大同을 합쳐서 선대 宣大라고 한다. ― 역주
167) 헌종憲宗 재위 기간 1465~1487년. ― 역주
168) 『명사明史』「왕서전王瑞傳」.

사람이 있는가 하면, 무직에 있으면서 활도 쏠 줄 모르니 … 하루에 수십 명이 관직을 얻고, 한 자리에 수백 명이 봉록을 의지하니, 어디 옛날에 이런 정령政令이 있었던가?"169)하고 개탄했다. 명 때 연납하는 풍조가 성행한 결과, 불필요한 관원으로 가득차 이치吏治를 망치게 되었다.

③ 정추廷推와 부추部推

명은 인사권을 중앙에 집중시키기 위해 '정추'와 '부추' 제도를 시행했다. 대학사, 이부상서, 각 부 시랑, 독무督撫에 결원이 생기면 대부분 정추로 자리를 메웠다. 태상경太常卿 이하는 대부분 부추를 임명했다. 명 때는 관리를 임용할 때 자격을 중시해 "선발을 관장하는 사람은 현명한지를 논하지 않고 그 자격만을 따졌다."170) 그래서 인재의 등용을 제한했다. 명의 엽향고葉向高는, 가정嘉靖 융경隆慶 연간부터 "과거로 뽑힌 사람 가운데 뛰어난 재주와 남다른 재능이 있어도 자격에 얽매여 그 능력을 나타낼 수 없는 사람이 많았다. 격이 엄할수록 사람이 병들기 시작했다. 천하에 인재가 없음이 걱정되는 것이 아니라, 인재가 격에 속박되는 게 걱정이다"171)고 지적했다.

(2) 관리의 고과

명 때 관리를 고과하는 방법에는 '경찰京察'과 '외찰外察' 두 가지가 있었다. 경찰은 경관京官에 대한 고과 성적인데, "4품 이상은 스스로 진술해 위의 결재를 받았고, 5품 이하는 퇴임致仕하거나 강등되거나 휴직되어 있는 상태에 따라서 그 명단을 상주했다."172) 경찰은 6년에 한 번씩 실시했다.

외찰은 외관外官에 대한 고과 성적이다. "주현에서는 월계月計를 부府에 올렸고, 부에서 고과를 하여 세계歲計를 포정사에 올렸다. 3년이 되면 순무와 안찰사는 휘하 관리의 상황을 책으로 만들어 보고하며, 팔법八法으로 처분한

---

169) 『명사明史』「왕서전王瑞傳」.
170) 『명사明史』「주서전周敍傳」.
171) 『명사明史』「엽향고전葉向高傳」.
  『명사』「葉向高傳」에는 위에 인용한 내용이 없다. 원저原著가 인용한 장소를 잘못 표기한 듯하다. ─ 역자주
172) 『명사明史』「선거지選擧志 3」.

것을 첨부했다."173) 이른바 '팔법'은 외관을 고과하는 8항목의 기준인데 일탐 一貪· 이혹二酷· 삼부조三浮躁· 사불급四不及· 오노五老· 육병六病· 칠피七疲· 팔불 근八不謹이다. 내외관은 모두 임직한 지 3년이 되면 일고一考하고, 6년이 되면 재고再考하며, 9년이 되면 통고通考했다. 단계마다 고과 성적이 내려지면 '고 만考滿'이라 하며 상· 중· 하 3등으로 나누었다. 직무를 수행할 만하면 평상平 常으로 하고, 그렇지 않으면 등차에 따라 면직을 확정했다.

관리의 고과는 이부에서 주관했는데, 이부 고공사考功司의 직책은 "문직 관리의 고과 및 내외관을 고찰하는 것이고, 표창 받은 사실 등 모든 일을 평가했다."174)

종합하면 명의 관리고과는 엄격한 법도가 있었다. 사람들이 "명 때는 고과 제도가 흥했는데, 그 기원은 당우唐虞에서 나왔고, 가까이는 여러 시대를 참작했으므로 가장 법도가 있었다"175)고 말한다. 또한 명 초기에는 성실하게 고과평정을 시행했다. 예를 들면 홍무洪武 18년에 이부가 상주한 전국의 포정 사· 안찰사· 부· 주· 현의 조근관朝覲官이 4,117명으로, 그 가운데 고과성적이 우수한 사람이 1/10, 평상인 사람이 7/10, 고과성적이 불량한 사람이 1/10, 탐관오리가 1/10이었다. 그 가운데 고과성적이 우수한 사람은 진급하고, 평상 인 자는 그대로 복직하며, 고과성적이 불량한 사람은 강등되었다. 탐관오리 는 관에서 죄로 다스렸으며, 비속한 자는 일반인으로 면직되었다. 고찰 결과 가 부당하다 여기면 스스로 변론할 수 있었고, 주관하는 기관에 잘못이 있으 면 처벌을 받았다.

치적이 특별히 우수한 곳은 고찰이 면해졌다. 홍무 연간에 운남雲南 포정 사 장담張紞은 "치행治行이 천하제일이기에 특별히 이부에 명령해 고찰하지 않게 했다."176) 경찰로 파면당한 관리는 다시 관리가 될 수 있으나, 대계大計 로 파면당한 자는 영원히 임용할 수 없었다. 명 중기부터 관리의 고과평정

---

173) 『명사明史』「선거지選擧志 3」.
174) 대명회전大明會典 이부吏部 11.
175) 『춘명몽여록春明夢餘錄』.
176) 『명사明史』「장담전張紞傳」.

제도는 형식만 남았고, 그 폐단이 심했다. "조정의 선발에 관한 법전은 시장에서 물건을 사고파는 것처럼 되었다."177) 사사로이 법을 어겨도 처벌하지 않았다.

(3) 봉록과 치사致仕

명은 봉록을 9품 18급에 따라 쌀·돈·천·소금으로 주었는데, 송·원 때보다 적었다. 중기에는 쌀이 비싸고 돈의 가치가 떨어져 7품 지현의 쌀을 돈으로 바꾼 월봉이 은銀 2량兩도 되지 않았다. 봉록이 적어지자 탐관오리가 생겨, "관직이 큰 자는 탐욕으로 부유해지려 하고, 관직이 작은 자는 부정으로 가난에서 벗어나고자 했다." 명 때 관리의 탐욕과 부패는 사실 정권 때문이기도 하나 적은 봉록도 그 원인 가운데 하나였다.

명 때는 관리의 치사178) 제도가 이전보다 더 자리를 잡았다. 홍무 원년에는 관원이 70살이 되면 사직했다. 그러나 국가의 통치 효율을 높이기 위해서 홍무 13년에 "문무관이 60살 이상인 자가 치사하면 고칙179)을 내렸다."180) 효종 홍치弘治 4년에는 병이 있는 관리 가운데 나이가 55살보다 많은 자는 치사하고, 55살이 안 되는 자는 한주閑住하며, 65살보다 많은 관원은 다시 선발하지 않았다. 치사는 연령 때문만이 아니라 부모가 노쇠해도 할 수 있었는데, 이를 '귀양歸養'이라 했다. "늙고 병들어 직무를 수행할 수 없을 때는 강제로 치사하게 했다."

치사관에게는 논밭을 주거나, 봉록을 주거나, 둘 모두를 주어 대우했다. 성화成化 초에 호부상서 양정陽鼎이 치사하여 달마다 쌀 2섬과 해마다 역役

---

177) 『명사明史』 「구순전丘橓傳」.
178) 치사致仕는 관직에서 물러나 귀향하는 것을 말한다. 주례에는 "나이 70이 되면 벼슬을 사양하고 물러난다"고 했다. 『한서漢書』 「평제기平帝紀」에는 "천자가 이천석 이상의 연로한 벼슬아치에게 치사致仕를 내려, 옛 녹봉을 고려하여 일부를 죽을 때까지 주었다(天下吏比二千石以上年老致仕者, 參分故祿, 以一與之, 終其身)"고 한다. 치사 예禮는 보통 생전에 하는 것이었으나, 송 이후에는 사후에도 가족이 치사를 청하면 황제가 은례恩禮를 베풀기도 했다. —역주
179) 고칙誥勅이란 명·청 때 관리에게 토지나 작위를 내리는 황제의 특별 명령을 말한다. —역주
180) 『명사明史』 「태조본기太祖本紀 2」.

4인을 주었다.

그리고 치사 관원은 경사京師나 임직했던 곳에 머물러 살 수 없었는데, 이는 재상이라고 해도 예외가 아니었다. 이는 치사한 관리와 현임 관리가 서로 결탁하는 것을 방지하기 위해서다. 관리가 치사하고 고향으로 돌아가는 것을 장려하기 위해서 관가의 수레로 호송하며, 백성들이 길옆에 늘어서서 환송하게 했다.

제4절 청의 행정법

1. 극단적인 전제주의 행정관리 체제

(1) 황권의 과도한 팽창

산해관 진입 이전 홍타이지(皇太極)가 통치하던 시기의 사회는 고대에서 전통시대로 넘어가는 과도기여서, 더 이상 팔기八旗가 국정을 논의하는 체제가 발전된 사회와 걸맞지 않게 되었다. 그래서 홍타이지는 정권을 잡고 나서 군주의 권력을 집중시키고, 국가기관을 개혁하고자 했다. 그는 천총天聰 3년에 4대 버일러(貝勒)가 달마다 분치分值하는 제도를 폐지하고, '황제 홀로 권좌에 앉아' 조정에서 직접 정사를 들음으로써 팔기 제도와 다른 국가 행정기구를 세웠다.

6부와 3원, 곧 내국사원內國史院·내비서원內秘書院·내홍문원內弘文院은 기회를 틈타 기주旗主 세력을 약화시켰다. 10년 동안의 개혁을 거쳐 홍타이지는 천총 10년에 연호를 숭덕崇德이라 고치고, 정식으로 황제 등극을 선포했다. 국호를 대청大淸으로 한 것은 전제제도가 굳건해졌다는 것을 뜻하는 것이다. 기주의 권세를 더 약화시키기 위해서 강희 18년에는 팔기 왕공王公의 소속 관원 수를 규제하여 기마다 도통都通 1명과 부도통 2명을 두게 하고, "교양 교육을 장악하고, 무장 군인을 가지런히 하고 문책하면서 기인旗人들을 다스렸다."181) 기의 도통들은 황제에게 직접 명령을 들어 왕공들이 간섭할 수 없었다.

강희제는 만년晩年에 아들을 파견해서 기의 업무를 관리하게 하며, 기를 강하게 통제했다. 옹정제 때는 힘을 다해서 기주들의 세력을 꺾었다. 그는 "오기五旗 사람들한테 두 주主가 있으니 어찌 의지하고 살 수 있겠는가?"182) 라고 했다. 더 나아가 기주가 기旗 안의 사람으로 시종을 보충하려면 반드시 '이름을 열거하고, 어지御旨를 듣도록'183) 규정했다. 기주는 기에 속하는 사람을 "함부로 죄로 다스릴 수 없고, 반드시 상주문을 올려야 했으며, 어지가 없으면 결코 치죄할 수 없었다."184) 이와 같이 기의 예속관계를 해체하여 기주를 약화시켰다. 또한 종실 왕들이 '외부 관리와 교통하는 것'을 금지하고, 설날이 아니면 개인적으로 만나러 오는 것을 허락하지 않았다. 특히 옹정제는 오기五旗 호군護軍을 영오營伍에 분산시켜 여러 왕들의 물리적 힘을 빼앗았다. 건륭제 이후에도 황권을 강화하고 기주를 약화시키는 방침을 계속 집행하여, "기旗의 왕공에 소속된 사람이 … 현재 외직에 있으면서 일 때문에 서울에 올라와" 자기 출신지의 왕공을 알현하고 이야기하는 것을 엄격하게 금했다. "위반한 자는 장형 1백대에 처하고 면직시켰다."185) 강희·옹정·건륭 세 왕조를 지나면서 왕권을 간섭하는 장애물을 철저히 제거하여 전제주의 중앙집권 제도가 매우 발전할 수 있었다.

청의 황제는 지고무상한 절대 권력을 쥐고서 모든 군사·정치의 사무를 '독단적으로' 처리했다. 건륭제는 조서에서 "황실의 가법은 … 좌우의 믿을 만한 대신도 사람을 능욕하거나 영화롭게 하거나 사람을 살리고 죽이지 못했다"186)고 밝혔다. 또 "짐이 친히 법규를 살펴보아, 절충하고 참작해서 정하

---

181) 건륭회전乾隆會典 권95.
182) 『옹정상유팔기雍正上諭八旗』, 옹정雍正 원년元年 7월 16일.
183) 『옹정상유팔기雍正上諭八旗』.
184) 『옹정상유팔기雍正上諭八旗』.
185) 대청률례회찬대성大淸律例匯纂大成 권6.
186) 『동화록東華錄』 권28.

고 특별히 어지를 내리니, 대신들이라도 모두 참여할 수는 없다"187)고 했다. 이와 같이 황제는 최고 사법권을 쥐고 있어 모든 추심秋審·조심朝審 같은 중요 안건의 최후 판결을 위에서 했다. 그리고 과거 전시도 주최하여 열명의 우수한 시험지는 예例에 따라 올려서 검열하도록 했다.

청의 통치자는 명이 권력을 함부로 휘두른 환관 때문에 망한 교훈을 거울 삼아 그들이 정치에 참여하는 것을 엄격히 금지시켰다. 순치順治 10년에 환관은 "문지기와 청소하는 일을 맡는 직책일 뿐이었다. … 파견이 아니면 함부로 황성을 나갈 수 없고, 외관과 서로 결탁하면 모두 죽을죄로 논한다"188)고 했다. 순치 12년에는 "짐이 지금 내관內官 아문衙門의 인원수와 직책을 정하여 법제가 분명하니, 이후에 정치에 간섭하여 법을 어기거나, 권력을 남용해 뇌물을 받거나, 내외 아문에게 청탁하거나, 만주족이나 한족 관원들과 결탁해서 분수에 넘게 외부의 일을 함부로 상주하거나, 관리의 능력 여부를 상언上言하면 곧바로 능지처참하겠다. 특별히 철패鐵牌를 세워 대대로 준수케 하라"189)고 엄명했다. 강희제는 즉위한 후 내감內監 '13 아문'을 없애면서 "환관에게 위임해서 혼란을 초래하지 않은 적이 없었다"고 했다. 건륭제 때 열하熱河의 순무巡撫 장약영張若瀛은 법을 어긴 태감을 문책하여 특별 어지를 받아 7급이나 승진해 동지同知에 임명되었다.190) 가경嘉慶 10년에 "내무부內務府 대신에게 조서를 내려 내감을 엄격히 제약하고, 그 출입을 자세히 살펴 관사官史에 편찬하도록 해 교훈으로 삼았다."191) 가경 21년에 "특별히 친왕과 여러 왕들에게 조서를 내려 내감이 대신 상주하는 일이 없도록 하여 서로 결탁하는 실마리가 되지 않도록 했다."192) 한마디로 말하면 청 때는 환관이 권력을 찬탈해 정권에 간섭하는 일이 사라졌다.

---

187) 『동화록東華錄』 권80.
188) 『청사고淸史稿』 「세조본기世祖本紀」.
189) 『청사고淸史稿』 「세조본기世祖本紀」.
190) 『청사고淸史稿』 「고종본기高宗本紀」.
191) 『청사고淸史稿』 「인종본기仁宗本紀」.
192) 『청사고淸史稿』 「인종본기仁宗本紀」.

　고관을 임용하는 권력을 단단히 통제하고, 신하가 '당을 만드는 것'을 방지하기 위해서 강희제 때부터 곧잘 '힘 있는 대신 한둘이 그 권력을 조정하는'193) 회추會推 제도를 그만두게 하였다. 지방의 정사가 '미약하기가 겨자씨 같고, 미세하기가 누에의 실 같으나' 반드시 "하나하나 황제의 뜻에 따르고, 중추의 의견을 들었다."194) 또한 대신들이 붕당을 만드는 것을 엄금했다. 강희제는 "대신이 문호를 따로 세우고 사사로이 당을 만들면, 나라를 좀먹고 정사를 해치며, 결국에는 자신과 집안에 화를 끼칠 것이다"195)라 했다. 또 옹정제는 『붕당론朋黨論』을 써서 백관에게 경고하기도 했다. 안팎의 관리들이 결탁하는 것을 방지하기 위해, 흠정이부칙례欽定吏部則例에 "안팎의 관원이 친지나 친구와 우의를 나누는 것은 금하지 않지만, 외관이 부임하면서 경성에 있는 각 관료를 만나거나 임직한 곳으로 오도록 사람을 보내 서로 왕래하는 자는 면직한다"고 규정했다. 이 밖에 환관과 결탁하는 것과 수도의 관리와 부유한 사람이 함부로 결탁하는 것을 금지하고, 이를 어긴 사람은 참수형에 처하거나 면직시켰다.

　'간당죄奸黨罪'를 저지르면 명률과 같이 모두 참수형에 처했다. 기의 왕공에 속한 사람이 변방 지역의 관리로 일하다 일이 있어 서울에 오더라도 출신 기의 왕공을 알현하지 못하게 하고, 이를 어긴 사람은 무거운 죄로 다스리며, 그 왕공도 함께 처벌했다.196) 이 모든 것은 전제주의 중앙집권을 강화하려는 의도에서 비롯된 것으로, 대신들이 당을 만들어 황권을 위협하는 것을 엄격히 예방한 것임을 쉽게 알 수 있다. 그러나 국가를 황제 혼자 운영할 수 없고 반드시 관료기구에 의지해야 했기에, 청의 황제는 관료기구의 직능과 작용을 중시했다.

---

193) 『청조문헌통고淸朝文獻通考』 권55.
194) 『청조문헌통고淸朝文獻通考』 권55.
195) 『동화록東華錄』 권20.
196) 대청률례통고大淸律例通考 권6에 보임.

(2) 내각에서 군기처軍機處로

청 초기에는 만주 귀족으로 이루어진 의정왕대신議政王大臣 회의가 황제 다음으로 정책을 결정하는 성격을 가지고 있는 조직이었다. 군국의 큰일에 관해서는 때때로 의정왕 대신회의에서 의문議文을 작성해 상주한 후, 6부에 교부해서 집행했다. "군국에 관한 주요 사항은 내각 대신이 제출한 것이 아니면 모두 의정 대신에게 교부했다."[197] 청은 통일 정권을 세우면서 전국을 통일시키기 위해 한족 관료들의 지지가 더욱 필요해졌다. 그래서 만주 귀족만의 전제 정치는 정세 변화를 따라갈 수 없게 되었다. 강희제가 삼번三藩을 평정하면서[198] 탐관오리 늑이금勒爾錦, 찰니察尼 등 의정왕대신의 직무를 빼앗아, 의정왕대신이 국가 사무에 간섭하던 일을 조금씩 없앴다. 이와 함께 대만을 통일한 일도 중앙집권을 강화하는 데 좋은 여건으로 작용했다.

이를 기초로 강희제는 "천하의 대권은 오직 한 사람이 잡고 있어야지 옆으로 분산되어서는 안 된다"[199]고 강조했다. 그 후에 "의정왕 대신회의는 단지 칙령을 받들어 행할 뿐이었다."[200] 옹정제 때는 의정왕 대신회의가 더욱 유명무실해졌다. 건륭 56년(1791)에 의정왕 대신회의가 "처리하는 일도 없고, 실로 유명무실하다"[201]고 하여 정식으로 폐지하라는 명령을 내렸다. 의정왕 대신회의의 폐지는 여러 왕과 기주들이 정사를 논의하는 일이 끝났음을 선포한 것이다. 이러한 변천 과정은 황제 집권을 강화하는 과정이기도 하다.

청의 내각의 기원은 천총天聰 10년에 있던 내삼원內三院이다. 순치 15년 (1659)에 명의 제도를 모방해 내삼원을 내각으로 고치고, 대학사가 전각殿閣 직함을 겸하게 하며, 모두 4전殿 2각閣으로 나누었는데, 중화전中和殿·보화전

---

197) 소련昭槤, 『소정잡록嘯亭雜錄』 권3.
198) 1673~1681년에 오삼계吳三桂·상가희尙可喜·경중명耿仲明의 삼번이 청에 대하여 일으킨 반란.
　　ㅡ역주
199) 『강희정요康熙政要』 권3.
200) 『동화록東華錄』(강희조康熙朝) 권28.
201) 『동화록東華錄』(건륭조乾隆朝) 권114.

保和殿·문화전文華殿·무영전武英殿·문연각文淵閣·동각東閣이 그것이다. 건륭 13년에 중화전을 없애고 체인각体仁閣을 새로 만들어 3전 3각이 되었다. 그리고 순치제는 이들의 권력이 지나치게 커지는 것을 막기 위해 일부러 대학사의 품급을 2품에서 5품으로 낮추었다. 순치제가 죽은 후 "조상의 제도에 따라 모두 옛 질서를 회복하라"는 유조遺詔에 따라 내각을 폐지하고 내삼원을 다시 만들었다. 강희 9년 8월에는 내삼원을 다시 내각으로 고치고, 대학사가 상서尚書 직함을 겸하게 하고, 학사가 시랑 직함을 겸하게 했다. 청 초기에 내삼원제와 내각제를 왔다갔다한 것은 통치 집단 안에 조상의 제도를 지키려는 보수 세력과 명의 제도를 끌어다 쓰려는 세력 사이의 다툼을 드러낸다. 아무튼 중요한 것은 내삼원에 분산되어 있던 직권을 내각에 집중시켜 황제의 통제와 집권에 도움이 되게 함으로써, 강희제 때부터는 내각이 제도로 정착되었다는 점이다. 이 내각은 청 말기 관제를 개혁할 때 폐지되었다.

이처럼 내각은 "기무機務에 주력하고, 여러 관리들의 모범이 되었다."[202] 어지御旨를 대신 작성하고 비준했으며, 주장奏章을 올리는 등의 직무를 수행하는 중추기관이 되었다. 옹정제 때부터는 내각 대학사를 정1품으로 하여 그 지위를 백관보다 높였다. "군기에 임하는 사람으로는 친왕 이외에 대학사를 삼았는데, 그 세력은 당과 원의 삼공三公에 미치지 못했다."[203] 대학사는 어지를 작성하는 일을 직접 관장하여 날마다 내각에 나가 사무를 보고 숙직을 했다. 강희 9년에 이울李蔚이 보화전保和殿 대학사로 있을 때, "기밀 조서는 이울이 날마다 구두로 전달받아 초안을 작성하고, 물러가 밤까지 일하거나 내각에 남아서 숙직했다."[204]

청의 대학사는 공훈이 높고 지위가 매우 높았지만 실권은 명 때보다 훨씬 못 미쳤는데, 황제가 직접 내외 대신의 상주문을 결재했기 때문이다. "내각 대신들은 황제와 함께 국정을 의논하는 것이 아니었으며, 천자가 내각 신하

---

202) 건륭회전乾隆會典 권1.
203) 『청사고淸史稿』「대학사년표서大學士年表序」.
204) 『청사고淸史稿』「이울전李蔚傳」.

에게 칙령을 직접 전달하며, 물러가 초안을 황제에게 올려서 황제로부터 괜찮다는 허락이 있으면 그 사안을 해당 부서에 하달할 뿐이었다."205) 또한 의정처議政處와 남서방南書房이 직권 행사를 견제했기 때문이다. 특히 "옹정 연간 이후 어지를 받들고 보내는 군기처가 있어서 내각 재상이 보좌한다는 것은 이름뿐이었다."206) 관명만 남은 속 빈 직위였다. 내각 대학사가 지위는 높았지만 권력이 약했기에, 통치 집단 내부에서는 권력관계를 고르게 하거나 어느 대관을 승진시키거나 강등시키는 조치가 필요해졌다.

강희 16년에 집권하는 데 필요하여 한림翰林 등의 관리를 선발해 건청궁乾淸宮 남서방에서 당직하게 했는데, 그를 '남서방 행주行走'라고 했다. 인원수는 정해지지 않아서 "많을 때는 여덟아홉 명에 달했다."207) 남서방은 편제에 따라 문자를 쓰는 일은 물론 황제의 뜻을 받들어 조서를 작성하고, 정령을 반포하는 일을 하는 중요한 기구였다. 그러므로 "귀한 사람이나 위에서 믿는 사람이 아니면 들어가지 못했다."208)

강희 60년에 체제를 재정비하여 통치 기초가 확고해지고, 사회 경제도 눈에 띄게 발전하여 전제주의 중앙집권이 더욱 강화될 수 있는 여건이 만들어졌다. 옹정제는 즉위한 후 군기처를 설립하여 의정왕 대신회의를 대체했다. 이것은 청이 황제 집권을 강화하기 위해 취한 중요한 조치이며, 이전 왕조와 구별되는 표지이기도 하다.

옹정 7년에 서북쪽에 병력을 동원하면서 "내각이 태화각太和閣 밖에 있어 기밀이 누설될까 염려해, 군기방軍機房을 융종문隆宗門 안에 설치했다."209) 내각 가운데 믿을 만한 중서中書를 뽑아 기무를 담당하게 했다. 옹정 7년 6월에 정식으로 이친왕怡親王 왕윤상王允祥, 대학사 장정석蔣廷錫·장정옥張廷玉을 군기 담당으로 임명했다. 또 옹정 8년에는 군기軍機 장경章京을 부설했다.

---

205) 협풍모協風毛, 『내각소지서內閣小志序』.
206) 『청사고淸史稿』「대학사년표서大學士年表序」.
207) 오진계吳振棫, 『양길재총록養吉齋叢錄』 권4, 7쪽.
208) 소석蕭奭, 『영실록永實錄』 권1, 65쪽.
209) 양장거梁章巨, 『추원기략樞垣紀略』 권27.

옹정 10년에는 군기방을 건청문乾淸門 밖으로 옮기고 정식으로 군기처로 이름을 바꾸고, 군기처의 인신印信을 제정했다. 군기처는 원래 정식기관이 아니라 공서公署도 전문 관리도 없었다. 그래서 대청회전에는 '군기처 담당'이라고만 하고 있다. 그러나 모든 군정 사무를 지휘하기 편해서, 서북 용병이 끝난 뒤에도 해산시키지 않고 상설기관으로 만들었다. 군기처가 청의 국가기관 가운데 특수한 지위와 권력을 갖게 된 것은 황권이 강해진 부산물이라고 할 수 있다.

군기처는 내각이 가지고 있던 중요 정무에 대한 결재권을 가져갔을 뿐만 아니라 내각에서 작성한 문서를 수정할 수도 있었다. 군기처에서 초안을 작성한 조서 가운데 어떤 것은 '먼저 내각에 내리고, 그 다음 부원部院에 이르도록'210) 했는데, 이를 '명발明發'이라 했다. 어떤 것은 내각을 거치지 않고 군기대신이 봉함해서 역을 통해 직접 독무督撫에게 전했는데, 이를 '정기廷寄'211)라고 했다. 그리고 지방 독무의 장주章奏도 군기처를 통해 직접 황제에게 전달되었다. 정기 제도를 만듦으로써 지방과 중앙의 연계를 강화하여, 황제의 조서도 장애 없이 빠르게 지방에 전달할 수 있었다. 이로써 내각 대학사는 공적인 일을 시행하는 척만 하는 유명무실한 승상이 되었고, 특히 상주문을 관장하는 통정사사通政使司는 허수아비에 지나지 않게 되었다.

군기처의 직권과 활동의 특징은 아래와 같다.

① 군기처의 지위가 대단하긴 했지만 정책 결정권이 없어 "단지 전하는 말을 수정하고 쓸 뿐 조금도 첨가할 수 없었다."212) 가경제嘉慶帝는 조서에 "군기대신은 어지를 받들어 조서를 쓰고, 군주의 정치를 도와 책임을 다하는 직책이며, … 우리 왕조 성조聖祖의 기강을 받들어, … 신하가 국정을 저지하지 못하도록 명하고, … 행정 업무를 처리할 때도 오직 명령에 따를 뿐이어서 대권에 전혀 누수 현상이 없다"213)고 했다.

---

210) 『청패류초淸稗類鈔』「작질류爵秩類」 21쪽.
211) 소련昭槤, 『소정잡록嘯亭雜錄』 권1, 13쪽.
212) 조익趙翼, 『첨폭잡기詹曝雜記』 권1, 3쪽.
213) 양장거梁章巨, 『추원기략樞垣紀略』 권1.

② 군기처는 관官은 있되 이吏는 없는 특수한 아문이다. 군기대신은 황제의 친왕부터 내각 대학사, 6부 상서, 시랑중侍郎中에서 특별 선발하는 사람으로 만주 귀족이 가장 많았다. 수석 군기대신을 '영반領班'이라 하고, 그밖에 경력과 지위에 따라 군기대신, 군기대신 상행주上行走, 군기대신 상학습행주上學習行走 등이 있었다. 군기대신은 정원이 없었고, 가장 많을 때도 예닐곱 명에 지나지 않았다. 그 밑에는 군기 장경章京을 두고, 만주족과 한족 2반班의 각 8명이 조서 쓰기, 서류 기재, 상주문 심사 같은 구체적 사무를 담당하게 했다. 기밀 누설을 막기 위해 군기처에 서리書吏를 두고 일처리 하는 것을 금지했고, 청소나 잡일을 하는 사람도 '내무부 동자童子'를 뽑았고, "20세가 되면 곧 내보냈다."214)

③ 군기처는 기밀을 유지하도록 강조했다. 건륭 12년에 황제가 명하여 "군기처는 기밀을 다루는 곳이므로 교부된 밀의密議 장주章奏가 밖으로 새어 나가게 해서는 안 된다"215)고 주의를 주었다. 가경 5년에는 "군기처는 추무樞務를 처리하고 밀지密旨를 쓰는 곳이므로 엄밀함이 중요하니, 군기대신이 어지를 쓰고 어명을 베껴 쓸 때 조금도 누설되지 않게 하라"216)고 명을 내렸다. 그래서 왕 밑의 만주족, 한족 문무 대신들이 군기처에 와서 군기대신과 이야기하는 것을 금했다. "어기는 사람은 엄히 처벌하고, 용서하지 않았다." 날마다 어사 1명을 군기처에 파견해 군기처 옆의 내무부 숙직실에서 감시하게 하고, 이상이 발견되면 상주해서 엄히 처벌했다.

(3) 6부와 같은 행정기관의 조정

중앙 행정기관은 명의 제도를 이어 받아 6부를 세워 만주족과 한족 상서 1명씩, 시랑 2명씩 두고, 그 밑에는 소속 관원으로 낭중郎中·원외랑員外郎을 두었다. 6부 장관은 필요한 칙령을 내리도록 황제에게 청할 수만 있었고,

---

214) 소련昭連, 『소정잡록嘯亭雜錄』 권2, 4쪽.
215) 양장거梁章巨, 『추원기략樞垣紀略』 권1.
216) 양장거梁章巨, 『추원기략樞垣紀略』 권14.

지방에 직접 명령을 내릴 수는 없었다.

　6부 가운데 이부가 가장 으뜸이었지만, 관리를 임명하는 권한 역시 황제가 독점했다. 또 군기처에 권한을 빼앗겨서 실제로는 단지 문무관의 임직과 파면의 처리, 시험 전형, 서류 준비 정도나 하고 큰일은 하지 못했다. 호부에 속한 기관은 복잡한 편인데, 지역에 따라 14개의 청리사淸吏司를 설치했다. 그 중 산서성 청리사만 다른 일을 겸하지 않고 그 성의 지세地稅만 관리했고, 다른 청리사들은 다른 성을 함께 관리하거나 다른 일을 겸했다. 예를 들면 절강 청리사는 전국의 인구와 양식을 함께 관리하고, 운남 청리사는 전국의 곡물 운송을 관장하고, 귀주貴州 청리사는 전국의 관세關稅를 관리하여, 이름과 실제 하는 일이 맞지 않아 혼란을 가져왔다.

　병부는 형식상 최고의 군사기관이었다. 그러나 군기처가 설립된 뒤에는 "인적 사항을 파악하고, 하급 관리를 고찰할 뿐이었다."217) 형부에 소속된 기관도 매우 복잡해서 17개 성에 청리사를 두었는데, 어떤 곳의 청리사는 두 성을 관리하기도 했다. 예를 들어 봉천 청리사는 길림·흑룡강성의 형명刑名을 관리했다. 한 가지 일을 두 곳에서 처리하는 경우도 있었다. 예를 들면 죄형의 감면을 강소성江蘇省 청리사에서 처리하게 하면서, 또 전문적인 감등처를 설치하기도 했다. 이렇듯 직무 분담에 규율이 없어서 행정 효율이 저하되고, 폐단이 많이 생겼다. 또 형부에 독포督捕 청리사를 설치해 팔기와 각 성 주둔지의 도피자를 관리하게 했다. 이것은 청의 통치 특성을 반영하는 기구로 볼 수 있는데, 원래 병부의 관할을 형부에 소속시켰다.

　6부 이외에 기타 원院·시寺·부府·감監을 명 때보다 줄이거나 병합했다. 그래서 구시九寺 가운데 형옥을 심리하는 대리시大理寺, 제사를 관리하는 태상시太常寺, 예식·연회·조회 등을 관리하는 광록시光祿寺·홍려시鴻臚寺와 마정馬政을 관리하는 태복시太僕寺만 남았다. 그리고 오감五監은 국학國學 정령政令을 관장하는 국자감만 남았고, 인재를 양성하는 한림원만 여전히 명 때의

---

217) 『역대직관표歷代職官表』 권12.

지위를 유지했다. 또한 명 때 각 성의 공문을 수납하던 통정사사도 그대로 두고, 그 장관을 9경 가운데 한 명으로 국가의 정무·대옥大獄의 의결에 참여하게 했다.

(4) 지방행정 관리체제

지방 행정기관은 성省·도道·부府·현縣으로, 모두 4단계였다.

명 때는 임시로 파견되던 독무가 성급省級 장관으로 자리잡아 황제를 대신해 지방의 군정 대권을 행사했는데, 이는 청이 중앙집권을 강화한 중요한 조치였다. 도지휘사都指揮使는 위소제衛所制를 폐지하여 그 군권이 독무에게 합쳐졌다. 포정사와 안찰사도 행정상 독립성을 잃고 독무에 속하게 되면서 지방의 민재民財와 형옥을 담당하는 기관이 되었는데, 이를 '양사兩司'라고 했다. 독무가 모든 실권을 쥐고 있어서 순치 때는 "각 성 독무에 모두 만주족을 임용했다."[218] 강희제 때는 산서·섬서 두 성을 만결滿缺[219]로 삼아서 만주족만 임용했고, 한족 독무는 "만주족의 순방巡方을 통해서 감찰했다."[220] 옹정제는 지방 관리에게 반드시 일마다 상주하도록 명하고, 독무의 모든 활동은 중앙의 지시에 따르도록 했다.

성 밑에는 도道를 두었는데, 건륭제 때부터 '수도守道'와 '순도巡道'를 설치했다. 앞의 것은 고정된 관할구가 있어서 주로 조세와 정무를 관리했고, 뒤의 것은 어떤 지역을 나누어 순찰하며 주로 형사사건을 다루었다. 도원道員을 실관實官으로 바꾼 뒤에는 병兵에 대한 직무를 덧붙여서 경내境內에서 도사都司 밑의 무직 관원을 다스리고, 감찰권을 가졌다. 그밖에 특별히 전문 사무를 하는 도원道員을 두었는데, 독량도督糧道·염법도鹽法道·병비도兵備道·해관도海關道 등이다.

도 밑에는 부府를 두고 지부知府를 장관으로 삼았는데, 위의 지시를 받들어

---

218) 『청패류초淸稗類鈔』 「작질류爵秩類」 97쪽.
219) 만주족만 임용하던 관직을 말한다. ─역주
220) 『동화록東華錄』(강희조康熙朝) 권34.

아래로 하달하는 지방관이다. 지부 아래 관리들은 경내境內에서 나뉘어 지키다가, 차츰 하나의 행정 단위인 청廳으로 고정되었다. 주현을 설치하기에 적합하지 않은 소수민족 거주 지역에도 청을 설치했다. 청에는 직예청直隸廳과 산청散廳이 있었다. 그밖에 주州 또한 부府에 속한 행정 단위로, 직예주直隸州와 산주散州가 있었다. 청廳은 주州와 마찬가지로 고정된 행정 단위였지만, 일급 정권기관은 아니었다.

부 밑에는 현縣을 두고 지현知縣을 임명했는데, 한 현의 정령政令·부역·소송·문교文敎를 관리했다.

이 밖에도 청은 특별행정구인 순천부順天府와 응천부應天府를 설치했다. 순천부는 경기 부근의 주현을 관할하고, 부윤府尹은 정 3품으로 일반 지부보다 2급이 높았으며, 총독을 거치지 않고 직접 황제에게 상주할 수 있었다. 응천부는 배도陪都인 성경盛京에 설치해 5부·4청·6주·26현을 관할하고, 부윤은 만결滿缺 정3품으로 직접 황제에게 상주할 수 있었다.

청의 기층조직은 보갑保甲으로, 감시·방범·인민의 반항을 진압하는 책임을 졌다. 청의 통치자는 "도적을 잡는 좋은 법으로 보갑만한 것이 없다"221)고 했다. 강희제는 성유십육조聖諭十六條에서 예전에 "보갑이 함께 도적떼를 토벌하라"고 했던 지시를 다시 시정施政 방침의 하나로 삼았다. 강희 47년에 보갑제를 정비하여 호마다 "인쇄된 종이를 주어 거기에 이름과 정남丁男 수를 쓰게 하고, 외출할 때는 가는 곳을 분명히 밝히고 들어올 때도 그렇게 하도록 하며, 수상한 사람은 상세히 살펴보지 않고는 머물 수 없었다. 월말에 보장保長이 일이 없는지 결과를 관에 보고하고 조사받도록 했다."222) 옹정 4년에는 "10호에 1패두牌頭를 두고, 10패에 1갑장甲長을 세우며, 10갑에 1보정保正을 둔다"223)고 규정했다. 묘족과 장족壯族이 거주하는 지역인 강서·절강·복건·광동의 산간 지역과 강소 소주의 일부 지역에도 보갑제를 실시했다.

---

221) 『청조문헌통고淸朝文獻通考』 권22.
222) 『청조문헌통고淸朝文獻通考』 권22.
223) 『청세종실록淸世宗實錄』 권46.

보갑장은 모두 '글을 알고 출신이 좋은 사람'224)을 뽑았고, "사대부가 그 고향을 다스리게 했다."225)

청의 보갑조직은 매우 널리 여러 민족들에게 전개되어 방대한 통치망을 형성해 국가가 인민을 강하게 통제할 수 있었다. 또한 청의 민족 업무기관은 황족 업무기관과 마찬가지로 전체 국가기관 가운데 중요한 조직으로, 매우 중요한 작용을 했다.

(5) 민족과 황족 사무를 관리하는 전문기관의 설치

청은 중국 왕조 가운데 여러 민족을 가장 안정되게 훌륭히 통일한 왕조였다. 청은 일련의 민족통치 정책을 수립해 몽고족·회족·장족藏族 등 소수민족 사무를 관리하는 전문기관인 이번원理藩院을 세웠다. 강희제는 지난날을 회상하며 "태종 문황제文皇帝 때, 몽고 부락이 전부 귀속해 이번원을 설립하여 외번 사무를 전담했다"226)고 했다. 순치 18년에는 여러 차례 칙령을 내려 "이번원은 책임이 막중하다"든가, "이번원 상서는 6부 상서의 의정 관례에 따르도록 한다"227)고 했다. 옹정제 이후부터 왕공 대학사가 이원사理院事를 겸했다. 이번원은 상서 1명과 좌우 시랑 2명을 두고, 만주족이나 몽고족으로 충당했다. "외번의 정령을 관장하고, 작위와 봉록을 제정하며, 조회를 하고 형벌을 바르게 했다."228) 또 일부 속국의 사무와 러시아와 교섭을 관리했다.

청 때 황족 사무를 관리하던 기관은 종인부宗人府로, 친왕·군왕을 정 1품 종인령宗人令으로 임명하고, 그 밑에는 좌우 종정宗正, 좌우 종인宗人들을 두었다. 그들은 모두 만주 귀족이었다. 종인부는 황족의 속적屬籍을 관장하고, '옥첩玉牒'을 편찬하며, 황족 관원을 의논하여 처리하고, 황족 사이의 소송을 심리했다. 황족의 존귀함을 나타내기 위해 종인부의 위상은 내각 6부보다

---

224) 『청조문헌통고清朝文獻通考』 권24.
225) 『청조문헌통고清朝文獻通考』 권21.
226) 광서회전사례光緒會典事例 권25.
227) 광서회전사례光緒會典事例 권25.
228) 광서회전사례光緒會典事例 권63.

높게 했다.

그밖에 궁정 사무를 관장하고, 황제의 의·식·주를 위해 봉사하는 내무부
內務府가 있었다. 내무부는 총간總管 대신이 담당하거나, 부에 속한 여러 경卿
가운데 선임하거나, 왕공·내대신·상서·시랑이 겸임하기도 했다. 내무부는
"황제의 삼기三旗와 포의包衣에 관한 정령과 궁에 관한 규제와 사무를 관장하
고, 부에 속한 이·호·예·병·형·공의 일도 모두 관장했다."229) 그러므로 기구
가 방대하고 속관도 많아 장역匠役·군정軍丁·태감太監 말고도 직관이 3,000여
명이나 되었다. 전국의 영토·논밭·호적·조세 사무를 관장하는 호부 관원보
다 10배 이상 많았다. 여기에서 황제의 전제적 권위가 어떠했는지를 알 수
있다.

청 때 국가기관의 설치·활동·상호 관계를 총괄하면 아래와 같은 특징들
이 있다.

첫째, 조직제도에서 국가 권력이 최고 통치자인 황제에게 있었고, 한편으
로는 국가의 정무·대옥大獄에 관한 회의와 회심會審·회주會奏 제도를 실행해
중앙기관들이 기능을 충분히 발휘하게 했다.

중대한 군정 사항이나 중요 장관의 상벌과 대옥의 판결은 모두 먼저 9경
회의와 회심에 하달한 뒤에야 황제에게 상주했다. 이러한 제도는 황제가
마지막으로 결단을 내리는 데 중요한 근거가 되었다. 9경 회의에 참석할
관원들은 반드시 '기일에 맞추어 소집'해야 했으며, 도찰원에서 만주족·한
족 어사 1명씩 파견했다. "일이 있어 참석하지 못한 9경은 서류에 기록하고
뒤에 조사를 받게 했다. 이유 없이 참석하지 않으면 곧바로 상주해서 책임
회피의 예例로 1년치 봉록을 줄였다."230) 9경 회의는 '사건 조사를 30일 안에
완결해야 하고'231) 지연할 수 없었다. 9경 회의의 사항만 상주한 것이 아니라,
강희 23년에는 또 "한 가지 일이 두 부部에 걸쳐 있을 때는 모두 모아 상주해

---

229) 대청회전大淸會典 권89.
230) 흠정이부칙례欽定吏部則例 권11.
231) 흠정이부칙례欽定吏部則例 권10.

야 한다"고 칙령을 내려 황제가 재결했다.[232]

둘째, 국가기관의 활동은 규장을 따르게 하여 법을 지킬 수 있었다.

예를 들어 청회전에 규정된 각 행정기관의 직무는 무척 상세할 뿐만 아니라 강제성도 가지고 있었다. 청의 관원 위상추魏象樞는 "회전은 이 시대의 헌장憲章으로 율과 밀접한 관계가 있다. 회전에 기록된 모든 것은 신하가 행하고 지켜야 할 정령이며, 각 부처에 따라 나눈 직무의 여러 가지 예제는 그 조항 속에 담기지 않은 것이 없다"[233]고 했다. 회전 외에 육부현행칙례六部現行則例, 육부칙례六部則例와 흠정이부처분칙례欽定吏部處分則例는 모두 관리의 직무와 직책을 엄정하게 지키도록 한 것이다.

셋째, 만주 귀족들에게 권력을 행사하는 데 우월한 지위를 확보해 주어 한족 관원을 이용하고 통제할 수 있도록 했다.

청의 관제는 형식상 만주족·한족을 하나로 한다고 하며 중앙 6부의 장관을 만주족·한족이 함께 복직하도록 했지만, 실권은 만주족 관원에게 있었다. 한족 관원은 "따라야만 했고, 복직하지 않는 경우도 있었다."[234] 순치제는 『십조성훈十祖聖訓』에서 "짐이 친정한 이래, 각 아문의 상주는 만주족 대신만 보고, 한족 대신은 보지 말라"고 했다. 강희 48년 상서에도 지적하기를 "한족 대신은 자신과 관련되지 않은 일이면 조용히 아무 말도 하지 않았다."[235] "크고 작은 한족 관원은 모든 일을 만주족 관원에게 미루고, 일이 원만하면 자기 공로로 돌리고, 온당치 않으면 남에게 과오를 돌렸다."[236] 청 초기에 각 성의 독무는 주로 만주족이 차지했는데, 건륭제 때 어느 한족 관원이 "어찌 안은 만주족이고, 밖은 한족입니까?"[237]라며 문제를 제기했다.

조직에서 만주 귀족이 주요 부문을 통제할 수 있도록 청은 임관제도에

---

232) 『청사고淸史稿』「성조본기聖祖本紀」.
233) 『한송당집寒松堂集』 권1.
234) 조익趙翼, 『첨폭잡기詹曝雜記』 권2.
235) 『동화록東華錄』(강희조康熙祖) 권83.
236) 흠정이부칙례欽定吏部則例 권11.
237) 『동화록東華錄』(건륭조乾隆朝) 권17.

'관결官缺' 제도를 창설했다. 이것은 청 특유의 것으로, 통치 집단 내부에서 관직을 분배하는 제도인데, 만관결滿官缺, 몽고관결蒙古官缺, 한군관결漢軍官缺과 한관결漢官缺 네 가지가 있었다. 관결을 근거로 관직을 주었는데, 중앙기관에는 이번원理藩院·종인부宗人府와 곡물·세금창고·화약고와 같은 주요 기관을 관장하는 직관은 모두 만결滿缺로 하고, 각 성의 주방장군駐防將軍·도통都統·참찬대신參贊大臣·성경오부시랑盛京五部侍郞도 그러하며, 지방의 독무督撫·사도司道·총병總兵·제독提督은 만주족과 한족이 모두 할 수 있었지만 경성 근처나 요충 지역은 대개 만주족 관리를 썼다. 강희제 때 독무에 임명된 한족은 '열에 두세 명'이었다. 건륭제 때 순무는 만주족과 한족이 반씩이었고, 총독은 대부분 만주족이었다.238) 함풍咸豊 연간 이후에야 한족 관리도 지방의 높은 관직에 많이 임명되었다.

그러나 지부知府 이하의 관리에는 여전히 한족이 많았다. 이것은 청의 통치자들이 '한족으로 한족을 제압'하는 정책의 하나였다. 만관결에는 한관이 임직하지 못했으나, 경京 안팎의 한관결에는 만관이 임직할 수 있었다. 여기에서도 두 민족 사이의 불평등을 볼 수 있다. 종합하면, 청은 관결제도를 통해 관직의 분배를 제도화하여 만주 귀족이 국가기관을 굳건히 통제하도록 보장했다. 그러나 만주 귀족들이 중국 전체를 다스리기 위해서는 반드시 한족 지주와 관료들의 지지를 얻어야 했기에, 만주 귀족을 주체로 만주족과 한족을 연합하는 전제 정권을 세워야 했다. 그래서 산해관에 진입하기 전에 청태종은 한족을 이용하는 것을 중요하게 여겼다. 산해관에 진입한 뒤에도 이러한 정책을 계속 추진했다. 강희제 때는 만주족과 한족의 대학사나 각 부 상서의 품계를 하나로 통일하고, 동직 동급을 실천함으로써 한족 관료에 대한 신임을 나타냈다. 그는 자주 "만한의 군민을 원래 차별하지 않는다,"239) "만한의 문무는 모두 하나이다,"240) "만한은 모두 짐의 신하로서 짐은 하나로

---

238) 『청고종실록淸高宗實錄』 권184.
239) 『동화록東華錄』(강희조康熙朝) 권9.
240) 『동화록東華錄』(강희조康熙朝) 권21.

여기고, 나누어 차별하지 않는다"241)고 했다.

그러나 만한 일체를 주장하던 강희제도 한족 관리에 대한 경계를 잠시도 늦추지 않았다. 그는 "예로부터 한족은 당을 만들고, 각자 자신의 사람을 이용해 윗사람을 상습적으로 기만했다"242)고 했다. 그는 자손들에게 간곡하게 "한족은 마음이 가지런하지 않고, 만주·몽고족은 모두 한 마음이다. 짐이 재위한 지 여러 해 동안 한족을 다스리기 어려웠던 것은 한 마음이 될 수 없었기 때문이다. 나라가 평화로운 지 오래이나, 반드시 안정 속에 위험이 있음을 잊지 말아야 할 것이다"243)고 당부했다.

청의 통치자는 한족 관리를 이용하면서도 한편으론 경계했다. 예를 들어 지연을 이용해 지방 세력을 만드는 것을 막기 위해, 한족 관리는 출신지나 거기에서 5백리 안쪽인 곳에는 임직할 수 없게 하는 임관회피 제도를 만들어서 이를 어기면 강등하거나 해임했다. 또한 외임 관원을 보충할 때, 상사上司와 종족·외인外姻·사생師生 관계이면 전례에 따라 회피했다. 그밖에 관리의 보거保擧 연좌제도를 실행했다. 지부보거연좌법知府保擧連坐法에서 지부는 천거한 주·현의 관리의 언행과 범죄행위에 연대 책임을 지고, 9경의 보거保擧로 임직한 관원이라도 죄를 범하면 그를 천거한 관리도 2급을 낮춰 좌천시켰다. 상하급 사이에 보증·추천 관계가 없어도 연대 책임을 졌다. 건륭 연간에 운남 순무 손사의孫士毅가 총독의 뇌물수수를 상주하지 않아서 직책을 박탈당하고, 이리伊犁에 보내져 변방을 지켜야 했다.

넷째, 각 기관들이 서로 견제하게 하여 권력 균형을 유지했다. 때때로 한 가지 사무를 여러 기관이 함께 관리하게 되어 6부 상서와 시랑 사이에도 권력 충돌이 일어났는데, 가령 6부의 주문奏文을 시랑이 동의하지 않으면 '전례대로 올리지 못하고,' 상서와 시랑이 따로 상주해야 했다. 이런 방법으로 청의 통치자는 대신이 권력을 독점하는 것을 방지했으나, 그 결과 직무와

---

241) 『동화록東華錄』(강희조康熙朝) 권90.
242) 『동화록東華錄』(강희조康熙朝) 권58.
243) 『동화록東華錄』(강희조康熙朝) 권98.

권한이 일치하지 않게 되고, 책임이 명확해지지 않아 효율성이 매우 떨어졌다. 광서光緖 23년에 관제를 개혁하는 주문에서 청의 이러한 현상을, "쌓인 폐단을 분간하기 어려움은 사실 책임이 불명확한 데도 그 이유가 있다. 그것은 세 가지로 밝힐 수 있는데, 하나는 권한을 분담함이 없음이요, 하나는 직책이 명확하지 않음이요, 하나는 기관의 이름과 실제가 부합하지 않음이다. 이름은 이부吏部지만 선발하는 일만 관리하고 평가하는 권한은 없다. 이름은 호부지만 출납하는 일만 담당하고 통계하는 권한은 없다. 이름은 예부지만 법에 관한 일만 맡고 예교禮敎하는 권한은 없다. 이름은 병부지만 병적의 녹영綠營·무직武職의 승천만 관리하고 통제하는 권한은 없다."244) 이러한 현상은 전제주의 집권제도가 발전하면서 생긴 어쩔 수 없는 결과이다.

다섯째, 각 민족의 상위 계층을 이용하여 전국의 통일을 유지할 수 있었다.

청은 만주 귀족을 주체로 통일된 다민족 국가이다. 청의 통치자는 정치를 안정시키기 위해서 각 민족의 상층을 포섭했다. 이에 순치제가 산해관에 진입한 뒤 '화이무별華夷無別'이란 여론을 이끌며 소수민족의 지위를 높이고, 소수민족 지역에서 시행하던 농노제와 노예제도를 인정해 그들 통치자의 이익과 특권을 보호해 주었다. 몽고의 경우 자카산 제도를 실행해서 몽고 귀족의 세습 권력을 보장했다. 청에서 보낸 관원은 몽고 왕공과 "사이가 좋아야 하고, 모든 일을 상의해서 해야 했다."245) 청은 중앙정부를 대표하는 주장駐藏 대신을 파견하여 달라이, 반선班禪과 함께 티베트를 관리하고, 달라이와 반선이 황제를 알현할 때는 무릎을 꿇는 예를 하지 않아도 되도록 특별히 배려했다. 청 초기에는 묘족苗族·요족瑤族·이족彝族 등의 소수민족이 거주하는 지역에서 명의 제도를 답습해 토사土司 제도를 실행하여, 토관土官을 설치하고 소속 문무의 다스림을 관장했다. 옹정 4년에 토사를 없애고 유내관流內官으로 바꾸어 중앙정부에서 직접 지방관을 임명하고 파견했는데, 그래도 여전히 소수민족의 상층 계급을 보호하는 제도들을 유지했다.

---

244) 대청회전사례大淸會典事例 제5,577쪽.
245) 『청성조실록淸聖祖實錄』 권191.

여섯째, 명의 제도에 기초하여 그 제도를 더욱 발전시켰다.

청은 국가기관을 설치함에 기본적으로 명의 제도를 따랐지만 만주 귀족이 주체가 된 국가이기에, 역대 왕조의 통치 경험을 흡수한 바탕 위에 새롭게 발전한 정권기관을 세웠다. 예를 들면 군기처·이번원·팔기도통아문八旗都統衙門·주방장군駐防將軍과 소수민족을 통치하는 번속관藩屬官을 증설한 것이다. 또한 명에서는 감찰 성격을 가졌던 총독·순무를 봉강대리封疆大吏로 고치고, 지방 3사司를 2사로 줄이며, 임시직이던 도원道員을 실관實官으로 고치고, '청廳'이라는 행정 단위를 새로 만들었다.

2. 직관 관리의 제도화·법률화

(1) 직관의 선출과 천거, 연납捐納

청의 직관 선출 방법은 여러 가지가 있었지만 과거가 원칙이었다. 순치 2년 산해관에 진입한 지 얼마 되지 않아 과거를 실시하면서 명 때의 생원은 모두 유효하다고 선포하고 한족 사대부와 지식인을 적극적으로 모집해서 반청 투쟁을 완화시켰다. 청은 과거제도의 구체적인 규정을 명 때와 같이, 삼년마다 한 번씩 시험보고, 향시鄕試·회시會試·전시殿試 3급으로 했다. 향시는 성성省城에서 거행하는데, 수재 자격을 취득한 사람만 참가할 수 있었다. 회시는 경성京城에서 예부禮部가 주최하는데, 거인擧人 자격을 취득한 사람만 참가할 수 있고, 여기에 합격하면 황제가 직접 주최하는 전시에 참가할 수 있었다. 전시는 삼갑三甲246)으로 나누었다.

과거 시험의 형식은 명의 팔고문八股文을 채택하여 엄격한 형식과 틀에 박힌 내용으로 사대부의 사상을 틀에 가두었다. 강희제는 "팔고문을 모르는 것이 쓸 데 없는 것이 아니라, 인재를 모으는 데 이만한 것이 없다"고 생각했

---

246) 삼갑三甲이란 황제 앞에서 보는 전시殿試에서 합격한 1·2·3등을 3갑으로 나눈 것을 말하는데, 송 때부터 유래되었다. 1갑의 1등을 장원狀元, 2등을 방안榜眼, 3등을 탐화探花라고 했다. 명·청도 여전히 삼갑三甲으로 했는데, 1갑은 3명으로 제한했다. —역주

다. 강희제는 널리 인재를 구하기 위해 통치 기초를 확대하고, 정과正科 외에 박학홍유(사)과博學鴻儒(詞)科, 경제특과經濟特科, 효렴방정과孝廉方正科 등의 특과를 늘렸다. 강희 17년에 '박학홍사과'를 실시했는데, 내외 대신의 천거를 받으면 벼슬이 있거나 없거나 모두 전정殿廷에 불러서 시험을 보았다. 명망이 있는 사람은 모두 합격하고, 합격된 50명 가운데 '명사名士'인 주이존朱彝尊·탕빈湯斌·반래潘來·모기령毛奇齡·우동尤侗에게 모두 한림원 관직을 주었다. 이러한 특과로 "사람을 풍성히 얻었다."[247] 건륭 원년에는 '박학홍유과'를 거행하고, 26년에는 '태후만세은과太后萬歲恩科'를 거행했다.

청은 관원은 모두 과거 시험을 거쳐야 한다고 규정했지만 만주족은 특권을 가지고 있어서, 과거는 한족이 정권에 참여할 수 있는 입구를 마련한 것일 뿐이었다.

청의 관리 선출에 관한 칙례에 의하면, 과거 급제를 해야만 직책을 받을 수 있고, 그밖에는 조고朝考를 거친 후에야 관직을 받을 수 있었다. 조고는 진사를 선출하는 절차였다.

황제가 직접 임용하는 것이 '특간特簡'인데, 이는 어떤 법률 조례에도 제한을 받지 않았다. 대신들이 추대해 임용하는 것은 '회추會推'라고 했다. 순치 6년에 "총독·순무 자리가 나면 회추를 통해 보거保舉해 보충한다"고 규정했다. 순치 10년에는 "회추를 그만두고, 마땅히 진급하고 옮겨야 하는 각 관원들을 열거한다"고 했다. 또 강희 2년에는 "대학사가 원결員缺이 되거나 상서가 원결이 되면 어지를 청하고 회추한다"[248]고 정했다. 공로가 있는 관원이나 공적인 일로 순직한 관원의 자제는 '음습蔭襲'해 관직을 얻을 수 있었다. 또한 천거 제도도 시행했는데, 천거를 회피하기도 했다. 강희 41년에 "9경이 천거할 때, 고향과 현재 부임하고 있는 성의 관리를 천거해서는 안 된다"는 명을 내렸다. 그러나 때로는 꼭 회피하지도 않았다. 옹정 2년에 "경관으로 주사主事 이상, 외관으로 지현 이상인 사람은 품행과 재능이 특출하면 임용할

---

247) 『청사고清史稿』「선거지選擧志 4」.
248) 『고금도서집성古今圖書集成』「전형전銓衡典」 권11.

수 있다. 친척 자제라도 회피할 필요가 없다”고 했다. 그러나 천거가 부실하면 천거한 사람은 죄를 범한 것으로 보아 연좌 처분을 받았다. “사람을 얻으면 진현進賢의 상을 주었고, 잘못이 있을 때는 엄히 연좌하여 처벌했다.”

청은 관리의 자격 제한을 엄격하게 했다. “출신이 청백하고 팔기에 속한 사람에 한하며, 한인 집안의 노비는 함부로 사적仕籍에 들 수 없었다.”249) 첨사부·한림원·이부·예부의 낭관郎官은 반드시 기원旗員이나 과갑科甲 출신만 임용하고, 보거保擧나 연납 출신은 쳐다볼 수도 없었다. 그 후에는 연납捐納이 성행하게 되어 돈이면 어떤 자리도 얻을 수 있었다.

청에서 시행한 연납은 이치吏治를 더럽혔다. 청 때는 연납법으로 관이나 직함, 출신까지도 얻을 수 있었다. 순치 초에는 ‘곡식을 연납해 입감入監’할 수는 있었으나, 관직은 얻을 수 없었다. 그 후에 관직에서 해직된 관원들은 “은을 연납하면 그 관직에 복직할 수 있었다.”250) 강희 13년에 삼번의 난을 평정하면서 “다른 방법으로 인재를 모집해 과목科目에 미치지 못함을 보충한다”는 명분으로 연납 제도를 시행하여 부족한 군비를 충당했다. 3년 동안 그 수입은 200만량, 연납한 지현은 500명이나 되었다. 강희제는 연관의 직권 남용을 방지하기 위해 “연납관이 부임한 지 3년이 되면 계속 직책을 맡길 만한 사람은 모두 승진시켜 다른 곳에 발령하고, 그렇지 않은 사람은 탄핵한다”251)고 규정했지만 집행할 수 없었다.

삼번의 난을 평정한 뒤 잠시 연납을 금지했는데, 그 후 서안에 기근이 들고, 영정하永定河에 토목공사를 하고, 강희 56년에 청해青海로 병력을 동원하게 되면서 다시 연납을 시작했다. 옹정제 때는 도부道府만 연납할 수 없었을 뿐 그 이하의 관리들은 모두 연납할 수 있었고, 무직武職까지 확대되었다. 건륭제 때는 문관은 도부·낭중까지 연납할 수 있었고, 무관은 유격游擊까지 연납할 수 있다. 감생監生도 돈으로 연납해서 얻을 수 있었다. 연납 제도의

---

249) 『청사고淸史稿』 「선거지選擧志 5」.
250) 엽몽주葉夢珠, 「열세편閱世篇」(『상해장고총서上海掌故叢書』 제1집 64쪽).
251) 『청사고淸史稿』 「선거지選擧志」.

시행으로 청은 잠시나마 재정 수입을 보충하고, 지주와 상인이 벼슬길에 들어설 수 있게 되었지만 관료기구가 너무 팽창하여 이치吏治를 빠르게 부패시켰다. "연납의 길이 많아지니 이치吏治는 더욱 나빠지고, 이치가 나빠지니 세태는 더욱 극악해지고, 세태가 극악해지니 재정은 더욱 어려워지고, 재정이 어려워지니 연납의 길은 더욱 많아졌다. 이 때문에 어지러움이 어지러움을 불러들이는"252) 악순환이 계속 되었다.

관리가 되는 또 다른 길로 이른바 음생蔭生 제도가 있는데, 이는 은음恩蔭·난음難蔭·특음特蔭으로 나뉜다. 음생수관례蔭生授官例에 의하면, 1품관의 음생은 5품결용品缺用이고, 2품관의 음생은 6품결용이고, 3품관의 음생은 7품결용이고, 4품관의 음생은 8품결용이었다. 음습蔭襲은 적장자손嫡長子孫, 적차자손, 서장자손庶長子孫, 제질弟侄의 순서였고, "순서대로 하지 않고 음습을 건너는 자는 장형 1백, 도형 3년에 처해 차례대로 음습하도록 했다."253)

(2) 직관의 고과

청 초기에 직관의 고과는 명의 고만법考滿法을 시행하다가 강희 4년에 폐지한 뒤에는 '경찰京察'과 '대계大計'를 시행했다. '경찰'은 경관을 고과하는 것으로 3년마다 한 번씩, 자子·묘卯·오午·유酉년에 실시했다. 3품 이상의 경관과 지방 총독, 순무는 자기의 정사의 득실을 진술하면 황제가 재결했다. 3품 이하의 경관은 이부와 도찰원이 심사를 책임졌다. 경찰은 삼등으로 나누는데, 일등은 칭직稱職, 이등은 근직勤職, 삼등은 공직供職으로 등급에 근거해 상벌을 주었다. '대계大計'는 외관을 고과하는 것으로 역시 3년마다, 인寅·사巳·신申·해亥년에 실시했다. 대계는 독무 외에 번藩·얼臬·도道·부府·주州·현縣의 관리를 그 대상으로 했다. 대계의 절차는 먼저 번·얼·도·부의 순서대로 현명한지 아닌지를 감찰해서 독무에게 알리면 독무가 심사하고 기록하여 책으로 엮어 이부에 보내 다시 심사토록 했다. 대계의 등급은 탁이卓異와

---

252) 『청조속문헌통고清朝續文獻通考』 권93.
253) 대청률大清律 호율戶律.

공직供職 2등급이 있었고, 그 등차에 따라 상벌을 내렸다.

청은 경찰이나 대계를 막론하고 고과의 기준을 사격四格과 육법六法(가경 8년 이전에는 팔법으로, 육법에 탐貪·혹酷 두 항목이 추가됨)으로 통일했다. 이른바 '사격'은 재才(長·平·短), 수守(廉·平·貪), 정政(勤·平·怠), 연年(靑·中·老)를 말한다. '육법'은 근신하지 못함, 무위도식하는 자의 파면, 경솔함, 재능의 부족, 연로하거나 질병이다. 근신하지 못하거나 무위도식하는 자는 파면하고, 경솔하고 재능이 없는 자는 강등시키고, 연로하고 병든 자는 퇴직시키며, 탐관이거나 가혹한 자는 죄로 다스렸다. 고과가 우수하고 특출한 자에게는 접견, 승진이나 진급,254) 시상, 봉증封贈, 음자蔭子 등을 베풀었다. 고과가 나쁜 자는 벌봉(1개월부터 2년까지 7등으로 나눔), 강등과 유임(1급에서 3급까지 3등으로 나눔), 해직(여죄가 있으면 형부로 보내 죄를 다스림) 등의 처벌을 했다.

청 때는 이부의 고공사考功司가 고과를 주도하고, 이과급사중吏科給事中과 하남도어사河南道御史가 함께 처리했다. 고과제도의 완벽함과 법률 규정의 상세함에서는 청이 명보다 앞선다. 그러나 강희제 초년에는 관리의 고과를 은폐하는 현상이 나타나기도 했다. 옹정제는 이치吏治를 주목하여 자주 "정치를 펼치는 방법은 사람을 쓰는 데 있다," "천하를 다스리는 데는 오직 사람을 쓰는 것이 근본이고, 나머지는 모두 지엽적일 뿐이다"255)고 말했다. 그는 "사람을 다스리는 것은 있으나 법을 다스리는 것은 없다"고 강조했다. 또 "입법 행정에 누가 오랫동안 잘못이 없을 수 있겠는가, 사람을 다스리는 것은 있되 법을 다스리는 일은 없고, 문무의 정치는 그 책략에 있으며, 사람이 존재하면 정치가 세워지는 것이니, 짐은 치인治人이 있으면 곧 치법治法이 있다고 말한다"256)고 했다.

사람을 얻을 수 없으면 "요순이 인정仁政을 하려 해도 모두 가혹한 정치가

---

254) 지금의 공무원 제도도 1급·2급·3급 등의 구분이 있고, 이사관·서기관·사무관 등의 구분이 있으며, 또한 국장·과장·계장 등의 구분이 있다. 관품과 품계·관직의 구분으로 보면 될 것이다. ― 역주
255) 『옹정주비유지雍正朱批諭旨』(제2분책).
256) 『상유내각上諭內閣』 옹정雍正 2년 7월.

된다.” 그래서 그는 관리의 고과에 많은 주의를 기울였다. 그러나 옹정 초년에는 각 부 관원 가운데 “실제로 일처리를 할 줄 아는 자가 한두 명밖에 안되고, 나머지는 몽롱하고 무능력한 자들이었으며, 게으름만 피우고 안일해 실로 쓸데없이 많았다.”257) 이러한 현상은 고과제도가 철저하지 못했음을 설명해 주고 있다. 옹정제는 이를 걱정하여, 행여 “인재가 오가되 그 실속을 얻지 못하고, 소송을 듣고 판결하되 그 공평함을 얻을 수 없을까” 두려워하고, “민생을 어떻게 안정시키며, 관리를 다스림은 어떻게 할 것인가?”258) 고심했다. 청 중기부터 고과제도를 계속 시행했으나, 모두 형식적이었다.

(3) 직관에 대한 감찰

청의 감찰기관은 명의 제도를 따라 중앙에 도찰원을 두었다. 건륭 13년에 첨도어사簽都御史를 없애고, 좌도어사左都御史와 좌부도어사左副都御史가 도찰원을 관장하게 하고, 우도어사와 우부도어사가 지방 총독, 순무, 하도河道 총독, 조운漕運 총독 등을 겸직하게 했다. 황권을 집중하기 위해 옹정 원년에는 육과 급사중이 관장해오던 봉박권封駁權을 없애고, 육과를 도찰원에 병합했다. 육과 급사중과 15도(청 말기에는 22도) 감찰어사를 모두 ‘과도科道’라고 부르고, 경휴 내외 관리에 대한 감찰과 규탄을 나누어 책임졌다. 당 때부터 ‘대臺’와 ‘간諫’으로 나뉜 감찰기관 체계가 이때부터 하나가 되었다.

감찰권을 집중시킨 것은 청의 감찰기관이 갖는 특징으로, 황권을 강화시켰다. 과도科道 관원이 황제의 눈과 귀 역할을 하도록 강희 29년에 영을 내려, 좌도 어사를 의정 대신으로 삼아 의정에 참여시켰다. 또 옹정제는 과도 관원이 밀접密摺으로 일을 말하는 제도를 실행하여 “날마다 각 과도의 1명이 밀접 하나씩 올려 번갈아 상주하고, 한 절에는 한 가지 일만을 말하고, 크고 작은 일들 모두 사실에 근거해서 진술하며, 언급할 일이 없을 때는 접 안에 그 이유를 설명해야 한다”259)고 규정했다. 이 밖에도 옹정제는 ‘제기提騎를 설치

---

257) 『청조문헌통고清朝文獻通考』 권60.
258) 『청실록清實錄』 권49.

해서 사방으로 정찰 순시'[260]하여 각급 관리에 대한 감독도 강화했다. 도찰원장관은 여전히 중앙의 최고 심급 기관인 삼법사三法司의 성원이었다. 청 때는 군기처만 감찰기관의 심사 고찰 범위에 들어가지 않았다.

그러나 전제정치가 너무 강력하여 감찰어사는 말 한 마디 잘못하다 관직과 목숨을 잃을까 두려워했기에 상주하는 내용이 꼭 필요한 것들이 아니었다. 강희 36년 상서에 "요즘 관리들의 상주가 뜸하고, 간혹 상주가 있다 해도 정사를 이실직고하는 사람이 적다"[261]고 했다. 건륭 5년의 조서詔書에도 "과도는 조정 대신의 눈과 귀가 되는 관리 … 여러 해 동안 상주한 조문이 많지만 졸속이거나 베껴 쓴 말들이니, 실제로 실행해 실효를 거두는 것이 어디 있는가? 요즘 들어 과도관이 상주하는 것도 얼마 되지 않고, 간혹 상주한 게 있더라도 취할 것이 별로 없다"[262]고 했다. 그러나 어떤 어사들은 솔직히 상주해서 징벌을 받은 경우도 있었는데, 건륭 23년 어사 주조周照는 상주에 "행정 처리가 급하나 조문이 많고 법령이 조밀해서 아래에서 받드는 사람은 공문空文으로 대응할 뿐입니다"고 했다. 이에 건륭제는 화가 나서 "오늘날 행정이 과거보다 엄한 곳이 어디고, 번거로운 것이 어느 조항이며, 엄밀한 영슈은 어느 것인가"[263] 물었다.

청의 감찰법 또한 상세하고 엄밀했다. 순치 말년에 벌써 순방사의십조巡方事宜十條를 제정했다. 거기에 순안巡按이 규찰하고 탄핵하는 범위와 독무와 어사가 서로 규찰하고 탄핵하는 내용이 규정되어 있었다. 또한 건륭 8년에 명의 헌강조례憲綱條例를 기초로 대규臺規를 제정했다. 건륭 이후 가경·도광道光·광서光緖를 거치면서 다시 수정하여 모두 42권이 되었다.

대규는 여덟 종류로 나뉘는데, 주로 청의 역대 황제들의 감찰에 관한 성제聖制·성유聖諭·유지諭旨를 모아 편집한 것이다. 이것은 감찰기관이 활동하는

---

259) 『동화록東華錄』(옹정조雍正朝) 권2.
260) 소련昭槤, 『소정잡록嘯亭雜錄』 권1, 4쪽.
261) 광서회전사례光緖會典事例 998쪽.
262) 광서회전사례光緖會典事例 999쪽.
263) 광서회전사례光緖會典事例 1,000쪽.

근거가 되었고, 감찰원과監察院科·도道·오성五城의 관장 범위를 규정했으며, 전례典禮·고과·회얼會讞·변소辨訴·계찰稽察·순찰巡察 등에 관한 법규와 조례와 사례를 모았고, 어사의 선발·승진·전근과 예의禮儀 규정을 상세히 열거했다. 그리고 청의 회전에도 감찰 법규가 큰 비중을 차지하고 있다. 건륭 말년에는 도찰원칙례를 반포해서 대규臺規와 칙례를 서로 보완하며 시행했다.

제3장 형사법

제1절 송의 형법

1. 도적盜賊을 다스리는 중법重法

송 초기에 태조太祖는 5대五代 시대에 도적을 무거운 벌로 다스린 일이 백성을 크게 해친다고 보고, 건륭建隆 3년에 송형통을 제정할 때 "간단하고 관대하게 한다"는 방침을 세웠는데, 당률과 비교하면 여전히 가혹한 것이었다. 강도죄를 예로 들면, 당률은 "강도가 사람을 다치게 하면 교수형에 처하고, 살인하면 참수형에 처한다," "몽둥이를 든 강도가 재물을 빼앗지 않았어도 유형 3천리에 처한다"고 규정했다. 그런데 송형통은 강도가 몽둥이를 들었건 들지 않았건 재물을 빼앗았건 그렇지 않았건 간에 "모두 사형에 처한다"고 규정했다. 또한 "주모자가 도둑질 했으나 재물을 나누지 않았거나, 재물만 나누고 같이 도둑질 하지 않았아도 모두 도둑질한 죄이다," "같이 모의한 자가 도둑질 했으나 재물을 나누지 않았거나, 재물만 나누고 도둑질 하지 않았으면 도둑질한 사람의 죄에서 1등을 감해 처벌한다"고 했다. 이와 같이 송 초기에는 사회 치안과 통치와 관련된 범죄에 대해서 무거운 형벌을 내렸다. 계급 사이의 갈등이 계속되면서 형벌은 점점 무거워졌다. 특히 통치자의 간담을 서늘케 한 왕소파王小波·이순李順의 봉기가 일어났을 때, 이를 진압하기 위해 태종은 "그 작당들은 무례하니, 흉악한 자나 저항하는 자는 모조리 사살해서 한 명도 남기지 말라"264)고 칙서를 내렸다. 또 태종은 "뽕나무를 벗기거나 훔치는 것을 엄중히 금한다"고 하여, 뽕나무를 벗겨 그 나무껍

---

264) 『송사宋史』「태종본기太宗本紀」.

질로 굶주림을 채우는 자는 척尺으로 계산해 42척尺을 1공功으로 하고, 3공功 이상이면 사형에 처했다. 『송사宋史』「형법지」에서 말한 것처럼 "태조와 태종은 무거운 법을 사용해 범죄를 바로잡았다."

인종 연간에는 대규모 토지 겸병과 대외 전쟁의 부담 때문에 계급 갈등이 심해지자 '천하에 도적이 횡횡'[265]하는 일이 발생하여 '군현郡縣을 완전히 통제할 수 없는'[266] 심각한 상황에 놓였다. 도적을 진압하기 위해 인종 가우嘉佑 7년에 처음으로 '와장중법窩藏重法'을 만들어 도적을 은닉하는 사람을 엄중히 처벌했다. 또한 경기 개봉부開封府의 여러 현縣들을 '중법지重法地'로 구획하고, 그곳에서 도적죄를 범한 자는 더 무겁게 처벌하여 경기 지역의 치안을 강화했다. 인종이 세운 중법은 특정 지역의 범죄에 대하여 반포한 특별법으로, 이후의 법제에 많은 영향을 미쳤다.

인종 이후 즉위한 영종 때는 계급 반란이 더욱 심해져서 인종과 마찬가지로 중법 정책을 폈다. 치평治平 3년에는 "개봉부 장원현長垣縣·고성현考城縣·동명현東明縣과 조주曹州·복주濮州·단주澶州·활주滑州에 여러 차례 흉악한 자들이 모여 사람들의 재물을 강탈하고 도적을 잡는 관리들을 살해하니, 따로 중법을 제정하라"[267]는 칙서를 내렸다. 앞의 지역에서 "강탈죄로 죽은 자가 받을 가산家産은 고발한 자에게 주고, 그 집에 사는 피붙이는 천리 밖의 주군州軍에 편입했다. 사면을 내리면 사문도沙門島에 유배했다. 도형徒刑에 해당되는 자는 자자刺字해서 남쪽의 먼 주군州軍으로 보내고, 가산의 반을 고발한 자에게 주며, 그 집의 피붙이는 5백리 밖의 주군에 편입했다. 편입된 자들은 사면을 받아도 돌아올 수 없었다."[268] "이후에 붙잡힌 도적은 다른 지방 사람이라도 중법을 적용했다. 도적이 이 법을 만들기 전에 죄를 짓고 은신했어도 그 전후를 막론하고 중법을 적용했다."[269]

---

265) 이도李燾, 『속자치통감장편續資治通鑑長編』 권143.
266) 『송회요집고宋會要輯稿』「병兵 11」(포적捕賊 2).
267) 『송회요집고宋會要輯稿』「병兵 11」(포적捕賊 2).
268) 『송회요집고宋會要輯稿』「병兵 11」(포적捕賊 2).
269) 『송회요집고宋會要輯稿』「병兵 11」(포적捕賊 2). 『국조회요國朝會要』에서 인용.

영종 때 시행한 중법은 법률의 소급을 강조하고, 범인의 친족은 물론 가산까지 몰수했다는 점에서 실제로는 도적을 반역죄와 같이 징벌했음을 알 수 있다. 범조우范祖禹가 말한 것처럼 "지금은 중법을 시행하는 곳의 백성이 아닌 사람이 혼자 범죄를 저질렀어도 그 처자에게까지 연좌되고 가산이 몰수되어 반역죄와 같다. … 다른 주州의 성城으로 갈라놓는다," "엄중한 영을 시행했다 …."270)

신종 때 토지 겸병과 대외 전쟁이 빈번해지자 농민들이 무거운 부담을 못 이기고 끊임없이 봉기를 일으켰다. 그리하여 신종 희령熙寧 4년에 인종·영종 때의 중법에 더해 또 '적도중법賊盜重法'을 반포했다. 그 하나는 적용 지역을 회남淮南 동서東西, 복건福建, 하북河北 동서, 경동京東 동서, 섬서陜西, 영흥永興, 경기京畿 10로路로 확대한 것이다. 『송사』「형법지」에는 "원풍元豊 연간에 이르러 하북, 경동, 회남, 복건 등의 로路에 모두 중법을 사용했다"고 한다. 다른 하나는 '중법지인重法之人'의 개념이 등장했다는 것이다. 역사서에 "원풍元豊 연간에 이르러 그 법을 개정해 … 중법을 시행하는 곳이 아니라도 중법지인은 중법으로 논한다"271)고 했다. 이른바 중법지인이라는 것은 무장 반란하는 농민을 말하며, 통치 집단 안의 다른 반역자들도 포함했다. 중법지인은 지역의 제한 없이 붙잡히면 본인이 처형당할 뿐만 아니라 그 가산家産을 밀고자에게 상으로 주고 처자도 천리 밖으로 쫓아내며, 사면해도 이동하거나 석방할 수 없었다. 도적이 "관리를 살해하거나, 3명 이상 연쇄 살인하거나, 집 백 채를 불사르거나, 떼를 지어 강에 떠 있는 배를 강탈했을 때는 중법을 시행하는 곳이 아니라도 중법으로 다스렸다."272)

철종 때는 중법을 시행하는 곳이 전국 24로路의 71%를 차지했다. '적도중법'은 송형통의 도적률盜賊律을 대신한 것인데, 그 처형은 더욱 잔혹하여 "중법을 시행하는 곳은 5인 이상이 강탈한 것으로 분류하고, 흉악한 자는 중법

---

270) 이도李燾, 『속자치통감장편續資治通鑑長編』 권468.
271) 이도李燾, 『속자치통감장편續資治通鑑長編』 권344.
272) 『송사宋史』「형법지刑法志 1」.

으로 논했다. 철종은 조서를 내려 범죄자를 처벌함에 사람 수를 가리지 않도록 했다.”273) 신종 때는 은닉범을 장형과 5백리 떨어진 곳이나 인근 주로 유배를 보냈는데, 철종 때는 모두 사형에 처했다.

위에서 서술한 '적도중법'의 반포는 심해지는 계급 갈등을 사법으로 진압하려 함을 보여준다. 이는 사회 위기가 점점 심각해져서 통치자가 무거운 형벌을 사용하여 통치를 유지할 수밖에 없음을 뜻한다. '적도중법'의 잔혹함은 당시에도 비판을 받아 문언박文彦博은 "당말唐末 5대五代 때는 중전重典으로 그 시대의 폐단을 구제하고자 했기에 법률 외에 도형徒刑, 유형流刑, 사형도 적용했다. 국가가 백년을 태평하려면 당연히 중전中典를 사용해야 한다. 그러나 여전히 구습에 따라 옛 법률보다 더 엄한 법이 있다. …"274)고 지적했다. 이렇게 송의 통치자들은 잔인한 수단을 사용해 도적을 섬멸하려고만 했지, 도적이 발생하는 근원을 바로 보고 제거하려고 하지 않았다. 법이 아무리 엄해도 잠시만 효과가 있었을 뿐, 결국은 폐해를 낳게 되었다.

인종 때 지식인 유창劉敞은 "의식衣食에 힘쓰지 않고 도적에 힘쓰는 것은 물을 막되 그 근원을 막지 않음과 같다. 도적을 교화하지 않고 금하는 것에만 힘쓰는 것은 타는 불길 속에서 구하고 질서를 잡고자 하는 것과 같다"275)고 했다. 철종 때 범조우范祖禹도 "희녕熙寧 연간 이래 주군州軍에 도적 중법을 별도로 만들어 중법지와 중법지민重法之民이 생겼다. 이 법을 시행한 지 20여 년 동안 도적이 줄어들었다는 애기는 듣지 못했고 점점 더 늘어났다는 애기만 들렸다"276)고 지적했다. 특히 소순蘇洵은 중법을 실행한 결과 오히려 많은 사람들이 위태로워졌다고 지적했다. 그는 "도적을 대하듯이 군중을 대하고, 도적을 잡는 법으로 군중을 묶으려고 하고, 침부령砧斧令으로 백성의 거동을 제약하고자 해, 백성은 부모조차 의지할 수 없어 도적에게 빠져들고 말아서 때때로 큰 혼란이 일어났다"277)고 했다.

---

273) 『송사宋史』 「형법지刑法志 1」.
274) 『송사宋史』 「형법지刑法志 1」.
275) 유창劉敞, 『공시집公是集』 「환도론患盜論」.
276) 『고금치평략古今治平略』(『속자치통감장편續資治通鑑長編』 권478).

2. 관리를 다스리는 탐묵법貪墨法

송 초기 관리들의 준법과 법집행을 독려하기 위해 탐묵에 관한 죄를 엄히 다스렸다. 태조·태종 시기에는 '뇌물을 받은 관리는 사면이 있어도 용서하지 않고,' 기시형棄市刑에 처하거나 곤장형으로 때려죽이거나 자형刺刑한 뒤에 사문沙門에 유배했다. 그리고 청請, 감減, 속贖, 관당官當의 법 적용을 제한하고, 재물을 탐내다 관직에서 쫓겨난 자가 다시 관리가 되는 것을 금했다. 이러한 방법으로 관리를 바로잡고 탐욕을 부리는 풍조를 막는 데 어느 정도 도움이 되었다. 그리고 송 초기의 통치자들은 대신들이 병권兵權을 내놓도록 유도하여 이른바 "좋은 논과 집을 주고 자손을 위해 영원한 업적을 세우고, 많은 무녀舞女와 노래하고 날마다 마시고 즐기며 천년天年을 다하도록 했다."278) 그 후 중앙집권을 강화하는 데 대신들의 지지가 필요해지자 관리들에게 관대해져 "은혜를 백관百官에 베푸는 데 혹시 부족할까 해, 재물을 만민으로부터 취함에 여분을 남기지 않았다."279)

진종眞宗 때부터는 관리를 다스리는 법이 점점 가벼워져 관리가 뇌물죄를 범해도 기시棄市에 처하지 않았다. 영종 통치 기간 중에는 경사京師의 양식糧食 창고에 불이 나서 쌀 18만석石이 훼손되었는데도 창고 관리를 '탈관奪官'했을 뿐이었다. 북송 때 휘종徽宗은 채경蔡京·동관童貫을 중용함으로써 탐욕의 풍조가 번성하고 관리들은 더욱 퇴폐해져 "청렴한 관리는 열에 하나이고, 탐관오리는 열에 아홉이나 되었다." 남송 이후에는 "떳떳치 못한 관리들이 불법으로 착취하는 것에 대해서도 깊이 파헤치지 않았다."280) 이는 뇌물죄를 저지르면 사면을 받더라도 다시 관직에 임용하지 않는다는 처음의 중전重典을 완전히 무시한 것이다.

남송의 뇌물죄 조항을 보면 송 초기에도 당률보다 더 관대했음을 알 수

---

277) 『대학연의보大學衍義補』 「우도지기遇盜之機」.
278) 『이십이사차기二十二史劄記』 권24.
279) 『속자치통감장편續資治通鑑長編』 권2.
280) 『이십이사차기二十二史劄記』 권25.

있다. 당률의 '감주수재왕법監主受財枉法'의 규정을 보면, 담당 관리가 재물을 받아 법을 어기고 비단 15필을 받으면 곧바로 교수형에 처하고, 법을 어기지 않고 30필을 받으면 가역류加役流에 처했다. 녹봉이 없는 관리가 법을 어기고 24필을 받으면 교수형에 처하고, 법을 어기지 않고 40필을 받으면 가역류加役流에 처했다. '수소감림재물受所監臨財物'에서는 50필을 받으면 유형 1천리에 처하고, 강제로 빼앗으면 법을 어긴 것으로 처벌했다. 담당 관리가 도적질을 하면 일반 도적죄보다 2등을 무겁게 하여 30필에 해당하면 교수형에 처했다.

당률을 모법으로 삼은 송형통은 조문 규정이 당률과 같았지만 각 조문의 단서를 수정했다. 예를 들면 관리가 법을 어기고 뇌물 15필을 받으면 교수형이었는데, 칙敕의 규정에는 20필로 되어 있어 더 관대했다. 녹봉이 없는 관리가 법을 어기고 뇌물 20필을 받으면 교수형에 처해지던 것이 25필로, 녹봉 없는 관리가 법을 어기지 않고 뇌물 40필을 받으면 가역류加役流에 처해지던 것을 50필에서 100필이면 역유형에 처하는 등 많이 느슨해졌고, 어떤 것들은 황제에게 상주上奏해 재결을 받도록 했다. 남송 때 제정한 경원조법사류慶元條法事類는 송형통보다 더 관대해졌다. 예를 들면 직제문職制門 6, '궤송饋送적도賊盜'에 관한 칙에는 "담당 관리가 도적질을 하거나 감찰한 재물을 훔치면 출신지에 유배한다. 35필은 교수형에 처한다. 담당 관리가 감찰한 것을 받거나 100필을 갈취하면 상주해 재판하며 출신지에 유배한다"고 규정했다. 직제문 10, '이상理賞'에 관한 칙에는 "담당 관리가 뇌물을 받았으나 법을 어기지는 않고 50필이라면 출신지에 유배한다"고 규정했다. 고무문庫務門 1, '창고수걸倉庫受乞'에 관한 칙에는 "담당 관리가 감찰한 것을 받거나 100필을 갈취하면 본성에 유배한다"고 규정했다.

송의 전제주의가 나날이 강화됨에 따라 황제의 입법권과 사법권도 함께 확대되면서 황제는 뇌물을 탐하는 관리를 법규정과는 달리 관대하게 처리하는 형식으로 은공을 베풀었다. 진종 때는 장형을 덧붙여 섬에 유배를 보내는 것으로 기시棄市를 대신하고, 인종 때는 "장유杖流를 아울러서 처리한 예例마저도 더 이상 보이지 않았다."281) 신종 때는 뇌물을 받은 관리의 장형杖刑이나 경형黥刑을 면제했고, 자배刺配하는 법도 적용하지 않았다. 휘종 때는 고위 관직에 있는 사람이나 이역吏役이 죄를 저질러도 모두 '거관물론去官勿論'의 방법을 채택해서 행정처분만 했다. 뿐만 아니라 송은 관리를 다스릴 때 단지 "하급 관리만 엄벌하고 고급 관리의 잘못은 묻지 않았다." 그 결과 법망은 엄밀했지만 특권자를 다스리기가 힘들어 탐욕 풍조를 조장했다. 남송 고종 때 이르러 "법을 사용하는 데 매번 관대함을 보였다. 죄가 있으면 너그러움은 있어도 사형은 없었다."282)

송 때는 반역대죄를 범한 대신들조차 죽음을 면했다. 예를 들면 태종 때 병부상서 노다손盧多遜과 진왕秦王이 결탁해 모반하고 대역부도大逆不道했는 데도 관직만 박탈하고 애주崖州에 유배시켰을 뿐이었다. 진종 때 재상 정위丁謂는 기망죄欺罔罪와 함께 환관 뇌윤공雷允恭과 내통했는데, 단지 애주崖州에 유배를 보냈을 뿐이었다. 이러한 휼형은 결코 우연이 아니다. 사서에 의하면 송 초기에 "대신을 죽이지 않는다"는 맹세가 있었다고 한다. 남송 왕명청王明淸의『휘진록후록揮塵錄后錄』에는 "남송의 법령은 관대해 신하가 죄를 범했을 때 그 경중이 바뀌거나 함부로 살해하는 일이 없었다. 태조가 언약한 바를 태묘太廟에 간직했는데, 이는 대신과 언관들을 죽이지 않겠다는 맹세로서 이를 어기는 사람은 불길할 것이다"고 했다.『송사』「형법지」에도 철종이 "짐은 조종의 유지를 따라 대신을 살해한 적이 없다"는 기록이 있다.

명·청 때 저명한 사상가 왕부지王夫之의『송론宋論』에서도 송 때 대신을 죽이는 데 신중하였던 사실史實을 말하고 있다. "태조 때부터 사대부를 죽이지 않겠다는 맹세를 자손에게 알려 주어 송이 끝날 때까지 문신文臣을 죽이는 형이 없었다." 송 초기에 대신을 죽이지 않겠다는 맹약을 했던 이유는 내부의 힘을 통일하고 대신들의 지지를 얻음으로써, 군웅할거를 방지하고 전제주의를 확고히 하는 데 있었다. 하지만 관리를 관대하게 대함으로써 '형벌로는 간신을 막기에 부족해'283) 관리를 다스리는 일에 실패하고, 법률의 권위도

---

281)『송사宋史』「형법지刑法志」.
282)『송사宋史』「형법지刑法志」.

약화되었을 뿐이다. 결국 송의 전제주의는 약해지게 되었다.

3. 형벌의 변화

송 초기에는 수·당의 오형 제도를 따라 쓰다가, 태조가 사회 모순을 완화하기 위해 '절장법折杖法'을 제정하여 "유배죄로 멀리 보내지는 것을 면하고, 도형의 복역기간이 줄어들고, 태장笞杖의 수數가 줄었다."[284] 절장법은 건륭建隆 3년 2월 21일 칙절문勅節文에 처음 나오는데, 건륭 4년에 반행된 송형통에 정식으로 명례율名例律의 오형문五刑門으로 열거되었다. 절장법은 송 형제刑制의 주요 변화 가운데 하나로 그 내용은 다음과 같다.

유형의 경우 가역류加役流는 척장脊丈(등을 때리는 장형) 20대와 배역配役(사역하는 것) 3년으로 처벌하였으며, 유형 3천리는 척장 20대에 배역 1년으로 처벌하였으며, 유형 2천 5백리는 척장 18대에 배역 1년으로 처벌하였으며, 유형 2천리는 척장 17대에 배역 1년으로 처벌하였다.

도형徒刑의 경우, 도형 3년은 척장 20대로 처벌하고 풀어주었으며, 도형 2년 반은 척장 18대로 처벌하고 풀어주었으며, 도형 2년은 척장 17대로 처벌하고 풀어주었으며, 도형 1년 반은 척장 15대로 처벌하고 풀어주었으며, 도형 1년은 척장 13대로 처벌한 뒤 석방했다.

장형杖刑의 경우, 장형 100대는 둔장臀杖 20대로 처벌하고 풀어주었으며, 장형 90대는 둔장 18대로 처벌하고 풀어주었으며, 장형 80대는 둔장 17대로 처벌하고 풀어주었으며, 장형 70대는 둔장 15대로 처벌하고 풀어주었으며, 장형 60대는 둔장 13대로 처벌하고 풀어주었다.

태장笞杖의 경우, 태형 50대는 둔장臀杖 10대로 처벌하고 풀어주었으며, 태형 40대와 태형 30대는 둔장 8대로 처벌하고 풀어주었으며, 태형 20대와 태형 10대는 둔장 7대로 처벌하고 풀어주었다.[285]

---

283) 서적徐積, 『절효선생집節孝先生集』 권29.
284) 심가본沈家本, 『형법분고刑法分考』.

그러나 사형에는 ‘절장법’이 적용되지 않았다.

송 형제刑制의 주요 변화 가운데 두 번째는, 육형의 부활과 부가형을 광범위하게 널리 사용했다는 것이다. 송 초기에 태조는 “5대五代의 가혹함을 없애고,” “인애와 너그러움을 알도록 힘쓴다”고 표방하며 ‘자배지법刺配之法’을 시행했다. 이는 죽을죄를 지은 범죄자에게 ‘결장決杖, 유배, 자면刺面’ 세 가지를 함께 사용하는 형벌을 내리는 것이다. 계급 사이의 갈등이 심해지면서 ‘무거운 형벌에 치중하는’ 추세에 따라 죄가 무거운 유배범들에게는 장형과 자면을 가했던 것이다. 명의 구준丘濬은 『대학연의보大學衍義補』에서 “송은 5대에 이어 자배지법刺配之法을 시행해 척장을 때릴 뿐만 아니라 유배와 자자刺字를 더하니, 한 가지 사건으로 한 사람이 세 가지 형벌을 한꺼번에 받았던 셈이다”고 했다. 자배형의 실시는 고대 육형肉刑의 하나인 경형黥刑을 부활한 것으로, 형벌이 무거워졌음을 나타낸다.

또한 태종 때 백성이 절도해 “훔친 장물이 5관이면 장형으로 다스리고 경면黥面한 뒤 유배시키라”는 법령이 있었다. 태종 이후에는 점점 자배형刺配刑을 위주로 처벌했는데, 진종眞宗 때 상부편칙祥符編勅 가운데 자배형에 해당되는 것만도 46개조였다. 인종 경력편칙慶曆編勅에는 170조나 되었다. 신종 희령편칙熙寧編勅에는 또 200조가 늘어났다. 남송의 효종 순희편칙淳熙編勅에는 570여 조나 되어 “유배를 보내는 법이 많아 범법자가 나날이 많아지고, 자배한 자들이 가는 곳 마다 넘쳤다.”286) 어떤 유배범에게는 군적까지 부가해 죄가 가벼울 경우에는 사면을 받으면 돌아오기도 했지만, 죄가 무거운 사람은 평생 석방되지 않았다.

송 형제의 주요 변화 가운데 세 번째는, 인종 때부터 사형의 경우에 참수형과 교수형, 그리고 5대五代부터 있었던 ‘능지’형을 반역대죄에 적용한 것이다. 남송 때 능지형은 이미 경원제법사류慶元諸法事類에 교수형, 참수형과 함께 법정형이 되었다. 이른바 능지형이라는 것은 “먼저 지체를 자른 다음 목을

---

285) 송형통宋刑統(天一閣抄本).
286) 『송사宋史』 「형법지刑法志」.

자르는 그 당시 최고 극형이었다."287) 『독률패휴讀律佩觿』에는 능지형에 대한 구체적인 설명이 있는데, "능지에 처한 자는 피부에 성한 곳이 없을 때까지 찢은 다음, 거세去勢하고 여자는 유폐幽閉하며, 목숨이 끊어질 때까지 그 내장을 꺼내고, 사지의 뼈마디를 뜯어 그 뼈를 짓이겨 죽인다"고 한다. 청의 심가본沈家本은 "능지라는 의미는 산이 점점 평평해지는 것처럼, 사람의 살을 조금씩 떼면서 형을 당하는 사람이 서서히 죽게 만드는 것이다"고 고증했다. 이러한 능지형이 법률에 포함되었다는 것은 통치자의 잔인함과 형벌의 잔혹함을 보여주는 것이다.

이와 함께 요참腰斬·효수梟首·이족夷族 등의 혹형이 다시 시행되었다.

제2절 원의 형법

1. 한족의 반란을 진압

원은 한족의 활동을 엄밀히 통제하고 난을 막기 위하여 형법에 '사장私藏 사조私造 병기兵器' 죄를 규정했다. 대원통제大元通制의 금령에 의하면 창·칼· 활·투구·갑옷·무기가 될 수 있는 철자(鐵尺)와 철골鐵骨, 칼날이 있는 철주鐵柱 등을 개인이 갖고 있으면 모두 '사장 무기죄'가 되었다. 세조 지원至元 23년에는 "한인이 병기 지니는 것을 금한다"는 법령을 내리고, 또 칙령으로 "한족이 철자를 가지고 있거나, 칼날을 숨긴 경우에는 모두 관에서 몰수한다"고 했다. 민간에서 개인이 활 10부副288)와 병기 10개를 가지고 있거나 철갑 전부全副를 소지하면 사형에 처하고, 부副가 되지 않게 가지고 있으면 그 수에 따라 처벌했다. 그 후 '도적을 잡는' 한족 궁수와 한족 출신 군인에게 도 이를 적용해 평소에는 무기를 휴대하지 못하게 하고, 도적을 토벌하러

---

287) 『송사宋史』「형법지刑法志」.
288) 궁 1개, 화살 30개가 1부.

출병할 때만 무기를 나누어 주고 임무를 마치면 "병기고에 수납했다." 무기로 사용할 수 있는 철제 농기구도 관에서 국局을 설치해 전매했다. 심지어 말조차 개인이 가지고 있거나 기르는 것을 허락하지 않았고, 이를 어긴 사람의 말은 관에서 몰수했다. 세종에서 순제順帝까지 몇 십 년 동안 민간인이 개인적으로 기른 말을 관에서 몰수한 것이 약 70여 만 필이나 되었다. 그리고 민간인이 무기를 소지하거나 병기를 사조私造하면 모두 같은 죄로서 사형에 처했다. 철기를 제조하는 공장工匠은 정부가 엄격히 관리해 무기 제조를 예방했다.

원율은 '십악'을 '제악諸惡'으로 고쳤는데, 그 규정은 '십악'의 내용과 같았다. "사직을 위해하는 자는 죽이고, 아무 이유 없이 반역을 꾀하면 그 주모자는 사형에 처하고 동조한 자는 유배를 보내며, 몰래 반란을 꾀한 자는 사형에 처하고, 집주인과 이웃이 알고도 고발하지 않으면 같은 죄로 여겼다." 모반謀反을 한 자, 주모자와 뜻을 같이 한 자는 모두 능지형에 처하고, 종범은 사형에 처했다. 내막을 알고도 자수하지 않은 자는 멀리 유배하고 그 집은 몰수했다.289) 그밖에 '칼을 가지고 궁전에 들어가거나,' '거짓으로 신神을 빌어 범죄를 도모한 자'는 모두 '황제를 위해한 죄'에 속하는 것으로 중형에 처했다. '황제에게 말을 함부하는 자'는 사형에 처하고 그 집의 호적을 없앴다.

한족의 무장 결집을 막기 위해 한족 20명 이상이 활을 가지고 '무리를 지어 사냥하는 것'을 금하고, 뒤에는 인원에 관계없이 모두 금지했다. 원에 대항한 투쟁이 매우 심했던 강남의 일부 지역에는 오랫동안 야간에 통행금지를 실시하고, 집안에서 불을 켜지 못하게 했으며, 문을 잠그지 못하게 했다. 민간에서 무술을 연습하거나, '사람들이 모여 제사를 지낸다거나,' '새신새사賽神賽祀290)를 지낸다든가' 명절에 '사람들이 무리를 이루어 장사하는 것' 등을 엄형으로 다스려 한족이 기회를 틈타 봉기하려는 것을 막았다.

---

289) 대원통제大元通制.
290) 새신새사賽神賽祀는 농촌에서 가을 추수가 끝난 후, 마을 사람들이 모여 함께 마을의 수호신에게 제사를 지내는 것이다. —역주

원은 형법으로 사상까지 막았다. 사곡詞曲을 지어 악언으로 황제에게 죄를 범할 의도가 있으면 모두 사형에 처하고, 함부로 금서에 대해 얘기하는 것은 도형에 처했다. 법정 특권을 누리고 있는 승僧이라도 '경문經文을 위조해서 대중을 현혹시키면' 그 우두머리는 참斬하고, 그를 따른 사람은 그 사정에 따라 처형했다.

통치질서에 해를 주는 강도죄도 아주 잔혹하게 처벌했다. 성종 때 강도죄는 주모자만이 아니라 함께 범행한 종범從犯이나 재범再犯도 사형에 처하도록 규정했다. 순제에 와서는 아예 "강도는 모두 사형에 처하도록" 규정했다.

2. 주노主奴, 양천良賤, 승속僧俗의 불평등

원이 중국을 통일한 후, 법률로 노비를 두는 것과 농노제를 합법화하고, 많은 한족을 죄인으로 만들어 강제로 '족쇄를 차고 노역을 시키는' 국가의 노예가 되게 했는데, 그들 대부분은 전쟁 포로였다. 원율에 "한족이 군의 포로가 되면 그 가족은 노예가 된다"고 했다.[291] 그밖에 죄 때문에 관에 몰수되어 노예가 된 자와 노예가 새로 낳은 자식은 모두 노예가 되었다. 원의 도종의陶宗儀는 『철경록輟耕錄』에서 "원 때는 남자를 노奴라고 하고, 여자는 비婢라고 하며, 이들을 함께 구구驅口라고 한다"고 했다. 그 수가 많아 "천하의 반을 차지할 정도였다." 그러나 일반 한족은 몽고인이나 색목인을 노비로 삼을 수 없었다.

원의 형법은 주노主奴의 신분에 따라 그 죄와 형벌도 달랐다. 건원建元 초기에는 "법제에 규정이 없는데 노비가 죄를 저지르면 주인이 죽일 수 있었다."[292] 건원 연간 이후에는 노비가 죄를 저지르면 관부에서 그 죄를 심판하게 했지만 여전히 주인이 마음대로 노비를 죽일 수 있었고, 그에 대한 벌로 장형 87대밖에 내리지 않았다. 술에 취해서 죽였을 경우에는 형벌을 줄일

---

291) 대원통제大元通制.
292) 『원사元史』「포노해아전布魯海牙傳」.

수도 있었다. 노비가 반항하거나 주인을 때리거나 욕해서 그 노비를 죽였을 경우에는 무죄였다. 그러나 노비가 어떠한 상황일지라도 주인을 살상하거나 고발했을 때는 모두 사형에 처했고, 이는 과실일지라도 예외가 아니었다. 노비가 주인에게 욕을 하면 장형 107대와 노역 2년에 처했다. 또 "노역을 마치면 다시 그 주인에게 돌아가야 했다." 법률은 또 주인이 노비에게 임의로 자면刺面하는 것, 족쇄나 칼을 채우는 것, 머리에 못을 박는 것, 코를 베는 것 등 여러 잔혹한 형벌을 사적으로 행할 수 있는 권리를 인정했다. 여자 노비나 노비의 처를 함부로 간음해도 아무런 처벌을 하지 않았다. 그러나 노비가 주인의 처를 간음하면 반드시 사형에 처했다. 요컨대 원의 법률 규정에서는 노비의 인격을 완전히 무시했고, 생명에 대한 보장도 없었다. 노비는 말하는 짐승 취급을 당했으며 그들의 몸값도 당나귀 한 마리 값에 지나지 않았다.

원율은 또 귀족, 관료, 지주들이 임의로 소작인에게 노역을 시키거나 권리를 침해하는 것도 허용하여 소작인들도 농노와 같은 처지였다. 지주는 수확물의 절반을 지세로 받았을 뿐만 아니라 "회초리를 휘두르며 노비 취급을 했다." 또한 소작농의 자녀 역시 구속했다. 그리고 지주가 소작인을 때려 죽였을 때는 그 벌로 장형 107대에 처하고 매장 비용 50량만 부과하도록 했다. 사실상 소작인은 주인에게 딸린 농노로서 노비와 마찬가지였다.

원의 형법도 전통 형법과 마찬가지로 엄격하게 양천良賤의 불평등한 관계를 유지했다. 양인이 장난치다 노비를 죽였을 경우에는 단지 장형 77대와 매장 비용 50량만 배상할 뿐이었고, 때려 죽였을 때도 그와 마찬가지였다. 반대로 천인이 양인을 죽였을 경우에는 사형에 처했다.

원은 군사적인 탄압 이외에도 종교적 수단을 활용하여 종교의식을 형법에 반영하고, 승려의 특권을 보호하고 인정해 승려가 죄를 저지르면 보통 법률의 제제를 받지 않았다. 또한 속인이 "승려를 때렸을 경우 그 손을 자르고, 욕을 하면 그 혀를 잘랐다," "승려나 유인儒人 사이에 다툼이 있으면 시비만 가리고 죄는 묻지 않았다."293) 사법기관에서는 승려가 지은 절도·사기·살상죄와 같은 중죄 사건만 처리하고, 그렇지 않을 때는 죄를 따지지 않았다.

지대至大 2년에는 승려 공가龔柯 등이 제왕諸王 합아팔자슘兒八刺의 왕비王妃 일행과 서로 길에서 다투다가 차 아래로 끌어내려서 구타했음에도, 황제는 "석방을 명하고 죄를 묻지 않았다." 원의 형법은 공개적으로 승려의 특권을 최대한 인정했지만, 그들이 종교를 이용해서 반원反元 투쟁을 하는 것은 엄금했다. "경문經文을 위조해서 군중을 유혹하거나 군주를 범하면 주모자는 참수형에 처하고, 따른 자는 그 경중에 따라 형벌을 가했다." "이치에 맞지 않게 굿을 하고 기원하여 백성을 현혹시키는 것을 금했다."294) 원 말기에 백성들이 신봉한 백련교白蓮敎도 사악하다 하여 심한 탄압을 했다.

3. 몽고족과 한족에 대한 형벌의 차별

원은 중원에 자리잡은 뒤, 민족마다 다른 법률을 적용하고, 각 민족을 구별해 다스리는 정책을 시행했다. 그래서 일반 한족들은 정치적인 권리를 누릴 수 없었고, 인신조차도 법률로 보장받지 못했다. 형법에 "한족이 집단으로 모이거나 몽고족과 싸우는 것을 금한다," "몽고족과 한족이 싸울 경우에 한족은 보복을 하지 말고 사법기관에 호소해야 한다"고 규정했다. 말하자면 몽고족이 한족을 구타할 때 한족은 반격하거나 보복할 수 없고, 관에 고발하고 입증해야만 심판을 받을 수 있었던 것이다.

그러나 관에 고발하더라도 한족이 유리한 판결을 받을 수 없었다. 몽고족이 법을 어겼을 때는 예例에 따라 '몽고 관리를 선택해서 재판받을 수 있었기'295) 때문이다. 원의 형법에 의하면 '살인한 자는 사형에 처하고' 피해자 가족에게 매장비 50량을 주었다. 그러나 몽고족이 한족과 싸우거나 술에 취해 그를 때려 죽였을 경우에는 매장비만 물어주었을 뿐이다. 반대로 한족이 몽고족이나 색목인을 죽이면 매장비만이 아니라 사형에 처했다. 다상多桑

---

293) 『원사元史』「성종본기成宗本紀」.
294) 『원사元史』「성종본기成宗本紀」.
295) 『원사元史』「성종본기成宗本紀」.

이 지은『몽고사』에는 태종의 말을 인용해 "칭기스칸의 법령에 의하면, 회교도를 죽이면 황금 덩어리로 벌금을 냈지만 한족을 죽이면 당나귀 한 마리 값 정도로 배상했다"고 한다. 이로써 원의 형법 적용이 민족에 따라 얼마나 달랐는지 잘 알 수 있다.

몽고족의 감형 특권은 이것만이 아니었다. 절도죄를 예로 들면, 일반적으로는 "초범은 왼쪽 어깨에 자刺하고, 재범은 오른쪽 어깨에 자하며, 삼범은 목에 자했다." 그러나 "몽고인 범법자에게는 자자刺字의 조문을 적용하지 않았다." 법을 집행하는 관리는 '자자할 몽고인을 장형 77대에 처한' 다음 '제명除名'하고, 또 형을 집행하는 사람은 "자자한 자는 돌려보냈다." '색목인이 도적질을 했더라도' 역시 "자형을 면해주고 다른 처벌을 내렸다."

그밖에 몽고인 범죄자들은 고문할 수 없었고, 죽을죄가 아니라면 감금하지 않았다.

이상과 같이 원의 형법은 몽고 귀족들이 계급과 민족에 따라 이중으로 핍박하던 도구였다. 그런데 일찍이 몽고에 귀순한 화북의 한족 대지주들에게는 특별 우대를 해주었다. 예를 들면 활과 화살의 개인 소지를 금지한 법이 그들에게는 해당되지 않았던 것들이다. 세조는 한족 출신 관리 왕유화汪惟和에게 "당신네는 다른 한인들과 달리 활과 화살의 개인 소지를 금하지 않을 것이다"296)고 했다.

4. 원의 통치 특색이 나타난 형벌제도

원의 형제刑制는 기본적으로 당·송과 같이 태형笞刑·장형杖刑·도형徒刑·유형流刑·사형死刑이라는 법정 오형이었다. 전장典章에는 도형(1년에서 3년), 유형, 신체형(笞刑·杖刑·黥刑), 사형(참수형은 있으나 교수형은 없었음) 등이 보인다. 그리고 5대 때부터 자주 사용하지는 않았던 능지형을 대원통제大元通制에 규정하고 자주 사용했는데, 모반죄의 주범과 동조자는 모두 능지형에 처했

296)『원사元史』「세조본기世祖本紀」.

다. 그 후에는 같이 모의한 사람과 고발하지 않은 사람도 모두 능지형에 처했다. 자손이 조부모와 부모를, 그리고 간부奸婦가 간부奸夫와 상의해서 남편을 제손으로 살해한 경우도 모두 능지형에 처했다. 부모를 죽인 죄인이 형을 집행하기 전에 죽었을 경우에는 그 사체를 찢어서 군중에게 보이도록 했다. 원의 태형·장형은 세조의 뜻에 따라 '하늘이 한 번 용서하고, 땅이 한 번 용서하고, 황제가 한 번 용서하는' 원칙에 따라 3대를 감하여, 태형을 7대·17대·27대·37대·47대·57대 6등급으로 정하고, 장형을 67대·77대·87대· 97대·107대 5등급으로 나누었다. 총괄하면 원은 형벌을 남발했고, 또 매우 임의적이었다.

제3절 명의 형법

1. 중기소중重其所重, 경기소경輕其所輕의 형법 원칙과 그 실행

주원장으로 대표되는 명의 통치자들은 중전重典으로 나라를 다스린다는 원칙을 형법에 적용하여 중기소중重其所重 경기소경輕其所輕, 곧 '소중한 것은 소중하게, 가벼운 것은 가볍게' 한다는 원칙을 세웠다. 그 실행은 아래와 같다.

(1) 반역대죄의 잔혹한 처형과 연좌 범위의 확대

명률은 모반, 모대역謀大逆을 '가장 흉악한 범죄'로 여겨[297] 가중 처벌한다는 원칙을 세웠다.

당률도 그런 죄를 범하는 경우 수종首從을 구분하지 않고 모두 참수형에 처했다. 또 부친과 16세 이상의 아들도 교수형에 처했다. 그러나 15세 이하의 아들과 모녀, 처, 첩, 조, 손, 형제, 백부·숙부, 조카, 독질篤疾·폐질자廢疾者는

---

297) 명률집해明律集解.

사형에 처하지 않았다.

명률은 범죄자는 수종에 관계없이 능지형에 처했다. 또 친족도 16세 이상인 조부, 부, 자, 손, 형, 제, 백·숙부, 형제의 자는 호적이나 독질·폐질에 관계없이 모두 참수형에 처했다. 심지어 성姓이 다른 동거인(외조부, 장인, 사위, 노비들)도 모두 참수형에 처했다.

당률은 '언사로 무리를 선동하지 못하고, 사람들을 이끌기에 힘이 부족한 경우'에는 본인은 참수형에 처하나, 그의 아버지와 아들은 사형에 처하지 않고 조·손祖·孫 역시 연좌하지 않았으며, '입으로는 반대의 말을 할지라도 마음에는 전혀 계략이 없는 경우'는 유형 2천리에 처했다.

그러나 명률은 이러한 구분에 상관없이 모두 최고형을 내렸다. 또한 범죄 사실을 알고도 일부러 숨기고 알리지 않은 사람을 당률에서는 교수형에 처했는데, 명률에서는 참수형에 처했다. 이렇게 하여 한 가지 사건에 연루된 사람이 걸핏하면 10여 명이고, 심지어 삼족·구족·십족을 연좌해 한 고을이 폐허가 될 지경이었다.

이뿐만 아니라 명률은 또 '십악十惡' 대죄의 범위를 확대해, 백성이 자신이 살고 있는 곳의 지현知縣·지주知州·지부知府를 살해하거나, 병사가 자신이 소속된 백호百戶·천호 등의 지휘관을 살해하면 모두 '십악' 가운데 '불의不義' 죄를 적용해 극형에 처했다.

명의 통치자는 탄압을 강화하는 동시에, 저항 세력을 분쇄하기 위하여 모반이나 모대역의 범죄에 대해 "체포하면 일반 백성에게는 관직을 주고, 군인에게는 군직을 주며, 범죄자의 재산을 전부 상으로 주었다. 자수하거나 고발로 붙잡은 경우에는 재산만 주었다."298)

(2) 신하의 결당 및 내외관의 결탁 엄금

신하들의 결당은 황권을 약화시키기 때문에 역대 통치자들은 모두 신하의

---

298) 대명률大明律 형률刑律·적도賊盜.

결당을 엄격히 금지했다. 특히 명은 한·당·송·원의 형법에는 없었던 '간당奸黨' 죄를 명률에 규정하여 "만약 조정의 관원 가운데 붕당을 결성해 조정을 문란케 한 자는 모두 참수형에 처한다. 처자는 노비로 삼고 재산을 관에 몰수한다." "사형에 처할 자를 대신이나 관리들이 교묘한 간언諫言으로 사면하도록 사람들의 마음을 움직이면 역시 참수형에 처한다." "형부刑部와 아문衙門의 관리들이 법률이 아니라 상사上司의 뜻에 따라 죄를 좌지우지한 경우 역시 그러하다"고 했다. 그밖에 '간악하게 진언해 사람을 죽게 한 자'도 간당奸黨에 속하는 것으로 참수형에 처했다.

그리고 대신들의 붕당을 방지하기 위해 관직의 임용권은 황제만 가지고, "대신이 함부로 사람을 뽑아 쓸 때는 참수형에 처했다." "특별한 지시 없이 대신들이 친척의 관직을 면하거나 주지 못하게 했다." 이를 위반한 자는 역시 참수형에 처했다. 심지어 아문의 관리와 서민들이 "집권하고 있는 대신이 정사를 잘 돌보고 재주와 덕망이 있다고 상언上言하면, 간당으로 여겨 심문하여 죄가 밝혀지면 참수형에 처하며, 처자는 노비로 삼고 재산을 몰수했다." "집권하고 있는 대신이 그 내막을 알고 있으면 같은 죄로 다스렸다." "문관이 있지도 않은 공로를 보고하여 작위를 받으면 해당 관리와 작위를 받은 자 모두 참수형에 처했다."

호유용胡惟庸과 남옥藍玉 두 사건이 발생하고 나서는 "공·후와 경험 많은 장군들이 간당으로 처벌을 받고, 사면 받은 자가 드물었다."[299] 청의 손성연孫星衍은 『중각고당률소의重刻故唐律疏議』 서문에서 "영휘永徽 연간에 율을 제정한 이후, 송·원은 그것을 이어받았다. 그러나 명 때는 많은 개정이 있었고, 간당죄라는 장章을 추가해 정사正士[300]를 모함했다. 가벼운 죄는 가볍게 무거운 죄는 무겁게 하여, 죄를 가벼이 여겨 범하기 쉬웠고, 중한 죄는 더욱 가중해 원망이 많았으니, 결코 선정善政이 아니었다"고 말했다. 설윤승薛允升은

---

299) 『명사明史』 「탕화전湯和傳」.
300) 정사正士는 정직한 사람을 말하는데, 여기서는 강직하고 아첨하지 않는 신하를 말한다. 『관자管子』 「환공문桓公問」에 "사람들이 군주의 과실을 비난하면, 정사正士가 이것을 말합니다(人有非上之所過, 謂之正士)" 했다. ―역주

당률과 명률의 차이점을 비교하면서 간당 등의 조문은 "모두 홍무洪武 연간에 제정된 것이다. 명 태조는 신하를 시기했는데 그 폐단을 막을 수 없었다. 그 법률도 역시 각박해 이전의 법률과 매우 달랐다." "신하의 권력 남용과 결당을 방지하는 데 힘을 다했다."301) 전통시대 황권과 신하의 붕당 사이에 갈등은 집권층에 늘 존재했는데, 명의 황제가 이렇게 살육이라는 방법으로 해결하려 했음은 붕당이 군주 전제정치에 얼마나 많은 폐해를 끼치는지 잘 설명해 주고 있는 것이다. 그러나 지나친 시기로 말미암아 "조정에는 말 많은 자가 많았고, 선비는 무엇이든 받아들여야 온전할 수 있었다. 큰 사건이 터지면 모두 조정의 눈치만 살피고 가부 의견이 없으니, 어찌 국사에 이득이 되겠는가?"302)는 결과를 낳았다.

명률은 또 관리들의 사귐도 엄금했다. 주원장은 한·당의 환관들이 권력을 남용했던 사실을 거울삼아 "환관이 조정의 일에 관여하는 것을 허락하지 않는다"는 명령을 내렸다.303) 홍무 원년에 "황제께서 시립해 있는 신하에게 '역사 기록을 살피면 한과 당의 말기에는 모두 환관이 부패했는데, 참으로 한탄하지 않을 수 없다. 그들은 궁궐 안에서 시중만 들어야 하는데 어찌 정사와 군병에 관여했는가. 한·당의 화는 환관의 죄이기는 하지만, 그 주인이 총애한 결과이기도 하다. 환관이 정사와 군병에 관여할 수 없으면 난을 일으키려 할지라도 그러하지 못할 것이다'고 했다."304)

홍무 2년에는 "이부에 명해 환관이 맡는 관제를 정하고," "또 시립해 있는 신하에게 '환관 가운데 선량한 자를 구하면 백에 한둘도 없으며, 눈과 귀로 쓰고자 하면 눈과 귀를 가리며, 심복으로 쓰고자 하면 그 또한 병이 된다. 그들을 부릴 수 있는 길은 법을 두렵게 하는 것이고, 공로가 있게 하면 안 된다. 공로가 있으면 교만 방자하게 되니, 오직 법을 두렵게 하도록 해 이를 단속해야 된다'고 했다."305) 홍무 5년에 환관이 "악독한 반역의 마음을 품거

---

301) 당명률합편唐明律合編.
302) 당명률합편唐明律合編.
303) 당명률합편唐明律合編.
304) 『명통감明通鑒』 권6.

나 부도不道한 언사를 하면 능지형에 처한다. 그 사정을 알고도 감춘 자 역시 같은 죄에 처하며, 알고도 자수하지 않은 자는 참수형에 처한다"306)는 금령을 내렸다.

홍무 17년에는 "칙령을 내려 내관은 바깥일에 관여하지 못하게 하고, 여러 관리들이 환관과 왕래하는 것을 금했다."307) "또한 내정內庭의 출입문 철판에 '내신內臣은 정사에 관여하지 못한다. 관여하는 자는 참수형에 처한다'는 글을 새겨 놓았다."308) 특별히 명률에도 "아문의 관리들이 환관이나 가까운 시중들과 서로 왕래하며 기밀을 누설하고 폐단을 일으키며, 함께 모함한 자는 모두 참수형에 처하고, 처자는 유형 2천리에 처한다"고 규정했다. 그러나 대대로 지켜야 한다고 강조한 이 금령은 기대한 것만큼 효과가 없었고, 오히려 명 때 환관이 몰래 전권을 휘두른 폐해가 이전 시기보다 심했다.

중국의 정치사에서 환관이 전횡하는 일은 불가피한 현상으로, 군주 전제 정치의 필연적인 산물이다. 깊은 궁궐 안에서 최고의 권력을 장악하고 있는 황제는 늘 대신들로부터 대권을 위협받을까 걱정하여, 자연스럽게 주변의 환관들을 심복으로 삼았다. 주원장이 삼령오신三令五申을 통해 환관이 정사에 참여하는 것을 금했지만, 홍무 25년에 자신의 환관 경동慶童을 하주河洲에 보내서 차와 말을 운송하는 일을 맡겼다. 환관이 명을 받아 일을 맡은 것은 이때가 처음이었다.

성조成祖 주체朱棣는 정권을 잡을 때 환관의 도움을 받아서 즉위 후 점점 환관에게 '위임을 많이' 했다. 이에 환관은 "출사出使·전정專征·감군監軍·분진分鎭·신민臣民에 대한 은밀한 정탐 등 여러 대권을 가지게 되었다."309) 영종은 9살에 등극하여 환관 왕진王振이 군정의 대권을 장악하고 황제를 대신했다. 헌종 때 왕직汪直, 무종 때 유근劉瑾, 신종 때 풍보馮保, 희종 때 위충현魏忠賢

---

305) 『명사기사본말明史記事本末』 권14.
306) 『명사기사본말明史記事本末』 권14.
307) 『심기이선생유서沈寄簃先生遺書』 「율령律令 9」.
308) 『명사기사본말明史紀事本末』 권14.
309) 『명사明史』 「환관전서宦官傳序」.

은 큰 세력을 형성했다. 무종 주후조朱厚照가 총애하던 유근이 옥에 갇혀 심문을 받을 때, 형부상서 유경劉璟은 입을 다물고 감히 말을 못했다. 유근이 "모든 공경公卿을 내가 만들었는데 누가 감히 나를 문책한단 말인가?"310)라고 외쳤다고 한다. 명률에 내외 관리들의 사귐을 금지한다는 규정은 구속력을 상실했다.

(3) 형벌을 통한 사상·문화 영역의 전제 정치

명률에는 언론과 사상에 관련된 처벌 조항이 무척 많다. 예를 들면 "요상한 책과 말로 군중을 유혹하는 자는 참수형에 처한다(당률에는 교수형)," "금서를 수집해 보관하거나 사적으로 천문天文을 습득하는 자는 장형 100대에 처한다," "거짓 글을 올리거나 교언영색으로 임용을 구하는 자는 장형 100대에 처한다" 등이 그것이다. 그리고 법률에 명문화된 것 외에도 상서에 조금이라도 왜곡한 혐의가 있으면 엄벌했다. 예를 들면, 어떤 관리들이 태조를 찬송한 문장 가운데 '작칙수헌作則垂憲,' '요담제비遙瞻帝扉,' '예성생지睿性生知,' '체건법곤體乾法坤,' '천생괴인天生怪人' 등의 구문이 '작적作賊,' '발곤發髡,' '제비帝非' 등으로 황제를 모독했다는 죄명으로, 문자옥文字獄을 일으켜 대거 살육했다.

어떤 관리들은 상서의 언사가 황제의 노여움을 사 형벌에 처해지기도 했다.311) 선덕 6년 순안巡按 강서어사江西御史 진조陳祚가 상소를 올려 선종에게 제왕의 실학으로 『대학연의大學衍義』라는 책을 청강해야 한다고 권했는데, "상소를 읽은 황제가 노해 '짐이 책을 읽지 않고 대학을 알지 못하면서 어찌 천하의 주인이라고 할 수 있겠는가. 경성으로 잡아들여 면직하고 금고禁錮 5년형에 처하라'고 했다."312) 세종 때는 과거 출제가 부당하다고 한 이부상서 이묵李黙과 어사 엽경葉經을 비방죄로 사형에 처하기도 했다. 학교의 생도들이 국가 대사를 논의하지 못하도록 홍무 12년에는 학교에 금지 조항

---

310) 『명사明史』「유근전劉瑾傳」.
311) 『명사기사본말明史紀史本末』 권14.
312) 『명사기사본말明史紀事本末』 권28.

을 반포하고 시행했는데, "생원 일가는 큰일이 아니면 공공장소에 가벼이 드나들어서는 안 된다," "군민軍民의 이득과 병폐에 관하여 생원이 진언할 수 없다"고 규정했다.

이처럼 통치자들은 전제정치를 위해서 언론과 사상을 통제해야 했다. 그를 위해서는 잔혹한 형벌도 불사하고 사상·문화의 전제적 통제를 추진했고, 자유로운 생각을 억제했다.

(4) 엄벌을 통한 이치吏治의 정돈과 탐관의 징벌

명 초기에 통치자들은 관리들이 병兵·형刑·전錢·곡穀을 나누어 관장해야 국가기관이 제대로 돌아가고, 황제의 권력도 제대로 발휘된다고 생각해 관리를 다스리는 일을 매우 중요시했다.

주원장은 엄한 법을 통해 백관이 법을 지키고 그에 따라 집행하도록 독려하고, 직책에 충직하도록 했다. 명률에는 관리는 "법률을 익숙할 때까지 읽고, 그 뜻을 헤아려 사무를 처리할 수 있어야 한다"고 했다. "해독하거나 설명할 수 없을 정도로 법률을 알지 못하는 사람은 초범이면 봉급 1개월을 감봉하고, 재범은 태형 40대에 벌점을 추가하며, 3범은 강등시켰다." 또 "관리가 공무를 기만하거나, 함부로 변조하고 성문成文을 어지럽힌 자는 참수형에 처한다"313)고 규정했다. 당률은 상서성의 심의를 거치지 않고, 임의로 율조를 고치는 자는 도형에 처하는 것에 그쳤는데, 명률은 그보다 훨씬 엄격해졌다. 특히 재물을 탐하는 관리를 중하게 다스렸다. 『명사』「형법지」에 "태조는 개국 초기에 원 말기의 탐욕을 징벌하고자 부패한 관리를 엄중히 처벌했다. 사법 행위와 관련된 범법자는 공개적으로 밝혀서 다른 사람이 경계하도록 했다. 또한 형부에 명하여, 관리가 법을 어겼는데 그 죄를 용서하고 복직시킬 때는 저지른 과오를 문에 써 붙여 자성自省토록 하고 법률처럼 여기라"고 했다.

---

313) 대명률大明律 이율吏律.

명률 「직제율」에는 '뇌물수수죄(受贓)'에 관한 11개의 조문을 규정했다. 그밖에도 「호율戶律」·「과정課程」·「염법鹽法」에 관리의 탐오貪汚를 처벌하는 규정을 두었다. 이를 어긴 관리에게는 당률보다 무거운 처형을 내렸다.

명률에서는 뇌물수수죄를 왕법장枉法贓·불왕법장不枉法贓·좌장坐贓으로 나누고, 뇌물 수량에 따라 구별해서 처벌했다. '왕법장'의 경우는 '통산전과通算全科'로, 즉 뇌물을 받은 총량에 따라 형을 부과했다. 5관貫 이하는 장형 80대, 50관은 유형 3천리, 80관은 교수형에 처했다(당률은 15필이면 교수형). '불왕법장'의 경우는 '통산절반通算折半'으로, 즉 뇌물을 받은 총량을 반으로 따져 형을 부과했다. 10관은 장형 70대, 120관은 유형 3천리에 처했다. '좌장' 의 경우는 불왕법장과 같이 '통산절반'으로 처벌하여 3관 이하는 태형 30대, 80관은 장형 100대, 100관은 도형 1년, 500관 이상은 도형 3년에 처했다. 또 홍무 연간에는 "관민 가운데 왕법장한 자는 남북을 가리지 않고 모두 북쪽 변방에 충군充軍한다"314)고 했다.

명 때 관리가 뇌물수수죄를 지으면 제명하고 파직시킨 뒤 다시는 임용하지 않았다. 당률에서 뇌물수수죄로 관직에서 파면 당하면 일정 기간이 지난 뒤 다시 임용한 것과 다른 점이다. 관리가 사건을 마무리 지은 뒤 재물을 받거나, 법을 어겨서 판결했을 때는 '왕법장'으로 처벌했다. 법을 어기지 않았으나 판결이 치우친 경우에는 '불왕법장'으로 처벌했다. 당률은 관리가 일을 마친 뒤 재물을 받으면 감독자가 재물을 받은 죄로 보아 무겁게 다스렸다. 명률에서는 관官과 이吏가 뇌물을 받은 것을 구별해서 설명하고 있는데, 이것은 이吏가 사법 과정에서 비리와 부정을 행했다는 것을 반영한다. 특히 백관百官을 탄핵하는 권력이 있는 어사의 뇌물죄는 가중 처벌하여, "어사가 죄를 범하면 3등을 가하고, 뇌물을 받으면 무겁게 처벌한다"고 했다. 어사의 가족이 차대借貸를 받으면 어사에게 내리는 죄보다 2등을 감등해서 감림관監臨官과 같은 것으로 보아 처벌하며, 사건 때문에 재물을 받았으면 감등하지

---

314) 『명사明史』 「형법지 1」. 원문에는 대명률大明律 이율吏律이라고 되어 있으나, 이러한 내용은 없다.

않고 처벌했다.315)

주원장은 백성이 경사京師에 와서 지방 관리의 죄악을 고소할 수 있게 했는데, 직접 부패 관원을 압송해 올 수도 있었다. 명대고明大誥의 8할이 넘는 안건은 관리를 징벌하는 것으로, 명률보다 더 무거운 처벌을 내렸다. 예를 들어 명률 가운데 '불왕법장'은 죽을죄까지는 아니었지만, 대고에서는 관리가 '불왕법장'을 하면 능지형이나 효수형에 처하는 경우가 많았다. 뇌물을 받은 관리는 본인뿐만 아니라 연관된 사람과 가족들까지 처벌했다. 홍무 4년에는 형부에 칙령을 내려 "관리가 뇌물을 받으면 죄를 묻고, 가족은 변방으로 이주할 것을 명한다"316)고 했다. 홍무 18년에 어떤 사람이 호부시랑 곽환郭桓과 북평北平의 이사二司 산리散吏가 한통속이 되어 폐단을 일으키고 군량軍糧을 가로챈 일을 고발해서 주원장이 법사法司에게 조사하게 하여, 6부 시랑 밑의 수백 명을 사형에 처하고 장물 700만석을 압수했다. 그리고 진술에 따라 형사처벌한 각 성省의 관련자만도 수만 명이나 되었다.

홍무 5년에 주원장은 뇌물죄를 저지른 공후公侯에 대한 조치로 철방鐵榜을 반포했다. 이는 고대 형법사에서 전례가 없는 것인데, "공후가 관민의 산장山場·호수·차원茶園·노탕蘆蕩·금·은·동·주석·철을 강제로 차지하고, … 3범은 한 번 사형을 면하게 해준다"던가 "공후가 관에 이름이 기재된 의장호儀杖戶와 전전호佃田戶를 빼돌려 자기 밑에 두고, 노역을 감춘 경우에는 참수형에 처한다"317)고 했다. 영가후永嘉侯 주량조朱亮祖는 광동廣東에서 뇌물을 받고 법을 어겨 판결하여 소환된 다음, 조당朝堂에서 채찍에 맞아 죽었다.

명 초기에는 주원장이 뇌물을 받은 관리를 엄한 법으로 다스린 결과, 관리들의 청렴한 처신에 큰 영향을 미쳤다. "일시적으로 법령을 지키고 두려워하여 청렴하고 백성을 사랑하며 군주의 뜻에 부합하도록 했으므로, 이치吏治에 큰 변화를 가져왔다."318) 그러나 관리들의 탐욕과 수뢰는 착취제도의 토양에

---

315) 명률明律의 주註.
316) 대명률大明律 이율吏律.
317) 심가본沈家本, 『율령고律令考』 권9.
318) 『명사明史』 「순리전서循吏傳序」.

서 자란 것이기 때문에 엄한 법과 혹형이 일시적으로 효과를 거둘 수는 있으나 그 병폐를 원천적으로 막을 수는 없었다. 주원장도 이를 인정하여 "부패한 관리를 척결하고자 아침에 처형하면 저녁에 또 범하니 어찌하랴"[319]고 탄식했다.

홍치弘治 때는 문형조례問刑條例를 제정해서 관리의 독직瀆職은 가중 처벌하고, 그밖에 일반 장죄는 모두 가볍게 고쳤다. 그러나 "복직할 수는 없게 했다."[320] 선덕宣德 4년에 어사 심윤沈潤이 "금품을 받았는데, 사형은 면하고 특명으로 변방에 유배를 갔다."[321] 천계天啓 4년에는 어사 최정수崔呈秀가 탐오했는데, '재물을 회수하고 고향으로 돌려보내는(落積回籍)'[322] 처분만 받았다. 정치가 부패함에 따라 더 이상 탐관들을 저지할 수 없어 이들을 처벌하는 법률은 한 장의 종이 문서에 지나지 않을 정도였다.

(5) 절도, 소금 밀매, 동전 주조 등에 대한 가중 처벌

명률에서는 제사 기물이나 황제가 사용하는 물건을 훔치거나, 성지聖旨, 어보御寶, 각 아문의 인신印信, 야간 순찰 동패銅牌 등을 훔친 중대한 범죄는 참수형에 처했다. 군기軍機나 전량錢糧에 관한 문서를 훔쳤을 때는 교수형에 처했다. "절도 행위 꾀했으나 재물을 훔치지 못한 경우는 자형刺刑을 면제해 주고 태형 50대에 처했다. 그러나 재물을 훔친 경우는 장죄로 처벌했다. 3범은 교수형에 처했다." 처형이 당률보다 엄했음을 알 수 있다.

홍치弘治 연간이나 가경嘉慶 연간의 문형조례 가운데 정부의 재물을 훔친 것에 대한 조항이 있다. "잡범의 죽을죄는 속죄할 수 있으나, 황제의 물건을 훔치면 실제로 죽을죄를 저지른 것으로 처벌한다."[323] 만력萬曆 연간에 문형조례를 개정하면서 죄를 정하고 형벌을 헤아리는 것을 더욱 규범화했다.

319) 『국초사적國初事迹』.
320) 『명사明史』 「왕고전王翺傳」.
321) 『명사기사본말明史紀事本末』 권28.
322) 『명사기사본말明史紀事本末』 권66.
323) 명률明律 도내부재물관盜內府財物款.

앞 조문을, "궁전의 재물을 훔치거나 황제의 물건을 훔친 자는 죽을죄를 저지른 것으로 처벌한다. 감독하는 관리가 은이나 비단을 은 30량 이상 훔칠 경우, 또 일반 백성이 은이나 비단을 은 60량 이상 훔칠 경우는 모두 변방에 보내 영원히 충군充軍하게 한다"[324]고 했다.

당률에서는 재물 절취를 꾀했으나 미수에 그친 강도는 도형 2년에, 재물 14필 이상을 훔친 강도는 교수형에 처했다. 명률은 전통 질서와 지주의 사유재산권 보호를 중시해서 "재물 절취에 미수한 강도는 장형 100대와 유형 3천리에 처하고, 재물을 훔친 강도는 주범과 종범을 가리지 않고 모두 참수형에 처했다." 장물의 수량, 무기를 들었는지의 여부, 사람을 살상했는지는 묻지 않았다.

신종 만력 때에는 지배계급에 대한 저항이 심해짐에 따라 문형조례 가운데 성城을 지키는 관리의 책임 조항을 더 늘렸다. "연변·연해나 오지(腹裏) 지역의 부府·주·현과 위소衛所가 같은 성에 있거나 위소만 따로 있을 경우, 도적의 무리에게 포위 공격을 당하여 이를 지키지 못하고 달아나거나, 도적에게 성을 함락 당하거나 납치·방화·살해당하면, 위소의 책임자인 장인掌印과 포도관捕盜官은 변방을 지키는 장수들이 성곽을 함락 당했을 때의 율에 따라 참수형에 처한다"[325]고 규정했다.

명은 소금을 관영 전매하고, 개인이 소금을 판매하는 것을 금지했다. 문형조례에는 소금 밀매자를 엄한 경우 충군에 처하는 형을 내렸다. 특히 소금 밀매를 강요하는 행위를 엄하게 벌했다. 가정嘉靖 연간의 문형조례에 "소금을 판매하는 도당을 열 명 이상 모았거나, 관병官兵에 대항해 사람을 살상한 것이 3명三命에 이르면, 재물을 빼앗은 강도에 해당하는 율에 따라 모두 참수한다"고 했다. 만력 연간의 문형조례는 '사람을 살상한 것이 3명三命에 이르면'을 '사람을 살상한 것이 3인三人에 이르면'으로 고쳤다. 한 글자를 고친 것이 소금 밀매 행위를 강력히 억제하고자 했던 것을 보여준다. 소금을 판매

---

324) 명률明律 도내부재물관盜內府財物款.
325) 명률明律 주장불고수主將不固守 조문 후반부.

하는 도당이 열 명 이하이더라도 주동한 자는 "율에 따라 참수형에 처하고," 하수인은 교수형에 처했다.

사사로이 동전을 주조하면 당률에서는 유형 3천리에 처했는데, 명률은 더욱 무거워져 교수형에 처했다.

(6) 유민流民에 대한 엄한 처벌

유민 문제는 사회 치안에 영향을 미치기 때문에 당 때부터 통치자들이 골치 아파하던 문제였다. 명 건국 이후 주원장은 원 말기부터 대량으로 발생한 떠도는 농민들에게 큰 위협을 느꼈다. 유민들의 소요 사태를 방지하기 위해 한편으로는 유민들을 모아 개척이민 정책을 펼쳐서 산동·하남·안휘 지역의 황무지를 "개간할 수 있는 사람이 자기의 업으로 삼으면 영원히 과세하지 않는다"326)고 했다. 다른 한편으로는 엄한 형벌로 유민을 단속하여 명률의 "인호人戶는 호적(籍)으로 정한다"는 기초 위에 '떠돌아다니며 걸식하거나 할 일 없이 노는 자에 대한 금지법'을 규정했다. "거리에 할 일 없는 자가 있을 수 없다"고 하며, 관부의 '소환'에 응하지 않고 도망치는 경우 주동자는 교수형에 처하고 저항하는 자는 모두 참수형에 처했다. 명대고에는 "이웃과 친척들은 '유민'을 붙잡아 경성에 가서 죄를 묻게 할 의무가 있다. 그렇지 않으면 유민은 사형에 처하고, 그 이웃은 변방으로 쫓아낸다"고 규정했다. 이갑里甲이 모른 척하고 관여하지 않았더라도 변방에 보냈다. 유민이 군중을 모아 저항하면 잔혹하게 진압했다. 홍무 5년 3월 선화宣化 지구 관부官府는 무적無籍의 백성들이 군사 모집에 저항하였으므로 백여 명을 살육했다.

명 초기의 유민 문제는 엄격한 형벌의 제재와 그에 상응하는 정책을 통해서 어느 정도 해결이 되었다. 그러나 관부의 끊임없는 세금 징수와 지주계급의 잔혹한 착취 때문에 백성들은 할 수 없이 고향을 떠나 멀리 도망을 다녔고,

---

326) 고염무顧炎武, 『일지록日知錄』 권11.

일 없는 백성을 대군大軍에 보충하기도 하여 명 중기에는 유민의 수가 급증해 "기세를 막을 수 없을 정도였다." 그래서 가정嘉靖 연간의 문형조례에 "산속으로 도망해 모인 유민들은 중법으로 제재한다. 연변沿邊 지방의 군민이 노역을 피해 다른 지역에 숨으면 그 실정을 파악하여 모두 변방에 영원히 충군充軍한다. 소속 이장里長이나 이웃이 알면서도 자수하지 않은 자는 각각 죄로 다스린다"327)고 규정했다.

이상은 주원장의 중한 것은 중하게 다룬다는 법률 사상을 구체적으로 실현한 것이다. 청의 설윤승薛允升은 "제전 의식과 풍습 교화敎化 등에 관한 일들은 당률이 명률보다 중하다. 도적·화폐·국고·양식에 관한 것은 명률이 당률보다 중하다"328)고 했다. 구체적으로 보면, 자손이 교령죄敎令罪를 범하면 당률에서는 도형 2년이지만, 명률에서는 장형 100대였다. 조부모와 부모가 살아있는데 자손이 별적이재別籍異財하면 당률에서는 도형 3년이지만, 명률에서는 장형 100대였다. 부모의 상喪을 당하고도 애도하지 않으면 당률에서는 유형 2천리이지만, 명률에서는 장형 60대를 덧붙여 도형 1년에 처했다.

그런데 잡호雜戶를 자손으로 키우는 자는 당률에서는 도형 1년 반에 처하지만, 명률에서는 범죄로 보지 않았다. 이는 전통사회 후기에 경제가 발전하고 사회가 진보하여 예禮의 속박이 점점 열어지고 있음을 나타낸다. 또한 극심한 빈부 격차와 전제정치의 강화로 계급 갈등이 끊임없이 확대되었다. 그러므로 더욱 형벌의 위세와 통제에 의존했다. 바로 설윤승이 "옛 사람은 예를 앞세웠고 법률을 뒤에 두었는데, 후세 사람들은 형법을 중히 여기고 예교를 가볍게 여겼다"329)고 지적한 점이다. 그러나 형벌을 중히 여긴다고 예교 작용을 무시한 것은 아니니, 주원장은 형과 예를 결합할 것을 주장했고, 어떤 경죄輕罪라도 사면이나 감형을 할 때는 명확한 정치적 목적이 있었다.

----

327) 명률明律 도피차역逃避差役 조문 후반부.
328) 당명률합편唐明律合編.
329) 당명률합편唐明律合編.

2. 오복정죄五服定罪에 관한 제도의 실행

명률은 '상복도喪服圖'를 제일 앞에 열거해 통치자가 복제服制를 중시했음을 보여준다. 주원장은 "명률에 두 형도刑圖를 먼저 열거하고, 그 다음 팔예도八禮圖를 열거했으니, 예를 중히 여긴 것이다"330)고 분명하게 언급했다. 복제服制는 원래 예의 범주이지만 그것이 법률로 제재되었다는 점은 예와 법의 결합과 가족 윤리의 큰 영향을 말해주는 것이다. 그뿐만 아니라 복제는 죄와 형을 결정하는 중요한 기준의 하나이기도 했다. 일찍이 진晉은 복제로 친속 사이의 신분을 확정하고, 이것을 근거로 죄와 형을 판결했는데, 이것은 진대부터 변함없이 이어져 내려왔다. 명의 왕긍당王肯堂은 『명률전석明律箋釋』에서 "법전 앞부분에 상복을 놓은 것은 복제의 경중을 명확히 하여, 이에서 죄를 정하고 형벌을 가감하는 기준이 된다"고 했다. 명 때는 친속 사이의 사건을 심리할 때 먼저 서로 어떻게 부르고, 어떤 복제인가 물은 다음 정죄하여 형벌을 정했다. 원의 공단례龔端禮는 『오복도해五服圖解』에서 "형명刑名을 바르게 하려면 먼저 복기服紀를 바르게 해야 한다. 복기服紀가 바르면 형벌도 바르게 되고, 복기가 바르지 못하면 형벌도 바르게 되지 못한다"고 했다. 이로써 복제와 형벌이 서로 밀접한 관계에 있었음을 알 수 있다.

명률에는 친속 사이의 침범과 상해 행위를 친소親疎와 존비尊卑 관계에 근거하여 정한 특수한 규정이 있었다. 예를 들어 비卑가 존尊의 인신을 침범했을 때 혈연이 가까울수록 죄가 더 무거웠다. 자손이 조부모나 부모를 구타하면 참수형에 처하고, 살해한 경우에는 능지형에 처했다. 어린 사람이 본종本宗과 외인外姻의 시마緦麻가 되는 윗사람을 구타하면 장형 100대, 소공小功이 되는 윗사람을 구타하면 장형 60대를 덧붙여 도형 1년에 처하고, 대공大功이 되는 윗사람을 구타하면 장형 60대를 덧붙여 도형 1년 반에 처했다. 반대로 어른이 어린 사람을 살상하면 혈연이 가까운 친족일수록 죄가 더 가벼웠다.

---

330) 당명률합편唐明律合編.

그러나 간비죄奸非罪는 존비 장유를 막론하고 혈연이 가까울수록 징벌은 더 무거웠다.

반면 친속 사이에 재산을 침해하는 것은 관계가 가까울수록 형벌이 가벼웠다. 재산을 같이 하고 함께 거주하는 친속 사이에 서로 절도할 경우, 기친期親이면 보통 사람의 형벌에서 5등을 감하고, 대공은 4등을 감하고, 소공은 3등을 감하고, 시마는 2등을 감하고, 무복無服의 친親은 1등을 감했다. 어른과 어린 사람이 함께 살거나 따로 살거나 친속 사이에 사기를 친 자는 친속 상도율相盜律에 따라 죄를 감하여 처벌했다. 그러나 가정속찬조례嘉靖續纂條例에 따르면 "같이 사는 부·형·백부·숙부·동생의 물건을 절도했는데, 또 사정을 알면서 훔친 물건을 나눈 자는 죄를 범한 자의 죄에 2등 감하여 처벌한다"고 했다. 더 이상 오복 친등의 구분에 따라 죄를 논하는 것이 아니었다. 그밖에 명률은 한漢 이래로 적용되어온 '같이 사는 사람끼리 죄를 숨겨 주는 동거상위은同居相爲隱'의 범위를 장인과 장모, 사위 사이까지 확대했다.

3. 종번宗藩 권력의 제한

성조成祖는 즉위 후 지방의 여러 제왕이 가진 권력을 제한하고, 엄히 방비했다. 성조 이후에 여러 황제들은 종번宗藩 권력을 제한하는 정책을 집행하고, 이를 형법으로 보장했다. 특히 홍치 연간의 문형조례에서 "왕부王府는 함부로 외인을 모집하거나, 관부를 모욕할 수 없다. 왕부에서 처리한 모든 사무는 곧바로 황제에게 보고하고, 반드시 허락을 기다려 봉행奉行해야 한다"331)고 규정했다. 왕은 이유 없이 성밖 출입을 할 수 없고, 작위가 없는 자의 자손이 죄를 저지르면 '언제든지 심문하고 처리할 수'332) 있었다.

가정 연간의 문형조례는 여기서 더 나아가 "왕부에서 예例를 위반하며 곡물을 거두고, 군민과 토지 등에 관한 분쟁이 있으면, 아문에게 공정한 심판

---

331) 홍치弘治 연간 문형조례問刑條例 제102조, 제8조.
332) 홍치弘治 연간 문형조례問刑條例 제102조, 제8조.

을 받아야 하고, 장사사長史司는 함부로 사장詞狀을 받지 못한다."333) "귀하신 몸이라거나 측근이라는 명목으로 남을 못살게 굴고, 사기를 치며, 관계 아문에서 소란을 피우면 황제에게 보고해 처리하거나, 변방으로 보내 충군한다"고 규정했다. 이전 역사에서는 한 초기의 문제文帝·경제景帝·무제武帝가 형법을 통해 왕후들의 권력을 제한했으니, 사실상 명은 한 초기의 노선을 따른 것이며 단지 지방 제후국을 제한하는 방식과 그 정도가 달랐을 뿐이다.

4. 형벌의 변화

(1) 충군充軍

명률의 형벌은 태형·장형·도형·유형·사형(교수형과 참수형)을 기본으로 하고, 충군형을 폭넓게 적용했는데, 그것은 범죄인을 강제로 서북방에 군사軍士로 보충하는 것이다. 충군充軍의 종류는 거리로 따져 극변極邊, 연장烟瘴, 변원邊遠, 변위邊衛, 연해沿海, 부근附近이 있었다. 가장 먼 거리는 4천리이고, 가장 가까운 거리는 1천리였다. 충군의 기한에서 '종신終身'은 죄인이 죽을 때까지였고, '영원永遠'은 죄인이 죽더라도 자손과 친속을 계속 충군하게 하는 것이었다. 충군형은 유형보다 훨씬 더 무거운 형이었다. 명 초기의 법률 조문 가운데 충군과 관련된 조항은 46조이고, 가정嘉靖 연간 이후에는 213조나 되었다. 충군형은 송·원 때 처음 시작되었는데, 명에서 더욱 제도화되었다. 이는 통치자의 중형주의와 군사제도와도 밀접한 관계가 있다.

명의 군사제도의 기본 편제 단위는 위衛와 소所였다. "경사京師에서 군현郡縣까지 모두 위소衛所를 세운다."334) "중요한 군郡에는 소를 설치하고, 군에 연결된 곳에 위를 설치한다"335)고 했다. 5,600여 명이 1위가 되고, 위의 아래에는 천호소千戶所와 백호소百戶所 등을 두었다. 이처럼 위소를 단위로 세운

333) 명률明律 응의고지부조유범應議考之父祖有犯 조문 후반부.
334) 『명사明史』「병지兵志 1」.
335) 『명사明史』「병지兵志 2」.

군사 편제와 주방駐防 제도는 충군형을 제도로 만들 수 있게 했다.

(2) 정장廷杖

명은 정장 제도를 처음으로 만들었다. 정장이란 오문午門 밖에서 대신들에게 체벌을 하여 신하를 황제의 뜻에 순종하도록 강제하는 제도이다. 정장은 사례감司禮監이 처벌을 감독하고, 금의위錦衣衛가 집행했다. 또한 어느 대신에게나 정장을 내릴 수 있었는데, 이는 전에 없는 황제의 위엄을 보여준다. 명에서 장杖으로 죽은 대신은 헤아릴 수 없을 정도로 많았다. 일찍이 홍무 8년에 형부주사刑部主事 여태소茹太素는 명태조에게 상서했는데, 거슬리는 데가 있어 곧바로 조정에서 곤장을 맞았다. 그 이후 정장은 일상적이 되었다. 가장 특기할 만한 것은 무종武宗 정덕正德 때 '남순南巡을 간諫 한' 대신 168명을 정장해 15명이 죽은 일이다. 또 다른 하나는 세종世宗 가정嘉靖 때 '대례大禮의 논쟁'인데, 이때는 대신 134명을 정장해 16명이 죽었다. 원래 대신을 정장하는 일은 한대漢代 때부터 시작해 당·송·원에 걸쳐 행해졌으나 명은 이를 신하를 위협하는 수단으로 사용한 것이다.

(3) 법 이외의 형벌

명의 법 이외의 형벌은 대고에서 볼 수 있는 효령梟令·이족夷族·자자刺字와 같은 여러 가지 혹형이 있고, 가장 잔혹한 능지형도 정식으로 명률에 있었다. 영종 때 환관 왕직汪直은 100근이나 되는 무거운 칼(枷)을 국자감 제주祭酒 이시면李時勉의 목에 채웠는데, 여기서 가호형枷號刑이 생겼다. 무종 때 권세 있던 환관 유근劉瑾은 서창西廠을 장악하고 대가형大枷刑을 만들었는데, 그 칼의 무게가 무려 150근이라 범죄자가 며칠 못가서 지쳐 죽을 정도였다. 이는 사실상 사형死刑과 다를 바 없었다. 희종熹宗이 즉위한 후 대가를 없애도록 칙령을 내렸으나, 위충현魏忠賢을 임용하고부터 단척斷脊·타지墮指·자심刺心과 같은 형벌이 생겼다.

명의 형벌이 잔혹하고 육형肉刑이 부활한 것은 전통사회 후기에 날카롭게 대립했던 계급 사이의 갈등을 반영하는 것으로, 형벌이 극단적 전제정치의 도구였음을 보여준다.

제4절 청의 형법

산해관 진입 이전의 법제는 형법이 중심이었기 때문에 그것은 투박한 법률체계 가운데 가장 성과가 있는 부분이었다. 전체적인 발전 추세는 간략함에서 번잡함으로, 불안정에서 안정으로 점점 자리를 잡아갔다. 죄와 형벌에 모두 명확한 특징이 있었다.

첫째, 고대 형법에서 전통시대 형법으로 변화하는 과도기라는 특징이 있다. 지체肢體를 훼손하는 고대의 형벌을 점점 벌금이나 구금으로 대신했다.

둘째, 민족의 특색이 뚜렷했다. 예를 들면 귀족 관료들이 죄를 범하면 세작世爵에 따라 "규정된 죄로 벌했다." 특히 죄를 정하고 형을 행할 때는 여러 옛 예例를 따랐는데, 모두 한족의 형벌 체계와는 다른 것이다.

셋째, 형법이 간소하고, 형벌을 사용할 때는 신중하고 통일되었다는 점이다. 산해관 진입 이전에는 완전한 형사 법규가 제정되지 않아서 형을 신중하게 사용하여 형사 법규의 결함을 보완했다.

넷째, 법을 엄하게 집행하고, 고위층도 엄한 형벌을 받았다. 산해관 진입 이전의 청 형법은 주로 통치 받는 계급을 통제하면서 만주족의 상층 귀족 집단을 포함한 통치권 내부를 쇄신하는 데 있었다. 이와 같이 하여 법기강이 엄숙한 사회 풍토를 만들었다.

산해관 진입 이후의 청 형법은 시기마다 다른 발전이 있었는데, 한 마디로 전통시대의 형사법 규범을 집대성한 시대였다고 할 수 있다.

1. 형사입법의 지도 원칙

청의 형법 지도 원칙을 총괄하면 아래와 같다.

① "폭력과 간사함을 금하고, 치리治理를 실행하고 난을 바로잡으며, 덕으로 백성을 교화하고 법으로 교화를 보조한다"는 원칙을 결합했다. 이는 순치順治 때부터 황제들의 말에 모두 반영되었는데, 전통적인 형사입법 원칙을 계승하고 발전시킨 것이기도 하다. 강희제가 "폭력을 금하고 양민을 안전히 한다," "선을 권하고 먼저 처벌을 하지 않는다" 한 것이 그 대표적인 예이다.

② 엄한 형벌로 황권을 핵심으로 하는 전제주의 중앙집권을 보호했다.

③ 존비양천尊卑良賤의 등급 구조를 엄격히 보호하고, 더 나아가 복제服制로 죄와 형량을 정했다.

④ 가경嘉慶 중기부터 '중한 죄에는 중한 형벌'을 실시하고, 정치 범죄를 윤리 범죄보다 무겁게 다스렸다.

⑤ 만주족의 특권을 보호했다. 대청률례大淸律例 명례名例에는 "기인旗人이 죄를 저지르면 태형과 장형을 집행하고, 충군·유형·도형은 면제하고 가호枷號로 대신한다"고 규정했다. 도형 1년은 가호 20일로, 유형 2천리는 가호 50일로 했다. 등급에 따라서 5일씩 증가했는데, 죽을죄에 해당되는 잡법도 가호로 감형되었다. 또한 건륭 때 "기인이 친족관계인 어린 사람을 구타해 살해했을 경우, 그 죄는 마땅히 장형과 유형에 해당되어 가호로 감형할 것이나, 그 정상을 참작해 황제께 보고하고 판례에 남기지 않는다"336)라는 예例를 정했다. 그러나 죽을죄를 실제로 범한 경우나 기적旗籍을 박탈당한 자는 가호로 감형하지 않았다.

---

336) 대청률례大淸律例 명례名例.

2. 범죄의 종류

(1) 반역죄와 모반죄

청률은 '모반'을 '십악' 가운데 으뜸으로 여겼다. 강희제 때 법률학자 심지기沈之奇는 율주律註에서 모반은 "군주도 없고 부모도 없고, 인륜에 반대되는 것으로 덕을 어지럽히는 것이니, 천지가 용납하지 않고 신인神人마저 공분共憤한다. 특별히 발본색원해 세상 사람들의 경계로 삼아야 한다"고 주장했다. 모반 다음은 '모대역謀大逆'으로 황제의 종묘나 선산과 궁전을 음해하고 훼손하는 것이다. 당률에서는 모대역을 이행已行과 미행未行으로 구분해, 연좌連坐 범위를 구별했는데, 청률에서는 "모반이나 모대역을 공모한 자는 수종首從을 가리지 않고 모두 능지형에 처한다. 그 부자, 조손, 형제의 동거자도 연좌한다. 이성異姓이나 백부와 숙부, 조카, 적籍의 같고 다름도 따지지 않고, 나이가 16세 이상이면 신체장애에 상관없이 모두 참수형에 처한다. 15세 이하의 남자나 모·녀·처·첩·자매나 자식의 처첩은 공신의 집에 노예로 주고, 재산을 몰수한다"고 했다. 그 내막을 모르는 자손이라도 11세 이상이면 거세해서 신강新疆으로 보내 관의 노비로 만들었다.

그뿐만 아니라 반역죄의 범위를 확대해 '거리끼는 상서를 올린 자'나 상서가 부당한 자는 "속을 썩이는 미친병에 속한다"고 하거나, "함부로 조정을 논의한다"는 죄명으로 대역에 관한 율례律例에 따라 처벌했다. 청을 배반하고, 외국과 개인적으로 내통하고, 그에 항복한 모반죄는 "공모한 자는 수종을 가리지 않고 모두 참수형에 처하고, 처첩·자녀는 공신의 집에 노예로 주고, 재산을 관에서 몰수한다. 도주한 자는 아직 모반을 행하지 않은 것으로 처벌한다. 관병에 대적한 자는 모반을 행한 것으로 논한다." 강희제 때는 예例를 정해 모반죄의 적용 범위를 확대하였다. 모반죄를 저지른 자의 가족이나 재산을 '은밀히 숨겨 주는' 관리가 있으면, 심한 경우에는 모반과 같은 죄로 처벌했다. 반역·반란범에 대해 "내막을 알고도 은폐한 자는 참수형에 처한다. 백성이 범인을 체포하면 관직을 주고, 군인이 체포하면 군직을 준다.

또한 범인의 재산을 모두 상으로 준다. 사정을 알고 고발했는데 자수하여 관에 잡히면 재산만을 준다. 고발하지 않은 경우에는 장형 100대에 유형 3천리에 처한다"337)고 했다.

그밖에 한족이 종교를 이용하거나 의형제를 맺는 형식으로 사람을 모아 저항하는 것을 막기 위해 건륭제는 예例로 "성이 다른데 의형제를 맺는 자는 아직 모반을 행하지 않은 율을 적용해 주모자는 때를 기다려서 교수형(絞監候)에 처하고, 종범은 1등을 감한다. 사람을 20명 이상 모집한 경우 주모자는 교수형에 처하고, 종범은 운귀雲貴338)나 양광兩廣339) 같은 변방에 충군한다. 말로만 의형제를 맺고, 군중을 4천명 이상 모집한 경우 주모자는 교수형에 처한다. 20명 이상 40명 이하를 모집한 경우 주모자는 장형 100대에 가호 2개월에 처하고, 따른 자는 모두 1등을 감한다"340)고 했다. 반항하기 위해 양식을 모으거나, 시험을 거부하고, 사오십 명의 사람을 모은 경우에 주모자 는 참수형에 처하고, 따른 자는 교수형에 처하며, 그에 참여한 자는 모두 장형 100대에 처했다.

만약 소란을 틈타 관리를 구타하면 주모자는 참수해 효시하고, 함께 모의 한 자도 참수했다. 종범은 교수형에 처하고, 동조자는 모두 장형 100대에 처했다.

청은 '이단異端' 사상을 척결하고 문화적 탄압정책을 추진했다. 전형적인 사건으로 '문자옥文字獄'이 있다. 순치제와 강희제 때 절강浙江의 장정룡莊廷龍 이 학자를 모아 『명서明書』를 편집했는데, 누르하치를 건주도독建州都督으로 부르고, 청 황제의 연호年號를 적지 않고 융무隆武·영력永曆 같은 남명南明의 연호를 썼다고 고발당했다. 당시 장정룡莊廷龍은 죽었으나 관을 열어 시체를 난자하고, 형제·조카, 인쇄한 사람, 읽은 사람, 책을 보관한 사람, 심지어는 사전에 발견하지 못한 지방 지부知府 등 70여 명을 전부 사형에 처했다. 건륭

---

337) 대청률례大淸律例 형률刑律·적도율賊盜律.
338) 운남雲南과 귀주貴州를 가리킨다.
339) 광동廣東과 광서廣西를 가리킨다.
340) 대청률례大淸律例 형률刑律·적도율賊盜律.

제는 유지諭旨에서 여러 번 "짐은 절대 언어와 문자로 사람을 죄 삼지 않는 다,"341) "문자에 간혹 실수가 있어도 짐은 모두 거론하지 않는다. 결코 언어와 문자로 사람을 책하지 않겠다"342)고 말했다. 그러나 실제로는 건륭제 때 문자옥이 가장 심하여 한 글자 한 마디 말 때문에 문제가 되곤 했다. 청은 문자옥을 다스리는 법률 조문이 없었기 때문에 대역에 관한 조례를 끌어다 써서 사건이 발생하면 대역죄와 마찬가지로 온가족을 사형시키거나 멸족시 키기도 했다. 사건이 발생할 때 태어나지 않은 자손이라도 세습해서 노비가 되었다. 강희·옹정·건륭 삼대에 잇달아 문자옥이 100여 건이나 있었는데, 모두 '근거 없는' 죄명으로 도륙하고 그에 연루된 사람들에게 내린 엄한 징벌은 역사에서도 찾아보기 힘든 것이었다. 문자옥은 황제가 법질서를 자 의로 짓밟은 전형적인 사례로, 극단적 전제정치의 표현이다.

경지經旨와 법전·법령이 서로 모순되고, 형명과 단옥斷獄이 서로 충돌하고, 후지後旨와 전지前旨도 서로 저촉되었다. 이런 점에서 이른바 '강건지치康乾之 治'는 법치가 아니었다고 말할 수 있다. '고발과 폭로가 빈번하고, 선비와 백성이 두려워하며 겁을 내는' 공포 정치에서, 당시의 지식인들은 대부분 '일신의 화를 겁내' 서재에 파묻혀 옛 서적만 파고들어, 한때 생기를 찾았던 학풍이 점점 고증학으로 넘어갔다.

(2) 황권 침범죄

청 때는 황권의 존엄과 권위를 무시하는 행위를 대불경죄大不敬罪로 보았 다. 예를 들어 상서를 올릴 때 어명이나 군주의 시호를 잘못해 범한 자는 장형 80대에, 이름을 범한 자는 장형 100대에 처했다. 황제가 복용할 약을 조제할 때 처방에 따르지 않는 경우나 음식에 식금食禁을 범한 경우, 또는 승乘·여輿·복服·어물御物을 잘 보관하지 못하거나, 황제의 선박이 기준에 맞 지 않았을 때는 모두 황제의 안전을 위협한 죄로 여겨서 장형 100대나 도형

---

341) 『청대문자옥당淸代文字獄檔』 제1집.
342) 『청대문자옥당淸代文字獄檔』 제2집.

3년에 처했다.

(3) 간당죄奸黨罪

청은 대명률의 간당죄 조항을 전부 따라 쓰고, 특별히 내외관의 왕래를 금지했다. "서로 친분 있는 내외 관원끼리 왕래하는 것 외에는 절대 왕래를 금했다. 만약 외관이 부임할 때 경성에 있는 여러 관리를 찾아보거나 부임한 곳에 왕래하는 자는 파직했다."[343] 또한 기旗나 왕공王公에 소속된 외관이 볼 일이 있어 상경하더라도 출신지의 왕공을 만날 수 없었는데, 이를 위반한 경우는 장형 100대에 처하고, 그 관할 왕공은 종인부宗人府에 맡겨져 위제율違制律에 따라 처벌했다. 사적으로 통신을 하거나, 구색求索하거나, 차대借貸하면 종인부에 넘겨 죄를 논했다.[344] 대신이 환관을 사귀거나, 경관京官과 부유한 사람이 함부로 친교를 맺으면 참수형에 처하거나, 충군했다. "아문 관리가 내관이나 가까운 시종과 서로 친분을 나누어 일을 누설하고, 연줄로 출세하고자 부정행위를 하는 경우는 모두 참수형에 처하고, 처자는 유형 2천리에 처했다." "파직 관리가 경성에 머물면서 금지 구역을 드나들며 왕래하면 법사法司에 보내 사실을 파악한 뒤 먼 곳에 충군했다."[345]

대청률에서 팔기·왕공이 기旗에 소속된 외관과 왕래를 엄금한 것은 우연한 일이 아니다. 일찍이 산해관 진입 이전 시기에 팔기 제왕은 통치권을 장악하고 있어서 황권과 큰 충돌이 생긴 적도 있었다. 그러나 이러한 과정을 지나면서 점점 황권이 힘을 얻게 되었고, 강희제가 계승하고 나서는 제왕諸王 기주旗主의 세력이 크게 약해져서 만주 귀족 집단과 군사 대사를 좌우하던 '의정왕 대신회의'가 점점 허수아비가 되었다. 강희 18년에는 팔기 왕공부 관저의 관원수를 법으로 정하고, 기旗마다 황제의 명을 듣는 도통都統과 부도통을 설치해 기의 업무를 관장하게 하며 왕공이 간여할 수 없게 했다. 강희

---

343) 흠정리부칙례欽定吏部則例.
344) 『황조정전류안皇朝政典類案』 권377, 이율吏律 직제職制·간당奸黨.
345) 대청률례통찬大淸律例通纂 이율吏律·교결근시관원交結近侍官員 부례附例.

만년에는 자신의 아들을 보내 기의 업무를 관리하게 해서 기에 대한 통제를 강화했다. 옹정제는 즉위 후에 기주의 시종 이외에 기에 소속된 사람을 다른 곳에 쓰려고 하면 반드시 상부의 재가를 받도록 엄격히 규정했다. 기주는 기에 소속된 사람을 "함부로 정죄할 수 없었으며 반드시 상서해야 했다."346) 그와 함께 오기五旗의 호군護軍을 군영 대열에 귀속시켰다.

그리고 대신들이 붕당을 짓는 것을 법으로 금했다. 강희제는 "신하가 파벌을 만들고, 사적으로 당을 키우는 것은 국정을 해치는 것으로, 끝내는 그 재화災禍가 그 자신의 집안에 미칠 것이다"347)고 거듭 강조했다. 또 옹정제는 『붕당론』을 써서 백관에게 경계하도록 했다. 이 모든 것은 황권을 위협하는 것들을 제거하기 위한 것으로, 고도로 발전하는 전제주의 중앙집권제를 보장하기 위해서였다.

(4) 관리의 직무에 관한 범죄
① 뇌물수수

순치제 때부터 명 태조 주원장의 엄격한 치리治吏 방침을 계승해 엄한 법으로 탐관을 척결했다. 대청률집해부례大淸律集解附例에 관리가 '수재受財' 하면 재물을 계산해 형을 가하는 동시에, 관과 이를 구분해서 녹봉이 있음과 없음, 법을 왜곡함과 왜곡하지 않음을 구분했다. 예를 들어 뇌물을 받고 법을 왜곡함이 80량에 달하면 교수형에 처했다. 법을 왜곡하지 않고 뇌물을 받은 것이 120량이면 장형 100대를 덧붙여서 유형 3천리에 처했다. 관리가 재물을 요구하거나 빼앗으면 "받은 양을 계산해 법을 왜곡하지 않은 것에 기준해 논하고, 강제로 뺏은 자는 법을 왜곡한 것에 기준해 논하고 주인에게 재물을 돌려주었다."348) 풍헌관風憲官이 재물을 받거나 뇌물을 요구하면 죄를 2등 더 무겁게 처벌했다.

---

346) 『옹정상유팔기雍正上論八旗』 10쪽.
347) 『동화록東華錄』(「강희조康熙朝」) 권20.
348) 대청률례통찬大淸律例通纂 수장受贓 부례附例.

순치제는 많은 뇌물을 받은 이부상서 담태譚泰를 법으로 다스려 그의 집을 적몰籍沒했다. 대학사大學士 진명하陳名夏 부자 역시 '인정에 이기지 못해 뇌물을 받았는데,' 조령詔令을 내려 '진명하는 사람됨이 아깝지만 그의 처자는 노예로 삼으며 가산은 분산하고' 그의 아들 진액신陳掖臣은 멀리 병사로 보내도록 했다. 사서에서는 "세조世祖 때부터 법이 엄격해져 진명하·담태·진지린·유정종劉正宗 같은 대신들의 전횡도 법으로 처단하여 사람들이 두려워하고, 모든 폐단을 혁신해 '옹희지치雍熙之治'를 이루었다"349)고 평가했다.

강희제가 즉위한 후 이치吏治를 바로잡는 일을 '근본을 바르게 하는' 관건으로 삼아 "신하가 관직에 있을 때 먼저 폐단을 근절해야 한다"350)고 강조했다. '착취하고 백성을 해치며,' '사건의 단서를 빌미로 개인의 이익을 구하는' 탐관오리들을 "엄중히 처벌했다."351) 강희 28년에 시랑 의창아宜昌阿와 순무 김준金儁이 군량과 몰수한 재물 89만량兩을 모두 횡령하자, 강희제는 그들을 "바로 참수형에 처했다(斬立決)." 강희 25년에도 총독 채육영蔡毓榮이 오삼계吳三桂의 몰수 가산과 가족을 가로채자 "즉시 참수형에 처했다." 강희 28년에 호북순무湖北巡撫 장병張洴은 소속 관원에게 강제로 창고를 채우도록 하였으므로 엄한 징벌을 받았다.

가경제嘉慶帝는 화곤和坤이 권력을 장악했을 때, 관리들이 탐욕과 절도를 상습적으로 범하자, 가경 4년과 6년에 예例를 개정하여 재물과 양식을 도적질하는 자는 그 수에 따라 법률로 처벌할 뿐만 아니라, "기한을 정해 1년 안에 장물을 완납하면 죽을죄를 감하는 율에 따라 1등을 감하고, 도형과 유형 이하는 면죄 처리한다. 장물을 완납하지 못하면 법률에 따라 형을 집행한다"고 규정했다.

② 공거비인貢擧非人

대청률은 "적합하지 않은 사람을 공거352)하거나" "공거해야 하나 그러지

---

349) 『대청성조인황제실록大淸聖祖仁皇帝實錄』 권236.
350) 『세조전찬世祖傳贊』, 소일산蕭一山의 『청대통사淸代通史』 상권, 386쪽에서 인용.
351) 『세조실록世祖傳贊』, 소일산蕭一山의 『청대통사淸代通史』 상권, 73쪽에서 인용.
352) 공거貢擧란 수 양제 이후에 나타난 관리 등용법이다. 각 지방에서 글재주 있는 사람을 천거하

않은 사람"은 장형 80대에서 장형 100대에 처한다고 규정했다. 보거保擧353)로 관리가 되어 관직에 있다가 죄를 지어 면직되면 그를 천거한 관리는 장형 100대에 처했다. 이와 같이 문무 관원의 선발을 엄격히 했다. 가경 15년에 "문무직 관리 가운데 선발과 천거를 거치지 않고, 제멋대로 임용을 바라는 주청奏請을 올린 자는 상서진용률上書進用律에 따라 장형100대에 처한다. 만약 뇌물을 주고 연줄을 이용하여 관리 등용을 어지럽힌 자는, 재물로 부당한 행위를 한 죄로 다스려 재물의 수량에 따라 처벌한다. 재물로 그러지 않았으면 법제를 위반한 율에 따라 장형 100대에 처한다"고 규정했다.

③ 제서유위制書有違

'제서(조서)에 위반한 것이 있으면' 장형 100대에 처하고, '제서가 지연되면' 하루에 태형 50대에 처하고, 지연되는 날마다 1등씩 더해서 최고 장형 100대까지 때렸다. 제서와 각 아문의 인신印信을 없애거나 파기하는 자는 참수형(斬監候)에 처했다. 관의 문서를 없애거나 파기하는 자는 장형 100대에 처하고, 군의 기밀이나 전량錢糧에 관한 경우는 교수형(絞監候)에 처했다.

(5) 사회질서 위해와 인신침해죄

① 살인죄

살인은 사회질서와 인신을 침해하는 엄중한 범죄이기에 형법에서 매우 중시하는 부분이다. 대청률례에서는 살인을 고의·과실·예모預謀 살인으로 나누고 있다.

고의로 살인한 자는 투살鬪殺보다 무거운 참수형에 처하는데, 조부모나 부모가 자손을 고의로 살인했을 때는 장형 70대와 도형 1년 반에 처했다. 반대로 비속이 존속을 범한 경우, 즉 자손이 조부모나 부모를 살해하거나, 노비가 주인을 살해할 때는 모두 능지처참했다. 간접적인 고의 살인인 투살·

게 해, 따로 시험을 보아 합격자는 관리로 임명하는 제도. ―역주
353) 보거保擧는 인재를 보증해 천거하는 것을 가리킨다. 학덕이나 재주가 뛰어난 사람을 윗사람이 보증하고 천거주청薦擧奏請하는 일. ―역주

희살戱殺· 오살誤殺은 교수형, 교감후絞監候, 유형 3천리로 구분하여 처벌했다.

과실로 살인한 자는 다른 사람과 싸우다 살상한 죄로 처형했는데, 율에 따라 속전할 수 있어 피해자 집에 속전을 지불했다. 그러나 어른·남편이 과실로 어린사람·노비·처첩을 살해했을 때는 처벌하지 않았고, 반대로 어린 사람·처첩·노비가 과실로 어른·남편을 살해하면 모두 교수형에 처했다.

예모 살인은 주모자를 위주로 처벌하여 '조의자造意者'는 참수형에 처하고, 추종자는 감형해 주었다. 상해를 입히지 않았더라도 주모한 자는 장형 100대를 덧붙여서 도형 3년에 처하고, 종범은 모두 장형 100대에 처했다. 휘하 관원이 상관을 모살하면 보통 사람을 모살한 것보다 더 무겁게 처벌하여 상해를 입히지 않았더라도 장형 100대와 유형 2천리에 처하고, 살인한 자는 참수형에 처했다. 어린 사람이 직계 어른을 모살하려 하거나 처자가 남편을 모살하려고 하면 중형 가중의 원칙에 따라 모두 참수형에 처하고, 살해한 자는 능지형에 처했다. 노비나 일꾼이 가장을 모살하려고 하면 자손이 어른을 살해한 것과 같은 처벌을 내렸다. 이로써 윤상倫常과 등급이 형량 결정에 얼마나 큰 영향을 주었는지 알 수 있다.

② 상해죄

대청률례는 상해죄를 매우 엄밀하게 규정하여 고의와 과실을 구분하고, 상해의 정도와 범죄의 내막에 주목했다. 고의로 사람을 구타해서 상해하면 그 정도와 상해 수단에 상응하는 처벌을 내리는데, 태형 20대나 30대 또는 장형 80대에 처했다. 구타로 불구를 만들면 장형 100대와 유형 3천리에 처했다. 종실 귀족이나 관할 지역의 관리를 구타해 상해하면 보통 사람을 구타했을 때보다 더 무겁게 처벌하는데, 피해자의 관품이 높을수록 더욱 무거웠고, 최고 유형 3천리까지 처벌했다. 은사를 구타하면 보통 때보다 2등을 더해서 처벌하고, 어린 사람이 어른을 구타하면 등급을 더해서 처벌했다. 반대로 어른이 어린 사람을 구타해 상해하면 감등해서 처벌하고, 상해를 입히지 않았으면 논하지 않았다. 노비가 가장을 구타하면 참수형에 처하고, 가장의 친족을 구타하면 교수형에 처했다. 공모하여 함께 구타해서 상해를 입히면 더 무겁게 처벌했다. 대청률의 소주小註에 공동으로 상해를 입히는 것에 대해서 사전 공모, 공모하지 않음, 난구亂毆로 나누고 있다. 함께 싸운 무리 가운데 무기를 지니고 있던 자는 더 무겁게 처벌했다.

③ 강간죄

대청률은 강간범을 교수형에 처하도록 규정하고, 미수범은 장형 100대와 유형 3천리에 처하는 규정을 두었다. 12세 이하의 어린 여자아이를 강간하면 본을 보이는 뜻으로 참수형에 처하고, 노비나 일꾼이 가장의 처나 딸을 강간해도 참수형에 처했다. 가장 친족의 처첩을 강간하면 그 가까운 정도에 따라 장형 100대와 유형 3천리에 처하거나, 때를 기다려 사형에 처했다. 그러나 가장이 노비나 일꾼의 처나 딸을 강간했을 때는 처벌 규정이 없었다.

(6) 재산 침해죄

① 강도죄

대청률은 강도를 엄격하게 처벌했다. 재물을 빼앗지 못했더라도 강도는 모두 장형 100대를 덧붙여 유형 3천리에 처하고, 재물을 빼앗은 강도는 수종首從을 가리지 않고 모두 참수형에 처했다. 모의만 하고 강도짓을 하지 않거나 장물을 나누지 않은 경우도 장형 100대와 유형 3천리에 처했다. 대낮에 재물을 강탈한 자는 절도죄에서 2등을 더하고, 사람을 상하게 한 주범은 참감후에 처하고, 종범은 1등을 감하고 어깨에 강탈이라는 글자를 새겼다.

건륭乾隆 5년에 예例로 "말을 탄 강도가 화살이나 병기를 들고 대낮에 도로에서 탈취하여 그 증거가 명백하면 사람 수의 많고 적음이나 상해 여부를 가리지 않고 법률에 따라 처벌하고, 효수해 사람들에게 전시한다. 강이나 바다의 대도大盜도 이 예例에 따라 참수하고 효시한다"354)고 정했다. 이른바 '강이나 바다의 대도'는 강과 바다에서 객선을 강탈하는 강도를 가리키는데, 그들이 재물을 빼앗으면 수종을 가리지 않고 참수형에 처했다. 이러한 종류

---

354) 대청률례大淸律例 적도賊盜.

의 범죄는 건륭제 때부터 중점적인 척결 대상이었다. 가경 6년의 신례新例에는 강과 바다의 대도에 대해 "곧바로 참수하고 효시한다" 하고, 저항하거나 사람을 죽이면 능지형에 처한다고 규정했다. 그들을 잡는 관리에게는 큰 상을 내렸다.

② 절도죄

대청률에는 절도죄에 대해서, "절도를 했으나 재물을 훔치지 못한 자는 자형을 면제하고 태형 50대에 처한다. 그러나 재물을 훔쳤을 때는 주모자는 무겁게 처벌하고 장물의 수로 죄를 논하며, 추종자는 모두 1등을 감한다. 초범인 경우는 오른쪽 팔뚝에 절도라는 글자를 새긴다. 재범은 왼쪽 팔뚝에 새기고, 3범은 교수형에 처한다"고 규정했다. 장물의 수는 1량 이하에서 120량 이상까지 14등급으로 나누고, 그 등급에 따라 장형 60대에서 교수형까지 처벌했다. 대사大祀에 쓰는 제기나 천막을 훔치면 수종을 나누지 않고 모두 참수형에 처했다. 병기를 훔친 자는 1등을 더해 처벌했다.

③ 전답 침범죄

다른 사람의 토지와 집을 몰래 팔거나 바꿔치기 하고, 거짓으로 꾸며 인증하거나, 위조된 돈으로 계약을 맺어 남의 재산을 침범한 죄이다. 토지 1무, 집 1칸 이하이면 태형 50대에 처했다. 토지 5무, 집 3칸은 1등을 더해 처벌했다. 최고형은 장형 80대와 도형 2년이었다. 관직이 있으면 2등을 더했다. 다른 사람의 전답을 가로채서 자기 것으로 만들거나, 세력 있는 사람에게 의탁하면 주고받은 사람 모두를 장형 100대와 도형 3년에 처했다. 다른 사람의 전답을 몰래 경작하면 1무 이하는 태형 30대에 처하고, 5무마다 1등씩 더해서 처벌하고 최고형은 장형 80대였다. 관직이 있으면 2등을 더해서 처벌했다.

3. 형제刑制

청은 태형·장형·도형·유형·사형을 사용했다. 태형을 10대에서 50대까지

5등으로 나누고, 장형도 60대에서 100대까지 5등으로 나누었다. 도형은 1년부터 반년 단위를 1등으로 하여 3년까지였고, 거기에 장형을 더해서 처벌했다. "도형을 받는 자는 그 성省의 역원驛員으로 할당하고, 역현驛縣에 자리가 없으면 각 아문의 수부水夫·화부火夫로 여러 잡역을 맡게 한다. 기한이 다 되면 석방한다."355) 유형은 2천리에서 3천리까지 3등으로 나누고, 5백리마다 1등을 더했다. 유형은 사형 다음가는 형인데, 거기에 장형 100대와 강제 노역 1년을 더했다. 사형은 교수형과 참수형으로 나누는데, "때를 기다리지 않고 집행하거나," "때를 기다려 집행했다(監候)." 그밖에 천사遷徙가 있는데, 죄수를 강제로 1000리 밖에 보내고 영원히 돌아오지 못하게 했다. 청은 명을 따라서 유형과 사형의 중간인 충군형充軍刑을 부근附近(2천리), 근변近邊(2천5백리), 변원辺遠(3천리), 극변極邊(4천리) 등 5등으로 나누어 사용했다. 또한 발견發遣을 새로 만들었는데, 이는 범죄자를 변방 지역에 보내 주둔 관병의 노비로 충당하는 것으로 충군보다 더 무거운 형벌이었다. 그리고 변방 지역에 심부름꾼으로 보내는 경우도 있었다.

청은 참수형이나 교수형 이외에 능지陵遲·효수梟首·육시戮尸 같은 잔혹한 형벌을 시행했다. 능지에 대해서 『대청률례집성』에는 "능지란 사지를 잘게 찢으며 살점을 완전히 없애고, 그 후에 거세하고 여자는 유폐하며, 장기를 꺼내서 죽게 하는 것이다. 사지를 분해하고 뼈와 살을 잘게 짓이긴 뒤에야 그만둔다"고 했다. 역사에서는 몽고의 원元 왕조가 가장 먼저 잔혹한 능지형을 법전에 올렸다. 명 초기에도 자주 사용했는데, 청의 잔혹함에는 못 미쳤다. 이러한 잔혹하고 야만적인 형벌은 청의 통치자가 얼마나 포악했는지 충분히 말해 준다.

그뿐만 아니라 청은 능지형을 적용하는 범위도 확대했다. 명률 가운데 능지에 관한 율과 예는 모두 13조인데, 청률은 그것을 모두 계승했고, 또 무덤을 파헤치는 행위, 살인을 모의하는 행위, 탈옥수, 한 집안의 3명을 죽이

---

355) 『청사고淸史稿』「형법지刑法志 2」.

는 행위, 죽을 때까지 위협하고 협박하는 행위, 스승을 구타해 상해하는 행위, 조부모와 부모를 구타하는 행위, 남편을 모살하는 행위 등 9개 조문 13개 죄명을 증설했다. 능지범이 형을 집행하기 전에 죽으면 육시했다.

효수는 참수하고 높이 매달아 사람들에게 보이는 것이다. 청은 모든 조례에 효수에 관한 명문을 규정했다. 초기에는 특별히 무거운 범죄자만 효수형에 처하다가 점점 그 적용 범위를 확대했다. 가경 6년(1801)에는 강과 바다의 대도에게도 적용하고, 도광道光 원년(1821)에는 성벽을 넘어 강도하는 범죄에도 적용했다. 도광 25년에는 양곡 선박을 강탈하고 선원을 죽인 자에게도 적용하고, 동치同治 9년(1870)에는 경성과 대흥大興, 완평宛平 두 현의 관할 구역 안에서 일어난 강도 살인에까지 확대했다. 동치 9년 이후 202개 조문의 참입결斬立決 조례 가운데 48개의 죄명이 효수였다. 이는 계급 사이의 갈등이 심해짐에 따라 잔혹한 진압 수단도 끊임없이 강화되었음을 설명해 준다. 그러나 여성 범죄자는 효수하지 않았다.

육시는 죽은 자가 살아있을 때 행한 범죄를 징벌하기 위해 그 사체를 참육하는 것이다. 옹정제 때 여유량呂留良은 죽은 뒤 문자옥에 연루되어 관을 열고 육시를 당했다.

또한 청의 귀족 관료들은 집에서 사적으로 형벌을 사용하다 사람을 죽이기까지 했다. 대청률에는 "노비나 일꾼이 교령敎令을 위반하여 법으로 이를 처벌하다 우연히 죽이거나 과실로 죽인 경우에는 처벌을 논하지 않는다"고 규정했다. '교령 위반'이나 '과실'은 가장이 자기 뜻대로 해석할 수 있는 것이다. 사적인 형벌의 잔혹함에 대해서는 황제도 인정하지 않을 수 없을 정도였다. 옹정제는 칙령에 "팔기八旗의 관병들은 집안사람들에게 너무 엄격해 작은 실수도 구타하며 책망하여 죽음에 이르게 한다"고 지적하기도 했다. 그러나 그는 "기旗에 속한 노비가 교령을 위반하여 주인이 법으로 죽이거나 과실로 죽여도 예에 따라 죄를 논하지 않는다"356)고 했다. 이는 사적인 형벌을

---

356) 『청조문헌통고淸朝文獻通考』「형고刑考」.

남용하는 것에 근거를 제공한 셈이다. 사적인 형벌은 청 정권의 묵인 아래 합법화되어, 어린 사람이나 노비를 처벌하는 중요한 수단이 되었다.

청은 법이 아닌 형벌로 법정 형벌을 보충했는데, '법 밖의 남아 있는 간악함'을 막고 엄중한 범죄에 대해 공포를 갖게 하려는 뜻이었다.[357]

---

357) 청대의 형법에 대해서 다른 시각으로 살펴본 것으로는 나카무라 시게오(中村茂夫), 『판례를 통해서 본 청대 형법』(임대희 옮김, 서경문화사, 2004)가 참고할 만하다.

제4장 민사법

제1절 송의 민법

1. 호적과 신분

송은 수·당 때 부곡部曲이 '주인의 속관屬貫을 따르고 호적이 없던' 호적 관리방법을 바꾸어 전국의 호구를 '향촌호鄕村戶'와 '방곽호坊廓戶'로 나누고, '세산물력稅産物力'에 근거해 '주호主戶'나 '객호客戶'를 정했다. 전호佃戶는 객호에 편입해 국가의 호戶와 민民에 속하게 하여 더 이상 지주의 사적인 소유가 아니었다. 송의 주호는 등급을 나누었는데, 객호는 등급의 구별이 없었다. 호의 등급이 정해져서 크고 작은 국가 부역의 기준이 되었다. 그래서 송은 '오등정산부五等丁産簿'에 호의 등급인 정丁을 등록했는데, 이른바 '판적版籍'으로 3년마다 한 번씩 고쳐서 호의 등급이 오르내리는 상황을 반영했다. 주호는 법률로 국가의 여러 부역을 담당하게 했기에 정부가 통제하는 중점 대상이었다.

송의 '정丁'은 주객을 나누지 않고 모두 부역을 담당했다. 정은 20세 이상 60세 이하의 남자를 가리킨다. '별적이재別籍異財'로 호의 등급을 줄여 국가의 부역을 피하는 것을 막기 위해서 그것을 억제하는 정책을 폈다. 태조 개보開寶 원년에 백성들에게 "조부모나 부모가 살아 계신데 자손이 별거하면 안 된다"는 명령을 내렸다. 이듬해 8월 별거가 성행하는 강가와 골짜기 지역 현관들에게 "백성 가운데 부모가 살아 있는데도 별적이재하는 것은 죽을죄이다"358)고 경고했다. 태종 때는 죽을죄는 면했지만 여전히 "율에 따라 죄를

---

358) 『속자치통감장편續資治通鑑長編』 권10.

논한다”359)고 했다. 호를 나누려는 집은 반드시 관부에 신청해서 일정한 절차를 밟아야 했다. 호구는 국가 부역의 기초이기에 송은 호구의 증가나 소멸을 주현 관리들의 정적政績을 평가하는 기준으로 삼았다.

진종眞宗 대중상부大中祥符 2년에 반포한 초유호구정상조례招誘戶口旌賞條例에는 “현의 관리가 호구를 증가시키면 신등申等으로 봉급을 올려준다”고 했다. 그래서 어떤 관리들은 허위로 호구를 증가시켜 승진하고 상을 받으려고 해서, 호戶는 많은데 정丁은 적은 문제가 발생했다. 그 근본 원인은 정부가 정남을 가혹하게 착취한 것에도 있었다. 백성은 ‘아들을 낳아도 알리지 않거나’ 삭발해 승려가 되게 하거나, 나이를 속여 늦게 정적에 올렸다.『속자치통감장편續資治通鑑長編』 권16에는 “백성 가운데 아들이 있는 사람은 버리고 양육하지 않거나, 노비로 팔거나, 불교나 도교에 들어가게 한다”고 지적했다.

송의 신분에는 전통적인 사士·서庶와 양良·천賤의 구분이 있었다. 사서의 구별은 곧 귀천의 차이였다. 법률적으로 귀천 사이의 통혼은 금지되었다. 인종은 “사족 집안은 고용되어 일을 한 적이 있는 사람과 혼인을 할 수 없다,” “재물로 사족을 가장해 종실녀를 아내로 삼을 수 없다”는 영令을 반포했다. 양천의 구분은 양민과 천민의 법률적 지위가 다른 것을 말한다. 송형통 가운데 당률을 이어받은 ‘부곡,’ ‘노비,’ ‘관호官戶’ 등의 신분은 천민에 속했다. 특히 노비의 신분은 가장 비천한 것으로, 민사권리에 여러 가지 제한을 받았다. 송은 경제가 발전함에 따라 농촌을 착취하는 것은 좀 약화되었지만 전호佃戶는 여전히 전주와 신분에서 불평등한 지위에 있었다. 예를 들면 “전객이 지주에게 죄를 저지르면 보통 사람의 죄에서 1등을 더하고, 지주가 죄를 저지르면 장형 이하의 죄는 논하지 않고, 도형 이하의 죄는 1등을 감했다.”360) 철종哲宗 원우元佑 연간에 “지주가 전객을 때려죽이면 죄를 1등을 감하고, 인근 주로 유배를 보낸다”고 했다. 남송 소흥紹興 연간에 출신 주에 유배를 보낸다고 개정했다. 광종光宗 소희紹熙 원년에는 전객이 지주를 고소할 수

---

359)『속자치통감장편續資治通鑑長編』 권24.
360)『속자치통감장편續資治通鑑長編』 권445.

없다는 법률을 제정해 전객의 소송권을 박탈했다. 그뿐만 아니라 지주가 전답을 팔면 전호도 전답을 따라 이전해야 했고, 심지어 전호가 죽어도 그 처가 자유로이 개가할 수 없었다. 남송 말년에 전객의 신분은 점점 더 낮아져서 어떤 곳에서는 지주가 전객을 "그 사람 수를 계산해 계약하거나, 저당하거나, 팔았다." 심지어 『원전장元典章』에는 "송이 망하기 전에는 주호主戶가 전객의 목숨을 풀잎보다 못하게 여기며 죽였다"[361]고 했다.

2. 소유권

송은 소유권을 부동산(業主權)과 동산(物主權)으로 나누었다. 부동산은 주로 개간한 논밭의 매매, 상속과 증여 등을 통해 얻고, 동산은 주로 숙장물宿藏物의 발견, 천유물闌遺物의 취득, 표류물漂流物의 획득, 무주물無主物의 점유, 생산하거나 번식한 것의 귀속歸屬을 통해 얻었다. 표류물의 획득을 예로 들면, 송형통에는 잡령雜令을 인용해 "공사公私의 대나무가 급류에 떠내려가는데, 그것을 꺼낼 수 있는 사람이 있으면 강기슭에 올려놓은 뒤에 표시를 하고 가까운 관청에 신고한다. 주인을 알 수 있으면, 큰 강이라면 2/5를 상으로 주고, 큰 강이 아니라면 1/5을 상으로 준다. 30일이 지나도 주인이 없으면 건져낸 사람에게 준다"고 했다.

부동산 소유권의 핵심은 토지소유권이었다. 송은 경제가 발전하는 것과 함께 겸병兼幷을 억제하지 않는 정책을 추진하여 토지소유제에 많은 변화가 일어났다. 국가의 토지소유제는 점점 쇠락하고, 지주의 토지소유제가 빠르게 발전했다. 더욱이 상품 생산과 화폐 유통이 발전하면서 송의 관전官田은 점점 사유화되었고, 관조官租도 사조私租로 바뀌어 조전제租佃制가 폭넓게 발전했다.

송 초기에는 농업생산력을 회복하기 위해 소농 경제를 촉진하고, 황무지

---

361) 원전장元典章 권42.

개간을 장려해 새로 개간한 논밭의 소유권을 법률로 인정했다. 태조는 즉위한 뒤 "관할 장리長吏는 백성에게 뽕나무나 대추나무를 심을 수 있게 하고, 황폐한 논밭을 개간한 사람에게 지난 조세를 걷지 말라"362)고 영을 내렸다. 태종 때는 5대五代부터 일어난 전란으로 소유권 변경과 토지 논쟁이 매우 많이 발생했던 사실을 거울삼아, '개간하면 곧 영업永業이 되고,' 현재의 소작지에 "5년이 되도록 전주가 나타나지 않으면 소작인에게 주어 영업을 삼게 한다"363)고 강조하고, 자유 매매를 허용했다. 더 나아가 법률로 토지 사유권을 인정하기 위해서 북송 초기부터 정부는 정식으로 토지소유권을 인정하는 증표, 즉 '홍계紅契'를 만들었다. 부동산 소유권의 이전에는 서면 계약과 관부의 승인이 필요했다. "모두 관할 관청이 발부하는 증명서가 있어야 한다."364) 그리고 세계稅契365)를 중요한 조건으로 삼아 태조 개보開寶 2년의 조령詔令에 "백성이 전답을 매매하거나 계약서를 쓸 때, 세계를 2달 안에 교부받아야 한다"고 했다. 이후에 보다 완벽한 세계 제도를 세웠다. 계약서는 토지 분쟁을 해결하는 근거가 되므로 '거래에 관한 분쟁이 있으면 소송의 가부 결정을 계약에 의거하고,' '논밭의 분쟁도 계약서에 따르며,' "소송訴를 제기할 때는 오직 계약서에 따라 가부를 결정했다."366) 그래서 남의 전답을 가로채기 위해 계약서를 위조하는 사건도 있었다. 계약서를 위조하여 "관의 문서를 속이거나, 내용을 보태거나 빼면 장형 100대에 처했다."

부동산 소유권의 이전은 합법적인 매매·조전租佃·전압典押일 경우에만 할 수 있었고, 도전盜典 매매일 경우에는 금지되었다. "도전盜典으로 전답을 팔면 장형 100대에 처하고, 장물이 많으면 강도에 준하여 논한다. 중개인(仲買人)이

<hr>

362) 『송사宋史』「식화지食貨志」.
363) 『송사宋史』「식화지食貨志」.
364) 송형통宋刑統 권26.
365) 세계稅契는 전답과 가옥, 노비와 우마 등을 매매할 때, 먼저 관에 세금을 내고 교부받는 일종의 납세 증명서를 말한다. 관할 관청의 관인이 찍힌 세계가 있어야 소유권 이전의 효력이 있었다. ―역주
366) 『청명집淸明集』호혼문戶婚門. 『청명집淸明集』은 『명공서판청명집名公書判淸明集』을 말한다. 13세기 후반 남송 지방관들의 판결문을 모은 것이다. 이 자료에 대한 설명은 『법사학연구』 27, 『송대에 있어서의 양자법』(서경문화사), 『중국사연구』 33·34, 37·38에 있다. ― 역주

그 사정을 알고도 중개했으면 같은 죄로 다스린다."367) 사정을 알면서 산 사람은 관에서 돈을 몰수했다. 어린 사람이 자기 멋대로 전답을 팔면 돈을 돌려주고 그 매매를 무효로 했다. 송형통에는 "어린 사람이 윗사람을 속이고 제멋대로 전매典賣·질거質擧·의당倚當하거나, 윗사람의 이름을 허위로 서명하면, 그와 중개인은 엄히 처벌하고, 돈을 돌려준다"368)고 규정했다. 남송 때는 어린 사람이 사적으로 전답을 팔면 관에서 돈을 몰수했을 뿐만 아니라 논도 주인에게 돌려주었으며, 또 소송 시효를 규정하여 "동거하는 어린 사람이 사적으로 전답을 전당하거나 팔았는데, 5년이 지나지 않았으면 어른의 소송을 따라야 한다"369)고 했다. 또한 어른이 어린 사람의 재산을 몰래 매도하면 법률로 어린 사람이 "연한을 제한하지 않고 진정해서 되찾게 했다."370)

3. 채권

송 때는 주로 계약에 의해서 채권이 발생했다. 계약의 가격, 계산, 기한 등에 대한 거의 완비된 법률 규정이 있었다. 예를 들어 입찰 가격의 추정과 환금에 대하여 "평장자平贓者는 모두 어긴 것에 의거해 당시의 물가와 비단 가격을 정하는데 … 영令에 의해 달마다 열흘 간격으로 3번 추정한다."371) "물건을 환산할 때, 관貫마다 7푼(分)의 돈을 준다."372) "시사市司373)는 물가가 고르지 않으면 그 싸고 비싼 것을 헤아려 장죄贓罪로 처벌한다"374)고 법률로 정했다. 그밖에 침권 행위로 발생하는 채권도 있었다. 송 때는 계약하는 쌍방의 '합의'와 '강제를 금지'한다는 것을 강조하여, '받고서 합의하지 않는 것'

---

367) 『청명집淸明集』 호혼문戶婚門.
368) 송형통宋刑統 호혼율戶婚律.
369) 『청명집淸明集』 호혼문戶婚門.
370) 『청명집淸明集』 호혼문戶婚門.
371) 송형통宋刑統 권4.
372) 경원조법사류慶元條法事類 권37.
373) 시사市司는 시장의 점포, 도량형, 물가와 관련된 질서를 유지하고, 상인을 보호하는 사무를 맡아보는 관아를 말하는데, 원래 명칭은 평시서平市署이다. ─역주
374) 송형통宋刑統 권26.

이나 '강제로 취하는 자'에 대해서 '중치전헌重置典憲' 했다.

부채 담보는 '삼자가 서로 담보,' '보증인이 대신 보상,' '연대 보증으로 함께 빌림' 등의 여러 형식이 있었다. 경원조법사류慶元條法事類에는 "세금을 납부하지 않으면 물품을 전당하고 ⋯ 1년이 지나도록 갚지 않으면 관에서 몰수한다. 그 물품을 돈으로 환산해서 부족하면 사람으로 배상한다"고 했다. 이와 같이 근대 민법의 저당권, 유치권과 같은 내용이 포함되어 있다. 송 때도 인신 담보와 정금定金 담보가 있었다.

채무의 이행과 불이행에 대해서도 상세하게 규정했다. 송형통은 채무 이행인, 이행 수량·질량, 기한을 아래와 같이 규정하고 있다. "물질은 물주가 아니면 바로 팔 수 없다."375) "기한·수량·무게를 제한해 수송한다."376) "물건에는 수량이 있고, 수송에는 기한이 있다."377) "마구잡이로 만든 물건은 관에서 몰수하고, 결함이 있는 물건은 주인에게 돌려준다."378) "하루는 아침부터 저녁까지요, 한 해는 360일로 하고 년이라 한다. 윤달도 날짜로 계산하고, 윤달이 있건 없건 정월이 지나고 나면 한 해로 한다."379) 기한을 넘기도록 채무를 이행하지 않으면 그 수량과 연체한 날짜에 따라 처벌하는데, 예를 들면 "부채가 있는데 계약을 어기고 상환하지 않으면 필疋 이상일 경우 만 20일이 지나면 태형 20대에 처하고, 모두 보상케 한다."380)

그밖에 당률의 '계약을 어기고 보상하지 않는' 죄에 관한, '견제'로 관에 고소하는 것과 '인신으로 대신 갚는 것' 등에 관한 규정을 모두 송의 법률이 계승했다.

부채의 소멸에 대해서 거론할 만한 것은 소멸 시효에 관한 규정이다. 송형통 잡률에는 "전당한 기한을 넘겨서 30년이 지나면" 일반적으로 "수속收贖하

---

375) 송형통宋刑統 잡률雜律.
376)『송사宋史』「식화지食貨志」.
377) 송형통宋刑統 호혼戶婚.
378) 송형통宋刑統 잡률雜律.
379) 송형통宋刑統 명례名例.
380) 송형통宋刑統 잡률雜律.

는 범위에 두지 않는다"고 규정했다. 이후에 다시 소멸 시효를 10년·15년·20년으로 단축했다. 시효 기한을 단축한 것은 상품경제가 발전함에 따라 민사 분야가 방대해진 시대적 특징 때문이다. 그밖에 전란이나 기타 사유로 채무를 이행하지 못한 것은 시효 기한으로 계산하지 않았다. "사정이 있어 외국에 체류한 사람은 그 기간을 제외한다."381) 경원조법사류慶元條法事類에는 "외출할 때는 그 경유지를 애기하고, 재판을 방해하거나 시일을 지연한 사람은 법에 따라 무겁게 다스린다"382)고 규정했다.

송 때 행해지던 주요 계약의 종류는 아래와 같다.

(1) 매매 계약

매매에 의해 주요한 채권, 채무관계가 발생했다. 매매에는 절매絶賣와 활매活賣(典質)가 있었다. 전답이나 가택을 매매할 때는 반드시 '계약'이라는 법적 절차를 거쳐야 했다. 관인이 찍힌 것은 '홍계紅契'라 하여 국가가 인정한다는 것을 표시하고, 관인이 찍히지 않은 것은 '백계白契'라 했다. 그리고 관부에서 세금을 받고서 발급한 증명서를 '세계稅契'라고 하는데, 이 세 가지는 법률 효력이 컸다. 남송 순우淳佑 2년에 칙령으로, 전란 뒤 황폐한 땅은 "백성이 계약서를 보유하고 토지 경계가 분명하며, … 그렇지 않으면 귀속시킨다. 위반함이 있으면 백성이 고소하는 것을 허락하되, (그렇지 않으면) 중죄에 처한다"383)고 반포했다. 노비와 가축과 같은 동산動産을 매매하는 경우도 시권市券이 있어야 했고, 그렇지 않으면 죄로 다스렸다. "노비나 말·소·낙타·노새·당나귀 등을 살 때 값을 치르고도 시권을 만들지 않고 3일이 지나면 태형 30대에 처하고, 판 사람은 1등을 감한다."384)

매매 계약에서 파는 사람은 '담보 책임'을 졌다. 즉, 일정 기간에 매매 입찰한 물건에 하자가 있으면, 사는 사람이 계약을 변경하거나 파기할 수

---

381) 송형통宋刑統 호혼戶婚.
382) 경원조법사류慶元條法事類 직제문職制門.
383) 『송사宋史』 「식화지食貨志」.
384) 송형통宋刑統 잡률雜律.

있게 했다. "만약 증서를 작성한(入券) 뒤 가축에 고질병이 있는 걸 알면 3일 안에 무를 수 있다."

전답과 가택을 매매할 때는 가장에게 결정권이 있었고, 전주錢主나 전주의 측근과 "계약서에 서명 날인해야 했다." 송형통에는 다음과 같이 규정했다. "가장이 있으면 자손이나 조카들은 전답과 가택을 팔지 못한다." "팔아야 할 물건은 가장이 전주나 전주의 측근과 마주하고 계약서에 서명해야 한다. 한쪽 당사자가 부녀자여서 마주하기 어려우면 휘장으로 가리고 직접 들고 상의해야 교역이라 할 수 있다." "어린 사람이 어른을 우롱해 함부로 전매典賣 하거나, 어른의 명의를 위조하면 그와 중개인은 무겁게 단죄하고, 각각 주인 에게 돌려준다."385)

송은 법률을 가지고 매매관계를 폭넓게 조정했으며, 다른 한편으로는 이학理學 사상의 영향으로 어른의 재산 처분권이 점점 강화되는 추세였다.

(2) 대차 계약

송률은 대차 계약이 성립하는 것에 대해 당률을 계승하여 "사적인 계약은 관에서 관리하지 않는다"는 불간섭 원칙을 세웠다. 그러나 임대 이자에 대해 서는 "달마다 이자가 6부를 넘으면 안 되고, 날짜가 많이 지나도 배로 받으면 안 된다"386)고 확실하게 정했다. 법률을 위반하며 받은 이자에 대해서는 제재를 했다. 그리고 기일이 지나도 부채를 갚지 않으면 관에 고소해서 심리 를 받고, 관부는 강제로 보상하도록 집행했다. 그러나 "부채를 관가에 고소하 지 않고, 강제로 재물을 탈취하여 원래 계약보다 많이 빼앗으면 장臟죄로 처벌했다."387) 또한 돌려주어야 할 이자를 본전으로 간주한다는 관행을 금지 하여 경원조법사류慶元條法事類 잡문雜門에 "백성 갑이 돈 1관을 을에게 빌려 주고 이자가 2관 이상이 되어도 법에 의해 배를 넘게 받을 수 없고, 법을

---

385) 송형통宋刑統 잡률雜律.
386) 송형통宋刑統 잡률雜律.
387) 송형통宋刑統 잡률雜律.

어기면서 이자를 받는 것은 이치에 맞지 않다. 그러나 자본 투자로 생긴 이익이라면 이에 해당하지 않는다"고 규정했다.

(3) 임대 계약

송의 임대 계약에서 가장 주된 것은 토지 임대이다. 토지제도가 균전제均田制에서 지주의 토지 사유제로 전환됨에 따라, 수탈 방식도 조전제租佃制가 부곡제部曲制를 대신하게 되었다. 그래서 토지 사용권을 양도하고 지조地租를 받는 조전 계약이 나타났다. 조전 계약을 할 때는 소작을 주고받는 쌍방과 연대 보증인의 성명, 지조 형식(성조成租와 정액조定額租로 나뉨) 등을 분명하게 적어야 했다. 조전 계약의 기한은 1년부터 몇 년까지 다양했고, 소작관계가 끝나면 토지를 다시 빌릴 수 있었다. 송의 지조액은 대분제對分制에 따라 '전답의 수입을 반씩 나누거나' 4대 6으로 나누었다. 그밖에 조과租課를 모두 받는 정액조 제도가 있어서 소작인은 수확량에 상관없이 조전 계약에서 규정한 품종, 수량·질량을 기일 안에 납부해야 했다. 그것을 납부하지 않으면 지주는 관에 고소하여 관부의 감독 아래 거두어들일 수 있었다. 매년 "10월 1일 이후와 정월 30일 이전에, 모든 지현은 지주의 송사를 접수해 소작인에게 받지 못한 것을 거두어 주었다."388)

조전 계약에는 합작 계약과 비슷한 형식도 있었다. 예를 들면 태종 태평흥국太平興國 7년에 조령詔令을 내려 "… 집에 씨앗이 있나 보고, 어떤 집에 장정이 있나 보고, 어떤 이한테 소가 있는지 보고난 뒤에 황폐한 땅을 나누어주고 사람을 불러 계약을 확실하게 하도록 하고, 씨앗을 빌려주어 때에 맞춰 경작하게 하고, 수확할 때는 계약에 따라 나누게 하면 송사가 없을 것이다"389)고 했다. 여기서 송은 계약관계의 이행을 최고 권위를 가지고 있는 조령詔令으로 보증했음을 볼 수 있다. 주희朱熹는 『권농勸農』에서 송의 조전관계에 대하여 "소작인은 지주의 땅에 의지해서 가족을 먹여 살리고, 지주도 소작인이 경작

---

388) 『황씨일초黃氏日鈔』「재신제형사걸장리색귀본현장再申提刑司乞將理索歸本縣狀」.
389) 『송사宋史』「식화지食貨志」.

해서 납조한 것으로 가계를 운영하니, 양자는 서로 의지해야 존재할 수 있다. 이제 소작인이 지주를 침범하지 못하게 하고, 지주가 소작인을 괴롭히지 못하게 해야 한다. … 땅을 돌려주지 않는 사람이 있으면 지주가 관에 고발해서 관의 감독 아래 납입토록 하고, 게으른 것을 경고해야 한다”고 했다.

국가가 농민에 대한 통치를 강화하고, 지주가 농민의 인신을 구속하는 현상을 타파하기 위해서 인종은 천성天聖 5년에 칙령을 내려, 조전 계약의 자유와 합법성을 인정했다. “이후 객호客戶가 이사할 때는 더 이상 주인의 뜻에만 따르는 것이 아니라, 논밭의 수확 시기를 상의해서 서로 편리한 쪽을 택했다.”390) 인종의 이러한 칙령은 후세 조전 계약의 발전에 많은 영향을 주었고, 소작인이 계약을 지키지 않고 달아나는 것을 금지해 지주 이익을 보호했을 뿐만 아니라 지주가 계약을 지키지 않고 자기 멋대로 소작을 철회하여 농민에게 불이익을 주는 것을 제한했다. 그러나 송 때는 지주의 착취가 극심하여 소작인은 계약을 채우기도 전에 다른 곳으로 도피하는 경우가 많았다. 이 때문에 인종 황우皇佑 때 이른바 ‘황우법皇佑法’을 반포하여 소작인이 도피하기 위해 이주하는 것을 금지하고, 도피하면 소속 주현이 추적해 “지난 업을 다시 하도록 했다.” 더 나아가 남송 효종 순희淳熙 11년에는 “순희 8년 이전에 타향으로 3년 이상 도피한 자는 이미 지나간 일로 인정한다. 그러나 순희 8년 이후에 도피했거나, 도피한 지 3년이 안 된 자는 그 가족을 포함해서 모두 추적해 옛 주인에게 돌려주며, 지금부터 도피하는 것을 엄격히 금한다” 고 했다. 그러나 지주도 ‘소작인을 강제로 옮길’ 수 없었다.

송 초기에는 경제적 착취를 법률로 어느 정도 제한하려고 했지만 실제로는 매우 심각해서 소작인은 마음대로 이주하지도 못하고, 지주가 소작인과 그 가족을 부리며, 강제로 소작인의 처나 딸의 혼인에도 간섭하곤 했다. 그리고 지주가 전답을 팔면 소작인도 함께 넘어갔다. 이러한 경제적 수탈은 사회 갈등을 격화시켰기에 남송 영종寧宗 개희開禧 원년에 전운판관轉運判官 범손范

---

390) 『송회요집고宋會要輯稿』 「식화지食貨志」.

孫은 황우법皇佑法을 고쳐서 "지주는 소작인만을 부릴 수 있고, 그 가족을 강제로 노역시킬 수 없다. 전답과 가택을 전매典買하는 사람은 강제로 소작인을 자신의 소작인으로 만들 수 없다. 돈이나 물건을 빌릴 때는 계약서에 의거해서 교부하되 채권자는 강제로 채무자를 소작인으로 만들 수 없다. 소작인이 죽어서 그 처가 재가를 원하면 자유로이 그렇게 하고, 소작인의 자녀도 스스로 혼사를 정할 수 있다"고 규정했다. 그러나 남송은 이러한 법률을 실행하지 못했고, 여전히 경제적 수탈을 자행하는 관습법이 강하게 작용하고 있었다.

토지 임대 외에 가옥을 임대할 때도 계약을 하도록 했다. '임력賃歷'이 그것인데, 특히 집세에 관한 규정이 무척 상세하다. 예를 들면 "집을 임대할 때 5일은 수리하고 이사하는 기간으로 정하고, 6일째부터 날짜를 센다."[391] "가옥의 서까래, 대지 면적, 돈의 액수 등을 구분하고, 월세나 일세로 나눠 기한을 정해서 셋돈을 받았다."[392]

(4) 전매典賣 계약

토지의 전매는 당 중기에 황제의 칙령에서만 가끔 '첩전화매貼典貨賣'라는 글귀가 보일 뿐, 여전히 보편적이지는 않았다. 그러나 송 때는 전매가 보편적인 현상이 되어서 제도로 정착했다. 전매는 일반 매출과 다른데, 일반 매출의 경우 절대로 속전贖錢할 수 없었다. 그러나 전매는 일정 기간에 속전할 수 있어서 전가典價가 매가賣價보다 많이 낮았다. 토지 전매는 대부분 농민 사이에 이루어졌기 때문에 전매제도를 통해 싼 땅에서 토지 수익을 얻었을 뿐만 아니라, 농민이 기한이 되어도 속전할 힘이 없을 때는 법으로 토지소유권을 얻을 수 있었다. 이러한 면에서 법률은 전주를 보호했다고 할 수 있다. 송형통에는 '증명이 확실한 사람'만 보상을 할 수 있도록 규정하여, "계약서가 없고 진위를 가리기 어려운 사람은 속전을 논할 수 없다"고 했다. 그래서 전권인典

---

391) 『송회요집고宋會要輯稿』「식화食貨 55」.
392) 『송회요집고宋會要輯稿』「식화食貨 55」.

權人이 전매한 재산 소유권을 취득하기 편리해졌다. 『명공서판청명집名公書判淸明集』에는 부호가 종종 '가난한 백성의 전업田業을 노려서' 그가 재산을 속전하고자 할 때, 부호는 "날짜를 지연하고 백방으로 미루거나 계약서를 찾지 못했다고 하거나 가장이 외출해서 귀가하지 않았다고 한다. 백성이 송사하려고 하면 미리 문서 관리부서에 당부해서 기한을 뒤로 미루고, 관에 출두하지도 않았다. 여러 달을 전전하다 보면 기한(속전의 마감 기한)이 다 된다. 결국 전주典主의 집은 영원히 속할 수 없어 부자는 논밭이 늘어났지만 가난한 사람은 설 땅도 없었다"고 기록한다.393)

송률에 의하면 전계典契에는 논밭과 가택의 면적과 경계, 보증인을 명기해야 했다. "계약서에 면적과 경계, 주위 이웃의 참여, 조세 부역의 문제, 계약주의 유무, 이웃, 중개인, 보증인과 계약 작성자의 서명이 없을 때는 법을 어긴 전매로 보아 죄를 논했다."394) 전당 계약의 시효는 보통 30년으로 하고, "30년이 지나면 속전을 논할 수 없었다."395) 전당의 순서는 "먼저 가까운 친척에게 묻고, 친척이 원하지 않으면 그 다음 주위 이웃에게 묻고, 이웃이 원하지 않으면 타인과 거래했다."396) 송은 가장의 재산 처분권을 보호하여 재산을 전매매할 때는 반드시 가장과 살 사람이 '맞대면해서 계약서에 서명 날인'하도록 했다. 가장이 멀리 외출했거나 전쟁 때문에 돌아오기 어려울 때는 주현에 보고해 근거를 확보하고 상의해서 교역하도록 했다. 어린 사람이 함부로 전매하거나, 어른의 명의를 위조해 서명하면 법으로 엄히 단죄했다.

전권인典權人의 이익을 보호하기 위해서 '한 물건에 두 전을 두는 것(一物兩典)'을 엄격히 금했다. 중복 전매를 하면 업주·중개인·이웃·계약에 서명한 사람은 "사기한 돈의 액수에 따라 도적에 준하여 죄를 논했다." 그리고 돈은 전주에게 돌려주었다. 업주가 돌려줄 수 없으면 칙령을 내려 전계典契에 서명

---

393) 박구철, "청명집 호혼문에서 본 업소송 — 저당소송을 중심으로"(『대구사학』 73, 2003), 박구철, "청명집 호혼문에서 본 업소송 — 전典소송을 중심으로"(『계명사학』 14, 2003) 참조 — 역주
394) 『중국역사대사서中國歷史大辭書』.
395) 송형통宋刑統.
396) 송형통宋刑統. 이종찬 "명공서판청명집을 통해 본 송대 부동산 거래와 친린법"(『법사학연구』 31(2005) 참조 — 역주

한 중개인이나 이웃이 함께 보상하도록 했다. 전당물은 첫 번째 전권인의 소유로 귀납되었다.

남송 때는 업주와 전주의 법률적 권한이 북송 때보다 더욱 명확해졌다. 업주는 전계에서 규정한 회속回贖 기한 안에만 속할 수 있었다. 업주가 회속 기한을 넘어서도 회속하지 않으면 전주도 전택田宅의 소유권을 취득할 수 없었다. 그러나 전택을 타인에게 이전하거나 전당할 수 있었다. 업주가 벌써 전당한 전택을 팔았으면 먼저 전당한 사람에게 우선 구매권이 있었다. 그리고 전당의 소송 시효를 단축해서 전택의 전매 유효 기간을 20년으로 했는데, 이것은 전택의 전매가 남송 때는 보편적인 현상이었고, 그 유동성도 북송 때보다 높았음을 말해 준다.

4. 혼인과 상속

혼인에 관한 법은 대개 당의 제도를 따라 썼는데, 사회·경제가 발전하고 문화가 진보하는 것에 발맞춰 여성의 권리도 상대적으로 높아졌다. 예를 들면 정혼한 남자 쪽에서 아무 이유 없이 3년 동안 여자를 데려가지 않으면 해약할 수 있었다. "정혼하고 3년 동안 성혼하지 않으면 헤어질 수 있다."[397] 또한 남편이 밖에 나가 3년 동안 돌아오지 않고, 6년 동안 안부가 없으면 아내는 개가하거나 이혼할 수 있었다. 그러나 송의 이학理學은 혼인과 가정에 관한 법에 많은 영향을 주어서, 남편이 죽었는데 아내가 '수절'하지 않으면 "부곡·노비·전택을 사용할 수 없었다." 아내의 기물이나 전답과 재산을 남편이 전매해도 위법이 아니었고, 아내가 전매하려고 해도 남편이 계약을 맺어야 했다. "아침에 시집가면 그날 저녁으로 의義가 끝난다"는 말처럼, 과부가 개가하는 것이 법적으로는 허락되었지만 조건과 제한이 많았다. "남편을 잃은 지 100일이 지났는데, 가난해서 살 수 없는 사람은 재혼(改嫁)할

---

397) 『청명집淸明集』 호혼문戶婚門.

수 있다.” 그러나 “옛 남편의 재산을 차지할 수 없다”398)고 했다.399)

남송 때는 ‘고처雇妻’ 현상이 나타나 이를 법률로 금했다. 하지만 이미 고처 상태라면 ‘화이법和離法’을 적용해서 혼인관계를 취소하고, 남자에게 죄를 묻지 않았다.

송의 상속법은 당률보다 상세한데, 호령戶令에 “전택과 재물은 형제들이 균등하게 나눠 가진다. 형제가 죽으면 그 아들이 아버지의 몫을 상속받고, 형제가 다 죽으면 모든 아들이 같이 나눈다”고 규정했다. 특히 여자의 재산상속에 관한 여러 세칙을 마련하여 “고모가 미혼이면 남자가 받는 재산의 반을 줄였다.”400) “미혼녀는 아들이 상속하는 것의 반을 주고, 나머지는 관에서 몰수했다.”401) “자손과 재산을 상속 받을 친척이 없는 과부가 접각부接脚夫402)를 들이면, 전 남편의 전택에 대한 관적의 기록을 검토해 5천관貫이 넘지 않게 계산하고, 그 부인이 두 번째 남편 집에 귀속되길 원하면 호절법戶絶法에 따랐다.”403) 두 번째 남편에게 개가해서 생활하거나 과부가 죽으면 그 재산을 모두 관에 몰수했다.

송의 법률은 또 유복자·사생자·양자나 데릴사위404)의 상속권도 인정했다. 유복자는 친자와 같은 권리를 가지고 있었다. 『청명집淸明集』 여서불응중분처가재산女婿不應中分妻家財産에는 “부모가 사망하면 자녀가 그 재산을 나누되, 여자는 남자의 반을 준다. 유복자가 남자이면 아버지가 남긴 재산을 셋으로 나누어 유복자가 2를 갖고, 어머니가 1을 갖는다”는 기록이 있다.

송에서는 사생자를 ‘별택자別宅子’라고 했는데, 그의 상속에 대하여 송형통

---

398) 『청명집淸明集』 호혼문戶婚門.
399) 송대 여성의 재혼이나 재산 문제는 규정과 다른 여러 가지 사례를 찾아볼 수 있다. 우성숙, “『명공서판청명집』을 통해 본 송대 부녀의 재혼과 재산”(『법사학연구』 31, 2005) 참조 ― 역주
400) 송형통宋刑統 호혼율戶婚律.
401) 『청명집淸明集』 호혼문戶婚門.
402) 가와무라 야스시, “접각부”(『송대에 있어서의 양자법』, 임대희 옮김, 서경문화사, 2005) 참조 ― 역주
403) 『청명집淸明集』 호혼문戶婚門.
404) 가와무라 야스시, “송대 데릴사위 소고”(『송대에 있어서의 양자법』, 임대희 옮김, 서경문화사, 2005) 참조 ― 역주

에는 "당唐 천보天寶 6년 5월 24일의 사절문赦節文에 준해서 … 밖에서 낳은 자식과 처첩은 이미 호적에 올리지 않은 경우는 모두 금지하고, 곧바로 부현府縣의 진술을 거쳐 접수해 사정에 따라 처리하며, 강제로 본거本居에 돌려보낸다"고 규정했다. 이것은 별택자의 소송에 대해서 이미 호적에 올렸으면 관부에서도 인정하고 접수하지만, 그렇지 않으면 접수하지 않았다는 뜻이다. 남송 때는 별택자가 같이 사는지 같은 적에 올려졌는지를 논하지 않고 조문을 관대하게 해석하여, 그 아버지와 혈연관계에 있다는 것만 알 수 있으면 관부에서 그 지위를 인정했고, 또한 재산상속권도 주었다.

그리고 남송은 부녀자의 개가를 허락해 "재가한 처가 전 남편의 자식을 데리고 두 번째 남편의 집에서 양육하는 사람이 많았다." 전 남편의 아들은 '의자義子'라고 했는데, 그는 의부義父의 성을 따를 수 없고, 의부가 죽으면 본종本宗으로 돌아갔으며, 또한 어머니의 재물에 대한 상속권이 있었다.

데릴사위란 보통 남자 쪽 가정이 빈곤해 장가들 돈이 없으면 자원해서 여자 집에 들어가 사위가 되는 것을 말한다. 따라서 가정에서 지위와 권리가 없어 처가의 재산을 상속받을 수도 없었고, 특수한 상황에서만 부분적인 재산권을 가질 수 있었다. 법률에는 "데릴사위가 처가의 재산을 운영해서 증식하면 호주의 대가 끊기는 날 데릴사위에게 3부를 준다"405)고 규정했다.

남송 때는 가정의 사유재산을 보호하기 위해 호주의 대가 끊긴 집에 단절斷絶 제도를 규정했다. 단절은 '입계立繼'와 '명계命繼'로 나뉘는데, "입계란 남편은 사망하고 처가 살아 있는 것으로, 그 끊어지는 바를 세워서 계승하게 하는 것이다. 처의 명命을 따른다. 명계란 부부가 모두 사망한 것으로, 가까운 어른의 명을 따르는 것이다."406) "입계는 아들이 아버지의 재산을 상속하는 법과 같이, 모든 재산을 그와 같이 나누는 것이다."407) "명계란 절가絶家 재산을 시집가지 않은 딸들만 있으면 그들에게 전체의 1/4을 주고, 생가에 돌아온

---

405) 『청명집淸明集』 호혼문戶婚門.
406) 『청명집淸明集』 호혼문戶婚門.
407) 『청명집淸明集』 호혼문戶婚門.

딸들이 있으면 1/5을 주며, 시집가지 않은 딸과 생가에 돌아온 딸에게는 소득을 4로 나누어 호절법戶絶法에 따라 그들에게 주는 것인데, 생가로 돌아온 딸은 호절법에 따르지 않고 나머지의 반을 주고, 그 나머지는 관에서 몰수한다. 출가한 딸들만 있으면 전체를 3으로 나누어 2는 출가한 딸들에게 고르게 나눠 주고, 나머지 1은 관에서 몰수한다. 시집가지 않은 딸, 생가로 돌아온 딸, 출가한 딸들이 없으면 전체의 1/3을 준다"408)고 했다. 그러나 명계든 입계든 우선 함부로 선택해서 세울 수 없었다. 법률에 "자손이 없으면 소목昭穆409)에 상당하도록 허락한다"410)고 정했다. 소목에 상당하다는 것은 항렬이 같다는 것을 말한다.

다음으로 독자는 자기 집이 절絶한 후에는 다른 사람의 아들이 될 수 없고, 한 집의 독자가 두 집의 절絶을 겸해 이을 수 없었다. 이는 두 몫의 재산을 차지하지 못하게 하기 위함이다. 일단 소목에 상당한 사람을 후사로 세웠으면 법률에 의해 함부로 돌려보낼 수 없었다. 소목에 상당한 자에 대해서는 포양抱養의 형식을 취할 수 있고, 가산을 상속하게 하며, 또 이유 없이 돌려보낼 수 없었다. "양자, 양손은 그를 양육한 조부와 부가 사망하면 그 조모와 모친은 이유 없이 돌려보낼 수 없다."411) "양자, 양손이 가산을 탕진해 공양할 수 없거나, 명확한 과오가 있어 관에 고소해 검증되고, 또한 가까운 어른이 검증해서 사실을 입증하면 돌려보낼 수 있다."412)

송의 법률은 다른 성을 가졌더라도 양자로 삼음을 허락했고, 3살 이하의 아이를 수양하면 친자식처럼 여겼다. "3세 이하의 버려진 아이를 수양하면 다른 성일지라도 친자법을 따른다."

---

408) 『청명집淸明集』 호혼문戶婚門.
409) 소목昭穆이란 종묘제례의 예禮 가운데 하나를 말한다. 고대 중국에는 종법宗法 제도가 있어서 인륜의 존비 서열을 중시하여 사람이 죽으면 존비 서열에 따라 신위神位를 배치했다. 종묘나 묘지를 쓸 때 조상의 신위는 왼쪽에는 소昭를, 오른쪽에는 목穆을 두고 순서에 따라 후손의 신위를 배열했다. 가령 종묘에 역대 임금의 신위를 모실 때 짝수 대代의 임금은 왼쪽에 배치하고, 홀수 대代의 임금은 오른쪽에 배치했다. ―역주
410) 『청명집淸明集』 호혼문戶婚門.
411) 『청명집淸明集』 호혼문戶婚門.
412) 『청명집淸明集』 호혼문戶婚門.

송은 당의 '유서 처분'을 기초로 발전했다. 유서는 문서라야 유효하고, 친필 유서여야 하며, 관부의 확인을 거쳐 '현縣의 날인'을 받아야 했다. 관의 날인이 없는 유서는 인정하지 않았다. 유서에 근거하면 "이미 재산을 나눈 지 3년이 지나도록 공평하지 않다고 생각하거나, 5년이 지나서 법을 어긴 일을 고소하더라도 모두 접수할 수 없었다."413) "또 유서를 작성한 후 10년이 지나 고소하는 것도 접수할 수 없었다."414)

이상을 요약하면, 송은 지주 경제와 상품경제가 발전하여 민사법 규범의 내실을 기하는 중요한 물질적 기초를 제공했다고 할 수 있다. 그 규범 범위의 확대, 전권典權, 혼인, 상속에서의 세밀한 규정은 모두 전에는 없던 것이다.

제2절 원의 민법

1. 신분

몽고 귀족이 주체인 원은 민족 차별을 강조했다. 신분을 말하면 몽고인, 색목인, 한인과 남인 순서였다. 이 네 민족의 민사권리는 불평등했다. 몽고족은 중원에 들어오기 전에는 고대의 단계였는데, 중원으로 들어오고 나서는 한족의 생산 방식에 영향을 받아 빠르게 봉건제를 받아들여서 고대의 흔적만 남게 되었다. 그래서 가노家奴, 군노軍奴, 사노寺奴, 발난해勃蘭奚 등으로 조직된 방대한 노예 계층이 있었다. 이러한 계층의 사람을 원의 법률에서는 노奴·노비奴婢나 구구驅口라고 했다. 주인은 그들을 언제라도 매매하거나, 남한테 주거나, 죽일 수도 있는 '돈이나 물건 같은' 소유물이었기에 그들은 법률로 보장된 민사권리를 전혀 누리고 못했다. 원은 조전제租佃制를 시행했지만 소작인의 신분은 농노와 다르지 않아서, 지주가 소작인은 물론 그 가족

---

413) 『청명집淸明集』 호혼문戶婚門.
414) 『청명집淸明集』 호혼문戶婚門.

도 부릴 수 있었고, 특히 강남의 어떤 지역에서는 소작인이 낳은 자녀들도 지주의 법정 노예가 되었다.

2. 소유권과 채권

원은 소유권에 대한 법률을 당·송의 제도를 따랐는데, 숙장물宿藏物의 귀속에 대한 규정만 달랐다. 대원통제大元通制에 "땅을 갈다가 숙장물을 얻으면, 남의 땅이면 지주와 똑같이 나누고, 관의 땅이면 관에 반을 헌납한다. 자신의 땅에 있으면 자기 것이다"고 규정했다. 그러나 당률의 "숨기고 주지 않은 자는 계산하여 주인의 지분을 돌려주고, 장죄贓罪로 논하여 삼등을 감한다"는 조항은 생략하고 쓰지 않았다.

전택田宅 매매에서는 가장의 처분권을 인정했다. 대원통제에 "전택의 전매는 어른이 직인한 장부가 있어야 한다"는 규정을 볼 수 있다. 그렇지 않으면 무효였다. 한편으로는 매매하는 쌍방에 대하여 모두 명확한 법률로 구속을 했다. "전주典主가 거래하고 싶지 않으면 10일 안에 물릴 수 있고, 기한이 지나도 물리지 않은 사람은 태형 17대에 처했다. 원하는 사람은 15일 안에 가격을 협상해서 계약을 통해 거래하고, 기한이 지나도 가격을 정하지 않은 자는 태형 27대에 처했다."415)

원의 토지 전매매典賣買는 몇 가지에 점에서 송과 달랐다. 첫째, 계미契尾 제도를 실행하여 세금표를 계약서 끝에 붙였는데, 그 목적은 토지소유권이 넘어가면서 국가가 세금을 거둘 수 없게 되는 것을 막기 위해서였다. 계미와 '관에서 조사하고 날인해서 공적으로 확인한 후 발급한' 계지契紙는 국가가 계약이 합법적인지를 검증하는 주요한 표기로서, 그 후 명·청에 영향을 주어서 명률에는 "전택을 전매할 때 세계稅契를 첨부해 거래하고, … 그렇지 않으면 1무에서 5무는 태형 40대에 처한다"416) 했다. 또 청의 호부칙례戶部則例에

---

415) 대원통제大元通制.
416) 설윤승薛允升, 당명률합편唐明律合編 권13(상).

매매 쌍방은 반드시 "직접 주현에 가서 대조하고 과할過割을 받는다"고 했다. 계약과 계미는 소송의 중요한 근거이기도 했다. 통제조격通制條格은 "대덕大德 10년 5월 … 오늘 이후 전매 거래는 예에 따라 근거를 남기는 것 외에 계약서 두 장을 각각 작성한 다음, 세금을 물고, 전주는 정본을 가지고, 업주는 계약서를 가진다. 여러 해가 지나도 계약에 의해서 속贖할 수 있고, 쟁송爭訟의 폐단을 없애며, 현과 성에 상정上呈을 허락한다"417)고 했다.

둘째, 전택 매매에 대하여 "군·민·색목인 등 여러 가호의 전택 전매典賣는 모두 어른이 글을 써서 장부를 만들고, 가까운 친지에게 자문하며, 다음으로 이웃 전주에게 간다"418)고 규정했다. 다만 원율은 구매권의 변경 기간을 엄격히 제한해서 토지매매의 흐름에 영향을 끼치지 않도록 했다. 친지, 이웃, 전주가 "구매를 원하지 않으면 10일 안에 반환한다. 기한이 지나도 반환하지 않은 자는 태형 17대에 처한다. 원하는 자는 15일 안에 가격을 정하고, 예에 따라 계약을 하고 거래한다. 기한이 지나도 가격을 정하지 않은 자는 태형 27대에 처하고, 임의로 처리했다."419) "친지나 이웃 전주가 글을 작성하면서 재물을 요구하면 태형 27대에 처했다."420) 이외에 "친지나 이웃 전주가 백리 밖에 떨어진 곳에 있을 때는 문책하지 않았다."421)

전매매典賣買에는 동산도 포함되었다. 동산을 전당하려면 '해전장解典章'에 가서 '해첩解帖'을 작성해야 법정 이자를 받을 수 있었다. "물건을 전당할 때 정고正庫를 설치하지 않고, 신첩信帖을 만들지 않고, 또 예例를 어기면서 이자를 받는 것을 금했다." 전주는 보관할 책임이 있어서 분실하거나 훼손하면 보상했다. 강절江浙 지방에서는 처를 전매하는 일이 있기도 했다. "그 처가 전고典雇의 집에 가서 부인이나 비첩婢妾이 되었다."422)

---

417) 통제조격通制條格(황시감점교본黃時鑒点校本) 권16, 200~201쪽.
418) 원전장신집元典章新集 호부戶部(진탄교보陳垣校補, 『여운서옥총간勵耘書屋叢刊』 1,037쪽).
419) 통제조격通制條格 권16, 200~201쪽.
420) 『원사元史』「형법지刑法志」.
421) 『원사元史』「형법지刑法志」.
422) 원전장元典章 권57.

채권 작성을 기본 형식으로 하는 대차 계약에는 쌍방 당사자 말고도 중개인과 증인의 날인이 있어야 했다. 가장 높은 사채 이자도 원금을 넘을 수 없었다. 대원통제에는 "화폐와 곡물의 대부는 여러 해가 지나도 이자가 원금을 넘으면 안 된다. 더 많이 받거나, 계약 이자를 고쳐서 이자에 이자를 더하거나, 소나 말 같은 다른 재산을 차지하거나, 자녀를 빼앗아 노비로 삼는 것 등은 더 무겁게 처벌하고, 더 받은 이자를 관에서 몰수한다"고 금령을 내렸다. 원대의 규정에서도 역시 물건 전당업자가 예例를 어기며 이자를 받는 것을 엄금했다. "물건 전당에 정고正庫를 세우지 않고, 신첩信帖도 만들지 않으며, 예를 어기고 이자를 받는 것을 금한다."423) 전당업자는 일정한 기한이 지나야만 전주의 재물을 처리해서 부채를 결산할 수 있고, 남는 게 있으면 전주에게 돌려줘야 했다. 대원통제는 "재물을 전당하고 3년이 지나도 갚지 않으면 팔아야 한다. 혹시 잃어버렸으면 갚는 날 전당물의 2배를 배상하고, 받을 이자가 있어도 깎을 수 없다"고 규정했다.

하지만 원대의 규정에서도 고리대금을 제한했지만 실제로는 구속력이 없어서 몽고 귀족, 관리, 회회인回回人들이 법정 이율보다 훨씬 높은 이자를 받았고, 종종 채무인의 인신을 저당하기도 했다. 이른바 "1년이면 그 배가 되었고, 다음해에는 이자까지 그 배가 되었다. 양고리羊羔利라 했다. 점점 쌓이면 집이 파산하고 가족이 흩어져서 처자가 인질로 잡혔고, 결국 갚을 수 없었다."424)

3. 혼인과 상속

원은 중국을 통일하기 전에는 유목 생활을 하여 혼인관계가 어지러웠고, 엄격한 법률도 없었다. 중국을 통일한 후에는 유교의 예교에 많은 영향을 받았으나, 여전히 몽고족의 전통을 유지하고 있었다. 태조 때 "칭기스칸은 황제로 등극한 후, 해가 뜨고 질 때까지 여러 나라의 것을 다 받아들이되,

---

423) 송자정宋子貞, 「야율초재신도비耶律楚材神道碑」,(『원문류元文類』 권57).
424) 원전장元典章 형부刑部 19.

각기 풍습을 따르도록 한다"는 기록이 있었다. 특히 혼인과 관계된 법률은 각 민족의 풍습과 관습을 지키도록 하고, 획일적으로 강요하지 않았다. 지원至元 8년에 "사람이 혼인할 때는 각각 그 풍습에 따르라"고 규정하여, 한족이라면 '처가 있는데 또 처를 얻는 것'은 법률로 인정하지 않아 헤어질 것을 명했다. 그러나 몽고족에게는 그 본래 풍습인 '찰살札撒'이란 일부다처를 허락하고, "이런 제한을 두지 않았다."425)

원율에 의하면, 혼인이 성립하려면 혼서婚書만이 아니라, 그 내용에 명확한 규정이 있어야 했다. "혼서는 대충 쓰면 안 되고, 신랑이 신부 집에 주는 예물과 선물까지 분명히 쓰고, 혼주와 중매인이 작성한다. 여자 쪽의 회서回書에도 예물을 받은 숫자를 기록하고, 가주嫁主와 중매인도 함께 작성하고, 양쪽 예서禮書 뒷면에 합동合同이라고 크게 글자를 쓴 뒤 각자 나눠 갖는다. 글자가 희미하거나 합동이라는 글자가 없으면 관에 고발하고, 가짜로 여겼다."426) 그밖에 사약私約도 혼약 형식의 하나였다. 또한 문벌에 따라 예물을 달리 한다는 규정도 있는데, "상호上戶는 금 1냥, 은 4냥, 채단 6개, 잡용건 40필이다. 중호는 금 5전, 은 4냥, 채단 4개, 잡용건 40필이다. 하호는 은 3냥, 채단 2개, 잡용건 50필"427)이라고 했다.

혼인을 제한하는 경우는 기본적으로 당·송의 법에 따라 동성끼리는 결혼하지 못하게 했고,428) 양천良賤도 그러했다. 그러나 통제조격通制條格 호령戶令·양천위혼良賤爲婚에는 "지원 14년 7월 중서성 호부에서 정하기를, 구구驅口와 양인이 결혼을 하면 어린 아들은 적籍에 양인으로 기록하고 부친과 같이 살도록 했다. 정구正驅가 죽으면 따로 호명戶名을 세워 보내게 하고, 군구軍驅의 어린 아들은 양첩호良貼戶로 삼는다"429)는 기록이 있다. 지원 14년부터 양천 사이의 결혼을 금지하는 조항이 어느 정도 약화되었다는 것을 볼 수

---

425) 통제조격通制條格 호령戶令·가취嫁娶.
426) 원전장元典章 호부戶部 4.
427) 원전장元典章 호부戶部 4.
428) 원전장元典章 호부戶部 4.
429) 황시감黃時鑒, 「대원통제고변大元通制考辨」.

있다.

그밖에 한족 사회의 인륜을 어지럽히는 혼인과 유부녀와 결혼하는 것 등을 금지했다. "한족이나 남인南人은 부친이 사망한 뒤 아들이 그 서모庶母를 받아들이거나, 형이 죽어서 아우가 그 형수를 받아들이는 것을 금했다." 유부녀인줄 알면서 결혼하는 자는 "중매인과 혼주를 모두 단죄하고, 재물을 관에서 몰수한다. 본부本婦가 종가에 귀속하는 것을 금한다"430)고 했다. 그러나 이러한 법률 조항은 각자의 풍속에 따르도록 했기 때문에 몽고인과 색목인에게는 구속력이 없었다. 중혼重婚하면 강제로 이혼하게 했다. "처첩이 있으면서 또 처첩을 얻는 자는 태형 47대에 처하고, 헤어지게 한다."431) 현임 직관이 창기를 처로 삼으면 해직시키며, 둘을 갈라놓고, 태형 57대에 처했다.

혼인관계의 취소에 대하여 원은 원전장元典章 가운데 당·송 때처럼 '칠출七出'과 '의절義絶' 규정을 두었는데, 가장 중요한 법전인 대원통제에는 그러한 조항이 없다. 이는 몽고족이 한족의 전통적 예교의 영향을 완강히 막았다는 것을 나타낸다. 화목하지 않은 부부는 자유롭게 이혼하도록 하여, "부부가 화목하지 못해서 합의 이혼하면 처벌하지 않는다. 이혼서를 작성해 관에 신고하고, 관에서 검토해 날인하면 개가할 수 있다"432)고 했다. 남녀가 약혼하고 나서 남자 쪽에서 "5년 동안 아무 이유 없이 데려가지 않으면 개가를 허용했다."433) 이밖에 미혼부未婚夫가 "절도나 유형에 해당하는 죄를 지으면 여자의 개가를 허용했다."434) 이러한 제도는 매우 인간적이며 합리적인 동시에 "여자는 죽을 때까지 한 남자만 따라야 한다"는 교조를 버렸다는 것을 보여준다.

상속에서도 조상에 따르는 속박에서 벗어났고, 특히 몽고인과 색목인은 모두 본속법本俗法에 따랐다. 예를 들면 과부나 아들이 없는 집의 딸들도

---

430) 『원사元史』「형법지刑法志·호혼戶婚」.
431) 『원사元史』「형법지刑法志·호혼戶婚」.
432) 대원통제大元通制 호혼부戶婚部.
433) 대원통제大元通制 호혼부戶婚部.
434) 대원통제大元通制 호혼부戶婚部.

모두 상속권이 있었고, 원의 법률제도에 이러한 예가 적지 않게 나온다.

제3절 명의 민법

1. 호적과 신분

명은 "인호人戶를 적籍으로 정한다"는 전통 법률을 계속 시행했는데, 호적 관리가 이전보다 법제화 되었다. 군호軍戶·민호民戶·역호驛戶·장호匠戶·조호竈戶·의호醫戶·복호卜戶·공호工戶·악호樂戶의 각종 호는 모두 원래 접수한 호적으로 정했다. 군호를 예로 들면, 군호는 병역의 책임자로서 군적에 기록되고, 군호인 아버지가 죽으면 그 아들이 이어받아 대대로 병사가 되었다. 직업으로 병역을 담당하여 달마다 급식과 포백전布帛錢 등의 혜택을 받았다. 그러므로 명률은 엄격히 군적과 민적의 한계를 구분하고, 민호가 군호로 위장하지 못하게 했다. 그러나 군호가 병역을 도피하려고 민호로 위장하면 장형 80대에 처했다. 군호·장호·조호가 죽거나 도망가면 원적原籍에서 보충했다. 평상시에 마음대로 다닐 수 없고, 일이 있어 외출할 때도 반드시 이웃에 알려야 했으며, 함부로 돌아다니면 도군逃軍·도장逃匠·도조逃竈라 하여 엄하게 처벌했다.

명 때는 사회구성원의 신분을 관리·사·농·공·상·평민 6등급으로 나누었다. 그밖에 가주家主에게 속한 노비가 상당수 있었고, 또한 법률이 천민으로 인정한 광동廣東의 단호蛋戶, 산서山西의 악호樂戶, 절강浙江 소흥紹興의 타민惰民, 강서江西 저국貯國의 세복世僕, 휘주徽州의 반당伴當이 있었다. 양천 사이의 등급이 엄격했고, 그에 따른 법률적 권리도 천차만별이었다. 노비는 여전히 짐승 취급을 당하며 소유물로서 주인의 지배에 따라야 했고, 법률적으로도 권리가 하나도 없었다.

농업과 수공업에 필요한 노동력을 유지하기 위하여 국가가 직접 민호를 통제하고, 그를 끊임없이 늘려서 통치 기초를 강화했다. 명률은 양민을 유혹하거나 속여서 노예로 삼는 것을 엄금하고, 또한 노예와 노비가 늘어나는 것을 제한했기 때문에, 귀족 공신의 집에도 많아야 20명이 넘지 않았다. 일반 서민은 노비를 두지 못했고, 이를 어기면 장형 100대에 처하고 노비를 양민으로 놓아주었다. 양인을 유혹하고 속여서 노비로 삼은 사람은 장형 100대를 덧붙여서 유형 3천리에 처했다. 이러한 규정은 노동력 증가와 생산력 발전에 적지 않은 역할을 했다. 그러나 그러한 노력이 완벽하게 시행될 수 없어서 권세가들이 대량으로 노비를 늘리는 것을 제약할 수 없었고, 인신매매도 묵인할 수밖에 없었다.

명은 "밭이 있으면 곧 양식이 있다"든가, "정丁이 있으면 곧 역役이 있다"는 식의 법률제도를 계속 추진했다. 호역률戶役律은 16세가 되면 정이고, 60세가 되면 역을 면제하도록 규정했다. 정이 되는 해는 이른바 '정년丁年'으로서, 민법에서 행위능력을 인정하는 나이이다.

명 중기부터는 일꾼들의 신분이 개선되어 고용주가 인신을 예속하던 것이 다소 완화되는 등, 사회적 진보가 경제적 착취의 변화를 가져오게 되었다는 점을 언급해 둘 필요가 있다.

2. 소유권

명은 경제발전을 토대로 군주 전제제도와 관료·귀족·지주의 토지소유권을 보호했다. 명 초기에 논밭을 실제로 조사하여 '황책黃冊'과 '어린책魚鱗冊'을 편찬함으로써, 각종 형식의 토지소유권을 확인할 수 있었다. 명은 '남의 전택'을 도매盜賣, 침점侵占, 모인冒認하는 자는 장형 80대와 도형 2년으로 엄하게 다스리고, "관직에 있는 자는 2등을 더했다." 강제로 점유하면 최고 장형 100대와 유형 3천리로 더 무겁게 다스렸다. 명은 균전제均田制를 시행하지 않아서 명률에서 당률의 '밭을 점유하는 기간'에 관한 조항을 없애고, "밭의 많고 적음은 백성 스스로 알아서 하도록 했다."435) 이는 지주 경제가

발전한 전통사회 후기의 결과이다. 한편으로는 황실·귀족·관료들이 제한
없이 토지를 점유할 수 있도록 가능성을 활짝 열어 놓은 셈이다. 홍무洪武에
서 효종孝宗에 이르는 140년 동안 자경농의 토지가 반으로 감소했다. 호남,
하남, 광동 지역이 특히 심하여 대부분이 왕부王府에 귀속되거나 관리나 귀족
들에게 사기를 당했다. 명률은 타인의 토지나 몰래 팔거나, 바꿔치거나, 거짓
으로 꾸며 인증하는 것을 금했다. 또 타인의 전택을 침범하는 행위를 금지했
지만, 특권층은 제한하지 않았다.

대량으로 토지를 점유하고 있는 호구戶口나 세력을 믿고 전량田糧을 속이
고, 부역을 도피하는 지주에 대한 특별 규정을 명률에 두어, 공신의 집은
공전公田으로 받은 토지 외의 것은 반드시 관에 보고해서 법에 따라 공출미를
바치고, 부역을 하도록 했다. 이를 어기면 가중 처벌하여 1무에서 3무는 장형
60대에, 죄가 장형 100대에 이르면 도형 3년에 처했다. 호민豪民의 자녀나
친척의 노역을 관원이 은폐해주면 가장은 장형 100대에 처하고, 은폐한 관원
도 같은 죄로 처벌했다.

각종 형식의 소유권이 침범받지 않도록 보호하기 위해서 명률은 강도와
절도죄를 당률보다 더 무겁게 처벌했다. 심지어 다른 사람 밭의 열매를 함부
로 따먹는 것도 장죄로 처벌하고, 관 소유의 열매를 그렇게 하면 2등을 더했
다. 또한 특별히 '도적盜賊에 관한' 조항을 두어, 도적을 숨겨주거나, 조의造意
하는 데 공모하거나 장물을 나눈 자를 모두 참수형에 처했다.

명률은 '산야에 있는 것을 베거나 벌초를 하는 등 가공해서 모으면' '주인
없는 것을 먼저 점유하는 것'으로 보고 소유권을 인정했다. 타인이 그것을
함부로 취하면 '자기 소유가 아닌 것을 취하는 것'으로 보아 도적으로 논했
다. "사유지에서 주인 없는 매장물은 파서 가질 수 있는데, 종鐘이나 정鼎,
부인符印 등 백성이 소유하기 적당하지 않은 진귀한 골동품은 30일 안에
관에 보내야 한다. 이를 위반한 자는 장형 80대에 처하고, 문물을 관부에서

---

435) 당명률합편唐明律合編.

몰수한다.” 분실물을 습득하면, 관의 것이면 관에 돌려주고, 사적인 물품은 물주가 나타나면 반은 습득한 사람에게 상으로 주고, 반은 주인에게 돌려주었다. 30일 안에 물주가 나타나지 않으면 주은 사람에게 모두 넘겨주었다.

3. 채권

전통사회 후반기에 속하는 명은 상품경제가 진전됨에 따라 채권법이 발전했는데, 특히 전택田宅을 전매典賣하는 데 관한 법률 규정이 더욱 완벽해졌다. 전택을 전매하는 데는 세계稅契를 중요한 요건으로 삼아 “전택을 전매하면서 세계를 작성하지 않으면 장형 100대에 처하고, 그 밭은 관에서 몰수했다.” 또한 ‘명의변경(過割)’도 법으로 절차를 정했는데, ‘명의변경(過割)’을 통해서 호명戶名을 바꾸고, 공출미와 부역의 책임을 명확히 하여 “위조하는 폐단을 근절했다.”436)

명률에 있는 전권典權의 기본 정신은 전권인의 이익을 보호하는 데 있었다. 예를 들어 한 가지 물품을 거듭 전당할 수 없었는데, 이를 위반한 자는 처형했다. 전기典期가 되어 전매인이 회속回贖할 능력이 없으면 다른 절매絶賣 계약서를 작성하거나, 별매別賣해서 원래 전가典價만큼 돌려받았다. 전기가 다 찼더라도 업주가 가격에 맞게 속贖해서 받고자 하면, 전권인은 이유 없이 거부하면 안 된다는 규정을 두었으나, 과도한 토지 집중과 가혹한 착취, 과중한 세금이 짓누르는 상황에서 대부분의 경우에 그런 가능성은 거의 없었다.

대차관계에 관한 법률도 송·원의 토대 위에서 발전했는데, 기본원칙은 역시 채권인의 이익을 보호하는 데 있었다. ‘사채를 빌리고 약속을 어겨 돌려주지 않은 것’이, 5량 이상을 3개월 넘게 그러면 태형 10대에 처하고, 달마다 1등씩 더하여 태형 40대까지, 50량 이상을 3개월 넘게 그러면 태형 20대에 처하고, 달마다 1등씩 더하여 태형 50대까지 때렸다. 그리고 이자는

---

436) 대명률大明律 호율戶律.

추징해서 주인에게 주었다. 채무인이 기한이 지나도 돌려주지 않으면 이자를 추가하는 것 외에 그 기일의 길이에 따라서 태형에 처했다. 그러나 명 때는 고리대금이 보편적 현상이어서 민란이 발생하는 원인 가운데 하나였기에 명률에서도 어느 정도 제한하려고 했다. 엄격히 이율을 규정하여 사채나 전당 재물에 대하여 달마다 3부 이상의 이자를 받지 못하게 했다. 날짜가 많이 지났어도 이자는 원금까지 제한하고, 이를 어기면 태형 40대에 처했다. 나머지 이자는 훔친 것으로 계산해서 죄가 무거운 자는 좌장坐贓의 예로 처벌하되 장형 100대에 그치게 했다. "권세 있는 자가 관에 고하지 않고 사적으로 남의 가축과 생산품을 빼앗으면 장형 80대에 처한다. 계산해 보아 원래 이자보다 많이 받은 자는 그만큼의 좌장죄로 논하고, 남는 것은 추징해서 돌려준다. 첩과 자녀를 대신 뺏어갔으면 장형 100대에 처하는데, 강제로 그러했으면 2등을 더해서 처벌하고, 부녀자를 범하고 빼앗으면 교수형에 처한다."437)

또한 감독하는 관리가 담당 지역에서 채권이나 전당을 놓지 못하게 하고, 선발을 기다리는 관원 후보나 감생監生 등도 채권을 놓지 못하도록 했다. 변경을 몰래 넘어 채권을 놓아 이익을 취하면 토묘土苗와 사통한 예에 따라 처벌했다. 조전租佃 관계에서는 명 초기에 주원장이 명령을 내려 소작농의 천민 지위를 풀어주어, 지주와 소작농, 주인과 종 사이가 장유관계로 바뀌었다. 일꾼의 법률적 지위는 노비와 달랐지만, 고용된 일꾼이 가장의 처나 딸을 농락하면 노비가 가장의 처나 딸을 농락한 것과 같이 참수형에 처했다.

4. 혼인과 상속

혼인에 관한 법률도 기본적으로 당·송을 이어받았다. 예를 들어 혼인권이 여전히 조부모·부모에게 있었다. 혼인 약속은 혼서와 예물이 있어야 하고,

---

437) 대명률大明律 호율戶律.

동성동본이나 양천 사이에는 결혼할 수 없었다. 혼인관계를 해제하는 데도 여전히 칠출七出과 의절義絶이 요건이었다. 그러나 이것도 시대의 변화에 따라 다음과 같이 발전했다.

첫째, "남녀가 정혼 초기에 불구, 노인이나 어린 사람, 서출庶出, 양자를 얻어 노후를 보살피게 하는 자가 있으면, 양가에 명백히 통지하고 각자 원하는 대로 하게 했다." 그 후에 혼서를 작성하고, 예禮에 따라 혼사를 치르도록 했다.

둘째, 부주현府州縣의 친민관親民官은 임기 중에 부민部民의 딸을 처첩으로 삼을 수 없었다. 감독 관리는 진행중인 재판의 당사자를 처첩으로 삼을 수 없었다. 만약 처첩으로 삼고 법을 왜곡하여 판결하면 중죄로 처벌했다.

셋째, 도망중인 여자 죄수를 처첩으로 삼을 수 없었고, 이를 어기면 죄로 다스렸다.

넷째, 양가의 처녀를 강제로 처첩으로 삼을 수 없고, 강탈이나 강간하거나, 타인에게 처로 삼도록 팔면 모두 중형에 처했다.

명률은 법률에서는 일부일처제를 천명했으나 "서인庶人이 40살이 넘었는데 아들이 없으면, 첩 한 명을 얻을 수 있도록 했다." 귀족 관료들은 처첩을 둘 수 있는 법률적 특권을 누렸다.

한편 상속에서는 적장자 상속제를 강조하여 관원의 습음襲蔭이나 습작襲爵, 또는 평민의 조종 계승도 모두 적장자가 상속하게 하고, "이를 어긴 자는 장형 80대에 처했다." 적자가 없으면 적장손이나 서자를 세울 수 있지만, 다른 성의 양자를 세울 수 없었고, 이를 어기면 난종亂宗으로 여겨 장형 60대에 처했다.

명률은 당률·송률에서 '호절戶絶'을 방지하기 위해 '동종同宗의 소목昭穆과 종묘의 순서에 상당한 자를 수양'하던 규정을 보충하여 "아들이 없는 사람은 같은 종의 소목과 상당한 조카가 승계한다. 먼저 같은 부친의 주변 친지로 하고, 그 다음 순위는 대공, 소공, 시마 순이다. 이들이 모두 없으면 먼 친척이나 친척이 아닌 동성을 후사로 삼는다"438)고 했다. 승계 받은 아들이 불효하면 관에 고발하고 다른 사람을 세울 수 있었다.

재산상속에서는, "적·서자, … 처나 첩, 비婢가 낳았는지 묻지 않고, 아들이라면 그 수대로 똑같이 나누었다."439) 호절戶絶된 재산은 딸들이 이어 받았다. 아들 없이 수절한 과부는 남편 몫을 상속받았다. 3세 이하의 버려진 아이를 수양하면 참작해서 재산을 나누어 주었다. 데릴사위를 얻어 봉양 받은 자는 그 중에서 상속자 1명을 골라서 제사를 모시게 하고, 가산을 고르게 나누었다. 명의 상속법은 이전보다 상세해졌는데, 이는 전통사회 후기에 상품경제가 발전하는 것에 따라 재산관계가 복잡해진 것을 반영한다.

제4절 청의 민법

1. 산해관 진입 이전의 민사입법

산해관 진입 이전 시대에는 사회·경제적 관계가 급격히 변동하여 복잡하고 다양한 사회관계가 형성되어서 이를 법률에도 반영했다. 민사입법에서는 특정한 재산관계와 인신관계의 법률 규범을 통해 변동하는 사회의 질서를 규율하고자 했다.

(1) 편정編丁과 노복奴僕의 신분

산해관 진입 이전에는 국가 명의로 3년에 한 번씩 편정을 했는데, 편정하는 연령은 18세 이상 60세 이하였다. 편정은 국가에 의무를 지기 때문에 정을 숨기면 법으로 "마땅히 받아야 할 죄로 다스렸다." 편정의 신분은 자유민과 노복 두 종류로, 자유민은 민사법률의 개체로서 평등하게 민사법 활동에 참가할 수 있는 권리를 누렸고, 수가 더 많았던 노복은 민사법률의 객체로

---

438) 대명률大明律 호율戶律.
439) 대명률大明律 호율戶律.

서 착취를 당했다. 산해관 진입 이전에는 왕공 관료의 집에서 많은 수의 노비를 두어서 그 매매가 성행하여, 각 기旗는 모두 인구人口 시장을 설치했다. 가노家奴는 주인을 따라 출정해 공적을 세워도 노적奴籍을 지우지 않는 한 영원히 노복 신분에서 벗어날 수 없었다. 자기만이 아니라 처자와 재산, 심지어 태어난 자녀도 모두 가주의 소유였다.

(2) 토지의 소유권과 분배에 관한 법

산해관 진입 이전에 가장 기본적 생산 요소인 토지는 모두 국가의 소유였다. 요서遼西·심양瀋陽 지역으로 진주한 뒤 광대한 토지에 다시 농업생산조직을 편성하기 위해서 누르하치는 천명天命 6년(1621) 7월 14일에 '계정수전計丁授田'을 선포하여, 장정 한 사람마다 식량을 생산할 논 5무와 목화를 심을 밭 1무를 주었다. '계정수전'은 정권을 뒷받침하는 토지 재분배법이다. 정복자인 팔기의 군민 외에 한족에게도 장정 수에 따라 고르게 토지를 분배했다. 그래서 요동遼東 지역에 원래 있던 토지소유제를 해체하고, 팔기의 토지를 공유하는 소유제를 도입했다. 이른바 "사람이 있으면 반드시 여덟 집이 나누어 기르니, 토지를 여덟 집이 나누어 차지한다"440)는 것이다.

그러나 시행 상황을 보면, 정에 따라 고르게 토지를 분배하는 법령을 철저히 실행할 수 없었다. 숭덕崇德 연간에 이미 토지를 임대하는 일이 나타나서 국가에서 분배한 개인용 토지를 임대하는 것을 암묵적으로 허용했다. 이것은 경제발전의 필연적인 추세였다.

(3) 채권
① 전당포와 고리대금업의 금지

누르하치는 요서·심양 지역에 진주한 뒤, 사회질서를 안정시키고 도적을 막는다는 취지에서 전당포와 고리대금업을 금했다. 숭덕회전에 거듭 이 금

---

440) 『천총조신공주의天聰朝臣工奏議』(상) 36쪽.

령을 기재하여 "전당포를 열고, 은전을 빌리는 일을 금지한다. 양식을 빌릴 경우 1년 동안만 이자를 받고, 여러 해가 지나면 본래 빌려준 양식에 대한 이자만을 받을 수 있을 뿐이지 이자에 이자를 덧붙일 수는 없다"[441]고 했다.

② 주인과 노복 사이의 대차 금지

숭덕 7년 정월에 태종은 호부에 "양식을 빌려주는 사람과 양식이 없어 구하는 자는 가장家長끼리만 서로 빌려주는 것을 허락하고, 노비에게 돈을 빌리거나 빌려주면 안 된다"[442]고 지시했다. 이 지시에서 노비가 가정을 꾸리고 일정한 재산을 축적했음을 알 수 있다. 그것이 주인과 노비 사이에서 채무관계가 발생하는 물질적 기초가 되었다. 그런데 노비에게 돈을 빌리는 것을 허용하면 노비의 재산 소유권을 인정하는 셈이 된다. 그래서 주인과 노비 사이의 불평등한 민사법을 유지하기 위해서 둘 사이의 대차를 엄금하고, "가장들이 서로 돈을 빌리는 것만" 허락했다.

(4) 결혼과 상속

① 결혼과 이혼

결혼 연령에 대해 천총天聰 9년(1635) 3월에 "여자가 12세 이상이면 시집가는 것을 허락하고, 12세 미만인 자가 시집가는 것은 죄가 된다"[443]고 했다. 서민 백성이 결혼할 때는 반드시 관계기관의 비준을 받아야 하고, 귀족 대신과 그 자녀의 혼사는 황제에게 보고해야 했다. "버일러(貝勒) 도도(多鐸)[444]가 커얼신 국國 대비大妃의 딸을 얻고자 하여 여러 버일러들이 공론한 뒤 홍타이지(皇太極)가 결정했다."[445] 노비의 혼인은 가주가 주관했다.

홍타이지 통치기에는 촌수를 가리지 않고 혼인을 했는데, 점점 친족 사이

---

441) 『청태종실록고清太宗實錄稿』「숭덕崇德」 권14.
442) 『청태종실록清太宗實錄』 권59, 2쪽.
443) 『청태종실록清太宗實錄』 권23, 2쪽.
444) 섭정왕 도르곤 형제를 말한다. 정국대장군定國大將軍에 임명되어 이자성李自成의 군대를 공격하였으며, 이후 남명南明 정권을 공격하였다. 남명의 사가법史可法이 양주楊洲에서 결사 항전하자, 백만에 가까운 양주민을 살해하였다.
445) 『청태종실록清太宗實錄』 권14, 4쪽.

에 혼인을 금지하는 방향으로 나갔다. "지금부터 서모庶母와 족族은 백모, 숙모, 형수, 며느리가 될 수 없다." "여자가 남편을 잃고 개가하려고 할 경우, 본가에 돌볼 사람이 없으면 족 가운데 형제가 주선을 하여서 성姓이 다른 사람을 들여와야 한다. 법을 준수하지 않고 족에서 서로 취하면 간음과 같은 죄로 처벌한다."446)

이혼에 관하여 숭덕회전에 "관원은 처를 내쫓을 사람이 있으면 상급에 고하고, 상급은 사람을 보내 조사한 뒤 허락한다. 상급에 고하지 않고, 처가의 사람이 가산을 훼손하고 옷 등을 가져가면 죄를 물어서 훼손한 가산을 명령에 따라 보상하게 한다. 남편이 다른 처를 얻으면 전처는 본 남편에게 남아 있어야지 스스로 나가는 것을 허락하지 않는다. 남편이 처를 모욕하거나, 처가 남편을 때리면 소송을 통해 심리를 받아야 한다"447)고 규정했다.

이상에서 언급한 이혼 원칙은 백성들에게도 적용한 것이었다.

② 상속

산해관 진입 이전 시기의 만주족 사회는 부권이 매우 강했다. 집안의 가축을 포함한 노비, 은량, 칙서 등이 모두 가장의 소유였다. 그래서 상속에서 아래와 같은 특징을 보인다.

가장이 살아 있을 때 성년이 된 아들에게 재산을 나누어 주었다. 숭덕회전에 "관민이 자식과 분가하려면 18세가 되면 할 수 있고, 분가할 때는 그 지역 구사왕(固山王)과 버일러(貝勒)에게 알려야 한다. 18세 미만이면 분가로 허락하지 않는다. 아버지가 가家를 잘못 입적하면 분가한 아들을 인정하지 않는다"448)고 했다. 기旗에 속한 일반 가정이 분가할 때 아들은 만 18세여야 하고, 본종 족장에게 가서 서류를 준비해야 하기에 "구사왕과 버일러에게 알려야" 했다.449)

부계의 혈연관계가 중심이기 때문에 여자 아이는 '종친'에서 배제되어

---

446) 『청태종실록고清太宗實錄稿』 「숭덕崇德」 권14.
447) 『청태종실록고清太宗實錄稿』 「숭덕崇德」 권14.
448) 『청태종실록고清太宗實錄稿』 「숭덕회전崇德會典」 권14.
449) 『청태종실록고清太宗實錄稿』 「숭덕회전崇德會典」 권14.

상속권도 없었다. 심지어 남편이 죽으면 아들이 없는 과부는 남편의 재산을 상속할 권리도 없었다. 천총 5년(1631)에 비로소 "공신이 사망한 후 아들이 없으면 마땅히 아내가 남편의 유산을 상속하며, 다른 친족이 함부로 나누지 못한다"고 규정했다. 과부가 수절할 뜻이 없어 재가하면 상속한 남편의 재산을 가져갈 수 없었다. 나이 어린 아들만 남기고 남편이 죽으면 수절 과부라도 상속권이 없어서 친족이 '은양恩養'했다. 어린 아들이 장정이 될 때까지 과부는 어린 아들을 대신해서 유산을 보관할 수는 있었지만 처분할 권리는 없었던 것이다.

여진족의 관습법에 의하면 사망한 아버지의 유산을 여러 아들들이 나누지 않았다. 분가한 아들은 상속권이 없었고, 분가하지 않은 아들 가운데 어린 사람이 우대를 받았다.

작호爵號와 세직世職의 상속은 정치·경제적 권리와 밀접한 관계가 있기 때문에 법률로 명확하게 규정했다. 예를 들면, 작호를 이어받는 순서는 먼저 아들이 이어 받고, 후사가 없으면 형제가 우선하며, 그 다음은 조카의 순서대로 이어받았다. 공덕을 따랐지 적장을 따르지 않았다.

2. 산해관 진입 이후의 민사입법

(1) 인신관계
① 경제적 착취가 다소 감소했다.

강희제가 통치하면서 정치는 안정되고 경제가 발전했는데, 특히 농산품이 점점 상품화되면서 경제적 착취가 조금씩 줄어들어, 법률적 보장도 받게 되었다.

첫째, 강희 51년부터 "인구가 늘어도 영원히 인두세를 더 부과하지 않았다." 옹정제와 건륭제 때는 전국적으로 '도처에 있는 정丁을 토지 항목으로 부가하고' '토지와 정을 합치하여' 2천여 년 동안 실행해 온 인두세가 취소되어 농민이 국가에 의탁하던 인신관계도 축소되었다.

둘째, 소작인을 '노복으로 억압하고' 밭을 매매하는 것을 금지했다. 소작인도 자유롭게 소작을 되돌리고 이주할 수 있어서 지주가 마음대로 소작인의 인신을 지배할 수 없었다. "불법 지주가 사적으로 도구를 설치해서 소작인을 문책하면 향신鄕紳이 법을 어긴 율에 따라 처리하여 모든 직책과 신사紳士의 신분을 박탈하고, 장형80대에 처한다. 소작인의 부녀자를 비첩婢妾으로 삼으면 교수형에 처한다." 대청률에 소작인과 지주는 "주인과 노복의 명분이 없다"고 하며, "평소에 함께 앉아서 같이 식사하고, 서로 평등하게 대하며, 일을 시키거나 부리지 않는다"고 했다.

셋째, 채권인이 채무인에게 강제로 '부역으로 갚게 하는 것'을 금했다. "처첩이나 자녀로 갚게 하는 자는 장형 100대에 처한다. 강탈한 자는 2등을 더하고, 이 일로 부녀자를 강간한 자는 교수형에 처한다. 그러나 사돈이 되면 사채를 면해 준다."450)

넷째, 고용된 일꾼의 법률 지위가 높아졌다. 청의 고용 일꾼과 고용주는 주복主僕의 관계로, 법률상 불평등한 지위에 있었다. 예를 들어 고용 일꾼이 주인을 때려죽이면 보통 사람이 서로 치고받으며 싸운 것보다 더 무겁게 처벌했다. 건륭 55년에 개정한 고공인법雇工人法에 "차부, 주방장, 수부, 화부, 교부轎夫를 비롯한 잡역으로 고용된 모든 사람 … 평소에 주복관계에 있는 사람은 문서 계약에 있는 연한年限을 논하지 않고 모두 일꾼으로 여긴다. 농민과 소작인이 경작하는 일로 사람을 고용하거나, 점포의 점원을 고용하면 함께 앉아 밥을 먹고, 서로 평등하게 부르고 다른 일을 시키지 않으며, 평소에 주복관계가 없는 사람 또한 계약서의 유무를 떠나 모두 평범한 사람으로 처리한다"451)고 했다. 청률 가운데 일꾼에 관련된 법률 조항은 바뀌지 않았지만, 부례附例는 여러 차례 개정을 거쳐서 일꾼 관련 조항의 적용 범위를 축소했다. 예를 들어 건륭 24년의 정례定例에는 "삯을 받은 지 5년 이상인 일꾼이 가장에게 죄를 범하면 고공인雇工人 정례에 따라서 고용 기간이 짧아

---

450) 대청률례大淸律例 호율戶律·전채錢債.
451) 대청률례大淸律例 형률刑律·투구鬪毆(하).

질 수 있고, 삯이 많지 않은 자는 일반인과 똑같이 여긴다." 건륭 55년의
정례에는 농업 노동에 종사하거나, 상업 서비스에 종사하는 자는 일꾼으로
볼 수 없다고 했다. 그밖에 가장이 계약 없이 고용한 5년이 안 된 일꾼을
죽이면 일반인을 죽인 것으로 논하여 처벌했다.

다섯째, 노비도 백성으로 호를 만들 수 있었다.

청 때는 '지역에서 보충된' 한족, 노비로 몰락한 죄수와 그 가족, 시장에서
공개 매매된 가난한 사람이 노비가 되었다. 노비는 따로 자신의 호적이 있었
는데, 주인의 재산이었기에 주인 마음대로 처리할 수 있었다. 그러한 억압은
자연스럽게 노비들의 저항을 낳았고, 그래서 강희제 때는 노비가 민民으로
속贖할 수 있도록 했다. 강희 53년에 "강희 43년 이후부터 매매된 노비가
몸값을 지불하면 일반인으로 속할 수 있다"452)고 규정했다. 옹정제 때는
여러 차례 명을 내려 팔기八旗의 가노家奴를 일반인으로 속贖하도록 했다.
건륭 24년에 제정한 팔기가인속신율八旗家人贖身律에는 팔기에 소속된 사람을
본주本主가 일반인으로 놓아 주고자 하면 곧 본기本旗에 상서를 올려 표명하
고, 관부의 심사를 거친 뒤 민적으로 받아들인다고 규정했다. 그렇게 민이
된 노복은 고시에 응해 관리가 될 수도 있었다. 그밖에 노복이 '개호開戶'하는
일도 있었는데, 이는 팔기의 노복이 따로 호적을 만들어서 반半독립적인
신분을 얻는 것이다.

건륭 3년에 반포한 기인개호례旗人開戶例에 "팔기의 노복은 원래 만주·몽
고계이기에 관할 성에는 본적이 없다. 지역에서 보충된 사람은 본적은 있지
만 오래 되어 고증하기 어렵다. 모두 개호할 수 있게 하되 민으로 놓아주지
않는다"453)고 규정했다. 이른바 "민으로 놓아준다" 함은 노복의 노적을 민적
으로 고쳐서 일반인의 지위와 권리를 얻게 하는 것이다. 그래서 청은 민으로
놓아 주는 제한을 '속신贖身'이나 '개호'보다 훨씬 더 엄격하게 했다. 민이
된 노복 자신은 고시를 보고 관리가 될 수 없었지만, 그 자손은 아무 제한이

---

452) 『청조문헌통고淸朝文獻通考』 권20.
453) 『청조문헌통고淸朝文獻通考』 권20.

없었다.

여섯째, 청의 천민에는 노복, 창우娼優, 예졸隸卒, 조예皂隸 외에도 산서·섬서의 악호樂戶, 강남의 개호丐戶, 광동의 단호蜑戶 등이 있었다. 천민은 천적賤籍에 기재된 최하층으로 각종 권리가 박탈되었다. 그러나 옹정 원년에 천민들의 저항이 거세지자 청은 산서·섬서의 악호, 절강浙江 소흥부紹興府의 타민惰民은 "업을 고쳐서 양민良民이 되게 한다," "민民으로 편성해 열거한다"는 명령을 내렸다. 옹정 5년에 다시 휘주부徽州府의 반당伴當과 영국부寧國府의 '세복世僕'을 민으로 편성했다. 옹정 7년에도 명령을 내려 단호蜑戶가 뭍에 오르는 것을 허용하고, "제민齊民과 같이 갑호甲戶에 편성해서 수시로 조사했다." 옹정 8년에 또 명령을 내려서 개호丐戶의 개적丐籍을 없애고 "똑같이 민으로 편성했다."454)

건륭 36년에는 천적을 면하려는 악호·개호·타호·단호가 관에 보고하여 업을 바꾸고 4세대에 걸쳐 본족·친우 "모두가 청백하고 자신을 잘 지키면," "돈을 내고 응시할 수 있었다." 노복에서 풀려난 사람의 2세대에 태어난 자손들은 '돈을 내고 응시할 수 있도록' 했다. 지방 토호 세력이 '행패를 부려' 적을 삭제하고 양민이 된 사람을 괴롭히거나, "스스로 천민으로 남기를 원하는 사람은 율로 다스렸다." 그리고 지방관이 제대로 시행하지 않으면 독무督撫가 조사하고 예에 따라 처벌했다.455) 옹정제와 건륭제가 철저하게 천민의 천적을 없애지는 못했지만, 어쨌든 경제적 착취가 감소하고 사회가 진보했음을 볼 수 있다.

일곱째, 명 때 수공업에 종사하던 장호匠戶를 전문 호적제를 실행하여 장적匠籍으로 만들었다. 관부는 장호를 강제로 부역시키기 위해서 탈적을 금하고, 탈적자는 '도장逃匠' 죄로 엄히 징벌했다. 명 때는 장호를 '순번대로 교대'하게 하거나 '반으로 나누어 돌아가게' 했는데, 모두 경제적으로 착취하는 것이었다. 청 때는 그런 장적 제도를 없애고, 수공업 노동자들이 자기 직업을

---

454) 대청률례大淸律例 호율戶律.
455) 대청회전사례大淸會典事例 권178.

갖고 자유롭게 옮겨 다닐 수 있게 하여 인신 속박에서 벗어났다. 또한 관부에서 마음대로 파견하는 것도 엄격하게 금지하고, 부역을 부리면 날짜를 계산해서 비용을 주게 했다. 청 때 민간 수공업 가운데 일꾼과 방주坊主는 '서로 평등하게 불렀고,' 더 이상 '주복관계'가 아니었다.

② 천상賤商에서 휼상恤商으로

중국의 전통시대는 줄곧 농업을 중요하게 여기고, 상업을 억제하는 정책을 폈다. 옹정제와 건륭제도 다음과 같이 말했다. "사민四民 가운데 사士를 최고로 하고, 농을 그 다음으로, 공·상을 그 이하로 한다."456) "농상農桑은 정치의 근본이다." 그러나 상품경제가 발전함에 따라, 특히 '토지와 정을 합치하는' 정책을 추진한 결과 국가의 재정지출이 증가하자 수공업에 대한 세금에 의지하지 않을 수 없었다. 그 때문에 점점 상업을 장려하는 방향으로 나아가게 되었다. 건륭제 때 정부는 상업을 발전시키기 위하여 관세를 감면하고, 세관과 낙지세落地稅를 정리하고, 각 성省의 세과칙례稅課則例를 반포해 시행했다. 영令으로 "각 성은 세금 납부와 부과에 관한 예例를 목판이나 책에 인쇄해 세관에 두고 상인들이 한 눈에 볼 수 있게 하라"457)고 했다. 청에는 관상官商과 민간 상인이 있었다. 관상은 주로 지배 세력과 결탁해서 전매專賣할 수 있는 특권을 가진 상인으로 그 중에는 관료도 있었다. 상인들이 조직한 회관會館이 출현하고, 세력이 매우 강해져서, 자신의 이익을 보호하고 사회적 지위를 높이는 역할을 했다.

(2) 소유권

순치제가 산해관에 진입하고부터 강희제를 거쳐 옹정제·건륭제까지, 청의 토지제도는 매우 안정적이며 법률 규범도 상세하고 구체적이었다.

① 토지소유권의 확립

청 초기에 '경명전更名田,' '간황령墾荒令'을 반포하여 명 말기부터 전란으

---

456) 대청회전사례大淸會典事例 호부戶部·전부田賦·개간開墾.
457) 『청세종실록淸世宗實錄』 권80.

로 황폐해진 토지를 개간했다. 청은 토지를 개간한 사람에게 '인신印信 면허'를 발급해서 법률로 소유권을 인정하고 보호했다. 또한 세금을 부과하지 않는 기간을 늘려서 사람들이 적극적으로 개간을 하도록 했다. 옹정 원년에 칙령을 반포해서 논은 6년, 밭은 10년 동안 세금을 내지 않게 해 "정례定例로 정착되었다."458) 옹정 7년에는 국가에서 준 일소와 종자로 농사를 지은 황무지는 5년이 지나면 예에 따라 세금을 부과했다.459) 숨기고 보고하지 않거나 개간 면적을 줄여서 보고하고서 스스로 자수하면 '침은侵隱' 죄를 관대하게 면제해 주었는데, 1년 안에 자수해야 했다. 건륭 2년에 '간척지 소유에 관한 영令'을 제정해서 황무지를 개간하면 반드시 위에 보고하여 국가에서 소유권을 인정받게 했다. 또 '간전과칙墾田科則'에 세금을 납부해야만 국가가 사유권을 인정한다는 조항을 두었다. 사유 토지의 소유권을 보호하기 위해서 도매盜賣·도경작盜耕作·환역換易·모인冒認이나 남의 전택을 점유하는 행위를 율에 따라 죄로 다스렸다. 토지 재산권에 대한 분쟁이 생기면 인계印契를 근거로 심사하고, 어떤 경우는 실제 조사를 진행하기도 했다. 건륭 33년에 예例를 추가했는데, "백성이 무덤이 있는 산에 대해 소유권을 주장하면 최근 것은 인계를 증거로 삼고, 오래된 것은 산지山地, 자호字戶, 경작 면적, 저장된 인책鱗冊, 완량인관完糧印串을 하나하나 조사해서 고소가 정당하면 그에게 돌려주고, 고소가 정당하지 않으면 함부로 침해한 죄로 다스린다"460)고 규정했다.

② 국유지의 보호

청의 국유지는 관전官田, 관광官廣, 둔전屯田이 있었다. 관전은 정부의 것으로, 농민에게 빌려 주고 지조세를 징수하는 식으로 경영했다. 관광은 종실 귀족에게 준 토지로 황실 광전廣田, 종실 광전, 팔기 광전 등이 있었다. 관광은 광전제廣田制를 통해서 노복을 부려 생산하는 방식으로 경영했다. 둔전은 병졸과 기인旗人이 둔간屯墾을 경작해서 군량을 확보하는 것으로, 군전軍田이

---

458) 대청회전사례大淸會典事例 호부戶部·전부田賦·개간開墾.
459) 『청세종실록淸世宗實錄』 권80.
460) 대청률례大淸律例 호율戶律·전택田宅.

나 섬양전瞻養田이라고 했다. 강희 15년에 반포해 시행한 침점둔전징벌조례侵
占屯田懲罰條例로 둔전을 숨기거나 몰래 매매하는 것을 금지했다.

관전의 소유권을 보호하기 위해서 법률로 기민旗民이 경작하는 것을 금하
고, 한족이 기지旗地와 기방旗房을 전매典賣하지 못하도록 했다. 옹정 7년에
거듭 "팔기의 토지는 원래 기인의 산업으로 일반민에게 전매할 수 없다고
정례에 있다"[461]고 했다. 또한 전매한 기지는 관에서 값을 치르고 회속했다.
"홍계紅契로 기지를 전매하면 전액 회속하고, 백계로 기지를 전매하면 반액
만 주거나 값을 치르지 않고 회속한다."[462] 건륭제 때는 위에서 말한 규정을
여러 번 고쳐서 홍계·백계로 구분하지 않고 연한을 근거로 했다. 건륭 9년에
'10년을 기준'으로 "10년 미만이면 원전原典의 값을 치르고, 10년 이상이면
원가의 1/10을 감했다. 50년 이상이면 반만 치르고 돌려받았다."[463] 다시 건륭
34년에 "기간이 얼마나 되었는지, 계약 가격이 얼마인지 상관없이 항상 지금
이자로 한다"고 고쳤다.[464] 이처럼 기인이 기지를 전매하는 현상을 보면
관전과 기지가 점점 사유화되었음을 알 수 있다.

기지의 국유권을 보호하고 유지하기 위해서 건륭제 이후 가경제·도광제·
함풍제 때도 끊임없이 새로 고쳤다. 기지가 "옛 구획에 그대로 방치되었어도
일반민에게 팔 수 없다." "기지를 전매하면 도매관전율盜賣官田律에 따라 주고
받은 사람 모두 똑같이 처벌한다."[465] 그러나 기민 사이의 거래를 완전히
막을 수 없었고, 더구나 기인은 생계에 종사하지 않아서 기민에게 맡겨 생산
하지 못하게 하는 금령은 실행되지 않았다. 함풍咸豊 2년에 기지매매장정旗地
賣買章程을 통해 '기민이 맡아 생산한 것을 변통'하게 하고, "봉천奉天 지역에
있는 기지旗地를 몰래 저당하거나 판매하면 옛 예例에 따라 엄히 조사해 금했
다. 그러나 순천順天·직예直隷에 있는 기지는 옛 구획이거나, 자기가 사는

---

461) 『청조문헌통고淸朝文獻通考』「전부고田賦考 5(팔기전제八旗田制)」.
462) 대청회전사례大淸會典事例 권135.
463) 대청회전사례大淸會典事例 권159.
464) 『청원현지淸遠縣志』 권66.
465) 『청조문헌통고淸朝文獻通考』「전부고田賦考 5(팔기전제八旗田制)」.

곳이거나, 경기京旗가 주둔하는 곳인지 따지지 않고 어느 기에 속한 민民이라도 매매할 수 있게 하고, 예例에 따라 세금을 부과하고 세계稅契를 발급했다. 예전에 판 전답은 소유주나 구매자 모두 죄를 면해 주었다."466) 이로써 기민에게 맡겨 생산하는 것을 금지하던 것이 사실상 폐지되었다. 이와 비슷하게 둔전도 점점 사유화되어 구매자가 관에 세계를 보고하면 무에 따라 세금을 부과하고 합법적인 소유권을 인정했다.

(3) 채권

① 계약 형식의 발전

청은 상품 생산과 교환 경제가 발전하면서 계약 형식도 복잡해졌다. 매지買地, 조방租房, 일꾼, 동업, 혼인, 대차는 모두 계약을 근거로 삼고, 쌍방의 권리와 의무를 확인했다. 관에서 발급하는 계약서契紙가 있고, 민간에서 쓰는 계약서도 있었다. 소송이 생기면 계약서를 근거로 삼았는데, 민간의 계약은 국가의 법률에 부합해야지 그렇지 않으면 인정하지 않았다.

보통 계약이 성립하면 1년 안에 계약세를 내야 했고, 날짜가 넘으면 법에 따라 처벌했다. 세계稅契와 함께 팔 사람의 땅과 납부할 세금을 살 사람의 이름 아래에 적었다. 이것이 '과할過割'이라는 것으로, "전田 마다 주인이 있고, 주인에 따라 양식과 차역差役을 책임졌다." 홍계 말고 민간에서 작성한 '백계'도 홍계와 같은 민사법적 효력이 있었다. 그러나 소송이 생기면 증거 효력은 백계가 홍계보다 못했다. 백계가 유행하면서 세금을 내지 않는 계약자를 처벌하는 대청률의 조항을 적용하기 어렵게 되었다. 계약 이행을 보증하기 위해서 계약을 맺을 때는 반드시 보증인이 서명하고, 법률 책임을 지게 했다.

② 청에서 가장 성행한 채권인 대차

대청률은 고리대를 규제하기 위해 "사채를 놓으면 달마다 이자가 3부를

---

466) 대청회전사례大淸會典事例 권160(호부戶部 · 전부田賦 · 기보관민장전畿輔官民莊田 2).

넘을 수 없고, 시간이 많이 지나도 이자가 원금을 넘을 수 없으며, 이를 어기
면 태형 40대에 처하고, 나머지 이자는 훔친 것으로 계산해서 중한 자는
좌장의 예에 따라 최고 장형 100대까지 처벌한다"고 규정했다. 이와 함께
부채를 갚지 않으면 죄로 다스렸다. 그러나 채권자가 사적으로 채무인의
재산을 강탈하지 못하게 하고, 이를 어기는 자는 장형 80대에 처하며, 강탈한
액수가 채무액을 넘지 않으면 "돌려주게 하고 추궁하지 않았다." 그러나
"강탈한 재산이 원금과 이자를 넘으면 그만큼을 좌장죄로 논하여 장형 100대
에서 도형 3년까지 처벌했다."467) 또한 물품을 추징해 주인에게 돌려주었다.

③ 조전租佃 계약

청 때 조전 계약에는 보통 지조액, 임대 기간, 기간을 어기면 안 된다는
등의 내용이 포함되었다. 옹정 5년에는 '전주田主가 전호佃戶를 학대하는 것
과 전호가 전주를 속이는 것에 대한 예例'를 반포해 시행했다. 소작인을 학대
하면 "향신鄕紳이 법을 어긴 사례에 따라 처벌하고, 당사자는 직위를 잃는다"
고 규정했다. 또 엄하게 "간악한 소작인이 조세를 지연하고 전주를 속이면,
마땅히 해야 할 바를 하지 않은 중률重律에 따라 장형 80대에 처하고, 강제로
부족한 것만큼 주인에게 돌려준다"468)고 선포했다. 청의 현존하는 서류에는
관부가 지주의 편을 든 안건이 더 많다.

관부를 등에 업고서 지주는 전조田租를 심하게 재촉하고, 경작지를 빼앗아
다른 소작인에게 세를 주며, 농민의 생산물을 자기 마음대로 가져갔다. 이는
농민 반란의 중요한 원인이 되었다. 그러자 건륭 5년에 반포한 '지조를 인상
하고 수탈하는 것을 금지하는 예例'에서 "백성이 기지旗地를 빌리면 토지소유
주가 바뀌어도 소작인은 그대로 경작하도록 한다. 지주는 이유 없이 세를
올리거나 소작을 뺏을 수 없다"고 규정하고, 이를 어기면 죄로 다스렸다.
그러나 건륭 56년에는 이 관례를 폐지하고 세를 올려 "업주가 자기 마음대로

---

467) 대청률례大淸律例 호율戶律·전채錢債.
468) 『청조문헌통고淸朝文獻通考』 「형고刑考 3」.

처리했다."469) 가경 5년에는 계급 갈등이 심해지는 것을 고려해서 "세를 올리고 소작을 뺏는 것을 금한다"고 했지만, 그 구속력은 미약했다.

한편 청 때는 '영전권永佃權'이 생겼다. '영전권'은 고액의 조세를 보증금으로 내고 영원히 경작할 권리를 얻는 것이다. 영전권을 얻으면 영원히 토지를 사용할 수 있었고, 지주가 토지를 매매해도 그 권리를 상실하지 않았다. 또한 자손에게 상속할 수도 있었다. 영전권의 당사자는 소작을 이전하는 등 부분적으로 토지를 처분할 수 있는 권리도 있었다. 영전권의 당사자에게는 여전히 지조를 납부해야 할 의무가 있었는데, 지조액이 가벼운 편이었다. 영전권의 계약관계는 양광兩廣, 양호兩湖, 강서江西, 복건福建 등지에서 유행하여 청에서도 인정해 주었지만, 기지에서는 인정하지 않았다.

④ 전권典權

대청률례에 의하면, '정해진 값을 기한 안에 회속回贖하는 것을 전典'이라고 했다. 옹정 10년에 전권의 성격을 "민간의 활계活契 전업자典業者가 은전을 대차하는 것을 매매 납세의 관례로 볼 수 없다"470)고 정의했다. 건륭 18년의 조례에서는 전매典賣 계약과 판매 계약을 구분하여 "이후 민간에서 산업을 유치할 때, 전매 계약과 관련이 있으면 반드시 계약서에 회속이란 글자를 명기하고, 판매 계약서일 때는 계약서에 절매絕賣와 영원히 회속하지 않는다는 글귀를 명기했다." 계약서에 절매라는 글자가 없고, 회속이 표시되어 있지도 않으며, 30년 이상 지난 일이면 절산絕産으로 논했다. 건륭 18년 조례에 전출인典出人이 전물典物을 회속하는 권리를 인정했다. 그러나 명확한 전기典期 규정이 없어서 자주 소송이 생기자 호부 칙례에 명확하게 규정하여, 일반민이 전당한 전산田産을 회속하는 기한은 10년을 넘지 못하게 하고, 기인 사이에 전당한 전산은 10년으로 기한을 삼지만, 일반민이 기지를 계전契田하면 회속 기한을 20년으로 했다. 기한을 넘겨도 갚지 않으면 전주가 세를 낼 수 있었다. 회속 기한이 다 되어 출전인이 값을 준비해서 회속할 때, 전권

---

469) 대청회전사례大淸會典事例 권60.
470) 대청회전사례大淸會典事例 권24.

인이 "핑계를 대고 전속典贖하지 못하게 하면 태형 40대에 처했다." 출전인이 회속할 능력이 없으면 중개인에게 위탁하여 전권인으로부터 전가典價와 전물典物의 실제 가격과의 차액을 받아내도록 했다. 이 전계가 곧 매계賣契로, 전물의 소유권을 전이한 것이다.

전권이 존속하는 기간 동안 전권인은 전물을 빌려주거나 전전轉典할 수 있는 권리를 누렸다. 그러나 고의나 과실로 훼손하면 전권인이 배상 책임을 졌는데, 어쩔 수 없이 훼손되거나 잃어버렸으면 배상 책임을 지지 않았다.

(4) 혼인과 상속

① 혼인

대청통례에 의하면 남자 16세와 여자 14세가 결혼 연령이었고, 주혼권은 어른에게 있어 "시집·장가가는 것은 모두 조부모나 부모가 주혼主婚하고, 조부모나 부모가 없으면 친지가 주혼했다. 남편이 죽고 딸이 시집을 가면 모친이 주혼했다." 그러나 과부에게 개가하라고 강제할 수 없었다.

청 때 혼인을 금지하던 사항은 아래와 같았다.

첫째, 동성 사이는 결혼할 수 없었다. 그렇지 않으면 주혼자와 남녀 쌍방 모두 장형 60대에 처하고 강제로 헤어지게 했다. 그러나 청 후기에는 동성의 결혼을 금지하는 법률이 효력을 잃었다. "동성자는 동본이 중요하니, 동본만 아니면 사정을 참작해서 죄를 정하고, 문서 기록의 구속을 받을 필요가 없다."[471] 동본 오복五服 이내의 친척에게 장가가는 사람은 장형 100대에 처하고, 시마 이상의 친척에게 장가가는 사람은 간통죄로 도형부터 교수형이나 참수형까지 처했다. 이종 사촌이나 고종 사촌과 결혼할 수 없었다. 그러나 이어온 관습이 있어서 조례에서는 융통성 있게 "고종이나 외종 사이의 혼인은 백성의 편리에 따르도록 했다."[472]

둘째, 양천良賤 사이는 결혼할 수 없었다. 천인이 양인을 처첩으로 삼으면,

---

471) 대청률례大淸律例 호율戶律·혼인婚姻.
472) 대청률례大淸律例 호율戶律·혼인婚姻.

장형 80대에서 장형 100대까지 처하고, 가장이 그것을 알았으면 같은 죄로 다스렸다. 양인이 천인을 처로 삼으면 서민인 경우는 무죄였지만 관리나 그 자제인 경우는 장형 60대에 처했다.

청의 결혼 형식은 전통적인 '육례六禮'를 따랐고, 특히 혼인서의 법률 효력을 강조하여 혼인서를 작성하면 무를 수 없었다. "시집보내려고 혼인서와 사약私約을 했는데 무르면 태형 50대에 처한다. 혼인서가 없이 예물을 받아도 마찬가지이다." 그뿐만 아니라 혼기가 꽉 찼는데도 남녀 쌍방이 혼인을 지연하면 주혼인을 태형 40대에 처했다. 혼기를 5년이나 넘겼는데 남자 쪽에서 결혼하지 않거나, 도망가서 3년 동안 돌아오지 않으면 관부의 증명을 받아 다른 곳으로 개가하고 예물을 돌려주지 않아도 괜찮았다.

혼인을 취소할 때는 전통적인 '칠출七出' 조항 외에 한 쪽이 죄를 저지르면 취소할 수 있었다. 부부가 서로 맞지 않아 헤어지고자 하면 '협이協離'로서 처벌하지 않았다.

법률은 부부관계에서 남편이 처를 감호監護하는 권리를 인정했다. 처는 가정의 재산에 대해 지배권이 없었다. 처첩이 지아비를 고소하면 자손이 조부모와 부모를 고소하는 죄와 같아, 장형 100대를 덧붙여서 도형 3년에 처하고, 무고이면 교수형에 처했다. 처가 남편을 구타하면 모두 장형 100대에 일반인의 죄에 3등을 더해서 처벌했다. 남편을 구타해서 죽이면 참수형에 처했다. 남편을 고의로 살해하거나 모살하면 능지형에 처했다. 반대로 남편이 처를 다치게 하면 죄를 논하지 않았고, 그 이상이면 일반인의 죄에서 2등을 감해서 처벌했다.

② 상속

청 때는 신분 상속과 재산상속이 있었다. 신분 상속에는 종조 상속과 봉작封爵 상속이 있었다. 종조 상속은 보통 적장자를 1순위 법정 상속인으로 하고, 적장자가 없으면 적장손을 세우고, 그 다음은 적서자, 적차손, 서장자, 서장손, 서차자, 서차손 순서대로 상속하는 것이다. 적을 세우는 데 법정 순위를 어기면 장형 80대에 처하여 종법 계통을 중요하게 생각했다. 적서 자손이 모두 없으면 호절戶絶로서, '입계立繼' 방법을 사용했다. 대청률의 규정을 보면, "아들이 없는 사람은 동종同宗 소목昭穆에 상당하는 사람에게 상속하는데, 먼저 동부同父 동종同宗이고, 다음 대공, 소공, 시마 순이며, 이 역시 없으면 먼 친척이나 동성을 후사로 삼았다." 입계인은 소목과 상당해야 함을 강조했기 때문에 존비의 순서를 지켜야 했는데, 독자가 조祧를 겸하는, 곧 한 사람이 두 집의 종조를 상속하는 이른바 "소종小宗은 끊어지더라도 대종은 끊어지게 할 수 없었다."473) 이처럼 독자獨子가 조를 겸하는 것은 청부터 시작되었다. 유월俞越의 『유루잡찬俞樓雜纂』에는 "한 아들이 두 집의 조를 겸하는 것은 건륭乾隆 때 정한 특별 조문이다"고 한다. 후사를 세운 뒤 함부로 폐하면 장형 100대에 처했고, 후사가 불효하거나 부모와 화목하지 못하면 다시 세울 수 있었다. 봉작 상속도 적장자 우선 원칙을 따라서 종조 상속 순위와 상속 순위가 같았다.

재산상속은 가장의 유서가 기준이 되었다. 가장이 어떻게 분배하든지 자손은 따르고 준수해야 할 뿐 이의를 제기할 수 없었다. 가장이 가산을 분배할 생각이 없으면, 그때 법에 따라 가산을 나누는 문제를 처리했다. 구체적인 방법은 "아들에 따라 고르게 나누는데, … 처·첩·노비가 낳은 아들인지 따지지 않고 그 수대로 균등하게 나눴다." 여자는 재산상속권이 없었지만 호절된 집의 재산은 "친딸이 상속해 나누고, 딸이 없는 자는 관에서 접수했다." 부인이 아들 없이 수절하면 남편의 재산을 상속할 수 있었고, 이른바 남편의 몫을 이어받아야 하는 부분인 '합승부분合承夫分'이나 후사를 들이면 재산은 후사의 소유가 되었다. 청률은 데릴사위와 양자에게도 상속권을 주었다.

---

473) 『청률집주淸律輯註』.

제5장 경제법

제1절 송의 경제법

송의 경제발전은 농산품의 상품화를 촉진시켜서 면·실·사탕 등 농산품 생산이 급격히 늘어나서 수공업에 필요한 원료 시장을 제공했다. 더욱이 차는 국내 시장만이 아니라 멀리 해외까지 수출했다. 수공업 가운데 조선·도자기·방직·병기兵器·인쇄·광업 등이 매우 발전했다. 제품의 품질과 생산 기술, 규모에서 모두 당을 앞질렀다. 그리고 민간 수공업 공장이 급격히 늘어났고, 농민의 가내 수공업도 널리 퍼졌다. 농업과 수공업의 발전을 토대로 상업이 번영하고, 도시가 흥성하고, 상인이 생기고, 해외 무역이 급격히 확대되었다. 이 모든 것이 송宋의 경제법률이 발전한 중요한 사회적·역사적 조건이었다.

송은 방대한 재정지출을 감당하고 재정 위기를 완화하며, 극빈 상태를 벗어나기 위하여 법률 수단을 통해 국가 자금의 조달·사용·관리·감독을 규율했다.

1. 농전農田 수리水利 법규

송 때 '겸병을 억제하지 않는(不抑兼并)' 토지정책은 경작지가 부실해지고, 과세가 고르지 않게 되며, 중하급 농민들이 과중한 부담을 지게 되는 폐단을 가져왔다. 그래서 신종神宗 희령熙寧 5년 8월에 '방전균세법方田均稅法'을 반포해, 해마다 9월에 현관縣官이 동서남북으로 1천 걸음을 가서 1방方으로, 토지의 모양·색·질에 따라 5등급으로 토지를 측량하여 토지세를 정하도록 했다. 방전균세법의 시행으로 누락된 경작지를 찾아내고, 과거 토호 세력에 속해 있던 '자호子戶'를 국가의 '편호제민編戶齊民'으로 만들어서 국가의 세수稅收가 늘어났다. 그러나 왕안석의 변법이 실패하고 대지주가 저항하여 결국 방전균전법이 폐지되고, 당 후기의 '영전법營田法'과 '둔전법屯田法'이 시행되었다.

희령 2년 11월에 조례사條例司는 송의 대표적인 농전 수리법인 농전이해조약農田利害條約을 반포했는데, 이는 "황무지를 개간하고 수리 사업을 활발히 하며, 제방을 쌓고 저수지를 보수해" 농업을 발전시키는 것을 목적으로 했다. 그 주요 내용은 준설하기로 한 수리 사업을 반드시 추진하되 공사비를 지역 주민들이 호등급에 따라 출자하게 하고, 고의로 출자를 방해하는 사람은 처벌한다는 것이다. 공사 규모가 커서 백성이 힘들어 하면 정부가 대신 출자했다. 또한 주현의 부호가 돈을 빌려주고 예例에 따라 이자를 받고, 정부는 장부에 기록했다가 돌려주었다. 개인이 출자해 수리 사업에 공헌이 있으면 그에 따라 대가를 주었다. 농전수리조약의 추진은 수리 사업을 일으켜서 농업생산을 발전시켰다.

2. 수공업 법규

송은 수공업을 집중적으로 관리하는 체계를 갖추었다. 국가와 민생에 밀접한 관련이 있거나 수익이 많은 수공업 업종은 대개 정부가 직접 경영하며 관리했다. 예를 들면 화폐 주조는 국가에 전감錢監을 두고 관리하며 사사로운 화폐 주조를 엄격히 금했다. 송형통에 "사사로이 화폐를 주조한 자는 유형 3천리에 처한다. 준비만 하고 화폐를 주조하지 못한 자는 도형 2년에, 화폐를 주조하려고 하는데 준비를 하지 못한 자는 장형 1백대에 처한다"고 규정했다. 고종 때 화폐를 만들고 동전을 주조한 것이 1량兩 이상이면 도형 2년에 처하고, 죄가 중한 자는 엄벌했다.474) 동·철·금·은 등의 금속품 수공업은

---

474) 『송사宋史』「식화지食貨志」.

주로 국가가 경영했다. 일부는 개인이 경영하기도 했지만 마음대로 경영할 수는 없었고, 대개 국가에서 설치한 감監·치冶에서 관리했다. 이를 어기면 훔친 것으로 간주했다.

북송 때 일부 지역에서 방직업을 위주로 하는 민호民戶가 나타났는데, 이를 '기호機戶'라 한다. 명도明道 2년에 기호가 짠 비단은 3분의 1만 팔 수 있고, 그 나머지는 정부에 수매하도록 규정해 기호가 발전하는 것을 막았다.

수공업 제품의 품질이 법정 표준에 도달하려면 수공업생산자들은 규정된 시간 동안 기술 훈련을 받아야 했다. 또 생산할 때는 일정한 규정을 지켜야 했는데, 견본품을 정부에 제출하고 제품에는 생산자의 이름과 생산 날짜를 기재하도록 해 책임을 추궁했다.

3. 상업 법규

송의 상업은 이전 시대에 비해서 대단히 발전했으나, '상업을 억제하는' 정책인 전매법專賣法의 폭넓은 영향을 받았고, 규정 조항도 더욱 세밀해졌다. 주요한 것으로는 아래의 몇 가지가 있다.

첫째, 소금 전매법이 있다. 모든 소금 생산을 정부의 통제 아래 두고, 관官에서 운송해서 판매하는 것과 상인이 운송해서 판매하는 두 가지 운송 판매 방식을 사용했다. 관 운송 판매는 시역무市易務에서 담당하고, 상인 운송 판매는 정부가 통제하여 독점, 대리 판매나 뒷거래를 엄격하게 금했다. 소금을 뒷거래한 것이 1량兩이면 태형 40대에 처하고, 2량이면 1등을 더했으며, 20근이면 도형 1년에, 200근이면 출신지에 유배했다. 소금을 제조한 것이 1량이면 2량을 뒷거래한 것으로 처벌했다. 소금을 가지고 금지 구역에 들어간 자는 1등을 감하고, 3백근이면 유형 3천리에 처했다. 관부는 소금 전매를 통해 재산을 거둬들여서 상인들은 '아침에는 거부가 되고, 저녁에는 거지가 될' 위험 부담을 갖게 되었다.

둘째, 차 전매법이 있다. 송 때는 관차원官茶園과 민영 '원호園戶'가 있었는데, 관부에서는 원호에게 돈을 빌려주고 2할의 이자를 받았다. 송은 초기부터 차를 전매하여 원호에서 생산한 차는 전부 관청에 팔게 하고, 6개의 '각화무權貨務'를 설치해 이 일을 주관하도록 했다. 관에서 차를 판매하는 것 외에 상인이 판매하려면 반드시 동경東京 각화무에 차 값을 지불한 뒤 '요권要券(茶引)'을 받아 지정된 장소에서 차를 팔았다. 송의 차에 관한 법규는 잡다하게 많고 조밀한데다가 자주 바뀌었는데, 지화至和 3년에야 통상차법通商茶法을 제정했다. 다시 순희淳熙 11년에 조서를 내려서 "앞으로 손님에게 외상으로 차를 팔 때 그 사람에게 부모 형제가 있으면 공동으로 담보 계약을 하게 한다"[475]고 보충 규정을 두었다. 송의 차에 관련된 법이 많고 자주 바뀐 것은 관부에서 거상巨商인 원호를 착취할 수 있도록 보장하기 위해서였다. 철종 때 우사右司 소철蘇轍이 "관에서 차를 판매하면서부터 무거운 법으로 다스려 개인이 판매하는 것을 금하고, 차의 등급을 정하고 평균보다 가격을 낮게 잡아 해마다 가격이 떨어져서 지금은 옛날의 절반 가격이 되었습니다"[476]고 했다. 또 시어사侍御史 유지劉摯도 "관부에서는 원호園戶에게 시장 가격으로 차를 사들인다고 했는데, 사실은 차를 착취하고자 함입니다. 차를 금지시키고자 하면 금지시키고, 차를 증산시키고자 하면 증산시켰기 때문에 세상에 떠도는 얘기에 따르면, 원호들은 차를 생산하는 것이 아니라 화근 덩어리를 생산하는 것입니다"[477]고 했다.

송은 차 밀매범을 엄중하게 처벌하여 "개인이 차 1량을 갖고 있으면 태형 40대에 처한다"[478]고 했다. 이밖에 주酒·반礬·향약香藥·보화·철·숯 등을 모두 전매하여 그 소득은 송의 재정 수입에서 큰 비중을 차지했다. 송 태종 지도至道 연간에 1년 동안의 전매 수입이 11,233,000관貫에 달했다.

---

475) 『난성집欒城集』 권36.
476) 『송회요집고宋會要輯稿』 「식화食貨 30」.
477) 『송회요집고宋會要輯稿』 「식화食貨 30」.
478) 경원조법사류慶元條法事類.

4. 시장 관리법

송의 시장 관리 법률은 송형통과 관련 칙령에서 볼 수 있다. 희령 5년 3월에 반포된 '시역법市易法'은 왕안석의 변법 과정에서 제정된 전문적인 시장 관리법이다. 이 법의 주요 내용은 수도 개봉에 시역무市易務를 설치해 시장을 관리하고 물가를 조절한다는 것이었다. 시역무는 상업·무역을 통제하는 전문기관으로, 정부에서 100만 관의 자금을 출연해 시장 상황에 따라 물가를 안정시키는 일을 책임지게 해 상인에게 상품을 수매하거나 판매했다. 시역무는 상인에게 자금을 대출해 주기도 했는데, 상인은 대신 그의 자산을 저당잡히고 5년 이상 빌리면서 2분分의 이자를 냈다. 상인은 시역무에서 외상 구매를 하고 또한 해마다 2분의 이자를 내고, 반년이나 1년 후에 상환했다. 시역무는 풍부한 자금력으로 팔리지 않는 상품을 사들였다가, 시장에서 급히 수요가 생기면 상인들에게 외상으로 대량 공급함으로써 물가를 안정시키고 시장을 통제했다.

5. 대외무역 법규

송은 대외무역이 발달하여 초기에는 남해의 여러 나라에 사람을 파견해서 상인을 불러들였다. 해외 무역 방식에는 '조공朝貢'과 '회사回賜'라는 관방 교역이 있었는데, 헌상하거나 하사받는 화물의 세금을 면제해 주었다. 다른 방식으로는 민간 무역이 있었다. 북송의 주요 항구인 광주廣州·항주杭州·명주明州·천주泉州·밀주密州·수주秀州·온주溫州·강음江陰 등지에 시박사市舶司를 설치해 선박 상인을 관리하며, 선박세를 징수하고 물품을 수매했다.

송은 역대의 '호시박법互市舶法'을 계속 시행했는데,479) 아랍 상인들이 많이 들어오자 송형통에 따로 "죽은 상인의 전물錢物에 관한 내용에 외국인과 페르시아인"에 대한 부칙附則 조문을 두었다. 그밖에 송의 관부와 상인 사이

---

479) 『속문헌통고續文獻通考』 「시박市舶」.

에 체결한 계약, 곧 '공빙公憑' 제도 또한 대외무역에 적용되었다. 신종 때 희령편칙熙寧編勅에 "여행객·상인이 상품을 싣고 어떤 지역에 가서 팔려면 공빙公憑을 보여줘야 한다"[480]고 정했다. 칙령은 대외무역법을 보완하는 형식으로서 또한 법률 효력을 가졌다. 남송의 효종孝宗은 "남해 4군은 통상조례가 없으니, 칙령을 지켜야 한다"[481]고 했다.

송 때 대외무역 법규에 대한 주요 내용은 아래와 같다.

(1) 대외무역 기구와 권한

지방에 시박사市舶司·시역사市易司·박역무博易務·아행牙行·해관海關·해행海行 등의 대외무역 기구를 조직했는데, 그 중에서 시박사가 제일 중요했다. 시박사에는 제거提擧 1명을 두고 주로 외국의 조공 사절을 영접하고 세금을 징수하며, 상품 교역을 관리하고 외국 손님과 관계를 맺는 일을 주관하게 했다.

(2) 세금 징수의 기본 표준

당 때부터 외국 상인에게 걷는 세금의 표준은 '1/10을 걷거나 2/10를 걷는 것'이었다. 송률에는 "앞으로 외국 상인이 용뇌龍腦·침향沉香·정향丁香·백두구白荳寇를 팔면 삼로三路 시박사市舶司는 관례에 따라 1할(分)을 걷는다."[482] "화물에서 걷는 이자는 2할을 넘지 않게 한다"[483]고 했다. 그러나 "선박이 폭풍을 만나 어떤 주에 닿았을 때는 가까운 박사舶司에 보내 세금을 감한다"[484]고 했다. 탈세 의도가 있거나 세금을 납부하지 않으면 법으로 제재하도록 했다.

---

480) 『희녕편칙熙寧編勅』「송회요집고宋會要輯稿」.
481) 『송대조령집宋大詔令集』.
482) 『송회요집고宋會要輯稿』「직관지職官志」.
483) 『고금도서집성古今圖書集成』 권219.
484) 『고금도서집성古今圖書集成』 권693.

(3) 인신매매와 병기의 제조금지

송률은 "상인, 시박市舶이 남녀를 해외에 밀매하면 선박 상인, 선주, 수송 책임자, 행동 대장, 주방장을 장형 107대에 처하고, 화물을 관에서 몰수한다. 고발한 자는 몰수한 것의 절반을 상으로 준다"485)고 규정했다. 그리고 "병기를 제조해 화외인化外人에게 팔거나 소개하면 도형 3년에 처하고, 화물을 관에서 몰수했다." 사정을 알았던 사람은 '범인의 죄에서 1등을 감減'해 처벌했다.

(4) 외국 상인의 합법적 권익 보호

송 때 외국 상인은 관청의 허락을 얻어 시박에서 내준 '험부驗符'나 기타 증명 서류를 받아야 중국 정부의 보호를 받을 수 있었다. 희령熙寧 연간에는 "외국 상인들이 처자를 거느리고 광주에 살기도 했다."486) 중국에 있는 외국 상인의 재산은 법률의 보호를 받아 타인이 침해할 수 없었다. 중국의 탐관이나 '간민奸民'이 그를 침해하면 "외국 상인의 고소에 따라 계장죄計贓罪로 다스렸다." 외국 상인이 사망하여 수소문했으나 가족이나 친족을 찾지 못하면 모든 재물을 관이 접수하고, 서류로 작성해 성省에 보고했다. "죽은 상인이 부모나 아내와 아들 또는 친형제·자매·친조카 등 상속받을 자가 있으면 그 재물을 그들이 관리하도록 했다." 사망한 상인의 부모와 처자가 같이 있지 않았을 때는 '비석을 세워' 그들이 '사망자를 찾을 수 있도록'487) 했다.

(5) 외국 상인의 분쟁에 적용되는 법률

중국에서 외국 상인과 중국인 사이에 법률 분쟁이 생기면, 속지주의屬地主義와 속인주의屬人主義를 결합한 원칙으로 처리했다. 송형통은 '화외인化外人의 범죄'에 관한 규정을 당률과 똑같이 "모든 화외인化外人은 동족끼리 죄를

---

485) 『속문헌통고續文獻通考』「시박市舶」.
486) 『속자치통감장편續資治通鑑長編』 권237.
487) 송형통宋刑統 사자전물제번인급파사부조死者錢物諸蕃人及波斯附條.

범하면 그들의 관습법에 따라 처리하고, 다른 민족에게 죄를 범하면 법률에 따른다"고 했다. 왕대유汪大猷가 천주泉州에 지사知事로 근무할 때 외국 상인이 다른 사람과 다투었는데, 다치지 않으면 모두 소(牛)로 속죄하게 하는 사례事例에 대하여 "어찌 중국에 오랑캐의 법이 있을 수 있는가? 우리 경내에 있는 만큼 우리 법을 따라야 한다"488)고 이의를 제기했다. 왕환지王渙之가 광주 지사로 있을 때 "외국 상인이 노예를 죽였는데, 시박이 옛날처럼 장형이나 태형에 처하는 것은 받아들일 수 없으니 법대로 처벌해야 한다"489)고 주장했다.

6. 금융·재정 법규

(1) 금융 법규

송의 화폐는 동銅과 철鐵을 중심으로 했다. 북송 때 개봉부 등 13로에서는 동전을 사용하고, 섬서陝西와 하동河東 2로에서는 동전과 철전을 함께 사용하고, 천촉川蜀 4로에서는 철전을 사용했다. 화폐는 함부로 유출할 수 없었는데, 특히 동전이 '번계蕃界'와 '난출闌出'인 장강 이남과 장성 이북으로 유출되는 것을 엄금하고, 이를 위반하면 죄로 다스렸다. 변방 관리가 감독을 소홀히 하면 5관 이하라도 처벌하고, 5관 이상이면 사형에 처했다. 남송 고종 소흥紹興 연간에 '동전을 국경 밖으로 유출하는 죄'에 관한 영令을 제정해, 동전으로 외국 상인과 무역하는 자는 도형 2년에 처해 1천리에 편관編管했다. 또한 규격에 맞지 않은 화폐를 유통하는 것을 엄금했다.

송 때는 중국 최초의 지폐가 출현했는데, 그 가운데 가장 중요한 것은 '교자交子'였다. 교자는 처음 사천四川에서 발행했는데, 철전이 무겁고 가치가 낮으며 휴대하기도 불편하여 상업 활동에 적합하지 않다는 이유로 일부 부상富商들이 지폐를 발행하고 그것을 '교자'라고 했다. 교자는 수시로 환전할

---

488) 『송사宋史』 「왕대유전汪大猷傳」.
489) 『송사宋史』 「왕환지전王渙之傳」.

수 있고, 정기적으로 유통해 3년을 주기로 새 지폐를 발행했다. 인종 천성天聖 원년에 민간에서 만든 교자의 신용 문제로 분쟁이 발생하자, 관에서 정식으로 '익주교자무益州交子務'를 설치해서 개인이 제조하는 것을 금지함으로써 지폐의 법률적 지위를 확보했다. 이로써 교자는 고정된 유통 기한, 발행 액수, 액면 가격, 유통 영역, 동전과의 환율도 생겼다. 이러한 교자를 위조한 자는 법으로 처벌했다.

남송 때 채광업이 쇠퇴하고, 대외무역을 통해 동전이 대량으로 유출됨에 따라 지폐가 점점 동전을 대신해 주요한 교환 수단이 되었다. 남송의 지폐에는 교자뿐만 아니라 '회자會子'도 있었는데, 이 역시 폭넓게 유통되었다. 지폐의 신용을 유지하기 위해 "민간에서 전답, 주택, 소와 말, 배와 차車 등을 다시 사는 조건으로 팔 때는 모두 회자를 사용한다"고 규정했다. 또한 "민간에서 지폐를 사들이는 가격을 정해 부호들을 제한한다"[490]고 했다. 송의 지폐 발행은 상품경제의 발전을 촉진하고, 재정 적자를 메우는 역할을 했다. 이종理宗 때 빈약한 재정을 메우기 위해 '요지국撩紙局'을 설치하여 밤낮없이 지폐를 찍어냈기 때문에 통화가 막대하게 팽창하여 결국 남송의 경제가 무너졌다.

이밖에 송 때는 환어음(정전正錢, 편전便錢이라 함)과 수표(첩자貼子라 함), 유가 증권과 비슷한 '염사鹽砂'도 있었다. 송의 금융에 관한 입법은 중국 법제사에 새로운 장을 열어 놓았고, 여러 형태의 화폐의 유통을 보장했을 뿐만 아니라 명·청 시대 전법錢法의 연원이기도 하다.

(2) 재정 법규

송은 경제가 발전하는 것과 더불어 국가가 재정 수입에 의존도가 높아지자 이전 시대보다 더 많은 재정입법을 했다. 초기에는 재정 위기가 심각하지 않아 "진종眞宗 때까지 안으로는 일이 잘 풀리고, 밖으로는 변경과 화친하여

---

490) 『송사宋史』 「식화지食貨志」.

식화食貨가 나날이 흥성했다"491)고 했다. 그러나 인종 때부터 계속 재정 적자
가 나타나다가 신종 때 재정 위기가 심각해져서 신종은 변법을 하면서 이재
理財를 제일 첫머리에 놓았다. 변법을 주도한 왕안석은 "천하에 백성을 단합
시키는 것은 재물이고, 천하의 재물을 다스리는 것은 법이고, 법을 다스리는
것은 관리인데, 관리가 부패하면 법을 지키기 어렵다. 법이 나쁘면 재물이
있어도 관리하기 어렵다"고 했다.492) 왕안석의 변법으로 국가의 재정 수입은
급증하고, 수지 상황도 호전되었다. 그러나 철종이 신법을 폐지하면서 다시
재정은 위기에 빠졌다.『송사』「식화지」에는 "숭령 연간부터 수입은 많았
만 국가의 재정은 날마다 모자랐다"고 한다. 남송 때는 "정부의 국고가 고갈
되고, 체계가 두터우나 근본이 비어서 지출이 끊이지 않았다"493)고 했다.
정부의 재정이 붕괴에 직면한 것이다.

송 원풍元豊 때 제도를 개혁해 중앙에 삼사三司를 설치하여 재정을 주관하
게 하고, 지방 재정은 전운사轉運使가 책임지도록 했다. '삼사는 안을 주관하
고, 전운사는 밖을 주관하고,' 지방에서 중앙까지 빠짐없이 재정 수입을 통제
했다. 이때부터 호부가 삼사를 대신해서 삼사의 권력을 황제와 재상, 호부가
나누어 장악했다. 남송 때는 극심한 재정 빈곤에서 벗어나기 위해 재정 관리
를 강화하여 강제로 지방에서 공납을 받는 등 무절제하게 착취를 했다. 중앙
에서는 해마다, 계절마다, 달마다 경제 보고를 통해 지방의 지출 상황을 파악
하고, 과다한 경비 지출을 막았다. 그 결과 수재권收財權이 중앙에 집중되고,
지방 주군州郡의 권한은 약해졌다.

송의 재정법의 범위는 매우 넓어서 제사지내는 비용에 대한 규정까지
있었다.『송사』「식화지」에는 "1년의 지출과 제사 비용은 모두 식式으로
정한다"고 했다. 신종 때는 감사(審計) 제도를 강화하기 위해 장적帳籍도 법식
法式으로 정하고, 위반자는 죄로 다스렸다.

---

491)『송사宋史』「식화지食貨志」.
492)『왕문공문집王文公文集』「상황제사언서上皇帝四言書」.
493)『역대명신주의歷代名臣奏議』권272.

송의 재정입법의 주요 내용은 다음과 같다. 부세법賦稅法에서, 부세賦稅는 전부田賦와 상세商稅를 포함한다고 규정했다. 전부는 당의 양세법兩稅法을 따랐는데, "세금의 납부 시기는 수확의 빠르고 늦음에 따라 정하고"[494] 이를 정세正稅라 했다. 정세의 세율은 일정했지만 허다한 명목의 부가세가 늘 정세보다 많았다. 기한 안에 완납하지 않은 사람은 징세자가 책임지고 과科를 계산하여 납부하도록 독촉했다. 건륭 4년에 "매번 세금 납부를 시작할 때 집집마다 지정한 창고에 납부하도록 알려 준다. 초한初限 전에는 과를 계산할 수 없다. 중한中限이 끝날 무렵에도 완납하지 않은 자는 가장에게 과를 부과하거나 가족들에게 함께 부과한다"[495]는 칙령을 내렸다. 과科를 계산하는 것은 납부하도록 독촉하기 전에 반드시 거쳐야 하는 절차였다. 독촉은 반드시 말한末限이 끝나기 전에 하고, "세를 거두는 주州에서는 현에 관리를 보내 감독하고 최고催告한다. 현에서 마지막 기한이 지나지 않았거나 과를 계산하지 않았는데 사람을 보내면 장형 1백대에 처한다"[496]고 했다.

송은 중농억상重農抑商 정책을 추진했지만, 상세商稅가 국가에서 차지하는 중요성을 점점 인식했다. 『몽계필담夢溪筆談』에는 "현재 국가의 소비가 줄어들지 않고서 세입을 줄일 수 없다. 재물을 자연물이나 상인에게서 얻을 수 없으면 농민에게서 얻어야 한다. 농민들을 해치기보다는 상인들에게서 얻는 것이 더 낫다"[497]고 했다. 인종 때 상세의 1년 수입은 2,200만관에 달했다. 송은 한 곳에서 머물러 있는 상인에게는 '주세住稅'를, 떠돌아다니는 상인에게는 '과세過稅'를 받았다. 전자는 1천전마다 10전을, 후자는 20전을 납부했다. 송은 상세 수입을 조정하기 위해 초기에는 단행 세법인 상세칙례商稅則例를 반포해 시행했다. 이른바 "태조太祖[498]가 개창하고, 처음으로 상세칙례를 정했다. 그때부터 대대로 가법家法으로 지켰다"[499]고 하는 것이다.

---

494) 『문헌통고文獻通考』 「전부田賦 4」.
495) 『송회요집고宋會要輯稿』 「식화食貨」 권70.
496) 경원조법사류慶元條法事類 권47.
497) 『몽계필담夢溪筆談』 권12.
498) 원문에는 '예조藝祖'라 했는데, 송 태조太祖를 가리킨다. —역주

상세칙례는 처음에는 세금을 바쳐야 할 물건의 항목과 주세 2할, 과세 3할의 세율만 열거하고, 각종 재물의 구체적 세금 항목에 대한 것은 없었다. 숭녕 5년 9월에 칙례의 내용을 확대하여 새로 정한 세목稅目이 포함되었을 뿐만 아니라, 각종 화물의 세율과 10년에 한 번씩 칙례를 고친다고 규정했다. 남송 때는 물가 파동이 세금을 안정시키는 데 영향을 주어서 칙례를 반년마다 한 번씩 수정하며 물가 변동에 따라 세금을 늘렸다.

송은 재정 수입의 분배를 중앙에 집중했다. 송 초기 건륭 3년의 영슈으로 "지금부터 각 주州는 해마다 받는 조세, 판매에서 생긴 이윤, 비단을 관리가 배에 실어 경사京師로 운송한다"500)고 했다. 또 희령 3년에는 금전과 재물을 바치는 새로운 격格을 정했다. 남송 때 경원조법사류를 제정해 공물供物 법을 더욱 세밀하게 하여 기한·수량·질을 모두 법식法式으로 정했다. 선화宣和 원년에 공물 액수가 부족해 처벌받은 조신漕臣이 22명이나 되었다. 남송 때는 "나라 안팎 군인들의 비용은 차와 소금 외에 공물의 원조를 받을 수 없다." 그러므로 "조금이라도 어기거나 빠뜨려서는 안 된다"501)고 하며 공물의 용도를 바꾸거나 남기지 못하게 했다. 그렇지 않으면 "해당 법조문으로 다스렸다."502)

송은 재정 관리를 잘해서 법률 형식으로 40여 가지의 표준 장부 양식을 정하고, 이를 위반하면 장형에 처했다. 남송 때도 "모든 로路의 감사들은 주현의 군대와 병기를 관장하고, 모든 노동력·재물·곡식·장부를 법에 따라 관할하라"503)고 했다. 또한 "주현의 세금 장부는 전운사에서 견본을 가져다 신중하게 작성해야 한다. 조금이라도 착오가 있으면 장형 1백대에 처하고, 다시는 임용하지 않는다. 틀린 장부는 하루 안에 수정해야 한다. 관리가 검사를 소홀히 하면 장형 80대에 처하며, 장부를 속이면 법에 따라 처벌한다"504)

---

499) 『문헌통고文獻通考』「정각征榷」.
500) 경원조법사류慶元條法事類 권36.
501) 『송사宋史』「식화지食貨志(하)」.
502) 『송사宋史』「식화지食貨志(하)」.
503) 『송회요집고宋會要輯稿』「식화食貨」.

고 했다. 장부를 통일하는 목적은 '상부에 보고하고' 심사받기 편하게 하기 위해서였다. 경원조법사류에는 각종 장부의 사용, 보고 경로와 기한을 규정했다. "각 주의 여름·가을의 세금 액수는, 여름 것은 정월 1일부터 하고, 가을 것은 4월 1일부터 하여, 45일 안에 전부 납부하게 하고, 기한이 지나면 전운사에 보고한다"[505]고 규정했다.

전체적으로 보면, 송의 재정입법은 점점 전문화되면서 독립적인 체계를 이루고, 재정권은 중앙에 집중되어 최대한 백성의 재산을 수탈하는 특징이 있었다. 이것들은 한동안 송의 권력을 지탱했지만, 송은 정치적 위기 때문에 재정 위기를 극복할 수 없었다.

제2절 원의 경제법

원은 경제법률 가운데 전매제도를 계속 시행하여 소금·차·술·금·철·동 같은 수공업 제품과 상품을 관영 전매함으로써 국가의 재정 수입을 보장했다. 소금과 차, 술을 밀매하면 장형 77대에서 도형 2년까지 처하고 재물의 반을 몰수하며, 그 가운데 절반은 "고발한 사람에게 상으로 주었다." 개인이 금광을 파거나 동이나 철을 제련하면 태형 37대에서 장형 67대까지 처벌하고 재물을 관에서 몰수했다.

원 때는 도시나 시골에서 상품을 교역하면 세금을 징수했다. "각 성시와 향촌에 시장이 있고, 과세에 관한 법이 있었다." 탈세하면 "물건의 절반을 관에서 몰수하고, 몰수한 것의 반은 고발한 사람에게 상으로 주었다." 감독관이 착취하면 관의 물건을 훔친 죄로 처벌했다.

주목할 만한 것은 원은 해외 무역의 발전에 부응하기 위해 항운법航運法을 제정했다는 것이다. 그래서 선박 상인의 큰 배는 '공험公驗'을, 작은 배는

---

504) 『송회요집고宋會要輯稿』「식화食貨」.
505) 경원조법사류慶元條法事類 권30.

'공빙公憑'을 받아야 바다로 나가 무역을 할 수 있었다. 수속을 하지 않거나, 밀수하거나, 적재된 화물 기록이 사실과 다르거나, "숨기는 것이 탄로나면" 장형 107대에 처하고 배와 화물을 몰수했다. 시박사市舶司 관리가 국내외 상인과 결탁해 밀수하거나 정보를 누설하면 장형 107대에 처하고 파직시켰다.

제3절 명의 경제법

명의 입법에서 경제입법은 큰 비중을 차지했다. 이는 90년에 걸친 원의 야만적인 통치와 원 말기의 혼란으로, 명 초기의 통치자들에게 파괴된 사회·경제를 회복하는 것이 중대한 과제였기 때문이다. '안락하고 편히 살 수 있는 사회'를 복구하고 생산을 발전시켜 통치 기반을 굳건히 하기 위해서 주원장은 구체적인 경제입법에 들어갔다. 그밖에도 이때부터 국내 각지의 경제적 연계가 강화되고, 상품경제와 대외무역도 눈에 띄게 발전했다. 명은 이렇게 새로 등장한 경제관계를 조정하기 위해서 새로운 경제입법을 시행하지 않으면 안 되었다.

1. 농업입법

명 초기에는 유랑민이 많아서 농업생산이 매우 부족했기 때문에, 일반 양민을 유괴해 노예로 삼거나 인신매매하는 것을 금지해 농업생산에 노동력이 투입되도록 했다. 그리고 유랑민을 생산에 종사시키기 위해 황무지 개간을 추진했다. 산동·하남·안휘 일대의 주인 없는 황무지는 "누구든지 개간하면 그의 소유가 되고, 영원히 세금을 부과하지 않는다"고 했다. 또한 황무지 개간 실적으로 관리를 평가했다.

백성을 이주시켜 황무지를 개간하는 것 이외에 둔전을 시행해 농업 수입을 늘렸다. 둔전에는 군둔軍屯·민둔民屯·상둔商屯·수죄둔戌罪屯·속죄둔贖罪屯

등이 있었다. 명률에는 둔전을 50무 이상 강제로 점유하고 곡량을 바치지 않거나, 둔전을 매매한 사람들이 곡량을 바치지 않을 경우, 관리이면 변경에 당차當差하고, 군인이면 변경에 충군充軍하고, 일반 백성이면 외민으로 보내며, 둔전을 관리하는 관리가 조사를 소홀히 하면 정상을 살펴 죄로 다스린다고 규정했다. 명 중기에 환관과 군관들의 약탈로 둔전이 파괴되자 효종은 둔관이 곡량을 징수하는 기한을 어기거나 둔전을 강제로 점유하는 것을 엄금하는 금령을 제정했지만, 효과를 보지 못했다.

농업을 발전시키기 위해서는 먼저 수리 사업을 해서 제방을 쌓아 물길을 만들어야 했다. 주원장은 건국 초기 영전사營田司를 설치해 수리시설을 관리했다. 홍무 27년에는 국자감생國子監生을 전국에 보내 관리와 백성의 수리 사업을 감독하게 했는데, 40,987곳에 제방을 쌓았다. 하천의 제방을 파손한 자는 장형 100대에 처하고, 저수지의 제방을 파손한 자는 장형 80대에 처했다. 그리고 제방을 보수하지 않거나 시기를 놓친 자는 태형 30대에서 50대에 처했다. 수리 사업을 제대로 하지 않아 인가에 손해를 입히고, 재물을 유실시키거나, 논밭을 물에 잠기게 한 자는 태형 50대에서 60대에 처했다.

2. 공상입법

명은 농업 발전과 더불어 상공업이 발전하면서 남경 항주의 비단, 소주와 상해의 면직물, 송강의 염색, 불산佛山의 주조, 경덕진의 도자기 등이 점점 지방 특산품으로 이름을 날렸다. 방직업, 광산업, 조선업도 어느 시대보다 발전했으며, 전국 각지의 경제관계도 더욱 밀접해졌다. 그러한 많은 수공업 제품들은 국내에만 공급된 것이 아니라 해외에도 판매되었다. 이에 따라 명의 상공업에 관한 입법도 눈에 띄게 발전했다.

(1) 공업입법

① 관은 수공업 발전에 발맞출 필요와 황실 귀족의 사치를 만족시키기

위해서 명 초기부터 장호匠戶·장적匠籍 제도를 시행했다. 장호는 윤반輪班506)·수반輸班507) 제도인데, 일단 호적에 편입되면 경영과 이전의 자유를 잃고 대대로 관부에 부역하며, 탈적을 허락하지 않아 탈적한 사람은 도장逃匠으로 엄하게 벌했다. 장호 제도는 법률적 강제로 철저히 시행되었다. 장호 제도의 시행 초기에는 수공업 노동자를 집중 관리하여 기술적 장점을 충분히 발휘시키게 해 수공업 발전을 가져왔다. 그러나 장호 제도는 사실상 수공업 부역 제도로서 수공업 노동자들의 부담을 가중시키고, 그들의 인신 자유를 제한함으로써 생산 의욕을 상실케 했다.

② 수공업 제품의 품질과 규격에 대해 구체적으로 규정했다. 예를 들면, 그릇 제작이 법에 어긋나면 태형 40대에 처했다. 병기 제조를 법대로 하지 않거나 비단의 품질이 떨어져서 불합격하면 태형 50대에 처했다. 제조 물품을 사용할 수 없거나 다시 고쳐야 하면 손실된 재물과 노동 비용을 계산해서 죄가 무거운 경우에는 장물죄로 처벌했다. 황제와 관련된 물건일 경우에는 2등을 가중하여 공장工匠은 맡은 책임에 따라 처벌했다. 관련 관리는 책임 정도에 따라 처벌하고, 관부의 손실까지 보상하게 했다. 이렇게 명률은 수공업 생산관리에 매우 구체적이었다.

군민이나 관에서 제조한 수공업품은 반드시 상급 기관에 올려 비준을 받아야 했다. 비준을 받지 않고 불법으로 제조하면 소득과 노동 비용을 따져 장물죄로 처벌했다. 제조에 필요한 재료·재물·인력을 사실과 다르게 신고하면 태형 50대에 처했다. 재물과 인력을 소모했을 때는 손실 재물과 노동 비용을 산출해 중한 자는 장물죄로 처벌했다. 제작국원制作局院의 공장工匠 우두머리가 자재를 빼돌리면 그것을 계산해서 감독자가 물건을 훔친 죄로 다스리고, 물건은 관에 반납했다. 관리가 그 사정을 알면서도 적발하지 않으면 같은 죄로 다스리고, 과실이면 3등을 감해서 처벌했다. 민간에서 금지된 용·봉황 무늬의 비단을 짜서 판매하면 장형 100대에 처하고 비단을 몰수하

---

506) 3년에 한 번 부역하는데, 한 차례 동원에 3개월을 넘지 않는다.
507) 달마다 20일 동안 반班에 나가지 않은 자는 벌금은 6전을 낸다.

며, 기호機戶와 공장工匠도 같은 죄로 다스렸다.

각 곳에서 해마다 규정된 비단·병기의 제조를 공장工匠이 기한을 넘기거나 완납하지 못하면 태형 50대까지 처했다. 관리가 제때 공장에게 재료를 공급하지 못하면 태형에 처했다.508)

③ 공사 건물이 튼튼하지 않아 3년 안에 훼손되면 공사의 담당 관원과 관리 상사上司에서 배상하게 했다. 감독 상사가 고의로 은닉하면 수리를 명하고 관리는 부部에 넘겨 죄를 다스렸다. 노동자를 시켜 나무와 재료를 가져다 기와와 벽돌을 굽는데, 부실해서 사용하지 못하면 인건비를 계산해 장물죄로 다스렸다. 공사를 할 때 설계가 세밀하지 못해 잘못하여 사람을 죽게 하면 과실 살인으로 처벌했다.

(2) 상업입법

① 국가의 소금·차 관영官營 전매 강화

일찍이 원나라 지정 1년(1361) 주원장은 염법鹽法을 만들어 소금 판매자에게 판매 이익의 2할을 군향軍餉으로 거두었다. 홍무 원년에는 염인조례鹽引條例를 제정해 사사로이 소금을 제조한 사람은 교수형에 처했다. 그 후 대명률의 규정이 조금 관대해져 사사로이 소금을 제조하거나 운반하면 장형 100대를 덧붙여서 도형 3년에 처했다. 무기를 휴대하고 있으면 1등을 가중하고, 체포에 저항하면 참수형에 처했다. 사염私鹽을 구매한 사람은 장형 100대에 처했다. 염업을 경영하려는 사람은 반드시 이부吏部에서 반포한 '염인감합鹽引勘合'에 근거해 '소금 생산지에 가서 소금을 인수'해야 했다. 만일 '직접 소금 생산지에 가서 소금을 취하지 않거나' 또는 "중간에서 값을 올려 염법을 지키지 않으면 매매 쌍방 모두 장형 80대에 처한다. 거간꾼은 1등을 감하고, 거래 대금은 관에서 몰수한다"509)고 규정했다.

명은 사염을 엄금했을 뿐만 아니라, 또한 차가 "백성에게 없어서는 안

---

508) 대명률大明律 호율戶律.
509) 대명률大明律 호율戶律.

되고, 속국에 부족해서도 안 된다”고 여겨 지정 20년에 제정한 차법茶法을 참고해, 세금을 3할을 올려 세입을 늘리고, 서북 지역에 차를 가져가 말과 바꿔서 군비를 충실히 했다. 그리하여 밀차의 판매를 금하고, 관부에서 경영하도록 영을 내렸다. 통일 이후에는 항주·강녕江寧 등에 ‘차인소茶引所’를 설립하고, 상인들이 그곳에서 차를 구매하도록 했다. 사천·섬서 등에는 ‘차마사茶馬司’를 설치해 ‘속국들이 말을 주고 차와 교환하는 것’을 감독했다. 차의 관영 전매를 보증하기 위해 차 판매자는 반드시 ‘차인감합茶引勘合’을 사도록 했다. 그것을 사지 않거나 기한이 지나 효력이 없어진 ‘차인감합’을 사용하면 사염을 판매한 것과 같은 죄로 처벌했다. “변경에 숨어 몰래 차를 번국과 교역하거나,” “수량에 관계없이 관련된 숙박집 주인, 거간꾼 등마저도 모두 서남 지역으로 충군했다.” 이와 함께 사사로이 명반明礬을 만들어 파는 것을 금했는데, 이를 어기면 사염을 판 죄로 처벌했다. 명률의 염법·차법 규정은 송·원과 비교하면 더 상세하고, 처벌 또한 엄해졌다. 이는 명의 전제정치가 경제 영역에서도 강력했음을 설명해 주는 것이다.

　② 시장 관리법의 규정

　먼저 도량형을 엄격히 통일했다. “사사로이 두·평·척을 고르지 않게 만들어 시장에서 사용하거나, 관리가 속임수를 써서 표준을 증감하면 장형 60대에 처하고, 공장工匠도 같은 죄로 처벌했다.” 시장에서 사용되는 도량형은 반드시 관부의 ‘검사’를 거쳐 ‘낙인을 받아야’ 했다. 관리가 직무를 다하지 못하면 장형 40대에서 70대까지 처벌했다.

　그 다음 시장 관리기구가 시장 물가를 엄격히 통제하도록 했다. “물가의 싸고 비싼 것을 평가해 맞지 않으면 그 증가하거나 또는 감소된 분량만큼 장물죄로 논했다.” 물가 평가를 핑계로 장물을 자기 것으로 한 사람은 ‘절도죄에 준하지만’ 자형刺刑은 면제해 주었다. 도시와 농촌의 중매업자나 부두에서 영업하는 인호人戶는 반드시 포정사가 발급한 아첩牙貼을 지녀야 하고, 그들이 경영하는 아행牙行에서는 관에서 인신, 문부文簿를 발급받아 매일 손님들의 주소, 성명, 여행증, 자호字號, 화물 목록과 수량을 기록하여 달마다 한 번씩 관부에 보고했다. 몰래 중개한 사람은 장형 60대에 처하고 수입을 관에서 몰수했다. 관아官牙나 부두에서 손님을 숨기면 장형 50대에 처하고 그 직을 박탈했다. 청의 설윤승薛允升은 당률과 명률을 비교하여 "이 조문은 당률에는 없고, 명률에 가장 완벽하게 규정되었다"[510]고 했다.

끝으로, 창고 관리를 엄격히 했다. 창고의 금전과 곡물과 재물을 함부로 꺼낼 수 없었다. 창고의 금전이나 곡물이 부족한데도 감독이 관리를 통해 허위 증명을 끊으면, 허위 숫자만큼 도둑질한 죄로 다스렸다. 조사 관리가 뇌물을 받고 허위로 보고하면, 그 액수에 따라 법을 왜곡한 죄로 무겁게 처벌했다. 감독이 규정에 따르지 않고 금전과 곡물을 접수하거나, 기타 재물을 일부 떼어놓고 증명을 해주면 도둑질한 죄로 처벌했다.

관부에서 수입·지출하는 금전과 곡물은 반드시 지정한 대로 사용해야 하고, 유용할 수 없었다. 관용官用으로 전용하더라도 감독을 훔친 죄에 준해서 처벌했다. 관부나 창고의 잉여 물자를 팔아 부족한 항목의 결손을 메워 잘못을 감춘 사람은 감독 관리가 훔친 죄로 처벌했다.

창고를 주관하는 관리가 관용 금전이나 곡물을 속여서 침해하거나 도용하거나 대출하고서도 밝히지 않으면 상황의 경중에 따라 처벌했다.

3. 재정입법

상품경제의 발전은 명의 재정입법의 발전을 가져왔다. 명률에 전표법, 금전법을 두고 세법에도 새로운 내용을 추가했다.

명의 지폐는 '보초寶鈔'라 하는데, 호부에서 찍었다. 초鈔는 관貫을 단위로 하고, 동전과 똑같은 신용 가치가 있으며, "민간에서 물건을 사고팔고, 차·염·상세를 납부하는 등 여러모로 쓰였다." 보초를 받지 않으면 장형에 처했다. 세금 징수자가 '자세히 살피지 않고 위조지폐를 받으면' 장형 100대에 처했

다. 위조지폐를 사용하면 배상금을 내게 하거나 장형에 처했다. 보초를 위조하면 주범·종범, 숨긴 사람, 알고도 사용한 사람 모두 참수형에 처하고 재산을 몰수했다. 고발한 사람은 관에서 상으로 은 250냥과 범인의 재산을 주었다. "이장이 알면서도 고발하지 않으면 장형 100대에 처했다." "순찰 포졸이 알면서도 내버려두면 같은 죄로 처벌했다." 명 중기부터는 백은白銀이 국가 공인 화폐로 유통되면서 보초를 대신했다.

보초와 함께 사용한 것으로 홍무 때의 대중통보大中通寶와 역대 동전이 있었다. 철전은 공부보원工部寶源 등의 국局에서 만들었는데, 전錢은 문文을 단위로 했다. 이것의 사용을 거절한 사람은 장형 60대에 처했다. 또 "사사로이 동전을 주조한 사람은 교수형에 처하고, 장인匠人도 같은 죄로 다스렸다. 이 일을 거들거나 사정을 알면서도 사용한 사람은 1등을 감해서 처벌했다." 심지어 몰래 매매하거나 폐동廢銅을 숨기는 것조차 엄금했다. 군민의 집에 거울, 병기, 사원의 동기銅器와 기타 폐동은 반드시 관부에 팔아야 하고, 이를 위반하면 태형이나 장형에 처했다. 효종 때부터는 초관鈔關은 은을 사용하도록 바꾸고, 전錢의 가치도 은을 표준으로 하다가 점점 은을 본위로 시행되었다. 그리하여 "금은을 위조한 자는 장형 100대를 덧붙여서 도형 3년에 처하고, 사정을 알고도 사용한 자는 1등급을 감해서 처벌했다."511)

명은 국고 수입을 늘리기 위해 세금을 중시하여 명률에 특별히 세법을 두었다. 명은 당의 양세법에 따라 전국의 경작지를 파악하고 전부田賦를 거두었다. 중기 이후에는 부역이 너무 무거워 백성들이 도주하여 생산 기반이 심하게 파괴되었다. 그래서 가정嘉靖 10년부터 장거정張居正이 제정한 '일조편법一條鞭法'을 시행하여 복잡한 전부田賦, 부가세, 각종 요역을 하나로 합쳐 은으로 징수했다. 요역은 호정戶丁에 따라 분배한 것이 아니라 토지 면적에 따라 부담시켜서 현마다 요역은徭役銀을 그 현의 토지 면적에 따라 분배했다. 일조편법은 세금 제도를 간단하게 만들고, 또 실물세를 화폐세로 바꾸어

---

511) 대명률大明律 호율戶律.

당시의 상품 화폐 경제가 발달하는 데 큰 영향을 주었다.

　명의 상세 징수는 각 부·주·현의 성문 밖에 "사인첩인査引帖人을 두어 행상이나 화물이 성으로 들어갈 때, 먼저 인첩을 꺼내 검사하고 세금을 징수했다."512) 세금을 누락시킨 사람은 법에 따라 처벌하고, 탈세를 적발하는 것을 장려했다. 대명률에는 "행상이 세금을 숨기거나 술·초醋 판매점에서 세금을 납부하지 않으면 태형 30대에 처한다. 화물·술·초 등의 절반은 관에 넘기고, 관에 넘긴 물건을 10등분으로 나누어 적발한 사람에게 3등분을 상으로 준다"고 규정했다. 소금과 차를 경영하는 상인은 연말까지 상세를 납부하고, '연말까지 완납하지 못하면' 부족액만큼 태형 40대에서 장형 80대까지 처벌하고, 강제로 완납하게 했다.

　또한 외국 상인이 화물을 숨기고 입국하는 행위를 엄금했다. "해상 상인의 배가 해안에 도착하면 화물을 신고하고 세금으로 1할을 냈다. 배를 강기슭 중개업자의 집에 대고 신고하지 않으면 장형 100대에 처했다. 신고는 했지만 사실과 다르면 죄는 역시 같고, 화물은 관에서 몰수했다. 화물을 숨겨 준 자도 같은 죄로 처벌하고, 고발한 자는 상으로 20냥을 주었다." 화물을 숨긴다는 것은 탈세와 마찬가지였다. 그런데 화물을 숨긴 자를 더 엄하게 처벌했는데, 이는 "물건이 많으면 이익도 많기 때문이다."『전석箋釋』에서는 "탈세는 이익이 적으므로 태형에 처하고 반만 벌한 것이다" 하고, "화물을 숨기면 그 이익이 크므로 장형에 처하고 전부 벌한 것이다" 주석했다. 또한 화물을 숨긴 자를 엄벌하는 것은 경제와 국가 주권을 수호한다는 의미를 갖는다.『전석』에서 설명한 것과 같이 "중국과 외번外蕃을 엄격히 구별한다"는 의미도 있다.

　개인의 해상 무역은 명 초기부터 엄한 법을 두었는데, 주원장은 "바다 부근의 백성이 사사로이 바다에 나가는 것을 금한다"513) 하고, "사사로이 외국인과 거래하는 자는 무겁게 처벌한다"514)고 영을 내렸다. 대명률을 수정

---

512) 대명률집해부례大明律集解附例.
513) 『명태조실록明太祖實錄』 권70.

한 후에는 명문으로 "소와 말, 군수품, 철제품, 동전, 단자緞子, 비단, 면제품을 국외에 밀매하거나 바다로 갖고 나간 자는 장형 100대에 처한다. 짐을 운반한 자는 1등을 감한다. 화물과 배, 수레車는 몰수한다. 물건을 10등분해 고발한 자에게 3등분을 상으로 준다. 사람과 병기를 갖고 국경을 넘거나 바다로 나간 자는 교수형에 처한다. 또한 그러한 행위를 통해 기밀을 누설한 자는 참수형에 처한다. 관리나 파수꾼이 사정을 알면서 내버려 두었으면 범인과 같은 죄이다. 이 일을 발견하지 못한 자는 3등급을 감하고, 장형 100대까지 벌할 수 있다. 또 군병은 1등을 감한다"고 규정했다.

영락永樂·선덕宣德 연간을 거쳐 가정嘉靖 연간 초기에는 봉쇄를 조금 풀어서 해상을 통한 개인 무역이 빠르게 발전했다. 그러나 해상 무역의 발전은 자연 경제에 큰 충격을 주어 쇄국정책과 전제정치를 위협했다. 그래서 가정 3년부터 여러 번 해상 금지 율례를 반포해 쌍돛단배는 신고하고 뜯어야 했는데, 이를 위반한 자는 중죄로 처벌했다. "연해의 군민이 사사로이 장사를 하는데 그 이웃이 검거하지 않으면 연좌죄로 처벌했다."515) 가정 29년에 반포한 문형조례에는 "관·민이 규격에 벗어난 큰 배를 함부로 두 척 이상 만들어 금령을 어기고 화물을 바다로 갖고 나가거나, 외국에 나가 매매하거나, 해역에 숨어 작당하여 공모하거나, 길잡이가 되어 양민의 재물을 약탈하면 정범인 경우 극형에 처하고, 그 가족은 변경에 충군한다. 큰 배를 빌려 바다로 나가 외국 물건을 들여오거나, 큰 배를 만들지 않았더라도 바다에 나간 자와 규합해 외국 물건을 사들이면 모두 변경에 충군한다. 바다에 나간 자를 탐문해 소목蘇木, 후추 등 외국 상품을 들여와 사사로이 1천근 이상 매매하면 변경에 충군하고, 외국 물건은 몰수한다"고 규정했다.

여기서 볼 수 있는 것처럼 조례의 개인 해상 무역에 관한 징벌은 대명률보다 더 무거웠다. 이는 예例는 율을 보완한 것으로서, 함부로 바다에 나가는 위법 행위를 처벌하는 중요한 법률 근거였기 때문이다. 그 결과 개인이 해외

---

514) 『명태조실록明太祖實錄』 권231.
515) 『명세종실록明世宗實錄』 권154.

무역을 하는 것이 완전히 막혔을 뿐만 아니라 사회 경제의 발전과 자본주의가 싹트는 데 큰 손상을 주었다.

제4절 청의 경제법

1. 산해관 진입 이전의 경제입법

청의 산해관 진입 이전의 경제 규범은 주로 두 가지로 나뉜다. 하나는 상품 교환관계의 발전에 발맞춰, 법률로 국내 무역과 대외무역을 조절하기 시작한 것이다. 다른 하나는 농업 경제의 부흥에 따라 일시적인 경제 법령을 반포했다는 것이다.

(1) 상인과 시장 관리에 대한 법규

천명天命 6년(1621) 누르하치는 요동을 점령한 뒤 상인들에게 '인조印照'를 발급했다. 그런데 요동 지역의 민족 갈등이 심해지고 사회가 불안해짐에 따라 무역에 제한을 가했다. 천명 7년(1622) 6월 도당都堂은 "점店을 운영하는 제신諸申과 이감尼堪은 점주店主의 이름을 돌판이나 나무판에 새겨 점店 앞에 세워야 한다. 점주의 이름을 밝히지 않으면 죄로 다스린다. 그리고 행상은 모두 금지한다"는 영을 내렸다.

홍타이지가 즉위한 뒤 전체적으로 정책을 조정함에 따라, 시장을 관리하는 것에도 변화가 일어났다. 수도 심양에 팔기에 따라 8곳의 시장을 설치해 '팔문지시八門之市'라 하고, 각 기에서 관리를 보내 관리하게 했다. 기들을 돌아다니면서 장사하는 상인들은 호부에서 관리하게 했다.

시장 관리를 강화하기 위해 천명 6년(1621) 5월 15일에 누르하치는 "여러 가지 물건의 값을 정해 각 니루(牛錄)516)에 전달하라"517)고 명했다. 천명 8년

---

516) 니루(牛錄)는 여진 사회에서 전투나 수렵을 할 때 조직되는 기본 단위이다. 임계순, 『청사—만주

(1623) 9월 27일, 몽고인이 가져온 상품의 가격을 "큰 소는 20냥, 배가 하얀 소는 15냥, 3살 박이 소는 10냥, 2살 박이 소는 5냥, 큰 양은 4냥, 작은 양은 3냥으로 정한다. 그리고 왜倭 단자緞子는 1탁度에 2냥, 모청포毛靑布는 1필에 2냥, 융단은 1탁에 1냥, 큰 양가죽은 3전, 보리 이삭 같은 양가죽은 2전, 작은 양가죽은 1전으로 정한다. 정가에 따르지 않고 돈을 더 주어도 받을 수 없다. 사사로이 더 받으면 전부 몰수하고 죄로 다스린다"518)고 특별히 정했다.

상품가격과 함께 법정 납세액을 정했다. 천명 9년(1624) 초에 가축을 팔면 "1냥마다 1전을 세금으로 냈다." 누르하치가 죽을 때까지 팔기의 버일러(貝勒)들이 정한 7가지 상품의 세율은 1할이었다. "사람, 말, 소, 노새, 나귀, 양, 산양은 1냥마다 1전을 세금으로 낸다."519) 고의로 탈세하면 법적 제재를 가해 "거래할 때는 국가에 비용을 내고 교역하되 탈세한 자는 죄로 다스린다"520)고 했다.

(2) 대외무역의 총괄

산해관 진입 전의 대외무역은 주로 조선과 명 변경의 호시互市를 가리킨다. 대외무역은 재정과 관련될 뿐만 아니라 정치, 군사 등 여러 면에서 매우 민감한 문제였다. 그래서 국가에서 통제를 하고, 대외무역법을 위반하면 법에 따라 처벌했다.

홍타이지는 즉위 초, "외국으로 무역하러 나갈 때 반드시 버일러(貝勒)에게 알려야 한다. 몰래 나간 자는 죄로 다스린다"521)고 칙지를 내렸다. 6부를 설치한 후 다시 칙지를 내려 "버일러가 명령을 어기고 사사로이 사람을 보내 외국과 교역하면 은 200냥을 벌금으로 낸다"522)고 했다.

족이 통치한 중국』(신서원), 31쪽 참조. — 역주
517) 『만문노당滿文老檔』「태조太祖」 권22(천명天命 6년 5월 15일).
518) 『만문노당滿文老檔』「태조太祖」 권59(천명天命 8년 9월 27일).
519) 『만문노당滿文老檔』「태조太祖」 권60(천명天命 10년 1월 3일).
520) 『청태종실록淸太宗實錄』 권1, 10쪽.
521) 『청태종실록淸太宗實錄』 권1, 10쪽.
522) 『청태종실록淸太宗實錄』 권9, 14쪽.

대외무역은 국가에서 총괄했기 때문에 대외무역에 종사하는 사람들은 일종의 특권자가 되었다.

(3) 농업생산을 보호하는 법규

천명 6년(1621) 국가의 중심이 요동 지역으로 된 뒤에 사회의 수요를 만족시키고 통치질서를 안정시키며, 군수품의 공급을 보장하기 위해서 농업이 중요해졌다. 이에 따라 아래와 같은 몇 가지 법적 보호 규정이 생겼다.

① 군대의 말이 함부로 곡식을 먹지 못했다.

군사를 거느리고 사냥을 나가는 것은 만주족의 일상적인 활동이었는데, 함부로 곡식을 짓밟는 것을 방지하기 위해 특별히 '종마식화縱馬食禾' 죄를 정하고, 이를 어긴 자는 귀를 뚫었다.

② 가축이 타인의 밭에 뛰어드는 것을 금했다.

천명 8년(1623) 9월에 누르하치는 "가축이 밭에 들어가는 것을 보면 바로 잡아야 한다. 말·소·노새·나귀 등은 1마리당 은 1냥을 벌금한다"[523]고 영을 내렸다. 천총天聰 5년(1631) 6부를 처음 만들고 홍타이지가 다시 영을 내려 "돼지가 남의 밭에 들어가면 주인에게 돼지를 돌려주고 은 5전의 벌금을 부과한다. 남의 밭에 세 번 들어가면 니루에게 금액을 말하고 돼지로 배상받을 수 있다. 양이 남의 밭에 들어가면 1마리당 은 2전씩 벌금하고, 낙타·소·말·노새·나귀 등이 밭에 들어가면 1마리당 은 1냥씩 벌금하고, 그 곡식을 배상해야 한다"[524]고 했다.

③ 귀족 자제가 교외로 매를 날려 밭을 망치는 것을 금했다.

천총 9년(1635) 홍타이지는 버일러 대신들에게 "옛날 태조 때는 버일러의 자제들이 교외로 매를 날리는 것을 금했다. 백성을 괴롭히고, 밭을 망치고, 가축을 해치기 때문이다. 그런데 지금 금령을 어기고 여전히 백성을 괴롭히고 … 앞으로 매를 기르는 사람이 계속 백성을 괴롭히면 절대로 쉽게 용서하

---

523)『만문노당滿文老檔』「태조太祖」권59(천명天命 8년 9월 7일).
524)『청태종실록淸太宗實錄』권9, 11쪽.

지 않겠다" 했다.

④ 가축을 함부로 도살하는 것을 금했다.

천총 초년, 홍타이지는 농업생산력을 보호하고자 가축의 도살을 금했다. "황제가 말하기를, 말과 노새는 타고 달릴 수 있고, 소와 나귀는 짐을 실을 수 있으며, 양과 돼지는 식용에 쓰이는 등 모두 유용하니, 어떠한 경우라도 함부로 도살해서는 안 된다. 앞으로 궁중의 버일러부터 백성까지 제사, 연회와 장례를 지내거나 매매하는 데 소·말·나귀·노새를 사용하는 것을 영원히 금한다. 금지령을 어긴 자가 가족이나 수하에게 발각되면 그 수하는 주인을 떠날 수 있고, 또한 주인이 저지른 것만큼 상금을 준다. 니루어전(牛錄額眞)525) 과 장경章京526)이 이를 발견하지 못했으면 관에 벌금을 납부해야 한다. 국가 의 큰 연회라던가 태조 등 열조의 제사를 지낼 때만 크고 작은 소를 쓸 수 있다. 각 버일러 대신들이 소를 많이 기른다 해도 아껴야지 함부로 잡아서는 안 된다. 궁중의 버일러부터 백성까지 제례, 연회와 장사를 지내거나 매매하 는 데 양·돼지·닭·거위·오리 등을 사용할 수 없다"527)고 했다.

⑤ 민력民力의 남용을 금했다.

산해관 진입 이전에는 민력이 부족하여 법으로 민력을 남용하는 것을 금지했다. 천총 9년(1635) 3월 홍타이지는 여러 신하들을 불러들여 함부로 민부民夫에게 일을 시켜 농사일을 못하게 하는 일이 없도록, "앞으로 민부를 남용해 농사일을 방해한 자는, 이를 관리하는 니루, 장경章京과 작은 보쇼쿠 (拔什庫)528)에 이르기까지 모두 죄로 다스린다"고 훈시했다.

---

525) 지역 공동체든 혈연 공동체든 여진 부락들은 부락의 수령 또는 촌장의 인솔 아래 수렵과
    전투를 수행했다. 이들 부족 단위로 출전한 사람들 10명이 각각 화살을 한 대씩 내놓아, 그
    가운데 제비 뽑힌 임자를 통령統領으로 세우고, 그의 지시에 따라 나머지 9명을 일사불란하게
    움직였다. 이 총령을 니루어전(牛錄額眞)이라고 부른다. 임계순, 『청사』(신서원), 31쪽 참조 ─
    역주
526) 5개의 니루가 하나의 잘란(甲喇)으로 조직되고 잘란어전(甲喇額眞)이 이를 지휘한다. 1634년을
    전후하여 잘란어전을 장경章京으로 고쳐 불렀다. ─ 역주
527) 『청태종실록淸太宗實錄』 권3, 37쪽.
528) 평상시에 각 니루는 4개의 타탄(塔坦)으로 나뉘어지는데, 이를 1명의 장경章京과 1명의 보쇼쿠
    (撥什庫)가 관리한다. ─ 역주

2. 산해관 진입 후의 경제입법

(1) 부역입법

청의 통치자들은 산해관 진입 이후, 절제 없이 조세를 걷어 경제가 쇠퇴했던 명 말기의 경험에 비추어, 적극적으로 재정 질서를 회복하는 법령을 제정했다.

① 명 말기 농민봉기를 불러온 '삼향三餉,' 곧 '요향遼餉,' '초향剿餉,' '연향練餉'을 폐지했다. "순치 원년부터 시작해 정액正額 외에 요향, 초향, 연향을 없앤다. 관리가 몰래 징수하면 그 정황을 살펴 반드시 사형에 처하며 사면하지 않겠다. 모른 척하고 검거하지 않아도 똑같이 처벌한다"529)고 했다. 청은 조세와 부역제도를 확립하기 위해 순치 14년에 명의 제도를 따라 『부역전서賦役全書』를 발행했다. 『부역전서』의 내용은 세 가지이다. 첫째, 토지·인구의 등급과 수량을 등기하고, 전부田賦와 정은丁銀의 수를 계산해 확정하고, 토지와 장정의 수량은 명 만력 연간에 간행한 『부역전서』를 기준으로 했다. 둘째, 지방에서 징수한 조세의 분배와 사용 원칙을 확정했다. 성省에서 사용하려고 남긴 부분(存留) 또한 중앙정부의 인가가 있어야 지방관이 사용할 수 있었다. 셋째, 각지에서 중앙에 바치는 실물 조세의 종류와 수량을 기재했다. 이와 같이 『부역전서』는 조세 징수, 부역의 배치와 지방정부의 재정 수입에 대한 법률적 근거를 제공했다. 그 후 강희제와 옹정제 때 수정을 거치면서 『부역전서』는 청의 실제 상황과 더욱 부합하게 되었고, 또 10년에 한 번씩 『부역전서』를 수정한다고 정했다.

② "인구가 늘어도 인두세를 영원히 더 늘리지 않는다"는 말에 따라 "인두세를 토지세에 합했다." 중국 전통시대의 조세와 부역법은 모두 토지와 인구에 따라 세금을 징수했다. 강희제 때 상품경제가 발전함에 따라 토지 이전이 늘어나고, 경제적 착취가 약화됨에 따라 농민의 대대적인 유동이 나타났다.

---

529) 『명청사료明清史料』 「섭정왕유관리군민인등영지攝正王諭官吏軍民人等令旨」.

이 때문에 인구에 따라 세금을 징수하기 어려워져서 세제를 고칠 수밖에 없었다. 그리하여 강희 52년에 칙서를 내려 "직예直隷와 각 성의 지방관은 신고 기간이 되면 증가한 인구를 청책淸冊으로 만들어 황제에게 보고하고, 이들에게서 징수한 금전과 곡물을 50년 동안의 정책丁冊으로 하며, 이후에 증가한 인구에게는 영원히 세금을 받지 않는다"530)고 선포했다. 그러나 강희 50년에 인구를 유지하고 세수를 확보하기 위해, 강희 55년에 다시 "새로 증가한 인구로 이전에 부족했던 액수를 보충하라"531)고 칙령을 내렸다.

"인구가 늘어도 인두세를 영원히 더 늘리지 않는다"는 법령은 늘어난 노동자의 부담을 감소시켰지만, 부역 부담의 불균형 문제를 해결하지는 못했다. 그래서 강희제 후기에 조세와 부역법을 개혁해 "장정을 토지에 합한다"는 단계까지 진척되었다. 즉, 정은丁銀을 토지 면적에 따라 고르게 분배해 전부田賦에 합하여 다시는 인두세를 징수하지 않았다. 옹정제 초년에 각 성省(산서, 귀주성은 제외)은 앞을 다투어 인두세를 토지세에 합하는 징수 방식으로 변경했다. 그러나 완료되기까지는 7대 150여 년의 시간이 걸렸다.

인두세를 토지세에 합하는 징수 방식이 갖는 역사적 의의는 징세 기준을 간소화하고, 노동 인구의 부담을 줄였을 뿐만 아니라, 법률로 국가가 노동자의 인신을 속박하는 것을 없애 부역제도의 중대한 변화에 긍정적인 역할을 하여, 상공업의 발전에 자유로운 노동력을 제공했다는 것이다.

(2) 상공입법

① 명의 장적匠籍 제도를 폐지, 여전히 민간 공업 제한

순치 3년(1645) "장적을 폐지해 양민으로 한다"532)는 영을 내려, 장호를 민적民籍에 편입시키고, 동등하게 납세하고 고용되도록 했다. 이로써 법률상 농민과 똑같은 사회적 지위를 획득했다. 민간 수공업자도 무기, 화폐, 견직물,

---

530) 당안檔案, 『전삼조제본前三朝題本』.
531) 당안檔案, 『전삼조제본前三朝題本』.
532) 『청세조실록淸世祖實錄』 권16.

도자기 등 모든 것을 생산하고 작업장을 경영할 수 있었지만, 여전히 제한을 받았다.

채광업을 예로 들면, 지하자원의 채굴과 제련은 기타 수공업 발전에 기초가 되는 것으로서 자본주의적 생산 방식의 형성에 큰 의의를 갖는다. 그러나 청 초기의 몇 년 동안만 민간 채광을 허락하고, 강희 40년부터는 그것을 금지했다. 강희 43년에는 조서를 내려 "채광은 지방에 무익하므로 앞으로 채광을 신청하는 사람을 비준하면 안 된다"533)고 했다. 강희 50년에 호남의 납(鉛)이 출토되는 지방이 "산이 높고 골이 깊으며, 사천·광동, 묘苗족·요瑤족 거주지에 걸쳐 있어서 채굴에 불편하니 영원히 폐쇄한다"534)고 결정했다. 채광 금지정책이 목표로 한 것은 "광부들이 쉽게 모이기는 하나 해산하기 어렵고, 적으면 약탈하고 크면 무리를 이루기 때문이다."535) 옹정제는 일찍이 "광물 채굴은 … 사람이 많이 모이므로 해가 매우 심하다. 광물을 캐는 무리는 대개 각지에서 모여든 토비들이다." '그들이 부당한 이익을 얻는 것'을 절대 허락하지 않으며, "심산계곡에 모이게 해서는 안 된다"536)고 했다.

통치자들의 이러한 생각 때문에 호부칙례에는 섬서의 철광산 상인들이 자체적으로 출자해 채굴하는 일에 대해 "지방 관리가 상인의 이름과 본적을 정확히 조사하고, 서약서를 쓰게 한 뒤, 번사藩司에서 허가증을 발급받아야 채광을 비준할 수 있다"고 엄격히 규정했다. "사사로이 채굴하면 즉시 차압하고, 예例에 따라 죄로 다스렸다." 철광 채굴을 기회로 사사로이 병기를 만들거나 토비들에게 팔면 곧바로 중죄로 다스렸다. 건륭제 때 호남성의 철광업자는 "그 고장의 사람만 고용하고 외래인을 모집해서는 안 된다"고 명하고, 이름과 연령, 생김새를 기록하고, 경영 허가증과 보갑인우保甲隣右의 서약서를 받은 뒤 관에 신고해야 채굴을 비준했다.

운남의 동銅 광업을 통제하고 판매를 독점하기 위해, 관청에서 공본工本을

---

533) 유정섭兪正燮, 『계사존고癸巳存稿』 권9.
534) 대청회전大淸會典 권53.
535) 『분주부지汾州府志』 권31.
536) 『청세종실록淸世宗實錄』 권24.

내주고 동을 거두는 정책을 세웠는데, 공본을 수령하지 않은 상인이 생산한 동은 반드시 싼 가격으로 '관동점官銅店'에 팔게 했다. 사적으로 매매하다 발각되면 동을 몰수하고 처벌했다. 이러한 강제적인 수탈정책은 창상廠商들이 자금을 모으지 못하게 하고, 기술 개혁과 확대 재생산을 할 수 없게 했을 뿐만 아니라, 단순 재생산도 유지할 수 없게 했다. "운남의 동은 해마다 생산이 부족해 늘 침체되어 있었다."[537]

② 이상利商, 휼상恤商 정책의 시행

청은 상업을 발전시키기 위해 "명 말에 늘어난 모든 세금을 면제했다."[538] "모든 시장 매매는 상인이 편한 때와 장소에 맞게 화물을 평가하고, 시세를 정하고, 상인을 격려하고 절약을 도우며, 토호를 억제했다."[539] 그리고 상인들의 사회적 지위를 높여 '사민四民 가운데 하나'[540]로 했다. 강희 6년에 영을 내려서 귀족 관료들이 상인들의 물건을 약탈하고, 백성들의 이익을 빼앗는 것을 금지하여 상인들의 합법적인 경영을 보호했다. "앞으로 왕공 이하 문무 관리의 가족이 관진關津의 요소를 강점해 상인들의 무역을 허용하지 않으면, 죄를 범한 지역에서 3개월 동안 목에 형구를 채우는데, 기인旗人은 채찍 100 대를 때린다. 가족이 그렇게 하도록 놔둔 번왕藩王은 은 1만냥을, 공公은 은 1천냥을 벌금하고, 가무관리관家務管理官은 해직한다. 군독무軍督撫 이하의 문무 관리는 해직한다."[541] 옹정제 때도 귀족 관료와 그 세력을 믿고 상인을 업신여기는 사람을 무겁게 처벌했다.

청 초기에는 관진關津의 관리들이 불법적으로 상인을 협박해 재물을 빼앗는 것을 엄하게 다스렸다. 강희 25년에 시장 질서를 바로잡기 위해 중개업을 5년 동안 한 뒤에 심사를 하여 증명서를 바꾸어주는 제도를 만들었다. 전체적으로 보면 청은 여전히 농업을 중시하고 상업을 억제하는 정책을 실시하

---

537) 양장거梁章鉅, 『퇴암수필退庵隨筆』 권7.
538) 『청조문헌통고清朝文獻通考』 권26.
539) 『청조문헌통고清朝文獻通考』 권32.
540) 『동화록東華錄』 권28.
541) 『청성조실록清聖祖實錄』 권14.

여 청 초기에 잠시 흥했던 '상공商工이 모든 것의 근본'이라든가 '농상農商이 모든 것의 으뜸'이라는 계몽 민주주의 사조에 타격을 가했다. 옹정 5년에 황제가 "짐이 보기에 4민 계층 가운데 사士 외에 농민이 제일 귀하다. 모든 사·공·상은 모두 농민에게 의지하기 때문에 농農이 천하의 기본이며, 공·상은 그 뒤이다"[542]고 했다. 심지어 건륭제는 "천하의 모든 백성이 남무南畝[543]에 전력하기를 바란다"[544]고 했다. 관리를 평가할 때도 수확에 따른 세금 징수 실적을 성적의 첫째 기준으로 했다.

③ 관關의 설치와 조세 징수

관세는 국가의 중요한 재정 수입이기에, 관문을 몰래 넘어 탈세하면 법에 따라 죄로 다스리고, 지방 관리도 함께 처벌했다. 호부칙례에는 "관세가 모자라면 현임 관리가 배상한다"고 규정했다. 그래서 각 관문의 관리들은 세금을 늘리는 데 혈안이 되어 마구잡이로 세금을 거두었다. 관세 외에도 중개세仲介稅, 낙지세落地稅, 염세鹽稅, 광세鑛稅, 차세茶稅, 주세酒稅 등 많은 명목으로 상세商稅를 거두었다. 게다가 서리들이 끝없이 착취해 상인들이 견딜 수 없는 부담을 받았다. 행상이 '세금을 바치지 않으면' 법에 따라 "태형 50대에 처하고, 화물의 절반은 관에서 몰수했다."[545] 이 때문에 상인들이 관문을 험한 길로 여기게 되어 할 수 없이 상업 자본과 이윤을 토지 경영으로 돌리게 되었다. 일부 고리대금업자들도 이자로 토지를 사들여서 소작료로 이윤을 얻었다. 그들에게 토지 착취야말로 가장 안전하고 확실한 것이었다. "천하의 어떤 것도 확실하지 않지만 이것은 골치 썩이지 않아도 보장되는 것이다"[546]고 할 정도였다. 이렇게 상업 자본과 소작료가 결합하게 되어 상업 자본이 공업 자본으로 쉽게 전화할 수 없었고, 화폐 자본도 축적될 수 없었다. 이것이 중국 사회가 오랫동안 침체된 원인 가운데 하나이다.

---

542) 『청세종실록淸世宗實錄』 권57.
543) 남향의 밭. 전답은 남향이 이상적이므로, 남무라고 표현했다. ― 역주
544) 『청조통전淸朝通典』 「식화지食貨志 1」.
545) 대청률례大淸律例.
546) 장영張英, 『항산쇄언恒産瑣言』.

그뿐만 아니라 청은 소금·차 전매법을 시행하고, 중요한 상업 경영 항목을 독점함으로써, 시장 유통을 방해해서 상품 경쟁이 존재할 수 없었다. 이 모든 것은 개인 상업의 발전, 시장 확대와 원시 자본 축적을 저해했다. 그래서 사회적으로는 서유럽의 시민 계층처럼 지주계급과 서로 맞설 수 있는 정치적 역량을 형성할 수 없었다. 그리고 청 정부도 숱한 법률과 법령을 제정해, 어떠한 변화도 생기지 않도록 기존의 생산 방식을 적극 수호했다. 마르크스는 "중국에서 자본주의의 시작이 더 늦은 이유는 정치권력의 직접적인 도움이 없었기 때문이다"547)고 정확히 지적했다.

④ 대외무역의 제한

일찍이 순치 12년에 반란 세력을 진압하기 위해 처음으로 금해령禁海令을 반포하여 바다로 나가는 것을 허락하지 않고, 이를 위반한 사람은 적과 내통한 죄로 처벌했다. 그 후 순치 18년과 강희 17년을 전후로 세 번이나 '천해령遷海令'을 반포해 복건·광서·강소·절강 연해의 주민들을 강제로 내륙 쪽으로 50리를 이주시키고, 그 경계를 넘는 자는 참수형에 처한다고 하여 해안선 근처에는 인적이 자취를 감추었고, 해외 무역이 완전히 단절되었다. 강희 22년에 대만을 통일한 뒤 해내海內의 통일을 위해 이듬해 해상 금지령을 폐지하고 '바다에 나가 무역하도록 명하고,' "산동·강남·절강·광동의 항구에서 금지품을 휴대하면 예에 따라 처벌하고, 상인이 바다에 나가 무역을 하려면 지방 관리에게 보고해, 이름을 등기하고 보결保結을 구비해 허가증을 발급받고, 배에는 번호와 이름을 새기며, 출구를 지키는 관리의 검사를 거치도록 했다."548)

또한 강희 24년에 소송蘇松·영파寧波·천주泉州·광주廣州를 대외무역 항구로 정하고, 강해관江海關·절해관浙海關·민해관閩海關을 설치해 대외무역 사무를 관리했다. 해상 금지를 폐지한 뒤 대외무역이 흥성했는데, 이는 연해 지역의 수공업과 조선업을 크게 발전시켰다. 강희제는 "짐이 남방 시찰을 떠나

---

547) 『마르크스·엥겔스전집(馬克思恩格斯全集)』 제25권, 373쪽.
548) 광서대청회전사례光緒大淸會典事例 권120.

소주를 지날 때 조선 공장에 물어보았더니, 해마다 배를 만들어 바다에 나가 무역하는 자가 천여 명이나 된다고 한다"[549]고 말했다. 광동廣東 『징해현지澄海縣志』에는 "해상 무역을 다시 전개한 후, 돛을 달고 짐을 싣고 들어온 사람이 천명에 달했다. 중개항이 곳곳에 있어 백성들의 물자가 풍족하고, 간판이 즐비하고 기이한 저택들이 줄줄이 있어 바닷가의 대도시를 이루었다"고 했다. 그러나 해상 금지를 폐지하는 동시에 정치 상황을 고려해, "식량, 병기, 목판, 철제, 화약, 초석, 유황 등의 수출을 금지하고, 불법으로 배를 만드는 것을 엄금했다. 바다에 나가는 사람이 휴대해야 할 식량은 한 사람에 하루 쌀 1승升으로 제한하고, 풍랑에 대비해 여분으로 1승을 휴대하게 했다. 그것을 넘으면 쌀을 몰수하고, 선주와 상인은 모두 죄로 다스렸다."[550]

강희 56년에 다시 금해령禁海令을 반포해, 남방과 무역하는 것을 중지시키고, 배를 판매하는 것을 엄금하여 배를 사고팔면 참수형에 처했다. "바다에 나간 사람이 외국에 남을 경우, 그 사정을 알면서 함께 간 자는 3개월 동안 목에 칼을 채우고, 관할 도독都督은 외국에 공문을 보내 그를 돌려보내게 해 참수형에 처했다."[551] 외국 상선도 지방의 문무 관리가 엄하게 경비했다. 이렇게 함으로써 막 흥성하기 시작한 대외무역과 연해 지역의 상공업에 큰 타격을 주었다. 방포方苞와 남정원藍鼎元이 말한 것처럼, "지금 한 번에 단절하니 상품이 적체되고, 해변의 백성들은 절반이나 실직했다,"[552] "남양과 무역이 금지되기 전에는 복건福建·광서廣西 지역의 주민들이 풍족하게 살았는데, 금지된 이후에는 많은 화물이 유통되지 않아 백성들이 나날이 더욱 어려워졌다."[553]

서양 자본주의의 발달사를 볼 때, 해외 무역은 세계 시장을 개척하는 데 매우 중요한 역할을 했다. 그런데 청은 오랫동안 엄한 법으로 해상 통행을

---

549) 『강희실록康熙實錄』 권270.
550) 『청성조실록清聖祖實錄』 권271.
551) 『청성조실록清聖祖實錄』 권271.
552) 『방망계선생전집方望溪先生全集』 권10.
553) 남정원藍鼎元, 『남양사의론南洋事宜論』.

금지하고 국내외 상품 교류의 길을 막아서 자본주의가 싹트는 것을 저해했다.

(3) 조운漕運 입법

청의 조운은 명의 제도를 따랐다. 순치順治 2년부터 청 말기까지 호부에서는 해마다 징수할 공출미를 4백만 석으로 정했다. 조운은 식량과 물자의 남북 교류를 통해 사회·경제의 안정을 돕는 작용을 가져왔다. 조운은 또 강을 다스리는 것과 밀접한 관계가 있기에 청에서 항상 중요하게 여긴 사항이기도 했다. 조운을 보장하기 위해 제정한 조운법은 경제입법 가운데 중요한 위상을 갖는다. 강희 초년에 복잡한 조항의 조운 법규를 모아 조운의단漕運議單을 편찬하고, 관계 관리들에게 주어 검토하게 했다. 옹정 12년 어사 하지방夏之芳이 편집한 조운전서는 청 조운 법규의 큰 성과인데, 10년에 한 번씩 수정한다고 정했다.

조운총독을 두어 전국의 조운 업무를 관리하게 하여 회안准安에 주재하면서　직예直隸·산동山東·하남河南·안휘安徽·강소江蘇·강서江西·절강浙江·호북湖北·호남湖南 9개성을 통괄했다. 그 예하에는 독량도督糧道·관량동지官糧同知·통판通判 등의 관리가 있었다. 또한 하도총독河道總督을 설치해 해운의 소통과 준설浚渫 및 제방의 구축과 보수를 책임지게 했다. 이상과 같은 조운 관료체제의 완비는 청이 조운을 중시했음을 반영하는 것이다.

조량漕糧을 담당하는 운정運丁은 조선운관漕船運官이 통령했다. 운정이 도망가는 것을 막기 위해, 강희 51년에 "운정을 뽑을 때 반드시 천총千總이 보증을 서고, 위비부청衛備府廳 등 관리에게 보고해 검열을 받은 뒤 신원보증서를 갖춘다. 수속에 결함이 있으면 천총千總과 수비守備는 예例에 따라 처벌한다. 한 번 결함이 생긴 관리는 1년 동안 감봉하고, 양도糧道는 반 년 동안 감봉한다. 여러 번 결함이 생기면 예에 따라 감봉한다"554)고 강조했다. 운정이 차출을 피하거나 배를 버리고 도망가면 "변경에 충군했다."555) 운관運官은

---

554) 양석불楊錫紱, 조운칙례찬漕運則例纂 권6.
555) 양석불楊錫紱, 조운칙례찬漕運則例纂 권6.

"운정이 소동을 피워 재물을 착취하고 도둑질하는 것을 내버려 두거나 배를 정박시켜 통상通商을 지체하면 곧바로 처벌했다."556)

조량遭糧을 징수하는 시기는 해마다 10월에 시작해서 12월에 끝냈다. "부족한 조량은 납부를 면제해 주지 않으므로" 반드시 채워야 하고, 지체할 수 없었다. 이는 청이 조량을 중시했음을 보여주는 것이다. 그러나 양호糧戶를 착취하는 것을 금지하고, 부대비용을 마구 거두는 것을 금지했다. "악질 관리가 무고한 사람을 침해하면 독무督撫는 주현을 지적하고 탄핵했다."557) 주현이 지체된 조량을 재촉할 경우에도 "엄한 격문으로 독촉해야지 협박하거나 착취해서는 안 된다. 위반한 자는 현지의 독무가 탄핵을 제기했다."558)

조량의 수송을 보장하기 위해, 조선遭船을 똑같은 모양으로 제조하도록 했다. 강희 22년에 배의 길이는 7장 1척, 폭은 1장 4척 4촌, 적재량은 560석으로 했다. "각 성은 새로운 양식에 맞춰, 일률적으로 만들었다."559) 조선의 사용 기간은 10년으로 그 기한 안에 이유 없이 파괴되거나 '태풍을 만나 배가 침몰하거나 화재로 훼손되면' 그 배의 승무원들이 "나누어 배상해야 했다."560)

그뿐만 아니라 청은 조선의 운행 시간을 엄격히 규정했다. 남으로는 회안부淮安府 산양현山陽縣 황보黃輔부터 북으로는 천진위天津衛까지 총길이가 2,350여 리에 달해, 운행 시간을 거리에 따라 정했다. 즉, "산양현 경내의 110리 운행은 8일, 청하현의 황하 48리는 5일, 도원현의 황하 90리는 5일, 숙천현 황하의 150리 가운데 황하 내內는 5일, 낙마호駱馬湖로 들어가는 데는 3일…"561)로 정했다. 조선의 정상적인 운행을 보증하기 위해 조운 계절이 되면 병선이나 귀족 관료의 배가 뱃길을 막는 것을 엄금했다. 조운 도중

---

556) 양석불楊錫紱, 조운칙례찬遭運則例纂 권6.
557) 양석불楊錫紱, 조운칙례찬遭運則例纂 권8.
558) 양석불楊錫紱, 조운칙례찬遭運則例纂 권8.
559) 양석불楊錫紱, 조운칙례찬遭運則例纂 권2.
560) 양석불楊錫紱, 조운칙례찬遭運則例纂 권2.
561) 양석불楊錫紱, 조운칙례찬遭運則例纂 권13.

배가 뒤집히거나 화재로 조량이 손실되면 "연도에서 조량을 재촉하는 관리 및 지방 무관이 직접 조사하면, 보증서를 내보이고 운관의 확인서를 받아 관할 독무의 처벌을 면제받았다."562) 운정이 조량을 훔치면 엄하게 처벌했다. 순치 13년에 "절도한 조량을 팔면 매매 쌍방 모두 조량을 절도한 죄로 처벌한다"563)고 규정했다. 배가 침몰했다고 거짓 보고를 하고 훔치면, 장물이 600석 이상일 경우에는 모두 참수형에 처했다. 600석 이하면 변방으로 충군했다.

조량의 저장은 순치 초년에는 창장아문倉場衙門을 설치해 조량 창고의 사무를 담당하게 했다. 통주신성通州新城에는 좌량청坐糧廳을 설치해 조량을 싣고 내리는 것을 감독하게 하고, 통제고通濟庫의 금전과 양식의 출납과 조선의 운행 노선을 감독하게 했다. 당시 북경에는 조창漕倉(京倉)이 13개, 통주에는 조창(通倉)이 2개가 있었는데, 각 창고마다 감독 1명을 두고 창고의 사무를 관리하게 했다. 조량의 저장은 중요한 일이기 때문에, 창고의 양식을 훔치면 창고지기든 부근의 주민이든 모두 법에 따라 엄벌했다. "그 양이 300냥에 달하면 주범은 곧바로 참수형에 처하고, 종범은 감옥에 가두었다가 가을이 되면 참수형에 처했다. 300냥이 안되면 주범은 감옥에 가두었다가 가을에 참수형에 처하고, 종범은 창고 문 앞에 3개월 동안 칼을 씌워 두고, 그밖에 창고지기는 채찍 100대를 때린 뒤 흑룡강·영고탑 등으로 보내 노역을 시켰다. 노비는 채찍 100대를 때리고, 부근의 주민은 40판板을 때리고 자자刺字를 한 뒤 흑룡강·영고탑 등으로 보내 노비로 삼았다."564)

---

562) 양석불楊錫紱, 조운칙례찬遭運則例纂 권14.
563) 양석불楊錫紱, 조운칙례찬遭運則例纂 권16.
564) 양석불楊錫紱, 조운칙례찬遭運則例纂 권20.

제6장 사법제도

제1절 송의 사법제도

1. 사법기관

송 초기의 사법기관은 당의 사법제도를 따랐는데, 중앙은 형부刑部와 대리시大理寺가 사법을 장악했다. 황제는 사법권을 강력하게 통제하기 위해 대리시·형부 외에 궁중에 심형원審刑院을 증설했는데, 지원知院과 상의관詳議官 여섯 명으로 구성되었다. 대리시에서 심판한 모든 안건은 형부에서 재심사한 뒤, 심형원의 심의를 받고 나서 황제한테 올려 비준을 받았다. 심형원은 재상의 통제를 받지 않고 황제에게 직속되었다. 진종眞宗 때 심형원에서 황제에게 상주하는 안건은 반드시 중서성中書省의 상세한 심의를 받은 뒤 황제의 논결論決을 받는다고 규정했다. 심형원의 설치로 대리시와 형부의 직권을 제한했는데, 대리시에는 장관을 두지 않고 다른 관리가 겸직하게 했다. 신종 원풍元豊 연간의 개혁 때는 기구가 중첩된다는 이유로 심형원을 폐지하고, 형부와 대리시의 직권을 회복했다. 이때부터 대리시에 경卿 1명과 소경少卿 2명을 정·부 장관으로 두고 전담하게 했다.

법을 어긴 실직失職 관리는 대리시에서 심판하기에 앞서 먼저 어사대御使臺에서 심문했다. 어사대에는 어사를 파견해 중대한 형사 안건을 심리토록 해서 감찰권을 행사할 수 있었다. 그리하여 태조와 태종 때는 추직관推直官과 추감관推勘官을 설치했으나 신종 때 철폐했다.

지방 사법기관과 각급 행정기관은 하나였다. 중앙에서 지방 사법기관을 강하게 통제하기 위해서 각 심급에 제점형옥공사提點刑獄公事를 설치하고 제형提刑이라 줄여서 불렀는데, 그 관서를 '헌사憲司'라 했다. 제형提刑은 조정에서 직접 지휘하며, 주로 예하 주현의 판결과 10일에 한 번씩 보고하는 죄인 명부를 심사했다. 심사를 하다가 의문이 있으면 "곧바로 달려가 보았다."565) 또한 수시로 각 주현을 순시하면서 "가는 곳마다 죄수를 심문하고 공문서를 상세히 검사해, 시간을 끌고 판결을 안 했거나, 도망중인 도적을 잡지 못했을 때는 관리의 책임을 추궁했다."566) 경기京畿 지역에 제점개봉부提點開封府를 설치해, 주위의 현진縣鎮 사무를 관리하고, 경기 지역 현진의 형사 사법을 다스리게 했다. 남송 때는 이를 제점경기형옥提點京畿刑獄이라 불렀다.

태조 때 주州에 사구원司寇院(뒤에 사리원司理院으로 고침)을 설치하고 장관을 사구참군司寇參軍(뒤에 사리참군司理參軍으로 고침)이라 했는데, "소송과 심문만 전담하고 다른 직은 겸하지 못하게 했다."

송은 사법관으로 유사儒士를 중용했는데, 이는 5대 때부터 지방 마보원아 교馬步院牙校 같은 무관이 사법을 장악하던 상황을 바꾼 것이다. 유사儒士가 사법관이 되려면 '율의律義'와 '안례案例' 시험을 보았는데, 합격자 가운데 우수한 사람은 대리시에 임용했다. 이밖에 태학太學에 율학律學을 설치하고, 과거 시험으로 명법과明法科를 두었다. 신종 때 명법과에서 형통대의刑統大義 와 단안斷案 시험을 보았는데, 합격한 사람에게는 진사 이상의 자격을 주어 법률 지식을 학습하는 사회 기풍을 촉진하기도 했다.

2. 소송제도

송은 형사와 민사소송의 구분을 당보다 더 명확하게 했다.

송 때는 장杖 이하의 안건은 현에서 관할하고, 도徒 이상의 중대 사건은 범죄자와 관련 서류를 주州로 올려 보냈다. 주에서는 도형徒刑 이상부터 사형 死刑에 이르는 모든 안건을 판결할 권한이 있었다. 그러나 유형流刑 이상의 판결을 받은 자는 형옥刑獄을 주관하는 기관을 통해 형부에 보내져 재심사를

---

565) 『송사宋史』 「형법지刑法志」.
566) 『송사宋史』 「직관지職官志」.

받았다.

송은 무한務限567) 기간이 아니면 전택田宅·금전·혼인 등의 민사소송의 심리를 현에서 진행하게 했다. 판결이 부당하면 당사자는 주州, 부府, 군軍, 감監에 상소할 수 있고, 불복하면 감사監司에게 다시 상소할 수 있었는데, 보통 감사는 안건을 이웃 주에 이송해 위관委官에게 심리하게 했다. 또 불복하면 호부에 상소할 수 있었다. 호부는 민사소송의 종심終審 기관으로서 '전답과 금전에 관한 공정한 민사소송'568) 및 '민간에 있는 입호분재立戶分財'와 '전매산업典賣産業, 진고호절陳告戶絶, 처남妻男 착취의 소송'과 '전송田訟에 관한 무한務限' 등을 책임졌다. 호부가 접수한 상소 안건은 직접 심리하거나 지방 감사에게 명해 주현에서 복심했다.

송은 당의 등문고登聞鼓 제도를 계속 시행해, 등문고원登聞鼓院과 등문검원登聞檢院을 설치하여 신고 안건을 접수했다. 또한 청관淸官으로 이름난 포증包拯이 개봉부를 관장했을 때는 소송인이 관청 안에 들어가지 못하고 소장만 문지기에게 넘기던 낡은 절차를 개혁하여 정문正門을 활짝 열어 소송 당사자가 직접 법정에 출정해서 '본인이 옳고 그름을 말할 수 있도록'569)했다.

3. 심판제도

송의 통치자들은 사법관의 책임을 강조했을 뿐만 아니라 기한과 절차 등도 명확히 했다. 송 휘종 때 주현의 관리는 반드시 직접 안건을 심판하고 다른 관리에게 위촉할 수 없었고, 이를 어기면 도형 2년에 처했다. 이때부터 주현의 관리가 직접 심문하는 선례가 생겼다. 송 신종 때는 대리시 관리가 '손님을 만나는 것을 금지'하는 규정도 있어서, 뇌물을 받고 사익私益을 위해 법을 왜곡하는 폐해를 막았다.

---

567) 10월 1일부터 이듬해 3월 30일까지, 또는 2월1일 이전까지.
568) 『송사宋史』 「직관지職官志」.
569) 『포증집包拯集』.

재판에서 진술은 중요한 증거가 되었다. 민사소송에서 원고와 피고는 모두 증거를 대야 하는 책임이 있었다. 특히 살인 사건에서는 검증과 검시檢屍를 중시했는데, 송의 법의학에 관련된 명저 가운데 『세원집록洗寃集錄』, 『당음비사棠陰比事』, 『절옥구감折獄龜監』570)의 잇따른 출판은 송 때 살인 사건의 검증과 검시를 중시했음을 보여준다.

사법기관의 업무 효율을 높이기 위해서 대리시에서 심판하는 모든 안건을 큰 사건은 25일, 보통 사건은 20일, 작은 사건은 10일을 넘지 못하게 했다. 심형원의 재심도 큰 사건은 15일, 보통 사건은 10일, 작은 사건은 5일을 넘을 수 없었다. 이른바 큰 사건, 보통 사건, 작은 사건에 대해 철종 때 구체적으로 설명했는데, 각각 20관571) 이상, 10관 이상, 10관 이하의 사건으로 규정했다. 하지만 이와 같은 소송 기한에 관한 규정에도 불구하고, 심판 과정에서 시일을 끄는 일이 사라지지 않았다.

또한 송 때는 억울한 일을 방지하기 위해 선고 후에 범인과 그 가족이 심급審級에 따라 상소하는 것을 허용했다. 상소했는데도 '접수하지 않거나, 기한이 만기되어도 판결이 나지 않으면' 심급審級을 뛰어넘어 진술할 수 있었다. 상소 기한은 1년에서 3년이었다. 그렇지만 '함부로 상소하는 것'은 허용하지 않았다.

송의 전제주의 강화정책은 심판제도에도 명확히 나타났다. 송 초기 황제는 심판원審判院을 통해 중요한 심판 활동을 통제했는데, 신종이 심판원을 없앤 뒤 황제가 조서를 내려 처리한 사건은 지정된 조관朝官이 임시 심판기구를 구성해 심판을 진행했다. 어떤 때는 황제가 직접 심판하기도 해 태종은 "늘 직접 심판하고, 수도에서 발생한 안건은 모두 직접 판결했다." 휘종 숭녕崇寧 5년의 조서에 '경중의 재결은 황제에게' 있도록 하고, 숭녕 6년에 또 "황제가 단죄한 안건은 상서성에서 재심할 수 없다. 이를 어기면 황제의

---

570) 김지수, 『절옥구감역주』(소명출판사, 2001) 참조. ― 역주
571) 본문에는 민緡이라 했는데, 이는 옛날에 동전을 꿰는 끈이다. 거기에 1천문文을 꿰어 돈을 세는 단위로 쓰였다. ―역주

명을 위반한 것으로 한다"572)고 했다. 관리가 안건을 심리할 때 법률의 명문 규정이 없으면 반드시 황제에게 보고해 재결을 받고, 이를 어기면 죄로 다스 렸다. 이뿐만 아니라 황제는 어사대의 추감관推勘官을 수시로 각지에 보내 중대 안건을 심리하게 하고, 사익私益을 위해 법을 왜곡한 관리를 '탄핵할 수 있는' 권한도 주었다.

송은 심문하면서 고문을 당 때보다 더 심하게 했다. 태형·장형 등 법으로 정한 형구를 사용하는 것 말고도 협방夾邦, 뇌腦, 초곤超棍 등 여러 형벌이 함부로 남용되어 '정해진 기한 안에 문초해 빨리 종결'하기도 했다.

4. 감옥제도

송에는 중앙의 대리시·어사대부터 부·주·군·감·현까지 모두 별도의 감 옥이 있었다. 경사京師의 감옥은 늘 황제가 직접 정기적으로 '결옥'하거나, 사람을 파견해 '소결疏決'했다. 주현에 있는 감옥은 정기적으로 수감 인원을 보고했는데, "감옥이 비었다"고 거짓 보고를 해 상금을 타는 것을 막기 위해 그 기준을 엄격히 정했다. 보고가 사실과 다르면 "반드시 엄하게 꾸짖고, 고발한 자는 상을 주었다."573) 송의 감옥은 당보다 더 혹독해 늘 음식이 부족해 굶어 죽는 죄수가 있었다. 또한 옥졸들의 갈취를 막을 만한 재정이 있는 것도 아니어서 죄인들이 능욕을 받다 죽기도 했다. "발각될까 두려워 병으로 신고하고는 감옥에서 치료하지만 실제로는 이미 죽었고, 병으로 죽 었다고 하지만 사실 살해당한 것이었다."574)

그리고 송의 통치자들은 혹형으로 법을 집행했지만 이른바 사면 형식을 빌려서 백성의 적대감을 완화시키기도 했다. 사면은 일반 범죄에 한정되었 지만 이를 통해 백성의 저항감이 완화되었다. 송은 대사大赦, 효사效赦, 곡사曲

---

572) 『송사宋史』「형법지刑法志」.
573) 『송사宋史』「형법지刑法志」.
574) 『송사宋史』「형법지刑法志」.

赦, 덕음德音 등을 시행했으나 통치를 위협하는 중대 범죄는 사면하지 않았다.

제2절 원의 사법제도

1. 사법기관

　몽고 시대에는 고정된 사법기관이 없었으나, 중국을 통일한 뒤 송을 따라 형부·어사대·대종정부大宗正府를 두었다. 대종정부는 당·송 때의 대리시를 고쳐서 설치한 것인데, 대리시의 직권은 형부에 직속시켰다. 대종정부는 몽고 귀족의 사무를 관리하는 기구이면서 독립적인 관할 범위를 갖는 중앙 사법기관이었다. 대종정부는 '제왕諸王을 부장府長으로 하고,' 몽고 단사관斷事官을 설치해 몽고 왕공 귀족의 안건을 처리하고, 또한 경사京師 부근의 몽고인과 색목인의 소송 안건도 다루었다. 대종정부의 장관은 어사대의 감독을 받지 않았다.

　원은 종교를 중시했기 때문에 승려는 존귀한 지위를 가진 막강한 세력이었다. 그래서 종교 사무를 관리하는 선정원宣政院이 최고 종교 심판기관이 되어 중요한 승려 분쟁을 심리했다. 성종 때 선정원의 심판권을 통제하기 위해서 "지금부터 승관僧官·승인僧人이 죄를 저지르면 어사대와 내외의 선정원에서 함께 심문하고, 선정원 장관이 사사로운 정에 얽매어 불공평한 판결을 내리면 어사대에서 다스리도록 하라"575)는 조서詔書를 내렸다. 승인이 간음, 절도, 사기, 폭행, 살상을 저지르면 사법기관에서 심문하고, 서로 다투는 고소는 사찰의 주지가 심문했다.

　이밖에 궁중의 집사를 관장하는 중정원中政院에서는 내정內廷 관리의 안건을 심판했다. 도교道敎를 관장하는 도교소道敎所는 도교에 관련된 안건을 심

---

575) 『원사元史』 「성종본기成宗本紀」.

리하고, 군사 대권을 장악하는 추밀원樞密院은 중요한 군사 안건과 교위校尉급 군관의 안건을 심판했는데, 앞서 말한 각 기관들은 서로 예속되지 않아 모든 공소公訴와 필요한 회합이 계속 연기되면서 재결을 하지 못해 통일적인 사법권 행사와 심판 효율에 큰 영향을 끼쳤다.

원의 지방 최고 사법기관은 행성行省인데, 성에 숙정염방사사肅政廉訪司使를 두고 각급 사법을 감독하게 했다. 성 이하 각 심급에는 추관推官을 두고 소송을 담당하게 했다. 지방의 부府·주州·현縣에서는 모두 행정장관이 사법을 관장했다. 부·주·현 각 심급에 몽고 관사관管事官인 다루가치達魯花赤576) 1명을 두었는데, 그 권한이 지방장관보다 커서 범죄자를 직접 심문할 수 있었다.

원의 기층 향리에는 '사社'를 두었는데, 사장社長은 부모의 가르침을 듣지 않거나 사람 됨됨이가 흉악한 자의 집 문에 과오를 써 붙이고, 잘못을 고치면 그것을 떼고, 고치지 않으면 본사에서 노역을 시켰다. 이 '사'는 기층의 사법 기관은 아니었다.

2. 소송제도

원은 법전에 '소송'을 별도의 편으로 두고 민사 분쟁의 조정과 형사 안건의 소송 절차를 규정했다.

원 때 민사소송 대리의 범위는 더 확대되어 치사관致仕官부터 일반 백성까지 이르렀다. 『원사』「형법지」에는 "치사는 소송 안건에서 관을 대리할 수 있고, 부득이한 대민 소송에서는 그 친족을 대신해 소송할 수 있으며, 관청은 그 권리를 침범할 수 없다"고 했다. 그밖에 노인과 독질·잔폐 등의 장애자는 그 동거 친족의 대리 소송을 허용했다. 부녀는 "가족 가운데 남자가 없더라도 사건을 감추거나 두절할 수 없으며, 반드시 관아에 신고해서 집안의 친척이

---

576) '다루가치'에 대해서는 스기야마 마사아키, 『몽골 세계 제국』, 임대희 등 옮김, 신서원 243쪽을 참조하기 바람. —역주

대리 소송하는 것을 허용한다. 고소가 사실이면 사리에 따라 종결하되 사실과 다르면 부인을 처벌하고 대리 소송을 할 수 없다. 혼자라서 의탁할 사람이 없거나 남자가 있더라도 다른 이유로 방해를 받으면 이러한 예例의 구속을 받지 않는다"고 했다.

원 때 시행한 대리 제도는 일반 백성의 전택·혼인·승계 등의 민사소송까지 확대했다. 그래서 "일반 백성이 대리 소송할 수 있게 한 것은 원부터 시작되었다"[577)는 말도 있다. 원의 소송제도가 상당히 발전했음을 뜻한다.

이밖에도 민사소송에서 조해調解를 운용했다. 지원신격至元新格에 "혼인·가재家財·전택田宅·채부債負 등의 분쟁에서 크게 법을 어긴 것이 아니라면 사장社長이 따져 보아 화해시켜서 농사를 망치거나 관아에서 소란 피우는 것을 피하게 했다"[578)고 했다. 이처럼 조해 방식에는 민간에서 사장이 책임지고 동네의 민사 분규를 '이치에 따라 해결'하게 하는 것이 있고, 사법기관의 조해도 있었다.

조해의 결과는 당사자들에게 법률 효력을 갖기에 소송 쌍방이 똑같은 사실과 이유 때문에 다시 제소하는 것을 금했다. 원전장元典章에는 이에 대해 다음과 같은 자세한 기록이 있다. "혼인·전택·가재·채부 등 법을 어기지 않은 안건이 고소를 저지당했으면 관할 관청에서 이를 다시 접수해 다룰 수 없다. 법을 어긴 안건에 대해서만 염방사廉訪司가 처리한다." "앞으로 혼인·전택·가재·채부 등에 관해 원고와 피고가 화해하고 끝냈는데, 다시 기소하면 조사해서 별다른 위법 사실이 없으면 소장을 접수하지 않도록 한다." "앞으로 혼인·전택·가재·채부 등에 관해 당사자들이 제소를 철회하면 별다른 위법 사실이 있는가 상세히 살피고, 그 고소를 비준한 뒤에는 함부로 송사訟詞해서는 안 되고, 이를 어기면 죄로 다스렸다."

원 때 운용한 조해는 '민사소송이 많고, 그 가운데 혼인과 전택에 관한 것이 특히 많았던' 사회 상황과 밀접한 관계가 있다. 통치자는 조해를 통해

---

577) 서조양徐朝陽, 『중국소송법소원中國訴訟法溯源』 60쪽.
578) 『원사元史』 「형법지刑法志」.

사회갈등을 완화시켜 사법기관의 업무를 줄이려고 힘썼다. 원의 장양호張養 浩는 "친족 사이의 소송은 천천히 하고 급하게 해서는 안 되며, 관대하게 처리해야지 극렬해서는 안 된다. 천천히 하면 잘못을 깨달을 수도 있지만 극렬하면 더욱 더 선악이 혼탁해지니, 그 속에서 즐거움이 시작되도록 해야 비로소 이치에 맞는 것이다" 했다. 원의 조해 제도는 명·청에 영향을 주었다.

원의 고소에는 관부가 기소하는 것과 당사자 자신이 제소하는 두 가지 방식이 있었다. 당사자의 제소에 대한 제한은 당률·송률의 "연월을 똑바로 적고 사실을 진술하되 의혹이 있어서는 안 된다"는 조항과 노비가 주인을 고발하는 것을 엄금한다는 조항을 따랐다. 이는 원의 통치가 전통시대에서 고대로 후퇴하게 만든 당시 중국 사회의 시대적 특징을 나타낸 것이다. 또한 아들이 아버지를 고소하고, 아내가 남편을 고소하는 것을 엄금한 규정을 볼 때, 한족 문화의 영향을 받아서 몽한蒙漢 문화가 융합하면서 몽고족이 변하기 시작했다는 것을 반영하는 것이다. 원 때에도 절차에 따라 상소하는 것을 허용했지만 뛰어넘어 상소하는 것은 허용하지 않아 이를 위반하면 태 형 57대에 처했다. 또한 등문고를 설치해 북을 치며 탄원할 수 있었다. 그밖에 '승여소乘輿訴'가 있었는데, 이는 당의 '요거가邀車駕'579)와 같은 것이다. 그러 나 승여소는 반드시 주·현을 거쳐 성부대원省府臺院에 이르는 각급 심리를 받아도 미결未決이 되어야만 할 수 있었고, 그렇지 않으면 죄로 다스렸다.

원 때에 사법 관할은 지역 관할과 민족·신분·종교에 근거한 전문 관할을 시행했다. 예를 들어 보자. "몽고인이 법을 위반해 죄가 성립되면 반드시 몽고인 관리가 판결하고, 집행도 마찬가지이다." "모든 사겁설四怯薛과 제왕, 몽고인이 … 간음·절도·사기 등의 죄를 범하면 대종정부大宗正府에서 처리 한다."580) "대도大都 소속의 몽고인이 겁설군참怯薛軍站 색목인과 한족과 함께 죄를 저지르면 종정부宗正府에서 처리한다. 그 외 로路·부府·주州·현縣의 한

---

579) 당률소의唐律疏議 투송鬪訟 57(요거가과고소사邀車駕撾鼓訴事), 임대희·김택민, 『역주 당률소 의』, 한국법제연구원, 3142쪽. "거가車駕를 기다렸다가 또는 등문고登聞鼓를 치거나" 조항 참조 —역주
580) 『원사元史』「형법지刑法志」.

인, 몽고인, 색목인은 모두 형부에서 관장한다."581) 회회인回回人 사이의 소송은 인종仁宗 황경皇慶 원년(1312) 이전에는 흔히 '합적哈的' 대사大師가 해당 민족의 풍속과 회회법에 따라 심판했다. 군인과 군호와 관련 있는 '투송·혼인·공물·금전·재산·종종계절宗從繼絶·과차科差 등이 불공평해 서로 고소하면'582) 전문 담당 군관이 심리했다. 승려 사이의 쟁송은 각 사원의 주지 승려가 주관해 심리했다.

전문 관할은 전문적인 법률 적용과 법정이 함께 거론되는데, 이는 국가 법률의 통일적인 적용에 지장을 주었을 뿐만 아니라 사사로이 법을 파괴하고 범죄자를 방치했다. 『원사』「형법지」에는 서승西僧이 '마음대로 죄인을 풀어 주고,' '간사한 꾀를 부리는' 등의 사건이 기록되어 있다.

3. 심판제도

원율에 의하면 중대 안건이 아니면 밤에 심판하는 것을 금지했다. 그리고 강도가 아니면 잔혹한 형벌을 금했다. 또한 법관이 안건을 심리할 때 고의로 잘못하면 같은 죄로 처벌하거나 1등을 감해 처벌하고, 실수로 잘못했으면 3등이나 5등을 감해 처벌했다. "모든 죽을죄는 반드시 상세히 파악하고 나서 형벌을 가했다." 그렇지만 이러한 규정은 실제로 구속력이 별로 없었다.

원은 서증書證의 취득과 부검剖檢에 관한 규정도 두었다. 가령 사법관이 개인적으로 가산을 몰수하는 것을 금지하고, 심증만 가지고 걸핏하면 형사 소송을 걸거나, "억지 증거로 사람에게 죄를 씌우는 것을 금지했다."583)

야만적이고 뒤떨어진 몽고 귀족의 통치는 매우 잔인했고, 법제 질서는 존재하지 않았다. 회피回避, 상소上訴, 양형量刑 등의 규정이 있었지만 사실은 종이조각에 지나지 않았다. 심판 과정에서 형리는 자기가 받을 뇌물의 양만

---

581) 『원사元史』「백관지百官志」.
582) 대원통제大元通制 소송부訴訟部.
583) 대원통제大元通制 소송부訴訟部.

묻고, 안건의 시비는 상관하지 않고 범인을 윽박지르며 고문을 가해 자백을 강요했다. 또한 곳곳에 감옥을 세우고, 법을 무시한 채 사실 여부를 떠나 사람을 연좌해 잔혹한 형벌을 가하는 등 중국 역사상 보기 드물게 법이 무시된 시대였다. 원의 저명한 극작가 관한경關漢卿의 명작 『두아원竇娥鴛』에서 극중 인물이 '관리는 법에 무심하고, 백성은 입이 있어도 하소연하지 못하고'라든가 "관아는 옛날부터 양지만 바라보고 있으니 억울하지 않은 자가 없도다"는 대사를 읊는데, 이는 사법의 암울한 현실을 조명한 것이다.

제3절 명의 사법제도

1. 사법기관

명의 중앙 사법기관은 형부刑部· 대리시大理寺와 일종의 사법권이 있는 도찰원都察院으로 구성되었다. 명의 형부· 대리시의 명칭과 조직은 당· 송과 같으나 그 구체적인 직권과 관할은 달랐는데, 대리시는 보통 심판을 하지 않고 재심만 관장했다. 이른바 '형사 재판의 억울한 누명을 심판하여' 형부와 도찰원의 심판 안건 가운데 "범죄자의 소송 기록을 모두 대리시에 보내 다시 상세히 심사하도록 했다." 사건 정황이 죄를 인정할 만하면 상주하도록 하고 그렇지 않으면 기각했는데, 이를 '조박照駁'이라 했다. 3차까지 불공평하면 관에 다시 물었는데, 이를 '참박參駁'이라 하고, 진술이 확실하지 않으면 이송해서 다시 심리했는데, 이를 '추박追駁'이라 했다. 여러 번 반박해도 합당하지 않으면 황제에게 올려 결정을 받았는데, 이를 '제결制決'이라 했다.584)

명회전에는 "법률에 황제에게 올려 처리해야 할 안건은 대리시에서 구체적으로 범죄의 죄명을 써서 보고하고 황제의 결재를 받아야 한다"고 했는데,

---

584) 『명사明史』「직관지職官志 2」.

이 절차는 태조 때부터 법으로 정착되었다. 심판은 형부에서 주관했기 때문에 형부의 조직도 이에 따라 확대되었다. 명 초기에 형부는 4사司로 구성되었다가 뒤에 13청리사淸吏司로 확충되어 지방의 상소 안건과 중대 안건 및 중앙 관리에 관한 안건을 분류해 심리했다. 형부는 유형流刑 이하의 안건을 판결할 권한이 있었는데, 판결한 뒤에 죄인과 그에 관련된 서류는 대리시에 보내져 재심사를 받고 다시 형부에서 형을 집행했다.

사형 안건은 반드시 황제의 비준을 받았다. 그런데 형부에서 잘못 판결하면 무거운 처벌을 내렸다. 만력萬曆 때 대리시경大理寺卿 왕용급王用汲은 "법에 의하면 형부와 대소大小 관리官吏가 법률에 따르지 않고 상관의 뜻에 따라 죄를 다스리면 그 죄와 같은 것으로 처벌했다"고 말했다.585) 형부의 심판이건 재리사의 복심이건 모두 도찰원의 감독을 받아야 했다.

사법적 통제를 강화하기 위해 홍무 17년 중앙에 삼법사三法司라는 연합 심판조직을 구성했다. 삼법사는 형부·대리시·도찰원 3개 기관으로 구성되었는데, 모든 중대한 안건은 삼법사에서 심리 곧 '삼사회심三司會審'했다. 홍무 17년에 "모든 죄수는 형부와 도찰원에서 상세히 의논하고 대리시에서 다시 심사한 뒤 황제에게 보고해 결재를 받도록 했다."586) 특별히 중대한 안건이 발생하면 금의위錦依衛, 진무사鎭撫司나 기타 높은 관리도 심판에 참여했다. 가정嘉靖 5년에 이복달李福達이 요술로 반역을 꾀한 사건에 대해 삼법사의 정·부 주관主官 및 금위의, 진무사 각 관리가 함께 심문하고, 또 황제가 '구경九卿에게 영을 내려 궁정에서 같이 심문하도록'587) 조치했다. 삼법사는 중앙의 최고 심판기관이었지만 중대 사건을 직접 판결할 권한은 없었고, 반드시 황제에게 보고해 비준을 받아야 했다.

그밖에 명은 '창廠,' '위衛' 조직을 특별히 설치했는데, 이는 정식 사법기관은 아니지만 황제의 영에 의해 형사소송을 관장하고, 순찰·체포를 담당하여

---

585)『명사明史』「왕용급전王用汲傳」.
586)『명사明史』「태조본기太祖本紀」.
587)『명사기사본말明史紀事本末』권56.

'조옥詔獄'을 주관하고 심문할 권한이 있었다. 금의위는 원래 친군親軍 12위衛 가운데 하나인데, 직권이 매우 작았다. 태조 때 "천하의 중죄를 경사京師에 압송해 금의위 옥중에 수감해 다스렸다"588)고 했다. 이로부터 금의위는 병兵과 형刑을 겸하고, 큰 안건을 심리할 수 있었다. 홍무 20년에 이 제도를 폐지하여 "모든 형구를 사용하지 못하고, 범인은 형부에 보내 심리하도록 했다."589) 성조 즉위 후 "다시 조옥詔獄을 주관하게 하고 금의위가 전처럼 큰 안건을 심리했다."590) '금의위는 시위侍衛·체포·형사소송 등을 다루고, 모든 죄를 조사해 형벌을 가하는 사무를 삼법사와 함께'591) 집행했다

홍무 15년에 금의위 아래 북진무사北鎮撫司란 기구를 별도로 설치해 "조옥을 전문적으로 심리했다." 북진무사가 관할하는 안건은 '상규를 벗어난 요언과 살인·강도 등 중대 안건을 수사하고' 기타 소송과 주현의 안건도 취급했는데, 소송이 마무리되면 황제에게 보고했다. 북진무사의 "권력이 나날이 커져서 법사法司의 업무를 침해했다."592)

금의위 계통 외에 영락 18년에 '동창東廠'을 두었고, 성화 13년에는 '서창西廠'을 두어 '모역謀逆, 요언妖言, 대간악大奸惡 등을 체포하는'593) 직무를 부여했다. 창廠은 특무기관으로 "곳곳에서 민간의 은밀한 일을 탐문하여 정치의 크고 작은 일에 대해 고을의 골목에서 얘기하는 것을 모두 탐문하며,"594) "민간의 다투는 일과 닭·개에 관한 사소한 일도 무거운 법으로 다스려 사람들을 괴롭혔다."595) 창廠·위衛는 직접 황제의 명을 받았기 때문에 그 지위가 특수했으며, 그들의 판결에 대해서 형부나 대리시에서 다룰 수 없었다. 명은 친군親軍·근위近衛에서 사법관을 충당하고, 명률의 규제를 받지 않고 법과

---

588) 『명사明史』 「형법지刑法志 3」, 전영진, "명사 형법지 역주"(『중국사연구』 23, 29 참조). ― 역주
589) 『명사明史』 「형법지刑法志 3」.
590) 『명사明史』 「형법지刑法志 3」.
591) 『명사明史』 「직관지職官志 5」.
592) 『명사明史』 「형법지刑法志 3」.
593) 『명사明史』 「형법지刑法志 3」.
594) 『명사기사본말明史紀事本末』 권37.
595) 『명사기사본말明史紀事本末』 권37.

형벌의 집행을 마음대로 하여 명의 전제 통치가 어느 정도였는지 충분히 알 수 있다.

지방 사법기관인 주·현은 행정기관과 결합해서 지부知府·지현知縣 등의 지방 행정장관이 사법심판 업무를 관장했다. 성省에는 제형안찰사提刑按察使를 두고 "성의 형사에 관한 모든 일을 관장하게"[596] 했는데, 이는 송의 제점형옥提点刑獄과 같다. 안찰사는 도형徒刑 이하의 안건을 처리할 수 있고, 도형 이상의 안건은 형부에 보내야 했다. 명은 각 주현과 향리사鄕里社에 신명정申明亭을 설치해, "모든 민간의 민사 소장을 나이 많은 이장이 신명정에서 받아 처리했다."[597] 신명정은 주로 민간의 민사분쟁을 조정했는데, 호戶·혼婚에 관한 안건은 반드시 신명정을 거쳐야 했다. 명은 현縣·주州·성省부터 중앙의 형부·삼법사까지 완비된 사법심판 체계를 형성했는데, 최고 사법권은 황제가 쥐고 있었다.

부와 현 급의 사법기관의 기능을 강화하기 위해 토지·인구·부역 등에 대해서는 성省의 포정사가 관장하고, 사법 관련 사항은 성의 안찰사가 전적으로 관장했다. 이러한 업무 성격에 기초한 체계는 명의 국가조직이 엄밀하고 업무 효율이 높았음을 나타낸다.

2. 소송제도

명은 군호軍戶와 민호民戶를 엄격하게 구별하는 제도를 시행하여 그 사법 관할 또한 같지 않았다.

군인이 법을 어기면 군사기관에서 처리하여 각 성도지휘사省都指揮使에서 설치한 도위단사사都衛斷事司와 위소衛所의 천호·만호가 전문적으로 군인 안건을 책임지고 처리했다. 군관이 죄를 저지르면 해당 관아에서 사실을 밝힌 다음 5군 도독부나 병부에서 심리를 거쳐 황제에게 처리를 품의했다. 일반

---

596) 『명사明史』「직관지職官志 4」.
597) 대명률집해부례大明律集解附例 권26.

백성의 소송 안건은 소재 주·현에 신고했다. 홍무 원년에 오문午門 밖에 '등문고登聞鼓'를 설치해 "억울한 자가 북을 쳐서 그 사정을 하소연하게 하고, 날마다 과도科道 1명과 금의위 관원 1명이 돌아가며 그 일을 처리했는데, 백성에게 억울함이 있어도 관아에서 심리하지 않는다는 등의 상황을 들을 수 있었다."598) 그런데 월소越訴하는 사람이 많아져 홍무 15년에는 그것을 금하며, "모든 군민이 호혼戶婚과 전토田土에 관한 것이나 처벌받을 만한 일을 저지르면, 반드시 아래부터 위로 이르는 절차를 밟아 상고해야지 월소할 수 없고, 위반하면 처벌한다."599) 그러나 중대하고 빨리 해결해야 할 안건만 월소할 수 있었다.

홍무 27년 4월에 "관청에 영을 내려 공정하게 일을 맡을 연장자를 골라 그 향鄕의 소송을 처리하도록 했다. 호혼戶婚·전택田宅·투구鬪毆에 관한 것은 이서里胥가 처리하고, 중한 사건은 관官에서 처리했다. 이노里老를 거치지 않고 직접 현관縣官에게 제소하면 월소한 것으로 간주한다."600) 연장자 가운데 공정한 사람과 이노里老는 대부분 지방의 호족과 족장이었는데, 이는 사실상 1심으로 정권政權과 족권族權이 긴밀하게 결합되어 있음을 나타내는 것이다. 그러나 여전히 지방의 호족과 관청의 박해를 받은 백성이 월소하는 것을 막을 수 없어서 변경에 유배를 보내는 등 중벌로 제재했다. 선덕宣德 연간(1426~1435)에는 월소라도 사실이라면 면죄하고, 사실과 다르면 변경으로 유배를 보냈다. 경태景泰 연간(1450~1456)에는 월소하면 허실虛實에 관계없이 모두 충군充軍에 처했다. 명률의 월소에 대한 처벌규정은 지방기관의 사법적 통제기능과 백성의 기소 권리를 제한하는 것을 그 목적으로 했다.

사법 관할에서 명률은 "중한 죄는 가벼운 죄보다 우선하고, 큰 죄는 작은 죄보다 우선하고, 먼저 지은 죄는 나중 지은 죄에 우선하는" 원칙을 계속 시행했다. 고소 안건이 두 곳의 주현에 관계되면 "원고가 원하는 관청에서

---

598) 『춘명여록春明余錄』 「형부刑部」.
599) 『속문헌통고續文獻通考』 「형고刑考 2」.
600) 고염무顧炎武, 『일지록日知錄』 권8.

심리하도록 했다."601) 이는 원고가 심판기관을 선택할 권리를 보장했음을 보여주는데, 향鄕·주州·현縣에서 서로 미루어 재판이 지연되는 것을 막기 위함이다.

명률의 '고장불수리告狀不受理,' '교사사송敎唆詞訟' 등의 조항은 기본적으로 당률과 같았다. 노비는 주인을, 비속은 어른을 고소할 수 없고, 갇혀 있는 죄수는 다른 일을 고발하지 못하고, 노약자와 독질자篤疾者 및 부인의 고소권도 제한을 받았다. 무고에 관한 처벌은 당률보다 더 무거웠다. 영락 원년 2월에 '무고법'을 제정해 "서너 명을 무고하면 장형 100대를 덧붙여서 도형 3년에 처하고, 오륙 명을 무고하면 장형 100대를 덧붙여서 유형 3천리에 처해, 무고가 무거울수록 엄한 벌에 처했다. 무고한 것이 열 명 이상이면 능지처참에 처해 그 고을에 효수하고, 가족은 멀리 이주시켰다."602) 명률이 무고를 가중 처벌한 것은 전통사회 후기에 계급 갈등이 심해지자 무고 때문에 조성되는 사회 혼란을 모면하려는 통치자의 의지를 반영한 것이다. 그밖에 명률은 '익명으로 고발한 죄'는 접수하지 않았고, 이를 위반하면 장형 100대에 처했다.

명률은 고소권을 여러 가지로 제한하는 동시에 관청에서 접수한 안건은 빨리 처리하게 했다. 모반과 반역을 곧바로 처리하지 않거나 체포를 막은 자는 장형 100대를 덧붙여서 도형 3년에 처했다. 투구·혼인·전택 안건을 접수하지 않은 자는 범인의 죄에서 2등을 감하여 장형 80대에 처했다.

3. 심판제도

명의 심판제도는 전제정치 정신을 구현하기에 충분했다. 지방의 최고 심급인 안찰사는 도형 이하의 안건만 결정할 수 있었고, 유형 이상의 중대 안건은 의견만 제시하고 중앙의 재결기관에 송부했다. 형부는 유형 안건을

---

601) 대명률大明律 형률刑律.
602) 『심기이선생유서沈寄簃先生遺書』「율령律令 9」.

처리할 권한은 있었지만 반드시 대리시의 재심을 받으며 또한 도찰원의 감독도 받았다. 그리고 삼법사의 판결이 나더라도 꼭 황제의 최종 결정을 거쳐야 했다. 홍무 연간에 주원장은 직접 "죄인을 살피고," "큰 사건은 친히 심문했다." 영락永樂 원년 성조成祖 주체朱棣는 "법사에 명해 5일에 한 번씩 죄인을 심문했다."603) 영락 13년에는 "죽을죄에 해당하는 자는 5번 심리하라"604)고 영을 내리고, 영락 17년에는 "지금부터 지방의 사법기관은 죽을죄에 관한 것은 반드시 수도(京師)에 보내 심리하고 세 번 올려 심판을 받은 뒤 형을 집행하라"605)는 영을 내리기도 했다. 홍희洪熙 원년 인종은 "법사에서 5번이나 심사해서 올려도 황제의 윤허를 받지 못하면 삼공대신三公大臣이 올려 윤허를 받은 후 종결하라"606)고 영을 내렸다. 또한 "내각학사內閣學士에 특명을 내려 중대 안건 가운데 의심스러운 것은 함께 심사하게 했다."607) 정통正統 연간에 영종英宗은 "삼법사가 사죄를 다스리되 세 번 심리해 올린 후 형을 집행하라"608)고 했다. 창廠·위衛 등 특무기관이 삼법사의 사건 심리를 감독하는 '청기聽記'나 각 관아를 조사 감독한 '좌기坐記'는 모두 황제가 사법권을 장악하고 감독했음을 보여준다.

그뿐만 아니라 팔의八議에 해당하는 사람과 그 친족은 성지聖旨가 있어야 문초할 수 있고 함부로 심문하지 못했으며, 심판결과도 상주해 황제의 재가를 받아야 했다. 경관京官이나 지방의 5품 이상 관리가 죄를 저지르면 반드시 황제에게 올려야 하고 마음대로 심문할 수 없었다. 더 나아가 가정嘉靖 연간의 문형조례는 "문무 관원이 충군充軍에 해당하는 죄를 저지르면 예例에 따라 처벌하되 반드시 상주해 윤허를 받아야 한다"609)고 규정했다. 심지어 '내관, 내사, 소화자小火者, 문지기들이 죄를 저지르는 것'조차 성지가 있어야 심문

---

603) 『심기이선생유서沈寄簃先生遺書』「율령律令 9」.
604) 『심기이선생유서沈寄簃先生遺書』「율령律令 9」.
605) 『심기이선생유서沈寄簃先生遺書』「율령律令 9」.
606) 『심기이선생유서沈寄簃先生遺書』「율령律令 9」.
607) 『심기이선생유서沈寄簃先生遺書』「율령律令 9」.
608) 『명사明史』「영종전기英宗前記」.
609) 대명률집해부례大明律集解附例 명례名例.

할 수 있었고, '뇌물을 받고 법을 왜곡한' 경우도 모두 "황제에게 그 처리를 올려야 했다."610)

명 때 황제가 사법권을 통제한 것은 역대에 최고였기 때문에 생사가 법의 구속을 받지 않고 황제의 뜻에 따랐다. 예를 들면 홍무 8년에 "산양山陽의 어떤 부친이 죄를 지어 곤장을 쳐야 했는데 자식이 대신 벌을 받으려 하자," 황제는 "법에 어긋나더라도 효자를 위해 특별히 석방하라"고 했다. 어사 범문종范文從의 상서上書가 문제가 되어 "투옥되어 사형을 받게 되었는데," 주원장이 친필로 "그대는 다섯 번 사형을 면할 수 있다"고 써 주었다. 중대한 정치 안건, 예를 들어 '호람胡藍의 옥獄' 같은 사건에서는 마음대로 살육하고 수많은 사람을 연좌시켰으므로 감히 법을 집행하는 것이라 말할 수 없는 지경이었다. 특히 창廠, 위衛가 사법에 참여하면서 원래 사법기관들은 유명무 실해졌고, 법정기구가 아닌 사법기관이 사법권을 장악했다. 이러한 비법이 합법으로 바뀐 것은 바로 명의 군권君權이 극도로 팽창된 결과이다.

명은 중대 안건이나 미심쩍은 안건과 사형 안건은 '회심會審,' '원심圜審' 또는 '조심朝審'으로 처리했다. 회심은 홍무 15년부터 시작되었는데, 형부·대 리시·도찰원 등 삼법사가 연합해 심문을 하는 것이다. 원심은 이부상서吏部 尚書·대리시경大理寺卿·좌도어사左都御史·통정사通政使 등 9경이 모여 심판하 는 것이다. 조심은 천순天順 3년부터 시작되었는데, 영종이 "인명은 중요하니, 죽은 자는 다시 살아날 수 없기 때문이다"고 하며, "천순 3년부터 시작해 해마다 서리가 내린 뒤 마땅히 판결을 내려야 하는 중한 범죄자는 삼법사에 올려 여러 관인이 자세하게 심사함으로써 억울한 일이 없도록 영원한 예例로 하라611)"고 영을 내렸다. 『명사』「형법지」에는 "천순天順 3년에 영을 내려 해마다 서리가 내린 뒤 삼법사에서 공·후·백들이 함께 중한 범죄자를 심사 했는데, 이를 조심이라 한다"고 했다. 조심은 가을에 시작했는데, 청의 추심 제도秋審制度의 근원이다. 회심, 원심, 조심은 모두 마지막에는 황제의 재결을

---

610) 대명률집해부례大明律集解附例 명례名例.
611) 『명사明史』「영종전기英宗前紀」.

받았다. 그밖에 영락 2년에 열심熱審을 시행하여 점점 제도로 정착되었다. 열심은 해마다 소만小滿 뒤 열흘 동안 태감太監과 양경법사兩京法司 조직에서 열심정熱審庭을 열어 심리했다. 보통 태죄笞罪인 경우에는 증거가 없으면 바로 석방하고, 도형·유형 이하는 감등 처분했다. 중죄인 가운데 구제할 여지가 있거나 목에 형구를 쓴 자는 황제에게 올려 감등을 결정했다.

또한 한의 '녹수錄囚'를 본 따 성화 17년에 사례감태감司禮監太監 1명을 파견해 삼법사 장관과 함께 대리시에서 죄인을 심리했는데, 이를 '대심大審'이라 했다. "이를 예例로 정한 다음부터 5년마다 대심을 했다."612) 대심의 주요 대상은 여러 번 억울함을 호소한 죄수였다.

'천하의 소송을 바르게 하는' 감찰어사 또한 황제의 중대 안건에 대한 재심권 행사를 대표한다고 할 수 있다. 각 성부에서 죄수를 심리할 때 황제는 어사를 지명해 주관하게 하고, 회심 뒤 황제에게 보고서를 올리게 했다.

명의 회심제도는 법률을 통일적으로 적용하는 데 도움이 되고, 사법기관의 심판활동에 일정한 감독 작용을 하기도 했다. 또한 통치자가 백성의 생명을 중시하고 신중히 법을 집행하는 '덕치德治'를 유도했다.

명은 심판에서 당률이 규정한 '의고장국옥依告狀鞫獄'과 '단죄인율령斷罪引律令'을 계속 시행했다. 명률과 대명령大明令에 "반포일부터 시행하고, 그 이전에 범죄를 저질렀어도 새로운 율에 의해 처리하라"고 규정했다. 이러한 점은 당률에서 볼 수 없는 것이다. 이것은 옛 율과 새로운 율의 경중이 다르기 때문에 법률을 실제로 적용하는 데서 생기는 혼란을 피하고자 한 것이다. 그밖에 명률은 "율령에 기재된 것이 사리事理에 맞지 않거나, 단죄하는 데 조문이 없으면 '율문을 유추 해석하여 응용(引律比附)'해 더할 것은 더하고 줄일 것은 줄여서 죄명을 정하고 형부에 보내 황제에게 주문奏聞한다. 마음대로 판결하면 고실故失로 논한다"고 규정했다. 이는 당률의 '거중명경擧重明輕,' '거경명중擧輕明重'의 입법 취지와 다른 것인데, 죽을죄를 비부比附해 주문奏聞

---

612) 『명사明史』 「형법지刑法志」.

하는 것 외에 유류流·도도盜죄 이하를 비부한 것은 아주 드물게 주문奏聞했다.

가정嘉靖 초기 무종武宗 때 환관 유근柳瑾이 법제를 파괴하고 마음대로 형벌을 가하며 백성들을 해치던 사법司法 암흑기의 경험에 비추어 백성들의 인심을 수습하고 내부 역량을 통일시키고자 세종은 즉위하면서 법률에 따라 단옥斷獄하는 것을 강조하는 조서를 내렸다. "앞으로 죄를 물을 때는 법에 따라야지 지나치게 모질게 다뤄서는 안 되며, 범인을 심문하거나, 지방에서 압송해 온 범인이 억울함을 하소연하거나, 다른 관청에 이관시켜 심판하거나, 많은 관원이 회심會審할 때는 반드시 공평하게 심문하고 실정實情을 규명해야 한다. 억울함이 드러나면 바로 시정하도록 하고, 전심前審 관리의 판결대로 자백을 강요하거나 억울함을 무시해 상소를 막아서는 안 된다. 이를 위반한 자는 죄로 다스린다"고 했다. 또 "심문할 때는 지금부터 대명률에 따르며, 문자를 마음대로 인용해 무고한 사람을 함부로 연루시켜서는 안 된다"[613]고 했는데, 가정嘉靖 연간의 신정新政은 오래 지속되지 못했다.

명률의 '청송회피聽訟回避'에 관한 규정은 이전 왕조보다 더 구체적이었다. "소송인 가운데 관리의 유복친속有服親屬이거나 인척관계가 있거나 스승이거나 원수怨讐인 자가 관련되어 있으면, 모두 이송移送해 회피回避한다. 이를 위반한 자는 태형 40대에 처한다. 죄를 증감하면 고의로 죄를 만든 죄로 다스린다." 이에 대한 해석으로 "친척 사이의 정情과 사제 사이의 의義가 이치를 서로 용인하게 하고, 원수 사이에는 혐의에 대한 의혹이 생길 수 있으니, 회피하여 잘못을 막고 사적인 것을 막아야 한다"[614]고 했다. 이는 사실 지주계급의 이익을 위협하는 범죄를 더 확실하고 효과적으로 없애기 위한 것이다.

명률은 고문에 대해 "늙은이와 어린이는 고문하지 못한다," "고문은 3번(度)를 넘지 못한다"고 규정하고, 법에 따르지 않으면 죄로 다스린다고 제한했음에도 불구하고 고문은 진술을 얻어내는 중요한 수단으로 사용되며 심판

---

613) 황명조령皇明詔令 즉위조卽位詔.
614) 율조소의律條疏議 권22.

에서 중요한 위치를 차지했다. 또한 명률은 고문에 관한 제한 규정을 당률보다 많이 삭제하여 실제 심판 과정에서 고문은 절제가 없었다. 특히 창廠·위衛에서 다루는 사건에서 고문은 더욱 잔혹했다. 죄인은 잔혹한 형벌로 온몸이 피투성이가 되고, 죽으려고 해도 죽을 수 없었다. 홍치弘治 6년에 태상시太常寺 소경少卿 이동양李東陽은 "죄가 가벼운 범인을 고문하다가 치사致死한 경우 그 누계가 20~30명 이상이면 율의 규정 외에 강등하거나 좌천했다"고 보고했다.

명의 법제 건설은 중국 법제사에서 중요한 위치를 차지한다. 명의 법제는 통치계급의 내부 역량을 동원하여 심각하게 파괴된 생산력을 회복하고, 강력한 힘이 집중된 통일 정권을 재건하고, 중앙과 지방의 관계를 조정하고, 사법감찰제도를 완비하고 관리제도가 정착되는 데 큰 역할을 했다. 그리하여 전국이 통일되어 안정되고, 대규모의 수리 사업을 추진해 사회 경제를 발전시켰다. 그러나 군주 전제제도가 극단적으로 발전하여 권력 남용이 일어나 법제가 파괴되었고, 법률 기강의 파괴와 정치의 부패가 극에 달했다.

제4절 청의 사법제도

1. 사법기관

1587년 누르하치가 페알라(費阿拉)에서 나라를 세울 때만 해도 엄격한 의미의 사법기관은 없었고, 범죄가 발생하면 누르하치가 직접 군대의 형刑으로 처벌했다. 이때 단사관斷事官인 자르구치(扎爾固齊)[615]가 설치되었다.

1615년 누르하치가 팔기제八旗制를 창설하고, 이듬해 '대금국大金國'을 건국하자 비로소 사법기관이 형태를 드러내기 시작했다. 『만문노당滿文老檔』에

---

615) 자르구치는 사법 대신이다. 이들은 버일러(貝勒)와 함께 매일 아침 중요한 정책과 군무를 상의했으므로, 의정왕議政王 대신이라고 불렸다. 임계순, 『청사』(신서원), 35쪽 참조.

그 해 11월에 "공정하고 일처리를 잘하는 사람을 골라 팔대신八大臣으로 임명하고, 그 다음 40명을 단사관斷事官으로 삼았다. … 5일에 한 번씩 여러 버일러(貝勒) 대신이 아문에 모여 일을 논하고 공정하게 재판의 시비를 가리는 것을 상례常例로 삼았다"616)는 기록이 있다.

산해관 진입 이전의 사법 심급에서는 니루(牛錄)가 가장 낮은 심급이어서 기인旗人이 경미한 죄를 지으면 기층 군정조직인 니루에서 심리했다. 니루 위에는 이정청송理政聽訟 다섯 대신을 두고, 그 위에는 여러 버일러 대신으로 구성된 최고 사법기관이 고소나 칸汗이 지시한 사건을 심리했다. 그러나 중대한 사건은 누르하치가 직접 처리했다.

심판 절차는 보통 "모든 사건은 도당都堂(자르구치)에서 먼저 심리하고, 다음에 이정청송의 다섯 대신이 국문하고, 그 다음에 제왕諸王에게 알렸다. 이와 같은 순서로 진행되었다."617)

천명天命 12년(1626) 홍타이지가 칸에 오른 뒤, 사법기관과 소송제도를 명의 제도를 참조하면서 점점 완비되었다. 니루의 사법 권한을 명확히 하고, 그것을 기층 사법기관으로 인정했다. 경미한 민사·형사 안건은 "니루에서 담당해 종결하고, 좀 더 큰 사건은 부部로 올려 심리하도록 했다."618) 각 기旗의 8구사어전(固山額眞)619) 외에 16대신大臣을 두어 '소송을 심판'했다. 그러나 칸의 권한이 강화되고 형부刑部가 생기면서 팔기의 사법권이 약해졌다.

천총天聰 5년(1631) 7월에 명의 제도를 따라 형부를 설치했다. 만주승정좌우참정滿洲承政左右參政·이사관理事官·부이사관副理事官·계심랑啓心郎 등을 두고 "만주족·몽고족·한족을 나눠 담당하게 했다."620)

---

616) 『만문노당滿文老檔』(을묘년 11월).
617) 『청태조무황제실록淸太祖武皇帝實錄』 권2(을묘년 11월).
618) 『만문노당滿文老檔』 「태조太祖」 권34(천명天命 7년 1월 26일).
619) 5개의 니루(牛錄)가 하나의 잘란(甲喇)으로 조직되고, 5개의 잘란이 하나의 구사(固山)로 조직된다. 구사어전(固山額眞)이 이를 통솔한다. 구사는 8가지 깃발 색깔에 따라서 팔기로 조직된다. 1660년부터 구사는 기旗로, 구사어전은 도통都統으로 이름을 바꾸었다. 임계순, 『청사』(신서원), 33쪽 참조. ─역주
620) 『청태종실록淸太宗實錄』 권9, 16쪽.

위에서 말한 사법기관 외에 제왕諸王 버일러 대신회의, 각 부원部院 회의에도 일정한 사법권이 있는데, 이런 회의는 안건이 생기면 임시로 여는 비상설 기관이었다.

산해관 진입 이후 중앙부터 지방까지 점점 완전한 사법체계가 형성되었다. 중앙의 최고 심급은 형부, 대리시, 도찰원으로 이루어진 삼법사三法司였다. 형부는 전국의 '법률형명法律刑名'을 관장했는데, 주요 소속기구는 17성구省區의 청리사淸吏司, 도망자를 체포하는 독포사督捕司, 추심秋審을 하는 추심처秋審處, 율례를 수정하는 율례관律例館 등이 있었다.

대청회전에 따르면 형부는 "천하의 형벌에 관한 정령을 관장해 황제를 돕고 만백성을 바르게 했다"고 한다. 구체적으로 말하자면 지방의 중대 사건을 심리해 황제에게 올리고, 경사京師의 태장笞杖 이상의 '현심現審 안건'을 심사하고 처리하며, 지방의 상소 안건과 추심 사항을 관리했다. 사법 행정과 율례의 개정을 주관하고, 중앙 관리의 위법 안건을 심리했다. 그러나 형부는 유형流刑에 해당하는 안건만 결정할 수 있는 권한이 있어, 판결을 반드시 대리시로 보내 재심을 받고 도찰원의 감독도 받았다. 형부의 심리가 부당하면 대리시가 기각할 수 있었고, 형부와 대리시 사이에 큰 착오가 있으면 도찰원이 탄핵할 수 있었다.

도찰원은 "사법기관의 풍기를 감독하고 중앙과 지방의 관아를 감찰하며, 극형에 해당하는 사건은 형부, 대리시와 함께 추심秋審·조심朝審하여 판결을 했다."621) 도찰원 소속의 15도겸道兼은 각 성의 형사사건을 관장했다. 형과급사刑科給事에서는 '형사소송 사무를 분류해' 처리했다. 그밖에 오성찰원五城察院은 경사오성京師五城의 소송사건을 심리했는데, 장죄杖罪 이상은 자체적으로 처리하고 도죄徒罪 이상은 형부로 보냈다. 기타 "관민의 억울함을 소관 관아에서 접수하지 않거나 접수하고도 올리지 않은 사건은 도찰원에 사실을 진술하고 재판을 받았는데, 큰 사건은 황제에게 올려 재가를 받았고, 작은

---

621) 대청회전大淸會典 권35.

사건은 바로 누명을 벗기고 명예를 회복하게 했다.”622)

대리시는 “천하의 형사사건을 장악하고 극형에 대해서 그 소속기구와 함께 조사했다. 대정사大政事 아래 구경九卿과 논의를 거친 후 추심·조심에 넘겼다.”623) 대리시의 주요 직무는 사형 안건을 재심하고 억울한 사건을 바로잡는 것인데, 만약 형부의 양형量刑에 잘못이 있으면 기각할 수 있었고, 열심熱審 안건을 주관하기도 했다.

삼법사의 세 기관 가운데 형부가 주도적 역할을 했다.『청사고淸史稿』「형법지」에는 “청은 외성外省의 형사사건을 형부에서 재심했다. 함께 심사하지 않은 자는 도찰원, 대리시에 문의할 이유가 없고, 함께 심사해야 할 것은 형부가 주관해 소장을 작성했다. 수도의 소송은 상주上奏 여부에 관계없이 형부에서 심리했기 때문에 형부의 권한이 특히 컸다.”624) 이렇게 세 기관의 상호 견제를 통해서 사법기관의 기능을 높일 수 있었다.

지방 사법기관은 현이 제1심급이었다. 태·장·도형에 해당하는 사건을 결정할 권한이 있고, 유형 이상은 상급 기관으로 보냈다. 대청률례는 “군민이 억울함을 당하면 우선 주현州縣의 관아에 호소해야 한다. 심판이 공평하지 않으면 다시 상급 기관에 호소하고, 여전히 억울하면 중앙에 제소提訴할 수 있다”625)고 규정했다. 현에서 발생한 ‘전토·호혼·투구와 같은 미미한 사건’은 전적으로 현에서 처리했는데, 주현의 ‘자리안건自理案件’이라 했다. 살인·강도 등의 사건은 현에서 초심을 한 뒤, 안건과 피의자를 상급 기관에서 재심했다.

부府는 제2심급이었다. 주·현에서 올라온 형사 안건을 재심하고 다시 성省에 올렸다. 설윤승薛允升은 “주현의 모든 형사 안건은 부府에서 심리해 안찰사에게 올리고, 직예直隷 주의 모든 형사사건은 도道에서 심리하고 안찰사에게 올리는 것이 정례인데, 형률에 명문으로 규정되지는 않았다”626)고 했다.

---

622) 대청회전大淸會典 권69.
623) 대청회전大淸會典 권81.
624) 대청회전大淸會典 권69.
625) 대청률례大淸律例 소송訴訟·월송越訟 조례條例.

성 안찰사按察司는 제3심급이었다. 부府에서 올라온 도형徒刑 안건을 재심하고, 충군·유형·사형 안건을 심리했다. '심문과 진술이 일치하면' 총독이나 순무巡撫에게 보고하고, 문제점이 발견되면 기각하거나 다른 주현에 보내 재심하게 했다.

총독總督과 순무巡撫는 제4심급이다. 도형 안건을 종결하고, 충군·유형 안건을 재심해 문제가 없으면 형부에 올렸다. 사형에 해당되는 범인은 복심한 뒤 황제에게 올리고 부본副本을 삼법사로 보냈다. 옹정雍正 5년부터 '순도巡道'도 관할 지역의 민간소송을 심리했다.

청 때는 상급 사법기관이 안건을 수리受理하고, 하급 기관의 판결을 재심할 권한이 있었다. 안찰사와 독무督撫는 죄를 지은 지방 관리를 심판할 권한이 있었는데, 독무督撫는 도형 이하의 안건만 다룰 수 있고 유형 이상은 의견을 첨부해 황제에게 이송해야 했다. 이러한 점으로 보아 청은 사법권이 훨씬 더 집중되었다는 것을 알 수 있다.

청의 황제는 최고 사법권을 독점해 소송을 종결하고, 사형 안건을 재결하며, 흠안대옥欽案大獄을 재판하는 등 사법 활동을 전반적으로 감독했다. 이로써 삼법사의 회심이나 구경九卿 회심 등 대부분은 형식에 지나지 않았다.

경사京師 지역은 관내의 호혼·전토·금전·투구 등의 안건을 심리하는 오성찰원五城察院 이외에도 수도권의 치안을 맡은 보군步軍 통령統令 아문衙門에 '평결옥송平決獄訟'을 설치해, 특히 팔기인八旗人의 토지 안건을 심리했다.

청은 만주족이 주체가 된 정권이므로 사법 체계에서 팔기인의 안건을 전담하는 기구를 설치했다. 예를 들면 내무부 관할의 만주족 소송은 내무부 신형사愼刑司에서 심리하고, 도죄 이상은 형부로 이송하고, 때로는 황제가 지정한 소송을 처리했다. 외성外城의 만주족 소송은 만주 장군將軍과 부도통副都統이 심리했는데, 유형 이상의 안건은 반드시 중앙에 보고했다. 성경盛京 지역의 만주족 소송은 성경盛京 장군과 각 부의 부윤府尹이 모여 심리했다.

---

626) 설윤승薛允升, 『독례존의讀例存疑』 권49.

팔기에 관한 민사, 토지 안건은 팔기 도통 아문에서 심리하고, 주현의 심리가 불공평하면 호부戶部에 상소해 호부의 현심처現審處에서 심리했다. 형사 심문이 필요하면 형부와 공동으로 진행했다. 각 성에서 발생한 기인旗人의 살인·강도 등 중대 안건은 이사청理事廳이 주현과 함께 심리하고, 주현이 단독으로 기인을 재판할 수 없었다. 만주족 안건을 전문적으로 사법 처리하는 기관을 창설한 것은 청의 민족차별 정책의 산물이다. 귀족 종실宗室의 소송은 종인부宗人府에서 심리했다.

청의 통치 기간에 중국은 통일된 다민족 국가로서 더욱 공고히 발전했다. 청의 소수민족 지역에 대한 사법 관할의 치밀함은 역대에 찾아볼 수 없다.

대청률의 ‘화외인유범化外人有犯’ 조는 소수민족에게 일률적으로 대청률을 적용한다고 규정하여 국가 법제가 통일되었음을 보여준다. 이심원理審院에 예속된 내외 몽고족과 청해靑海의 각 몽고족 부락만 풍속과 습관이 다르므로 따로 조례를 만들어 지역 풍습에 맞게 했다.

이심원은 청 초기에 설립한 팔아문八衙門의 하나로, 몽고족·장족·회족이 거주하는 지역을 관리하는 최고의 국가기관이었다. 내외 몽고, 청해, 회강回疆 지역의 상소 안건을 다루었다. 대청회전에는 이심원이 “외번外藩의 정령政令을 관장하고, 작위와 녹봉을 정하며, 정기적으로 조회朝會를 하고, 형벌을 다스린다. 상서시랑이 그에 속한 사건을 담당하는데 큰일은 위로 올리고, 작은 일은 처리해 국가의 위엄을 나타낸다”고 규정했다. 이심원에는 이형사理刑司를 두어 각 소수민족의 범죄를 재판하게 했다. 그러나 이번원이 수리한 안건이 발견發遣의 죄이면 형부와 함께 재결했다. 죽을죄는 삼법사三法司의 회심을 통해 재판했다.

내외 몽고와 청해, 신강 지구에서 발생한 민사 분규와 경미한 형사 안건은 찰살극札薩克과 맹장盟長이 심리했다. 재판이 불공정하면 ‘이번원에 두 번 상소’[627]할 수 있었다. 이번원은 소수민족의 상소를 처리하는 것 외에 관리

---

627) 대청회전大淸會典 권68.

를 파견해 찰살극札薩克과 함께 심리했다. 찰살극札薩克이 없는 곳은 주둔한 장군, 도통, 판사대신辨事大臣이 심리하고, 중안重案은 이번원에 올려 조사 심리를 받았다.

몽고족과 한족 사이에 발생한 법률 분쟁은 찰살극이나 이번원이 파견한 관리와 부근의 지방관이 함께 심리했다. 몽고족이 내지에서 죄를 저지르면 형률에 따라 처리했다. 한족이 몽고 지방에서 죄를 저지르면 몽고의 예에 따라 처리했다. 몽고 지방에서 발생한 강탈 사건은, 범인이 몽고족이면 몽고의 예를 적용하고, 한족이면 형률을 적용했다. 몽고족과 한족이 함께 강도짓을 하면 그 죄명을 정해서 몽고의 예가 형률보다 무거우면 그에 따라 죄를 묻고, 형률이 몽고의 예보다 무거우면 그에 따라 처벌했다.

묘족 지역에서 묘족 사이의 쟁송은 묘족의 예에 따라 처리하다가, 개토귀류改土歸流 이후에는 묘족·한족 사이의 소송을 포함한 형사사건을 모두 대청률례에 따라 심판해, 각 심급에 따라 재심한 후 형부와 삼법사까지 올라갔다.

티베트에서는 주장대신駐藏大臣과 달라이라마(達賴喇麻)가 티베트의 정무를 관리하게 된 뒤, 사법심판에 대한 전문 규정을 만들었다. "티베트·탕구트(唐古特) 사람의 분쟁은 분별해서 벌속罰贖한 다음 그 수목數目을 책으로 만들어 주장대신이 존안存案한다. 죄명이 정해지면 반드시 주장대신에게 올려 심리를 받되, 가산을 찾아내는 예에 따라 처리하는데 장물의 액수가 많으면 혼자 처리할 수 없다. 그밖에는 여러 범죄인을 공적으로 다스려야지 사사로이 조사하는 것은 금한다."628) 신강 지역은 주둔 장군과 참찬參贊 대신이 그 지역의 사법을 책임졌다.

총괄하면, 이번원이 외번外藩의 정령政令과 형벌 그리고 소수민족의 사형 안건을 전적으로 관장했다. 이로써 중앙이 각 소수민족 지역의 법률 분쟁에 직접 참여해 결정하고, 사법 관할을 강화함으로써 법률·정령의 통일을 기하고 다민족 국가를 굳건히 했다.

---

628) 이번원칙례理藩院則例 서장통제西藏通制.

2. 소송제도

(1) 형사소송 절차

청의 형사 심판 절차에서 도형에 해당하는 사건은 주·현에서 제1심을
하고, 절차에 따라 부府·안찰사按察使·독무督撫가 재심을 하며, 마지막에는
독무가 판결을 내렸다. 대청률례는 "보통 도죄는 각 독무가 재결한 뒤, 진술
내용을 상세히 기술해 계절에 따라 부部에 보고해 심사를 받는다"[629]고 규정
했다.

유流·군軍·견안遣案에 해당하는 심판은 각 성의 독무가 심판을 종결한 뒤
사건 기록을 형부에 올렸는데, 해당하는 성省의 청리사淸吏司에서 조사한 다
음 다시 형부의 당관堂官에게 올려 검토한 뒤 다시 이 안건을 각 성에 내려
보내서 집행하게 했다.

사형 안건의 심판은 주·현에서 제1심을 하고, 심급에 따라 재심한 다음
최종적으로 독무가 황제에게 올렸는데, 기록의 부본副本인 '게첩揭帖'은 형부
로 보내고, 다시 황제의 지시에 따라 내려 주고 '삼법사三法司에서 재심해
상주'하도록 했다. 경사京師에서 발생한 사형 안건은 형부에서 직접 심리해
황제에게 올렸으며, 다시 삼법사의 재심을 거쳐 확정한 뒤 제본題本을 황제에
게 올려 재가를 받아 바로 처형하거나 감후監候했다.

청의 형사 심판에서 심급에 따라 재심하는 것은 반드시 거쳐야 하는 절차
로, 각급 사법기관 사이에 이루어지는 공사公事였다. 이는 하급 기관이 상급
기관에 대해 지는 책임이지 당사자에 대한 책임은 아니었지만 급에 따른
재심에서 당사자의 상소를 배제하지 않았다.

(2) 민사심판 절차

청의 민사심판은 현재 보존된 안건과 당안檔案을 보건대, 그 수량이 많을

---

629) 대청률례大淸律例 단옥斷獄·유사결수有司決囚.

뿐만 아니라 절차 역시 형식이 정해졌음을 알 수 있다. 민사 안건은 주·현의 심리를 통해 판결했으므로 '자리안건自理案件'이라 하며 반드시 심급을 따라 재심하지는 않았다. 자리안건에는 태형笞刑·장형杖刑 등 경미한 형사 안건도 포함되었다. 민사소송은 절차상 소장을 근거로 입안되었고, 피고와 증인을 소환해 심리를 진행하여 마지막에는 주현관州縣官이 관련된 사람들의 구결具結, 보장保狀, 정장呈狀에 따라서 결정을 내렸다. 즉, 판결을 내린 것이다.

민사 안건의 심판에서 조처調處와 문책은 서로 관계가 있었는데, 안건이 얼마나 되는가가 관리의 고가 평정의 중요한 기준이 되었다. 그래서 주·현의 심급에서는 '조처調處를 통해 분쟁을 해결하는' 원칙을 지키는 데 주의했다. 주·현의 조처는 주로 호혼·전토·금전 등 민사소송과 경미한 형사소송에 활용되었다. 조처의 방식에는 관부官府 조처가 있었는데, 당사자에게 압력을 가해 주현관의 뜻에 따르도록 하여 분쟁이 해결되기는 했지만 사실상 명령에 따라 분쟁을 포기한 것이다. 그밖에 기층 보갑장保甲長 조처, 향린鄕隣 조처와 친족 조처가 있었다. 이처럼 소송으로 가기 전에 화해하게 해서 백성에게 '사소한 사건'은 소송 없이 해결하도록 했다. 『목령서牧令書』에도 "향당鄕堂에서는 사람들의 이목耳目으로 그 사정을 잘 알 수 있지만, 주현州縣의 기록으로는 그 사정을 잘 알 수 없기 때문에 민간의 조처調處는 관官의 판결보다 더 타당하다"630)고 했다. 특히 종족宗族의 세력이 강한 지역에서 족 내부의 분쟁은 반드시 방장房長의 화해를 받아야지 관이 함부로 개입하면 가규家規에 따라 처벌을 받았다. 때문에 여러 형식의 민간 조처는 청의 민사심판에 중요한 보완이 되었다.

청의 조처調處의 근거는 법률뿐만 아니라 관습과 전통적 강상綱常을 구현하는 예禮에 있다. 강희제 때 수정된 성유십육조聖諭十六條에 '향당鄕堂을 화합하게 해서 쟁송을 그치게 한' 내용이 있는데, 강상 윤리를 구현한 예禮는 법률보다 광범위한 화해和解 기능을 갖고 있었을 뿐만 아니라 국가의 법제에

---

630) 『목령서牧令書』 권17.

부합하기도 했다. 청 때 주·현의 조처調處는 강제성을 띠어 당사자 쌍방이 원하지 않아도 관부官府나 족장의 압력이 두려워 마지못해 화해를 받아들였는데, 이것이 바로 조처의 본질이다. 통치자가 조처를 통해 소송을 억제하도록 강조했기 때문에 조처를 통해 해결된 안건이 매우 많았다. 도광道光 원년 (1821)부터 30년 동안 순천부順天府 보저현寶坻縣의 혼인과 토지에 관한 사건을 보면, 22건 가운데 조처로 해결된 것이 11건으로 반이나 된다. 이는 조처가 민사 분쟁을 해결하는 중요한 수단이었음을 잘 설명한다.

(3) 월소越訴의 금지와 고소의 제한

청의 제도를 보면 지방의 현縣부터 독무督撫까지 4개의 심급이 있었는데, 군민이 마음대로 '월소'하는 것을 금했다. 흠정태규欽定台規에 순치 8년의 성지聖旨를 인용하면, "지금부터 고소하는 자는 지방이면 관할 주·현의 아문에 고소하고, 주·현에서 수리하지 않으면 관할 총독, 순무, 순안巡按의 아문에 고소하라"고 했다. 더 나아가 가경 6년에는 "군민 등이 억울한 일을 당하면 먼저 주·현의 아문에 가서 고소하고, 심판이 불공평하면 다시 상급 기관에 하소연하고, 그래도 억울하면 경京에 와서 고소하라"631)고 했다. 관할을 월소越訴한 자는 사실이더라도 태형 50대에 처하고, 본인과 소장을 대신 써 준 자도 모두 '광곤光棍'의 예例에 따라 죄를 다스렸다. 상소上訴 안건에 대해서는 "고소 사실이 원안과 일치하되 소장의 내용이 죄명과 관계없이 증감이 있으면 기각하고 다시 심리하지 못하게 한다"632)고 했다. 이와 같이 상소上訴는 형식에 지나지 않았다. 그뿐만 아니라 청률은 구금되어 있는 수감자가 해당 사건 이외의 다른 일을 고발하는 것을 금지했다. 또 어린 사람과 부녀가 어른을 고소할 수 없었는데, 이를 어기면 '간명범의干名犯義' 죄가 되었다. 그리고 지방의 사법기관은 매년 4월 1일부터 7월 30일 사이에는 중대 범죄 이외에는 일반 호혼이나 사소한 토지 사건들을 수리하지 않았다.

---

631) 가경육년속찬조례嘉慶六年續纂條例.
632) 도광원년속찬조례道光元年續纂條例.

황제는 사법권에 대한 통제를 확보하기 위해 경사京師나 지방의 대소大小 관원이 죄를 저지르면 반드시 황제에게 상주하도록 하고, 상관이나 상급 기관이 함부로 심문하지 못하게 했다. 성지聖旨에 따른 심문 안건은 법률에 따라 죄를 확정한 뒤 황제에게 보고해 재가를 받아 판결해야 했다. 특히 황제는 추심秋審과 조심朝審의 최후 결정권을 장악했다.

3. 심판제도

청의 산해관 진입 이전의 심판제도는 아래와 같은 특징이 있었다.

① 원고와 피고는 반드시 법정에 나와야 하고, 피고가 어떤 관직·신분이든 모두 평등하게 심리를 받았다.

② 하인을 심문할 때는 주인이 참여하게 해 하인과 주인의 이익을 평등하게 보장했다.

③ 심문할 때는 진술을 중시해 보통 한 사건에 대해 여러 번 심문했다. 망고이태莽古爾泰가 "매번 세 번의 진술을 반복하게 해 상세히 시비를 가린다"고 한 것은 사실의 근거를 중시한 것이다.

④ 증거를 엄밀히 하고, 증인의 자격은 가주家主 외에 안건에 따라 노예도 증인으로 세울 수 있었다.

⑤ 의심나는 안건은 피의자의 안색을 살폈다. 이는 개별적 임시 조치가 아니라 하나의 제도로서, 현존하는 수백 건의 안례案例가 이를 증명한다.

청의 산해관에 진입하기 이전의 법은 엄중하여 잘못해서 죄를 가볍게 줄인 벌을 무겁게 처벌하고, 실입失入한 책임을 가볍게 했지만 전체적으로 보면 형벌을 남용해서 인명을 해치지는 않았다.

산해관에 진입한 후에는 사법을 강화하기 시작해서 심판 회피제도가 더욱 정비되었는데, 주심 관리와 소송 당사자가 친족, 친구, 사제師弟 관계, 원한이나 다른 관계에 있으면 반드시 회피해서 법률을 잘못 적용하는 것을 방지하고, 범죄에 대한 징벌을 강화했다.

심판에서는 등급제도를 엄격히 지켰는데, '팔의八儀'에 속한 특권자와 그 친족은 반드시 사전에 상주해 재가를 받아야 하고, 함부로 체포하거나 심문하지 못했다. 양천良賤의 소송에서 불평등한 관계가 더욱 굳어졌는데, 예를 들면 노비가 가장을 고발하거나 어린 사람이 어른을 고발하는 것은 모두 '간명범의干名犯義' 죄가 되었다. 가장이나 시마 이상의 친족을 고발하면 장형 100대를 덧붙여서 도형 3년에 처하고, 무고라면 교수형에 처했다. 청의 사료에는 가장이 핍박하여 죽은 친족이 '명분에 관계'되어 감히 고발하지 못했다는 기록이 숱하게 나온다. 고발이 사실이라서 예例에 따라 판결을 받아도 감등減等될 뿐이었다. 청률은 '친속상위용은親屬相爲容隱'의 원칙을 노비와 고용인(雇工人)에게 확대해, 가장이 모반謀反·모반謀叛·모대역謀大逆 등의 죄가 아닌 죄를 저지르면 노비나 고용인(雇工人)은 반드시 그를 은닉해 주며 고발할 수 없었고, 이를 위반하면 처벌을 받았다. 또한 주인의 친족이 죄를 저질렀더라도 노복奴僕은 그들을 숨겨 주어야 했다. 현직 관리가 '혼인·금전·토지 등의 일로 분쟁'을 일으키면 원고나 피고를 가리지 않고 법정에 나가 평민과 대질하고 답변하지 못하게 함으로써 관리의 체면이 손상되지 않도록 하고, 가족이 대신 법정에 나가도록 했다. 공문을 보내 본인을 소환해서 심문하면 심문한 자를 태형 40대에 처했다. 귀족 관료에게는 '관직으로 죄를 대신'하거나 '금전으로 속죄'할 수 있는 특권이 있었다. 청률에 따르면 태죄笞罪에서 죽을죄에 이르기까지 모두 금전으로 속전할 수 있었다.

청의 사법심판은 증거를 명확히 요구했다. 형사심판을 예로 들면 '살인사건은 반드시 시체의 상처를 검시해서 시격尸格'을 작성하게 했다. 또 '강도사건을 심리할 때는 반드시 물증이 정확해야' 하고, "피해자가 절도를 신고할 때는 반드시 피해를 받은 것에 대한 명세를 준비해야 했다."633) 이러한 물증 외에 증인의 증언과 피해자의 진술, 특히 피고의 자백이 심판의 중요한 근거가 되었다. 대청률례는 "수감자가 도죄徒罪나 유죄流罪나 사죄死罪에 해

---

633) 대청률례大淸律例 형률刑律.

당되면 각각 본인과 그 가족을 소환해 판결한 죄명을 알려주고, 그 죄수에게 죄를 인정하는 문서를 받아야 한다. 불복하면 그의 의사에 따라 처리한 다"634)고 규정했다. 이른바 죄를 '인정하는 문서(服辯文狀)'라는 것은 죄를 '시 인하는 진술(服輸供詞)'을 말한다. 공범 사건은 여러 증거들이 충분한 증거력 이 있으면 주범이 도망가도 죄를 정할 수 있었다.

자백을 받는 수단으로는 태·장형, 목에 칼 씌우기, 주리 틀기, 깍지 끼기 등이 사용되었다. 태형·장형은 오형의 기본 형벌이며, 또한 형사 심문에서 '정형正刑'이기도 했다. 설윤승薛允升은 "태·장은 두 가지 뜻이 있는데, 하나는 형을 집행할 때의 태·장이요 다른 하나는 심문할 때의 도구로서 태·장이 다"635)고 설명했다. 주리 틀기란 몽둥이를 허벅지에 끼우고 트는 것이다. 깍지 끼기는 여죄수의 손가락에 가는 각목을 끼고 트는 중형인데, 이는 살인 강도 사건에 사용하고, "그밖에 작은 사건에는 주리 틀기 등을 남용하지 못하게 했다."636) 자백을 거부하는 범인에게는 때때로 칼을 씌었는데, 그 무게가 25~35근 정도나 되어 자백을 강제했다. 그밖에 자주 사용하던 형사 심문은 죄인의 입을 치는 장책掌責(掌嘴)이 있었다. 전통시대에 자백은 죄를 정하는 중요한 근거가 되었기 때문에 형사 심문을 통해서 자백을 강요할 수밖에 없었다. 하지만 청은 고문을 법률로 제한하여, 피의자가 고문으로 치사하면 주심자는 장형 100대를 덧붙여서 유형 3천리에 처했다. 그러나 법률에 따라 심문하면 치사하더라도 죄를 묻지 않았다.

청은 인율비부引律比附와 의례단안依例斷案의 전통을 발전시켰다. "오형에 해당하는 3천개의 율律이 있고, 율에 부족한 것은 예例를 적용하는데, 예가 있으면 율을 대신하고 새로운 예는 옛 예를 대신하며, 율律과 예例에 조문이 없으면 유사한 조문을 적용하되 반드시 상주하고 황제의 뜻을 기다려야 했 다."637) 청은 또 일련의 비부범례比附範例를 만들어서 심판할 때 참고하는

---

634) 대청률례大淸律例 단옥斷獄.
635) 설윤승薛允升, 『독례존의讀例存疑』 권1.
636) 대청률례大淸律例 단옥斷獄.
637) 대청회전大淸會典 권54.

선례를 남겼다. 예를 들면 성문 열쇠를 분실하면 도장 분실에 관한 조문에 비부比附하고, 공감생貢監生 시험에 대리 시험을 보면 관인을 속인 조문에 비추어 처리하며, 제수弟嫂를 성희롱하면 강간 미수에 비부比附해 처리했다. 인율비부는 양형 정죄하는 근거가 되었을 뿐만 아니라 형명과 죄명을 확정하는 데도 적용되었다. 예컨대, 미혼 남녀가 혼전婚前 관계를 가지면 자손이 교령敎令을 범한 죄로 처벌하고, 노복이 절도범을 시켜 사실을 날조하거나 주관主官에게 뇌물을 주면 재물을 받고 고종故縱한 죄로 다스렸다. 비부比附638)를 통한 법률 적용이 많아지면서 조례가 과도하게 증가해 부작용을 일으키기도 했다. 심지어 예例의 효력이 법률보다 커서 "예例가 있으면 율律을 대신한다"고 할 정도였다. 이는 명이나 청의 통치자들이 '예例'를 귀에 걸면 귀걸이 코에 걸면 코걸이 식으로 법률보다 계급투쟁에 더 잘 활용할 수 있어서 지주계급의 전제專制를 더 강화할 수 있다고 인식했음을 보여준다. 이와 함께 통치자들은 백성을 제때 탄압하기 위해서 법률 조문에 구속받지 않고 그들의 의지를 법률보다 높게 나타냈음을 보여준다. 이로써 "법과 조례가 모순되어, 그 결과 완전히 불법적인 상태가 '법치 상태'를 대체했다."639)고 한다.

청은 명의 조심朝審 제도를 이어받고, 추심秋審 제도를 더욱 발전시켰다. 추심은 각 성省의 사형 안건을 재심하는 제도인데, 해마다 가을에 거행되어 추심이라는 이름이 생겼다. 일찍이 순치順治 원년 형부시랑 당숭아黨崇雅는 "옛 제도에 대역大逆·대도大盜와 같이 중대한 형사사건은 때를 기다리지 않고 바로 처벌하고, 나머지는 모두 때를 기다려 처결했습니다. 수도에는 열심熱審·조심朝審이 있어 해마다 서리가 내린 뒤 청지請旨해 처결했습니다. 직예성과 지방에도 삼사추심三司秋審이 있어 바로 사형을 집행하지 않았으니, 예例를 살펴보아 흠휼欽恤하십시오"640)라고 제안했다. 순치 10년에는 경사京師

---

638) 비부에 관해서는 나카무라 시게오(中村茂夫), "비부比附의 기능"(『판례를 통해서 본 청대 형벌』, 임대희·박춘택 옮김, 서경문화사, 2004) 참조. — 역주
639) 『마르크스·엥겔스전집(馬克思恩格斯全集)』 제1권 702쪽.
640) 『청사고淸史稿』 「형법지刑法志 3」.

의 조심을 회복했다. 순치 15년에는 해마다 서리가 내리기 전 지방에서 '가을에 판결할 중범'을 심리하고 상주한 다음 재판을 하도록 정했다. 강희제 때는 조심과 추심이 점점 일치했다. 건륭제 때는 조심·추심 제도가 더욱 규범이 되어 특색 있고 완비된 사형유예 재심제도가 되었다.

청률에 따르면 국가의 통치를 위협하는 범죄는 바로 처결하는데, 이를 '참입결斬立決'이라던가 '교입결絞立決'이라 했다. 위협하는 바가 적거나 혐의만 있으면 '참감후斬監候'나 '교감후絞監候'로 임시 판결해서 처결을 늦추었다가 가을에 형부 삼법사나 구경회심九卿會審에서 재판했다. 추심에서는 주로 지방의 참감후나 교감후 사건을 다루었다. 해마다 추심 전에는 각 성의 독무督撫가 관계 안건을 먼저 심사한 뒤 의견을 제출해 '서류철을 만들어' 구경의 첨사과詹事科로 올려 검토를 받아 추심할 때 참고하게 했다. 서류철로 만드는 과정에서 형사 죄인은 무조건 성에 압송해 심사받게 하는데, 독무督撫가 회심會審했다. 그러나 각 성의 회심은 대개 형식일 뿐이었다. 이에 옹정제는 "듣자니 외성外省에서 회심할 때 안건이 많건 적건 하루에 독무의 뜻대로 처리한다고 하는데, 사도司道 수령守令도 감히 직언을 못한다. 사실을 따져 보면 독무역시 사건을 파악하지 못하고 막료의 의견을 기록에 옮길 뿐이니 눈가림에지나지 않을 뿐이다"641)고 날카롭게 지적했다.

『추심대전』의 추심秋審은 해마다 8월 천안문 밖 금수교金水橋 서쪽에서구경·첨사詹事·과도科道·군기대신軍機大臣·내각대학사內閣大學士 등이 한 자리에 모여, 각 성의 사형 안건을 재심하는 것이었다. 회심 이후 형부가 주도해 황제에게 서면으로 보고했다. 추심을 거친 안건은 정실情實,642) 완결緩決,643) 가긍可矜,644) 유양승사留養承祀645) 네 가지로 분류해서, 그 가운데 정실만 주청奏請한 후 집행하고 나머지는 모두 사형을 면제받을 수 있었다.

---

641) 대청회전사례大清會典事例 권846.
642) 죄가 사실과 같고 죄명 또한 타당한 것.— 역주
643) 죄가 사실이지만 위해성이 적어서 다음 번 추심이나 조심 때 재심사할 것.— 역주
644) 죄가 사실이지만 사정이 엄중하지 않아 사형을 면할 만한 것.— 역주
645) 사정이 엄중하지만 부모·조부모가 나이 많고 모실 사람이 없어 면제를 받을 수 있는 것.—역주

청 때 추심·조심에 해당하는 재심사 안건은 대부분 그리 엄중한 사건이 아니었다. 추심·조심 제도 때문에 중대 범죄가 처벌되지 않은 것도 아니고, 통치계급의 범죄를 감면하는 데 편하기도 했기 때문에 황제는 사법권에 대한 통제를 강화할 수 있었다. 해마다 추심 전에 형부는 원안첩황原案貼黃·법사간어法司看語·독무간어督撫看語 등을 간행해 어람御覽하게 했다. 추심 후 서면으로 상주해 재결을 받아 어필로 이름을 그은 자만 처벌할 수 있었다. 청 때 추심은 '대전大典'이라 불릴 정도로 인명人命을 중시해 법치를 강조했다. 강희 22년 추심에 어명을 내리길 "인명은 중대한 것이므로 될 수 있으면 살 길을 열어 주라"646)고 했다. 옹정 11년 형부에 "한 가닥 살아날 가망이 있는 자는 상주해야 한다"647)는 어명을 내리기도 했다. 건륭乾隆·가경嘉慶 연간에도 "형刑을 밝혀 교화를 돕는 것과 관계가 크기"648) 때문이라고 비슷한 어명을 내렸다.

조심은 형부가 경사京師에 감금 중인 사형수에게 내리는 판결이다. 대청률례에 따르면 "형부는 감금 중인 중죄범에 대해 해마다 한 번씩 조심朝審을 하는데, 형부에서 논의한 뒤 특파 대신의 재심을 받아 주요 요점을 엮어 구경九卿·첨사詹事·과도科道에 한 부씩 보내고, 8월 초649) 금수교金水橋 서쪽에서 함께 심사해 정실情實·완결緩決·가긍可矜 등을 정해 상주한 다음 재결을 받는다."650) 조심과 추심이 다른 점은 두 가지였다. 하나는 죄인을 압송해 재판하는 것이고, 다른 하나는 가경 20년 전까지 조심 안건 가운데 경사京師 안건에 대해 신중을 기하기 위해 줄곧 삼복주三複奏의 절차를 거쳤다는 것이다. 그러다가 가경 20년부터 "조심과 추심을 동일한 절차로 하고, 앞으로 조심도 일복주一複奏로 고친다"651)고 결정했다.

---

646) 대청회전사례大淸會典事例 권46.
647) 『청사고淸史稿』 「형법지刑法志」.
648) 『대청률례통고大淸律例通考』 권1.
649) 관례에 따라 조심은 추심보다 하루 먼저 거행된다.―역주
650) 대청률례大淸律例 단옥斷獄.
651) 흠정태규欽定台規 권14.

열심熱審은 해마다 소만小滿이 지난 10일 후부터 입추 하루 전까지 하는데, 대리시의 좌사·우사 2사 관원이 각 도의 어사, 형부의 승판사承辦司652)와 함께 수도에서 발생한 태형·장형에 해당되는 사건을 심리하는 것이다.

청의 형명서리刑名書吏는 재판의 준비·조서·검시·기록 등과 자료문서 관리를 책임졌다. 청의 지방 관리는 팔고문八股文으로 입신했기 때문에, 별로 쓸모없는 '제예制藝'에 능할 뿐 민간의 사정이나 법령에 관해서는 전혀 몰랐다. 그런데 청의 법률은 법률 적용을 잘못한 관리에게 징벌을 가했기 때문에, 지방관은 할 수 없이 법조문과 지식을 농락하는 서리胥吏를 의지해야 했다. 청의 대신 강의剛毅는 지방 관리가 "첩괄帖括653)을 만드는 것에만 빠져 있고, 율령격식을 아는 것에는 소홀하니, 박학다식한 자라도 법령에는 일천하고 염두에 둘 가치가 있다고 여기지 않는다." 그 결과 "하나하나 서리胥吏에게 의존할 수밖에 없다"654)고 지적했다. 길동균吉同鈞도 『대청률강의大淸律講義』에서 청의 지방 관리는 "의심나고 어려운 사건을 접하기만 하면 망연해 어떻게 할 줄 몰라 서리들에게 맡기는데, 이런 식으로 하면 어찌 일을 망치지 아니하겠는가?"고 지적했다. 이 점은 청의 통치자들도 인식하고 있어서 옹정제는 '각 부部 서리書吏의 협잡을 엄금했고,' '각 부의 폐단은 대개 서리書吏의 농간 때문이고, 간악하고 교활한 서리들은 계략으로 국법을 무용지물처럼 여기니, 독무는 이후 심사할 소송 사건에 대해 엄격히 살펴 협잡하는 서리들이 있으면 즉시 상주하고,' 그렇지 않으면 '법을 왜곡하고 장물을 받은 죄'655)로 다스리라고 했다. 흠정이부칙례欽定吏部則例에 특별히 규정하기를 '관사官司에서 죄를 잘못 정하면' 벌하는데, "이전吏典이 수범首犯이면 수령관首領官은 이전에 대한 처벌에서 일등 감했다," '범죄자를 구류시켜 놓고' 관리가 함께 죄를 저지르면 관리를 수범首犯으로 처벌했다. 단죄斷罪할 때 "해당 조문이

---

652) 이를 소삼사小三司라 한다.
653) 과거 시험을 보고자 하는 수험생들이 시험관이 난제를 제출할 것에 대비해 경서의 난어구難語句를 모아 노래와 같이 만들어 기억하기 쉽게 만든 것. —역주
654) 강의剛毅, 『심간이식審看以式』「서序」.
655) 『청조문헌통고淸朝文獻通考』 권198.

없어 다른 조문에 비부하면 서리書吏에게 무거운 죄를 적용했다.” 서리書吏가 소송을 교사하면 엄밀히 조사했다. “서리書吏가 문서에 부정한 짓을 해 사건으로 백성을 괴롭히면, 법을 알고도 어겼으니 보통 죄보다 1등을 더해서 다스린다”고 했다. 그렇지만 청 말기가 되면 서리胥吏의 권력 남용은 어찌할 수 없는 '폐단의 무더기'656)가 되었다.

4. 감옥제도

청은 성·부·주·현에 감옥을 설치하고 사옥司獄이나 전리典吏가 책임지고 관리하게 했다. 중앙에는 형부의 남·북에 두 감옥을 두고 수도권의 범죄자를 수용했다. 그밖에 보군통령아문步軍統領衙門, 내무부內務府의 신형사愼刑司, 종인사宗人司에도 사법 관할에 근거해 감옥을 설치했다.

청률에 따르면, 강도라던가 참수형이나 교수형에 해당하는 범죄자는 내감內監에 수감하고, 충군이나 유형 이하는 외감外監에 수감하며, 여성 범죄자는 별도로 여감女監에 수감했다. 구치된 범죄자가 판결을 받으면 이를 집행하는데, 유배를 보내거나 노역을 시키기도 했다. 감금된 중범은 죄질에 따라 1도道에서 3도道까지 족쇄를 채웠는데, 노약하거나 폐질자는 족쇄를 채우지 않았다. 그런데 수감자의 양식을 갈취하거나 사사로운 형벌을 금지했지만 법률의 조문 규정으로는 수감자를 학대해 '옥사'시키는 일을 없앨 수 없었다. 청의 방포方庖는 『옥중잡기獄中雜記』에서 다음과 같은 사실을 폭로했다.

“강희 51년 3월, 형부 감옥에서 날마다 서너 명이 죽어 나갔다. 홍동령洪洞令 두군杜君이라는 자가 말하기를 '역병疫病이 돌다가 요즘은 그쳐서 죽는 자가 적은데, 이전에는 많으면 하루에도 수십 명씩 죽어 나갔다'고 한다. 내가 '수도에 경조옥京兆獄이 있고, 5성城에는 어사사방御史司坊이 있거늘, 어찌 형부에 그렇게 많은 죄인이 있는가?' 하고 물었다. 두군杜君이 '형부에는

---

656) 『청조속문헌통고淸朝續文獻通考』 권6.

… 14사司에 정랑·부랑 등 일 벌리기 좋아하는 자들과 서리書吏, 옥관獄官, 금졸禁卒 등 이利를 밝히는 자들이 죄의 유무有無도 묻지 않고, 옥에 가둬 수족을 채우고 오랫동안 구금해서 참을 수 없게 한 다음, 보석保釋을 유도해 출감시킨 후 그걸 나눕니다' 했다."

사건과 관련된 증인, 이웃, 친족, 혐의자나 초심을 마친 후 재심을 기다리는 범죄자는 임시 구금처인 반방班房에 구금했다. 청의 법률이 '함부로 창倉, 포鋪, 점店, 소所를 설치해' 사사로이 범죄자를 감금하는 것을 금지했지만, 청 말기에 이르면 모두 합법이 되었다.

청 전기에는 기인旗人은 특권이 많았기 때문에 죄를 지어도 대우가 좋은 특설 감옥에 수감되고, 일반 감옥에는 들어가지 않았다.

제 5 편

근대 사회의 법제도

장진번張晉藩·이철李鐵·장희파張希坡·포견蒲堅 집필
한기종 옮김

제1장 헌법

제1절 청 말기의 입헌 준비

1. 입헌 준비의 배경과 실제

1840년 아편 전쟁 이후 제국주의 국가들은 불평등 조약을 빌미로 중국의 모든 권력을 빼앗았다. 이로써 중국은 전통사회에서 반식민지 근대 사회로 변화했다. 외국 자본의 침입은 자급자족의 봉건적 자연 경제의 기초를 파괴하고, 자본주의 발전을 자극했다. 19세기 후반부터 일부 상인·지주와 관료들이 근대 공업에 투자하기 시작하면서 사회·경제 구조에 뚜렷한 변화가 발생했다. 이에 따라 계급 구조가 변화하여 전통사회의 지주와 농민 외에 자산가와 무산자가 새롭게 출현하고, 또한 제국주의자에게 기생하는 매판 계급이 탄생했다.

1900년 세계를 놀라게 한 의화단 운동이 발생했다. 그 후 제국주의와 중화민족의 대립, 봉건주의와 대중들의 모순이 나날이 격화되면서 각 종족과 민족의 자연발생적인 투쟁과 부르주아 민주혁명이 점점 합류하게 되었다. 더 이상 전통적인 통치를 계속할 수 없게 되자 자희慈禧는 1901년 1월에 서안으로 천도하는 동시에 변법變法을 명령해 새로운 정치를 실행했다. 1905년에는 '헌정 시행'의 기치를 올리고 재택載澤·단방端方 등 다섯 명의 대신을 외국에 보내 여러 나라의 헌정 실태를 시찰하게 했다.

다음해 7월, 이들이 돌아와 헌정을 건의하는 비밀문서를 정부에 제출했다. 헌정 실시는 "첫째, 황위皇位를 영구히 공고하게 하고, 둘째, 외환을 점점 줄이고, 셋째, 내란이 가라앉게 된다"는 세 가지 이득을 주장했다. 특히 입헌 정체로 바꾼 뒤에도 군주는 여전히 '내정·외교·군사·재정을 장악하고 상벌의 시행을 통해 생사여탈과 의회를 조종할 수 있는'[1] 통치 권한을 가질 수 있다고 보고했다.

이에 자희는 1906년 9월 1일, 입헌 준비를 명하며 "오늘에 이르러 시대에 맞춰 서양을 분석하고 연구해 헌정을 실행할 수밖에 없다. 대권은 조정에서 통괄하고 서정庶政은 여론에 공개하여 국가 만년 대계의 기초를 세울 수 있을 것이다"고 선언했다. 이와 함께 군중들에게 입헌 준비 기간에 '각자가 충군忠君 애국주의를 밝히고 군체群體 진화의 이치에 맞춰, 사적인 견해로 공익을 해치지 말고, 작은 의견으로 큰 계획을 방해하지 말며, 질서를 존중하고 평화를 굳게 지키면서 입헌 국민의 자격을 준비할 것'[2]을 요구했다. 이처럼 분명하게 '대권은 조정에서 통괄하며 서정은 여론에 공개할 것'을 헌정의 기본원칙으로 삼았다.

곧 통치자가 말하는 입헌 준비는 혁명운동의 흐름을 억제하고, 정치체제의 개혁을 요구하는 자산 계급 입헌파를 체제 안으로 흡수하여 제국주의의 지지를 얻고, 만주 귀족을 핵심으로 하는 봉건적 전제주의를 굳건히 하려는 것이었다.

2. 흠정헌법대강欽定憲法大綱

1908년 8월, 청 정부는 불꽃같이 일어나는 혁명 정세에 쫓겨서 국회의 개회를 청원하는 입헌파의 요구를 수용하고, 헌정편사관憲政編查館에서 제정한 흠정헌법대강을 반포했다.

흠정헌법대강은 정문正文인 '군상대권君上大權'과 부록인 '신민권리의무臣民權利義務'를 포함한 총 23개의 조문으로 이루어져 있다. 이러한 구조와 형식은 헌법의 중심이 군권을 옹호하는 데 있다는 것을 말한다. 흠정헌법대강은 제1조, "청 황제는 청 제국을 만세가 되도록 통치할 것이며 영원히 존중될

---

1) 『신해혁명辛亥革命』 제4책, 28쪽.
2) 『광서조동화록光緖朝東華錄』, 5563~5564쪽.

것이다”고 규정했다. 제2조, “군주는 신성불가침의 존엄을 갖는다”고 규정했다. 이로써 황제는 법의 반포와 시행, 의안議案의 송부, 의회의 소집과 해산, 관직과 봉급의 제정 및 백관의 통제, 육해군의 통수, 군제의 편성, 선전 강화와 조약 체결, 계엄의 선포와 명령의 공포, 사법의 총괄 등 막대한 권력을 갖게 되었다.

또한 긴급한 상황이면 ‘법을 대신하는 조령詔令’을 반포할 수 있고, 그것을 운용해 ‘신민의 자유를 제한’할 수 있었다. 그밖에 의회에서 결의한 법은 조령으로 비준하지 않으면 시행할 수 없고, 또한 의회는 황제의 관리 선임권을 간섭할 수 없으며 군사 활동과 외교에는 더욱더 관여할 수 없었다. 군주의 권한에 대한 이러한 조항은 일본의 헌법을 모방한 것인데, 일본 헌법이 규정한 천황의 권력보다 더 포괄적이었다.

그리고 신민은 법에 따라 납세·병역·법준수 등의 의무를 다해야 하고, 기타 언론·저작·출판·집회·결사의 자유 등은 모두 법의 범위 안에서만 행사할 수 있는데, 황제는 어느 때라도 조령을 반포해 이를 박탈할 수 있었다.

이러한 흠정헌법대강은 일부 귀족 관료의 주도로 입안된 것으로서 봉건주의적 통치질서를 확보하는 것을 근본 목적으로 한다. 기초 과정에 참여했던 한 귀족 관료는 “헌법은 군권을 굳건히 함으로써 신민을 보호하는 것이다”3)고 했다. 흠정헌법대강을 반포한 뒤 1908년 7월에는 자의국장정諮議局章程과 자의국의원선거장정諮議局議員選擧章程을, 9월에는 자정원원장資政院院章을 반포했는데, 흠정헌법대강과 마찬가지로 모두 헌정정책의 산물이었다.

3. 중대신조십구조重大信條十九條

1911년 10월 10일, 무창武昌 의거를 시작으로 각 성에서 잇따라 독립을 선포했다. 와해 위기에 처한 청 정부는 군사력으로 그를 진압하는 동시에

---

3) 『대청법규대전大淸法規大全』「헌정부憲政部」 권4.

정치적 기만을 병행했다. 즉, 한편으로는 군대를 동원해 진압하고, 다른 한편으로는 자정원資政院에 명령해 헌법을 초안하고 3일이 채 되지 않아 중대신조십구조重大信條十九條를 제정해 11월 3일에 정식으로 공포했다.

십구신조十九信條는 혁명적 정세에서 제정된 것이기 때문에 형식적으로는 황제의 권력을 축소하고 국회의 권력을 확대했다. 제3조, "황제의 권력은 헌법에 규정한 대로 제한한다." 제6조, "헌법 개정을 제안할 수 있는 권한은 국회에 있다." 제8조, "총리대신은 국회에서 공개적으로 선출하고 황제가 임명하며 … 황족은 총리대신이나 기타 국무대신과 각 성의 행정장관이 될 수 없다"고 규정했다. 그러나 십구신조의 본질은 흠정헌법대강과 크게 다르지 않아 여전히 "청 제국의 황통은 만세가 되도록 바뀌지 않는다"가 제1조이고, "황제는 신성불가침이다"를 제2조로 규정했으며, 또한 황제가 직접 육해군을 통수하고 총리대신과 국무대신을 임명하는 권한을 갖는다고 규정했다.

원래 청 말기의 통치자들은 모두 '조제가법祖制家法'을 신봉하던 완고한 수구파였다. 그들은 단지 혁명적 위기에 처해서 서양의 헌법 형식을 빌려 입헌정책을 제정함으로써 그 통치를 연장하려 기도한 것일 뿐이었다. 그러한 목적은 자산 계급이 이끄는 신해혁명으로 말미암아 실현되지 않았지만, 그러한 정책은 북양北洋 군벌정부와 국민당정부에 계승되어 운용되었다.

제2절 중화민국 임시약법臨時約法

1. 중화민국 임시약법의 제정

무창에서 의거가 일어난 둘째 날인 10월 11일, 호북군정부湖北軍政府가 수립되자, 원래 청군의 협통協統이었던 여원홍黎元洪이 대도독大都督으로 추대되고, 호북성湖北省 자의국諮議局4) 국장이었던 탕화룡湯化龍이 민정총장民政總

長에 임명되어, 청의 옛 관료와 입헌파가 혁명 정권의 주도권을 장악했다. 이와 같이 호북군정부가 성립되었는데, 혁명 세력은 더욱 발전해 각 성에서는 계속 독립을 선포하고 도독부를 수립하여 260여 년 동안 중국을 통치해오던 청은 점점 와해되었다.

1911년 11월 5일, 혁명 세력은 청을 더 빨리 무너뜨리기 위해 각 성 도독부의 대표들이 상해上海에서 임시정부를 조직하는 것을 주요 의제로 하는 연합 회의를 소집했다. 그러나 자산 계급파와 입헌파 군벌들은 임시정부 수립 과정에서 날카롭게 대립했다. 그 후 연합 회의는 장소를 한구漢口로 옮겨 계속되었다. 12월 2일 의장 담인풍譚人風의 주재로 임시정부의 법통法統을 확립하기 위해 임시정부 조직대강組織大綱의 제정을 의결하고, 다음날 참석한 전체 대표의 서명을 거쳐 대강의 초안이 공포되었다. 또한 '원세개袁世凱가 반정을 일으키면 공개적인 선거를 통해 임시 대총통으로 추대할 것'을 결의했다.

임시정부 조직대강은 '시행 기한'을 '중화민국의 헌법을 성립하는 날까지'로 정한 임시 헌법의 성격을 띤 정부조직법이다. 그 특징은 미국 제도를 표본으로 임시정부를 총통제의 공화정부로 하는 삼권 분립 원칙을 실행하는 데 있었다. 12월 29일, 이 대강을 근거로 선거를 해, 막 해외에서 귀국한 손중산孫中山을 임시 대총통大總統으로 선출했다. 1912년 1월 1일 손중산은 남경南京에서 취임하고 정식으로 중화민국의 성립을 선포했다.

남경 임시정부는 제국주의와 국내 반대 세력의 압력으로, 북양 군벌의 수령인 원세개와 협의해서 2월 상순에 황제가 퇴위하면 원세개를 임시 대총통으로 추대하기로 했다. 손중산은 '원세개가 전권을 장악하는 것을 막고' 신해혁명의 성과를 유지하기 위하여 중화민국 임시약법을 제정해 반포할 것을 강력히 주장하고, '원세개에게 약법을 준수하고 국가에 충성을 다 한다는 서약을 받는 것'을 '남북 통일의 조건'으로 삼았다.[5] 1912년 2월 7일, 임시

---

4) 청 말기 자의국의 개설과 그 성격에 대해서는, 민두기閔斗基 지음, 『중국 근대사 연구』(일조각, 1973), 274~330쪽을 참조하기 바람. —역주

대총통 손중산의 주재로 참의원은 약법約法 회의를 소집하고, 유명한 혁명 당원인 법제 국장 송교인宋教仁의 주도로 한 달 동안의 토론과 제정 과정을 거쳐 3월 8일에 통과되어 3월 11일에 손중산이 서명하고 공포했다.

2. 중화민국 임시약법의 내용과 특징

중화민국 임시약법은 모두 7장(總綱, 人民, 參議院, 臨時 大總統, 副總統, 國務院, 法院, 附則) 56조로, 국회에서 제정한 헌법이 시행되기 전까지 헌법과 같은 효력을 갖는다고 했다.

약법은 자산 계급의 '주권은 국민에게 있다'는 원칙을 근거로 중화민국은 자산 계급의 민주 공화국임을 확고히 했다. 약법은 "중화민국은 중화 인민으로 조직된다," "중화민국의 주권은 국민 전체에 있다," "중화민국의 영토는 22행성行省, 내외 몽고蒙古, 티베트(西藏), 청해靑海로 한다"고 명시함으로써 자산 계급 공화국의 정체를 분명히 했다. 나아가 황제의 무리를 보호하고 '개방적인 전제專制'를 한다는 실현할 수 없는 정책은 제외되었다. 그리고 전 세계를 향해 중국은 완전한 영토와 독립된 주권을 갖는 통일 다민족 국가임을 선포해 국민의 애국심과 중화 민족의 자부심을 드높였다.

약법은 '삼권 분립'을 원칙으로 공화국 정치체제를 규정하고 있다. 그에 따라 참의원을 입법기관으로 하고, 임시 대총통과 국무원을 최고 행정권을 행사하는 기관으로 하며, 법원은 사법권을 행사하는 기관으로 했다. 자산 계급 혁명파는 신해혁명의 영향력을 이용해 국회에서의 다수를 차지하고 내각 책임제를 실행함으로써 원세개가 권력을 잡지 못하도록 했다. 따라서 약법은 "국무원國務員은 임시 대총통을 보좌하고 책임을 진다," "국무원은 임시 대총통이 법률안을 제출하고, 법률을 공포하며, 명령을 발포할 때 그를 부서付署한다"고 규정했다. 또한 참의원의 권력을 확대해 임시 대총통의 권

---

5) 『중산총서전략中山叢書傳略』.

력과 균형을 유지하도록 했다. 임시 대총통은 국가 원수로 정무를 총괄했지만 선전, 강화, 조약 체결, 국무원 임명과 같은 권력을 행사할 때는 반드시 참의원의 동의를 얻어야 했다. 참의원의 결의 사항에 대해 임시 대총통이 자원諮院에 다시 논의하게 할 수 있는 권한을 갖고 있었으나, 참의원 2/3 이상이 의결을 고수하면 반드시 그를 집행해야 했다. 또한 참의원은 임시 대총통의 모반 행위에 대한 탄핵권이 있었다.

약법은 부르주아의 자유 민주 원칙을 근거로 국민의 권리와 의무를 규정했다. 국민은 인신·거주·거주이전·언론·출판·집회·결사·통신·신앙의 자유와 투표·선거출마·고시·청원·진술·소송의 권리를 향유하고, 납세와 병역의 의무를 부담했다. 이들 규정은 신해혁명의 진보적인 성과를 반영하고, 자유·평등·박애의 민주 정신을 표현해 국민의 민주에 대한 열정을 고무했다. 이것은 수천 년 동안 지속된 중국의 등급제도와 윤리 관념을 부정하는 것이다. 그러나 자산 계급의 한계성 때문에 그것을 실현하기 위한 물질적 기초와 조건을 갖추지 못했을 뿐만 아니라, 자신의 계급적 이해를 넘을 수 없었다는 한계가 있었다. 그래서 통치계급은 공익 증진, 치안 유지, 긴급 비상 사태라는 이유로 국민의 권리를 박탈할 수 있었다.

자산 계급의 헌법은 사유재산의 신성불가침 원칙을 근거로 "국민은 재산 소유와 영업의 자유가 있다"고 해, 청 때 민족 자본주의의 자유로운 발전을 가로막았던 이른바 관판官辦·관상합판官商合辦의 질곡을 타파했다. 그런데 이는 약법의 계급적인 본질을 폭로하는 것이기도 하다. 전통 중국에서 지주 자산 계급은 대부분의 생산자원과 생활 자원을 점유하고, 대다수의 노동자는 아무런 소유도 없었기 때문에 '재산 소유와 영업의 자유'는 다만 지주 자산 계급의 사유재산권과 착취의 자유를 보호하는 것일 뿐, 노동자에게는 아무런 실질적인 의미가 없었다.

결론적으로 중화민국 임시약법은 자산 계급의 이익과 염원을 구현한 것이고, 또한 당시 복잡한 계급관계와 정치가 반영된 것이다. 자산 계급은 내각 책임제의 실행, 참의원 권력의 확대, 엄격한 약법 개정 절차 등을 규정하고 원세개의 권력을 통제했다.

3. 중화민국 임시약법의 역사적 의의

중화민국 임시약법은 신해혁명의 가장 중요한 성과의 하나로, 중국 입법 사상 최초의 자산 계급 공화국 헌법의 성격을 갖는다. 그것은 청에 이르기까지 2천여 년 동안 지속된 봉건 군주제도를 폐지하고, 부르주아 민주 공화국의 정치체제를 확립했다. 또한 그것은 남경 임시정부에서 여러 혁명법과 법령을 제정하는 기초가 되었다. 그리고 원세개가 약법을 훼손하고 스스로 황제가 된 뒤에는 손중산이 이끄는 호법護法 운동과 전제주의를 반대하는 중심이 되어 수많은 사람들의 공화국 수호 투쟁을 고무했다. 물론 약법의 자산 계급적 한계와 혁명파의 허약함 때문에 제국주의에 대한 어떠한 반대 규정도 두지 않았고, 봉건적 토지소유제를 타파하는 규정을 두지 않았다는 결함을 가지고 있다. 그러나 임시 약법의 존속 기간은 매우 짧았지만 그것으로부터 얻은 역사적 경험은 매우 귀중한 것이었다. 그것은 다음과 같다.

① 어떻게 법률 형식을 사용하여 혁명의 성과를 굳건히 할 것인가. 자산 계급 혁명가들은 임시 약법을 제정하는 작업을 중시해, 약법 제정을 공화체제와 민국의 기반을 다지며 '전대미문의 제도를 창조'하는 중대한 문제라고 보았다. 당시 이미 제국주의와 국내 보수파의 반혁명 공세와 입헌파의 저항과 파괴가 있었지만, 손중산을 지도자로 따르는 혁명가들이 강력하게 투쟁해 빠른 시간 안에 헌법의 효력을 가진 중화민국 임시약법을 기초하고 반포한 것은, 법의 운용을 통해 혁명의 성과를 수호하기 위해 힘썼음을 설명해 준다.

② 정권과 법률의 관계를 어떻게 이해할 것인가. 법률은 혁명 정권을 굳건히 하는 중요한 도구의 하나이지만 모든 것을 다 할 수 있는 것은 아니며, 특히 2천여 년에 걸친 봉건 전제의 역사를 가진 국가에서 법률은 항상 정권에게 이용되었다. 혁명파는 원세개의 야심을 빨리 알아차렸지만 자산 계급의

'법률 지상주의'에 빠져 혁명 정권을 원세개에게 넘겨주고 무력하게 임시 약법을 빼앗겼다. 그래서 혁명의 첫 번째 임무는 권력을 장악하고 굳건히 하는 것이고, 그렇지 않으면 아무리 좋은 헌법도 쓸모가 없다.

③ 자산 계급의 헌법은 근대 중국에서 실시되기 어려운 것이다. 중국의 민족 자본 계급은 제국주의 열강과 매판 지주계급이라는 강력한 두 적과 싸워 이겨야만 했다. 그러나 민족 자본 계급은 경제적으로 취약했기 때문에 정치적으로도 무력했다. 또한 민주혁명의 주력군인 농민을 동원해 근대 혁명을 완성할 수 없었기 때문에 근본적으로 근대 사회를 타파하고 진정한 자산 계급 공화국을 수립할 수 없었다. 이것이 중화민국 임시약법이 실패한 근본 원인이다.

제3절 북양北洋 정부의 헌법

북양 군벌 지도자 원세개가 수립한 첫 번째 북경정부가 무너진 뒤 다시 북양 군벌 집단인 환계皖系·직계直系·봉계奉系가 북경 정권을 장악했다. 그들은 군벌 정치 세력으로서 국회와 헌법에 대립적이었지만, 신해혁명 이후 민주 공화국 이념이 확산되고 군중들의 혁명운동이 격렬해지자, 할 수 없이 국회와 헌법을 표면적으로나마 인정하지 않을 수 없었다. 그러므로 모든 군벌정부는 국회와 헌법 문제를 놓고 농간을 부렸다.

1. 중화민국 국회조직법의 제정과 개정

국회는 민주 공화국의 중요한 구성 부분이다. 손중산이 주도해 제정한 중화민국 임시약법에 따라 참의원은 원세개가 임시 대총통이 된 뒤 국회 조직법을 제정해 1912년 8월 10일에 공포했다. 그 주요 내용은 첫째, 국회는 참의원과 중의원으로 구성된다. 둘째, 민국 헌법이 제정되기 전에는 임시

약법에서 규정한 참의원의 권한을 민국 의회의 권한으로 한다. 셋째, 엄격한 헌법 기초와 제정 절차를 규정한다. 자산 계급 혁명파는 국회에서 자산 계급의 민주 권리를 확립하고 원세개의 전횡을 억제하려고 했다. 1913년 4월 8일, 중화민국 제1기 국회가 북경에서 개회되었다. 여기에서 원세개가 정식으로 대총통에 선출되지만 국회에서는 국민당國民黨이 다수를 차지했다. 그 후 국회에서 천단헌초天壇憲草를 결의하면서 국민당이 원세개의 독재 권력을 제한하자, 원세개는 국회를 해산해 버리는 등 국회조직법은 한낱 종이 조각에 지나지 않았다.

원세개가 죽은 뒤, 단기서段祺瑞가 북경정부를 장악하고 다시 국회조직법을 그의 새로운 독재 통치에 부응하도록 개정했다. 개정 요점은 참의원 선거 기관을 바꾸어 참의원을 중앙과 지방의 선거회에서 선출하도록 규정하고, 국회의원의 수를 참의원은 270명에서 168명으로, 중의원은 약 600명에서 393명으로 줄이는 것이었다. 이렇게 개정한 의도는 단기서의 가신과 추종 세력을 당선시키고, 적은 수의 국회를 구성해 쉽게 장악하려는 것이었다.

국회조직법의 제2차 개정은 1923년 3월에 있었다. 당시는 단기서가 직환直晥 전쟁으로 하야하고, 조곤曹錕이 북경정부를 장악했다. 명분을 세우면서도 순탄하게 총통으로 '당선'되기 위해 조곤과 오패부吳佩孚는 옛 국회를 회복시켜 제헌 활동에 착수했다. 그러나 군벌 관료의 권력 투쟁과 모순 때문에 법정 성원에 모자라 헌법 회의는 개회되지 못하고 헌법 제정이 연기되었다. 이에 조곤은 총통에 당선되려고 기다릴 수 없었으므로 조직법을 고치려고 개회를 위한 법정 성원을 줄여서, 헌법 제정을 위한 전체 회의에 단지 양원 의원의 과반수만 출석하면 개회하고, 출석 의원의 과반수가 동의하면 의결할 수 있도록 개정했다. 이와 같이 국회조직법은 조곤정부의 군사 독재를 실행하는 도구로 전락했다.

2. 중화민국 약법約法

국회가 구성되자 중화민국 헌법초안(천단헌초)의 기초에 착수했다. 이 과정에서 원세개는 1913년 10월 6일 국회에서 헌법을 제정하기에 앞서 정식으로 대총통에 선출해 줄 것을 강요했다. 그는 손중산의 제2차 반反원세개 혁명을 빌미로 총통 권력의 제한을 골자로 하는 천단헌초를 폐지하고, 국민당과 국회를 해산하며, 자신의 친위대를 중심으로 중앙 정치 회의를 구성했다. 여기서 오직 명령에 따라서 '민국 국가의 근본법을 개정하는' 기관인 '약법회의約法會議'를 성립한다고 결의하고, 1914년 2월 18일에 그것을 개막했다. 20일 원세개는 총통제를 채택하여, 총통에게 외교권을 귀속하고, 참의원의 의결 없이 선전宣戰과 강화 조약을 체결하고, 총통이 관제官制와 관규官規를 제정하고, 참의원의 동의 없이 국무원 외교 대사와 공사를 임명하고, 정식 헌법 국회 이외의 국민회의를 제정하여 총통과 참의원에 있었던 정식 헌법 기초권을 총통이 공포하고, 국민 공권의 박탈과 회복을 총통이 마음대로 하며, 총통이 긴급 명령권과 긴급 재정 처분권을 갖는다는 등을 내용으로 하는 임시약법 개정안을 제출했다. 약법 회의는 이를 골격으로 새로운 약법을 제정해 5월 1일에 원세개가 공포했다. 이것이 역사상 악명을 남기고 있는 중화민국약법 즉, 원기약법袁記約法이다.

원기약법은 원세개에게 봉건 제왕의 권력을 주는 것으로, 그것은 일반 자산 계급 헌법의 총통제와 큰 차이가 있으며, 제국주의 매판 계급을 기반으로 하는 군주 독재를 실행하고자 하는 근대의 기형적 산물이었다.

3. 중화민국 헌법

직계直系 군벌인 조곤曹錕·오패부吳佩孚는 북경정부를 장악한 뒤, 단기서가 거절한 국회와 임시약법의 회복을 요구하는 민중의 정서에 부합하기 위해서 임시약법을 근거로 합법적으로 통치하겠다며 자신들이야말로 법통을 계승하고 옹호한다고 했다. 그들은 영미 제국주의의 지원을 업고 사람들을 매수하여 총통에 당선되는 추악한 연극을 연출했다. 1923년 10월 5일, 조곤은 금력과 권력에 굴복한 의원들에 의해 대총통으로 선출되었다. 그리고 매수당선(賄選)에 반대하는 민중의 투쟁을 가라앉히고 당선을 합법화하기 위해, 국회 헌법 회의에서 1주일 만에 서둘러 헌법을 제정하게 하고 10월 10일에 공포하니, 이것이 '회선賄選 헌법'으로 불리는 중화민국헌법으로 전통 중국 보수파가 정식으로 공포한 첫 번째 헌법이다.

중화민국헌법은 '천단天壇 헌법'을 기초로 원기약법의 일부 내용을 흡수한 것으로, 모두 13장 141조문이다. 그 주요한 특징은 두 가지인데, 첫째, 국민의 자유와 평등에 관한 권리를 규정해 민주 국체를 표방하고 "수정을 위한 것은 의제로 삼을 수 없다"고 규정했다. 그러나 총통이 민국의 행정을 총괄하는 권한만이 아니라 중의원·참의원의 회의를 중지시킬 수 있는 권한까지 갖도록 해 대총통의 권력이 국회를 능가하도록 보장했다. 이 때문에 헌법은 자산 계급의 위선적인 자유 민주의 형식이 되어 조곤과 오패부의 봉건 군벌 독재를 보장했다. 둘째, 헌법으로 중앙과 지방의 권한을 구분했는데, 이것은 지방의 군벌 세력을 끌어들이고 한정된 권력을 분배하여 그들의 지지를 얻어 취약한 정권의 기반을 보완하려 한 것이다.[6]

중화민국 헌법을 반포한 뒤, 중국공산당이 이끄는 전국 인민들의 강력한 저항과 풍옥상馮玉祥의 정변이 일어나, 1년도 되지 않아 직계 군벌의 기반이 와해되고, 회선 헌법은 휴지가 되어버렸다[7].

---

6) 이 시기의 중앙과 지방의 관제에 대해서는, 김세호, "북경정부 시기(1912~1928) 중화민국 헌법 초안에 나타난 중앙·지방 관계"(『대구사학』 82, 233~267쪽)를 참조 — 역주
7) 북양정부 시기의 정치적 상황에 대한 자세한 내용은, 윤혜영尹惠英, 『중국 현대사 연구』(일조각, 1991) 참조 —역주

제4절 국민당정부의 헌법

1. 중화민국헌법 시행 이전의 헌법 문서

신해혁명 이후 공화 이념이 날로 확산되자 국가 권력을 장악한 통치자들은 모두 헌법을 제정하여 합법적인 통치 근거로 삼고자 했다. 장개석의 국민당정부는 역대 법통의 계승자로 자처하면서 헌법 제정을 통치 방법의 하나로 삼아, 1946년 중화민국 헌법이 통과되기 전까지 여러 번 헌법을 제정했다.

(1) 훈정강령訓政綱領

1928년에 장개석은 봉계奉系 군벌을 타파하며 군정기를 끝내고, 그 해 10월에 국민당 중앙 상무위원회에서 훈정강령을 통과시켜 전국에 훈정訓政을 선포했다.

훈정강령은 국가 권력을 정권政權과 치권治權으로 나눈다. 정권은 선거·파면·창제創制8)·복결권複決權9)으로, 치권은 행정·입법·사법·고시·감찰권으로 구성되었다. 정권은 훈정 기간에는 국민당 전국 대표대회에서 국민대회를 대표하여 행사하고, 국민당 전국 대표대회의 폐회 기간에는 국민당 중앙 집행위원회에 위탁했다. 치권은 국민정부에서 중앙 집행위 정치 회의의 지도와 감독 아래 실행했다.

훈정강령은 국민당을 최고 권력으로 확정하고, 국민당의 전국 대표대회를 국가의 최고 권력기관으로 승격시켜, 중앙 정치 회의가 정부를 지배하는 지위를 갖게 함으로써 국민당 일당 독재체제를 확립하려는 목적을 분명히 했다.

---

8) 직접 민주 정치의 하나로 국민이 법안을 제안하고 국민 투표로 이를 결정하는 것을 말하며, 국민 발안 가운데 직접 발안과 같다. —역주
9) 국민이 법을 부결하는 권리로, 대만의 경우 이것은 '국민대회'의 권한이고, 국민이 직접 복결권을 행사하는 것은 지방 의회의 입법에 한한다. —역주

훈정강령의 실행은 중국공산당이 이끄는 국민의 격렬한 반대에 부딪쳤을 뿐만 아니라, 국민당 내부에서조차 장개석 계열에 밀려난 왕정위汪精衛의 개조파改組派와, 사지謝持를 중심으로 한 서산회의파西山會議派와 같은 군벌 정객들도 불만을 나타냈다. 그들은 국민정부조직법대강을 제정하고 남경 국민정부에 대립하는 국민정부를 성립시켰다. 이러한 상황에서 장개석은 1930년 10월 3일에 헌법 반포 이전 훈정기에 활용한 약법 제정을 허용한다는 전문을 전국에 보냈다. 1931년 3월 2일, 국민당 중앙 상무 회의에서 약법 제정을 결의하고, 오경항吳敬恒·이욱영李煜瀛·우우임于右任 등 11명을 약법 기초위원으로 선임해 훈정시기약법을 기초했다. 그리고 같은 해 5월 5일에 국민회의를 열어 약법 초안을 토론하고, 원안대로 통과시켜 국민정부에서 6월 1일 공포했다.

훈정시기약법은 제1장 총강, 제2장 국민의 권리 의무, 제3장 훈정강령訓政綱領, 제4장 국계國計 민생民生, 제5장 국민 교육, 제6장 중앙과 지방의 권한, 제7장 정부의 조직, 제8장 부칙으로, 모두 8장 89조였다. 그 주요 내용은 첫째, 국민당 일당 독재체제를 지속한다고 하여 "훈정기에는 중국 국민당 전국 대표대회에서 국민대회를 대표해 중앙의 통치권을 행사한다"고 규정하고, 국민당 대표대회의 폐회 기간에는 중앙 집행위에서 그 직권을 행사하도록 했다. 이때부터 국민당 일당 독재가 근본법의 형식으로 확립되었다. 정부조직에 대한 장에서, 정부에는 입석立席 1인을 두고 5원과 각 부·회의 장은 모두 국민정부의 주석이 지명해 국민정부에서 임명하게 했다. 하지만 국민정부의 주석은 중앙 집행위에서 선임하기 때문에 장개석을 총재로 하는 국민당의 입맛대로 특정인을 주석에 선임할 수 있었다. 둘째, 형식적인 자유 민주 권리를 규정했다. 한편으로는 국민에게 종교, 거주 이전, 통신 비밀 보장, 집회 결사, 청원의 자유를 규정하면서, 다른 한편으로는 일률적으로 '법에 따라'란 제한 조건을 두어서 훈정시기약법이 실제로는 국민의 권리를 박탈하기 위한 것이었음을 알 수 있다. 셋째, 관료 자본주의의 발전을 옹호했다. 제4장 국계 민생에서 국가가 광공업, 교통업, 금융기관 설립을 규정하고, "상공업의 특허, 전매의 허가권은 중앙에 속한다"고 명시해 4대 가문(장蔣·송宋·공孔·진陳의 네 문벌)의 경제 독점을 법적으로 보장했다.

결론적으로 훈정시기약법은 형식적인 자유 민주의 원칙으로 독점·독재 통치의 진상을 감춘 것이다.

(3) 중화민국 헌법憲法 초안草案

훈정시기약법을 공포한 뒤 국민당정부는 안으로는 강압정책을 펴고, 밖으로는 타협하고 굴복해 심각한 민족의 위기를 불러왔다. 일본 제국주의는 동북을 점령하자 다시 상해를 침공해, 중화 민족은 생사존망의 위기에 빠졌다. 장개석정부는 위기에 처한 통치를 유지하기 위해 1932년 12월에 국민당 제4회 3중전회中全會를 개최하고, 손과孫科 등이 제출한 "국력을 집중해 존망 위기를 벗어나자"는 안을 결의하고, 입법원에는 헌법 초안을 기초할 것을 명령했다. 1933년 1월 입법원은 원장인 손과가 위원장을 겸임하고 장지본張知本·오경웅吳經熊을 부위원장으로, 헌법 기초위원회를 조직해 헌법 초안의 기초에 착수했다. 초안 완성 후 국민당 중앙에 송부해 심의를 통과한 뒤 1936년 5월 5일에 중화민국 헌법초안으로 공포하니, 이를 '5·5 헌초'라 한다.

5·5 헌초는 모두 8장 148조문으로 이루어져 있다. 형식적으로는 손중산의 오권五權 헌법 이론에 근거해 행정원·입법원·사법원·고시원·감찰원의 오원을 두었으나, 핵심 권력은 총통에게 집중되었다. 총통은 중앙정부의 전체 결의를 거치지 않고 모든 권력을 장악했다. 이 헌법 초안은 공포되자마자 중국공산당이 이끄는 전국 국민의 완강한 반대와 항의에 부딪쳤다.

2. 중화민국 헌법

항일 전쟁에서 승리한 뒤, 중국은 어디를 향해 갈 것인지 새로운 역사의 전환점에 섰다. 무산 계급이 주도하는 대중들의 사회주의 국가를 수립할 것인가, 또는 대지주·대자산 계급 전제의 근대 국가를 수립할 것인가라는 심각한 선택 앞에 놓이게 되었다. 1945년 8월 25일, 중국공산당은 '현시국에 대한 담화'를 발표함과 동시에 각 당파와 당파가 없는 대표 인사들이 참여하는 회의를 개최하여, 민주 시정강령을 제정해 훈정을 종식시키고, 온 나라가 하나 되는 민주 연합정부를 성립하는 주제에 대해 토론하자고 주장했다. 8월 28일, 모택동과 주은래는 중경에서 국민당과 논의하여, 쌍방은 10월 10일 '국공 대표회담 기요紀要'에 서명했다.

1946년 1월 10일, 정치 협상 회의는 중경에서 국민대회를 열어 국민정부와 개각과 헌초의 개정에 관해 협상할 것을 통과시켰다. 중국공산당은 새로운 중국을 건립하는 하나의 세력이 되었다. 그러나 국민당정부는 평화라는 연막을 치는 동시에 전면적인 내전을 준비했다. 국민당의 일당 독재는 장개석의 일관된 의지여서, 시기가 무르익으면 해방구를 전면적으로 공격하는 한편, 쌍십협정雙十協定(국공 대표 회담 기요)을 폐기하고 정협결의政協決議를 파괴하려고 했다.10) 1946년 11월 15일 중국공산당, 민주당, 당파가 없는 인사들이 참가를 거부하는 가운데 남경에서 '국민대회'를 열어 12월 25일에 중화민국헌법」을 통과시키니, 이것이 곧 국민당이 대륙을 통치하는 기간에 공포한 정식 헌법이다.

중화민국헌법은 총강, 국민의 권리 의무, 국민대회, 총통, 행정, 입법, 사법, 고시, 감찰, 중앙과 지방의 권한, 지방제도, 선거와 파면, 창제와 복결, 기본 국책, 헌법의 시행과 수정 및 개정에 대한 총 14장 175조문으로 이루어져 있는데, 그 주요 내용은 다음과 같다.

(1) 전제주의 국가제도 확립

헌법은 총강에서 "중화민국은 인민의, 인민에 의한, 인민을 위한 민주 공화국이며 주권은 국민 전체에게 있다"고 선포해, 이른바 국회제와 내각 책임

10) 1월 10일 정치 협상 회의의 결의를 타파하고 단독으로 국민대회를 열어 헌법을 제정하려던 것을 말한다. ― 역주

제를 표방했다. 하지만 실제로는 총통이 모든 국가 권력을 총괄하여 긴급 명령의 발포, 재정 긴급 처분에 관한 권력을 쥐었다. 초기에는 긴급 명령을 발동할 때 입법원의 추인이 필요하도록 규정했으나, 비상시기 임시동원법(動員戡亂時期臨時條款)이 통과되면서 이러한 형식적 제한도 철폐되어 총통이 명령과 교시의 형식으로 마음대로 행사할 수 있었다.

국민대회는 명목상으로는 '전국 국민을 대표해 정권을 행사'하는 기관이었지만 총통을 선출하는 것을 제외하면 어떠한 실제적인 내용도 없었다. 5·5 헌초에는 이른바 "총통은 국민대회를 책임진다"는 규정이 있지만 헌법에서는 이러한 무의미한 말조차 삭제되었다.

5원五院과 총통總統의 관계는, 5원을 독립시키지 않아 5원의 인선은 총통이 직접 임명하거나 총통의 통제 아래 선거로 선출했다. 그리고 그들의 활동은 총통의 직접적인 지배를 받았다.

중앙과 지방의 관계는 정협 회의에서 결정한 지방 균권주의均權主義 원칙을 파기하고 반동적인 중앙집권제를 실행했다.

(2) 국민의 기본적인 권리와 자유를 박탈

중화민국헌법은 남녀평등, 종교·종족·계급·당파로부터의 평등권과 신체, 거주 이전, 언론, 학문, 저작, 출판, 통신의 비밀, 신앙, 집회, 결사의 자유와 생존권, 근로권, 재산권, 청원, 소원, 소송, 고시권, 선거, 파면, 창제와 복결권까지 국민의 자유와 권리를 열거하고 있다. 그밖에 공무원이 법을 어겨 국민의 자유나 권리를 침해하면 법에 따라 징계를 받고 민사·형사상 책임을 지며, 피해자는 국가에 배상을 청구할 수 있었다. 표면적으로 이들 권리의 광범함은 청 말기부터 제정된 어떤 헌법과도 비교할 수 없는 것이다. 하지만 헌법에는 "열거한 각 항의 자유와 권리는 타인의 자유와 권리를 침해하는 것을 방지하고, 긴급 사태를 피하며, 사회질서나 공공의 이익을 증진시키기 위해 필요한 경우를 제외하고는 법률로 제한할 수 없다"고 규정하고 있다. 이것은 사회질서를 유지하고 공공 이익의 증진시킨다는 명목으로 어느 때나 법으로 국민의 자유와 권리를 제한할 수 있다는 것으로, 이 조문만으로도 광범한 자유 민주를 제한하기에 충분하다. 헌법 반포 후 국민당정부는 사회 질서유지임시법, 비상시기긴급치안법, 계엄법 등의 특별 법규를 공포하고 대중들의 가장 기본적인 권리를 박탈했다. 실제로 국민대회에서 국민의 권리와 의무를 토론할 때 상해의 군경과 헌병이 수많은 노점상인들을 도살하기도 했다.

(3) 근대적 사회 경제제도와 지주 자산 계급의 사유재산권을 옹호

중화민국헌법은 기본 국책에서 명확하게 "인민이 법에 따라 취득한 토지 소유권은 법으로 보장과 제한을 받는다"고 했다. 국민당이 1946년에 제정한 토지법에 "지조地租(토지 사용료)를 2년 동안 미납하면 지주가 마음대로 경지 임대 계약을 종료할 수 있다"는 규정을 보면 그것이 봉건적인 토지 점유와 착취제도라는 점을 쉽게 알 수 있다.

중화민국헌법은 또한 '국가 소유'와 '공영'이라는 명목으로 중요 생산자원을 4대 가문이 독점하는 사유재산으로 만들었다. 예를 들면 헌법은 광물 자원과 이용 가능한 자연력을 국가 소유로 하고, 금융은 국가의 관리를 받으며, 공용 사업은 공영을 원칙으로 했다. 국민당 통치기에는 장·송·공·진의 4대 가문이 모두 행정·군사·경제·재정의 요직을 차지했다. 그들은 국유·공영의 명목으로 중국의 생산자원과 금융, 공용 사업을 독점해 국가 독점 자본주의가 되었다. 헌법의 "인민의 재산권은 보장되어야 한다"는 주장은 실제로는 지주·매판·은행가의 재산권을 보호한다는 것을 의미할 뿐이었다.

이와 같이 중화민국 헌법은 중국 근대의 최후의 산물이었다. 즉 청 말기의 통치체제와 다르지 않고, 중국에서 독점 자본주의가 기형적으로 발전하면서 나타난 결과이며, 지주·관료·매판 계급의 통치를 옹호하는 도구였다.

제2장 행정법

제1절 청 말기의 행정법

청의 행정법은 중요한 두 가지 단계를 거쳤다. 첫째, 강희·건륭제 때는 행정법의 기본 규범을 확립해 전典과 예例를 병행하는 법 형식을 수립했고, 둘째, 1840년 이후 특히 광서제 때는 행정 법전과 칙례則例를 완성하고 행정 감찰 법전을 제정했으며, 관제에 대한 대담한 개혁을 시도했다.

1. 행정입법의 개괄

청 말기의 행정입법은 주로 다음 세 가지 측면의 성과가 있다.

(1) 오부회전五部會典의 완성

청의 행정법전인 대청회전大淸會典은 강희 23년(1684)부터 광서 25년(1899)까지 2백여 년 동안 강희·옹정·건륭·가경·광서 시기를 거치면서 오부회전으로 제정됐고, 마지막으로 광서 연간에 의해 집대성되어 대청회전이 되었다. 이것은 모두 전典 100권, 사례事例 1,220권, 도圖 270권으로, 1904년에 반포되었다. 법전 조문과 사례의 형식으로 총리아문總理衙門부터 각 아문의 직관 편제, 행정 직책, 관원의 사무 처리 규범, 위법에 대한 징계, 군사 행정 등의 내용까지 규정한 것으로, 오늘날까지 세계적으로 가장 체계적이고 완전한 봉건 행정 법전이다.

(2) 칙례則例의 수정과 완비

강희제·건륭제 때는 예例와 칙례則例의 제정은 육부칙례六部則例에 중점을 두었는데, 청 말기에는 이부·형부·민족 칙례의 제정으로 전환되어 주로 칙례의 보충과 수정이 이루어졌다. 수정된 칙례 가운데 주요한 것으로 다음 몇 가지가 있다.

육부 칙례에는 다음과 같은 수정이 있었다.

① 흠정이부처분칙례欽定吏部処分則例는 1886년에 수정되었는데, 각급 관원의 제도 위반에 대한 처벌 규정이다.

② 호부칙례戶部則例는 1848년에 수정되었는데, 호부의 사무 규칙이다.

③ 흠정예부칙례欽定礼部則例는 1844년에 수정되었다. 과거科挙 고시考試, 교육, 역관訳館 사례事例, 변관邊関 금령禁令 등을 포함한다.

④ 흠정공부칙례欽定工部則例는 1884년에 수정되었다. 공정 건설, 과학 기술에 관한 법규 및 공부의 사무 처리 규정이다.

⑤ 증수육부처분칙례增修六部処分則例는 육부의 종합적인 사무 처리 규칙과 처벌 조례에 관한 것이다.

기타 부칙례에는 다음과 같은 수정이 있었다.

① 종인부칙례宗人部則例는 1849년에 수정되었는데, 주로 종인부宗人部의 종실과 황족의 각종 사건을 처리하는 규정과 조례이다.

② 태복시칙례太僕寺則例는 광서 말기에 수정되었다. 태복시의 조직 구성, 정원, 관원의 직책과 상벌 규칙에 관한 것이다.

③ 태상시칙례太常寺則例는 1850년 전후에 수정되었는데, 태상시의 제사와 행정 편제에 관한 규정이다.

④ 광록시칙례光禄寺則例는 광록시의 장의葬儀·연회·관제 등의 사무 처리 규칙이다.

⑤ 흠정궁중현행칙례欽定宮中現行則例는 대략 광서 중기에 수정되었는데, 궁정 사무 처리에 관한 법령으로 예의, 궁중 규칙, 처벌 등을 포함한다.

⑥ 흠정종실각라율례欽定宗室覚羅律例는 1910년에 수정되었는데, 대청현행률례大淸現行律例에 규정된 황실 친족의 불법 행위를 처벌하는 것에 관한 조항을 근거로 한다.

그밖에 흠정왕궁처분칙례欽定王宮處分則例, 전선만주관원칙례銓選滿洲官員則例, 전선한관칙례銓選漢官則例 등이 있었다.

칙례의 수정은 청 행정법의 구체적인 시행과 행정법의 완비 과정이라는 점에서 중요한 의의를 갖는다.

(3) 민족 행정입법

행정입법 가운데 또 중요한 것으로 민족법民族法이 있다. 가경제 때 야번신례野番新例, 회강칙례回疆則例, 이번원칙례理藩院則例는 모두 변방 민족에 관한 중요한 행정법이었다.

아편 전쟁 이후 청은 이번원칙례를 수정해 흠정이번원칙례欽定理藩院則例라 이름하고 1847년에 공포했다. 이 칙례는 모두 713조로 통례通例와 기분旗分으로 나뉜다. 기분은 50항목으로, 기무旗務·품질品秩·직수職守·설관設官·상벌을 내용으로 하고, 이번원의 기구 편제·행정 직책에 대해서 구체적으로 규정하고 이에 따라 육사제六司制를 구성했다. 또한 몽고 지역의 행정 구획, 직관, 우정, 조세, 종교 관리 등 각종 제도와 형벌제도에 대한 구체적인 규정을 두었다. 그 중점은 몽고족의 사무를 처리하는 데 있으며 중국의 통일에 긍정적인 기여를 했다.

회강칙례는 이번부칙례를 집성한 후 전문적으로 서북 소수민족의 사무를 처리하기 위해 둔 행정 법규이다. 그것은 민족의 관리체제, 직관 예의, 행정 제도, 형사법, 사무를 처리하는 대신大臣의 규칙에 대해 자세하게 규정하고 있다. 이들 민족 법규를 주체로 하는 행정입법을 통해 청 정부가 변방 지역의 관리를 중시했다는 것을 알 수 있는데, 이러한 지방의 특수성을 담은 행정입법은 중국 민족 행정입법에 모범이 되었다.

(4) 행정감찰의 법률화

청 초기에는 일련의 행정감찰 법령을 발행했는데, 비교적 완비된 입법은 중후기에 공포된 흠정대규欽定臺規와 도찰원칙례都察院則例이다.

흠정대규는 '사조대규四朝臺規'라고도 하는데, 건륭·가경·도광·광서의 네 황제 때 제정되었다. 특히 광서 때인 1892년에 공포된 흠정대규는 도찰원都察院의 감찰 직능 및 육과六科와 각 도 감찰관의 직책, 행정감찰, 부원 고과, 순찰 등을 구체적으로 규정한 중국 최초의 완전한 감찰 법전이다. 그리고 도찰원대규는 전자의 시행 세칙으로 봉박封駁·진주陳奏·경찰京察·대계大計와 재정·학교·농공·군정·고과·상벌·승진·강등·문서 처리 규칙 등을 두었다. 이 두 법규를 비교해 보면 대규는 행정감찰의 기본 법규로 감찰 총칙과 유사하며, 칙례는 각칙과 유사한데, 대규의 8개 부분을 40여 부문으로 나누어 감찰 법규의 시행을 보완했다.

청 말기에는 복잡한 사회 환경과 정치적 필요에 따라 각 행정 법규를 광범위하게 수정해 감찰과 민족 행정 법규를 완비했으며, 이것은 고대 행정법을 체계화·규범화하는 데 큰 공헌을 했다.

2. 관제 개혁과 행정입법

광서 말년에는 혁명운동이 빠르게 발전하고, 자산 계급 유신파維新派의 입헌 활동이 나날이 활발해졌다. 청은 이러한 위기에 직면해 봉건 전제와 황권을 유지하기 위해 군주 입헌을 목표로 재택載澤 등 다섯 대신을 서구로 보내 여러 나라의 헌정을 시찰하게 했고, 그들은 귀국 후 청에 헌정 실시를 건의해 봉건체제에서 입헌 정체로 변화했다. 1906년 9월 자희태후慈禧太后는 '입헌에 대비한 관제 정비를 위한 교시(預備立憲先行厘定官制諭)'를 반포하고, 11월에는 '중앙 관제의 정비에 대한 교시(厘定中央官制諭)'를 공포해 관제 개혁을 시작했다. 그것은 주로 다음의 네 가지 측면에서 이루어졌다.

① 중추기구인 군기처軍機処와 내각은 모두 옛 제도에 따랐다.

② 중앙 각 부를 6부에서 11부로 확대하고, 호부를 탁지부度支部로, 예부에는 태상太常·광록光禄·홍려鴻臚의 3시를 합병하고, 병부는 육군부陸軍部로 바꾸어 연병처練兵処·해군처海軍処·태복시太僕寺를 합병하고, 형부는 법부法部

로, 공부는 농공상부農工商部로 바꾸어 상부商部를 합병하고, 우전부郵傳部를 만들어 윤선輪船·철로·우정을 합병하고, 이번원理藩院은 이번부理藩部로, 순경부巡警部는 민정부民政部로 바꾸고, 원래의 이부·학부·외무부는 독립된 부서로 그대로 두며, 각 부에는 상서 1인과 시랑 2인을 두고 만족·한족을 구분하지 않았다.

③ 대리시를 대리원大理院으로 바꾸고, 도찰원은 그대로 두었다.

④ 황실에 종사하던 종인부宗人部·한림원翰林院·흠천감欽天監·내무부內務部·태의원太醫院·보군통령아문步軍統領衙門 등은 모두 바꾸지 않았다. 청의 통치자는 관제 개혁을 입헌 준비를 위한 중요한 작업으로 생각했지만, 실제로는 군주 전제의 기초를 바꾸지 않았다.

또한 관제 개혁을 순조롭게 하기 위해서 법을 공포했는데, 주요한 것은 다음과 같다.

① 관제에 관한 규정으로는 민정부관제장정民政部官制章程, 탁지부직장원결장정度支部職掌員缺章程, 학부관제學部官制, 예부직장원결礼部職掌員缺, 육군부관제陸軍部官制, 농공상부직장원결農工商部職掌員缺, 이번부사원결분정책임장정理藩部司員缺分定責任章程, 우전부직장원결장정郵傳部職掌員缺章程, 도찰원정돈변통장정都察院整頓變通章程, 내각관제각성관제통칙內閣官制各省官制通則, 각성학무관제各省學務官制 등이 있었다.

② 직관의 고과와 상벌에 관한 규정으로는 법관고시임용잠행장정시행세칙法官考試任用暫行章程施行細則, 주현개선장정州県改選章程, 절실고험외관장정切實考驗外官章程, 고핵순경관리장정考核巡警官吏章程 등이 있었다. 이들 법규는 비교적 체계적으로 중앙과 지방의 각 행정 관원의 편제·직책과 사무 처리기구와 관리의 평가·선발·임용 및 상벌관계를 규정했다.

3. 청 말기 행정입법의 특징

정치 형세의 급격한 변화 때문에 청 말기의 행정입법에도 뚜렷한 변화가 발생해 다음과 같은 몇 가지가 수정되었다.

① 원래의 행정체계를 벗어나 서방의 체제를 받아들이기 시작했다. 광서 25년에 오부회전을 수정할 때는 봉건체제를 유지했으나, 1905년부터 1906년 사이에 행정체제를 개혁할 때 각 부를 확대하고 총리아문을 강화한 것은 봉건체제를 그대로 둔 것이지만, 구체적인 행정 집행의 구조에서는 '서위중 용西爲中用'(서방의 것을 중국에서 사용함)의 단초를 보였다.

② 행정입법이 세분화되었다. 청 말기 20년 동안 반포된 많은 법규는 모두 시행 세칙이나 집행 장정으로, 법규 형식이 점점 세분화되고, 내용은 시대에 발맞춰 부문별 단행 법규로 발전했다.

③ 과도기적인 법규가 대폭 증가했다. 혁명 정세 속에서 통치를 유지하기 위해 관원의 숙정과 고과 처분 등에 관한 단행 법규들을 제정했으나, 어떠한 법규는 시행되기도 전에 청의 멸망과 함께 소멸했다.

제2절 북양정부의 행정법

북양정부는 안으로는 지주계급의 이익을 대표하고, 밖으로는 제국주의에 기생하던 군사 독재 정권이었다. 북양정부의 건립자 원세개는 군주제도의 복원을 추구하는 자였고, 그의 주요 지지 세력은 모두 일본에 의지하던 환계 皖系와 봉계奉系의 군벌이었다. 그들은 제국주의 세력의 힘을 빌려 할거하며 중국 국민에게 막대한 재난을 가져다주었다. 이러한 북양정부의 행정입법의 기본 특징은 중국을 침략하려는 제국주의 세력에 봉사하고 군벌 독재를 유지하는 것에 있다.

1. 봉건 행정체제의 지속

원세개는 정권을 빼앗은 뒤 1913년 10월 임시약법을 폐지하고, 10장 68조문으로 이루어진 이른바 신약법新約法을 제정해 1914년 5월 1일에 공포했다. 그것은 내각 책임제와 자산 계급의 국회제를 폐지하고, 총통제를 시행한다고 규정했다. 특히 대총통은 국가 원수로서 통치권을 총괄하며 관제·관규의 제정, 문무 관원의 임면, 개전과 강화·조약의 체결, 계엄 선포 등 각종 권력을 가짐으로써, 명실상부한 봉건적 군벌 독재를 이루었다. 이어서 대총통 선거법을 개정해 자신을 종신 총통으로 하고, 1916년에 중화민국을 중화제국으로 선포했다. 원세개의 행정체제는 청의 군주 입헌과 다르지 않았다.

이와 같이 원세개가 수립한 국가 행정기구는 다음과 같은 형식을 갖고 있었다. 첫째, 국무원을 철폐하고 정사당政事堂과 총통부를 설치했다. 정사당에는 국무경國務卿 1인을 두고 정무를 감독하게 하고, 그 아래에 좌승·우승을 두어 국무경을 보좌하게 하는 어용기구였다. 둘째, 각 부에는 총장總長을 두었지만 독립된 권한 없이 대총통의 지휘를 받게 하고, 해군·육군 대원수와 사무처를 두고 최고 군사 행정기구로 삼았지만 이 또한 원세개가 직접 장악했다. 셋째, 중앙 관제를 9등, 곧 상경上卿·중경中卿·하경下卿, 상대부·중대부·하대부와 상사·중사·하사로 나누었다. 지방에는 자치기구를 폐지하고 봉건 관제를 복원했으며, 각 성의 민정장관은 순안사巡按使로, 도독都督은 상장군上將軍으로, 관찰사觀察使는 도윤道尹으로, 현장縣長은 지사知事로 이름을 고쳤다. 그밖에 순열사巡閱使·경략사經略使 같은 감사기구를 두어 손중산이 수립한 민주 공화체제를 완전히 부정했다.

원세개가 죽은 뒤 군벌들은 제국주의를 등에 업고 각자의 세력 범위에 영국·미국·프랑스·일본 등의 행정체제를 도입해 대총통을 국가 원수로, 국무경을 그 보조로 하고, 행정을 외교·내무·재정·육군·해군·사법·교육·농상·교통의 각 부로 나누었다. 지방은 성과 현, 둘로 나누어 성에는 성무원省務院을, 현에는 현장縣長을 두었다. 형식상 원세개의 체제와 다르지만 실질적으로는 봉건과 서양 숭배의 혼합체로 봉건 군벌 전제의 본질이 변한 것은 아니다. 그러나 북벌의 승리에 따라 봉건 매판체제는 와해되었다.

2. 문관文官에 관한 입법

북양정부는 혼전과 할거의 시대에 대응해 행정입법의 중점을 중앙과 지방, 중앙과 각급 기관 사이의 관계, 직관에 대한 관리 강화에 두었다. 따라서 행정입법의 핵심은 문관 입법에 있었다.

(1) 문관의 고시 임용

북양정부의 관리 선발의 주요한 수단은 과거科擧에서 발전한 고시임용 제도였다. 1913년부터 1917년까지 고등문관고시법, 사법관고시법, 보통문관고시법, 외교영사관고시법과 고등문관고시령실시세칙, 보통문관고시령실시세칙 등과 같은 각종 문관 고시 법령을 반포했다. 고등고시법의 규정에 따라 선발 고시에 참가하는 사람은 만 25세 이상으로, 국립대학이나 고등전문학교 3년 이상의 학력을 가졌거나, 교육부가 인가한 사립대학 졸업생과 문관 보통 고시를 통과한 사람을 대상으로 3년에 한 번씩 실시했다. 문관 보통 고시 규정은 만 20세 이상의 남성 국민으로서 학력이 고등고시법의 규정에 부합하는 사람이면 모두 고시에 참가할 수 있으며, 문관 고등 고시를 실시하고 1년 뒤에 행했다. 외교관과 사법관 고시에는 별도의 시행 세칙이 있었다. 그러나 고시에는 여성이 참여할 수 없었으니, 이는 봉건법의 유물이라 하겠다.

문관의 임용은 행정·사법·외교 등의 유형으로 나뉜다. 1913년부터 문직임용령, 문관임용법, 문관견용령文官甄用令, 문관임면집행법과 외교관·사법관의 임면 법령 등이 반포되어 시행되었다. 행정관의 경우, 고등 문관은 특임特任·간임簡任·천임薦任이 있었고, 보통 문관 위임委任을 포함한 네 가지 형식으로 나뉘었다. 특임관으로는 국무경國務卿·좌승左丞과 우승右丞, 각 부의 총장이 있고, 간임관으로는 비서장秘書長·법제국장法制局長·기요국장紀要局長 등이 있고, 천임관으로는 첨사僉事·편역사장編譯司長 등이 있고, 위임관으로는 주사主事·판사원辦事員이 있었다.

원세개는 특별히 관질령官秩令을 반포해 문관을 9등, 곧 상·중·소 3경, 상·중·소 3대부와 상·중·소 3사로 나누었다. 월급은 규정으로 9등 12급으로 나누어 대총통은 월봉 24,000원, 공무비 40,000원, 교제비 40,000원, 부총통은 연봉 100,000원, 공무비 20,000원, 국무원 총리는 월봉 1,500원, 각 부총장은 월봉 1,000원 이하, 1등급 문관은 600원, 9등급 문관은 50원으로 차이가 컸다. 이들 규정은 법적 효력을 가지고 있었지만 실제로는 정치의 혼란과 정부의 빈번한 교체 때문에 실행될 수 없었다.

문관 고시 외에 견용甄用이 있어 고시를 거치지 않은 관리의 임용은 모두 문관견별법文官甄別法의 규정에 따라 증서를 검사하고, 경력, 정치적 실적, 경험을 시험한 뒤 채용 여부를 결정했다. 관리의 견용은 견별위원회에서 결정해 대총통에게 보고하고 인준을 받아 임용했다.

(2) 문관의 징계

1913년의 문관징계법초안, 1914년의 규탄법, 관리범죄특별관할령, 관리위법징벌령, 1915년의 사법관징계법, 감사관징계법, 1918년의 문관징계조례, 관리범죄처벌조례와 같은 10여 가지의 관리의 범죄를 처벌하는 법령을 반포했다.

규탄법은 참의원에서 제정되었는데, 그것은 주로 헌법과 법을 위반하고 뇌물을 주고받거나, 부정한 방법으로 사익을 취하거나, 법을 이용해 이익을 취하는 관원을 숙정청肅政廳에서 대총통에게 탄핵하고, 대총통이 그 징계 여부를 결정하는 것이다. 문관징계조례에는 특임관은 대총통이 징계위원회에 심사토록 회부하고, 간임관·천임관은 국무원 총리와 각 부 총장이 회부 여부를 심사하고, 위임관은 각 부서의 장이 직접 징계위원회에 회부하는데, 그 징계 처분은 면직·강등·감봉·견책 등이 있다고 규정한다.

관리의 독직 행위와 그 처벌은 다음과 같은 것이 있었다.

① 관리가 직무상 행위와 관련해 뇌물을 받거나, 기타 부정한 이익을 받으면 3등 이상의 유기 도형에 처하고, 3,000원 이하의 벌금을 함께 부과한다.

② 관리가 직무를 위반하는 행위로 위와 같은 죄를 범하면 무기 도형이나 2등 이상의 유기 도형에 처하고, 5,000원 이하의 벌금을 함께 부과한다. 또한 그 때문에 직무 위반 행위를 하면 사형, 무기 도형이나 1등의 유기 도형에 처하고, 5,000원 이하의 벌금을 함께 부과한다. 사법관이 위의 두 죄를 범하면 본형보다 1등을 가중 처벌한다.

③ 관리가 뇌물을 주거나, 기타 부당한 이익을 취하면 4등 이하의 유기 도형에 처하고, 2,000원 이하의 벌금을 함께 부과한다.

④ 관리가 5,000원 이상의 공금을 유용하면 무기 도형이나 2등 이상의 유기 도형에 처하고, 5,000원 이하의 벌금을 함께 부과한다.

관리가 (1) (2) (4) 항의 죄를 범하면 뇌물이나 이익을 모두 몰수하며, 전부나 일부를 몰수할 수 없으면 같은 액수를 추징했다. 그리고 각 항의 죄를 범하면 공권을 박탈했다.11)

사법관징계법과 감사관징계법은 사법 총장은 직무를 위반하거나 유기하는 행위를 한 자와 독직 행위를 한 관원을 조사하고 대총통에게 징계위원회에 회부해 징계하도록 건의할 책임을 진다고 규정했다. 그 절차는 징계위원회에서 결의하고, 대총통의 인준을 얻어 사법부에서 집행했다.

문관징계법초안은 징계 조건과 징계 절차와 방법을 규정했다. 징계 조건은 문관으로서 직관의 의무를 위반하거나 관리의 신분을 더럽히거나 관리로서 신용을 잃은 경우였다. 징계 방법은 면직·강등·감봉과 신계申戒 4가지가 있었다. 징계 절차는 국무원에 속하는 간임관과 국무원 총리에게 직속하는 간임관은 국무원 총리를 통해서 대총통에게 건의해 징계위원회의 심사에 회부하고, 각 부·성·총장에 속하는 천임관은 소속 장관이 국무원 총리에게 보고하고 승인을 받아 대총통에게 징계위원회의 심사에 회부하도록 건의할 것을 규정했다. 천임관의 징계 절차는 간임관과 같으며, 위임관은 소속 장관이 직접 징계위원회에 회부해 처벌했다.

---

11) 관리범장치죄조례官吏犯贓治罪條例.

(3) 문관의 구휼

1915년에 공포된 문관휼금령文官恤金令은 문관의 종신 연금, 일회 연금, 유족 연금을 두었다. 종신 연금은 문관으로 만 10년 이상 재직한 관원이 공무 때문에 상해·질병을 얻거나 60세 이상으로 자의로 퇴직한 자에게 주어지며, 일회 연금은 문관으로 만 1년 이상 재직하고 퇴직한 자가 대상이며, 유족 연금은 문관으로 만 10년 이상 재직하다 사망한 자, 종신 연금 수혜 대상 퇴직자의 사망, 공무로 인한 사망과 공무 탓에 질병을 얻어 퇴직한 뒤 사망한 자를 대상으로 하며, 그 수혜 순위는 자·처·손·부모·조부모였다. 죄를 범한 자나 공권을 상실한 자는 이를 받을 수 없었다.

제3절 국민당정부의 행정법

국민당정부의 행정입법은 두 시기의 법을 포괄하는데, 손중산이 이끌던 남경 임시정부의 수립과 함께 공포 시행한 행정법과, 장개석이 이끌던 남경 정부가 제정한 행정법이 그것이다. 그리고 국민당정부가 대만에서 행한 행정입법은 주권 국가의 입법이 아니므로 언급하지 않는다.

1. '삼권 분치分治'와 행정입법

신해혁명의 승리로 남경 임시정부를 수립한 뒤, 민국 원년(1912) 3월 11일에 정식으로 중화민국임시약법을 공포했다. 이것은 최초의 자산 계급 공화국 헌법의 성격을 갖는 법률로, 총강·국민·참의원·임시대총통·부총통·국무원·법원·부칙으로 나누고, 민주제도와 삼권 분립 원칙에 따라 민주 공화 정체를 규정하고, 일원제와 내각 책임제를 채택해 입법권은 참의원에 속하게 하고, 임시 대총통이 직권을 행사하려면 반드시 국무원의 동의 절차를 거쳐야 하며, 법관은 독립 재판권을 갖고, 국민은 인신·재산·언론·통신·거주·종교의 자유를 누릴 수 있다고 규정했다. 그것은 뚜렷하게 자산 계급의 민주주의 요구를 구현했는데, 혁명성과 진보적인 의미를 갖는다. 임시약법에 규정된 행정기관의 조직체계와 활동 준칙은 국가기관의 설치와 행정 활동의 법적 근거가 되었다. 이를 기초로 임시 약법은 국민당정부 초기의 행정법 원칙을 확립했다. 이 기간에 반포해 시행한 중앙과 지방 각급 정부의 법령과 각종 규범 문서는 행정법의 체계와 내용을 더욱 풍부하게 했다. 그러나 자산계급의 취약성이라는 한계 때문에 신해혁명의 성과는 원세개에 의해 파괴되고, 위에서 말한 입법 원칙은 실현될 수 없었다.

1924년 이후 국민당 남경정부는 임시약법의 기본 정신에 따라 중화민국국민정부조직법을 수정하고, 삼권 분립에 따라 오권헌법의 실행을 제시해 "오권의 체제를 세우고, 국민은 정치 권리 행사를 훈련해야 한다"고 했다. 이러한 변화는 남경정부의 행정입법이 서구의 삼권 분립을 단순히 모방하는 것에서 벗어나 중국 전통 문화에 기초를 둔 오권 체제의 수립을 시도하기 시작했다는 것을 보여준다.

국민정부 조직법에 따르면 일부오원제一府五院制는 권력의 핵심적 체계로서, 그 구체적 내용은 다음과 같다.

① 국민정부는 국가의 치권治權을 총괄하며, 주석 1인을 두고 그 아래에 다수의 위원을 두며, 직권은 삼군을 통수하고 선전·강화와 조약의 체결, 대사, 특사와 외사, 의례의 권한을 행사했다. 그밖에 행정원·입법원·사법원·고시원·감찰원의 오원을 구성했다.

② 행정원은 최고의 행정기관으로 행정원 원장·부원장 각 1인을 두고, 그 직책은 입법원에 법·예산·대사·선전·조약 등 주요 법안을 제출하며 행정관리를 임면하고, 각 부와 위원회 사이의 갈등을 해결하고, 명령을 발포했다.

③ 입법원은 국가의 최고 입법기관으로 원장·부원장 각 1인을 두고, 법안, 예산안, 대사안, 선전안, 강화 조약안 등과 기타 중요한 국제 사항을 의결했다. 입법원 아래에는 입법원 회의를 두고 원장이 주재했다.

④ 사법원은 최고 사법기관으로 원장·부원장을 두고, 사법 재판, 사법

행정, 관리 징계와 행정 심판의 직권을 행사했다.

⑤ 고시원은 최고 고시기관으로 관리의 선발과 고시를 책임졌다. 고시원의 주관 사항은 안을 제출해 입법원의 인정을 얻어야 했다.

⑥ 감찰원은 최고 감찰기관으로 법에 따라 국가 관원, 공무원에 대한 탄핵·심사·처벌권을 가졌다. 감찰원에는 원장·부원장과 감찰위원 몇 명을 두고, 감찰위원의 권한 행사는 법으로 보장했다. 감찰원 회의를 두어 최고 의결기관으로 했다.

이러한 행정체제의 설립은 국가의 통치를 강화하기 위한 것이었다. 그런데 각 원이 총통에 대해 책임을 지도록 규정해 오권 분치는 실제로는 형식에 지나지 않게 되었다. 이것은 국민당 행정법의 중대한 실책이다.

2. 지방정부

남경정부는 지방정부를 성·시·현의 3급 단계로 두고, 각 지방정부에는 교육·위생·농축산·어업·공정·재정·세수 등을 담당하는 사무기구를 두었다. 이와 같이 지방부터 중앙까지 직접 총통이 책임을 지고, 국가의 행정원장 또한 총통이 겸임하여 총통은 국가 원수이자 행정기관의 최고 수장으로, 모든 행정 대권이 한 사람에 의해 조종되는 극단적인 전제의 색채를 띠고 있었다.

3. 공무원제도

손중산은 일찍이 "현재 여러 나라의 고시제도는 대부분 영국에서 배운 것이다. 그러나 그 근원을 찾자면 영국의 고시제도는 우리 중국에서 배운 것이다"고 지적했다. 이러한 사상 아래 국민당의 남경 임시정부는 문관제도를 수립하고자 대담한 시도를 하고, 오권 헌법의 성립이라는 이론적 근거를 실천하여 문관 체계에 많은 성과를 거두었다. 그러나 원세개의 권력 장악과 함께 문관제도가 완전히 파괴되었다. 그 후 남경정부는 다시 공무원제도의 수립에 착수해 100여 종이 넘는 법규 법령을 반포 시행해, 1930년대 중반의 중국 사회에 새로운 공무원제도의 기반을 만들었다. 하지만 국민당정부의 부패와 몰락으로 공무원제도는 무산되었다.

(1) 고시제도

1929년 국민당정부는 공무원고시법을 반포해 고시를 임용 자격 요건으로 하여 1년 또는 2년에 한 번씩 시행했다. 고시는 고등과 보통으로 구분하고, 특수한 상황에서는 임시로 시행할 수 있다고 했다.

고시 자격과 임관 요건으로 응시자는 반드시 만 20세 이상의 중화민국 국적을 가진 사람이어야 했다. 그러나 '형법의 내란, 외환죄를 범해 판결이 확정된 자, 공무원으로서 공유 재물을 침해했거나 뇌물수수 행위를 했던 자로 판결이 확정된 자, 공권이 박탈되어 아직 복권되지 않은 자, 금치산 선고를 받고 아직 철회되지 않은 자, 아편이나 기타 마약을 복용하는 자'의 응시를 엄격하게 금지했다. 이러한 규정은 혁명가와 애국 인사의 응시 자격을 박탈하는 독소 조항이었다.

공무원의 임용은 특임관 외에 간임·천임·위임의 3가지 종류가 있었다. 특종 고시의 갑등甲等 성적을 받은 사람은 간임의 자격을 얻고, 을등乙等을 받은 사람과 고등 고시에 합격한 사람은 천임의 자격을 얻고, 보통 고시에 합격한 사람은 위임의 자격을 얻었다. 공무원의 승급은 반드시 고시를 거친 뒤 결정했다.[12]

공무원의 등급은 간임이 3계 9급, 천임이 3계 12급, 위임이 3계 15급으로 모두 3등 9계 36급으로 나뉘고, 월급은 그 등계에 따라 결정되었다.

---

12) 1949년 1월에 공포한 공무인원임용법公務人員任用法 참조

(2) 평가제도

공무인원평가법(公務人員考績法)의 규정을 근거로 공무원의 평가는 업무·품행·학식·재능의 네 가지 측면에서 행하고, 연종年終·평시平時·전안專案 등 3종의 평가 형식이 있었다. 연종 평가는 100점 만점에 80점 이상을 갑등으로 1급을 진급시키고 1개월분의 보너스를 지급하며, 70점 이상은 을등으로 1급을 진급시키고, 60점 이상은 병등丙等으로 변동이 없고, 그 이하는 정등丁等으로 면직되거나 행정 처벌을 받았다. 천임 인원이 3년 연속 우량 평가를 받으면 파격적인 승진을 할 수 있었다.

평시 평가는 각 기관의 책임 아래 소속 공무원의 구체적인 고과를 기록하고 등급을 심사했는데, 성적에 따라 가장嘉獎·기공記功·기대공記大功이 있었고, 징계 처분은 신계申誡·기과記過·기대과記大過로 나누었다.

전안專案 평가는 주로 중대한 공로나 과실이 있는 사람에게 적용되며 특별한 절차에 따라 평가와 상벌이 행해졌다. 포상 대상자는 한 번에 두 개의 기대공을 받은 자로, 1계급 특진과 1개월분의 보너스를 지급했고, 징계 대상자는 한 번에 두 개의 기대과를 받은 자로, 강등과 함께 행정 처벌을 받았다.

(3) 징계제도

1936년에 공포된 공무원징계법을 근거로 국가 공직 인원의 위법 행위와 직무상의 범죄 및 기타 실직 행위에 대한 징계 처분을 6종으로 규정했다.

① 철직撤職 : 현재의 직무를 취소하고 일정 기간 동안 재임용할 수 없다.

② 휴직休職 : 현재 직무에서 휴직하며 일정 기간 동안 기타 기관에 임직할 수 없고, 휴직 기간이 만료되면 원직에 복귀할 수 있다.

③ 강급降級 : 현재의 관급에서 1급이나 2급을 강등하고, 2년 후에야 다시 진급할 수 있다.

④ 감봉減俸 : 월봉의 20~30%를 감하며 그 기간은 1개월 이상이다.

⑤ 기과記過 : 기과 날부터 1년 안에 진급할 수 없다.

⑥ 신계申誡 : 서면이나 구두로 경고한다.

징계의 집행을 보장하기 위해서 공무원 징계위원회를 두어 사법원에 예속하고, 거기서 행하는 징계안 심리는 어떠한 간섭도 받지 않고, 법원과 동등한 권한을 갖고 독립적으로 조사할 수 있게 하며, 행정·사법기관에 조사를 의뢰할 수도 있었다. 징계위원회의 인선은 "만 40세 미만으로 정치법을 잘 알아야 하며, 간임직 공무원으로 5년 이상 천임 공무원으로 10년 이상 재임한 자는 임용될 수 없다"고 규정했다.

국민당정부의 공무원 임용 법령은 방대하여 중국 공무원제도에 영향을 미쳤다.

4. 행정법의 특징

국민당정부의 행정입법은 손중산이 제시한 "법에 따라 행정한다"는 원칙을 준거로 삼았다. 그는 어떠한 행정 단위라도 모두 법이 규정한 행정 편제의 구속을 받고, 관원의 활동 또한 반드시 '법에 따라 위임'을 받아야 하는 것으로 임의성을 띨 수 없다고 했다. 그것은 의심할 바 없이 중국 행정 법제의 발전에서 큰 의의를 갖는다.

또한 남경정부는 '비상' 시기의 정치 안정을 명분으로 '전시戰時 행정법' 이론에 따라 일련의 특별 행정 법규를 제정했다. 일부 법규의 효력은 헌법을 초월할 정도여서, '국가 총동원법,' '국가총동원 방해사범 임시조례' 등은 모두 일당 독재를 강화하고 민주를 제한해 행정법의 전단성專斷性을 강화했다.

제3장 형사입법

제1절 청 말기의 형률 수정

1. 대청현행형률大淸現行刑律

청 말기가 되면서 오랫동안 시행되던 대청률례大淸律例를 대체할 새로운 형법전을 제정하는 일이 시급해졌다. 그러나 청은 먼저 대청률례를 약간 수정해서 사용하기로 결정하고 1910년 5월 15일(선통宣統 2년 4월 7일)에 정식으로 대청현행형률을 반포했다. 그 형률은 6부로 나누어 목을 편찬하는 방식을 버리고, 30문(編)으로 고쳤다. 총 389조의 율문과 1,327조의 부례문附例文이었다. 형법·민법·행정법·소송법에 해당하는 범죄행위를 나누고, 그 처형방법을 규정했다. 그리고 순수하게 민법에 속하는 규범의 내용은 별도로 민법전을 만들었다.

이 형률에는 원래 청률의 전제 황권, 특권층 옹호와 강상명교綱常名敎 등의 기본적인 내용인 십악·팔의·간명범의干名犯義·자손위반교령子孫違反敎令 등과 같은 규정이 남아 있었다. 또한 형명을 바꾸어 원래 태笞·장杖·도徒·유流·사死 오형을 벌금(은 5전부터 15까지 10등급으로), 도형(1년부터 3년까지 5등급으로), 유형(2천리부터 3천리까지 3등급으로), 견형遣刑(국경 지방에 안치하는 것과 새로운 영토에 보내는 두 종류), 사형(교수형과 참수형)으로 바꾸고, 능지·효수·육시 같은 혹형이나 자자刺字·연좌緣坐는 폐지했다. 대청현행형률은 청의 옛 율은 유지하면서 부분적으로 내용을 삭제하거나 고친 것이다.

2. 대청신형률大清新刑律

청은 일본의 법학자 오카다 아사타로(岡田朝太郎)를 초빙해 형법전의 기초 작업에 참여시켰다. 여러 해에 걸쳐 대청신형률을 제정해 1911년 1월 25일(선통 2년 12월 25일)에 반포하고, 선통 5년에 정식으로 시행하겠다고 예고했다. 이 형률은 중국 역사에서 최초로 근대 자산 계급의 형법체제와 원칙을 채용한 전문적인 형법전으로서, 형식과 내용에서 상당한 개혁을 이루었다. 형률을 총칙과 각칙 두 편으로 나누어 모두 53장(총칙 17장, 각칙 36장) 411조가 되었고, 거기에 잠행장정暫行章程 5조를 더했다.

위의 형률은 '죄형罪刑 법정주의'를 실행해 "법에 조문이 없으면 어떠한 행위를 막론하고 죄가 되지 않는다"고 규정했다. 이것은 죄형 천권주의擅權主義에 대한 부정이다. 자산 계급의 인도주의 원칙을 체현하여 '만 12세 미만인 자의 행위'와 '정신병자의 행위'는 죄가 되지 않고, 감화 교육과 감호 처분을 했다. 여러 죄를 저지르는 것에 대해서는 가중 처벌하는 것을 제한했다. 개과천선할 수 있는 범죄자는 집행 유예나 가석방을 허락했다. 그리고 제소권과 행형의 시효를 규정했다. 형명은 주형과 종형으로 나누었다. 주형은 사형(교수형), 무기 도형, 유기 도형, 금고, 벌금을 포함하며, 종형은 공권의 박탈과 몰수를 포함한다. 또 형률에 '방해국교죄妨害國交罪,' '방해선거죄妨害選擧罪,' '방해위생죄妨害衛生罪'와 같은 새로운 죄명을 추가했다. 특히 제224조는 노동조합 파괴자(工人同盟罷工者)에 대한 처벌 방법을 따로 규정하고 있는데, 이것은 국내외 정치 정세와 사회·경제의 변화와 계급투쟁의 발전이 형사에 반영된 것이다.

총괄하면, 대청신형률은 중국 최초의 근대 형법전으로, 중국 전통 법체계가 와해되면서 근대의 자산 계급 형법으로 변화하는 것을 나타낸다. 또한 봉건 계급과 입헌파 사이의 대립과 타협의 산물이다. 이 점은 잠행장정에 분명히 반영되고 있다. 신형률의 초안이 만들어진 뒤 수구 세력의 반대로 부칙 5개 조문이 증가하고, 신형률의 일부 조문을 수정했다. 예를 들자면

① 일부의 범죄는 여전히 '참수형'에 처했다. 잠행장정 제1조에는 황제가 타는 가마나 마차에 위해를 가한 자와 내란·외란죄 및 존속을 살상한 자는 여전히 참수형에 처했다. ② 사형을 늘렸다. 제2·3조에는 시체를 훼손·유기·절취한 자 및 강도죄로 "마땅히 2등 이상의 도형에 처해야 하는 자는 그 정황에 따라 사형에 처한다"고 규정했다. ③ 제4조는 신형률에 '남편이 없는 여자의 간음(無夫姦)'에 대한 규정이 없는 것을 보완해 "제289조의 남편이 없는 부녀자가 죄를 저질렀을 때는 5등의 유기 도형·금고나 100원 이하의 벌금에 처한다. 그 상대도 마찬가지이다"고 규정했다.13) ④ 제5조에는 "존속을 범하면 정당방위의 예를 적용할 수 없다"고 했다. 이 다섯 가지 조의 규정은 명백하게 완고한 전통 봉건 세력이 황권을 강화하고 봉건 예교를 옹호하기 위해 중형주의를 견지한 것이다.

그러나 이 형률이 정식으로 시행되기 전에 청은 멸망했지만, 이후 중화민국 형사입법에 커다란 영향을 미쳤다.

제2절 남경 임시정부의 형사입법

신해혁명 이후 각 성의 군부와 남경의 임시정부는 필요에 의해 임시로 형사 법규를 제정했다. 주요한 것은 다음과 같다.

1. 군율軍律

신해혁명 이후 군사 행동을 할 때 군기와 사회질서를 유지하기 위해 각지 군사정부와 남경 임시정부의 육군부는 각종 군율을 제정했다. 호북군정부는 1911년 10월 11일에 형상령刑賞令을 반포하고, 다시 11월 16일에 군령軍令 8조

---

13) 이 부분에 대한 자세한 내용은, 장국화張國華, "심가본沈家本의 법률사상과 서양법 도입과정에서의 예·법 논쟁(상·하)"(임대희 옮김, 『법사학연구』 21·22, 1999·2000) 참조 — 역주

를 반포했다. 상해 호군도독滬軍都督은 같은 해 11월 8일에 군율 11조를, 1912년 1월에 군기율軍紀律 10조와 도망률逃亡律 8조를 반포했다. 임시정부의 육군부는 1912년 2월에 지방치안유지임시군율 12조를 반포했다.

죄의 경중에 따라 다음과 같은 3가지 종류의 처벌 방법을 두었다.

① 임의로 약탈한 자, 부녀를 강간한 자, 양민을 불태워 죽인 자, 명의를 도용해 국민의 재산이나 가옥을 차압한 자, 양민의 가방이나 금전을 강탈한 자는 모두 '총살'한다.

② 강매한 자, 사사로운 다툼으로 살상한 자는 "상황에 따라 처벌한다."

③ 민가 침입 자, 절도·도박·술에 취해 행패를 부린 자는 '벌'한다.

④ 이상과 유사한 행위를 한 자는 정상을 참작해 처벌한다.

이들 군율의 시행은 군기를 엄하게 하고, 사회질서 안정에 일정한 작용을 했다.

2. 마약 및 도박 금지 법규

1912년 3월 대총통은 아편엄금령(嚴禁鴉片通令)과 마약금지령(令內務部通飭禁煙文)에 '동아시아의 환자라는 치욕을 씻고, 깨끗하고 맑은 중국의 풍조를 오래도록 보존하기' 위해 특별히 다음과 같이 지시했다.

① 내무부에서 각 성 도독에게 소속 관서에서 "각종 아편 등 마약의 사용을 금하고, 이를 해이하게 하지 말라"고 했다.

② 참의원에 공문을 내어 금연령을 위반한 자는 '그의 선거, 피선거권 등 일체의 공권을 박탈'했다.

③ 내무부에 청의 금연령을 참고해 시행할 수 있는 것은 각 도독이 소속 관서에서 그대로 시행하도록 했다.

만약 부족한 점이 있으면 새로 임시 조례를 만들도록 했다.

절강성 임시 의회는 절강아편금지결의안(浙江實行禁絶鴉片決議案)」을 제정해 1912년 2월 5일에 다음과 같이 공포했다.

① 전 성의 마약의 사용은 민국 원년 2월 17일을 기한으로 금지한다. 만약 몰래 경작하면 현지사縣知事가 그것을 뽑아 버리고, 토지는 몰수한다. 집단으로 반항하면 군대를 보내 처리한다.

② 마약과 사용 기구를 감추면 3등에서 5등의 유기 도형에 처한다.

③ 습관을 버리지 못하고 계속 마약을 만들고 사용하는 자는 5등의 유기 도형·금고나 1,000원 이하의 벌금에 처한다.

④ 마약 판매점이 금지 기한이 지나고도 폐업하지 않으면 상점을 폐쇄하고 업주는 3등에서 5등의 유기 도형에 처한다.

도박에 관한 법규로는 1912년 3월의 내무부보고금도정內務部報告禁賭呈이 있는데, 다음과 같이 규정했다.

① 어떠한 종류의 도박도 모두 금한다.

② 각종 도박기구를 판매하는 점포는 스스로 폐기하고 영원히 판매할 수 없다.

③ 각지의 순경은 엄하게 감시해 위반하는 자가 있으면 현행률에 따라 처벌해 도박 풍조를 근절 한다.

이를 통해 당시 마약과 도박을 금지하기 위해서 얼마나 노력했는지 알 수 있다.

3. 태장笞杖의 폐지와 고문의 금지

손중산은 상해上海 남시南市 재판소에서 부녀자를 고문했다는 것을 알고 특별히 1912년 3월에 체벌금지령(令內務司法部通飭所屬禁止體罰文)을 발포해, 사법과 내무 등 모든 관서는 민사·형사사건을 심리·판결하는데 태장·가호枷號(목에 칼을 씌우는 것) 및 기타 불법 형구를 사용하지 못하게 했다. 그 죄가 태장·가호에 해당하는 자는 벌금이나 구류로 벌하도록 했다. 호군滬軍 도독 진영사陳英士는 군대에서 '귀를 자르고,' '귀에 화살을 꽂는' 등 가혹한 형벌을 사용하는 것을 발견하고, 같은 해 2월 고시를 발포해 신법을 적용토록 하고 가혹한 형벌을 엄금했다.

1912년 3월 손중산은 고문금지령(大總統令內務司法兩部通飭所屬禁止刑訊文)을 공포하고 '관리를 청렴하게 하고 민생을 평안하게 하기' 위해 특별히 다음과 같이 규정했다.

① 행정 사법 관서에서는 어떤 사안이든지 고문을 금지한다. 판결은 증거의 충실 여부로 결정하며 자백에 의하지 않는다. 이전의 불법적인 형구들은 모두 없애도록 명령한다.

② 감독관을 파견해 이를 위반한 관리가 있으면 "관직을 박탈하고, 각 소속 관청에서 죄로 다스린다."

4. 형법의 수정 의견

신해혁명 후 각지 군정부에서 형사사건을 심리하는 데 처리 원칙이 일치하지 않았다. 청 말기의 형률을 따라 쓰기도 하고, 첨삭해서 계속 적용하기도 했다. 예를 들면 1911년 11월 상해현에서는 상해 민정 총장의 명령에 따라 "우리 현의 모든 민사·형사 소송은 임시로 종전의 법에 따라 집행한다"고 했다. 절강성의 성의회에서는 청의 형법 초안에 첨삭을 가해서 도독이 공포하고 시행할 것을 결정했다. 호남성에서도 대청신형률을 적절히 수정해 '국체와 정체에 부합하지 않는 각 율은 모두 폐기'하고, "완고하게 반대해 행하지 않는 자에게는 다시 적용하도록 한다"고 규정해 호남현행형법湖南現行刑法으로 명명하고, 호남성 도독(湘都督) 담연개譚延闓가 1912년 2월 12일에 손중산에게 신청했다.[14]

남경 임시정부 수립 후 사법총장 오정방伍廷芳은 1912년 3월에 임시 대총통 손중산에게 건의해 "광복 이후 청의 법규는 효력을 잃고, 중화민국의 법은 아직 시행되지 않아서 각 성의 임시 규약이 일치하지 않습니다. 이러한 교체

---

14) 『임시공보臨時公報』 제12호, 1912년 2월 24일 부록.

기에는 반드시 보완 방법이 있어야 모든 것을 하나로 통일하고 표준을 세울 수 있습니다"라고 했다.15) 그래서 청의 형률 초안 가운데 황제와 황실에 대한 죄와 내란죄와 관련된 사형은 폐기하고, 나머지는 모두 민국정부에서 임시로 적용하는 법으로 삼았다. 손중산은 "법전을 편찬하는 것은 매우 중요한 일로 석학을 모아 여러 해에 걸쳐 조사하고 연구하지 않으면 만들기 어렵다. 그런데 지금 민국이 통일되어 사법기관이 다음에 만들어져야 하니, 민율과 형률 및 소송법은 모두 매우 긴요하다"16)고 하며 사법총장의 건의에 동의하여 참의원에 심의를 요청했다.

참의원은 4월 3일 회의를 열어 참의원임시법(參議院議決暫時適用前淸之法律咨請政府査照辦理文)을 통과시키고, 청 말기의 법원편제법, 형사민사소송률초안, 위경률違警律, 신형률新刑律, 금연조례禁煙條例 등을 따라 쓰는 것에 동의했다. 그러나 "정부 산하의 법제국에서 민주 국체와 저촉되는 조항을 조사해 각주를 달거나 개정한 뒤, 본 원의 의결을 통해 공포하고 시행해야 한다"17)고 했다. 그러나 남경 임시정부가 기능하고 있던 동안에 이러한 법적 절차를 완성하지 못했다.

이상이 남경 임시정부의 형사입법에 관한 주요 개요이다. 그런데 임시정부의 형사입법에는 중요한 결함이 있었다. 그것은 반혁명 세력에 대한 대책이 없었다는 점이다. 혁명을 적으로 삼고 혁명 지사에게 해를 끼치고 국민의 이익에 해를 끼치는 반혁명 범죄를 주요 처벌 대상으로 삼고 주요한 타격 대상으로 정해 놓지 않았으며, 그 처리 방법도 명확하게 규정하지 않았다는 것이다. 이것은 자산 계급 혁명의 철저하지 못함과 반혁명 세력과 타협한 것을 반영한다. 그래서 모택동은 신해혁명의 역사적 경험을 총괄하면서 "손중산도 반혁명을 진압할 줄 몰라 도처에서 반혁명이 만연했다. 그 후 그는 북양 군벌의 수령인 원세개에게 패배했다"18)고 한 것이다.

---

15) 『손중산전집孫中山全集』 제2권, 276쪽.
16) 『손중산전집孫中山全集』 제2권, 276쪽.
17) 『참의원의결안회편參議院議決案匯編』 갑부甲部 제1책, 119쪽.
18) 『모택동선집毛澤東選集』 제5권, 290쪽.

북양정부의 형사입법은 주로 대청신형률을 첨삭해 잠행신형률暫行新刑律을 만들고, 이후 다시 두 개의 형법 초안을 만들며 많은 단행 형사 법규를 반포했다.

1. 잠행신형률과 보충조례

원세개는 1912년 3월 10일 북경에서 임시 대총통에 취임하자마자 대총통령을 발포해 "이전에 시행되던 모든 법과 신형률 가운데 민국 국체에 저촉되는 조는 효력이 없고, 나머지는 모두 임시로 따라 쓴다"[19]고 했다. 이 명령에 근거해 북경정부 법부法部는 잠행신형률(刪修新刑律與國體抵觸各章條等幷刪除暫行章程文)을 만들어 원세개가 비준하면서 "법부는 빨리 수도나 지방의 사법 아문에서 이를 준수하도록 하라"고 명령했다. 법부는 1912년 4월 3일의 「임시공보」에서 이를 공포했다.[20]

잠행신형률에서 수정한 부분은 다음과 같다.

① 삭제한 부분 : '침범황실죄侵犯皇室罪' 전장 12조, '제서制書'와 '어새御璽'를 위조하거나 훼손하는 자, '어물御物'을 훔치거나 훼손하는 자 등 7조와 잠행장정 1조에서 5조까지.

② 자구를 수정한 부분 : '제국'을 '중화민국'으로, '신민'을 '인민'으로, '복주覆奏'를 '복준覆准'으로, '은사恩赦'를 '사면赦免'으로 고쳤다.

이후 북양정부는 이를 실행하는 과정에서 사법 제재를 강화하기 위해 1914년 12월 24일에 다시 잠행신형률보충조례를 반포했다. 주요한 특징은

---

19) 이 영은 원래 1912년 3월 11일 북경정부의 「임시공보」에 실려 있으며, 발포 일시를 "중화민국 원년 3월초 10일 즉, 임자년 정월 22일"로 명시하고 있다. 남경 「임시정부공보」 제41호(1912년 3월 17일) 부록에 이 전문을 실으며 북경 11일발로 명시하고 있다.

20) 북경 「임시공보」 1912년 4월 3일의 "통행 문건"란에 「법부통행경외사법아문문」을 공포하고, 또한 삭제된 각 장과 조목이 첨부되어 있다.

다음과 같다.

① 일부 범죄는 가중 처벌했다. 강간죄는 원래 1~2등의 유기 도형이지만
‘2인 이상이 공범’해 강간하는 경우를 포함시켜서 이에 대해서는 사형이나
무기 도형에 처했다. ‘3인 이상이 흉기를 가지고 공범’해 약취하거나 유괴한
죄는 1등급 가중했다. 그리고 “친권을 행사하는 부父나 모母가 그 자녀를
징계하기 위해서 법원에 6개월 이하의 감금 처분을 청구할 수 있다”는 것
등이다.

② 이미 삭제를 결정한 잠행장정의 일부 규정을 되살렸다. 정당방위는
존속에 대해서는 적용하지 않고, ‘남편 없는 부녀자의 간통’에 대한 처벌
방법을 다시 살린 점 등이 그것이다.

북양정부는 1914년 도형개견조례徒刑改遣條例와 이태조례易笞條例를 반포해
폐지된 견형遣刑과 태형笞刑을 되살렸다. 이를 통해 북양정부의 몇 가지 보충
조례는 형법의 잔혹성과 강상예교를 옹호하는 봉건적 색채를 띠고 있었음을
알 수 있다.

2. 형법 수정 초안

원세개는 ‘형법이 매우 중요한 것이라는 것을 잘 알고’ 법률편사회法律編査
會를 설립해 먼저 형법 수정안을 제정했다. 1915년 2월 17일 제1차 형법 수정
초안을 법제국에 명령해 참정원參政院에서 심의하도록 했다. 이 초안은 두
편으로 나뉘어 있었는데, 총칙 17장과 각칙 38장의 총 432조로 된 것이다.
주로 잠행신형률을 토대로, 총칙에는 친속가중親屬加重 장을 추가했다. 각칙
에는 침범대총통죄侵犯大總統罪와 사염죄私鹽罪를 추가했다. 그리고 잠행신형
률보충조례의 존속 사이의 침범에는 정당방위를 적용할 수 없다는 조항과
‘남편 없는 부녀자의 간통죄’에 관한 규정을 형법 초안에 덧붙였다. 그러나
이 형법 초안이 의결되기 전에 원세개는 몰락하고 말았다.

북양정부의 대권은 원세개의 뒤를 이어 환계皖系 군벌인 단기서의 수중에

들어가, 1918년 7월에 수정법률관修訂法律館을 설립하고 다시 형법 초안을
수정해, 1919년에 총칙과 각칙의 두 편으로 나누고 총 48장 393조의 형법
제2차 수정안을 만들었다. 그 특징으로는 근대 자산 계급의 형사입법 원칙과
내용을 채택하고, 봉건적 색채의 조항을 조정하며, 체제도 크게 변했다는
점을 들 수 있다. 이 초안은 북양정부에서는 공포되지 못하고 국민당정부가
형법을 제정하는 데 기초가 되었다.

3. 특별 형사 법규

북양정부는 형률의 수정 외에 독재정치의 필요에 따라 수시로 특별 형사
법규를 제정하고 형법보다 우월한 효력을 부여했다. 계엄법(1912년 12월 15일
공포), 아편처벌조례(1914년 4월 공포), 치안경찰조례(1914년 3월 2일 공포), 치안
경찰법(1914년 8월 29일 공포), 도비盜匪처벌법(1914년 11월 27일 공포, 1919년 11월
27일 수정), 사염私鹽처벌법(1914년 12월 20일 공포), 변계금비邊界禁匪장정(1915년
4월 13일 공포), 난당자수亂黨自首조례(1915년 1월 1일 공포), 징치국적懲治國賊조
례(1915년 6월 18일 공포), 육군형사조례(1915년 3월 19일 공포, 1918년과 1921년
수정), 해군형사조례(1915년 4월 7일 공포), 관리범장官吏犯贓처벌법(1914년 6월
공포), 관리위령官吏違令징벌령」(1914년 8월 19일 공포) 등이 그것이다.

북양정부 형사입법의 반동성은 중국공산당의 형성과 노동자운동의 발전
에 따라 더욱 현저해졌다. 예를 들어 잠행신형률 제224조는 노동자의 파업을
진압하기 위한 특별 규정으로, "동일한 업무에 종사하는 노동자가 동맹해
파업하면 주모자는 4등 이하의 유기 도형과 금고나 300원 이하의 벌금에
처한다"고 규정하고, 제9장에는 '무리를 지어 강압하고 협박하는 자'는 '소요
죄騷擾罪'로 처벌한다고 규정했다. 치안경찰조례 또한 노동자가 집단으로 '동
맹 파업'하거나 '강압으로 보수를 받는 것'을 금지하고, 이를 위반하는 자는
도형이나 벌금에 처하도록 규정했다. 그러나 실제 집행에서 반동 군벌과
제국주의자들은 더 잔혹하게 탄압했다. 호남 노동자운동의 초기 지도자인

황애黃愛·방인전龐人銓은 1922년 1월에 장사長沙 노동자 파업을 이끌었다고 호남 군벌 조항척趙恒惕에게 불법적으로 사형에 처해졌다. 또한 중국 노동조합 서기부의 간사 이삼李森은 1922년 6월에 상해 공공 조계 순포방巡捕房에게 잡혀 '파업 선동'과 '치안 방해'의 죄명으로 3개월 도형에 처해졌는데, 형기가 만료된 뒤에도 석방되지 못하고 상해 군벌에 넘겨져 2년 이상 구금되었다.

이러한 상황에 대해 중국공산당은 1922년 6월 15일에 발표한 '중국공산당의 시국에 대한 주장'에서 "국민의 결사·집회·언론·출판 자유의 권리를 보장하고, 치안 경찰 조례와 파업을 억압하는 형률을 폐지해야 한다"[21]고 지적했다. 1924년 10월 1일에 손중산은 '육해군 대원수'의 명의로 정식으로 공포한 공회조례工會條例에서 "형률에서 제한하고 있는 대중 집회 등에 관한 조문은 본법에 적용되지 않는다"[22]고 선포했다. 1926년 12월 호남 농민 대표대회에서는 '사법 문제 결의안'을 통과시키고 "민형법은 모두 수정할 필요가 있으며 농민에게 불리한 조문은 모두 폐지되어야 한다"고 선언했다.[23] 중국의 국민 혁명은 봉건 군벌을 타파하고 일체의 반동법을 폐지시키기 위해 투쟁을 전개했다.

제4절 광주廣州 무한武漢 국민정부의 형사입법

제1차 국공내전 때 광주와 무한에 국민정부가 수립되어 국공 합작 아래 노동자·농민·소자산 계급과 민족 자본이 결합해 근대 혁명 정권을 건립했다. 그러나 그 가운데 일부 군벌 관료와 매판 지방 유지를 대표하는 인물들은 각종 파괴 활동을 벌였다. 이에 맞서 광주·무한 국민정부는 반동분자와 반혁명 범죄를 징계하기 위해 수많은 노동자와 농민의 강렬한 지지와 공산당과

---

21) 『중공중앙문건선집中共中央文件選集』 제1권(中共中央黨校出版社), 26쪽.

22) 『손중산전집孫中山全集』 제11권, 129쪽.

23) 『제1차 국내혁명 전쟁기의 농민운동자료(國內革命戰爭時期的農民運動資料)』(人民出版社), 423쪽.

국민당 좌파 인사의 적극적인 노력과 투쟁으로 혁명운동에 유리하고 각종 반동세력에게 타격을 주는 많은 형사 법규를 제정했다.

1. 주요 형사 법규

(1) 육군형률陸軍刑律

국민 혁명군 건립 후 군기를 엄정하게 하고 각종 범죄 활동을 진압하기 위해 1925년 10월 9일에 육군형률을 반포했다. 이 형률은 반국가 행위죄, 권력 남용죄, 독직죄, 항명죄, 폭력 협박죄, 모욕죄, 강간죄, 약탈죄, 사위죄, 도망죄, 군용물 손괴죄, 근무 태만죄 12종류의 죄명을 규정했다. 주모자나 적 앞이나 계엄 상태에서 죄를 저지른 자는 가중 처벌하고, 종범·미수범이나 일반 지역에서 죄를 저지른 자는 경감 처벌하며, 예비 음모범이나 자수자는 형을 면제했다.

(2) 당원배반죄 조례

국민당원의 반혁명죄나 독직죄에 대한 징벌조례로 1926년 9월 22일에 광주 국민정부에서 시행했다. 이는 국민 당원이 "서약을 위배하고 불법 행위를 하면 상황에 따라 형률에서 1등 이상 가중 처벌한다"고 규정하고, '당원으로서 혁명에 반대해 내란을 도모한 자'와 '직권을 이용해 금융을 조종하여 자기나 타인의 이익을 도모한 자'와 '1,000원 이상의 공금을 횡령한 자'는 모두 사형에 처하고 재산을 몰수했다. 또한 당원의 범죄를 알고 고발하지 않은 자는 일반인은 위경법違警法으로, 당원은 종범으로 처벌했다.

(3) 반혁명죄 조례

1927년 3월 30일 무한 국민정부에서 공포한 것으로서, 중국 현대 형법 사상 최초로 특별법 형식으로 반혁명죄를 처벌한 형법 문헌이다. 이 조례는 먼저 반혁명죄를 정의하고 처벌 원칙을 정했다. 즉, "국민정부의 전복을 기도

하거나, 국민 혁명을 전복하려는 권력과 적대 행위자 및 외부의 힘을 빌리거나 군인과 결탁하거나 금전을 사용해 국민 혁명의 정책을 파괴한 자는 모두 반혁명 행위로 취급한다"고 정의했다. 이 조례는 특히 '반혁명을 목적'으로 하는 각종 적대 행위와 파괴 행위를 중요한 반혁명죄로 삼았다. 범죄행위자의 지위에 따라 '주모,' '중요 직책자,' '실행 방조자'로 나누고, 각각 다른 형벌로 처벌했다. 또한 조례의 적용 범위를 규정해 중국 국내와 국외를 막론하고 반혁명죄를 저지른 자에게 모두 적용했다. 이 조례가 시행되기 이전의 행위라서 확정 판결이 이루어지지 않은 사안에도 적용했다. 또한 반혁명죄를 저지른 자가 살상죄나 방화·제방파괴(決水)·약탈 및 기타 범죄를 범하면 '으뜸죄(俱發)'로 처벌했다(즉 여러 죄를 함께 처벌함).

(4) 탐관오리 처벌조례

1927년 4월에 무한 국민정부에서 시행한 것으로, 관료를 숙정하고 탐관오리를 징계하며 국민정부에 숨어 있는 부정부패한 자를 제거하기 위해 다음의 규정에 해당하는 자를 처벌했다. 공금이나 공물을 유용, 뇌물수수, 잉여의 착복, 강제 기부와 가혹한 징수, 사익을 위한 부정행위, 공금 탈취·횡령, 부당한 법 적용, 토호와 결탁하거나 합법적인 민중조직 교란, 반혁명 분자와 결탁해 활동한 확실한 증거가 있는 자, 관리를 유혹해 이득을 취한 증거가 있는 자, 생일 등을 빌미로 재물을 받은 자는 모두 상황에 따라 사형이나 무기도형에 처하고 재산을 몰수했다. 그밖에 이 조례는 이미 지난 범죄에 대해서도 소급 적용하는 것을 규정했다.

이밖에 광주정부는 마약금지조례(1925년 7월 21일), 통일광동군특별형사조례(1925년 9월 30일)를 반포했다. 무한정부는 호남과 호북의 토호열신처벌조례를 기초로 국민정부토호열신처벌조례」를 제정했지만 정식으로 공포하지는 못했다. 1927년 봄 무한정부는 '사법법규 개정 심사위원회'를 세워 형법 초안을 준비했으나, 점점 반동의 경향이 나타나며 형법 초안 또한 유산되고 말았다.

2. 형벌에 관한 규정

(1) 사형

각 조례는 중대한 범죄에 대해서 사형을 적용했다. 육군형률의 사형은 모두 총살로 정하고, 이를 위해 1926년 5월 광주 국민정부는 7조의 총살 규칙을 제정했다.

(2) 무기 도형

상술한 형사 법규에는 모두 무기 도형의 규정이 있었다.

(3) 유기 도형

5등급으로 나누며 당시에는 잠행신형률의 분류법을 적용해 1등 유기 도형은 15년 이하 10년 이상, 2등은 10년 미만 5년 이상, 3등은 5년 미만 3년 이상, 4등은 3년 미만 1년 이상, 5등은 1년 미만 2개월 이상으로 했다.

(4) 벌금

반혁명 미수범과 반혁명 선전범 및 탐관오리에게 벌금을 함께 부과할 수 있었다.

(5) 재산 몰수

탐관오리와 반혁명죄에 대해서 법에 따른 주형 외에 그의 전재산이나 일부의 재산을 몰수했다. 이를 위해 무한 국민정부는 1927년 5월 10일에 반역자재산처분조례를 발포했다.

(6) 공권 박탈

반혁명조례는 "2등 유기 도형 이상의 형을 선고받은 자는 공권을 박탈할 수 있다"고 규정했다.

이와 같이 광주·무한 정부의 형사입법은 혁명성을 띠고 있어 당시 안팎의 적을 물리치고 혁명운동을 보위해 북벌 전쟁의 승리에 적극적인 작용을 했다. 그러나 반동세력과 국민당 우파의 방해와 파괴로 무한정부 후기에는 혁명운동을 억압하는 일련의 법령을 반포해 많은 반동 범죄자를 비호해 그들이 나중에 반혁명 활동의 주력이 되었다.

제5절 국민당정부의 형사입법

1. 형사입법 개요

국민당정부의 형사입법은 육법 체계 가운데 중요한 부분이었다. 그것은 형법전刑法典, 특별 형사 법규와 대량의 판례, 해석례로 구성되었다.

(1) 형법전의 제정과 개정

국민당정부 초기에는 잠행신형률을 적용하고, 아울러 형법전 편찬에 착수했다. 1919년 '형법 제2차 수정안'을 기초로 형법 초안을 입안하고, 국민당 중앙의 인준을 거쳐 1928년 3월 10일에 공포하여 9월 1일부터 시행했다. 이것이 국민당정부가 제정한 첫 번째 형법이다. 그것은 총칙과 각칙 두 편으로 나뉘며 총 48장 387조로 이루어졌다. 총칙은 법례法例·문례文例·시례時例·형사책임과 형의 감면, 미수죄, 공범, 형명, 누범, 범죄의 경합, 정상 참작, 형의 가감, 집행 유예, 가석방, 시효 14장이고, 각칙은 내란죄, 외환죄, 국교 침해죄, 독직죄, 공무 방해죄, 선거 방해죄, 질서 침해죄, 탈주죄, 범인 은닉 및 증거 인멸죄, 위증 및 무고죄, 공공 위험죄, 화폐 위조죄, 도량형 위조죄, 문서와 인장 위조죄, 풍속 침해죄, 혼인 및 가정 침해죄, 제사 모독 및 시체 침해죄, 농공상農工商 침해죄, 아편죄, 도박죄, 살인죄, 상해죄, 낙태죄, 유기죄, 자유 침해죄, 명예 및 신용 침해죄, 비밀 침해죄, 절도죄, 강도와 해적죄, 불법 점유죄, 사기와 배신죄, 공갈죄, 장물죄, 기물 파괴죄 34장이었다.

1931년 말 국제 정세의 변화와 계급투쟁이 발전하면서 중국공산당의 혁명 근거지가 끝없이 확대되고, '9·18' 이후 형성된 항일 민족운동이 확산돼 국민당정부는 국민의 혁명운동에 대한 억압을 강화하기 위해 몇 년 동안의 재판 경험을 근거로 형법전 수정에 착수했다. 주요 특징은 독일·이탈리아의 형법에서 파시스트의 이론과 '보안 처분'을 도입해 3년에 걸쳐 형법 수정안을 제정하고, 1935년 1월 1일에 두 번째 형법을 공포해 같은 해 7월 1일부터 시행한 것이다. 장절章節 체제에 많은 수정과 조정이 이루어졌으며, 모두 47장 357조가 되었다. 총칙은 법례·형사책임·미수범·공범·누범·병합·정상 참작·가감·집행유예·가석방·시효·보안처분 12장으로 수정되었다. 각칙은 내란죄, 외환죄, 국교 침해죄, 독직죄, 공무 방해죄, 투표 방해죄, 질서 침해죄, 탈주죄, 범인 은닉 및 증거 인멸죄, 위증 및 무고죄, 공공 위험죄, 화폐 위조죄, 유가 증권 위조죄, 도량형 위조죄, 문서 및 인장 위조죄, 풍속 침해죄, 혼인 및 가정 침해죄, 제사 모독 및 시체 침해죄, 농공상 침해죄, 아편죄, 도박죄, 살인죄, 상해죄, 낙태죄, 유기죄, 자유 침해죄, 명예 및 신용 침해죄, 비밀 침해죄, 절도죄, 강도와 해적죄, 불법 점유죄, 사기 배신 및 중리重利죄, 공갈과 유괴죄, 장물죄, 기물 파괴죄 35장으로 수정되었다.

(2) 특별 형사 법규

10년 동안의 내전 속에서 제정된 형사 특별법으로는 도비盜匪처벌임시조례(1927년 11월 공포, 1936년 8월 수정), 반혁명처벌법(1928년 3월 9일 공포), 공산당 자수법(1928년 10월 공포, 1935년 7월 수정), 위해민국危害民國긴급처벌법(1931년 1월 31일 공포, 1937년 9월 수정), 긴급치안유지법(1936년 2월 20일 공포), 방해국폐妨害國弊처벌임시조례(1935년 7월 공포), 해·육·공군형법(1929년 9월 공포), 방비綁匪처벌조례」(1928년 11월 공포), 마약금지처벌조례(1935년 10월 공포) 등이 있었다.

항일 전쟁기에 제정한 형사 특별법으로는 한간漢奸처벌조례(1938년 8월 15

일 공포, 1946년 3월 수정), 공산당문제처치법과 이당異黨활동방지법(1939년 비밀지령), 치안비밀법(非常時期維持治安秘密法)(1940년 7월 24일 공포), 국가총동원방해처벌조례(1942년 6월 29일 공포), 탐관오리처벌조례(1943년 6월 공포), 병역방해처벌조례(1940년 6월 29일 공포, 1947년 7월 17일 수정), 도비盜匪처벌조례(1944년 4월 8일 공포), 전시교통설비방호조례(戰時交通業設備器材防護條例)(1944년 10월 31일 공포, 1945년 8월 16일 수정) 등이 있었다.

국민당 통치가 붕괴되던 시기에 제정한 형사 특별법으로는 사회질서유지임시법」(1947년 5월 공포), 후방공산당처치법」(1947년 10월 공포), 비상시기국가긴급치안법(1947년 12월 25일 공포), 계엄법(1948년 5월 공포), 양식糧食위반사범처벌조례(1948년 11월 10일 공포), 반란처벌조례(1949년 6월 21일 공포), 주사走私처벌조례(1948년 3월 11일 공포) 등이 있다. 이들 특별 형사 법규는 국민당의 반공 반국민적 성격을 더욱 노골적으로 드러냈다.

2. 국민당정부 형사법의 특징

(1) 반동 통치의 옹호와 혁명운동의 진압

국민당 형사입법에서 가장 엄한 죄는 '위해민국죄危害民國罪'이다. 이른바 '민국'이라는 것은 장개석 집단을 대표로 하는 관료 계급과 지주계급의 정권을 말하는 것이다. 이에 속하는 범죄는 내란죄, 외환죄, 방해妨害 국교죄國交罪, 방해 질서죄 등이다. 내란죄는 '국체를 파괴하고 국토의 점거를 기도하는 것'으로 규정하며, 국민당정부를 전복하려는 행위를 하면 7년 이상의 유기 도형에 처했다. 주모자는 무기 도형에 처했다. 폭동을 일으킨 자는 무기 도형이나 7년 이상의 유기 도형에 처하고, 주모자는 사형이나 무기 도형에 처했다. 1928년의 반혁명처벌법이 겨눈 것은 중국공산당이었다. '사법원 17년 해자解字 제16호 해석'에는 공공연히 "공산당 사건은 반혁명죄로 논해야 한다"고 했다. 구체적으로 폭동을 일으켜 국민당 통치를 전복하려는 자는 주모자는 사형에 처하고, 중요한 업무를 담당한 자는 사형이나 무기 도형에 처한다고 규정했다. 혁명 단체를 조직하고 집회 및 선동 행위를 하는 자는 유기 도형이나 금고에 처했다. 1931년에 이 법의 처벌 규정이 너무 가볍다고 하여 다시 위해민국긴급처벌법을 반포했는데, 이것은 매우 잔혹하고 야만적인 파시스트 법령으로 '민국을 위해할 목적'으로 '치안을 어지럽히는 자'는 모두 사형에 처하고, '민국을 위해할 목적'으로 문자를 사용해 선동하는 자는 사형이나 무기 도형에 처한다고 규정했다.

이들 형사입법은 공포된 후 국민당 보수파가 공산 당원과 애국 민주 인사를 탄압하고 혁명운동을 진압하는 반동 도구가 되었다. 운대영惲代英·등중하鄧中夏·채화삼蔡和森·팽배彭湃·방지민方志敏과 같은 많은 우수한 공산 당원은 이들 반동법에 희생되었다. 전국에 이름을 떨쳤던 심균유沈鈞儒를 필두로 하는 '칠군자七君子' 또한 적극적으로 항일 구국 활동을 벌이다 체포되어 수감되었다.

(2) 지주 관료 매판 계급의 재산 소유권과 제국주의 경제 이익의 보호

1935년 형법은 근대 사회·경제 질서를 유지하기 위해 위조 화폐죄·위조 유가 증권죄, 위조 도량형죄, 방해 농공상죄 등을 두었다. 당시 중국의 금융업은 주로 외국 자본과 4대 가문을 중심으로 하는 관료 자본의 수중에 있었으며, 게다가 1935년부터 국민당정부가 시행한 법정화폐 정책에 의해 전국의 지폐 발행 권한과 우표·인지 발행의 권한도 장악하고 있었다. 그래서 공공 채권과 주식 등은 4대 가문이 재산을 증식하는 중요한 수단이었다. 4대 가문은 또한 국민당정부의 양식·면화·잠업·광업 등에 대한 경제 통제를 이용해 이들 물자를 독점했다. 이를 통해 형법의 이른바 경제 질서 파괴죄와 농광공 상에 관한 관리 조례와 교통·전기 설비의 보호 조례 등이 실질적으로는 4대 가문과 외국 기업가의 금융 이익과 경제 독점권을 보호하는 것이었음을 알 수 있다.

(3) 파시즘 형법 이론의 도입

19세기 서방 국가에서는 형벌 응보주의가 성행했다. 자본주의는 19세기 후반부터 실업과 빈곤이라는 심각한 문제에 부딪쳐 계급투쟁이 날로 날카로워지고, 특히 누범과 소년 범죄율이 급상승해 자산 계급의 진압정책이 실현되기 어려워졌다. 이에 따라 형벌 응보주의 원칙을 적용하기 어렵게 되면서 사회 책임론을 기초로 하는 목적 형벌주의가 생겼다. 목적 형벌주의는 국가가 범죄인의 죄를 논하고 형벌을 내리는 것은 악행에 대한 응보가 아니라 재범을 방지하기 위함이라는 것이다. 따라서 교정할 수 없는 위험한 상태에 있는 자는 부정기적으로 또는 형벌을 내린 뒤 개조를 위한 시설이나 특설기관에 보낼 것을 주장했다. 이러한 이론은 일부 채용되어 '보안 처분' 제도가 탄생했다. 보안 처분은 1893년 스위스 형법 초안에서 시작되었다. 1929년 이탈리아 형법은 처음으로 보안 처분을 법제도로 확정했다. 이후 독일에서 히틀러가 정권을 장악한 후 먼저 보안 교정 처분 법령을 공포하고 바로 형법 전에 도입했다.

중국에서는 장개석이 1931년 5월 5일 국민회의 개막사에서 '파시스트의 정치 이론'은 '현 단계의 통치에서 가장 유효한 것'임을 선언했다. 이러한 이념을 반영해 이른바 '사회 방위주의防衛主義'의 채택을 주장했다. 그래서 1935년 형법에 '보안 처분'이란 장이 만들어졌다. 국민당 형법의 보안 처분은 명목상 청소년 범죄, 마약 중독자, 정신병자, 신체장애자에게 적용되는 것이었으나, 실제 목적은 공산 당원과 진보 인사를 박해하기 위한 것이었다. 예를 들면 반성원反省 조례에는 위해민국긴급처벌법이나 임시반혁명처벌법을 위반해 형집행이 만료된 사람 가운데 '형집행이 만료되었으나 재범의 우려가 있는 자'는 다시 반성원에 수용할 수 있다고 규정했다. 반성원조례에는 '중앙 집행위원회의 의결을 거쳐' 반성원에 수용할 수 있도록 규정하고 있다. 1930년 '사법 행정부 1269호 지령'에는 혐의가 있으나 증거가 부족하면 '성당부省黨部에서 중앙당부中央黨部에 의결 처리할 것'을 청구할 수 있다고 했다. 더욱 노골적인 것은 1939년 이당병방지방안(防止異黨兵運方案)의 정절丁節 제10조에서 이당異黨 분자分子는 회개할 때까지 장기 감금하고, 본 당부에 잠입해 활동한 이당 분자는 "비밀리에 즉석에서 처결한다"고 규정한 것이다. 이들은 모두 국민당의 당정·군경·헌특 기관이 마음대로 법 외의 처형과 장기 감금, 심지어 즉석 처결까지 합법화한 것이다.

(4) 봉건 종법과 강상윤리를 형법 제정의 근거로 삼음

부모·조부모 등 존속을 존경하고 봉양하는 것은 모든 국민이 마땅히 가져야 할 도덕과 의무이다. 그러나 청 말기부터 형률에는 봉건적인 가장제와 강상예교의 내용이 진하게 섞여 있었다. 장개석 집단은 봉건주의적 인성론을 이용해 어리석은 충효를 고취하고 사유四維·팔덕八德을 제창해 이를 독재 유지를 위한 사상적 기초로 삼고, 봉건종법 관계에 의해 유지되는 가장제와 보갑保甲 제도를 통치조직의 기초로 삼았다. 따라서 국민당정부의 형법은 봉건 법통을 전수한 것으로, 다만 형식상 이를 은폐하고 조정했을 뿐이다. 예를 들면 형법의 '상해죄'에는 직계 혈친의 존속을 상해하면 형의 1/2을 가중하는 것으로 규정하며, 만약 타인에게 폭력을 사용했으나 상해를 입히지 않으면 범죄가 되지 않지만 직계 혈친의 존속에 대해 폭력을 사용하면 상해를 입히지 않아도 1년 이하의 유기 도형과 금고나 500원 이하의 벌금에 처했다. 또, 직계 혈친의 존속에 대해서 유기죄를 범하면 형의 1/2을 가중했다. 그리고 제250조에는 직계 혈친 존속의 시체나 분묘를 침해한 자도 형의 1/2을 가중했다. 이러한 규정은 존존친친尊尊親親의 봉건 윤리 관념이 형사입법에 반영된 것이다.

그밖에 봉건적 부권夫權과 일부다처의 혼인관계를 옹호했다. 형법 제237조에는 "배우자가 있으면서 결혼하거나 동시에 2명 이상과 결혼한 자는 5년 이하의 유기 도형에 처한다. 그의 상대자도 마찬가지이다"고 규정해 겉으로는 마치 일부일처제인 듯하나, 실제로는 그렇지 않았다. 사법기관의 한 판례가 이를 잘 보여주는데, 1935년 최고법원 1229호 판례에는 형법상 이른바 중혼重婚은 정식 혼인만 말하니, "만약 정식으로 결혼하지 않고 사실상 동거

관계에 있으면 그 죄가 성립되지 않는다"고 했다. 이 판례는 고관이나 부유층이 여성을 농락하며 공개적으로 중혼하고 첩을 두는 것을 방조하고 있다.

(5) 계급 본질의 은폐와 기만

국민당은 파시스트 형법을 채택하면서 기만적인 '죄형 법정주의'와 '피고에게 유리하게'라는 등의 형법 원칙을 세웠다. 형법 제1조는 "행위의 처벌은 행위할 때 법에 명문 규정이 있는 것에 한한다"고 했다. 이것이 이른바 '죄형 법정주의'이다. 그러나 이 규정은 특별법이나 재판의 실천 또는 법정 밖에서 '죄형 천권주의擅權主義'가 남용되는 것에는 영향을 미치지 못했다.

또한 형법 소급력의 문제에 관해서는 '새로운 법 우선, 가벼운 형 우선의 원칙'을 채택하고 있다. 형법 제2조는 "범행 후 법에 변동이 있으면 재판할 때의 법을 적용한다. 그러나 재판 전의 법이 행위자에게 유리하면 행위자에게 가장 유리한 법을 적용한다"고 규정했다. 이것이 '피고에게 유리하게'이다. 그러나 그 '해석례'에서는 이 원칙을 부정하고 있는데, '반란조직에 참가해 자수하지 않은 자' 또는 '민국 38년 6월 21일에 징치반란조례를 시행한 후에도 계속 반란에 참가한 자'에게는 제2조를 적용하지 않는다고 규정했다. 또한 제18조에는 "만 14세가 되지 않은 자의 행위는 처벌하지 않는다"고 규정했지만 대법관회의 제129호 해석례에는 "만 14세가 되지 않은 자가 반란조직에 참가해 만 14세가 되었는데 자수하지 않거나 거기서 이탈했다는 사실을 확실히 증명할 수 없으면 형사책임을 져야 한다"고 했다.

이를 통해 국민당정부의 형법은 봉건적·매판적·파시스트적인 반동 법전이라는 것을 알 수 있다. 그것은 중국 전통의 중형주의와 현대 파시스트의 공포주의가 결합한 야만적이고 잔혹한 성격의 것으로, 이것이 국민당정부의 형법이 갖는 기본 특징이다.

제4장 민법

제1절 청 말기의 민사입법

민형미분民刑未分· 제법합체諸法合體는 이회李悝의 법경에서 시작된 중국 전통법의 형식으로, 이것은 대청현행형률에 이르러 변화하기 시작했다. 1909년 9월에 정식으로 반포된 대청현행형률은 대청률례를 기초로 수정하여 완성한 것으로, 옛 율 가운데 민사 조항인 상속·혼인·전택·금전대차 등을 따로 모아서 편찬하고 최초로 과형을 하지 않는 민사법이었다.

청 말기 민사입법의 가장 큰 성과는 대청민율초안이라고 할 수 있다. 청은 1907년부터 민사 법전의 편찬에 착수해, 수정법률관修訂法律館을 중심으로 일본의 법학자 마쓰오카 요시마사(松岡義正)와 시다고 오타로(志田鉀太郎)를 초빙해 총칙·채권·물권의 3편을 기초하고, 기타 친족·상속 두 편은 주헌문朱獻文·고종高種이 각각 예학관禮學館과 함께 기초했다. 1911년 8월 초안이 전부 완성되니, 이것이 대청민율초안이다. 그것은 제1편 총칙 8장 323조, 제2편 채권 8장 654조, 제3편 물권 7장 339조, 제4편 친족법 7장 143조, 제5편 상속법 6장 110조로, 모두 5편 1,569조였다. 앞의 3편은 독일과 일본의 민법전을 모방한 것이고, 뒤의 2편은 중국의 전통 민사 규범을 답습한 것이다. 수정법률대신修訂法律大臣 유염삼兪廉三·유약劉若은 민율초안을 완성한 뒤 상소문에서, 민율초안은 '세계에서 가장 보편적인 법칙'을 중시했고, '나중에 만들어지는 것이 가장 정확한 법리'를 갖는다고 설명했다. 즉, 자본주의 일반 민사법 원칙을 답습했다고 할 수 있으며, 또한 "중국의 민정에 가장 잘 맞는 법칙을 구한다"는 중국의 전통에서 나온 것이다. 그것은 다음과 같은 몇 가지 특징을 갖는다.

(1) 봉건 지주와 매판 계급의 사유재산권 보호

민율초안은 법의 형식으로 지주의 토지소유권을 인정할 뿐만 아니라, 소유권의 범위와 그 보호에 대한 상세한 규정을 두었다. 토지소유권의 범위는 "지상부터 지하까지였다"(제991조). 토지소유자는 타인의 토지 진입을 금지해 소유권의 안전을 보호할 수 있었다(제1013조). 수원지의 소유자는 자유로이 샘물을 사용할 수 있었다(제1016조). 반면 토지를 임대한 소작인은 '어쩔 수 없이 토지 사용을 방해받거나' '수익에 손실이 있어도' 소작료를 감면할 수 없도록 해 지주가 농민을 착취하는 것을 보장했다.

민율초안 물권편物權編에 모든 사람은 법령의 제한 안에서 그의 소유물을 자유로이 사용·수익·처분할 수 있고, 타인의 방해를 제거해 달라고 요구할 수 있다고 규정했다. 타인이 그의 소유물을 간섭하면 그를 제거할 수 있었다(983조, 984조). 그리고 그의 소유물을 불법으로 점유하거나 침범 또는 손해를 끼치면 그에게 회복·제거·배상을 청구할 수 있었다(986조, 987조). 그 목적은 분명 지주와 매판 계급의 사유재산권을 보호하는 데 있었다.

민율초안 채권편債權編에는 채무자에게 채무 상환을 강제할 수 있다고 규정했다. 채권자는 채무자에게 급부를 청구할 수 있었다(324조). 채무자가 급부를 제공할 수 없으면 채권자는 채무자에게 불이행에 대한 손해배상을 청구할 수 있었다(355조). 채무자는 채권자에게 지연으로 인한 손해를 배상해야 했다(369조). 이는 지주와 매판 계급이 고리대를 이용해 타인의 재산을 착취하는 것을 보장한 것이다.

(2) 봉건 예교와 가정관계의 강조

봉건적 예교강상禮敎綱常은 오랫동안 국민의 사상을 묶어 놓은 원리이며 국민의 족쇄로서, 그것이 사회에 미친 영향은 어마어마했다. 청의 통치자는 율령의 수정을 명하는 조서에서 완고하게 예교강상은 '수천 년 동안 전해 오는 국가의 요체로 입국의 근본'이니, "우리 옛 율 가운데 윤상倫常에 관한 조문은 함부로 바꿀 수 없고, 천리天理와 백성의 법을 유지하도록 하는 것이다”고 주장했다. 이를 위해 반드시 “이를 수정의 주지로 삼아야 한다”고 엄명했다. 명령에 따라 심가본沈家本은 한편으로는 “법에 첨삭하는 것은 시류의 변화에 따라야 하고, 변통의 이치를 찾는 것은 실로 오늘이나 옛날이나 답습할 수 없는 것이다”24)고 하며 신율을 제정하는 원칙으로 삼고, 다른 한편으로는 역대로 답습하던 예교와 민정에 따라 ‘융합과 관철하여 걸림이 없도록’ 했다. 그의 말은 주로 친족·상속 두 편의 전통적 혼인가정의 관계를 보호하는 것으로 나타났다.

민율초안 친속편親屬編에는 “결혼은 부모의 허락이 있어야 한다”(제22조)고 규정했다. 이혼은 남자 만 30세, 여자 만 25세가 되지 않으면 부모의 허락이 있어야 한다(제44조)고 규정해, 전통적 강제혼인 제도의 합리성을 인정하고 있다. 그리고 가정은 가장이 통솔했다(제11조). 가장은 일가의 최고 연장자가 한다(제8조)고 해, 전통시대의 존비 등급제도를 적극 옹호하고 있다. 또한 공개적으로 부권夫權을 보호해 남자는 첩妾을 들일 수 있고 동거할 수 있다고 하여, 아내는 그에 따라야 하는 지위였다. 민율초안은 심지어 총칙편에 아내의 법적 권리마저 박탈해 “성년이 되어 식별력이 있는 사람은 행위능력을 가지나 아내는 그렇지 않다”(제9조)고 했다. 그 입법 의도는 전통적 예교강상을 유지하려는 것이었다.

(3) 제국주의자의 특권과 이익의 보호

민율초안의 체계와 총칙·물권·채권의 내용은 모두 자본주의의 민법을 답습했다. 그 가운데 계약·매매·법인·채권·물권은 모두 자산 계급의 민법 원칙을 채택하고 있다. 그러한 원칙은 중국의 실제 상황과 맞지 않아 현실에 통용되기 어려웠지만 전통 민법과 비교하면 어쨌든 발전한 것이라 할 수 있다. 물론 많은 규정들이 제국주의자들의 특권을 보장했는데, 예를 들면 외국 사단법인의 지위를 인정하고 이들이 중국에 사무소를 설립하는 것을

---

24) 『청말주비입헌당안사료淸末籌備立憲檔案史料』(하책), 858쪽.

허용함으로로써, 외국의 독점 자본이 중국에서 덤핑 행위를 하고 자본을 수출해 경제 침략을 할 수 있는 권리를 보장한 것이다.

대청민율초안은 전통 중국 최초의 민법전으로, 청의 붕괴로 시행되지는 못했지만 이후의 북양정부와 국민당정부의 민사입법에 기초가 되었다.

제2절 북양정부의 민법

북양정부의 민법은 세 가지 근원이 있었다.

1. 민법 초안

북양정부는 1921년 민법전을 편찬하기 시작해 1926년에 각 편을 완성했다. 초안은 5편으로 나뉘는데, 제1편 총칙은 대청민율초안과 같았고, 제2편 채債는 스위스 채권법의 원칙을 일부 채택했고, 제3편 물권은 대청민율초안을 기초로 저당권과 전권典權 두 장을 늘렸고, 제4편 친속은 일찍이 1915년 법률편사회에서 작성한 것으로 제5편 계승과 함께, 현행형률의 민사 부분과 대리원大理院 판례를 흡수했다. 초안은 모두 1,320조로, 중국 역사상 두 번째 민법 초안인 셈이다. 북양정부 사법부가 각급 법원에 조례로 쓰도록 명령했지만, 결국 정식 법전으로 반포해 시행하지 못했다. 오히려 대청현행형률의 민사 부분은 북양정부 때 널리 운용되었다.

2. 현행형률의 민사 부분

1912년 3월 원세개는 임시 대총통의 명의로 "이전에 시행되던 모든 법과 새로운 형률에 민국 국체와 저촉하는 부분은 그 효력을 박탈하고, 나머지는 모두 임시로 따라 쓰며 이를 준수해야 한다"고 명령했다. 대리원은 이를 근거로 "민국 민법전이 아직 반포되지 않았기 때문에 이전 청의 현행률 가운데 국체와 저촉되는 것 외에는 계속 사용한다. 청의 현행률이 현행 형률이지만 형사 부분을 제외한 민사 규정에 관련된 것이 적지 않아서 형률이라 할 수 없다"[25]고 했다. '계속 사용한' 부분은 대청현행형률의 복제도服制圖·복제명례服制名例·호역戶役·전택田宅·혼인婚姻·범간犯奸·투구鬪毆·전채錢債·호부칙례戶部則例의 호구戶口와 전부田賦 등으로, 북양정부의 사법 시행에 자주 인용되었다.

3. 판례와 해석례

민법전의 편찬 작업이 더디고 청의 법 가운데 유효했던 민사 부분도 시대에 맞지 않게 되자, 북양정부의 법관들은 사법 실천에서 대량으로 판례와 해석례를 인용해 민사소송 사건을 처리하여, 이에 판례와 해석례는 북양정부 민법의 중요한 근거가 되었다.

북양정부와 청 말기의 정권은 계급적으로 지주 매판 계급의 이익을 대표하는 정권이었기 때문에 민사입법의 기본 정신 또한 그에 부합했다.

첫째, 지주 매판 계급의 이익을 보호하기 위해 '판례 상자上字 제739호'에 "부동산 소유자는 소유권의 효력을 누구에게나 주장할 수 있다" 하고, 판례 상자 제532호에는 "소유자는 그 권리를 침해하는 모든 사람에 대하여 그 침해를 없애도록 요구할 수 있고, 침해의 우려가 있으면 이를 배제하도록 청구할 수 있다"고 규정했다. 이 두 판례의 목적은 분명히 지주 매판 관료의 소유권을 보호하는 데 있었다. 또한 판례 상자 제210호에 전산典産 기간이 만료되어 전주典主가 최고했는데도 "원업주가 기한을 넘기고 상환하지 않으면 종료를 주장할 수 있다"고 했으니, 봉건 전노典奴의 복사판이었다고 할 수 있다.

---

25) 「대리원상자大理院上字」 제308호 판례判例.

둘째, 혼인과 가정제도에 대하여 판례 상자 제2호에는 "현행률에는 시집 가는 것과 아내를 맞는 것은 조부모와 부모가 혼례를 주도하고, 조부모와 부모가 없는 자는 기타 친족이 주도한다고 하는데, 이 조건을 갖추지 못한 혼인은 취소할 수 있다"고 했다. 이것은 봉건적인 가장이 강제로 혼인시킬 수 있는 제도를 확정한 것이다. 판례 상자 제766호에는 '가정은 마땅히 어른 이 통솔'하고, 그는 재산권을 대표하니, '만약 재산을 임의로 처분'하면 "그것 은 월권행위이며 법에 따라 어른의 추인을 받지 않으면 효력이 없다"고 했다. 이 또한 봉건 가장의 특권제도이다.

셋째, 제국주의의 이익을 보장했다. 특히 북양정부의 민법전 초안에는 '외국 법인'이 중국의 '사단법인'과 '재단법인'이 될 수 있게 하여 중국 법인 의 모든 권리를 향유할 뿐만 아니라 '법이나 조약으로' 규정한 특권을 얻을 수 있게 되었다. 이를 통해 제국주의 열강은 중국에서 광산을 개발하거나 기업을 세우는 등의 경제 침략에 대한 법적 보호를 받았다. 이처럼 북양정부 와 청 말기의 민사입법은 근대 사회의 경제관계를 반영하는 것이다.

제3절 국민당정부의 민사입법

1. 중화민국 민법의 제정

장개석의 국민당정부는 민사입법을 매우 중시해, 1928년 12월 중앙 정치 회의에서 민법총칙편입법원직民法總則編入法原則을 의결하고, 다음해 입법원 에 민법 기초위원회를 세우는 동시에 위의 입법 원칙에 따라 민법 총칙 7장 152조를 제정하고 1929년 5월 23일에 공포해서 같은 해 10월 10일부터 시행했 다. 총칙편을 반포한 뒤 입법원 원장 호한민胡漢民과 부원장 임삼林森의 제의 에 따라 중앙 정치 회의는 민법과 상법을 하나로 합하기로 결의했다. 그래서 상업 행위에 속하는 중개업·창고·운송업·청부운송 등의 항목을 민법 채편

債編에 편입하고, 그 가운데 합칠 수 없는 것은 단행 상사 법규로 제정했다. 민법 기초위원회는 이러한 정신에 따라 채편 2장 604조, 물권편 10장 221조를 기초해 1929년 11월 20일에 공포했다. 또한 친족과 상속 두 편을 기초했는데, 전자는 7장 171조, 후자는 3장 88조로 1930년 12월 26일에 공포했다. 이로써 국민당정부의 민법전이 완성되었다.

2. 민법의 주요 내용과 특징

중화민국 민법은 근대 사회의 성격에 따라 청 말기에 세워진 민사입법의 기본원칙을 계승하는 한편, 매판 경제의 기형적인 발전에 따른 변화를 반영했다. 즉, 4대 가문을 중심으로 하는 관료 독점 자본과 서방 독점 자본주의 국가의 민법 원칙과 조항을 답습했다. 그 주요 내용과 특징으로 몇 가지를 들 수 있다.

(1) 지주 관료 매판 계급의 사유재산권 보호

이것은 민법의 주요한 임무였다. 당시 중국에서는 지주 관료 매판만이 생산자원을 점유한 물권의 주체였다. 민법은 그러한 물권의 주체, 즉 지주 관료의 재산권을 보호했다. "소유자는 자신의 소유물을 불법으로 점유하거나 침해한 자에게 반환을 청구할 수 있고, 소유권을 침해한 자에게 제거를 청구할 수 있고, 소유권을 침해할 우려가 있는 자에게 그 방지를 청구할 수 있다"고 규정했다. 뿐만 아니라 물권편에는 소유권자가 자유로이 소유물을 점유·사용·처분·수익할 수 있고, 타인의 간섭을 배제할 수 있다고 규정했다. 이것은 지배계급에게 점유하고 있는 생산자원을 이용해 착취할 수 있는 권리를 부여한 것이다. 그밖에 민법은 시효의 원칙을 이용해 노동자의 재산을 강제로 약탈하는 것을 합법화했다. "5년 동안 타인의 동산을 순조롭게 물의를 일으키지 않고 공공연하게 점유한 자는 그 소유권을 취득한다. 20년 동안 순조롭게 물의를 일으키지 않고 계속해서 타인의 미등기 부동산을 점유한 자는 소유자로 등기를 청구할 수 있다"고 규정했다.

민법은 물권편에서 소작인은 천재지변을 당해도 임대료를 지불해야 한다고 규정했다. 뿐만 아니라 여전히 전통 법전의 영전권永佃權과 전권典權이 기본 내용이었다. 전호佃戶는 영전권을 획득하면 전조佃租를 지불할 뿐만 아니라, 오랫동안 경작하기 위해 더 많은 대가를 지불해야만 했다. 만약 영전권자가 2년 이상의 총액에 해당하는 임대료를 지불하지 않으면 토지소유자에게는 임대를 철회할 권한이 주어졌다. 결국 민법이 보호한 것은 영전권이 아니라 지주의 착취권과 임대 철회권임을 알 수 있다. 그리고 전권은 전통 법전을 답습해 "출전권자出典權者가 전기典期가 만료된 뒤 2년 이상 원래의 가격으로 상환하지 않으면 전권자典權者가 전물典物의 소유권을 취득한다"고 했다. 이와 같이 기한이 만료되면 여지없이 처리함은 지주가 쉽게 농민의 토지를 약탈할 수 있도록 한 것이다.

민법전은 엄격하게 채권자의 이익을 보호하여 채무자가 채무를 이행하지 않으면 위약금을 지불하게 했다. 만약 채무자가 급부하지 않거나 모두다 급부하지 못하면 채권자는 법원에 강제 집행을 청구하거나 손해배상을 청구할 수 있었다. 만약 채무 상환을 지연하면 채권자는 법정 이자인 5%의 지연 이자를 가산할 수 있었다. 그리고 1년 동안 이자를 내지 않으면 채권자는 지연된 이자를 원금에 병합할 수 있었다. 이것은 이자를 원금으로 만드는 것으로 고리대를 법으로 보장한 것이다.

(2) 제국주의의 자원 약탈과 경제 침략을 합법화

민법전은 "허가를 받은 외국 법인은 법령의 제한 안에서 같은 종류의 중국 법인과 동일한 권리능력을 가진다"고 해, 제국주의가 자본을 수출하고 경제 침략을 할 수 있는 합법적인 지위와 권리를 부여했다. 그러나 국민당정부와 제국주의 국가 사이에 평등한 관계가 성립되지 않았으므로 이러한 규정은 경제에 대한 주권을 매도한 셈이다. 또한 '허가를 받지 않은 외국 법인의 명의로 타인과 법적 행위를 하고, 외국 법인과 함께 연대 책임을 지는 것'도 외국 법인과 같은 법적 지위를 누리는 것으로 보았다. 이것은 허가를 받지 않은 외국 법인이 중국의 법을 따르지 않고도 자유롭게 설립하고 경영할 수 있다는 것을 말한다. 국민당 사법원의 해석례에는 "중국에 사무소를 두고 있는 외국법인으로서 영리를 목적으로 하는 사단법인은 특별법의 규정에 따라 법원에 등기를 신청하지 않아도 된다" 하고, "외국인이 중국 회사의 주주 감사 또는 감리인의 직에 취임할 수 있다" 했다. 즉, 외국 법인에게 중국 법인을 뛰어넘는 여러 가지 특권을 부여한 것이다.

(3) 형식적 평등으로 불평등을 은폐

먼저 민법전은 형식적으로 국민의 민사권리능력은 모두 평등하다는 원칙을 세웠음에도 일련의 구체적인 조항으로 이를 부정했다. 예를 들면 부부관계에서 처는 자신의 성姓 첫머리에 남편의 성을 붙이고, 남편의 주소를 자신의 것으로 하도록 규정했다. 데릴사위는 처의 성을 첫머리에 붙이고, 처의 주소를 취하도록 했는데, 근대 중국에서는 전자가 일반적이었고, 후자는 예외적인 경우에 지나지 않았다.

또한 자본가는 마음대로 파업 노동자를 해고할 수 있으며, 지주는 각종 빌미로 소작 계약을 종료할 수 있었다. 국민당정부는 이러한 민사법 행위에 직접적으로 간섭해 "소작인이 소작료를 지불하지 않으면 사법기관에 기소할 수 있다"고 규정했다. 이런 상황에서 노동자와 농민이 어떻게 자본가나 지주와 동등한 민사권리를 향유할 수 있겠는가?

둘째, 어떤 민사 조항들은 평등한 형식을 취했으나 그 실질적 보장은 없었다. 예를 들면 사람들이 청구권을 가지고 있어도 변호사를 선임하는 데 막대한 비용이 필요했기 때문에, 이러한 권리는 노동자에게는 오를 수 없는 나무였다.

(4) 전통 가정과 친족관계의 유지

민법전의 친족과 상속 두 편은 특히 전통적 색채를 강하게 띠고 있다.

① 부권 중심의 가장제

민법전은 집에는 가장이 있어 "가사를 가장이 관리한다"고 했다. 자녀는 부의 성을 따르므로 가장은 아버지를 말한다. 그리고 자녀를 교육하는 권리도 "아버지가 행사한다"고 했다.

② 남존 여비

부부의 성명과 주소에 관한 불평등은 앞에서 말한 것과 같다. 그리고 상속 문제에서는 부녀의 경우 남편이 죽으면 '수절'을 해야만 상속권을 가질 수 있었으나, 시부모의 유산은 대신 상속할 수 없었다.

③ 강제 및 매매 혼인

혼인은 '부모의 명과 중매자의 말'을 따른다는 전통 예규를 답습해 그 결정권이 부모에게 있었다. 또한 매매 혼인을 법으로 만들었다. 1928년 국민당 최고 법원 해자 제161호 해석에 "관습상 매매 혼인은 쌍방의 합의가 있으면 금전을 주고받는 재례財禮의 성격이 있다고 하더라도, 그 혼인은 유효하다"고 했다.

④ 형식적 자유 이혼과 제한

민법전은 이혼의 자유를 원칙으로 채택해 '합의 이혼'과 '일방 이혼'의 두 종류로 구분하고, "부부가 이혼에 합의하면 곧 이혼할 수 있다"(제1049조)고 하면서 이혼한 여자의 생활에 대한 아무런 법적, 물질적 보장도 하지 않았다. 그러므로 독립적인 경제 수입원이 없었던 대다수의 부녀자들에게 이혼의 권리가 실제로는 없었던 것이다. 일방 이혼에 대해서는 '중혼重婚'과 '일방이 동거하는 타방에게 학대받음'을 조건으로 규정(제1052조)했는데, "첩을 취하는 것은 혼인이 아니므로 이혼의 원인으로 볼 수 없다," "일시적으로 구타하고 권유에 의해 진정하고 양해를 얻었으면 동거를 참을 수 없을 정도의 상황으로 볼 수 없다"고 했다. 결국 이들 '이혼의 자유'에 관한 여러 규정은 지배계급의 중혼·첩·부녀 학대를 보장한 것이었다.

이상 국민당정부의 민법은 본질적으로 청 말기와 북양정부의 민사입법과 일맥상통함을 알 수 있다.

제5장 경제입법

아편 전쟁 후 제국주의자들의 광산 개발과 기업 설립 등과 같은 경제 약탈은 객관적으로는 중국 사회의 상품경제 발전을 촉진했다. 청은 제국주의 자본의 이익을 보장하고, 새로운 경제관계를 규율하기 위해 19세기 말부터 20세기 초 사이에 많은 경제입법을 했다. 이 시기의 경제입법을 전통사회의 경제입법과 비교하면 형식과 내용면에서 모두 큰 변화가 있었다. 형식에서는 경제 부문에 대한 독립 법전 법규가 출현했고, 내용에서는 근대 상공업이 주요 대상이 되었다.

제1절 청 말기의 경제입법

1. 상업·무역 입법

상업·무역 입법에는 보통 회사법, 어음 수표법, 파산법, 보험법, 해상법 등이 포함된다. 중국 전통사회에서는 민사와 형사에 대한 구분이 없어 서로 나뉘지 않고 하나로 통합되어 있었다. 아편 전쟁 후 상업·무역이 발전함에 따라 통치자는 상업·무역을 관리하는 법률관계를 다루기 위해, 광서 29년(1903) 3월 25일에 재진載振· 오정방伍廷芳· 원세개袁世凱에게 상률商律을 기초하도록 했다. 같은 해 7월 16일에 상부商部가 설치되어 상률의 수정이 가장 중요한 임무였는데, 상률이 매우 광범위하여 빨리 제정할 수 없었기 때문에 분할해서 제정했다.

(1) 상인통례商人通例와 공사율公司律

상인통례는 광서 29년 12월 5일(1904년 1월)에 공포되었다. 그것은 모두 9조로, 상률 가운데 총칙의 성격이었다. 주로 상인의 정의, 상호, 상업 장부, 부녀의 상업 경영 등을 규정했다.

각종 회사조직이 늘어나자 "공사(회사) 조례를 먼저 제정해 상인이 준수하게 하라" 하여 공사율公司律 제정을 서둘렀다. 이에 상인통례와 함께 공사율 11절節 131조條를 제정하여, 상인통례와 더불어 흠정대청상률欽定大淸商律이라 했다. 공사율은 회사의 설립·종류·조직·권리·의무·해산·청산 등을 규정했다. 제1조는 "자본을 모아 상업을 경영하는 것을 회사라 한다" 하고, 제2조는 '회사를 설립해 상부에 등록한 자'만 합법이라고 했다. 즉, 회사는 '법인'의 신분으로 출범해야 한다는 것이다. 공사율의 규정에 따르면 당시에는 회사를 4가지 종류로 구분했다. (1) 합자 회사로 2인 이상이 자본을 모아 하나의 상호로 영업을 하는 것(제4조), (2) 합자 유한 회사로 2인 이상이 합자해 영업하며 투자한 자본을 한계로 하는 것(제6조), (3) 주식회사로 7인 이상이 창업해 자본을 모아 영업하는 것(제10조), (4) 주식 유한 회사로, 7인 이상이 창업해 자본을 모아 영업하면서 약간의 자산을 두고 이를 한계로 하는 것(제13조)[26] 이것이 중국 최초의 독립적 상법이다.

청은 상품경제의 발전과 서방 자본주의의 자극을 받아서 상률을 제정했다. 상업 발전을 촉진하기 위해 장급상훈장정獎給商勛章程, 화상판리실업작상장정華商辦理實業爵賞章程, 개정장려화상공사장정改訂獎勵華商公司章程과 같은 상업을 장려하는 많은 법규를 제정했다. 이들 법규에는 구체적인 포상 방법을 두고 작위나 관직을 주기도 해, 상업 경영자의 지위를 높임으로써 상업 발전을 촉진하고자 했다.

---

26) 『대청법규대전大淸法規大全』「실업부實業部」 권9.

(2) 파산율破産律

중국 고대의 법전에는 '파산'이라는 용어도, 그 법규도 없었다. 파산율은 기업이 도산한 뒤 모든 재산으로도 채무를 전부 상환할 수 없으면 파산을 선고해서 채무를 상환하게 하는 법규이다. 그 목적은 채권자들에게 채무자의 재산을 공평하게 나눠 가질 수 있는 권리를 갖게 하는 데 있다. 아편전쟁 후 근대 상공업이 발달하면서, 기업 경영의 실패나 자본 손실 등으로 민족 자본이 경영하는 상공업은 외국 자본과 경쟁에서 패하여 빈번하게 파산했다. 그래서 채무를 상환하지 못해 분규가 발생하는 문제를 해결하기 위해 이 법규가 필요해졌다. 광서 29년에 상부를 설립하고 자본주의 국가의 파산법을 참고해 파산율을 기초하고, 법 수정을 담당하던 심가본沈家本·오정방伍廷芳의 감수를 거쳐서 광서 32년 4월(1905년 5월)에 9절 69조를 확정해 공포했다. 제1절 파산의 신청, 제2절 이사의 선거, 제3절 채권자 회의, 제4절 청산 항목, 제5절 재산의 처분, 제6절 고의 도산, 제7절 상환 기간, 제8절 청산 절차 완료의 신고, 제9절 부칙으로 이루어졌다. 그런데 제40조에 "상환액수는 각 채권자를 일률적으로 처리한다"고 규정했는데, 외국 자본, 관청의 자본, 중국과 외국의 상업 자본의 순서로 분할하던 관례와 다르다는 이유로 호부 재정처에서는 반대하고, 호경전상滬京錢商(상해와 북경의 금융업자)들은 찬성해, 서로 첨예하게 대립하여 집행하기 어려워지자 광서 33년 10월 27일(1907)에 폐지했다.

다음해 수정법률관修訂法律館은 일본의 법학자 마쓰오카 요시마사(松岡義正)를 초빙해 파산율초안 3편 360조를 기초했으나 확정되기 전에 청은 멸망했다.

(3) 어음수표법

어음 수표는 일정한 형식을 가진 지불 증서로 일종의 유가 증권이다. 즉 일정한 금액을 표기하고, 이를 제시하거나 기일이 되어 지정된 지점에서 발행자 본인이나 위탁받은 타인을 지불인으로, 수혜자나 소지자에게 무조건

지불하도록 하는 것이다. 당의 '비전飛錢'은 중국의 어음 수표 형식인 환어음의 최초 형태였다. 그러나 전문적인 법규로 어음 수표 때문에 발생한 법관계를 규정하기 시작한 것은 아편 전쟁 후의 일이다. 청 말기 상률의 제정에 따라 광서 33년에 일본 법학자 시다고 오타로(志田鉀太郎)를 초빙해서 독일과 일본의 어음수표법을 근거로 어음수표법초안 3편 15장 94조를 제정했다. 그것은 제1편 총칙과 법례·통칙에 대한 2장, 제2편 환어음의 발행·형식·배서·승낙·대리승낙·보증·만기일·지불거절의 경우 소지자의 상환 청구액·대리지불·부표副票 및 초표草票·환어음의 위조와 유실·시효에 대한 12장, 제3편 약속 어음에 대한 1장으로 이루어졌다. 이 초안은 헌정 편사관의 심사가 끝나기도 전에 청이 멸망했다.

(4) 해선법초안海船法草案

아편 전쟁 후 제국주의자들은 불평등 조약을 강요해 오구통상五口通商을 열어, 해상 무역에서 발생하는 법적 관계를 조정하고 외국 자본의 권익을 보장하기 위해, 광서 34년(1908) 일본 법학자 시다고 오타로(志田鉀太郎)를 초빙해 독일과 일본의 해상법을 참조해 법규를 기초하여 선통宣統 원년(1909)에 해선법초안 6편 263조를 완성했다. 제1편 총칙은 법례·통칙 2장으로, 제2편 해선 관계인은 소유자와 해원海員 2장으로 하고, 그 가운데 해원을 다룬 장은 다시 총장·선장·선원의 3절로 나누었다. 제3편 해선 계약은 화물 운송 계약, 여객 운송 계약, 보험 계약 3장으로 하는데, 제1장은 용선 계약, 탑승 계약, 선적 계약의 3절로 나누었다. 제4편 해손海損은 공동 해손과 충돌 2장으로, 제5편 해난 구조, 제6편 선박 계약권의 담보는 법정 질권과 저당권 2장으로 나누었다. 그러나 이 초안을 공포하기 전에 청은 멸망했다.

이상 청에서 반포한 상업·무역 입법을 보면 형식과 내용에서 모두 독일과 일본 등 자본주의 국가의 상법을 모방했다. 어떤 것은 청이 신해혁명으로 붕괴되어 공포되지도 않았지만, 이들 상사 법규는 중국 법제사에서 중요한 의의가 있으며 근대 상법의 기원이 되었다.

2. 광공업鑛工業 입법

아편 전쟁 이후 외국 자본의 침입은 중국의 자연 경제를 빠르게 해체하여 근대 공업으로 나타나게 되었다. 외국 자본의 목적은 원료의 약탈과 상품 판매에 있었다. 그들은 청과 불평등 조약을 맺고 각종 특권을 이용해 중국에 공장을 설립하고 광산 개발로 경제 약탈을 자행했는데, 청은 외국인의 기업 설립에 전혀 간섭하지 않았다. 그 후 일부 관료들이 자신의 이익 때문에 금지령을 내렸지만 외국 자본과 청은 협상을 통해 이를 무력화시켰다.

아편 전쟁의 패배로 청의 부패가 폭로되어 수많은 민중의 분노를 불러일으켰다. 농민 의거가 끊이지 않고, 태평천국 혁명이 발생하자 청은 '서양의 힘을 빌려 스스로를 지키는' 한편 군사 공업을 일으켜 '승리하기 위한 무기'[27]를 생산해 내우외환을 없애고자 했다. 청이 군수 공업에 투자한 목적은 주로 농민봉기를 진압하는 데 있었다. 그 후 외국인의 기업 설립이 증가하고 경제적 약탈이 심해지자, 통치 집단의 일부는 "중국 기업과 국민의 이익이 모두 사라졌다"고 여기어 "기업을 설립해 스스로 구하자"고 건의했다. 청의 상부商部는 광서 32년(1906) 10월 28일에 "각 성에서 공업 발전에 주력하도록 지시할 것을 주청합니다"라고 했다. 광서 33년에는 '중국 기업이 철도 자재를 생산하는 회사를 설립하도록 할 것'을 건의하고, '각 성에 호북성을 모방해 기계로 마섬유 제품을 만들도록 할 것' 등을 제안하며, '동서양의 새로운 공장 기업의 설립 방식'을 참고해 공업생산을 해서 '국민을 위해 이익을 증가시킬 것'을 장려했다.

그리고 장급상훈장정獎給商勛章程에 "선박을 제조해 서양의 신식 선박에 대항할 수 있는 자, 기차·자동차·원동기와 수십 장枚 이상의 철도나 긴 다리를 만들 수 있는 자, 새로운 방식으로 전기를 생산하거나 전기 제품을 만들 수 있는 자에게는 1등 상훈을 포상하고, 2품의 관작을 승급시킨다"고 규정했

---

27) 『주판이무시말籌辦夷務始末』 「동치조同治朝」 권25.

다. '새로운 기기를 발명하거나 토산품을 빨리 만드는 자'와 '중국 전통 공예 미술을 새로운 양식으로 제조해 내는 자'와 '서양을 모방해 일용 필수품을 중국의 내륙 지방에 유통시키는 데 탁월한 성과가 있는 자'28)에게 모두 각종 포상을 했다. 청은 민간의 기업 투자를 장려하는 정책을 펴, 중국의 근대 민족 공업의 발전에 상당한 공헌을 했다. 그러나 중국의 식민지화가 심화되면서 외국 자본은 각종 특권과 막대한 자본 및 선진 기술로 중국의 공업생산을 독점했고, 민족 공업은 법적인 보장이 없어 줄곧 억압과 박대를 받았다.

근대 공업의 발전으로 석탄과 기타 금속에 대한 수요가 증가함에 맞춰 기업들의 개발을 장려해, "각 독무督撫는 반드시 완급을 보아 광물이 풍부한 지역에서 생산하라"29) 명령하고, 광무장정鑛務章程을 제정했다. 외국 자본들도 여러 가지 방법으로 채광권을 획득하고자 해, 나중에는 청과 중국 국내 채광에 대한 계약을 맺었다. 명목상 "중국의 광무장정은 여러 나라에서 통용될 수 있는 것을 기준으로 했으니, 반드시 중국의 광무장정을 준수해야 한다"고 했으나, 실제로는 외국 침략자의 중국 지하자원 약탈을 합법화한 것이다. 이러한 규정들은 청의 공업과 광업 기업에 관한 입법이 갖는 근대적 특징을 반영한다.

제2절 태평천국의 경제입법

태평천국 정권을 수립한 뒤 소농小農의 이익을 대변하는 절대적 평균주의의 원칙을 추진해, 초기에는 강령적 문서인 '천조전묘天朝田畝 제도'에 "모든 사람은 사사로운 구속을 받지 않고, 모든 물건은 주인에게 속한다" 하여, 천하에 평등을 실현하는 새로운 경제 관리체제를 창립하고 그에 상응하는 경제입법을 제정했다.

---

28) 『대청법규대전大淸法規大全』 「실업부實業部」 권4.
29) 『청사고淸史稿』 「식화食貨 5」.

1. 성고聖庫 제도

성고는 곧 국고이다. '천조전묘 제도'에 따라 25호마다 국고를 두고 지방 향관인 양사마兩司馬가 책임지게 하고, 양식을 수확하는 계절마다 25호는 식량을 제외한 나머지를 모두 국고에 납부해야 하고, 기타 포·백·은·전 등의 물건도 납부해야 했다. 양사마는 장부를 만들어 기록하고, 국고의 보존 상황을 관리에게 보고해야 했다. 25호는 관혼상제의 일이 있으면 규정된 기준에 따라 성고에서 돈과 곡물을 받았고, 각급 정부 관리와 군인들에게도 봉급을 주지 않고 필요한 생필품을 성고에서 공급했다. 쌀·소금·옷·기름 등은 일정한 양을 주었다. 1854년에 천경天京을 방문했던 외국인은, 이 제도에 따라 "모든 사람의 의식衣食은 성고에서 공급되었고, 모든 재물은 성고에 귀속되었다"며 태평천국 초기에 이 제도가 천경에서 실행되었음을 증언했다. 그러나 전쟁이라는 환경 속에서 이러한 절대 평균주의 사상에 따른 분배제도는 실현되기 어려웠고, 특히 혁명 후기에는 최고 통치 집단의 부패가 심해져 더 이상 유지될 수 없었다. 그러나 혁명 초기에는 태평천국의 군수, 관리, 군인의 생활을 보장해서 부패·절도·약탈 등의 불법 행위를 방지하고 혁명 대열의 평등관계를 유지했다는 큰 의의를 갖는다.

2. 제장영諸匠營과 백공아제도百工衙制度

제장영과 백공아 제도는 태평천국 정권이 수공업생산을 관리하는 제도였다. 태평천국은 사유재산제를 폐지하고 모든 생산자원을 국유화했다. 국가는 분산된 수공업 기술자들을 기술 종류에 따라 '영營'과 '아衙'로 조직해 생산에 종사하도록 했다. 금전金田에서 봉기한 다음해 극영안克永安을 공격한 지 얼마 되지 않아 군대에서 제장영과 백공아 제도를 수립했다. 천경에 정도한 뒤에는 널리 확산되었다. 제장영에 대해 말할 만한 것으로는 토영土營이 있는데, 처음에는 지하도를 파고 성을 공격하는 업무를 담당하다가 나중에는 시멘트공을 편입해 수영水營과 함께 토목건축 업무를 담당했다. 금장영金匠營은 금은 그릇의 제조, 직영織營은 비단의 직조, 금화영金靴營은 신발 제조, 수금영繡錦營은 벽화·깃발·우산·가마에 관한 업무, 전각영鐫刻營은 조칙·서적·옥새에 관한 업무를 담당했다.

백공아는 종류가 매우 많은데, 군사 수공업에서는 전포아典炮衙가 주로 총포를, 동포아銅炮衙가 동포를, 연마아鉛碼衙가 납총탄을, 전초아典硝衙가 초광硝礦을, 홍분아紅粉衙가 화약을, 전철아典鐵衙가 병기와 철용구를, 전선아戰船衙가 전선을, 궁전아弓箭衙가 활과 화살을, 기치아旗幟衙가 기치를 제조했다. 식품 수공업에서는 두부아豆腐衙가 두부, 장인아漿人衙가 장류와 조미료 및 밑반찬을 만들었다. 일용품 수공업에서는 봉의아縫衣衙가 의복을, 전장아典粧衙가 화장품을, 전죽아典竹衙가 죽기竹器를, 종표아鍾表衙가 시계를 담당했다. 그밖에 건축·교통 및 화폐·인쇄·미술에 관련된 수공업 분야의 각종 전아가 있었다.30)

제장영은 백공아보다 인원이 많았는데, 그것은 군사 편제를 따랐다. 이렇게 서로 다른 기술을 가진 수공업 기술자를 집단으로 조직한 것은 사유제 폐지에 대한 대안이다. 당시 자연 경제의 조건에서 이러한 조직 형식은 "백공의 기능은 모두 속하는 곳이 있으니, 그 맡은 바를 발휘해서 군중이 필요로 하는 것을 바로 공급하고," "각각 재화를 저장하고 무기를 날카롭게 해 필요할 때 쓰지 못하는 바가 없도록" 하기 위한 방식이다.31) 이러한 조직 형식은 군수와 민간 수요에 대한 공급과 전쟁 지원에 효과를 보았다.

3. 상업정책

태평천국의 상업정책은 전기와 후기에 큰 변화가 있었다. 처음에는 한 지역을 공략할 때마다 "천하 농민의 미곡과 상업 자본은 모두 천부天父의

---

30) 『태평천국사사고太平天國史事考』, 232~236쪽 참고.
31) 중국근대사자료총간中國近代史資料叢刊, 『태평천국太平天國』(3), 139쪽 참조.

소유이다"32)라고 포고하며 상품 교역을 금지했다. 당시 천경에서는 "어디에서도 상점을 볼 수 없고, 판매할 상품도 없었다"33)고 했다. 그러나 얼마 지나지 않아 이 금령을 취소하고 국가가 거래를 통제했다. 천경 지역에서는 "원래 직업을 가지고 있던 자는 좌천후佐天侯에게 보고하고 명령에 따라 성고에서 원금을 수령하게 하고, 재물로 이익을 얻는 것에 제한을 둔다"고 규정했다. 실제로도 국가가 자본을 대고 개인이 경영하면 그 이윤은 국가의 제한을 받았다. 그리고 개인이 보석과 노리개를 감추어 두고 이를 팔려고 하면 그 물건을 몰수하고 처벌한다고 규정했다. 그러나 이러한 방법은 수많은 국민의 수요를 만족시킬 수 없었기 때문에 각지에는 여전히 시장이 있었다. 이러한 상황 때문에 태평천국 정권은 자유 매매를 허용하고 거기에서 세금을 징수하는 정책으로 전환하지 않을 수 없었다.

각 상점은 반드시 정부에게 '상빙商憑'을 받아야 영업할 수 있었다. 상빙은 오늘날의 영업 허가증과 비슷한 것으로, 상인의 영업은 반드시 법령을 준수해야 한다고 규정했다. 예를 들어 "모든 화물은 반드시 공정하게 거래해야 하고, 진기한 물건을 소유하거나 지나치게 가격을 높여서는 안 된다," "감히 부당한 이익을 독점해 민생을 해치는 자가 있으면 그를 문책한다. 어떤 거래이든지 모두 공정해야 한다"고 규정했다.34)

태평천국 후기의 경제입법 정신은 강령 성격의 문서인 「자정신편資政新篇」에 잘 표현되었다. 먼저 경제의 근대적 발전을 제시하였다. 철로 보수, 도로 건설, 조선, 광산 개발, 은행 설립, 보험 실시를 제창하고, 특허제도를 설립하고 발명과 제조를 장려했다. "외국의 기차나 자동차 같이 하루에 7~8천리를 가는 것을 만들 수 있는 자가 있으면 그 특허를 허가한다." "정밀하고 특이하고 편리한 것을 만들 수 있는 자가 있으면 그 판매를 허용하며 타인이 이를 모방하면 처벌한다." "금·은·동·철 등을 민간인이 찾아내면 총령總領의 작위

---

32) 중국근대사자료총간中國近代史資料叢刊, 『태평천국太平天國』(3), 275쪽 참조.
33) 『태평천국사사고太平天國史事考』, 225쪽.
34) 중국근대사자료총간中國近代史資料叢刊, 『태평천국太平天國』(2), 874쪽.

를 주고 사람을 모아 그것을 채취하도록 허가한다." 「자정신편」이 제시한 근대적 경제로의 발전은 정치·경제적 조건의 한계로 말미암아 시행되지 못하고 태평천국은 결국 실패했다.

제3절 중화민국의 경제입법

1. 남경 임시정부의 경제입법

신해혁명 후 남경 임시정부는 존립 기간이 길지 않았지만, 민족 상공업의 발전 및 금융·재정 관리에 관한 많은 법령을 반포했다.

(1) 산업 진흥

이른바 실업實業은 민족 상공업이다. 민족 자본 계급은 "실업은 입국의 근본이라는 것을 모든 사람이 알아야 한다"[35]고 주장하며, 이를 민국정부의 물질적 기초로 삼아야 한다고 했다. 그들은 "정부의 성패는 재력에 달려 있어 근본을 세우려면 실업을 중시해야 한다"[36]고 하며 중앙에 실업부實業部를 설치했다. 임시정부는 법을 통해 민족 상공업의 발전을 장려하고 보호했다. 실업부를 설치한 뒤 각 성 도독에게 전문을 보내 각 성에 실업사實業司를 설립해 업무를 전담하게 했다. 그리고 실업의 진흥을 장려하는 외에 황무지 개간을 우대하여 포상하고, 화교의 기업 설립을 장려했다.

실업부는 상업주책장정商業註冊章程을 기초해 기업을 설립할 때는 등기를 등록하고 허가증을 얻도록 함으로써, "회사의 재산을 중시하고 채권자의 권리를 보호하며, 위로는 국고를 채우고 아래로는 상인의 요구를 충족시켰다."[37] 임시정부가 이러한 규정을 둔 목적은 기업의 재산과 채권자의 권익,

---

35) 『무창기의당안자료선편武昌起義檔案資料選編』(상권), 331쪽.
36) 『신해혁명자료辛亥革命資料』, 148쪽.

국가의 조세 수입을 보장하고자 한 것이다.

(2) 금융관리
① 금융기구 설립

임시정부는 중앙에 재정부財政部를 설립해 금융 사무를 관장했다. 그리고 중앙은행은 통일 화폐를 발행했다. "중국은행은 중앙은행으로서 화폐를 발행하고 국채를 관리한다." 정부는 은행 업무를 감독하기 위해 사람을 보내 은행의 수표와 현금 및 장부를 검사하고, 은행의 주주 총회와 기타 모든 회의에 출석해 의견을 개진하며, 관련 상황을 수시로 재정부에 보고하도록 했다. 은행 설립 신청이 많아지자 재정부는 상공업 발전을 고려해서 상업은행칙례 14조를 기초해 대총통에게 보내 참의원의 의결을 거치도록 했다.

② 화폐 관리의 강화

재정부는 화폐를 관리하기 위해 조폐창장정造幣廠章程 12조를 제정했다. "조폐창은 재정부의 관할에 속하고, 국폐를 주조하는 모든 사무를 관장하며," 화폐 주조량은 중국은행에서 시중의 상황을 보아 결정하고 재정부에 보고한다고 규정했다. 새로운 화폐를 주조할 때는 규정에 따라 중량·색상·무게를 정하고 화학 전문가를 파견해 검사한 뒤, 규격에 맞지 않으면 다시 주조하도록 했다.

남경에서 화폐 유통에 위기가 발생하자 임시 대총통은 재정부에 명하여 남경 군용軍用 화폐를 발행해 수요에 대처하고 급료를 지불하게 했다. 군용 화폐는 재정부의 보증으로 발행하여 발행일부터 3개월 뒤에 남경 중국은행에서 통용되는 화폐로 교환할 수 있었다. 그리고 군용 화폐의 사용을 거절할 수 없도록 하고, 이를 위반하면 엄벌에 처했다. 또한 화폐를 위조하거나 위조 화폐를 사용하다 발각되면 즉시 관청에 압송해 중벌에 처했다.

---

37) 『신해혁명자료辛亥革命資料』, 232쪽.

(3) 재정 관리

재정부는 전국의 재정을 관리하는 기구로 "회계·국고·조세·공채·화폐·은행·국영산업의 사무를 관리하고, 각 관할 관청 및 부현과 공공 단체의 재산을 감독했다."[38] 또한 조세가 재정의 중요한 공급원이므로 먼저 조세 관리를 강화했다. 당시 '중앙 재정이 매우 궁핍'한 상황이었지만 청 말기의 가렴주구를 완화하기 위한 시책을 폈다. 호북군정부를 수립한 뒤에는 "소금·담배·술·설탕·아편에는 조세를 부담시키고, 그밖에 모든 상품 통과세는 영원히 취소한다"고 했다. "금년 후반에는 세금(丁漕)을 모두 면제하고, 세관을 제외한 모든 세무서를 해체하며, 금년 이전에 미납한 세금도 면제하고, 각종 공납물은 지방을 제외하고 모두 면제한다"고 선포했다.[39] 남경 임시정부는 악성 세금과 공납의 면제를 선포하는 조치를 통해 국민의 부담을 덜고 임시정부를 지지할 것을 호소했다.

2. 북양정부의 경제입법

북양정부 때는 계파 사이의 싸움이 끊이지 않아 법전을 편찬할 만한 여유가 없었다. 경제입법에서는 청 말기의 상률을 답습해서 "민국 국체와 저촉되는 각종 조문은 그 효력을 잃고, 나머지는 모두 임시로 그대로 쓴다"고 선포했다.[40] 그러나 이 시기 제국주의 열강은 '문호 개방'을 빌미로 중국에서 세력 범위를 서로 나누어 각자의 대리인을 찾았다. 이에 각 군벌은 속속 제국주의와 손을 잡고 이들의 경제적 요구를 보장하기 위해 일련의 경제 관련 특별 법규를 반포했다. 특히 제국주의는 중국의 광산 개발권을 두고 치열한 쟁탈전을 벌였다. 1914년 3월 북양정부는 광업조례를 공포하여 "중화민국과 계약을 맺은 모든 외국인은 중화민국 국민과 합작으로 광업권을 취

---

38) 『신해혁명자료辛亥革命資料』, 19쪽.
39) 『무창기의당안자료선편武昌起義檔案資料選編』(상권), 275~276쪽.
40) 임시대총통령臨時大總統令(「임시공보臨時公報」1912년 3월 11일).

득할 수 있다"고 했다. 다시 말해서 아편 전쟁 이후 중국과 불평등 조약을 맺어온 국가의 외국인은 모두 광산 개발에 참여할 수 있었다. 이들은 대부분 제국주의자로서 각종 특권을 향유하며 광산 자원을 약탈하려 했다. 광업조례 제4조 4항에 "외국인이 점유한 지분은 전체 주식의 50%를 넘을 수 없다"고 규정했지만, 하북의 광산 개발권을 실제로는 영국 상인이 장악했다. 1915년 원세개가 중국의 주권을 팔아먹은 '21조'에는 일본의 광산 개발권을 허용하는 규정이 있었다. 이처럼 북양정부의 경제입법은 제국주의가 중국 경제의 근간을 장악하는 것을 합법화한 것에 지나지 않았다.

3. 남경 국민정부의 경제입법

국민당 통치기 경제의 핵심 부문은 제국주의와 국내 관료 자본의 손에 장악되다가, 나중에는 주로 4대 가문에게 넘어갔다. 그래서 그들의 이익을 보호하기 위한 많은 경제법규가 반포되었다. 이들 경제법규의 내용은 매우 넓어서 여기서는 상법에 대해서만 간략하게 소개한다.

(1) 입법 개관
국민당정부 초기인 1928년, 입법원에 상법 기초위원회가 설립되었다. 1929년 중앙 정치 회의 제183차 회의는, 민법전만 있고 상법전은 없기에 민법과 상법을 통일 법전으로 편찬할 것을 의결했다. 민법전에 편입하기 어려운 것은 상법 기초위원회에서 단행 상사商事 법규를 제정하기로 했다.

상법은 국내 상법과 해외 상법으로 나눌 수 있다. 국내 입법에는 공사법公司法(1929년 공포, 1946년 수정 공포), 어음수표법(票據法)(1929년 1월 공포), 해상법(1929년 12월 공포), 보험법(1929년 공포, 1937년 수정 공포)이 있다. 그밖에 1929년 10월 3일 반포한 교역소법交易所法, 1930년 5월 6일 공포한 상표법, 1935년 7월 17일에 공포한 파산법은 모두 상법에 속했다. 해외 상사 법규로는 1946년 11월 4일에 미국과 체결한 중미우호통상항해조약 즉 중미상약中美商約, 1946

년 12월의 중미항공협정, 1948년 7월의 중미경제원조협정(中美關於經濟援助之協定) 등이 있다.

(2) 특징

상사 법규는 주로 4대 가문을 대표로 하는 관료 자본의 금융·상업·공업 등 중요 국민 경제 부문에 대한 독점의 유지와 제국주의의 폭넓은 경제 침략을 보장하는 도구였다. 따라서 상사 법규는 뚜렷하게 매판과 식민지라는 성격을 띠고 있었다.

공사법公司法은 4대 가문과 관료 자본이 국민 경제를 독점하는 것을 보장하기 위해 외국의 회사법에서 독점 자본주의에 유리한 '참여제'를 도입했다. 유한 책임의 원칙에 따라 회사는 '다른 회사의 유한책임 주주'가 될 수 있고, 또한 '다른 회사의 이사나 감독인'이 될 수도 있었다. 그리고 '생산 사업에 투자하거나 투자를 전업으로 하는 자'는 주식을 매입할 때 '실 주식 총수의 1/2'로 한다는 제한을 받지 않았다. 기업 해체를 피한다는 명목으로 '회사를 재정비하는 제도'를 규정해 '주주의 가입과 경영 또는 조직의 변경'을 격려했다. 이와 같이 4대 가문은 '참여제'를 통해 경제력을 확장하고, 민족 자본 기업을 흡수하고 병합해 독점적인 지위를 굳건히 했다.

1946년 4월 반포한 새로운 공사법에는 외국의 회사(公社)에 관한 장절을 두고, 외국 회사의 '자유 영업' 또는 '지사의 설립'(제292조), 외국 회사의 중국 회사와 동등한 권리 향유(제297조), "외국 회사는 중국에서 부동산의 소유권을 취득할 수 있다(제298조)" 등을 규정했다. 이는 국내법 형식으로 제국주의의 진출을 인정하고, 그들의 약탈에 법적인 보장을 제공한 것이다. 그밖에 어음수표법에서는 '유통 증권'을 회사 주식, 회사 채권, 보험증서, 선하船荷 증권, 창고 증서, 환어음, 약속 어음, 수표 등으로 규정하고, 일정한 절차를 거치면 양도와 유통을 할 수 있게 했다. 또한 이들 증권을 담보로 은행에서 대출할 수도 있었다. 당시에 많은 양의 증권이 4대 가문에게 장악되어 이 규정은 4대 가문이 투기·매점매석·금융독점·물가조정을 통해 폭리를 취할 수 있는 길을 열어놓았다.

해외 상사 부문에서 국민당정부는 주로 조약 형식으로 외국 자본과 미제 국주의의 권익을 보장했다. 예를 들면 1946년 11월 4일에 미국과 남경에서 체결한 중미우호통상항해조약은 미국인이 중국 모든 영토에서 살고 여행하며 상공업에 종사할 수 있고, 과학교육·자선·종교 등과 관련한 사업권을 가질 뿐만 아니라, 광산개발·임차·토지소유권을 가지는 동시에 중국인과 동등한 이른바 '국민대우'를 받을 수 있다고 했다. 그리고 이 조약은 미국이 중국에서 상품을 판매할 수 있고, 어떤 물품을 수입하고 반출하는 것에 대해 "어떠한 금지나 제한"도 할 수 없게 했다. 또한 미국의 군함을 포함한 모든 선박은 자유롭게 중국의 해안을 항해할 수 있었다. 이들 규정은 '쌍방'이 가능하다고 말하고 있지만 당시의 상황에서는 일방적으로 미국의 특권만 보호하는 것이었다.

제6장 사법제도

제1절 청 말기 사법제도의 변화

1. 영사 재판권과 회심會審 공해公廨

(1) 반식민지화의 중요한 표지 영사 재판권

영사 재판권은 제국주의 국가가 불평등 조약을 통해 반半식민지 국가에서 사법적 주권을 침범하는 특권이다. 그것이 의미하는 바는 제국주의 국가의 교민이 거주지 국가의 법적 구속을 받지 않고, 본국의 영사가 본국의 법에 따라 사법 관할권을 행사한다는 것이다.

제국주의 국가가 중국에서 영사 재판권을 갖게 된 것은 아편 전쟁 이후 잇따른 불평등 조약을 통해서이다. 1843년(도광 23) 중영中英오구五口통상장정通商章程 제13조에 영국인과 중국인 사이의 분쟁은 관사관管事官이 해결할 수 없고, 중국 관리가 참여해 공정하게 공동으로 사실을 조사하도록 규정했다.[41] "영국인을 어떻게 처벌할 것인가는 영국이 제정한 장정이나 법에 따르고, 관사관에게 송부해 집행하도록 한다. 중국인의 처벌은 중국의 법에 따른다"[42]고 했다. 이것이 영사 재판권의 발단이다.

1844년 7월 3일에 중미中美오구五口무역장정貿易章程(망하望廈조약) 제21조에서 형사사건은 피고 소속국의 법에 따른다는 원칙을 재확인하고, 또 영사 재판권을 모든 민사 사건까지 확대하기로 하며, 아울러 제3국인에게까지 이를 적용하기로 했다. 조약의 제25조에는 "미국인이 중국 항구에서 재산

---

41) 이 장정은 실제 1843년 7월 22일에 홍콩에서 공포되었지만, 1843년 10월 8일에 호문虎門에서 오구통상부점선후조관五口通商附粘善後條款을 체결할 때 조약의 일부로 함께 체결되었다.
42) 왕철애王鐵崖 편, 『중외구약장회편中外舊約章匯編』(1), 42쪽.

관련 분쟁이 생기면 본국 영사가 공정하게 처리하고, 만약 중국에서 다른 나라와 무역 때문에 분쟁이 생기면 각 본국 사이에 체결된 조약에 따라 처리하며, 중국 관리가 간여할 수 없다"[43]고 규정했다. 이후 프랑스·일본·러시아·독일·이탈리아 등 여러 나라가 영사 재판권을 획득했다. 이 때문에 중국의 사법 주권의 독립성은 심각하게 파괴되었으며, 이는 사법제도에서 반半식민지화의 중요한 표지가 되었다.

(2) 외국 조계租界 안의 회심 공해

제국주의자들은 영사 재판권에 만족하지 않고 재판권까지 가지려고 했다. 상해에 있는 영국·미국·프랑스 3개국 영사들은 1853년 9월 소도회小刀會 의거가 일어난 틈을 타 마음대로 조계 안에 행정기구인 '공부국工部局'과 '순포방巡捕房'(경찰기구)을 설립하고 치안 범죄와 경미한 민사·형사사건에 대한 재판권을 빼앗았다. 1864년 5월 상해 공공 조계(원래 영미 조계)는 영국 영사의 제안에 따라 정식으로 양경빈洋涇浜 북수리사아문北首理事衙門(후에 회심공해會審公廨라 고쳐 부름)을 만들고, 정식으로 상해도道에서 관리를 파견해 영국 부영사와 함께 조계 안의 각종 사건을 심리하도록 했다.

1868년 11월 상해도와 영미 영사는 공동으로 양경빈설관洋涇浜設官회심장정會審章程을 체결했다. 그 주요 내용은 (1) "모든 외국인과 관련된 사건을 심리할 때는 반드시 영사관이 위원과 공동으로 심문하거나 양관洋官을 파견해 공동으로 심리한다." (2) 외국인을 위해 종사하거나 외국인에게 고용된 중국인을 심리할 때는 반드시 영사관이나 파견된 관리가 '출석 심문'을 하도록 한다. (3) 중국인과 외국인 사이의 분쟁은 관할하는 영사가 있으면 조약에 따라 처리한다. 만약 관할 영사가 없는 외국인이면 외국 관원을 초빙해 '배심'하도록 한다. 이 두 가지 선택에 불복하는 자가 있으면 상해도와 영사관에 재심을 신청할 수 있다.

---

43) 왕철애王鐵崖 편, 『중외구약장회편中外舊約章匯編』(1), 55쪽.

이와 같이 외국 영사는 상소 사건의 재심권을 가지고 있었다. 실제로 집행할 때 외국 영사는 재판권을 월권하고, 나아가 회심 공해의 관리 임면권과 재정권마저 조종했다.

영사 재판권과 회심 공해의 설치는 매우 심각한 결과를 초래해 '외국인은 중국법의 구속을 받지 않고, 반대로 중국인은 외국의 재판을 받는'44) 이상한 일이 생겼다. 이러한 특권을 이용해 제국주의자들은 자유로이 밀수와 마약 매매를 비호했을 뿐만 아니라 중국 국민의 재산과 생명을 침해하고, 혁명운동을 진압했다. 예를 들어 1903년 「소보蘇報」에 추용鄒容과 장태염章太炎의 혁명적 문장을 게재해 폐간되고, 회심 공해에 의해 구성된 1904년 5월의 '특별 법정'에서 "추용은 감금 2년에, 장태염은 감금 3년에 처하며 노동을 병과하고, 기간이 만료되면 외국으로 축출한다"는 처벌을 받았다. 추용은 옥중에서 각종 학대를 받다가 2년도 못 되어 죽었다.

그 이후로 중국의 수많은 애국지사들은 그와 같은 불평등 조약의 폐지를 주장하는 투쟁을 전개했다. 그 결과 1943년에 형식적으로 폐지되기 시작해 중화인민공화국의 성립으로 영사 재판권은 완전히 철폐되었다.

2. 청 말기 사법기관의 개편과 소송법 제정

(1) 법원편제법의 주요 내용

중국의 전통사회는 오랫동안 행정기관이 사법 권한까지 관장함으로써 재판기관과 사법기관이 분리되지 않았고, 전문 검찰기관도 설치되지 않았다. 청은 1906년 관제를 개혁하면서 형부를 법부로 바꾸어 전국의 사법 행정 업무를 관장하게 하고, 대리시를 대리원으로 바꾸어 최고 재판 업무를 장악하게 했다. 이러한 변화에 따라 대리원심판편제법審判編制法(1906), 각급심판청시판장정試辦章程(1907)을 제정했는데, 이들은 임시 장정이었다. 1910년 2월

---

44) 『청사고淸史稿』 「형법지刑法志」, 4216쪽.

다시 법원편제법을 제정하니, 이것이 정식으로 반포한 체계적인 법원조직 법규이다.

법원편제법의 주요 내용은 다음과 같다.

① 재판아문은 초급·지방·고등 재판청과 대리원의 4급으로 나누고, 4급 3심제를 시행한다. 각급 재판청은 각각 단독제나 회의제를 채택한다. 초급 재판청과 지방 재판청의 제1심 사건은 1인의 판사가 단독으로 재판한다. 2·3심 사건은 3~5인의 판사로 구성된 합의정에서 재판한다.

② 검찰기관으로는 초급·지방·고등 검찰청과 총검찰청을 둔다. 검찰관의 권한은 형사사건의 수사를 집행하고, 공소를 제기·집행하며, 판결의 집행을 감독한다. 민사 및 기타 사건에서는 소송 당사자를 위하거나 공익의 대표자 로서 특정한 사항을 집행한다.

그밖에 판사 및 검찰관의 임용 방법과 사법 행정 감독권을 규정했다.

위와 같은 규정은 청 말기에는 완전히 시행되지 못하고, 신해혁명 이후 북양정부에서 따라 썼다.

(2) 소송법의 제정

원래 청은 독립적인 소송 법규 없이 실체법과 절차법을 통합한 형식을 가지고 있었다. 청 말기에 다음과 같은 소송 법규가 제정되기 시작했다.

① 형사·민사소송법초안 : 1906년 심가본沈家本 등에 의해 기초되어 모두 5장 260조로 이루어진 민사·형사에 관한 구체적인 절차이다. 공개 재판, 변호 제도, 배심제도 등과 같은 일본과 서구의 소송원칙과 제도를 도입했다. 이 초안은 수구 세력의 반대에 부딪쳐 시행하지 못했다.

② 각급심판청시판장정試辨章程 : 위의 소송법 초안이 방치된 뒤 법부는 각급 사법기관에 근거를 마련해 주기 위해서 임시로 이를 기초해 1907년 12월 청의 헌정 편심관에 심의를 요청하고, 1909년 비준을 거쳐 반포했다. 제2장 심판통칙은 심급, 관할, 회피, 청표, 예심, 공판, 판결의 집행, 협조로 모두 8절이었다. 제3장 소송은 기소, 상소, 증인 감정인, 관수, 보석, 소송

비용으로 모두 6절이었다. 이 장정은 청 말기에 정식으로 공포된 유일한 근대 소송 법규이다.

③ 형사소송률초안과 민사소송률초안 : 위의 장정을 공포한 뒤 수정법률 관에서 지나치게 간략하다며 1910년에 이 두 초안을 제정했다. 전자는 모두 6편 15장 514조이고, 후자는 4편 22장 800조였다. 같은 해 12월 27일에 청의 헌정 편심관에 심의를 요청했으나 정식으로 공포되기 전에 신해혁명이 일어 났다. 두 초안의 일부 구상은 전통 사법제도에서 근대 제도로 전환함을 의미 하며, 중화민국의 사법제도 개혁에 기초가 되었다.

제2절 남경 임시정부의 사법제도

1. 사법기관의 설치

신해혁명 후 규정에 따라 사법 행정기관과 재판기관을 설립했다.

(1) 사법 행정기관

최고 사법 행정기관은 사법부이다. '중화민국 임시정부 중앙행정 각 부와 그 직권'에 사법부에는 총장 1인과 차장 1인을 두며, 사법부장의 직책은 '민 사·형사 소송 사건, 호적, 감옥, 출옥인의 보호 및 기타 모든 사법 행정 사무 와 법관의 감독'에 관한 것이라 규정했다. '사법부 분직分職 세칙'은 사법부에 승정청承政廳·법무사法務司·옥정사獄政司를 둔다고 규정했다.

(2) 재판 검찰기관

남경 임시정부의 최고재판기관은 임시중앙심판소 또는 최고법원이었다. 중화민국임시정부조직대강에 임시중앙심판소는 임시 대총통이 설립하고, 참의원의 동의를 얻어야 한다고 규정했다. 1912년 3월 사법부는 임시중앙재판관제령中央裁判官制令초안을 기초해, 임시 대총통 손중산이 법제국에 심의하도록 명하고 참의원의 의결을 거쳐 시행했다. 1912년 3월 11일에 중화민국임시약법은 최고법원의 설립을 규정해 "법원은 임시 대총통과 사법 총장이 각각 임명한 법관으로 조직한다" 하고, 법을 근거로 민사·형사 소송과 행정·특별 소송을 재판하도록 했다.

당시에는 각지에 재판기관이 세워지기 시작해 체제가 통일되지 않았다. 호북군정부 사법부는 1911년 11월 9일에 강하江夏 임시심판소臨時審判所와 임시상소上訴 심판소를 설치하고, 각각 제1·2심 민사·형사사건의 심리를 담당하게 했다. 상해현은 '사법서司法署'를 설립하고, 곧이어 강소 도독의 훈령을 근거로 지방 재판 검찰청과 초급 재판 검찰청을 설립했다. 그리고 상해 지방 재판 검찰청에서 민형소송장정[45]을 제정해 민사·형사의 구분과 재판·검찰 기관의 권한 분리를 명확히 규정했다. 당시 장정은 다음과 같이 규정했다.

① 호적과 혼인, 토지, 채권 채무, 계약, 매매 분규에 관해 시비곡직이 있으나 죄명이 없으면 모두 민사 사건으로 한다. 재판청에서 직접 증언을 듣고 각각의 시비를 심리해 판정한다.

② 생명, 절도, 기타 사안 및 모든 법을 위반하는 행위에 관해서 죄의 경중을 따져 죄명이 있는 것은 모두 형사사건으로 한다. 형사사건은 검찰청에서 직접 증언을 듣고 시비를 판별한다. 반드시 검증·조사·체포·득실의 예심을 거쳐야 기소할 수 있고, 재판청에 송부해 재판한 뒤 집행한다.

이들 규정은 청 말기의 각급 심판청 시판장정試辦章程의 규정보다 더 명확하고 구체적인 것이다.

---

45) 「민주보民主報」, 1911년 12월 28일 5면.

2. 주요 소송원칙

(1) 사법 독립의 원칙

임시약법 제51조는 "법관은 독립해 재판하고, 상급 관청의 간섭을 받지 않는다"고 규정했다. 법관의 재판권 독립을 보장하기 위해 제52조에 "법관은 재임 중 감봉이나 전직될 수 없고, 법에 따라 형벌을 선고받거나 또는 마땅히 면직되어야 할 징계 처분이 아니면 해직할 수 없다"고 규정했다.

(2) 공개 재판의 원칙

임시약법 제50조는 "법원의 재판은 공개해야 한다. 그러나 안녕과 질서를 방해할 우려가 있다고 판단되는 경우에는 비밀로 한다"고 규정했다. 호북군 정부의 임시상소심판소잠정조례暫定條例에는 "소송의 변론과 판결의 선고는 공개 법정에서 한다. 그러나 특별한 사건은 그 이유를 밝히고 공개하지 않을 수 있다"고 규정했다.

(3) 변호 원칙

신해혁명 이후 소주·상해·항주 지역에는 변호사조직이 만들어져 정부에 자격 등록을 신청했다. 1912년 3월 '내무부 경무국장 손윤우孫潤宇가 손문 대총통에게 제출한 변호사제도의 시행을 건의하는 글'은 율사법律師法 제정의 중요성을 강조했다. 변호사가 존재하고 있는데, "국가에는 아직 법으로 그 지위를 인정한 바가 없어 도독의 의사에 따라 존폐할 수 있다. 그러므로 각지에 설립된 변호사 기구를 믿을 수 없을 뿐만 아니라 위험하기까지 하다. 만약 중지시키면 사법은 반드시 위기에 빠질 것이다"고 지적했다.46) 그리하여 손윤우는 이 건의문과 함께 율사법초안을 기초해 임시 대총통에게 보냈다. 손중산은 '법제국에 율사법 초안의 심의를 명하는 글'에서 "변호사제도

---

46) 「임시정부공보臨時政府公報」 제54호, 1912년 4월 1일.

와 사법 독립의 상호 보완 작용은 여러 나라에서 통용되고 있다. 현재 각지에서 속속 변호사회를 설립하고 있으니 마땅히 법을 제정해 근거로 삼도록 해야 할 것이다"[47]고 지적하고, 이 초안을 법제국에서 심의해 참의원의 의결을 거치도록 했다.

(4) 상소제도

상소제도에 대해서는 통일된 규정을 만들지 않았는데, 각지의 재판 실행 과정을 보면 이미 상소제도가 실시되기 시작했다. 예를 들면 호북군정부는 국민의 상소권을 보증하기 위해 임시 상소 재판소를 설치해, 각 부·정·주·현 국민의 상소 사건을 심리하도록 했다. 1911년 12월 상해 지방 재판 검찰청이 공포한 민형소송장정은 4급 3심제도를 규정했다. 민사·형사를 불문하고 초급 재판의 판결에 불복하는 자가 불복의 이유를 설명하고 지방 재판청에 상소하면 다시 고등 재판청에서 진행했다. 상소 기한은 민사의 경우 10일, 형사의 경우 5일로 하며, 판결 선고일부터 계산한다. 손중산은 기본적으로 4급 3심제를 시행하려 했다. '사법부에 각 성 재판청의 임시 시행 대강을 참고하게 하는 명령'에서 "4급 3심제는 비교적 완전한 것으로 이전의 청은 채택할 수 없어 곧 폐기했다. 검찰장은 경미한 사안에 대해 2심제를 채택했는데, 사안의 경중을 알지 못하면서 심급을 결정하는 것은 국민의 생명과 재산을 신중히 대하는 길이 아니다. 그리고 상소권은 국민의 권리의 하나이니, 이것의 존폐에 관한 문제는 경솔하게 할 것이 아니다"[48]고 했다. 이런 이유로 당시에는 심급제도에 대해 최종 결정을 하지 않았다.

---

47) 『손중산전집孫中山全集』 제3권, 274쪽.
48) 『손중산전집孫中山全集』 제2권.

제3절 북양정부의 사법제도

1. 사법기관

북양정부의 법원조직법은 기본적으로 청 말기의 법원편제법을 기초로 수정한 것으로, 1913년 9월의 각급 심판청審判廳 수정시행령, 1914년 4월 3일의 지방 심판청 형사간이정刑事簡易庭 임시규칙, 1914년 4월 5일의 현·지사 사법사무 겸임 임시조례, 1917년 6월의 현사법공서縣司法公署 조직령이 있다.

(1) 재판기관

① 대리원大理院

최고 재판기관으로, 원장 1인을 두고 전체 사무를 총괄했다. 아래에는 민사정과 형사정을 두고, 각 정에는 정장 1인과 판사 몇 명을 두었다. 사건을 재판할 때는 판사 5인으로 합의정을 조직하고, 정장을 재판장으로 했다. 수도에서 먼 거리나 교통이 불편한 고등 재판청이 있는 곳에는 대리원 분원을 두었다. 판사는 대리원에서 선임하거나 소재지의 고등 재판청 판사가 겸임했다.

② 고등 재판청

청장 1인을 두고 아래에는 민사정과 형사정을 두었다. 판사 3인으로 합의정을 구성하고 정장이 재판장을 겸임했다. 고등 재판청은 소속 지방 재판청에 분청을 설립할 수 있었다.

③ 지방 재판청

도시에 설치하고, 2심 사건이나 중요한 1심 사건을 수리했다. 제1심은 판사 1인이 단독으로 담당하고, 제2심은 합의제를 채택했다.

④ 초급 재판청 또는 현지사에 의한 사법 업무의 겸임

초급 재판청은 제1심의 경미한 형사사건과 소송 목적이 경미한 민사 사건을 심리했다.

실제로 초급 재판청은 설립되지 않았고, 여전히 현지사가 사법 재판을 겸해 현지사와 승심원承審員(현지사를 보좌해 소송 심리를 담당했던 관리)이 제1 심 민사·형사를 심리했다. 모택동은 1927년 '호남 농민운동 고찰보고」에서 현지사에게 사법 업무를 겸임하게 한 흑막을 폭로하고, "호남의 사법제도는 아직도 지사가 사법 업무를 겸하고 있으며 승심원이 지사의 사건 심리를 돕고 있다. 지사와 그의 막료들이 재산을 모으는 방법은 금전과 양곡의 기부 나 군대가 지방을 통과할 때 징발하는 노역이나 민사·형사에서 착취를 통해 서인데, 특히 민사·형사에서 착취하는 것은 항상 의지할 만한 재원이다"49) 고 지적했다.

(2) 검찰기관

총검찰청, 고등 검찰청, 지방 검찰청, 초급 검찰청을 모두 동급의 재판청에 설치했다. 그것은 검찰장과 검찰관으로 구성되며 독립적으로 검찰권을 집행 했다.

(3) 군법 회심會審 기관

북양정부는 고등 군법 회심, 군법 회심과 임시 군법 회심을 두었다. 군법 회심기관은 군인과 군인이 아닌 사람의 육군형사조례와 해군형사조례 위반 사건을 심리하고, 때때로 지방 사법기관의 재판 활동을 간섭하거나 대신해 서 북양정부가 혁명을 진압하고 국민을 탄압하는 중요한 도구였다. 1927년 4월 18일에 무산 계급 혁명가인 이대교李大釗 등은 이른바 '안국군 총사령부,' '경기 위수 총사령부,' '수도권 고등 심판소,' '경기 경찰청'이 연합해 구성한 '군법 회심'의 비밀 재판을 거쳐 서교민항西交民巷에 있던 '수도권 간수소看守 所'에서 비밀리에 살해되었다. 이와 같이 북양정부의 사법기관은 본질적으로 반동적인 요소가 많았다.

---

49) 『모택동선집毛澤東選集』, 30쪽.

2. 소송제도

북양정부의 수립 초기인 1912년 5월 임시로 청 말기의 민사·형사 소송률 초안의 일부를 따라 쓸 것을 공포했다. 1914년 4월 5일에는 현·지사 소송심리 임시법을 공포했다. 그 후 다시 민사소송조례와 형사소송조례를 수정해 각각 1921년 9월과 1922년 1월부터 '동성東省 특별법원' 구역에서 시행하고, 1922년 7월 1일부터 전국에서 시행했다. 이들 조례는 관할제도 및 제1심, 상소심과 집행 등에 관한 구체적인 절차를 규정했다.

북양정부의 소송제도는 원칙적으로는 3급 종심제를 채택했다. 그 형식으로 재판의 독립, 공개 재판, 변호 원칙, 상소제도, 검찰관의 독립적인 권한 행사를 표방했지만, 실제로는 군벌 독재의 장식품에 지나지 않았다. 어떠한 조직과 형식의 소송 절차도 반드시 군벌 독재의 필요에 복종해야 했으며, 그렇지 않으면 법규정과 상관없이 마음대로 했다.

제4절 광주·무한 국민정부의 사법제도

1. 광주 국민정부의 사법기관

광주 국민정부는 기본적으로 민국 초기의 옛 제도를 답습해, 중앙에 대리원과 총검찰청을 두고 국민당 중앙 집행위원회의 지도와 감독을 받으며, 각각 최고 재판권과 검찰권을 행사했다. 지방에는 고등·지방·초급의 3급 재판청과 검찰청을 설립하려 했는데, 초급 재판청은 설립하지 않고 지방청과 그 분청에서 업무를 대리하거나, 현의 행정관이 사법 업무를 겸임하게 했다. 국민 혁명군에는 군사 법정이 없어서 필요에 따라 중앙 집행위의 명령을 근거로 임시 법정이나 특별 법정을 설립했다.

사법 행정기관은 초기에 대리원에 사법 행정처를 두고 대리원의 원장이 처장을 겸임하다가, 1926년 1월 이를 철폐하고 정부 직속으로 사법 행정위원회를 설립하고, 같은 해 11월에는 다시 사법부로 고쳐서 '국민정부의 명령을 받아 전국의 사법 행정을 관장하고 성의 사법 행정을 지휘 감독'하도록 했다. 부장 밑에 비서처를 두고 법원의 설치, 관할 구역의 구분, 법관과 직원의 임면과 상벌, 사법 경비의 예결산 등을 관장하게 하고, 제1처 민사 행정 사무, 제2처 형사 행정, 제3처 옥정과 변호사를 관장하도록 했다.

2. 무한 국민정부 사법제도의 개혁

1926년 9월 중앙 정치 회의는 사법제도를 개혁하기로 결정하고 '사법제도개조위원회'를 설립했다. 이 위원회는 같은 해 11월 10일에 광주에서 회의를 열고 사법제도개조안을 통과시키고, 1927년 1월 무한으로 천도한 뒤 시행하기 시작했다. 그 주요 내용은 다음과 같다.

(1) 재판기관 명칭의 변화와 2급 2심제

재판기관을 폐지하고 행정 관청의 명칭을 모두 '법원'으로 고쳐서 중앙과 지방의 양급 법원을 설립했다. 중앙 법원도 양급으로 나누어 ① 최고 법원은 국민정부의 소재지에 설립하고, ② 성에는 공소控訴 법원을 두었다. 또한 지방 법원도 양급으로 나누어 ① 현과 시에 법원을 두었는데 소송인이 많지 않은 현은 두세 개 현을 묶어서 하나의 지방 법원만 설립하고, ② 인민법원은 진鎭이나 향촌에 두었다.

현·시 법원과 인민법원은 모두 제1심 사건을 심리했다. 인민법원은 소송 목적이 300원 이하의 민사 사건이나 경미한 형사사건(5등 유기 도형 이하의 사건)을 심리하고, 기타 사건은 현·시 법원에서 심리했다. 공소 법원은 제2심으로서 제1심 판결에 불복해 상소한 민사·형사사건을 심리하고, 반혁명의 내란죄·외환죄 및 국교를 방해한 죄의 제1심을 맡았다. 최고 법원은 공소 법원의 제1심 판결에 불복해 상소한 제2심 민사·형사사건과 공소 법원의 제2심 판결에 불복해 상소한 사형 사건의 제3심을 맡았다. 당시의 심급제도는 기본적으로 2심제로, 일반 사건은 2심을 거치면 끝났지만, 사형 사건은 제3심을 종결심으로 했다.

(2) 법원의 행정관 폐지

재판기관에는 행정관을 두지 않고, 법원의 행정 사무는 행정위원회를 구성해 처리하도록 했다. 각급 행정위원회는 재판관, 수석 검찰관, 서기장으로 구성되었다.

(3) 검찰청 폐지

법원에 검찰관을 두고 검찰 직무를 수행하도록 했다.

(4) 참심제參審制와 배심제 채택

인민법원에 참심원을 두고 현·시 법원과 중앙 법원에는 배심원을 두었다. 참심원과 배심원은 소재지의 당부黨部, 농민협회, 노동조합, 상회·부녀회에서 각각 4인, 그 외에 같은 수의 후보 인원을 선출해 일주일마다 돌아가면서 법원 유관 사건의 참심과 배심으로 참가했다. 사건의 평결은 다수의 의견에 따르고, 재판관과 참심원이나 배심원이 모두 한 명일 때는 재판원이 결정권을 갖지만 참심원이나 배심원은 상급 법원에 재정을 요청해야 했다.

(5) 소송비의 감소

국민의 부담을 감소하기 위해 소송비는 50%로 하고, 인지대는 60%로 했다. 그리고 이유 없이 고소하여 무죄 판결이 내려지면 그 비용을 원고가 부담했다. 만약 부담 능력이 없는 것으로 확인되면 면제받을 수 있었다.

(6) 사법관의 정당 가입 금지의 폐지

국민정부는 자산 계급 법관의 이른바 '초정치,' '초당파'라는 가식적인 이론을 버리고, 지방 법원의 인원은 사법 청장이 성省 정부위원회에, 중앙 법원의 인원은 사법부에서 국민정부 위원회에 임면을 제청했다.

　결론을 말하자면, 사법제도의 개혁은 대담한 시도로 인정될 만하다. 그러나 이 개혁은 철저하지 않아 사법기관을 누가 장악하는가 하는 문제에 초점이 있었다. 이것은 법관의 자격 요건에 관한 규정에 그대로 나타나는데, 당시에는 "사회적인 명망이 있는 당원이거나 3년 이상 법 경험을 가진 사람이 아니면 법관이 될 수 없다" 하고, 법관고시조례에도 지나치게 높은 학력과 많은 고시 과목을 규정했다. 물론 사법관은 상당한 문화적 수준과 전문 지식 및 풍부한 사회 경험이 필요하지만, 그때는 정치 정세와 조건을 고려해야 했다. 혁명 시기에는 북벌 전쟁이 확대되면서 반동反動 정권과 구舊 사법기관이 속속 접수됨에 따라 많은 혁명 간부와 노농을 정권 창립에 동참하게 할 필요가 생겼다. 그런데 위에서 말한 규정을 따르면 혁명 간부나 청년들은 사법기관에 참여할 수 없었다. 그래서 이는 국민당 출신의 옛 법관과 관료가 계속 사법권을 장악하도록 길을 열어준 결과가 되었다.

　역사적인 사실들이 이를 증명한다. 당시 사법기관은 법을 공부했던 소수 혁명 인사들을 제외하고는 기본적으로 옛 법관의 수중에 있었다. 일련의 혁명적인 법규들이 제정되긴 했지만, 옛 법관들의 정치적인 편견이나 의도적인 비호 덕분에 토호들이나 탐관오리를 규제하기에 너무 부족했다. 또한 제국주의자, 군벌 관료와 결탁한 비밀 탐정, 노동자 계급의 배반자, 모든 반혁명 분자에 대한 처벌을 철저하게 하지 않아, 혁명사업에 심각한 위해를 끼쳤다. 이것은 냉엄한 역사적 교훈이다. 제1차 국공 합작기에 광주·무한 국민정부의 개혁은 철저하지 못하고 불완전했고, 진정한 혁명의 법통은 이후 혁명 근거지에서 인민 민주 법제가 계승하고 발휘했다.

제5절 국민당정부의 사법제도

1. 사법기관

(1) 사법원

국민당정부는 '오원제'의 조직 형식을 채택했다. 사법원은 최고 사법기관으로서 사법 재판, 사법 행정, 관리의 징계, 행정 심판의 직권을 관장했다. 사법원에는 원장과 부원장을 1인씩 두었다. 초기에는 사법원에 사법행정서, 사법심판서, 행정심판서, 징계위원회를 두다가, 사법 업무는 행정원의 사법 행정부에서 관장하게 하고, 사법원은 최고 법원, 행정 법원, 공무원 징계위원 회가 되었다. 1947년 헌법을 반포한 뒤에는 다시 사법원에 대법관회의를 두고 "헌법 해석과 법명령을 통일적으로 해석하는 직권을 행사"하도록 했다.

(2) 각급 재판기관

법원조직법(1932년 10월 공포, 1935년 7월 시행)에 따라 '3급 3심제'를 실행했 다. 현과 시에는 지방 법원이 민사·형사의 제1심 사건과 비상 상소 사건을 관할하게 했다. 지방 법원이 없는 지역에는 현에서 사법처를 설립하게 했다. 성에는 고등법원이 있어 내란·외환과 국교를 방해하는 죄에 관한 형사 제1심 사건, 지방 법원의 제1심 판결에 불복해 상소한 민사·형사 소송 사건, 지방 법원의 재정에 불복해 항고한 사건을 관할했다.

중앙에는 최고법원이 고등법원의 제1심 판결에 불복 상소한 민사·형사사 건과 고등법원의 재정에 불복해 항고한 사건과 비상 상소사건을 관할했다.

(3) 특종 형사 법정

'민국을 위해'하는 등 이른바 특별 형사사건을 심리하기 위해 특별 형사 법정을 설립했다. 때로는 군사 법정에서 그 직권을 대행하기도 했다. 그리고 1948년 4월에 공포한 특종형사법정조례에 따라 중앙 특종 형사 법정과 고등

특종 형사 법정을 설립했다. 정장庭長과 재판관으로는 사법관과 군법 인원을 파견했다.

(4) 검찰기관

'심검합서審檢合署'(재판과 검찰기관의 합일) 체제를 택했다. 최고 법원에 검찰서를 두고 검찰장 1인과 검찰관 몇 명을 두었다. 고등법원과 지방 법원에도 검찰관 몇 명을 두고 그 가운데 1명을 수석 검찰관으로 했다. 검찰관은 수사를 지휘하고, 공소를 제기하고 집행하며, 고소를 담당하고, 형사 판결 집행을 지휘했다. 검찰관의 권한이 매우 커서 사법 경찰관을 지휘할 수 있어 군대에까지 파견해서 수사에 협조하도록 요청할 수 있었다.

2. 소송제도

(1) 형사소송법

첫 번째 형사소송법은 1928년 7월 28일에 공포되었다. 1935년 1월 1일에는 두 번째 형사소송법이 공포되고, 1945년 12월 26일에 수정·공포되었다. 그것은 총 9편 516조로, 제1편 총칙은 법례, 법원의 관할, 법원 직원의 회피, 변호인과 보좌인 및 대리인, 문서송달 기일과 기한, 피고의 소환 및 구인, 피고의 심문, 피고의 구금, 수색 및 압류, 검증·증인·감정 및 통역, 재판 등 15장이었다. 제2편 제1심은 공소·고소 2장이고, 제3편 상소는 통칙·제2심·제3심 3장이고, 제4편은 항고, 제5편은 재심, 제6편은 비상 상소, 제7편은 간이 절차, 제8편은 집행, 제9편은 부대 민사소송이었다.

(2) 민사소송법

1928년 7월에 민사소송법초안을 기초해 1930년부터 1931년 2월 사이 두 번에 걸쳐 첫 번째 민사소송법을 공포했다. 그 후 수정을 거쳐 1935년 2월 1일에 두 번째 민사소송법을 공포하고, 1945년 12월 26일에 수정·공포했다.

그것은 총 9편 636조로, 제1편 총칙은 법원·당사자·소송비·소송절차 4장, 제2편 제1심 절차는 통상 소송 절차와 간이 소송 절차의 2장, 제3편 상소 절차는 제2심 절차와 제3심 절차의 2장, 제4편은 항고 절차, 제5편은 재심 절차, 제6편은 독촉 절차, 제7편은 보전 절차, 제8편은 공시 최고 절차, 제9편은 인사 소송 절차로 혼인사건 절차, 친자관계 사건 절차, 금치산 사건 절차, 선고 사망 사건 절차의 4장이었다.

(3) 재판제도의 특징

① '사법 독립'은 말뿐이고 실제로는 당·군·경찰·특수기관이 사법 재판에 개입했다. 국민당의 군대·헌병·특무 조직은 전국에 걸쳐 있었다. 직접적으로 사건 수사에 개입할 뿐만 아니라, 법원의 재판 업무에도 관여했다. 예를 들면 반혁명사건배심임시법(反革命案件陪審暫行法)에는 법원의 사건 심리에는 반드시 국민당 당부에서 파견한 6인의 배심원단이 평결에 참여해야 한다고 규정했다. 특히 특무조직에는 광범위하게 사형정死刑庭과 집중영集中營이 설립되어 있어 혁명 인사를 수시로 감시·수사·납치·암살했다. 이들은 모두 국민당 재판제도의 중요한 구성 부분이었다.

② 형식상 공개 재판이었지 실제로는 비밀 재판이었다. 법원조직법은 "소송의 변론 및 재판의 선고는 마땅히 공개 법정에서 행해야 하지만 공공질서나 선량한 풍속을 해칠 우려가 있을 때는 법원의 결정에 따라 공개하지 않을 수 있다"는 규정을 악용해, 사법 실천에서 많은 중요한 사건들을 모두 비밀 재판했다.

③ 피해자의 고소 권리를 제한했다. 형사소송법 제313조는 "직계 존속이나 배우자에 대해서는 소를 제기할 수 없다" 하고, 제315조는 "동일한 사건으로 검찰관의 수사가 종결된 것은 다시 소를 제기할 수 없다"고 규정했다.

④ 중요한 사건의 범인은 상소 권리를 박탈했다. 즉, 특종 형사사건 소송조례는 '민국을 위해한' 정치 사건에 대해서는 판결 후에 "상소하거나 항고할 수 없다"고 규정했다. 이것은 중대한 사건에서 범인의 상소 권리를 박탈한

것이다.

그밖에 국민당정부의 소송제도는 관료주의적 법관이 높은 자리에 앉아 심리를 진행함으로써, 유심주의唯心主義에 입각한 독단적인 '자유 심증'과 복잡하고 느린 소송 절차로 대중을 곤란하게 하고, 심지어 시비의 결과를 뒤집고 탐욕스럽게 법을 왜곡시키기까지 했다. 당시에 유행하던 말로 "금괴가 있으면 방법이 생기고, 화폐가 없으면 하늘이 없다"고 했는데, 이는 인민들이 사법기관을 원망했다는 것을 반영한다. 그래서 1949년 2월 중국공산당 중앙은 '국민당 육법전서를 폐지'하도록 지시하여 이들 사법기관과 소송제도 및 헌법과 법 전체를 폐지했다.

제 6 편

혁명 근거지의 사회주의 법률제도

장희파張希坡 집필

윤진기 옮김

제1장 개 관

제1절 사회주의 법제의 창건과 발전

사회주의 법제는 중국공산당의 지도로 사회주의 혁명 시기에 혁명 근거지에서 창건한 법률제도를 말한다. 계급 성격상 사회주의 법제는 무산 계급을 주체로 하고, 노동자·농민 연맹을 기반으로 했다. 따라서 인민에 대한 민주와 대내외의 적(제국주의, 봉건주의, 관료 자본주의)에 대한 독재를 실시한 법률제도였다. 그러한 사회주의 법제의 역사는 네 단계를 거쳤다.

(1) 중국공산당의 성립부터 제1차 국공내전기(1921~1927) : 사회주의 법제의 맹아 단계

중국공산당이 만들어진 뒤 '반제 반봉건' 구호 아래 '진정한 민주 공화국'을 세우기 위한 정치강령이 제기되었다. 이 강령의 실현을 위해 노농운동을 지도하는 과정에서 각종 혁명조직을 창설했다. 또한 사회주의 성격에 부합하는 혁명 법규를 제정했다. 예컨대 1922년 8월에 제정한 노동법안대강勞動法案大綱, 최초의 노농정부[1]라고 평가되는 광동성·홍콩 파업위원회(省港罷工委員會)에서 1925년 제정한 일련의 대내외 법규, 1927년 3월 상해 제3차 노동자 무장 봉기에서 시민정부가 제정한 혁명강령, 농민운동 과정에서 지방 호족과 악덕 지주를 징벌하고 소작료와 이자를 인하하는 많은 조례와 금령이 그것이다. 이러한 혁명 법규는 비록 혁명의 실패로 좌절되었지만 사회주의 법제사의 귀중한 싹이 되었다.

---

1) 「공인지로工人之路」 1926년 4월 29일("鄧中夏同志省港罷工報告").

(2) 제2차 국공내전기(1927~1937) : 사회주의 법제의 기초 정립 단계

이 시기 중국공산당은 인민을 이끌고 무장 봉기를 일으켰다. 일부 지역에 농촌 혁명 근거지를 창설하고, 각급 노농 민주 소비에트 정권을 수립했다. 1931년 11월에 중화소비에트공화국(中華蘇維埃共和國)을 세운 뒤 잇따라 헌법 대강, 정권조직법, 형사 조례, 토지법, 노동법, 혼인법, 경제법규, 소송 법규를 제정했다. 이러한 혁명 법규는 혁명 근거지의 법제 건설에 기반을 다졌다. 그러나 이 시기 왕명王明의 잘못된 좌경적이고 기회주의적인 방향 설정으로 말미암아, 노농 민주정권과 혁명 법제의 발전은 막대한 손실을 입고, 혁명은 심각한 좌절을 겪었다.

(3) 항일 전쟁기(1937~1945) : 사회주의 법제의 형성과 확립 단계[2]

1937년 7·7 사변(노구교 사건)을 계기로 온 국민이 항일에 나섰다. 국민당과 함께 항일 민족 통일 전선을 수립하기 위해, 1937년 9월 중화소비에트공화국 임시정부의 서북판사처西北辦事處를 섬감녕변구陝甘寧邊區로 고쳤다. 이후 적의 후방에 18개의 항일 근거지를 창설했다. 각지의 항일 민주정부는 연이어 시정施政 강령 및 정권조직, 매국노 처벌, 소작료와 이자 인하, 노동 보호, 혼인, 상속, 재정 경제, 사법심판 등 여러 부문의 법규를 제정했다. 이 시기에 각종 잘못된 경향을 고쳤을 뿐만 아니라 풍부한 경험을 쌓았다. 중국 사회주의 법제가 확립 단계에 들어선 시기였다.

(4) 제3차 국공내전기(1945~1949) : 사회주의 법제가 승리하는 단계

이 시기 사회주의 혁명은 무장 투쟁으로 정권을 탈취하는 단계에 이르렀다. 각 근거지는 점점 큰 해방구解放區로 통합되었다. 각 해방구의 인민정부는 새로운 국면을 맞이해 각종 법률 조례와 금령을 제정하거나 수정했다. 또한 법제를 완비해 중화인민공화국 수립에 매우 좋은 조건을 제공했다.

---

2) 민경배, "중국공산당 혁명 근거지의 법제 변천(1937~1949)"(『법사학연구』 24, 한국법사학회, 2001)을 참조하기 바람. ― 역주

제2절 사회주의 법제의 역사적 의미와 특징

사회주의 법제는 중국 법제사에서 특수한 지위를 갖고 있다. 그것은 지금까지 있던 착취 계급의 법률과는 근본적으로 구별된다. 국민의 의지를 반영하고, 국민의 기본권을 수호하며, 사회 발전을 추진하는 혁명적인 법률이었다. 그것은 현행 사회주의 법제와 동일한 역사적 뿌리를 가지고 있는 동시에 풍부한 경험이 축적되어 형성된 것으로, 네 가지 근본 원칙과 혁명 전통을 교육하는 주요한 바탕이 되었다. 혁명 근거지의 법제 건설은 사회주의 법률에 튼튼한 역사적 기반을 제공했다.

중국 사회주의 정치 법률제도는 그 근원을 따지면 기본적으로 혁명 근거지에서 발전한 것으로, 그야말로 오랜 시간의 실천 경험을 모은 것이다. 또한 그 범위가 넓어서 헌법대강과 시정강령, 정권조직법, 선거법, 행정법, 형법, 법원조직, 소송제도, 감옥제도, 토지법, 노동법, 혼인법, 경제법, 군사 법규 등을 포함했다. 이와 같이 많은 제도, 지도 원칙, 정책, 정확한 사상 노선과 사업 방법은 오늘날에도 여전히 의의가 있으며, 그 내용과 형식은 더욱 충실하게 발전했다. 사회주의 법제는 아래와 같은 기본 특징이 있다.

(1) 중국공산당의 지도 아래 창건

역사는 공산당이 없으면 근거지의 혁명 정권도 있을 수 없고, 새로운 중국도 있을 수 없다는 것을 증명한다. 또한 공산당이 없었으면 사회주의 법제도 있을 수 없었다. 그러므로 공산당의 지도는 혁명 법제의 발전에 기본적인 보증이 되었다. 공산당의 정책은 법률의 지도 방침이자 정신이고, 법률은 정책을 구체화하고 조문화한 것이다. 둘은 서로 의존해 갈라놓을 수 없는 것이다. 따라서 혁명 근거지의 사법 업무 원칙은 법률에 규정되어 있으면 그에 따르고, 법률 규정이 없으면 사회주의 정책에 따르는 것이었다.

(2) 마르크스 - 레닌주의와 모택동 사상의 지도

역사가 실증하는 것처럼 마르크스주의의 보편적 진리는 중국 혁명의 구체적 실천과 결합했다. 마르크스 - 레닌주의와 모택동 사상을 떠난 좌경적 또는 우경적 경향은 반드시 혁명사업과 법제 건설에 심각한 피해를 초래했다. 그러므로 반드시 마르크스주의의 입장·관점·방법을 견지하고 성실한 실천 경험을 합쳐야만 객관적 법칙에 맞는 혁명 법률을 제정할 수 있었다.

(3) 반제 반봉건과 국내외의 적敵에 대한 독재

사회주의 혁명 법제는 국내외의 적들과 결사적 투쟁 과정에서 발전한 것이므로, 각종 법률은 모두 근대의 전략적 목표에 봉사하고, 투쟁의 창끝을 적들의 파괴 활동에 겨누어 혁명의 승리와 성과를 보호했다. 인민 민주 독재를 견지하는 것은 혁명의 대물림이며 나라를 다스리는 기본이다. 계급투쟁의 정세를 정확하게 파악하고 서로 다른 두 가지 성격의 모순을 정확하게 구분하는 것은 인민 민주 독재의 임무를 실현하는 중요한 전제였다.

(4) 대중들의 근본 이익과 인민의 민주 권리 확보

역사가 증명하는 것처럼 사회주의 법제의 창건과 집행은 "군중에서 나와 군중에게 돌아간다"는 노선을 지키고, 국민에 의거해 모든 주체적인 요소를 동원하는 것이었다. 인민 민주를 견지하고, 국가의 주인으로서 국민의 권리를 보장하는 것이 혁명 법제 건설이 승리하는 기본 조건이 되었다.

그밖에 혁명 근거지의 법제 건설 사업은 중화소비에트공화국이 성립되기까지 오랫동안 전국적인 혁명 정권이 없었기 때문에, 각 근거지의 혁명 정권은 당중앙의 정책과 방침에 따라 각종 법률과 법규를 제각기 제정했다. 따라서 혁명 근거지의 입법 사업은 불가피하게 지역성, 임시성, 단행 법규 등의 특징을 가졌다. 아울러 정세 발전의 필요에 따라 자주 보충하고 수정할 수밖에 없어서 전국적으로 통일된 체계적이고 안정된 기본 법전을 만들 수 없었다.

제2장 헌법대강과 시정강령

제1절 진정한 민주 공화국을 위한 정치강령

1921년 7월에 창건된 중국공산당은 당시 중국 사회를 반식민지 반봉건 사회로 규정했다. 1922년 7월 '중국공산당 제2차 전국대회선언'은 당의 최고 강령과 민주혁명의 최저 강령을 제시했는데 구체적인 것은 아래와 같다.

첫째, 반제 반봉건의 혁명 임무와 진정한 민주 공화국의 강령을 명확하게 제시했다. ① 내란을 없애고 군벌을 타도해 국내 평화를 건설한다. ② 국제적으로는 제국주의를 물리치고 중화 민족의 완전한 독립을 이룩한다. ③ 인민의 힘으로 중국을 통일하고, 몽고·티베트·신강 등의 지역은 민족 자치를 수행하게 해, 진정한 민주 공화국을 수립한다. 이밖에도 노동자 계급은 빈곤한 농민과 연합해 소비에트를 조직해 온 나라를 완전히 해방한다.

둘째, 국민의 각종 자유와 권리를 제시했다. ① 노동자와 농민에게 제한이 없는 선거권과 언론·출판·집회·결사·파업의 자유권을 부여한다. ② 여성을 속박하는 일체의 법률을 폐지하고, 여성이 정치·경제·사회·교육 분야에서 평등한 권리를 누리도록 한다.

셋째, 노동자를 보호하는 법률을 제정하고 그 대우를 개선할 것을 제시했다. ① 청부제(包工制)[3]를 철폐한다. ② 8시간 근로제를 실시한다. ③ 공장에서 노동자 병원과 기타 위생 설비를 마련한다. ④ 공장에서 보험제를 시행한다. ⑤ 여성 노동자와 아동 노동자를 보호한다. ⑥ 실업 노동자를 보호한다는 등이다.

넷째, 농민과 소자산 계급을 보호하는 법률을 제정할 것을 제시했다. 예컨

---

[3] 포공제包工制는 방적업 등에서 행해진 노무 청부제도를 말한다. ― 역주

대 소작료를 제한하는 법률을 제정하고, 세금제도를 개혁해 인두세·조운세 등 무거운 세금을 폐지하고, 상품 통과세(厘金)와 모든 규정 외의 세칙稅則을 철폐하고, 전국적인 토지 세칙을 두어 누진 소득세를 시행한다.

다섯째, 교육제도를 개혁해 널리 교육을 실시할 것을 제시했다.

위에서 서술한 정치강령은 노농운동의 발전과 혁명 법제의 창건을 추진하는 데 큰 의의를 가진다.

제2절 중화소비에트공화국 헌법대강

제2차 국내 혁명기에는 각 혁명 근거지에 각급 노농 민주정권이 수립되었다. 이를 기초로 1931년 11월 7일에 강서성 서금瑞金에서 전국 노농병工農兵 제1차 대표대회가 열려 중화소비에트공화국 헌법대강을 통과시키고, 중앙집행위원회를 구성했다. 또한 중화소비에트공화국 중앙노농민주정부(임시중앙정부라고 부르기도 함)의 수립을 정식으로 선포했다. 중화소비에트 헌법대강의 전문은 모두 17조이다. 이것을 1934년 1월 제2차 전국 노농병 대표대회에서 다시 개정해 통과시켰다. 주요한 개정은 제1조에 "중농中農과 연합을 굳건히 한다"는 내용을 추가한 것인데, 이는 중요한 의의를 갖는다.

헌법대강의 주요 내용과 특징은 다음과 같다.

① 홍색紅色 정권의 성격을 노농 민주 독재로 정의했다. "소비에트 정권은 노동자, 농민, 홍색 전사, 모든 근로 대중에 속한다"고 규정하고, 군벌, 관료, 지주, 지방 세력자, 부농, 모든 반혁명 분자에 대한 독재를 실시했다.

② 정권의 조직 형식은 민주 집중제인 노농병 대표대회 제도라고 확정했다. "중화소비에트공화국의 최고 권력은 전국 노농병소비에트 대표대회에 있고, 대회 폐회 기간에는 전국소비에트 임시중앙집행위원회가 최고 권력기관이 되며, 중앙집행위원회 아래에 인민위원회를 조직해 일상 정무를 처리한다"고 규정했다.

③ 근대 혁명 강령의 철저한 실행이 노농 민주 독재의 기본 임무임을
확고히 했다. "이 독재의 목적은 모든 봉건 잔재를 청산하고 제국주의 열강
세력을 쫓아내 중국을 통일하는 것이다"고 규정했다.

④ 노농의 정치·경제·문화 분야의 기본권리를 확정했다. 우선 정치 분야
에서 다음과 같은 권리를 천명했는데, 첫째는 참정권이다. "만16세 이상의
소비에트 공민은 모두 선거권과 피선거권을 가진다." 둘째는 무장으로 자위
할 권리이다. "무기를 들고 혁명 전장에 참가할 권리는 오직 노농 노동 군중
에게 있다." 셋째는 기타 민주 권리이다. 예컨대 공민은 '소비에트 법률 앞에
서 모두 평등하여' 민족 평등과 종교 자유의 정책을 실시하고 혼인의 자유를
승인했다.

다음 경제적인 분야에서 "모든 지주계급의 토지를 몰수해 고농雇農·빈농·
중농에게 나누어주어" 노동자의 생활을 개선했다. 그밖에 일체의 가혹한
잡세를 취소하고 누진세로 징수하도록 규정했다. 또 노농·빈민·민중의 교육
권을 보장할 것과 교육의 보급을 시행하며 청소년 노동자들이 정치와 문화
생활에 참가하도록 적극 인도한다고 규정했다.

⑤ 대외정책의 기본 방침을 확정했다. "중화 소비에트 정권은 세계의 노동
자 계급과 압박당하는 민족과 같은 혁명 전선에 서 있다"고 선언했다. 그리고
홍색 구역에서 노동에 종사하고 법을 준수하는 외국 교민도 모두 정부의
보호를 받도록 했다.

이 헌법대강의 주요 특징은 다음과 같다.

① 공산당이 인민을 지도해 제정한 헌법 성격의 첫 번째 문헌으로서 인민
민주제도의 근본법인 동시에 시정강령의 성격을 지니고 있다. 헌법대강은
인민 혁명의 투쟁성과를 근본법의 형식으로 확인한 것이며, 이것은 중국
헌정 운동사의 쾌거이다. 또한 헌법대강은 향후 투쟁 목표를 제시하고, 중앙
노농 민주정부의 갖가지 방침과 정책을 확정해 줌으로써, 노농 민주정부의
근대 투쟁을 인도한 위대한 강령이다.

② 이 헌법대강에는 일부 좌경적 잘못이 존재한다. 당시는 '좌경적 노선이

당을 이끈 제3차 통치기'였기 때문에 일부 지나치게 좌경적인 정책을 규정했다. 예컨대 ㉮ "정권 사업은 공산당이 독점한다."[4] ㉯ "모든 착취자는 참정권이 없다."[5] ㉰ "모든 착취자의 무장을 전부 해제한다" 등이다. 또한 지나치게 좌경적인 토지정책, 경제정책, 노동정책과 반동분자 숙청정책을 시행하여,[6] 그 때문에 혁명에 막대한 손실을 가져왔다. 그밖에 헌법대강은 "여러 약소민족들은 중국과 분리해 자기의 독립 국가를 세울 권리를 가진다는 것을 승인한다"는 잘못된 규정을 두었다(제14조). 이 규정은 중국 민족 문제의 특수성에 맞지 않을 뿐만 아니라, 당시 각 민족을 규합해 중국을 분열시키고 괴뢰정권을 세우려는 일제와 투쟁하는 데 불리했다.

하지만 총체적으로 볼 때, 이 헌법대강은 모든 옛 약법約法·헌법과 근본적으로 구별된다. 헌법대강을 제정하고 실시한 것은 혁명 근거지의 인민을 고무하고, 그들에게 희망을 주었다. 그리고 그 뒤 헌법 제정 사업에 중요한 역사적 경험을 제공했다.

제3절 항일 전쟁기의 섬감녕변구 시정강령

항일 전쟁기 각 근거지의 항일 민주정부는 각기 시정강령을 제정했는데, 그 가운데 대표적인 것이 1941년 11월 변구邊區 제2기 참의회參議會에서 통과시킨 섬감녕변구 시정강령이다. 전부 22조인데, 그 주요 내용은 다음과 같다.

① 변구정부의 기본적인 임무와 투쟁 목표는 변구 내부의 각 계급과 당파를 단결시켜 모든 인력·물력·재력·지력을 동원해 변구를 보위하고, 중국을 보위하며, 일본 제국주의를 축출하기 위해 싸우는 것이라고 규정했다.

② 항일 민주정부의 권력정책을 규정했다. '변구의 각종 참의회는 변구

---

4) 『모택동선집毛澤東選集』, 720쪽.
5) 『모택동선집毛澤東選集』, 974쪽.
6) 『모택동선집毛澤東選集』, 974~975쪽.

각급의 인민 대표기관'이며 참의회에서는 동급의 정부위원회를 선출 구성했다. 정권기관의 인원 배분은 '삼삼제三三制' 정책을 실시했다. 즉, 공산 당원, 당외 진보 인사, 중간 인사를 각각 1/3로 하여 각 당파와 당과 파가 없는 인사도 고루 민의기관 활동과 변구 행정에 참가할 수 있도록 했다.

③ 항일 인민의 각종 자유와 권리를 규정했다. "일체의 항일 인민(지주, 자본가, 농민, 노동자)의 인권·참정권·재산권·언론·출판·집회결사·신앙·거주·이전의 자유권을 보장했다. 또 이 원칙을 실시하기 위해서 변구정부는 1942년 2월에 섬감녕변구 인권·재산권 보장조례를 공포하고, 각종 보호 조치를 상세히 규정했다.

④ 항일 민주정부의 각종 정책을 규정했다. 여기에는 토지, 노동, 혼인, 사법서간司法鋤奸,7) 재정 경제, 문교 위생, 민족과 화교, 외사정책外事政策 등이 포함되었다.

이러한 강령을 철저히 실시하여 항일 전쟁에서 승리할 수 있는 기반을 닦았다.

제4절 1946년 섬감녕변구의 헌법 원칙

항일 전쟁을 승리한 뒤 1946년 4월 연안에서 섬감녕변구 제3기 참의회가 개최되어 '섬감녕변구 헌법 원칙'이 통과되었다. 그 원칙에 따라 헌법 초안을 입안할 준비를 했다. 이 헌법 원칙은 정권조직, 국민의 권리, 사법, 경제, 문화 등 다섯 개 부분으로 나뉘며, 주요한 내용은 다음과 같다.

① 정권조직 : "변구·현·향의 인민대표대회(참의회)는 인민 관리 정권기관이다"고 규정했다. 이로써 중국공산당 정권의 각급 권력기관을 확정하고, 항일 전쟁기의 참의회가 점점 인민대표회의 제도로 넘어갈 준비를 했다.

---

7) '서간鋤奸'은 배반자를 제거하는 것이다. —역주

② 인민의 권리 : 인민은 정치적으로 각종 자유와 권리를 향유한다. 인민은 무장으로 자위할 권리와 민병을 조직해 자위하는 권리가 있다. 여성은 남녀평등 권리 이외에도 특수한 이익을 배려 받는다. 민족 평등을 실행한다. 소수민족 지역은 민족 자치정부를 조직할 수 있고, 성의 헌법 원칙에 저촉되지 않는 범위에서 자치 법규를 제정할 수 있다.

③ 사법제도 : "각급 사법기관은 독립적으로 직권을 행사하고 법률에 따르는 것 외에 어떠한 간섭도 받지 않는다." "범인에 대해서는 감화주의感化主義를 실시한다."

④ 경제정책 : "경작하는 사람이 그 토지를 소유한다"는 원칙을 점진적으로 실시하며, 공영·합작·사영 등 세 가지 형식을 취해 계획적으로 농공광農工砿의 각종 사업을 발전시켜 노동자의 취업권을 보장하며, 외래의 투자를 환영하고 합리적인 이윤을 보호했다.

⑤ 문화 교육정책 : 문맹을 조속히 퇴치한다는 원칙에 따라 무상 국민교육과 고등 교육을 시행해 학문의 자유를 보장하고, 우등생을 장려해 과학 발전에 전념하도록 했다.

이 헌법 원칙은 항일 전쟁에서 승리한 뒤 섬감녕변구의 임시 헌장이 되었고, 아울러 이 원칙에 따라 섬감녕변구 헌법초안을 작성했다.

제3차 국공내전 후기에 각 중국공산당 치하에서는 모두 근본법의 성격을 갖는 시정강령을 제정했는데, 예컨대 동북성·시(특별시) 민주정부 공동시정강령(1946년 8월), 내몽고자치정부 시정강령(1947년 4월), 화북인민정부 시정방침(1948년 8월) 등이다. 이러한 강령에서 확정된 주요 원칙들은 이후 중국인민정치협상회의 공동강령을 제정하는 데 귀중한 경험이 되었다.

제3장 행정입법

제1절 행정기구의 역사적 변천

1. 제1차 국공내전기 노농병 운동의 행정조직

(1) 농민협회와 향촌자치위원회의 행정 단위

농민운동이 활발한 지역에서는 "지주의 권력이 무너지고 농회農會가 유일한 권력기관이 되었다." 또 "농회가 명령을 내려 일체를 지휘"했는데, 원래 군중조직이던 농민협회가 공산당이 인민 민주독재를 시행하면서 기층 정권으로 발전했다. 향鄕 농민협회의 회원대회 또는 회원대표대회는 향급 농민협회의 권력기관으로 집행위원회와 상무위원회를 만들어 일상 사업을 주관했다. 또 그 밑에는 행정 각 부를 설치했는데, 주로 군사부·교육부·중재부仲裁部·여성부·합작사부合作社部·농업개량부 등이었다.

농민운동이 무르익음에 따라 농민협회는 민중 단체를 초청해 '향촌자치위원회'를 수립했는데, 구區와 향鄕 두 급으로 나뉜다. 향민대회나 구 대표회의는 향촌 자치의 권력기관으로서, 그 집행기관은 향무위원회와 구무위원회이다. 1926년 12월 호남성 농민 대표대회의 '향촌 자치문제 결의안'은 "자치위원회 아래 각종 사업위원회를 설치하고, 민식民食·재정·교육·농업·교통·수리水利·삼림·자위自衛·구제救濟·공단公斷·조사 등의 사업을 처리한다"고 규정했다.

(2) 성항省港 파업위원회의 행정기구

1925년 6월 성항 대파업 과정에서 수립된 성항 파업위원회는 공산당이 지도한 파업 노동자들로 조직된 반제反帝 파업조직이다. 이 조직은 특수한 역사적 조건 아래서 특유의 권력 기능을 행사했다. 권력기관은 '성항파업 노동자대표대회'인데,[8] 거기서 선출한 파업위원회는 최고 행정기관이며, 아래에 간부 사무국을 두어 일상 사무[9]를 책임지도록 했다. 그밖에 법제국, 감사국, 재정위원회, 규찰대위원회 및 보관 경매처(拍賣處), 도로 건설위원회 등의 행정기구가 있었고, 아울러 이에 상응하는 조직법을 제정했다.

(3) 상해 시민대표 정부의 행정기구

상해 시민대표 정부는 노동자 계급이 "모든 압박받는 시민을 지도해 시민의 민주주의 정권을 수립한 것이다." 시민 대표대회는 '시 집행위원회'를 선출해 시의 정무를 장악했다. 시 집행위원회 밑에 재정·공안·교육·건설·위생·토지·사법·노동 등 8국을 설치하고, 각각 행정 사무를 집행했다. 이것은 대도시에 중국공산당 정권을 수립한 최초의 경험이었다.

2. 중화소비에트공화국의 행정기구

1931년 11월 중화소비에트공화국 중앙노농 민주정부는 소비에트지방정부 임시조직조례를 공포했다. 그 후 1933년 12월 중화소비에트공화국 지방소비에트 임시조직법초안을, 1934년 2월 17일 중화소비에트공화국 중앙소비에트 조직법을 각각 공포하고, 각급 행정기구의 조직과 직권을 상세히 규정했다.

(1) 중앙 노농 민주정부의 행정기구

중앙소비에트 조직법은 "인민위원회는 중앙 집행위원회의 행정기관으로서 전국의 정무를 지휘할 책임이 있다"고 규정했다. 인민위원회는 인민위원회 주석과 각 부의 인민위원 및 노농 검찰위원회 주석으로 구성되는데, 중앙

---

8) 『중공중앙문건선집中共中央文件選集』 13권, 766쪽.
9) 문서·초대·선전·서무·교통·교제交際·유예游藝 등.

집행위원회가 지정한 범위 안에서 각종 법령과 조례를 공포할 수 있었다. 그 아래에 외교, 내무, 사법, 군사, 재정, 국민 경제, 토지, 노동, 식량, 교육의 각 인민위원부를 설립했다. 각 부에는 인민위원 한 명과 부인민위원 한두 명을 두고, 또한 부무部務 위원회를 설립해 부의 사업을 토론·건의하는 기관으로 했다. 그밖에 인민위원회 아래에 혁명 군사위원회와 노농 검찰위원회와 국가 정치보위국을 설립해 각각 관련 행정 사무를 집행하게 했다.

(2) 성·현·구 소비에트의 행정기구

지방소비에트 임시조직법에는 성·현·구 집행위원회 아래에 노동·토지·군사·재정·국민경제·식량·교육·내무·재판부 등의 부와 노농 검찰위원회, 국가 정치보위국과 총무처 등을 둔다고 규정했다. 그러나 성에는 군사부를 두지 않고, 직권은 군구軍區 지휘부가 대리하는 것으로 했다. 구區에는 국가 정치보위국 분국을 두지 않고 특파원만 두었다. 각 부에는 부장과 부부장 및 각 부 위원회를 두고, 사업에 따라 일부의 과와 국을 설치했다.

(3) 기층 정권의 행정기구

향·구는 시에 속하고, 시구市區는 노농 민주정권의 기층조직이다. 향 대표대회는 모든 향의 최고 행정기관이다. 향에는 집행위원회를 설립하지 않고 주석단만 설치해, 향 대표대회의 결의와 상급 정부의 지시를 집행하고, 향 전체의 사업을 지도했다.

향과 촌에는 각종 전문위원회가 있었다. 향 주석단 아래에는 행정 각 부·과를 설치하지 않고 각종 전문위원회를 설치했다. 향 대표와 민중 단체 및 각 분야의 열성분자가 참가해 향 정부를 보좌해 일부 구체적인 사업을 관리했다. 조직법의 규정에 따르면 향은 25개의 위원회를, 시는 28개의 위원회를 설치할 수 있으며, 필요하면 줄이거나 늘릴 수 있었다. 예컨대 농업생산, 홍군 우대, 적색 계엄, 교육, 선거위원회 등이 그것이다. 하나의 향에 몇 개의 행정촌을 나누어 두는 경우에는 촌에도 몇 개의 위원회를 설립해 향위원회의 분회로 두었다.

3. 행정기구의 변화와 정병精兵 간정簡政의 실시

(1) 항일 민주정권 행정기구의 변화

항일 전쟁기에 전국적인 혁명 정권은 없었지만 중국공산당 중앙의 통일적인 지도 아래 변구정부마다 각 지방의 정권 건설 사업을 지도했다.

섬감녕변구에는 변구·현·향 3단계의 정부를 설치했다. 섬감녕변구 정부위원회는 변구 참의회 폐회 기간 동안 최고 권력기관으로 변구 참의회를 책임지고, 전 변구의 정무를 지도하며 지휘했다. 변구정부 주석, 부주석과 정부위원은 변구 참의회가 선출했다. 변구정부에는 비서처, 민정청, 재정청, 교육청, 보안처, 감사처, 변구 고등법원과 보안 사령부 등의 기구를 설립했다.

행정감찰 전원 공서(약칭 전원공서專員公署 또는 전서專署)는 변구정부가 파견한 대표기관이다. 변구정부의 명령과 지시에 따라 관할하는 각 현의 정무를 감독·지도하고, 전원專員 및 부전원副專員과 각 행정과·행정처를 설치했다.

현 정부는 변구의 정무를 수행하는 중추이며, 현 참의회 폐회 기간 동안 현의 정무를 결정하는 지도기관이었다. 현 참의회는 현장縣長과 몇 명의 정부위원을 선출해 현 정부위원회를 구성했다. 현 정부는 변구정부와 현 참의회를 책임지고, 또한 사업을 보고했다. 현장의 지도 아래 비서실, 1과(민정), 2과(재정), 3과(교육), 4과(건설), 5과(양식)와 보안과, 사법처, 보안 대대 등의 기구를 설치했다.

구區의 공서公署는 현 정부의 정무를 집행하는 파출派出 기관으로서 현 정부의 명령과 지시에 따라 소속 향의 사업을 직접 지도했다. 구공서에는 구장區長과 보조원 몇 사람을 두고 자위군自衛軍 영장營長을 두었다.

향 정부는 변구 정권의 기층조직으로, 향 참의회에서 선출한 향장과 몇 명의 위원으로 향 정부위원회를 구성했다. 상급 정부와 향 참의회에 대한 책임을 지고, 향의 정무를 집행했다. 향장의 지도 아래 문서文書, 향 자위군自衛軍 연장連長, 각종 위원회를 두었다. 예컨대 우대優待 구제救濟 위원회, 문화촉진위원회, 경제 건설위원회, 서간鋤奸 보위保衛 위원회, 인민 중재위원회 등을 설립했다. 향장과 문서 외의 다른 인원은 생산에 종사했다.

향 아래는 행정촌과 자연촌으로 나누었다. 행정촌에는 주임 1명, 자연촌에는 촌장 1명을 두는데, 상급 정부의 명령에 따라 향 정부가 촌민을 지도해 행정 사무를 집행하도록 보좌했다.

기타 항일 근거지의 행정기구는 섬감녕변구와 거의 비슷했다. 적 후방의 근거지는 전쟁 지역이거나 적이 점령한 구역이었기 때문에, 변구정부 아래 각 전략 지구에는 몇 개의 행정주임공서行政主任公署(행서行署라고도 한다. 진찰기晉察冀 변구의 북행서, 기중冀中행서 등)를 설립했다. 관할구 내에서 변구정부가 위탁한 직권을 대리로 행사하고, 소속 전서專署와 현 정부의 행정 사무를 지도했다. 행서 주임의 지도 아래 행정 각 처·국을 두었다.

(2) '정병精兵 간정簡政'의 실시

1941년 11월 섬감녕변구 제2기 참의회에서 '정병 간정10)에 관한 제안'을 통과시켰다. 그 후 중국공산당 중앙의 지시에 따라 모든 항일 근거지에서 실시했다. 1942년 12월 모택동은 '항일 시기의 경제 문제와 재정 문제'라는 글에서 "이번 정병 간정은 반드시 엄격하고 철저하게 빠짐없이 실시하고, 대충 하지 말라. 형식적으로 하거나 일부만 해서도 안 된다. 이번 정병 간정을 통해 정간精簡·통일·효능·절약·관료주의를 반대하는 다섯 가지 목적을 달성해야 한다"11)고 했다. 이 임무를 완성하기 위해 1943년 3월 변구정부에서는 섬감녕변구 정기총칙초안을 통과시켜 정병 간정의 성과를 법률 형식으로 확인했다.

---

10) '정병간정精兵簡政'은 군대를 정예화하고 행정기구를 간소화하는 것을 말한다. ─역주
11) 「모택동선집毛澤東選集」, 850쪽.

① 정간精簡

'직권을 분명히 구분하고 업무를 확실히' 할 것을 요구했다. '해야 할 일은 많은데,' '늦음과 빠름을 구분하지 않아' 정력이 분산되고 책임이 불분명한 현상을 극복하도록 했다. 시급하지 않은 기구를 없애고 인원을 줄이며, '일에 따라 사람을 쓰고, 사람을 그 직책으로 부르고(因事設人, 人稱其職),' '일에는 담당자를 두고 누구나 성실히 책임지게 하는' 원칙을 실시했다. 상급 지도기관을 정간하고 기층조직을 충실히 하며 약한 부분을 보강했다. 군대 계통에서는 후방기관을 축소·경감하고 비전투 인원을 줄이며 연대連隊[12]의 전투 인원을 확충했다.

② 통일統一

이것은 사업 지도의 일원화 원칙을 견지하여, '정치적으로 여러 당파가 출현하고(政出多門),' 법령이 통일되지 않는 현상을 바로잡는 것이다. 정책·법령·제도·지도·정기政記의 통일을 실시했다. 변구 참의회에서 제정한 정책 법령을 성실히 집행하고, 각급 정무 인원은 자기 직권을 초월해 정부의 명령과 저촉되는 결정을 발표하면 안 되었다. 이를 위해 1943년 5월 8일에 전문적으로 섬감녕변구의 정무인원 공약을 제정했다.

③ 효능效能

이것은 혁명의 잠재력을 동원해 사업 효과를 높이는 것이다. "한 사람이 몇 사람의 몫을 맡아 해내는 것을 제창하며, 오늘 일을 내일로 미루지 말아야 한다." 정병 간정 교육을 통해 간부의 자질을 높이고, 정치 기율을 엄격히 하며, 통일적인 규장規章 제도를 제정해 상하가 모두 사업 효율을 높였다.

④ 절약節約

이것은 일체의 인력·물력·재력을 절약해 그 기능을 최대한 발휘하게 하는 것이다. "긴요하지 않은 일은 벌이지 말며 돈을 낭비하지 말아야 한다." 공무 출장을 줄이고, 공공물을 소중히 하도록 했다. "회의는 적게 하고 일은

---

12) '연대連隊'는 중대中隊 또는 중대에 상당하는 단위를 의미한다. —역주

많이 하며, 민력民力을 남용하면 안 된다"는 등의 원칙에 따라 항일 전쟁 근무 조례와 표준을 새롭게 개정했다. 일체의 부패·낭비 행위에 맞서 싸우기 위해 부패징벌조례를 다시 제정해 심하게 낭비하는 행위를 처벌했다.

⑤ 관료주의 반대

관료주의는 형식주의, 문독文牘주의, 허세, 무익한 형식화, 사무주의로 나타나, 사소한 세부 사항에 바쁘고 대사를 소홀히 하며, 사업에 소극적으로 대응해 창조성이 결여되는 것으로 나타나며, 강제적 명령을 남용해 군중으로부터 이탈된다. 관료주의를 극복하기 위해서는 우선 고급기관의 기풍부터 개선해야 했다. '방법을 생각해 내고,' 또 "지도 능력이 있어야 했다." 반드시 조사·연구하고, 정확하게 실상을 이해하여 군중에서 시작해 다시 군중으로 가는 사업 기풍을 배양해야 했다.

이상 다섯 가지 목적과 요구는 서로 연관되어 있다. 정풍整風 운동과 정병 간정을 실시하여 목적을 이루고, 풍부한 경험을 쌓아 '정병 간정'은 혁명 근거지의 중요한 정책 가운데 하나가 되어 우수한 혁명 전통으로 역사에 기록되었다.

4. 제3차 국공내전기의 행정기구 발전

제3차 국공내전의 승리가 굳어지자 분산되어 있던 작은 근거지들이 점점 합쳐져 몇 개의 큰 해방구가 되었다. 예컨대 섬감녕변구(서북해방구), 동북해방구, 화북해방구, 중원해방구, 화동해방구가 형성되었다. 또한 여러 지역의 행정 공서가 점점 다시 성시제가 되었다.

정부 내부의 행정기구 역시 체계가 잡혔다. 1948년 8월 화북인민정부 조직 대강에 따라 원래 있던 민정·재정·공안 각 부와 비서청 외에, 사법행정과 심판기관을 나누어서 사법부와 화북인민법원을 설립했다. 또 인민검찰원과 외사처外事處를 증설했는데, 가장 큰 변화는 경제관리와 문교기구를 확충한 것이다. 즉 건설청 실업처를 농업부, 공업부, 공영기업부, 교통부, 재정위원

회, 수리水利위원회 및 합작·무역·세무·은행 등의 기구로 확대하고, 이와
밀접한 연관이 있는 노동국을 증설했다. 동북인민정부는 공상부工商部를 나
누어 상업부, 대외무역부, 중공업부, 경공업부 등 네 개의 부를 설치했다.
문교부서 또한 교육부, 고등 교육위원회, 문학 예술위원회와 위생부로 나누
었다. 경제·문교 기구를 확대한 목적은 기존의 경제·문화·교육 기관을 접수
하고 관리하는 데 편리를 도모하고, 특히 곧 시작될 경제·문교 분야를 조직
적으로 준비하기 위함이다.

제2절 행정간부 관리법규

1. 성항 파업위원회의 간부 관리 규정

성항 파업위원회와 관련된 조직법에는 간부 관리에 관한 규범이 있다.
예컨대 1926년 3월 성항파업위원회 조직법에는 "위원회는 최고 집행기관이
며, 직무 행사에서 공평하고 솔선수범해야 한다. 어떤 기관이든지 뇌물을
받고 부정행위 등을 한 사실이 있으면 법적 절차에 따라 엄격히 단속하고,
그에 상응하는 죄로 처벌하며, 비호하면 안 된다"고 규정했다. 만약 파업위원
이 "위법 행위가 있어서 다른 사람에게 고발당하거나 법제국의 노동자 대표
대회와 각 기관의 탄핵을 받아서 그것이 사실로 확인되면 죄가 1등급 더
가중되었다."[13] 규찰대기율에는 "규찰대위원의 직무상 태만 및 위법 상황이
있으면 성항 파업위원회나 성항 파업 노동자 대표대회가 그에 상응하는 처
벌을 가한다"고 규정할 뿐만 아니라 "위원이 받는 처벌은 위원회 이하 각급
대와 부의 직원이 받는 처벌보다 1등급 더 가중 처벌한다," "각 대대·지대·소
대·반장 등의 관할 지역에 1·2등급의 죄를 범한 자가 있는 경우, 관리자가
죄인과 결탁해 법을 위반하면 죄를 1등급 가중 처벌한다. 만약 사정을 잘

---

13) 『성항대파업자료(省港大罷工資料)』, 230~231쪽.

모르고 방비를 소홀히하면 1차례 기과記過를 부과한다. 기과를 3번 이상 받으면 본 위원회가 공개적으로 논의해 처벌한다"14)고 규정했다.

이처럼 사회주의 혁명은 시작부터 간부에게 엄격한 기강을 갖도록 했다. 각 혁명기관의 책임자에게 청렴결백할 것과 공적 자세와 솔선수범을 강조하고, 법을 위반하면 어떤 특권도 없이 가중 처벌하는 원칙을 실시했다. 이 경험은 더욱 계승하고 발전시켜야 하는 것이다.

2. 중화소비에트공화국의 간부 관리 법규

관련 법규의 규정에 따르면, 중앙 노농 민주정부 인민위원회의 주석·부주석과 각 부 인민위원은 모두 중앙 집행위원회에서 선임했다. 성·현·구의 집행위원은 동급 대표대회에서 선출했다. 지방정부 행정 각 부의 부장·부부장은 각 해당 급의 집행위원회가 상급 기관에 제청해 심사와 비준을 얻어서 임명했다. 각급 정부의 사업 인원은 모두 전시 공급제를 실시하고, 규정에 따라 편제하고 표준에 따라 생활비를 받았다.

기술 간부를 초빙하기 위해 중앙 노농 민주정부는 전문 기술인재 모집공고를 공포했다. 천섬성川陝省 소비에트는 전문인재우대 임시조례를 제정하고, 다음과 같은 각종 우대 방법을 구체적으로 규정했다.

① 소비에트 구역에 복무를 원하는 전문 인재는 급료를 우대하고 소비에트 구역 현행 조례의 제한을 받지 않는다. 학술 저작이 있으면 국가 출판사에서 인쇄를 하고, 이에 상당하는 사례금을 준다. 학술적으로 새로운 발명이 있으면 문화기관의 심사를 거쳐 우대하고 장려한다.

② 소비에트 구역에서 봉사하는 전문가가 업무 탓에 상해를 당하거나 사망하면 정부에서 무휼금撫恤金15)을 준다. 충실하게 5년 이상 사업하다가

---

14) 『성항대파업자료(省港大罷工資料)』, 237~238쪽.
15) 무휼금撫恤金은 공적인 일로 불구가 되거나 또는 순직한 이의 가족을 위로하고 물질적으로 도움을 주기 위해 제공하는 연금·위로금 등을 말한다. —역주.

연로하거나 병이 있어 사직을 청구한 사람에게는 해마다 연금을 준다.

③ 전문 인재의 가족이 소비에트 구역에 거주하면 정부는 생활상 우대를 제공한다. 자녀가 학교에 입학하면 학비를 면제한다.

3. 항일 전쟁 이후 간부관리 법규의 발전

섬감녕변구 시정강령은 공무원의 기본원칙을 다음과 같이 규정했다. "깨끗한 정치를 힘써 실행해 공무원의 부정부패 행위를 엄격히 처벌하고, 어떠한 공무원도 공적인 일로 사복을 채우는 행위를 금지한다. 공산당원이 법을 위반하면 엄격하게 처벌하는 동시에, 봉급으로 청렴을 배양하는 원칙을 실행해 모든 공무원 및 가족의 필수적인 물질생활과 충분한 문화생활을 보장한다." 섬감녕변구 정부는 오랜 기간의 간부 관리 경험을 모아 1943년 4월 25일 섬감녕변구 각급정부 간부관리 임시통칙, 간부임면 임시조례와 간부상벌 임시조례를 공포했다.

통칙은 변구 각급 정부에 소속된 간부는 모두 민정청에서 통일적으로 관리하며, 그 관리사항은 등록심사에 관한 것, 등용 및 양성, 배치, 전근 및 임면, 근무 평정, 보건 및 대우 등을 포함한다고 규정했다. 이를 위해 민정청에 간부과를 설치하고 각 청·처·전원공서專員公署와 현·시 정부에는 모두 간부 행정 업무를 관리하는 전문 인원을 두고, 각급 간부 관리의 범위에 대해 명확히 업무를 분장했다.

간부임면 임시조례는 각급 정부의 간부 임용은 반드시 아래의 표준에 따르도록 규정했다.

① 변구 시정강령을 옹호하며 그에 충실해야 한다.

② 덕재德才를 겸비하고 지위와 명망이 담당하는 직무에 맞아야 한다.

③ 군중의 이익에 관심을 가져야 한다.

④ 책임을 지는 자세로 청렴하게 공무에 봉사해야 한다.

아울러 각급 간부의 임명·면직 또는 전근에 관한 권한과 수속 절차에 대해서도 구체적으로 규정했다.

간부상벌 임시조례는 장려 조건과 방법을 상세히 규정했다. 장려는 ①
진급시키는 것, ② 공을 기록하여(記功) 공포하는 것, ③ 표창해 상을 주는
것, ④ 서면 장려, 즉 훈령 표창(通令嘉獎)이나 신문 게재 표창(登報嘉獎)하는
것, ⑤ 물질로 장려하는 것, ⑥ 구두 장려(군중을 향해 선전)하는 것, ⑦ 기타
방법 등으로 나누었다. 또한 징계 조건과 종류를 규정했다. 그것은 ① 해직시
키고 죄상을 조사해 처벌하는 것, ② 해직시키는 것, ③ 보직 해임시키는
것, ④ 죄를 기록하여(記過) 공포하거나 경고하는 것, ⑤ 경고 또는 서면이나
구두로 질책하는 것, ⑥ 기타 방법 등이 있었다.

이와 같은 간부 관리제도는 제3차 국공내전기에 각 해방구에서 사용한
것이다. 그밖에 진찰기晉察冀·진기로예晉冀魯豫 등의 변구정부에서는 1941년
과 1942년에 전문 기술간부 우대법을 각각 제정하고, 제3차 국공내전기에
와서 다시 보충하고 개정해 각종 기술직 명칭의 표준과 우대 방안을 구체적
으로 규정했다.

제3절 행정감찰 제도의 출현과 발전

1. 상해 시민정부의 감찰원

1927년 4월 상해 시민정부에서 제정한 상해특별시 임시공약 초안16) 제4장
에 감찰원의 조직과 직권을 규정했다. 감찰원은 각 단체 대표대회에서 선출
한 5인의 감찰위원으로 구성되는데, 다음의 직권을 행사했다. ① 임시 시의
회의 의결이 현행정책에 위반되는지를 감찰한다. ② 시의회와 행정위원회의
결의 및 행정이 현행정책에 위반되는지를 감찰한다. ③ 시의회와 행정위원
회에 소속된 관리의 위법행위나 부정행위를 감찰한다. 그밖에 감찰위원은

---

16) 『상해공인삼차무장기의上海工人三次武裝起義』, 440~443쪽.

시의회와 행정위원회의 회의에 반드시 참석해야 하지만 표결에는 참가하지 않고, 수시로 각 기관의 공문 서류를 열람하고 사건 경과를 조사해야 한다고 규정했다. 감찰위원이 시의회나 행정위원회의 행정이 현행정책에 위반하는 사실을 발견했을 경우 이유를 첨부하고 의견을 제출해 개정하도록 요구해야 했다. 시의회 위원의 법을 어기고 부정행위를 한 사실이 발견되면, 각 단체 대표대회에 그 위원을 해임하도록 통지해야 했다. 시행정위원의 위법 및 부정행위 사실이 발견되면 행정위원회에 그 관직을 해임하도록 통지해야 했다. 누구든지 직위 해임 이상의 범죄행위가 있으면 법원에 보내 조사해 구명해야 했다. 이러한 규정들이 당시는 완전히 실시되지 못했지만 그에 포함된 중요한 원칙은 참고할 만한 가치가 있다.

2. 중화소비에트공화국의 노농 검찰위원회

중화소비에트공화국이 성립된 뒤 중앙에서 성·현·구·시까지 모두 노농 검찰위원회가 생겼는데, 이는 국가의 행정 감찰기관으로서 각 인민위원회나 지방 각급 집행위원회에 소속되었다. 주석·부주석을 1명씩 두고 각급 노농 검찰위원회 아래 '공고국控告局'을 설립해 인민의 고소·고발 처리와 노농 통신원의 통신 검사 등을 관리했다. 아울러 '돌격대'를 조직해 노농 검찰위원 회의 승인을 얻어 기관·기업들의 사업을 불시에 검사함으로써, 부정부패와 낭비 같은 일체의 관료 부패를 색출했다. 각급 노농 검찰위원회는 그 관할에 속하는 국가기관의 업무와 시설에 관한 의견이 있을 때는 직접 해당기관이 나 기업에 건의했다. 각급 노농 검찰위원회는 동급 소비에트 집행위원회 또는 주석단에 일부 국가기관과 기업의 사업 인원을 처벌하거나 교체하도록 건의할 권리를 가졌다. 만약 범죄가 확인되면 반드시 사법기관에 보내 처리 했다.

3. 항일 민주정권 행정감찰 제도의 새로운 변화

항일 민주정권 시기에는 전문적인 행정 감찰기관이 설립되지 않아 권력기관인 참의회가 행정감찰 직능을 집행했다. 섬감녕변구 참의회조직 조례에 참의회는 각급 정부의 정무 인원과 행정·사법 기관의 공무원을 감찰하고 탄핵할 권한이 있다고 규정했다. 참의회 폐회 기간에는 참의회 상무 의원이 '동급 정부의 참의회 결의안에 대한 집행을 감독'할 권한이 있었다. 산동 해방구에서는 성 참의회가 '각급 정부의 행정구 임시 참의회의 결의에 대한 집행을 감독할' 권한이 있다고 규정했다. "위법하거나 직무상 과오를 범한 행정구의 각급 행정·사법원을 탄핵하고, 해당 지역에 주둔하는 군대나 성 부설 기관원이 위법하거나 직무상 과오가 있으면 상급 기관에 고발했다." 또한 각급 참의원은 "정부 인원이 위법하거나 직무상 과오가 있는 것을 발견하면 반드시 상무위원회 위원에게 법에 따라 탄핵하도록 요청해야 했다."

4. 제3차 국공내전기 인민 감찰제도의 새로운 발전

국공내전 후기에 각 해방구에서는 전문적인 인민 감찰기구가 다시 생겼다. 예컨대 1948년 8월에 설립된 '화북 인민감찰원'은 화북 인민정부위원회가 임명한 인민감찰원인데, 5명이나 9명으로 구성되었다. 화북 인민감찰원은 직권을 행사하기 위해 관련기관을 조사할 수 있었고, 해당 관련기관은 반드시 검사를 접수하고 필요한 자료를 제공해야 했다. 또 조직 규정에 화북 인민감찰위원회가 관장해야 할 사항을 다음과 같이 규정했다.

① 각급 행정원, 사법원, 공영 기업원의 위법 과오, 부정부패 및 낭비, 정책 위반, 군중 이익 침해 등의 행위를 검사하고 고발하며, 처벌을 입안한다.

② 인민 및 공무원의 각급 행정원, 사법원, 공영 기업원에 대한 소송 및 고발을 접수하고, 처리 방법을 입안한다.

③ 기타 정치 기풍의 정화에 관한 사항. 화북 인민감찰원은 행정처분에

관한 결의를 반드시 주석에게 보고해 승인을 얻어 유관 기관에 교부해 처리한다.

형사처벌이 필요한 경우 화북 인민감찰원은 화북 인민법원이 심리하도록 요청했다. 법원은 안건 심리 결과에 대해 반드시 화북 인민감찰원에 서신으로 통지했다. 화북 인민법원이 화북 인민감찰원에 심리를 요청한 안건에 대해 이견이 있으면 화북 인민감찰원은 이에 대해 설명했다. 만약 해결하기 어려운 다툼이 생길 때는 반드시 주석에게 보내 해결했다.

1949년 4월의 섬감녕변구 정부 임시조직 규정은 다음과 같다. 섬감녕변구 정부에 인민 감찰위원회를 설립한다. 그 성격, 직권 및 활동 원칙은 화북 인민감찰원과 같다. 상술한 인민 감찰기관은 수립된 뒤 위법, 과오 행위를 검사 고발해 행정 질서를 바로잡는 사업을 진행했으며, 이것은 건국 이후 인민 감찰기관을 건립하는 데 유익한 경험을 제공했다.

제4절 감사제도의 발전과 변화

1. 성항 파업위원회 감사국

1926년 3월 29일 감사국조직법이 만들어졌다. 감사국(審計局)은 성항 파업위원회에 직속하고, "파업위원회 아래 각 기관의 모든 경상비용에 대한 심사권"을 가진다고 규정했다. 감사국은 성항 파업노동자 대표대회에서 선출된 11명의 위원으로 구성되는데, 국장·부국장을 1명씩 추천하고, 예산·결산·조사·통계에 위원을 두었다. 만약 각 기관의 지출장부에 부정행위가 개입된 것이 발각되면 곧바로 사실에 근거해 성항 파업위원회에 보고해 검사와 조사를 거쳐 처리했다. 이것은 중국공산당 지도 아래 수립된 최초의 감사기구이다. 성항 파업위원회는 많은 재물을 다루었는데, 질서 있고 조리 정연했으며, 재정공개 실행 외에 감사제도를 수립하는 데도 중요한 역할을 했다.

2. 중화소비에트공화국 감사위원회

1934년 2월 중앙소비에트 조직법이 만들어졌다. 중앙에 감사위원회를 설립해 인민위원회와 함께 두고 중앙 집행위원회에 직속시킨다고 규정했다. 감사위원회는 우선 국가의 수입과 지출을 심사하고, 국가의 예산 집행을 감독했다. 감사위원회는 5명에서 9명의 위원으로 구성하고, 중앙 집행위원회의 주석단이 임명한 주임·부주임을 1명씩 두었다. 성과 직속시의 감사위원회는 각 집행위원회에 두고, 그 임무는 "성 소비에트와 일급 소비에트, 시 소비에트 그리고 시의 각 시구 소비에트 재정수지의 예산과 결산을 심의하고, 재정기관의 임시 수지 장부를 심의하며, 아울러 중앙 감사위원회에 그 해 성 또는 시의 예산 원칙을 제출하는 것이었다." 현에는 감사위원회를 설립하지 않고, 각 구의 예산과 결산은 재정위원회의 초보적인 심의를 거쳐 성 감사위원회의 심의를 받았다.

3. 항일 전쟁기와 그 이후 감사기구의 변화

중앙 홍군이 장정으로 섬북陝北에 도착한 이후 중앙노농 민주정부는 서북 판사처에 감사위원회를 설립했다. 섬감녕변구 정부가 성립된 뒤에는 감사처(審計處)로 바꾸었다. 1939년 2월 섬감녕변구정부 조직조례의 규정에 따라 감사처는 아래와 같은 사무를 처리했다.

① 변구 행정기관의 예·결산 심의
② 변구 행정기관의 공유물 심사
③ 변구의 징세·징량徵糧 및 기타 기관의 수지에 관한 심사
④ 금고 수지에 대한 심사
⑤ 공공 재산의 평가·경매에 관한 사항
⑥ 공영사업의 수지 심사
⑦ 정부가 보조하는 민영 사업의 수지 심사

⑧ 부정행위 및 낭비 사건의 검거

감사처에는 처장 1인을 두고 사무를 처리하게 했다. 현 정부에는 감사원을 두고 현장의 지도 아래 "담당자가 현·구의 징량 및 금고 수지, 공공재산 수입, 현 경비의 예·결산 등을 심의했다."

기타 항일 근거지에서는 진찰기변구의 감사위원회를 제외하고 대부분은 전문 감사위원회를 두지 않고, 재정기관의 전문 인원이 회계 관리를 겸했다. 제3차 국공내전기에는 해방구 인민정부마다 기본적으로 후자와 같은 방법을 택했다.

제4장 형사입법

제1절 제1차 국공내전기 반혁명에 관한 형사입법

1. 반혁명 및 파업 파괴 행위 처벌에 관한 형사입법

성항省港 대파업을 하면서 파업을 파괴하는 반혁명 분자와 투쟁하기 위해 파업노동자 대표대회는 계속해서 형법에 해당하는 규정을 제정했다. 예컨대 1925년 7월 5일에 공포한 '성항파업위원회 규찰대가 반드시 준수할 기율'에, 규찰대는 '일체의 반혁명 행위를 진압할' 책임을 지고, "대원이 적의 간첩이나 정탐을 발견하면 마음대로 구타하지 못하며 바로 구속해서 규찰대 본부에 보내 심문·처분한다"고 규정했다.17) 이것은 인민 형법사상 최초의 반혁명죄에 관한 중요 문헌이다. 같은 해 11월 15일에 공포한 회심처 사건처리 조례에서 아래의 행위는 파업을 파괴하는 중요한 범죄라고 규정했다.

① 적에게 양식·물품을 넘기는 경우

② 허가를 받지 않고 제멋대로 드나드는 경우

③ 노동자를 선동해 반대하는 경우

④ 파업 정보를 정탐해 적에게 보고하는 경우

⑤ 사사로이 사람이나 물자를 홍콩·마카오·미얀마에 운송한 경우

⑥ 노획 물자를 사사로이 경매하거나 빼낸 경우

같은 해 11월 18일에 공포한 규찰대기율에 규찰대원은 양식을 운반하거나, 화물을 절도해 판매하거나, 사사로이 중국인을 홍콩·미얀마·마카오에 운송하고 사로잡아 묶어 놓거나, 물건을 횡령해 자기 배를 채우고 공가公家의 공물을 절취한 경우에는 총살형에 처한다고 했다. 강문江門 주재 노동자규찰

---

17) 「공인지로工人之路」 1925년 7월 5일.

대 제13지대 대장 정복鄭福이 석유를 훔쳐서 팔았다. 담당자를 보내 비밀리에 사실을 확인한 뒤, 노동자 대표대회에 회부해 토론하고 결정하여, 범인을 특별 법정에 이송해서 사형에 처했다.

2. 호남성 토호土豪 열신劣紳 징벌조례

토호와 열신[18]은 제국주의 군벌 관료들로서 농민을 통치하는 '향리의 왕(鄕里王)이었다. 그들은 권세를 빌어 지방에서 잔악무도하게 제멋대로 날뛰면서 민중을 기만해 농민운동을 파괴하고 각종 수많은 죄악을 저질렀다. 농민운동이 세차게 일어난 후 토호열신을 징벌하기 위해 호남성에서는 사각재謝覺哉가 참가한 기초위원회를 조직하고, 1927년 1월에는 호남성 토호열신 징벌 임시조례[19] 11조를 제정했다. 그 주요 내용과 특징은 다음과 같다.

첫째, 토호열신에 관한 정의와 주요 죄행을 확정했다. 제1조는 "정치·경제 역량, 기타 특수 세력 예컨대 자위단 등으로 지방에서 아래에 열거한 행위를 한 토호열신은 본 조례에 따라 징벌한다"고 규정했다. 9가지 구체적 죄행은 다음과 같다.

① 혁명에 반항하고 혁명을 저지하는 경우

② 민중운동을 반대하거나 저지한 경우

③ 비적과 결탁해 지방을 유린한 경우

④ 백성을 살해하고, 불을 지르고, 저수지를 터뜨리고, 강간·약탈한 경우

⑤ 평민을 압박해 죽음에 이르게 하거나 손해를 보게 한 경우

⑥ 백성의 재산을 빼앗거나 또는 명의를 사취해 재물을 모은 경우

⑦ 자기 마음대로 민사·형사 소송을 심의해 평민을 박해한 경우

⑧ 지방의 공공 이익을 파괴한 경우

⑨ 공금을 횡령한 경우

---

18) 토호土豪는 지방의 호족이나 세력을, 열신劣紳은 악질 지주를 말한다. ―역주
19) 『호남성지湖南省志』 1권, 528쪽.

이 조례는 종합적인 개념으로 정의를 하고 있을 뿐만 아니라, 주요 범죄행위를 열거하고 있다. 또 토호열신인 반동분자와 범죄행위를 서로 결합해, 법집행 기관과 혁명 군중이 토호열신에 해당하는지를 판단하고 처리하는데 법률적 근거를 제공했다. 그 당시의 역사적 조건에서 이런 조례를 제정한것은 매우 획기적인 일이었다. 이 규정을 통해서 토호열신과 반동분자들이인민을 속이고 억압하는 것을 방지할 수 있었을 뿐만 아니라, 근거와 한계가분명하지 못해서 함부로 붙잡아 죽이는 일을 피할 수 있었다. 이것은 대중적인 정치운동과 법제 사업은 서로 보완하는 관계라는 것을 증명한다. 군중운동은 혁명입법사업에 풍부한 경험을 만들어 주었고, 정확한 법률제도는 군중운동이 발전하도록 추진하고 보장했다. 이것은 아주 중요한 역사적 경험이다.

둘째, '죄형상응' 원칙에 따라 아래의 각종 형벌을 규정했다.

① 사형

② 무기징역

③ 유기징역 : 유기징역은 최저 2개월에서 최고 15년이다. 당시에 통용되던 관례에 따라 유기징역을 다섯 등급으로 나누었는데, 1등급은 10년 이상 15년 이하, 2등급은 5년 이상 10년 이하, 3등급은 3년 이상 5년 이하, 4등급은 1년 이상 3년 이하, 5등급은 2개월 이상 1년 이하이다.

④ 구금형

⑤ 벌금 : 공금을 횡령한 범죄는 횡령 금액에 상응하는 벌금을 부가한다.

⑥ 재산 몰수 : 중요한 죄인은 주형主刑 외에 그 재산의 전부나 일부를몰수한다.

⑦ 공민권 박탈 : 제7조에는 "본 조례를 위반한 자는 평생 공민권을 박탈한다"고 규정한다.

이러한 규정은 관대한 것과 엄한 것을 구별해 결합하고, 죄형상응 원칙을관철시켰다. 이 문제에 대해 모택동은 「호남 농민운동 고찰보고」에서 정확하게 지적했다.[20] 토호열신과 불법 지주를 처벌하는 데에서, "농민은 아주 명백한 기준을 가지고 있어서 죄가 없는데 처벌하는 경우는 매우 적었다." 이 말의 직접적인 의미는 '형벌(罰)'은 반드시 '죄罪'와 상응해야 하며, "벌이 죄에 맞지 않거나, 죄와 벌이 서로 어긋나서는 안 된다"는 원칙을 관철해야 한다는 것이다. 그러기 위해서는 먼저 "누가 나쁜가, 누가 괜찮은가, 누가 버금가는가"를 명확하게 조사해야만 "누구를 엄하게 처리하고 누구를 가볍게 처리할 것인가"를 결정할 수 있다는 것이다. 이것은 인민의 형사입법과 사법 사업에 중요한 지도 원칙을 확립한 것이다. 즉, 유죄와 무죄의 한계를 정확하게 구분하는 것을 배워야 하고, 또 죄행의 주종과 경중을 구분한 후에 '죄형상응'의 원칙에 따라 처리해야 한다는 것이다.

셋째, 이 조례는 혁명의 원칙성과 정책의 융통성을 구현했다. 그 하나는 국공 양당 관계에 반영되었다. 당시는 제1차 국공 합작기여서 토호열신을 처벌하는 조례의 제정과 집행은 원칙적으로 공산당의 지도로 진행되었으나, 전략상 국민당 성당부省黨部와 성정부의 명의를 채용했다. 예컨대 제10조 "본 조례의 최고 해석권은 성당부에 속한다" 하고, 제11조 "본 조례는 성정부에서 공포한 날부터 실시한다"고 규정했다. 이러한 특징은 이전 법률과 관계를 설정하는 데도 반영되어 예전 법률은 단호히 폐지한다는 원칙 아래 혁명에 유용한 내용을 흡수했다. 호남성 농민대회에서 통과된 사법문제 결의안에서 "농민에게 불리한 조문은 일률적으로 폐지한다"고 선포했다.

농민운동 과정에서 제정한 혁명 법규는 정치적으로는 북양정부를 대표로 하는 근대의 법과는 근본적으로 대립된다. 이러한 혁명의 원칙성만은 포기할 수 없었다. 그러나 투쟁 전략은 매우 융통성이 있어 반동 법률 철폐를 전제로 하지만 옛 법률 가운데 일부 유용한 조문은 배제하지 않았다. 예컨대 이 조례의 제9조는 "잠행신형률 총칙과 이 조례가 서로 저촉되지 않으면 그대로 적용한다"고 규정했다. 즉 형벌의 종류와 유기징역을 다섯 등급으로 나눈 것은 잠행신형률 총칙의 규정을 빌려서 사용한 것이다. 따라서 혁명

---

20) 『모택동선집毛澤東選集』, 17쪽.

법률을 제정할 때 옛 법률에서 일부 유용한 내용을 비판적으로 흡수한 것은 혁명정책에 위반되지 않는 것으로 여겨졌다. 이 점은 혁명 투쟁에 유리한 전략이었다.

이 조례는 공포된 지 얼마 지나지 않아 호북성에서 표본으로 삼았고, 동필무董必武의 지도 아래 등초민登初民 등이 호북성 토호열신 징벌 임시조례(1927년 3월에 공포)를 제정했다. 당시 인민들은 이 조례에 따라 토호열신 범죄자 한 무리를 체포해 심판했다.

제2절 반혁명 징벌조례와 처벌 사업의 교훈

제2차 국공내전기의 노농 민주정부는 반혁명적 파괴 활동을 진압하고 노농 민주독재를 굳건히 하며, 인민의 생명과 재산의 안전을 보장하기 위해 중앙 집행위원회에서 1931년 12월 13일에 반혁명 안건 처리와 사법기관 설립에 관한 임시절차 제6호 훈령을 통과시켰다. 이것은 반혁명 안건을 심사해 처리하는 초기의 주요한 법률 근거였다. 이후 반혁명분자 처벌사업 경험을 총결산해 1934년 4월 8일에 정식으로 중화소비에트공화국 반혁명 징벌조례를 공포하는데, 모두 41조였다.

1. 반혁명 징벌조례의 주요 내용

(1) 반혁명죄의 개념과 범죄행위의 정의

"전복을 획책하거나 소비에트정부와 노농 민주혁명이 획득한 권리를 뒤엎거나 파괴해, 토호열신과 지주 자산계급의 통치를 보존하거나 회복하려고 기도하는 자는 어떠한 방법을 사용하든지 간에 모두 반혁명 행위이다"고 규정했다.

이어 제3조부터 제30조까지 각종 반혁명 죄행을 구체적으로 열거했는데,

반혁명 무장 및 토비土匪[21]를 조직해 소비에트 구역을 침범하거나 소비에트 구역에서 반혁명 폭동을 일으키는 행위, 제국주의 국민당 군벌과 결탁해 무력으로 소비에트 구역을 침공하는 행위, 반혁명 단체를 조직해 소비에트를 파괴하고 반동 통치를 회복하려고 하는 행위, 무기를 휴대하고 적에게 투항하는 행위 또는 타인을 적에게 투항하도록 조직하는 행위, 반혁명에 투항해 소비에트와 홍군을 적극 반대하는 행위, 반혁명을 목적으로 소비에트의 법령 및 각 항의 사업을 고의로 파괴하는 행위, 반혁명을 목적으로 혁명기관에 침투해 파괴·암살·겁탈·방화 또는 국가 기밀을 훔쳐내는 행위, 소비에트의 경제 파괴를 목적으로 위조 화폐 및 공채를 제조하거나 밀수해 고의로 경제를 교란하는 행위, 소비에트 홍군 또는 혁명 단체의 이름을 도용하거나 공사公私의 인장·문건을 위조해 반혁명 활동을 행하는 행위, 글자·그림·연설로 반혁명을 선전하는 행위 및 위에서 말한 죄행을 숨겨 주거나 도와주는 행위를 모두 반혁명죄로 판정했다.

(2) 형벌의 종류 규정

① 사형

② 감금 : 감금 기간은 6개월부터 10년까지로 규정했다. 무기징역은 규정하지 않았다.

③ 재산 몰수

④ 공민권 박탈 : 감금 기간이 끝나는 날부터 계산했다. '국외 축출'에 관해서는 이 조례에 직접 규정하지 않았으나 제29조에 간접적으로 소비에트에서 축출된 뒤 다시 비밀리에 소비에트에 잠입해 반혁명 활동을 기도한 경우에는 모두 사형에 처했다.

---

21) '토비土匪'는 지방의 무장한 도적떼이다. —역주

(3) 조례의 적용 범위와 형벌의 운용 원칙

첫째, 조례의 적용 범위를 명확히 했다. 본 조례에 열거된 죄인은 내·외국인과 중화소비에트공화국 영토의 내외를 불문하고 모두 이 조례를 적용해 징벌했다.

둘째, 형사 유추의 원칙을 실행했다. "조례에 포함되지 않은 반혁명 죄행은 이 조례와 유사한 조문에 따라서 처벌한다"고 했는데, 이는 국공내전기 계급투쟁이 매우 심하고 법제가 완비되지 않은 틈을 막기 위해 제정된 규정이다.

셋째, 재범 가중의 원칙을 규정했다. 열거된 여러 가지 죄 가운데 하나라도 재범하면 가중 처벌했다.

넷째, 아래의 몇 가지 범죄는 형벌을 감면했다.

① 연령이 16세 이하로 이 조례가 열거한 죄를 범한 경우에는 규정에 따라서 처벌을 경감했다. 14세 이하 미성년자는 교육기관에 맡겨 감화 교육을 실시했다.

② 비록 범죄행위를 기도했지만 목적을 이루지 못한 '미수범' 또는 공범자, 타인의 협박에 의해 그리고 협박을 피할 수 없어서 범죄를 행한 자는 처벌을 경감하거나 면제했다.

③ 범죄가 발각되기 전에 소비에트에 보고한 자는 '자수자'이다. 범죄가 발각된 뒤 후회하여 범죄 내용을 충실히 보고해 다른 공범을 붙잡도록 협조한 자는 '갱생자'라 한다. 이 양자는 본 조문의 규정에 따라 처벌을 경감했다.

④ 노동자와 농민이 법을 어긴 경우 책임자나 중요한 범죄행위자가 아니면 지주 자본가계급과 대비해 동등한 범죄행위자라 해도 정상을 참작해 처벌을 경감했다.

그러나 조례 제35조에 "소비에트에 공적이 있으면 범죄행위는 본 조례의 각 해당 조문의 규정에 따라 처벌을 경감한다"고 규정했는데, 공적이 있는 자의 경우 처벌을 경감하는 특권을 부여한 것은 잘못된 입법 원칙이다. 이것은 혁명 법제의 원칙에 위반될 뿐만 아니라 실제 심판에서 여러 가지 차이가 발생해 사회에 좋지 않은 영향을 끼친다. 이 문제는 항일 전쟁기에 이르러서야 바로잡을 수 있었다.

2. 숙반 사업의 교훈

제2차 국공내전기에 소비에트의 숙반 사업[22]은 상당한 성과를 거두어 반동세력에 심각한 타격을 주었다. 그러나 경험이 부족하고 '지나치게 좌경적인 숙반정책'을 채택하여 반혁명 분자의 처벌이 확대되어 당과 인민에게 심각한 위해를 주었다. 좌경적 잘못은 주로 다음과 같은 내용으로 표현되는데, 교훈은 다음과 같다.

첫째, 주관적으로 형세를 판단해 적정敵情을 과장하고, 일체를 의심해 '숙반 중심론의 착오'를 불러왔다. 방지민方志敏은 1935년 감옥에서 쓴 회고록에서 "숙반 사업이 확대된 원인은 반혁명 조직이 소비에트 구에서 방대한 조직과 역량을 가지고 있고, 도처에 반혁명파가 침투해 활동하고 있다고 함부로 의심한 데 있었다. 이것은 반혁명 역량을 과대평가하고 당과 소비에트의 정치 역량을 과소평가한 데서 비롯된 것이다"고 하면서 다음과 같이 충고했다. "물론 반혁명파가 소비에트에 숨어서 활동하는 것을 막아야 하지만, 또한 소小부르주아가 당황해 어쩔 줄 모르는 것을 지나치게 의심하는 것도 피해야 한다. 지나친 의심은 간부의 단결에 불리할 뿐만 아니라 '사람마다 자신이 위험하다'는 공포심을 자아낸다." 또한 "숙반 사업이 문제의 중심이 아니라 국공내전이 눈앞의 중심 문제이고, 숙반은 전쟁에 승리하도록 도와주는 하나의 중요한 사업일 뿐이다."[23]

둘째, 혁명 법제를 위반하고 심한 고문으로 진술을 강요했다. 그들은 자기가 제정한 혁명 법률을 준수해 사건을 심리하지 않고, 증거를 중시하지 않고,

---

22) '숙반肅反'은 '숙청반혁명분자肅淸反革命分子'의 준말로, '반혁명 분자를 숙청한다'는 뜻이다. 여기서는 번역하지 않고 그대로 사용했다. — 역주
23) 방지민方志敏, 『아종사혁명투쟁적약술我從事革命鬪爭的略述』, 74~75쪽.

조사 연구를 하지 않고, 탈법적으로 자백을 지시·유도·강요했다. 한때는 당과 기타 기관 및 모든 민중 단체가 마음대로 숙반할 수 있어서 사람을 체포하면 변호나 상소도 허락하지 않았고, 상하가 서로 본받아 숙반이 확대되었다.

셋째, 고립주의, 신비주의 숙반 노선을 실시했다. 당시 숙반 기관인 정치보위국은 너무 지나치게 사업의 특수성을 강조해, 잘못된 '권력의 독립적인 계통을 따라 수직적으로 지도'했다. 규정에 의하면 정치보위 분국과 특파원은 지방정부와 홍군의 정치기관과는 횡적인 관계에 있지 직접적인 종속관계는 없었다. 그러나 정치보위국은 각급 당조직마저 '수직적으로 지도'했다. 이것은 숙반 기관을 당의 지도와 군중의 감독에서 이탈하게 해, 문제를 제때 멈추어 시정할 수 없었다.

넷째, 잘못된 숙반정책과 간부정책을 틈타 종파주의가 득세했다. 좌경 노선의 지도로 흠차대신欽差大臣[24] 같은 중앙 대표는 혼자서 일체를 장악하고, 개인적인 독단을 앞세워 다른 의견을 가진 간부에게 각종 반혁명 죄명을 씌우고 심지어 처결하기까지 했다. 바로 '몇몇 역사 문제에 관한 결의'에서 지적한 바와 같이 "많은 지역의 잘못된 숙반정책과 간부정책으로 종파주의가 득세해 수많은 우수한 동지들이 잘못된 처리와 모함에 피해를 당하고, 당에 큰 손실을 가져왔다."[25]

이러한 역사 경험은 민주와 법제는 어떤 시기에도 무시되어서는 안 되며 그렇지 않으면 혼란이 일어나고 피의 대가를 지불한다는 이치를 증명했다. 이 모든 것은 당의 노선과 밀접한 관계가 있다. 당의 정확한 노선이 지도적 지위를 점하면 당 안팎의 민주를 고양시키고 혁명 법제를 중시하게 되니, 사회질서가 안정되고 당 안팎이 단결해 혁명사업이 발전한다. 반대로 기회주의 노선, 특히 좌경 기회주의가 주도적 지위를 점하면 당의 민주가 말살되

---

24) 흠차欽差는 청淸 때 특정한 중대 사건을 처리하기 위해 황제를 대리해 파견된 관리를 말하고, 또 하부에 파견된 전권 위임의 상급 간부를 말하기도 한다. 흠차대신欽差大臣은 청이 외국에 파견한 사신과 중국 주재 외국 사신을 모두 말하며, 공사나 대사에 해당한다. ―역주
25) 『모택동선집毛澤東全集』 제3권, 987쪽.

고 혁명 법제가 짓밟혀, 사회질서는 혼란에 빠지고 당 안팎이 서로 불화·반목해 혁명사업이 좌절된다.

제3절 항일 민주정권의 한간 징벌조례

한간죄漢奸罪26)는 조국과 민족의 이익을 팔아먹고 인민을 배반하면서 기꺼이 외국 침략자의 앞잡이 노릇을 한 자를 처벌하는 엄중한 범죄이다. 따라서 한간에 대한 투쟁은 항일 전쟁기 변구 군민의 긴박한 정치적 임무였다. 한간의 범죄는 당시 형법이 겨냥한 주요 대상이었다.

1. 한간 제거와 형사입법의 주요 방침

당중앙은 「논정책論政策」에서 "한간 제거정책에 관해, 완고한 한간 분자와 반공 분자를 마땅히 단호하게 진압하지 않으면 항일 혁명 세력을 보위하지 못한다. 그러나 절대로 많이 죽이지 말고, 무고한 사람이 있어서는 안 된다. 보수파 가운데 동요 분자와 협박 때문에 가담한 자는 반드시 관대히 처리한다. 어떠한 범인이라도 체형을 폐지하고, 증거를 중시하며, 자백을 경솔하게 믿지 말라"27)고 지적했다. 한간 제거와 형사입법의 주요한 방침은 다음과 같았다.

① "밀정은 한 명도 놓치지 않고, 선량한 사람은 한 명이라도 잘못 처리하지 않는다."28) 적과 아군을 정확히 구분하고, 유죄와 무죄의 경계를 분명히 나누었다.

② 진압과 관대함을 결합했다. "진압과 관대함은 반드시 함께 하도록 주의

---

26) '한간漢奸'은 매국노를 말한다. —역주
27) 『모택동선집毛澤東選集』, 725쪽.
28) 1940년 9월 1일 중앙사회부中央社會部.

해야 하고, 어느 것 하나라도 결여해서는 안 된다."29)

③ 강요로 얻은 진술을 믿는 것을 엄금했다. '적게 붙잡고 죽이지 않는' 원칙을 실행하고, 그릇되게 처리했으면 반드시 바로잡았다. "적게 붙잡고 죽이지 않고, 적게 붙잡아 적게 죽여야만 최종적으로 잘못을 범하지 않는다. 사람이 살아만 있으면 억울하게 처리된 사건을 정정할 수 있다. 많이 붙잡고 많이 죽이면 만회할 수 없는 잘못을 범하게 된다."30) 이것은 오랫동안 일정한 대가를 지불하고 얻은 매우 중요한 경험적 교훈이다.

④ 한간 제거 사업과 형사 심판 사업에는 반드시 공산당의 정확한 지도를 강화하고 군중 노선을 관철시켜야 했다. 항일 전쟁기에 이 두 측면에서 모두 풍부한 경험을 쌓아 많은 중요한 제도가 형성되었다.

⑤ 형법을 적용할 때 반드시 사람마다 평등한 원칙을 견지하도록 했다. 모택동은 황극공黃克功이 유천劉茜을 살해한 사건에 대해 「뇌경천에게 보내는 편지」31)에서, 공적이 있다는 이유로 형벌을 감경하는 특권을 과감하게 포기하고, 반드시 피고인 범죄행위에 대한 위해危害의 대소로 '정죄양형定罪量刑'의 중요한 근거로 삼아야 한다고 확정했는데, 이것은 주요한 형법 원칙이다.

2. 섬감녕변구 한간 징벌조례

한간범을 징벌하기 위해 각 변구의 항일 민주정부는 그에 대한 많은 단행 법규를 제정했다. 1939년에 제정한 섬감녕변구 한간 징벌조례 초안이 대표적인 조례이다. 제3조에서 한간죄로 처벌하는 18항의 범죄행위를 구체적으로 열거하고 있다. 중요한 내용은 다음과 같다. 혁명 정권을 뒤엎고 괴뢰 정권을 세우려고 음모하는 것, 인민이 항일운동에 동원되는 것을 방해하는 것, 간첩·

---

29) 1942년 11월 6일 중공중앙中共中央.
30) 1943년 8월 15일 중공중앙中共中央.
31) 『모택동서신선집毛澤東書信選集』, 110~111쪽.

스파이 활동을 행하는 것, 군대의 배반과 도망을 조직하는 것, 적에게 폭격 또는 사격 목표를 나타내는 신호를 보내는 것, 혁명 간부를 살해하거나 인민을 해치는 것, 교통을 파괴하고 금융 재정을 어지럽히는 것, 문자나 그림으로 항일 전쟁을 파괴하도록 선전하는 것, 일부러 한간 분자를 도망치게 하거나 또는 다른 사람을 모함하고 날조한 것은 모두 한간으로 처벌했다. 사건의 내용과 경위의 경중을 보아 유기징역이나 사형에 처하고, 아울러 범인의 모든 재산을 몰수했다. 이 죄를 범한 자는 물론이고, 교사 방조하거나 협조한 자도 정범과 같은 죄로 처벌했다. 협박 때문에 가담한 자와 자수한 자는 감형했다. 범죄자의 연령이 14세 이하이거나 80세 이상이면 감형하거나 면제했다.

그밖에 이 시기의 한간 제거 조례로는 1945년 8월 산동 전쟁범죄 및 한간징벌 임시조례, 1944년 2월 소비에트중구 한간 군사간첩 처리방법, 1945년 9월 소비에트중구 한간 자수자신 임시조례, 항전 승리 후 제정한 소환변구 한간 징벌 임시조례(1945년 12월)와 태행행서 전범처리에 대한 지시(1945년 12월) 등이 있다. 이러한 형사 법규는 각종 범죄행위와 처벌 방법을 구체적으로 규정했다.

제4절 제3차 국공내전기 형사입법의 발전

1. 형사입법 기본 방침에 대한 보충과 발전

제3차 국공내전 이후 국민당의 반동 통치가 붕괴되려고 하면서 여러 가지 유형의 반혁명 분자에 대한 처리 문제가 떠올랐다. 당중앙, 인민해방군 총부와 각 중국공산당 치하에서 다음과 같은 기본적인 지도 방침을 제기했다.

① 진압과 관용, 징벌과 교육 개조를 서로 결합하는 방침을 실행했다. 1947년 10월 10일 「인민해방군선언」에서는 "본군은 장蔣측의 인원을 일률적

으로 배척하는 것이 아니라 선별해서 취급하는 방침을 채택한다. 즉 우두머리는 단호히 처리하고, 협박으로 가담한 자는 불문에 처하고, 공을 세운 자는 상을 받는다"고 표명했다. 화북 인민정부는 양형量刑 표준에 관한 통보에서 범인 처벌은 보복이 목적이 아니라 "교육 개조를 목적으로 한다"고 했다.

② 범죄의 성격과 위해 정도로 정죄 양형의 표준으로 삼았다. 화북 인민정부는 양형 표준의 통보에서 "국가와 사회 및 인민의 이익에 위해를 준 정도에 따라 과형 기준으로 한다"고 했다.

③ 형사입법과 심판 사업은 국민당의 육법전서六法全書를 인용하지 못하게 하고, 당의 강령·정책·조례·명령에 의거토록 했다. 1949년 2월에 당중앙은 '국민당의 육법전서를 폐지하고 해방구의 사법 원칙을 확정함에 관한 지시'에서 육법전서의 폐지를 선포했다. "인민 사법 사업에 다시는 국민당의 육법전서에 의거하지 않는다." 사법기관의 업무처리 원칙은 강령·법률·명령·조례·결의의 규정이 있으면 규정에 따르고, 상응하는 규정이 없으면 사회주의 정책에 따랐다.

2. 반혁명 조직과 범죄를 단속하는 형사 법규

① 정치 토비土匪를 숙청하는 것은 새로 해방된 지역의 중요한 임무 가운데 하나였다. 각지의 군정기관은 '군정 결합, 초무剿撫 겸시兼施'32)의 방침을 채택해 수많은 무장 토비를 토벌하고 일부 주요 우두머리를 체포해 처벌했다. 요북성遼北省 토비범을 징벌하는 임시법 초안은 각종 토비범의 처형 방법을 구체적으로 규정했다.

② 지주와 악질 토호 분자를 적발했다. 토지개혁을 보장하기 위해 1947년 11월 진찰기변구에서 포고한 토지개혁을 파괴한 자에 대한 제재문제와 1948년 1월 15일에 진기로예晋冀魯豫 변구에서 공포한 토지개혁을 파괴하는 행위

---

32) '초무겸시剿撫兼施'는 토벌과 선무宣撫 사업을 병행하는 것을 말한다. ― 역주

에 대한 징벌 임시조례에는 앞장서서 무장을 조직하거나 결탁해 농민에게 보복·도산倒算33)하거나, 간부와 농민을 살해하거나 또는 농민의 이익에 심히 위해를 끼친 자는 사형에 처하고, 그에 부화뇌동한 자는 노역에 처한다고 규정했다. '토비를 청산하고 악덕 지주에 반대하는'34) 투쟁을 통해 광대한 도시와 향촌에서 인민을 능멸하고 있던 '지역의 건달,' '제 세상이라고 우쭐대는 악질 토호'들을 진압했다.

③ 전쟁 범죄자를 처리했다. 중국 인민해방군 선언에 내전범을 체포·심판·처벌한다고 선포했다. 그러나 스스로 잘못을 뉘우치고 새 출발하려는 사람은 속죄할 수 있도록 허용했다.

④ 반동적인 정당과 단체 및 특무조직을 단속했다. 1948년 11월 15일에 '당중앙 군사 관제管制 문제에 관한 지시'에서 "국민당·삼청당·민사당·청년당 및 남경정부 계통의 모든 보수파와 단체를 해산하며, 증거와 문건을 수거해 각급 책임자를 등록하게 한다"고 명시했다. 이에 따라 북평시 군관회軍管會는 1949년 7월 등록 방법을 구체적으로 규정했다.

⑤ 반동적인 결사 단체와 전통 미신 조직을 해산했다. 화북 인민정부는 1949년 1월의 포고에서 다음과 같이 규정했다.

㉠ 모든 반동 결사 단체와 봉건 미신 조직은 해산한다.

㉡ 주요 책임자는 현과 시 공안기관에 등록한다. 비적이나 특무조직과 결탁하거나 범죄행위가 있는 자가 과거를 뉘우치고 갱생한 경우에는 관대하게 처리한다. 만약 등록을 거부하고 계속 활동한 것이 발각되면 엄하게 처리한다.

㉢ 협박이나 기만으로 결사 단체에 참가한 일반 회원은 조직을 이탈하고 활동을 정지하면 추궁하지 않는다.

㉣ 토비·특무·한간·계책자 또는 각종 파괴 활동에 임한 자를 적발하는

---

33) '도산倒算'은 중국이 공산화되기 전에 공산당이 농민에게 분배한 토지를 지주나 부농이 국민당을 등에 업고 다시 빼앗는 것을 말한다. ―역주
34) '청비淸匪'는 나쁜 자를 숙청하는 것을 말하고, '반패反覇'는 토지개혁 운동 중 악덕 지주의 죄행을 청산하는 것을 말한다. ―역주

사람은 사정을 참작해 장려한다.

3. 형벌의 새로운 변화

형사처벌에서 사형, 무기징역, 유기징역, 구역拘役 또는 강제노동, 벌금, 공민권박탈, 재산몰수 외에, 새로운 형벌인 '관제管制'를 신설했다. 또 '촌에 돌아가 복역하는' 방법을 취소한 것이 새로운 변화이다.

(1) 새로운 형벌 '관제'의 제정

중국공산당 정권이 창건된 이래 반동 계급과 반혁명 분자 가운데 일부에게는 자유를 제한하고 군중의 감독에 맡겨 개조하는 방법을 사용했다. 날마다 또는 주마다 지정한 기관에 행동을 보고하는 조치를 '관제'라고 부른다. 처음 '관제'가 나타난 것은 1948년 12월 진찰기변구 곡양현의 한 통지서인데, 거기에는 "지주·부농은 촌을 벗어날 수 없고, 모든 정치적 권리와 행위의 자유를 취소하며, 일부 사람에 대해서는 빈농단貧農團에서 엄격히 관제하도록 한다"고 규정했다. 같은 해 11월 '당중앙 군사관제 문제에 관한 지시'에는 반동 정당과 단체를 해산한 뒤 "등록하고 나서 소수 분자에 대해서는 관제를 실시한다"고 규정했다. 이때부터 '관제'를 정법政法 기관이 책임지고 전국에 보급했다.

(2) '촌에 돌아가서 복역하는' 방법의 취소

'촌에 돌아가서 복역하는' 것은 항일 전쟁기의 형벌 집행 방법 가운데 하나로, 이 시기에는 중요한 역할을 했다. 그러나 일부 폐단이 생기자, 1949년 1월 화북 인민정부는 교도 행정을 정돈하고 혁명 법제를 강화하기 위해 특별 명령으로 촌에 돌아가서 복역을 집행하는 방법을 취소한다고 선포하고, 아울러 구 정부와 촌 정부에서 사람을 구금하지 못하도록 규정했다.

이 같은 정책 법령을 실시하여 각종 반혁명 조직에 커다란 타격을 주고,

숙반 투쟁에서 승리할 수 있었다. 그러나 숨어 있는 적이 아직 많았기 때문에 숙반 투쟁은 중화인민공화국이 수립된 이후도 주요한 정치 임무가 되었다.

그밖에 형사입법 분야에서 부패징벌조례, 아편 및 마약 흡입 금지법, 삼림보호조례와 교통 파괴, 금융 파괴를 엄금하는 법령을 제정했다. 각급 인민정부는 반혁명 사건을 심리하는 동시에 기타 형사사건을 적극적으로 심리했다.

제5장 민사입법

제1절 소유권

혁명 근거지 민사입법의 소유권 조항이 지향한 주요 목표는 지주계급의 토지소유제를 폐지하고 "경작하는 자가 토지를 소유한다(耕者有其田)"는 원칙을 실현하는 것이었다. 이 내용을 토지법으로 규정하는 동시에 도시의 가옥 소유권 문제도 해결하려 했다.

1. 제1차 국공내전기의 토지소유권 개혁 문제

근대 중국의 토지제도는 매우 불합리하여 농촌 인구의 약 10%를 차지하는 지주 부농이 80% 이상의 토지를 차지하고 있었다. 그들은 토지 사유권을 무기로 제멋대로 농민의 재물을 빼앗고 압박했다. 이런 반동적이고 낙후한 생산관계는 중국의 생산력 발전을 심각하게 저해했다. 농민을 해방시키고 생산력을 발전시키기 위해 중국공산당은 계속 각지에서 농민운동을 전개하고, 조세와 이자의 삭감을 명분으로 토지소유권의 개혁 방안을 제의했다.

1922년 6월 15일 발표된 '당중앙 제1차 시국에 대한 주장'에는 "군벌 관료의 재산을 몰수해 그들의 땅을 가난하고 어려운 농민에게 준다"는 내용이 있었다. 1927년 5월 중국공산당 제5차 대표대회에서 통과된 토지문제 결의안은 모든 공유 전지田地와 사당·학교·절·교회·농업 회사의 모든 토지를 몰수해 경작하는 농민에게 준다고 결정했다. 그리고 지주가 농민에게 빌려준 땅은 대가 없이 몰수해 경작하는 농민에게 주었다. 그러나 소지주와 혁명 군인의 토지는 몰수하지 않았다. 이 결의는 여러 이유로 당시에 실시되지 않았지만 농민운동이 심화된 지방에서는 지주 토지의 분배가 시작되었다.

예컨대 1927년 5월 장사시長沙市 하응향霞凝鄕은 보수파와 토호열신의 토지를 몰수한 뒤 "성인 1인에게 곡물 8섬을 생산할 수 있는 토지를 주고, 미성년자는 연령에 따라 4섬이나 6섬을 생산할 수 있는 토지를 주었다."35) 이것은 전통 토지소유제를 폐지하고 "경작하는 자가 토지를 소유한다"는 원칙을 최초로 실행한 것이다.

2. 제2차 국공내전기의 토지소유권의 변천

제2차 국공내전기에는 본격적으로 토지 혁명을 진행해 계속해서 토지법을 제정했다. 1928년 12월 정강산井岡山 토지법, 1929년 4월 흥국현興國縣 토지법, 1931년 11월 중화소비에트공화국 토지법 등이 있다. 토지소유권 규정에 대한 인식은 일련의 과정을 거쳤다. 정강산 토지법은 "모든 토지를 몰수해 소비에트정부의 소유로 한다"고 규정했다. 그러나 여기에는 세 가지 잘못이 있었다.

① 지주 토지만 몰수하는 것이 아니라 모든 토지를 몰수한 것.

② 토지소유권은 정부에 속하고 농민에게는 사용권만 허용한 것.

③ 토지매매를 금지한 것.36)

1929년 흥국현 토지법은 당의 '6대 토지문제'에 관한 결의안에 근거해 '모든 토지의 몰수'를 '모든 공공 토지와 지주계급의 토지를 몰수'로 고쳤다. 그밖에 두 가지 잘못은 1930년이 되서야 시정되었다.

1930년 9월 중공 6기 삼중 전회에서는 "현재의 혁명 단계는 사유제도를 전면적으로 폐지하기에 이르므로 토지매매를 금지하지 않는다"고 했다. 이 원칙에 따라 1931년 3월 강서성의 토지문제 제강에서는 ① 토지는 농민이 사유한다. ② 새로 태어나도 보충하지 않으며 사망해도 돌려주지 않는다. ③ 토지를 자유로이 매매할 수 있다고 명확히 규정했다. 역사적 경험에 의하

---

35) 유직순柳直荀, 『호남농민혁명적추술湖南農民革命的追述』.
36) 『모택동농촌조사문집毛澤東農村調査文集』, 37쪽.

면, 농민의 토지소유권을 명확히 하는 것은 농민이 적극적으로 생산에 임하도록 고무하는 데 주요한 의의가 있다고 할 수 있다.

3. 항일 전쟁기 토지소유권의 변화

항일 민족 통일 전선의 방침에 따라 섬감녕변구에서는 1937년 3월부터 지주의 토지를 몰수하던 것을 그만두고, 소작료와 이자를 인하하는 것(減租減息)[37]을 기본정책으로 삼았다. 1944년 12월 섬감녕변구 지권조례에서는 이미 토지를 분배한 지역에서는 모든 토지는 법에 따라 분배받은 사람의 소유로 하고, 토지를 분배하지 않은 지역에서는 원래 합법적 소유자의 소유로 한다고 규정했다. "합법적 토지소유자는 법률이 제한하는 범위 내에서 소유한 토지에 대해 자유로이 사용·수익 및 처분매매·전당·담보·증여·상속 등의 권리를 가진다."

4. 제3차 국공내전기 토지소유권의 발전

1946년 5월 4일에 당중앙은 국내 정세와 계급관계의 변화에 대응해 농민의 토지 요구를 만족시키기 위해 토지문제에 관한 지시(5·4 지시)를 선포해 소작료와 이자 인하정책을 지주의 토지를 몰수해 농민에게 주는 정책으로 바꾸었다. 1947년 7월에서 9월 사이에 당중앙은 하북성 평산현平山縣 서백파촌西栢坡村에서 전국 토지 회의를 열었는데, 토지개혁의 경험을 모아 중국토지법대강을 통과시키고, 같은 해 10월 10일에 공포해 시행했다. 토지소유권에 대해서 다음과 같이 규정했다.

① "모든 지주의 토지소유권을 폐지한다." "모든 사당·절·사원·학교·기관의 토지소유권을 폐지한다."

---

37) '감조감식減租減息'은 항일 전쟁기에 소작료와 이자를 인하한 것을 말하며, 이러한 정책을 감조감식정책減租減息政策이라 한다. —역주

② 위에서 말한 토지를 접수한 뒤 향촌 정부는 인구에 따라 남녀노소를 구분하지 않고 똑같이 동일하게 배분하고, 아울러 '개인 소유에 귀속시키며,' 정부에서는 토지증을 발급한다.

③ 향촌 농회에서는 지주의 목축·농구·가옥·양식 및 기타 재산을 접수하고, 부농들의 재산 여분을 징수해 이러한 재산이 없는 농민과 기타 빈민에게 나누어준다. 개인에게 나누어 준 재산은 그의 소유로 한다.

④ "지주 또는 지주 가정에 대해서는 농민과 동일한 토지와 재산을 배분한다."

⑤ 대삼림·대수리공사·대광산·대목장·대황무지 또는 호소湖沼 등은 정부에서 관리한다.

5. 도시 가옥 소유권에 관한 규정

제3차 국공내전 후기에 도시 인민의 생활 안전과 가옥 건설을 고무하기 위해 1949년 5월 16일에 북평시 군사 관제위원회는 '가옥 문제의 해결을 위한 법'의 포고를 공포하고, 6월 23일에는 상해 군관회軍管會에서도 부동산 관리 임시조례를 공포했는데, 도시 가옥 소유권에 대해서 아래와 같이 규정했다.

첫째, 관료 자본과 국민당정부 각 부서에서 점유하고 있던 가옥·부동산은 군관회에서 접수해 관리한다. 전쟁 범죄자와 죄악이 큰 핵심 반혁명 분자가 가지고 있는 가옥과 부동산은 법원의 판결에 따라 몰수해 국가의 소유로 한다. 국민당 보수파에게 강점되었던 시민 가옥을 인민정부에서 접수해 관리하는 경우에는 조사를 거쳐 사실을 분명하게 한 뒤 원소유자가 보증하고 인수해 관리하게 한다.

둘째, 부동산이 아래에 열거된 상황에 속하면 정부 부동산 관리처에서 잠시 대리 관리한다.

① 이미 도망간 국민당정부 공무원의 부동산을 관리할 자가 없는 경우.

② 국민당정부가 대리 관리해 오던 한간의 부동산.

③ 외국 교민의 부동산이 주인이나 경영 관리자가 없어서 남몰래 점유당한 경우.

셋째, 일반 개인 가옥의 합법적인 소유권을 승인하고, 아울러 재산권 소유자의 정당하고 합법적인 경영을 보호한다. 어떠한 기관·단체 또는 개인이 임의로 개인의 가옥을 점유해 사용하는 것을 금한다. 가옥은 자유로이 매매할 수 있지만 가옥을 가지고 투기 거래를 하거나 또는 마음대로 파괴하고 법에 어긋난 행위를 하지 못한다. 부동산 소유자는 모두 정부에 등기하고 규정대로 일정한 세금을 납부해야 한다. 부동산을 이전할 때는 반드시 원주인과 구매자가 지정국地政局에 가서 이유를 밝히고 등기해야 한다.

넷째, 공용 부동산을 위조해 침탈하려고 꾀하거나 또 거짓 이름으로 부동산을 가진 자, 또는 정부에 등록해 허가를 받지 않고 제멋대로 공용 가옥을 사용하는 자는 부동산 관리처에서 소유권을 회수하는 외에 사법기관에서 검거해 법에 따라 처리한다.

제2절 채권(지대·이자·집세)

혁명 근거지 민사입법의 채권 조항의 주요한 내용은 토지개혁 이전에는 소작료와 이자를 인하하는 것이고, 토지개혁 이후에는 합리적인 소작료와 이자관계를 조정하고 보호함으로써 도시의 집세 문제를 해결하는 것이었다.

1. 제1차 국공내전기의 감조감식感租減息 정책

전통시대의 지대는 지주계급이 농민을 착취하는 주요한 수단이었다. 중국의 지대는 매우 높은 편이어서 보통 수확량의 50% 안팎이었고, 어떤 경우에는 60% 이상이거나 '주인이 7할, 소작인이 3할'을 가지기도 했다. 그밖에도 여러가지 가혹한 수탈을 했으며, 또한 많은 농민들이 고리대의 착취도 받아야 했다.

농민운동이 일어난 뒤 먼저 소작료와 이자의 인하를 실시했는데, 절강성 초산현 아전촌衙前村 농민협회에서 소작료와 이자의 인하 방법을 최초로 제의했다. 1921년 9월 27일에 통과된 '아전농민협회 장정'에서 "본 협회 회원이 해마다 소작료와 이자를 납부하는 비율을 대회에서 결의해 공포한다. 소작료와 이자의 비율은 수확 및 회원의 평균 소비에서 남은 것을 표준으로 삼는다"고 규정했다. 같은 해 11월에 '삼절 환조三折還租,' 즉 원 소작료의 30%를 감하는 정책을 실행하는 것으로 확정했다. 이어 1923년 팽배彭湃가 지도하는 해풍海豊 농민들도 소작료 인하 투쟁을 전개했다.

유명한 '이오 감조二五減租'(소작료 2할 5푼의 인하)는 이러한 소작료 인하 투쟁에 기초해 손중산이 가장 먼저 제시했다. 역사 사료에 의하면 손중산은 1924년 북벌 전쟁 이전에 벌써 '이오 감조' 명령에 서명했는데,38) 광동 당국에서 실행하지 않았다고 한다. 1926년 중국공산당 광동구위廣東區委 확대회의에서 통과된 농민운동 결의안에서 비로소 명확하게 "원 소작료의 25%를 감한다"고 규정했다. 또 지주와 소작자는 불평등한 계약, 예컨대 주주鑄租(농구세), 압조押租(전세 보증금), 상기조上期租 등과 각종 가혹한 전신계田信雞 등도 폐지했다. 또한 "이자는 연 2할을 넘지 못한다"고 규정했다. 그 뒤 '이오 감조' 원칙은 같은 해 10월에 열린 국민당 중앙 성구 연석회의에서 통과되어 각지에 보급되었다. 농민운동이 심화된 지역에서는 즉시 이 원칙에 따라 감조 계약을 체결했다.

2. 제2차 국공내전기의 지대와 금전 대차借貸 관련 법규

제2차 국공내전 전기에는 농민의 토지소유권이 확정되지 않았기 때문에 토지 임대 문제가 존재하지 않았다. 1930년 9월에 중공 6기 삼중 전회에서

---

38) 『운대영문집惲代英文集』(하), 893쪽.

농민의 토지 사유제를 실시하기로 결정한 뒤, '소비에트 법률의 전조제도'에서 토지 양도를 허락했다. 같은 해 12월 민서閩西 정부에서 제정한 조전조례租田條例에는 "농민이 노약하고 장애가 있어 생활을 유지하기 어려운 경우에는 밭을 임대할 수 있다." "홍군 병사 또는 가난하고 어려운 농민이 경작할 방법이 없어서 생활 유지가 어려운 경우에는 밭을 임대해도 된다"고 규정했다 1931년 3월에 강서성 토지문제 제강에도 "토지는 자유로이 임대하고 매매할 수 있다. 소작료는 소작을 주고받는 자가 자유롭게 협의해 결정한다"고 규정했다.

금전 대차 문제에 대해서는 1932년 2월 임시 중앙정부에서 공포한 차대借貸 임시조례에서 다음과 같이 규정하고 있다.

① 모든 고리대금 형식의 금전 대차는 취소하고 폐지한다.

② 국가 은행, 신용 협동조합 또는 개인 대차의 고리대가 아닌 자금 회전과 생산 사업을 돕기 위해 진행되는 대차는 정부에서 간섭하지 않는다.

③ 소비에트 이자율은 단기 달마다 1푼(分) 2리를 넘지 못하고, 장기 1년인 경우에는 1할(分)[39]을 넘지 못한다. 모든 이자도 그 범위를 넘어서는 안 된다.

④ 대차 계약의 체결은 법에 따라 쌍방의 동의를 거쳐야 하며, 계약서에 대차의 액수·이율·용도와 반환 일자를 명시하고 이를 준수해야 한다.

3. 항일 전쟁기 소작료와 이자 인하의 실시

(1) 소작료 인하 및 납부에 관한 규정

조례는 일률적으로 '이오 감조'를 실시하도록 원칙적으로 규정하고 있다. 즉 항일 전쟁 이전의 원 소작료의 25%를 내리는 것이다. 원 소작료 액수가 각 지역에서 균일하지 않아 어떤 곳은 인하한 뒤에도 여전히 높아서 진찰기 변구에서는 "소작료 인하를 실시한 후의 소작료 또는 새로 결정한 소작료는 경지 생산물 총액의 3할 7푼 5리를 넘지 못한다. 그를 넘으면 당연히 낮추고,

---

39) '분分'은 연리年利에서는 1할, 월리月利에서는 1푼을 나타낸다. —역주

넘지 않으면 약정에 따른다”고 특별히 규정했다. 소작료 인하를 실시한 후 임차인은 법에 따라 결정된 소작료를 납부해야 할 의무가 있고, 이유 없이 이를 납부하지 않으면 안 된다. 소작을 주고받는 쌍방은 법에 따라 다시 소작 계약을 체결해야 하는데, 그 기간은 보통 3년 내지 5년이었다. 계약 기간이 만료되면 임차인은 동등한 조건으로 계속 임차할 우선권을 가졌다. 소작 계약상 또는 관습상 인정되는 영전권永佃權은 정부에서 보호했다. 임대 인이 토지를 전매할 경우 원래 임차인은 토지를 동일한 가격으로 담보로 잡거나 매수할 우선권을 가졌다.

(2) 이자의 인하와 납부에 관한 규정

조례는 항일 전쟁 이전의 옛 채무는 다시 갚지 않아도 된다고 규정했다. 현재 있는 채무에 대해서는 일률적으로 이자의 인하를 실시했다. 이자를 인하하는 방법은 보통 연리 1할 5푼을 이자 계산 기준으로 하며 진찰기변구 의 규정은 1할이었다. 이자가 본전의 배가 될 때는 이자 지불을 정지하고 원금을 반환하고, 이미 본전의 두 배를 넘는 경우에는 원금과 이자 지불이 정지되며 원대차 관계는 소멸한 것으로 보았다. 채권자는 이자 인하를 이유 로 대차 계약을 해제해서는 안 되고, 채무자 역시 낡은 장부를 청산한 것 때문에 저당된 토지를 무상으로 찾을 수 없으며, 또 이자 인하 이후에 이자 지급을 거절할 수 없었다. 새로운 대차의 이율은 반드시 현지의 사회적 대차 관계가 허용하는 한도와 서로 상응해야 하며, 대차 쌍방이 스스로 결정했다. 그러나 이율이 지나치게 낮아져 대차가 사라져서 농민들이 대부 자금을 구 하기 어렵게 되는 것을 피했다.

4. 제3차 국공내전 후기의 소작료·이자 인하 및 가옥 임대료 규정

① 제3차 국공내전 후기에는 새로운 해방구에서 토지개혁을 실시하기 전에 소작료와 이자의 인하정책을 실시했다. 1948년 중원 신해방구 감조감식

조례에는 모든 지주·부농 및 모든 기관·학교·사당·절·교회가 임대한 토지는 원래 소작료의 2할 5푼을 감한다고 규정했다. 소작료 인하 이후에 소작료는 최고 토지 수확의 3할 7푼 5리를 넘을 수 없었다. 해방 전에 농민이 지주·부농에게 진 빚은 모두 월 1푼 반의 이자로 계산해 청산했다. 청산 방법은 기본적으로 항전 시기의 규정을 계속 사용했다.

② 도시 가옥의 임대료에 관해 법령은 다음과 같이 규정했다. 가옥 임대료는 주객 쌍방이 공평한 원칙에 근거해 스스로 결정하게 한다. 가옥 임대료가 지나치게 높거나 낮아서는 안 되고, 원칙적으로 가옥의 감가 삼각비와 필요한 가옥 수리비를 제외하고도 가옥주가 일정한 이윤을 얻도록 해야 한다.

제3절 가족 입법

1. 제1차 국공내전기 가족 문제에 관한 결의안

1923년 6월 중국공산당 제3차 전국대회에서 통과된 여성운동 결의안은 '결혼과 이혼의 자유'의 원칙을 실시할 것을 확정했다. 이 원칙에 따라 호남·강서 등의 성 농민 대표대회에서 통과된 농촌여성문제 결의안에는 다음과 같은 혼인·가정 관계의 기본정책을 확정했다.

① 여성을 박해하는 것과 인신매매를 엄격히 금지하고, 시어머니가 며느리를 괴롭히고, 남편이 처를 학대하지 못하게 하고, 민며느리를 금하며, 여성의 발을 졸라매고 귀를 뚫는 악습을 금한다.

② 다처제를 엄금하고, 매매혼을 반대하며, 빙금聘金 제도40)를 없애며, 결혼은 반드시 남녀 쌍방 스스로의 의사에 따르도록 하고, 과부의 재혼을 허락하며, 결혼과 이혼의 자유 원칙에 따라 가족법을 제정한다.

---

40) '빙금제도聘金制度'는 약혼 성립의 증표로 신랑집에서 신부집에 금품을 보내는 제도를 말한다. ─역주

③ 모성과 아동을 보호하고, 자녀 특히 혼외 출생 자녀를 학대하는 것과 영아를 익사시키는 행위를 엄격히 금지한다.

2. 중화소비에트공화국 가족법

제2차 국공내전기에 각지의 노농 민주정부에서는 혼인제도를 개혁하는 법령을 제정했다. 1931년 12월 1일에 중화소비에트공화국 혼인조례를 공포하고, 다시 1934년 4월 8일에 정식으로 중화소비에트공화국 혼인법을 공포했다. 주요 내용은 아래와 같다.

① 새로운 혼인제도의 기본원칙을 확정했다. 모든 자유롭지 못한 혼인, 강제 혼인과 전통적 매매 혼인제도를 철폐하고, 일부다처제와 민며느리를 금지했다. 남녀평등, 혼인의 자유, 일부일처제를 실시했다.

② 결혼은 반드시 남녀 쌍방이 동의해야 하며 어느 일방 또는 제3자가 강요해서는 안 된다. 결혼 연령은 남자 만 20세, 여자 만 18세이며, 남녀가 함께 향 정부에 가서 등록하고 결혼 증명서를 취득하면 합법적인 결혼이 되었다.

③ 이혼에 있어서 남녀 쌍방이 이혼에 동의한 경우에는 바로 이혼할 수 있다. 일방이 이혼할 것을 견지해도 역시 이혼할 수 있다. 향 정부에 가서 등록을 해야 하며, 만약 논쟁이 있을 때는 재판부의 판결을 받았다.

이혼에 관한 특수 규정에는 두 가지가 있는데, 첫 번째는 홍군 전사의 처가 이혼을 요구할 경우에는 반드시 남편의 동의를 얻어야 했다. 두 번째는 호북(鄂)·하북(豫)·안휘(皖) 변구 혼인문제 결의안에는 "여성이 임신중이거나 산후 4개월 내에는 남성이 이혼을 요구하지 못한다"고 규정했다. 그밖에도 이혼 후 재산 처리와 자녀 양육 문제에 대해 모두 원칙적인 규정을 두었다.

3. 항일 전쟁기와 이후의 혼인 조례

이 시기 각 지역 혼인 조례의 기본원칙은 소비에트 지역의 혼인법과 대체로 비슷했지만, 약간의 세부적인 조항에 구체적이고 융통성 있는 규정을 두었다.

① 결혼 연령에 대한 각 지방의 규정이 약간씩 달랐다. 섬감녕변구는 남자 만 20세 여자 만 18세이고, 진기로예변구는 남자 만 18세 여자 만 16세였다. 민간의 전통과 관습을 고려하기 위해 약혼에 대한 구체적 규정을 두었지만 약혼은 결혼의 필수적인 절차는 아니기에 법률적 효력은 없었다.

② 이혼에 관한 조건을 규정했다. 남녀 가운데 한 명이 한간에 가담한 경우, 재혼했거나 타인과 간통한 경우, 상대방을 악의로 유기하거나 모해한 경우, 생사 불명으로 3년이 지난 경우, 감정과 의지가 전혀 맞지 않아 계속 동거할 수 없는 경우에 상대방은 정부에 이혼을 청구할 수 있었다. 또한 항일 군인의 배우자가 이혼을 요구하는 경우에는 반드시 군인 본인의 동의를 얻어야 했다. 여성의 임신 기간 또는 산후 1년 내에 남편은 이혼을 요구할 수 없었다. 쌍방이 이혼을 원하면 위의 제한을 받지 않았다.

제3차 국공내전기에 각 해방구에서 제정된 혼인 법규는 기본적으로 항일 전쟁 때 규정에 따랐고, 일부는 보충을 거쳐 더욱 완비되었다.

제4절 상속 입법

중국공산당은 성립 후 남녀평등의 원칙에 근거해 가장 먼저 여성의 상속권 문제를 제기했다. 1923년 6월 제3차 전국대회에서 통과된 여성운동 결의안은 "여성은 마땅히 유산 상속권을 가진다"고 제시했다. 1925년 1월 제4차 전국 대표대회에서 통과된 '여성운동 결의안에 관해'는 더 나아가 "여성은 재산권과 재산상속권을 마땅히 가진다"고 규정했다. 여성은 유산 상속권뿐 아니라 남성과 마찬가지로 평등한 재산 소유권을 가지게 되었다.

제2차 국공내전기에 농민의 토지소유권 문제를 확정한 이후 1931년 3월 강서성 토지문제 제강에서는 "토지 유산은 토지소유자 생전에 자유롭게 처리할 수 있으며, 자녀에게 배분해 주거나 공익을 위한 사업에 쓰도록 할 수 있는데, 정부는 이에 간섭하지 않는다"고 규정했다.

항일 전쟁기에 상속권 규정은 더욱 발전했다. 섬감녕변구 토지권 조례 초안은 "토지 상속권은 피상속인의 의지 또는 유언에 따라 배분되며, 만약 피상속인의 결정이나 유언이 없을 경우에는 다음 규정과 관습에 따라 실시한다. ① 부부는 서로 상속권이 있다. ② 적계嫡系 비속·친속은 동등한 상속권이 있다. ③ 입양 자녀의 상속권은 친자녀와 동등하다. 이 조항에 해당되지 않는 경우에는 변구의 관습에 따라 처리한다"고 규정했다. 여성의 상속권을 보호하기 위해 1943년 6월 15일에 진찰기변구에서 여성의 재산상속권 집행 문제에 관한 결정, 1945년 3월 산동성 여성상속 임시조례, 같은 해 5월 기로예冀魯豫 행서 여성상속 등의 문제에 관한 결정 등이 제정되었는데, 이들 법령들은 주로 다음과 같은 내용을 확정했다. 피상속인이 생전에 딸만 있고 아들이 없는 경우에는 사망 후 모든 유산을 딸이 상속받는다. 딸의 수와 출가 여부에 관계없이 어떤 사람이든지 방해하거나 또는 강제로 상속자가 되어 재산을 상속해서는 안 된다. 만약 남편이 사망하면 과부와 자녀는 모두 상속권을 가진다.

제3차 국공내전기에 하얼빈시 인민정부는 1949년에 하얼빈시 상속처리법 초안을 제정하고 다음과 같이 규정했다. 상속은 법정 상속과 유언 상속으로 나누며, 법정 상속의 순서는 다음과 같다.

① 배우자, 직계 자손, 노동력이 없는 부모, 상속인이 임종할 때까지 1년 이상 부양해 주었으나 노동력을 상실한 자

② 노동력이 있는 부모

③ 조부모

④ 형제자매

동일한 순서의 상속인이 여러 명이 있는 경우에는 원칙적으로 사람 수에 따라 균등하게 배분했다. 유증遺贈 또는 유언 상속에 관해서는 재산 소유자가 미성년자나 노동력 상실자의 상속권을 침해하지 않는 범위 내에서 유언대로 재산을 국가기관, 사회 공익단체 또는 개인에게 유증할 수 있다고 규정했다. 상속인이 없을 경우에 재산을 국고에 귀속했다. 그밖에 상속의 개시 시간을 규정했는데, 보통 피상속인이 사망한 때부터 개시된다. 만약 피상속인이 실종되었을 경우에는 반드시 법정 연한 3년에서 5년이 지난 후 법원에서 '사망자'로 선고한 때부터 시작한다.

사회주의 혁명기 상속제도의 주요한 경험과 기본원칙은 다음과 같다.

① 남녀평등의 원칙을 견지했다. 노인과 어린이, 결혼과 미혼·이혼, 배우자를 잃은 자 등에 대해서 시기마다 모두 보호 조치를 제시했다. 그러나 중국의 전통 종법宗法이 잔존했으며 그 해독이 깊어서 사상적 장애가 많으므로 장기적인 노력이 요구되었다.

② 노인을 부양하고 유아를 양육하며, 단결해 상호 부조한다는 원칙을 견지했다. 당과 정부는 노동 능력을 상실한 노인과 미성년의 정당한 권익을 줄곧 보호하고 배려했다. 상속 문제를 처리할 때는 상호 양해와 화목 단결의 정신을 제창하고, 단지 개인 득실만 따지거나 구체적인 상황을 고려하지 않는 절대적 평균주의를 반대했다.

③ 권리와 의무의 일치 원칙을 견지했다. 기로예冀魯豫 행서行署에서 "유산을 분배할 때는 각 가정의 상황에 따라 남녀 쌍방이 가정에서 행한 의무와 향유한 대우를 참고해 분배 비율을 구체적으로 연구해야 한다"고 규정했다.

제6장 경제입법과 노동입법

제1절 농림수리 법규

1. 제1차 국공내전기의 농림수리에 관한 규정

중국공산당은 농민운동을 지도하면서 농지수리 개량과 식수조림 사업을 중시했다. 각 성의 농민 대표대회는 이에 상응하는 결의를 통과시켜 많은 중요 원칙과 방법을 제시했으며, 그 후 농림수리 법규를 제정하는 데 기초적인 경험을 제공하게 되었다.

(1) 농지수리 개량에 관한 규정

일찍이 1923년 6월 중국공산당 제3차 대표대회 결의안에서 "수리와 종자와 지질을 개량한다"는 내용이 제기되었다. 그 후 "농민들의 황무지 개간을 지지하고, 수로를 수리해 특히 황하와 회하淮河의 수로를 준설한다"고 제기했다. 이러한 정신에 따라 1926년 12월 호남성 제1차 농민 대표대회에서는 농업생산문제 결의안을 통과시켰는데, 그것은 "종자를 선택하고 비료를 만들어 경작 방법을 개량하고, 도로를 개·보수해 운수에 편리하도록 하고, 병해를 방지하고 해충을 없애는 것은 모두 과학적인 방법을 채용한다"고 했다. 1927년 2월 강서성 제1차 농민 대표대회에서 수리정돈 초안과 황폐한 산과 황무지 개간 결의안을 통과시켜, "제방을 수리하고 도랑을 판다," "각지의 관 소유 황무지, 황폐한 산, 황주荒洲, 늪 및 황무지 등은 농민협회에 귀속시켜, 땅이 없는 빈농에게 주어 개간하게 한다. 만약 업주나 관리자가 있는 경우에는 반 년 안에 개간하고, 그렇지 않으면 농민협회에서 사람을 파견해 관리 개간한다"고 결정했다. 농민운동이 활발한 지방에서는 농민들에 의해서 황무지 개간, 제방 수리, 수로 터놓기, 도로 건설 등의 농촌 건설 사업이 시작되고 있었다.

(2) 식수와 산림보호에 관한 규정

1927년 2월 강서성 제1차 농민 대표대회에서는 삼림보호 결의안을 통과시켜서, 다음과 같이 규정했다. "① 각지의 기존의 삼림은 농민협회가 보호하며, 누구든지 마음대로 도벌해 손상해서는 안 된다. ② 본회 회원은 3월 23일에 나무 열 그루를 심는다." 그밖에 수리정돈 결의안에서도 "농민협회는 적극적으로 제방에 식수를 조림해야 된다"고 규정했다. 1923년에 성립된 광동·해풍 총농회는 군중을 동원해 식수조림에서 우수한 성과를 거두어 팽배彭湃의 칭찬을 받았는데, 그는 농회의 '농업부'는 소나무 종자를 사서 회원을 동원해 소나무를 심고, 농민이 '삼림 경찰'이 되어 "화재가 나면 부근 농민들이 달려가 불을 끄는 것은 효과적인 방법이다"[41]고 칭찬했다. 광대한 농민 군중이야말로 식수와 삼림보호의 주력군이라는 것을 보여준 사례였다.

2. 노농 민주정권의 농림수리 법규

중화소비에트공화국 중앙노농 민주정부의 경제정책은 기본원칙이 다음과 같았다. "우리의 경제 건설의 중심은 농업생산, 공업생산, 대외무역과 합작사를 발전시키는 것이다." "농업생산은 우리 경제 건설 사업의 제1순위이다." "수리는 농업의 명맥이므로 중요하다."[42]

이 시기의 농림 법규 가운데 토지법과 이우犁牛 합작사犂作社, 양식 합작사 등의 법규를 제외하고, 중요한 것은 황무지개간에 관한 법과 삼림보호 조례였다.

① 1933년 2월 25일에 중앙 임시정부는 황무지와 황전 개간법을 공포하고,

---

41) 팽배彭湃, 『해풍농민운동력海豊農民運動力』.
42) 『모택동선집毛澤東選集』, 116~118쪽.

황무지 개간을 제창하기 위해 군중에게 토지세를 3년 동안 면제한다고 규정했다. 이미 배분한 황전荒田은 먼저 토지소유자를 동원해 일정한 기간 안에 개간하게 하고, 만약 본인이 개간하지 않을 경우 타인을 동원해 개간한다. 적어도 5년 내에는 회수하지 않는다. 경작 기간 및 임대료는 쌍방이 협상해 결정하는데, 임대료는 수확량의 1/5을 넘어서는 안 된다.

② 삼림보호 조례는 1934년 2월 인민위원회에서 공포한 것으로 다음과 같이 구체적으로 규정했다.

㉠ 마음대로 수목을 남벌한 자는 나무 가격의 두 배를 수목 소유자에게 배상한다.

㉡ 수목을 남벌한 주요 책임자는 1개월 이상의 강제노동에 처한다.

㉢ 행위가 엄중한 자는 1년 이상 3년 이하의 감금에 처한다.

㉣ 각급 정부가 책임을 지지 않고 수목 남벌을 마음대로 허가한 경우에는 제3항에 준해 처벌한다.

이 법규의 특징은 삼림 파괴자의 처벌 방법을 비교적 구체적으로 규정한 데 있다. 더욱이 정부 대리인이 남벌을 허가한 경우에도 그에 상응하는 제재를 받도록 규정하고 있다.

3. 항일 민주정권의 농림수리 법규

섬감녕변구 시정강령에는 "농업생산을 발전시키고 춘경과 추수할 때 군중 동원을 실시해, 빈고貧苦 농민의 농구·비료·종자의 곤란을 해결한다," "외지에서 들어오는 이민을 장려한다"고 규정했다. 이를 위해 건설청은 계속해서 여름 경작사업 지시, 추수동원 훈령, 인민 생산장려 조례 등의 법규를 공포했다. 그밖에도 다음의 중요한 조례를 제정했다.

① 섬감녕변구 이민·난민 황무지 개간 우대조례는 1943년 3월 1일에 공포한 것으로 다음과 같이 규정하고 있다. 변구에 온 이민·난민은 계급·직업·민족을 불문하고 모두 황무지 개간의 권리를 가진다. 공공 황무지를 개간한

경우에는 토지소유권을 이민·난민에게 귀속시키며, 아울러 현 정부가 등록증명을 발급하고 공량公糧 징수를 3년 동안 면제한다. 개인 황무지를 개간한 경우에는 3년 동안 지대 납부를 면제하며 3년 뒤 조전租佃 조례에 따라 처리하는데, 지주는 토지를 마음대로 회수하지 못한다. 즉 농민의 영전권永佃權을 보호한다.

② 진찰기변구 농전수리 건설조례는 1943년 2월 공포되어 실시되었다. 주요한 내용은 다음과 같다.

첫째, 수로를 개설하는 것과 토지를 점하는 기본원칙을 규정했다. ㉠ 실용·유리有利의 원칙을 시행한다. 공사비용이 수익보다 큰 경우에는 수로를 개설하지 않는다. ㉡ 유가 보상 원칙을 채택한다. 수로를 개설해 타인의 가옥 또는 묘소에 손해를 주는 경우 반드시 지가나 임대금을 보상한다. ㉢ 민간 주도, 공공기관 협조의 원칙을 실시한다. 수로 개설의 자금이 부족하거나 기술에 곤란이 있으면 변구 행정위원회의 협조를 얻을 수 있다.

둘째, 새 수로 건설에 필요한 자금은 사용자의 수익 정도에 의거해 구간과 등급을 나누어 면적에 따라 분담한다.

셋째, 새로운 수로를 개설하는 경우에는 먼저 수량을 예상해 관개 면적을 확정한다. 원수로에 여분이 없으면 지선 수로를 연장할 수 없다. 상류에 수로를 개설할 때 하류의 옛 수로의 수량에 영향을 주지 않도록 하는 것을 원칙으로 한다.

넷째, '수로 관리위원회'와 '간선수로 소조'를 설립해 용수 시간과 수량 배분을 구체적으로 관리한다.

이 조례는 규정이 공정하고 구체적이어서 상·하류 신구 사용자의 이익을 충분히 감안했기 때문에, 인민의 단결을 강화하고 수로관리 사업을 개선하는 적극적인 역할을 발휘할 수 있었다.

4. 중국공산당 치하의 농림수리 법규

화북 인민정부 시정방침은 농업생산 발전에 대해 다음과 같이 규정했다. ① 민력民力을 절약해 생산에 무익한 각종 '운동'과 회의를 중단하고, 전쟁 지원과 관계없는 모든 일을 중지한다. ② 농업 기술을 개량하고, 우량 품종을 선택하며, 가축을 번식시킨다. ③ 이자가 없거나 낮은 농업 부금을 방출하고, 모든 대부금을 빨리 사용할 사람에게 가도록 보장해 농사철을 어기지 않게 한다.

또한 이 시기에 제정한 농림·축목·수리 법규도 많은데, 대표적인 법규로는 다음의 두 가지 있다.

첫째, 섬감녕변구 가축생산에 관한 임시법은 1949년 4월에 공포되었다. 모축·유축·종축을 보호하기 위해 전쟁 동원을 감하거나 면제하는 구체적인 방법을 규정하고, 농민 및 합작사가 종축을 판매하는 것을 장려하고, 수정 성공률에 따라 구체적인 장려 방법을 확정했다. 수의사를 우대하고 일소를 도살하는 것을 금지했다. 병든 가축이 죽으면 깊이 파묻고 식용으로 판매하지 못하며, 위반자는 상황에 따라 징벌했다.

둘째, 동북해방구 삼림보호 임시조례를 1949년 7월에 동북 행정위원회에서 공포했다. 주요한 규정은 다음과 같다.

① 보안림을 획정한다. 방풍·방사·방수·방한 및 군사·항해·어업·위생·휴식·풍경에 필요하면 보안림으로 편입한다. 허가 없이 어떠한 사람도 나무를 채벌하거나 황무지 개간, 땔나무, 숯구이, 뿌리 캐기, 껍질 벗기기 및 기타 부업을 하지 못한다. 삼림 내에서 절대로 인화引火를 금지하며 허가를 받아 인화할 때는 방화선을 설치해 번지지 않게 해야 한다.

② 임목도벌 방지를 위해 역에서 목재 운송을 접수할 때 반드시 성 이상 기관의 증명이 있어야 한다. 삼림 지역의 주민이 만약 목재가 필요하면 삼림 기관의 허가를 받은 다음 지정된 곳에서 채벌하되 팔지는 못한다.

③ 삼림지역 농회 및 민병民兵은 모두 삼림을 보호할 의무가 있다. 각종

삼림보호 단체를 설립하고 군중을 교육해 삼림보호 관념을 주지시키며 적극적으로 불을 끄거나 해충제거 사업에 참가하도록 한다.

④ 삼림보호에 큰 성과가 있는 자는 장려한다. 인화해 산을 태우거나 임목을 남벌하거나 도벌하는 자는 법에 따라 징벌하고 손실을 배상해야 한다.

제2절 국유공장 관리법규

1. 1934년 소비에트 국유공장 관리조례

제2차 국공내전기 노농 민주정부의 관할 아래 군수·피복·인쇄·방직·제지 공장을 세우고, 또한 텅스텐 회사도 세웠다. 이 공장과 회사에서는 주로 긴급 군수물자를 생산했는데, 일부는 민간용이나 수출 상품을 생산하기도 했다. 국유공장의 관리를 강화하기 위해 인민위원회에서는 1934년 4월 10일에 소비에트 국유공장 관리조례 11조를 공포했는데, 주요한 규정은 다음과 같다.

① 공장장 책임제를 실시한다. "공장장은 상급 소비에트기관에서 위임하고, 공장의 모든 사무에 대한 최후 결정권을 가지며, 소비에트정부에 절대적인 책임을 진다." 공장의 기타 인원이나 조직이 공장장의 결정에 찬성하지 않을 경우에는 해당 상급기관에 소청할 수 있는데, 상급기관에서 공장장의 직무를 면직 결정하기 전에는 결코 결정된 집행을 정지시킬 권리를 가지지 못한다.

② 공장장 아래 공장 관리위원회를 설립하고 중대한 문제를 해결한다. 공장 관리위원회는 공장장, 당지부 대표, 단지부 대표, 공회 대표, 공장의 기타 책임자 및 노동자 대표로서 구성된다. 회의에는 공장장이 당연직 주석이 되어 공장의 중요 문제를 해결한다. 공장장, 당지부 대표, 공회 대표로 '3인단'을 구성해 공장의 일상 문제를 처리한다.

③ 여러 생산 부서는 주임 및 반장 제도를 실시한다. 주임과 반장은 공장장의 명령과 결정의 집행을 책임지며, 각 생산 부서의 사업에 대해 절대적인 책임을 지고 해당 부서의 모든 문제를 해결할 권한을 가지지만, 노동자를 처분하거나 해고할 때는 공장장에게 보고한 다음에 집행해야 한다.

④ 생산 토론회를 조직해 적극적으로 열성 노동자들을 많이 참가시켜 생산 기술을 연구하며 생산을 발전시키도록 한다.

⑤ 공장에서는 생산 계획을 세워야 하고, 3개월, 반 년 또는 1년 경제 계산 제도를 두어 재정의 예·결산을 실시한다.

⑥ 공장장의 법적 책임을 규정한다. 공장장의 주요 임무는 "생산 계획을 완성하고 생산비 원가를 절감하는" 것이다. 만약 공장장이 상급의 명령을 집행하지 않거나, 금전·물품·재물을 낭비하거나, 공장에 중대한 손실을 가져 온 경우에는 형사 처분을 받는다.

공장에서 당과 기업 사이의 분업과 협력을 원활하게 하기 위해 당중앙 조직국에서는 4월 21일 소비에트 국가공장 지부사업 조례를 공포했다. 공장 지부의 기본 임무는 ① 당원과 노동자 군중에게 노동 열정과 생산 기술의 제고 및 노동 기율을 준수하는 교육을 일상적으로 진행하여 생산 계획을 완수하도록 한다. ② 군중의 의견을 충분히 수렴해 노동자의 정치·문화·경제 생활을 개선한다.

2. 항일 민주정권의 공장관리 법규

항일 전쟁기 섬감녕변구 정부에서는 통일적인 국영공장 관리조례가 제정되지 않고, 개별 공장에만 관리 규칙이 있었다. 예컨대 섬감녕변구 위생 재료 공장 임시장정(1940년 민정청 제정)은 다음과 같이 규정했다.

① 위생재료 공장은 "공립公立 영업의 성격을 가지고 있으며, 본 공장에서 제조한 약품이나 기재를 공용 또는 개인이 사용할 때는 모두 가격에 따라 계산한다."

② 민정청 위생처의 직접적인 지도를 받으며 정·부 공장장, 정치 지도원, 기술 비서를 1명씩 두는데 민정청이 초빙하여 임명한다. 의사·기술자 및 사업 인원은 공장장이 민정청의 허가를 받고 초빙하여 임명한다. 공장장은 공장의 모든 일을 총괄한다. 정치 지도원은 공장장과 의논해 정치 및 문화 교육을 총괄한다. 기술 비서는 모든 기술 사무를 담당한다.

3. 중국공산당의 공장관리 법규

제3차 국공내전 후기에 공산당은 국민당정부가 장악했던 여러 기업을 접수해 관리하고, 사회주의 국영기업으로 변화시켰다. 이러한 기업을 관리하기 위해 화북 인민정부는 1949년 8월 10일에 국영·공영 공장기업에 공장 관리위원회 및 공장직공 대표대회를 건립하는 시행조례를 공포했는데, 이것은 이전의 공장관리 경험을 계승 발전시킨 것이다.

① 공장 관리위원회는 공장장·부공장장·총기사(総工程師) 및 기타 생산 책임자와 위에 언급한 수와 같은 노동자 대표로 구성된다. "관리위원회는 상급 공장기업 관리기관의 지도 아래 공장 기업을 일괄적으로 지도하는 행정조직이다." '모든 생산 및 관리의 중대한 문제, 예컨대 생산계획·업무경영·관리제도·생산조직·인사·급료복지 문제 등을 토론하고 결정할' 권한이 있다. 관리위원회의 결의는 공장장의 명령으로 공포해 실시한다. 만약 결의가 공장의 이익에 저촉되거나 상급 지시에 부합하지 않는다고 판단되면 공장장은 집행을 정지할 권한이 있으며, 바로 상급에 보고해야 한다. 관리위원회 아래 '상무위원회'를 두는데, 공장장과 공회주석工會主席[43] 및 관리위원회에서 추천한 위원 1인으로 구성해 모든 중요한 일상 사업을 협의해 처리한다.

② 직공 대표대회를 조직한다. 직공이 200명 이상인 공장에서는 반드시 직공 대표대회를 조직한다. 대표는 기초조직 단위로 선출하며 해마다 한

---

43) '공회주석工會主席'은 노조위원장을 말한다. —역주

번씩 개선한다. 직공 대표회의는 관리위원회의 보고를 청취하고 토론할 권한이 있으며, 공장의 경영 관리 및 지도 상황을 검사하고 관리위원회에 비평과 건의를 제기한다. 결의는 반드시 관리위원회의 허가를 얻어 공장장이 공포해 실시한다.

위의 공장 관리에 관한 기본 경험에 근거하여 섬감녕변구는 1949년 10월 국영·공영 공장기업에 공장 관리위원회 및 공장직공 대표대회의 건립조직규정을 공포했다. 이러한 규정은 당시 사회주의 초기 단계에서 공장을 관리하는 데 중요한 가치가 있었다.

제3절 민족 공상업의 보호와 발전에 관한 법규

1. 1차 국공내전기 '공상연합'과 민족자본 보호규정

1925년 성항 파업운동에서 '공상연합'을 매우 중시했다. 많은 중대한 정책의 결정은 모두 성항 파업위원회와 광동의 각 상회商會가 협의해 결정하고, 아울러 민족 공상업44)의 이익을 우선시했다. 예컨대 1925년 9월 공동으로 특허증을 취소한 후의 사후처리 조례45)를 제정해 "영국의 화물과 배를 제외하고 자유무역 및 왕래를 허락한다." "광주에서 온 화물은 영국 화물이 아니고, 또 영국 사람의 것이 아니면 모두 창고를 열어서 판매한다"고 규정했다. 성항 파업위원회에서 발급한 출입증으로 장애 없이 통행할 수 있었다. 그리고 공상업계가 공동으로 구성한 '광동 공상 구화仇貨 위원회'와 '공상 화물 검사처'에는 사후 처리 조례를 위반하고 제멋대로 적의 화물을 수입한 경우

---

44) 중국어 '공상업工商業'은 우리 용어 습관상 '상공업'으로 번역하는 것이 적당하다고 생각된다. 그러나 중국어 '공상工商'이 공상업工商業 외에 각종 조직이나 기관 명칭에 혼합되어 사용되고 있다. 이들 조직이나 기관 명칭을 모두 '상공'으로 번역하는 것은 적당하지 않다고 생각해 모두 '공상업工商業'으로 번역했다. —역주
45) 「공인지로工人之路」 1925년 9월 19일.

검사해서 처리한다고 규정했다. 1927년 3월 상해 노동자 3차 무장봉기에서 상해특별시정부 정치강령 초안46)(1927년 4월)을 제정했는데, 민족 공상업을 보호하기 위한 규정도 있었다. 내용은 부정한 영업과 오락 장소를 단속하고, 전당포의 이윤을 제한하고, 가혹한 잡세를 철폐하고, 외국 담배와 사치품을 폐기하고, 담배와 술은 이중으로 세금을 받고, 쌀과 밀은 세금을 감면하고, 화폐와 도량형을 통일하는 것 등이다.

2. 노농 민주정권의 공상업 및 투자에 관한 조례

1931년 11월 중화 노농병工農兵 소비에트 제1차 전국 대표대회에서 통과된 경제정책에 관한 결의안은 "소비에트정부는 중국 자본 기업과 수공업에 대해 아직 국유화를 실시하지 않지만, 노동자가 생산위원회와 공장위원회를 조직해 생산을 실시한다," "소비에트는 상업의 자유를 보장하고 정상적인 상품 시장에 간섭해서는 안 되며, 매점매석과 가격 조작을 엄격히 금지한다"고 했다. 또 '비非소비에트 구역의 무역'은 '독점 무역'을 실시할 수 없고, 다만 정부는 감독을 통해 필요한 상품이 공급되도록 해야 한다고 규정했다.

1932년 1월 임시 중앙정부는 공상업투자 임시조례를 공포해 다음과 같이 규정했다. 정부 법령을 준수하고 법에 따라 세금을 납부하는 개인 자본도 중화소비에트공화국에서 자유로이 투자해 공상업을 경영할 수 있다. 국가의 기업·광산·삼림 등과 개인의 기업을 막론하고 경영에 투자하거나 임대·청부를 받을 수 있지만 쌍방의 협의가 있어야 하고, 조차계약(租借合同)을 체결한 뒤 해당 정부에 등록해야 한다.

그 당시 좌경적 노선 때문에 공상업에 대한 제한이 여전히 엄격해 사적인 공상업 발전에 부정적 영향을 끼쳤다는 점은 중요한 역사적 교훈이다.

---

46) 「신문보新聞報」 1927년 4월 11일.

3. 항일 민주정권의 사적 투자 장려에 관한 법규

항일 전쟁기 민족통일 전선의 방침에 따라 전기의 좌경적 잘못을 시정하고, 당중앙은 「논정책論政策」에서 "외지의 자본가가 우리 항일 근거지에 와서 사업을 하도록 유도해야 하고, 민영 기업을 장려하며, … 모든 유익한 기업의 파괴를 막아야 한다"[47]고 규정했다. 또한 "변구 안의 지주와 상인이 공업을 세우는 것을 장려한다"고 규정했다.

섬감녕변구 정부는 이러한 방침을 관철하기 위해 1945년 3월 28일에 섬감녕변구 실업투자장려 임시조례를 공포하고 다음과 같이 규정했다. 정부의 법령을 준수해 스스로 농업·공업·운수업, 기타 실업에 투자하는 경우에는 집이 어디에 있는지 묻지 않고 귀국 화교까지 모두 장려한다. 장려 방법은 정부가 건축 지역을 제공하고 임대료를 감면하며, 3년 동안 영업세를 면제하고, 낮은 이자로 자금을 빌려준다. 이 규정은 변구에 개인 투자를 촉진하는 데 큰 역할을 했다.

4. 중국공산당의 민족공상업 보호법령

민족 공상업을 보호하는 것은 사회주의 혁명 3대 경제강령 가운데 하나이다. 더욱이 대도시에 진입한 뒤에는 공상업 정책이 매우 중요했다. 그래서 섬감녕변구 정부는 1948년 3월 31일에 공상업보호에 관한 포고를 통해 "공상업자의 재산과 합법적인 경영은 변구 법률의 보장을 받는다. 만약 침해당했을 경우 공상업주는 법에 따라 사법기관에 고소할 수 있다"고 규정했다. 그리고 토지개혁에서 공상업이 침해받는 일이 생기면 모두 신속히 개정해 손실을 배상했다. 일부 물품을 감추거나 겁이나 영업을 못하는 경우에는 다시 영업할 수 있도록 했다. 그리고 공상업의 금전 대차와 부채는 반드시 보호했다.

---

47) 『모택동선집毛澤東選集』, 726쪽.

그밖에 혁명 근거지의 재정경제 입법에는 합작사 규정, 재정 예결산 장정, 각종 세금 조례와 징량徵糧 조례, 금융관리 법규, 발명창조의 장려와 기술자 우대법, 상표등록법, 대외무역 관리법, 외환관리법과 전시 선박관리법 등이 있었다.

제4절 노동입법

1. 제1차 국공내전기의 노동 법규

(1) 1922년의 노동법안대강

전통사회에서 무산 계급은 제국주의·봉건주의·자본가라는 3중의 압박으로 생활 형편이 매우 어려웠다. 장시간 노동, 저임금, 가혹한 착취가 자행되었다. 여공, 연소 노동자 및 산재로 불구가 된 노동자의 지위는 더욱 참혹했다. 정치적 박해는 이보다 더 혹독했다.

노동자의 처지를 개선하고 무산 계급의 권리와 이익을 쟁취하기 위해 중국공산당은 노동운동의 전개를 당의 중심 사업으로 삼았다. 전국적인 노동운동을 위해 통일적인 투쟁강령을 만들고, 아울러 북양 군벌정부의 이른바 '제헌制憲'과 '노동보호'의 반동적 본질을 폭로하기 위해 중국 노동조합 서기부는 1922년 8월 노동입법 활동전개에 관한 통고를 공포하는 동시에 노동입법 원칙 4항과 노동법안대강 19조[48]를 제정했다. 주요 내용은 다음과

---

48) 노동법안대강勞動法案大綱의 인용문은 1922년 7월 『중국노동조합서기부총부등중하등적청원서中國勞動組合書記部總部鄧中夏等的請願書』와 『등중하문집鄧中夏文集』 11~15쪽을 주요 근거로 삼았다. 아울러 같은 해 8월 20일 상해 「민국일보民國日報」와 9월 3일 「선구先驅」에 실린 원문을 참조해 수정했다. 여기서 반드시 다음 사실을 지적해야 하는데, 현재 널리 퍼져 있는 많은 판본, 예를 들어서 『제1차중국노동연감第一次中國勞動年鑒』, 『중국직공운동간사中國職工運動簡史』, 『중국공회역사문헌1中國工會歷史文獻一』과 정법원계政法院系가 편집 인쇄한 관련 자료는 모두 1925년 일본인 長野朗이 저술한 『중국의 노동자와 노동운동支那勞動者與勞動運動』을 번역한 『중국노동연감中國勞動年鑒』을 원본으로 하여 다시 출판한 것으로, 용어와 어순이 초판본과 차이가 많다. 중국어를 일본어로 번역하거나 일본어를 중국어로 번역할 때는 빠뜨리고 오역하는

같다.

첫째, "정치의 자유를 보장한다."

① 노동자의 집회 결사권을 승인한다.

② 노동자 단체의 동맹 파업권을 승인한다.

③ 노동자의 집단계약 체결권을 승인한다.

④ 노동자의 국제 연대권을 승인하는 것 등이 포함된다.

둘째, "경제생활을 개선한다."

① 주간 근로는 8시간, 야간 근로는 6시간을 넘지 못한다. 18세 이하의 청소년 노동자와 힘든 작업은 6시간을 넘지 못한다.

② 주마다 연속해서 42시간의 휴식을 취한다. 각종 노동자는 해마다 1개월과 반년에 2주일의 휴가가 있고, "휴가 때 봉급을 탈 수 있는 권리를 가진다."

③ 노동자에게 적당한 최저 임금을 보장하기 위해, 국가에서는 반드시 이러한 보장 법률을 제정한다.

④ "16세 이하의 노동자 고용을 금지한다." 힘든 작업 및 위생에 장애가 있는 작업, 18세 이하의 남녀 노동자는 절대 법정시간을 넘어서 일하면 안된다. 여성 노동자 및 18세 이하 남성 노동자의 야간작업을 금지한다. 여성 노동자에게는 산전 산후 각각 8주일 휴가를 주고 임금은 그대로 지급한다.

⑤ 노동자 대표가 참가해 노동 보험 법규를 제정한다. "보험료는 전부 고용주와 국가가 부담하고 보험 수혜자는 절대로 분담하지 않는다."

⑥ 농민의 작업 시간은 8시간을 넘더라도 작업성과는 반드시 8시간을 기준으로 계산한다. "다른 사람의 노동을 약탈하지 않는 농민의 농산품 가격은 반드시 법률로 보장해야 하며, 가격은 농민 대표대회에 제출해 법률로 규정한다.

셋째, "노동 관리에 참가한다." 노동자들은 대표를 선거해 공사公私 기업과 경제기관 및 국가 노동검사국에 참가할 권리가 있으며, 이렇게 함으로써

부분이 있다. 따라서 그것을 신뢰할 만한 사료로 계속 사용하기에는 적당하지 않으며, 반드시 초기 판본의 원문을 근거로 해야 한다.

공장 관리제도를 개선하고 노동 법규의 집행을 감독한다.

넷째, "노동 보습 교육을 실시한다." "국가는 남녀 노동자가 보습 교육을 받을 기회를 법률로 보장한다."

이와 같은 노동법안 대강의 요구를 북양정부는 받아들이지 않았지만 이는 전국의 인민들 앞에서 이른바 '노동자 보호'의 반동적 정체를 폭로하고 노동운동을 지도하는 투쟁 강령이 되었다. 힘든 투쟁을 통해 일부 지역에서는 자본가에게 위의 조건을 일부 받아들이게 하여 노동자 계급이 부분적인 권리와 이익을 획득했다.

(2) 1926년 노동법대강 결의안

1926년 5월 전국 제3차 노동대회에서는 여러 해의 노동운동 실천 경험을 기초로 노동법대강 결의안 17조를 통과시켰다. 주요 특징은 노동법안 대강 가운데 일부 외국 노동법을 모방한 높은 노동조건 조문을 개정했다. 예컨대 ① 일요일과 중요 기념일을 법정 휴일로 정하고, 주마다 42시간의 휴일(하루 반)과 연도年度 휴가일을 더 이상 강조하지 않았다. ② 여성 근로자의 출산 휴가를 산전·산후 모두 8주일을 6주일로 고쳤다. 또 여성 노동자의 수유 시간에 대해 보충 규정을 두었다. ③ 청년 노동자와 아동 노동자의 연령 한계를 구분해서 다시 정하고, 13세 미만의 아동 노동자 고용을 금지하고, 16세 미만의 청소년 노동자가 어려운 일이나 위험한 일에 종사하는 것을 금지했다. 결론적으로 노동법대강 결의안은 노동법안대강의 발전한 모습으로, 중국의 노동입법은 국제 노동운동의 경험을 바탕으로 중국의 실정에 맞게 발전시킴으로써 이후의 노동입법에 기반을 마련했다.

2. 중화소비에트공화국의 노동입법

1931년 11월 중화 소비에트 노농병工農兵 제1차 대표대회에서 통과된 중화 소비에트공화국 노동입법은 모두 12장 75조였다. 내용은 다음과 같다.

① 노동자에 대한 각종 착취 사례(包身工)[49]와 노동자를 압박하는 모든 불합리한 나쁜 관습을 철폐했다. 노동자 고용은 반드시 노동 소개소나 노동조합의 단체 협약에 따라야 했다.

② 노동자는 집회·결사 그리고 노동조합에 참가할 권리가 있었다. 노동자가 일정한 시간 동안 사회 활동에 참가하는 것을 보장하고 임금을 줄이지 않았다.

③ 작업 시간은 8시간을 넘지 않으며 일정한 휴가제도가 있었다. 단체 협약에는 각종 임금 기준을 분명히 확정했다.

④ 여성 노동자, 청년 노동자, 아동 노동자의 특수한 이익을 보호했다. 14세 미만의 남녀 아동 노동자의 고용을 금지했다. 남녀 노동자는 같은 작업을 하면 같은 보수를 받았다. 여성 노동자를 산전 산후에 마음대로 해고하지 못하며 반드시 6~8주간의 출산 휴가를 주어야 했다. 수유 여공에게는 일정한 수유 기간을 주어야 했다.

⑤ 노동 보호와 사회보험 제도를 실시했다. 기계에 안전장치를 설치하고, 노동자에게 작업복과 기타 보호 용구를 지급했다. 고용주가 사회 보험금을 지불해, 노동자의 치료비와 생활 보조금을 해결했다.

⑥ 노사 분쟁을 처리하는 방법은 먼저 노사 쌍방이 대표를 파견해 교섭하거나 노동부의 중재위원회에 회부해 해결했다. 중재로 해결할 수 없는 경우에는 노동 법정에서 판결했다.

위에서 말한 노동법의 실시는 소비에트 노동자 계급의 사회적 지위와 생활수준을 획기적으로 개선했다. 그러나 좌경적 노선의 영향으로 노동법에도 좌경적 잘못이 있었다. 예컨대 성시향촌省市鄕村을 구분하지 않아 수공업 공장의 노동자와 농촌 고용 노동자를 구별하지 않고 모두 8시간 근로제를 실시하도록 하고, 지나치게 높은 임금 대우와 잘못된 '총파업'을 남용하게 한 것 등이다. 그 결과 근거지의 생산 공급에 영향을 주었을 뿐만 아니라

---

49) 포신공包身工은 옛날 노무공급 제도였던 포공제包工制 아래에서 일하던 반노예 상태의 노동자를 말한다. ─역주

홍군의 작전 수행에도 장애를 가져왔다. 또한 공장 내에서도 불신이 생기고, 노동자와 농민 사이의 단결에도 영향을 주었다. 위의 문제를 해결하기 위해 1933년 10월 다시 노동법을 개정했다. 주요한 것은 농촌에서 보조 노동력을 고용하는 중농과 소선주·수공업자와 합작사에 대해 융통성 있는 방법을 채택하여, 지나치게 높은 복지를 조정하고, 견습공 제도를 구체적으로 개선했다. 이러한 개선은 모두 절실했던 것이다. 지나치게 좌경적이었던 노동정책은 항일 전쟁기가 되서야 철저히 개선할 수 있었다.

3. 항일 민주정권의 노동보호 조례

항일 전쟁기 당중앙은 소비에트 구역과 항전 초기의 지나친 좌경적 노동정책을 시정했는데, 1940년 12월 25일에 반포한 『논정책論政策』에서 다음과 같이 명백히 규정했다. "노동자의 생활을 개선하는 노동정책으로만 노동자들의 적극성이 생긴다. 그렇지만 지나치게 좌경적인 것을 피하고, 지나치게 임금을 인상하고 시간을 줄여서는 안 된다. 중국의 현재 상황에서는 8시간 근로제를 보편적으로 추진하기는 어려우며 일부 생산 부서에서는 10시간 근로제가 필요하다. 기타 생산 부서는 상황과 형세에 따라 시간을 규정해야 한다. 노동자와 자본가 사이에 계약을 맺은 다음 노동자는 반드시 노동 규율을 준수해 자본가가 이윤을 얻도록 해야 한다." "향촌 노동자의 처우를 개선하는 데 지나치게 높은 기준을 제시해서는 안 된다. 그렇지 않으면 농민의 반대를 야기해 노동자가 실직하게 돼 생산이 감소한다."[50]

각 변구정부에서는 그러한 원칙에 근거해 노동 법규를 제정했는데, 대표적인 법규로 진기로예晋冀魯豫 변구 노동자보호 임시조례(1941년 11월 1일에 공포, 1944년 1월 17일에 수정 공포)와 진찰기변구 행정위원회의 농촌 고용노동자 보호에 관한 결정(1944년 9월 20일) 등이 있다. 요점은 다음과 같다.

---

50) 『모택동선집毛澤東選集』, 724쪽.

① 변구 노동자는 언론·출판·집회·결사·참군參軍·참정 및 각종 항일 활동에 참가할 권리가 있었다. 이에 따라 노동자들은 노동조합과 노동자 항일 구국회를 조직했다.

② 보통 8~10시간 근로제를 실시했다. 농촌 고용 노동자, 가정 고용 노동자의 작업 시간과 휴가일은 정부에서 따로 규정한 것을 제외하고는 보통 해당 지역의 관습에 따랐다.

③ 최저 임금의 기준을 규정했다. 진기로예변구에서는 '노동자 자신 외에 추가로 1~1.5명에게 최저 생활의 필수 비용을 기준으로 하도록' 규정했다. 그밖에 여성·청소년 노동자의 보호 조치와 노사분규 처리방법을 규정했다.

4. 제3차 국공내전기 노동입법의 발전

1948년 8월 하얼빈에서 제6차 전국 노동대회가 열렸는데, '생산 발전, 경제 번영, 공사 동시 고려(公私兼顧), 노동자와 자본가의 상호 이익'이라는 방침에 근거해 중국 노동운동의 목전 임무에 관한 결의에서 노동입법의 일반 원칙을 제시했다. 그 후 각 중국공산당 치하에서는 계속해서 노동 문제에 관한 결의와 법령을 공포했다. 중요한 내용은 다음과 같았다.

① 노동자 계급이 노동조합을 조직하는 권리를 거듭 천명했다. 제6차 전국 노동대회에서 중화 총노동조합의 재결성을 결의했다. 각 해방구에서는 모두 각급 노동조합 조직을 재정리하고 발전시켰다.

② 보통 8~10시간 근로제와 명절·공휴일 휴식제도를 실시했다. 임금이 물가의 영향을 받지 않도록 하기 위해 각지에서는 몇 종류의 생활필수품을 금액으로 환산하는 '물가 임금' 제도를 실시했다. 그밖에 여성·청소년·아동 노동자의 이익을 보호하도록 구체적으로 규정하고, 또 동북 해방구의 일부 기업에서는 노동보험 제도를 시험적으로 실시했다.

③ 단체협약 체결과 노사분쟁 해결방법을 규정했다. 1949년 7월 전국 노동조합 사업회의에서 노사관계 임시처리법, 노사쟁의 해결절차의 임시규정,

사영 공상업 노사쌍방의 단체협약 체결 임시방법을 통과시켰다. 노사 대표가 서명한 단체협약 체결에는 고용 수속, 임금, 작업 시간, 휴식일, 노동 보호와 직공 복지 등의 항목을 명확히 규정하고, 정부의 허가를 받은 뒤 업무가 동일한 각 공장과 상점에 적용했다.

노사 분규의 처리 순서는 다음과 같았다.

① 먼저 노사 쌍방이 직접 협상해 해결하며, 협상이 이루어지면 노동국에 보고해 등록했다.

② 협상이 무효가 될 때 어느 일방이 노동국에 청구해 화해를 진행할 수 있었다.

③ 화해가 성립되지 않을 경우에는 노동국 중재위원회에서 법에 따라 중재했다.

④ 중재에 불복하는 당사자는 법에 따라 사법기관에 제소하고 법원에서 최종적으로 결정했다.

이러한 노동입법의 실시는 노동자의 정당한 권익을 보호하고 노사관계를 중재해 생산성을 높이는 역할을 하다가 전국이 해방된 뒤에는 노동입법에 유익한 경험을 제공했다.

제7장 사법소송 제도

제1절 인민 사법기관의 창건과 발전

1. 제1차 국공내전기 노농운동 과정에서 창건된 사법조직

(1) 성항 대파업 과정에서 설립된 사법조직

① 회심처會審處

성항 파업위원회에 직속하며, 소송 심리원과 몇 명의 서기를 두는데, 모두 파업 노동자가 선출했다. 회심처는 파업을 파괴하는 사건을 전문적으로 심리하는 초심 기관이다. "법제국에 의해 제정되고 대표대회에서 통과된 법에 따라 사건을 심리했다."51)

② 규찰대 군법처

파업노동자 규찰대위원회에 소속한다. 주임 1인과 신문원, 서기, 출장 인원 몇 명을 두었다. 군법처에서는 규찰대에서 넘어 온 각종 범죄자를 접수해 심문하고 사건을 밝히며, 만약 규찰대원이 위법한 경우에는 군법처에서 직접 처리하고 규찰대원이 아닌 사람의 위법은 회심처에 넘겨 심리했다.

③ 특별 법정

성항 파업이 시작되고 얼마 후 제국주의는 홍콩에서 반동분자 임화기林和記를 파견했는데, 광주에 도착한 뒤 암암리에 파업 해원海員을 홍콩에 돌아가 복귀하도록 책동하다가 현장에서 노동자들에게 체포되었다. 그는 증거가 명확했기에 죄를 숨기지 않고 시인했다. 그래서 회심처에서 공개 심문을 준비하는데, 뜻밖에도 광주 국민정부 총검찰장이 공개적으로 방해했다. 계

---

51) 「공인지로工人之路」 1926년 3월 1~17일.

속적인 교섭과 투쟁을 벌여서 결국 공동으로 '특별 법정(특별 형사심판소)'을 조직하기로 결정하고, 특별 법정은 국민정부에서 특파원 3명, 파업위원회에서 배심원 3명을 선출 파견해서 구성했다. 성항 파업노동자 대표대회에서 제정한 회심처 안건처리 조례에 따라 파업 파괴에 대한 중요한 범죄자와 회심처의 판결에 불복해 상소하는 사건을 처리했다.

(2) 농민운동 과정에서 조직한 토호열신 심판위원회

농민운동을 파괴한 토호土豪 열신劣紳과 모든 반혁명 범죄자를 처벌하기 위해 호남성에서 1927년 1월 토호열신을 심판하는 특별 법정을 설립했다. 같은 해 3월 호북성은 성省·현縣 양급의 토호열신 심판위원회를 설립했는데, 10명으로 구성되었다. 그 가운데 농민협회가 주도적 지위를 차지했다. 조례는 심판위원회의 구성 단체 가운데 인민 단체가 성립되지 않은 경우라면 위원이 모자라는 대로 처리하도록 했는데, 다만 현 농민협회의 조직이 없는 경우에는 이 조례를 적용하지 않는다고 규정했다.

2. 중화소비에트공화국의 사법기관

1931년 중화소비에트공화국이 성립한 뒤 심판권과 사법 행정권을 규정하고, 중앙에는 '분립제'를 채택했다. 즉 최고 법원에서 심판 사업을 전문적으로 관리하고, 사법인민 위원부는 사법행정 사업을 전문적으로 관리했다. 지방에서는 '합일제'를 채택해 각급 재판부는 심판 사업과 사법행정 사업을 겸해 처리했다. 주요 사법기관은 아래와 같았다.

① 최고 법원(임시 최고 법원)

1932년 2월 최고 법원이 구성되기 전에는 임시 최고 법원을 설립해 최고 법원의 직권을 대신 행사하도록 하며 국가 최고 심판기관으로 삼는다고 결정했다. 최고 법원의 권한은 다음과 같았다.

㉠ 일반 법률에 대해 해석했다.

ⓒ 각 성 재판부 또는 고급 군사재판소의 판결과 결의를 심사했다.

ⓒ 중앙 집행위원 이외의 고위기관 직원이 직무를 집행하는 기간에 행한 위법 사건을 심사했다.

ⓔ 성 재판부 또는 고급 군사재판소의 판결에 불복해 상소를 제기한 사건을 심판했다. 최고 법원에는 형사·민사·군사 법정을 두었다.

② 성·현·구 재판부

이중 지도의 원칙을 채택해 상급 사법기관의 지도를 받는 외에 동급 정부 주석단의 지도를 받았다. 형사·민사 법정을 설립하고 필요할 때는 순회 법정을 조직할 수 있었다. 1933년 4월 이후 도시 재판과에 노동 법정을 설립하고 전문적으로 노동법을 위반한 사건을 심리했다.

③ 군사재판소

홍군에 초급 군사재판소와 고급 군사재판소를 설립했다. 전자는 군부軍部·사부師部·군구軍區 지휘부에 설치하고, 후자는 중앙 혁명 군사위원회에 설치했다. 현역 군인이나 작전 지역의 위법 사건을 전문적으로 심리했다.

④ 검찰기관

'심검審檢 합일제'를 채택해 검찰기관을 심판기관에 부설했다. 최고인민법원에는 정·부 검찰장을 1명씩, 검찰원을 몇 명 두었다. 성·현 재판부에는 검찰원 몇 명을 두고, 구 재판부에는 검찰원을 두지 않았다. 군사재판소 소재지에 초급·고급 군사검찰소를 설립했다. 검찰기관의 임무는 형사사건의 예심과 공소 사무를 관리하는 동시에 법정을 열어 심판할 때 국가를 대표해 공소를 제기했다.

3. 항일 민주정권 사법기관의 변화

항일 전쟁기 섬감녕변구는 다음과 같은 사법기관을 설립했다.

① 변구 고등법원

변구 참의회와 변구정부의 지도 감독을 받으며 전 변구의 심판 사업과 사법행정 사업을 관리했다. 민사·형사 법정을 설치하고 필요하면 순회 법정을 설치할 수 있었다. 그밖에 서기실, 구치소와 노동 감화원 등의 기구가 있었다.

② 변구정부 심판위원회

1942년 8월에 섬감녕변구 정부에서는 변구정부 심판위원회를 설치할 것을 결정했다. 그 직권은 법령을 해석하고 고등법원 1심과 2심 판결에 불복한 상소 사건을 접수하고 처리했다. 그리고 사형의 재심 사건을 수리했는데, 1944년 3월에 폐지되었다.

③ 고등법원 분정

군중들에게 상소의 편의를 제공하기 위해 변구정부에서는 1943년 3월에 각 분구의 전원專員 공서公署 소재지에 고등법원 분정을 설치할 것을 결정하고, 변구 고등법원을 대표해 각 분구가 관할하는 현 사법처에서 제1심 판결을 받았지만 불복해 상소하는 민사·형사사건을 수리하는 제2심 심판기관이 되었다. 정장庭長은 전원專員이 겸임했다.

④ 현縣 사법처

현에는 사법처를 설립해 현장이 처장을 겸임하고, 따로 심판원·서기원을 두어 제1심 민사·형사 소송 사건을 책임지고 심사 처리했다.

⑤ 검찰기관

기본적으로 '심검 합일제'를 실시해 각급 법원에 검찰원을 부설하고 원장의 지도로 검찰권을 행사했다. 1941년 봄 섬감녕변구에 검찰처를 설립했는데, "검찰 직권은 독립적으로 행사했다." 1942년 봄 기구의 간소화에 따라 폐지되었다. 법원에 검찰원을 설립하거나 또는 각급 행정 수장과 공안 인원이 검찰 직권을 대리 행사했다.

4. 제3차 국공내전기 사법기관의 새로운 발전

제3차 국공내전기에 사법기관은 대체로 아래와 같은 세 유형이 있었다.

① 토지개혁 시기의 인민 법정

토지개혁 법령을 거역하고 파괴하는 모든 범죄 사건을 접수해 처리했다.

② 군사 관제기의 군사 법정

새로 해방된 도시의 군사 관제위원회 아래 군사 법정을 설립해 중대한 반혁명 사건을 책임지고 심판했다.

③ 각급 인민법원

노해방구(老區)·반노해방구(半老區)에서는 토지개혁 후 각급 인민법원 조직에 착수했다. 예컨대 동북 해방구는 대해방구와 성·현의 3급 인민법원을 수립했다. 대도시에도 시 인민법원을 수립했는데, 예를 들어 북평시 인민법원은 1949년 3월 18일에 정식으로 수립되었다.

이상 각종 사법기관의 건립은 건국 이후 전국적으로 인민 사법기관을 수립하는 데 조직적인 기반을 닦아 놓았다.

제2절 주요 소송제도의 역사적 변천

① 범인 체포

오직 공안과 사법기관만 법에 따라 집행할 수 있었다. 1925년 성항 파업위원회는 범인 체포는 노동자 규찰대가 공안의 직권을 대리해 책임지며, 초보적 심사를 거친 뒤 반드시 규정에 따라 군법처나 회심처에 넘겨 처리해야 한다고 규정했다. 제2차 국공내전기에 모든 반혁명 사건은 국가 정치보위국에서 조사·체포와 예비 심문할 권리를 가지며, 또 공소인 자격으로 국가 사법기관에 공소를 제기한다고 규정했다. 그러나 좌경적 노선 때문에 모든 부대·기관·단체가 모두 범인을 체포하고 심문할 권리가 있다고 잘못 규정했던 적이 있었다. 항일 전쟁기 좌경적 잘못을 바로잡으며 항일 법제를 수립하기 위해 섬감녕변구 시정강령에 "사법 계통과 공안기관에서 법에 따라 직무를 집행하는 외에는 어떠한 기관·부대·단체에서도 사람을 체포하고 심문하거나 처벌하지 못하며 인민은 어떠한 방식으로든지 모든 공무원의 불법 행위를 고발할 권리가 있다”고 명확히 규정했다. 인권 및 재산권 보장 조례에는 “사법기관 또는 공안기관은 범인을 체포할 때는 반드시 충분한 증거가 있어야 하며 법에 따라 수속하고 집행한다”고 규정했다. 제3차 국공내전기에는 기본적으로 항일 전쟁기의 규정을 계속 사용했는데, 어떤 지구에서는 필요한 보완을 했다.

② 심판권

사법기관에서 통일적으로 행사했다. 1925년 성항 파업위원회는 회심처는 초심 기관이 되며, 여러 부서에서 넘어온 범인은 반드시 24시간 안에 심문을 해 경미한 범죄는 바로 처리하고, 반드시 특별 법정에 보내야 하는 범인도 24시간을 넘지 말아야 하며, 확실히 무고하면 곧바로 석방할 권한을 가진다고 규정했다. 제2차 국공내전기 재판부 임시조직 및 재판 조례는 현역 군인 외의 모든 민사·형사사건은 모두 재판부에서 심리했다. 모든 반혁명 사건 범인의 심판권(무죄를 선고하는 것부터 사형 심판에 이르기까지)은 모두 국가 사법기관에 속한다고 규정했다. 항일 전쟁기 섬감녕변구 정부는 “변구 고등 법원은 독립적으로 사법권을 행사한다”고 규정했다. 인권 및 재산권 보장조례에는 구급區級 이하 정부는 경찰범 이외의 모든 사건에 대해 조사·조정만 할 수 있고, 절대 심문·구류와 처벌할 권한은 없다고 규정했다. 1948년 11월 화북 임시정부는 한간·특무·내전 범죄에 대해 공안기관에서 조사할 책임이 있고, 아울러 사법기관에 공소를 제기해야 한다고 규정했다. 사법기관은 그해 사건을 심판할 권한과 책임이 있었다. 즉, 범죄 사실과 증거에 근거해 죄를 인정하고 형벌을 가할 수 있었다.

③ 육형 폐지

강압적 수단으로 진술하게 만드는 것을 엄금하며, 증거를 중시하고 진술을 경솔하게 믿지 않는 원칙을 실시했다. 일찍이 1922년 6월 15일 중국공산당 제1차 시국에 대한 주장에서 아주 명확히 “육형을 폐지한다”고 했다. 성항 파업위원회에서 먼저 이 원칙을 실시하기 시작했다. 회심처세칙에 “회심처에서는 태형으로 진술을 강제해서는 안 되며 인도주의를 중하게 여긴다"[52)]
는 규정을 두었다. 1929년 12월 홍사군紅四軍 고전古田 회의에서는 일부 부대에 남아 있던 육형제도를 비판하며 그를 폐지하는 통령을 공포할 것을 결정했다. 임시 중앙정부는 제6호 훈령에서 "반드시 육형을 폐지해야 하고, 확실한 증거를 찾아 여러 가지 유효한 방법을 활용하라"고 규정했다. 항일 전쟁기 1943년 8월 당중앙 간부 심사에 관한 결정에는 소비에트 이래 숙반사업의 경험을 토대로 '강압적으로 진술하게 하는' 잘못된 행위를 엄숙히 비판했다. 각지에서는 반드시 "주관적인 공술을 강요하는 방법을 금지해야 한다"고 했다. 진기로예변구 경찰죄 처벌 임시법에는 '모욕적인 방식'인 거리 순회, 부추기기, 매달고 때리기 등으로 훈계하지 못하게 했다. 1948년 10월 화북 인민정부는 통령을 통해서 다음과 같이 선포했다.

㉠ 육형을 금지한다.

㉡ 증거를 중시하고 진술을 중시하지 않는다.

㉢ 지명해 진술을 받아서는 아니 된다.

하얼빈시 정부에서는 "당사자 또는 죄인에게 모두 고문이나 학대를 하면 안 되고, 이를 위반한 자는 직권 남용이나 인권을 침해한 죄로 처벌한다"고 규정했다.

④ 심판 합의제와 인민 배심원제도

심판 합의제는 민주집중 원칙의 구체적인 구현이다. 인민 배심원은 심판 업무 민주화의 중요한 제도로, 군중들을 정권 관리 및 사법사업 감독에 참가시키는 조직형식이었다. 일찍이 1925년 성항 파업위원회의 회심처세칙에 회심처에 승심원承審員[53)] 5인을 두고, 반드시 3인 이상 출석해야 법정을 열수 있다고 규정했다. 이후 각 노동조합에서 배심원을 뽑아 9인을 한 조로 날마다 돌아가면서 회심처에 가서 배심에 참가했다. 1927년 3월 상해 노동자 제3차 무장봉기에서 제정한 정부강령에도 "법원에서 배심제를 실시하고 각

---

52) 「공인지로工人之路」 1925년 1월 6일.
53) '승심원承審員'은 심사를 맡은 사람을 말한다. —역주

계에서 배심한다"고 규정했다. 농민운동 과정에서 수립된 호북성 성·현 양급 토호열신 징벌 심판위원회에서는 "반드시 과반수 이상의 위원이 출석하고, 심판 결과는 출석한 위원의 과반수 이상이 동의해야 판결할 수 있다"고 규정했다. 제2차 국공내전기에 법정은 반드시 3인으로 구성되어 재판부장 또는 재판원을 주심이 되고 나머지 2명은 배심원이 되는데, 간단하고 중요하지 않은 안건일 경우에는 재판 부장이나 재판원 1인이 심리할 수 있다고 규정했다. 항일 전쟁기에 인민 배심원제도는 크게 발전해 많은 지역에서 배심 조례를 제정했는데, 보통 다음의 세 가지 형식이 채용되었다. 첫째는 심판기관에서 임시로 유관 단위에 사람을 파견하도록 요청해 배심에 참가하는 것이다. 둘째는 각 인민 단체에서 배심원을 뽑아 돌아가면서 출석 배심하는 것이다. 셋째는 기관·부대·단체가 대표를 뽑아서 출석 배심하는 것이다. 제3차 국공내전기에는 기본적으로 항일 전쟁기의 인민 배심제도를 그대로 도입하고 약간의 규정만 보완했다.

⑤ 심판원에 대한 회피제도

심판원 회피제도에 대해서는 제2차 국공내전기에 심판 인원과 피고인 가족 또는 친척관계에 있는 사람이나 개인적으로 관계가 있는 사람은 해당 사건의 주심 또는 배심을 맡을 수 없다고 규정했다. 항일 전쟁기에 진찰기변구 배심제 임시법에서 배심원은 다음과 같은 사정이 있으면 스스로 회피해야 한다고 구체적으로 규정했다.

㉠ 배심원이 피해자인 경우

㉡ 배심원이 피고 또는 피해인의 배우자, 가장 또는 가족인 경우

㉢ 배심원이 이전에 피고 또는 피해자의 법정 대리인이나 감정인이었던 경우

㉣ 배심원이 이전에 본 사건의 검찰관 또는 사법 경찰관의 직무를 집행한 적이 있는 경우

당사자는 배심원이 위에 열거한 것과 같은 상황인데 회피하지 않는 경우에는 배심원의 기피를 청구할 수 있었다. 심판관은 배심원이 스스로 회피해

야 할 원인이 있다고 인정될 때 직권으로 회피를 명령할 수 있었다.

⑥ 공개심판 원칙

성항 파업위원회의 회심처세칙에는 공개 심판을 하고, 법정을 열 때 "회심처는 노동자들이 방청할 수 있고 공평하다는 것을 세상에 알린다. 방청하면서 월권해 간섭하거나 법의 권위에 해를 주지 말아야 한다. 만약 특별 사건이 있어서 비밀리에 심문해야 할 경우에는 그렇게 하지 않는다"고 규정했다. 1927년 3월 호북성 토호열신 심판위원회 임시조례에는 성·현 심판위원회는 모두 공개 심판한다고 규정했다. 1932년 군사재판소 임시조직 조례에는 "사건 심판은 공개적으로 진행하고, 병사와 군대 사업 인원의 방청을 허용한다. 그러나 군사비밀 사건인 경우에는 비밀 심판을 채택하지만, 판결을 선포할 때는 반드시 공개한다"고 규정했다. 같은 해 9월에 공포한 재판부 임시조직 및 재판조례에도 마찬가지로 각급 재판부는 "사건 심판은 반드시 공개한다"고 규정했다. 혁명 법정사업 대강에는 구체적으로 "법정에서 개정하여 공개 심리하기 3일 전에 그 사실을 공시하고 통고해야 한다. 공개 심판을 할 때는 모든 소비에트 공민의 방청을 허용한다. 주심의 동의가 있으면 방청 군중도 의견을 발표할 수 있다"고 규정했다. 항일 전쟁기에 각지 항일 민주정권은 모두 공개심판 원칙을 실시하도록 규정했다. 1948년 하얼빈특별시 민사·형사 소송 임시조례 초안에도 "심판정을 공개하고, 소송과 관계있는 사람 및 보통 군중도 모두 법정에 가서 방청할 수 있다. 그러나 국가 비밀에 관계되거나 풍속 교화에 해가 되는 사건은 공개하지 않는다"고 했다.

⑦ 변호제도

1926년 12월 호남성 제1차 농민 대표대회는 사법 문제 결의안에서 "소송 거간꾼이 시비를 거는 행위를 엄금한다." "농민협회는 회원을 대표해 소송할 권리가 있다"고 규정했다. 제3차 국공내전기 중화소비에트공화국 재판부 임시조직 및 재판조례에는 "피고인은 본인의 이익을 위해서 대표를 법정에 보내 변호할 수 있는데, 반드시 법정의 허가를 얻어야 한다"고 했다. 천섬川陝 혁명법정 조례에는 공민권이 있는 사람은 모두 변호인 자격이 있으며, 노농 인민은 한 명 이상의 변호인에게 변호를 의뢰할 수 있다고 규정했다.

항일 전쟁기 섬감녕변구에서는 법정을 열 때 소송 당사자가 친족이나 법률 상식이 있는 사람을 청해 출정하고, 형사 피고의 변호인 또는 민사 대리인이 되도록 허락한다고 규정했다. 각 인민 단체는 소속 구성원의 소송에 대해서도 대표를 법정에 파견하여 변호를 돕거나 대리 소송할 수 있었다. 1948년 하얼빈특별시 민사·형사 소송 임시조례 초안에는 소송의 지연과 인민의 부담이 증가되는 것을 방지하기 위해 옛날의 변호사와 사법司法 대서代書가 소송에 참가하는 것을 폐지한다고 선포했는데, 심판 활동에서 민사·형사 당사자의 변호 권리는 충분히 보장해야 한다고 규정했다.

⑧ 상소제도

상소제도는 법정의 심판 절차일 뿐만 아니라 당사자의 중요한 권리 가운데 하나였다. 1926년 3월 성항 파업위원회의 회심처 조직법에는 "회심처가 범인을 판결하는데 판결에 불복하는 경우에는 특별 법정에 상소할 수 있다"고 규정했다. 1927년 3월 호북성 토호열신 심판위원회 임시조례에는 "현縣 심판위원회의 판결에 불복하는 경우에는 5일 안에 원 심판위원회에 상소를 청구하고, 원 심판위원회는 기록을 이송해 성省 심판위원회에 재판결을 청구한다. 기간이 지나도 청구하지 않는 경우에는 판결대로 집행한다"고 규정했다.

제2차 국공내전기 재판 조례에는 다음과 같이 규정했다. 피고인이 제1심 판결에 불복하면 14일(나중에는 7일로 고쳤다. 구체적 일자는 재판원이 상황에 따라 결정함) 이내에 상급 사법기관에 상소할 수 있었다. 기본적으로 2심 종심제를 실행했다. 그런데 검찰원이 동의하지 않으면 사법기관에서 재심했다. 새로운 해방구나 변경의 해방구 또는 적들과 대치하고 있는 지방과 기타 긴급한 상황이 있는 곳의 반혁명·호신·지주의 범죄는 1심(종심)만으로 처리할 수 있었다. 최고 임시 법정에서 심판한 사건은 모두 종심이므로 상소권이 없다. 항일 전쟁기에는 상소제도가 보다 구체적으로 규정되어 상소 기간은 형사사건의 경우 10일, 민사 사건의 경우 20일이었다.

심급제도는 기본적으로 2심 종심제를 채택했다. 예컨대 현縣 사법처가 제1심, 변구 고등법원이나 분정分庭이 제2심이 된다. 1942년 섬감녕변구에서는 삼심제로 한 번 바꿔서 변구 심판위원회를 제3심급으로 삼아, 변구 고등법원의 1심이나 2심 판결에 불복한 민사·형사 상소 사건을 접수 처리했다. 1944년 2월에 변구정부 심판위원회를 없애기로 결정하고 2심 종심제로 돌아갔다. 그러나 적의 후방 항일 근거지에서는 3심제를 실시했는데, 예컨대 진기로예변구와 소비에트 지구에서는 모두 현을 제1심으로, 전원공서專員公署를 제2심으로, 변구 고등법원을 제3심으로 했다. 제3차 국공내전기 상소제도는 기본적으로 전기의 규정을 계속 사용했다. 상소 기간은 일반 형사사건은 5~10일간이고, 민사 사건은 20일이었다. 화북 인민정부에서는 소송이 지연되는 현상을 막기 위해 민사 상소 기간을 5~7일로 개정하고, 심판원이 구체적인 상황을 참작해 결정하도록 했다.

⑨ 사건 재심제도

1926년 성항 파업위원회의 규찰대 기율은 규찰대원이 엄중한 죄를 범해 사형 판결을 받았을 경우에는 반드시 성항 파업노동자 대표대회에 보고해 통과되어야만 집행할 수 있다고 규정했다. 이것은 사회주의 혁명 과정에서 가장 처음으로 규정한 사형 재심제도이다. 이후 제2차 국공내전기에도 사형 사건은 피고의 상소 여부에 관계없이 모두 상급 사법기관에 보고해 심사 비준을 얻어야 한다고 규정했다.

항일 전쟁기에 사건 재심사는 사형 재심사와 유기징역 재심사 두 종류가 있었다. 사형은 모두 변구정부 주석에게 보고해 비준을 받아야 했다. 3년 이상의 징역에 처하는 경우에는 반드시 판결을 선포하기 전에 판결서와 서류를 변구 고등법원에 보내 재심사를 했다. 각 현에서는 판결이 1년 이상 3년 이하의 유기징역인 경우에는 반드시 분정分庭에 보내 재심사를 했다. 제3차 국공내전기 화북 인민정부는 사형의 경우 반드시 화북 인민정부 주석이 비준하도록 하고, 유기징역 이하의 판결에 처하는 사건의 경우에 원·피고 쌍방이 상소하지 않거나 또는 상소 시기가 지났을 때는 이미 확정된 판결서를 달마다 책으로 묶어 형기의 기간에 따라 성이나 화북 인민법원에 보고해 재심을 받았다. 상급 법원은 필요하다고 인정되는 경우에는 판결을 변경하거나 다시 심사했다. 이런 재심제도는 사건 처리의 질을 보장하는 중요한 역할을 했다.

제3절 심판방식의 개혁과 마석오 심판방식의 출현

1. 군중 노선을 관철하는 몇 가지 심판방식

혁명 근거지의 인민법원은 심판방식과 심판 기풍에도 철저한 개혁을 수행하여 필요한 법정 심리 외에 군중 노선을 관철하는 아래와 같은 각종 심판방식을 창조했다.

(1) 공심제公審制

일반적으로 정치운동 과정에서 예를 들어, 토호열신 징벌, 반혁명 진압, 매국노 제거와 소작료 인하운동, 악덕 지주 청산 투쟁, 토지개혁 운동 등 정책과 법령을 정확히 선전하고, 군중의 정치의식을 드높이고 운동을 심화하고 발전시킴과 동시에, 적이 두려워하게 하고 그 힘을 분산시키기 위해 군중이 참가하는 공심제를 채택했다. 또는 중대한 정치적 영향이 있는 사건을 선택하여 공심제를 실시함으로써 영향을 넓히고 법제 관념을 높였다. 일찍이 제1·2차 국공내전기에는 토호열신과 반혁명 사건에 대해서 공심 방식을 채택했는데, 항일 전쟁기에 와서 더 많이 발전하게 되었다. 공심제는 보통 세 가지 형식이 있었는데, 첫째는 군중 공심대회, 둘째는 대표 공심대회, 셋째는 공개 선판宣判 대회이다. 각종 공심제는 사법기관과 군중들이 함께 법의 절차에 따라 조직하고 진행했다.

(2) 현지 심판

보통 초심 기관에서 자주 채택했다. 교육적 의의가 있는 사건을 선택하거나 또는 사건이 복잡하여 여러 사람이 연루되고 오랫동안 해결되지 않는 사건을 선택해 심판 인원들이 시골에 내려가 현지 조사와 연구를 실시하며, 군중이 참가해 조정할 수 있는 것은 빨리 조정해 사건 심리를 끝냈다. 조정으로 해결할 수 없거나 조정에 실패한 사건은 심판원이 공개 심판으로 심리했다. 섬감녕변구 정부는 각지 현지 심판 경험을 모아서 1942년에 변구 민사소송 조례초안을 제정했는데, "사법기관은 심판 인원을 파견해 사건이 발생한 향·시에 가서 현지 심리를 행하며, 이때 심판 인원은 현지 군중의 의견을 반영하여 사건 처리에 참고한다"고 규정했다.

(3) 순회 심판

제2차 국공내전기 재판 조례에는 "각급 재판부는 순회 법정을 조직하여 사건 장소에 가서 비교적 중요한 의미가 있는 사건을 심판하며, 대규모 군중이 방청하도록 할 수 있다"고 규정했다. 1932년 4월 중앙 임시 최고법정 주석 하숙형何淑衡은 직접 서금현에 가서 현 재판부와 함께 순회 법정을 조직해 백로향과 합용향이라는 두 향의 수리 분쟁을 합리적으로 처리했다.

항일 전쟁기 진서북 항일 근거지는 순회 심판을 일찍 시작한 지방 가운데 하나였다. 1942년 3월에 진서북 행정 공서는 경험을 총괄하여 순회 심판법 7조를 제정했다. 섬감녕변구에서 순회 심판은 변구 고등법원과 분정에서 자주 채용했는데, 2심 사건을 처리하는 심판방식이다. 인민의 상소에 편의를 주고 또 사건이 복잡하여 당사자만 소환해서는 밝히기 어려운 경우에 임시로 순회 법정을 조직해서 사건 서류를 가지고 현지에 내려가 조사하고 연구한 다음 처리했다. 그리고 순회 법정은 이미 접수한 사건을 심리할 뿐만 아니라 현지에서 새로운 상소 사건을 접수했다. 또한 원장의 위탁에 근거하여 하급 사법기관의 사업을 개진하도록 검사하고 도와줄 권한이 있었다. 마석오馬錫五 심판방식은 순회 심판의 전형적인 사례로 소비에트를 계승한 이래 인민 사법사업의 우수한 전통을 기반으로 더욱 발전한 모습이라 할 수 있다.

2. 마석오 심판방식의 출현과 주요 특징

(1) 마석오 심판방식의 출현

마석오馬錫五(1899년 1월 8일~1962년 4월 10일)[54]는 섬서 보안현保安縣 사람으로, 1930년부터 혁명사업에 참가해서 섬감성소비에트 양식부장과 국민경제부장, 섬감녕성 소비에트 주석 등을 역임했다. 또한 항전 시기에는 섬감녕변구 경환慶環 전구專區, 농동隴東 전구의 전원專員·부전원副專員 등을 수행했다. 1943년 변구정부의 명령에 따라 섬감녕변구 고등법원 농동 분정分庭 정장을 겸임하면서 사법에 종사하게 되었는데, 1946년 4월 변구 제3기 참의회에서 지구 고등법원장으로 선출되었다. 중화인민공화국이 성립된 뒤 최고인민법원 서북분원장을 지내고, 1954년에는 최고인민법원 부원장으로 임명되었다.

마석오는 농동분정 정장을 겸임하면서 사법 사업을 매우 중시해 자주 사건 서류를 가지고 향에 내려가 직접 사건을 처리했다. 그가 처리한 사건은 매우 많은데, 그 가운데 대표적인 사건으로는 다음과 같은 것들이 있다.

① 화지현 봉봉封捧의 혼인 상소 사건을 법에 따라 공평하게 판결한 것.[55]

② 곡자현 소발운蘇發云 형제의 '모재謀材' 살인 혐의 사건을 해결한 것.

③ 군중에 의거하여 합수현 정丁·축丑 두 집의 토지 분쟁 사건을 세심하게 조정한 것.

④ 현지 조사를 해 왕치관王治寬이 왕통일王統一의 택지를 강점하려고 기도한 사건을 정확하게 처리한 것.

⑤ 시비를 분명히 해 이치에 맞게 설득시켜 연안현 양조운楊兆雲이 오랫동

---

54) 마석오馬錫五의 생존 시기는 보통 1898~1962년이라 하는데, 그것은 가능하다. 그는 음력으로 광서光緒 24년 무술戊戌 11월 27일에 태어났는데, 그것을 양력으로 환산하면 1899년 1월 8일이다.
55) 희극 「유교아劉巧兒」는 이 사건을 소재로 한 것이다.

안 분쟁을 일으켰던 행정소송 사건을 참을성 있게 해결한 것.

⑥ 증거를 중히 여기고 자백을 가벼이 믿지 않으며 신중하게 주정방周定邦의 살인 사건을 재심한 것.

마석오는 순회 심판을 통해 일부 잘못된 사건을 제때 시정함으로써, 오랫동안 소송을 끌어오던 사건을 해결해 위법자는 벌을 주고 무고자는 석방해 인민의 합법적 권익을 보장했기 때문에 군중의 환영을 받았다. 사람들은 이와 같이 인민에 가까이 다가가 조사하고 연구하는 사건처리 방법을 '마석오 심판방식'이라고 했다. 이와 같은 사실이 신문에 적극적으로 소개되어 이 방식은 전 변구의 사법 사업에 큰 영향을 끼쳤다.

마석오 심판방식의 출현은 결코 우연한 것이 아니라 깊은 사회·역사적 이유가 있다. 첫째, 항일 근거지에 사회주의 정치제도와 경제제도가 수립되면서 반드시 이에 맞는 인민 사법제도가 수립될 필요가 있었다. 마석오 심판방식은 바로 이 역사적 추세에 적응한 산물이다. 또한 이것은 항일 민주정권을 굳건히 하고 근거지의 건설과 발전을 추진하는 역할을 했다. 때문에 사람들이 마석오를 칭찬하는 것은 인민 민주제도에 대한 찬송과 같다. 둘째, 그것은 오랜 기간 동안의 인민 민사법 사업 실천경험이 녹아 있는 것으로, 사법의 훌륭한 기치가 되었다. 셋째, 당의 정풍운동이 사법 실천에서 거둔 큰 성과였다. 삼풍三風(주관주의, 종파주의, 당팔고黨八股56))을 정돈한 것은 마석오 심판방식의 출현에 튼튼한 사상적 기반을 마련했다. 넷째, 마석오는 섬북陝北에서 태어나 섬북에서 자란 간부로 현지의 풍토와 인정에 익숙해 섬북 인민이 그를 추앙했고, 그도 자신의 재능과 지혜를 전심전력을 다했기에 당과 인민의 칭찬을 받게 된 것이다. 1942년 2월 3일 모택동이 그에게 준 격려의 글에서 "잠시도 대중을 떠나지 않았다"고 했고, 1962년 4월 동필무董必武는 그를 위해서 "변구는 은혜를 준 사람을 그리워한다"는 시를 썼다. 사각재謝覺哉는 "이치가 밝고 방법이 타당하며 당성이 강하다." "당신의 품성·지혜·작풍은 영원

---

56) 당팔고黨八股는 중국공산당의 형식적이고 교조적인 지시문이나 문장이다. 1941년 정풍운동이 벌어질 때 모택동이 8가지 항목을 내세워 통렬히 비판했다. ―역주

히 동지들의 마음속에 남을 것이다”57)고 칭찬했다.

(2) 마석오 심판방식의 기본 특징

① 실사구시에 입각해서 객관적·전면적으로 인민에게 들어가 조사 연구를 진행하여 주관주의적 심판 작풍을 반대했다.

모택동은 『모순론』에서 다음과 같이 지적했다. “문제를 연구할 때는 주관성·일면성과 평면성을 꺼린다. 이른바 주관성이라는 것은 객관적으로, 유물론적 관점으로 문제를 볼 줄 모르는 것을 말한다.” “이른바 일면성이라는 것은 전면적으로 문제를 볼 줄 모르는 것이다.” 예를 들면 “원고만 이해하고 피고인을 이해하지 않는 것이다.” “평면성이라는 것은 모순의 전체와 그 각 측면의 특징을 보지 않고, 사물 내부에 깊이 들어가 그 특징을 자세히 연구할 필요성을 부인하며, 그저 먼 곳에 서서 관찰해 대충대충 형상만 살피고, 그를 해결하려는 문제에 대답하거나, 분쟁을 해결하거나, 사업을 처리하거나, 전쟁을 지휘하는 것을 말한다. 이러한 방법은 혼란을 일으키지 않을 수 없다.”58) 마석오 심판방식은 어떠한 고유의 격식에도 얽매이지 않고 항상 인민 속에 깊이 들어가서 힘써 객관적이고, 전면적이며, 세심하게 조사 연구하여 여러 분야의 각종 의견을 귀담아 듣고 모든 관련된 인증人證과 물증을 수집한 다음 신중한 분석과 연구를 거쳐 시비곡직의 객관적인 근거를 찾아 공정하고 합리적으로 사건을 처리하는 것이다.

이와 반대로 선입견을 가지고 한쪽 말만 듣고, 조사 연구 없이 주관적인 억측으로 사건을 처리하면 문제가 생기지 않을 수 없다. 예컨대 합수현合水縣 왕치관이 왕통일의 택지를 강점하려는 사건과 화지현 봉봉 혼인 상소 사건에서 현 사법처가 처음에 정확히 판결하지 못한 것은 모두 원고의 말만 듣고 조사 없이 경솔하게 처리해 주관주의적 과오를 범했기 때문이다. 이렇게 마석오 심판방식은 조사를 깊고 전면적으로 하지 않고, 대충대충 겉으로만

---

57) 장희파張希坡, 『마석오심판방식馬錫五審判方式』(법률출판사, 1983)을 참조.
58) 『모택동선집毛澤東選集』, 287~288쪽.

하면 주관주의적 과오를 범하게 된다는 것을 증명한다. 곡자현 손모孫某가 피살된 사건에서 현 사법처는 다만 몇 가지 사실(소蘇씨와 손씨 두 사람이 같이 길을 떠났는데, 소씨 집에서 피 흔적이 세 군데에서 발견된 것)에만 근거해 소씨를 살인범으로 체포했지만, 여러 가지 모순이 있어서 오랫동안 심리를 끝낼 수 없었다. 마석오는 이 사실을 듣고 여러 차례 조사해, 증인이 소씨와 손씨 두 사람이 서로 같이 길을 떠난 것을 보았을 뿐만 아니라, 또 도중에서 서로 갈라졌다는 것을 증명하여 사실을 밝혀냈다. 또한 소씨 집 방의 피는 해산할 때의 흔적이고, 토방의 피는 집안사람이 장티푸스에 걸려 흘린 코피이고, 도끼의 피는 양을 잡을 때의 흔적이라는 것을 밝혀냈다. 위의 사실을 마석오가 조사를 통해 밝힌 뒤 소씨의 살인 혐의를 과감히 벗겼다. 그 뒤 조사를 거쳐 진짜 살인범은 두로오杜老五임을 밝혔다. 이 사건을 공개 심판하여 사람들의 강렬한 반향을 일으켜 마석오를 마청천馬靑天이라며 칭찬했다.

② 성실하게 인민에게 다가가고, 심판과 중재를 결합해 사법 간부와 군중들이 공동으로 사건을 처리했다.

사각재謝覺哉는 "심판과 중재의 결합이 곧 마석오 동지의 심판방식이다." "화해는 자발성을 원칙으로 하고 심판은 강제성을 띠고 있으나, 심판만 잘되면 승소자와 패소자는 모두 자발적으로 복종할 수 있다"고 지적했다. 마석오 심판방식의 가장 근본적인 경험은 성실하게 인민에게 다가가려 한 것이다. 우선 사건의 정황을 조사할 때 군중에게 묻고 공정한 태도로 각 분야의 의견을 끈기 있게 귀담아 들어, "입장을 바꾸어 군중의 감정과 요구를 체험했다." 다음으로 분쟁을 해결할 때 사건을 알고 있는 군중의 의견에 따라 당사자에게 이치와 법을 설득했다. 당사자들을 화해시키려 힘써 앙금을 없앴다. 이러한 판결은 정책과 원칙에 맞을 뿐만 아니라 법리와 인정에도 부합한다. 쌍방 당사자가 판결에 복종할 뿐만 아니라 주위 군중의 동정과 옹호도 받게 된다. 봉봉 상소 사건 처리도 그렇고, 연안현 양조운이 질질 끌던 소송 사건 처리도 그러했다. 1946년 마석오는 연안에서 변구 고등법원 원장을 담임한 뒤, 연안현 사법처에서 접수한 지 오래되었지만 해결하지 못한 사건을 조사하게 되었다. 주요 사건 내용은 다음과 같다. 양조운楊兆雲이라는 군속 노인이 있었는데, 구향區鄕 간부가 공량公糧을 바치지 않는 '완고頑固 분자'라고 했다. 그런데 양씨는 오히려 구향 간부가 강제로 공량을 더 바치게 강요하고, 자기 밭과 인접해 있는 사람이 그의 토지를 강점하고 자기 집 물건을 훔쳤다고 고소했다. 현 정부 간부는 이 사건을 접수한 뒤 처리하기 어렵다고 생각해서 행정 소원에서 행정 소송으로 전환해 현 사법처에서 심리하게 했다. 그래서 마석오는 현 심판원과 함께 군중에게 다가가 한편으로는 같이 일하면서 다른 한편으로는 사건을 조사했다.

이 사건의 사실은 다음과 같다. 양씨는 공량 1석石 남짓을 바쳐야 하는데 보리 낟가리를 아직 탈곡하지 않아, 향 간부가 몇 번 독촉해도 알아서 공량을 바치지 않았다. 향 간부는 구區 정부에 보고하여 양씨가 양식을 바치지 않으니 민병을 동원해 낟가리의 보리를 타작해 양식을 바치게 하도록 결정했다. 이때 양씨는 아들을 시켜 2두斗의 보리를 양식 창고로 가져가 영수증을 받았다. 향 간부는 이런 사실을 전혀 모르고 다시 양씨를 설득하지 않고, 곧바로 민병에게 명해 양씨의 보리 낟가리를 탈곡해 1석이 넘게 공량으로 바쳤는데도 몇 되가 모자랐다. 그런데 양씨가 이미 바친 2두와 합치면 1두는 더 바친 셈이었다. 그래서 양씨는 세 가지 문제를 제기했는데, 즉 하루 전에 2두 양식을 바쳤는데 어째서 바치지 않았다고 하는가? 어째서 우리 집은 보리를 더 내는가? 민병이 강제로 인민의 양식을 탈곡하는 것은 위법이 아닌가? 마석오는 사건을 조사한 뒤 구향 간부가 문제처리 과정에서 강제로 명령을 이행한 잘못을 범했다고 지적했다. 더욱이 민병을 파견해 강제로 보리를 탈곡한 것은 정책에 위반되는 행위이므로, 향 간부는 양씨에게 사과하고 더 받은 공량을 그대로 돌려주며, 양가는 군속이므로 생활이 곤란하면 징량徵糧 조례에 따라 보살핌을 받아야 마땅하다고 했다. 그 후 마석오는 다시 그 향에 내려가 다른 문제를 조사했다. 사건을 아는 군중들이 참여하여 스스로 분쟁이 있는 지계地界에 가서 현지 조사를 하고, 또한 군중을 동원해 평의評議 처리59)를 진행했다. 그 결과 타인이 양씨의 토지를 점거한 것이 아니라 양씨가 타인의 토지를 더 점거했다는 사실이 밝혀졌다. 타인이 양씨의 물건을 훔쳤다는 주장도 근거가 없었다. 회의에서 군중들은 양씨를 비판했고, 양씨는 자기 잘못을 인정하고 비판 교육을 받겠다고 했다. 이렇게 오랫동안 질질 끌던 소송이 성실한 조사를 통해 시비곡직이 밝혀졌고, 사실을 아는 군중들 덕분에 정확하고 빠르게 심리를 마칠 수 있었다. 이와 같은 일을 통해 구향 간부의 정책에 대한 사상적 수준을 높이고, 사업 작풍을 개선하며, 양조운을 교육해 그가 진심으로 복종하도록 했다.

③ 원칙을 견지하고 자신의 직분에 충실하고 엄격히 법에 따라 일을 처리했다.

화지현 혼인 사건을 예로 들면, 1심과 2심의 판결이 서로 확연히 차이가 난 원인은 혼인 법령에 따라 엄격하게 일을 처리하지 않은 데 있었다. 현 사법처의 1심 판결은 혼인 조례의 기본 정신을 정확하게 이해하지 않고 봉언귀封彦貴가 고발한 것에만 국한해, 약혼이 해제된 진짜 원인도 알지 못하고, 약혼이 해제된 뒤 다시 결혼할 수 있는지도 몰랐다. 또 지금의 결합은 '강제 혼인'(강제 혼인은 당연히 위법이지만 내막을 깊이 조사하지 않았다)이므로 봉봉封棒과 장백張柏의 혼인은 무효라고 판결했다. 마석오는 이 사건을 심리할 때 표면적인 사실에 흔들리지 않고 정확히 혼인 법령의 정신과 실질로, 복잡하게 뒤섞여 있는 모순 가운데 봉봉과 장백의 주요 모순, 특히 봉봉이 누구와 결혼하기를 원했는지 조사했는데, 이것이 바로 이 사건의 핵심이었다.

최종적으로 봉봉은 주수창朱壽昌과 결혼하기를 원하지 않고 "죽어도 장백과 결혼하겠다"는 사실이 밝혀졌다. 그들의 연령(남 20세, 여 19세)은 법정 결혼 연령이어서 최종적으로 다음과 같이 판결했다.

㉠ 봉봉과 장백 쌍방이 스스로 원한 결혼은 유효한 것이므로 허가했다.

㉡ 장금재張金才 등은 밤에 대중을 집합시켜 '강제 혼인'을 시도해 사회 치안을 어지럽혔으니 주범은 짧은 기간의 징역에 처해 법제를 명확히 했다.

---

59) '평의評議'는 사람들에게 서로 의견을 교환해 의논하게 하는 것을 말한다. —역주

ⓒ 봉언귀가 여러 번 높은 값에 딸을 판 행위는 혼인 법령을 위반한 것이므로 노역에 처하고, '납채 예물'은 몰수했다.

이 판결은 사실을 법률에 기준해서 판결했기에 군중들은 시비가 분명하고 인정과 이치에 맞다며 열렬히 옹호했다. 처벌을 받는 사람도 죄가 있으니 벌을 받아야 한다고 인정하며 판결에 복종했다.

④ 간편하고 편리한 소송 절차를 실시해 진정으로 인민을 위해 복무했다.

마석오는 순회 심판을 할 때 수장省長이나 법관의 티를 내지 않고, 일처리를 대충하거나 질질 끌지 않으며, 또 형식에 구애되지 않고 번거로움을 두려워하지 않았다. 시간에 상관없이, 장소를 가리지 않고, 언제나 군중들과 의견을 나누며 사건을 접수하고 사안을 이해했다. 봉봉의 상소 사건도 처음에는 봉봉이 길에서 마馬 전원專員을 만나서 나무 밑에서 고발한 사건이었다. 여기서 볼 수 있는 바와 같이, 마석오의 심판방식은 인민 심판원이 꼭 갖추어야 하는 '사회 공복'의 특징을 충분히 구현하고, 모두 인민을 이롭게 한다는 원칙에 따라 전심전력으로 그들을 위해 복무하고, 절대 '나으리(老爺)'로서의 위세를 부려 군중을 위협하지 않으며, 일부러 트집을 잡거나 다른 사람에게 일을 미루지 않았다.

그밖에 반드시 지적해야 할 것은 마석오는 사건을 처리하면서 발호시령發號施令하지 않고 거세게 질책하지도 않으며, 성실하고 겸손했다는 것이다. 솔선수범으로 사건을 심리해 하급 간부들에게 언행으로 모범을 보이고, 총괄하여 효과를 높이도록 도와주고, 제도를 명확히 하여 업무를 개선했다.

제4절 인민 조정제도의 출현과 발전

인민 조정제도는 중국공산당이 인민을 지도해 혁명 근거지에서 창건한 군중에 의거해 민간 분쟁을 해결하고 군중 자치를 실행하는 제도이다. 이 제도는 인민 사법사업에 필요한 보완 기능을 했으며, 민간 분쟁해결에 관한

중국 전통의 기반 위에서 형성된 중국의 특색을 갖추고 있다. 인민 조정제도
는 처음에 제1차 국공내전기 노농운동에서 비롯되었다. 1921년 9월 절강성
초산현 아전 농민협회 장정의 제5조에 "본회 회원이 개인적인 시비·분쟁이
있는 경우에 쌍방은 의사위원에 보고해 의사위원이 조절해 화해하게 하며,
심각한 분쟁은 전체 위원이 회의에서 심의해 해결한다"고 규정했다.[60] 일본
인 다나카 다다오(田中忠夫)는 1924년에 출판된 『중국의 농민운동』에서 아전
촌의 조정 조직을 칭찬하여, "스스로 회원 사이의 분쟁을 해결하고, … 농민
은 관청의 압제를 면할 수 있으며, 관청보다 공평하게 해결했다"고 말했다.
1923년 1월 팽배彭湃가 지도하는 광동성 해풍현 총농회에서는 '중재부仲裁部'
를 설립했는데, 주요 임무는 회원 사이와 회원과 비회원 사이의 모든 분쟁을
조정하고 처리하는 것이었다. 혼인, 금전 대차, 지주와 소작인 사이의 분쟁,
산업 분규부터 인명 사건까지 모두 중재부에서 직접 처리했다.

호남 각지의 농민협회는 '공단처公斷處'를 두었다. 1926년 10월 중국공산당
호남구 제6차 대표대회 선언에는 "향 인민대회에서 인원을 뽑아 향촌 공단처
를 조직해 향촌의 의견 충돌을 해결한다"고 규정했다. 노동운동에서도 이와
비슷한 조직을 수립했는데, 예컨대 1922년 5월에 성립된 안원로광安源路礦
노동자클럽에는 '재판위원회'가 설립되었다. 1923년 안원로광 노동자클럽
사업세칙에는 "본부 부원 사이 또는 부원과 비부원 사이에 발생한 분쟁은
모두 재판위원회에서 처리한다"[61]고 규정했다.

제2차 국공내전기에 혁명 근거지에서는 인민 조정제도가 법률 형식으로
정부조직 조례에 규정되었다. 예컨대 1931년 11월 소비에트 지방정부의 임시
조직 조례 제17조에는 "향 소비에트는 범죄행위로 언급되지 않은 의견 충돌
문제를 해결할 권한이 있다"고 규정했다. 항일 전쟁기에 인민 조정제도가
보편적으로 발전했다. 각지의 항일 민주정부는 조정 사업에 대한 많은 조직
조례와 사업법을 공포했다. 섬감녕변구 민사·형사사건 조정조례(1943년 6월),

---

60) 『신청년新靑年』 제9권(4기), 부록 2~3쪽.
61) 『유소기여안원공인운동劉少奇與安源工人運動』, 86쪽.

진찰기변구 행정촌 조정사업 조례(1942년 4월), 진서북촌 조정 임시법(1942년 3월) 등이다.

조정 형식으로는 기본적으로 다음과 같은 세 가지가 있었다.

① 민간의 자체 조정 : 당사자들이 친구, 민중 단체 또는 공정한 인사를 초청해 조정을 진행하는 것이다.

② 정부 조정 : 주로 촌 정부나 촌 조정위원회가 조정을 주관한다. 필요하면 구 조정위원이나 현 정부 민정과에서 조정을 진행한다.

③ 사법기관 조정 : 이미 현 사법처에 기소된 사건이 필요하다고 여겨질 때는 법정에서 조정을 진행할 수 있다.

조정의 범위로는, 채무·물권·혼인·상속 등으로 발생하는 일반 민사사건과 경미한 형사사건을 모두 조정할 수 있었다. 그러나 법률에 따로 규정이 있는 경우에는 제외되었다.

항일 전쟁과 국공내전기에 섬감녕변구는 몇 년 동안의 경험을 모아 세 가지 원칙을 세웠는데, 1948년 9월 1일에 변구 고등법원은 지시 편지에서 다음과 같이 규정했다.

① 쌍방이 스스로 원해야 하며 어떠한 강압도 허락되지 않는다.

② 정부의 정책 법령을 준수하고 민간의 선량한 관습을 고려해야 한다.

③ 어떠한 사람이든지 조정을 원하지 않거나 또는 조정에 복종하지 않는 경우에는 직접 현 사법처나 지방 법원에 제소할 수 있는 권리를 가진다. 조정은 소송의 필수적인 절차는 아니며, 어떠한 저해나 트집을 잡아서는 안 된다.

제3차 국공내전기 화북 인민정부는 1949년 2월 25일에 민간 분쟁조정에 관한 결정을 공포했는데, 이것은 사회주의 혁명기에 인민 조정제도가 훨씬 통일되고 완전해졌다는 중요한 표지이다. 위의 결정은 당시 각지에서 조정사업을 하면서 발생하던 중요한 문제에 대한 조정의 역할을 강조하고 조정의 조직과 범위 및 진행하면서 준수해야 할 원칙을 구체적으로 규정했다. 이는 그 시기 각지의 조정사업 발전에 많은 역할을 했을 뿐만 아니라, 건국

이후 정무원政務院이 인민조정위원회 임시조직 통칙을 제정하는 데 중요한
역사적 경험을 제공했다.

옮긴이 뒷글

이 책을 번역하기 시작한 것은 1992년 무렵이었다고 기억한다. 우리의 전통 문화를 이해하려면 전통법의 흐름에 대해서도 이해하지 않으면 안 된다고 생각했는데, 아무도 이를 거들떠보지 않는 실정이었다. 그나마 과목이 개설되는 법학과에서도 교수 가운데 이 분야를 전공하는 분이 없는 현실에서, 다음 세대를 위해서라도 지금 기반을 만들어야 한다고 생각했다.

중국 법제사에 관련된 기초적인 도서가 거의 없는 암담한 상황에서, 어떻게 하면 한국에서도 이 분야에 대해 충분한 논의가 이루어질 수 있는 토양을 만들 수 있을까 고심했다. 또한 이 분야를 충분히 다룰 수 있게 되면, 현행법 못지않게 우리의 법문화를 이해하는 데에 도움이 되는 중요한 토대로 만들어 나갈 수 있다는 자부심도 품었다.

이에 대한 타개책으로 외국에서 이루어진 업적들을 받아들여 빠른 시일 안에 한국에서 이 분야를 이해할 수 있는 징검다리 역할의 읽을거리를 마련할 수 없을까 고민했다. 이러한 고민에 동참해 준 분들이 바로 이 책의 공동 번역자로 참여한 분들이다.

판권 문제를 해결하기 위해서 교섭을 시작했다. 원저자로부터 자신의 책을 대만에서는 번체자로 바꾸어 출판하면서 1000자당 7~8달러를 주고 있으므로, 대만과 거의 같은 수준의 경제력을 가진 한국도 그 정도 부담하라는 요구를 받았다. 그 정도의 부담이면 이 책을 출판해 예상되는 판매 대금을 모두 원저자에게 가져다주어도 모자랄 정도의 금액이었다. 하는 수 없이 아예 출판을 포기하기로 했는데, 한상돈씨가 다시금 원저자를 만나서 한국의 사정을 차근차근 설명했다. 이 책의 대상이 한국의 입장에서 보면 외국법이므로 일반 독자들의 관심밖이라는 점을 설득해 마침내 우리들이 납득할 만한 금액으로 판권 계약이 체결되었다. 당시는 아직 출판사가 선정되지 않았기에, 번역자 대부분이 참여한 대우재단의 번역 과제인『중국 법률사상사』의 연구비를 이에 투입했다.

번역을 어느 정도 마친 상태에서 출판사를 선정키로 했는데, 마침 IMF 위기에 처해 있던 터라 이 또한 여의치 않았다. 우여곡절 끝에 소나무출판사에서 출판하기로 했다. 그리하여, 출판사에서 상당한 시간을 들여서 전체 원고에 대한 수정 작업을 완료했다. 귀국한 뒤에 받아본 원고는 왠지 아직 불안한 상태라고 판단되어 전체적인 손질이 필요하다고 하면서도 차일피일 미루어 오고 있었다.

드디어 이 원고 번역을 착수한 지 10년이나 되었기에 더 이상 미룰 수는 없다고 판단되어, 2001년 2학기에는 경북대학교 사범대학 일반사회과의 교재로 삼아서 수업에 사용해 보기도 했다. 이를 통해 학생들의 많은 의견을 들을 수 있었으며, 많은 사소한 오류뿐만 아니라, 독자들을 위해서는 어떠한 방향으로 이 책을 만들어야 하는지 감을 잡게 되었다. 2002년 초는 거의 이 원고와 씨름을 했으며, 2002년 1학기 경북대학교 교육대학원 수업에서 부교재로 사용한 후 드디어 세상에 빛을 보게 되었다.

이제는 이 분야에 관해서 애초에 아무것도 없어서 암담했던 상황은 아니다. 이 책보다는 일반적인 내용이라고 할 수 있는『아시아 법사』(서경문화사, 1999)가 이미 출판되어 있으며, 이 책보다 더 전문적이기는 하지만『역주 당률소의』(한국법제연구원, 1994~1998) 3권도 출판되었으며, 김택민교수가 지은『중국 고대 형법—당제국의 형법총칙』(아르케, 2002)도 출판되었다. 임대희는 이어『중국 고대 형법—당제국의 형법 각칙』을 준비하고 있다. 그밖에도『중국 형법사 연구』(니시다 다이이찌로 지음, 천진호 등 옮김, 신서원),『유골의 증언—고대 중국의 형벌』(도미야 이따루 지음, 임병덕·임대희 옮김, 서경문화사) 등의 책들이 출판되어 그나마 예전보다는 이 방면에 관심이 있는 이들에게 약간 갈증을 해소할 수는 있게 되었다. 그리고, 이러한 자료를 인터넷을 이용하여 싸이월드의 '중국문화탐방'(junggug. cyworld. com)이라는 곳에 올려 여러분들의 의견을 들을 수 있었던 점도 많은 도움이 되었다.

그러나 전체적으로 조금 더 기본적이면서도 구체적이고 체계화된 내용을 파악하기 위해서는 역시 이 책이 하나의 길잡이가 되는 점도 부인할 수 없을 것이다. 바로 그 점에서 다시금 이 책을 출판하는 이유를 설명할 수 있겠다. 편집면에 있어서도 원저에서는 사례마저도 모두 본문 안에서 처리하고 있는데, 이를 문장에 따라서는 따로 인용문 형식으로 처리해 파악하기 쉽도록 했다.

번역이라는 것은 어떤 면에서는 저술보다도 더욱 긴장되는 작업이라고도 할 수 있다. 까딱 잘못해 실수하게 되면 변명도 할 수 없는 잘못을 저지르게 된다. 원저原著가 있기 때문에 잘못이 어디에서 나왔는지 분명할 뿐 아니라, 좋은 번역이라는 것은 원저의 잘못을 고치면서 번역해야 한다는 일반적인 인식 위에서는, 저자만큼 내용을 제대로 파악하고 있지 않으면 안 되는 것이다. 마지막 점검點檢이라는 당번當番을 맡아서, 처음에는 대강 훑어보면 되리라는 수월한 마음으로 시작했지만, 이 작업도 결코 간단한 것이 아니었다.

중국인들은 당연한 것으로 알고 축약어를 쓴 경우라든가 생략하는 사항이라도 한국어로 번역하는 과정에서는 이를 하나의 단어로 만들다 보면 하나하나 확인해 보지 않고서는 실수를 할 수밖에 없는 것이다. '인선양조仁宣兩朝'라는 문구를 '인조仁祖·선조宣祖 양대 때는'이라고 번역되어 있기에 당연히 맞으리라고 생각하다가 혹시나 하는 마음에 확인해 보면 '인종仁宗·선종宣宗 양대에는'이라고 바꾸어야 하는 것을 발견하게 된다. 내용을 파악하고 있느냐 아니면 용어만을 옮기고 있는 것이냐 하는 차이가 바로 이러한 곳에서 드러나는 것이다.

어찌 보면 사소한 일인 것 같기도 하지만, 번역에는 바로 이러한 것이 번역의 가치를 폭파시켜 버리는 '지뢰밭' 같은 것이다. 이와 같은 '지뢰밭'은 번역하다 보면 곳곳에 널려 있다. 수많은 '지뢰'를 제거하기는 했지만 아직도 발견되지 않은 지뢰가 이곳저곳에 남아 있으리라고 생각되면 정말로 식은땀이 흐를 지경이다.

일본어를 번역한 책을 읽다 보면, '전사田舍'라던가 '애찰挨拶'이라는 용어가 버젓이 나타나는 것을 보면서 쓴웃음을 짓지 않을 수 없다. 현지 생활을 하지 않은 사람이 번역하다 보면 한자 용어는 무조건 그대로 사용하게 되는 경우가 많다. 그런데, 이 경우에는 '시골'이라든가 '인사'라는 한국어가 있는데도 사전 한번 찾아보지 않고 나태하게 번역했기 때문에 생기는 실수였을 것이다.

이러한 실수를 하지 않으려고 많은 애를 썼다. 가령, 송대에 '예조개기藝祖開基'라는 말이 나오는데, 송대에 '예조藝祖'라는 황제가 없지 않느냐는 질문을 받고, 이 책을 읽는 독자가 송대사 전문가만이 아니라는 점을 고려해 '예조藝祖'를 '태조太祖'로 바꾸어 표기했다. 그밖에도 몇 곳에서도 이러한 배려를 했다. 또한 사상성이 강한 토양에서 만들어진 책이어서 사용하는 용어에 상투적인 경우가 많았다. 이를 희석시키려고 의도적으로 노력했다. 이 과정에서 많은 분들의 도움을 받기도 했다. 또한 구체적인 법률 변화 사항이 언급되고 있는 경우에는 해당 전공 교수들에게 문의하지 않으면 안 되는 경우도 많았다.

충북대학의 임병덕교수는 진秦·한대漢代의 많은 부분에 걸쳐서 아낌없는 협력을 해주었다. 포항공대의 박선영교수는 대륙에서 쓰는 용어를 우리들에게 거부감 없이 적절하게 바꾸는 경우에 필요한 당시 시대 상황에 대한 조언을 아끼지 않았다. 대구 가톨릭대학의 임유경교수는 인용된 한문 문장의 정확한 의미를 파악하는 데에 많은 협조를 아끼지 않았다. 또한, 마지막 교정 작업에 참여해 주신 양재영선생, 박순곤선생, 이준갑선생, 손재현선생께 감사드린다.

옮긴이의 불침번(當番) 역할을 맡게 된 임대희 씀